Gutzkows Werke und Briefe
Der Zauberer von Rom

Gutzkows Werke und Briefe

Kommentierte digitale Gesamtausgabe

Herausgegeben vom
Editionsprojekt Karl Gutzkow
Exeter und Berlin

Erzählerische Werke
Band 11/3

www.gutzkow.de

Karl Gutzkow

Der Zauberer von Rom

Roman in neun Büchern

(Sechstes bis Neuntes Buch)

Herausgegeben von
Kurt Jauslin, Stephan Landshuter
und Wolfgang Rasch

OKTOBER VERLAG
MÜNSTER IN WESTFALEN

Der Oktober Verlag bedankt sich, auch im Namen des Editionsprojektes Karl Gutzkow, für die freundliche Förderung dieses Bandes durch die Arno Schmidt Stiftung, Bargfeld.

Erste Auflage 2007
© 2007 Oktober Verlag, Münster
Der Oktober Verlag ist eine Unternehmung des
Verlagshauses Monsenstein und Vannerdat OHG, Münster
www.oktoberverlag.de
© CD-ROM Editionsprojekt Karl Gutzkow
Gedruckt in der EU
ISBN 978-3-938568-24-8

Inhalt Band 11/3

Sechstes Buch

1. [Kapitel]	1767
2. [Kapitel]	1781
3. [Kapitel]	1808
4. [Kapitel]	1829
5. [Kapitel]	1851
6. [Kapitel]	1877
7. [Kapitel]	1899
8. [Kapitel]	1928
9. [Kapitel]	1947
10. [Kapitel]	1982
11. [Kapitel]	2009
12. [Kapitel]	2021

Siebentes Buch

1. [Kapitel]	2061
2. [Kapitel]	2076
3. [Kapitel]	2095
4. [Kapitel]	2125
5. [Kapitel]	2170
6. [Kapitel]	2212
7. [Kapitel]	2251
8. [Kapitel]	2284
9. [Kapitel]	2300
10. [Kapitel]	2328

Achtes Buch

1. [Kapitel]	2355
2. [Kapitel]	2362
3. [Kapitel]	2398

4. [Kapitel]	2433
5. [Kapitel]	2452
6. [Kapitel]	2492
7. [Kapitel]	2536
8. [Kapitel]	2553
9. [Kapitel]	2564
10. [Kapitel]	2595
11. [Kapitel]	2634
12. [Kapitel]	2654
13. [Kapitel]	2686
14. [Kapitel]	2706

Neuntes Buch
18??	2731

Anhang

Textzeugnisse Gutzkows zum „Zauberer von Rom"	2749
Vorwort zur zweiten Auflage	2749
Vorwort zur dritten Auflage	2752
Zur vierten Auflage	2765
Die „Grenzboten" und das sächsische Preßgesetz	2767
Die Baronin von Gravenreuth, geb. Gräfin Hirschberg, und mein „Plagiat" an ihrer Lebensbeschreibung	2770
Nachwort	2787
Die Werkstatt des Zauberers – Randglossen zur Entstehungsgeschichte eines Romans (Wolfgang Rasch)	2787

Versuch einer literarhistorischen Verortung
(Stephan Landshuter) 2837

In den „Labyrinthen des Periodenbaus"
Prosaformen der Erstausgabe des „Zauberers von Rom"
(Kurt Jauslin) 2871

Editorische Notiz 2899

Verzeichnis des Romanpersonals 2909

Sechstes Buch.

1.

Oesterreich und Wien! ...

Wer konnte sonst beide Namen nennen hören und vernahm nicht sofort Musik! ...

Und wenn dich auch jetzt noch mit Windesflügeln das Dampfroß in einem einzigen Tag von der Elbe an die Donau entführt, so grüßen den haltenden Zug mitten auf der Heide, mitten in der Nacht, zwei Stationen vor Ankunft in Wien, Clarinette und Geige ... Der Sturmwind fegt den Novemberregen an die Fenster ... Hinaus blickst du durch die beschlagenen Scheiben ... Nichts, als öde gespenstische Nacht vor deinem Auge – und doch empfängt dich Jubel und Lust ... Seltsames Bild ... Auf einen Stab gestützt, am Rand des Erdwalls, starrt ein Schäfer im zottigen Lammfell auf den haltenden Zug ... Ein Wanderhirt, der aus Ungarn kommt und weiter zieht mit seiner nächtlich rastenden Heerde ... Die österreichische Geschichte ... Einsame Nachtträume der Völker, still am Weg sich sehnend nach Erfüllung ... Unter lachender Lust und Freude ...

Am Donaustrand – auch da wispert es ebenso – leise und leise – um die alten Ritterburgen ... Klage-*[4]*laute um versunkene Banner und Kronen ... Was liegt nicht begraben im feuchten Schoose der Donau! ... Was könnte sich nicht melden zur Auferstehung unter dem nächtlichen Sternenhimmel, wenn ringsum auf den düstern Bergwänden die Geisterjungfrauen geheimnißvoll ihre Harfen zu schlagen beginnen! ...

Von Tyrol und Salzburg her, aus den sagenhaften Schluchten des Untersbergs und von den echoreichen grünen Bergseen Steiermarks erschallt die Zither ...

Die Zither, dies liebliche Instrument, könnte Sancta-Cäcilia statt der Orgel erfunden haben ...

Du kennst es nur aus dem lampendunstigen und cigarrendurchqualmten Keller der leipziger Messe, kennst es nur aus

dem Concert aufgeputzter Jodeltyroler ... Aber auch da wird die Zither dich gerührt haben – so, daß du den Genius Oesterreichs hättest fragen mögen:
Was lachst du so traurig, was weinst du so froh?
Wenn so rührend die bebende Saite unter kraftvollem Finger ihre Schwingungen austönt ... Wenn der Ton, immer gebrochen, immer in der Geburt des Halls schon halberstorben und doch, neugefaßt vom kunstgeübten Finger, neubelebt, Riesenfermaten aus lauter kleinen zitternden Tremolos hält ... Wenn der Ton sich festklammert, gleich einem Knaben, der nicht ruht den höchsten Ast eines Blütenbaums zu erklettern ... Auf der höchsten Höhe, in die uns die Töne der Alpenzither schwingen können, welch ein Blick dann auf die Thäler der Erde! ... Deine Jugend siehst du, siehst den grünen Plan deiner Kindheit, athmest im Herzen auch die *[5]* reinste Alpenluft ... Selbst unter dem „Soll und Haben" und dem Strumpf- und langen und kurzen Waarenhandel der leipziger Messe in Auerbach's Keller konntest du die Thränen nicht zurückhalten, wenn das berühmte Tyrolerquartett – nur nicht singt! Das schenke ihm die Muse! – nur die Zither schlägt ... Die Spielerin sammelt mit dem Notenblatt ... Im koketten Brustlatz, mit dem spitzen Hut ein unschönes Mannweib ... Aber – sie spielte dir – und sich auf der Zither – Oesterreich ... Sie spielte ein Ahnen, Suchen, Sehnen nach unbestimmten, dem Land und Volk selbst nicht klaren Zielen ... Sie spielte das Wittern einer Geisterluft, Morgengrauen schönerer Hoffnungen ... Sie spielte die Freude, die sich selbst nicht vertraut, und ein Leid, das dem Schöpfer zürnen möchte, weil er die Erde bei alledem und alledem – so schön erschuf ...

Musik ist der erste Gruß in Oesterreich ...

Auch in Wien ...

Die große Hauptstadt ist erreicht, die bremer echte Havañacigarre glücklich eingeschmuggelt ... Der Venusberg geöffnet ... Tannhäuser zieht den schwarzen Frack an und die gefirnißten Tanzstiefel und vertanzt sich das gebrochene Herz ... Strauß und

Lanner! Sie geben schon lange Trost für die „Zerrissenheit" selbst im Alpengemüth – selbst für „Weltschmerz" im Pusztensohne ...

Hört diese Tänze! ... Ein Dämon liegt in ihnen ...

Wie mit Kirchenglocken fangen sie an, sanft und feierlich ... Das Adagio eines Meßganges ... Sitt-*[6]*samer, concordatsmäßiger Niederschlag der Augen ... Das führt, denkt man, geradeswegs nach Mariazell und Loretto –! ...

Plötzlich wirft der kaum geordnete Nonnenzug die Kapuzen ab ... Nun hüpft die Freude – erst wie ein Füllen lustig über den Klee. Erst nur noch – ein fußtrillerndes Aufschlagen des Uebermuths ... Erst nur Kopfüber der Fröhlichkeit, Humor, der, wie Harlekin Colombinen, neckt, spaßelt, thaddädelt – alles so, wie sich nach dem genommenen Ablaßzettel im einleitenden Adagio vergeben läßt ...

Dann aber wird der Humor zur Selbstironie ... Der Walzer cancant, die Grazie tanzt auch hier wie in Paris mit Formen der Epilepsie, die Melodie geht rückwärts, läßt sich die Augen verbinden, tanzt unter Eiern, schiebt einen Karren auf dem Seil zum Thurm hinauf, geht auf beiden Händen, dreht sich als Kopf überm Rumpf herum und sagt dem Rücken „guten Tag"! ...

Halt! springt die Sittenpolizei dazwischen ... Metternich's Censur und Moral, die noch in den von uns geschilderten Tagen regieren, und der Dämon wird rasch wieder ein Kind, das unter Blumen spielt, ein Kind, das nur nach Schmetterlingen hascht oder vor einer Hummel entflieht – aber – welch einer Hummel! ... Brummelt die so spaßig, so taumlig, so torklig ... Baßgeige, wohin rennst du? ... Baßgeige, bist du betrunken? – Leute, entflieht! Entflieht! ... Staberl spannt seinen Regenschirm auf – haltet doch! Das gibt ja Sturm – Wo führt's dich hin? Zum *[7]* „Stuwer?" ... Sind das Pot-à-Feu's? Döbler'sche Sträußchen? Sternschnuppen? ... Wohinaus? ...

Ins Firmament! Grad' in die Milchstraße, aber von Würsteln und Kringeln behangen ... In einen Kometenschweif von feurigen Nasen ... Ein einziger Strohhalm die schwindelnde Brücke, auf der alle Walzenden zugleich über den unermeßlichen Abgrund hinübermüssen ... Heiliger Nepomuck, jetzt hilf! ... Sie fassen sich alle an, klammern sich an die Rockschöße ... Strauß nimmt den Fidibus, steckt noch den Strohhalm über das Weltgebäude hinweg in Brand und nun müssen die Paare hinüber ... Die Glöckchen, die klingen, die Pickelflöte, die lacht, die Geigen, die quinkeln über den äußersten Steg hinweg ... Das gibt ein Unglück! ...

Aber – der Maestro bringt sie alle wohlbehalten in seine Schlußcoda zurück ... Baß, Trommel, Posaune finden sich in harmonischer Vereinigung bei den letzten Takten wieder zusammen ... Alles bricht in pyramidalen Jubel, in „Fanatismo" aus ... Der taktirende Maestro verbeugt sich gelassen und ruhig, „der Tanz ein Leben" oder „das Leben ein Tanz" ist beendet und nebenan – sind die Tische weiß gedeckt für die harmlosesten Bedingungen des irdischen Daseins – „Backhänerln", „Roßbrateln", „Beflamoths", „lämmernen Hasen", „Engländern" und allen möglichen Nationalgerichten der classischen Küche Oesterreichs ...

So war auch das Gewirr, in das Benno von Asselyn eingetreten ...

[8] So übertäubt – im Spätherbst, beim Blätterfall und häufigen, noch warmen Regenschauern schon an die bevorstehenden Freuden des Winters erinnert – irrt er durch die Straßen Wiens – verfolgt von bunten Anschlagzetteln, Aufforderungen zu Lust und Freude ... Eben sehen wir ihn in die stolze Herrengasse treten ...

Fußgänger umdrängen ihn, Wagen rollen, Rosse sprengen dahin ... Nur immer Achtung! Ausweichen! Ausweichen! ... Auch den von den Regenschirmen niedergießenden Fluten ...

Einige Minuten verlieren wir den trotz seiner Aufregung bleichen jungen Mann mit seinem regenfeuchten, schwarzen

Bärtchen, im triefenden, neuerfundenen Macintosh, vor Wirrwarr um sich her und in sich selbst – ohne Regenschirm! – ...

Aber bald tritt er aus einem hohen, mit Karyatiden geschmückten vornehmen Palast wieder hervor ...

Er sinnt: Wohin? ... Auf die Schottenbastei hinaus zur Linken? ... Auf die Freyung zu meinem guten Chorherrn hinüber, bei dem ich wohne? ... Zu den Zickeles, an die du empfohlen und für jeden Abend geladen bist? ... Oder noch in irgendein Theater? ... Das Burgtheater soll ja – in der Nähe sein ...

Da ruft ihn der Portier zurück ...

Verzeihen's! ... Den Dreimaster lüftend, fragt er: Waren's Herr Baron von Asselyn? ...

Mein Name! ...

Benno von Asselyn war schon zweimal unter dem hohen Portal des gräflich Salem-Camphausen'schen Pa-*[9]*lais gewesen, hatte schon zweimal mit dem Hüter des Eingangs über die Nichtanwesenheit des Grafen gesprochen ... Diese Leute haben nur ein Gedächtniß für empfangene Trinkgelder ...

Ein Brief für Euer Gnaden vom Herrn Grafen Erlaucht sollte eben zum Herrn Baron hinübergetragen werden! ...

Der Brief lag auf dem Sims des kleinen Guckfensterchens der Portierstube ... Benno nahm ihn an sich ... In der Auffahrt des Palais brannte hochoben eine etwas düstere Lampe ... Der Portier deutete auf sein Stübchen und ein dort befindliches Licht, das zwar auch keine Millykerze war, aber es reichte hin für die kurze Lectüre ... Eine Secunde und Benno hatte gelesen, daß ihn Graf Hugo aufs dringendste morgen zum Frühstück auf seinem Schlosse Salem erwartete ...

Der Portier sah dem schlanken jungen Manne jetzt voll Spannung nach und ahnte und vermuthete etwas ... Die Bedienung eines großen Hauses hat ein scharfes Auge für die innern Angelegenheiten ihrer Herrschaft ... Hängt Der mit unser Aller Schicksal zusammen? mochte er denken und sah lange hinter ihm her, sah, wie der junge Mann davonschoß und so in Gedanken, daß er immer noch nichts vom Regen zu merken schien ...

Benno hatte sich rechts gewandt, ging, auf die morgende kleine Reise gespannt, und fühlte nun doch wol an seinem Hut und den Stiefeln, daß es Zeit war irgendwo unterzutreten ...

Er stand am Burgthor ...

[10] Da las er an einer vom Thor geschützten Wand:

„K. K. Hofburgtheater."

„**Hamlet, Prinz von Dänemark**."

Er trat in das nahe kaiserliche Theater ...

Ein labyrinthisches, von kleinen Winkelgängen durchkreuztes Gebäude nahm ihn auf ... Schwer fand er sich zurecht bis zur „Kassa" ... Noch war diese offen, aber kein Billet mehr zu haben ... In Oesterreich gewöhnt man sich – mit Unrecht – nur an diejenigen Unmöglichkeiten zu glauben, die sich auch dem Klang des Silbers gegenüber nicht wegräumen lassen ... Benno's Zweifel fanden kein Gehör. Er verließ ohne Billet die „Kassa" und verwickelte sich in den Gängen ...

Ein gefälliger Herr, der sich verspätet zu haben schien und hinter ihm herging, wies ihn zurecht ... Der Ausgänge schien es mehrere zu geben ... Der freundliche Herr ließ es sogar geschehen, daß Benno in eine Wachtstube gerieth, die ganz den bekannten Kasernenduft hatte ... Grenadiere spielten hier Karten und dennoch huschten Damen in eleganten Kleidern hindurch, ja Benno stand sogar plötzlich zweien Gestalten gegenüber, die jedenfalls zu dem Gefolge des Königs Claudius von Dänemark auf der Bühne gehörten ...

Der fremde Herr sah Benno's Erstaunen und sagte zu ihm lächelnd:

Ei, Sie sind fremd, mein Herr? ...

Schon zog er die Dose gegen den Wachtstubengeruch ...

Nicht wahr, das erinnert Sie an eine Dorfkomödie? *[11]* fuhr er fort. Aber es thut mir leid, daß Sie vielleicht mit diesem Eindruck weiter reisen! Sie haben kein Billet bekommen ... Wenn ich Ihnen einen Platz in meiner Loge – Bitte ... In allem Ernst ... Meine Loge liegt zwar nur im dritten Stock ... Despectirlich ist das aber keineswegs, lieber Herr! ... Ohne Spaß ... ich mache mir sehr ein Vergnügen daraus ... Kommen Sie nur! ...

Das gemüthliche Air des feinen Herrn war so einnehmend, daß Benno in der That nach einigem Zögern, aber auch fernerem Zureden folgte ...

Ich gehe voran! sagte sein Führer und plauderte im Gehen: Nicht wahr, Sie denken hier an eine mögliche Feuersbrunst? ...

Er deutete auf die Enge der Logentreppen ... Man ging in die Stockwerke hinauf, wie auf einer Wendeltreppe zu einem Thurm. Im seltsamen Contrast zu dieser Aermlichkeit standen die reichgallonirten Diener mit ihren Servirbrettern, auf denen sie „Gfrornes" trugen ...

Benno entschuldigte sich unausgesetzt über seine Dreistigkeit und schüttelte seinen Hut und seinen Macintosh ...

Im Gegentheil! erwiderte sein freundlicher Protector und ordnete inzwischen gleichfalls seine Toilette und mit einem Kämmchen sein weißes, krauses Haar ... Die Dreistigkeit ist auf meiner Seite ... Sehen Sie nur, jetzt muß ich Sie auf meine beiden Plätze sogar durchs Paradies führen ... Aber zur Linken haben wir dennoch einen kaiserlichen Hofrath und zur Rechten einen Millionär von der haute finance ... Die Logen sind *[12]* bis in den Kronenleuchter hin schon auf Jahre voraus gesucht ... Und wie ist das heute überfüllt ... Immer so bei denen classischen Stücken jetzt und besonders wann im Kärnthnerthor eine durchgefallene deutsche Oper wiederholt wird ...

Durch die dichtgedrängte Galerie machte der Logenschließer dem gesprächig satyrischen Herrn Platz und nahm den nassen Macintosh, unter dem Benno sich glücklicherweise im Salonfrack befand ... Fast in der Nähe des Kronleuchters lag allerdings die Loge des freundlichen Führers ... Die Ränge waren eben nicht zu stark besetzt ... Desto voller war es unten ... Kopf an Kopf in einem langen düstern Saale, dessen Bauart mehr zum

Hören, als Sehen des auf einer schmalen Scene Dargestellten bestimmt schien ... Eben sprach der Darsteller des Hamlet eine der längern wirksamen Reden in melodischem Tonfall, mit ebenso viel Kraft wie Anmuth ... Befangen suchte sich Benno in
5 seine so schnell und überraschend ihm gekommene Situation zu finden ... Sehen konnte er allerdings vom Spiel so gut wie nichts ... Er mußte sich an die Worte halten und an seines Begleiters Erläuterungen, die von einem: Guten Abend! hier, von einem: Küß' die Hand! dorthin unterbrochen wurden ...
10 Die Beschwörungsscene war im Gange ... „Schwört auf mein Schwert!" sprach Hamlet, der mit hinreißendem, vielleicht zu vielem Feuer gespielt wurde ...
 Im Saal war alles todtenstill ... Man hörte das dumpf aus der Erde kommende: „Schwört!" des Geistes ... Alles das hinderte
15 aber ebenso wenig den *[13]* Protector Benno's wie die Umgebungen immerfort dazwischen leise zu kritisiren und zu „plauschen" ...
 Schau, schau! sagte ersterer. Das schreibt sich gewiß unser Herr Professor da auf ... „Schwört auf mein Schwert!" ... Nicht
20 wahr, lieber Professor, das ist für ein italienisches Ohr rein kalmückisch? ... „Schwört auf mein Schwert!" ... Ich muß aber auch sagen, was der Deinhardstein da wieder für eine Uebersetzung genommen hat ... Oder soll's ausdrücklich ein Wortwitz à la Sa – Ei guten Abend, Resi! ... Ei, küß' die Hand! ... Wie
25 kommt denn heute der Professor in Ihre Begleitung – Protegirt er auch den Herrn – Wie heißt der neue Debutant, den die Kaiserin protegirt? ... Kein Zettel da? ... Die Unordnung in denen Logen greift immer mehr um sich! ... Warum ist kein Zettel da? ...
30 Für Benno mußten diese Absprünge des Tons vom zartesten Gemüth bis zur schärfsten Ironie, jetzt an den Logenschließer zur entschiedensten Grobheit, höchst charakteristisch sein ... In einem und demselben „Geplausch" wurde der Logenschließer geputzt, ein junges, heiteres Mädchen, das vor ihm saß, angere-

det, eine höchst steife, lange Figur, in einer weißen Halsbinde neben ihr ironisirt, der fremde junge Mann unterrichtet, die Darstellung beurtheilt, alles mit derselben Lebhaftigkeit und den leichtesten Uebergängen eines Seelenzustandes in den andern. Bald Gefrierpunkt der Kritik, bald Siedepunkt des Enthusiasmus ... Dazu noch die Dose gezogen und geschnupft und Benno nach dem wievielten Tag seines Aufenthalts gefragt, auch auf die Theuerung *[14]* Wiens aufmerksam gemacht und bei alledem auch noch eine bedeutende Persönlichkeit in dieser Loge und in jener lorgnettirt ...

Die Ringsumsitzenden hatten im Grunde alle dieselbe Manier. Sie fanden wenigstens diese quecksilberne Beweglichkeit, dies Abspringen von der Hitze im Saal auf das heute „ein Bissel" mangelnde Feuer im Spiel „der Uebrigen", von der brillanten Toilette dieser und jener Fürstin auf die „schauerlich" schlechte und abgenutzte Decoration in der Scene ganz in der Ordnung. Und bei alledem, wenn auch noch soviel kritisirt und „mechant" gefunden wurde, bei einem: Bravo! stürmte sich ein förmliches Liebesfeuer von Enthusiasmus urplötzlich entbrennend aus ... Trotzdem, unmittelbar darauf erfolgend, über dies und das ein leises: „Unter der Würde!" ...

Benno sah, daß diese Art, sich zu geben, aus dem Gemeingefühl einer Stadt entspringt, deren Bewohner sich gleichsam zu einer einzigen großen Familie bekennen ... Die Worte „Herz", „Gefühl", „Gemüth" wurden sowol hier, wie auf den Brettern gehandhabt wie eine Prise Schnupftaback ... Die schwungvolle Darstellung des Hamlet ausgenommen, war die Vorstellung mehr im Geiste Iffland's ... „Vater", „Mutter", alle diese Worte wurden mit einer besonders biedern Treuherzigkeit betont. An seinem Protector fiel Benno auf, wie er ihn trotz seiner kindlichen Harmlosigkeit doch ab und zu höchst scharf beobachtete ... Sogar eine klug lauernde Kälte lag in dem Blick der kleinen glänzenden Augen mit höchst scharfen grauen Brauen ...

[15] Ein Zwischenact trat ein, den eine würdige Musik belebte ...

Benno konnte sich jetzt in seinen nähern und entferntern Umgebungen zurecht finden. Auch fiel er selbst schon auf – nach seiner schlanken edeln Gestalt, nach einem feinen Lächeln der anziehenden Gesichtszüge einigen Entfernteren ... Nach seiner fremdartigen Aussprache allen Nähersitzenden ... Die Plaudereien seines Protectors veranlaßten die vor ihm Befindlichen, sich öfters nach ihm umzusehen ...

Nur dem Italiener wurde das Umsehen schwer. Entweder war der Nacken zu steif oder nur die weiße Halsbinde war es. Flüchtig erhaschte Benno ein gelbes, von Blatternarben entstelltes Antlitz. Um so lieblicher hob sich von ihm der schelmische Mädchenkopf ab, die Resi, wie sie sein Protector nannte ... Es war eine muntere Brünette, nicht mehr „zu jung", die sich unausgesetzt gar lustig halb italienisch, halb deutsch mit ihrem Nachbar neckte. Der Italiener blieb auch kalt zu diesen Spöttereien. Seine Gesichtsformen schienen von einer Pergamenthaut überzogen zu sein, die sich nicht veränderte, auch wenn er selbst etwas sprach, das andre lachen machte ... Resi stritt mit ihm über den Charakter der Deutschen und nannte Hamlet einen Dänen, auf den die Malicen ihres Nachbars nicht im mindesten paßten ...

Ma questo strofinaccio ha frequentato una universitâ tedesca! sagte der Italiener ...

Benno verstand und sprach das Italienische wie seine Muttersprache ... Er durfte annehmen, daß der Professor, der Hamlet seiner Thatlosigkeit wegen einen *[16]* „Waschlappen" genannt hatte, ein Musiker war. Resi lenkte ihre jetzt zorniger werdenden Erwiderungen immer auf das musikalische Gebiet ...

Sein Führer, der endlich den Theaterzettel bekommen hatte, las diesen laut, lachte dabei über den Streit, blinzelte Benno zu und sagte:

Der Laërtes – der soll engagirt werden ... Eine Empfehlung aus München ... Der ganze Hof ist deshalb zugegen ... Resi, wie kommt's, daß heute der Dalschefski seinen Platz abgetreten hat? ... Herr Professor, eine seltene Ehre für die deutsche Kunst! ... „Müller" heißt der Debutant ... Die allerhöchsten Herrschaften sind so außerordentlich gnädig ... Der Mensch kann aber seine Beine noch nicht halten ...

Benno würde an dem kleinen Kriege auf den Bänken vor ihm, wo sich noch eine ältere Dame und ein anderer Herr befanden, seine harmlose Freude gehabt und sein schmerzlich zerrissenes, hochgespanntes und sozusagen überbürdetes Gemüth erleichtert haben, wenn nicht plötzlich im Lauf der Neckereien sein Begleiter mit einem Namen wäre angeredet worden, der ihm das Blut erstarren machte ...

Und mehr noch ...

Kaum hatte er die Anrede: „Herr von Pötzl" zum zweiten mal vernommen, da stieg sein Schrecken bis zur Besinnungslosigkeit, denn im weitern Verfolg der wieder neubegonnenen Handlung auf der Bühne reichte ihm sein Führer das Perspectiv mit den geheimnißvoll geflüsterten Worten:

Jetzt aber! Jetzt schauen's! ... O ich bitt'! ... Da – *[17]* Das ist merkwürdig! ... Unser Schicksal! Im Hamlet!... Dieser Herr Müller ist gut empfohlen ... Nein, schauen's doch, Resi! ... Beim Staatskanzler – Alle die römischen Herrschaften ... Der Principe Rucca ... Und die Dame da ... Das ist die Herzogin von Amarillas ...

Benno lehnte das ihm dargereichte Perspectiv ab ...

Seine Hand zitterte ... Sein Athem versagte ihm ...

Bald richtete er sein Auge starr auf den Träger eines Namens, der – er wußte es jetzt – seiner Schwester Angiolina gehörte, bald auf die ihm noch im fernen Lampen- und Lichtdunst schwimmende Erscheinung – seiner Mutter – –

Das Spiel ging indessen weiter ... Aber es wogte ein Rauschen und Flüstern durch den Saal ...

Die eben eingetretenen fremden Herrschaften, die mit dem aus Rom gekommenen Cardinal Ceccone in Verbindung gebracht wurden, erregten das allgemeinste Aufsehen ... Es kamen immer mehr ...

Der Principe Rucca war ein junger Mann im rothen, gestickten Kleide ...

Auch der Name Maldachini wurde genannt ...

Alle Gläser richteten sich nach jener Logenreihe und Resi's Frage sogar: Ja, mein Gott, trägt denn der kleine Rothrock nicht gar ein schwarzes Pflaster überm Auge? mehrte Benno's Aufregung ... Denn nach einem erst heute früh erlebten Vorfall sah er, daß er mit den Personen, die er mit heißester Sehnsucht suchte und – mit Entsetzen und Grauen floh, bereits zusammengetroffen war, ja mit ihnen schon in einer Verbindung stand ...

[18] Zweimal erwiderte er, auf alles Erläutern und Zeigen seiner Umgebungen:

Wessen – Loge – ist das? ...

Des Staatskanzlers! hieß es ...

Doch auch die Logen neben jener hatten sich inzwischen gefüllt ...

Benno kämpfte mit sich, ob er bis zu Ende bleiben sollte ...

Hamlet's Lage war seine eigene ... Auch mit ihm sprachen ja Geister, die außer ihm hier niemand sah ... Auch ihm sträubten Enthüllungen das Haar zu Berge; auch ihn hätten sie wach rufen sollen zu Thaten der Sühne und Gerechtigkeit ... Aber auch ihm lähmten hundert Erwägungen den Arm ... Wahnwitz, das fühlte er jetzt, kann den ergreifen, der ein Ungeheueres machtlos im Busen bergen soll ... Auflodern, allen zurufen hätte er mögen: Das ist ja meine Mutter! ... Er hätte seinen Nachbar anrufen mögen: Wie trägst du, du nur den Namen meiner Schwester? ... Ophelia, angeredet von Hamlet mit dem unendlich schön gesprochenen Abschiedswort: „Geh' in ein Kloster!" verwandelte sich ihm in die Trägerin seiner eigenen Leiden ... Daß man dann sagte, die Gräfin Olympia Maldachini sähe so keck sich um, wie in einem Ballsaal, ließ ihn vollends erbeben ... Auch sie kannte er ja ... Sie schon ihn ... Die Loge war zu entfernt für sein Auge ohne Bewaffnung durch ein geschärftes Glas ... Dennoch bog er sich schwindelnd über, um zu sehen – um starren zu können ...

Wieder war inzwischen der Vorhang gefallen ... Wieder begann eine Zwischenmusik ...

Der Professor, der inzwischen ebenfalls in große *[19]* Aufregung gerathen war, erklärte, nur eben dieser „Römer" wegen hätte er den Platz des Professors Dalschefski übernommen ... Er zankte mit Theresen ... Er war aufgestanden und sprach jetzt mit höchster Lebendigkeit seiner bisher so starr gewesenen Gesichtszüge die italienischen Worte:

Ja! Das sind sie! ... Die Herzogin kenn' ich nicht ... Aber sehen Sie nur den Grasaffen, den Rucca! ... Und das, das ist die kleine Gräfin Olympia! ... Corpo di Bacco! ... Als zehnjähriges Kind schon hatte der Fratz sich in einen Apollino im Braccio nuovo verliebt, verlangte vom Cardinal Ceccone, ihrem – Onkel, ihm einen Kuß geben zu dürfen, springt selbst an den jungen marmornen Gott hinauf, umschlingt ihn und beide stürzen vom Postament herunter ... Thorwaldsen hat ihn restauriren müssen ... Und ein ander mal – ha, da hat – diese Olympia – –

Ich muß aber bitten! Schweigen Sie! unterbrach ihn Resi entrüstet ... Die Dame hat auch bis dahin Ihre Verleumdungen gehört! Eben richtet sie das Lorgnon auf Sie! ... Wahrhaftig ... Herr von Pötzl, schauen's doch! ... Das ist ja prächtig! Sie ruft den mit dem schwarzen Pflaster, auch die Herzogin und die sämmtlichen Cavalieri – geben Sie Acht, Professor, Sie müssen ihr Revanche geben, Sie unverbesserlicher Carbonaro! ...

Herr von Pötzl bestätigte alles, staunte und lachte übermäßig ...

Benno aber stand, als schwebte er, ein Fieberkranker, in den Lüften ...

Nein, die ist ungenirt! ... sprach alles ringsum durcheinander ... Wie in Neapel! ...

[20] Sie grüßt wirklich hier herauf! lachte Herr von Pötzl ... In der That bestätigten alle, durch ihre Lorgnons blickend, daß die Kleine mit dem Diamantendiadem zu ihrer Loge hinauflache ...

Sie ergriffe eben das Taschentuch und winke herüber, ergänzte Resi ...

Wem gilt denn das? ... sagte Herr von Pötzl hocherstaunt und schaute sich überall um und fixirte endlich den Fremden neben sich, seinen Protégé ...

Dieser stand keiner Besinnung fähig ... todtenbleich ... Eben streckte Benno die Hand vor, um das ihm dargereichte Perspectiv zu ergreifen, da blieben ihm die Finger wie gelähmt hängen ...

Er sank bewußtlos auf seinen Sessel zurück ...

Sie sind unwohl! rief Herr von Pötzl erschrocken ... Ein Glas Wasser! Bitte ... oder kommen Sie ... Frische Luft! ...

Benno erhob sich allmählich, lehnte Hülfe ab ... Das Spiel begann eben wieder ... Er wandte sich zum Gehen ...

Ja, gehen Sie lieber, mein bester Herr, sagte Herr von Pötzl ängstlich besorgt ... Der Dunst der Lampen hier oben ist aber auch heute fürchterlich ...

Benno wollte ablehnen ... Herr von Pötzl führte ihn, während alles rings voll Theilnahme aufgestanden war, selbst durch die Sitzreihen der Galerie und hinaus auf den Corridor.

Es war der zweite Tag, den Benno in Wien verbrachte.

2.

Als im Beginn des diesjährigen Frühlings Benno von Asselyn mit seinem Freunde Thiebold de Jonge von Witoborn nach der Residenz des Kirchenfürsten zurückreiste, that letzterer „von seinem Standpunkte aus" alles Mögliche, die schmerzlichen Nachklänge des so gänzlich den „gehegten Erwartungen nicht entsprochenen" Witoborner Aufenthaltes zu mildern ...

Was nur aus dem unerschöpflichen Born seiner guten Laune zu schöpfen war, gab Thiebold zur Zerstreuung bereitwilligst her, und sogar seine eigene Person ...

Doch Benno blieb für alle Anschläge seines erfinderischen Genius unempfänglich ...

Ja er verdarb Thiebold sogar den „Spaß", daß dieser Extrapost nehmen wollte, um in der „Einsamkeit der Landstraße" den „gegenseitigen Gefühlen" Luft zu machen ...

Benno kannte diese Thiebold'schen Extrapostfahrten mit ihren „gemüthlichen kleinen Aufenthalten" von vier bis fünf Stunden, ihren Nachtlagern, ihren Wirthshausbekanntschaften, ihren Abstechern auf gerade den Abend angesagte Casinobälle in kleinen Städten, zu denen sich *[22]* Thiebold sans gêne wie ein alter Stammgast einzuladen verstand ...

Sie fuhren mit der Schnellpost und kamen auf diese Art rascher als mit Thiebold'scher Extrapost wieder zurück in ihre „laufenden Verhältnisse" ...

Das durch vier Mitpassagiere auferlegte Schweigen über die Resultate der Witoborner Erfahrungen hatte etwas Feierliches ... Thiebold verbrauchte seinen letzten Cigarrenvorrath mit Blicken der Resignation ... Er gefiel sich in dem von ihm sonst so oft an Peter unerträglich gefundenen System des Au contraire gegen sämmtliche Mitpassagiere, deren Behauptungen ihm in der Regel unbegründet und haltlos erschienen, ob sie nun den Segen der zu erwartenden Ernte oder die projectirten Eisenbahnlinien oder die

Zukunft der damals neuerfundenen Stahlfedern oder den Kirchenstreit betrafen ... Thiebold wußte zwar, daß er durch seine unausgesetzten: „Erlauben Sie!", mit denen er seine „thatsächlichen Berichtigungen" einführte, Benno zum stillen Märtyrer machte, aber es blieb ihm unmöglich, die Aufregung seines Gemüths, den „stellenweisen" Schmerz seiner Erinnerungen anders zu beschwichtigen, als durch eine auf fortwährende Berichte von „Augenzeugen" gegründete Polemik ... Nur in der Nacht traten Pausen der Ergebung ein, die Thiebold theils durch Schnarchen, theils durch Seufzer ausfüllte ... Hätte er nicht von Seiten Benno's das schnöde Wort: „Machen Sie sich nicht lächerlich!" gefürchtet, er würde von den Sternen gesprochen und die von Joseph Moppes immer so zart gesungene Arie mit nachgeahmter Waldhornbegleitung intonirt haben: „Ob sie meiner noch gedenkt?"...

[23] Als dann Thiebold seinem Vater hinter „Maria auf den Holzhöfen" über die „verfehlte Speculation" des Ankaufs der Camphausen'schen Waldungen, infolge des bedeutungsvollen Fundes der Urkunde und des Abbruchs aller Verhandlungen mit Terschka drei Tage vor der ihnen noch nicht bekannten Flucht desselben, berichtet und dafür ein: „Gesegn's Gott!" geerntet hatte, fand sich leider „noch immer die stille Stunde nicht", nach der sein Herz sich sehnte, die Stunde, um mit Benno „alles durchsprechen" und das Thema variiren zu können: „Ist denn wol das alles ein Traum gewesen?" ...

Benno hatte sofort mit den Berichten zu thun, die er Nück zu erstatten hatte ...

Thiebold selbst war theils überhäuft mit Commissionen, die ihm die Stiftsdamen mitgegeben, theils war seine Ankunft die erfüllte Sehnsucht aller seiner übrigen Freunde, besonders Piter's, den Treudchen's Flucht ins Kloster und die bevorstehende mögliche Einkleidung des geliebten Wesens „rein in einen Schatten" verwandelt hatte ...

Erst die überraschende Mittheilung, daß sich auf einer Reise nach England Wenzel von Terschka einige Stunden in der Stadt

aufgehalten, ohne jemanden zu besuchen, brachte den „Austausch der Gefühle zuwege", nach dem Thiebold so dringend verlangte ... Eines Abends sechs Uhr war es, auf der Straße, die Sonne war noch nicht untergegangen, die letzten Austern, „auf
5 die man sich allenfalls noch verlassen konnte", waren aus Ostende angekommen ... Ein stiller Winkel auf dem Hahnenkamm lockte mächtig ... Benno wurde gezwungen zu folgen ... Benno tadelte keinen einzigen Vorschlag, den *[24]* Thiebold über die Sorte Wein machte, die sie zu den noch „unbedenkli-
10 chen" Austern wählen wollten ...

„Terschka geht denn also nach England, um die Gräfin über die Urkunde und die gänzliche Veränderung der Dinge auf Schloß Westerhof in Kenntniß zu setzen" ...

Das war das wehmuthsvolle Thema und anders noch konnten
15 die Vermuthungen nicht lauten ...

Die zweite Schlußfolgerung war die Ahnung von einer Heirath Paula's mit dem Grafen Hugo ...

Die dritte die Unentbehrlichkeit Armgart's für Paula und demzufolge – die Heirath mit dem Freund des Grafen, mit Wen-
20 zel von Terschka, selbst ...

Nie hatte Thiebold seinen männlichen Freund so kleinmüthig gesehen, nie so nachgiebig gegen jede Vermuthung ... Benno lehnte selbst die Hypothese nicht ab, daß Armgart „keinem von ihnen beiden hätte wehe thun wollen" ... Beide Freunde redeten
25 sich in das Unergründliche so hinein, daß Benno sich zuletzt die schwarzen Locken aus der heißen Stirn strich, wild den Arm aufstemmte und alle jene Anklagen des Schicksals ausstieß, die Thiebold sonst „unmännlichen Weltschmerz" zu nennen pflegte ... Heute „unterschrieb" er alles, was Benno in sein grünes
30 Römerglas wetterte ... De Jonge! Ich fand Ihre Entsagung natürlich ... Ich würde Ihnen Armgart nimmermehr gelassen haben ... Vergeben Sie mir diese offenherzige Sprache ... Selbst auf Gefahr, Sie zu beleidigen ...

Unter Männern volle Wahrheit! entgegnete Thiebold und

stieß die leeren Austerschalen zurück, um für neue Platz zu machen, die er wie mit einem Mordmesser behandelte ...

[25] Sie konnte in der That nur mich lieben! ... Ich habe Vorzüge vor Ihnen ... Nicht daß ich lateinisch, griechisch und italienisch verstehe, de Jonge ... Sie sprechen englisch und spanisch ... aber mein Vorzug liegt im Herzen! ... Mein Herz kann lieben, das Ihrige nicht, de Jonge! ... Morden Sie mich dafür mit Ihrer Austerngabel! ...

Nein im Gegentheil! rief Thieoold und seine Augen leuchteten vor Begeisterung über seinen Freund ... Nein! Sie haben recht! Ich schaudere über mich selbst ... Ich kann lieben – nie aber auf die Länge! ...

Thiebold schenkte mit wilder Geberde die Gläser voll ... Sein ganzes Sein war aufgelöst in – Behagen nur allein über Benno's „edle Vertraulichkeit" ... Ja, zum Beweise, daß er Ursache zum Zorn hätte, doch sich „zu mäßigen wünsche", warf er sein Glas hinterwärts in tausend Scherben ... Was kostet das? setzte er zum erschrocken herbeieilenden Kellner hinzu ... Diese Stunde ist mir in dem Grade feierlich, Louis, erklärte er dem Staunenden, daß nie wieder ein Mensch aus diesem Glase trinken soll! Geben Sie mir aber ein neues! ...

In dieser Art „sprachen" beide Freunde von sieben bis gegen Mitternacht in einer „stillen Stunde" ihre Witoborner und Westerhofer Erinnerungen, ihre Anschauungen über Vergangenheit, Gegenwart und Zukunft „durch" ... Beide Jünglingsseelen nenne man deshalb nicht oberflächlich in ihrem Schmerz ... Männer bedürfen solches heftigen Ausbruchs ihrer Gefühle ... Benno tobte und fand es unerträglich, daß der Kellner sich unterstand, mit dem Besen die Splitter zusammen-*[26]*fegen zu wollen ... Hinaus! rief auch er ... Beide Freunde waren nicht im mindesten trunken ... Das ist die Jugendkraft ... Zorn, Eifersucht, Schmerz müssen in jungen Seelen solche Formen haben, um zu den einmal nicht zu ändernden Gesetzen des Lebens zurückkehren zu können ...

Acht Tage nach diesem Abend, der nichtsdestoweniger in Benno's Seele nur neue Wunden schnitt, nicht heilte, erhielten beide Nachricht, daß Terschka entflohen und ein Priester, ein Jesuit war ...

Das Staunen mußte das mächtigste sein ... Sie erfuhren die unglaubliche Kunde zu gleicher Zeit mit der Nachricht, daß Terschka in England zu bleiben gedächte, sich unter den Schutz Englands stellte, seinen Glauben entweder schon geändert hätte oder zu ändern gedächte und ohne Zweifel von Gräfin Erdmuthe, die einen Triumph über das Papstthum, eine Genugthuung für die entsetzenerregende Urkunde sah, Verzeihung erhalten würde ...

Ueber Terschka's Verhältniß zu Armgart mußte jetzt eine ganz neue Beleuchtung fallen und wieder begannen die Hoffnungen ...

Bonaventura war es dann, der, unterwegs da und dort in Amtsgeschäften aufgehalten, erst vierzehn Tage nach ihnen eintraf und diese Thatsachen bestätigte ...

Beide Freunde kannten Armgart's katholischen Sinn ... Aber stand nicht Armgart jetzt unter der Leitung ihrer Aeltern, deren freisinnige Richtung allbekannt war? ... Jeder wußte, daß Armgart's Aeltern sich um ihrer Principien willen ausgesöhnt hatten ... Graf *[27]* Hugo ist Lutheraner, hieß es auf Nück's Schreibstube, Terschka wird zum Grafen Hugo zurückkehren ... Nück aber erklärte dies in Rücksicht auf Oesterreich für unmöglich ...

Bonaventura kam trauernd, ernst und schweigsam ... Es bestätigte sich: Er war Domcapitular geworden ... In so jungen Jahren ... Sein schnelles Emporsteigen auf der Staffel der geistlichen Würden war eine Folge der immer heftiger gewordenen Kämpfe mit der Regierung ... Die alten Bewohner des Domstifts erlagen diesen Aufregungen ... In auffallender Schnelligkeit raffte der Tod die schwachen Greise hinweg, die nicht mehr wußten, wie sie sich zwischen ihren geistlichen und weltlichen

Oberhäuptern in der Mitte halten sollten ... Der Kirchenfürst
und sein Kaplan Michahelles blieben gefangen ...
   Bonaventura's Stellung zum täglichen Gottesdienst veränderte sich infolge seines Aufsteigens ... Doch bei feierlichen
Gelegenheiten trat sie in desto höherer Bedeutung hervor ...
Gleich die Osterzeit theilte auch ihm den ganzen Nimbus mit,
den gerade in diesen Tagen die katholische Kirche um sich zu
verbreiten weiß ... Auf die goldenen Gewänder, die Fahnen und
Baldachine fällt gerade in dieser Zeit auch zugleich der Strahl
der ersten Frühlingssonne ... Jerusalems Palmen grünen in den
noch kalten Kirchen ... Ueber den Garten von Gethsemane
breitet sich das abendliche Dunkel der Vigilien ... Selbst den
Hahn der Verleugnung glaubt man bei all diesen Nachbildungen
der heiligen Leidens- und Ostervorgänge in den katholischen
Kirchen rufen zu hören – *[28]* so weiß man das Alte wach zu
halten ... Bonaventura bedurfte dieser schönen Phantasmagorieen, um – sein Leiden zu mildern und – sein Denken zu unterbrechen ...
   Die Beichten kamen wieder, die Prüfungen in dem kleinen
Flüsterwinkelchen, das Bonaventura nicht aufgeben durfte ...
Renate bat ihn um Schonung seiner selbst ... Ihr Pflegling kam
von Witoborn zurück um Jahre älter geworden ... Mittheilsam
sprach er ihr wol von der Mutter und breitete alles aus, was diese
ihm für die alte Dienerin sowol, wie für ihn selbst mitgegeben ... Aber es drückte ihn Schmerz und Unmuth ... Er war
umsponnen von wie viel geisterhaften Fäden! ... Vision und
Wirklichkeit hielten ihn in einem steten Zauberbann ... Seine
alten Zimmer behielt er in dem großen Gebäude des Domstifts ...
Gerade weil er so viel Neues in seinem Herzen trug, hatte er das
Bedürfniß, äußerlich es beim Alten zu lassen ...
   Bonaventura sah Benno wieder, sah Nück, auch Lucinden ...
Wie gewaltige Veränderungen waren vorgegangen! ... Aeußerlich sowol, wie innerlich ... Benno konnte er nicht sehen ohne
die tiefste Rührung ... Immer und immer empfand er den Reiz,

dem Freunde die Binde von den Augen zu reißen und ihn ohne Rückhalt über seinen Ursprung aufzuklären ... Noch aber fehlten die vollen Verständigungen darüber mit dem Dechanten und seinem Stiefvater ... Von Stunde zu Stunde mußten sie kommen ...

Nück war und blieb Bonaventura ein Gegenstand des Grauens ... Der Unheimliche umschlich seinen Beichtstuhl und gab nicht undeutlich zu erkennen, daß er *[29]* von mancher Bürde frei zu werden wünschte ... Bonaventura lenkte die Geständnisse, die bald aus diesem Munde an sein Ohr drangen, auf den Brand von Westerhof, auf die Urkunde ... Nück stellte sich da völlig nichtwissend ... Aber bei den Verirrungen seiner Phantasie blieb er stehen und fragte eines Nachmittags geradezu, was die Kirche riethe, wenn man sich von allen seinen Sünden und Schwächen aufraffen wolle und es auch könne, jedoch von dem einzigen dazu verhelfenden Mittel eingestehen müsse, daß es nicht minder der göttlichen Verzeihung bedürfe ... Bald kam die fast geflissentliche Hindeutung auf Lucinden ... Das war die ganze Absicht dieses Beichtstuhlbesuchs ... An Wahrheit und Aufrichtigkeit konnte einem Nück nicht gelegen sein ... Warum sprach er von einem Wesen, das er nicht nannte, das ihn frevlerisch bestricke, von einer verzehrenden Glut ihres Athems, von seinem Bedürfniß, sich von einem so starken weiblichen Willen beherrschen zu lassen, ja daß er schon jetzt nichts mehr ohne sie thäte? ... Nück sprach von einer Aenderung seines ganzen Lebens, von einer Aufgabe seiner Geschäfte, einem Zurückziehen ins Privatleben, von Ankauf eines Gutes, von Reisen in südliche Gegenden ... An allem ist sie betheiligt! sagte er seufzend und so betonend – als wollte er nur den Priester selbst damit durchbohren ...

Das rauhe, struppige Haar des hochberühmten Rechtsgelehrten neben ihm flößte Bonaventura den tiefsten Abscheu ein ... Er beeilte sich, von dem häßlichen Bild dieser Seele hinwegzukommen ... Abschüttelnd, was vom sogenannten Molinismus oder der Jesuitenmoral *[30]* in solchen Fällen des Verhältnisses der größern zu kleinern Sünden gerathen wird: Sei wie die entwöhnende Amme! Verwandle, was du dem Sünder bietest, erst in einen dem Kind die gewohnte Milch vergegenwärtigenden Brei! sprach Bonaventura:

Was sind das für geringere Sünden, mit denen man größere austreibt! ... Lesen Sie die Schrift und Sie werden David's Leidenschaften und seine Reue finden! ... Ich will Sie an den Knaben David erinnern, wie er den Riesen Goliath erschlug ... Er hielt sich zu seinem Schleuderwurf fünf Steine bereit, obgleich ihm der Riese wol nicht für die Abschleuderung des zweiten Zeit gelassen hätte ... Ein Uebel rottet sich am besten dadurch aus, daß man ihm die Nahrung nimmt ... Ergreifen Sie noch vier andere Leidenschaften, ich meine edle Leidenschaften ... Sie werden dann an die unedle fünfte nicht mehr denken ... Beten Sie ein Ave auf dem Hügel der letztbegrabenen Angehörigen Ihrer Familie ... Friedhöfe zu besuchen, das wäre eine der Leidenschaften, die ich meine ... Legen Sie sich vier solcher steten Reservebeschäftigungen Ihres Thuns an und Ihre Phantasie hat eine Milderung ...

Hendrika Delring war gemeint ...

Was gibt es Heilenderes, als die Erinnerung an unsere Vergänglichkeit! ... Bonaventura wußte nur nicht, wie wenig Nück's verirrter Seelenzustand am Tode ein Grauen empfand ...

Lucinden sah Bonaventura oft genug, nur nicht mehr im Beichtstuhl, den er ihr verboten hatte ...

Er sah sie besonders in der Zeit, wo die Kattendyk'-*[31]*sche Familie sich nach Witoborn zu den Exercitien der Frau von Sikking begab ...

Statt ihrer hatte sich erst Johannens Verlobter, der Professor a. D. Guido Goldfinger, an diese Uebungen anschließen wollen ... Da der praktische Mann jedoch angefangen hatte, sich, erst „nur der Zerstreuung wegen", auf Delring's verlassenen Comptoirsessel zu setzen und Pitern im Familieninteresse der

Jahresdividenden zu überwachen, so ging mit der Mutter und Schwester die Frau Oberprocurator ...

In dieser Zeit war Lucinde tagelang in den Kirchen, flüchtete auch oft in die Rumpelgasse zu Veilchen Igelsheimer, auch auf den Römerweg zu Treudchen Ley ...

Nück, in übermäßiger Freude über das gänzliche Verschollensein des Brandstifters Jan Picard, nicht einmal belästigt von dessen Drohbriefen um Geld, beruhigt sogar über Hubertus, der in der That mit Pater Sebastus auf der Flucht nach Rom war, lebte nur seinen jetzt doppelt entfesselten Begierden ... Er suchte Lucinden mit allen nur erdenklichen Kundgebungen seiner Gefühle zu umstricken ... Er vernachlässigte seinen Beruf und gab sich Blößen vor allen seinen Arbeitern ... Benno bestätigte, was Bonaventura schon aus dem Beichtstuhl wußte ... Sie wollen mich jetzt verlassen, jetzt?! rief Nück Benno und seine Augen traten in ihre Höhlen zurück und ließen nur einen einzigen weißen Schimmer sehen ... Sie dürfen nicht! Sie müssen bleiben! ... Und ich habe es gut mit Ihnen vor! lenkte er ein. Sie müssen eine glänzende Carrière machen ... Dieser Staat hier bietet Ihnen nichts ... Herr von Asselyn, Sie *[32]* bleiben? Wenigstens bis zum Herbst? ... Ich wickle dann mein Geschäft ab und gebe meine Praxis auf ... Werden Sie mein Nachfolger oder – ich erfinde noch etwas ganz Anderes für Sie ... On ne marche qu'avec les hommes! sagte Mirabeau, fuhr er fort ... An Menschen hänge dich an ... Die nur tragen dich, wie der heilige Christophorus das Kind übers Meer trug ... Meinungen, Ueberzeugungen, Pflichterfüllung – pah – das ist all nichts ... Ich setze Sie auf die Schultern von Menschen – ja des ersten Mannes in der weltlichen Christenheit und Ihren Cousin, den Domcapitular, auf die Schultern des ersten Mannes in der geistlichen ... Nur durch Menschen kommen wir vorwärts ...

Benno, von Nück oft so auf Kaiser und Papst verwiesen, lachte, hatte aber die tiefste Abneigung gegen ihn. ... Da er in der Proceßfrage der Camphausen arbeitete, hinderte ihn die eigene Theilnahme, von Nück zurückzutreten, wie er am Tage nach dem Auffinden der verdächtigen Urkunde gewollt hatte ... Den Regierungsrath von Enckefuß sah er oft ... Er mochte von seinen Ahnungen nicht selbst beginnen und dieser wollte entweder durch Schweigen seine Maßregeln verschleiern oder war zu sehr vom Antreten seiner eignen traurigen Erbschaft in Anspruch genommen ... Dionysius Schneid durch Steckbriefe zu verfolgen, wie Herr von Enckefuß schon auf Schloß Westerhof vorgeschlagen, hatte Levinus von Hülleshoven nicht unterstützen wollen, obgleich die Spur des Verwundeten aufzufinden unmöglich war ... Hubertus, der ihn geborgen, wurde vernommen, aber seine Aussage lautete auf ein freiwilliges Weiterwandern *[33]* eines Abenteurers, der für Pater Ivo und Löb Seligmann in den Gewölben einer Klosterkirche verschwunden war ... Löb Seligmann hatte sich noch nicht veranlaßt gefühlt, in einer so frommen Gegend mit Zeugenaussagen hervorzutreten gegen Klöster und hohe Adelssitze ...

Eines Tages – es war gegen Pfingsten – erhielt Bonaventura folgende Zeilen:

„Hochwürdiger Herr! Eine Novize bei den Karmeliterinnen, Gertrud Ley aus Kocher am Fall, wünscht schon seit lange Ihnen Beicht zu sprechen. Herr Cajetanus Rother verhinderte dies. Jetzt ist er lebensgefährlich erkrankt und bedarf eines Substituten. Es wird Ihnen ein Leichtes sein, von der Curie diese Stellung zu erhalten. Sollten Sie von dem Gerücht, daß Sie Comtesse Paula magnetisirten, Unannehmlichkeiten haben, so wollt' ich Ihnen nur bemerken, daß, wenn auch jeden, der sich auszeichnet, Neid verfolgt, doch in diesem Fall die Intrigue der Frau von Sicking bei Witoborn die Veranlassung etwaiger Verdrießlichkeiten ist ..."

Der überraschende Brief war ohne Namen, konnte aber nur, die Handschrift bewies es, von Lucinde kommen ...

Bonaventura war aufs Aeußerste betroffen ... Von der „Seherin von Westerhof" hatte er überall unbefangen gesprochen ...

Die „Intrigue der Frau von Sicking"? ... Diese Dame war von ihm vernachlässigt worden; er hatte gleichgültig von ihren Bußunternehmungen gesprochen ... Dafür konnte sie an ihm Rache nehmen? ... „Paula magnetisirt?" ... Die Geistlichen der Michahelles'schen Richtung beklagten aller-*[34]*dings, daß Paula's Ekstase keine rechtgläubig religiöse war ... Die Indifferenten lächelten öfters zweideutig, wenn sie mit Bonaventura von seiner Reise sprachen. Der Weihbischof, ein Greis, hatte ihm manches mitgetheilt, was hinter seinem Rücken gesprochen wurde ... Sogar der Onkel Dechant hatte ihn in einem seiner jetzt öfter als sonst geschriebenen Briefe gewarnt vor bösen Gerüchten, auch Hunnius und Rother als seine Gegner genannt ... „Gib Acht", schrieb er ihm, „greift die Intrigue um sich, so verbieten sie Dir trotz Deiner hohen Stellung noch den Beichtstuhl ... Halte Dich nur mit dem Generalvicar, der ein aufgeklärter Mann ist ..."

Bonaventura hatte sich gelobt, Lucinden zu betrachten, als wäre sie nicht mehr für ihn auf der Welt ... Er hatte zu Renaten, als ihm diese mittheilte, jeden Abend ginge eine verschleierte Dame an einem auf eine kleine Gasse hinausgehenden Fenster seiner Zimmer vorüber und sähe minutenlang hinauf – bittend gesprochen: Reden Sie doch nicht mehr davon! ... Er wollte Lucinden vergessen ... Er wollte den Muth zeigen, sich nicht zu fürchten vor ihren Drohungen ... Bei jeder Leiche, die er segnete, sah er im Geist den Sarg von St.-Wolfgang offen und Lucinde mit dem „Geheimniß über sein Leben" ihn anstarren wie die Sphinx ... Er wollte auch jetzt von diesen Zeilen sich nicht erschüttern lassen, wollte nicht durch zu langes Verweilen bei ihrem Inhalt Lucindens wahrscheinliche Absicht unterstützen, mit Gewalt wieder Posten in seinem Innern zu nehmen ... Der Abschied von Paula lag zu schmerzhaft noch auf seinem Gemüth ... Er sah immer näher kom-*[35]*men, was ihm und Paula der Tod war, die von den Standesrücksichten gebotene Ehe derselben mit dem Grafen Hugo – mit dem Geliebten der leichtsinnigen und verlorenen Schwester Benno's! ... Das waren Fernsichten, gegen deren Düster das nächste Leid verschwand ...

Da kam in der That ein Brief von der Curie, worin ihm die Inspection der Klöster anzeigte, daß die Damen auf dem Römerwege wünschten, ihn für die andauernde Krankheit ihres Beichtvaters bei sich in Stellvertretung zu sehen ... An der kurzen Dauer, in der sich die Curie für die Genehmigung dieser Bitte entschied, sah er doch nur einen geringen Widerstand, der sich gegen ihn zu regen wagte ... Freilich bürdete man ihm nur zu schnell jede neue Last auf ...

So ging denn Bonaventura eines Tages in erster Morgenfrühe auf den Römerweg ...

Er gedachte der ihm so werthen Gertrud Ley, gedachte, wie wol Paula von diesem Kloster zu sprechen pflegte, wenn die Rede ging, daß sie möglicherweise den Schleier nähme ... Hier betete Schwester Therese, die ehemalige Verlobte des Pater Ivo, für das Heil der umnachteten Seele ihres Freundes, dem sogar noch ein Gelübde seiner entferntesten Ahnen zu einer Gewissensfrage hatte werden können ... Immer lehnte er die Wahl gerade dieses Klosters ab; denn sich Frauen denken zu müssen unter einem geistlichen Führer, wie Cajetan Rother, mußte ihm der Anblick des – von Würmern zernagten heiligen Brotes sein ... Er gedachte: Ist dies Haus, das so ganz versteckt und verbaut, äußerlich kaum neben einem kleinen Kirchthurm erkenn-[36]bar, zwischen dem Waisen- und Jesuitenprofeßhause liegt, der Himmel auf Erden oder die Hölle? ... Wer ergründet das? ... Die Bischöfe dürfen wol zuweilen diese nur den Frauen gewidmeten Räume betreten; sie dürfen in die Zellen blicken ... Auch die Wahl eines fremden Beichtvaters, statt des gewöhnlichen, steht den Nonnen frei ... Aber wie viel Dinge sind erlaubt und man versagt sie sich doch ... Wie viel Klagen ersterben in Rücksichten ... Wehe denen, die in einem Gemeinwesen etwas wagen, das dem allgemeinen Esprit de corps widerspricht ... Bei

den Nonnen macht sich vor allem die weibliche Natur selbst
geltend, die räthselhafte Gattungsstimmung, für die die Männer
selten richtiges Verständniß haben ... Die weibliche Natur wird
an die Gesetze des Lebens, an Hinfälligkeit und Schwäche mehr
erinnert als wir ... Die Männer bindet dann der Geist; ihre irdische Natur können sie zuweilen abstreifen ... Frauen aber stehen
immer im Zwang eines gleichen Naturlooses und entbehren der
völlig freien Selbstbestimmung ... Daher denn in einem Nonnenkloster der doppelt und dreifach gebundene Wille ... Ein
einziges Gefühl bemächtigt sich aller; der Instinct leitet sie;
selbst die Freisten werden hinübergezogen in ein allgemeines
Sklaventhum ...

Das alles wußte schon Bonaventura ... Dennoch hoffte er auf
Ausnahmen ... Verließ ihn selbst doch nicht die Vorstellung:
Wer weiß, ob nicht eines der großen Benedictinerklöster in
Oesterreich dir die Weltentsagung in anderem Lichte zeigen
würde, als das Kloster Himmelpfort mit Klingsohr und Pater
Maurus! ...

[37] Die Aebtissin, die er fand, war eine Greisin ... Am Sta-
be daherwankend empfing sie den Domkapitular, der mit der
ganzen männlichen Würde seiner äußern Erscheinung und in
seinem Ornate kam ... Sie geleitete ihn in die Kapelle, wo sich
die Vorrichtungen des Beichthörens befinden ... Das Kloster
war von keiner zu strengen Regel ... Einige der Schwestern
widmeten sich der Erziehung im Waisenhause, wohin sie durch
ein Gewirr von Gängen gelangen konnten ... Die Annäherung
des hochgefeierten Priesters schien Himmelsmanna für die verhungerten Seelen ... Da und dort tauchten eilende Gestalten auf
hinter den Gittern der kleinen Kirche ... Leben und Bewegung,
wenn auch geisterhaft und leise, regte sich ringsum ... Dicht am
Tabernakel befand sich ein Zimmer ... Hier konnte sich Bonaventura ungestört allein angehören ... Ein Zugfenster zurück-
schiebend, sah er in einen düstern Gang, von dem ihn ein einfaches, nicht wie am allgemeinen Sprachgitter übliches doppeltes

Gitter trennte ... Die Nonnen treten nicht frei in die Kirche. Sie wohnen selbst der Messe nur durch die vergitterten größeren und kleineren Mündungen ihres Klostergebäudes bei ... Hier und da diente ein kleiner Ausbau aus der Kirche ins Kloster zu Beichten, wenn deren mehrere zu gleicher Zeit zu nehmen waren bei etwaiger Ueberfüllung an Bewohnern ...

Bonaventura nahm in einem dieser kleinen Glaskästen Platz, während sein Akoluth Vorrichtungen traf zur Messe, die er hier morgen halten wollte ... Mit dem Pfingsttage naht die österliche Zeit ihrem Ende *[38]* ... Schon waren die drei „Bitt-Tage" vorüber. Die morgende Vigilienfaste gehörte diesem Kloster als ein ganz besonderer Gründungs- und Seelenläuterungstag ...

Es war draußen heiß, in der Kirche kühl ... Hinter einem Gitter, das Bonaventura nicht ganz übersehen konnte, saßen die Harrenden in ihren braunen Kutten mit leichten weißen Mänteln und weißen Schleiern, einen schwarzen ledernen Gurt um den Leib ... Von jeder, die sich ihm nahte, hörte man auf dem steinernen Boden das Knarren der groben Lederschuhe, die anderswo die heilige Therese entfernt hat, als sie aus den Karmeliterinnen Barfüßerinnen machte, wie ihr Freund, der heilige Petrus von Alcantara, den Orden der Franciscaner verschärfte ...

Wer sollte glauben, daß auch diese abgeschlossene Frauenwelt Erlebnisse zu berichten hatte ... Ihre Verrichtungen waren so einfach .... Gebet, Messe, Essen und Trinken, weibliche Arbeiten, Singen, Beten und Schlafen ... Das war die Ordnung jedes Tages, etwa bei vier oder fünf ausgenommen, die Unterricht gaben – eine Licenz, zu deren Erlangung bis nach Rom hin hatte berichtet werden müssen ...

Nach den ersten fünf oder sechs Beichten, die schon die Zeit bis fast gegen elf Uhr einnahmen – Treudchen Ley mußte als Neuling bis zuletzt bleiben – übersah der still horchende und murmelnde Märtyrer schon das ganze Seelenleben eines Nonnenklosters ... Die hochbetagte Oberin sprach wie ein Kind ... Sie schien seit Jahren dieselben Fehler zu bekennen ... Sie hatte am *[39]* Rosenkranzgebet einzelne Kugeln übersprungen ... Sie hatte um des geliebten Schlafes willen sich einigemal krank melden lassen ... Sie hatte bei einem Uebermaß von Fliegen in ihrem Zimmer sie durch eine Jagd getödtet in den Zwischenpausen ihrer – Gebete ... Alledem sprach Bonaventura milde und den Fehl eigentlich in anderm suchend, als die Beichtende ... Da seine Gewohnheit war, durch eine plötzliche Querfrage eingelernte Beichten zu durchkreuzen und lehrreiche Stockungen des Gewissens hervorzubringen, so gestand ihm auch diese gute alte Frau zuletzt ein, daß sie allerdings in Streit und Zank lebte ... Zunächst galt dann das Bedürfniß der Reue über leidenschaftliche Ausbrüche ihres Temperaments einer – Henne, die regelmäßig vom benachbarten Profeßhause der Jesuiten über die Mauer flog und durchaus ihre Eier hier bei den Karmeliterinnen im Garten legte. Um diese Henne und um diese Eier war das ganze Kloster in Aufruhr! ... Die Aufwärterin von drüben, die Hanne Sterz, begehrte von der verflogenen Henne die Eier und im Kloster war man verschworen, sie nicht herauszugeben, die Vicarin ausgenommen, Schwester Therese ... Das war nun die große, wochenlang alles ergreifende Frage unter diesen Frauen ... Daran waren alle betheiligt ... Wie oft saß Bonaventura zu St.-Wolfgang in seiner Jasmin- und Nachtviolenlaube und las die Worte der Braut im Hohen Liede: „Erquicket mich mit Blumen, labet mich mit Aepfeln, denn ich bin krank vor Liebe!" oder er übersetzte Lope de Vega's Sonett von jenen beiden Frauen, von denen Eva sogleich nach reifen Aepfeln griff und alles verlor, *[40]* Maria aber nur nach der künftigen Blüte aus der Wurzel Jesse und alles gewann – Renate konnte aber auch da während dessen mit den Nachbarn um Aepfel zanken, die über den Zaun gefallen waren, um Trauben, die bei ihnen reiften, während der Stamm im Pfarrgarten stand ... Auf alles das ist ein katholischer Priester auch in der Beichte gefaßt ... Daß sich aber auch ein Kloster von achtzehn Bewohnern um die Eier einer Henne in Gewissensscrupeln befand, entsetzte ihn – um Paula's willen ...

Die Schwestern dürften die Eier der Gartenverwüsterin und Klosterfriedensbrecherin dem Nachbar vorenthalten, entschied er, wenn sie dies in der Absicht, zu strafen, thäten und die nachlässige Besitzerin der Henne gewöhnen wollten, ihre Henne besser zu hüten ... Sie würden es aber wahrscheinlich mit Schadenfreude gethan und sich am Besitz der Eier listig erfreut haben ... Da wäre es denn freilich ein Raub ... „Sammeln Sie jetzt die Eier und sind es ihrer jedesmal eine Mandel, so schicken Sie sie nebenan ins Waisenhaus!" ...

Als die Aebtissin mit diesem Bescheid gegangen war, kamen die alten Nonnen zuerst ... Das Warten schien ihnen beschwerlich zu fallen ... Rother hatte es auch so eingeführt, wahrscheinlich, um sie rascher zu entfernen ... Fanatismus für Formalitäten, wie er namentlich im ehelosen Stand die Frauen mit der Zeit alle Stadien der Qual für sich und andere durchmachen läßt, sprach sich umständlich genug aus ... Einige hatten dabei ein nervöses Zucken, andere eine Sprechweise, die vor Ueberhastung nicht einen einzigen geordneten Satz vorbringen *[41]* konnte ... Dann hatte die Art, wie die von ihm auferlegten Bußen sofort ausgeführt wurden, wenn er den sich Entfernenden nachsah, etwas Erschreckendes durch den Mechanismus und den eiligen Eifer der Formalität ohne jeden Duft der Innerlichkeit ... Das Schönste am Weibe, die scheue Unsicherheit in solchen Bewegungen, die der Natur und dem sonstigen Triebe des Weibes widersprechen, fiel hier weg ... Das Zusammenleben in einem weiblichen Freistaat hob die Grazie auf, die aus dem Zusammenleben mit Männern entspringt ... Er sah eine Nonne eine Betglocke an Stricken so hastig ziehen, wie eine Magd den Brunnenschwengel regiert, wenn ihr Salat wartet ... Alles wurde mit dem reizbarsten Fanatismus hervorgebracht; die Regel der Tagesordnung, der Küche, der Bekleidung, des Backens, das Scheuern, Beten, Singen und Gewinnen von Geld durch weibliche Arbeiten, wie Blumenmachen, Stickereien, Wäschenähen und -zeichnen – alles wie im Krampf ... Eine beaufsichtigte die andere und ganz ersichtlich war es, daß hier nur die geringeren Seelenthätigkeiten des Menschen in beständiger Erregung blieben ... Man denke sich die alte Mönchsregel, die einst Sebastus zu Bonaventura wiederholte: „Wir Mönche kommen zusammen und kennen uns nicht, wir leben zusammen und lieben uns nicht, wir sterben zusammen und beweinen uns nicht!" – angewandt auf Frauen ... Das weibliche Herz verknöchert, das angeborne Bedürfniß der Liebe erstarrt! ...

Die Schulschwester Beate und die Vicarin Therese folgten sich unmittelbar ... Wie war jene so häßlich mit ihren Zahnlükken ... Und dabei war sie die Ein-*[42]*zige, die dennoch zu lächeln versuchte – mit Wehmuth zu lächeln ... Sie hatte noch Formen des Zusammenhangs mit der Außenwelt ... Vorzugsweise schien der Geist der Intrigue in ihr mächtig zu sein ... Sie allein klagte Rothern an ... Sie sagte, sie wäre durch die Reihe der Jahre gewohnt, das Sakrament der Buße zu leicht zu nehmen ... Sie schlüge sich oft mit der Geißel um Fehler, die sie nur so eingestünde, um vor den andern nichts voraus zu haben ... Bonaventura ließ sich nicht irre machen, er rüttelte an der nur halbgeöffneten Thür des Gewissens und sah bald, der hinterhaltige Sinn des starkwilligen Mädchens öffnete nicht ... Sie blieb bei Oberflächlichem und mußte, da sie zuletzt nur noch gestand, ihr Herz wol zu sehr an ein Hündchen gehängt zu haben, hören, daß dies allerdings eine Sünde wäre, wenn sie dem Hunde die Liebe schenkte, die sie den Menschen versagte ... Voll Unmuth und Staunen über dies Wort erhob sie sich nach der ihr auferlegten Buße, drei Tage lang im Waisenhause für sich allein, ohne Bericht an die Direction, nie einen Fehler mit Züchtigungen zu bestrafen, sondern nur mit Worten ... Bonaventura hatte ihre Heftigkeit erkannt ... Sie verschwand eilends nach einer entgegengesetzten Seite hin, als die andern Nonnen ...

Schwester Therese, die ehemalige Freiin von Seefelden, war klein und blaß und schien mehr von Ergebung, als von Seelenschmerz verzehrt ... Sie gehörte scheinbar jener seltsamen

Stimmung ihrer Standes- und Stammgenossen an, die die Begriffe der Etikette, Conduite, Tournüre vom Leben auch ohne alles weitere *[43]* Nachdenken auf das Verhältniß zum geoffenbarten Gott und zur Kirche übertragen ... Auch sie zeigte zunächst kein besonderes inneres Leben. Sie hatte nur Formfehler zu beichten und Nachlässigkeiten, die sie sich in ihrem Unterricht zu Schulden kommen ließ ... Bonaventura rieth nur auf sie aus der feinern Sprechweise und dachte sich: Das ist also die Nonne, von der eine ganze Landschaft spricht und der sich Paula als Freundin zu nähern hofft! Welch ein Nimbus umgab sie aus der Ferne und nun – wie war auch sie schon abgestorben – schon so schattenhaft geworden – ...

Am Schluß der Beichte, die ihn zweifelhaft ließ, ob er wirklich mit der Verlobten des Pater Ivo, des Mariensängers, gesprochen, rührte ihn die Selbstanklage, daß sie sich freute über jeden Tag, wo im Waisenhause der Schulunterricht ausgesetzt wäre ... So auch auf morgen ...

Widmen Sie sich dieser Thätigkeit nicht mit voller Befriedigung? ... fragte Bonaventura ...

Nein – lautete die zögernd gegebene, aber aufrichtige Antwort ...

Bonaventura tadelte eine solche Geringachtung der Versüßung des Klosterlebens ...

Hochwürdiger Vater, sprach Schwester Therese, das Kloster und das Leben gehen nicht Hand in Hand ... Wir sind Erzieherinnen, ja – aber die rechte Erziehung, die Erziehung zur Freiheit des Lebens kann nur von der Freiheit kommen ... Die Kinder wollen dem Leben erzogen sein und wir kommen nicht aus dem Leben ...

Mein Kind, entgegnete Bonaventura nichtzustim-*[44]*mend, jeder Christ muß in seinem Innern eine Stelle haben, um die es n u r allein wie der Friede eines Klosters weht ... Selbst im rauschendsten Gewühl des Lebens, selbst im höchsten Genuß der Kraft und der Freude soll die Christenheit e t w a s achten, was ungefähr dem Leben mit ewig bindenden Gelübden gleichkommt ... Für d i e s e heilige Stelle im Gemüth erzieht man überhaupt und erziehen Sie ... Selbst die Mütter können so nicht erziehen, wie die Erzieherin ... Die Mutter steht zu sehr unter dem Eindruck des eigenen Lebens, um Kindern immer allein den Werth des Hohen und Göttlichen und der von allem Erdenwust befreiten Bildung zu vergegenwärtigen ... Wollen Sie nicht in diesem Geiste erziehen? ...

Schwester Therese blickte einen Moment mit leuchtenden Augen auf und ging, wie es schien, ermuthigt für ihr langsames Sterben im Kloster ...

Bonaventura sah ihr voll Wehmuth nach ... Er hatte den Schmerz, sich sagen zu müssen: War denn dein Wort auch wol mehr, als nur eine Phrase? ... Du fürchtetest zu hören, daß selbst das Lehren und Unterrichten der Jugend einer vom Leben getrennten Kaste nicht gebühre; du fürchtetest, daß dir wol gar noch die letzte Glorie des Klosterlebens, die Krankenpflege, als Anhalt deines gläubigen Sinnes entzogen würde? ...

Zum Nachdenken über solche Zweifel blieb indessen keine Zeit ... Neue Stimmen murmelten schon ... Kleinigkeiten und Kleinigkeiten ... Rother gehörte zu denen, die da lehrten: Die Kirche will alles, auch das Kleinste wissen! „Was ist kleiner", predigte Beda Hun-*[45]*nius über die Beichte, „als Regentropfen! Und dennoch entstehen daraus Ströme, die Häuser niederreißen! Was ist kleiner, als ein Sandkorn! Aber überladest du ein Schiff damit, so wird es in den Abgrund fahren!" Und darauf hin verlangte er in der Beichte jeden Regentropfen und jedes Sandkorn aus dem Privatleben seiner Gemeinde zu wissen ...

Wie sprach da wieder Eine mit der Geschwindigkeit einer Flattermühle, die im Korn die Spatzen verscheuchen soll ... Welche Fülle von Sünden gab es auch noch unter den Heiligen ... Die ganze Stufenfolge der „sieben Todsünden", der „sechs Sünden in den Heiligen Geist", der vier „himmelschreienden" Sünden und der neun „fremden Sünden" ... Und als kannte die

Schwester Küchenmeisterin vollkommen die Unterscheidung dieser neun „fremden Sünden", in welchen der Mensch erstens zur Sünde rathen, zweitens die Sünde befehlen, drittens in die Sünde einwilligen, viertens nur passiv zu ihr reizen, fünftens die Sünde loben, sechstens zu ihr stillschweigen, siebentens dieselbe übersehen, achtens selbst daran theilnehmen und neuntens sie bei etwaigem Anlaß blos vertheidigen kann – so blitzten alle diese Facettirungen der Jesuitendialektik auf in der Klage über die Verhältnisse des Marktes, der Speisekammer, des Backens, des dabei vorgekommenen Naschens und aller möglichen Sorglosigkeiten ... Hier tauchten jetzt auch zwei halb- und drei ganze Novizen auf und im sprudelnden Mittheilungsdrang zum ersten male mit Namennennung Treudchen Ley, die nach Bonaventura's War-*[46]*nung, Niemand zu nennen, dann als die Kostgängerin bezeichnet wurde ...

Manches Wort aus dem lebensklugen Jesus Sirach, dem Montaigne und Knigge der Bibel, war eigens wie für die Schwester Küchenmeisterin geschrieben ... In ihren Bekenntnissen liefen ganz harmlos auch die Schüsseln mit unter, die im Kloster für Cajetan Rother zubereitet und in seine Wohnung geschickt wurden ... Am Sprachgitter der Eingangspforte mußten Schachteln und Körbe immer unterwegs sein, denn selbst seine Wäsche ließ der Pfarrer im Kloster waschen – sodaß es Bonaventura nicht Wunder nehmen konnte, von der folgenden Nonne, die die Schwester Wäschmeisterin war, unter den heißesten Thränen ein Bekenntniß zu erhalten, wo plötzlich wieder Namen fielen wie Eva und Apollonia Schnuphase ...

Die Wäschmeisterin beichtete:

Vor vierzehn Tagen kam ein Korb auf einer Karre vor der Thür des Klosters und so schwer stand er am Gitter, daß die Damen Schnup –

Keine Namen! sagte Bonaventura ...

– die gerade im Kloster waren, selbst, sie vom Gitter zu heben, angreifen mußten ... Sie sagten, es wären lauter neue Ser-

vietten für die Wirthin „Zum goldnen Lamm" ... Sie wollten den Korb zum Zeichnen in die Zelle der Gertrud Ley tragen ...
Keine Namen! wiederholte Bonaventura aufs strengste ...
Ich sehe den großen Waschkorb und sage: Die Zelle der Kostgängerin ist dafür nicht groß genug ... Der *[47]* Korb muß in die Nähstube ... Die beiden Fräulein widersprachen ... Ich werde darüber zornig und sage: Ich denke, ich bin hier die Wäschmeisterin! Nun ergaben sich die Damen – Sonst so hochmüthig und vornehm – heute trugen sie mit ihren feinen Händen und Handschuhen den Korb selbst und das fiel mir auf ... Durchaus wollten sie damit zur Kostgängerin ... Diese war im Chor ... Sie lernte singen ... Wie die beiden Fräulein so durchaus den schweren Korb, statt in die Wäschstube, an der wir schon standen, in die Zelle bringen wollten und niemand auf dem Gange war – die Schwestern waren alle im Chor – sagte ich und schon mit Furcht und Ahnung zu dem Fräulein Eva, der Aeltesten: – Was ist das heute mit dem Korb? Gleich machen Sie auf! ... Da wurden die Mädchen blaß wie die Wand und nun ich das sah, da riß ich selbst den Korb auf und – heiliger Joseph! – statt Wäsche stak – eine Mannsperson unter dem Deckel ...

Bonaventura mußte der Bekennerin Kraft zur Sammlung lassen ...

Ich weiß nicht, hochwürdiger Vater, fuhr sie fort, wo ich es hergenommen habe, daß ich nicht sofort in Ohnmacht fiel ... Ich schrie: Herr! Verlassen Sie jetzt nicht sogleich auf demselben Wege, wie Sie hereingekommen sind, so auch wieder hinaus dies Heiligthum unsrer allerseligsten Jungfrau und des gekreuzigten Jesus, so zieh' ich hier an der Glocke und rufe das ganze Kloster zusammen ... wehe dann Ihnen und Ihren Helfershelferinnen – Und Sie, meine Fräulein, wandte ich mich zu diesen – Aber nun konnte ich nicht weiter ... *[48]* Die beiden Nichtswürdigen fielen in die Kniee und baten um alle Wunden Jesu, sie nicht zu verrathen ... Ein Glück für sie, daß die Orgel so laut ging ... Der junge Mann stand noch im Korb und wollte herausspringen, zog auch eine volle Börse, die er mir in die Hände drücken wollte ... Nein, schrie ich, danken Sie allen heiligen Märtyrern und Bekennern, daß die Schwestern im Chor singen und die Nähstunde schon geschlossen ist ... Entfernen Sie sich augenblicklich! ... Damit drückte ich den jungen Mann, so vornehm und stark er war, wieder in den Korb hinunter, zwang ihm den Deckel über den Kopf und die beiden Damen mußten ihn selbst wieder an beiden Henkeln zum Sprachgitter hinausschleppen, wo sie sich bald damit verhoben hätten, um ihn nur an die Oeffnung hinaufzubringen ... Da waren denn zwei Kerle, die schon auf alle Fälle bereit standen, nahmen die Last wieder an sich und trugen sie zur Straße hinaus wieder auf die Karre ...

Bonaventura konnte bei diesem auf Treudchen berechneten Besuch nur an Piter Kattendyk denken ...

Und Ihre Sünde? ... fragte er nach einer Weile, ohne sich das Bild: Piter im Waschkorb, in seinem komischen Effect – zu lange auszumalen ... Er fühlte sogar Antheil der Freude über einen Beweis so großer Liebe, die Treudchen hatte gewinnen können ...

Sünde? Daß ich den Vorfall – verschwieg – sagte die erschöpfte Wäschmeisterin ...

Verschwieg? Einer pflichtgetreuen That soll man sich gegen niemanden rühmen ...

Muß das Kloster nicht gesühnt werden? ...

[49] Nein ...

Die beiden ruchlosen Frauen kommen noch immer und ich lass' es zu ...

Sie werden sich bessern ...

Als der Korb und die Frauen hinaus waren, rannt' ich umher wie sinnlos und –

Mußten es los werden? ... Erzählten es also doch? ...

Die Beichtende schwieg ...

Sie waren mir also jetzt eben unwahr! ... Das ist ein Frevel – ich will ihn verzeihen ... Die natürlichste Mittheilung, die Sie jedoch machen konnten, war die bei dem armen Kind, dessen

Ruf durch diesen Vorfall so heillos bedroht wurde ... Thaten Sie das?

Der Pfarrer hat –

Die Stimme stockte ...

Dann ergänzte sie zagend:

Hat befohlen, ihr davon nichts zu sagen und – ohnehin – mit ihr kein Wort zu sprechen, das nicht – heilig ist ...

Bonaventura konnte nicht die Befehle seines Vorgängers brechen ... Er konnte ohne Gefahr für die geistliche Würde nicht fragen: Warum nur Geistliches mit Treudchen Ley? ... Er half sich wie öfter in diesem Theil seiner römischen Zauberkunst und hielt sich an die Gesinnung, die sich eben, im Bekennen, offenbarte, nicht an den schwierigen Fall selbst ... Er hatte die Nonne auf Lügen ertappt ... So sprach er denn von dem bedenklichen Vorfall selbst nicht mehr, sondern von der Wahrheit, deren Umgehung schon Adam mit *[50]* Nachtheil sich hätte zu Schulden kommen lassen, als er den Genuß der verbotenen Frucht auf Eva schob, und schon Eva, als sie die Schuld wieder der Schlange zuschrieb ... Die Lüge der Lügen nannte er es aber, wenn man mit dem ausdrücklichen Schein, wahr sein zu wollen, dennoch lüge ... Er legte der Wäschmeisterin eine Buße auf, die seiner immer mehr zunehmenden Reizbarkeit und dem Verdruß, daß hier Alle etwas ausgeplaudert bekamen und nur Die nicht, der dadurch ein Beweis entging, wie sehr sie geliebt wurde, entsprach ... Er befahl ihr, sich der nächsten Beichte der – Kinder im Waisenhause anzuschließen, und sagte:

Mein Kind! Als Erwachsene lerne etwas bei dir behalten! ...

Die Wäschmeisterin entfernte sich mismuthig ...

Das Läuten einer Glocke, die eine Nonne mit der schon geschilderten Hast zog, zeigte Bonaventura an, daß er schon drei Stunden im „Holz der Buße" gesessen hatte ... Nur die Spannung, ob denn nicht endlich auch Treudchen Ley erscheinen würde, gab ihm Kraft, noch auszuharren ...

Da sah er denn endlich den Gang daher kommen eine kleine

Gestalt im braunen Kleide – unverschleiert ... Ein Häubchen bedeckte den Kopf, der ihm aus dem Dunkel des Ganges allmählich erkennbar wurde ... Ein halbes Jahr hatte die lieblichen Züge des jungen Kindes, das schon so viel des Trüben erfahren hatte, mit melancholischer Verhärmung angehaucht ... Die blonden Haare, die bald unter der Schere der Klosterregel fallen sollten, waren in der unkleidsamen Haube *[51]* versteckt ... Um so edler traten die Formen des blassen Antlitzes selbst hervor ... Die Melancholie hatte ihnen nichts von der angebornen Schönheit nehmen können ...

Treudchen näherte sich mit gefalteten Händen ...

Sie schien von einem Gebet zu kommen und leuchtete wie eine Verklärte ...

Hoffnungstrahlend und doch zaghaft schritt sie näher und legte jetzt, wie Bonaventura sah, mit ausbrechenden Thränen ihr Haupt auf das Holz, einer Verbrecherin ähnlich, die den Todesstreich erwartet ...

Was geht nur in dieser kindlichen Seele vor? dachte sich Bonaventura ... Welche Verwüstungen hat ein ruchloser, langsam, aber sicher wühlender Priester, der sie ohne Zweifel in diesem Kloster festhalten will, in ihr angerichtet? ...

Schon hatte Bonaventura, da Treudchen noch schluchzte, angefangen aus ihrer Seele zu beten und, wie sie für die Beichte gelehrt war, den Heiligen Geist anzurufen, der dem Menschen erleichtere, sich selbst zu erkennen – da vernahm er hinter sich in der kleinen Kirche ein auffallendes Geräusch ...

So wenig ihn sonst beim Spenden des Bußsakraments Reden, Singen, Wandeln in der Kirche zu stören pflegte, jetzt mußte er sein Haupt von der zusammengeschlagenen Stola erheben ... Er hörte einen lebhaften und unziemlichen Wortwechsel zweier Männerstimmen ...

Sein eigener Akoluth war es, der ihn begleitet hatte, *[52]* und der Meßner vom Berge Karmel drüben, die miteinander stritten ...

Kaum hatte Bonaventura einige Worte unterscheiden können,

ohne ganz die Ursache des Streits zu verstehen, als sich beim Umwenden seinem Auge der schreckhafte Anblick eines im Meßornat daherkommenden Priesters darbot, der, kaum sich aufrecht erhaltend, an den Chorstühlen mit den Händen entlang tastete und sich auf ihn zuschleppte ... Ein langes Scapulier hing ihm wie einem Mönch von den Schultern herab bis an die Knie ... Es war ein Abbild des bekannten Scapuliers, das die allerseligste Jungfrau im 13. Jahrhundert einem General der Karmeliter verehrte und mit dessen Nachahmung behangen jeder Sterbende den seligen Tod gewinnt ... Der Pfarrer vom Berge Karmel war es selbst, Cajetan Rother ...

Sonst eine hohe, wohlgenährte, mit glühenden Augen ein Bild des Lebens darstellende Persönlichkeit ... Heute dahinschleichend, gelb, von Fieberflecken entstellt und offenbar eben aus dem Krankenbett gekommen ... Gerufen vielleicht durch die beiden intriguanten Nonnen ... Er taumelte unsicher und in jeder Bewegung wie zum Zusammenbrechen ...

Bonaventura übersah sofort, daß auch diese üble Nachrede seines Glaubens, daß die Beichtväter der Nonnen von heftigster Eifersucht gegeneinander entbrannt sein könnten, keine Fabel war ...

Der Zorn, die Ungeduld, vielleicht auch die Furcht, vielleicht eine Anzeige der Nonnen, hatten den Mann vom Lager getrieben ... Ein fremder Wolf bricht in *[53]* deine Hürde! stand auf seinem verzerrten Antlitz ... Er erschien begleitet von seinem Meßner, der gegen Bonaventura's Akoluthen schon seinen frechsten Einspruch erhoben hatte, und redete, erst noch mit gezwungener Freundlichkeit, heiser, vom dumpfhohlen Husten unterbrochen, auf drei Schritte den sich erstaunt erhebenden Bonaventura an:

Mein Herr Bruder! Ei danke! Danke! ... Ich bin ja gesund und wieder wohlauf ... Bitte! ... Sie sind – ja – sehr rasch und – auch hier wieder mein Nachfolger geworden – Ich erfahre das – soeben erst – Bitte – Erlauben Sie – ...

Bonaventura ging ihm entgegen und ergriff seine Hand, die sich eiskalt anfühlte ... Sie sind krank – sprach er ... Ich beschwöre Sie – Gehen Sie nach Hause – ...

Mit künstlicher Kraftäußerung schlug der Pfarrer an seine Brust und sprach so laut, daß es in der Kirche weithin schallte:

Gesund bin ich! ... Danke, Herr Bruder! ... Mit Gott! ... Mit Gott! ... Adieu! ...

Schon drängte er zu dem Gitter, in welchem Treudchen's Haupt unbeweglich lag und nicht aufblickte ...

In Bonaventura's Innerm wühlten alle Schwerter des Schmerzes ... Auch das, auch das ist möglich – bei unserm Priesterthum! ... Dein heiligster Name, Jesus von Nazareth, wird in solchem Mund zur Lästerung! ...

Bei dem Gedanken, daß dieser ruchlose Priester nur verzweifelte, Treudchen Ley könnte einem andern vertrauen, was ihre Seele belastete, ergriff es ihn *[54]* mit solcher Wallung des äußersten Zornes, daß er, nichts mehr achtend von dem, was er sonst, selbst mit Bekämpfung seiner Ueberzeugungen, zu schonen pflegte, rief:

Sie unterbrechen eine heilige Handlung, die ich bereits begonnen habe ... Nach einer Stunde überlaß' ich Ihnen den Sitz in diesem Stuhle ... Jetzt aber gehen Sie! ...

Die Hände des Pfarrers griffen krampfhaft am Scapulier hin und her und wickelten sich bald in das lange Tuch hinein, bald aus ihm heraus ... Der Fiebernde konnte kein Wort gewinnen ... Die beiden Diener standen wie auf der Flucht in einiger Entfernung ... Bonaventura hatte noch die Selbstbeherrschung, am Gitter das Schiebfenster zuzuziehen und Treudchen von dieser unwürdigen Scene zu trennen ...

Herr Domkapitular! ... sprach Rother mit hämischer Betonung der ihm vorgesetzten Würde und tastete dabei zitternd nach dem Eingang in den kleinen Ausbau ... Es war eine Scene, die Bonaventura an sein Erlebniß mit dem Habicht erinnerte, dessen Fänge sich, wie ihn Pater Sebastus in der kleinen dunkeln Kapelle beim Kreuzgang der Kathedrale ergreifen wollte, ebenso an die Altarsäulen festgeklammert hatten, während der Raubvogel mit umgewandtem Kopf dämonisch seinen Angreifer anstarrte ...

Sich sammelnd, hauchte er jetzt leise:

Sie erinnern mich zur rechten Zeit an meine Würde! ... Ich befehle Ihnen – mir die Functionen zu lassen, die mir die Curie übertrug ...

Nun aber lachte Rother hellauf und zog unter sei-*[55]*nem Scapulier einen Brief hervor, rief seinem Meßner, hielt den Brief in die Höhe und krächzte mit heiserer Stimme:

Da, Fangohr! ... Tragen Sie – den Brief sofort in – die Curie ... Die Kirche muß neu geweiht werden – das heilige Holz – exorcisirt –! ... Diese reinen Seelen meiner Himmelsbräute – verführt mir ein – M a g n e t i s e u r –! ...

Dies Wort wurde von dem sich Kraftgebenden wie eine Waffe geschleudert. Ein Wurfspieß konnte nicht drohender fallen. Der Brief war ein Protest des Pfarrers, den er schriftlich aufgesetzt hatte, und Fangohr, sein Meßner, ergriff ihn, um ihn zum Generalvicar zu tragen ...

Bonaventura stand starr ... Nichts mehr hörte er von alledem, was in fieberhafter Hast, mit frostklappernden Zähnen der selbst in Todeskrankheit noch unbändige Mensch an Verwünschungen und Anklagen gegen ihn schleuderte ... Ein dumpfes Brausen benahm ihm die Besinnung ... Alles um ihn her schwankte ... Seine edelsten Empfindungen waren entweiht, seine heiligsten Gefühle auf die Straße geworfen ... Einen Augenblick zuckte seine Hand, dem Meßner die Schrift zu entreißen ... Dann beherrschte er sich, ordnete seine in Verwirrung gerathenen Gewänder und verließ, ohne ein Wort der Erwiderung, vom tiefsten Entsetzen durchriesel, eine Stätte, auf die das Wort des Heilands gepaßt haben würde: „Ihr macht mein Haus zur Mördergrube!" ...

3.

Schon nach einigen Tagen zeigte sich die Wirkung der nunmehr offen ausgesprochenen Anklage ...

Die geheimen Mächte, die alles Edle und Bedeutende in dieser Welt umwühlen, hatten endlich die Achillesferse des bisher so Unverwundbaren gefunden ...

Wer die Anklage zuerst formulirt, sie verbreitet hatte, war nicht zu sagen ... War es Frau von Sicking? ... In solchen Dingen macht sich alles von selbst und namenlos, bis dann einer hervortritt und für alle redet ...

Die Nachricht über den Vorfall im Kloster verbreitete sich blitzesschnell ... Die Mehrzahl sprach über den allgeliebten Priester ihr Bedauern aus und doch – das Mitleid ist ein Zoll, der, wenn auch mit noch so voller Hand gereicht, keine Zinsen trägt ... Ein Gefühl des Beistandes muß fruchtbar, muß die Liebe mehrend sein ... Hier stockte alles und im negativen Bedauern – verlor der junge Priester ...

Bonaventura, dessen ganzes Leben unter Roms Magie litt, war nun selbst ein Magier geworden ... Man theilte ihm die Anklage des Pfarrers vom Berge Kar-*[57]*mel im Original mit ... Wie im Geist des Mittelalters stellte eine zitternde Handschrift Beschwerde über die Wahl dieses Stellvertreters, der ihm „seine Beichtseelen beschädige" ... Der Domkapitular von Asselyn hätte in Witoborn die Gräfin Paula von Dorste-Camphausen magnetisirt, hätte dadurch Visionen veranlaßt und da man den Geist, aus dem diese Thätigkeit der menschlichen Hand sich offenbare, noch nicht zu erkennen vermöge, da die Kirche trotz einzelner Beispiele der Anerkennung und Heiligsprechung der Prophetengabe doch über alles, was an Zauberei erinnere, den Stab breche und mit Moses Zeichendeuterei und Aberglauben verwerfe, so müsse er das Heil seiner Beichtkinder wahren und wünschen, daß die Seelen der Nonnen am Römerweg vor der

Berührung mit einer so gefährlichen Natur, wie die des Domkapitulars, behütet würden ...

Diese Warnung vor Aberglauben kam aus dem Mund eines Mannes, der ein Scapulier trug, das den Sterbenden den Tod erleichtern soll! ... Aus dem Mund eines Mannes, den Bonaventura vernichten konnte, wenn die Gesetze Roms die Mittheilung dessen gestatteten, was ein Priester aus der Beichte weiß! ... Selbst die Frevel jener Verbindung der Schnuphases mit dem Kloster durften von ihm nicht angezeigt werden ... Und hätte Treudchen Ley gestanden, was sie, sie vollends drückte – mußte er nicht auch da schweigen? ... Das sah Bonaventura deutlich, was ihm diese Aermste hatte gestehen wollen ... Unter dem Schein der Religiosität hatte der Seelenmörder das zur Schwärmerei geneigte Kind mit geistlich-sinnlichen Vorstellungen erfüllen wollen *[58]* ... Er hatte ihr Beten, Fasten, Kasteien in Formen vorgeschrieben, die unsicher auf der Grenzlinie zwischen Demuth und Schamlosigkeit hingingen ... Die furchtbarsten Strafen des Himmels hatte er ihr ohne Zweifel angedroht, wenn sie verriethe, was er sie lehrte, um dem Erlöser mit seinen blutenden Wunden auch körperlich ähnlich zu werden ... Angst um ihre Geschwister im Waisenhause, Verehrung vor Priesterhoheit und Priesterunfehlbarkeit überhaupt hatte das ungebildete Kind mit widerstrebenden Gefühlen zur Sklavin seiner Autorität gemacht ... Das alles, Bonaventura wußte es, war bei einem Cajetan Rother möglich und Treudchen Ley litt unter nichts anderm ... Der alte Pater Sylvester, von dem Serlo's Denkwürdigkeiten erzählten, hatte in seiner Weise im Seminar alle diese alten Methoden, Heilige zu machen, mit kindisch raffinirter Naivetät erzählt ...

Nück, der geistige Bundesgenosse solcher Frevel, und Lucinde umflatterten ihn wie mit schwarzen unheimlichen Schwingen ... Wieder erhielt er anonym folgende Zeilen:

„Sie werden von der Beichte suspendirt werden ... Um dies zu vermeiden, räth man Ihnen, selbst Vacanz zu begehren, um eine Reise zu machen ... Nur gehen Sie nicht nach Witoborn, wodurch Sie das Uebel vermehren würden, gehen Sie nach Kocher am Fall ... Uebernehmen Sie die Aufträge nach Wien, so gilt dies für einen Bruch mit der Regierung ... Doch wie Sie wollen; nur folgen Sie mit Vorsicht den Rathschlägen Nück's ..."

Der Athem stockte dem Priester beim Lesen ...

[59] Nück begegnete ihm auf der Straße und rieth ihm, für immer mit diesem Staat zu brechen ... Wir müssen alle an Oesterreich halten! sagte er ... Fort! fort! ...

Was sollte Bonaventura thun! ... Der Rath Lucindens war klug, beachtenswerth ... Aber ein Rath aus diesem Munde! ... Nück's Absicht, ihn für immer zu entfernen, war unverkennbar ... Man kam ihm wieder mit dem Auftrag, nach Wien zu gehen ... Er sollte dem erwarteten Cardinal Ceccone und dem Staatskanzler die Vermittelung mit Rom und dem Landesfürsten, die Befreiung des gefangenen Erzbischofs, dem die Kirche zum irdischen Ersatz für seine Märtyrerkrone den Cardinalshut schicken wollte, aufs dringendste ans Herz legen ... Bonaventura war wie Benno ein Gegner der Waffengewalt, die die Regierung angewandt hatte ... Dennoch gingen sie beide so wenig mit dem Geiste, aus dem Nück alles leitete und einfädelte ...

In dieser zagenden Ungewißheit theilte ihm Kanonikus Taube, der Hausfreund der Kattendyks, im Ton des Bedauerns die Nachricht mit, daß man ihn bis zur Entscheidung der Frage über den Magnetismus durch die Pönitentiarie in Rom ohne Zweifel vom Beichtstuhl entbinden würde ... Er möchte sich, setzte der Weltkluge hinzu, rasch zur wiener Mission entschließen ... So entginge er allen seinen Neidern und Feinden ... Der Regierung bliebe er ja doch unter allen Umständen anstößig, wie jetzt sämmtliche Priester, die adelige Namen trügen ... Bleiben Sie so lange in einem Donaukloster, bis eine Pfründe offen wird! Ja, es sind die Tage *[60]* des Exils! sagte er und ging zur Whistpartie bei der Commerzienräthin ...

Auf einzelne hervorragende Häupter legt sich in großen Krisen die Verantwortung. Es sind oft nur Loose des Zufalls. Irgendein Misverständniß, irgendeine unbegründete Annahme vertheilt die Rollen. Vollends kann ein katholischer Priester seine wahren Meinungen und Gesinnungen nicht kund geben. Bonaventura war gegen den damaligen so nüchternen und freiheitsfeindlichen Geist der Bureaukratie tief eingenommen, er war adelig, galt von früherher noch für gespannt mit seinem Stiefvater, dem Präsidenten, war intim mit dem hervorragenden Adel um Witoborn – wegen alles dessen galt er für einen Römling ... Wie konnte er dagegen protestiren! ...

Der alte Weihbischof übersah seine ganze Lage und rieth ihm gleichfalls, eine Vacanz zu begehren, um vorläufig in Kocher am Fall den kränkelnden Dechanten zu besuchen ...

Benno rieth ebenso ...

Niemand wußte besser, als Benno, wie Bonaventura dazu gekommen war, seine Hand auf Paula zu legen ... Er wurde dazu gezwungen, um Schmerzen zu stillen ... Armgart hatte mit Gewalt seine widerstrebende Hand ergriffen und geführt ... Dann war dafür der Oberst an seine Stelle getreten – schon bei dem Mittagsmahle, wo Paula eine Vision von ihrer Heirath hatte – auch bei seinem Abschied, wo er sie schlafend fand und sie ihn Bischof nannte ... Alles das – er hätte es so gern vergessen – rief man gewaltsam *[61]* wieder in seinem Gedächtniß wach ... „Nach Witoborn?" Das war unmöglich ... Aber als Benno dann sagte: „Vielleicht übernehme ich selbst es, dem Cardinal Ceccone und dem Staatskanzler offen unsere ganze hiesige Lage zu schildern, Nück drängt in mich, daß ich seine Proceßacten befördere" – als Benno fortfuhr und sagte, daß es ihn ewig südwärts zöge und er sich vorkäme wie ein Zugvogel, der wider Willen auch den Winter im Norden zubringen müsse, weil ihm die Flügel gebrochen wären; als er sagte, es wäre ihm, als hätte er sonst die Sprache Aegyptens verstanden, nun aber kämen die andern Störche im Frühjahr von der Reise zurück und plauderten Dinge von den Pyramiden, die er nur noch halb verstünde – da entschloß er sich, einige Wochen in der Dechanei des Onkels zuzubringen; denn zu mächtig schlug sein Herz, Benno endlich sagen zu dürfen, wo sein wahrer Dachgiebel zum Nestbauen im Norden und im Süden wäre – auf Schloß Neuhof und in Rom ... Vielleicht gab die Pfingstzeit, wo Benno nach Kocher nachzukommen versprach, die Stunde der Enthüllung ...

So reiste denn Bonaventura nach Kocher am Fall ...

Er fand den Onkel erregter denn je ...

Was sich auch seit den Enthüllungen über Benno's Ursprung in des Neffen Gemüth gegen den leichtsinnigen „Abbé" aus der Napoleonischen Zeit festgesetzt hatte, bald wich es dem edeln und versöhnenden Eindruck, den des Onkels liebevolle persönliche Erscheinung machte ...

Und nun fand er den Milden, Gütigen in einer *[62]* fast krankhaften Aufregung und von allen seinen alten Principien der Gleichgültigkeit besorgnißerregend verlassen ... Um zehn Jahre war er älter geworden, muthloser, verdrießlicher, die Fliege an der Wand konnte ihn ängstigen ... Leicht drohte auch eine Untersuchung für den alten leichtsinnigen Betrug ...

Frau von Gülpen war eine Mehrung dieser Unzufriedenheit des Greises mit sich selbst und keine Linderung ... Seit dem grauenvollen Erlebniß mit ihrer Schwester, seit der Hinrichtung des Mörders derselben war eine Schreckhaftigkeit über sie gekommen, die in allem Gefahren sah, selbst in dem Alleinwohnen auf der Dechanei ...

Wäre nicht Windhack's gute Laune die alte geblieben, das Leben seiner jetzigen Vereinsamung wäre dem Onkel ganz die Qual geworden, die der römische Priester für seine alten Tage fürchtet ...

Die Frage nach einer neuen Nichte war keineswegs unerörtert geblieben ...

Bonaventura erstaunte, auf wen der Onkel, angstvoll, sein Auge gerichtet hatte ...

Nach den ersten Begrüßungen, nach den ersten Auslassungen des Scherzes, sogar über die Ursache dieser Reise des Neffen, über den magnetischen Rapport desselben mit der schönen Seherin von Westerhof, folgte die Mittheilung, daß der Briefwechsel zwischen ihm und dem Präsidenten von Wittekind aufs lebhafteste andauere. Der Renegat Terschka hatte zwar Schweigen gelobt, aber man müsse alles höchst vorsichtig „applaniren", auch mit der Schwester Benno's – Angiolina Pötzl in Wien ...

[63] Auf diese hatte er für seine letzten Lebensstunden und zur Vorbereitung der Erkennungen sein Auge gerichtet und darüber nach Wien geschrieben ... Freilich war schlimme Antwort gekommen ... Graf Hugo lebte wie durch die Ehe mit ihr verbunden ... Wäre auch, hieß es, ein Bruch infolge der Heirath des Grafen mit Paula vorauszusehen, so eigne sich doch weder der Ruf noch das Naturell jenes vom Glück verwöhnten, in Erfüllung aller ihrer Wünsche auferzogenen Mädchens für die Rücksichtsnahmen einer geistlichen Wohnung ...

Der Präsident, Bonaventura's Stiefvater, überrascht und fast erschreckt durch Terschka's Flucht nach England und sein dortiges Auftreten unter Protestanten und Mitgliedern der italienischen Emigration, ließ jetzt in seiner Reizbarkeit gegen die Anerkennung seiner ihm bekannt gewordenen Geschwister nach, correspondirte mit Lehrern des Kanonischen Rechts und wurde vorzugsweise von seiner Gattin bestimmt, sich mit dem Gedanken vertraut zu machen, daß die heimliche und trügerisch geschlossene zweite Ehe seines Vaters vor der Kirche zu Recht bestünde ... Schon ergab er sich jeder Wendung der Zukunft und erklärte, auf weitere Nachforschungen seinerseits verzichten, auf Ausgleichungsvorschläge gefaßt sein zu wollen ...

Bonaventura staunte, daß sowol vom Kloster Himmelpfort wie von Wien und Rom aus über diese Angelegenheit ein plötzliches Schweigen eingetreten war ... Hatte sich Ceccone den Jesuiten unterworfen? ... Zuletzt war es seine Mutter, die in ihrer steten Gewissensbedrängniß und dem den Frauen eignen System der Ver-*[64]*tuschung von selbst darauf kam, ihr Gatte sollte sich den Blick in die Zukunft dadurch erleichtern, daß er dem

Schlimmen aus eignem Antrieb entgegenkäme ... Ihr mit wühlerischem Verstand um sich blickender Sinn erkannte zuerst, daß die ihr jetzt erst ganz offenbar gewordenen Beziehungen des Kronsyndikus zum Dechanten mit dem Dasein Benno's zusammenhingen ... Der Präsident hatte in einem eben beim Onkel angekommenen Briefe seine Ueberraschung über die ihm von seiner Gattin mitgetheilte Möglichkeit ausgesprochen und den Dechanten ersucht, den vortrefflichen jungen Mann, den er schon schätzte, den Freund seines Sohnes, des Domkapitulars, klug und besonnen seinem brüderlichen Herzen näher zu führen ...

Diese Enthüllung erfolgte dann in den Tagen, als Benno, nichts von dem ahnend, was ihm bevorstand, gleichfalls in Kocher erschien ... Auch Benno wohnte in der Dechanei ... Er kam heitrer und sorgloser, als man ihn seit lange gesehen hatte ... Er brachte Briefe von Thiebold, der sich soeben in Geschäftssachen in England befand und Wunderdinge berichtete über das Ansehen und die Geltung, die sich Terschka in London durch seinen wirklich erfolgten Uebertritt und den Anschluß an die Sache Italiens erworben hatte ...

Benno war besonders auch für Frau von Gülpen ein trostreiches Element. Ihr Herz hing an ihrem Zögling mit der ganzen Innigkeit, die bei Frauen zwischen polternden Vorwürfen, wie schlecht man seine Wäsche behandeln lasse, und der Angst, man könnte sich bei geringster Erkältung, z. B. auf Windhack's Sternwarte den Schnupfen holen, die hin- und hergehende Mitte hält ...

[65] Dann war es an jenen Abenden, wo die Cassiopeja ihren funkelnden Schein zur Vorleuchte am Baldachin des Himmels macht, wo der „Schwan" aus Nordost sein mildes, wie ein flokkenreines Gefieder strahlendes Licht erzittern läßt, unter dem Schmettern der Nachtigallen, die im Park der Dechanei nisteten, beim Duft der Hollunderblüten – als Benno im stillen Wandeln unter den einsamen Alleen aus Bonaventura's Mund das Geheimniß seines Lebens, seinen wahren Namen – Julius Cäsar von Wittekind erfuhr ...

Er erfuhr ihn allmälig ... Beim feierlichen Nachzittern des Stundenschlags der Kathedrale von Sanct-Zeno, nach einem feierlichen Gelübde, das ihm Bonaventura abnahm, nichts zu unternehmen, was nicht mit den Interessen seiner nächsten Freunde und jetzigen Verwandten im Einklang stand ... Er erfuhr zuerst den Namen und die Lebensstellung seiner Mutter ... So steigt die Sonne mit purpurrothen Gluten aus der Erde ... So kommt eine Friedensbotschaft an die Menschheit, verkündet von dem Klang unzähliger in den Lüften schwebender Harfen ... Eine Römerin! ... Aber noch fehlte der schrille Accord: Der Name des Vaters ... Die Schwere des Erlebnisses war zu niederdrückend ... Noch wurden nur die Namen Kassel, Altenkirchen, Rom, auch Wien, letzteres um der Schwester willen, genannt, noch erst die Auffassungen der Kirche und des Dogmas erörtert ... Fast sprachlos starrte Benno, der wie ein Träumender stand, allem, was Bonaventura sagte ... Die Freunde mußten sich unter Hollunderbüschen auf eine Bank niederlassen *[66]* ... Die Schilderung der Scene in der Waldkapelle, wo seine Mutter von einem verbündeten Complott so ruchlos betrogen wurde, raubte Benno die Sprache ... Stumm blickte er auf die Lippen seines Freundes, der in seiner milden, innig zum Herzen sprechenden Weise entschuldigend erzählte und alles nannte bis auf den Namen – des Vaters ... Nenn' ihn nicht! rief Benno, als müßte er die Mutter rächen, wie Orest den Vater rächte ... Bonaventura sagte: Er ist todt ... Endlich nannte er auch diesen Namen ... Da brach Benno zusammen an des Freundes Brust ... Ein Gefühl der Scham überflog ihn und wie ein Gifthauch südlicher Luft nahm ihm den Athem ... Auf die so plötzlich aufgesprungene Blüte seines wunderbaren Daseins das störende Wälzen eines großen giftigen Skorpions ...

Tiefgeheimnißvoll ist das Blut, das durch die Geschlechter rollt ... Der gespaltene Funke wird da zur Flamme; die gespaltene Flamme mehrt sich an Kraft ... Ein Geschlecht kann auf Jahrhunderte die Signatur des Körpers und Geistes bewahren, wenn die Mischungen bedacht sind, immer wieder auch das Fremdartige liebend sich anzueignen ... Benno aber mußte mit erstickter Stimme sprechen: Ich ein Wittekind! ... Ist das, wie wenn Wettersturm aus den Schluchten des Teutoburger Waldes braust! Meine Ahnenreihe bis in die Sagenzeit ... Doch – Friedrich und Jérôme von Wittekind meine Brüder! ... Der Geist abgewelkt im Vater schon! ... Oder war das nur das Loos der Ichsucht? ... Ja, so gehen Despoten hinüber, die keinen Gegner finden, der sich mit ihnen mißt! ...

[67] Alle die Beziehungen des Vaters, die Benno so gut kannte, wurden dem von Entsetzen Ergriffenen wie der Eingang in eine dunkle Höhle voll unheimlicher Gestalten, die er in Waffen betreten sollte ... Klingsohr, der Sohn des ermordeten Deichgrafen, der g e i s t i g e Sohn des Kronsyndikus, stand plötzlich mit wirren Locken vor ihm und reichte ihm mit dem Brudernamen die blutige Rechte ...

Ein Fieber ergriff ihn ... Wie eine Mutter nach der Geburt ... Wie das Hemd des Nessus brannten alle diese Namen und Beziehungen ...

Angiolina – und – Pötzl – ein höhnischer Satyrkopf dieser Name hinter Rosenbüschen ... Wie kam der alte Schauspieler Pötzl bei den Kattendyks zu dieser Verlornen? ... Auch die Mutter, Herzogin von Amarillas – die „Freundin" eines Cardinals Ceccone – ...

Leiden unter etwas Angeborenem ist nicht zu schwer ... Der Krüppel, der Blinde, der Taube nimmt das Leben, wie es ihm die Geburt beschert ... Aber die Schönheit erst verlieren, das Häßliche erst gewinnen, plötzlich ein Blinder, plötzlich ein Tauber werden, das ist ein furchtbares Menschenloos ... Benno riß sich an jenem Abend aus Bonaventura's Armen und rief:

Ich könnte in die Wälder rennen wie ein Wolfsmensch! ...

Ruhe! Ruhe! sprach Bonaventura und beschwichtigte ihn durch seine Umarmung ...

Am Morgen nach diesem verhängnißvollen Abend war die

Begegnung mit dem Onkel und mit Frau von Gülpen erschütternd ... Der Onkel grüßte mit Weh-*[68]*muth und die Augen tief niederschlagend ... Er hätte die ewig dunkle Binde über Benno's Augen vorgezogen ... Das sagte er auch und lobte, als ihm Benno krampfhaft um den Hals stürzte, die Blindgeborenen, weil die alle so heiter blieben ...

Benno preßte nur stumm seine Hand ... Es lag die Verzeihung der Liebe und der Dank für ein ganzes, doch nur vom Dechanten ihm gerettetes Leben darin ... Reden konnte er nicht ... Das Blut rollte ihm wie ein ihm fremd gewordenes und ungebändigt durch die Adern ... Als er zu scherzen versuchte, sagte der Onkel: Das hat er ganz von seinem tollen Alten! Der konnte auch, wenn er wollte, ganz verteufelt liebenswürdig sein! ... Dies Wort kam noch zur Unzeit ... Aber, als Benno düster die Augenbrauen zusammenzog, sagte der Dechant auch da: Wie sein Vater, der grimme Jäger! ... Der Onkel hatte das Bedürfniß, das Ueberseltsame wieder in das Altgewohnte zurückzulenken ... Da sprach denn, als auch Frau von Gülpen, Benno's zweite Mutter, sich ausgeweint hatte, Benno:

Nun bitt' ich nur um eines! Gebt mir meine fünf Julius Cäsar-Jahre heraus, die ich schon länger auf der Erde weile, als ich Erinnerungen habe – und die Taufscheine es wußten. Um wie viel früher hätt' ich jetzt Hoffnung, meinen Militärmantel abzulegen! ...

Alle nähern Umstände dieser Verheimlichungen wurden erzählt ... Mit dem ihm eignen scharfen, aller Lebensverhältnisse kundigen Ueberblick durchschaute Benno alle neuen und nicht offen kund zu gebenden Bedingungen seines Lebens ... Er beruhigte den Präsidenten in *[69]* einem Schreiben, in dem er ihn als Bruder begrüßte ... Mit edler Selbstbeherrschung bot er jede Bürgschaft, daß seine langgeprüfte Geduld, die Ergebung in sein räthselhaftes Dasein ihn an Entbehrung äußerer Anerkennungen gewöhnt hätte ... Ja, der Adoptivname, den er einstweilen trage, „von Asselyn", wäre ihm ja durch seine theuersten Freunde geheiligt, auch von der Krone genehmigt ... Er mache nur dann Ansprüche auf die Wiederherstellung seiner Stellung zum Leben, wenn niemand damit eine Kränkung widerführe, am wenigsten seiner noch lebenden Mutter ... Diese freilich in ihrer Ansicht über das Vergangene zu erforschen, ihr sich, wenn es irgend ohne Verletzung äußerer Rücksichten möglich wäre, zu nähern – dafür ergriffe ihn ein unwiderstehliches Verlangen ... Ebenso zöge es ihn zur Annäherung an Angiolinen ... Eine Reise nach dem Süden läge nun fest beschlossen in seiner Seele ...

Der Präsident antwortete voll Güte und gerührt dankend ... Er bot ihm reichere Mittel, als Benno annehmen konnte, da eine zu schnelle Veränderung seiner Lage leicht hätte Vermuthungen wecken können, die von allen Betheiligten nicht gewünscht werden konnten ... Auch Thiebold durfte nichts erfahren ... Der tolle Mensch, sagte Benno zu Bonaventura, thut in der Regel alles, was ich zu thun mich schäme, aber gern im Stillen manchmal thun möchte ... Er verhindert mich an Thorheiten, weil er sie selbst übernimmt ... Ich glaube, er übernähme dies Drohen mit meinem Geheimniß, dies Zupfen an Schleiern, die man allenfalls lüften könnte ... Besser, wir schweigen auch gegen ihn ...

[70] Je lichter somit von der Dechanei aus der Blick auf das sonnige, waldumkränzte, solange geheimnißvoll verschleiert gewesene Schloß Neuhof wurde, desto düsterer blieb der auf Witoborn und Westerhof ...

Bonaventura hatte seit einem Vierteljahr sich nur im Entsagen geübt, auch nichts mehr von dorther vernommen, was ihn besonders wieder hätte aufregen können ...

Der Oberst, das erfuhr er erst hier, leitete die Vorbereitungen zu seinem Papierbetrieb ... Der muthige Mann fand die größten Schwierigkeiten ... Sie gingen bis zu muthwilligen nächtlichen Zerstörungen seiner Bauten ... Armgart und Monika mußten sich in ihrer ganzen Kraft zeigen ... Sie hatten ein kleines Haus in Witoborn gemiethet und es geschmackvoll, wenn auch einfach eingerichtet ... Hedemann schrieb an den Dechanten von einer Heirath mit Porzia Biancchi, der Tochter des Gipsfigurenhändlers ... Seine Aeltern waren schnell hintereinander gestorben ... Ein so schönes Familienverhältniß hätte sich jetzt begründen können, aber die Beunruhigung durch die lichtscheue Bevölkerung der Gegend war zu groß ... Armgart verlöre, hieß es, allen Halt in ihren Anschauungen ... Wo sie hinginge, müßte sie – „sie"! – Reden halten zur Vertheidigung – des Papiers und der Aufklärung! ...

Ulrich von Hülleshoven überflügelte bald die Herrschaft seines Bruders Levinus auf Schloß Westerhof ... Mußte ihm das gelingen schon durch seinen männlich festen Sinn, seine Lebenserfahrung, so kam der wohlthuende Eindruck hinzu, den er auf die Frauen machte ... Er war in der Lage, Monika's schroffe Entschiedenheit, *[71]* die indessen den Dechanten noch immer in ihrer Correspondenz entzückte, zu mildern ... Während Monika bald das Stift Heiligenkreuz zum Feinde hatte, während sie die Frau von Sicking zur Aenderung ihres Aufenthalts bewog und in diesen Kämpfen von Armgart's wie aus einem Traumleben erwachendem gesunden und frischen Sinn unterstützt wurde, schlösse man sich, erzählte der Onkel aus Monika's Briefen, dem Obersten an, der zu begütigen und auszugleichen wisse ... Paula gewann ihn, das wußte Bonaventura, besonders lieb und erlag seiner magnetischen Einwirkung ... Der Oberst durfte sie nur berühren und sie versank in jenen Schlummer, der ihr einziges Labsal war im Schmerz des Nerven- und Seelenlebens ... Bonaventura beobachtete dies gleich an dem letzten Mittag vor Terschka's Flucht, wo Paula bei Tisch mit der abwesenden Armgart zu sprechen angefangen ... Der Oberst führte sie damals in ihr Zimmer und sie antwortete auf jede seiner Fragen ...

Bonaventura erzählte davon dem Onkel ...

Paula, berichtete er, ohne Zweifel übermannt von der seit dem Fund der Urkunde sie folternden Angst um den Grafen Hugo, hatte die bei Tisch fehlende Armgart gefragt, was sie am

Schranke suche? ... „Am Schranke?" ... fragte man ... „Ein Kleid?" ... Nimm ein weißes, sprach sie, es steht dir besser! Auch die Myrte nimm! setzte sie hinzu ... Die Myrte? fragte der Oberst. Macht denn Armgart Hochzeit? ... Darauf stockte Paula und erwiderte: Armgart sucht ein Kleid für sie aus ... Sie meinte: für sich selbst ... Niemand hatte den Muth, zu fragen: Heirathest du *[72]* denn? ... Ihr Kleid ist aber noch nicht fertig! sagte sie dann wie aus sich selbst und zeigte hinauf in die Luft mit den Worten: Sieh, sieh, die vielen Körbe! ... Fast so heiter sprach sie das, daß die Umstehenden an die Zahl der zunehmenden Bewerber denken mochten ... Aber Paula setzte hinzu: Korb an Korb! ... Am Altar der „besten Maria" stehen sie! ... Jetzt hätte leise die Tante erklärt: Terschka erzählte vom Schloß Castellungo, daß die nächstliegende Kapelle der „besten Maria" gewidmet wäre und die malerisch schönen Seidencocons oft in hunderten von Körben unter Blumen dort niedergestellt würden zur Segnung durch Priesterhand ... Paula entschlummerte dann ... Jeder sagte: Sie hat in den Körben die Anfänge ihres Brautgewandes gesehen ...

Der Onkel schüttelte den Kopf, versank aber über die Nennung des Namens Castellungo in ein staunendes Nachdenken ...

Bonaventura führte sich selbst noch oft seine letzten westerhofer Tage vor ... Er riß sich an jenem Mittag voll Verzweiflung los ... Er glaubte überhaupt keinen Abschied von Paula nehmen zu können und griff zur Feder, um seine Empfindungen niederzuschreiben ... Zwei Briefe entwarf er ... Einen in der stürmischsten Liebesbetheuerung mit dem Bekenntniß aller Gefühle, die auf dem geheimsten Grund seines Herzens lebten ... Es war ein trunkener Rausch der Herausforderung an sein Geschick und doch – er warf ihn in die Flammen ... Einen zweiten schrieb er milder, ersichtlich zum ewigen Abschied ... Auch diesen vernichtete er ... So stand er *[73]* rathlos ... Da hörte er neben seinem Zimmer das Aechzen seines Wirths Norbert Müllenhoff, der im ersten Stockwerk schlief ... Das an der Pfarrhausthüre

ausgesetzte Kind gehörte ohne Zweifel nur dem wunderlichen
Zeloten ... Die Zukunft des Unglücklichen war zerstört, wenn
die Rache der Hebamme, im Bund mit dem buckeligen Geiger,
die finkenhofer Lene zum Geständniß vor Gericht brachte ...
Einmal hörte er den Pfarrer in seiner Kammer laut ausrufen:
Allmächtiger Schöpfer Himmels und der Erden! ... Es war ein
Ruf wie aus der tiefsten Seele ... Die Hände wurden dabei zusammen geschlagen wie von einem Verzweifelnden – Dann war
wieder alles still ... Bonaventura erbebte ... Es durchschüttelte
sein Gebein, diesen Ausruf zu hören, der aus der Tiefe des Jam-
mers kam ... Müllenhoff sah voraus, daß ihm eine zeitweilige
Verweisung in das Strafkloster Altenbüren gewiß war ... Ein
ewiger Makel haftete damit an seinem Leben, ein Hinderniß an
jeder Beförderung ... Hätte nicht auch Bonaventura in diese
Anrufung des Schöpfers der Natur einstimmen und alle Elemente entbieten mögen, ihm beizustehen, die Zwingburg unnatürlicher Gesetze zu brechen? ... Er klopfte an die Kammer und
trat ein mit der Frage an den Stöhnenden und jetzt mit zusam-
mengefalteten Händen wie bewußtlos Daliegenden, ob er ihm in
irgend etwas vor seiner an demselben Abend bevorstehenden
Abreise behülflich sein könnte ...

Anfangs fuhr Müllenhoff in gewohnter Grobheit auf ...

Dann besann er sich, bat für sein ungeberdiges Wesen um
Verzeihung und wagte es, überwältigt schon *[74]* von der un-
endlichen Milde in Bonaventura's Ton, unter dem Siegel der
Beichte, seinen Vorgesetzten zu bitten, zur Frau Schmeling und
zu jener Lene zu gehen und – den Versuch zu machen, die ihm
drohende Gefahr abzuwenden ...

Bonaventura fand sich bereit dazu ... Er betrat das Häuschen
der Hebamme, redete ihr, ihrer Magd und der noch anwesenden
Lene, jeder erst unter vier Augen, dann allen zugleich zu, die
Verfolgung des Pfarrers von Sanct-Libori zu unterlassen ... Die
nicht kleinen Summen, die es zu bieten gab, um ein Schweigen
nach allen Seiten hin zu erwirken, legte er aus ...

Ach, wie unrein schienen ihm seine Hände, als er sich aus diesem Hause entfernte! ... Die Küsse, die man ihm darauf gedrückt hatte, mehrten nur das brennende Gefühl, sich in unwürdiger Berührung befunden zu haben ...

Diese Verrichtung des Mitleids brachte Bonaventura um die Gelegenheit, den Düsternbrook und die beiden Eremiten zu besuchen ... Er hörte nur, daß sie vom Zustrom der Umgegend heimgesucht und Gegenstand der lebhaftesten Verhandlungen zwischen ihrem Kloster, seinem Stiefvater und den Behörden waren ... Jetzt waren sie auf dem Wege nach Rom ...

Auf Westerhof erschien er dann wirklich noch persönlich zur ernsten Abschiedsfeier ... Aber als Priester – als schwankes Rohr, als „Begriff, den zwei Jahrtausende mit bunten Kleidern behängen" ... Vor allem, was er dann doch vielleicht blindlings aus einer Todesurne hätte ziehen können, bewahrte ihn Paula selbst ... *[75]* Sie war, erzählte er wieder dem Onkel, gerade entschlummert ... Der Oberst ließ seine Hand auf ihr ruhen und sprach mit ihr wie mit dem willenlosen Werkzeug seiner eigenen Kraft ... Verwandtschaftlicher Rechte sich bedienend, fragte sie der Oberst mit Vertraulichkeit: „Siehst du den, der eben ins Zimmer tritt?" ... „Sie sieht ihn!" lautete die Antwort ... „Willst du mit ihm sprechen?" ... „Sie stört ihn!" ... „Warum stört sie ihn?" ... „Er opfert." ... „Siehst du einen Priester?" ... „Einen Bischof!" ... „Ist er allein?" ... „Kinder stehen um ihn!" ... „Sie tragen leinene Streifen am Arm?" ... „Du sagst es!" ... „So firmelt dein Freund die Knaben und die Mädchen ... Redet er? ... Sprich ihm nach, was er redet!" ... „Ich glaube an Gott, den Schöpfer Himmels und der Erden, an die Liebe, die Erhalterin der Welt, gelehrt durch Jesus Christus, an den Geist der Wahrheit, der uns zur ewigen Hoffnung führt!" ... Wieder traten die zahlreich Umstehenden befangen zurück ... Wieder war es eine jener „incorrecten" Visionen wie Frau von Sicking zu sagen pflegte ...

Paula sprach, nach des Onkels Ansicht, einen Glauben aus,

den sie in Bonaventura's und des Obersten Innerstem zu lesen glaubte ...

Das erzählte aber Bonaventura nicht, daß er sich damals, noch ehe sie erwachte, losriß mit Thränen im Auge und abreiste, begleitet von den Dank- und Segenswünschen aller derer, die ihm nahe gekommen waren – von denen seiner Mutter an, die ihn in Witoborn noch *[76]* an der Post überraschte, bis auf den Händedruck Müllenhoff's, der ihm flüsternd – „in monatlichen Raten" zurückzuzahlen versprach, was seine Güte unter dem Dach der Verschwörer für den neuen Concordatsstifter und exemplarischen Bußheiligen verauslagt hatte ...

Paula hatte Bonaventura als Bischof gesehen ... Der Onkel verlangte, daß Bonaventura auch in seinen Wirkungskreis nicht ohne eine höhere Würde zurückkehrte ... Begib dich, wenn sie dir nicht zu Willen sind, solange in ein Kloster! ... Ein Mensch wie du darf nur fallen, um desto größer wieder aufzustehen ... Und die Leiden des Gemüths seines Neffen wol überblickend, sprach er: Armer Thor, was senkst du das Haupt und kannst dich in dein priesterlich Erbtheil nicht finden! ... Zwei weibliche Schatten umkreisen dich! Ein dunkler und ein lichter! ... Jenen fliehst du und diesen wagst du nicht festzuhalten! ... Ich bin dir kein Muster, aber ich könnte dir bessere Naturen, als die meinige nennen, die auch eines Tages zwischen dem Gott in der Natur und dem Deus in pyxide wählten und für ersteren entschieden ... Und ein andermal sprach er: Sagst du für Franz von Sales gut? ... Ich theile alle Heiligen in drei Klassen ... Solche, die die verbotene Frucht bereits brachen und denen es dann, als sie satt waren, leicht wurde, in die Wüste zu gehen – in diesem Sinne haben wir noch jetzt Millionen Heilige und seit zwanzig Jahren bin ich der Allerheiligste unter ihnen – Dann in solche, die entweder geborene Narren waren oder es wurden, weil sie gerade auf den Naturtrieb hin, um diesen und nur diesen zu unterdrücken, *[77]* das Tollste erfanden – wahre Casanovas der Frömmigkeit nenn' ich sie ... Ihre innerste Sinnenqual versetzte sich ihnen, wie bei einer jungen Mutter die Milch in den Kopf steigen kann, so in religiöse Narrheit ... Endlich die dritte Gattung sind jene ganz geschlechtslosen Constitutionen, bei denen die Tugend eine fehlerhafte Organisation ihres Körpers ist ... Diese Halblinge findest du meistens unter äußerlich imponirenden Gestalten ... Darauf hin konnte auch mein Leo Perl in Paris ruhigen Bluts zusehen, wenn sich die andern im Palais-Royal ergingen ... Sei überzeugt, alle die Heiligen, die nicht auf die Klasse I und II paßten, gehörten zur Klasse III! Wasserpflanzen, wo auch die ganze Kraft – wie da drüben auf meinem Weiher! – in den breiten, trägen, schönen Blättern liegt ...

Solche Gespräche gab es häufig, selbst in Gegenwart Benno's beim Wandeln durch den Park, unter den eben sich erst mit dem jungen Laub ganz schließenden Alleedächern, beim Zwitschern der Vögel, beim Duft der Blütenpyramiden der Kastanienbäume, der Maiblumen und Narcissen auf den Buchsbaumbeeten, beim Schimmern der Dotterblumen von den Wiesen her ...

Einmal an einem Strauch von Weißdorn still stehend, sagte Bonaventura:

Onkel, ich bin so weit gekommen, daß ich an einem solchen einzigen Blatt, wie du hier siehst, stundenlang beobachten kann! ... Sieh, es hat sich eben aus seiner Knospe entrollt! Wie zart dies Grün! Wie sanft aufgekräuselt die Windungen des kleinen Sprosses! Die kleinen Härchen, die auf dem jungen Keime sitzen, möchte man *[78]* zählen! Es gibt nichts, was uns gegen alles das retten kann, was du schilderst, als die Betrachtung des Kleinsten! ... Ich heuchle dir nicht Frömmigkeit, nicht mehr Begeisterung für meinen Beruf, den ich schmerzlich erkannt habe – ich habe aber ein Vergessen des Allgemeinen und meiner selbst in einem kleinen stillen Glück wie dem hier – vor einem solchen Frühlingsblatt ...

Das sind bei mir die Radirungen und Kupferstiche ... sagte der Onkel, der für seine vorjährigen Warnungen gegen Rom eine frühzeitige Genugthuung erhielt ...

Benno mußte zeitiger nach der Stadt zurück ...
Er reiste an seiner Seele wie mit Adlerschwingen ...
Er hoffte sich zunächst von einem Staatsleben freimachen zu können, das damals für den Menschen in seiner angeborenen Freiheit keine Bürgschaft bot ... Er wollte im Herbst über Wien nach dem Süden ... Er widersprach dem Onkel nicht, als dieser, ohne daß es Bonaventura hörte, sagte:

Vielleicht kannst du die Angelegenheiten Paula's zu einem guten Ende führen! Vielleicht deiner verwilderten Schwester die Nachfolgerin geben, die dem Hause Salem-Camphausen unerläßlich ist! Schon hör' ich, daß die Gräfin Erdmuthe nach Schloß Westerhof reisen und versuchen wird, alle Bedenklichkeiten persönlich zu beseitigen ...

Bonaventura war bei diesen Worten wol zugegen, hörte sie aber nicht ... Er sah zu den Bäumen auf, unter denen sie dahinwandelten, und sprach, als beide näher kamen:

Wie doch seit Jahren der Fink immer nur wieder *[79]* zwischen denselben Aesten sich ansiedelt, die Nachtigall denselben dunklen Busch sich sucht, die Schwalbe in demselben Gesims an deinem Portale haust ... Ein solches Heimatsgefühl! ...

Jeder findet sein rechtes Nest ... sprach nach einigen weitern Schritten ruhigen Wanderns der Dechant ... Auch – Paula wird wissen, daß die Liebe zu einem römischen Priester nicht zu den Möglichkeiten dieser Erde gehört und – wird nach Wien gehen ...

Ich will sie selber trauen! fiel Bonaventura mit einem zukkenden Schmerzensausdruck ein ...

Es war ein Wort von solcher Schwere, daß der Dechant und Benno erschüttert schweigen mußten ... Letzterer gedachte auch des immer mehr ihm und Andern verklingenden Namens: – Armgart ...

Als Benno dann abgereist war, kam in der Dechanei ein neuer Brief von Monika ...

Das war ein Erguß frischer und gesunder Lebensanschauungen ...

Sie berichtete dem Dechanten von einer nothwendigen Reise des Obersten nach England – von einem vielleicht gelegentlichen Abholen der Gräfin Erdmuthe – von Armgart's Begleitung des Vaters nach England – von Paula's leider schon bedenklich eingerissener Gewöhnung an die magnetische Behandlung durch ihren Gatten – von der Angst und Sorge, die man nun ohne ihn über ihren Zustand haben müsse ...

Bei Erwähnung der gegen Bonaventura gerichteten Anklagen, deren Kunde schon bis Witoborn gedrungen war, sprach sie von dem einstimmigen Urtheil aller *[80]* Betheiligten, daß die Ehe mit dem Grafen Hugo geschlossen werden müßte ...

Monika bekannte sich als entschiedenste Beförderin dieser Verbindung ... Graf Hugo wäre eine Natur mit Eigenschaften, die nur entwickelt zu werden brauchten, um vor ihm mehr, als Achtung, sogar für ihn Neigung zu empfinden ... Bequemen Temperaments, wollte er beherrscht sein und jeder müsse ihm eine würdigere Leitung wünschen, als er sie bisjetzt gefunden ... Was an Terschka noch allenfalls Gutes wäre, verdanke dieser dem Grafen ... Der jesuitische Intriguant hätte die Macht einer guten und harmlosen Natur so auf sich einwirken gefühlt, daß er an seinen Aufträgen irre geworden wäre ... Wenn Paula in ein Kloster ginge, würde sie nach wenig Jahren eine Beute des Todes sein ... Sie müsse die Gräfin von Salem-Camphausen werden ... Der Domkapitular von Asselyn müßte sogar die Kraft über sich gewinnen, selbst die Hand zu bieten zu dieser nach allen Richtungen hin bedeutungsvollen gemischten Ehe ... In dem lieblichen Salem, in dem, wie sie gehört hätte, noch glückseligeren Thale von Castellungo würde die junge Gräfin, als Gattin, als Mutter blühender Kinder, als Theilnehmerin an den vielen gemeinnützigen Unternehmungen der Gräfin Erdmuthe, Lebenslust und Lebenskraft gewinnen ... Alle, alle, ihre Schwester Benigna, Onkel Levinus, die Bewohner von Neuhof wären der gleichen Meinung ... Die einzige Armgart, die noch immer widerspräche, hätte sie auch deshalb mit dem Vater nach England geschickt, wo sie überhaupt bei Lady Elliot eine Zeit lang bleiben *[81]* und neue gesunde, praktische Anschauungen gewinnen müsse ... Armgart hätte sich indessen bei einigen Conflicten in der That mit großem Muth benommen und wäre seit den drei Tagen Correctionsgefängniß im Mühlenthurm mehrfach anders geworden ... Die Begegnung mit Terschka fürchte sie nicht mehr; London wäre wie ein Ameisenhaufen; Armgart hätte Kraft und Charakter aus Instinct schon immer gehabt – jetzt fange sie auch an, zu w i s s e n, was sie wolle ...

Das war eine Sprache, als sah man die kleine junge Frau ihre grauen Locken schütteln und mit blitzendem Auge, frischer Wange, ihren weißen Zähnen aller Bedenklichkeiten geringschätzig lächeln, die nach ihrem Sinn nur krankhafte Empfindsamkeit geltend machen konnte ...

Der Dechant war ganz gleicher Ansicht ...

In dem kleinen grünen Studierzimmer, wo die Worte nicht so ungehindert gewechselt werden konnten, wie unten im Garten und im Park, den zu besuchen nicht jedem Bewohner der Stadt erlaubt war, lasen Beide diesen Brief ...

Gestört von dem Rollen der Thüren und dem Horchen und Bangen Petronellens, erhob sich Bonaventura, riß sich von der Hand des Greises, die ihn halten wollte, los und eilte erst in den Park, den er eine halbe Stunde lang wie ein Geistesabwesender durchschritt, dann flog er auf sein Zimmer, um an Levinus von Hülleshoven zu schreiben ...

Er hätte mit Bedauern gehört, schrieb er, daß sich die Leidenszustände Paula's vermehrten, daß ihr Leben schon ganz abhängig zu werden drohte von einer Ein-*[82]*wirkung, die beiden Theilen zuletzt die drückendsten Verpflichtungen auferlegte ... Auch von den fortgesetzten Bildern und dem Sinn der Träume des edeln Mädchens hätte er gehört und beklage schmerzlich, daß sie übel gedeutet würden ... O könnte man doch, klagte er, ganz den Vorhang schließen, der sie in ein Land blicken ließe, für dessen Beurtheilung der Welt alle Bedingungen fehlen ... Sie sollte dem Zug der Demuth folgen, der stets in ihrer reinen Seele der vorwaltende gewesen ... Nimmermehr aber sollte sie ihre Wünsche auf ein Kloster richten ... Er gestünde es offen, seine Einblicke in die Klosterwelt wären die enttäuschendsten ... Wie im Kloster Himmelpfort wär' es überall, nur vielleicht da ausgenommen, wo man Kranke heilte ... Paula wäre selbst des Arztes bedürftig ... So müsse sie denn hinaus auf die hohe Flut des Lebens ... Sie müsse Gott vertrauen und wie eine treue Magd sich jenem Dienste widmen, der dem Weib schon im Paradiese angewiesen worden, eine Gehülfin zu sein dem Manne ... Wenn sie den Grafen Hugo in sanfterer Weise, als durch die Intrigue der Gesellschaft Jesu versucht worden, in den Schoos einer Kirche führte, die ein Zusammensein im Schoose der Seligen auch von dem gleichen Bekenntniß auf Erden abhängig mache, so löste sie, wenn sie das wolle oder könne, eine sie vielleicht erhebende Aufgabe ... Ein Mann sei ja jedem Weibe, das von ihm zur Ehe genommen würde, vorher ein unbeschriebenes Blatt ... Selbst ein längeres Ergründen und Kennen des Verlobten schlösse ein Räthselhaftes nicht aus, das sich ganz erst in der Ehe selbst lüften *[83]* könne ... Wie aber auch der Erfolg dieser Ehe sich ergäbe und wenn die Glaubensbekenntnisse sich auch nicht vereinigten, so sollte sie dem fremden Mann vertrauensvoll die Hand nicht weigern ... Ja, wenn ihm die Gräfin seinen eigenen Priesterberuf, den Beruf der Entsagung auf eigenes Glück und der Fürsorge nur für fremdes, zu einer besondern Weihe erheben wolle, so sollte sie ihm die Ehre und die in Gott empfundene Seligkeit gönnen, daß Er es wäre, der – entweder zu St.-Libori oder in Wien, wohin zu reisen er deshalb zu jeder Stunde bereit wäre – ihre Hand in die des Grafen Hugo legte ...

So schrieb er und als der Brief geendet und zur Post gegeben war, umarmte er den Onkel mit den Worten:

Laß mich so! ... Jeder Mensch schafft sich seine eigene Religion und ist sich sein eigener Priester!

4.

Mit gehobener Kraft verblieb Bonaventura noch einige Tage auf der Dechanei ...

Sein Ringen nach einer idealen Lebenshöhe hatte einen neuen Anhalt, einen neuen Rundblick gewonnen ...

Schmerzlich genug war er erkauft ... Aber er hielt ihn fest mit dem leuchtenden Aufblick der innern Verklärung und des Gefühls, sich eins zu wissen mit dem unerforschlichen Verhängniß ...

An die Wirkung seines Briefes in Westerhof mochte er nicht denken ... Er stürzte sich in das Alllleben der Natur, umfaßte nicht mehr zagend und bangend blos das Einzelne ...

Beim Besteigen der grauen Berglehnen, die durch die noch wenig belaubten Weinstöcke noch kahler erschienen, umzog sich vor seinem Blick aus der eigenen Brust heraus alles wie schon mit den Früchten des Herbstes ... Mit Gewalt wollte er sich helfen; er grüßte freundlicher, er stand denen Rede, die ihm im Felde begegneten, auch denen, die ihm nachschlichen, wie – Löb Seligmann, der seit einigen Wochen in seine Heimat zurückgekehrt war und sich hoffnungsvolle Ernten auf *[85]* Reps und Taback suchte, auf die er Vorschüsse gab ... Das war die sicherste Anlage seiner um Witoborn verdienten Gelder ...

Und wäre nun Bonaventura bei all seiner Menschenliebe doch darin weniger „Egoist" gewesen, daß er mehr aus andern heraus die Menschen und Dinge beurtheilt hätte, hätte er ein wenig mehr neugierige Vertiefung in das irrende Flimmern der kohlschwarzen Augen Löb's, ein wenig mehr Lesekunst geübt in den so eigenthümlich fragwürdig stehen bleibenden Lachmienen desselben – er hätte ja selbst zu ihm sprechen müssen: Nicht wahr, Herr Seligmann, seitdem Sie zur Hälfte unser Viergespräch auf Schloß Neuhof belauschten, sagen Sie auch: „Es gibt mehr Dinge im Himmel und auf Erden, als unsere Schulweisheit sich träumen läßt"? ...

In der That, so kann kein Beichtvater (in verbotener Weise) lächelnd an denen vorübergehen, die ihm gestanden, daß sie keineswegs das sind, was sie vor der Welt erscheinen, als Löb Seligmann im wogenden Kornfeld, unter blauen Cyanen, im Wiederklang der von seinem innersten Herzen gesungenen Rossini'schen Tyrolienne: „Blütenkränze, Lust und Tänze" den hochgestellten jungen Geistlichen nicht blos grüßte, sondern endlich einmal auch wie mit dem Wort: Ich weiß alles! anredete ...

Er näherte sich ihm auf Fußzehenweite ...

Sein ganzes Herz war übervoll von dem Frevel des Dechanten, den man noch „leicht auf die Festung bringen" konnte, von den leider nur halb erfahrenen criminalistischen Thatsachen aus dem Leben Leo Perl's, *[86]* übervoll um so mehr, als er nur einer einzigen Seele auf Erden, Veilchen Igelsheimer, vollständige, der Hasen-Jette, seiner Schwester, und David Lippschütz nur leise Andeutungen über seine Geheimnisse gegeben hatte ...

Dennoch brachte sein Mund zum tiefgezogenen Hute, als Bonaventura stehen blieb und fragte: Wünschen Sie etwas, Herr Seligmann? in äußerster Verlegenheit nichts hervor von dem geheimen Betrug einer italienischen Primadonna, nichts von der Herzogin von Amarillas, nichts von Leo Perl's erster geistlichen Handlung auf Veranlassung des „Alcibiades" drüben in der Dechanei, als das Wort:

Ich wollte – um Vergebung – Herr Domkapipitular – wollte nur fragen – Erlauben Sie – ist wol noch Bröder's lateinische Grammatik gut genug – zu gebrauchen zum Unterricht für einen hoffnungsvollen Knaben? ...

Zu Gunsten des immer kräftiger auf die Beine gekommenen David Lippschütz, des kleinen Voltaire von Kocher, ließ Bonaventura sich auf alle Vorzüge eines wahrscheinlich durch Löb vom Antiquar erstandenen alten „Bröder" ein und nannte berühmte Gelehrte, die auch ohne den „Zumpt" ein classisches Latein geschrieben hätten ...

Nach diesen lehrreichen Auseinandersetzungen, denen Löb nur zu zerstreut zuhörte, war ein Rückblick auf Witoborn und Umgegend nicht zu vermeiden ... Löb erzählte, was er „nach dem Herrn Domkapipitular" noch erlebt hätte ... Zart und discret deutete er alles nur in leisen Contouren an ... Selbst die Gerüchte über Terschka, dessen plötzliche Abreise ihm manches schöne, bereits angeknüpfte Geschäft zerriß, tauchten in seinem *[87]* Munde wie nicht mehr sicher zu verbürgende Sagen der Vorzeit auf ... Es gab auch dunkle Vermuthungen über einen gewissen Jesuitenorden und ein Uebergetretensein zur protestantischen Religion, die aber auch wie Verhältnisse aus der Zeit der Makkabäer aus Löb's discretem Munde hervorkamen ... Löb genoß zunächst nur das stille Wandeln mit dem vornehmen Priester, das Grüßen der Vorübergehenden, die gleichsam auch ihn jetzt grüßen mußten ... Es war die Begebenheit an sich, die ihn erfüllte, ganz wie jenes schmeichelhafte Begossenwerden damals mit der westerhofer Spritze nach dem Schloßbrande ... Dies wie jenes ein Zustand feinerer Beziehungen ... Nur erst als von den beiden Flüchtlingen nach Rom, von den Eremiten, dem Düsternbrook die Rede kam, deutete er verschämt lächelnd seine Mitverdienste um die Rettung des verunglückten Dieners an ... Bonaventura wünschte mehr zu hören; der Diener war so auffallend verschwunden; ja er fragte, ob es wahr wäre, daß der Bruder Hubertus, der ihn davongetragen und im Kloster Himmelpfort eine Zeit lang verborgen gehalten haben sollte, eine Beziehung zu dem Fräulein Schwarz gehabt hätte, das bei Frau von Sicking wohnte – man spräche davon – Löb, Zeugenaussagen vor Gericht und etwaiges Schwörenmüssen wie den Tod fürchtend, ging nur gerade bis an die äußerste Grenze seines Wissens, erzählte die Fahrt des Kranken bis an das Kloster und würde vielleicht allmählich ein wenig den Schrei in der Kirche, das furchtbare Krachen und das Licht im Todtengewölbe in Aphorismen leise angedeutet haben, wäre die fortgesetzte Wan-*[88]*derung nicht durch die eben erreichte Stadt unterbrochen worden ... So zur Seite eines Priesters durch Kocher zu gehen, würde sich für die beiderseitige Stellung nicht geziemt haben ... Das gemüthliche Selbander wurde vom rauschenden Fall, von den Gerberwäschen und Metzgerklötzen unterbrochen ...

Auch mit Beda Hunnius, mit Major Schulzendorf und Grützmacher knüpfte Bonaventura wieder in flüchtiger Begegnung an ...

Jenem hatten die Zeitläufe bittere Erfahrungen bereitet ... Ein seraphischer Briefwechsel mit Lucinden und Joseph Niggl war zu den Acten der über ihn verhängten Untersuchung gekommen ... Der „Kirchenbote" erschien nicht mehr; um so größer war seine Ermuthigung durch die mächtige, mit brausendem Wogenschlag zurückgekehrte Flut der hierarchischen Bewegung nach kurzer Ebbe ... Er rühmte das kirchliche Leben jener östlichen Gegenden, wo Bonaventura im Winter gewesen und ihm besonders die reformatorischen Bestrebungen eines Norbert Müllenhoff wie Bonifaciusthaten erschienen ... Bonaventura lächelte ... Doch auch Beda lächelte ... Ueber den gegenwärtigen Urlaub des so schnell Gestiegenen ... Um seine Schadenfreude zu verbergen sagte er: Procul a Jove, procul a fulmine ... Er lobte seine Stadtpfarre ... Aber grade über Paula's Visionen mußte Bonaventura ihm bis an die Pforte der Dechanei erzählen ...

Schulzendorf war gekniffen und süßsäuerlich ... Die Zeitverhältnisse verhinderten den zu häufigen Besuch der Soupers in der Dechanei ... Seine Nase *[89]* hatte einen Charakter von Pfiffigkeit bekommen, die jetzt weniger zu verrathen schien, wo Trüffeln, als wo – Verschwörungen lagen ...

Grützmacher gratulirte zu einem Avancement, das schneller gekommen wäre, „wie's bei's Militär" möglich gewesen ... Er klagte über den Dechanten, der alt würde ... Von seiner leider ohne „Prämie" gebliebenen großen Satisfaction „von wegen det ausgebuddelte olle Männeken", sagte Grützmacher: Darüber sind wir „in's Reine" – Es war ein ehemaliger Galeerensträfling, der ein paar Jahre in Paris gelebt hat, dann hierher kam, Pferdehandel treiben wollte, gleich da schon die Leute anschmierte, dann auf ein paar Wochen Knecht im Weißen Roß war, hierauf den Coup auf Ihrem Kirchhof machte, der nichts einbrachte, nachher bei alten Kunden und Hehlern von Gaunern sich verkrochen hatte, vielleicht gar mit dem Hammaker, den Sie ja absolvirt haben, Herr Kapitular, bekannt war, und zuletzt soll er denn auch noch unter falschem Namen nach Witoborn gegangen „sind" ... Da das Feuer, sagen sie, hätt' er angelegt auf Schloß Westerhof ... Darüber hört man denn – hm! – freilich allerlei ... Aber jetzt, wie gesagt, ist er chappirt und wird wol in Amerika „sind" ... Und wenn Grützmacher hierauf, während Bonaventura aufmerksam zuhörte, zu seiner Frau sagte: „Ne, diese kathol'schen Pfaffen, doch nichts Aufrichtiges! Jetzt auch schon Der! Und ein ehemaliger Porteépéefähnrich das!" – so hatte er Recht. Jüterbogk und Rom reden allerdings seit drei Jahrhunderten verschiedene Sprachen und Bonaventura hörte ihm über die angereg-*[90]*ten Punkte, gebunden durch Furcht, Beichtgeheimnisse und äußerste Spannung, zu ...

Dem Oheim gegenüber legte Bonaventura vor seiner Abreise eine übertriebene Scheu ab und theilte ihm nach kurzem Kampf mit, was er seither über den Inhalt des Sarges des alten Mevissen und über dessen Räuber erfahren hatte ...

Gab der Onkel auch nicht zu, daß sein Bruder Friedrich noch lebte, so mußte der alte Diener desselben doch ein Geheimniß bewahrt und in seinen Sarg Dinge gelegt haben, die mit einem Verlangen in Verbindung standen, daß sie einst vom Tode auferstehen sollten – zu irgendwelchem noch verschleierten Zwecke ...

Bonaventura erzählte dem Onkel, daß der Fund in Lucindens Händen wäre ...

Dem darüber Hocherstaunenden nannte Bonaventura auch die Drohung, die Lucinde ausgestoßen, und hielt nur zurück, als er die außerordentliche Aufregung sah, in die er damit den Onkel versetzte ...

Das ist ja erschreckend, sagte dieser ... Und du hast von ihr noch immer nicht diese Papiere verlangt? ... Mit Gewalt verlangt? ... So fliehst und verachtest du sie? ... Bona! So alt ich bin, durch meine Adern rollt Feuerstrom, so oft ich an die wenigen Tage denke, die dies Wesen bei uns zubrachte ... Ich nehme sie morgen wieder, wenn sie will ... Meine Macht im Hause hat zugenommen ... Hm! Hm! ... Was kann nur jene Schrift enthalten? ... Und von wem ist sie ausgestellt? ...

Auf die von Bonaventura zusammengefaßten nähern [91] Angaben, auf die Mittheilung, jene Schrift, deren Urheber er nicht kannte, sollte ebensowol mit seiner persönlichen Ehre wie mit dem ganzen Bau der Kirche zusammenhängen, und Lucinde könnte alle seine Handlungen, selbst wenn er die dreifache Krone trüge, damit entwerthen, ja ungeschehen machen – lachte endlich der Onkel und hielt die Meinung fest:

Da hör' ich die verschmähte Liebe! ... Das sind jene Erfindungen, die die Frauen zu machen pflegen, wenn man mit ihnen „bricht" ... Regelmäßig gibt es dann Papiere, von denen es heißt, ihre Veröffentlichung würde uns „vernichten" ... Oder der Briefwechsel würde zwar ausgeliefert werden, aber „Abschriften würde man auf alle Fälle davon zurückbehalten" u. s. w. ...

Der Onkel rieth ernstlich mit Lucinden Frieden zu schließen ...

Das Leben ist so arm an Liebe, sagte er, daß man nie eine dargereichte Hand ablehnen soll ...

Als Bonaventura eine Liebe bezweifelte, die fortwährend in Haß und Rache überzuschlagen drohte, entgegnete der Onkel:

So sind sie ja alle! ... Meine eigene Petronella würde mich mit kaltem Blut an einer Pastete sterben sehen, wenn ich „mit ihr bräche"! ... Selbst die Buschbeck, deren grausamem Charakter ich den Besitz ihrer Schwester verdanke – letztere war jünger; Benno's Vater trat sie mir ab – aus Geiz – ab, um nicht „zwei von dieser Bande" ernähren zu müssen – selbst Brigitte von Gülpen, die älteste Tochter der Bischofsköchin und fürstäbtlichen

Blutes nicht unverdächtig, wäre besser geworden durch *[92]* gewährte Liebe ... Die Idee, für einen treulosen Geliebten, der ins Kloster ging, die Menschheit zu tyrannisiren, Kindern und Mägden das Leben zu vergiften, sich selbst das Brot abzuhungern, vergegenwärtigt dir jene tiefe Bedürftigkeit des Weibes, unter allen Umständen ein Wesen sein zu nennen und wär's zuletzt nichts als ein alter, mit einer Flanelljacke bekleideter Mops, der am Asthma in den Armen seiner weinenden Gebieterin stirbt ... Deine Renate – wie alt ist sie? ... Nahe den Siebzigen ... Du wirst an einen Ersatz denken müssen ... Und wehe dir auch da, wenn sie deine Absicht merkt ... Schlage die Concilien nach ... Sie ließen lange zweifelhaft, ob die Frauen überhaupt Menschen sind ...

Bonaventura ließ, wenn auch zögernd, diese Auffassung der Drohungen Lucindens gelten ...

In fernern Gesprächen zeigte sich auch noch zuletzt, warum der Onkel regelmäßig bei Erwähnung des Schlosses von Castellungo in Nachdenken verfiel ... Das zufällige Aussprechen der Worte: Fiat lux in perpetuis! brachte zwischen beiden das Geheimniß des empfangenen lateinischen Briefes zur Sprache ... Der Onkel öffnete kopfschüttelnd sein Schreibbureau und reichte dem Neffen die ihm gewordene anonyme Aufforderung ... Sie war gleichlautend mit der, die auch Bonaventura empfangen hatte ...

Ich werde die bedenklichen Ehren eines Huß und Savonarola nicht mehr gewinnen, sagte der Onkel, und hüte auch du dich vor ihnen ... Welche Mystificationen das! ...

Bonaventura versicherte, daß sein Glaube feststünde, *[93]* der Eremit von Castellungo wäre sein Vater ... Er wäre in Italien Waldenser geworden und hätte, ein Opfer der römischen Scheidungsgesetze, den Gedanken einer Kirchenverbesserung gefaßt ... Würde er auch an jenem 20. August der Versammlung, zu der er einlud, achtzig Jahre sein oder nicht mehr leben, so würde man doch seine Gemeinde finden ... Nach allem, was ich höre, schloß er, ist dort eine Simultankirche auf den Grund der Bibel errichtet worden, die bis dahin an Macht und Ausdehnung gewonnen haben kann ...

Wenn sie nicht die Jesuiten zerstören! unterbrach der Dechant ... Lieber Sohn! Welche Träume! Sehen sie meinem Bruder Friedrich ähnlich? ... Nein, nein – Mystificationen! ...

Doch die Eichen von Castellungo grünen! entgegnete Bonaventura ... Castellungo gehört dem Grafen Hugo ... Frâ Federigo, ein Deutscher, lebt unter dem Schutz der Gräfin Erdmuthe ... Paula sah ihn deutlich und sagte in einer ihrer Visionen, er gliche mir ...

Der Onkel staunte, lächelte dann aber ...

Weil sie auch dich an einer Himmelsreligion betheiligt glaubt, die den Priestern erlaubt zu heirathen! ... Nein, nein ... Das alles ist nur Spuk und hängt mit den Umtrieben zusammen, die plötzlich jenen Terschka enthüllten ... Coni oder Cuneo steht in der anonymen Aufforderung? ... Fefelotti, Ceccone's Gegner im Conclave, ist soeben aus Rom verbannt und Erzbischof in Cuneo geworden ... Ihr armen Waldenser jetzt! Eure Bibeln werden bald confiscirt sein! ...

Den Anklagen, die der Onkel auf Ceccone, auf Fefe-*[94]*lotti, auf alle, die mit Roms Intriguen zusammenhingen, schleuderte, lieh Bonaventura um so bereitwilliger sein Ohr, als jetzt auch durch Benno's Lebensschicksale sich ein Netz um sie alle her zu spinnen schien, dessen Fäden immer enger und enger wurden und ganz auf Rom führten ...

Zum Glück hab' ich euch beide – Ultramontanen bei Zeiten angehalten, italienisch zu lernen! scherzte der Onkel, ohne – darum doch den Beängstigungen, die in den betheiligten Gemüthern diese Dunkelheiten zurücklassen durften, sich ganz zu entziehen ...

Inzwischen kamen aus der Residenz des Kirchenfürsten Briefe vom Generalvicariat, die bis auf weitere Entscheidung Roms über den Magnetismus jede Beeinträchtigung des Domkapitulars in seinen Würden niederschlugen ... Rother's Anklage wurde als ungebührlich abgewiesen ...

Die Genugthuung war demnach vollständig ... Dennoch reiste Bonaventura voll Bangen ... Er sah das Alter und den Kummer des Onkels ... Er fürchtete sich vor einer Stadt, die er auch sonst schon gemieden ... Sein Ehrgefühl war doch verletzt worden ... Feinde wirkten gegen ihn und zu der Kraft sich zu erheben, die Haß oder Verachtung verleihen, vermochte sein Gemüth nicht ... Auch wo Lucinde weilte, konnte ihm niemals Frieden kommen ...

Er fand Briefe von Schloß Neuhof vor – auch vom Onkel Levinus ...

In letztern fand sich jedoch kein Wort über die doch gewiß mächtig, nach allen Seiten hin aufregend gewesene Wirkung, die sein Brief aus Kocher am Fall hervor-*[95]*gebracht haben mußte ... Nur die Anzeichen eines Besuchs der Gräfin Erdmuthe auf Westerhof mehrten sich ...

Bonaventura's Herkunft, seine würdige äußere Haltung, seine Kenntniß des Italienischen, alles das veranlaßte aufs neue die Bitten der Curie, er möchte eben sowol für die Befreiung des Kirchenfürsten wie für die Stockung aller kirchlichen Gerechtsame der Stellvertretung desselben die Reise nach Wien übernehmen ... Der Staatskanzler galt für einen Gegner der Jesuiten; auch Ceccone hatte mit ihnen seit dem Sturz Fefelotti's Friede geschlossen; vielleicht war in Wien der gute Wille zu gewinnen, die römische Curie zur Nachgiebigkeit zu bewegen ... Bonaventura sollte es sein, der den Unterhändler zum Frieden machte ...

Er entzog sich diesen Vorschlägen, solange er konnte ... Er wußte noch nicht, wie seine Reise in Westerhof würde aufgenommen werden ... Auch hörte er nur, daß vorzugsweise Nück es war, der alle diese Rathschläge ertheilte ... Konnte von solcher Seite Gutes kommen? ... Nück kam wieder in seinen Beichtstuhl und gab ihm in der That vier Davidssteine an, die er gegen den Goliath der Leidenschaft in seiner Brust in Bereitschaft hielt: Ankauf eines Rittergutes, sagte er, landwirthschaftliche Studien, Rückkehr zu alten Dichtversuchen, die er in seiner Jugend gemacht, und die Erlernung der türkischen Sprache ... Das Besuchen von Gräbern nütze ihm nichts, setzte er hinzu; ihm wär' es aus alter Liebe zum Tode, wie den Türken, die auf Gräbern Kaffee tränken ...

Eine Ahnung konnte der so von Nück offenbar verhöhnte Geistliche nicht überwinden, die, als spräche alles *[96]* das nur die Eifersucht ... In einer Zeitschrift gab Nück mit voller Namensunterschrift als einen Wurf mit seinem dritten Davidssteine in Versen die Klage, daß man das Höchste, was ein Weib geistig einem Manne sein könne, doch nie ohne die Vertraulichkeit der Sinne gewinnen könne ... Die volle Unterschrift: „Dominicus Nück" beleidigte Stadt und Land ... Seine Freunde sogar sprachen von einer plötzlichen Enthüllung des „Pferdefußes" ... Goldfinger junior, inzwischen mit Johanna Kattendyk vermählt, rückte ihm aufs Zimmer und stellte ihn über diese muthwillige Zerstörung des Rufes der Familie zur Rede ... „Kümmern Sie sich um Ihre heilige Botanik oder, wenn Sie wollen, um unsere Conto-Currentbücher!" war die Antwort ... Es war nur Eine Stimme, der Oberprocurator hatte sich so nur in Lucinde Schwarz verlieben können und diese – widerstand ...

Benno arbeitete zwar noch bei dem unheimlichen Mann, streifte aber inzwischen leise alle Fesseln ab, die ihn noch an seine gegenwärtige Stellung gebunden hielten ... Auch seine Heimats-, seine Adoptions- und Unterthanenverpflichtungspapiere revidirte und ordnete er ... Er wollte nach Italien ... Seine Forschungen gingen mit Hülfe des Onkel Dechanten weit über Borkenhagen bis nach Kassel hinaus, wo die über die ersten Lebensjahre eines Julius Cäsar von Montalto gebreiteten Schleier nur noch von zwei Todten, dem Kronsyndikus und seinem Adoptivvater Max von Asselyn oder von seiner Mutter ganz gelüftet werden konnten ... Benno hatte bei allen diesen Unternehmungen nur zu hüten, daß nicht Thiebold, der im August aus England zurückgekehrt *[97]* war, mit seiner gewohnten „Wißbegierde" hinter sein neues, zur Enthüllung noch nicht reifes, auch vor dem Tode des Dechanten wol völlig unmögliches Leben kam ...

Thiebold hatte die Reise nach England im Interesse seiner canadischen Holzgeschäfte machen müssen und, wie sich erwarten ließ, er kam höchst elegisch gestimmt zurück ... London ist nicht gemacht zum Romantischen! sagte er ... In dem Gewühl der Weltstadt war er dem Obersten von Hülleshoven, seinem Lebensretter, nur ein einziges mal begegnet und – ohne Armgart ... Letztere war auf dem Lande bei Lady Elliot ... Und da er erfuhr, daß auch gerade Terschka dort zum Besuch war, hielt er es für „unter seiner Würde", sich dort anmelden zu lassen ... Nur die Gräfin Erdmuthe und Porzia Bianchi sah er in London und begleitete beide in ein Bibelgesellschaftsmeeting, zu dem sie vom Lande hereingekommen waren, und dann eine Strecke am Themseufer entlang auf der Rückreise nach dem Landsitz der Lady ... Er hätte, erzählte er, nur aus allem, was er mit ihr verhandelt, das Eine herausgehört, wie Terschka wieder in höchsten Gnaden bei ihr stünde ... Vom Obersten wußte schon Benno, daß seine kühle Gesinnung gegen den katholischen Glauben von den Erfahrungen herstammte, die er in Canada gemacht ... Das Leben in den Klöstern von Monreal hätte Anlaß zu gerichtlichen Untersuchungen gegeben und Hedemann hätte dann mit einer angeborenen pietistischen Anlage den Obersten auf ihren Reisen vollends angesteckt ...

Auch Bonaventura erfuhr diese Mittheilungen ...

Da sein Auge, träumerisch und irrend, immer nach dem *[98]* Thal von Castellungo gerichtet war, so mußten die reformatorischen Bestrebungen auf dem Gebiet der katholischen Kirche mehr denn je Gegenstand auch der Unterhaltungen werden, zu denen er die Freunde öfters bei einem einfachen Mahl in seinen Zimmern einlud ...

Benno's Gesichtspunkte waren ausschließlich politische ... Er sah in der Kirchenspaltung den Untergang Deutschlands ... Er haßte das Betonen kirchlicher Streitigkeiten und lehnte deshalb auch die Ansprüche ab, die der Protestantismus auf größere Vorzüglichkeit machte ...

Wenn man den katholischen Glauben, sagte er, von dem Zwang, innerhalb kirchlicher Gemeinschaft leben zu müssen, befreien und die Verbindlichkeit der Autorität für die Freiheit des Gewissens aufheben könnte, so liegt eine freundlichere Lebensauffassung in all unsern Ceremonien, als im Pietismus ... Haben Sie in Gegenwart der Gräfin je eine wahre Freude über die Schönheit des Meeres und den blitzenden Spiegel der Wellen äußern dürfen, als Sie mit ihr die Rückreise machten, oder haben Sie irgendeinen weltlichen Gegenstand unbefangen nennen können? Hedemann hat uns wenigstens in Witoborn auf jede natürliche Aeußerung unserer Empfindungen einen scheinbar frommen, im Grund aber rechthaberischen Dämpfer zu legen gewußt ...

Bonaventura nannte indessen seinerseits die Erscheinung des Protestantismus nur deshalb unvollkommen, weil er n u r durch das Bedürfniß, einen polemischen Gegensatz aufzustellen, hervorgerufen wäre ... Der Pietismus, sagte er, das ist ein Versuch, aus dem Protestantismus wieder zur Religion zurückzukommen; denn *[99]* Protestant sein, heißt nicht: Christ sein, sondern nur: Nicht-Katholik sein ...

Und man müsse sich allerdings, fuhr er fort, eine Zeit denken können, wo auch der Katholicismus in seiner jetzigen Gestalt aufhörte ... Die Verbreitung der Philosophie würde dann bis in die kleinsten Hirtenthäler Spaniens und Siciliens gedrungen sein ... Ich verstehe, sagte er, unter Philosophie eine Aufklärung, die ihre Resultate mit verständlichen Allgemeinbegriffen in die Welt hinausgehen lassen kann ... Dann wird die Frage nur noch lauten: Was ist rein christlich? ... Dann werden sich Protestanten und Katholiken begegnen müssen im apostolischen Gemeindeleben … Auf welchem andern Grunde soll man sich zuletzt wieder die Hände reichen, als auf dem der Bibel? …

Mit Thiebold's schüchterner, aber fast mit latentem Fanatismus hingeworfener Bemerkung zu Benno: „Vorausgesetzt daß man überhaupt kein Heide ist, wie denn doch wol mehr oder weniger Ihr Fall, mein bester Freund!" schloß die Debatte im Scherz …

Ohne zu auffallende Erlebnisse, ohne ein Lebenszeichen von Westerhof, ohne die Ankunft der Gräfin Erdmuthe, nahte sich schon der Spätsommer … Benno wurde indeß erkoren, der Ueberbringer der Pacten zu sein, die bereits die Agnaten der Familie Paula's, die Landschaft und die Curie von Witoborn dem Grafen Hugo zur Unterschrift vorlegen wollten … Der Präsident von Wittekind, Bonaventura selbst waren an diesen Pacten betheiligt und jener erschien dann auch plötzlich in der Residenz des Kirchenfürsten …

[100] Benno und Bonaventura wurden durch seinen Besuch in jeder Beziehung überrascht …

Kein stürmischer, aber auch kein kalter Gruß war es, mit dem er Benno in der That seinen – Bruder nannte … In der darauf folgenden kurzen Umarmung lag ein ganzes Leben …

Die Sehnsucht Benno's, Mutter und Schwester kennen zu lernen, fand der sonst dem Abenteuerlichen wenig geneigte Mann natürlich … Die Mittel, eine Reise nach Wien und Italien zu unternehmen, wurden reichlich von ihm dargeboten …

Das Band des Blutes zwischen beiden Männern war so eigenthümlich bedingt, daß sie sich anfangs ohne Wallung des Erröthens nicht ansehen konnten … Die in solchen Lagen so oft vom Gemüth vorausgesetzte Gegenwart eines unsichtbaren Geistes, der vom Land der Seligen herüber die Hände zweier so widerstrebender Interessen ineinander legt mit dem Friedenswort: Seid einig! konnte hier nicht vorausgesetzt werden … Was sie umrauschte war der mitternächtige Flügelschlag der Eule …

Der Hinblick auf Wien – auf die gemeinsame – Schwester mehrte den unheimlichen, erschütternden Eindruck ...

Der Präsident kam als Vertreter der Agnatenansprüche und als nächster Verwandter Paula's, er dachte über die Nothwendigkeit dieser Ehe ganz wie Monika ... Eine Schonung Bonaventura's, wenn sie ihm auch vielleicht als zu üben bewußt war, forderte nicht die Stellung eines Priesters und überhaupt eines solchen, wie sein Sohn ... Eher war die Erwähnung des Grafen Hugo *[101]* um Benno's willen mislich ... Er erzählte von Angiolina, von der Herzogin von Amarillas, was er mit Vorbedacht erkundschaftet hatte. Sie werden vorziehen, den Namen der Asselyns für immer zu behalten und fortzupflanzen, da er ohne Sie aussterben würde! sagte er zum Bruder, den er – nicht Du nannte ... Die Gültigkeit der betrügerisch geschlossenen Ehe des Kronsyndikus mußte wiederholt zur Sprache kommen ... Geld würde es auf alle Fälle reichlich kosten, sagte er, bis die Sacra-Dataria in Rom, natürlich erst nach dem Tod des Dechanten, zu Ihren und Angiolinens Gunsten Ihre Deutungen des kanonischen Rechts geltend machte ... Auch in unserm Land würde dann die Anerkennung nur ein Gnadenact der Krone sein können, der sich kaum verbürgen ließe, da die Herzogin von Amarillas nicht einmal die Klägerin ist ... Sie wird sich hüten, das Verbrechen der Bigamie auf sich zu laden ... Sie wird immer sagen, daß sie zuletzt den Betrug durchschaut hätte ... Ich bin begierig auf Ihre Begegnung mit ihr ...

Die Auffassungen des Präsidenten widerstrebten zwar einer Verbindlichkeit derjenigen Ergebnisse nicht, die etwa Benno von einer Begegnung mit seiner Mutter heimbringen würde, nannten aber die katholische Lehre von der Ehe gefahrvoll und den bekannten Ehen des Schmieds von Gretna-Green nicht im mindesten unähnlich ... Julius Cäsar von Montalto war ein von der Mutter hergenommener Name, die sich Maldachini nur als Sängerin nannte ...

Bonaventura vertheidigte die Einfachheit der katholischen Ehe ...

[102] Sie ist ein letzter Rest der apostolischen Zeit ... sagte er ... Die bürgerliche Gemeinde war damals die Kirche und die Kirche war die bürgerliche Gemeinde ... Zwei Liebende sagten vor dem gemeinschaftlichen Genuß des Abendmahls: Wir sind Eins! und keine Macht der Erde konnte sie trennen ...

Leider auch die Kirche nicht mehr! ... setzte der Präsident seufzend hinzu ... Gewiß sollte dann auch hier der eigene Wille höher stehen als ein Mysterium, das ein Mysterium zu sein aufhört, wenn sein Duft verflogen ist, die Liebe ...

Die eignen Familienbeziehungen wurden für die Fortsetzung des Gesprächs zu schmerzlich ...

Den heftigen Anklagen des Präsidenten gegen Terschka, Rom, die Jesuiten, Nück konnten die Freunde nicht widersprechen ... Auch hier hatte Friedrich von Wittekind Zusammenhänge, deren Kenntniß ihm nur aus amtlichen Quellen gekommen sein konnte ... Dennoch rieth er Benno, Nück nicht ganz aufzugeben und jedenfalls die Reise nach Wien im Auftrag der Dorste'schen Agnaten zum äußern Anlaß seiner weitern südlichen „Entdeckungsfahrt" zu machen ... Nur lassen Sie sich kein rothes Kreuz aufheften, um in päpstliche Dienste zu treten! fügte er hinzu ... Wenn Sie indeß von Nück an den Staatskanzler empfohlen werden, das nehmen Sie als interessante Reiseerinnerung! ...

Ich würde wie Posa reden! ... scherzte Benno ...

Thun Sie das ja nicht! Dann gibt er Ihnen eine Anstellung! entgegnete der Präsident ...

Man stritt über diesen Scherz ... Der Präsident sagte: Glauben Sie mir, der Staatskanzler stellt jeden noch so *[103]* freisinnigen Posa an, der von guter Familie und katholisch ist ... Es hat aber gute Wege damit ... Sprächen Sie ihn, Sie würden den klugen Mann so liebenswürdig finden, daß Sie nicht ein einziges freisinniges Wort gegen ihn aufbrächten ... Er wird sogar liberaler sein als Sie – wenigstens fürchtet er mehr als wir die Jesuiten ... Wenn er jetzt den Schein annimmt, Rom beizustehen, so ist es nur, um unsern Staat zu schwächen ... Aber auch das wird er in Abrede stellen und dem jugendlichen Sinn jede Zustimmung abschmeicheln ...

Bonaventura und Benno blieben Welfen – nicht im hierarchischen Sinn, sondern so wie Bonaventura einst zu Klingsohr hatte sagen können: „Nichts will im Grunde die Freiheit der Völker und des Menschen mehr, als die katholische Kirche!" ...

Der Präsident besuchte, zur Beruhigung des Dechanten, noch Kocher am Fall ... Er hatte sich als Beamter zur Disposition stellen lassen, weil seine Erbschaft ihn zu sehr in Anspruch nahm ...

Einige Wochen später war Benno zur Abreise bereit ... Bonaventura hatte kein Wort von Paula gehört ... Ihre ekstatischen Zustände dauerten fort, aber ihn selbst schien sie aus ihrem Leben gestrichen zu haben ... Es lag eine seltsame Strenge, eine Strafe in diesem Schweigen ... Er litt unsäglich ...

Benno erhielt von Nück die Papiere, die dem Grafen Hugo vorzulegen waren. So sehr er sich dagegen sträubte, mußte er dennoch Depeschen an Ceccone und den Staatskanzler mitnehmen ... Er konnte dies in der Fülle der ihm übergebenen Aufträge nicht ablehnen *[104]* ... Der Dechant empfahl ihn an alle seine alten wiener Freunde und besonders Einen, bei dem er wohnen sollte ... Benno nahm dies an, obgleich er einsah, daß es ihn sofort nach Rom ziehen würde ... An die Möglichkeit, daß und in welcher Form Ceccone wagen könnte, die Herzogin von Amarillas sich nachkommen zu lassen, konnte niemand von den enger Verbundenen glauben ...

Thiebold blieb außerhalb aller dieser Geheimnisse und litt unter der Trennung von Benno wie ein Liebender unter der Trennung von seiner Geliebten ... Sein „Halt", seine „Führung" war dahin ... Doch zerfloß er nur in jene bekannte Sentimentalität, die sich vor dem Uebermaß der Selbstrührung durch Poltern zu bewahren sucht ... Er packte Benno's Koffer, revidirte seine Garderobe und zerstörte ihm seine alten Brieftaschen, Haar- und Nagelbürsten, um ihm nur ein prachtvolles englisches Reisenecessaire zum Andenken mitgeben zu dürfen ...

Nicht ebenso „unausstehlich" aufmerksam, aber theilnehmend waren auch alle andern Bekannte Benno's ... Nur Piter hatte sich seit einiger Zeit zurückgezogen ...

Noch am Abend vor Benno's Reise kam Thiebold zu Bonaventura ins Domkapitel, wo er hoffen konnte Benno zu finden, und erzählte athemlos einen „schönen Skandal" ... Piter hatte Treudchen Ley gewaltsam aus dem Kloster entführt ...

Denken Sie sich, erzählte er, Piter soll bereits schon einmal im Kloster gewesen sein und zwar auf welchem hoffentlich „nicht mehr ungewöhnlichen" Wege? ... In einem Waschkorb! ... Ich versichere Sie auf Ehre! *[105]* Eingepackt als Leinzeug, das von einer im Kloster gehaltenen Nähschule gesäumt, gesteppt, gezeichnet, gewaschen und gebügelt werden sollte ...

Bonaventura schlug die Augen nieder ...

Dieser Ueberfall, fuhr Thiebold fort, misglückte damals ... Aber – Sie wissen ohne Zweifel, Herr Domkapitular, die kleine allerliebste Blondine, die bei seiner verstorbenen Schwester diente – diese für ihn unbegreiflicherweise – nein, um es aufrichtig zu gestehen, ich kann mir diese Verirrung seines Geschmacks, „wenn Sie wollen" erklären ... Nicht nur nicht, daß die Kleine wirklich ein Bild von Schönheit, von Sanftmuth, von Anmuth – ohne Spaß – sondern auch – daß sie –

„Mehr Inhalt, weniger Kunst!" unterbrach Benno ...

Thiebold, gewohnt, von Benno'schen Dialog-Hindernissen gereizt zu werden, hörte nicht auf die Mahnung, sondern wandte sich an Bonaventura, der sein Studirzimmer den Freunden bereitwillig zum Rauchen hergab, und fuhr fort:

Sagen Sie selbst, Herr Domkapitular, finden Sie es nicht auch begreiflich? ...

„Nicht nur nicht –" schaltete Benno ungeduldig ein ...

Wer – sich – nur – irgend – auf Piter's – Standpunkt – zu – versetzen weiß – sagte Thiebold, jede Sylbe betonend ...

Ich kenne das junge Mädchen und wünsche jedem Glück, der dessen Liebe gewinnt – schaltete Bonaventura zur Beruhigung ein ...

Vollkommen meine Ueberzeugung! äußerte Thiebold *[106]* mit einem Mitleidsblick auf Benno ... Nur eine „dergleichen Acquisition" konnte „Piter's Naturell Befriedigung gewähren" ... Eine Liebe darf manche Charaktere nicht „geniren" ...

Kurz, Thiebold erzählte von einer Verkleidung, in der sich Piter ins Kloster geschlichen hätte ... Früher wäre er im Waschkorb gekommen, diesmal aber als Mitglied der weiblichen Nähschule selbst ... Er hätte nicht einen einzigen seiner Sherrypunschfreunde zum „engern Complicen" gehabt. Der Gedanke wäre ganz original aus „seiner Seele allein" entsprungen. Vielleicht höchstens mit Hinzuziehung des Fräuleins Lucinde, die dem Treudchen diese Partie gönnte – „vermuthete" Thiebold ... Piter hätte sich in den einfachen Anzug einer Näherin geworfen, hätte seine interessante Erscheinung durch einen Strohhut mit Schleier unkenntlich gemacht und wäre so ins Kloster gekommen ... Das Glück hätte ihn begünstigt und vor einem zu langen Umherirren bewahrt ... Treudchen Ley wäre bald aufgefunden gewesen, er hätte sie in ihrer Zelle überrascht und ihr solange – Thiebold bediente sich des auf Piter anwendbaren Ausdrucks – „zugesetzt", bis das schwache, willenlose Mädchen eingewilligt und mit ihm durch die Gänge, die ins Waisenhaus führten, das Kloster verlassen hätte ... Dort hätte sie noch erst ihre Geschwister unter Thränen geküßt und wäre dann spurlos verschwunden ... Piter hätte ohne Zweifel den Weg nach einer Gegend genommen, die derjenigen völlig au contraire gewesen wäre, aus der er jetzt „mit seinem Hause" correspondire ... Sein Schwager, der Professor außer Diensten, hätte im Sturm der Indignation sofort Procura bekommen, während die Commerzien-*[107]*räthin die „gewöhnliche Farbe ihrer Scheitel aus Anstandsrücksichten ins Kummergraue melirt" hätte ... Ohne Zweifel würde Piter nach einigen Monaten an der Hand seines jungen Weibchens „am Platz" zurückkehren und höchstens nur noch mit den Curatoren des von ihm entweihten Klosters, namentlich mit dem wiederhergestellten Pfarrer vom Berge Karmel, „einen schönen Tanz kriegen" ...

Bonaventura hörte alledem zu, wie ein Arzt seinen Kranken reden läßt und durch kein Lächeln verräth, daß die ihm mitgetheilten Symptome ihm in nichts überraschend, wenn auch auf völlig andere Ursachen hinzuleiten erscheinen, als sie der Kranke ausspricht ...

Die Belustigung seiner Freunde über „Piter als Nähmamsell" konnte Thiebold, trotz des Verdachts der Blasphemie, „nicht umhin" zu theilen und versprach sich davon für den stadt- und landersehnten nächsten Carneval ein „anregendes Motiv" ...

Benno reiste am folgenden Morgen ab und Thiebold gab ihm das Geleite bis auf eine Tagereise, Bonaventura nur bis zur Abfahrt des Dampfboots ... In seinem letzten Blick und Handdruck lag ein tiefes Bangen vor den Erfahrungen, denen Benno entgegenreiste ... Die Rührung des Abschieds konnte nicht zum vollen Ausbruch kommen – Thiebold's wegen, der theils mit den Kofferträgern zankte, theils dem Abschied der Freunde und den etwa dabei fallenden „letzten Wünschen" ein aufmerksames Ohr lieh ...

Nach einem jener abwechselungsreichen Tage, wie man sie auch nur auf einem menschenüberfüllten Dampfboot und dann nur mit Thiebold de Jonge, der Seele einer *[108]* solchen Fahrt, verbringen konnte, nahm Benno auch von diesem Abschied ... Sie hatten noch eine Nacht in einem der schönen Hotels zugebracht, deren sich in der Nähe des Grabes der heiligen Hildegard mehrere erheben ... Wieder brach ein milder, sonniger Herbsttag an, als Thiebold frühmorgens thalwärts, Benno bergauf weiter fuhren ... Ihr Abschied war, wie Thiebold versicherte, nur auf kurze Zeit ... Der Landtag, der seinen Vater beschäftigte, trat zwar zusammen, würde aber der von der Ritterschaft und den Städten beabsichtigten Anträge zu Gunsten des Kirchenfürsten wegen sogleich aufgelöst werden ... Er würde dann nicht verfehlen, ihn eines Morgens in „Oesterreich und Umgegend" zu überraschen ...

Im Fremdenbuch ihres Hotels hatten sie den Namen Schnuphase gefunden ... „Stadtrath" Schnuphase ... Der von der Commune wegen seiner kirchlich-oppositionellen Richtung durch diesen Titel ausgezeichnete Mann reiste, wie zu lesen stand, gleichfalls nach Wien ... Prächtige „Unterhöltung" das! sagte Thiebold. Ein „Ersötz" für m e i n e „unfreiwillige Kömik"...

Dieser letzte „Stich" vertrieb die Rührung nicht, mit der sich beide Freunde umarmten ... Auch von Thiebold nahm Benno Abschied in dem seltsam ihn beschleichenden Gefühl, ihn nie wiederzusehen ... Er mußte sich abwenden, um das flatternde Taschentuch nicht mehr zu bemerken, mit dem ihm Thiebold so lange seine Grüße zuwehte, bis der Dampfer, der ihn trug, hinter dem grünen Vorgebirge des Niederwalds verschwunden war ...

Benno's Schiff ging später und legte in Rüdesheim an, um Güter und Passagiere aufzunehmen ...

[109] In der That wurde ihm hier Stadtrath Schnuphase als Mitpassagier zu Theil ...

Herr Maria mit der röthesten Nase, sonst wie zu einer Audienz, in weißer Weste, im Frack, weißer Halsbinde, erschien auf der Landungsbrücke und ließ eine Menge Koffer, eine Equipage von wenigstens zehn Centnern Uebergewicht aufladen, darunter eine Kiste, der er eine Aufmerksamkeit widmete, als wäre sie ganz mit Monstranzen, Meßgewändern oder consecrirten Kerzen gefüllt ...

Anfangs bemerkte er Benno nicht ...

Herr Maria war in einem zärtlichen Abschied begriffen von einer hohen Gestalt, die ihm kräftiglich die Hand schüttelte ...

Benno erkannte den Moppes'schen Küfer, den Richter von

der Eiche am Düsternbrook, den Richter seines eigenen Vaters, Stephan Lengenich ...

Wohl war ihm diese Begegnung eine unheimliche ... Er wich Schnuphasen aus, ergriffen wie von einem Omen ...

Doch allmählich, als das Schiff weiter fuhr und Benno, gegen den noch kühlen Morgenwind in einen Mantel sich verhüllend, vom Verdeck aus den Küfer lange auf der Brücke harren und mit abgezogenem Hut dann und wann noch den Stadtrath zum Scheiden grüßen sahe, löste sich der Druck der Erinnerung, der mit eisigen Krallen sein Herz erfaßt hatte ...

Auch der Stadtrath hatte ihn jetzt entdeckt, erkannt und mit Bewillkommnungen überhäuft ...

Wo reisen Sie hin, Herr Stadtrath? ... Auch nach Wien? ... fragte Benno gelassen ...

[110] Herr Maria hätte Benno vor Freude über eine solche Reisebegleitung fast umarmt ...

Eben fuhren sie am Johannisberg vorüber ...

Er schilderte geheimnißvoll, was er oben gestern und heute gesehen auf dem in der Sonne leuchtenden Schlosse ...

Er schilderte die „Öpörtements", den berühmten Schreibtisch, der ganz mit „S–piegeln" umgeben wäre, sodaß der hohe „S–tötsmönn", indem er die Feder führte, immer sehen könnte, ob hinter ihm die „demögögischen Umtriebe" ... –

St! ... unterbrach Benno ... Die Kellerei! ... Erzählen Sie von der! ...

Der vor Begeisterung auch über diese Keller, wie er sagte, „sich noch in einem ungefrühs–tückten Zus–tönde befindliche" Stadtrath machte eine bedeutungsvolle Miene, sah nach Rüdesheim zurück, dann auf sein Gepäck und brach von dieser Frage mit eigenthümlicher Pfiffigkeit ab ...

Ich glaube gar, Sie haben geheime Aufträge an den Staatskanzler? fragte Benno ...

Wieder folgte eine mysteriöse und diplomatische Abschwenkung ...

Die Nase glühte in der Sonne ... Das weiße lockige Haar stand dem kleinen Haupte ganz staatsmännisch und bedeutungsvoll ...

Benno gab sich der Hoffnung hin, daß ihm seine Reise wenigstens von dieser Seite her Unterhaltung bieten würde.

5.

Stadtrath Schnuphase hatte den Mentor gefunden, den seine in diesem Sommer mannichfach geprüften Töchter mit Verzweiflung vermißten, als sie hörten, Herr Stephan Lengenich würde nur bis zum Schloß Johannisberg mitreisen ...

Sie wußten, wie der Vater bei seiner enthusiastischen Gemüthsart in der freien Luft, beim Anblick der hohen Dome, Domstifte, Kapellen, Kerzen und Schenken aus sich „herauszugehen" pflegte ... Erst in Wien selbst war Aussicht vorhanden, daß der so leicht angeregte Mann durch seine mitgenommenen Empfehlungen in eine geregelte Ueberwachung kam ...

Schon von Frankfurt am Main aus schrieb Schnuphase seinen Töchtern das Glück, das er gefunden, den Herrn Baron von Asselyn als seinen Begleiter zu haben ...

Es war ein Glück, das Benno theuer bezahlen mußte ... Denn Schnuphase heftete sich an ihn an wie eine Klette ... Und einen Auftrag an den großen Staatsmann hatte Schnuphase auf jeden Fall ... *[112]* Worin – errieth Benno nicht ... Schnuphase, der ihn sonst bis in das Innerste seines Busens, bis auf alle geheimen Medaillen und Amulete, die er unter dem bloßen Hemde trug, sehen ließ, vermaß sich hoch und theuer, hierin müsse er schweigen – er hätte sich und seinem Schutzpatron drei Eide abgelegt – doch würde er bei dem großen Staatsmann für Herrn von Asselyn sprechen, falls er die Bekanntschaft wünschte; er würde ihn einführen, ja, wenn er wollte, zu seinem „Mitbevöllmächtigten" machen ...

Ums Himmels willen –! ...

Benno wollte erst im Scherz zustimmen, erschrak aber über die Möglichkeit, daß der Stadtrath wirklich in Sachen der Politik reiste ... Er konnte nicht auf den Grund kommen, ob es sich um den Weinkeller oder um die Staatskanzlei handelte ... Schnuphase bat ihn, seinen „Chöröcter" nicht zu compromittiren, indem er ihn reize, seine Geheimnisse zu „öffenbören" ...

Sonst ließ sich der kühnste aller Emissäre, wenn er dies war, in seiner ganzen Auffassung der Zeit und der schwebenden Fragen ohne alle Rücksicht gehen ...

Schnuphase hatte zwei Brieftaschen, die er bei jedem Stundenschlag zog ... Eine schien mysteriösen Inhalts ... Sie hing, wie Benno allmählich bemerkte, mit den Tageszeiten, Rosenkranzverpflichtungen und den dadurch gewonnenen Ablässen zusammen ...

Von Würzburg hätte Schnuphase gern nach dem Würtembergischen hinübergeschwenkt ... Bei Ellwangen lag die uralte Kirche der vierzehn Nothhelfer ...

Nur durch das Verlangen, zu beobachten, wie ihm das *[113]* bairische Bier bekommen würde, vermochte ihn Benno zu einem schnelleren Betreten Altbaierns ...

Das thurmreiche Augsburg konnte nicht unberührt bleiben ... Mit Sehnsucht blickte Schnuphase, der dabei nie unterließ, als „Reisender" auch in seinem Geschäft zu wirken und bei allen Sakristeien anzuklopfen, auf die fern aufragenden Voralpen, wo die hochheiligen Wallfahrtsorte Andechs und Altötting lagen ...

Zwischen Augsburg und München erfuhr Benno zwar noch immer nichts von Schnuphase's diplomatischer „Mission", aber von der geistlichen Partie derselben lüfteten sich Schleier ...

Schnuphase hatte Commissionen aus Belgien und Paris ... Er brachte Medaillen, Wunderwässer und Rosenkränze in allen Formaten, wie sie die neue geistliche Thätigkeit von Rom und Paris aus segnen und mit jenseitigen Wohlthaten erkräftigen ließ ... Er selbst war Mitglied „fast zu vieler" Vereine, wie er sagte, und suchte Benno für den Eintritt wenigstens in einige zu interessiren ... Mit dem Flüsterwort: Ich bin Rath eines Rosengartens! erklärte er Benno den „marianischen Bund"...

Diese Erzbruderschaft will den Rosenkranz als ein Lebendiges, in den Personen Vertretenes darstellen ... 15 Personen stellen eine Rose vor; 11 Rosen, also 165 Personen einen Rosenstock und 15 blühende Rosenstöcke einen Rosengarten ... Schnuphase beaufsichtigte demnach einen Rosengarten von 2475 Personen oder, wie er im Styl der Andacht sagte, „von reuevollen und *[114]* demüthigen Seelen" ... Die Ablässe, die die Mitglieder gewinnen, sind solidarisch und kommen nicht aus dem Verdienst des Einzelnen, sondern aus dem der Gesammtheit ... Man l o o s t sie aus, sodaß die Hoffnung, eine Seele gewänne durch die Verpflichtung dieser Erzbruderschaft einen Ablaß von hundert Tagen oder eine Verkürzung der Pein im Fegefeuer etwa von hundert Jahren, sich nicht auf das eigene Verdienst, sondern auf das Verdienst eines – Mit-Rosenblatts begründet ...

Von dieser liebeseligsten aller Gemeinschaften konnte Schnuphase nicht reden, ohne daß in der That alle Rosen auch seines Antlitzes in ihren glühendsten Farben spielten ...

Das zweite Büchelchen enthielt die Stunden und Tage der Ablässe, die sich Schnuphase durch Verrichtung der von den verschiedenen Genossenschaften, zu denen er gehörte, vorgeschriebenen Devotionen erwarb ...

In München lebte Benno den Eindrücken der Kunst ...

In einem Kaffeehause traf ihn aus einer Zeitung, die er zufällig las, die Nachricht, daß in Wien eine Menge Römer, auch ein Principe Rucca angekommen wäre – in Begleitung der Gräfin Olympia Maldachini, seiner Verlobten, und der Herzogin von Amarillas.

Er sprang vom Tische auf ... So nahe rückte ihm die Entscheidung! ... Doch, doch folgte die Mutter dem Cardinal! ... Ha, rief es in seinem Innern, Du wirst diese Menschen in glänzenden Carrossen an dir vorüberfahren sehen, wirst vor ihnen entfliehen müssen ... Wie kannst du einen Tag in solcher Nähe bleiben! ...

[115] So grübelte er verzweifelnd und doch wieder hocherhoben ... Das Schicksal kommt dir entgegen! rief er ... Es ließ ihn jetzt nicht mehr unter den Bildern, Statuen, Baumonumenten, unter – den Lächerlichkeiten Schnuphase's ...

Dieser war ganz der Vertreter der Lehre, daß die katholische Kirche die heiterste Lust am Dasein segne und heilige ... Wie gute Geschäfte er machte ... Wie kunstkennerisch er vom Bier zu reden begann, obgleich ihm nächtlich der Schlagfluß drohte ... Wie viel Verbindungen er knüpfte und zwar heiterster Art ... Beim Pschorr, beim Hackerbräu endete, was im Sanct-Peter, der ältesten Kirche der schönen Stadt, begonnen ... Der mächtigsten Bruderschaft „Maria-Hilf" gehörte Jean Baptist Maria bereits in ihrer belgischen Verzweigung an ... Wie heimisch war ihm nun das Gefühl, den münchener Sanct-Peter zu betreten, von dessen Kanzel herab 1683 jene Bitten an die Gottgebärerin ertönten, die nächst Sobieski's Säbel die Türken von Wien entfernten ... Sie wurden Anlaß zu unserer deutschen „Maria vom Siege" – wie die Schlacht von Lepanto und Don Juan d'Austria's Sieg einst zur italischen ... Kam Schnuphasen außer dem Anblick von zahllosen Kerzen an diesem hochberühmten „privilegirten" Altar von Sanct-Peter (einen „privilegirten" Altar zu sehen, ist dem gläubigen Gemüth ein Genuß, wie euch Weltlichen nur der Anblick einer classischen Stelle Italiens) ein weltlicher Gedanke, so war es der: Der Verein „Maria-Hilf" ist recht *[116]* gemacht für eine Stadt der Maler ... Jedes Mitglied desselben muß bei seinem Eintritt geloben, ein Bild der allerseligsten Jungfrau im Hause zu haben ...

In Regensburg, wohin Benno seinen Gefährten mühsamer und mühsamer geschleppt hatte und wohin ihn zuletzt nur die Angst beschleunigte, es könnte seine dorthin auf dem Donau-Main-Kanal nachdirigirte Bagage und vorzugsweise die geheimnißvolle Kiste verloren gegangen sein, bestiegen beide das Dampfboot ...

Eine herrliche Donaufahrt dann! ... Die Passagiere: Soldat, Bauer, Bürger, w i e n e r Bürger, Baron, ö s t e r r e i c h i s c h e r Baron, Geistliche; Passauerinnen, – die mit ihren Augen die „pössauer Kunst" üben – sagte Schnuphase ... Linzerinnen, hübsche, „doch etwas gör zu blösse" junge Mädchen mit großen goldenen Helmen auf dem Kopf – „die schon alle mit russischen «Herrschöften» scheinen gereist zu sein –" schmunzelte er ...

Es war ein Gemisch, das sich an Buntheit sicher noch vermehrt hätte, ginge nicht noch immer die „Ordinari", ein großes Floß, das Thiebold als Holzhändler vielleicht aus Esprit de corps und „einmal zur Abwechselung" vorgezogen hätte ...

Hinter Passau folgte die Revision der Pässe ... Die Identificirung der Personen ... Schnuphase flog so eifrig von der ersten „Vöslauer", einem Wein, den er vorzugsweise zu studiren begehrte, auf und reichte seinen Paß so kühn über die Häupter aller Handwerksbursche hinweg, daß ihm Benno sagte: Aber machen Sie sich doch durch übermäßige Loyalität nicht verdächtig! ...

Die Gepäckrevision vermehrte Benno's Staunen *[117]* über Schnuphase's Mission ... Die Mauthbeamten lasen gewisse ihnen vom Stadtrath dargereichte Zettel, griffen ehrerbietigst an ihre Mützen und ließen alles ununtersucht ...

Die geheimnißvolle Kiste, sah er bei dieser Procedur, war mit Wappensiegeln verschlossen ...

Benno's Gemüth gerieth in immer tiefere Spannung – abwechselnd der Freude und Trauer ... Er sah in die hellgrünen Wellen wie in einen Krystallspiegel mit magischen Bildern ... Er verglich, was ihm wohler gethan: Sein alter Irrthum oder jetzt die Wahrheit! ...

Die grünen Berge, die den Strom verengten, konnte er nicht sehen, ohne sich nicht auf ihren Spitzen Armgart zu denken ... Welche neue Erscheinungen standen ihm bevor ... Wie sollte er sich ihnen nähern ... Unter welchen Veranlassungen ... Er sah voraus, daß er, wie sein Bruder gesagt hatte, vielleicht vorziehen würde, das zu bleiben, was er war ...

In scharfen Contouren lagen die schon von frisch gefallenem Schnee glänzenden steirischen Alpen vor seinem wehmuthumflorten Auge ... Die an den Ufern des buchten- und windungsreichen Stromes liegenden Städte schimmerten in heller Pracht mit ihren über und über weißgetünchten Häusern und Kirchen ...

Linz war erreicht ... Ein kurzes Nachtlager ... Dann die „Wirbel und Strudel", die mehr zu reden als zu fürchten gaben ... Mitten in der Strömung auftauchende „Auen" und Inseln erinnerten an die „Weerthe" des andern geliebten Stromes – an „Lindenwerth" ... Mit schmerzlichem Sinnen gedachte Benno des vorjäh-*[118]*rigen Herbstes und seiner verklungenen Hoffnungen ... Eine verlorene Liebe ist wie die zerstoßene Perle, die den Becher eines ganzen Lebens würzt – wie der Tropfe zerflossenen Goldes, mit dem auf der Palette ein Maler alle seine Farben mischt ...

Benno sah jetzt, je näher er Wien kam, alles feierlich und geheimnißvoll ... Mit einem Herzen voll Glück hätte sich ihm manches zugänglicher und verständlicher gemacht ... Das Schöne weckt vielen Gemüthern ohnehin nur Trauer ... Und schön war hier alles ... Auch hier ragten die hohen Bergkanten schroff empor wie der Geierfels und das Hüneneck ... Auch hier blinkten im wilden Gestrüpp der Büsche, im Geröll zerbröckelnder Burgmauern die Edelsteine der Sagen aus alten Zeiten ... Auch hier konnte auf so mancher Altane das Auge einen im Wind wehenden Schleier und das Winken der Gefangenen mit ihres Geliebten bunter Schärpe sehen ... Hohe Schlösser ragten wie Schloß Neuhof, seines Vaters stolzer, erinnerungsdüsterer Stammsitz ... Diese hier bargen Chorherren und Mönche ... Bonaventura hatte große Verehrung vor ihnen, weil ihre Bewohner, Benedictiner, den Wissenschaften oblägen ... Oft im Frühjahr, nach dem Kampf mit Rother, äußerte er die Meinung, sich hieher oder in die alten Bibliotheken der Schweiz flüchten zu können ... In einzelnen Booten und auf Flößen sah man Processionen, die zu Maria-Taferl wallfahrteten ...

Viele von den Pavillon-Passagieren kamen jetzt erst aus den Bädern zurück ... Es fanden Erkennungen und Begrüßungen statt, auch Misverständnisse und Ent-*[119]*schuldigungen ... Dicht an vier in Linz aufgefahrenen kleinen Wägen mit dem überraschenden Inhalt von Löwen und Tigern, die als Nachzügler zu einer in Wien schon befindlichen Menagerie gehörten, erklärte ein Witzbold die Gefangennahme Richard Löwenherzens auf dem gegenüberliegenden Dürrenstein dahin: „Aber erlaubens, wann so ein Engländer auch mit einem Löwen statt 'nem Pudel reist, hat der Herzog von Oesterreich dazumal Ursach' gehabt, den Mann einstecken zu lassen!" ...

Schnuphase war wie im Vorhof des Paradieses ... In Linz war ihm schon der Geschäftsfreund entgegengekommen, an den er empfohlen war, der Mitbesitzer der Paramentenhandlung Pelikan & Tuckmandl auf der Currentgasse ...

Herr Calasantius Pelikan war eine kleine, dicke und sehr entschieden auftretende Natur, mit pechschwarzen, fast zottigen Augenbrauen, Ringen an den Fingern, in grünem Frack, rothem Halstuch, gelber Weste, dem lustigsten Farbencontrast, ganz als wäre das Erdenleben ein ewiger Fasching ...

Schnuphase schwamm in Entzücken über diese Aufmerksamkeit, ihm so auf Meilen entgegenzureisen ... Er zog Benno in die Besiegelungen ewiger Freundschaft hinein, die den Mittelpunkt der ganzen Schiffsconversation zu bilden anfingen ... Ja, im Bewußtsein seiner vertraulichen Beziehung zu dem zweitersten Manne dieses großen Staates ergab sich Schnuphase der sorglosesten Sicherheit, die auch bereits mit allen feineren Nuancen der von ihm erprobten Weine des Schiffskellers übervertraut war ... Er sah *[120]* im Geist den Stephansthurm umringelt von oben bis unten mit Praterwürsteln ... Im „Sperl" hatte er durch Herrn Pelikan sogut wie schon einen „belegten" Eckplatz und in „Dommayer's", in „Hietzing" wurden durch ihn und die mit ihnen speisten, bereits die Backhändln rar ... An der Table-d'hôte that es Schnuphase nun unter Champagner nicht mehr und Benno mußte nur immer hinterrücks an seinem Sommerrockärmel zupfen, um ihn nur zu bewegen, gegen seine

Tischnachbarn den großen Allmächtigen aus dem Spiele zu lassen, den er halb schon seinen besten Freund nannte ...

Schnuphase's eigenthümliche „S–pröche" nannte Herr Calasantius Pelikan zum tiefsten Schmerz des Stadtraths: „Wol preußisch?" ...

Nach dem Diner schmollte darüber Schnuphase ... Dann aber, wieder ausgesöhnt, war er so neckisch gestimmt, daß er's nun auf die „Donauweibeln" abgesehen hatte ... Er begab sich schwankenden Fußes nach der Vorderkajüte und band dicht neben den reißenden Thieren ein Gespräch mit den blassen volksthümlichen Mädchen in goldenen Helmen an, sie fragend, ob sie keine Furcht hätten vor den furchtbaren Löwen, Panthern und Hyänen oder, wie der sich ebenso schmunzelnd hinter ihm hertrottelnde Calasantius ausdrückte: „vor oall den talketen Koatzen?" ...

Immer fester aber und enger schlang sich das Band der neuen Eindrücke um Benno ... Eine „Musikbanda" kam aufs Schiff und spielte gellend auf ... Bei einer Frage um den Grafen Hugo von Salem-Camphausen verwickelte sich Benno in Gespräche mit Offizieren ... *[121]* Seines fesselnden Eindrucks wegen gab man sich ihm gern hin ... Er studirte das eigenthümliche, zwischen Französisch und Wienerisch gehaltene Plauschen der österreichischen Aristokratie ... Der Erzähler dieser Geschichten hat das Wesen der meisten Menschen nach dem Durchtönen der von ihnen am häufigsten gebrauchten Vocale unterscheiden wollen, je nachdem die Menschen in A gesetzt sind (sie sind würdevoll und gleichmäßig), in I (sie sind verwundert und fröhlich), in O (Hypochonder), in U (Mystiker), in E (Tadelnde, Nergelnde, Mäkelnde). Die österreichische Aristokratie ist entschieden auf E gesetzt. Sie tadelt und kritisirt in einem fort ... Alle Erscheinungen fremder Küchen, Keller, Sitten sind ihr „mechant"; einiges wenige ausgenommen, das sie dann freilich auch ebenso entzückt „charmant" oder „supeeerb" findet, wozu das Zusammentreffen von Bedingungen gehören mußte, die

Benno erst zu ergründen suchte ... Seltsame Welt, die ebenso viel Selbstbewußtsein wie einen plötzlichen Mangel aller Unterlagen offenbarte ... Selbst die allgemeine Heiterkeit und Lust schien sich zuweilen in eine nur vorgehaltene Maske zu verwandeln ...

Als Schnuphase in der Kajüte schnarchte, erwies sich Herr Calasantius dem Herrn Baron als ein Mann von Gefälligkeit ... Es war ein „nach Wien geheiratheter" Böhme ... Er hatte gehört, Benno würde in einem geistlichen Hause auf der Freyung wohnen und stellte nun den Paramentenhändler heraus ... Der Onkel Dechant hatte Benno an einen alten Freund und Correspondenten, den ehemaligen Chorherrn der Prämonstratenser, Herrn Pater Grödner, empfohlen, einen *[122]* Gelehrten, der an öffentlichen Anstalten Unterricht gab ... Herr Calasantius Pelikan beschrieb den Mann und sein Haus ... Von seiner eigenen Niederlassung in der Currentgasse erzählte er, es wäre nahe jener Behausung, wo einst die allerseligste Jungfrau dem heiligen Stanislaus von Kostka erschienen wäre und ihm das Jesuskind zum Spielen auf die Bettdecke dargereicht hätte ... Der Herr Stadtrath würde bei ihnen wohnen ... Sein Schwager, der Herr Nepomuck Tuckmandl, wäre der Herbergsvater der Goldsticker, bewahre die Innungslade und ginge bei den Processionen voran ... Alles das würde jetzt wieder „so schön und neu" aufgerichtet und der Herr Stadtrath würde, im Vertrauen gesagt, unter sehr hoher Protection, einen „christlichen Gesellenverein" einrichten, was bei dem „Geist der Zeit" allerdings einige „Schwürigkeiten" haben würde ...

Auf jedes Uebermaß der Freude folgt Ernüchterung ... Schnuphase hatte nach dem Erwachen besorgliche Zustände – Nachwehen, Beklemmungen ... Die kommende große Stadt fiel ihm schwer aufs Herz ... Er beschwor Benno, ihn in dem Gewirr nicht zu verlassen ... Auch seine „Mission" flößte ihm Besorgnisse ein ... Er wiederholte in allem Ernst, daß er die „Audienz" lieber anträte mit „Unters–tützung" eines „gewöndteren Redners" ... Könnt' ich mich Ihnen doch nur ganz „öffenbören" – hauchte er ...

Nach Ihrer vornehmen Kiste zu schließen, sagte Benno, vermuth' ich, daß es der Protection des fürstlichen Kellermeisters bedarf, um in der ehrenvollen Eigenschaft Ihres Mitbeauftragten zu erscheinen ...

[123] Schnuphase seufzte wie unter einer schweren Last ...

Es war schon dunkel, als endlich Nußdorf erreicht war ...

Die Mauth ist dann ein chemisches Reagens, das alle Verbindungen löst ... Jeder muß an sich selbst denken ...

Benno fuhr auf diese Art in die innere Stadt allein ...

Der aufgehobene Chorherr der Prämonstratenser, Herr Pater Grödner, war vollkommen unterrichtet und nahm ihn freundlich, wenn auch etwas befangen, in einem großen geistlichen Hause auf ...

Der Onkel Dechant hatte ihm vorausgesagt: Pater Grödner ist ein Hypochonder, wie im Grund ganz Wien nur deshalb ausgelassen lustig ist, um seine plötzlichen Anfälle von Hypochondrie zu vergessen ...

Benno erhielt einige ganz ihm allein angehörende Zimmer ...

So spät es war, eilte er den Abend doch noch ins Freie ... Das Gefühl: Hier leben dir eine Mutter – eine Schwester! drohte ihm die Brust zu zersprengen ... Jede weibliche Gestalt, die er an sich vorübergehen sah, betrachtete er mit prüfendem Auge ... Von Angiolinen hatte er gehört, daß sie Lucinden ähneln sollte ...

So schritt er planlos dahin und athmete ebenso das allgemeine Leben der großen Stadt wie das Geheimleben, das diese Steinkolosse gerade nur für ihn erschließen sollten ... Erst ein Regenschauer führte ihn nach Hause zurück ... Da der Chorherr ihn *[124]* in nichts stören wollte, fand er ein Nachtmahl für sich allein ...

Am folgenden Morgen war das Wetter wunderschön ... Es hatte die Nacht hindurch geregnet ... Eine laue Luft wehte wie im Frühling ... Sein Wirth war schon freundlicher ... Der lange hagere Herr, bejahrter als er aussah, lud zu einer Spazierfahrt ein, sogar zum „Speisen" in Hietzing ... Er wollte vom Dechanten, von Monika, von der Seherin von Westerhof hören ... Und mit der Aebtissin der Hospitaliterinnen, Schwester Scholastika, bei welcher Monika so lange Jahre im Kloster gelebt hatte, war er auch bekannt ... Selbst von Bonaventura hatte er gehört ... Er sprach von Ceccone ... Dieser wohnte ganz nahebei ... Benno wollte die Depeschen an den Cardinal und den Staatskanzler übergeben ... Der Chorherr schlug einen Fiaker vor, den man nehmen wollte, um alle diese Commissionen mit Bequemlichkeit auszurichten ... Er gehörte, nach Aufhebung seines Klosters, schon seit Jahren einer höhern Studienanstalt an, die gerade Herbstferien hatte ... Alle Erläuterungen, die er gab, begleitete er mit einem eigenen seufzenden Lächeln ... Er sprach nicht drei Worte, ohne sich nicht selbst zu ironisiren ...

Als sie einen Fiaker genommen hatten, fuhren sie erst bei Ceccone in einem nahen und bescheidenen Palais vor ... Benno gab die Briefe von der Stellvertretung des Kirchenfürsten ab ...

Ihre Adresse ist nicht nöthig, sagte der Chorherr mit trockener Ironie ... Wo Sie woh-*[125]*nen, das weiß heute früh schon jeder – Polizeivertraute ...

Auf der Herrengasse vor dem Palais des Grafen Salem-Camphausen ertheilte ein Portier in den Camphausen'schen Farben den Bescheid, daß die Frau Gräfin verreist und der Herr Graf auf Schloß Salem wäre ... Benno übergab ein an diesen gerichtetes Billet, das er für diesen Fall bereit gehalten ...

Sie bringen dieser Familie die Erlösung, sagte der Chorherr, und müssen doch erst selbst anklopfen! ... Gerade wie in der Pastoraltheologie! ...

Noch ehe Benno aus seinem Nachsinnen erwacht war, stand der Wagen vor der Staatskanzlei ...

Auch hier stiegen beide aus und übergaben dem Portier die Briefschaften ...

Pressant! sagte der Chorherr zum Portier ... Se. Durchlaucht lesen die Briefe lieber des Morgens als des Abends ...

Der Portier hatte ihm die Briefe mit zu vielem Gleichmuth in seine Loge gelegt ...

Daß doch die Posten selbst für die Staatsmänner nicht sicher sind! sagte der Chorherr beim Einsteigen. Ich glaube, es kommt daher, weil die Staatsmänner ein schlechtes Gewissen haben und die Behandlung der Brieffelleisen kennen ... Wenn Sie Geheimnisse haben, mein Bester, so nehmen Sie nur ja erst Oblaten und dann Siegelwachs ... In solchem Fall muß wenigstens das Couvert abgerissen und aufrichtig darauf geschrieben werden: „Mangelhaft verschlossen" – –

[126] Die Empfehlungen an ein Haus Zickeles wollte Benno abzugeben noch aufschieben ...

Haben Sie noch sonst eine Commission in der Stadt?...

Benno kämpfte mit sich, die Namen Angiolina Pötzl und die Herzogin von Amarillas zu nennen ...

Er unterdrückte den Reiz und gab gern seine Zustimmung, daß nun der Wagen pfeilgeschwind zum Burgthor hinausfuhr ...

Die Unterhaltung konnte nur Erläuterung zu den bunten, mannichfach wechselnden Eindrücken der Fahrt sein ...

Maria Treu das! sagte der Chorherr auf eine Kirche deutend ... Wir haben Maria Stiegen – gehört jetzt den Jesuiten ... Maria Treu – gehört den Piaristen – La même chose – Maria Schnee – gehört den Italienern. In Rom zählt' ich fünfundzwanzig Marienkirchen ... Ich war in Rom ... Ei, da sehen Sie, auf dem Gebirg ist die Nacht schon Schnee gefallen! ... Da zu, wo Schloß Salem liegt ... Kennen Sie die Sage von Maria zum Schnee? ... Einige hundert Jahre nach dem Tod unsers Herrn und Erlösers wußte ein reicher Römer keinen Platz, wo er eine Kirche hinbauen sollte ... Die Gottesmutter erschien ihm und zeigte ihm den esquilinischen Hügel, auf dem die Nacht Schnee gefallen war ... Es ist ein ganz sinniger Zug, daß man den Italienern auch hier die Kirche „Maria Schnee" gegeben hat. Maria

Schnee ist das Symbol von Rom in seinem Verhältniß zu Deutschland ...

Benno konnte sich allmählich denken, daß die Freundschaft des Onkels Dechanten für diesen Chorherrn *[127]* wohlbegründet war ... Doch mochte er sich nicht von selbst in sein Inneres drängen ...

Bei dem zu Hietzing in einem besondern Cabinet eingenommenen Mahle ergab es sich, daß der Chorherr jene sich auf sich selbst stützende Kraft des reichen Klosterlebens alten Styls repräsentirte ... Ein lebhaftes Unabhängigkeitsgefühl trat immer mehr zu Tage ... Und beim Wein löste sich die Zurückhaltung des unterrichtet und höchst scharf urtheilenden Mannes vollends ... Der Chorherr war ein Bürgerssohn aus dem Salzburgischen, hatte große Reisen gemacht, gelehrte Werke herausgegeben und stand seit der Aufhebung seines Prämonstratenserstifts nur noch im losen Zusammenhang mit dem Klerus ... Immer heiterer und heiterer wurde er ... Das ganze gleichsam zurückgetretene Liebesgefühl und Liebesbedürfniß des katholischen Priesters, das sich bei würdigen Naturen in einem nicht zu misdeutenden Bedürfniß nach männlicher Freundschaft und namentlich zu Jünglingen ausspricht – wodurch gutgeartete höhere katholische Priesternaturen eine seltene Befähigung zur Erziehung gewinnen – kam auch bei dem bisher so trockenen alten Herrn ganz zum Vorschein ... Er konnte die Hand des jungen Mannes wie ein Verliebter drücken ...

Beim Dessert sprach der Chorherr schon wie ein Vater mit seinem Sohn ... Es war ihm nichts fremd von dem, was die Welt bewegte ... Nun kam das alles heraus ... Er las, was nur dem Gebildeten zu kennen geziemt ... Und sein Gelesenhaben und Wissen war, nun blitzte auch das auf, wie eine geheime Waffe gegen *[128]* seinen eigenen Beruf, eine geheime Rüstung für die künftige Zeit ... Wie Benno die Donaureise beschrieb und freimüthig auf die Zeiten zu sprechen kam, wo, wie der Jesuitengeneral einst zu Terschka geklagt hatte, sieben Achtel der österreichischen

Lande protestantisch waren, – wie er dann vollends den Bauernaufstand des Stephan Fadinger erwähnte und bei Gelegenheit der Wohnung Schnuphase's die Weigerung des frühern lutherischen Hauswirths des heiligen Stanislaus, das Allerheiligste in sein Haus kommen zu lassen – da sagte der Chorherr unerschrocken:

Wir werden noch einmal wieder zurückkommen müssen auf das sechzehnte Jahrhundert, mein Lieber! Wir werden noch einmal da anfangen, wo der gute Luther stehen geblieben ist, ehe die Habsucht der sächsischen und hessischen Fürsten den seltenen Mann in Beschlag nahm und die Ausartungen seiner Reform ihn erschreckten! Freilich ist ein Volk, das in einer Wallfahrt ein Gemüthsbedürfniß befriedigt, ein Volk, das sich zu einer Bruderschaft vom „Todesschweiß des Erlösers" zahlreich einschreiben lassen kann, nicht sofort durch Kant und Hegel für die Aufklärung zu gewinnen. Das Kreuz des Erlösers wird die Reform immer mittragen müssen! ...

Benno hörte die Ansichten Bonaventura's ...

Nach Tisch wandelten beide jetzt schon Vertrautgewordenen in dem bereits entlaubten herrlichen Park von Schönbrunn ...

Der Chorherr legte seinen Arm in den Arm seines jungen Freundes ... Mit dem Blick auf die Außenwelt, mit dem herbstlichen Laub, das vor ihnen der *[129]* Wind dahinfegte, kehrte die Hypochondrie des Greises zurück ...

Das herrliche sonnige Wetter hatte die Käfige der Menagerie geöffnet ...

Benno folgte dem Zuge der andern Spaziergänger, folgte dem Lachen über die Kunststücke der Affen, dem Brüllen der Löwen, dem Gekrächz der Vögel ... Der Chorherr gab nach, obgleich er sagte:

Diese Gefangenen machen mich melancholisch ... Bestien gehören in die Wüste und der Mensch steht gar so feige vor dem Gitter und freut sich, daß er im Sichern ist ...

Wie sie im Strom der andern den Behältern näher gekommen waren und vor einem mächtigen Königstiger eine elegante Gesellschaft von Herren und Damen fanden, die mit italienischen Anrufen das unruhig hin- und hergehende, schon bedenklich den Schweif schlagende Thier reizten, sagte der Chorherr:

Und das fehlte nun auch noch! Die feigste Nation von der Welt hat hier Courage ...

Die Neckenden schienen sämmtlich Italiener zu sein ...

Einige Offiziere waren darunter, die der italienischen Nobelgarde angehörten ... Einige andere gehörten zum Civil ...

Den Mittelpunkt bildete eine einzige kleine junge Dame, die sich im Necken des Tigers bis zur Ausgelassenheit gefiel ... Die schlanke und gestreckte Gestalt des aufgescheuchten Thieres wand sich in gleichmäßigen Schritten bald rechts, bald links ... Das grünlichgraue Auge funkelte phosphorartig; es war auf die *[130]* leuchtenden Farben des Kleides und vorzugsweise eines kleinen Sonnenschirms der jungen Dame gerichtet, die nicht aufhörte, mit einer rauhen befehlshaberischen Stimme den Tiger anzureden und in steigende Gereiztheit zu versetzen ...

Plötzlich fiel der kleine Sonnenschirm in den Behälter des in kurzen Sätzen stöhnenden Thieres, aus dessen Augen helle Funken zu sprühen schienen, Vorboten der ausbrechenden Wuth ...

Die italienischen Herren lachten laut auf ...

Benno, der dicht dabeistand, hörte vom Chorherrn die verächtlich geflüsterten Schiller'schen Worte:

„Herr Ritter, ist Eure Liebe so heiß,
Wie Ihr mir's schwört zu jeder Stund',
Ei, so hebt mir den Handschuh auf!" ...

Die sämmtlichen Umstehenden schienen entweder kein Deutsch zu verstehen oder nichts von der Schiller'schen Ballade zu wissen ...

Die Italienerin war jedoch vollkommen von dem eigensinnigen Temperament des Fräuleins Kunigunde im Gedicht ... Wie ein verwöhntes Kind beklagte sie ihren Ombrello und verlangte ihn zurück ...

Die Herren sprachen vom Wärter, den sie rufen wollten ...

Der Tiger kümmerte sich nicht, wie wenn er ihm doch gehörte, um den etwa einen Fuß vom Gitter entfernt liegenden Gegenstand, sondern ging nur nach wie vor schnaubend auf und nieder oder stellte sich zuweilen zum Sprunge ... Das Thier bot alle Veranlassung, ohne den Wärter den Sonnenschirm ruhig liegen zu lassen ...

[131] Jetzt erst sah Benno das Antlitz der Kleinen ...

Es war äußerlich ein halbes Kind und doch zeigte sich eine Entschiedenheit der Mienen, die erschrecken konnte ... Die Haut, an sich zart und pfirsichweich, spielte ins Grüngelbe ... Die Augen schwarz, die Lippen rubinroth, die Zähne blendendweiß ... Das in Flechten unter dem Hute sichtbare Haar hatte ein echt italienisches Blauschwarz ... Die Augenbrauen riß sie hoch auf wie aus Zorn, Verlegenheit und Beschämung ... Alle Zähne sah man ... Ihr Wesen hatte selbst etwas Thierisches ...

Am ungeduldigsten und eifrigsten, dem fortwährend um ihren Ombrello klagenden Kinde von vielleicht schon zwanzig Jahren eine Beruhigung zu gewähren, zeigte sich ein junger eleganter Mann von derselben Unreife der äußern Erscheinung, doch mit ebenso sichern und lebhaften Manieren ... Die Kleine warf dem Dandy in gelben Glacéhandschuhen vor, daß er nicht einmal zwei Schritte bis ans Gitter zu gehen wagte aus Furcht vor den möglicherweise durchgesteckten Tatzen des Tigers ...

Die andern Italiener lachten und machten Späße über die Anwendung, die ein bengalischer Tiger von einem mailänder Sonnenschirm machen könnte ... Sie wollten jedoch nur den Wärter rufen ...

Die zornige junge Dame war nahe daran, um den Sonnenschirm herauszuholen, einem der Offiziere den Degen aus der Scheide zu ziehen ...

Perché ella ha quello spiedo! sagte sie ...

[132] Inzwischen hatte Benno statt des „Bratspießes" sein leichtes Spazierstöckchen verkehrt ins Gitter gehalten und mit

dem Griff desselben, während die linke Hand den erschrocken ihn ergreifenden Chorherrn zurückhielt, den Sonnenschirm aufgegabelt und herausgezogen ... Der Tiger blieb stutzend stehen ...

Mit dem geläufigsten Italienisch übergab Benno der ihm überrascht ins Antlitz sehenden Dame den Schirm:

Anche le fiere del deserto cognoscono la civiltâ, que si deve alle signore! ...

Grazie, Signore! sagte die junge Dame mit einer plötzlich veränderten Stimme ...

In diesem Dank, in dieser leichten Verbeugung lag eine Anmuth, die selbst den Chorherrn bestimmte, zu sagen:

Der Blick war es freilich werth, die „Artigkeit der Wüstenthiere auch gegen Damen" zu riskiren! ... Aber ein merkwürdiges Gesicht das! ... Ich möchte fast sagen die Schönheit der Häßlichkeit ... Eine Stumpfnase, eine gewölbte Stirn, ein mürrisch hängender Mund, aber alles wie der Blitz in Brillantfeuer verwandelt durch ein einziges Lächeln! ...

Benno fiel Lucinde ein ... Lucinde war schöner, edler gewachsen; aber bei der Fahrt von St.-Wolfgang nach Kocher am Fall im vorigen Jahre hatte sie so im Wagen neben ihm gesessen, so von phantastischen Schlössern geträumt, ganz mit diesen verklärt bestrickenden Augen ...

Die Italiener waren inzwischen verschwunden und hatten sich zu „Dommayer's" wahrscheinlich erst jetzt begeben ...

[133] Benno und der Chorherr fanden ihren Wagen am Eingangsportal des Schlosses ...

Diese italienischen Nobili, die die Politik hier zu einer Garde vereinigt, sagte der Chorherr, kommen mir vor, wie sonst die Heerführer der alten Deutschen bei den Römern als Geiseln lebten ... Sie sollen die deutsche Weise annehmen und in Mailand keine Verschwörungen machen ... Es wird aber damit werden, wie mit dem Arminius ... Der lernte auch in Rom nur die Handgriffe der römischen Kriegskunst und schlug damit die Römer ... Vom Schwert dieser Italiener droht uns allerdings

wenig Gefahr; aber sie haben Dolch und Gift und – Rom ...
Doch – was thu' ich – hüten Sie sich ja, hier von Politik zu sprechen! ... Das Spionirsystem erstreckt sich bis ins Innerste der Familien ... Was die Polizei nicht thut, thut die Loyalität von selbst ... Die Sucht nach Auszeichnungen und Anerkennungen ist so groß, daß hier Menschen auf die gemüthlichste Weise mit Ihnen scherzen können und Sie dennoch denunciren – aus „Patriotismus" ... Wer weiß, ob Sie vor mir sicher sind! ...

Benno ergriff lächelnd den Arm des Greises und drückte ihn an seine Brust ...

Auf seine Aeußerung, daß denn doch wol Rom ein treuer Verbündeter des Kaiserstaats wäre, erwiderte der Chorherr:

Man glaubte eine Zeit lang, daß Cardinal Ceccone seine Macht verlieren würde ... Seine Gegner im Vatican, besonders Fefelotti, schienen zu triumphiren ... Aber es scheint, er hat mit den Jesuiten ein Compro-*[134]*miß getroffen und hält nun wieder alle Bannstrahlen in seiner Hand ... Sein Auftreten bei uns ist bedeutungsvoll ... Alles, was man für die innere Reform unserer Kirche gehofft hatte, scheint verloren ... Die unglückselige Manie der Fürsten und Staatsmänner, nur Eine Gefahr, die der Revolution, zu sehen, macht sie wider Willen zu Beförderern des Aberglaubens und der Hierarchie ... Der Staatskanzler haßt die Jesuiten ... Aber sie nehmen seine Devise an und sagen: Nous sommes conservateurs comme vous! ... Was will er machen! ... Dafür, daß wir den Jesuiten Deutschland geben, erbieten sich wieder die Jesuiten, an Oesterreich Italien zu lassen ... Doch in diesen italienischen Köpfen ist es selbst unter dem Purpurhut nicht geheuer ...

Benno, Ceccone's Stellung und die Zähmungsmittel der Jesuiten vollkommen aus seinem eigenen Dasein kennend, fragte schüchtern nach dem Cardinal und ob sein Gönner ihn gesehen hätte ... Er wagte nicht, tiefer zu dringen ...

Hier noch nicht! erwiderte der Chorherr ... Aber vor Jahren sah ich ihn in Rom ... Ich machte eine Reise dorthin zu einer Zeit, wo unser Deutschland noch erst wenig von der römischen Curie beachtet wurde ... Wie unschuldig nimmt sich auch unser deutsches Kirchlein Maria dell' Anima in Rom aus! ... Franzosen und Spanier haben sich da seit Jahrhunderten wahrhaft königlich zu vertreten gewußt ... Unser Kirchlein aber, das hat so etwas nur vom tyroler Geschmack und dennoch macht es den Eindruck des ehrlichsten und aufrichtigsten aller *[135]* Gotteshäuser in Rom ... Auf die Phantasie wirkt's nit, das ist wahr; nur ein reines Herz und rechten Drang zum Beten muß Eins mitbringen, um darin Gefallen zu finden ... Aber – ja – vom Ceccone sprach ich ... Den sah ich öfters ... Ihn und die meisten Cardinäle ... Man muß sagen, diese Monsignori sind Menschen, für die Gott ein eigenes Paradies und eine eigene Hölle muß erschaffen haben ... Sie scheinen alle noch wie aus dem Stamm des Cäsar Augustus zu sein ... Quos ego! und das so mit einem smorzando – ganz nur so hingelächelt ... Neptun's Dreizack geschwungen mit weißen Ballhandschuhen – wie Sie auch immer Se. Heiligkeit sehen werden ... Sie wollen ja nach Rom? ... Immer hat der Heilige Vater, auch wenn er die Völker segnet, weiße Handschuhe an ... Diese Cardinäle! ... Da wird das Unmögliche möglich mit einer – kopfabschneiderischen Grazie ... Die Art, wie blos allein diese Ceremonienmeister des Himmels über die Marmorböden schreiten oder wie sie die Messe lesen, falls sie die vollständigen Weihen haben – – das „laßt" sich gar nicht beschreiben ...

Benno war im steten Bangen um die endliche Erwähnung seiner Mutter ...

Der Chorherr ließ in der Stadt vor dem Bankierhause Marcus Zickeles halten ...

Es war die Mittags- und Börsenzeit ... Er fand niemand als einen Buchhalter, dem er seine Creditive überreichte ...

Am Abend besuchte er das Kärnthnerthortheater, wohin ihn der Chorherr nicht begleitete ...

[136] Von der Herzogin von Amarillas erfuhr er durch Erkundigungen in den ersten Hotels, daß sie im „Palatinus" wohn-

te ... Er näherte sich mit klopfendem Herzen diesem Gasthof, sah das Eingangsthor mit Dienern in prächtigen Livreen besetzt, hörte italienisch sprechen ... Von einem Mohren hieß es, er gehöre dem Principe Rucca ... Mit der sogenannten „Gemüthlichkeit" der Wiener stand die kurze Art, wie er da und dort auf seine Fragen Auskunft ertheilt bekam, nicht immer im Einklang ...

Am folgenden Morgen sprach der Chorherr seine Verwunderung aus, daß noch kein Lebenszeichen von der Nuntiatur und der Staatskanzlei gekommen ...

Benno erwiderte:

Wie wäre denn das möglich ... Ich brachte keine Empfehlungsbriefe ... Man erwartet mich hier nur in der Herrengasse ... Wie weit ist Schloß Salem? ...

Mindestens vier Stunden! sagte der Chorherr und lud Benno zur Besichtigung der Gemäldegalerie im Belvedere und dann zu einem Spaziergang im Prater ein ...

Die Urtheile des Chorherrn über die Schätze der kaiserlichen Bildergalerie waren treffend und zeigten ein Bindeglied mehr zwischen ihm und dem Onkel Dechanten ... Wie warm und lebendig wurde er im Gegensatz zu „Maria vom Schnee" über Rafael's „Maria im Grünen"! ... Wie still und ruhig das alles ist! sagte er im Anschauen ... Die Kinder spielen noch mit dem Kreuz, das sie künftig tragen sollen! ... Und fast hastig führte er Benno zu Carlo *[137]* Dolce's Bild: „Die Wahrheit" – analysirte es und sah sich dann scherzend um mit den Worten: Warum ein solches Bild – noch nicht verboten ist! ...

Beim Verlassen der nur flüchtig durchwanderten Säle zeigte der Chorherr eine italienische Villa mit noch grünem Rasen ...

Der Sommeraufenthalt des Staatskanzlers! erklärte er ...

Zum Prater wurde ein Fiaker genommen ...

Als sie den schon völlig laublosen großen Park erreicht hatten, stiegen sie aus ...

Der Chorherr rief plötzlich:

Schauen Sie da! ... Ist das nicht Ihre gestrige Dame? ...

Eine Cavalcade von Reitern sprengte durch die Alleen ... In ihrer Mitte eine Reiterin, auf deren Identität mit der gestrigen Tigerbekanntschaft der Chorherr nur der Offiziere wegen
5 schloß, die wieder der italienischen Garde angehörten ... Sie ritten zu schnell vorüber, um sie zu erkennen ...

Inzwischen gingen sie weiter ... Der Chorherr nannte den Prater öde und langweilig ... Nur die Abendsonne, sagte er, macht ihn schön ... Wenn man so hinschlendert und sein Tage-
10 werk vollbracht hat ... Dann freilich kommt die Schönheit – wie so oft – aus unserm Gemüth ...

Nach einer halben Stunde kamen sie zu dem im Prater befindlichen großen „Hamburger Berg", dessen Schaustellungen und Sehenswürdigkeiten ...

15 Eine große Menagerie kündigte sich durch ihre ausgehängten Bilder, Papagaien und Affen an ...

[138] Zieht Sie schon wieder so ein Spectaculum? sagte der Chorherr fast ärgerlich, als Benno einer dicken hinter Vorhängen sitzenden Dame zunickte, die auf dem Dampfboot ihre verspä-
20 teten Käfige begleitet hatte ...

Benno berichtete nur vom Dampfboot ...

Da plötzlich unterbrach ihn der Chorherr und zeigte auf die in der Nähe stehenden dampfenden Rosse der vorhin gesehenen Cavalcade ...

25 Die Italienerin wird schon wieder vor den Käfigen der wilden Thiere sein ... sagte der Chorherr und rief dann aufhorchend:

Da! ... Hören Sie! ...

Und in der That hörte man drinnen eine laute Stimme italienisch rufen ... Mitten durch das kurz ausgestoßene, fast husten-
30 de Brüllen eines gereizten Thieres vernahmen sie die Worte:

Eh! Tu! Muove ti! Dormi? Non essere si pigra! ...

Diese anstachelnden Worte, so unweiblich die Situation war, die sie begleiteten, übten auf Benno sowol wie den Chorherrn den Reiz, daß sie die Hütte betraten ...

In der That waren es die Italiener von gestern ... „Der weibliche Zwerg", wie der Chorherr übertreibend sagte, stand diesmal mit der Reitgerte vor dem Käfig einer jungen Löwin und reizte sie zu einer solchen Wuth, daß warnend schon der Aufwärter herbeilief ...

Benno sah voll Staunen dem wilden Spiel der Italienerin zu ...

Die junge Löwin sprang bald an die Gitterstangen, bald rannte sie im Kreise und stieß Töne aus, die wie aus dem Widerhall einer mächtigen Felsenhöhle kamen ...

[139] Im schwarzen Tuchrock, mit der linken Hand die lange Schleppe haltend, stand das kleine Wesen von gestern, dessen Kopf wenig über die Stellage, auf der der Käfig ruhte, hinausragte, und schlug mit der Reitgerte bald nach links, bald nach rechts in die Stäbe hinein ...

Wieder lachten die Herren und bedeuteten den Wärter, der Signora nicht ihr Vergnügen zu rauben ...

Schon lauschte die geputzte „Marchand' mod'", wie sie auf dem Dampfschiff geheißen hatte, eine Holländerin, an dem rothen Vorhang ... Schon wurde ein junger Mann, ihr Begleiter, von ihr angerufen, sich ins Mittel zu legen, als die Italienerin von ihrem Uebermuth plötzlich abließ ...

Sie hatte Benno erblickt ...

Mit kalter Ruhe stand sie noch eben vor dem Käfig und trieb ihr Spiel ... Jetzt war sie wie entwaffnet ... Ein fast rosiger Hauch der Freude überflog sie ... Mit dem Schein der mädchenhaftesten Schüchternheit senkten sich die langen blauschwarzen Augenwimpern ... Mit schneller Fassung und plötzlich ihre Stimme mildernd sagte sie zu Benno:

Ecco il domatore delle bestie feroci! ...

Benno erwiderte – halb nur für sich –:

Ecco la Romana! ...

Perché Romana? fragte sie, scharf aufhorchend ...

Benno hatte „Romana" betont ...

Una lupa e stata la nutrice di Romolo ... sagte er, sprach aber wieder wie nur zu ihr allein ...

Ohne sich von der Voraussetzung, daß auch sie von *[140]* einer Wölfin könnte genährt worden sein, getroffen zu fühlen, schloß sie sich Benno an zum Weiterwandeln ... Sie gingen die Käfige entlang ... All ihre Aufmerksamkeit für die wilden Thiere war verschwunden ... Sie wollte nur Benno festhalten, nur mit dem sprechen ... Ehrerbietig grüßte sie seinen Begleiter, in dem sie am langen Oberrock den Priester erkannte ...

Kennen Sie Rom? begann sie, noch über und über erglüht ...

Ich bin im Begriff, es kennen zu lernen ... sagte Benno ...

Sie reisen nach Rom?! ...

Ein Ausdruck der äußersten Freude kämpfte in ihren Mienen mit der Verlegenheit, sich in der ganzen Wirkung zu verrathen, die ihr schon seit gestern der junge anziehende Fremdling gemacht zu haben schien ...

Noch würde das Gespräch in kurzen Fragen des höchsten Interesses und in ausweichenden Erwiderungen so fortgegangen sein, wenn nicht ein tragikomisches Ereigniß dazwischengetreten wäre ...

Der elegante junge Mann mit den gelben Glacéhandschuhen von gestern war gleichfalls zugegen und etwas vorausgegangen ... Schon befand er sich am Ende der Breterbude, wo ein Elefant auf einer Art kleiner Bühne unter gemalten Drapperieen eingepfercht und an einem seiner mächtigen Füße festgebunden stand ... Das gewaltige Thier war vor den Zuschauern völlig frei ... Ehe sich der junge Mann seines Schicksals versah, hatte der sich schlängelnde Rüssel eine Schwenkung um ihn her gemacht und ihm in dem *[141]* Augenblick, wo die Offiziere warnend Altezza! riefen, den Hut abgenommen ...

Die Altezza, demnach ein Fürst, stieß einen Schrei: Gesú Maria! aus, taumelte zurück und sank in Ohnmacht ...

Die Italienerin stand inzwischen, noch wie von Liebeswonne durchschauert ... Sie schien so abwesend, daß sie die Ursache des Rufs nicht verstand und nur den zusammenbrechenden jungen Mann sah, der noch in seinen Beinkleidern mit den Sporen obenein festhakte, an die Breterwand stürzte, die den ersten vom zweiten Platz trennte und sich wirklich die Stirn blutig schlug ...

Benno sah dies kaum, als er schon hinzugesprungen war und die Altezza aufgefangen hatte ...

Bei Nennung jener fürstlichen Würde befiel ihn jetzt ein Bangen ...

Der Hut war vom Wärter schon wieder zurückgegeben worden ... Die Begleiter hatten sich geflüchtet ... Sie schienen über den Elefanten ebenso erschrocken wie die Altezza ...

Voll Aerger über die störende Scene und im Nu ihren ganzen Gesichtsausdruck verändernd, sagte die Italienerin zu Benno's Begleiter:

Sehen Sie da, warum man lieber die Thiere liebt, als die Menschen! ...

Aqua! Aqua! E una carozza! rief sie gellend hinterher ...

Der Fürst fing an sich zu erholen, versuchte zu lachen und erschrak wieder über seine blutigen Handschuhe ...

Benno übergab ihn aus seinen Armen in die seiner Begleiter ... Er wagte nicht weiter mitzugehen, als bis an die Vorhänge ... „Altezza!" ... Waren nicht *[142]* seine Mutter und Olympia in Begleitung eines italienischen Principe Rucca angekommen, des Verlobten Olympia's? ...

Die Italienerin rief ergrimmt aufs neue:

Non viene la carozza? Fatte subito! Al monte Palatino! ...

Palatino! ... Es war gewiß ... Doch „M o n t e Palatino"? ...

Dann zu Benno rasch sich wendend, warf der süßeste und zärtlichste Mund von der Welt wie mit Zaubermetamorphose und fast leise ihm ins Ohr die Worte:

Besuchen Sie uns – den Principe Rucca – morgen um elf Uhr ...

Wie sie das gesagt, verschwand sie – voraussetzend, daß Benno nicht folgen würde. Aber in ihrem Abschiedsblick lag ein

Ausdruck aller Seligkeiten der Erde und des Himmels, ja als wäre Psyche überwunden worden von Amor ...

Das ist eine Eroberung! brach der Chorherr aus, als Benno wie betäubt stehen blieb ... Und Al monte Palatino! setzte er lachend hinzu ... Sie glaubt, der Gasthof zum „Palatinus von Ungarn" hätte seinen Namen von einem der sieben Hügel Roms ... So sehen diese Menschen überall nur sich ... Deutschland ist ihnen nichts als eine römische Vorstadt, wo zuweilen Schnee fällt ... Ich zweifle gar nicht, es ist die – Nichte des Cardinals Ceccone, eine Comtesse –

Maldachini! fiel Benno aus seiner Erstarrung kaum aufathmend ein ...

Eine Verlobte des Prinzen Rucca, den Sie – aus dem Felde geschlagen haben, Bester! Haha! ... Sie *[143]* flüsterte Ihnen ja ein Rendezvous zu ... Um elf Uhr ... Auf dem Mons Palatinus! ...

Meine Mutter – die dritte in diesem Bunde! – riefen tausend Stimmen in Benno's Innern ...

Mit bebendem Herzen und tiefbeklommenen Athems verweilte Benno noch einige Augenblicke ... Dann traten beide gleichfalls hinter den Vorhängen ins Freie und sahen, wie eben die Herren zu Pferde stiegen und ein herbeifliegender Miethwagen den Principe Rucca und die Italienerin aufnahm ...

Benno ließ nur den Chorherrn reden, der von der Weichlichkeit der italienischen Aristokratie sprach, leise Andeutungen über den Cardinal gab, der einen einzigen Winter nicht ohne seine gewohnten Umgebungen zu sein vermochte, vom Prinzen Rucca erzählte, daß sein Urgroßvater ein Bäcker gewesen – in Rom wäre alles käuflich, Grafen- und Fürstenhüte – nur die Cardinalshüte stünden noch im Preise ...

Der Name der Herzogin von Amarillas wurde in Pater Grödner's Geplauder nicht erwähnt, auch der nähere Zusammenhang Olympia's mit Ceccone zwar „möglicherweise" als das des Kindes zum Vater leise und ironisch angedeutet, aber ohne genauere

Kenntniß des wahren Ursprungs, den Benno vollkommen wußte – wußte bis zu den Namen der Gebrüder Biancchi, deren Schwester die Mutter Olympia's war ... Luigi Biancchi, einer der Brüder des Napoleone und Marco Biancchi, sollte in dieser Stadt Musiklehrer sein ... Alles das war ihm durch seinen Bruder, den Präsidenten, vollständig bekannt geworden ...

[144] Auch der Chorherr nahm jetzt einen Wagen ... In dem Lärm der Stadt verhallte der empfangene Eindruck und die Benno durchzitternde Empfindung: Das Schicksal ruft dich selbst zu deiner Mutter! ...

Daß er morgen um elf Uhr im Palatinus nach – dem Befinden des Fürsten fragen würde, stand fest bei ihm ...

Daheim fand er Karten von Stadtrath Schnuphase; auch von einem Herrn Harry Zickeles, der Einladungen zurückgelassen, das Großhandlungshaus Zickeles zu jeder Abendstunde als ein offenes zu betrachten ...

Es strömte dann ein anhaltender Regen ... Benno verbrachte Stunden der höchsten Aufregung auf seinem Zimmer ... Die Aufgabe, die ihm für morgen gestellt war, erforderte seine ganze Manneskraft ...

Gegen Abend erst ging er aus, suchte den „Palatinus", gerieth in die Herrengasse, wo das vom Grafen Hugo empfangene Billet nun die morgenden Palatinus-Absichten durchkreuzte und ihn zwischen Mutter und Schwester, wen er zuerst sehen sollte, wählend stellte, kam mit irrendem, hin- und hersinnendem Grübeln in die Vorstellung des „Hamlet", erlebte, daß Olympia es war, die in der Loge des großen Kanzlers neben seiner Mutter die Gläser auf ihn gerichtet hielt, ihm durch das ganze Theater hindurch auf italienische Art mit ihrem Taschentuch ein Zeichen des Grußes gab; erlebte, daß die Mutter das Lorgnon auf ihn richtete – – Die versagende Kraft trieb ihn aus seiner Loge – in Begleitung eines Mannes, der den Namen seiner Schwester trug!

6.

Um den Weg in seine Wohnung zu finden, konnte sich Benno keiner zuverlässigeren Hülfe bedienen, als des Herrn von Pötzl, der gleichfalls Hut und Regenschirm genommen hatte und ihm gefolgt war ...

Ueber den Namen dieses Mannes hatte sich Benno beruhigen wollen ...

Schon daheim, wo er so oft dem Kattendyk'schen Hausfreund begegnete, dem alten Pfleger der Bologneserhunde, dem als Gesellschaftsheloten benutzten Spaßmacher Ignaz Pötzl, der sich darum doch einen Thaler nach dem andern in die Sparkasse trug, hatte er diesen nicht weiter nach seiner wiener Verwandtschaft gefragt, seitdem einmal dessen Antwort lautete, der Pötzls gäb' es wie Sand am Meer und „mit einem alten Junggesellen, der einen Nothpfennig hinterließe, wäre dann auch noch alle Welt verwandt, ohne Pötzl zu heißen" ...

Fühlen Sie sich jetzt besser? hörte Benno hinter sich her reden. Die Luft wird Ihnen gutthun ... Ja, *[146]* es ist ein überlebtes Gebäude! ... Wär's eine Kasern', so wär' sie längst umgebaut ...

Benno mäßigte seinen Schritt ...

Wo aber, lieber Herr, wo wohnen Sie denn? ... Vielleicht an der Mölkerbastei? ... Das wäre gerade auch mein Weg ...

Benno wohnte an der Freyung ...

Das kaum gesagt, war auch das gerade Herrn von Pötzl's Weg ...

Der Regen hatte inzwischen nachgelassen ...

Wie sich beide vor dem Gewühl der Wagen durch ein schnelles Laufmanöver über die Fahrstraße hinweg sichern wollten, rief Herr von Pötzl einen an ihnen vorüberschießenden Herrn an:

Gehorsamer Diener, Herr von Zickeles! ...

Es war noch ein junger, schon mit starkem Embonpoint versehener Mann, der eben aus einem berühmten Laden mit „G'frornem" trat und noch rasch hinüber in die Vorstellung wollte ... Eine Mittheilung über ein misrathenes neues Stück in der Vorstadt mischte sich in seinen Gegengruß und zugleich die Frage, ob doch Herr Müller noch nicht seine große Scene gehabt hätte und ebenso ein forschender Blick auf Benno –

Benno, Herrn von Pötzl's Verlangen bemerkend, seinen Namen zu erfahren, ein Verlangen, das er hinter einer künstlichen Verlegenheit, ihn nicht vorstellen zu können, verbarg, fragte, ob Herr von Zickeles dem Hause gleiches Namens angehörte ... Er hätte eine Karte von „Harry Zickeles" gefunden ...

Mein Gott! ... brach Harry Zickeles aus, be-*[147]*kannte sich als Abgeber der Karte und rief: Doch nicht etwa der Herr Baron von Asselyn? ...

Benno überraschte mit der Bejahung Herrn Harry Zickeles ebenso, wie Herrn von Pötzl ...

Das ist ja einzig! rief Letzterer und hätte alle Vorübergehende über diese Spiele des Zufalls zu Zeugen anrufen mögen ... Gerade der „Herr Baron von Asselyn" war die Persönlichkeit, die „beide" „gesucht" hatten ... Herr von Pötzl demaskirte sich als Bruder des alten Komikers Ignaz Pötzl, der ihm von der Reise des Herrn „von" Schnuphase und von dem Herrn von Asselyn ausdrücklich „geschrieben hätt'" ... Aber nein! ... Und Sie geben mir nicht einmal die Ehre! ... Die Freud' und die Ueberraschung! ...

Benno hatte keine Anweisung auf die Bekanntschaft dieses so außerordentlich gefälligen Mannes erhalten ...

Dennoch ließ er es nun an dem Schein einer engern Verbindung mit dem Bruder nicht fehlen ... Machte er damit doch eine offenbare Freude und bahnte vielleicht seine Forschungen an ...

Die Erinnerung an den alten Thaddädlspieler zeigte das ganze „G'müth" des Herrn von Pötzl ... Jede Nuance der Charakteristik seines Bruders unterbrach er mit einem glückseligen: „Ja!

Ja!" ... Und als Herr von Zickeles den Witz machte: Sagens doch nicht, Herr Baron, daß er wohlauf ist! Herr von Pötzl hört viel lieber das Gegentheil! Er will ihn beerben! ... erfolgte von Herrn von Pötzl nur ein einziges: „O Sie –!" Es lagen alle Schäkereien der Welt in dem Ton ...

[148] Herr von Zickeles gab, wenn auch mit einigem Zögern, den „Hamlet" und den Applaus eines jungen Schauspielers auf, der auch an ihn empfohlen war ... Laërtes, den Herr Müller „spüllte", hatte seine Hauptscene erst im letzten Act ... Herr von Zickeles ruhte nicht, bis der Herr Baron von Asselyn versprach, sofort, „aber auch auf der Stell'" in den Salon seiner Aeltern mitzukommen ... Jeden Abend wären sie nach dem Theater daheim und der Herr von Asselyn wäre vollends von seiner gerade aus Paris anwesenden Schwester Bettina Fuld und von deren Begleiterin, dem Fräulein Angelika „von" Müller, aufs allerallerdringendste erwartet ...

Angelika Müller! ... Welch ein Mollaccord! ... Sanft und wohlthuend verbreitete er sich über Benno's erschrecktes Gemüth ... Er wollte folgen ... Hier war von keiner Willensfreiheit mehr die Rede ... Harry Zickeles hatte ihn schon unterm Arm ...

Herr von Pötzl folgte in Verklärung ...

Herr von Zickeles ließ nicht eher ab, bis sie alle drei vor dem Portal seines älterlichen Hauses standen ... Es lag jenseit des Grabens dicht in der Nähe eines großen Platzes, des „Hohen Marktes" ...

Herr von Pötzl war etwas schweigsamer geworden, aber so gleichsam, als wenn der Ueberstrom der Gefühle ihm die Worte raubte ...

Als Herr von Zickeles am Hause seiner Aeltern geschellt hatte, zog er die Uhr und sagte:

Freilich – glauben Sie wol, Herr von Pötzl, daß der Laërtes jetzt aus Paris zurückkommen ist? ... Ich *[149]* bitt' schön, führen Sie den Herrn Baron zu meinen Aeltern hinauf ... Ich hab' –
Der junge Mann ist mir und merkwürdigerweise auch – der Kai-

serin Mutter empfohlen worden – Sehr ein hübsches Talent! – Ich – Oder – Doch lieber – Kommen Sie, Herr von Asselyn, ich führe Sie erst selbst auf und dann spring' ich noch ein bissel in den letzten Act ...

Nun keuchte der junge dicke Mann die Treppe voran ... Das Haus war viel heller erleuchtet, als das Palais des armen Schuldners der Zickeles, des Grafen Hugo ...

Auf der Mitte blieb wieder der Theaterfreund stehen, zog wieder die Uhr und schien die größte Angst zu haben, die Scene seines Günstlings, dem er, wie Herr von Pötzl elegischironisch sagte, seine gewohnte Protection durch einen stürmischen Applaus zugesagt hatte, zu versäumen ...

Endlich waren alle drei im ersten Stock angelangt ... Hier klingelte Herr von Zickeles und erst, wie er sicher war, daß der öffnende Bediente den Gast direct aus seiner Hand empfing und die Anmeldung fest hatte: „Herr Baron von Asselyn!", bat er für eine halbe Stunde um Entschuldigung und stürzte, um im Burgtheater sein gegebenes Mäcenatenwort zu lösen, davon ...

Sehr ein vortrefflicher Mensch und – Kunstkenner! sagte Herr von Pötzl mit seiner jetzt entschiedener ausbrechenden maliciösen – Gemüthlichkeit ...

Dann setzte er, beim Ausziehen der Oberröcke, Benno ins Ohr flüsternd hinzu:

Sie werden, wie ganz Wien weiß, hier erwartet *[150]* wie der Onkel aus Amerika oder das Manna in der Wüste! ... Gebe der Himmel, daß Ihre Mission an den Herrn Grafen von dem glänzendsten Erfolge gekrönt wird! ...

Auf Benno's Lippe bebte die Frage: Wie aber kommst du und die arme dann geopferte Angiolina zu einem und demselben Namen –? ... Doch er mußte in die Salons der reichen Bankierfamilie treten ...

Herr von Pötzl „führte ihn auf" unter einer Flut von gemüthvollsten Reden, in denen er alles haarklein erzählte, was sich zum Erstaunen und „wie in einem Roman" seit dem Eingang zum Burgtheater bis zum gegenwärtigen Augenblick in Herrn Baron von Asselyn's Leben und dem seinigen zugetragen hätte ...

Die Räume waren erhellt, aber noch leer ...

Nur der Herr Vater, Herr Marcus Zickeles, und die Frau Mutter und noch einige ältere Herren und Damen waren anwesend ...

Sie bildeten Whistpartieen, die im vollen Gange waren, sodaß trotz der freundlichsten Bewillkommnung die noch nicht zu Ende gespielten Partieen eine ausführlichere Begrüßung unterbrachen ...

Der Vater und die Mutter verwiesen ihn mit aller Freundlichkeit auf den jüngsten Sohn des Hauses, der ihm besonders von Seiten der Mutter mit hoher Genugthuung und den Worten vorgestellt wurde: Mein Sohn Percival! ...

Percival Zickeles war noch ein unreifer, etwas schüchterner Jüngling, dem, wie es schien, der erste Buchhalter beispringen mußte, um die Honneurs zu machen ...

Benno war es sehr zufrieden, daß ihm selbst Herr *[151]* von Pötzl, der seines „Aufgeführten" Bedeutung leise tuschelnd da und dorthin mittheilte, einige Ruhe ließ ...

Was lag nicht alles centnerschwer auf seiner Brust! ... Selbst die harmlose Erwähnung Angelika's, der „ewigen Verlobten" Püttmeyer's, weckte Erinnerungen, die ihn haltlos wie in Lüften schweben ließen ...

Angelika Müller trat auch wirklich ein ... Sie, in gesellschaftlichem Putz und Staat – Sie, die alte verblühte Erzieherin – sonst in einem halben Nonnenkloster – hier in einem israelitischen Hause ...

Kaum sah sie Benno, so stieß sie einen Schreck- und Jubelruf aus, der für die alte „Frau von Zickeles" im Spiele störend schien ... Sie wandte sich um und – stumm reichte Angelika jetzt Benno die Hand ... Ihr Lächeln war das alte ... Es zeigte die ganze Reihe ihrer riesigen, aber weißen, schön erhaltenen

Zähne ... Eine lange Rosaschleife erstreckte sich von den mühsam zusammengelesenen blonden Haaren in den Nacken ... Sie trug ihre Arme, so mager sie waren, entblößt ... So befiehlt das Sklavenleben des Gouvernantenthums, den innern und äußern Menschen den Umständen gemäß zu metamorphosiren ... Auch den innern Menschen! ... Es war Angelika Müller und sie war es auch nicht ... Ein Jahr in Paris und auf Reisen – und dienen, dienen müssen fremden Launen ... Da sprach sie schon von Armgart wie von einer Jugenderinnerung ... Freilich gab es in Armgart's Leben die allerüberraschendsten Veränderungen ... Armgart in dem ihr sonst so verhaßten England! ... Näheres wußte sie nicht von ihr ... Nur durch *[152]* Püttmeyer war die „treue Seele" im Zusammenhang mit ihrem alten Leben ... So mußte wol Benno erzählen ... Er that es voll Liebe und Güte und Schonung Püttmeyer's ... An diesem hielt Angelika unverbrüchlich fest ... Sie hatte in Paris für sein System gewirkt; sie hoffte auch in Wien einige rechtgläubige Spätlinge der Naturphilosophie für die Philosophie der Kegelschnitte gewinnen zu können ...

Frau von Zickeles wurde aufgeregter ... Die Gesellschaftsdame ihrer Tochter schien ihr zu sehr im Vordergrunde zu stehen ... Sie spielte zwar noch Whist, unterließ aber nicht, ihrer sich jetzt mehrenden Gesellschaft ihre Aufmerksamkeit zu bezeigen ... Nach jeder Karte, die sie ausgespielt hatte, rief sie: Joseph! Das galt dem Bedienten ... Oder: Pepi! Das galt dem Hausmädchen ... Fräulein Müller! Das galt der Gesellschafterin ihrer Tochter, der Frau Bettina Fuld ... Wenn sie: Percival! ihren Jüngsten, rief, so war es ein Ton besonderer Zärtlichkeit ... Sie hatte dem „hoffnungsvollen" Knaben nach einem Lieblingsdrama der Zeit diesen Namen nachträglich statt seines ursprünglichen „Pinkus" gegeben ...

Angelika Müller bekam Augenwinke, die ihr sagten, daß in den Zimmern außer dem Herrn Baron auch noch andere Herrschaften wären ...

So näherte sich denn dem „Herrn Baron" wieder Herr von Pötzl, zog die Dose, offerirte und genoß die Zinsen von dem auf den Fremden bereits gewandten Kapital von Zuvorkommenheit ... Er flüsterte über den Grafen Hugo ...

Den Kampf, ob er morgen den Besuch im Palatinus *[153]* oder die Reise nach Schloß Salem aufgeben sollte, hatte Benno schon zu Gunsten seiner geschäftlichen Pflicht entschieden ...

Auf seine Aeußerung, er würde morgen früh dem Grafen Hugo auf Schloß Salem aufwarten, unterließ Herr von Pötzl nicht, die schöne Gegend, den Charakter des Grafen zu schildern, kleine satyrische Seitenhiebe hineinzuwerfen und ihnen wieder eine Fülle von Gemüth folgen zu lassen ...

Die Veränderung wird außerordentlich werden! sagte er ... Und wahrhaftig! Die Zickeles sind sehr dabei interessirt! ... Wo nur Herr Leo bleibt! ... Leo ist das Geschäft nächst dem Vater ... Ganz Metalliques, blos Abends Wohlthätigkeitsschwärmer ... Ich vermuthe, er sitzt in diesem Augenblick Comité ... Das Talent, ein gutes Herz zu zeigen, Herr Baron, ist in Wien sehr cultivirt, aber – kostspielig ... Herr Leo von Zickeles wird deshalb wol auch nie heirathen ... Er sieht sich seine Medaillen, Ehrenpatente, seine gedruckten Thränen der Witwen und Waisen an und behält sein von tausend Zähren des Dankes emaillirtes Herz für sich allein ...

Joseph! rief hier die Mutter ... Hat Herr von Asselyn G'frornes? ...

Joseph präsentirte ...

Herr von Pötzl fuhr fort:

Den zweiten Bruder, den Herrn Harry haben Sie schon kennen gelernt ... Auch der ist Vormittags aufrichtig Metalliques ... Aber die übrige Zeit gehört dem Enthusiasmus für Ruhm und schöne Künste ... Sie sehen, daß er sich viertheilen lassen kann, wenn er einem *[154]* Schauspieler an einer gewissen Stelle einen Applaus versprochen hat ... Es ist schon vorgekommen, daß er einem Maschinisten „auf der Wieden" befohlen hat, an einem

Abend eine Störung hervorzurufen, nur damit ein andres Stück herausgebracht werden mußte, als dasjenige, wo er ein gegebenes Applausversprechen wegen eines anderweitigen Theater- oder Concert-Engagements nicht erfüllen konnte ... Harry Zickeles führt jede in der Theaterzeitung neuangekündigte Unsterblichkeit, wenn sie nach Wien kommt, in die hiesigen Hallen des Ruhmes ein ... Sein größtes Leidwesen ist dabei nur, wenn sich sein Herz zwischen zwei Gegnern in zwei Hälften theilen muß ...

Pepi! rief die Mutter ... Hat der Herr Baron G'frornes? ...

Pepi präsentirte ...

Herr von Pötzl flüsterte:

Der dritte Sohn, Percival, ist, wie Sie wol schon an dem träumerischen Jüngling gemerkt haben werden, ein dichterisches Genie ... Vor zwei Jahren erst bekam er den Vornamen Percival ... Er hat Romanzen geschrieben wie Heine, blos daß er zur Abwechslung auch einmal den Palmenbaum, statt von einer Tanne, von einer Akazie geliebt sein läßt – Wissens, von wegen der „Grazie" ... Auch hat er einen „Ahasver" unter der Feder, in dem die geniale Idee vorkommen soll, daß Ahasver sich nach Wien begibt und im „Stock am Eisen" einen Nagel vom Kreuz des Erlösers einschlägt, gerade noch den letzten, der hinein geht, wodurch ihm die selige Ruh' zu Theil wird ...

[155] Percival! rief die Mutter ... Hat Herr Baron G'frornes? ...

Percival fuhr wie aus Morgenrothsträumen auf, strich sich seine schönen langen schwarzen Haare zurück und machte eine Miene, als hätte ihm nur eine Geisterstimme gerufen ... Allmälig besann er sich aber auf den irdischen Begriff des „G'frornen" und offerirte davon mit einer Miene weltschmerzlichen Duldens ...

Herr von Pötzl nahm ihm die Schüssel ab mit der freundlichsten Anrede:

Sie, mein liebster bester Herr Percival! ... Ich glaub' fast, Sie sind schon wieder einen halben Zoll gewachsen ...

Percival schien die Anerkennung seiner Jugend gern zu hören und lächelte ...

Die Frau Bettina von Fuld – die kennen Sie? ... fragte dann Herr von Pötzl, als sie wieder an einem andern Fenster allein standen ...

Benno mußte diese Voraussetzung verneinen ...

O sie muß sogleich erscheinen ... Mit ihrem Gatten, der etwas in das diplomatische Fach spielt – ein Changeant, das in Homburg und Baden-Baden viel Geld kosten soll ... Dann ist noch die jüngere Schwester, die Jenny, da ... Die ist noch „im Kärnthnerthor", wo eine abgeleierte Oper von Bellini gegeben wird ... Sie hat eine famose Stimme ... Wenigstens glauben das die Aeltern und der Professor Biancchi – ja – kennen Sie den Namen? ... Das ist derselbe, den Sie heut im Theater sahen ... Der wird nicht Ursache haben, diese Ueberzeugung von Jenny's Stimme zu be-*[156]*streiten – denn er „laßt" sich die Stund' mit einem Dukaten zahlen ... Sie werden ohne Zweifel heute noch Gelegenheit haben, sich von dem Raffinement dieses Italieners mit dem Pergamentgesicht, das Sie heute sahen, näher zu überzeugen ... Kommt er mit, so laßt er sie singen ... Ich sage: laßt sie ... Denn das ist höchst merkwürdig ... Diese Musikprofessoren haben über ihre Schülerinnen eine Autorität wie ein Abrichter über seine Affen ... Wann der Alte in den Salon tritt, kriegt die Junge regelmäßig einen innern Ruck, wie eine Braut vor ihrem kommenden Bräutigam ... Vor keinem Menschen hat sie Courage, allein zu singen ... Steht aber der alte Italiener dabei und schlagt mit seiner unerschütterlichen Pierrotmaske die Noten um, so geht's: Perfido! Crudele! –

Mamsell Müller! rief jetzt wieder Frau von Zickeles ... Hat der Herr Baron G'frornes?

Angelika hüpfte zum Whisttisch .... Sie war so in Träumen versunken, daß sie nur den Ruf, nicht den Auftrag gehört hatte ...

Biancchi – Biancchi –! ... Auch über diesen Namen mußte Benno tiefbeklommen athmen ...

Angelika carambolirte inzwischen mit Herrn von Pötzl, der sich selbst unterbrechend mit der süßesten Miene und wie zum Kniebeugen anbetend auf Damen zulief, die eben ins Zimmer traten und vielleicht die Verlästerten selbst waren ...

Immer größer und größer wurde der Zustrom ...

Frau von Zickeles zankte mit dem Fräulein Müller *[157]* über das, „was sie nicht gewohnt wär' zweimal zu sagen" und verwies sie jetzt auf die Ankommenden ...

Angelika's Rosabänder flogen einer Dame entgegen, die mit leuchtenden Augen lachend eintrat ...

Frau Bettina Fuld kam von der „Wieden" und berichtete über die im dortigen Theater gehörten, „unerhörten Plattitüden" ... lachte aber doch noch bis zum Ersticken darüber ... Benno erfreute sich des angenehmen Eindrucks, den er zum ersten Mal empfing ...

Dagegen war Herr Bernhard Fuld ihm zwar äußerlich bekannt, doch mußte er sich erst allmälig in ihm zurecht finden, denn er war so mit Bart überwachsen, daß man keine Physiognomie herausbekommen konnte ... Er trug sein Band der „ehrlichen Legion" ...

Benno fühlte Mitleid mit dem Grafen Hugo, zu dessen Leben er hier die Reversseite sah ...

Jetzt kam denn auch Harry zurück ... Er hatte noch dem Laërtes, als er die Rede für Opheliens und seines Vaters Tod gehalten, stürmisch applaudiren können, war dann nebenan in die Loge zur „Resi Kuchelmeister" gegangen und brachte diese und auch den Herrn Professor Bianchi mit ...

Noch erschien eine andere ältere auch der Musik angehörende Persönlichkeit, der Professor Dalschefski, ein Pole ... Es gab eben einen Zank, dessen Ursache Benno, den seltsamen Italiener, Bruder der alten Carbonari Marco und Napoleone fixirend, nicht sogleich ergründen konnte ...

Alles das ging bunt durcheinander und noch bunter, als nun auch Leo Zickeles aus einem seiner Wohlthätig-*[158]*keitscomités nach Hause kam ... Die Whistpartieen waren zu Ende, die Spieler standen auf und eine Nebenthür wurde geöffnet, wo compactere Speisen auf einem Tische standen, auf den die Hungernden „wie die Wölfe" zufuhren ... Resi Kuchelmeister brauchte diesen Ausdruck ... Sie freute sich Benno wieder hergestellt zu sehen und begrüßte ihn wie einen alten Bekannten schon – doch zugleich scharf ihn etwas musternd ...

Der alte Herr von Zickeles trat vertraulich zu Benno ...

Nach einigen Ermahnungen, sich einen Teller zu füllen, nahm er ihn bei Seite und erörterte den Stand der Angelegenheiten des Grafen ...

Ja, sagte er, Seine Erlaucht sind auf dem Schlosse Salem ... Die Frau Gräfin Mutter Erlaucht werden von Schloß Westerhof erwartet ... Hat die Comtesse Paula von Dorste-Camphausen eingewilligt? ...

Benno konnte keine Auskunft geben ...

Hm! fuhr der alte Herr fort ... Sie, Herr Baron, bringen doch vom Herrn Oberprocurator Nück schon die Stipulationes der Agnaten ...

Der Graf soll sie zuvor unterschreiben ...

Die Schuldenlast ist sehr groß und meine Lage nicht darnach, länger Geduld zu haben ... Ich würde Salem und Castellungo subhastiren müssen ...

Castellungo? ... Das gehört der Mutter ...

Schon längst hat sie es für den Herrn Sohn verpfändet ... Ohne den Zwischenfall mit Terschka wären wir schon näher am Ziele ... Die Urkunde – Allen Respect, Herr von Asselyn – Ich kenne Ihre *[159]* Ansichten nicht – aber doch – sehr eine verdächtige Geschichte ...

Herr von Zickeles wollte sagen: Terschka hat im Auftrag Roms das Schloß angesteckt und dann eine falsche Urkunde producirt – Wenigstens las Benno diese Ansicht in den scharfen Mienen des Handelsherrn, der keineswegs zu Scherzen geneigt schien ...

Benno antwortete:
Terschka ist ja Protestant –
Protestant –! lächelte Herr von Zickeles und flüsterte: Die Jesuiten lassen ihn auch sein Protestant ...

Mit einem so furchtbaren Streiflicht über Terschka's Flucht und Aufenthalt in London stand Benno eine Weile sich allein überlassen ... Denn die Töchter umschmeichelten eben den Vater, fielen ihm um den Hals, liebkosten ihn – natürlich, um dabei auch den fremden Baron, dessen begeisterte Prophetin schon lange Angelika Müller gewesen, näher in Augenschein zu nehmen ...

Herr von Zickeles ließ sich Kinn und Wange streicheln, sagte auch der hinzugekommenen Resi Kuchelmeister viel Artiges, war ganz nur Patriarch und fuhr dann doch, als die Frauen forthüpften, streng wieder fort:

Sie werden es auf Salem sehr öde und einsam finden ... Falls Sie bis dahin zurück sind, seien Sie doch den Mittag morgen bei uns zu Tisch – Und überhaupt – Herr von Asselyn, an jedem Tag finden Sie bei uns Ihr Couvert ... Wenn die Gräfin zuletzt mit der wirklichen Entscheidung eintreffen sollte –

Herr von Zickeles konnte nicht weiter reden ... *[160]* Auch Leo Zickeles nicht, der hinzugetreten war und sich ins Geschäftliche mischen wollte – Mein Gott, was ist! mußten Vater und Sohn zu gleicher Zeit fragen ...

Jenny weinte laut ... Weil Professor Biancchi mit Resi Kuchelmeister „eine Verschwörung" gegen sie eingeleitet hätte ... Eben jetzt erst hatte sie erfahren, daß Biancchi heute Dalschefski's Platz im Burgtheater benutzt und die Resi begleitet hätte ... Sie hatte bisher den Grund, warum er heute nicht im „Piraten" war, vergebens erforscht ...

Soviel etwa verstand Benno von der Ursache des Streits ...

Der Vater ging besorgt in das vordere Zimmer ... Frau von Zickeles folgte in großer Aufregung ...

Leo, der älteste Sohn des Hauses, der Wohlthätigkeitsschwärmer, ein ruhiger, kaltprüfender Mann, schenkte Benno

Wein und sagte, ohne sich um den musikalischen Lärm zu kümmern:

Ja, Sie werden den Grafen sehr in Verstimmung finden! Aber man kann ihm doch nur Glück wünschen, daß namentlich auch – das Verhältniß aufhört mit dieser – Angiolina ...

So war das vernichtende Wort gefallen ...

Angiolina? sagte der hinzutretende Harry lächelnd und löste Leo ab, der von seinem Schwager, dem Diplomaten, in Anspruch genommen wurde ...

Haben Sie auch schon von dem Fräulein Pötzl gehört? fragte er und sah sich dabei schmunzelnd und scheu nach Herrn von Pötzl um ...

Wie hängt Herr von Pötzl mit – fragte Benno *[161]* in abgebrochener Rede ... dieser – Dame – zusammen? ...

Bei Leibe, flüsterte Harry und drückte seine kleinen Augen vollends zu; nur nichts laut davon! ... Sie ist Herrn von Pötzl's Pflegetochter ... Er kennt sie aber seit Jahren nicht mehr, will auch nichts mehr von ihr wissen ... Auch zu uns kam sie sonst ... Herr von Terschka führte sie auf ... Später ging's nicht mehr – des Verhältnisses mit dem Grafen wegen, der sie als Kind hatte erziehen lassen und dann – ... Sie wissen ... Nur die Einzige, die sie noch zuweilen sieht, ist da die Resi ... Das ist überhaupt ein lieber Narr! ... Resi's Vater war unser erster Buchhalter und hinterließ ihr ein hübsches Vermögen ... Seitdem wohnt sie mit einer Tante und will seit zehn Jahren schon zum Theater ... Sie weiß aber nicht, daß das mit ihren fünfundzwanzig Jahren zu spät wird ... Meine Schwestern sind mit ihr auferzogen worden ... Sagen Sie ihr aber um Himmels willen nicht, daß Sie der Employé sind, der die Heirath des Grafen Hugo mit der Gräfin Dorste, der Geisterseherin, arrangiren soll ... Sie kratzt Ihnen sonst die Augen aus, so intim war sie noch vor kurzem mit Angiolina, die wirklich sonst eine Pracht von einem Mädchen ist ... Aber hören Sie, wie die Resi jetzt den Bianchi zurecht stutzt ... Sie müssen wissen, die Therese wohnt in Einem Hause mit den beiden Musikmeistern, die zusammenwohnen, obwol sie ganz verschiedene Systeme haben ... Theresens Lehrer ist der Dalschefski, ein Pole, und der ist für deutsche Musik; und unsere Jenny, die hat den Biancchi *[162]* zum Lehrer und der ist natürlich ein fanatischer Italiener ... Der Pole und der Italiener wohnen, wie gesagt, in einem Quartier ... Auf der Currentgasse ... Und von Haus aus sind sie die besten Freunde ... Im Vertrauen gesagt wegen der Politik ... Aber in der Musik hassen sie sich ... Nun können Sie sich die Eifersucht der beiden Mädchen denken! ... Unsre Jenny weint eben, weil der Biancchi heute mit der Resi ins Burgtheater gangen ist, während sie im Kärnthnerthor allein saß! ...

Welche geringfügigen Leiden! dachte Benno ...

Mehr konnte Harry nicht mittheilen; alles wurde still, weil die beiden Freundinnen allein das Wort führten ...

Jenny, nicht so anmuthig, wie ihre Schwester Bettina, mit schärferer orientalischer Zeichnung, voller, drückte ihr Taschentuch vor die Augen und behauptete, die ganze Vorstellung des „Piraten" wäre ihr heute verdorben gewesen durch das vergebliche Warten auf Biancchi ... Und dieser Mann würde inzwischen von Theresen in Beschlag genommen! ...

Der Pole Dalschefski, ein magerer, schmächtiger Alter mit grauen Haaren, immer halb lächelnden, halb melancholischen Ausdrucks, sprach in gebrochenem Deutsch:

Mein Freund Biancchi – er hat sehen wollen – die Loge von großem Kanzler – wo sind gewesen heute die italienischen Herrschaften aus Rom – hab' ich ihm gegeben meine Platz – ...

Unbesonnen genug von Ihnen! entgegnete ihrerseits die Resi ... Der fremde Herr Baron, der durch Zu-*[163]*fall Zeuge unsrer Leiden gewesen ist, wird es bestätigen können, daß der Maestro durch seine gehässigen Bemerkungen uns die ganze Vorstellung verdorben hat ...

Wenn Therese Kuchelmeister laut sprach, schien es, als wäre dies für alle ein Zeichen, zu schweigen ... Angelika Müller raunte Benno, der an dem Italiener immer mehr Interesse nahm, ins Ohr:

Das ist unsre Armgart – ins Wienerische übersetzt … Sie ist natürlich – aber bis zur Grobheit einer Küchenmagd … Hören Sie nur! …

Angelika schien vorauszusetzen, daß es zwischen Benno und Armgart immer noch wäre wie sonst …

Unter allgemeinem Lachen sagte Resi, indem sie von ihrem Teller ein Ragout aß:

Ueberhaupt diese Italiener! … Nein, die listige Artigkeit erst, mit der er in die Loge kam statt des Dalschefski, bis sich dann seine wahre Natur enthüllte … So ist's auch in unserm Hause … Wann der „Obers" zum Kaffee den beiden Herren zu schlecht ist – und es ist ein Leiden mit der Milch in Wien, nicht wahr, Frau von Zickeles? – so schicken sie zu mir herunter und meine Tante läßt sich regelmäßig bestechen, wann sie gerad' oben eine Sonat' von Beethoven spielen hört … Dann, denkt sie, hat unser guter Dalschefski da die Oberhand, das arme fromme Lamm das …

Alles lachte … Dalschefski kicherte, als kraute ihm eine sanfte Hand – das Fell …

Mit unerschütterlicher Ruhe, einer Mumie gleich, verharrte Bianchi unter dem Gelächter und that, als wenn er überhaupt kein Deutsch verstünde …

[164] Dalschefski sagte zu Benno, der im Antlitz des Professors Aehnlichkeiten mit Napoleone, Marco Bianchi und – Olympien suchte …

O, sie ist schlimm! …

Jenny Zickeles stand ihrem Lehrer als einem willenlosen Opfer fremder Intriguen bei, brachte ihm von den Speisen und schlug den Flügel auf …

Der Schwiegersohn des Hauses, Ritter Fuld, schien vor dem Moment des Singens seiner Schwägerin ein Grauen zu empfinden, retirirte sich und zog Benno auf ein Kanapee ins Nebenzimmer … Seine Gemahlin kam ab und zu – Sie lachte fast zu viel – „ihrer schönen Zähne wegen", flüsterte Herr von Pötzl schon bei ihrem Eintreten ...

Jenny, ihre Schwester, sang indessen eine majestätische Arie von Caraffa ... Biancchi schlug die Noten um ...

Benno betrachtete in den Pausen, die ihm Ritter Fuld gewährte, den Italiener ... Es mußte der „Onkel" Olympiens sein ... Nur etwas Außerordentliches hatte diesen Feind der deutschen Sprache und Kunst ins Burgtheater ziehen können ... Wie sprach er von dem Kind seiner Schwester Lucretia ... War nicht über seine todten Mienen ein plötzliches wildes Erzittern gekommen? ...

Die Arie endete natürlich mit großem Applause ... Auch Resi und Dalschefski klatschten – um alles wieder gut zu machen ... Herr von Pötzl war Fanatismo und zog auch Benno in die Wirbel und Strudel seiner Be-*[165]*wunderung, ob er gleich ihm hinterher leise ins Ohr ein: Pitoyable! raunte ...

Jenny stand am Piano und hielt die Hand ihres geliebten Maestro mit einer Zärtlichkeit, als wollte sie sagen: Du mein Licht, meine Sonne, du Ursache meines höhern Seins, du Erkenner und Bildner meiner unvergleichlichen Stimme! ...

Signore parla italiano –? fragte sie, um dem geliebten Professor das Gespräch zu erleichtern ... Denn Benno mußte sich jetzt dem Sonderling nähern, dessen Empfindungen er vielleicht nur allein hier verstand ...

Dieser blieb so kalt wie Eis ...

Benno fragte ihn in seiner Sprache, ob er die italienischen Herrschaften, die ihn heute ins Burgtheater gezogen hätten, schon aus Rom gekannt hätte? ...

Jetzt blitzte über das gelbe Antlitz ein heller Lichtschein ...

Nein, mein Herr, erwiderte er trocken. Einmal diese Leute gesehen zu haben, ist schon zu viel ...

Lieben Sie so wenig Ihre Landsleute? entgegnete Benno ...

Diesen Principe Rucca? ... sprach Biancchi. Haben Sie das schwarze Pflaster gesehen? Der junge Affe hat sich wahrscheinlich den Kopf an einer Fensterscheibe zerstoßen und geht nun mit einem Pflaster ins Theater, um Oesterreich glauben zu machen, ein solcher Italiener könnte ein Duell gehabt haben ...

Benno erzählte die Ursache der Verwundung, nannte die junge Gräfin Maldachini und sah das Auge des *[166]* Italieners unter seinen schwarzen Brauen immer mehr hin- und herzukken ...

Ja mit Bestien muß die spielen! ... sagte er und fixirte Benno mistrauisch, als müßte er Anstand nehmen, sich ganz auszusprechen ...

Dalschefski horchte gleichfalls schlau ... Beide Männer schienen in ihrem innersten Wesen noch etwas anderes zu sein, als was sie hier vorstellten ...

Benno erkannte immer mehr, daß er wirklich Luigi Biancchi, den dritten der römischen Flüchtlinge, vor sich hatte, in deren Familie sich Hedemann hineinheirathen wollte ...

Jenny war überglücklich, die neue Bekanntschaft des Hauses sofort mit Biancchi so eng verbunden zu sehen ...

Wie beide ihr der Hitze wegen in ein Nebenzimmer folgen sollten, Benno auf eine Bestätigung des Ursprungs der Gräfin Maldachini gefaßt sein konnte, unterbrach Resi, die gefolgt war, die zur nähern Verständigung einleitende Frage Benno's: Haben Sie nicht Verwandte, die in Frankfurt am Main und London leben? ... mit den deutschen Worten:

Der hat gar keine Verwandte! Der ist in Italien auf einem Holzapfelbaum ganz für sich allein gewachsen! ...

Benno hätte wünschen mögen, die neckische Plaudertasche hielte sich jetzt entfernt ... Er konnte voraussetzen, daß Biancchi sich in tiefster Herzensbewegung befand, so ruhig auch wieder sein Aeußeres erschien ...

Da er auf die erneute Frage nach dem „Bildhauer" Biancchi, wie Benno den Gipsfigurenhändler, und nach dem „Maler", wie er den Restaurator nannte, nur ein *[167]* Kopfschütteln als Antwort bekam, ließ er Resi's Spott gelten ...

Glauben Sie ihm das alles nicht! sagte diese ... Die Leute, die Sie da nennen, die sind allerdings sämmtlich seine Verwandte! ... Oder sie mögen nicht weit von seinem Stamm gefallen sein ... Aber Dalschefski muß ihnen regelmäßig schreiben, daß der Onkel im Spital läge und sich selbst von milden Gaben anderer Menschen sein Leben kümmerlich friste ...

Ha ragione! sagte Biancchi ruhig und nahm eine Prise, die ihm sein persönlicher Freund und Stubengenosse, wenn auch musikalischer Gegner und Rival Dalschefski präsentirte ...

Besuchen Sie ihn in der Currentgasse, Herr Baron, sagte Resi ... Ein Haus mit drei Höfen, berühmt durch den heiligen Stanislaus nebenan ... Jetzt gehört es der Handlung Pelikan & Tuckmandl ... Da werden Sie jeden Mittag um zwölf Uhr, Hof Nr. 3, Thür Nr. 17 rechts diesen von mildthätigen Gaben lebenden italienischen Bettler über einer Pastete von Rebhühnern und dergleichen und dem besten Wein Deutschlands finden, eines Landes, das er so gründlich verachtet ... Unsere Musik schlecht zu machen hat ihm in diesem charakterlosen Wien ein Vermögen von fünfzigtausend Gulden eingebracht ... Nachts fürchtet er freilich zur Strafe die deutschen Diebe – und darin hat er Recht, es wird in Wien fürchterlich gestohlen – Frau von Zickeles! In der Josephsstadt ist schon wieder eingebrochen! – Dann ruft er in seiner Angst dem Dalschefski und wenn dieser edle Pole, der die deutsche *[168]* Musik trotz der drei Theilungen Polens ehrt, es vorzieht, um zwölf Uhr Nachts zu schlafen, so weckt ihn dieser grausame Tyrann, macht Licht und schmeichelt ihn aus dem Bett heraus mit dem Zugeständniß, daß Mozart manchmal ein Italiener gewesen wäre ... O, wir kennen alle seine Verwandte. Eine Frau Giuseppina Biancchi zieht in Castellungo die besten Seidenwürmer ... Graf Salem-Camphausen hat sich's eine Untersuchung kosten lassen, als er der Angiolina Stunden gab und ihn auch da einmal Terschka um seine Verwandte zur Rede, er sich aber darüber völlig unwissend stellte ...

Mit größter Ruhe entgegnete der Maestro auf diese für Benno tief ergreifenden Einzelheiten:

Es ist ja bekannt, daß dieser Herr Graf von Salem seine Finanzen durch allerlei dumme Possen ruinirt hat ...

Da man lachte, so brach Resi in ein parodirendes: Perfido! Crrrrrudele! aus im Ton der italienischen Oper, sprang zum Klavier, variirte noch eine Zeit lang in diesem Ton heftige Verwünschungen gegen Biancchi, ging aber allmählich wie von Rührung über die Erwähnung Angiolinens und die wol jetzt in Erfahrung gebrachte Mission des fremden jungen Rechtsgelehrten ergriffen, in andere Melodieen über und sang zuletzt Schubert's „Wanderer" mit einem erschütternden Ausdruck der Empfindung ...

Benno hatte indessen nicht den Muth, weiter zu forschen ... Ueberall sah er, daß er Anknüpfungen seiner Interessen, voll äußerster Verlockung, sich zu enthüllen, fand und immer, immer war dazu der Begleiter der Schmerz ... Er hörte die Thurmuhren draußen *[169]* feierlich in den schönen Gesang hineinschlagen ... Es war wie ein Ruf aus dem Jenseits ...

Als Resi zu Ende war, hätte er gehen mögen ... Wie disharmonisch war der ausbrechende Beifall! ... Herr von Pötzl raste und kein vertrauliches: Pitoyable! folgte ... Resi aber würdigte gerade ihn keines Blicks ... Es war, als wollte sie sagen: Wir haben eine Loge zusammen – müssen gemeinschaftlich unsere kritischen Empfindungen im Burgtheater los werden – aber ein Urtheil über ein Lied von Schubert gestatt' ich dir nicht ...

Zuletzt gab man noch Benno für seinen wiener Aufenthalt allerlei gute Rathschläge ...

Bernhard Fuld warnte vor den Fiakern – Herr von Pötzl, ihm leise ins Ohr raunend, vor den „Spitzln" – Frau Bettina Fuld mit einer leisen Anspielung auf Terschka, über den sie mit ihm einiges gesprochen hatte (staunend und lächelnd; sie lächelte zu Glück und Unglück), vor den Böhmen – Harry vor den immer sehr schlechten Eckplätzen in den Theatern – ja selbst Percival, den der Schlaf übermannte, thaute noch einmal auf und äußerte sich ganz praktisch über das Institut der „Hausmeister", das zwar Trinkgelder bedinge, aber den Besitz eines Hausschlüssels überflüssig mache ...

Resi sagte:

Die Hauptsache, Herr Baron, bleibt immer die, daß Sie sich nicht bestehlen lassen! In Wien stiehlt alles! Nicht blos die Raizen und Rastelbinder – das sind noch die ehrlichsten von allen! Nur draußen in der Vorstadt, aber auch da nur in der alleräußersten, gibt's noch *[170]* ein bissel Ehrlichkeit! Ganz verlassen könnens „Ihnen" blos auf die Ungarn! Sonst stiehlt in Wien alles ... Die Raizen stehlen weil sie's brauchen ... Die Italiener stehlen, weil sie die Ehrlichkeit für einen Mangel an Geist halten ... Die Böhmen stehlen, weil sie so wißbegierig sind ... Die Raben entschuldigen sich ebenso ... Die Polen, lieber Dalschefski, nehmen Sie mir's nicht übel, die stehlen auch; sie haben das Bedürfniß, die Liebe ihrer Herrschaft in Prügeln bewiesen zu bekommen ... Ja und alle diese Motive zum Stehlen lassen sich noch hören ... Aber die schlechteste Nation, Professor Biancchi, sind in d i e s e m Punkt allerdings die Deutschen! Die stehlen aus dem ganz gemeinen Grund, dasjenige, was andern gehört, lieber selbst haben zu wollen ... Ich sage das in voller Ueberzeugung und nicht blos deswegen, weil der arme Biancchi sich über das Schubert'sche Lied schon wieder ganz gelb geärgert hat und morgen am End' die Stund' hier absagen läßt ...

In solche und ähnliche lustige Reden hinein wurden die Mäntel, die Shawls und Hüte aufgebunden ...

Phantastisch aufgeputzt wurde Biancchi von Jenny und Dalschefski von der Resi ... Große Shawls hüteten die geliebten alten Maestri vor „Verkühlungen" ... Ein charakteristischer Zug aller gebornen Wiener war, daß sie nun noch einstimmig das Klima ihrer herrlichen Stadt verwünschten ... Frau von Zickeles entwickelte sich jetzt erst in einer längern Rede ... Angelika Müller pries dafür ihr Landhaus in der „Briehl" ... Sie seufzte auf wie eine Märtyrerin, Benno, als *[171]* stünde sie an der Maximinuskapelle, zuflüsternd: Ich hoffe auf eine stille Stunde! ... Harry Zickeles ließ sich nicht nehmen, Benno nach Hause zu begleiten ... Alles schritt hinunter ... Man trennte sich ...

Herr von Pötzl benutzte Harry's Holen eines vergessenen Halsshawls, um Benno zu sagen:

Der Harry ist in Wien „Führer" par excellence ... Wo wäre ein neu angekommener Name, den er nicht des Morgens auf den Graben spazieren geführt und des Abends nach Hause begleitet hätte! ... Leo hat seine Wohlthätigkeitsdiplome, Percival seinen „Ahasver", der Harry wird Ihnen noch sein „Album" anbieten ... Dieses sechs Pfund schwere Buch folgt ihm nach Mailand, Paris und London ... Was nur Namen hat in der wissenschaftlichen, künstlerischen und gesellschaftlichen Welt, hat da mehr oder weniger hineingeschrieben: „Hommage à mon ami Zickeles!" Er ist der einzige Mensch, dem sich Meyerbeer, Thalberg, Liszt und andere Genien im Nachtkamisol und in Unterbeinkleidern beim ersten Morgenbesuch zeigen und – „Genirens Ihnen nicht, Meyerbeer, ziehen Sie sich ruhig an, Ihr Freund Harry Zickeles raucht die Cigarre!" –

O bitt' schön, lieber Herr von Zickeles (unterbrach er sich) – da sind Sie ja ... Ja, Sie Charmantester ... Nur keine Verkühlung ... Mein Weg ist in die Josephstadt ... Herr von Asselyn ... Hab' mich u n e n d l i c h gefreut ... Aber ich hab' noch die Ehre – ...

Auf die schärfste Satyre folgte der gemüthvollste Händedruck erst an Harry, dann an Benno, und nun wohnte Herr von Pötzl doch in der Josephstadt, wäh-*[172]*rend ihn so lange, als er über Benno noch nicht im Reinen war, sein Weg auch über die Mölkerbastei und auf die Freyung geführt hatte ...

Harry ergriff Benno's Arm wie den eines alten Bekannten und gab über den schnell davon Huschenden die Erklärung:

Herr von Pötzl ist sehr ein rangirter Mann – Witwer – ohne Kinder – Die Angiolina war seine Pflegetochter – Graf Salem ließ sie auf seine Kosten von ihm erziehen – Sonst ist er – ursprünglich, glaub' ich, ein verdorbener Architekt ... Er hatte das Geschäft gepachtet, im Prater die Buden aufschlagen zu dürfen ... Dann baute er selbst Häuser oder lieh Geld auf andere ... Das hat ihn in die Höh' gebracht ... Als seine Frau starb, verließ ihn die Angiolina und ihm war's ganz recht, denn er hat einen großen Nagel im Kopf und hieße gar zu gern der „Edle von Krapfingen", was eine Besitzung ist, die ihm gehört ... Die Leute sagen – aber ganz unter uns – hier an dem Gebäude (Harry zeigte auf ein düsteres, Benno schon bekanntes Haus – die Polizei) kennt der Mann alle Hinter- und Seitenthüren ... Nehmens sich ein bissel vor ihm in Acht ... Wir haben allerhand Spitzln ... Bezahlte und unbezahlte ... Wenn Sie in der kleinsten Garküche speisen, so weiß man hier in dem Hause schon Abends, in was für Münze Sie bezahlt haben ...

An dem stillen Priesterhause, Benno's Wohnung, mußten die lehrreichen Aufklärungen ein Ende nehmen ...

[173] Ein großer eiserner Klopfer wurde noch von dem gefälligen Harry angeschlagen ...

Die Thür ging auf ... Benno nahm Abschied und versprach, wenn er morgen zeitig vom Schloß Salem zurückkehren sollte, die Einladung zum Mittagstisch anzunehmen, sonst aber jeden freien Augenblick in dem unterhaltenden, gastfreien, so zwanglosen Hause zuzubringen ...

Nun schritt er durch matt erhellte Gänge und kam in seine stillen Zimmer, wo er suchen mußte, nach soviel kaum zu Ertragendem, das heute das Geschick ihm verhängte, im Schlummer die Kraft zu gewinnen für sein ferneres – „Freudvoll und Leidvoll".

7.

Ein schöner Spätherbstmorgen lachte Benno schon so heiter und sonnig auf seinem Lager an, als wollte der Himmel sagen: Muth! Muth! Nun nicht gewichen! ...

Benno frühstückte auf seinem Zimmer mit dem Chorherrn, der bei ihm anklopfte, und erzählte seine gestrigen Erlebnisse ...

Zur Fahrt nach dem Schlosse Salem bestellte der freundliche Wirth sofort einen Einspänner, der Punkt neun Uhr vor der Pforte des geistlichen Hauses warten sollte ...

Aber wie nun um elf? Wie das Rendezvous im Palatinus? fragte er neckend ...

Benno berichtete noch von der Begegnung im Theater und nannte den Namen der Herzogin von Amarillas, über die der Chorherr nichts Näheres wußte ...

Sie müssen Ihrer Eroberung ein Lebenszeichen geben, sagte er, sonst kommt sie noch hier am Hause vorgefahren ...

Benno wollte im Vorüberfahren am „Palatinus" seine Karte abgeben ...

[175] Dann erzählte er von dem Abend bei den Zickeles und schilderte den eigenthümlichen Gegensatz desselben zu der Lage, in der er den Grafen Hugo anzutreffen erwarten durfte ...

Auch diesen Beziehungen, die eine Schilderung der Macht der Börse veranlaßten, stand der Chorherr zu fern ...

Als Benno andeutete, daß ihm durch alles, was er hier in Wien und Oesterreich sähe und höre, doch ein eigenthümlicher Ton der Trauer mitten durch die Freude hindurch zu gehen schiene, eine Verstimmung, ein Mangel an Selbstvertrauen und doch auch wieder kein Vertrauen zu andern, eine bald excentrische Hingebung, bald ein geheimer Krieg aller gegen alle, kurz eine völlig atomistische Zerbröckelung dieses herrlichen großen Ganzen – da sagte der Chorherr, aufs äußerste erregt und vom gemeinschaftlich genossenen Frühstück aufstehend:

Das eben bricht mir ja das Herz! ... – Das erkennen Sie also schon, daß, wenn auch unsere Machthaber nichts lieber wünschen, als die Bestätigung des Rufes, in dem wir als ein Volk von Phäaken stehen, lebend nur dem immerfort sich drehenden Bratspieß, doch dieser Vergnügungstaumel, in den sich unsere Bevölkerung zu stürzen liebt, um so herbere Aschermittwochsstimmungen zurückläßt? ... Aus all dieser Lustigkeit hörten Sie schon heraus: Wien ist krank! ... Mein junger Freund, ganz Oesterreich ist es ... Der Wahrheitstrieb, der tief in diesem Volk begründet ist, findet keine Befriedigung ... So verwandelt er sich in Mistrauen, kühle Prüfung, zuweilen leidenschaftlich hervorbrechende Be-*[176]*geisterung und wieder ebenso rasch kommende Ironie seiner selbst ... Die einen macht ein solches Wesen schlecht, die andern macht es melancholisch ... Was soll einst daraus werden! ... Die Masse ist gemüthvoll, ist gerechtigkeitsliebend, aber von einer beängstigenden Unbildung und Maßlosigkeit ... Die Vorstädte werden an sich noch wie von den Anschauungen alter Frauen regiert, die an den Straßenecken die Gemüse verkaufen ... Ein Schrecken vor Kometen oder vor dem möglicherweise alle Tage wiederkehrenden Türken oder vor dem Staatsbankrott ist die feststehende Stimmung des allgemeinen Volksgeistes ... Nun dieser Drang nach Oeffentlichkeit, nach Auszeichnung ... Alles was in den Polen, Ungarn, Böhmen, Italienern, namentlich aber in der lebendigsten aller Nationen, in – dem todten Israel lebt, impft sich unserm Volk hier auf ... Herrlich, wenn das alles einen würdigen Gegenstand fände ... Aber dafür die strengste Censur, die Verfolgung der Meinungen, die Unterdrückung der Lehrfreiheit und – als Ersatz für alles das, was die Oeffentlichkeit entbehren muß, die immer enger und enger sich ziehende jesuitische Ueberstrickung ... Kirche und Schule, Wissenschaft und Kunst sollen vom „josephinischen" Geist gereinigt werden ... Einsehend, daß es unmöglich ist, das Licht, das man fürchtet, in Säcken und dunkeln Kutten aufzufangen, arbeitet man jetzt an einem andern System

der Bekämpfung des Neuen ... Man erbaut Gegengebäude ... Man hört die Rathschläge aus dem Al Gesù in Rom ... Und dem allem stimmt die öffentlich geheuchelte Loyalität *[177]* gleichsam zu und doch – im tiefsten Grund – ist's nichts als Lüge – ...
An der Lüge geht mein herrliches Oesterreich zu Grunde! ...

Die magern Hände des Greises zitterten ... Sie krümmten sich ... Sein Auge war umflort ... Er mußte hundert Schritte im Zimmer auf und nieder machen, bis sich sein Blut beruhigte ...

Ein Hausdiener brachte einen Brief, den gestern Abend ein fremder Herr bei ihm unten geschrieben, versiegelt und an Herrn von Asselyn adressirt hatte ...

Er war von Schnuphase ...

Benno mochte nicht lesen ...

Als sie beide wieder allein waren, nahm der Chorherr die Gedankenreihen, die ihn so tief erschütterten, wieder auf ...

Unsere gegenwärtigen Regenten – sind gegen die Jesuiten ... Regenten wollen keine Theilung ihrer Herrschaft ... Aber die Strömung ist zu groß ... Sie kommt zu stark und von hoch oben ... Immer größer wird die Zahl der mittelalterlichen Fanatiker, die mit feierlicher Salbung das ausführen, was Gentz nur vom Standpunkt der bloßen Staatsraison leicht und heiter hinwarf ... Damit das germanische Element in Deutschland nicht ganz an Preußen übergeht, muß der Protestantismus in sich selbst verwirrt, verdunkelt und zum Bundsgenossen Roms gemacht werden ... Alle Richtungen, die im Denken und Empfinden der Zeit irgendeine Verbindung mit dem Mittelalter zulassen, sollen von jetzt an nur noch allein gepflegt und ausgezeichnet werden ... Ich habe das Gefühl einer bangen Zukunft ...

[178] Der sich natürlich aufdrängende Gedanke an den großen Staatskanzler bestimmte Benno, den Brief Schnuphase's zu erbrechen ...

Er las:

„Hochwohldieselben nicht zu Hause getroffen, zu haben beklage schmerzlichst, bitte inständigst, jedoch Hochdero ergebensten Diener in dieser großen Stadt nicht verlassen zu wollen, sondern, ihm hülfeflehend die Ehre zu geben für übermorgen anberaumter Hoher Audienz bei seiner Durchlauchtigsten Staatskanzler Hochdero ergebensten Diener begleiten zu wollen, da meine Angst vor den vorhabenden Mittheilungen alles, übersteigt was in solcher Lage jemals, empfunden zu haben entsinnen kann. Adresse: Pelikan & Tuckmandl, Currentgasse. Hochdero gehorsamst Schnuphase, Stadtrath. In Eile."

Benno zerriß den Brief, warf ihn in einen Papierkorb und schwieg von dem Inhalt ...

Feierlich zündete der Chorherr eine Kerze an und sagte:

Briefe, die man nicht aufbewahren will, muß man verbrennen ...

Eine lange Pause, während der er feierlich die Stückchen Papier verbrannte ... Rauchen Sie eine Cigarre! sagte er dann mit weicher Stimme ... Sie sind jung! ... Und kommen Sie nicht zu spät zurück ...

Benno drückte dem Gehenden die Hand ... Es war ihm bei dem trefflichen Mann so wohl, als wäre er beim Onkel in der Dechanei ...

Auf eine seiner Visitenkarten schrieb er in italienischer *[179]* Sprache: „– bedauert, für heute verhindert zu sein, persönlich nach dem Befinden Sr. Hoheit zu fragen" ...

Es waren diese Worte für den Principe Rucca bestimmt ... Buchstaben, die sich von seinem Herzen, von seiner Hand langsam losrangen, wie ein Fürst die Bestätigung eines Todesurtheils schreiben mag ...

Dann nahm er die ihm von Nück übergebenen Papiere, schloß sie in ein größeres Portefeuille, nahm einen warmen Oberrock, verließ sein Zimmer und bestieg den kleinen Wagen, der am Hause hielt ...

Am Palast des römischen Botschafters fuhr er vorüber, wie vor einem geheimnißvollen Cocon, in den sich eine Raupe gehüllt hat, die ihm zum bunten Schmetterling werden sollte ...

Am Palatinus hielt er ...

Die Vorhänge an den Fenstern des ersten Stocks hingen noch hernieder ... Einen Troß von Menschen sah er wieder im Portal stehen ... Wieder den Mohren des Prinzen Rucca ...

Benno übergab aus dem Wagen dem Portier seine Karte ... Die Hand zuckte. Er erschien sich jener Apollin, an den Olympia als Kind hinaufsprang, um ihn zu zertrümmern ... Eine heiße Glut durchloderte ihn, wenn er dachte: Sie erwartet dich um elf Uhr in den Zimmern ihres Verlobten, findet deine Karte, auch die Mutter nimmt diese in die Hand, liest deinen Namen – Ceccone kommt hinzu – Du wirst in Kreise gezogen, wo die Verführung dich umgaukelt, wo jeder Schritt für dein Herz und dein Urtheil zur Fußangel werden kann! ... Wirst du in solcher Lage, mit allen *[180]* aus ihr entspringenden Verbindlichkeiten der Verstellung ausharren können? ... Da war es ihm, als riefe es um ihn her: Fliehe! Jetzt! Jetzt! Noch ist es Zeit! ...

Das Rößlein schwenkte ... Munterer sprang es dahin in eine ruhigere Seitenstraße ... In der Nähe eines seltsam gebauten Hauses, dessen Fenster den Schießscharten von Kasematten glichen und die doch einem Franciscanerkloster angehörten, wie der Kutscher erläuterte, lag ein altes Haus, am Portal mit dem Bild eines Heiligen und einer ewigen Lampe ... Er fragte nach der Currentgasse ... Die lag in einem andern Theil der Stadt ... Wie werth war ihm die Erinnerung an die freimüthige, herzige Therese ... Sie die Freundin seiner verlorenen Schwester ... Gräber! Gräber –! rief es in seinem Innern ... Warum öffnest du sie ... Fliehe! Fliehe! Noch ist es Zeit! rief es auch hier um ihn her ...

Durch ein kleines Thor auf das Glacis gekommen, fuhr er am Kloster der Hospitaliterinnen vorüber, wo er schon die Aebtissin, Schwester Scholastika, die geborene Tüngel-Heide, hätte besuchen müssen ... Er widmete ihr einen Sehnsuchtsgedanken an die ferne Armgart ... .

Immer einsamer und einsamer wurden die Straßen ... Zuletzt gab es nur noch alleingelegene Häuser mit Gärten und Feldern, Fabrikgebäude mit hohen und rauchenden Schornsteinen ...

Endlich war die Landstraße erreicht und der ganze Vollge-
5 nuß gewährt der ungehindert eingeathmeten kräftigenden Herbstluft ...

[181] Benno saß im warmen Oberrock bei offenem Verdeck ...

Bald bog der Wagen von der Hauptlandstraße ab ... Kleine
10 Ortschaften, in denen gerade Markt gehalten wurde, boten den buntesten Anblick ... Der Himmel blieb sonnig und dunkelblau; nur an den Rändern des Horizonts, den die sanften Bergeshöhen abgrenzten, schimmerten die bunten Irisfarben des Herbstes, rosa, gelb und violett ...

15 Der Kutscher sah Benno's Wohlgefallen an der schönen Umgebung und rieth ihm zuweilen, zu Fuß einen kürzern Weg durch eine Waldpartie zu nehmen, während er die sich windende Landstraße weiter fuhr ... Aber durch die Eichen- und Buchenhaine war vor schon gefallenem Laub nicht hindurchzukom-
20 men ... Nur die grünen Tannenbestände ließen hier und da den Rath befolgen ... An manchen Durchblicken sah Benno weißschimmernde Klöster und Schlösser ... Der Blick ringsum öffnete bald diese, bald jene Fernsicht, bald zu einem schroffen Aufgang zu höhern Felsgesteinen, bald zur weiten, vom Pflug
25 wieder neugeackerten, dunkelschwarzen Ebene ... Bonaventura – Armgart – Paula schritten immer im Geiste mit ihm ...

Endlich wurden die Aussichten begrenzter ... Die Hügelreihen zogen sich enger zusammen ... Der Kutscher deutete auf den Ausgang eines waldbewachsenen Grundes als den Anfang
30 des zum Schloß Salem gehörenden Parks ... Nach einer längern Fahrt zwischen rings sich thürmenden, noch epheu- und moosbewachsenen, von kleinen behenden Cascaden überrieselten Felsen sah man *[182]* den Weg sich öffnen und an der Abdachung der sich in eine neue große Ebene niedersenkenden Berg-

lehnen eine hellschimmernde, in neuerm Geschmack angelegte Besitzung, der man in der Ferne noch nicht anmerkte, wie sie aus einem alten Renaissanceschloß entstanden war ... Alte Thürme waren da im englischen Castellstil neu ergänzt ...
Balcone, Erker, gewölbte, mit Epheu und wildem Wein umzogene Fenster ließen sich schon aus der Ferne erkennen ... Eine Altane bot ohne Zweifel den Blick in die weiteste Ferne bis zur Donau ... Offene Galerieen, sonst wol mit Blumen besetzt, zogen sich um die Eckthürme hin ...

In nächster Nähe gewann jetzt alles ein gepflegteres Aussehen ... Fast unmerklich verlor sich die Straße in einen Park voll kleiner Pavillons, Tempel, Ruhebänken neben stürzenden Wassern; da und dort zeigte sich wieder eine freie, noch smaragdgrüne Waldstelle, auf der man hätte Rehe suchen mögen ...

Schon fuhr der kleine Wagen in den gekieselten Gleisen der Parkwege ... Die Fußwege nebenan waren sauber geharkt ... Sie schlängelten sich terrassenhaft niederwärts bis zum Schlosse, das bei größerer Annäherung sich immer stattlicher entfaltete und nun auch seine Nebengebäude, einen großen geräumigen Hof zeigte, den ein eisernes Gitter und in dessen Mitte ein hohes, mit dem Camphausen'schen Wappen geschmücktes Portal vom Park trennte, während der Fahrweg am Portal vorüber weiter ging und auf einer andern Seite wieder auf die allgemeine Landstraße zurückführte ...

So in der Nähe nun zu sein von all dem seither *[183]* erzählten, vorgestellten, gefürchteten Leben einer fremden hochwichtigen Existenz mit all ihren eigenbedingten Lagen, ihren eigengeschaffenen und wieder für andere maßgebenden Zuständen – gewährte schon an sich eine ergreifende Stimmung ... Wie viel mehr noch das Gefühl: Hier weilt dir eine Schwester, die du nie gesehen, vielleicht nie anerkennen wirst! ... Hat Terschka wirklich Wort gehalten und geschwiegen? ... Unwillkürlich kam ihm die Erinnerung an den Park des Vaters auf Schloß Neuhof ... Dann raffte er sich auf – und doch suchte er wieder durch die laublosen Bäume hindurch nur ein abgesondertes Gebäude, das Casino genannt, in welchem, wie er schon in Kocher vom Onkel Dechanten gehört, seine Schwester für sich allein wohnen sollte ... Er sagte sich: Du bist ganz wie Bonaventura mit den Bürden seiner Beichten! ... Wenn du deine Schwester sähest – würdest du kalt und fremd erscheinen müssen ... Auch daß der Graf vielleicht das Opfer eines Betrugs durch eine falsche Urkunde ist, darf kein Gedanke sein, der dich irgendwie hier anwandelt ...

Im grasbewachsenen, gepflasterten Schloßhof war es, wie noch zur Mehrung seiner märchenhaft träumerischen Stimmung, menschenleer ...

Nur ein einziges Roß sah er, das gesattelt an einen eisernen Candelaber gebunden stand, deren vier eine Rampe schmückten, die die große Auffahrt bildete ...

Zu diesem trat durch die Thür eines Seitengebäudes, die zum Stalle zu führen schien, eben in sorgloser Haltung ein Reitknecht, den selbst die Ankunft des Einspänners nicht störte ...

[184] Inzwischen war Benno dicht an die Rampe gefahren ...

Jetzt sah er erst, der Sattel des Pferdes war ein Damensattel ...

Ohne Zweifel war er für seine Schwester bestimmt ...

Nun mit dem beklommensten Herzen, jeden Augenblick gewärtig, ihr als Bote ihres Sturzes oder wenigstens ihrer künftigen äußerlichen Verleugnung zu begegnen, sah er dem Reitknecht zu, der den Sattel fester schnürte und, während der Kutscher schon sein Roß ausschirrte, auf einen Diener deutete, der aus der hohen Glasthür, die von der Rampe zum Schloß führte, mit eilendem Schritt heraustrat ...

Auch dieser ging wie der Reitknecht in den „altfränkischen" Dorste'schen Farben – grün und gelb, doch in geschmackvollerer Vertheilung als in Westerhof ... Die Halbröcke von mattgelbem Tuch, kleine Verzierungen daran grün ... Eine weiße Weste, kurze schwarze Beinkleider und Strümpfe stimmten zu den artigen Manieren des von der Rampe Herabkommenden, der ein Kammerdiener zu sein schien ...

Offenbar war der Mann in großer Verlegenheit ... Er wußte, daß Benno erwartet wurde und entschuldigte den Grafen, der noch eine Abhaltung hätte ... Dann nahm er mit freundlicher Geschäftigkeit das große Portefeuille Benno's entgegen und lud den Gast ein, sich's so lange in einem Zimmer bequem zu machen, das er ihm anweisen wollte ...

Alle diese Worte hörte Benno kaum; denn an einem der hohen Fenster des obern Stockes, hinter den blut-*[185]*rothen wilden Weinblättern, die noch nicht ganz von ihrer üppigen Ausbreitung welk herniedergefallen waren, lüftete sich eben eine weiße Gardine und ein Frauenkopf sah heraus ... Nur ein Moment war's ... Sogleich fiel die Gardine wieder zu ...

Es war ein Kopf, ähnlich dem Lucindens ... Jugendlicher, von einem Ausdruck der äußersten Angst entstellt – ihm ähnlich ...

Er konnte annehmen, der Graf befand sich in einem Tête-à-Tête der größten Aufregung ...

Benno, mit dem Gefühl, jedes Auge, das hier auf ihn falle, müßte ihn anstarren um seiner Aehnlichkeit mit Angiolina willen, folgte mit kaum sich aufrecht haltender Betäubung dem Diener, dessen ganzes Benehmen die Furcht ausdrückte, es könnte der junge sehnsüchtig erwartete Rechtsgelehrte der Schallweite der obern Zimmer zu nahe kommen ... Von einem runden Eingangsvestibül führte er ihn sogleich in die entgegengesetzte Richtung, ja schloß Fenster und Thüren, die er offen fand, als könnte noch ein anderer Schall hereindringen, als der der Gespräche des Kutschers mit dem Reitknecht und das Unterbringen seines Gefährtes im gräflichen Stall ...

Endlich kamen sie in Zimmer, die des Grafen Wohnzimmer selbst schienen und nach dem Garten hinaus gingen ... Dieser war nur ein im Charakter etwas veränderter Theil des Parks ... Die Fahrstraße umschlängelte das Schloß und lag, kaum hundert Schritte weiter, wiederum dem Blicke offen ... Die Zimmer, die sie durchschritten, gingen bis in den alten Bau hinein, einen

[186] Thurm, von dem eine noch von welken Blumen umrankte Wendeltreppe in den Garten führte ...

Das Zimmer, in dem sich der Diener endlich empfahl, war düster, sonst höchst traulich ... Von oben her beschattete es das Dach der großen Altane des ersten Stocks, die man in der Ferne gesehen hatte, auch eine Fülle von Epheu, der von außen fast in das Zimmer hereinwuchs ...

Es liegt ein eigener Reiz in dem Betreten eines zum ganzen und vollen Ausleben eines fremden Ichs bestimmten Zimmers ... Offenbar hatte der Graf sein Ausbleiben dadurch mildern wollen, daß er Benno sogleich in die Räume führen ließ, die er selbst bewohnte ... Der Duft der besten Cigarren kam wie aus eben erst verronnenen blauen Wölkchen ... In der Mitte des Zimmers lag auf einem großen runden, zierlich ausgelegten Nußbaumtisch eine Auswahl von bunten türkischen und ungarischen Pfeifen ... Cigarrenkisten aus der Havannah waren noch nicht lange geöffnet ... Gelber türkischer Taback lag in einer antiken Schale von Metall ... Das sich dem mittelalterlichen Geschmack nähernde Zimmer war hochgewölbt ... An den Wänden hingen türkische Waffen, Roßschweife sogar, Gemshörner, Alpenhüte, geschmückt mit Gemsbärten ... Dunkelbraune Schränke, gothisch geformt, standen theilweise offen und zeigten goldenen und silbernen Militärschmuck, Säbel, Pistolen, Jagdflinten ... An den Fenstern waren Glasmalereien angebracht; der Fußboden, am Schreibtisch mit einer großen Tigerdecke belegt, war parkettirt in schönen symmetrischen Figuren ... Neben dem mo-*[187]*dernen und gußeisernen Ofen stand ein vollständiger Ritterharnisch von blankpolirtem Stahl ... Auf einer hängenden Etagère blinkten Trinkkannen, Krüge mit eingebrannten Sinnsprüchen, Becher aus Horn mit silbernen Griffen ... Der Schreibtisch stand frei, wohlgeordnet und bedeckt mit bunterlei Nippsachen ... Federn lagen, noch glänzend von frischgetrockneter Tinte, auf grünem querübergespannten Tuche ... Hinter dem Schreibtisch standen in einem dunkeln Winkel zu Fuß eines Porträts, das einen General und ohne Zweifel den durch einen Pferdesturz verunglückten Vater des Grafen darstellte, Hellebarden, Streitkolben, Morgensterne ... Ein kleiner Schrank enthielt eine Bibliothek von schöngebundenen Büchern, militärischen und landwirthschaftlichen Inhalts ... Eine altmodische Wanduhr mit hörbarem Pendelschlag schien der Pulsschlag des stillen und doch so lebendigen Zimmers zu sein ... Hier hatte Terschka gewaltet ... Hier Angiolina ... Benno's Blick fiel auf eine Console zwischen den beiden Fenstern, wo im Dunkeln eine Alpenzither lag und auf ihr – ein weiblicher Strohhut ...

Schon eine Viertelstunde mochte vergangen sein, da kam der Kammerdiener zurück und entschuldigte den Grafen aufs neue ... Er wäre zwar im Schlosse, bäte aber den Herrn Baron aufs inständigste, ihm wegen seines Ausbleibens nicht zu zürnen ...

Benno sah aus den Zügen des Alten, welche Probe sein Herr zu bestehen hatte ... Er las einen Kampf der Liebe und Leidenschaft aus ihnen ... Er las aus ihnen Schmerz, Verzweiflung, Drohungen ... Er mußte *[188]* krampfhaft seinen Hut festhalten, um nicht das Zittern seiner Hände zu verrathen ...

Der Diener wollte, da Benno eine Erfrischung zu nehmen ablehnte, wenigstens zu seiner Unterhaltung plaudern ... Er rückte einen beweglichen Lehnstuhl dem Fenster näher, um Benno die Aussicht zu deuten ... Er nannte die Klöster, die Kirchen, die Dörfer, beschrieb den Lauf der Donau, die wie ein Flechtwerk silberner Bänder in dem fast überall neugepflügten dunkelschwarzen Erdreich glänzte ... Leise nahm er dabei den Strohhut von der Zither, wollte ihn verstecken, besann sich aber, daß gerade dies Wegnehmen erst recht darauf aufmerksam machte und legte ihn wieder leise auf die Saiten, die nun – wie Geisteraccorde anklangen ...

        Laß mich weinen, laß mich klagen!
        Frage nicht, warum ich's muß!

> Ist es nicht der Götter Schluß:
> Leben steigt aus Sarkophagen
> Seit des Lebens ersten Tagen!

So klang es in einem Liede Bonaventura's, das wehmuthsvoll
in Benno nachtönte ...

Jetzt horchte der Diener auf ... Er schien etwas zu hören, was
Benno entging ... Besorgt begab er sich in die offenen Vorzimmer und zog die Thüren, die vorher offen gestanden, sorgsam
hinter sich zu ...

Benno war keine sentimentale Natur ... Die Ironie pflegte die
Regungen seines Herzens hinwegzutändeln ... Hier aber kam
ihm nichts mehr vom Humor zu Hülfe ... Er fühlte die Rechte
des Menschenherzens in dem Leid seiner Schwester – mit Titanenkraft *[189]* ... Armes Kind! ... Aber – auch du – arme Paula! ...

Benno nahm selbst den Hut von der Zither ... Schwarze
Sammetbänder glitten über seine zitternden Hände ... Auf der
Spitze des Huts waren fünf Sternchen von schwarzem Sammet
befestigt ... Noch duftete der Hut von Angiolinens Haar ...

Da hörte er Thüren schlagen ...

Er legte den Hut auf die Zither zurück ...

Es war ihm, als müßte Angiolina gestürmt kommen und
selbst ihren Hut holen ...

Ein Gefühl, sie zurückzuhalten und sie, die eben alles verlor,
mit dem Schwesternamen zu begrüßen, überwältigte ihn einen
Augenblick ... Wer denkt sich nicht zuweilen eine That des
Heroismus, die, im Urrecht des Genius begründet, alle Schranken der Rücksicht durchbricht, eine That, die die ordnende
Weltseele ebenso gut wie jede andere wieder mit dem Hergebrachten würde zu vermitteln wissen! ... Schon mußte er sich
halten – wie jemand, der zu dicht an einen ungeahnten Abgrund
gerathen und statt zu fallen, mit muthigem Entschluß den
furchtbaren Sprung lieber selbst wagt ...

Da hört er vom Garten her den Hufschlag eines Rosses ...

Im regen- und nebelfeuchten Kiese der gleichmäßige Schritt eines Galoppirenden ...

Jetzt schwenkte das Roß ... Es war das von vorhin im Schloßhofe ... Es schwenkte vom alten Gemäuer zur Rechten her und dahin über die sich abdachende Straße quer am Schlosse vorüber ...

[190] Darauf eine Reiterin ...

Nur Angiolina konnte es sein ...

Im dunkelwallenden Kleid saß sie hoch im Sattel ...

Ja als sie an der Front der Schloßfenster vorüber mußte, schien sie aus dem Sattel sich zu erheben und sank wieder zurück ... Ein Hut mit blauem Schleier schlug hinten über und fiel ihr in den Nacken ... Ein schöner Kopf, todtenbleich, mit dunkelschwarzem Haar und lichtverklärt vom durchsichtigen Aether sich abzeichnend ...

Das Roß wie im Fluge ... Die linke Hand hielt die Zügel, die rechte riß den Hut ganz vom Haupte ... Nun ragte die Gestalt schlank und luftig schwebend ... Die Hüfte zum Umspannen ... Benno suchte das Auge ... Das schien sie zuzudrücken ... Es war, als wollte sie nichts mehr von dieser Welt erkennen ... Immer weiter und weiter schlängelten sich die Windungen des Weges. Das Roß schwenkte ... Sie selbst schien wie von einer Schaukel gehoben ... Nun verlor sie sich hinter den Büschen ... Wieder tauchte sie auf ... Ein Bangen ergriff Benno bei dem immer mehr sich verlierenden, in den Büschen bald offenen, bald von ihnen gedeckten Anblick ... Wo raste sie so hin? ...

Oder – Wie ist das? ... Kehrt sie zurück? ... Ist sie nicht schon wieder in der Nähe? ...

Nein ... Neuer Rosseshuf erklingt ...

Der Reiter sind aber mehrere ...

Auch sie biegen von der Rechten her ums Schloß ... Eine Cavalcade ist's von mehreren Herren ... Eine Dame unter ihnen ... Olympia! ... Dieselben *[191]* Begleiter, wie gestern ... Dieselbe kleine Gestalt über und über heute in hellblauem Sammet ... Gelbe Seide die Verzierungen ... Ein schwarzer Chapeau-Mousquetaire im grellsten Geschmack des Südens mit Goldtressen geschmückt ... Phantastischer Carnevalsanblick! ... Auch sie jagt dahin und erhebt sich ebenso beim Blick auf das Schloß ... Sie erkennt Benno ... Das Roß schwenkt ... Wild stieben die Reiter um sie her ... Eine neue Schwenkung ... Jetzt ist Olympia eingeschlossen von ihren Begleitern und auch sie verschwindet ...

Benno stand besinnungslos ... Er sah die Wirkung – seiner Karte ... Ohne Zweifel hatte man seine Wohnung erfragt, seinen Ausflug erfahren, die Richtung erkundschaftet und war ihm gefolgt ... Wieder die Statue des Apollin – von einem Panther umkrallt! So wirkte ihm diese Erfahrung ... So wild sich geliebt zu sehen – muß ja den Tod versüßen ...

Da gingen die Thüren und der Diener kam eilends zu dem Besinnungslosen ...

Eben kommen Seine Erlaucht! sagte er ... Seine Worte erklangen wie der Ton der Erlösung und glücklichen Hoffnung ...

Die Erscheinung, daß Herrschaften von Wien her oder der Umgegend die Durchfahrt durch den Park und an Schloß Salem vorüber benutzten, schien eine häufig vorkommende zu sein ... Der Diener achtete nicht darauf ...

Schon im Vorzimmer sprach eine hellkräftige Stimme mit jener Fassung, die der Weltbildung geläufig ist, eine Entschuldigung für das lange Ausbleiben ...

[192] Graf Hugo trat ein ...

Eine schöne männliche Erscheinung ... Am Ende der Dreißiger ... Hochgewachsen wie seine Mutter Erdmuthe ... Das Haar braun, lockig; hie und da dünn an der Stirn und den Schläfen; Lippen und Kinn trugen den Bart desto voller ... Die Augen blau ... Der erste Eindruck vor den Bewegungen der Höflichkeit und einer nur mühsam verborgenen Erregung unbestimmt und fast zu lebhaft ... Der Graf trug ein kurzes, militärisches, weißes Hauscollet mit einer leichten Paspoilirung von Rosaschnüren an der Brust, an den Achseln und Aermeln; lange eng anliegende blaue Beinkleider, unten mit einem Besatz von glänzend lakirtem schwarzem Leder, das gegen Hausstiefel von bunter russischer Lederstickerei grell abstach ...

In einer Sprechweise wienerischen Tonfalls entschuldigte er sich, daß ihn Geschäfte abgehalten hätten, sich in eine vollständigere Toilette zu werfen ...

Alles das kam, als hätte er eben nur eine Abhaltung gehabt in seinen Ställen oder sonst bei einem Lieblingsgeschäft, das abgewartet werden mußte ...

Der Uebergang zum Rauchen, das Nöthigen auf ein dunkel gestelltes, ganz in der Ecke hinter dem Schreibtisch befindliches Kanapee, alles war so leicht, so im Ton der harmlosesten Zuvorkommenheit, daß jeder andere nicht gemerkt haben würde, wie die Art, mit der er in die Kissen zurücksank und wie von seinen Wangen die leichte Röthe der ersten Begrüßung verschwand, doch die äußerste Erschöpfung nach einer aufregenden Scene ausdrückte ... Im forschenden Blick auf Benno der *[193]* völligste Ausdruck der Unbefangenheit über dessen Beziehung zu Angiolina ... Und kein Stutzen etwa über irgendeine Aehnlichkeit ...

Ungeordnet, abgerissen war alles, was der Graf von Benno's Aufträgen sprach ...

Dieser sammelte sich selbst erst durch das Aufschließen seines Portefeuille ... Die Eindrücke stürmten zu mächtig auf ihn ein ... Die Verlegenheit des Grafen wurde von der seinigen übertroffen ...

Herr Graf, begann er allmälig, da ich die Ehre habe – Frau Gräfin Mutter zu kennen und – den Bewohnern von Schloß Westerhof durch lange Jahre nahe stehe, so hab' ich – bei Veranlassung einer Reise nach dem Süden, gern die Aufträge übernommen, die mir Herr – Dominicus Nück gegeben ... Ich soll Ihnen – vorlegen, was die Agnaten der Dorstes, die Landschaft, die witoborner Curie zuvor gesichert wünschen müssen, ehe die

Vermählung zwischen Ihnen und – Comtesse – Paula zu Stande kommt – worüber Sie wahrscheinlich schon die directe Entscheidung durch Ihre Frau Mutter erhalten haben ...

Kein Wort –! sagte Graf Hugo, immer noch wie scherzend ... Er versuchte, eine Cigarre anzündend, den Ton der Leichtigkeit beizubehalten ... Kein Wort, wiederholte er, das entscheidend wäre – Die Mutter kommt in diesen Tagen zurück – Sie kann schon heute da sein – Da werden wir ja – hören ...

Ich zweifle nicht, daß sie die Nachricht von Comtesse Paula's Einwilligung bringen wird – Ich wünsche *[194]* Ihnen Glück zur Verbindung mit einem der edelsten Wesen der Welt ...

Graf Hugo schwieg ...

Die Cigarre, die nicht brennen wollte, fortlegend, sagte er:

Sie bringt mir ein großes Opfer ...

Es währte eine Weile, bis er, während er die Hand aufstützte, fortfuhr:

Ich bin beschämt davon ... Herr von Asselyn, das sind sehr traurige Nothwendigkeiten ... Sie werden ja unterrichtet sein – wie – alles das schon seit Jahren –

Mit diesem Worte stockte seine Rede ...

Benno sah, wie sich die hochgewölbte, männlichstarke Brust hob und senkte ...

Man sollte – sagte der Graf, wieder nach einem möglichst heitern Tone ringend – man sollte eigentlich niemals großmüthig sein ... Es war seit Jahrzehnden in unserer Familie die stehende Redensart: Allerdings wenn die Urkunde sich fände –! ... Nun ist sie da und alle unsere Bravaden werden beim Wort genommen ... Soll ich wieder aufs neue processiren? ... Soll ich die Urkunde angreifen? ... Soll ich die Verbindlichkeit als eine gefälschte leugnen? ... Ihr Staat duldet bei Testamenten keine Religionsverbindlichkeiten ... Das weiß ich vollkommen ... Ich würde selbst einem Gegner, wie Nück gegenüber, gewinnen ... Aber erst nach zehn Jahren ... Diese Zustände einer Proceßführung sind nicht mehr zu ertragen ...

Als Benno zustimmend schwieg, fuhr der Graf fort:
[195] Die Leute sagen, die Urkunde wäre ein Extrastück Terschka's, befohlen aus Rom ... Aufrichtig, ich glaube das nicht ... Der arme Schelm hat uns alle betrügen müssen ... Das ist wahr ... Aber hierin ist er unschuldig ... Meine Mutter hat ernste Scenen mit ihm gehabt ... Ich will hoffen, daß ihm England den „neuen Menschen" anzieht, der, wie Sie wol wissen, zur Garderobe meiner guten Mutter gehört ... Die Arme! ... Ihr Eifer, ihre Bemühung rühren mich ... Ich will alles thun, was Mama auf ihre alten Tage Beruhigung gewährt ...

Benno breitete die Papiere aus und horchte den Worten, die nicht herzlos klangen, horchte um Terschka's willen, dem das Zugeständniß der Verschwiegenheit und einer wirklich geübten Discretion machen zu müssen, ihn fast schmerzte ...

Meine Religion ist in diesem Land sehr schwer gestellt, fuhr der Graf, in den Papieren blätternd, fort ... Ich fürchte, Gräfin Paula wird darin am meisten Anstoß bei mir nehmen ... Zumal bei ihrer übergeistigten Richtung ... Ich hoffe, Ihre Papiere enthalten nichts von einer Bedingung, mir erst durch eine Conversion die Gemeinschaft auch des Himmels mit ihr sichern zu sollen? ...

Benno bestätigte diese Voraussetzung und berichtete, daß die Vorbehalte lediglich auf Besitzfragen gingen ...

Der Graf erklärte, alles das, was er da fände, schon mit wiener Advocaten besprochen zu haben und sagte, die Papiere zurücklegend:

Am liebsten fänd' ich in diesen Papieren ein Bild *[196]* der Gräfin ... Wie ist es jetzt mit ihrer Krankheit? ... Meine Mutter schreibt nichts darüber ... Wahrlich, ich gestehe, ich würde verzweifeln, wenn sich alle diese Dinge hier so fortsetzten, wie in Westerhof ...

Man sagt, die Ehe hebt einen solchen Zustand ... entgegnete Benno ...

Graf Hugo erhob sich, sah zum Fenster hinaus und sprach

mit einer Schüchternheit, die Benno an einem Mann, der die Gesetze des Lebens so leicht zu nehmen schien, kaum erwartet hatte:

Die Ehe! Eine Ehe, wie sie eben in unsern Standesverhältnissen so oft geschlossen wird –! Und ich soll dann nach Westerhof kommen ... Ich bin es kaum im Stande – ... So – fürcht' ich mich ...

Benno ehrte diese Ausbrüche des ringenden Ehrgeizes durch Schweigen ...

Ich weiß es sehr wohl, fuhr der Graf fort, wir Männer bringen mit unserm Herzen viel zu Stande ... Wir können aus unserer Liebe nicht das nur einmal vorhandene Kleinod machen, das eben die Frauen darin sehen wollen ...

Nach diesen mit einem leichten Seufzer und einem schärfern Fixiren Benno's begleiteten Worten verlor sich der Blick des Grafen wie innenwärts ... Er stand am Fenster, strich sich sein Haar, ergriff mechanisch von der Console ein kleines Fernrohr, wie Offiziere beim Felddienst führen, und sah weithin in die Ebene ... Es waren Bewegungen, die der Zerstreuung angehörten ...

Benno lenkte zu den Papieren zurück, die er in der Hand behalten hatte ...

[197] Plötzlich blickte der Graf starr durch sein Perspectiv, das er zu verlängern anfing ...

Einzelheiten dessen, was den Grafen beim Sehen in die Ferne zu interessiren schien, konnte Benno bei der ohne Zweifel großen Entfernung nicht unterscheiden, aber die Gruppen der Reitenden waren es gewiß ...

Der Graf erblaßte, reichte Benno das Glas und sagte:

Was sehen Sie, Baron? ...

Benno sah zwei Reiterinnen, Angiolina und Olympia, im Wettlauf ... Die Offiziere schienen beide umringt zu haben ... Nach der selbst bei der großen Entfernung ersichtlichen Schnelle mußte es wie im Sturm dahingehen ...

Wer sind denn diese Unverschämten! rief der Graf mit ausbrechendem Zorn, sah sich nach dem Klingelzug um, nahm schnell wieder das Glas zurück und starrte hinaus ...

Sie umringen sie ja mit Gewalt! sprach er mit erstickter Stimme ... Sie will von ihnen los ...

Benno nannte den Namen der Italienerin ...

Offiziere der italienischen Garde! ... setzte der Graf hinzu ... Graf Zerbelloni scheint's ... Marchese Melzi ...

Zornfunkelnd sprühte des Grafen Auge ... Er sah sich um, wie nach Waffen ...

Dann bekämpfte er sich und trat vom Fenster zurück ... Der Wald unten verbirgt sie ... sagte er ...

Benno ergriff noch einmal das Glas ... Man sah nichts mehr ...

[198] Ich kann mich auch geirrt haben ... sprach jetzt der Graf erschöpft und glaubte den Beruhigungen, die Benno gab ...

Nach einer Weile, in der Benno die wildesten Kämpfe des eigenen Herzens zu bestehen hatte, brach der Graf, anfangs mit nur leiser, allmälig aber lauter, weicher und wohlklingender Stimme, in die Worte aus:

O mein bester Herr von Asselyn! ... Was ist das doch für ein Menschenleben! ... Terschka's Maxime, wenn der arme Teufel sich zuweilen so ängstlich umsah – ich habe für Terschka Mitleid – war die: Wir können zu jeder Stunde annehmen, daß alles, was wir unser tiefstes Geheimniß glauben, jedermann bekannt ist ... Lieben Sie à la Egmont ein Mädchen in der Vorstadt und glauben noch so unbemerkt zu sein, wenn Sie zu ihr gehen – man hat Sie doch gesehen ... So will ich auch gar keinen Anstand nehmen Ihnen zu bestätigen, was Sie ohne Zweifel selbst schon beobachteten, daß ich soeben die furchtbarste Scene meines Lebens durchgemacht habe! ... Ayez pitié de moi ... Vous en dévinez la cause ...

Damit sank Graf Hugo auf sein dunkles Kanapee nieder, legte einen Fuß auf die Polsterung und bot ein Bild der tiefsten Erschöpfung ... Er schwieg ... Die lange Verstellung rächte sich ... Seine Kraft war dahin ...

Ganz leise flüsterte er allmälig, wie um Benno – zu zerstreuen:

Das da ist mein Vater! ... Als ich seinen Tod erfuhr, war ich noch ein Knabe ...

Benno bat, sich nicht aufzuregen und sich um ihn *[199]* keinen Zwang anzuthun . ... Er schlug vor, daß er sich allein in den Park begeben oder anspannen lassen wollte ...

Nein, nein! sagte der Graf ... Nur das Geheimthun erschöpft ... Nun geht es schon ...

Benno sah den ganzen Ausbruch der Liebe zu einem Wesen, das so wunderbar mit seinem eigenen Dasein verbunden war ... Ihm verhängte das Schicksal nichts Geringeres als dem Leidenden, der sich wenigstens aussprechen durfte ...

Ich versichere Sie, fuhr der Graf fort, ich habe den heiligsten Willen, fest und standhaft zu bleiben ... Ich sagte soeben: Die Stunde ist gekommen, die über mein Leben entscheidet! Ich gewinne die Hand einer Heiligen und kenne das Opfer, das mir und dem gemeinschaftlichen Namen gebracht wird – Wir müssen uns trennen ... Ich habe dich als halbes Zigeunerkind einst in Zara gefunden ... In Zara, wo ich die Pfeifen da kaufte und die Waffen an der Grenze erbeutete von Bosniern ... Ja, Baron, in Zara sah ich das kleine Mädchen hoch zu Rosse stehen ... Es war allerliebst ... Wenn das Kind durch die bunten Reifen, mit und ohne Sattel, gesprungen war und nur Ein Sprung war misglückt, so schüttelte sie den Kopf zu allen Beifallszeichen und rief: Niente! Niente! ... Es war eine italienische Truppe ...

Benno wandte sein Auge ab, das sich mit Thränen füllte ...

Die Unterhaltung in Zara, fuhr der Graf fort, dauerte vierzehn Tage ... Die Gesellschaft wollte ab-*[200]*reisen und wir Offiziere hatten an dem Kind eine solche Freude, daß ich meinen Kameraden den Vorschlag machte: Kaufen wir's dem Führer ab! Wir wollen's erziehen lassen! ... Die Kameraden wollten nicht ...

Da that ich's für mich allein ... Die Gesellschaft war klein; der Director machte schlechte Geschäfte ... Er ließ mir Angiolinen für zweihundertfunfzig Gulden ...

Oeffnet euch, ihr blauen Vorhänge des Himmels, daß ich meine Hände ausbreite zur Anklage eines Vaters, dessen Unthaten solche Opfer forderten! ... So rief es in Benno's Innern ...

Er konnte nur leise fragen:

Wem gehörte das Kind? ...

Es war wild aufgewachsen, erzählte der Graf ... Der Director wird's gestohlen haben, wie diese Leute wol thun ... Später haben wir nachgeforscht und kamen bis ins Reich hinaus ... Eine italienische Familie, die am kasseler Hof bei der Oper mit der Feuerwerkerei beauftragt war, hatte das Kind bei sich ... War's ein Kind dieser Italiener, ich weiß es nicht ... Der Krieg hetzte damals alles durcheinander ... Angiolina war elf Jahre, als ich sie mitnahm und noch einmal taufen ließ ... Ich gab sie einem gewissen Pötzl in Wien zur Erziehung ... Nicht wegen seiner – sondern wegen der Frau, die eine gute Haut war ... Da ist das Mädchen erzogen worden ... Es war eine Pracht, wie sie heranwuchs, sich bildete und keinen gewöhnlichen Geist besaß ... Ich ließ ihr die Sprachen und etwas Musik beibringen ... Das alles hab' ich im reinsten Sinn gethan ...

[201] Benno schwieg, von innigstem Herzen zustimmend ...

Nachdem, fuhr der Graf sich selbst die Brust erleichternd fort, kam Terschka in meine Nähe ... Ich kann nicht sagen, ist's Zufall, weil das Mädchen damals die liebreizendste Erscheinung wurde, oder eine Folge der Eifersucht, weil Terschka ein Auge auf sie warf –

Der Jesuit! – warf Benno ein ...

En vacances! lächelte der Graf ... Aber sagen Sie das hier ja zu Niemand anders, als zu mir! Die hiesige Gesellschaft erklärt ihn für einen Abenteurer und Betrüger ... Verlassen Sie sich, die Jesuiten hatten ihn abgeschickt, mich katholisch zu machen ... Und er fing's sehr richtig an ... Wär' ich ihm in allem gefolgt, so säß' ich jetzt bei achtunddreißig Jahren mit beständigem Frieren und versucht' es vielleicht, ob mich nicht ein Ordenshabit erwärmte ... Eine Frage im Vertrauen, Herr von Asselyn! ... Ich hab' gehört, Ihr Herr Oberprocurator Nück litte – – an einem curiosen Spleen – an der Hängemanie ... Ist das wahr? ...

Man sagt es ... bestätigte Benno ...

Ich kannte einen dalmatinischen Schiffskapitän, der mich versicherte, das Hängen wäre der schönste Tod, man wüßte das ganz genau in der Türkei, wo die grüne Schnur zu Hause ist ... Und gerade ebenso wußte Terschka den allmäligen Untergang an Leib und Seele zu einem Genuß und einem Genuß ohne Gewissensbisse zu machen ... Daß er sich selbst dabei so erhalten hat, machte sein Mangel an Reue ... Nichts ruinirt mehr als die Reue, sagte er ... Terschka's Satz war: Betrachte *[202]* jeden Menschen wie ein Glas, an dem man mit einem Instrument den Ton sucht, in dem es wiederklingt! Den Ton forcire dann – bis es bricht! ... So wußte er von Jedem seine innerste Natur zu entdecken, nach der setzte er sich mit ihm und kam auf die Art mit allen aus ... Bei mir stützte er sich auf Bagatellen – auf die Pferde ... In seiner Jugend muß er ein Kunstreiter gewesen sein ... Kurz, erst als Terschka sagte: Um Ihrer Frau Mutter willen müssen Sie anfangen, nicht so oft zu den Pötzls zu gehen – ging ich alle Tage hin ... Das Ende war, daß ich, als die Pflegemutter starb, Angiolinen vom Alten wegnahm, erst ihr Bruder und dann ihr Geliebter wurde ... Das ist manches Jahr her und ich kann wol sagen: Diese Liebe hat mich vom Untergang gerettet! Angiolina wurde mein Schutzgeist ... Nicht etwa durch Moral, die hier nicht am Platze ist ... Im Gegentheil, sie konnte trotzen, ausschlagen, lügen, sich rächen, wie nur einer, der gereizt wird ... Doch es gab nur einen Menschen in der Welt, um den sie das alles that ... Der trug einen Helm mit Federn, einen blanken Harnisch, wenn er im Dienst war, und außer Dienst und auf Urlaub, wie jetzt, war er ein Kind, das einen ganzen Tag damit zubringen konnte, für sie Pappkästchen zu machen ...

Benno warf in das Leben Blicke, wie er sie noch nicht gethan ...

Er wagte, sich auf des Grafen Standpunkt zu stellen und sagte:

Angiolina wird Ihnen – nach der Heirath – unverloren bleiben ...

[203] Nein! entgegnete der Graf ... Ich habe die Absicht, wenn Comtesse Paula meine Gattin wird, sie in Wahrheit zu verdienen ... Glauben Sie mir, das Geschick meines Hauses, meines Namens, diese letzte Täuschung durch die Urkunde, die ich ohne einen furchtbaren Lärm für die Welt nicht abschütteln kann, erschüttern mich ... Ich war glücklich mit Angiolina, aber ich gefiel mir nicht in diesem Glück ... Sie war ein Weib mit allen Schönheiten und allen Untugenden ihres Geschlechts ... Großmüthig und rachsüchtig, offen und falsch, alles in Einem Herzen ... Zu ertragen war es nur von dem, der für sie die Welt war und – Zeit dazu hatte ... Es mußte aufhören ...

Benno gedachte bei Schilderung seiner Schwester der gemeinsamen Vaternatur ...

Diese Erfahrung mit Terschka, fuhr der Graf fort, hat mich aufgerüttelt ... Ich werde kein Kopfhänger werden und zu sprechen anfangen wie meine Mutter spricht ... Aber ich denke so: Hab' ich die Mittel, die mich aus meiner traurigen, schon vom Vater geerbten Finanzlage befreien, so nehm' ich meinen Abschied ... Ich werde bauen, pflanzen, für die Erhaltung meines fortblühenden Stammes sorgen ... Noch mehr, ich liebe Paula ... Sie lächeln? ... In der That, ich blicke voll Andacht zu ihr hinüber ... Ich bin eifersüchtig – auf das Kloster, das sie wählen wollte, Herr von Asselyn ...

Benno stutzte über die Betonung seines Namens. Sie war so scharf, daß sie fast Bonaventura zu gelten schien ...

Ich sagte Angiolina: Du erhältst deinen Lebens-*[204]*unterhalt, wie es meinem Adoptivkinde gebührt! Du ziehst zu deiner einzigen Freundin, die dir noch geblieben ist – einer gewissen Therese Kuchelmeister ... Diese will zur Bühne gehen; sie wird reisen ... Störe meinen Entschluß nicht, der unwiderruflich ist ... Von der Stunde an, wo ich einen Boten erwarte, dessen Vorlagen ich unterschreiben muß, räumst du drüben den Pavillon ... Ich sagte ihr das täglich, wiederholte es seit drei Tagen stündlich ... Ich bat sie um Hülfe gegen mich selbst, bat sie um ihren Haß, ihre Verachtung – Sie warf sich vor mir nieder und umschlang meine Kniee ... Tödte mich! rief sie noch im letzten Augenblick vor einer Stunde ... Erschieße mich! ... Sie reichte mir eine Pistole, die sie heimlich geladen hatte und bei sich trug ... Ich entriß sie ihr ... Da rollte Ihr Wagen an und es war aus ... Ich kann es selbst in der Schilderung nicht zum zweiten mal erleben ...

Benno hatte sich dem in den Sopha zurückgesunkenen, die Augen mit der Hand bedeckenden Grafen genähert ... Er hatte seine Hand, ob sie gleich selbst zitterte, auf die Schulter des kraftlos Zusammengebrochenen gelegt ...

So stand er eine Weile voll stummberedsamen Antheils und rang mit den stürmenden Geistern, die aus ihm selbst hervorzubrechen drohten ... Zu Hülfe kam seiner Selbstbeherrschung ein Klopfen des Kammerdieners und die Meldung, daß angerichtet wäre ...

Ein Frühstück ... auch das muß sein ... sagte der Graf und erhob sich ...

[205] Benno blickte auf die geöffnete Thür ablehnend ...

Nein, nein! ... Kommen Sie –! sagte der Graf und führte Benno ...

Der Kammerdiener hielt sich in ehrerbietiger Ferne und schien den Grafen, der ein Gemisch von Gutmüthigkeit und Phlegma bot, nicht im mindesten zu stören, denn im Gehen fuhr dieser fort:

Sie ist auf ihrem Pferde, das sie behalten will, nach Wien ...

Franz hat sie doch wol, wandte er sich zum Kammerdiener, zur rechten Zeit eingeholt? ...

Am Meilenstein schnitt er ihr den Weg ab! sagte der Diener ...
Franz war der Reitknecht von vorhin ...
Obgleich Benno voranging, bemerkte er doch, daß der Kammerdiener hinter ihnen her den Strohhut ergriff und ihn auf dem Rücken haltend mit sich nahm, jedenfalls um aus dem Zimmer seines Herrn alle Erinnerungen an die abgeschlossene Vergangenheit zu entfernen ...
Graf Hugo war in dem Grade der Selbstbeherrschung fähig, daß er trotz seiner Erregung im Gehen an einen zweiten Diener, der sie in einem zwei Zimmer weiter gelegenen kleinen Eßsaal empfing, die Frage richtete:
Was ist das für eine Livree da draußen? ...
Diese Frage war mit einem Blick auf den Garten verbunden ...
Erst jetzt bemerkte Benno, daß ein Wagen mit vier Pferden langsam durch den Park fuhr, mit zwei seltsam *[206]* costümirten Bedienten auf dem Tritt und einem phantastisch gekleideten Mohren neben dem Kutscher ...
Eine fremde Herrschaft aus Italien ist es! sagte der Diener ...
Eine Dame sitzt im Wagen ... Sie gehört zu den Reitern, die noch nicht lange vorbeikamen ... Ein junger Herr ist bei ihr, der ein schwarzes Pflaster an der Stirn trägt ...
Principe Rucca – und – unsre Mutter! ... sagte sich Benno und suchte sich zu halten ...
Zum Tod erblaßt ergriff er den Sessel und ließ sich dem Grafen gegenüber nieder ...
Der Wagen war verschwunden ... Nur das Knirschen seiner Räder hörte man noch im feuchten Kiese ...
Ist Ihnen nicht wohl? fragte der Graf, jetzt erst bemerkend, daß sein Gast kaum die Serviette zu ergreifen vermochte ...
Es ist vorüber ... hauchte Benno mit äußerster Anstrengung sich bekämpfend ...
Mein Gott! Sie haben so lange gefastet! entgegnete der Graf und rieth erst zu einem Glase Wein ...

Benno lehnte alles ab ... Er ergriff den Löffel zur Suppe ...

In Gegenwart der Diener ließ sich das begonnene Gespräch zwar nicht ganz wie vorhin fortsetzen, aber es blieb ernst ... Man sprach über Wien, Oesterreich, über diejenigen Eindrücke, die jedem Fremden zuerst aufstoßen müßten ...

Der Graf schilderte die Lage der österreichischen Aristokratie als eben nicht beneidenswerth ...

Wir leben, sagte er, nach den Ansprüchen, die unser *[207]* Stand und die Gesellschaft mit sich bringen; daher in einer fortwährenden Steigerung unserer Bedürfnisse. Unser Besitzthum verringert sich indeß an Werth ... Ich kann Ihnen die ersten Herrschaftsbesitzer nennen, denen ein einziges Reh in der Verwaltung ihrer Wälder durchschnittlich fünfhundert Gulden kostet und die von leidlicher Ordnung sprechen, wenn es um zehn Gulden an den Wildprethändler verkauft in der Rechnung steht ... Das ist die Incongruenz aller unsrer Lebensbeziehungen – ...

Durch Castellungo gehörte auch der Graf Sardinien an ... Er forderte Benno auf, den Besuch Castellungo's nicht zu versäumen ... Die dabei unvermeidlichen Uebergänge des Gesprächs auf bezügliche Namen und schwebende Interessen, auch auf die Cardinäle Fefelotti und Ceccone, brachten das Gespräch auf Bonaventura ... Der Graf blickte nieder und ließ sich erzählen ...

Man erwartet ihn ja wol auch hier? ... fragte er mit einem Ton, der Benno auffallen durfte ...

Gegen Ende des einem Diner vollkommen entsprechenden Mahles bemerkte man das längere Ausbleiben der Diener und eine lebhafte Bewegung in den Zimmern ...

Im schnellsten Trabe wurde ein Reiter vom Garten her vernehmbar ...

Die Diener blieben zuweilen beim Serviren wie angewurzelt an einer Stelle stehen, warfen sich bedeutsame Blicke zu und schienen sprechen zu wollen ...

Wieder hörte man Hufschläge ... Alles ringsumher bekam einen Ausdruck von Unruhe und Störung der *[208]* bisherigen

Ordnung, ohne daß man Ausrufe oder auch nur laute Stimmen hörte ...

Der Graf fragte endlich die am Büffet flüsternden Diener fast unwillig:

Was gibt es denn? ...

Da die Diener nicht antworteten, wiederholte er seine Frage und legte schon erblassend die Serviette nieder ... Er schien einer üblen Botschaft gewärtig ...

Franz ist zurück ... sagte der ältere Diener zögernd ...

Der jüngere fügte zagend hinzu:

Es hat – ein Unglück gegeben ...

Der Graf erhob sich ... Seine Augen zuckten ...

Daß es Angiolina war, die ein Unglück getroffen, verstand sich von selbst ...

Die Diener sahen zum Fenster hinüber ...

Was ist denn?! ... Ein Sturz vom Pferde?! ... rief der Graf oder wollte dies rufen ... Die kurze Frage kam nur noch halb von seinen Lippen ...

Benno war in gleichem Entsetzen aufgesprungen ...

Die Diener trugen dem Grafen einen Sessel nach; er hatte zur Thür gehen wollen und war zusammengebrochen ...

Verwundet doch – nur –? rief Benno, zu seinem Herzen greifend, als bräche es auch ihm im Krampf ...

Die Diener stockten und erklärten gleichzeitig und mit demselben Ton:

Lebensgefährlich! ...

Sie ist todt – hauchte der Graf ... Ich weiß es! *[209]* setzte seine zitternde Stimme hinzu ... Seine Hände richteten sich wie die eines Irren gen Himmel ...

Die Diener bestritten diese schnelle Annahme ... Sie wäre sofort in ihren Pavillon getragen worden – sagten sie ... Ein Arzt wäre aus dem nächsten Ort gerufen ... Die fremden Herrschaften, die vorüberritten, wollten nach einem Stadtarzt schicken ...

Sie sind schuld an ihrem Tod! schrie der Graf und eine zukkende Bewegung ergriff seine Hände und Füße ... Franz! rief er ... Warum folgte ihr Franz nicht schon von hier? ...

Seine zornige Rede erstickte im Schmerz ... Es war nichts mehr zu ändern ... Seine Anklagen verhallten in den beiden Händen, die er vor die weinenden Augen hielt ...

Benno glich dem von Schlangen umringelten Laokoon, der Hülfe rufen will für sich selbst und den eignen Tod nicht achtet in der Angst um seine Lieben ...

Sie ritt bergab mit verhängtem Zügel! berichtete der Diener ... Allmälig ging das Pferd langsamer ... Sie schien es nicht zu achten ... Da stand es ganz still ... So saß sie im Sattel wie abwesend ... Indeß war Franz unten an der Landstraße und wartete am Ausgang des Parks beim Meilenstein ... Da kommen die Fremden im vollen Trab herunter ... Des Fräuleins Pferd scheut ... Sie verliert die Balance, verliert den Steigbügel ... Die Reiter, selbst im Niederschießen, können nicht innehalten ... Des Fräuleins Pferd bäumt sich, geht durch und gleich querfeldein ... Das Fräulein rafft sich auf, kniet mit *[210]* dem rechten Fuß auf dem Sattel, erhebt sich, steht eine Weile hoch in der Luft und stürzt dann kopfüber ... Die Reiter waren oben auf der Landstraße ... Franz mußte ins Feld hineinreiten, sprang herunter, ließ sein Pferd laufen, fand das Fräulein blutend am Boden und schon bewußtlos ... Die Offiziere, Italiener, kamen näher, nahmen sie dann auf, legten sie querüber auf ein Pferd und führten sie langsam, indem einer der Herren ging, zum Casino ...

Graf Hugo war inzwischen schon umgekleidet ...

Er hatte sich in einen weißen Mantel geworfen, den die Diener hinten zuschnürten ... Seine Hand hatte keine Kraft mehr ...

Im Nebenzimmer hatte er die Fußbekleidung gewechselt ...

Eine militärische Interimsmütze lag auf dem Kopf lose und haltlos ... Die Hand der Diener mußte sie erst auf den braunen Scheitel festdrücken ...

Schluchzend stützte er sich auf Benno – auf einen Beistand, der selbst den Tod im Herzen trug ... Die Schwester gefunden – so! – und die Mutter arglos in der Nähe –! ... Er konnte keinen Gedanken mehr, sich selbst nicht festhalten ... Der Graf führte – ihn ...

Den Einspänner Benno's und ein eigenes Gefährt, das schon im Hof gerüstet stand, lehnte der Graf ab ...

Ich fürchte mich vor Pferden ... sagte er heiser, mit erstickter Stimme ... Und – wir – kommen – setzte er bitter lächelnd hinzu – zu – einer Todten – auch zeitig genug ...

[211] Damit lenkte er, wie ein zum Tod Verwundeter, vom Vestibüle des Eingangs den schwankenden Schritt zum Garten hin ...

Hier öffnete sich links eine lange Allee von schon kahlen, wie zu einer unabsehbaren Laube zusammengewachsenen Platanen ...

Durch ein Meer von raschelndem Herbstlaub schritten beide wie geisterhafte Schatten dahin.

8.

Links ragte eine sonnenbeschienene, mit Flechten, Moos und Epheu besetzte Bergwand ... Rechts lagen die Abdachungen des Gartens und Parks in die herrliche Ebene, ein Bild des Lebens, hinaus ...

Die Stämme der Platanenallee so weiß, so hellgrünlich schimmernd ...

Das gelbe Laub weithin leuchtend ... Unter den todten Zakken und gekappten Verästelungen der kunstvoll gezogenen Platanen ...

Die Sonne mittagshell ... Der Abschied der Natur so froh, so glückverheißend ... Wiedersehn im Frühling! rief alles ...

Aber aus den fernen Büschen sah man schon den Priester des nächsten Orts im Ornat daher eilen – mit den Sterbesakramenten ...

Der Graf blieb stehen ...

Die nachfolgenden Diener sprangen hinzu ...

Er deutete nur stumm auf die eilende Procession ...

Benno starrte ... Sein Blick irrte ... Er suchte den vierspännigen Wagen ...

[213] Die Wanderung im raschelnden Laube dauerte eine halbe Stunde ... Sie glich dem Wandeln in einem Leichenconduct ...

Benno konnte nichts reden. Nicht ein Wort, nicht eine Miene des Grafen verrieth, daß Terschka seinem Freund die Scene vom Schloß Neuhof, die Verhandlungen zwischen drei Priestern und dem Präsidenten verrathen hatte ... Er kämpfte mit sich, ob er es jetzt nicht selbst thun, sich Angiolinens Bruder nennen sollte ... Die Last wurde zu schwer ...

Am Ende der Felswand, die sich zuletzt sanft abdachte, lag das Casino ...

Es war ein düsteres Gebäude ... Obgleich mit den schönsten Aussichten auf die Donau und zur Linken und rückwärts bis zu den steierischen Alpen versehen, war es doch ein für ein junges lebensfrohes Gemüth beängstigender Aufenthaltsort ...

Aus der Ferne gesehen mochte das Haus einen poetischen Anblick gewähren ... Es glich einem alten Maison-de-Logis aus der Rococozeit ... Rings war es von einer Allee von Riesentannen, mit Zweigen, die sich voll und schwer am Boden hinschleppten, umgeben ...

In der Nähe sahen die Bäume wie die Umgebung eines Mausoleums aus ...

Die untern Räume waren nur ein einziger großer Speisesaal mit Nebencabineten ... Ein Hinterhäuschen gehörte dem dienenden Personal und mochte die Küche bergen ... Auch dies war ganz in Tannen versteckt ... Im hohen Sommer mochte man hier Kühle und Schatten haben; jetzt war der Anblick nur in den kleinen *[214]* runden Entresolfenstern der obern Etage wohnlich ... Unten schroff abwärts zog sich die Landstraße ... Auf einer Treppe von verwittertem, moosbewachsenen Erlenholz konnte man von da zum Casino hinaufsteigen ...

Die volkreiche Gegend mußte dem entsetzlichen Unglück schon eine Menge Zuschauer gebracht haben ... Eine Menschenmasse belagerte unten das Portal zur Treppe, das man schon geschlossen hatte ... Viele andere waren schon vorher eingedrungen und standen im Hause ... Andere liefen noch herbei durch den Park ...

Der Priester war bereits bei der Todten oder Sterbenden ... Weihrauchduft strömte den Eintretenden entgegen ...

Dem Grafen, der an Fassung gewonnen hatte, wich man aus ...

Daß sie zu einer Todten kamen, lag vorausverkündigt auf aller Mienen ...

Einige zum Dienst des Hauses gehörende Frauen wehklagten und schrieen laut ... Noch lauter beim Erscheinen des Grafen ...

Scheinbar ruhiger geworden blickte der Graf, der hier ein öffentliches Gericht für sich selbst zu bestehen hatte ... Er betrat zwei aus dem Hof ins Haus führende Stufen, durchschritt eine kleine Rotunde und ging in einen die ganze Länge des Casinos einnehmenden Saal, dessen theilweis herabgelassene Jalousieen dem Raum eine Düsterheit gaben, die zu dem schmerzlichen Anblick gehörte ...

Der Geistliche sprach schon seine Segnungen ...

[215] Der Arzt, den man an der Sonde erkannte, die er noch in der Hand hielt, öffnete eine Decke ...

Auf einem langen runden Tisch lag auf Matratzen und Betten eine ausgestreckte, halb entkleidete jugendliche Gestalt ... Gestreckt und schlaff lagen die Arme und Füße ... Der edelgeformte Kopf war wachsfarben ... An den Schläfen quoll noch Blut aus der tödlichen Wunde ... Das lange schwarze Haar war aufgelöst; ein Theil lag abgeschnitten daneben ... Der Sturz hatte die Hirnschale zerschmettert und eine Blutergießung verursacht ... Schon trug das mit den regelmäßigsten Formen gezeichnete Antlitz jenen Ausdruck der Ergebung, den der Tod verleiht, jene ernste Strenge, die so hoheitsvoll mit jedem Abgeschiedenen versöhnt, selbst mit dem Verbrecher ... Brust, Hand, die Symmetrie aller Formen war wie von Künstlerhand ... Die Stirn nur klein, aber sanft und eben ... Die beiden schwarzen Augenbrauen über den schwarzen Wimpern zeichneten sich wie zwei ernste Fragezeichen ... Sie waren nicht rund, eher wellenförmig gezeichnet wie bei allen leidenschaftlichen Naturen ... Benno wagte noch nicht dauernd hinzusehen ... Er fürchtete sich, sich selbst wiederzufinden – und die Züge des Kronsyndikus ...

Während der Graf über die Leiche stürzte, lange nur schluchzend so ausgestreckt lag, dann auffuhr und rief: Ich kann diese Glieder nicht kalt fühlen! – betrachtete Benno allmälig sein Ebenbild mit dem tiefsten Grauen ...

Er glaubte, jeder müßte ihm zuflüstern: Das sind ja Ihre Züge ... Besonders der Wuchs und die *[216]* mehr runden, als ovalen Formen des Kopfes waren dieselben wie bei ihm ...

Die linke Hand der Todten ergriff er und bebte zurück vor der Kälte, Erschlaffung und Feuchte der Haut ... An den wellenförmigen Augenbrauen erkannte er den Vater, den er im Winter bestatten half ...

Der Priester hatte geendet und sprach einige Worte, die nicht dem Formular angehörten, Worte ohne Strenge ...

Der Arzt vereitelte jede Hoffnung ... Das Halten eines Federflaums oberhalb der Lippen zeigte nicht die leiseste Bewegung ...

Der Graf bat mit leidender Stimme, ihn allein zu lassen ...

Auch Benno möchte eine Weile gehen ... Aber nur eine Weile, sagte er ... Er müsse noch mit ihm – jetzt aber mit der Todten allein reden ...

Es war ein schauerliches Verlangen ... Alle baten den Tiefgebeugten um Schonung seiner selbst ...

Da der Graf die Bitte wiederholte, ging man ...

Benno schwankte, ob er nicht bleiben sollte ... Der Strom der Uebrigen drängte ihn mit fort ...

Die Diener sorgten, daß sich alle Neugierigen und auch die wirklich Theilnehmenden nach und nach entfernten ... Man ließ niemand mehr ins Haus ...

Man brachte es auch dahin, daß sich allmälig die Menschen über die kleine Treppe oder in den Parkwegen entfernten ...

[217] Benno stand unter den dunklen Tannen und suchte in dem vor ihm ausgebreiteten Panorama den vierspännigen Wagen ...

Er gedachte der Mondnacht auf Altenkirchen, wo die Mutter ihre Scheinehe schloß, dieser Nacht – auch unter solchen Tannen, die den Anfang all dieser schmerzlichen Geheimnisse gab ... Der Drang, sich zu offenbaren, war mächtig in ihm; aber, er fühlte auf die Länge, er mußte schweigen ... Er hätte in die weiteste Ferne entfliehen mögen ... Er zuckte auf bei jedem Geräusch ... Er glaubte den Wagen hören zu müssen, in dem die Schicksalsmächte die Mutter heranzögen ... Er sah Dämonen mit Fackeln die Rosse führen ... Die Rosse Feuer blasen aus ihren Nüstern ... Der Boden unter ihm wankte ...

Der Arzt und der Geistliche schlossen sich ihm an ... Er hätte auch sie fliehen mögen, wie alle ... Er mußte mit ihnen eine Weile unter den düstern Tannen auf und nieder gehen ...

Das ägyptische Todtengericht fehlte nicht ... Man ließ der Unglücklichen manche gute Eigenschaft ... Dennoch nannte man sie eine Verirrung des Grafen und verhieß für die Zukunft, wenn Angiolina am Leben geblieben wäre, keinen Bestand seiner ehelichen Treue ... Das hieß soviel, als: Sie ist zum Glück gestorben! ...

Benno war zu gebrochen, um dem festen Willen, der eben erst aus des Grafen Entschließungen gesprochen hatte, ein besseres Zeugniß zu geben ...

Es war ihm auch, als nähme er damit einen letzten Schmuck vom Grabe seiner Schwester ... Er ließ ihr *[218]* den Schein der Gefahr für den Grafen ... Ein Gedicht mußte so in seiner Art würdiger verhallen ...

Die Begleiter kehrten zu neuen Ankömmlingen zurück ...

Zwei Aerzte kamen aus der Stadt ...

Noch waren sie von den italienischen Offizieren begleitet, die theilweise ihre Pferde den Dienern gelassen und jetzt einen Wagen genommen hatten ...

Olympia fehlte ...

Daß sich wieder der vierspännige Wagen würde sehen lassen, wurde für Benno immer gewisser ... Der Wagen hatte die Reiter verfehlt, hatte noch vielleicht eine weitere Ausfahrt gemacht und war mit dem Ereigniß noch nicht zusammengetroffen ... Benno's Fassung mußte sich auf das Alleräußerste rüsten ...

Er dachte sich: Wenn jetzt die Mutter käme! ... Dann immer noch schweigen? ... Seine Nerven zuckten, seine Lippen fieberten, seine Augen verdunkelten sich bei diesem Gedanken ... Er riß seinen Oberrock auf ... Er fürchtete zu ersticken ...

Die Offiziere näherten sich ihm und erzählten den Vorfall so, daß der Graf seine Gereiztheit gegen sie zurücknehmen muß-te ... Auch waren sie schon an der Leiche bei ihm gewesen ...

Benno hörte nur ... Der Traum eines Fieberkranken währte fort ... Eben kam wirklich der vierspännige Wagen langsam die Landstraße daher ... Die Menschen, die bei Benno bald stehen blieben, bald vorübergingen, nannten den Namen der Herzogin von Amarillas ...

Die Offiziere gingen der Herzogin theils entgegen und theils ins Casino wieder zum Grafen ...

[219] Benno blieb hinter einer der großen Nadellaubpyrami-den ... Er stand, als müßte er sich vor dem ganzen Leben ver-bergen ...

Eine hohe stattliche Dame in den südlichen, für unsern Ge-schmack nicht üblichen Farbenzusammenstellungen, mit grünem Atlaskleide, einem rothen Sammethut mit Maraboutfedern, stieg die Erlenholztreppe hinauf, vermied das Casino, kam zu der Tannenallee und ging an Benno vorüber ...

Neben ihr hüpfte in trippelnder Unruhe Principe Rucca, noch immer mit dem schwarzen Streifen an der Stirn ...

Noch zwei Herren und ein Diener folgten ...

Der kleine Principe sah sich ängstlich um ...

Er wollte offenbar nur ungern bleiben ... Der Tod war hier so nahe ...

Da erkannte er Benno hinter den Tannen, begrüßte ihn mit der ganzen Ueberraschung, die in der Situation lag, nannte ihn den Salvatore della sua vita und stellte ihn der Herzogin von Amarillas vor ...

Den Sohn – der Mutter ...

. . . .

Die „Stimme des Blutes" ist eine Täuschung ...

Wo der Geist nicht die Empfindungen regelt, können diese durch sich selbst nichts erkennen ...

Die Empfindungen der Liebe, der Freundschaft durchströmen

uns mit wonnigen Schauern; aber erst die Seele ist es, der Wille, der Gedanke, der den Empfindungen Ausdruck und Klarheit geben muß ...

Die Herzogin von Amarillas, auf Benno aus einem bleichen Antlitz voll kalter Würde einen scharfen prüfen-*[220]*den Blick entsendend, wußte, daß dieser junge Mann der Gräfin Olympia, ihrer Pflegbefohlenen, zweimal begegnet war und daß heute in der Frühe, nach Abgabe der der Gräfin von den Dienern des Principe mitgetheilten Visitenkarte, die Adresse Benno's sofort von allen Lohnbedienten des Hotels hatte aufgesucht werden müssen ... Schon die Diener kannten das Interesse, das die junge Gräfin an dem „Lebensretter" des Fürsten nahm ... Nach einer Stunde wußte Olympia Maldachini Benno's Wohnung und seine Ausfahrt nach dem Schlosse Salem ... Die Herzogin sah in ihrem Zögling eine Leidenschaft entstanden von jener Consequenz, die ein wildes Naturkind sonst nur im Haß und Eigensinn besaß ... Olympia wollte ins Gebirg reiten und das Schloß Salem sehen ... Ein Widerspruch war nicht möglich ... Olympia beantragte diese anstrengende, weit über ihre Kräfte gehende Partie, die Herzogin versprach nachzukommen in Begleitung des Principe ... Olympia ritt mit den Freunden ihres Verlobten, erlebte – veranlaßte vielleicht das Unglück und war zur Stadt zurück ...

Der Name „von Asselyn" auf der abgegebenen Karte hätte sich der Sängerin Fulvia Maldachini vom Dechanten her befestigt haben sollen ...

Ihr klang in der Erinnerung ein deutscher Name wie der andere ...

Sie war Olympia mismuthig nachgefahren, verlor ihre Spur, ließ dem Gebirge zu weiter fahren, kehrte zurück und hörte von dem vorgefallenen Unglück ... Dem Principe war es peinlich, ein Haus des Todes zu *[221]* besuchen ... Er kam nur herauf, um die italienischen Offiziere zu begrüßen ... Nachdem diese ihr Beileid bezeigt hatten, wollten auch sie mit ihm und der Herzogin zur Stadt zurück ... Einige Offiziere hatten noch ihre Pferde ... Für die Aerzte, für den Principe, für die Herzogin und die Unberittenen gab es jetzt zwei Wagen ...

Principe Rucca war für Benno die Zuvorkommenheit selbst ... Er konnte die Gefahr vor dem Elefanten nicht lebensgefährlich genug darstellen ... Er erzählte auch jetzt noch jedem, daß ihn ein Elefant gestern hätte zum Frühstück verspeisen wollen ... Benno antwortete und ließ das Erzählte gelten und wich ruhig aus ... Der Principe mußte von seiner Verlobten Befehle erhalten haben, die auf eine sofortige Fesselung des ihr so Werthgewordenen gingen ... Inständigst bat er, ihm gestatten zu wollen, daß er ihn heute Abend abholte und in eine Gesellschaft zum Cardinal Ceccone führte, der auch bereits das lebhafteste Interesse an den Tag gelegt hätte, ihn kennen zu lernen ...

Die Herzogin hörte mit einigem Interesse das im geläufigsten Italienisch geführte Gespräch, wandte sich aber ab und unterstützte diese Einladung nicht ... Ihr Lächeln gab ihr einen Schimmer der ehemaligen Schönheit ... Sie war von ebenmäßiger, schon zum Embonpoint übergegangener Gestalt ... Ihr Auge dunkelbraun und voll Feuer ... Die Augenbrauen überscharf gezeichnet ... Das Haar nicht echt ... Auch die Zähne schwerlich ohne Beihülfe der Kunst so wohl noch an einander gereiht ... Ihre Haut dunkel, etwas gelblich ... Die Wangen, die Nase, das Kinn, noch von plastischer *[222]* Schärfe ... Würde man ihr den geschmacklosen Hut abgenommen, den falschen Scheitel entfernt, das graue Haar aus der Stirn nach oben zusammengewunden, gefärbt, vielleicht mit Goldstaub überstreut haben, so wär' es eine der Gestalten gewesen, in deren Betrachtung wir uns in Museen verlieren ... Eine Imperatorenmutter mit blutigen Erinnerungen ... Terschka, der Jesuitenzögling in Rom, sah einen solchen Kopf als Herme in den quirinalischen Gärten des Heiligen Vaters ...

Ist sie ganz todt, die Arme? näselte der junge Fürst ... Ist es eine Verwandte vom Grafen? ... Sind Sie gern bei Todten? ...

Ich nicht ... Verweilen Sie noch lange hier? ... Kommen Sie mit uns zurück ... Diniren wir vielleicht zusammen? ... Waren Sie bereits schon im „Schwan"? ... Gefällt Ihnen diese Gegend? ...
Benno stand nur hörend und sehend ... Antworten zu geben war seine Zunge gelähmt ...
Die Herzogin durchschritt die kleine dunkle Baumanlage ... Als wenn sie Benno's Gedanken errathen hätte, der sich sagte: Sieh sie dir nur an, diese nordischen Tannen, die du so hassest! ... Sie belächelte nach einem kurzen conventionellen Bedauern des hier stattgehabten Unglücks, die Aeußerungen des Principe über die schöne Natur ... Um das schönste Panorama von Berg, Strom, Wald, Ebene und in der Mitte der von sonnigen Nebeln umzogenen Stadt mit dem riesigen St.-Stephan gleichgültig anzusehen, stieß sie mit der Fußspitze die Zweige aus dem Wege *[223]* und verrieth nicht minder, wie der Principe, nur die größte Ungeduld, sich wieder entfernen zu können ...
Als sie hörte, daß die Offiziere noch im Hause wären, sagte sie, man sollte doch nur ruhig den Grafen seinem Schmerz überlassen ... Ist sie eine Verwandte von ihm? fragte sie dazwischen ... Mit einer festen Betonung ihrer tiefliegenden und bei längerem Sprechen ungleichen, ja rauhen Stimme schloß sie:
Was kann man da thun! ...
Nicht düstrer erhoben sich ringsum die herrlichen Bäume, als Benno nur so stand und sah und hörte ...
Die Offiziere waren wieder inzwischen aus dem Hause getreten und erklärten, nur noch auf die Aerzte warten zu müssen, die sie mit zurückzunehmen hätten ... Vom Grafen sagten sie, daß er in den obern Stock, in die Wohnzimmer der Unglücklichen gegangen wäre ... Angiolinens Stellung zum Grafen wurde mit drei Worten angedeutet ...
Die Herzogin horchte auf ... La Povera! sagte sie – und wollte fort ...
Für den Principe begann der Vorfall jetzt interessanter zu werden. Er bekam Lust, die Unglückliche zu sehen ...

Während er den Offizieren unschlüssig folgte, fragte die Herzogin den zurückbleibenden Benno, dessen starr auf sie gerichtete Augen ihr auffallen mußten ...

Aus welchem Theil Deutschlands sind Sie? ...

Benno, nun entschlossen, nannte denjenigen Theil, der sie aufmerksam machen mußte ...

Aus der Gegend von Kassel ...

[224] Darauf hin betrachtete sie ihn schärfer ... Ihr Auge blitzte ... Vorher war sie nur so apathisch gewesen, weil sie an völlig anderes dachte – vielleicht an das, was Benno eben mit einem einzigen Worte traf ...

Benno hatte weniger von den Zügen des Kronsyndikus, als seine Schwester ... Er glich der Mutter ...

Ganz sich sicher fühlend, fragte sie:

Kennen Sie in jener Gegend ein Schloß – „Neiovo" –? ...

Sie meinte Neuhof ...

Benno's Lippen bebten ... Jede Möglichkeit, sich in ihrer Person geirrt zu haben, war nun verschwunden ...

Neuhof? sagte er leise ... Wittekind-Neuhof? ... Das sind von Kassel mehr als funfzehn Meilen ... Aber ... in der Nähe Kassels, fuhr er fort, liegt ... ein Schloß mit einem Park voll solcher Tannen, wie Sie hier sehen – Meinen Sie vielleicht – Altenkirchen? ...

Die Herzogin hatte einen Fächer in der Rechten ...

Schon auf den Namen Wittekind-Neuhof schlug sie mit diesem Fächer unausgesetzt in die Linke ...

Altenkirchen! sprach sie, fast die Sylben des schweren Wortes zählend, und nun traten ersichtlich hundert Fragen auf ihre Lippen ... Die braunen Augen blitzten ...

Eben kamen ihnen die Aerzte entgegen, zuckten die Achseln und riethen zum Gehen ... Sie sagten, der Graf hätte sich vor allen Zeugen seines Schmerzes verborgen und wäre oben auf Angiolina's Zimmern ...

Im Hofe war alles still ... Am Hause vorübergehend sah

man, daß eine Dienerin mit verweinten *[225]* Augen eben auch den großen Saal schließen wollte, in dem die Leiche zurückblieb ...

Die Herzogin stand auf das Wort „Altenkirchen" noch immer wie gebannt ...

Sie sah die düstere Hinterfaçade des Hauses mit den kleinen Entresolfenstern an und hauchte, wie von Erinnerungen durchschauert:

Wie ein Grabgewölbe das! ...

Eben hörte man das Drehen des großen Schlüssels ... Es klang wie ein: Es ist vollbracht! ...

Blick hin! ... Komm! ... Zum letzten mal ist es möglich, daß du das eine deiner Kinder siehst! ... rief es in Benno's Innern ... Die Seelenmesse für sie, von der du eben sprichst, wirst du versäumen! ... Jetzt, jetzt, wo du eben hörst, Graf Salem wäre ein Ketzer, laß dein Staunen, laß dein Fragen! In diesen stillen Saal ruft die letzte Stunde – ...

Kennen Sie die Familie der „Grafen" von Wittekind? ... fragte die Herzogin ...

Freiherren! verbesserte Benno ... Eben diesem Geschlecht gehört Neuhof ...

Die Herzogin stand eine Weile sinnend; dann fragte sie:

Sie bleiben noch hier? ...

Ich habe die Ehre, Ihnen heute Abend meine Aufwartung zu machen ...

Bei Cardinal Ceccone? ... Dort bin ich nie! ... Aber speisen Sie morgen bei uns – im Palatinus! ...

Benno hatte dieser Aufforderung gegenüber keine *[226]* sofortige Sammlung ... Die Herzogin wollte, schien es, mit ihm über die Schauplätze ihrer Vergangenheit reden ...

Fürst Rucca, der nun doch vorgezogen hatte, seinem Auge den Anblick einer wenn auch noch so schönen Todten zu versagen, war bereits an der kleinen Holztreppe, als plötzlich wieder der Graf erschien ... Leise war er von oben gekommen, hatte schon seinen Mantel abgelegt, verbeugte sich der Dame, den Herren, reichte Benno die Hand und sprach:

Sie sehen, ich bin nun hier zu Hause ... Ich will hier so lange bleiben, bis die letzte schwere Pflicht erfüllt ist ...

Der Graf schien gekommen, um für heute von Benno Abschied zu nehmen ...

Die Herzogin sprach ihre Theilnahme aus ...

Madame, wandte sich der Graf zu ihr und sagte in französischer Sprache: Ich bin sehr unglücklich ... Ich habe ein liebendes Herz verloren ... Und zu Benno sich wendend, fuhr er mit unsicherer Stimme deutsch fort: Unsere Angelegenheit ist unterbrochen ... Ich bin heute keines Gedankens mehr fähig ... Fürchte auch jede Stunde die Ankunft meiner Mutter ... Es wäre ein großer Act der Freundschaft für mich, wenn Sie die Güte hätten und nach Wien eilten, meine Mutter zu begrüßen und zu sorgen, daß sie auf dies Schicksal schonend vorbereitet wird ... Sie liebte Angiolinen ...

Die Herzogin hörte so aufmerksam, als verstünde sie jedes Wort ...

Benno erbot sich zu allem und bat den Grafen nur, er möchte seinen Kutscher benachrichtigen lassen, daß er *[227]* allein zurückfahren möchte ... Zur Herzogin gewandt, sprach er, in den beiden Wagen fände sich vielleicht noch ein Platz für ihn ...

Ohne Zweifel! sagte die Herzogin, aber – wandte sie sich jetzt zum Grafen, der sich zurückziehen wollte, und plötzlich wie im heroischen Entschluß: Ich will erst noch die Unglückliche sehen ...

Madame – lehnte der Graf ab ... Es ist ein schmerzlicher Anblick – ...

Perché! erwiderte sie ... Kennen Sie etwas Schöneres, als den Tod? ... Gestatten Sie mir dies Opfer ... Principe! rief sie ... Meine Herren! Bedienen Sie sich Ihrer Pferde und des zweiten Wagens! Ich folge mit dem Herrn von – –

Asselyn! – ergänzte der Fürst ... Die Herzogin hatte schon wieder Benno's Namen vergessen ...

· Graf Hugo machte eine ablehnende Bewegung ...

Benno jedoch, fast von Freude erregt bei allem Schauer, bedeutete den harrenden Diener der Herzogin, vorauszugehen, er selbst würde später seine Gebieterin hinunterbegleiten ...

Der Graf ließ nun wieder den Saal aufschließen, bat mit stummer Geberde um Entschuldigung und kehrte über die Stiege in Angiolinens Wohnzimmer zurück mit der ihm von Benno gegebenen Versicherung, daß er sofort auf die Herrengasse eilen würde, um für den Empfang der Gräfin Mutter und die vorsichtige Einleitung der Schreckensnachricht zu sorgen ...

Die Herzogin betrat den dunkeln Saal ... Benno folgte, schon an die erschütternde Situation gewöhnt ...

[228] Mit fester Hand lehnte er die hohe Thür an, die Dienerin bedeutend, sie beide allein zu lassen ... Ein spärliches Licht fiel in den weiten hohen Raum durch einen einzigen geöffneten Fensterladen ...

Die Herzogin trat näher und sah auf die Todte, von deren Antlitz Benno ein leichtes Tuch nahm ...

Welch schmerzlicher Anblick! ... hörte er sie leise sprechen ... Wie jung – wie schön! ...

Fünfundzwanzig Jahre ...

Fünfundzwanzig Jahre schon? ... Am Mund sieht man das und an der Stirn ... Großer Gott, die Stirn blutet noch ... Warum mußte sie auch der wilden Olympia begegnen! ... Ihr Roß scheute ... Daher wol dies Unglück ... Glauben Sie, daß die Gräfin die Schuld trägt? ...

Benno hätte sagen mögen: Oder Ich! Denn um meinetwillen kam Olympia! ... Eine elektrische Kraft gab ihm den Muth, zu erwidern:

Das Leben ist eine Kette von Ursachen und Wirkungen ... Wir geben uns auf diese Art alle einander den Tod ... Diese Arme würde hier auch ohne die Gräfin liegen ...

In der That? ... Aber der Graf betet sie doch an? ... fragte die Herzogin ...

Seine Liebe war ein schöner Traum ... Vor einigen Stunden sagte er ihr, daß sie erwachen müßte ...

Ich verstehe ... sprach die Herzogin seufzend ... Armes Kind, du wolltest kein Erwachen ... Wen heirathet der Graf? ...

[229] Eine Gräfin Paula von Dorste-Camphausen, Nichte des Kronsyndikus von Wittekind-Neuhof ...

Die Herzogin zuckte zusammen ... Sie erhob sich, sah geisterhaft um sich, betrachtete Benno, dann athmete sie tief und schwer und beugte wieder das Haupt ...

Benno war nicht so grausam gewesen, diesen Namen seines Vaters zu scharf zu betonen ... Er knüpfte gleichsam nur an die Erwähnungen von vorhin an ...

Sie kannten – diesen Syndikus der Krone? sprach die Herzogin nach Gleichgültigkeit ringend ...

Benno erwiderte:

Ich sah ihn nur auf der Bahre, als man ihn in die Gruft seiner Väter senkte – Er lag – ganz ebenso, wie hier – ...

Benno hielt inne, um nicht zu viel zu sagen ...

Eine lange Pause trat ein ...

Schon wollte sich die Herzogin, die das Bedürfniß zu haben schien, sich von Benno über jene Familie, der sie so nahe stand – im Wagen mehr erzählen zu lassen, zur Thür wenden ...

Jetzt oder nie! riefen Benno's innere Stimmen und so wagte er die Worte – „Seine Tochter" – die er nicht ausgesprochen, zu umschreiben ...

Ich denke mir, sagte er, daß der Kronsyndikus in seiner Jugend Aehnlichkeit mit den Gesichtszügen dieser Unglücklichen da hatte ... Sehen Sie nur diese Stirn ... Tritt sie nicht ganz so – trotzig hervor, wie – bei – jenem – Tyrannen? ...

Das Antlitz der Herzogin vibrirte ... Sie horchte der seltsamen Vergleichung hoch auf ...

[230] Benno, dem Himmel dankend über seine Gewandtheit,

in der Sprache seiner Mutter ohne das mindeste Hinderniß reden zu können, fuhr fort:

Sehen Sie, da liegt noch die Schere, mit der der Arzt die Haare von der Wunde wegschneiden ließ ... Die schönen Haare! ... Ich nehme diese Locken zu deinem Angedenken mit, arme – – Schwester! ...

Diese Anrede wurde fest, wenn auch mit zitterndem Herzen gesprochen ...

Die Herzogin fuhr jetzt zurück ... Sie mußte glauben, der junge Mann wäre plötzlich in Irrsinn verfallen ... Sie suchte ernstlich die Thür ...

Ich nenne dich Schwester! rief Benno noch lauter und bannte damit den Schritt der Entfliehenden ...

Finden Sie nicht, Herzogin, daß auch ich die Züge der Unglücklichen trage? ...

Die Herzogin blieb wie auf der Flucht ... Sie glaubte einen Narren reden zu hören ... Dennoch verglich sie ihn und die Todte ...

Deshalb nannt' ich die Aehnlichkeit mit dem Kronsyndikus – Denn, Herzogin, ich, ich bin mit dem Kronsyndikus verwandt ...

Die Herzogin konnte nicht von der Stelle ...

Asselyn! ... sprach Benno ... Hörten Sie denn niemals diesen Namen? ...

Die Herzogin hörte nur und besann sich ... Da biß sie plötzlich krampfhaft auf ihre Lippen ...

Es gab doch einen Freund des Kronsyndikus ... Einen Abbate – Francesco ... Kannten Sie denn den Abbate Francesco nicht? ...

[231] Die Herzogin machte eine Bewegung, als hätte sie der Stich einer Schlange getroffen ...

Ist das – Ihre Familie –? ... sagte sie mit lauerndem Blick ...

Benno schwieg ...

Die Herzogin wollte, beschlichen von einem furchtbaren Gedanken des Mistrauens, den unheimlichen Saal verlassen ... Sie sah sich um ... Sie schien sich auf noch einen andern Priester als den Abbate Francesco zu besinnen, auf den Pater Stanislaus; sie fragte: Graf Salem-Camphausen sagten Sie? ...

Aber gehen wir! lächelte sie und die Frage wie zurücknehmend ...

Vergebung, Herzogin! ... sprach Benno immer fester auftretend ... Ich kann mich nicht trennen ... Dies Blut ist mein eigenes ... Ein Geheimniß, Herzogin! ... Sie werden mich für wahnsinnig halten? ... Ich suche seit Jahren eine Schwester ... Ich glaube sie in dieser Unglücklichen gefunden zu haben ... Still, still! ... Unter uns! ... Noch einmal, finden Sie nicht, daß wir uns ähneln? ...

Die Herzogin bebte wieder zurück über den Ausdruck in den Zügen des jungen Mannes ...

Arme Schwester, fuhr Benno fort, zum Paradiese geleitet dich dein Schutzgeist mit trauernder Miene ... Sie wird Einlaß finden, Herzogin, nicht wahr? ... Denn ich und meine arme Schwester, wir beide haben eine Mutter, die uns verlassen konnte ... Eine Mutter ist die Vorsehung ihrer Kinder – aber Sie haben recht, was sagten Sie eben? Eine Mutter kann in ihrem *[232]* Kinde den Vater hassen? ... War es nicht das? ... Nicht alle sind so groß und eitel, wie Ihr Cardinal Ceccone, der in seinem Kinde – die Mutter zum zweiten male liebt ...

Jetzt hatten sich Benno's Züge wirklich verzerrt ...

Die Herzogin, die an der Thür, erst um zu entfliehen, stand, drückte jetzt die Thür noch fester zu, blieb aber wie trotzend stehen ...

Vergeben Sie, Herzogin! fuhr Benno fort. Wir wollen die Ruhe meiner Schwester nicht stören ... Aber mein Geheimniß ... Nicht wahr, ein Geheimniß für Sie und mich? ... Auch ich glaubte von Zigeunern zu stammen, wie diese Arme, wenigstens aus Spanien glaubte ich zu kommen ... Ich entsinne mich einer Frau, einer jungen schönen Frau, die mich zuweilen – ich konnte nur ein Kind von drei oder vier Jahren sein – holdselig anlächelte, zuweilen auch wol eine Thräne auf mich fallen ließ; es konnten auch am Kindesauge nur ihre Diamanten haften geblieben sein ... Herzogin, da erfuhr ich plötzlich, daß ich eine Schwester habe ... Sie ist geboren mitten auf der Landstraße ... Mitten unter den Schrecken des Kriegs, auf der Flucht ... Vor fünfundzwanzig Jahren ... Von einer Mutter, die eine Italienerin, eine Sängerin war ... Sie hieß –

Basta così! schrie die Herzogin mit dem Ton der Furie ... Sie lief auf Benno zu, ergriff seine Hand, sah sich wild um, richtete ihre beiden noch der höchsten Glut fähigen Augen auf nur drei Zoll Nähe dicht in die seinigen und starrte ihn wie die Erinnye mit weißen Augen an ...

[233] Schurke, der du bist! fuhr sie fort ... Nachfolger des Paters Stanislaus! Nun weiß ich alles ... Hier, hier in diesem Hause wohnte ja Pater Stanislaus, Wenzel von Terschka ... Sollst du es besser machen, als dieser undankbare Teufel, der dem Al Gesù seinen Spaß verdorben hat?! ...

Mutter –! rief Benno auf dies entsetzliche Wort aus der tiefsten Tiefe des Schmerzes, des Mitleids, der Liebe hervor ... Mutter, wie redest du! ...

Sein Ton war so zart, so innig, daß er von keinem Betrüger kommen konnte ...

Die Gefolterte starrte ihn an ... Die verzerrten Züge ihres Antlitzes milderten sich, das Auge, immer sich einbohrend in die Augen Benno's, verlor seine stechende Schärfe, immer schwankender wurde ihre Haltung, die Hände suchten einen Halt, sie sank – „Mutter?" hauchte sie ihm nach ... Benno stürzte auf sie zu und überwunden lag sie in seinen Armen ...

Eine Weile währte es, bis sie sich aus einer Ohnmacht erholte ...

Benno lüftete ihren Hut, der sofort niederfiel ... Das Haar verdeckte ein Netzwerk, unter dem ein ehrwürdiges Grau schimmerte ...

Allmälig erst gewann sie Sprache und hauchte, zu ihm aufblickend, noch tief zweifelnd, aber schon mit liebender Zartheit:
Ce – sa – re –? ...
Julius Cäsar ... bestätigte Benno, richtete die Augen auf die Leiche und sagte: Und diese nannte man Angiolina ...
[234] Die Augen der Frau erhoben sich wie irr bald auf Benno, bald auf die Leiche, bald gen Himmel ...
So währte es eine Weile ... Dann gingen die Augen nur noch vom Sohn zur Tochter und vom Tode zum Leben hinüber ... Endlich riß sie sich wild los und schrie:
Licht! Licht! ... Die Fenster auf! ... Ich muß meine Kinder sehen! ... Meines Mörders Kinder ... Ha, ha! – Wach auf, wach auf, Mädchen! ... Ich kenne dich ja nicht – ...
Benno gewann zuerst die Fassung ... Man hörte Geräusch ... Schritte eines Kommenden ... Es klopfte leise ...
Der Graf war es, dem das lange Verweilen, das laute Sprechen bei der Leiche auffallen mußte ...
Die Herzogin lag ausgestreckt über der Leiche, verbarg ihr Haupt und war selbst wie entseelt ...
Der Graf durfte diesen Ausdruck weiblicher Theilnahme an einer Südländerin natürlich finden und folgte Benno harmlos, der ihn mit äußerster Beherrschung seiner selbst aus dem Saale zog ...
Die Herzogin blieb allein zurück ... Sie sah um sich, sie tastete hin und her, sie stürzte auf die Leiche, sie riß sich wieder auf, nahm ihren entfallenen Hut, drückte ihn auf das Haar, das sie erst zerwühlen wollte ... Dann nahm sie mit irrer Geberde die abgeschnittenen blutigen Haare und verbarg sie wie im Diebstahl ... Nun preßte sie wieder einen Kuß auf die Lippen der Todten, dann wandte sie sich und wollte wieder zurück ...
Der Graf stand inzwischen wieder in der Thür ...
[235] Wir verweilten lange bei dem lieblichen Engel – sprach sie in kurzen Sätzen ... Segne Sie – Gott, Herr Graf, für die Lie-

be, die Sie ihr schenkten – Es gibt nur Eine Liebe – mag sie auch Namen haben, welche sie wolle ...

Benno bot ihr, da sie zusammenzusinken drohte, seinen ihm selbst zitternden Arm ...

Der Graf dankte für so viel Theilnahme und begleitete beide bis an die weißschimmernde Stiege, rieth freundlich zur Vorsicht, empfahl Benno seine vorhin ausgesprochene Bitte und nahm zum zweiten mal von einem Beileid Abschied, das alles das zu erkennen gab, was in ihm selbst vorging ...

Ohnmächtig sinkend, ja stürzend schwankte die Herzogin die gebrechliche Stiege hinunter ...

Unten standen zwei Diener ... Der Schlag des vierspännigen Wagens flog auf ... Benno trug die zusammengebrochene Frau mehr, als er sie führte ... Sie sank in ihren Sitz ... Er stieg ihr nach ...

Der Schmerz der Herzogin konnte allen erklärt erscheinen aus dem empfangenen, an das gemeinsame Menschenloos erinnernden Anblick ...

Die vier Rosse zogen an ... Pfeilgeschwind flogen sie dahin ...

9.

Cielo! ... Destino! ... Manda mi la morte! ...

So brachen die Empfindungen der Herzogin aus ... Benno ergriff die Hände der jetzt ohnmächtig zusammensinkenden Mutter ...

Es war wie eine zweite Geburtsstunde, die sie erlebte ... Ihre Zähne klapperten ...

Allmälig schlug sie die Augen auf, betrachtete Benno und wollte mit der Geberde einer Fieberkranken die mitgenommenen blutigen Haare küssen ...

Benno riß diese fort und umschlang die Mutter mit seinen Armen ...

Wieder versank sie in Ohnmacht und fieberte laut ...

In dem weichgepolsterten Wagen ging es auf der Landstraße eine Weile dahin wie in einem lautlosen Zimmer ...

Als der Wagen eine kleine Höhe bergan fahren mußte und es langsamer ging, schlug die Herzogin die Augen auf, rang die Hände, riß Benno an ihr Herz und küßte ihn ...

Du bist es! rief sie ... Wüßte es doch alle Welt! setzte sie hinzu ...

[237] Mutter! lehnte Benno ihren Wunsch ab, der fast wie Besorgniß klang ...

Wer weiß es noch sonst? fragte sie ...

Ich hier allein! antwortete Benno und deutete auf sein Herz ...

Meine Ahnung ist erfüllt! sprach sie ... Mit bangem Herzen bin ich nach diesem Lande gekommen ... Ich ahnte, daß ich das alles, alles erleben würde ...

Nicht aber so! klagte Benno das Schicksal an ... So grausam nicht! ... Das Leben im Tode ... O zürnst du mir? ...

Sie schüttelte den Kopf ...

Niemand weiß es? fragte sie wiederholt und zweifelnd ...

Vier fremde Priester, bestätigte Benno, ich und mein Bruder – der Präsident von Wittekind – Friedrich ist mein Freund und der deine ...

Sie fand sich langsam zurecht ...

Aber wer weiß, begann sie, ob ich deine Stimme gehört hätte, wäre sie nicht von dem Schweigen einer Todten unterstützt gewesen ... Angiolina! ... Ja, ich hatte mich mit Haß gerüstet, mein Sohn ... Hätte Gott es nicht so verhängt, daß ich meine Kinder s o – s o wiedergesehen – wer weiß –! ... Angiolina! ... Eine – Verlorene! ...

Benno unterbrach diese Gedankenreihen und fragte liebend vorwurfsvoll:

Selbst auf deine Kinder wolltest du Haß werfen? ...

Ja, mein Sohn! bestätigte die Frau, deren Lippen noch wie von Fieberfrost auf und zu gingen ... Es liegt eine wunderbare Macht, fuhr sie, an Angiolinens *[238]* Verirrung anknüpfend, fort, in dem Gesetz ... Aber eine Frau kann sich von ihm verirren und, wird sie nur geliebt, so vergißt sie alles, Urtheil der Welt und künftiges Gericht ... Täuscht sie aber der, den sie liebte und um den sie alle Sünden der Welt ertrug und selbst beging, so welkt ihr jeder Baum und jede Farbe verbleicht ihr und ich haßte dich schon damals ebenso, wie ich dich anfangs geliebt hatte ... Ich schleuderte – Angiolinen – dies Kind wie eine Last von mir ... Ihm zu Füßen! ... Da hast du, was dein ist, Schurke! ... Ich sah meine Geburt nur einmal – wie sie ins Leben trat ... Das wird vor Gott ein Verbrechen sein – aber er strafte mich jetzt schon, daß ich mein Kind so wiedersehen mußte ...

Sie versank in Thränen und küßte die blutigen Haare ...

Sei versöhnt! sprach Benno mit Milde und wie jeder, der an ein mühevolles Ziel glücklich angelangt ist, dann erschöpft zusammenbricht ...

D i r bin ich es, mein Sohn! wandte sich ihm die stolze Frau zu, jetzt, um ihn zu ermuthigen, mit zärtlichstem Tone, ja wie

eine Braut so weich – aber – Medea – erhob sie sich wieder –
Medea schlachtete dem treulosen Vater ihre Kinder ... Nein,
nein! ... beschwichtigte sie gleichsam ... Wie kommt das alles –
daß du hier bist? Suchtest du mich? Woher weißt du deinen Ursprung? ...

Benno sammelte sich und die Mutter am zweckmäßigsten
durch die vollständige Erzählung der ihm allmälig gewordenen
Enthüllungen ... Er schloß seine kurzgefaßten Mittheilungen mit
dem Wort:

[239] Die Kirche anerkennt deine Ehe! ...

Sprich das nicht aus! entgegnete sie ... Meine Feinde haben
mir auch mit lächelnder Miene diese Andeutung gegeben ...
Meinen Frevel, die Hand des Herzogs von Amarillas zu nehmen,
die ich nahm aus Stolz und Scham über mich selbst, verzeiht das
Gesetz; denn ich kannte die Lehre der Kirche nicht ... Ich wußte, daß mich dein Vater betrogen hatte und war frei ...

Wann erfuhrst du das? ...

Als ich einige Laute dieser eurer rauhen Sprache gelernt hatte, die du nur schön sprichst, du, mein Sohn! ... Als ich ein Flüstern zu verstehen anfing, wenn Wittekind mit seinen Freunden
zusammen war, ich auf meine Anerkennung drängte und nicht
mehr in meine Pflichten nach Kassel zurückkehren zu wollen
erklärte, wenn ich auf Neuhof gewesen ... Ich erlebte die Grausamkeit des Mannes! – O mein Cäsar – hast du etwas in deinen
Zügen von diesem Tyrannen – Jesus ja, du bist sein Bild! ...

Nicht im Herzen! sagte Benno, schlug die Augen nieder und
zog die Mutter an seine Brust ...

Er warf mich eines Tages in einen Kerker! fuhr sie fort ... Er
ließ mich hungern ... Ich schrie um Hülfe ... Zuletzt konnt' ich
nicht mehr ... Er kam in die unterirdischen Gewölbe und kniete
an meiner Thür nieder und weinte ... O Cäsar ... Er konnte bestrickend sein wie ein Kind, wenn er wollte und Nachsicht bedurfte ... Zweimal geschah das ... Ich saß in den untersten Gewölben und fror und hungerte – ich, sein rechtmäßiges Weib!

Wie ich damals noch – *[240]* und freilich nur noch das erste mal glaubte ... Ein Teufel von einem Weibe bewachte mich ...

Brigitte von Gülpen, ergänzte Benno ... Sie strafte der Himmel ... Sie ist ermordet worden ...

Gott wird ihrem Mörder zum Paradiese verhelfen! ... Ja, Brigida hieß sie –! Ich vergesse den Ton nicht, wenn sie sich meldete und ich rief: Wer da! ... Sie spitzte dann den Mund und lockte mich: Täubchen! ... Sie hätte mich würgen können wie eine Taube ...

So auch starb sie ... sagte Benno und erzählte den Tod der Hauptmännin ... Dann fuhr er fort: Aber sie hatte eine Schwester – Petronella hieß sie – Ihr dank' ich mein Leben, meine Pflege, meine Erziehung ... Meinem Onkel, dem Abbate Francesco, verdank' ich meinen Namen ... Ich hieß der Sohn seines Bruders ... Ich heiße Benno von Asselyn ...

Julius Cäsar von Wittekind heißt du! – und eine Weile nach mir Montalto! ... verbesserte sie stolz und fuhr in den sie erleichternden Erinnerungen fort ... War ich ermüdet und kraftlos und verhallte meine Stimme ohnmächtig an den Wänden, so kam dein Vater und beschwor mich, ihm zu vertrauen ... Er könnte mich noch nicht anerkennen, wehklagte er ... Er verlöre die Hälfte seines Vermögens ... Auf seinem Witthum beruhte seine ganze Kraft ... Mit der zweiten Heirath würde er der Sklave seiner Kinder werden ... Er nannte Namen, die ich bald vergaß, Verhältnisse, die meine Begriffe überstiegen ... Er bat, er flehte hinter dem Gitter ... Er knieete nieder, schilderte eine glänzende Zukunft ... Ich ließ mich bethören und versprach nachzugeben ... *[241]* Diese Augenblicke, wenn er den Schlüssel zog, wenn er meine Schwüre hören wollte, daß ich ihm verziehe, erst ein Pistol mir entgegenhielt und dann doch wieder durch das Gitter mich mit Küssen verlocken wollte – O, was hab' ich gelitten, mein Sohn! ...

Benno umarmte sie, streichelte ihre Wange, küßte ihre Hände ... Er starb im Wahnsinn, sagte er ... Wie zur Sühne solcher

Frevel starb er – ein Geächteter ... Einen seiner frühern Freunde hat er erstochen ...

Wär' es einer von denen gewesen, sagte die Mutter mit Bitterkeit, die mich in der Kapelle zu Altenkirchen betrogen! ... Und doch, du sagst es, einer von ihnen wurde dein zweiter Vater? ... Lebt der Abbate noch? ... Ich glaubte, gerade der wäre zur ewigen Verdammniß bestimmt! ... Gerade er machte und wie aus Achtung vor mir den Ministranten – ein Priester! ... Ich sagte ihm Dank, als wir ins Schloß zurückkehrten nach der Trauung, Dank für die Ehre, die er mir gewährt ... Seine Hand zitterte, als er dafür die meinige küßte ... Ein Jude war der falsche Priester – der mich drei Jahre lang betrog – Auch in der großen Kathedrale von – wie hieß der Ort – Witoborn – betrog –! ... Er las die Messe ... Ich wußte damals nicht, daß es seine erste war ... Später erfuhr ich's, als ich anfing, mich heimlich nach ihm zu erkundigen ... Kurz vor der Flucht des Hofes von Kassel, längst schon in Angst um Wittekind's kaltes Benehmen, in Hoffnung mit – Angiolinen, in *[242]* Angst vor den wilden Kosakenhorden, die nach der großen Schlacht bei – Leipzig schon bis dicht an die Thore schwärmten, sagte mir Wittekind ins Gesicht, daß er mein Bleiben nicht dulden würde und daß ich sein Weib gar nicht wäre ... Trommelwirbel fielen in diese Worte ... Die Glocken läuteten Sturm – Feuer! rief es in den Gassen ... Schon brannt' es in den nächsten Dörfern ... Besinnungslos folgt' ich der allgemeinen Flucht ... In der unglücklichen Lage eines Weibes, wenn sie die Zwecke der Schöpfung erfüllen soll, ward ich von den Angehörigen der Truppe, zu der ich gehörte, fortgerissen ... Schon am Abend, in einer Scheune, auf dem Wagen eines Kunstfeuerwerkers unsers Ballets, kam ich nieder ... Ich raffte am andern Morgen den letzten Rest meiner Kräfte zusammen – stoße das Kind, wie alles um mich her, von mir – Die Gesellschaft wird von den Vorposten der Russen auseinander gesprengt – Ich gelte für eine Todte – So kam ich auf einem Bauerwagen nach Frankreich, verfolgt von dem Hohn: Das ist der Hof des Königs Hieronymus! ... Ich verfiel in eine lange Krankheit, nach der ich mich erst allmälig auf alles besann, was vorher mit mir vorgefallen ...

Arme Mutter! sprach Benno und suchte sie zu beruhigen ...

Aber die Sprecherin war in mächtigster Erregung und fuhr fort:

Der Krieg kam näher und näher ... Ich benutzte meine ersten wiedererlangten Kräfte, an Wittekind zu schreiben; an den Bischof von Witoborn, dem ich noch *[243]* Anstand nahm alles ganz wie es war mitzutheilen; an die Behörden ... Letztere wurden eben neu eingesetzt ... Wittekind antwortete nicht ... O die Scham und die Verzweiflung über meinen eigenen Unverstand waren noch größer als mein Rachegefühl ... Ich suchte mich der Welt zu verbergen, ich verrieth niemanden, was mir geschehen war ... Meine nächsten Vertrauten und Umgebungen waren durch die Zeitumstände von mir gerissen ... Nachrichten über ein Bauerhaus einzuziehen, wo du lebtest, wurde unmöglich ... So bracht' ich einige Monate in Paris zu ... Da lernte mich der Herzog von Amarillas, Marquis Don Albufera de Heñares, kennen ...

Die Mutter hielt inne, um neue Kraft zu schöpfen ...

Benno bat sie, sich zu schonen ...

Bei dem Wort, das er aussprechen wollte, er würde sie ja nun oft sehen können ... stockte er ... Wir sehen uns in Rom! sagte er ...

Nein, schon hier! wollte sie mit überwallendem Gefühl ausrufen; doch auch sie unterbrach sich jetzt und gestand, ihre Stimme dämpfend: Meine Lage ist – freilich nicht so – daß ich – ...

Benno sah, daß hier seine Aufgabe erfüllt war ... Was sollte er noch in Wien? ... Sollte er wie Hamlet einen ungeheuern Schmerz im Busen tragen und ihn verständeln in der Gesellschaft, in einem Liebesroman mit Olympien? ...

Die Herzogin fuhr inzwischen fort:

Die Feinde hatten Paris genommen ... Ein Flüchtling vor Napoleon, kehrte der Herzog mit dem vertrie-*[244]*benen Ferdinand VII. nach Spanien zurück ... Er kam aus England und erkrankte in Paris ... Der Streit unserer Meinungen hinderte nicht die Annäherung der Sympathieen ... Der Herzog wohnte in einem Hause mit mir ... Er war alt und gebrechlich ... Seine gänzlich verarmte Lage rührte mich ... Ich fing wieder an zu singen und theilte mit ihm, was ich hatte ... Dennoch war alles nur Rache an Wittekind – der mich endlich mit Geldmitteln und höhnischem Spott und einer teuflischen Bitte um Verzeihung bedachte – Rache, daß ich ihm als Herzogin antwortete und ihm ebenso höhnisch, wie er geschrieben, auch ihm seine Kinder empfahl, für die er zu sorgen gelobte, die ich aber – Gott wolle es mir verzeihen! – wie alles verfluchte, was mich an ihn erinnern konnte ...

Benno erkannte die psychologische Möglichkeit ...

Nach einer starren Betrachtung der blutigen Locken Angiolinens fuhr die Mutter fort:

Ich reiste nach Madrid ... Der Herzog, mein Gemahl, hatte eine Stellung am restaurirten Thron der Bourbonen erhalten ... Bald aber kehrte Napoleon von Elba zurück; auch in Madrid erhob sich die Revolution ... Der Herzog erlag den Anstrengungen einer Flucht vor der Cortesregierung nach Portugal und starb ... Wieder stand ich allein, wieder ohne Schutz und Lebenshalt; jetzt bereuend, daß ich mich selbst so rasch zu dieser Veränderung meiner Ansprüche auf Wittekind hatte bestimmen können ... Ich reiste nach Rom ... Von dort begann ich in meiner ersten Verzweiflung, mit Schloß Neuhof zu korrespondiren und einlenkende *[245]* Schritte zu thun ... Später drohte ich ... Man schrieb mir oder ließ mir schreiben ... Ich empfing einiges Geld, im übrigen nur die alten höhnischen und bäurischen Scherze und Bitten um Verzeihung ... Las ich diese Briefe, so hörte ich das wiehernde Gelächter, das dein Vater zuweilen ausstoßen konnte für sich ganz allein – nur für sich allein ... Er jubelte dann über seinen Verstand und über die Dummheit der ganzen Welt ...

Das hat sich traurig gewendet! sagte Benno ... Jérôme, sein zweiter, schon geisteskranker Sohn, starb im Duell ... Auch Friedrich, der Erbe, ist nicht glücklich ... Doch bin ich mit Friedrich einverstanden und befreundet ... Er kennt meine Reise hierher und billigt die Begegnung mit dir ... Befiehl du selbst! ... Er ordnet sich allen deinen Wünschen unter ...

Die Herzogin horchte aufmerksam und überlegte ... Sie schien das Fortwalten des Geheimnisses vorzuziehen ... Wenigstens sagte sie:

Mein Sohn! ... Ich bin die Tochter eines Marchese im Ravennatischen, der sein Vermögen verlor ... Ich mußte früh an die Verwerthung eines Talents denken, das mich und die Meinigen erhielt. So legte ich den Namen der Marchesina von Montalto ab und nahm den der Fulvia Maldachini an ... Von Rom kam ich erst nach Parma ... Von dort nach Mailand, von Mailand nach Paris, von Paris nach Kassel ... Ich kannte diese ganze dortige fremde Welt nicht und verachtete sie zu sehr ... Meine einzige Umgebung war eine alte Römerin, die mich singen gelehrt hatte ... Sie war halb erblindet, erschien aber durch ihre Ma-*[246]*nieren wohl geeignet, meine Duenna vorzustellen ... Auch sie verstand die Welt nicht, in der wir mit Anstand lebten ... Ich genoß die größten Auszeichnungen und hatte selbst die List des Königs zu fürchten ... Ich war tugendhaft, mein Sohn! ... Ich war es vielleicht nur – aus Stolz ... Den Freiherrn erhörte ich erst, als er mir die heimliche Ehe anbot und ich sie vor Gott, einem Pfarrer oder dessen Substituten und mehr als zwei Zeugen, die hingereicht hätten, richtig geschlossen glaubte ... Meine Entbindung von dir fiel in die Zeit der Ferien an unserer Bühne ... Ich genas in einer der kleinen Meiereien, die zu den Besitzungen deines Vaters gehörten ... Eine Bäuerin nährte dich ... Noch war deine Geburt eines Familienstatuts wegen zu verbergen ... Aber du hattest meine ganze Liebe ...

Nie konnte ich dich in den schmuzigen Umgebungen wie ein Bauernkind sehen, ohne nicht sofort mit deinem Vater die ernstesten Kämpfe über die endliche Enthüllung unsers Geheimnisses zu beginnen ... Anfangs erfolgten die Beschwichtigungen in Güte ... Die spätere Wendung erzählte ich dir ... Wäre ich nicht von den Pflichten meines Berufs, den ich liebte und den ich so viele Meilen von Neuhof entfernt ausübte, gebunden gewesen, ich hätte so lange mein Geheimniß nicht bewahren können ... Als ich endlich den Betrug durchschaute, übertrug ich meinen Haß auch auf meine Kinder ... Und ich sag' es dir, Cäsar, ich würde dich und Angiolina nie anerkannt haben ohne diese heutige Wendung des Geschicks, die mir so schreckhaft sagte: Die Rache lasse der Mensch dem Himmel! ... Oft befiel mich *[247]* melancholische Sehnsucht nach den beiden Wesen, die ich unterm Herzen getragen ... Einmal – ja, da war ich nahe daran, mich zu entdecken, als jener Pater Stanislaus, den du kennst – ...

Wenzel von Terschka – ...

Nach Deutschland reiste und sich mir empfahl ... Ich lebte jedoch schon damals in Verhältnissen, die mir die Festhaltung meiner Stellung als Herzogin von Amarillas zur unbedingtesten Pflicht machten ... Und noch – jetzt, mein Sohn – ...

Die Erzählerin stockte und wandte sich ab ...

Benno glaubte die Beschämung zu sehen, die Anstand zu nehmen schien, von Cardinal Ceccone, ihrer dritten Verbindung, zu sprechen ... Ein unendliches Weh legte sich auf sein Herz ...

Mein Sohn, sprach die Herzogin, seine Gedanken errathend ... Wenn Cardinal Ceccone in allem so heilig wäre, wie in seinem Verhältniß zu mir, so würde man ihn nach seinem Tode kanonisiren ... Eher kannst du in Rom hören, daß – – Ceccone wie Papst Alexander Borgia seine eigene Tochter liebt, als das Wort – die Herzogin von Amarillas stünde in einer nähern Verbindung mit ihm, als der, die Duenna seiner – „Nichte" zu sein ... Mein

Sohn, du siehst mich hier mit vier Pferden fahren, Bediente umringen mich, ein römischer Principe reicht mir den Arm, um mich in die kaiserlichen Theater zu führen, in die Loge des mächtigsten Staatsmannes der Welt – ich bin nichts weiter als eine Gouvernante ...

[248] Benno ergriff gerührt die Hand der Mutter und sah in ihre umflorten Augen ...

Unter unsern Cardinälen, fuhr sie mit schmerzlichem Lächeln fort, gibt es einige, die wohl verdienen, Muster der Christenheit genannt zu werden ... Ihre Zahl ist nicht groß ... Die übrigen theilen sich in zwei Klassen ... In solche, die die Gelübde aus Indolenz halten, und solche, die die Natur nicht betrügen können ... Alle aber, selbst die letztern bewahren den Anstand ... Saltem caute! ist unsere römische Devise ... Um die immer prüfend und lauernd auf sie gerichteten Blicke der Menschen, namentlich der Priester, zu zerstreuen, zeigen die Cardinäle sich absichtlich ganz weltlich, leichtsinnig, gesellschaftsbedürftig und doch nicht anstößig. Das ist, wie die Frauen im Cicisbeat einen Deckmantel für eine in ganz anderer Sphäre versteckte Leidenschaft haben ... Jeder Gatte läßt seine Gemahlin ruhig mit dem Cicisbeo gehen ... Dieser ist der Freund des Hauses, der Freund des Mannes, der Beschützer der Frau, deren anderweitige Verhältnisse am wenigsten der Cicisbeo kennt ... So haben auch die Cardinäle ein Haus, an das sie attachirt sind, wo sie Audienzen geben, wo sie sich ausruhen, Whist spielen und wirklich, wenn auch mit den leichtesten Formen, die Tugend und Entsagung selbst sind ... Das weiß in Rom jedermann ... Cardinal Ceccone kann nach seinen Arbeiten in der Sacra Consulta nicht anderswo sich erholen, als bei der Herzogin von Amarillas, wo es hergehen würde so still und fromm, wie im Kloster von Camalduli, wenn nicht Olympia mit den Jahren immer gefahrvoller *[249]* sich entwickelt hätte – Cäsar! – unterbrach sich die Sprecherin und betrachtete Benno mit einer Mischung von Staunen und Schrecken – wie nur war es möglich, daß gerade du, du mein Sohn, Cäsar von Wittekind, es sein mußtest, der – ... Doch – fuhr sie plötzlich auf – fliehe Olympia! Sie zerreißt, was sie liebt! ...

Benno gerieth in die größte Verwirrung ... Seine Ueberzeugung, daß er in Wien seit dieser Stunde nichts mehr zu vollbringen oder abzuwarten hätte, mehrte sich ...

Die Mutter fuhr fort:

Ich bin nicht die einzige Herzogin, lieber Sohn, die in Roms dunkelsten Gassen wohnte und nur – in den Kirchen, deren wir zu diesem Zweck Gott sei Dank genug haben, von einem ihrem Stand gebührenden Glanze umgeben ist ... Man ist arm, aber vom Munde darbt man sich den Miethwagen ab, der uns des Abends eine Stunde auf den Corso führt ... Sonst geht man des Tages zu Fuß ... Ein Schleier genügt, nicht einmal ein Bedienter ... Alle hundert Schritt liegt eine schöne geräumige Kirche, gebaut aus Marmor, mit stillen Kapellen, dunkeln Ecken, da eine Lampe, hier ein Schemel für die Füße, ein Bild von Domenichino, eine Sculptur von Michel Angelo – so kann man schon eine Stunde lang verträumen, ein Leben der Armuth anständig verschleiern ... Du wirst das sehen, wenn du in Rom bist ... Du gehst nach Rom! ... O wohl, wohl! ... Du sollst es ... Oder was – was glaubst du, mein Sohn? ...

Benno hatte die Miene gemacht zu fragen, ob sie *[250]* es nicht wünsche ... Er sah, wie seine Begegnung sie bei alledem zu stören anfing ...

Die Kirchen, fuhr die Herzogin nach einigen zärtlichen Blicken fort, die Kirchen in Rom sind zum Beten da; aber sie verbinden zugleich den Zweck, eine Promenade zu sein, eine Promenade, die zu betreten nichts kostet ... Ich hörte einen Attaché der Gesandtschaft des Königs von Preußen, der erst einige Tage in Rom war, außer sich gerathen bei der Erzählung: Ich besuche den Carcer Mamertinus beim Capitol, die Kapelle, die über jenem Gefängniß erbaut ist, wo Sanct Peter vor seiner Hinrichtung gefangen saß, und ein Geistlicher tritt herein, kniet vor einem

Betpult nieder, wendet das Antlitz zum Altar, zieht, ehe er betet, sein Taschentuch, seine Dose, nimmt eine Prise und dann erst faltet er die Hände!*) ... Dies Bild brachte den Lutheraner außer sich, beleidigte jedoch von uns Römern niemand ... Es war ein heißer Tag; der arme Dorfpfarrer, der die Merkwürdigkeiten der Stadt ansah, wollte sich ausruhen und benutzte die kühle Kapelle St.-Pietro in carcere ... Daß man sich an einem solchen Ort mit der Geberde des Betens ausruht, bringt die Rücksicht auf den Ort und diejenigen mit sich, die vielleicht ringsherum wirklich beten ... Die Kirchen Roms sind nicht Kirchen allein, sondern die ehemaligen Thermen der Kaiser ... Sie sind die Gärten und Promenaden der Stadt, die allen gehören, den Armen und Reichen, den Königen und Bettlern ... Ist denn nicht auch das Religion, was alle gleich *[251]* macht? ... Wer gefallen ist, Könige, die ihre Krone verloren, können keine bequemere Stadt der Welt finden ... Für die, die ohne Demüthigung sein und vergessen wollen, ist Rom die Stadt der Städte ...

Diese Aeußerungen einer Frau, die in so unmittelbarer Nähe der Tonangeber der Christenheit lebte, mußten Benno wol die Frage wecken: Wie stehen ihre Ueberzeugungen im Verhältniß zur Kirche und zu dem Zweck der Sendung des Cardinals? ... Doch überwog jetzt noch das Interesse am Persönlichen ...

Fünf bis sechs Jahre, fuhr die Mutter fort, lebte ich in dem steten Kampf mit mir, welche Entschließungen ich fassen sollte ... Ich war nicht mehr jung ... Meine Schönheit, wenn ich sie je besaß, war verblüht ... Ich zog niemanden an, als dann und wann ein paar Priester, die bald wegblieben, als ich ihnen keine Tafel serviren konnte ... Zur Devotion hatte ich kein Talent ... Im Singen zu unterrichten widersprach meinem Stolz ... Ich processirte mit den Gerichten Spaniens; die Revolutionen und die Cortes wiesen mich ab ... Wittekind erlebte in meiner Verzweiflung einigemal die Drohung, daß ich nach Deutschland

---

*) Factische Reiseerinnerung.

kommen und die Gerichte gegen ihn anrufen würde ... Ich ging so weit, mich über die Gesetze wegen unwissentlicher Bigamie zu unterrichten ... Ich überzeugte mich, daß meine Ehe nach kanonischen Regeln anerkannt werden konnte ... Dann aber hatte ich in Bigamie gelebt und mußte erst von dieser Sünde wieder befreit werden ... Das ist das besonders Schmerzliche am Unglück, es macht zuletzt feige ... Das Unglück verwirrt uns *[252]* und läßt uns falsche, oft ganz unwürdige Maßregeln ergreifen ... Ich fand wenigstens meine Hülfe da, wo ich nimmermehr geglaubt hätte, daß ich sie suchen würde ...

Benno horchte voll höchster Spannung ...

Jenseit der Tiber wohnen in Rom jene Volksklassen, die sich noch eine gewisse Natürlichkeit, soweit sie bei römischer Unbildung möglich ist, bewahrt haben; Handwerker, die größerer, lichterer Räume bedürfen, als sie die innere Stadt diesseit der Tiber bietet ... In Trastevere wohnte ein Metzger, von dem ich mir zuweilen den Luxus gestattete, ein besseres Stück Fleisch, ein ganzes junges Lamm für die Küche zu bestellen ... Noch lebte meine alte Marietta Zurboni, die mich so lange Jahre begleitet hatte ... Nun war sie ganz blind; ich gönnte ihr zuweilen Festtage in Wirklichkeit, nicht blos die, die im Kalender stehen – Was ich da alles rede! unterbrach sich die Herzogin und starrte in die Ferne und in die noch nicht erreichte Stadt ...

Benno erkannte, daß die Mutter so plötzlich der Schmerz um die Todte, die nun schon in Entfernung fast einer Meile zurückgeblieben, ergriff ... Sie hielt beide Hände nach der Gegend hin, wo Schloß Salem lag ... Eine Geberde der Bitte um Verzeihung ... Sie küßte wieder die blutigen Haare ...

Benno beruhigte sie ...

Eines Tages, fuhr sie nach einem kurzen Weinen fort, hatte ich mich von Kirche zu Kirche bis Santa-Cecilia gebetet – dies war die einzige Art, wie ich als Herzogin am Tage ohne Equipage vegetiren konnte – Ich that, *[253]* als könnte ich, da ich doch einmal bei Meister Pascarello in der Nähe war, bei dieser Gelegenheit, obgleich ich eine Herzogin war, auch wol mein Osterlamm selbst bestellen ... Hoheit, sagte er, warum sind Sie nicht zehn Minuten früher aus Ihrer Andacht erwacht! Soeben hatte ich noch fünf Lämmchen, weiß wie Schnee, so unschuldig, daß sie die heilige Agnes mit in den Himmel hätte nehmen können! ... Ich bedauerte ... Hätt' ich diese Ehre geahnt! fuhr er fort. Aber, den Heiligen sei Dank, die Kleinen kommen wenigstens in gute Hände und Gott segne, daß ihre Wolle dem Pascarello Ehre macht! ... Wer erhielt sie denn? fragte ich ... Der ehrliche Metzger zeigte über die Tiber hinweg und sprach: Wenn die Thierchen gebraten werden, Hoheit, einen solchen vornehmen Rost haben Sie doch nicht! Ich glaube fast, der des heiligen Laurentius selbst wird dazu genommen! ... Ich ahnte eine Bestimmung für die Kirche und Meister Pascarello erzählte mir noch eine Geschichte, die in Rom jedermann weiß ... Im Kloster der Nonnen, die man die „Lebendigbegrabenen" nennt, werden die Lämmer gezogen, aus deren Wolle die weißen, drei Finger breiten Schulterbinden, Pallien genannt, gefertigt werden, die Rom jedem neuernannten Bischof der Christenheit zuschickt ... Die Achselklappen zu den Uniformen der großen römischen Armee ... Die Lämmer können ihre zarteste Wolle nur jung liefern, werden nach der Schur geschlachtet und der Heilige Vater bewirthet mit dem Fleisch jährlich die zwölf Apostel, denen er die Füße wäscht; es sind Arme, die zu dieser Ehre schon lange auf einer Liste verzeichnet stehen ... In dem Kloster *[254]* sagte Meister Pascarello, muß ein Wolf hausen oder eine Wölfin – verbesserte er sich –; denn ich habe die Ehre, des Jahres viel Lämmer dorthin zu liefern, mehr als in einem Jahr in der Christenheit Bischöfe sterben und neue gewählt werden! ... Seltsam! ... sagte ich gleichgültig und – betete mich wieder in meine dunkle Gasse bei Piazza Navona zurück, in der ich wohnte ... Ich erzählte diesen Vorfall einem Prälaten, der mich oft besuchte, obgleich ich ihn nicht mochte wegen seines giftigen und intriguanten Wesens ... Leider hatt' ich ihm schon mehr von meinen Lebensverhältnissen vertraut, als ich hätte thun sollen ... Es ist der jetzige Cardinal Fefelotti, wie man weiß, der Feind Ceccone's ...

Benno hatte diesen Namen als jetzigen Nachbar des Grafen Hugo in Castellungo heute nennen hören ... Auch wußte er, daß Olympia's Mutter im Kloster der „Lebendigbegrabenen" lebte ... Er fürchtete die Aufregung der Mutter und sagte:

Laß es! ... Du wirst mir noch oft erzählen können ...

Eine solche Stunde kommt uns nicht so bald! erwiderte sie seufzend ...

In Rom! ... Ich verlasse Wien ... sagte er ...

Nein! rief die Mutter leidenschaftlich, umschlang und küßte ihn ...

Ich gehe nach Rom ... Heute noch ...

Cäsar! rief die Herzogin wie im Ausbruch des äußersten Schmerzes und – doch voll Freude ...

Nach einiger Sammlung fuhr sie fort:

[255] Fefelotti machte eine schlaue Miene und sagte: „Daraus erkenne ich ja die Wahrheit eines Gerüchtes! Monsignore Tiburzio könnte, mein' ich, von dieser kleinen Wölfin leicht seinen Cardinalshut zerrissen bekommen" ... „Sie wissen", setzte er hinzu, „daß Tiburzio im nächsten Conclave den Purpur erhalten wird" ... Die Züge Fefelotti's verzerrten sich noch häßlicher, als sie schon von Natur sind ... Ich sah, daß er über einen Plan brütete ... Ceccone war schon damals der mächtigste Mann in Rom ... Er hatte die Revolution gebändigt, die Carbonari verbannt oder eingekerkert; man wußte, daß ihn eine Römerin, Lucrezia Bianchi, hatte ermorden wollen ...

Olympia ist das Kind einer neuen Judith! sagte Benno ...

Alle Welt weiß es jetzt ... bestätigte die Mutter ... Aber damals noch nicht ... Der Generalinquisitor Ceccone schlug die Untersuchung des Mordanfalls einer jungen Wäscherin auf ihn nieder und brachte die Mörderin heimlich zu den „Lebendigbegrabenen" ... Das fanatische Mädchen, das ihre Ehre geopfert hatte um ihn zu tödten, kam dort nieder ... Olympia wurde im Kloster fünf Jahre alt ... Es war ein Kind der Sünde – ein Kind der Lüge, der Wollust, des Mordes ... Von solcher Wildheit des Blutes war sie, daß sie mit den kaum geborenen Lämmchen spielend oft eines erwürgte ... Das Opfern dieser Lämmer ist eine heilige Procedur, die am Fest der heiligen Agnes öffentlich vollzogen wird ... An der Wolle soll noch jetzt niemand eifriger spinnen, als die schon in der [256] Geburt ihres Kindes vom nicht abgewarteten Milchfieber irrsinnig gewordene Lucrezia – ...

Was ist Wahrheit! klagte es tief schmerzlich in Benno's Gemüth ... Ein riesiges Gebäude steigt auf, ein stolzer Dom ... Die Pfeiler ragen wie über felsenfestem Grunde ... Die Wölbungen sind wie für die Ewigkeit berechnet ... In den Rissen wächst, mit buntestem Farbenreiz sie verdeckend, die Flora der Phantasie und des Gemüths ... Die heiligste Andacht nimmt diese weißen Pallien mit den vier schwarzen Kreuzen darauf als die Sinnbilder jenes verlorenen Lamms, das der gute Hirte gesucht – und wie macht sich das alles in Wirklichkeit! ... „Rom blüht und gedeiht doch!" hatte Hammaker beim Vorschlag eines neuen, „falschen Isidorus" gesagt – ...

Die Mutter schien diesen schneidenden Contrast nicht nachzufühlen ... Die Römer nehmen, was von ihnen kommend die katholische Welt andachtsvoll verehrt, wie ihr tägliches Brot und als sich ganz von selbst verstehend ...

Ich gönnte Fefelotti nicht den Triumph seiner Intrigue, fuhr sie fort ... In einer jener Anwandlungen von Thatkraft und Muth, die schon längst bei mir aufgehört hatten, schrieb ich an Monsignore Ceccone und warnte ihn, er möchte auf der Hut sein und aus dem Kloster eine gewisse – kleine Wölfin entfernen ... Die Visitation durfte ohnehin kein Kind im Kloster dulden ... Dann auch noch warnte ich ihn vor den unbesonnenen Plaudereien Pascarello's in Trastevere ... Ich hatte mich genannt und durfte nicht erstaunen, unmittel-[257]bar darauf den Besuch des

Monsignore selbst zu empfangen ... Ich fand in Ceccone einen Mann von hinreißendem Benehmen, angewiesen auf die Gunst der Frauen ... Ich für mein Theil fühlte, daß ich nichts mehr für einen solchen Mann besaß, als höchstens etwas Verstand und das unendlichste Bedürfniß nach Beistand, das zuweilen die Menschen bindet, besonders wenn sie nicht gut sind ... Gefällig sein heißt bei vielen, nur seine Macht zeigen wollen ... So entdeckte sich mir Ceccone ganz, dankte für meine Theilnahme, warnte vor Fefelotti, der sein Feind seit frühester Jugend und schon von der Schule wäre, und machte mir den Vorschlag, daß ich einen Palast bezöge, den er für mich miethen wollte, wenn ich Olympia zu mir nähme ... Noch mehr! Es wäre ihm lieb, sagte er, wenn ich ihr einen Namen, vielleicht von meiner Verwandtschaft gäbe ... Ich ging auf diese Vorschläge ein ... Ich gab Olympien den Namen, den ich in diesem rauhen und grausamen Lande zurückgelassen habe, Maldachini ... Den Grafentitel, den das Kind bekam, bezahlt man in Rom ... Principe Rucca's Urgroßvater war vor hundert Jahren ein Bäcker ...

Benno horchte nur ...

Meine Lage besserte sich ... Sie wurde glänzend ... Ceccone sammelte Schätze und hatte eine solche Liebe zu seiner Tochter, daß sie ihm, wenn wir noch in den Zeiten des „großen" Nepotismus lebten, eine Fürstenkrone werth wäre ... Die Krone des Prinzen Rucca entspricht nur noch der jetzigen Stellung des römischen Stuhls ... Aber die Zähmung der jungen Wölfin ist *[258]* mir nicht gelungen ... Sie ist eine Blume, die aus Blut emporgesprossen ... Ihr Dasein verdankt sie einem Haß, der sich in Liebe nur verstellte ... Lucrezia Biancchi suchte die Bekanntschaft im Hause des Inquisitors durch eine Wäscherin, die für ihn arbeitete ... Sie begleitete diese, nahm ihr zuweilen die Uebergabe der Wäsche ab ... So begann ein Roman, den sie benutzte, um den Feind der jungen Freiheit Italiens wie Judith den Holofernes zu ermorden ... Wir haben ein schönes Land, aber – wilde Menschen ... Noch werden die Zeiten eisern werden ...

Benno war zu ergriffen, um von den Brüdern Lucrezia Biancchi's, von den Oheimen der „Gräfin", zu sprechen, von der Nähe des alten Professors Luigi ...

Schlimme Stunden werden auch noch für uns allein kommen, mein Sohn! seufzte die Mutter ... Olympia hatte nie einen Wunsch, der unerfüllt blieb ... Sie heirathet den Principe nicht, um seine Liebe oder seinen Namen zu haben, sondern nur, um eine Frau zu sein ... Dadurch erst gewinnt ein Weib größere Freiheit ... Mein Sohn, Rom hat keine Erziehung, keine Bildung – keine Tugend – ... Es hat nur Leidenschaft und Verstellung – Wir haben die Formen der Devotion ... Diese vertreten den öffentlichen Anstand ... Alles Uebrige ist die größere oder geringere Kunst der Verstellung ... Tugend ist nur da, wo die natürliche Empfindung sie zugleich mit hervorruft, oder nur da, wo sie schon die natürliche Begleiterin von Stolz und Liebe ist ... Ein Staat von Priestern, die unter einem unnatürlichen Ge-*[259]*setze leben, kann nichts anderes hervorbringen ... Ich habe es einmal erfahren, was ein in Rom entstandener freisinniger Gedanke kosten kann ... Ceccone neigt, wie das im Alter so geht, zu politischen Verbesserungen und ist in seinem innersten Herzen Italiener, ja mehr noch, Römer ... Olympia sowol wie ich arbeiten auf die Erhöhung Italiens – eine Zukunft, die ohne Bruch mit Oesterreich nicht denkbar ist ...

Benno sah sich betroffen um ... Die Diener hätten hören können ... Schon näherte man sich den volkreichen Vorstädten ...

Seine Besorgniß war ungegründet ...

Fefelotti, fuhr die Mutter unerschrocken fort, der gleichfalls inzwischen Cardinal wurde, erhob sich wie die Schlange, die ein Fuß nicht ganz zertreten hat ... Diesen Winter war es ... Da begannen die Intriguen der immer mächtiger werdenden Jesuiten ... Ich sollte auf der Reise hieher, die schon lange zu Olympiens Ausbildung beschlossen war, die Anklage erhalten, die Gattin zweier Männer gewesen zu sein ... Zum Glück, wie ich hier wol sagen kann, starb der Kronsyndikus ... Aber die Intrigue ruhte nicht ... Wir haben uns der Feinde versichern müssen ...

Ceccone versprach dem Al Gesù, seinen Befehlen zu gehorchen –! ...

Ja! erwiderte die Mutter wie eine Römerin, die nur triumphiren wollte mit dem Berichte: Fefelotti ist gestürzt und in ein Erzbisthum verbannt ... Weit von Rom entfernt, im Piemontesischen, krümmt er sich jetzt, *[260]* racheschnaubend, aber ohnmächtig ... Wir fühlen seine Hand nicht mehr ... Warum staunst du? ...

Benno unterdrückte seine Empfindungen ... In solche Umtriebe des Ehrgeizes machtbegehrender Priester mischt sich das Wohl der Staaten, die Freiheit der Völker, die Erleuchtung der Gewissen! ...

Die Mutter kam auf diese Vorstellungen nicht ... Sie sprach von Olympien ...

Ihre ersten Lebensjahre wurde sie im Kloster verborgen gehalten ... Das Kloster liegt nicht einsam ... Man hatte Ursache, das Schreien des Kindes zu ersticken ... Man erstickte es durch Liebkosungen und die Gewähr jedes Wunsches ... Ein Nein! gab es nicht bei Nonnen, die über eine Entdeckung zitterten ... Daß sie gleich anfangs eine Nonne aufnahmen, die Mutter wurde, machte die Habgier ... Ein Kloster ist bei uns für Wohlthaten und Geschenke, die man ihm spendet, zu allem fähig ... Diese Mönche und Nonnen gewöhnen sich so an die Vortheile, die ihnen die Besitzthümer ihres Klosters gewähren, daß sich die wunderbarste Einigkeit zwischen allen herstellt, wenn sie nur wissen: Das ist dein Antheil an dem gemeinsamen Gewinn ... Die Menschen der Entbehrung und Einsamkeit werden so; sie handeln im Charakter eines Ameisenhaufens, der eine einzige Ameise voll Intelligenz ist ... Dem Kloster dann heimlich entführt und in meine Obhut gegeben, erlebte Olympia einige entschiedene Anwandlungen meiner Neigung, ihr eine Erziehung zu geben ... Der Erfolg war nicht ermunternd ... Lassen Sie das

Kind sein, wie es ist! sagte der zu einer Mischung von halb *[261]* Trajan, halb Nero geborene Cardinal ... Nur ein Mensch von starkem Willen lebt siegreich in dieser halben Welt! setzte er hinzu ... Oft sah ich mir in der Galerie Borghese das Bild an, das Rafael von Cäsar Borgia gemalt hat ... Ein Kopf wie ein Räuberhauptmann, voll schreckhafter Männerschönheit ... Macchiavelli machte aus ihm das Muster eines echten Fürsten ... So war Ceccone in seiner Jugend und Olympia ähnelt ihm ... Sie bekam schon als Kind galante Briefe und Gedichte von denen, die ihren Schutz begehrten ... Sie wählte sich selbst ihre Gesellschaft ... Sie ließ Schäferknaben von ihrer Hürde in der Campagna wegnehmen und in prachtvolle Kleider stecken, um mit ihnen spielen zu können ... Ebenso oft aber auch nahm sie ihre Gunstbezeigungen wieder zurück ... Ich hatte Scenen mit dem Cardinal voll äußerster Aufregung ... Er konnte so grausam sein und mir sagen: Madame, Sie sind die Kammerfrau einer Fürstin, nichts weiter! ... Ich ertrug diese Ausbrüche des Dünkels und der Tyrannei, denn ich hatte zu viel gelitten und war angekommen an jenem schreckhaften Wendepunkt im Frauenleben, wo der Muth, die Hoffnung versiegt und uns die Angst vor dem Alter ergreift ...

Benno drückte der Mutter die Hand und sprach:

Trenne dich von dieser Welt und sei – ganz nur mein! ...

Wird das gehen? sagte die Mutter schmerzlich lächelnd und – ablehnend ... Sie küßte seine Stirn ... Nein! setzte sie in der That den Kopf schüttelnd hinzu ...

[262] Warum nicht? ... lag in Benno's betroffenen Mienen ...

Olympia hatte zum Glück die gute Eigenschaft, fuhr die Mutter ausweichend fort, daß ihr fester Wille zuweilen eine edle Sache ergriff ... Daß die Sache edel war, war dann nur ein Zufall ... Sie wählte immer nur diejenigen Standpunkte der Auffassung, die ihr der Zufall und eine persönliche Empfehlung boten ... So sind alle Vornehmen ... Brachte ein Pächter eine Bittschrift und hob ihr den Fächer auf, der ihr gerade entfallen

war, so ruhte sie nicht, bis seine Wünsche erfüllt wurden ... Ebenso groß aber auch ihr Haß und ihre Rachsucht ... Einen jungen Geistlichen, der ihr die Beichte hörte, gab sie an, daß er sie im Beichtstuhl geküßt hätte ...
 Benno entsetzte sich ...
 Es war eine Lüge ... Sie führte diese Lüge mit allem Aufwand der Verstellung durch ... Der junge Priester hatte ihr einige Strafen auferlegt, denen sie sich nicht unterziehen wollte ... Der Unglückliche verdarb sein Schicksal vollends durch die seltsamste Grille von der Welt ... Er räumte ein, daß Olympia, damals vierzehn Jahre alt, recht gehabt hätte ... Es war ein Alcantarinermönch aus dem Norden Italiens, der der strengsten Regel der Franciscaner angehört ... Sie sah ihn eines Tages in der Sixtina und wollte ihn sofort zum Beichtvater ... Der Cardinal ließ den Pater Vincente aufsuchen und bestimmte ihn, in Rom zu bleiben ... Pater Vincente, bildschön, träumerisch von Natur, hatte durch seinen schweren Orden die Kraft *[263]* der Nerven verloren ... Er erröthete bei jedem Wort, das man an ihn richtete ... Dennoch wurde er Olympia's Beichtvater und bezog das römische Kloster der Alcantariner ... Nach sechs Wochen endete dieser Roman in der Art, wie ich sagte ... Olympia rächte sich für seine Strenge und wollte ihm nicht länger beichten ... Sie log und alles sprach ihn frei ... Er aber – er hatte sich in der That in sie verliebt und gab etwas zu, was nur das Spiel seiner Phantasie gewesen sein mochte ... Er sagte: Ich habe sie geküßt!*) ... Der Unglückliche schmachtete fünf Jahre in einer Strafzelle der Alcantariner ...
 Olympia ist ein Teufel! wallte es in Benno auf und es auszusprechen hinderte ihn nur der Gedanke an den Pater Sebastus und den Bruder „Abtödter", die nach Rom zu den Alcantarinern geflüchtet waren ... Lucinde, Bonaventura traten vor sein irrendes Auge ...

---

*) Thatsächlich.

Die Mutter fuhr fort:

Als Pater Vincente eingeräumt hatte, daß er Olympien im Beichtstuhl küßte, erschrak sie selbst und bereute nun ihre That ... Sie schrie und weinte darüber ... Sie lief zum Cardinal und warf sich ihm zu Füßen ... Sie küßte seine Zehen, was sie immer als Ausdruck der höchsten Schmeichelei für ihn thut, da sie so ausdrücken will, daß ihm die dreifache Krone beim Tod des Papstes nicht entgehen könnte ... Sie schwur, daß sie gelogen hätte und bat um die Freilassung des Priesters ... Der Cardinal that alles, was in seinen *[264]* Kräften stand ... Aber Pater Vincente verharrte bei seiner Versicherung, er hätte sie geküßt und verdiene seine Strafe ... Da war bei seinem General nichts auszurichten ... Erst vor kurzem kam uns die Kunde von seinem Schicksal in Erinnerung ... Es war die Rede davon, daß neben Fefelotti, der jetzt auf seinem Erzbisthum Cuneo, auch Coni genannt, sich befindet, gerade auch das Bisthum Robillante frei geworden ... Man sagte, daß dem „schlechtesten Christen" eigentlich der „beste Christ" gegenüberzustellen wäre ... Ceccone dachte an einen Beaufsichtiger Fefelotti's, die andern an einen wirklich heiligsten Priester ... Der ist nicht zu finden! hieß es allgemein ... Olympia besann sich eine Weile und sagte mit blitzenden Augen: Der beste Priester der Welt ist Pater Vincente bei den Alcantarinern! ... Als man staunte, sagte sie: Ich stürzte ihn ins Unglück und er wollte für seine Gedanken büßen! Macht ihn zum Bischof von Robillante! ... Man ging auf den Plan ein. Um so mehr, als man erfuhr, daß dieser Bischofssitz in der Heimat des Paters Vincente liegt ... Er ist aus dem Thal von Castellungo gebürtig ...

Castellungo? unterbrach Benno ...

Ein Thal am Fuße des Col de Tende im Piemontesischen ...

Das Schloß von Castellungo gehört dem Grafen Hugo, von dem wir eben Abschied nahmen! ...

Die Mutter horchte auf und setzte hinzu: Ja, die Gegend ist ketzerisch ...

[265] Benno's Gedanken waren auf den „besten Priester der Welt" – auf Bonaventura gerichtet ...

Pater Vincente, fuhr die Mutter fort, die seines hochgespannten Antheils gerade über diesen Vorfall staunte, hatte seine Schuld gebüßt und war vom General seines Ordens längst wieder in seinen alten Stand eingesetzt; noch lebte er im Alcantarinerkloster, schlug aber die Ehre aus ... Er sagte, gerade vor jenem Thal von Castellungo wäre er geflohen ... So ist der Sitz noch unerledigt ...

Vor jenem Thal wäre er – geflohen? ... fragte Benno sinnend ...

Wir erfuhren nichts davon durch Pater Vincente ... Andere erzählten, die Ketzer in jenem Thale hätten sein Gewissen verwirrt ... Vorzugsweise ein Eremit – ein Deutscher –

Frâ Federigo! rief Benno ... Den Eremiten Federigo kannte er von dem Nachmittag des vorjährigen Sommers, als Benno, Hedemann und Lucinde mit dem Gipsfigurenhändler Napoleone Biancchi zusammentrafen und den St.-Wolfgangsberg erstiegen ... Daß Bonaventura auch seinen Vater in dem Eremiten von Castellungo vermuthete, wußte er nicht, wenn er auch selbst zugab, daß Friedrich von Asselyn noch lebte ... Die Vision Paula's von diesem Winter war auch ihm bekannt geworden; aber die Deutung, die ihr Bonaventura gegeben, war von diesem selbst schon aus Schmerz um seine Mutter nicht weiter ausgesprochen worden ...

Das träumerisch ausgemalte Bild: Bonaventura – Bischof in jenem Thale, wo Paula vielleicht auf dem *[266]* Schlosse die Herrin und die Gattin des Grafen Hugo wird –! stand in magisch zauberhaftem Lichte einen Augenblick vor Benno's Auge ... Er sagte:

O ich weiß einen Priester der Erde, der würdig ist, Fefelotti gegenüberzustehen ... Einen Vetter von mir, Bonaventura von Asselyn ...

Ich nenn' ihn Olympien und er hat den Bischofssitz ... sagte die Mutter ...

Olympien! ...

Die Mutter wollte beginnen, von Olympiens Leidenschaft und dem Eindruck, den ihr Benno gemacht, zu sprechen ... Ihre Rede verhallte im Lärmen der jetzt wirklich erreichten Stadt ... Der Wagen durchflog die volkreichste Vorstadt ... Schon die vier Rosse allein machten auf dem Straßenpflaster ein Geräusch, das jede Verständigung im Wagen unterbrechen mußte ...

Der ganze Schmerz, die ganze Freude des Erlebten fiel noch einmal auf die Herzen der beiden so wunderbar Verbundenen ...

Die Herzogin riß an ihren Kleidern, in denen sie Angiolinens Haar verbarg, und rief:

O mein Sohn! Auch ich will nicht mehr leben! ...

Dann aber zog sie laut – fast lachend und wieder weinend den Sohn an ihre Brust ...

Erschreckend vor den Blicken von Menschen, die hereinsahen, faltete sie die Hände krampfhaft gen Himmel und betete mit den Geberden einer Verzweifelnden ...

Das ganze entfesselte Naturell der Südländerin machte sich geltend ... Oft schlug sie an die Stirn, *[267]* als faßte sie nicht, was sie alles in diesen Stunden erlebt hatte ...

Benno suchte sie zu beruhigen ...

Der Graf, sagte sie, weiß nichts von den Gebräuchen unserer Kirche ... Erinnere ihn an die Seelenmessen ... Laß sie täglich lesen! ... Täglich sehen wir uns dann bei diesen Messen und wären wir beide auch nur ganz allein zugegen ... In den Begegnungen mit Olympia und dem Cardinal freilich – unterbrach sie sich ...

Mutter! Wenn ich nicht offen deinen Namen bekennen kann, kann ich hier – dir nicht mehr begegnen! rief Benno ...

Cäsar –! Cäsar! rief die erregte Frau ... Aber, ich ahne, fuhr sie fort, du liebst und hast schon dein Herz vergeben – Es ist wahr, Olympia ist deiner nicht würdig ... Sie ist häßlich ... Nein, nur wenn sie haßt ... Sie ist schön, wenn sie liebt ... Sie liebt dich ... Sie gäbe den Principe hin ... Doch nein, nein ... Das darf nicht sein ...

Benno sah, daß in seiner Mutter Verstand und Gemüth in stetem Kampfe lagen ...

Sie sagte:

Erweise dem Principe die Aufmerksamkeit, ihm heute zu Ceccone zu folgen ... Sei klug, sei vorsichtig mit Olympia ... Jeder Widerstand erhöht ihren Eigensinn ... Jetzt lad' ich dich nicht ein, in den Palatinus zu folgen ... Nicht wahr? ... Es war gewagt, daß wir dem Oheim nachkamen? ... Olympia hatte keine Ruhe ... Der Principe Rucca deckt die Convenienz ... Wir *[268]* haben tausend Verpflichtungen hier ... Auch die, daß wir die Vertreter der Heiligen sind ... Ich bin nie beim Cardinal ... Auch Olympia nie vor andern ... Der Cardinal kommt zu uns ... Morgen, mein Sohn! ... Heute gehst du noch mit dem Principe? ... Wir beide sehen uns so, wie wir fühlen – bei Angiolina's Seelenmetten ... Da knieen wir nebeneinander und sprechen, wie und was das Herz will ... Das ist auch ein Gebet und – ein Geheimniß kann auch süß sein ...

Weiter konnte die aufs äußerste erregte Frau im überhasteten, eines ins andere drängenden Strom ihrer Empfindungen und Worte nicht kommen ... Schon hielten die vier in der Stadt zur letzten Anstrengung angestachelten Rosse in der belebtesten Straße Wiens nicht weit von dem „Monte Palatino" ...

Benno hatte ganz bewußtlos geklopft – der Wagen hielt – der Mohr öffnete – Nun mußte er aussteigen ... Ein krampfhafter Händedruck – ein Gefühl in ihm: Zum ersten und zum letzten mal – Gruß und Abschied? ... So stand er auf der Straße ...

Der Wagen flog weiter ...

Aus dem Traumreich kaum zu ahnender und doch so wirklicher Erlebnisse kehrte Benno in das rauschende Gewühl einer Stadt zurück, deren Bewohner – mitten unter solchen Verhängnissen – nur an den bunten Anschlagzetteln betheiligt schienen, die die Straßenecken bedeckten und zu Vergnügungen einluden ...

Erreicht! Erreicht, was du suchtest! hätte er unter den tausend Menschen ausrufen mögen, die um ihn her gingen – fuhren – auf Rossen dahinsprengten ... *[269]* Eine Schwester gefunden – und so verloren –! ... Eine Mutter – Und auch sie? ... Auch sie! ...

Da stockten seine Empfindungen ... Eine unendliche Bangigkeit bemächtigte sich seines Herzens ...

Diese Mutter mußte er bewundern um ihres Geistes willen, ihrer Leidenschaft, ihrer Kraft ... Und doch – doch trennte ihn etwas von ihr, das er nicht nennen, nicht in klare Begriffe zerlegen konnte ...

Sie wünschte aufs entschiedenste die Fortdauer des Geheimnisses ... Das konnte er an sich nicht übel deuten ... Wie war es auch möglich, daß sie durch Enthüllung sich selbst und ihn so gänzlich in ihren Lebensstellungen veränderte ... Aber diese schnelle Hülfe, die sie in der Verstellung, ja in der List fand ... Er sollte zu Ceccone ... Sollte diesem schmeicheln ... Er sollte Freundschaft halten mit dem Principe Rucca und ihn täuschen ... Er sollte sich den Launen Olympiens gefangen geben ... „Sie ist schön, wenn sie liebt" ... Und er mußte sich, bei aller Wärme seiner Erinnerungen an Armgart, sagen: Ja, wenn sie lächelt, sproßt der Frühling ... Er fürchtete sich, ihr wieder zu begegnen ...

Ein Grauen befiel ihn, als er am „Stock am Eisen" vorüberging und, trotz der Lächerlichkeit der Erfindung, des Ahasver gedachte, der hier nach Percival Zickeles einen Nagel vom Kreuz des Erlösers eingeschlagen und dann die ewige Ruhe gefunden haben sollte ... Ruhe, Ruhe sollte auch dir nun werden! sagte er ... Heute noch solltest du diesen Boden verlassen und entfliehen! ... Du kennst deine Mutter ... sahst sie –! ... Ist es *[270]* denn möglich, mit ihr im Zusammenhang zu leben ... Deutete sie nicht selbst an, daß sie Schonung bedürfen – sie von deiner Seite anerkennen würde? ... Deutete sie nicht an, daß ihr die Verbindung Olympiens mit dem Principe unerläßlich schien und du – du nur – störtest? ...

Die Vorstellung, daß er hier in Wien nicht länger bleiben konnte, daß er nicht die Kraft besitzen würde, eine solche Rolle der Verstellung durchzuführen, bildete sich ihm klar und fest aus ... Und fände sich auch, warf er sich ein, vielleicht die Kraft, so würde die Lust, sie zu üben, fehlen! Die Freude über dich selbst, die Zufriedenheit mit dir bliebe aus ... Dein Stolz würde leiden ...

So ging er, Trauer und Freude, Heimat und Fremde, Tod und Leben im Herzen, der Herrengasse zu, um ins Camphausen'sche Palais die Unglücksbotschaft entweder zuerst zu bringen oder, wenn sie ihm schon vorangegangen war, sie zu bestätigen ... Sein Herz blutete und Alles ging heiter und sorglos an ihm vorüber ... Niemand las von seinen Mienen, was er Grausames erlebt hatte ... Sein Innerstes erfüllte sich so mit Wehmuth, daß er sich immer entschiedener und fester sagte: Du vermagst diese Kraft des Versteckens mit einem großen Geschick nicht über dich zu gewinnen ... Laß alles einen schönen Traum gewesen sein! Fliehe! Reiße dich noch heute los bis aufs künftige! ... Der Mutter wird es ebenso sein ... In Rom dann –! In Rom! ...

In der Herrengasse war das auf dem Schloß des Grafen vorgefallene Unglück schon bekannt ...

Benno hatte es dem gesammten mit Bestürzung ihn *[271]* umringenden Dienstpersonal mit allen Umständen noch einmal zu erzählen ...

Mit erstickter Stimme ordnete er die Verhinderungen an, die nöthig waren, um die Gräfin, die jeden Tag eintreffen konnte, vom Vorgefallenen nicht zu jäh zu benachrichtigen ...

Die Tischzeit bei den Zickeles war versäumt ... Auch würde Benno nicht die Stimmung gehabt haben, an einer gemeinschaftlichen Tafel theilzunehmen ... Er begnügte sich mit einem stillen Winkel in einer der schon dunkeln Nebenstraßen am Hohen Markt ... Sich verirrend kam er in die Currentgasse ... Er kämpfte mit sich, ob er zu Therese Kuchelmeister gehen sollte, der einzigen Seele, die nächst dem Grafen und der Mutter hier wol wahrhaft wie er mitfühlte ... Er mußte es aufgeben, aus Furcht – sich durch seine Thränen zu verrathen ...

Als er in seine Wohnung zurückkehrte, wurde von den Zikkeles aus zu ihm geschickt ... Die Unglückskunde hatte sich schon verbreitet ... Harry kam dann selbst, abgesandt, wie er sagte, von Theresen, die in Verzweiflung wäre ...

Harry erhielt die Mittheilungen, die ihn fähig machten, von jetzt an bis Mitternacht jedem Vorübergehenden oder allen im Theater vor und neben ihm Sitzenden das Neueste mit der Versicherung zu erzählen: Ich war so gut wie selbst dabei! ...

Der Chorherr war noch nicht daheim ... Es war sechs Uhr, da kam auch Herr von Pötzl voll Bestürzung ... Mit und ohne Verstellung zeigte er das hohe Interesse, das gerade er an diesem erschütternden Vorfall zu nehmen *[272]* hatte ... Mancher Charakterzug der so früh Hingeschiedenen vervollständigte das Bild eines Wesens, das an einer innern und äußern Heimatlosigkeit zu Grunde gegangen war ...

Benno's Lage war bei allen diesen Erörterungen die tiefschmerzlichste ... Die Frage: Ob Selbstmord oder nicht? wurde in Gegenwart des inzwischen gleichfalls bestürzt heimgekommenen Chorherrn erörtert ... Auch der hatte schon die Kunde vernommen ... Herr von Pötzl weinte ... Sein Taschentuch war über und über naß ... Er „verbürgte" sich für einen bloßen Unglücksfall ... Alle Welt kenne ja die Wildheit der Gräfin Maldachini ...

Der Chorherr stimmte ihm nicht bei, sondern sagte:

Selbstmord ist die Folge einer lange vorausgegangenen Abwägung der zu tragenden Leiden und der Kräfte, die sie tragen sollen ... Ueberwiegt die Summe jener, so hört die Willensfreiheit auf und jeder Athemzug sagt dann mit Seneca: „Die Thür steht ja offen – so geh' doch!" ...

Pötzl schauderte vor diesem heidnischen Worte ...

Der Chorherr sprach von dem Selbstmord eines geistvollen Benedictinermönchs, der sich von der Höhe eines der palastähnlichen Donauklöster in die Fluten gestürzt hätte ... Von einem kaiserlichen Censor, auch einem sinnigen Dichter, der sich aus Zerfallenheit mit sich und der Welt getödtet ... Er sprach, wie Ludwig Löwe so schön in der Burg als „Roderich" sagt:

"Und selbst die Träume sind nur Traum!" ...

[273] Alle Erschütterung und wehmüthige Betrachtung Pötzl's schloß bei diesem die Bemerkung nicht aus, daß der Graf in den Entresolzimmern des Casinos wahrscheinlich den Nachlaß von Briefen und „dergleichen" mit Beschlag belegt, vertilgt und überhaupt wol die Erbschaftsfrage vereinfacht hätte ... Benno ging auf diese Gedankengänge, die die der Habsucht waren, ein, um etwas von Angiolinens Ursprung zu hören ... Wesentlich Neues erfuhr er nicht ....

Der Bemerkung, daß nun durch eine ebenso überraschende wie schmerzliche Fügung des Himmels die Willensfreiheit des Grafen und das Arrangement seiner Finanzen gesicherter wäre, konnte er sich nicht entziehen – um so weniger, als jetzt auch Leo Zickeles voll Schreck und Staunen kam und die nämlichen Gesichtspunkte brachte ...

Pötzl ging und flüsterte Benno ins Ohr:

Noch eins, Herr Baron! ... Ich kann Ihnen aus guter Quelle mittheilen, Ihre Anwesenheit erregt Interesse in – den höchsten Kreisen, sage den höchsten ... Seine Durchlaucht wundern sich, daß Sie sich nicht bei ihm persönlich gemeldet haben ... Stadtrath Schnuphase wird morgen von ihm empfangen werden ... Sehr begierig ist man, von Ihnen über – doch ich weiß nichts, als daß der Herr Oberprocurator von Nück hierher geschrieben haben, Sie hätten die Absicht, in diesseitige Staatsdienste zu treten ... Da werden Sie ja bald das Nähere erfahren ...

Benno horchte staunend auf und lehnte diese Nück'schen Voraussetzungen als völlig unbegründet ab ...

[274] Pötzl ging klug und schmerzlich lächelnd – mit einer und derselben Miene ... Auch Leo Zickeles blieb nicht zu lan-

ge ... Die Bildung eines Comités zur Unterstützung von Hinterlassenen war hier nicht am Platze ... Der Chorherr wurde abgerufen ... Sein Blick war voll Trauer, ob er gleich Angiolinen nicht gekannt hatte ...

Schon schlug es sieben Uhr ... Um acht wollte Fürst Rucca kommen ... Es fehlte Benno jede Neigung, heute den Cardinal Ceccone kennen zu lernen ...

Entschlossen, sich zur Gesellschaft nicht anzukleiden, ging er mit steigendem Unmuth auf und nieder ....

Da kam der Chorherr eilends mit einem Schreiben zurück, das ihm eben für Benno – aus der Staatskanzlei zugekommen war ...

Ein kaiserlicher Rath schrieb: Seine Durchlaucht hätten die überbrachten Briefe empfangen und würden, da der traurige Vorfall von heute bei Seiner Erlaucht dem Grafen von Salem-Camphausen ihm wol ohnehin für seine nächsten Aufträge Muße gäbe, es gern sehen, wenn die von Herrn Stadtrath Schnuphase in Aussicht gestellten mündlichen und die schriftlichen Mittheilungen des Herrn Dr. Nück von ihm ergänzt und bestätigt würden ... Seine Durchlaucht erwarteten ihn morgen in der Frühe um zehn Uhr ...

Benno betrachtete das überraschende Schreiben von allen Seiten, kaum seinen Augen trauend ...

Nun erst haftete er an Pötzl's Aeußerung: Nück empföhle ihn für den hiesigen Staatsdienst ...

Ist denn das eine gewaltsame Entfernung, die Nück über dich verhängt? ... Kann er meinem Blick, meinem *[275]* Verdacht nicht mehr begegnen? ... Und darum die stete Aeußerung: Der Domkapitular muß ein Bisthum antreten – in Oesterreich, in Ungarn! ... Wohin möchte er uns nicht verbannen, nur um – Lucinden ganz für sich allein zu haben oder weil er fürchtet – wir mistrauten der Urkunde? ...

Benno's nicht minder erstaunter Wirth wünschte ihm Glück und setzte in seiner ironischen, durch einen elegischen Ton gemilderten Weise hinzu:

Es ist nur schade, daß der große Staatsmann die Gewohnheit hat, alles schon von selbst zu wissen ... Er sagt, er will von Ihnen lernen und wird Sie nur belehren ... Das ist seine Art ... Er fängt einen Satz an, Sie wollen ihn ergänzen, Sie rufen: Sire, geben Sie Gedan – – Da haftet sein Auge an Ihren Rockknöpfen und sagt Ihnen, wo in Oesterreich die besten Knopffabriken wären ... Sein Hauptgedanke ist jetzt unser Anschluß an den Zollverein, um den Supremat Ihres Staats zu beschränken ... Nehmen Sie getrost eine Anstellung – im Finanzfach ...

Das muß rasch kommen, erwiderte Benno, denn ich reise vielleicht schon morgen ...

Wie? rief der Ueberraschte ...

In allem Ernst! ...

Das Nichtglaubenwollen des Greises hinderte Benno nicht, zu erklären – Graf Hugo wäre von seinem Unfall zu sehr erschüttert, um mit ihm geschäftlich zu verkehren ... Er würde demzufolge seine Reise nach Italien beschleunigen ...

Der Chorherr wurde unwillig ... Er beklagte, den Abend nicht frei zu haben, um ihm diesen Plan gründ-*[276]*lich durch eine Zerstreuung auszureden ... Er scherzte und sagte, er würde zu der Italienerin gehen, die heute früh schon um seinetwillen ihr stilles Haus alarmirt hätte und die würde ihn schon festhalten ... Wissen Sie denn nicht, welche Connexionen Ihnen für Italien und Rom entgehen? ... Die Menschen muß man, gleichviel ob sie gut oder schlecht sind, blos als Material benutzen, um sich daraus das Leben auf seine Weise zu gestalten ... Bleiben Sie heute Abend zu Hause, lesen Sie für diese möglicherweise folgenschwere Audienz im Conversations-Lexikon drüben bei mir, machen Sie's wie die Großen, wenn sie imponiren wollen ... Den ersten besten Artikel z. B. über die Muschelkalkversteinerungen lernen Sie auswendig und bringen Sie das Gespräch durch eine einzige geschickte Wendung auf – urweltliche Austern – Sie wissen, die Diplomatie beißt da immer an – und lassen Sie dann einige entsprechende Citate von Cuvier und andern fallen, so sind Sie ein gemachter

Mann! Denn man wird glauben, „urweltliche Austern" wären bei Ihren Kenntnissen das tägliche Brot ... Nein, nein! ... Der Fürst steht freilich schon, hör' ich, auf dem Standpunkt des Fertigseins, wo sich ein Großer nach einer Audienz nicht mehr sagt: Wie hat mir der Mann gefallen? sondern: Wie hab' i c h ihm gefallen? ... Aber das Ereigniß bleibt darum merkwürdig an sich! ... Sie bleiben und nehmen jedes Anerbieten ... Unser Curs steht noch leidlich ... Einmal fängt man überhaupt an ... Gewiß, gewiß! ... Ich werde Sie reisen lassen! ...

Der Chorherr schloß Benno fast ein ...

Es war acht Uhr ... In der Ferne hörte Benno *[277]* das Rollen in den Straßen ... Es war wie das Rauschen des Meeres ... Nun begannen diese Abende der Gesellligkeit ... Diese Sicherheit der Lüge und des Zwanges ... Mit Herzen voll Trauer können andere lächeln ... Wegtändeln sollst auch du solche Lebensbürden! ... Sollst morgen – nach diesem Heute? ... Nein, wie könntest du, ohne Aufsehen und mit einem triftigen Grund, schnell und ungehindert von dannen kommen? ...

Er ordnete seine Effekten ...

Da wurde an seine Thür gepocht und der Mohr des Principe Rucca, in weißen Kleidern mit Goldtressen, erschien, um ihn abzurufen ...

Der Wagen stünde unten ... sagte er in gebrochenem Italienisch ...

Benno entschuldigte sich und zeigte auf seine Haustoilette ...

Der Mohr verstand nur halb, ging und kam mit dem Principe selbst ...

Aber mein Himmel, rief dieser, was ist das! Sie hatten uns ja versprochen – ...

Vergebung, Hoheit, ich bedauere – Ich fühle mich nicht wohl ...

Aber der Cardinal erwartet Sie ja schon ... Sie müssen kommen! ...

Benno schützte seine Erschöpfung vor, die Nachwirkung der

traurigen Eindrücke des Tages ... Auch eine wichtige Einladung auf morgen in der Frühe ...

Principe Rucca machte eine Physiognomie, wie ein Kind, dem man ein Naschwerk versagt ... Seine rothe gestickte Uniform schien er einen Augenblick zu vergessen *[278]* ... Sein schwarzes Bärtchen wäre ihm ohne Zweifel sonst ebenso wichtig gewesen wie sein großer Stern auf der Brust – das Pflaster hatte er abgelegt – Jetzt zerzupfte er vor einem Spiegel die Feder an seinem Galahut ...

Ich kann mich ja nicht sehen lassen! sagte er ... Der Cardinal wollte Sie schon mit dem Bisthum überraschen für Ihren – Herrn – Bruder – nicht wahr? ... Die Herzogin hat ihm alles erzählt ... Die Gräfin hat sogleich an den Onkel geschrieben: Der heiligste Priester der Welt ist gefunden! ... Die Sühne für die Existenz eines Fefelotti auf Erden! Der Bruder des Herrn Baron von Asselyn! ... O machen Sie keine Scherze ... Kommen Sie! ... Ich wage ohne Sie nicht zum Cardinal zu fahren ... Ihr Bruder soll sogleich nach Wien kommen ... Wenn er nur etwas Italienisch spricht, so braucht er nur hier an unserer Kirche „Maria zum Schnee" dreimal zu celebriren und ist Bischof von Robillante ... Das Uebrige findet sich ...

Benno blieb bei seiner Weigerung ...

Der Principe mußte in seinen Wagen allein zurückkehren ... Er ging wie ein Kind, das eine große Strafe fürchtet, und verlangte fast einen Schwur, daß Benno morgen im Palatinus beim Diner nicht fehlte ...

In höchster Aufregung blieb Benno zurück ... Er hatte an Bonaventura, an den Onkel Dechanten, an seinen Bruder, den Präsidenten schreiben wollen ... Nun ging er rathlos in seinem Zimmer auf und nieder ...

Es schlug neun ... Es schlug zehn ...

Da klopfte es heftig am Hausthor und in dem stillen *[279]* Priesterhause wurde es noch einmal lebendig von einer lauten Stimme, die nach ihm fragte ...

Er erkannte Harry Zickeles, der ihm noch einen an sein Haus adressirten Brief von dreifachem Porto brachte ...

Ich dachte, daß es Ihnen angenehm sein würde, den Brief bald zu haben – sagte er, als er sich erschöpft niedergelassen ... Aber daß Sie zu Hause sind! Wer hätte das erwartet! ... Ganz Wien ist voll von dem Unglück mit der armen Angiolina, das Sie erleben mußten ... Mein Bruder Percival läßt auf sie eine Ode drucken ... Der Graf muß in Verzweiflung sein ... Ich war in der Josephstadt ... Ein neues „Ausstattungsstück" ... Charmant für die dortigen Kräfte ... Aber morgen speisen Sie bei uns? ... Nein? ... Warum nicht? ... O dann kommen Sie den Abend! ... Der Laërtes von gestern ist engagirt ... Bianchi und Dalschefski arbeiten schon gemeinschaftlich, was sagen Sie! gemeinschaftlich, an einem Requiem für Angiolina ... Und haben Sie den Pötzl beobachtet? – Wissen's, als er bei Ihnen war, hat er unten auf den Leo gewartet und schon von der Erbschaft gesprochen ... Nehmen's Ihnen in Acht vor dem Mann! ... Er sagte, Sie erregten in höchsten Kreisen Aufsehen ... Man weiß, was bei ihm darunter zu verstehen ist – ...

Benno fand nur nothdürftig Zeit, einzuwerfen:

Der Staatskanzler hat mir für morgen früh eine Audienz anberaumt ...

Harry traute seinem Ohre nicht ...

Er sah Benno mit staunenden Augen an ...

[280] Bei Seiner Durchlaucht –? wiederholte er, um sich ganz zu vergewissern ...

Morgen früh um zehn Uhr ...

Diese Thatsache war außerordentlich ... Sie bot Chancen für ein geheimnißvolles Beiseitnehmen aller Menschen ... Sie bot natürliche Nachwirkungen eines unausgesetzten: Aber der Harry Zickeles weiß es für ganz bestimmt ... Es ist von einer Staatsbegebenheit über man weiß noch nicht was die Rede! ...

Harry zog vor, sich sofort zu entfernen und seine Neuigkeit noch um elf Uhr nachts wenigstens bei einigen ihm bekannten vorübergehenden Nachtschwärmern und im Salon seiner Aeltern in Umlauf zu setzen ...

Für Benno hätte es sonst eine Erquickung gewähren dürfen, einen sechs Bogen starken Brief von Thiebold de Jonge lesen zu können ...

Heute – – verschob er es für den folgenden Tag.

10.

Nach einer fast schlaflosen Nacht, nach phantastischen wilden Bildern und gespenstischen Erscheinungen, die ihn um Mitternacht vom Lager trieben, Licht anzünden ließen und zwangen, auf dem Sopha mit gestütztem Haupt sich zu sammeln, nach neuen Versuchen, auf dem Lager Ruhe zu gewinnen und neuen Spukgestalten mit verzerrtem Antlitz, brach kaum der Morgen an, als sich Benno schon erhoben hatte und von der kühlen Herbstluft sein glühendes Antlitz erfrischen ließ ...

Noch mochte er im Hause niemand wecken ... Sein Herz war voll Fieberunruhe ... Er wollte Wien verlassen – durchaus – er dachte sich vielleicht sogar beim Staatskanzler zu entschuldigen ...

Ruhe für die Stürme, die in seiner Brust tobten, konnte er in dieser Audienz nicht finden ... Die Pein der Zweifel konnte sie nur mehren ... Sein Reiseziel war durch ein wunderbares Zusammentreffen aller Umstände in einem einzigen Tag erreicht; was er suchte, war gefunden – es zu besitzen war nicht möglich ... In Italien, dachte er, dort versuchen wir eine Form des neuen Daseins zu finden ... Er zog seinen Koffer her-*[282]*vor und fing ihn zu ordnen an, um zunächst über Triest nach Mailand zu gehen ...

Er sah Thiebold's Brief ... Er erbrach ihn in der sicher nicht ungegründeten Besorgniß, der Ton und Inhalt desselben würden zu seiner Stimmung nicht im mindesten passen ...

Dennoch las er ihn ... Die Buchstaben flimmerten vor seinen ermatteten – im Grunde nur der Thränen bedürfenden Augen ...

Thiebold schrieb ganz sorglos:

„Verehrter Freund! Sie werden es für eine meiner gewöhnlichen Redensarten halten, wenn ich Ihnen die Versicherung gebe, daß ich in dieser Stadt nur noch vegetire! Seitdem Sie sich unsern bekannten klimatischen Einflüssen entzogen haben, kann ich keine verspätete Schwalbe und keinen lahmen Storch mehr sehen, ohne nicht von einem unwiderstehlichen Verlangen heimgesucht zu werden, Sie eines schönen Morgens mit meiner Ihnen nicht immer willkommenen Gegenwart zu überraschen ... Hätte ich nicht den alten Mann, meinen Vater, bei Beginn der Gansbraten-Saison in seiner Diät zu überwachen und wär' ich nicht für den Winter, wo endlich wieder getanzt werden soll, breitgeschlagen worden, einige Cotillons zu arrangiren, so würde mich keine Macht der Erde abhalten, selbst Ihr eigener Verdruß über meine Zudringlichkeit nicht, das Schrecklichste der Schrecken wahr zu machen und Sie in Person zu überfallen."

„Aus Westerhof und Witoborn erfahr' ich wenig ... Mehr aus dem Stift Heiligenkreuz ... Siebzehntehalb Freundinnen hab' ich mir daselbst erworben durch meine Empfänglichkeit für Poesie, Austausch höherer Gefühle, Nichtberechnung der Portospesen für Notensendungen, *[283]* Parfümerieen, ja selbst Modesachen ... Ich sage in meiner Verzweiflung über diesen Reichtum bei jeder Gelegenheit zu Moppes: Sie können versichert sein, bester Freund, das Fräulein von Merwig hat sich in Ihr: «Maikäferlein, flieg' auf!» verliebt und singt es täglich ... Aber ich flicke ihm weder die «Anflickerin» noch eine der übrigen Veteraninnen als Correspondentinnen an ... Timpe, Effingh, Schmitz, Niemand nimmt mir diese Velinpapier-Correspondenz ab ... Und gerade jetzt, wo der alte Mann, mein Vater, wieder Land steht und in systematischer Opposition macht, gerade jetzt, wo ich mit dem Holzhandel mehr als zur Genüge beschäftigt bin ... Sie wissen, welche Empfindungen der Mensch zwischen einem Haufen Buchen- und einem Haufen Eichenholz haben kann!"

„Freilich, damals, als wir, im Winter, hinter zwei Erlen standen! Zwei Procent nur wär' es gewesen – aber unvergeßlich!!! – – – – – – Malen Sie sich diese Gedankenstriche mit Schiller, Goethe und Nück aus! Nück – das ist ein Skandal – dichtet –

und wie! – Keinem Zweifel unterworfen, dieser Mann ist zum Tollhaus reif! ... Einen schwarzen Frack trägt er nicht, daran verhindert ihn seines verweigerten Ordens wegen ein Gelübde, aber grün mit Mattsilber, blau mit gelb, sogar rothe Sammetweste mit weißem Atlasfutter ... Piter ist nichts dagegen, der übrigens in Paris ganz glücklich verheirathet sein soll."

„Nück's Gegenstand ist natürlich Niemand anders, als die Heilige, die einem On dit zufolge das Kattendyk'sche Haus verläßt, weil sie sich mit Guido Goldfinger, jetzt Procura, nicht vertragen kann infolge folgender –"

[284] „Zwei Tage später. Soll ich denn auf die Geschichte zurückkommen? Na! Es war der erste «Abend» nach Piter's Entführung der Gertrud Ley, dem bekannten Skandal auf dem Römerweg, als von Goldfingers in ihren neuen Räumen eine Gesellschaft gegeben wurde ... Rührender Hinblick auf die Zimmer des verbannten Piter, die Treppe, wo das leiseste Knarren ihn schamroth machte, auch auf die früh vollendete Schwester, die Delring – Delring jetzt in Antwerpen etablirt – großes Geschäft – möglicher Ruin von Kattendyks ... Kurz, Moppes und Timpe sehr gesprächig ... Kamen aus Paris, erzählten von einem neuen Mittel, das Piter gefunden hat, immer noch interessanter zu werden ... Statt: Au contraire! mit dem er uns, Sie wissen es, sogar bei Gräfin von Camphausen damals in Angleterre ausstach, statt seines impertinenten ewigen: Im Gegentheil! soll ihm Nück in einem Zornausbruch etwas anderes gerathen haben, um noch interessanter zu erscheinen, nämlich – sich dumm zu stellen ... Piter überlegte sich das ... Moppes und Timpe haben ihn in Paris besucht, wo er mit seiner kleinen Exnonne glänzendes Haus macht ... Richtig, statt nun wie bisher jähzornig aufzufahren und mit: Das verstehen Sie nicht! Im Gegentheil! um sich zu werfen, spielt Piter den von der Liebe Gezähmten, träumerisch und kindlich in dieser komischen Welt Umherirrenden, unbewußt die gewöhnlichsten Gegenstände aus Ueberfülle an Geist Verwechselnden; kurz, wenn von Schinken gesprochen

wird, beschreibt er na! ein Thier, von dem man na! einen gewissen Theil seines Körpers mit besonderm *[285]* Wohlgefallen auswähle und na! durch die Methode des Räucherns roh oder gekocht zu verspeisen pflege und ruft dann die Gesellschaft: Herr Gott, Sie meinen ja Schinken? so sagt er lächelnd sich besinnend: Na ja, richtig! ... Kurz er besinnt sich vor Ueberfluß an Geist nur ganz dunkel auf seine alte Köchin Kathrine Fenchelmaus im Hause seiner Aeltern und sagt auch z. B. bei einem Diner prima Sorte, das Moppes und Timpe bei ihm durchmachen mußten: Ich bitte dich, Treudchen, warum ißt man nur diesen Plât da mit der Gabel? ... So stellt er sich über alles so unwissend, wie vielleicht in Wirklichkeit sein Fall ist ... Aber die anwesenden Fremden schwuren, dies simpelhafte, nirgends mehr Land wissende Wesen müßte eine wahre innere Ueberschwemmung von Geist verdecken und Piter wäre eine der genialsten Offenbarungen unsers sich überlebt habenden und demzufolge wieder von vorn anfangen müssenden Jahrhunderts." ...

„Doch ich komme von meinem Abend bei Goldfingers ab ... Also –"

„Zwölf Stunden später! ... Mein Brief wird, seh' ich, endlos ... Also denken Sie sich – erstens Lucinde ... Sie trug, da die Haustrauer zu Ende ist, in ihrem schwarzen Haar einen Turban von gelbem und rothem Kaschmir mit an beiden Seiten herunterfallenden Perlenschnüren ... Nie hab' ich sie so vornehm und so schlank gesehen ... Enganliegendes aschgraues Atlaskleid, gleichfalls mit gelben und rothen Bandschleifen besetzt ... Ich habe den Abend fast nichts als Toiletten beobachtet, weil dies nämlich der interessantere Theil meiner Correspondenz mit den Stiftsfräulein ist *[286]* ... Da bei Goldfingers nicht eine einzige Adelige vorhanden war und ich, wie Sie wissen, in Witoborn und Umgegend zum Adel gehöre, so sammle ich ohne alle Anzüglichkeit für mich den Stoff zu einer Menge Fi-doncs und Abscheulichs, die mir aus dem Stift über die hiesigen Farbenzusammenstellungen bei Toiletten zur Antwort werden ... Ich bekomme auf die Art das Zeug, ein – förmlicher Kattundrucker zu werden ... Getanzt wurde nicht, aber nahe daran kam's; Nück, zum Stutzer adonisirt, intonirte Moppes' Maikäferlied und der ganze Chorus fiel ein ... Die herzlose Bande hatte die arme Hendrika schon vollständig vergessen und ich, seit Sie fort sind, immer wehmüthig gestimmt, ich verlor mich in dem Grade in Reflexion, daß die Frau Oberprocurator Nück, die bekanntlich in jeder Gesellschaft über Hitze klagt, in den Schatten meiner kühlen Denkungsart flüchtete, ja, daß mich sogar Lucinde als Fächer benutzte gegen Nück, den man allgemein unausstehlich fand ..."

„Wieder sechs Stunden später ... Na ja, mein Alter opponirt richtig gegen die Regierung in Sachen des Kirchenfürsten ... Wir werden schöne Späße erleben ... Also, wo blieb ich stehen? ... Anfangs ging es in unserer gewöhnlichen Cadenz fort: Langeweile, Thee, Langeweile, Klavier, Langeweile, Quartett – Endlich hatte Lucinde, die in ihrem türkischen Staat die bescheidene Magd spielen wollte, beim Serviren einige Teller zerbrochen, auch mehrere Kleider verdorben und mit dem Professor einen Zank angefangen, als dieser, ohne je in Asien oder, wie Moppes sagte, wenigstens im pariser Jardin des plantes gewesen zu sein, behaup-*[287]*tete, das Holz der Cedern auf dem Libanon so gut zu kennen, wie deutsches Fichtenholz – denn, sagte er, zu seiner «heiligen Botanik» hätte er vierzehn verschiedene heilige Kreuzpartikeln in Deutschland und der Schweiz gründlich studirt – unser Erlöser wäre auf Cedernholz gestorben ..."

„Lucinde, gereizt von den Vorwürfen über ihr Serviren, entgegnete: Entweder sind Sie im Irrthum oder der heilige Bernhard ist es ..."

„Wie so? rückte der Professor seine goldene Brille in die Höhe und mochte sich erinnern, daß vorm Jahr eine Etage tiefer Armgart's Mutter auch sehr schlimm mit ihm gestritten hatte ... Terschka erzählte es ..."

„Lucinde ließ sich nicht werfen ... Zornig, wie sie war, entgegnete sie: Nach dem heiligen Bernhard bestand das Kreuz des Erlösers aus Cedern-, Cypressen-, Oliven- und Palmenholz ..."

„Natürlich – mich als Holzhändler interessirte das ..."

„Nur Cedernholz! donnerte der Professor, bei allem Respect vor dem heiligen Bernhard ..."

„Die Commerzienräthin bat um Unterlassung solcher Streitigkeiten ... Sie können sich aber denken, verehrter Freund, daß mich der Gegenstand hinriß ... Mein Temperament zwang mich zu der bescheidenen Bemerkung: –"

„W i e d e r e i n e n T a g s p ä t e r ! Ich mußte gestern einer Holzauction in Euskirchen beiwohnen! ... Mein Alter ist in der Majorität und macht Enckefuß schön zu schaffen ... Den Telegraphen kann ich gar nicht mehr spielen sehen, ohne mir nicht zu sagen: Diese Manöver, die die Flügel machen, bedeuten: Stecken Sie nur gleich die *[288]* ganze de Jonge'sche Familie, Vater und Sohn, zu Loch! ... Wo blieb ich gestern? Richtig; ich erlaubte mir die bescheidene Bemerkung, daß die Bauten des Königs Salomo bereits die ersten Grundlagen des Holzhandels, und zwar nach Tyrus, gelegt und bewiesen hätten, daß Palästina und Umgegend wenig Waldung gehabt hätte, demnach also, daß, als drei Kreuze auf dem Berge Golgatha auf einmal gebraucht werden mußten, diese leicht und wahrscheinlicher- und möglicherweise allerdings aus mehreren Holzarten genommen werden mußten ..."

„Da die ganze Gesellschaft über diese Bemerkung in ein sehr unpassendes Gelächter ausbrach – was mich verdroß, da ich mir bewußt war, wissenschaftlich gesprochen zu haben, so schnurrte mich der Extraordinäre a. D. an wie ein Kater, betrachtete mich von oben bis unten und machte Miene, als wollte er, um mich zu strafen, auf diese Aeußerung griechisch antworten ..."

„Sie wissen, daß ich nie hitziger werden kann, als da, wo ich mich nicht ganz sicher fühle ... Und gelehrte Seitenhiebe reizen mich vollends bis zur Tollkühnheit ... Moppes, Timpe, Schmitz,

Effingh, alle standen jetzt um mich und suchten mich zu beruhigen..."

„Mit maliciöser Zurückhaltung sagte der gelehrte Kerl jetzt lächelnd: Fräulein Lucinde ist so geistreich, daß ihre Erwiderung nur für einen Scherz zu nehmen ist ... Sie weiß sehr wohl, die Bemerkung des heiligen Bernhard ist ein Spiel des frommen Witzes und der Phantasie ... Der hochgelehrte Mann will an jede Gattung seiner vier Holzarten Betrachtungen anknüpfen ... Ohne Zweifel sucht er, ich kenne die Stelle nicht, *[289]* in den vier Holzarten das Symbol 1) des Lebens – die Ceder, 2) der Trauer – die Cypresse, 3) des Trostes – die Olive und 4) des Friedens – die Palme. Ich habe die feste Ueberzeugung –"

„Weiter kam er aber nicht; denn ich unterbrach jedes seiner Worte..."

„Schweigen Sie! fuhr er mich an, als wenn ich Piter wäre, und als ich ihm ein: Herr Professor! im Ton fast wie eine Maulschelle lançirte, mußte ich erleben, daß dieser niederträchtige Kerl an den Kamin geht, wo ein eiserner Holz- und Kohlenkorb steht, hineinlangt und mir feierlich ein Stück Eichenholz überreicht mit den Worten: Das ist Ihr Fach! ..."

„Nun kann ich Ihnen aber doch sagen, daß ich Beistand fand ... Wir Kaufleute halten in Einem Punkt unter allen Umständen zusammen – Anspielungen auf unsere Branche sind in dem Grade mauvais gout, daß ich – –"

„Wieder einen Tag später! Fast wurde mein Alter in die Deputation gewählt, die nach der Residenz zu Seiner Majestät abgehen soll ... Eine schöne Verwirrung hier ... Nück hat eine fürchterliche Adresse beantragt, fiel aber damit durch ... Enckefuß will ihn vor die Assisen bringen ... Nämlich – entre nous – das Gerücht geht, Hammaker wäre für Nück gerade zur rechten Zeit um seinen Kopf gekommen; der Brand und die Urkunde hätten vollkommen die Zweifel verdient, die mich, wie Sie wissen, bei Fräulein Benigna in Westerhof plötzlich in Ungnade und um meinen Adel brachten ... Da aber mein Vater in

der Kirchenfrage ganz mit der Ritterschaft geht und wir *[290]* plötzlich so populär sind, daß ich mir des vielen Grüßens wegen einen neuen Hut habe kaufen müssen, so schlug ich auch an dem Goldfinger'schen Abend den Professor vollständig aus dem Felde ... Nämlich ich wurde wild und sprach von einer nothwendigen mikroskopischen Untersuchung aller heiligen Kreuzpartikeln durch Professor Liebig und blieb bei meinen viererlei Holzarten und nannte zu Ehren der Beschäftigung mit Holz den Erlöser sogar selbst den Sohn eines – Zimmermanns ... Das machte aber Wirkung ... Kanonikus Taube erhob sich vom Whist und schlug die Hände über dem Kopf zusammen ... Der Professor verzog sich ... Seine Gemahlin sprang wüthend ans Klavier und paukte eine neue Tremolo-Etüde ... Und nach diesem Abend mußte denn die Commerzienräthin der Lucinde, die allerdings den ganzen Streit angefangen hatte, kündigen und das ist demnach das Allerneueste ... Sonst weiß ich nichts, als daß der Domkapitular wieder im alten Ansehen steht ... Man spricht von einer Predigt, die die Regierung sehr unangenehm berührt haben soll, über den Text: «Fürchtet Gott, ehret den König!» ... Das soll Ihr Cousin so gewandt haben, daß ein Christ Gott zu fürchten, den König aber blos zu ehren brauchte ... E r z ä h l t m a n –! ... Ich bin so vollständig wieder Heide, daß ich seit letztem Winter keine Kirche gesehen habe und um so mehr wieder Ihrer persönlichen Anleitung zur Tugend bedarf ... Bester Freund – verlier' ich an Ihnen in Zukunft vielleicht ganz meinen Halt? Man sagt allgemein, Sie gingen unter die Diplomaten! – Das könnte mich veranlassen, Sie wegen mancher höchst bedenk-*[291]*lichen vertraulichen Aeußerungen zu mir zu denunciren und steckbrieflich verfolgen zu lassen. Adieu, theurer Freund! Wissen Sie denn auch, daß die alte Gräfin Camphausen hier durchgereist ist, ohne sich nach mir erkundigt zu haben! P o s t s c r i p t. Die Damen Schnuphase lassen ihren Vater bitten, sich nicht zu erkälten! ... Von London nichts – gar nichts! ... «Ob sie meiner noch gedenkt!» – O! – – –
Große Revolution im Männergesangsverein, parteiische Verthei-

lung der Solis, Sturz des Präsidiums, Austritt der Minorität, Bildung eines Oppositionsmännergesangsvereins ... Nächstens besuch' ich Kocher am Fall ... Schreiben Sie bald Ihrem – Unverbesserlichen! – – Compliment auch von Gebhard Schmitz an Herrn Ritter Fuld in Wien «Man waiß schon» ..."

Wie lag das alles – nach Ton und Inhalt – dem bekümmerten und fieberhaft erregten Gemüth Benno's fern ...

Er legte den Brief – wehmüthig lächelnd in Thiebold's Geschenk, das große Reiseportefeuille, das vor ihm aufgeschlagen lag ...

In den Andeutungen über Nück, über den Kirchenstreit, Bonaventura's Predigt lag eine Mehrung der Sorgen ... Benno sah voraus, was der Staatskanzler von ihm hören und erläutert wissen wollte ... Er dachte an die Scherze mit seinem Bruder ... Einen „Posa" hatte er spielen wollen! ... Wie sollte er einem vielleicht wohlwollend Entgegenkommenden eine Seite entgegenkehren, die sich für seine Jugend und unbedeutende Lebensstellung nicht ziemte? ... Und doch – verlockend blieb die Begegnung immer! ... Unwahr blieb es, wenn er dem Fürsten in allem zustimmte – ihn glauben ließ, daß mit ihm Nück in *[292]* Uebereinstimmung gehandelt hätte ... Er warf sich in die schickliche Toilette voll äußersten Unmuths ...

Der Chorherr kam herüber und machte ihm wegen seiner Zurüstungen zur Abreise, die er nun bestätigt sah, ernstliche Vorwürfe ...

Sie sind, sagte er fast gekränkt, auf der hohen Flut der Gunst und des Glücks! ... Ich schreibe heute dem Dechanten ... Gestern Abend war ich bei einer Anzahl alter Freunde und Freundinnen Ihres Onkels ... Alle wünschen, Sie zu sehen ... Und nun bekommen Sie – das Kanonenfieber ... Von einem ver nünf tigen Posa heißt es nicht: Nach Munkatsch! sondern: „Der Ritter wird künftig unangemeldet vorgelassen!" ...

Zur Mehrung der Verlegenheit, zur Schärfung der Vorwürfe des Chorherrn kam der Mohr des Prinzen Rucca, brachte eine wiederholte Mahnung, um vier Uhr das Diner nicht zu vergessen und schlug aus einem Rosaseidenpapier ein prachtvolles Bouquet, das aus dem Palatinus ihm von Altezza Amarillas oder von Excellenza Contessina geschickt wurde ... Der Absender blieb unaufgeklärt – selbst gegen ein überreiches Trinkgeld ... Es war ein mit italienischer Kunst gewundener Blumenstrauß von weißen Camellien, in der Mitte ein Herz von Pensées ...

Pensez-à-moi! scherzte der Chorherr und verließ Benno mit dem satyrischen Zublinzeln, daß er sich wol hüten würde, einen Boden zu verlassen, wo ihm jeder traurige Eindruck so hold und vielversprechend verwischt würde ...

Die weißen Camellien konnten nur der Gedanke seiner *[293]* Mutter sein ... Aber den Muth, einem jungen fremden Mann überhaupt Blumen zu schicken, flößte ohne Zweifel nur die junge Gräfin ein ... Ihr Verlangen nach ihm schien keiner Beherrschung mehr fähig ...

Gegen zehn Uhr nahm Benno einen Fiaker und fuhr in die Staatskanzlei ...

In einem Gewirr größerer Gebäude, die in winkeliger Zusammenstellung allen Jahrhunderten angehörten, hier an die Babenberger, dort an die Zeit der Maximiliane, da an Kaiser Joseph erinnerten, liegt ein Haus mit mäßiger Fronte, einladend nur durch seine nach den Basteien hinaus gerichteten Seitenfenster ...

Der Wagen hatte sich pfeilgeschwind durch diese Winkel und kleinen Plätze hindurchgewunden ... Benno stieg aus ... Bereits ein zweiter Miethwagen stand vor dem Portal ...

Der Minister wohnte im ersten Stock ...

Ein großes dunkles Vorzimmer wurde durchschritten ... Dann kam man in ein lichteres, das eine schöne Aussicht auf die belebten Umgebungen der Stadt und den Volksgarten bot ... Hier hatte der Angemeldete sich aufzuhalten ...

Benno traf, wie er erwartet und gefürchtet, mit Schnuphase zusammen ...

Herr Maria stand unter dem Druck seiner „hochgespönten"

Nerven ... Vom Sperl, aus Döbling, aus Hietzing, von allen möglichen Zerstreuungen, die die Tuckmandls und Pelikans ihrem Gastfreund trotz der Wundermedaillen und Paternostervereine bereiteten, erschöpft, schnappte und schnalzte er nach Luft ... Jetzt, *[294]* beim Anblick des Barons von Asselyn, hob sich ihm etwas die Brust vor Freude und Ueberraschung ... Der Gruß des Herrn Thiebold de Jonge und die Mahnung an seine Leibbinden rührten ihn ...

Jedes Knarren einer Thür unterbrach die Mittheilungen ...

Benno war wie in einem Traum ... Er wußte nicht, wie er hierher gekommen ... Um seine Aufregung zu verbergen, fragte er scherzend:

Werde ich jetzt erfahren, welches Ihre geheime Mission war? ...

Schnuphase hob seine weißen Handschuhe gen Himmel ...

Da öffnete sich die Thür ...

Schnuphase verbeugte sich bis zur Erde ...

Der Eingetretene war noch nicht der Beherrscher aller europäischen Cabinete, sondern jener Hofrath, der an Benno geschrieben hatte ...

Die leutseligste Anrede von der Welt berichtigte Schnuphase's Irrthum ...

Der Herr Hofrath wandte sich an den Herrn Baron von Asselyn und entschuldigte Seine Durchlaucht, die noch einen Augenblick verhindert wären ...

Herr Stadtrath Schnuphase –? ...

Zu Dero –! ...

Die Kiste ist angekommen ...

Zu Dero –! ...

Zum ersten Mal in Wien? kehrte der freundliche Herr zu Benno zurück ...

In dem Augenblick wurde Stadtrath Schnuphase durch *[295]* einen Bedienten abgerufen ... Nach einer Thür zu, die eben da wieder hinausführte, wo er hereingekommen war ...

Schnuphase flog und taumelte mehr, als er ging ...

Mit einem, wie es schien, stereotypen, an die „Gemüthlichkeit" Pötzl's erinnernden Lächeln, halb prüfend, halb zerstreut, setzte der hohe Beamte sein Examen über Benno's erstmalige
5 Anwesenheit in Wien fort ... Bei völliger Bekanntschaft über die Zwecke der Anwesenheit des jungen Mannes kam er auf den gestrigen „grausamen" Unfall mit dem „Fräulein von Pötzl" ... Das, was ihm, wie er sagte, ihr Pflegevater selbst schon erzählt hatte, konnte Benno bestätigen ... Es folgte das herzlichste Be-
10 dauern und die Mittheilung, daß einige Wochen lang für die arme Seele in „Maria zur Stiegen" würde gebetet werden ...

Eine Klingel ging ...

Der Diener von vorhin öffnete eine andere Thür ...

Mit einem: Ich hab' mich sehr gefreut! und dem innigsten
15 Händedruck wurde Benno von dem zuvorkommendsten aller Epigonen jener Gesellschaft, die der überfliegende Don Carlos mit dem Wort bezeichnet: „Da wo Ihre Domingos, Ihre Albas herrschen!" an die Thür begleitet ...

Noch zwei Zimmer und der unfreiwillige, von dem System
20 des Staatskanzlers sonst mit jugendlicher Idealität urtheilende, jetzt wie ein geknicktes Rohr sich ihm nähernde – Posa stand vor dem neuen – Don Philipp ...

Der Gefürchtete war an Wuchs etwas kleiner, als *[296]* Benno ... Schmächtig, ebenmäßig gebaut, mit feinen, geistvollen
25 Zügen ... Die Stirn breit und hochgewölbt ... Die Augen blau, die Nase mäßig gebogen, die Farbe der nicht schmalen Wangen blaß ... Die Lippen durch lange Gewöhnung – auch die Ehe macht Ehegatten ähnlich – fast habsburgisch geworden, doch abwechselnd belebt von Ironie ... Besonders auffallend blieb die
30 schöne, wenn auch stark gerunzelte Stirnfläche, mit weit auseinander liegenden Augenbrauen ... Das Haar schon ergraut und mit erzwungener Jugendlichkeit geordnet ... Die Sprache nicht leise, etwas unverständlich ... Benno wußte, daß der Staatskanzler am Gehör litt ...

Die freundlichste und herablassendste Begrüßung ...

Man setzte sich ... Nebenan hörte man ein Klingen von Gläsern ... Benno staunte ... Jedenfalls war Schnuphase auf der Höhe seiner Mission ...

Der Fürst ergriff eines von den eleganten großen und kleinen Büchern, die auf einem Tisch vor dem kleinen Kanapee lagen, steckte die Finger in die Blätter, klopfte in leichtem Taktrhythmus auf den Tisch und begann in geschmeidiger, fast zu regelrechter Rede alle ostensiblen Veranlassungen für Benno's Anwesenheit in Wien herzuzählen ... Dem Schmerz des Grafen Hugo, der zufälligen persönlichen Anwesenheit des Herrn von Asselyn bei dem Unglück mit Angiolina Pötzl trug er mit unverstellter Theilnahme Rechnung ... Dann kam er auf den Oberprocurator Nück, mit dem er seit Jahren „immer sehr gern zu thun" gehabt hätte, auf die Empfehlungen, die ihm „Doctor Nück" über Herrn von Asselyn und dessen Wünsche gegeben ...

[297] Wünsche?! loderte es in Benno auf und sofort begann er auch:

Euer Durchlaucht wollen entschuldigen – ...

Ohne jedoch Zeit zu bekommen, irgend auch nur die einfachste berichtigende Aeußerung zu thun, hörte er den Fürsten sogleich auf den ihm von Wien her, ja schon vom „Parterre der Könige" in Erfurt sehr wohl bekannten Dechanten zu Sanct-Zeno übergehen; selbst Bonaventura war ihm genannt worden ... Des Fürsten Familie stammte selbst aus der Gegend von Kocher am Fall ...

Die Aeußerung, die der Staatskanzler auf die für Bonaventura gebrauchte Bezeichnung: Er wird ein Heiliger genannt! sofort folgen ließ, war charakteristisch ...

Ich wünschte wol, sagte er, der Adel folgte überall solchen Beispielen und nähme sich wieder etwas mehr der Kirche an ... Seitdem die Pfründen schmaler geworden sind, hat man sie nicht mehr für die jüngern Söhne der Familien so aufgesucht, wie selbst noch in meiner Jugend Sitte war ... Sagen Sie, würde Ihr

Kirchenfürst den Muth gehabt haben, so für seine geistliche Pflicht aufzutreten und würde er mit soviel Glanz sein Martyrium durchführen, wenn ihm nicht sein Zusammenhang mit dem Adel des Landes zu Hülfe käme? ... Der Uebergang der geistlichen Stellen nur an Bürgerliche öffnet jenem kleinen Ehrgeiz zu sehr die Bahn, der mit Intrigue verbunden ist ... Dem Emporkömmling wird ja nie genug zu Theil ...

Wenig Verbindungsglieder fehlten hier und die Gedankenreihe war bei den Jesuiten angekommen, die *[298]* der Staatskanzler haßte ... Doch unmittelbar flocht sich die Bemerkung ein:

Ein reizendes Geschöpf, diese Angiolina! Ich kann nicht glauben, daß sie sich selbst den Tod gegeben hat ... Sie wurde zornig über die, die ihr vorreiten wollten, und überschlug sich ... Jetzt ist's freilich eine freiwillige Handlung – ein Poëm, sagte man gestern ... Romantik und leider oft auch Logik machen sich sehr oft erst durch den Zufall ex post, gerade wie der Witz ... Manche Leute, die ich positiv als dumm kannte, galten auf diese Art für gescheut ... Weil sie immer schnell bei der Hand waren, einer zufälligen Wirkung eine prämeditirte Absicht unterzulegen ... Das wissen Sie gewiß, es gibt einen Humor der Thatsachen ... Viele Staatsmänner haben sich Jahre lang damit erhalten, den glücklichen Zufall sogleich für ihre Absicht auszugeben ... Besonders sind in diesem wohlfeilen Klugseinwollen die Politiker Ihres Staates – Bitte, Herr Doctor Nück schreibt mir, Sie wollten daselbst keine Carrière machen – Erzählen Sie mir doch von der dortigen Sachlage, Herr von – Sagen Sie, sind die Asselyns nicht eigentlich italienischen Ursprungs? ...

Benno hätte durchaus erwidern mögen, daß sich Nück in den Motiven seiner Reise nicht an die Wahrheit gehalten hätte, hätte alles erzählen mögen, was zur Erleichterung der heimatlichen Schwierigkeiten dienen konnte, mußte aber jetzt nur der gestellten Frage antworten und sagen:

Doch nicht, Durchlaucht! Friesischen Ursprungs ...

Sie sollen aber das Italienische à perfection sprechen ... fiel der Fürst sogleich ein ...
[299] Ich wollte zunächst Italien sehen, um mich in der Sprache zu vervollkommnen und alte Studien wieder aufzunehmen – ...
Die italienische Sprache ist schwerer, als man anfangs glaubt, unterbrach der Fürst, der seine eigenen Gedankengänge festhielt ... Sie ist ebenso falsch und tückisch wie die Italiener selbst ... Man glaubt mit der Grammatik auf dem besten Fuße zu stehen et d'un tour de main on a perdu tout son latin ... Wo studirten Sie? ...
Benno nannte die betreffende Universität ...
Der Staatskanzler warf einen der ihm eigenen Augenblitze, die den für gewöhnlich milden, ja matten Ausdruck seiner Augen unterbrachen, scharf und bestimmt zu dem jungen Mann hinüber und hatte jedenfalls eine Rüge der deutschen Universitäten im Sinne, sprach aber doch:
Sie sind Jurist ... Arbeiteten bei Dr. Nück in der – Apropos, die Gräfin Paula von Dorste ist ja clairvoyant! ... Wie sich das in Wien ausnehmen wird, bin ich begierig ... Ein eignes Kapitel, die Clairvoyance! Ich habe sie in allen Stadien kennen gelernt ... Auch in ihrer Verbindung mit der Politik – und gerade bei Ihren aufgeklärten Staatsmännern! ... Fürst Hardenberg war ganz in die Hände der Pythonissen geraten und hat auch, glaub' ich, aus diesen Quellen seine Begeisterung für die Freiheit Griechenlands in Verona geschöpft ... Die Verbindung mit der Religion ist mir weniger geläufig, aber unsere Salons sprechen davon mit Andacht ... Leider wird mit dem ersten Kind diese neue Quelle der Unterhaltung für Wien verloren sein ... Ihre Heimat *[300]* ist ein seltsames Land, Herr von Asselyn, kernhaft jedoch und voll aufrichtiger Sympathie für uns ... Wir haben davon täglich Beweise ... In unserer Armee sowol wie im Klerus ... Kennen Sie die Aebtissin Scholastika? ... Eine Tüngel-Heide! ... Es gibt mehrere Linien der Tüngels? ...

Schon griff der allein Redende zum kleinen goldschnittgebundenen genealogischen Kalender, der auf dem Tische lag ...
Er suchte die Tüngel-Heides und die Tüngel-Appelhülsens ...
Nebenan klangen die Gläser ...
Benno beobachtete nur und – resignirte sich schon ...
In Ihrer Provinz lebt noch fest und sicher die Ueberzeugung, fuhr der Fürst im Umblättern fort, daß es in jeder Politik nur Erhaltung oder Umsturz gibt ... Die Reform soll uns heilig sein, ja! aber sie muß aus den Elementen der Erhaltung und für die Erhaltung hervorgehen ... Nach Napoleon's Verwüstung des Bestehenden konnte und durfte nichts Anderes kommen ... Selbst Napoleon fing zuletzt an zu erschrecken vor einer täglich sich mehrenden Lust an Neuerungen ... Unter dem Zeitalter der Revolution haben die Völker zu viel gelitten ... Sie bedürfen auf hundert Jahre der Erholung ... Ich weiß nicht, was dann kommen wird, aber meine Aufgabe war, Halt zu gebieten und ich glaube, die nach mir kommen, werden noch lange dieselbe Nothwendigkeit einsehen ... Ich gebe das sehr gern den jetzigen römischen Ansprüchen zu: Es ist auch so mit der Kirche ... Die schwarzen Herren hören freilich nicht gern, daß der Fels, auf den die Kirche gebaut wurde, irdisches Ma-*[301]*terial ist so gut wie jede andere Steinart und daß einst eine Zeit kommen wird, wo die Philosophie sich verbreitet, wie das Klavierspielen schon jetzt bei unsern reichen Bauerntöchtern im Salzburgischen – Aha! Da! – „Die Tüngel-Appelhülsens. Wappen: Die geschlängelte Schaale eines Apfels" – Falls das nicht – glauben Sie nicht, Herr von Asselyn, ursprünglich eine Schleife war? Auch so ein Witz – ex post? ... Da sind ja die Camphausens! ... Zwei Linien – Seltsam! ... Bei uns lebt die protestantische und Gräfin Erdmuthe ist sogar eine gefährliche Fanatikerin ... Der Graf wird den Militärdienst quittiren ... Und – – Ja, der religiöse Riß in Deutschland wird oft beklagt – ich schätze ihn ... Deutschland kann nur durch das Gleichgewichtssystem bestehen ... Das hab' ich immer befördert und ohne Rückhaltsgedanken ... Der Zoll-

verein gibt ein zu einseitiges Uebergewicht ... Sie kamen mit dem Herrn Stadtrath Schnuphase? ...

Ich reiste nur zufällig mit ihm ...

Doctor Nück schickt mir durch Sie alle Tabellen Ihrer Weinversteuerung, an der ich, wie Sie wissen, persönlich betheiligt bin ... Die Centralisation der Interessen Deutschlands ist nicht möglich ... Schon die natürlichsten Lebensbedingungen, Essen und Trinken, beruhen auf disparaten Organisationen ... In Frankreich, Spanien, Italien sogar, dem ich sonst doch jede andere Einheit absprechen muß und das ich nur für einen geographischen Begriff halten kann, hat die Lebensweise eine und dieselbe Bedingung ... Nehmen Sie aber unsere Verschiedenheiten! ... Die barocke Abwechselung schon unseres – Brotes allein! ... Wie verschieden die Charaktere des *[302]* Weins am Rhein und an der Donau ... Vom Trank der Gerste gar nicht zu reden ... Man glaubt es mir nicht, aber ich bin gegen ein Uebermaß von Uniformirung ... Ich hasse den Josephinismus – nicht seiner Aufklärung wegen – behüte, nein! – sondern deshalb, weil er am Ende doch nur den absoluten Polizeistaat proclamirt ... Der absolute Polizei- oder Beamtenstaat kann zuletzt nur zur constitutionellen Monarchie führen, d. h. zur legalisirten Revolution und Republik ...

Die Phantasie Eurer Durchlaucht überspringt große Intervallen! sagte Benno mit Entschiedenheit ...

Geb' ich zu – erwiderte der Minister und ließ wieder einen jener scharfen Blicke auf Benno hinstreifen ... aber darin denk' ich ganz wie die Kirche ... Gutta cavat lapidem ... Apropos, was sagt der Graf Camphausen von dem sogenannten Baron von Terschka? ... Der Mensch ist in London Protestant geworden und der intimste Freund der italienischen Emigration ... Ein Ex-Jesuit – sagt man sogar – aber entre nous ...

Benno berichtete von dem ihm so verhaßten Namen, was er wußte, und wagte, angeregt von den Worten seiner Mutter, die Bemerkung:

Die größte Gefahr des Stabilitätssystems droht nicht unmöglich von Italien und Rom selbst ...

Sie meinen, daß die Zeiten des Cola Rienzi wiederkehren? lächelte der Fürst, nahm ein großes Kupferwerk, das vor ihm lag, schlug die Abbildung einer Burg auf und zeigte sie seinem Besuch mit den Worten:

Sehen Sie da die Burg in Böhmen, auf die Cola Rienzi flüchtete, als seine Zeit in Rom vorüber war! ... Zu uns! Nach Böhmen! ... Ja, fuhr er dann *[303]* fort, die Italiener sind allerdings die elendeste Nation von der Welt und zu allem fähig! Diese Nation wird den Monarchen, von denen sie regiert wird, und uns allen in Europa noch viel zu schaffen machen, sie wird conspiriren, morden, vielleicht ein vorübergehendes Glück gewinnen, von einzelnen Mächten vielleicht begünstigt werden, von England, das für seine Waaren sich einen Absatz in Sicilien und Neapel zu verschaffen sucht – aber elend wird alles nach kurzer Zeit zusammenbrechen ... Wie Barbarossa werden wir dann die Städte in Asche verwandeln müssen! Wir werden den Pflug darüber hingehen lassen und Salz aussäen müssen, um eine neue Erde zu schaffen ... Das Salz werden deutsche, ungarische, böhmische Colonieen sein, unsere Sitten, unsere Verbesserungen, unsere Bürgschaften polizeilicher Ordnung ... Zurückrufen werden die Elenden uns dahin, wo sie uns verjagten, um nicht von ihren eigenen Landsleuten gemordet zu werden ... Gemordet von ihren neuen Häuptern ... Lesen Sie die Geschichte! ... So ging Crescentius unter ... Cola Rienzi flüchtete ... Was wollen Sie von einer Nation erwarten, wo alles käuflich ist! Wo die Furcht jeden zum Verräther macht! Wir haben alle Conspirationen in der Hand ... Von jeder Carbonarologe besitzen wir die Namen ... In Turin regiert ein Fürst, der als Kronprinz Carbonaro war ... Als er den Thron bestieg, lieferte er uns sämmtliche Listen der Venditas aus ... Ich zweifle nicht, daß er wieder als Carbonaro endet ... Lassen Sie Krieg kommen – behalten wir Herrn Thiers noch lange am Ruder Frankreichs und will sein Schüler, der Herzog von Orleans, sich die Sporen verdienen, so *[304]* haben wir vielleicht Krieg und mit schwankenden Erfolgen ... Wir sind heute geschlagen – aber von dem Tag an, wo die Italiener dankbar und einig sein sollen, rufen sie wieder die Deutschen zurück und geben uns die alte eiserne Krone ... Dies Italien! Sie müssen es kennen lernen, Herr von Asselyn! Sie wollen dort hinreisen? Wollen Sie es bequem, so mach' ich Ihnen den Vorschlag, Depeschen nach Rom zu übernehmen – Freilich da müßten Sie sogleich und in diesem Augenblick reisen ... Würde Sie das hindern? ... Nück schrieb mir, fuhr der Fürst fort, die Verlegenheit und aufwallende Röthe der Freude im Antlitz des jungen Mannes bemerkend – Sie wollen eine politische Laufbahn antreten ...

Durchlaucht – nein! sagte Benno fest und bestimmt ... Der Gedanke: Da erlöst dich ja das Geschick im Nu! ließ ihn mit funkelnden Augen zustimmen ...

Sie meinen, Ihre Grundsätze sind noch zu jugendlich? Sie opponiren noch? Mein lieber junger Freund, die Staatskunst muß es machen, wie die Kellerei mit den Weinen ... Liegen die Fässer zu lange, so müssen sie aufgefüllt werden ... Alte Jahrgänge mit jungen ... Sie haben ohne Zweifel die Calamität gehört, die sich auf meinem Weinberg zugetragen? ... Ein nachlässiger Küfer hat sieben der besten Stück nicht aufgefüllt und nun sind sie Alterationen des Entwickelungsprocesses ausgesetzt – Dergleichen muß geheim bleiben ... Bitte ... Da Sie aber mit Herrn Stadtrath Schnuphase gereist sind – ...

Der Fürst öffnete die Thür und machte Benno zum Zeugen einer wie es schien sehr ernst genommenen Scene ... Ein feingekleideter, wohlbehäbiger älterer *[305]* Herr, ohne Zweifel der Kellermeister des Fürsten, saß mit Schnuphase an Einem Tisch ... Vor ihnen eine Reihe kleiner Flaschen, die mit Zetteln beklebt waren ... Einige Dutzend Gläser standen in der Nähe, um nacheinander gebraucht zu werden, da der Duft des Weins sich in jedem gebrauchten Glase zu lange erhielt und eine Aufgabe erschwerte, die die zu sein schien, die Mischungen und Auffüllungen aufs strengste zu unterscheiden ...

Schnuphase und der Kellermeister waren aufgesprungen ... Letzterer mit zwei Gläsern in der Hand, die prüfendste Miene in den görötheten Gesichtszügen ... Noch schienen Zunge und Nase nur mit Geschmack und Duft beschäftigt ... Schnuphase stand mit seinem „Glöse" ganz „Extöse" ... Der Duft, das Probiren, die Situation, die Nähe des größten Mannes der Zeit, die Satisfaction vor Benno, alles war ihm zu Kopf gestiegen ...

Es wird wol nicht anders gehen, bemerkte der Fürst, man muß unserer Verwaltung, die an dem Versehen ohne Schuld ist und den Küfer entließ, Recht geben und „Dorf" oder „Berg" zur Erkräftigung des „Schloß" wählen? ... Ganz wie Ihr jungen Staatsneuerer ja wollt! ... Gern adoptiren wir Euer junges Blut! ... Oder beides? wandte er sich ...

Schnuphase stand wie ein Retter des europäischen Gleichgewichts, obgleich er nahe daran war, das eigene zu verlieren ... Das Nippen an jedem dieser Gläser, das Streiten und Aeußern entgegengesetzter Zungenwirkungen, die wiederholt erprobt werden mußten, hatte ihn bereits zum Opfer des in ihn gesetzten Vertrauens gemacht ...

Der Fürst billigte jede Entscheidung der gemeinschaft-*[306]*lichen Berathung und ordnete an, daß auch beim heutigen Diner, wo Kenner der Weinblumen des Rheines entboten wären, die Proben servirt und einem Verdict derselben unterworfen würden ... Die maßgebendste Stimme behielten die beiden anwesenden Herren selbst und lieb wäre es ihm, sagte er, schon von ihrer schnellen Meinungsvereinigung zu hören ... Der Gegenstand war hochwichtig ... War für die nächste Auction irgend im Ruf der vernachlässigten Fässer etwas versehen und verbürgten sich nicht die ersten Zungen für die volle Integrität des Gewächses, so konnten dreißigtausend Gulden auf dem Spiele stehen ...

Es thut mir leid, sagte der Fürst in freundlicher Laune beim Zurückkehren in das vorher von ihnen eingenommene Zimmer, daß ich meine Einladung, mein Gast zu sein, nicht auch an Sie richten kann, Herr Baron! Die Aufgabe, die ich Ihnen vorschlage und der Sie, wenn auch nur Ihrer Reisekasse wegen, da Sie doch nach Italien wollen, sich immerhin unterziehen sollten, bedingt eine sofortige Abreise ... Um fünf Uhr Nachmittag geht die Eilpost ... Sie brauchen sich nur der Post zu bedienen ... Von Triest aus müssen Sie über Ancona zur See ... Das ist unerläßlich ... Nach einem halben Jahr kommen Sie auf demselben Wege – ich meine, ohne Ihrer eigenen Kasse wehe gethan zu haben – zu uns zurück und ich werde begierig sein, Ihre römischen Eindrücke zu vernehmen, falls Sie nicht vorziehen sollten, sie mir sogleich direct oder an die Allgemeine Zeitung zu schikken ... Wählen Sie für erstern Fall die Adresse eines unsrer Großhandlungshäuser ... *[307]* Versteht sich, bald diese, bald jene ... Die Depesche händigt Ihnen der Herr Hofrath ein, mit dem Sie vorhin gesprochen haben ... Man soll Sie zu ihm führen! ... Glückliche Reise! Frohes Wiedersehen! ...

Der Fürst klingelte ...

Damit war die Audienz beendet ...

Es war Benno, als konnte er nicht von der Stelle ... Er hatte nicht widersprechen, hatte bei seiner Jugend, seiner gedrückten Stimmung überhaupt nur hören, – wenn er sprach, nur Nücks Empfehlungen ablehnen wollen ...

So aber hundert angelegte Fäden – und nicht ein einziger ausgeführt! ...

Jetzt verstand er, was man „Treppenwitz" nennt ... Demosthenische Reden blieben auf seiner Zunge liegen ... Was mochte er nicht alles gesprochen haben! ... Dicht am Weltrade stand er ... Wie ein donnernder Wassersturz mußte ihm die Triebkraft erscheinen, die dies Rad in Bewegung setzte ... Noch blieb er wie von einem unsichtbaren Sprühnebel umrieselt und betäubt ...

Aber ein Diener folgte ihm und führte ihn schon zu dem Hofrath ...

Sie mußten noch eine Treppe höher steigen ...

Sollst du – oder sollst du nicht? ...

So stand er eine verhängnißvolle Secunde und sagte sich: Eine Gunst des Geschicks! ... Die Uebernahme dieser Verbindlichkeit verpflichtet dich zu nichts ... Du hast einen triftigen äußern Grund, vor Situationen zu entfliehen, die sich jetzt noch nicht von dir durchleben lassen!

[308] So trat er in ein düsteres Zimmer ...

Hier wurde ihm die Depesche, ein einfach versiegelter großer Brief eingehändigt ...

Am besten trägt man das in einer kleinen Tasche, sagte der freundlichste aller Hofräthe, aber an einem Riemen! ... Haben Sie die Schnalle immer hübsch vorn auf der Brust! ... Schließlich hält das auch noch den Leib warm ... Für die Seefahrt gut ... Die Reisekosten sind für acht Tage berechnet, für jeden Tag zehn Dukaten ... Sie bekommen eine Anweisung auf die Cassa, Herr von Asselyn! ... Bitte! Nehmen Sie! ... Hier ist sie! ... Damit Sie keine weitere Mühe haben, werden wir einen Platz im Coupé reserviren lassen ... Sie zahlen ihn dann bei der Abfahrt ... Habe die Ehre, eine glückliche Reise zu wünschen! ...

Benno reiste als Courier ... Eine unverfängliche Gefälligkeit ... Er nahm die Depesche, die Anweisung ... Er ließ sich einige Zimmer weiter achtzig Dukaten zahlen ...

Das Ablehnen dieser Summe würde wunderlich erschienen sein und den Auftrag leicht rückgängig gemacht haben ...

Beim Verlassen des Palais fand er die Treppe belebt ...

Boten, Jäger, Diener liefen hin und her ...

Zwei Lakaien in auffallender Livree eilten hastig an ihm vorüber ...

Hinter ihnen schritt langsam die Treppe herauf mit schwebendem Gang und einer lächelnd um sich blickenden Sicherheit eine hohe, breitschultrige Gestalt in fremdartig *[309]* priesterlicher Tracht ... Hinter ihm zwei andere, ebenfalls Priester ...

Benno empfing aus einem starkgerötheten Antlitz einen Blick des holdseligsten Grußes ...

Er trat zur Seite und erfuhr, daß es Cardinal Ceccone gewesen, der an ihm vorübergeschritten ...

Sein freundlicher Blick war ihm wie der Stich eines Messers ... Wenn ihn etwas aus Wien vertrieb, hätte nur noch diese Begegnung gefehlt ... Der üppigste Triumph, verbunden mit dem Schein der holdseligsten Demuth und wieder mit den unauslöschlichen Merkmalen einer schon von der Natur in den Augen, ja in den Ohren vorgezeichneten List ...

Welche Begegnung jetzt drinnen zwischen zwei nur äußerlich verbundenen Principien ... Der Fürst, der die Jesuiten haßte, der Cardinal, der auf seine alten Tage unter dem Druck der Frauen die „Freiheit Italiens" anbahnte ... Wie unfertig, wie halb, wie überlebt erschien ihm alles nach dieser Audienz ... Wie wehte ihn der Odem Gottes mit neuen, den Völkern und dem Jahrhundert verheißenen Offenbarungen an ...

Am Portal sah Benno die beiden Miethwagen in bescheidener Entfernung und hatte noch Zeit nöthig, sich zu besinnen, wohin er fahren wollte ...

Schnuphase kam, begleitet vom Kellermeister ... Ersterer hatte alle Ursache, dem kräftigen Arm zu danken, der ihn hielt ...

Die Aufforderung, in der „Stadt Triest" ein gemeinschaftliches Mahl einzunehmen, lehnte Benno ab, *[310]* fuhr auf den Kohlmarkt und kaufte sich zunächst – die bewußte Reisetasche ...

Zu Hause angelangt, schrieb er an den Principe Rucca einige Zeilen und bedauerte seine plötzliche Abreise nach Rom, behielt jedoch das Billet bis um vier Uhr, wo man ihn erwartete, noch zurück ...

Lange kämpfte er mit sich, ob er seiner Mutter schreiben sollte ... Er konnte nicht anders ... Doch drückte er sich in einer Weise aus, die so unverfänglich war, daß sie jedermann lesen konnte ...

„Herzogin!" schrieb er. „Ich erhalte soeben einen Auftrag vom Fürsten Staatskanzler, der mich zwingt, augenblicklich abzureisen! Ich reise nach Rom und hoffe Sie dort in nicht zu entfernter Zeit zu begrüßen. Wien ist kein Ort, wo die Trauer einen andern Raum findet, als vor den Altären seiner Kirchen. Gedenken Sie in «Maria zur Stiegen», wo die Seelenmetten Angiolinens gehalten werden, unserer Rückfahrt von jenem Hause des Schreckens ... Die dunkeln Tannen, die es beschatten, werden selbst im schönen Italien so lange vor meinen Augen stehen, bis ich Sie wiedersehe ... Benno von Asselyn."

Von Olympia sprach er in beiden Briefen kein Wort ... Auch des Straußes, der vielleicht von Olympia kam, mochte er keine Erwähnung thun ...

Der Chorherr blieb über die schnelle, nun freilich motivirte Abreise im höchsten Grade verdrießlich ... Unbekannt mit den Empfindungen, die Benno von dannen trieben, schrieb er sie lediglich auf Rechnung des mächtigen Eindrucks, den der große Kanzler denn doch auf den jungen *[311]* Mann gemacht hatte ... Er mußte ihm Glück wünschen zu einer vielversprechenden Carrière und sagte:

Sehen Sie, so mächtig ist nun doch der blendende Reiz eines bei alledem großen Mannes ... Man muß sich ergeben, hört nur noch und staunt und läßt an dem, was man haßt, das Menschliche in seiner vollen Geltung ... Protestiren Sie nicht! Sie sind jung! ... Geht es mir denn anders? Lieb' ich denn nicht auch mein Land und mein Volk? So lebt man in einer unglücklichen Ehe und kann sich nicht trennen ... Man weiß, man paßt nicht füreinander, aber es gibt so viel Bindeglieder des Interesses, so viel gemeinschaftliche Sorgen, so viel kleine Aussöhnungen wieder und so kurze Momente des Glücks, daß man immer wieder neue Hoffnungen schöpft ... 'S ist freilich ein Gemüths-Elend, an dem zwei Menschen und – ganze Staaten zu Grunde gehen können ...

Benno mußte schweigen ... Er hielt sich an die ihm von den Umständen auferlegte Nothwendigkeit seiner Abreise ... Er ertrug den Schein der Inconsequenz ...

Gern übernahm der sich allmälig in die Trennung findende Chorherr die Meldung an den Onkel ... Auch die Besorgung aller der Visitenkarten, die Benno noch zum Abschied zurückließ ... An den Grafen Hugo schrieb Benno Worte, die seiner Stellung und der Situation angemessen waren ... Worte des Trostes und der Hoffnung für die Zukunft ...

In das Comptoir der Zickeles mußte er seiner Creditbriefe wegen ... Es war über dem Schreiben, Packen und Expediren seiner Effecten hoher Mittag geworden. Der alte Herr Marcus war eben von der Börse zurück-*[312]*gekommen ... Leo befand sich in einem Comité ... Harry führte einen neuangekommenen Virtuosen ...

Den alten Herrn Zickeles überraschte Benno's Abreise nicht im mindesten ... Diese Bankiers grüßen ebenso gleichgültig beim Kommen wie beim Gehen ... Nur seine Tochter Jenny bedauerte er ... Sie hätte dem Herrn Baron noch etwas vorsingen wollen ... Eben wäre sie, sagte er, und auch Angelika Müller, der Benno sich so gern noch empfohlen hätte, mit Therese Kuchelmeister an den Ort gefahren, wo sich gestern das Unglück begeben ... Auch Dalschefski und Biancchi hätten sich dazu entschließen müssen ... Der alte Zickeles sah den Vorfall nur in seinen Folgen an und sagte:

Das Geschäft wird sich nun machen ... Der Graf ist jetzt in Wahrheit frei ... Es hängt lediglich jetzt alles von dem ab, was die Frau Mutter aus Westerhof mitbringt ... Wir werden ja sehen ...

Benno speiste dann noch mit dem Chorherrn, den des jungen Mannes Entschluß nun nicht mehr störte ... Auch der Schein des „Gefesseltseins" nicht ... Er glaubte, wie der Onkel Dechant, an Neuerungen und Besserungen nur infolge großer Erdrevolutionen in der Art der Gletscherbildung ...

Gegen vier, wo die Dinerstunde beim Fürsten Rucca war und die Herzogin und Olympia ihn hochklopfenden Herzens gewiß schon in glänzendsten Toiletten erwarteten, besorgte Benno seine Briefe in den Palatinus ...

Die Eilposten nach dem Süden gingen um fünf Uhr ... Man mußte sich schon um vier in Bereitschaft setzen ...

[313] Der Chorherr begleitete seinen so schnell gewonnenen jungen Freund, der voll tiefster Trauer von dem edeln Manne schied und ihn bat, alle seine Liebe und Güte auf Bonaventura zu übertragen, falls dieser in der That nach Wien kommen und dann vielleicht gleichfalls bei ihm wohnen sollte ...

Man plauderte ... Aengstlich zog Benno die Uhr, aus Furcht, noch eine Wirkung seiner Absagebriefe zu erleben. Der Chorherr neckte ihn darum ...

Endlich saß er im Coupé, das ihm in der That durch einen Ministerialboten reservirt war ...

Schon benutzte er, da der Chorherr nicht gehen wollte, die Pause, die bis zum Schlagen der Abfahrtsstunde so langsam verrinnt, zu einem Abschiedsgruß an Angelika, den er auf einen Zettel seines Portefeuilles schrieb und dem Chorherrn mit einer Andeutung über Püttmeyer's Philosophie zu eigenhändiger Besorgung übergab – da kam ein Mann, der hastig nach Herrn von Asselyn fragte, und brachte eine Visitenkarte aus dem Palatnus ...

Von Gräfin Olympia? fragte lächelnd der Chorherr ...

Verzeihen, sagte der Lohndiener, Ihre Gnaden die Contessina wollten selbst kommen, aber der Fiaker muß falsch verstanden haben und hat sie und den Prinzen nach der Briefpost gefahren, wo die Courierposten abgehen, aber erst abends ...

Die Karte war von Benno's Mutter ... Auf der Rückseite stand ein einfaches: Al revedersi! ...

Benno sah, daß er das Rechte getroffen ...

Voll Angst horchte er auf, ob nur nicht noch Olympia und ihr Verlobter kämen ...

[314] Er bat den Chorherrn, der „armen Seele" zu gedenken, für die zwölf Tage lang in dem schönen Kirchlein „Maria vom Gestade", zur Schifferkönigin Maria – zur Schutzpatronin aller im – Hafen Eingelaufenen gebetet werden sollte ...

Der Chorherr drückte ihm zusagend die Hand ...

Der Postillon schwang sich auf den Sattel des Handpferdes, Benno rückte seine Depesche dahin, wo sie nach dem Bedeuten des Hofraths für seine Gesundheit am vortheilhaftesten lag, der Conducteur setzte sich neben ihn ...

Schon waren die funkensprühenden Schläge der sechzehn Rosseshufe auf dem Straßenpflaster verhallt, noch stand der Chorherr träumerisch sinnend auf seinen Bambusstab mit elfenbeinernem Griff gestützt, dem Wagen nachblickend – da kam ein Fiaker angebraust, aus dessen Schlag Principe Rucca und ein weiblicher Kopf sahen ...

Das Portal der Fahrpost wurde eben geschlossen ...

Pater Grödner stand schon zu fern, um die, wie es schien, heftigen Zornausbrüche der Italienerin zu hören ...

Lächelnd über die Jugend, über den Ehrgeiz, über Menschen, die Liebe finden dürfen und sie nicht mögen, kehrte er zurück in seine stille Klause ...

Die Bleistiftgrüße an Angelika Müller wollte er erst couvertiren, falls sein Versuch, sie ihr persönlich einzuhändigen, mislingen sollte ...

Indessen stand noch ein anderer junger dicker Mann athemlos und verzweifelnd an der Posthofthür ... Harry Zickeles kam zu spät – mit seinem Album.

11.

Glocken riefen nicht zu den Hochämtern, die in „Maria zur Stiegen" zum Gedächtniß Angiolina's gehalten wurden ...
Nicht brauste die mächtige Orgel vom Chor, als ihre Seele der Gnade und Verzeihung des Himmels empfohlen wurde ...
Still und geheimnißvoll sind schon an sich diese Trauermetten, die vor einem kleinen dunkeln Nebenaltar abgehalten werden, denen nur Anverwandte beiwohnen ... Hier trat die Rüge des geistlichen Gerichts ein ... Kaum daß die Austheilung jener kleinen Zettel gestattet wurde, die in katholischen Landen den Vorübergehenden mit einem Liebesblick in die Hand gesteckt werden, der sie auffordert, für die abgeschiedene, wenn ihnen auch völlig unbekannte Seele ein gedrucktes Gebet zu lesen ... Therese Kuchelmeister hatte diese Zettel sorgsam ausgewählt ... Hundert Exemplare eines für diese Fälle in den Kunstläden vorräthigen kleinen Bildes, drei Cherubim darstellend, von denen der eine das Jesuskind mit der Friedenspalme trägt, die *[316]* beiden andern ein Kreuz und eine Dornenkrone – das Jesuskind lächelt, die drei Engel weinen – Auf der Rückseite ließ sie aufdrucken: „O Erschaffer und Erlöser aller Gläubigen, verleihe der dahingeschiedenen Seele deiner Dienerin Angiolina Pötzl vollkommene Verzeihung und Nachlassung aller Sünden, damit sie, von den Schmerzen des Fegfeuers befreit, dich als ihr letztes Ziel anschauen, lieben und in alle Ewigkeit loben und preisen möge!" ... Das feierliche Requiem Biancchi's, Instrumentation von Dalschefski, das sich ein Gesangverein mit Hinzuziehung Theresens und Jenny's auszuführen erboten hatte, wurde nicht gestattet ...
Unter großem Menschenzulauf hatte das Begräbniß auf dem stillen Dorffriedhof bei Salemhof stattgefunden ... Hier war es, wo sich ein junges Mädchen, einen Korb voll Blumen in der Hand, über den Sarg warf und ihren Schmerz in Worten Luft

machte, die niemanden störten, ob sie gleich nicht von Seraphschwingen und Cherubsarmen sprachen, sondern einfach lauteten:

Hier ist's nun aus, du armer Narr! Bist auf Erden viel gehanselt worden! Aber der gute Gott da oben wird schon wissen, wo er auch für dich noch ein Platzl hat! ...

Therese Kuchelmeister überwachte alle die, die sich bei den in der Stadt von ihr bestellten und bezahlten zwölf Seelenmessen einfanden oder einzufinden versäumten ... Luigi Biancchi kam nur einmal und erntete dafür die Bezeichnung eines „Ungeheuers" von Undankbarkeit, da Angiolina die Musik der Italiener liebte *[317]* ... Dalschefski, den die Nichtaufführung des Requiems wegen des in diesen Tagen außerordentlich erregten Biancchi, der dadurch eine Zerstreuung würde gehabt haben, verdroß, mußte dafür täglich anwesend sein ... Auch Herr von Pötzl versäumte nicht seine Schuldigkeit zu thun; zu dem Ruf, den er anstrebte, gehörte die strengste Unterwerfung unter alles, was Gefühl und Gemüth mit sich bringen ... Nicht auffallend war die jedesmalige Anfahrt eines vornehmen Wagens, aus dem die ersten drei male zwei Damen in tiefster Trauer stiegen und der Messe beiwohnten ... Therese nannte das die kleinste Schuldigkeit der „Mörderin" ... Zuletzt kam nur noch die ältere Dame allein ... Diese fehlte nie ...

Erst am Tage nach dem Begräbniß traf des Grafen Hugo Mutter ein ...

Auf ihrer Rückreise war sie aufgehalten worden ...

Sie hatte in Nürnberg einer Versammlung der dortigen Bibelgesellschaft beigewohnt ...

Unterwegs schon erfuhr sie vom Tod Angiolinens ...

Ihre Liebe zum Sohn ging so weit, daß sie diesen Verlust wie ihren eigenen fühlte ... Sie sah vorzugsweise nur Hugo's bei noch so jungen Jahren schon so väterlich empfindendes Herz betheiligt ...

Als der stattliche Mann an ihrem Halse einen Augenblick

festhing und Thränen in seinem Auge blinkten, unterließ ihre Rede nichts, was seinem Schmerz wohlthun konnte ...

Sie erkundigte sich nach allen nähern Umständen des rührenden Abscheidens, verwies es aufs strengste jedem der Diener, der etwa ergänzende Berichte geben wollte, *[318]* die auf Selbstmord schließen ließen ... „Richtet nicht, daß ihr nicht gerichtet werdet!" ...

Dies Wort sprach sie auch später noch mancher vornehmen Dame auf der Herren- und Wallnergasse ...

Im Herauskehren seiner geheimen Gedanken ist gerade die vornehme Welt nicht so behutsam, wie wir glauben ... Majestäten, Hoheiten, Excellenzen sprechen, namentlich in Oesterreich, ihre Stimmungen ebenso offen aus, wie sie die geringe Welt zu verbergen pflegt ... Man besprach schon beim ersten Besuch die Angelegenheiten des Grafen, verlangte Nachrichten von der bevorstehenden Heirath, verurtheilte das „horrible Benehmen des Terschka" und gab der stolzen Gräfin Gelegenheit, ihr Wort öfter zu wiederholen: Dieu est le juge veritable! ...

Die schnelle Abreise Benno's von Asselyn verdroß die Mutter ...

Sie wich den Fragen des Sohnes um Paula's Erklärung noch aus ...

Sie sagte ihm:

Du sollst alles hören ... Nur erst Sammlung und meine langvermißte Ordnung! ...

Inzwischen sprach sie doch schon zu Hugo und den vielen Besuchenden, zu den lutherischen Geistlichen und Glaubensgenossen, die sie sogleich begrüßten, von ihrem Leben bei Lady Elliot, von den Anstrengungen des Papismus, in England wieder Grund und Boden zu fassen, von den englischen Bischöfen, die leider irdische Machthaber geblieben wären und ein Verlangen trügen nach ungeistlichem Einfluß, von einem verblendeten Lehrer in *[319]* Oxford, Professor Pusey, der ein System aufgestellt hätte, das auf halbem Wege den römischen Irrthümern entgegenkäme ... Dennoch schloß sie: Es ist eine Freude, den Ernst der Engländer zu sehen ... Die Frauen sind voll Muth und Charakter ... Sie beherrschen die Männer, das ist wahr, aber sie beherrschen sie zum Guten – Wofür sich in dieser Welt das Gefühl der Frauen ausspricht, das kann vielleicht auf einem Irrthum beruhen, aber dieser Irrthum schändet nicht ...

Muthig sprach sie in ihren eigenen Zimmern und bei den ersten Besuchen, die sie empfing:

Seit der Veranstaltung der Jesuiten, meinen Sohn durch Terschka dem Glauben seiner Väter abwendig zu machen, haben wir doppelt Ursache, jeden Schein der Anhänglichkeit an die Irrlehre zu vermeiden ... Gräfin Paula verlangt glücklicherweise von unserer Seite keine Annahme ihrer Religion ...

Ja, wandte sie sich zu einem lutherischen Geistlichen, Terschka lag zerknirscht zu meinen Füßen ... Im ersten Augenblick verstand ich nicht, was er mir zu offenbaren hatte ... Ich alte Frau zitterte ... Auch haß' ich schon an sich die Bezeigung einer Ehrfurcht, die nur Gott gebührt ... Ich betete zum Herrn um Kraft, Terschka's Geständnisse zu hören, setzte mich nach Fassung ringend in einen Sessel und hörte nun alles, was mit jener an diesem Unglücklichen bekannten anziehenden Beredsamkeit von seinen Lippen kam ... Da konnte ich wol anfangs vor Zorn ausrufen: „Der das Ohr gepflanzet hat, sollte der das nicht hören und strafen!" ... Nun aber kam ein reuiges Geständniß; der Entschluß, auf Englands freiem Boden *[320]* zu bleiben, seine Irrthümer abzuschwören und zu unserm lebendigen Glauben überzutreten ... So verherrlicht sich Gott in seinen Verächtern ...

Graf Hugo theilte diese andauernde Befangenheit für Terschka nicht ganz, behielt aber seine Zweifel an Terschka's Aufrichtigkeit für sich ... Er war des Streitens müde ...

Der Abend bot die stille trauliche Stunde, in der sich die Gräfin über die Ergebnisse ihres Aufenthalts in Westerhof aussprechen konnte ...

In einem hohen, mit Sesseln überfüllten Rococozimmer hatte das Theewasser auf der Maschine zu sieden begonnen, als die Gräfin begann:

Mein Sohn, von Paula von Dorste, diesem seltsamen Wesen, trennt mich allerdings mehr, als ich wünschen möchte ...

Graf Hugo's Ahnung von neuen Hindernissen schien bestätigt zu werden ...

Ich fand, fuhr die Mutter fort, ein Wesen, das leider nur zu sehr ihrem Ruf entspricht ... Als ich Westerhof besuchte, war gleich die erste Begegnung entscheidend ... Die Tante Benigna, dann unsere herrliche, nur zu geisteshelle, winterlich helle Monika, die dich herzlich grüßen läßt, der Oberst, auch eine treffliche Persönlichkeit, Onkel Levinus, auch eine gute, nur etwas wunderliche Seele, alle begrüßten mich herzlich und voll Vertrauen – nur Paula war wie die verschüchterte Taube ...

Sahst du nie eine ihrer Visionen? fragte Graf Hugo ...

Nie! entgegnete die Mutter ... Mit meiner An-*[321]*kunft hörte der Spuk auf ... Ich kann dir nicht leugnen, daß sie während der ganzen Zeit meiner Anwesenheit krank im Bett lag ... Ja, als ich hören mußte, daß meine Persönlichkeit, ich, ich allein es wäre, die ihr Schmerzen verursachte, gerieth ich außer mir ... Man nannte eine frühere Erzieherin von ihr, die ganz ebenso auf sie gewirkt haben soll ... Die Nähe eines Wesens also, das ihren Irrthümern widerstrebt, verursacht ihr Schmerzen! ... Zur Linderung ihrer Leiden berief man von Witoborn den Obersten, der mit wenigen Handstrichen sie auf Stunden beruhigte ...

Graf Hugo stand in großer Erregung auf und machte einige Gänge im Zimmer ...

Die Mutter fuhr fort:

Glücklicherweise beherrscht Monika das Schloß ... Ich schrieb dir schon, sie hat den Muth gehabt, Armgart, von der du meine Schilderungen kennst, nach England zu schicken, um dies liebe Kind aus der düstern, Verstand und Herz vergiftenden Atmosphäre jener Gegend zu entfernen ... Besonders aber auch, ver-

traute sie mir – o wie lieb' ich unsre Monika – deshalb, um auf
Paula Armgart's Einwirkung zu hindern ... Denn wunderlich ist
auch dies Kind ... Was wir allenfalls erreicht haben, hat Monika
allein vollbracht ...

Allenfalls erreicht? wiederholte der Graf mit Befremden und
Unmuth ...

„Alle eure Sorge werfet auf ihn; er wird es wohl machen!"
sagte die Mutter ... Ich war vierzehn Tage in Westerhof ...
Comtesse Paula blieb und blieb *[322]* krank ... Ich sah sie nur
zweimal in Toilette, bei der ersten Begrüßung, der sogleich die
Krankheit folgte, und einmal, als die magnetische Behandlung
durch den Obersten von besonderer Wirkung gewesen ... Sie ist
sehr schön ...

Kein Bild von ihr? ...

In jener Gegend malt man nur die Heiligen, mein Sohn ...
Ein Kinderporträt wollt' ich nicht mitbringen, da es nicht mehr
ähnlich ist ... Sie ist schön, sag' ich dir ... Hoch und schlank
und in allen Gesichtszügen edel ... Augen, Haar, alles von einem
lieblichen Reiz ... Die Bildung tief, tief vernachlässigt ...
Ja, mein Sohn, das ist entsetzlich ... Aber ihr Charakter sanft,
leider freilich – versteckt und – von jener Zurückhaltung, die
mir, du weißt es, an den Katholiken so peinlich ist ... Nichts
Offenes, nichts Ehrliches ... Sie versichern dich der größten
Freundschaft und du gewinnst kein Vertrauen ... Das große
Priestergeheimniß hat sie alle mit umstrickt! ... Man glaubt, sie
lebten in dem, was wir sie täglich treiben sehen – aber es umspinnen
sie ganz andere Dinge ... Paula heilt noch immer und
segnet Kissen und Amulete, aber sie sagt, daß sie selbst nicht
mehr daran glaube ... Die Geistlichkeit wünscht ihre Visionen
nicht, da sie merkwürdigerweise – nicht katholisch sind ... Monika
sagte mir, es gäbe eine Partei, die heimlich dahin wirkte, sie
für eine Besessene zu erklären ... Das ist Aberglaube ... Aber
die Macht des bösen Feindes bleibt groß ... Wenn ich je an seine
umgehende Macht und die Verschmitztheit des Teufels geglaubt

habe, war mir's manchmal beim An-*[323]*blick – dieser unstäten, irrenden, versteckten – Augen ...

Mutter! unterbrach Graf Hugo die von ihren in Westerhof empfangenen Eindrücken aufgeregte Greisin ...

Ich will das jungfräuliche Kind nicht anklagen – sagte die Mutter, fuhr aber ganz wie die heilige Hildegard fort: Glaubst du nicht, daß der Teufel auch die Gestalt der Engel annehmen kann? ... Doch – lenkte sie dann ein, ich klage die Comtesse nicht an und theile Monika's Meinung, daß die Ehe das alles ändere ... Aber ein Ja! ein Nein! von Paula selbst, von diesen halben Menschen, diesem Levinus, dieser Benigna zu gewinnen, war unmöglich ... Kurz vor dem Tage, wo ich die letzte Entscheidung wünschte, bekam ich endlich ein offenes Wort ... Aber – rathe, woher? – Aus London – von Armgart ...

Der Graf nahm einen Brief entgegen, den die Mutter den ganzen Tag auf ihrem Herzen getragen zu haben schien ...

Seufzend zog sie ihn hervor und entfaltete ihn mit den Worten:

Dieser Brief ist ein trauriger Beleg für die Verstockung der Gemüther durch das Papstthum ...

Graf Hugo nahm den Brief und las, nachdem er über die noch unfertige Handschrift wie die eines Kindes und die mit derselben so in Widerspruch stehende Wichtigkeit des Inhalts mit schmerzlicher Miene gelächelt hatte ...

„Liebes Großmütterchen!" schrieb Armgart ...

[324] Die Gräfin unterbrach:

Ich wiederhole dir, daß dies, ich kann wol sagen, liebenswürdige Kind zwar mit den Engländern und namentlich mit Lady Elliot auf dem gespanntesten Fuße lebt, sich aber an mich, ich kann sagen, wie ein Hündchen angeschlossen hat – Ja, das Wort paßt ganz ... Die hohe Begeisterung, die ich für ihre Aeltern empfinde, namentlich für ihren Vater, den ich fast höher stellen muß, als Monika – Oder ist es blos meine Reue, daß ich ehemals Terschka's Bewerbung unterstützen konnte? ... Genug, Armgart liebt mich wie ihre Großmutter, erträgt alle meine Vorwürfe, murrt und knurrt dann wol ein bischen – ist aber gleich wieder gut ... Doch lies! ...

„Liebes Großmütterchen!" wiederholte der Graf ... „Wie sehr ich Dich liebe und wie ungern ich mit Dir streite, weißt Du! Porzia soll Dir" –

Porzia, erläuterte die Mutter, ist in Witoborn geblieben bei jenem Hedemann, der sich mit ihr in einen Briefwechsel einließ, ihr zu meiner Ueberraschung eine italienische Bibel schenkte und sie heirathen wird – ein Mensch, der mir so gefallen hat, daß ich ihn auf Castellungo besitzen möchte ... Frâ Federigo würde seine Freude an ihm haben ...

„Porzia soll Dir den Brief nur geben, wenn Du Dich wohl fühlst", fuhr der Graf zu lesen fort. „Sind dann die Berge und dunkeln Wälder meiner Heimat um Dich und die guten treuen Menschen, wie es deren in ganz England keine gibt, so verzeihe mir, daß ich, ein Kind, in so ernste Dinge hineinzureden wage ... Lei-*[325]*der kenne ich ja schon alles, was Gattinnen, Mütter und Mädchen im Leben zu dulden haben. Meine Haare sind mir im Geist schon so grau wie der Mutter. Ich bin weiter, als die jungen Ladies Elliot, die vor jedem Mann noch roth werden – m ü s s e n! ... Sage: müssen – Sie suchen alle mit Eifer, was ich bereits aufgegeben habe ... Meine siebzehn Jahre haben wie welke Blüten schon Samen der Erkenntniß hinterlassen ... Geprüfte Seelen suchen nicht mehr für sich das Glück ... Auch Paula sucht nicht für sich das Glück ... Aber klare Rechnung haben macht den Gentleman! sagt der garstige dicke Koch Deiner Lady, der sie genug betrügt –"

Ich höre die Mutter des Kindes! sprach der Graf lächelnd, doch durch seine Stimmung geneigt, zu überschlagen ...

Selbstgerechtigkeit! warf die Mutter ein ...

„Daß Ihr Euch der Urkunde unterwerft", las der Graf weiter, „ist schön von Euch! ... Terschka rieth Dir noch vorgestern, sie durch einen Proceß anzuzweifeln ... Das konnte nur ein ehemaliger Jesuit rathen ... Das ist das Schlechte an den Jesuiten, daß sie so klug und pfiffig sein wollen, wie eben die Zweifler auch ... Glaube mir, unser himmlischer Vater hat auch für den katholischen Glauben vielerlei Wohnungen ... Katholisch und katholisch ist ein Unterschied ... Wir Rechtgläubigen seufzen genug über viele unserer Priester und möchten sie, besonders wenn sie so recht tabacksschmutzige blaue Sacktücher, grobe Pfundsohlen an den Stiefeln und harte Hände vom Heufahren und *[326]* Mistabladen in ihren Höfen haben, fast hätt' ich gesagt prügeln, gerade wie, nach Onkel Levinus, die Russen mit ihren betrunkenen Popen thun ... Das wissen wir Katholiken unter uns selbst sehr gut und leiden darunter, bei der Messe sowol wie im Beichtstuhl ... Gewisse andere Priester mögen wir Katholiken auch wieder deshalb nicht, weil sie im Gegentheil wie die Tanzmeister sind ... Die, die immer süß den Mund spitzen und die Augen verdrehen und aus dem lieben Herrgott einen Conditor machen, von dem sie bei jedem Besuch Bonbons mitbringen, auch das sind für uns rechtgläubige Christen bloße «Pfaffen» – und zu denen gehören meist die Jesuiten – alle aber auch nicht, Großmütterchen ... Dein Fefelotti mag freilich schlimm sein ..."

Du weißt, unterbrach die Mutter, wie unsere Bedrängnisse schon anfangen? ... Ich werde zu Cardinal Ceccone gehen müssen, um das Kapitel von Cuneo anzuklagen ... Doch – lies! ...

„Ebenso sagte Terschka, er wollte Beweise beibringen, daß eine gewisse Lucinde Schwarz, im Auftrag Deines «Doctors aus dem Abgrund», an dieser Veranstaltung nicht unbetheiligt gewesen ... Ich halte Lucinden allerdings für fähig, Feuer anzulegen; aber es gibt Verbrechen, die so groß sind, daß sie ehrwürdig werden, zumal wenn sie Gutes stiften und Engel zu unwissentlichen Mitschuldigen machen" ...

So vertheidigt die Götzendienerin gegen Lady Elliot auch die gefälschten Rechte des Bischofs von Rom! ... warf die Mutter ein ...

[327] „Großmütterchen, das hat mir von Dir gefallen", las der Graf weiter, „daß Du dem falschen Heuchler, dem Terschka, endlich einmal über eine Sache unrecht gabst ... Der erleuchtete Mann hat ewig bei Dir recht ... Ganz vornehm und würdevoll lehntest Du die Zweifel ab und wolltest lieber Dich darein ergeben, daß Paula in ein Kloster und Euer Name und Euere Herrlichkeit zu Grund ginge, als wieder processiren und die andere Linie ins Zuchthaus schicken, wie Du sagtest ... Paula geht nicht ins Kloster ... Sie schreibt mir, daß ich es übernehmen soll, Dir ihre ganze Meinung zu sagen ... So wisse denn: Ja! sie nimmt Deinen Sohn, wenn –" ...

Graf Hugo war an dieser Stelle schon aufgesprungen und hatte den Brief voll Zorn und Abscheu von sich geschleudert ...

Schon hatte sein Auge die Bedingung gefunden, die jetzt die Mutter las, nachdem sie den Brief an sich genommen ...

Das ist es! seufzte sie ... „Wenn der liebste Beichtvater ihrer Jugend nach Wien reist, Deinen Sohn persönlich kennen lernt und dann entscheidet, ob sie ihm ohne Gefahr für ihre Seele die Hand reichen kann" ...

Der Graf war außer sich und rief: ...

Von Terschka – von hundert Zeugen weiß ich, daß sie diesen Priester liebt! ... Es ist Bonaventura von Asselyn ...

Die Mutter schwieg eine Weile, faltete den Brief zusammen und beschwichtigte den zornig Auf- und Abgehenden:

[328] Aber sein Verwandter, der junge Benno von Asselyn, hat dir doch wohlgethan ...

Ich habe mich gewöhnen wollen, sprach der Graf, daß meine Gattin das Bild einer andern Neigung im Herzen trägt ... Ich würde mich bekämpft haben ... War ich doch selbst nicht treu ... Aber ich rang danach, treu zu werden ... Ich konnte Angiolina entbehren ... Der Himmel erleichterte mir diesen Kampf – ... Und nun soll der Geliebte Paula's mir persönlich gegenübertreten, mich prüfen, erst seine Entscheidung geben? ... Das ist mein Ruf? So werd' ich in Westerhof beurtheilt? Beurtheilt um ein Verhältniß, das der Himmel auf diese schmerzliche Art löste? Nein! Nun trotz' ich Allem! ...

Mein Sohn –! ...

Ihr Ge l i e b t e r soll mich – prüfen! ...

Es ist ein Priester, mein Sohn, suchte die Mutter zu beruhigen ... Einer der besseren ... Ich hörte ihn predigen ...

Der Graf lehnte jede Beruhigung ab ... Das ist die Erklärung, die du von Westerhof mitbringst? fragte der Graf mit Entschiedenheit ...

Die Mutter zitterte über seine drohenden Mienen ... Mit bebenden Lippen sprach sie:

Ich zeigte den Brief Monika ... Diese, empört darüber, stürmte zu ihrer Schwester Benigna ... Benigna zog den Onkel Levinus ins Vertrauen ... So traten sie alle drei an Paula's Lager und fragten sie, ob so wirklich ihr Entschluß wäre? Ob sie wirklich so nach London geschrieben hätte? ... Ja! sagte sie, wandte sich ab, sah an die Wand, wo ihr Cru-*[329]*cifix hing und ihr Weihwasserbecken – sprach kein Wort mehr und mit dieser Entscheidung kehr' ich zurück ...

Der Graf konnte sich nicht beruhigen ... Seine Erinnerung an die Hingebung Angiolinens, sein Stolz, die Erwägung seiner ihn zur Annahme solcher Bedingungen zwingenden Verhältnisse, ja eine Spannung sogar auf Paula, die zu einem tiefern Interesse geworden war, alles stürmte zu mächtig auf ihn ein ...

Er rief aus:

So beginne aufs neue der Proceß! Ich zweifle die Urkunde an ... Terschka muß helfen ...

Mein Heiland! rief die Mutter entsetzt und mit gefalteten Händen ... Darüber gehen wir zu Grunde! ... Die Zickeles subhastiren Salem und Castellungo ...

Mag es! rief der Graf wild und riß sich los ...

Verzweifelnd stand die Mutter und hörte das Verhallen seiner Sporen, das heftige Zufallen der Thüren, die er aufriß ... Nicht zu seinen Zimmern im Palais ging er ... Er wandte sich zur großen Treppe ... Sie eilte ihm nach ... Er war verschwunden ...

Graf Hugo stürmte dahin ... In seinen weißen Mantel gehüllt, mit klirrenden Sporen ... Sein Innerstes – gelähmt durch jenes tiefe Weh, das sich über unsern ganzen Menschen ausbreitet – wenn wir Rührung über uns selbst empfinden ...

Er irrte um die Freyung, wo sich ihm ein so schnell gefundener Freund so schnell wieder entzogen hatte ...

Er irrte in die Nähe der dunkel gelegenen Kirche, wo die Gedächtnißmetten für Angiolinen gehalten wurden ...

[330] Er irrte einem Platze zu, wo sich die stolzen Gebäude des Kriegsministeriums erheben, bei dem er sein Abschiedsgesuch zurückzunehmen gedachte ...

So kam er zu den sogenannten „Obern Jesuiten", zum Haus des heiligen Stanislaus ...

Eine Weile stand er trauernd in der dunkeln Gasse ...

Da hörte er einen getragenen Gesang aus einem hintern Hofe her mit einfacher Klavierbegleitung ...

Therese Kuchelmeister machte mit den Professoren Dalschefski und Biancchi das nicht zugelassene, in schneller Begeisterung gemeinschaftlich aus alten Studien zusammengestellte Requiem ...

Bei einem sanften Minore, in dem die Worte: **Dona eis pacem!** erklangen, ließ Therese mit den Worten: Jesus, der Graf! die Noten fallen.

12.

> Einmal, eh' sie scheiden,
> Färben sich die Blätter roth,
> Einmal noch in Freuden
> Singt der Schwan vor seinem Tod –
> Und an edeln Bäumen,
> Wenn der Winter vor dem Thor,
> Bricht in irrem Träumen
> Wol ein Frühlingsreis hervor –
> Stirbt der Lampe Schimmer
> In des Dochts verkohltem Lauf,
> Zuckt mit hellem Flimmer
> Einmal noch die Flamme auf –
> Einmal wird gelingen,
> Eh' mein Stundensand verrollt,
> Mir von guten Dingen
> Eines noch, was ich gewollt –
> Eins wird sich erfüllen,
> Eine Freude wird, wie Wein,
> Schäumen – überquillen –!
> Mag es dann geschieden sein.

So fühlte Bonaventura in einem Winter, wo die Novembertage noch fast sommerliche Sonnenstrahlen ent-*[332]*sendeten und die Mandelbäume zum zweiten male zu blühen, die Hecken neue Sprossen zu treiben begannen …

Die Vorlagen waren fertig, die Bonaventura, überdrüssig der wieder aufs neue begonnenen Anfeindungen – jetzt infolge seiner Predigt – sich in der That erboten hatte, dem Cardinal-Legaten in Wien zu überbringen … Benno hatte überraschend schon aus Rom geschrieben und welchen Inhalt barg sein der Sicherheit wegen durch reisende Geistliche überbrachter Brief! … Wie erschütternd, wie befruchtend für ein ganzes Leben! …

„Komm' auch Du herüber", hieß es nach der Erzählung alles

dessen, was Benno in so wenigen Tagen erlebt hatte; „ich weiß einen Bischofssitz in Italien, der nur allein Dir gebührt und der Dir angetragen wird, sobald Du in Wien angekommen bist und an einem gewissen Altar zu «Maria Schnee» dreimal celebrirt hast" ... Er hatte den Sitz, um Aufregung wegen Paula zu vermeiden, nicht genannt ... Und vom Onkel Levinus war in der That die feierliche Aufforderung gekommen, seine Ermunterung zu Paula's Ehe zu wiederholen, aber nur erst dann, wenn er den Grafen Hugo persönlich gesehen, gesprochen und seine Würdigkeit geprüft hätte ...

Im ersten Schmerz nach dem Empfang dieses Briefes sagte Bonaventura: Das ist das erste strafende und herbe Wort, das ich aus Paula's Munde vernommen! ... Eine auferlegte Buße! Eine Strafe! ... Sie will, daß ich den Kelch, den ich ihr so kalt reichte, selbst leeren helfe! ...

Jedes Glöcklein in der Mette, jeder Orgelton sprach ihm jetzt: Sustine et tolle! Halte aus und trage ...

[333] So wollte er denn reisen und länger fortbleiben ... Er wollte nach Italien, nach Rom ... Er nahm Urlaub auf ein Jahr ...

> O du Kreuz, du Holz der Sühne,
> Wahres Heil der Welt, o grüne,
> Grüne, blühe, sprosse fort –!

war der Text seiner Abschiedspredigt ...

> O crux, lignum triumphale,
> Mundi vera salus, vale,
> Fronde, flore, germine –

Worte des Hugo von Aurelia, die ihm Gelegenheit gaben, auch von der „Schönheit der Leiden" zu sprechen ...

Bonaventura stand wieder unter doppelter Anfeindung ... Ebensowol von der Regierungs- wie von der kirchlichen Seite ... Zwar hatte er die Genugthuung erhalten, daß gegen Cajetan Rother eine Untersuchung eingeleitet wurde, die der junge Enckefuß mit Erbitterung führte ... Bonaventura hatte in Betreff der jetzigen Madame Piter Kattendyk richtig geahnt, daß der ungetreue Hirt den religiösen Hang und Treudchens Trauer ebenso gemisbraucht hatte wie ihre geringen Geisteskräfte ... Er hatte sie zur Heiligen – methodisch erziehen wollen ...

Der Kampf der Curie, um eine solche Offenbarung bestialischer Verwilderung nur innerhalb der geistlichen Gerichtsbarkeit zu bestrafen, ging aufs äußerste ... Die Kirche ist gegen die Verbrechen ihrer Kleriker strenger, als irgend ein weltliches Gesetz; nur will sie dann allein strafen und dem Staat den Einblick versagen ... Bonaventura mußte Zeugenaussagen vor Gericht geben – *[334]* Auch das mehrte sein Unbehagen. Er sehnte sich für immer fort ... Er hatte die Ahnung, nicht wiederzukommen ...

Je vollständiger die Rüstung Bonaventura's zu seiner Reise sich abschloß, je mehr sie den Charakter annahm, den nur allein Renate nicht bemerkte, daß er vielleicht in ein ganz nur der Gelehrsamkeit gewidmetes Benedictinerkloster an der Donau oder in der Schweiz trat, desto banger wurde ihm die Erinnerung – – an Lucinde ...

Wird sie, sie dich so ziehen lassen? sagte er ...

Er erfuhr von Thiebold, daß sie zwar aus dem Kattendyk'schen Hause zur Frau Oberprocurator Nück gekommen wäre, aber nur auf acht Tage, und daß sie plötzlich dort verschwunden war ...

Thiebold erröthete, als er gestand, daß Nück in seiner Verzweiflung auch zu ihm gekommen war und ihn gebeten hatte, beim Domkapitular anzufragen, ob dieser keine Auskunft über sie wisse ... Bonaventura nahm acht Tage vor seiner Reise keine Beichte mehr ab ... Er erschrak theils über die Voraussetzung seiner nähern Bekanntschaft mit Lucindens Verhältnissen, theils in Vorahnung, daß mit dieser Nachricht vielleicht wieder seine Reise in Zusammenhang gebracht werden mußte ... Die Abschiedsscene vor seiner Reise nach Witoborn, die Erinnerung an die damals gegen ihn ausgestoßenen Drohungen stand schreckhaft vor seiner Phantasie ...

Noch vor acht Tagen begegnete ich ihr in der Kathedrale, sagte er ... Sonst seh' ich sie ja schon lange nicht mehr, da sie meinen Beichtstuhl nicht – besucht ...

[335] „Besuchen darf!" – hallte es in Thiebold wieder ... Es wußte dies die halbe Stadt ...

Nachdem Thiebold mit tausend Segenswünschen, mit guten Rathschlägen, mit Grüßen an Benno, mit Verwünschungen der großen Demosthenes-Rolle seines Vaters bei den Landständen gegangen war, fiel erst recht der Schrecken der Mittheilung über Lucindens spurloses Verschwinden auf Bonaventura's Brust ...

Es war am Abend vor der Abreise ... Sieben Uhr ... Draußen schon lange alles finster – Sein Gepäck geordnet ... Dann und wann blickte er auf die matterhellten öden Gänge des Kapitelhauses ... Es war ihm, als müßte es plötzlich pochen und als würde ihm wieder eine äußerste Erregung kommen ...

Konnte er sich verbergen, daß er Tag und Nacht an Lucinde dachte! ... Furcht vor ihren Drohungen zwang ihn dazu ... Jeder irgendwie bedeutendere Vorfall in seinem Leben weckte die Erinnerung an die ihn betreffenden Verhältnisse, die sie in ihrer ewigen Obhut zu haben erklärt hatte ... Diese Drohung, daß sie jeden Segen, den er zu verbreiten hoffte, in Fluch verwandeln könnte, vergaß er nicht und nahm sie, immer und immer wieder gedenkend, nicht so leicht, wie der Onkel ihm gerathen hatte ...

An diesem Abend vor seiner Abreise kam ihm wieder die trübe Vorstellung mit ganzer Macht ... In sich steigernder Angst hatte er seine Thür verriegelt ... Er hatte sich allen Abschieden entzogen ... Die Briefschaften an den Cardinal Ceccone, in denen die Curie um die Nachgiebigkeit Roms flehte, lagen in einem ge-*[336]*heimen Fach eines seiner mehrern Koffer ... Er rechnete an seiner Baarschaft, siegelte die Briefe nach Witoborn und Kocher am Fall und wollte zeitig zur Ruhe ... Das Dampfschiff brach schon in erster Frühe auf ...

Er hatte die Karte vor sich ausgebreitet ... Sein Auge schweifte bald auf die nächsten, bald die entferntesten Gegenden ... Auf Kocher am Fall, wo ihn ein Bangen ergriff: Den theuern Onkel siehst du nicht wieder –! ... Auf Westerhof und Witoborn, wo so viele Herzen gerade jetzt mit gleichen Empfindungen an ihn denken mochten ... Paula! ... Ein verklungener Glockenhall ... Jene „letzte Freude" seines Liedes vielleicht – „aufschäumend" vor dem Tode ... Die eigene Mutter – die ihre Theorie vom Nichtwissen, das dem Menschen bei mislichen Dingen besser wäre, als Wissen, auch auf die Verhältnisse mit Benno übertrug und dem Sohn noch vor kurzem geschrieben hatte: „Wittekind ist so gewissenhaft; rege ihn nicht auf mit Benno's Mittheilungen aus Wien! Allein schon die Nachricht über den Tod Angiolinens raubte ihm die Ruhe der Nächte" ... Auf die Donau sah er dann, auf Wien und seine Umgebungen, wo er den Grafen Hugo prüfen sollte –! Prüfen, glaubte er, ohne daß es Graf Hugo wußte – Ach, es war wieder jene Welt der Beichtgeheimnisse, in denen er lebte, jene Welt, wo der Sohn vom Vater, die Tochter von der Mutter, der Schüler vom Lehrer, Gesinde von der Herrschaft spricht ... Schon hatte er jene katholischen Priesteraugen, die so irrend umgehen ... Wird es dir in Rom, auf das er blickte, gehen wie *[337]* dem Augustinermönch Luther? ... Wirst du Castellungo berühren dürfen und deine Mutter – wirklich als in Bigamie lebend erkennen? ... Wirst du dich nur bei Nacht zu Frâ Federigo stehlen dürfen, wie Nikodemus zum Herrn? ... Wirst du so fortleben in deinem Beruf? Halb in Haß, halb in unerklärter Liebe zu ihm? ... Wo ist Versöhnung? ... Und siehst du Benno und die beiden flüchtigen Alcantariner? ... Siehst du das Schreckbild unsers Glaubens Klingsohr? ... Siehst du den „Abtödter", der – vielleicht am Brand in Westerhof betheiligt ist? ... Sinnend fiel sein Blick auf die Karte dahin und dorthin ... Mit den Alpen brach sie ab ... Da lag noch der St.-Bernhard ... Da lag St.-Remy, wo sein Vater begraben sein sollte ... Da Aosta ... Dann dachte er wieder, grade diese Gegend müsse er meiden, eben des Vaters selbst wegen, der todt sein wollte … Zuletzt ging es auf der Karte bergab gen Süden mit hundert kleinen Gebirgswässern, die wie Fäden eines Nervengeflechts dahinschossen, durchschnitten vom Längenmaß der Karte … Castellungo, Cuneo und Robillante lagen tiefer abwärts, am Fuß der Meeralpen, jenseit Turins …

So in das geheimniß- und verhängnißvoll Leere blickend, erschrak er vor einem plötzlichen Pochen …

Er glaubte sich geirrt zu haben … Das Pochen war leise und wiederholte sich nicht …

Das große Gebäude war in seinem Haupteingang verschlossen … Eines Ueberfalls verdächtiger Personen konnte er nicht gewärtig sein …

Das Pochen erfolgte nach einer Weile zum zweiten *[338]* mal und Bonaventura glaubte nun schon nicht anders, als Lucinde stünde draußen …

Der erste Strom, der sich von seinem erregten Gemüth über alle seine Nerven ergoß, war Todschrecken …

Seine Hand langte nach dem Klingelzug und klingelte …

Es währte lange, bis seine trauernde Renate kam und die verweinten Augen barg …

Sehen Sie doch, wer draußen ist! sagte er bebend … Ist es – die Ihnen – bekannte – Person, so bin ich nicht zu sprechen …

Mit diesen Worten ging er in das Nebenzimmer und horchte an der Thür, wer sich meldete …

Renate hatte geöffnet …

Die Stimme mußte nur leise sprechen … Bonaventura konnte nichts vernehmen …

Renate kam zurück und berichtete:

Es ist eine kleine gebrechliche Person … Eine Jüdin, wie sie sagte … Den Namen hab' ich nicht behalten …

Eine Jüdin konnte zu Bonaventura nur kommen, um über die Taufe zu sprechen … Der Fall war ihm neu … Lucinde war es jedenfalls nicht … Diesem Besuch konnte er sich nicht entziehen …

Ich esse nur wenig zu Nacht, sagte er milder zu Renaten, und gehe dann zeitig zur Ruhe ...

Renate seufzte und ließ ihren „Sohn" allein ...

Er betrat sein Zimmer ... Die bescheidene Jüdin war auf dem Corridor geblieben ...

[339] Treten Sie doch näher! sagte er und leuchtete mit der Studirlampe an die wieder von ihm geöffnete Thür ...

Eine kleine Person, in einen schön glänzenden schwarzen Atlasmantel gehüllt, der beim Verbeugen aufschlug und die rechte Schulter etwas höher zeigte, als die linke, in einem warm gefütterten großen Hut, aus dem zwei lange schwarze Locken und im Grund nur eine Nase heraussahen, trat einen Schritt näher und bat für die späte Störung um Entschuldigung ...

Womit kann ich dienen? fragte Bonaventura und stellte die kleine grünlackirte Studirlampe auf den Tisch, dem befangenen Besuch einen Sessel darbietend ...

Ich würde nicht gewagt haben – begann die kleine Gestalt – Herr Priester – Hochwürden – in so später Stunde – aber da ich – Verwandte – die von Ihrer Güte, lieber Herr – ich meine Herrn Seligmann in Kocher am Fall – ...

Herr Löb Seligmann! unterbrach Bonaventura die nur hustend, athemlos und räuspernd hervorgebrachten Worte mit der ihm eigenen Herzlichkeit ... Ist der Treffliche ein Verwandter von Ihnen? ...

Nicht zu nah und nicht zu fern! Gerade wie bei Verwandtschaften am besten ... lautete die schon dreistere Antwort Veilchen's, die jetzt ihren Namen Igelsheimer wiederholte und sich setzte, indem sie, als Bonaventura ihren Namen fragend nachsprach, sogleich fortplauderte:

Für unsere Namen können wir Juden nicht ... Die hat uns die Polizei gegeben ... Wenn auf die Aemter zu viel Moses und Isaaks und Abrahams kamen und *[340]* die Schreiber nicht wußten, welches der Abraham Moses und welches der Moses Abraham war, so nahmen die Herren Actuare voll Zorn ganze

Gemeinden her und sagten: Dem wollen wir bald ein Ende machen! ... Und da die Juden ohnehin die Vorstellung von Thieren auf der Jagd wecken, so kamen die schönen Namen Bär, Hirsch, Löwe, Wolf, Adler, auch Hausthiere: Ochs, Kuh, Rindskopf, Rindsmaul – Nur den Esel gaben sie keinem, weil Dummheit auf keinen von unsern Leuten passen wollte! Andere Namen sind nach den Orten gewählt, wo die Leute her sind, Fuld, Worms, Oppenheim – Ich weiß nicht, wo auf Ihrer Landkarte da mein Stammsitz Igelsheim liegen mag ...

Durch diese überraschend dreiste, aber anspruchslos vorgetragene Rede war Bonaventura gewonnen ... Er stützte den Arm auf seine Landkarte und rückte die Lampe näher, um, wie er sagte, vielleicht einen Familienzug mit der braven Frau Lippschütz zu entdecken, die in Kocher am Fall zu seinen speciellen Gönnerinnen gehört hätte ...

Ich bin aus der Art geschlagen! sagte Veilchen. Die Seligmanns sind sich untereinander nicht ähnlich. Der, bei dem ich wohne, Nathan ist er geheißen, in der Rumpelgasse, gleicht zu seinem Bruder, wie ein Holzapfel einem Paradiesapfel ...

Bonaventura hörte kaum den Namen der „Rumpelgasse", als er sich auf Lucindens letzte Beichte, auf Klingsohr's Beziehung zu dem Trödler Seligmann und die dabei erwähnte Hülfe einer Jüdin besinnen mußte ...

[341] Schon betroffen fragte er nochmals, womit er dienen könnte ...

Veilchen machte eine Pause und sprach, ihre zurückkehrende Verlegenheit durch das Lüften ihres Mantels verbergend:

Herr Priester! Ich möchte mir die Frage erlauben: Was halten Sie – von – der menschlichen Consequenz? ...

Bonaventura glaubte nun doch, daß von einem Religionsübertritt die Rede sein sollte und antwortete:

Sie kann eine große Untugend sein, wenn sie mehr ist, als Treue gegen uns und andere ...

Mit Erlaubniß ... Treue gegen andere kann nicht Consequenz

sein, entgegnete Veilchen ... Was die andern Liebe und Treue nennen, die man ihnen gewähren soll, führt den Menschen immer im Kreise rundum ... Die Liebe ist ja das eigensinnigste Ding von der Welt und Gegenliebe kann nicht consequent sein ...

Bonaventura fand in diesen Worten keinen Uebergang zum Bedürfniß der Taufe ...

Ich sagte schon, sprach er, daß ich die gerade Linie in unsern Handlungen nicht liebe, wenn sie zum todten Gesetz wird ... Aber keine wahre Liebe wird Untreue gegen uns selbst verlangen ...

Herr Priester, die Liebe will den Löwen zum Hasen, den König zum Bettler, den Philosophen zum Narren machen – Können Sie bleiben, was Sie sind, so hört die Liebe auf ... Frauenliebe gewiß ... Eine Frau verlangt, daß der Mann um ihretwillen seinen Glauben abschwört ... Sie verlangt's nicht immer und nicht *[342]* im ganzen Jahr und nicht bei feierlicher Gelegenheit; aber wenn sie gerade schlecht geschlafen hat, sagt sie: Das hilft gegen Kopfweh! und es muß dann sein ...

Wohl jedem, der von einer solchen Liebe verschont wird! entgegnete Bonaventura lächelnd ...

Aber alle Liebe ist so! meinte Veilchen ... Die Liebe will im andern untergehen, um in sich selbst – – desto schöner wieder aufzustehen ... So lieben wir einen Mann, so die Natur, so Gott ... Was ist Religion, Herr Priester? ... Gefühl von Kraft oder Schwäche? ... Bei den meisten wol nur von Schwäche ... Gott soll uns lieben, weil wir ihn lieben ... Er soll uns das ewige Leben dafür auswechseln ... So sind wir auch meist uns selbst getreu, d. h. „consequent", weil uns Inconsequenz ein heroisches Opfer kosten würde ...

Wo sollen diese Sophismen hinaus? dachte sich Bonaventura ...

Sie werden ungeduldig! sprach Veilchen, blickte nieder, schwieg eine Weile und begann ihren Hut etwas aufzubinden ... Die Verlegenheit machte ihr heiß ...

Bonaventura nahm ihr ganz den Hut ab und legte ihn auf den Tisch ...

Danke! sagte sie, indem sie sich die langen Locken strich ... Ich bin eitel ... Sie könnten glauben, mein Gesicht wäre blos Nase ... Sie ist freilich mein stärkstes Organ geworden ... Alle Menschen haben in ihrem Alter einen Theil des Körpers, der die Oberhand gewinnt ... Beim einen ist's der Magen, beim andern die Galle, beim dritten die Leber – bei mir die Nase! ... Ein feines Organ! ... Der Sitz der Phan-*[343]*tasie! ... Die Phantasie hab' ich in meiner dunkeln Rumpelgasse nöthig! ... Ich gehe des Jahrs nicht zehnmal an die Luft ... Ich will nicht! ... Was sag' ich – „will nicht!" ... Mein Wille stellt sich an den Kleiderschrank und wird verdrießlich, wenn er kein Kleid findet, das ihm zum Ausgehen paßt ... Consequenz! Wille! ... Ich kenne z. B. ein schönes junges Mädchen – ...

Veilchen hielt inne ... Ihr Auge blitzte forschend auf ...

Bonaventura athmete hörbar ...

Dem schönen Mädchen hab' ich oft gesagt: Deine Liebe, Kind, ist ein Irrthum; ist blos eine Lüge gegen dich selbst! Dich verzehren Eifersucht, Stolz! Deine Liebe gegen den gewissen Mann ist sogar blos Rache! Willst ihn nur quälen, immer an dich erinnern – sagst darum: Ohne ihn sterb' ich! ... Das Mädchen gibt's zu. Gibt zu, daß ich ihr sage: Du bedarfst dieser Einbildung, um Kraft zu haben, nicht gegen andere schwach zu sein! Möchtest sündigen – wenn die Natur sündigt – aber aus Berechnung klammerst du dich an deinen Wahn – nennst den Treue! ... Schüttelt sie den Kopf! ... Wahr ist's, das Mädchen ist geflohen vor einem schlechten Mann und wohnt versteckt in meinem Schlafstübchen und ist krank – aus „Liebe!" ...

Bonaventura hatte sich bei diesen Worten, die mit einem prüfenden, fast listigen Forschen der von unten her zu ihm aufblickenden Augen vorgetragen wurden, schon erhoben ...

Zwei Empfindungen kämpften in seiner Brust ... Ein Gefühl der Entrüstung über die dreiste Absicht die-*[344]*ses Besuchs

und die Verzweiflung um Lucindens nicht endendes Wühlen ...
Daß er eine Botin Lucindens vor sich hatte, sah er jetzt ...
Veilchen erschrak vor seinem Aufstehen und sagte einlenkend:
Bitte, mein Herr! Was ein römischer Priester gelobt hat, ich weiß es sehr gut und hab' es einst selbst erfahren ... Sie haben gewiß, setzte sie mit sich ermuthigendem, schärfern Ton hinzu, von jenem Leo Perl gehört – den Ihr Herr Oheim einst verführte – zu – einem gewissen Betruge ...
Dies Wort kam ganz muthvoll ...
Bonaventura starrte die kühne Sprecherin an, die über einen so mächtigen Blick dann doch den ihrigen wieder niederschlug ...
Bitte, Herr Priester! flüsterte sie ... Vergebung ... Aber wahr ist's doch ... Herr Leo Perl hatte mir die Ehe gelobt ... Ich weiß nicht, ob ich zum Lachen bin, wenn ich mit dieser Gestalt sage, daß ich nach Witoborn reiste mit unserer Base, Henriette Lippschütz, und mit ihrem Mann – und daß wir ein Fenster mietheten dem geistlichen Seminar gegenüber ... Ich war nicht schön, aber ich hatte noch Wangen um diese große Nase ... Ich hatte einen Mund noch mit Lippen ... Kein Bild war ich, aber weiße – unechte Perlen standen mir gut im schwarzen Haar ... Der arme Narr, der ein Heiliger werden wollte, weil er Jesum von Nazareth glaubte bei der falschen Hochzeit beleidigt zu haben – ...

[345] Bonaventura konnte keine Worte für sein Erstaunen finden ...

Vom Kronsyndikus von Wittekind mein' ich die Hochzeit mit der Italienerin! ...

Veilchen, die einzige Vertraute Löb Seligmann's, sprach fest und bestimmt ...

Während Bonaventura vor Entsetzen sprachlos starrte, kehrte Veilchen auf die Erscheinung, die sie am Fenster abgegeben haben mochte, zurück und sagte:

Jedes Auge ist schön, wenn Thränen darin stehen ... So erregte auch mein bittender Gruß, mein verzweifelnder Blick in das geistliche Seminar hinüber, wo ich den gelehrten Mann hinter Eisenstäben erblickte, seine Verzweiflung ... Er wollte umkehren ... Ich erfuhr es ... Aber es war zu spät ... Um der Thränen willen, die ich Ihrem Oheim verdanke, Herr Priester, verzeihen Sie mir, daß ich Ihnen in so später Nacht aufs Zimmer komme und Sie bitte: Hören Sie dem Fräulein Lucinde, ehe Sie reisen, und wenn in diesem Augenblick, noch einmal – einmal – die Beichte ...

Bonaventura war über die Bekanntschaft einer dritten Person mit diesen tiefsten Geheimnissen seiner Familie außer sich ...

Er stand nur, unbekümmert um Lucindens jetzt vorauszusetzende unmittelbare Nähe, unbekümmert um die durch einen solchen Nachtbesuch ihm drohende Beschädigung seines Rufes, und starrte die Sprecherin mit vor Schreck geöffneten Augen an ...

Fürchten Sie aber nichts, Herr Priester! sagte Veil-*[346]*chen ... Das schönste Wissen einer Frau ist das, das sie in ihr Herz einschließt ... Und was ich **Ihnen** sage, weiß ich auch nur von einem, der, wie unsere ganze Familie, vor dem Dechanten in Sanct-Zeno viel zu viel Verehrung und Liebe hat, um je davon einen Misbrauch zu machen ... Der Mann wird Sie sehen, Sie mögen ihn fragen, woher er diese Dinge in Kenntniß genommen hat und er wird Ihnen ausweichen und Sie blos fragen – nach Bröder's lateinischer Grammatik ...

Löb – Seligmann?! ... sagte Bonaventura mit tonloser Stimme ...

Von ihm weiß ich, fuhr Veilchen fort, daß Leo Perl mich nicht aus Untreue verließ, sondern gezwungen durch Umstände, die ihren Grund auch in seinem ungläubigen Aberglauben, seiner geistreichen Narrheit gehabt haben mögen ... Ich weiß aus hundert Briefen, daß er den menschlichen Willen bestritt und nichts gelten ließ, als den Zufall ... Er liebte Ihren Oheim so, daß ich darauf eifersüchtig wurde ... Er nannte überhaupt die Leichtsinnigen erst die wahren Menschen ...

Bonaventura hatte nun die äußerste Furcht um Benno's Geheimniß, um Lucindens neue Mitwissenschaft so gefahrvoller Verwickelungen ... Diese Furcht äußerte er zunächst ...

Werd' ich, sagte die Jüdin, da ich schon die Liebe des Mädchens zu Ihnen eine Rache genannt habe, noch neue Kohlen darauf schütten! ...

Dann bat sie, daß im Gegentheil der Herr Domkapitular den gezwungenen Lauscher auf Schloß Neuhof *[347]* schonen möchte ... Sie erzählte dessen Abenteuer ... Sie fügte hinzu, daß er zwar die Charaden gehört hätte, aber nicht ihre Auflösung ... Sie verlor sich in die Erinnerung an Leo Perl und schloß: Er fand den Hochmuth der Sängerin Maldachini gewiß nur lächerlich, weil er sagte: Was ist denn Eure Tugend? ... Die Bequemlichkeit der Umstände! ... Und seinem Freund, dem damaligen Kaplan von Asselyn, konnte er nichts abschlagen ... Seine Angst und die Scham kam erst, als er die Priesterkleider schon anhatte und die betrogene Frau vor ihm stand ... Da weiß ich, daß er gern hinausgestürzt wäre in den hellen Mondscheinwald und hätte, schon um zu büßen – denn büßen, das ist grade unser Jüdisches – die Kleider nicht wieder abziehen mögen ... Auch daß er zur Sühne an dem Betrug einen andern schönen Park, den in Kocher am Fall, aufgab, den Park, wo ich von ihm Spinoza und Liebe – ohne Leidenschaft kennen lernte, auch das ist diese Kasteiung, die die Christen blos uns Juden verdanken ... Das Christenthum ist die größte Schmeichelei an uns Juden ...

Ein Lächeln begleitete diesen Scherz ... Doch es erstarb schnell, da sie Bonaventura's Erregung sah ... Sie fuhr fort:

Vor seinem Tode gab Perl einem Mönch Namens Hubertus, er ist jetzt in Rom, eine lateinische Schrift, die dieser einem hohen Geistlichen in Witoborn übergeben sollte, aber erst dann, wenn er ohne ein Aergerniß begraben worden wäre ... Seltsam, daß ich diese Schrift gesehen habe ... Ich sah sie in der Hand des *[348]* Fräulein Lucinde ... Es war in diesem Jänner ... Kurz vor Ihrer Abreise nach Witoborn ... Das Fräulein brachte die

Schrift von einer gefährlichen Unternehmung mit, von der Sie ja wissen – als sie den Pater Sebastus aus dem Profeßhause befreien wollte ...

Bonaventura stand voll bebender Combinationen: Leo Perl – Seine Reue über den Uebertritt – der Zwang des Kronsyndikus – Seine Pfarre in Borkenhagen – Seine eigne Taufe durch Perl – die Schrift – Lucindens Drohung – ...

Veilchen fuhr fort:

Es war ein Brief, den ich nicht lesen konnte – in Latein – Aber vielleicht war es derselbe an den Bischof von Witoborn, von dem Löb Seligmann gehört hat, daß er leicht in die Hände Ihres seligen Herrn Vaters hätte kommen können, da dieser gleich nach dem Tode des Bischofs Konrad, der unmittelbar nach dem Tod des Leo Perl erfolgte – die geistlichen Archive – ordnete ...

Bonaventura hörte nur – ... Aber er hörte, wie der Verbrecher in Vorahnung eines über ihn gefällten Todesurtheils den Anfang seiner Sentenz lesen hört ... Er wollte nicht verrathen, was in ihm vorging ... Er wollte seinem Antlitz den Ausdruck der Ruhe und Fassung geben ... Umsonst ... Ein eisiger Frost durchschüttelte seine Glieder ... Seine Zähne fingen an zu zittern ... Er ahnte einen tiefen, tiefen, ewigen Verdruß seines Lebens ... Er that einige Schritte vorwärts und sank auf einen Sessel ...

Mein Gott im Himmel –! rief die Jüdin, er-*[349]*schreckend ebensowol über Bonaventura's Anblick, wie über ihr Unvermögen, einem ohnmächtig werdenden Manne helfen zu sollen ... Was ist Ihnen? ...

Bonaventura's Gedanken konnten nicht anders lauten, als:

Lucinde sagte, mit dem Inhalt jenes Briefes könnte sie dich ewig in ihren Händen halten? Deinen Segen könnte sie in Fluch verwandeln? Selbst wenn du die dreifache Krone trügest, könnte sie alle deine Handlungen ungeschehen machen? ... Was gibt ihr diese Kraft? ... Was gibt dir – diese Unkraft? ... Bist du –

kein Christ –? ... Bist du nicht getauft –? ... Bist du nicht – richtig getauft –? ...
Nun schossen seine fiebernden Gedanken weiter:
Du bist von Leo Perl in den Tagen getauft, wo sein Gemüth
5 von Reue über seinen Schritt, von Wuth über den Kronsyndikus, der ihn zwang, Priester zu bleiben, ergriffen war ... Diese Stimmung behielt er vielleicht lebenslang ... Seine ganze Stellung war die der Zerfallenheit mit sich, die der Reue über sein übereiltes Christwerden, der Rache für den Zwang, der ihm zuletzt auferlegt
10 wurde, der jahrelangen Verstellung ... In dieser Schrift bekannte er sich schuldig, alle seine kirchlichen Functionen ohne Absicht und Direction des Willens vollzogen, dich und andere „ohne Intention" getauft zu haben ... Der Bischof starb schnell hinter Leo Perl ... Sein Vater nahm die Urkunde an sich und unterdrückte
15 sie ... Leo Perl war todt, das Verbrechen war geschehen, nicht anders rückgängig zu machen, als durch neue Taufe ... Dein Vater, das Auf-*[350]*sehen einer solchen Handlung fürchtend, längst schon – ihrer Ehescheidungsverweigerung wegen – zerfallen mit der Kirche, behielt diese Urkunde, zerstörte sie jedoch nicht, son-
20 dern legte sie für künftige Enthüllungen zurück, band sie ohne Zweifel dem alten Mevissen auf die Seele ... Dieser nahm sie mit in sein Grab, wo sie lange Zeit unzerstört bleiben konnte, bis sie gefunden werden sollte, dann vielleicht – wenn es Frâ Federigo, vielleicht einst am Tag der Versammlung unter den Eichen von
25 Castellungo, begehrte ... Picard fand dies Papier im Sarge und gab es Lucinden zur Uebergabe an mich ... Lucinde las es ... Sie, sie, die die ganze folgenschwere Wucht unserer Lehre von der Intention bei priesterlichen Handlungen kennt, die Lehre von der wirklichen Absicht, auch den äußern Ritus so zu mei-
30 nen, wie man ihn vollzieht, sie, die schon höhnisch sagen konnte, Ulrich von Hülleshoven und Monika, die gleichfalls in jener Zeit von Leo Perl getraut worden, könnten in Rom bei der Behörde der Gnadenertheilung, der Sacra Dataria, ihre Ehe getrennt erhalten – Sie weiß es, daß du nach unsrer Lehre der von

Rom ganz in die Priestermacht gegebenen Seele ein Ungetaufter bist, ein Nichttheilnehmer, noch weniger ein Förderer am Gottesreich ... Sie konnte dir drohen, daß alle deine Handlungen als Priester zurückgehen müßten, wenn sie, sie es wollte – Denn nach Roms Gesetzen bist du, ob auch getauft, ein Heide –! ...

Die Hände schlug Bonaventura vor die Augen ... Zwei Convertiten, Leo Perl und Lucinde, hielten das katholische Christenthum an seinen Consequenzen fest *[351]* ... Was Jedem Thorheit erschienen wäre, für die Welt, in der Bonaventura eingesponnen lebte, lag hier ein unermeßliches Aergerniß vor ...

Er besann sich und that, als wollte er nur einen plötzlichen Anfall von Unwohlsein verbergen ...

Es wird vorübergehen! sprach er und hielt die Jüdin zurück, die, thatunkräftig wie sie war, zwar nach Wasser sich umblickte, nicht aber darnach gehen konnte ... Obgleich Glas und Flasche hinter eben demselben Epheu standen, den damals Lucinde zerpflückt hatte ...

Das sah er, die Jüdin besaß nicht Lucindens ganzes Vertrauen ...

Ihre Flucht vor Nück, ihre Liebe hatte sie ihm gestanden ...

Die Jüdin hatte es vielleicht aus eignem Antrieb übernommen, den tugendstolzen Priester in seiner Abweisung menschlicher Schwäche wankend zu machen ...

Das aber sah er: Sie wußte nichts vom Inhalt der Leo Perl'schen Schrift, nichts von der Bedeutung der Intention in der katholischen Kirche ... Sagte sich Leo Perl bei der Taufe Bonaventura's: Ich habe nicht die Absicht, daß das, was ich eben thue, das ist, was die Kirche damit will! so war und blieb Bonaventura – ein Heide ...

Der Gefolterte, dem das Schicksal alle Prüfungen der Seele verhängt zu haben schien, hatte vom Stuhl, von dem er sich erhob, mühsam das Kanapee erreicht ...

Da sank die lange schlanke Gestalt allmählich und langsam nieder ...

[352] Das blasse Haupt aufstützend rang er nach Fassung ... Seine Gedanken rollten ihm um wie die wirbelnden Kreise des Philosophen von Eschede ... Sie traten ihm wie ein buntes Flimmern vor die Augen ... Er wußte keine Vorstellung mehr festzuhalten ... Vorwürfe, Anklagen, mit denen sich das bedrängte menschliche Herz in solchen Lagen zu helfen pflegt, kamen ihm nicht natürlich und freiwillig ... Nur ein Chaos der schmerzlichsten Vorstellungen über die Thatsache und ihre Folgen war es ... Es rief ihm alles: Also auch das ist möglich! Möglich unter Menschen, die sich auf diese Art glauben unter die Herrschaft des Geistes gestellt zu haben! ... Das geschieht dir, dir mit deinem redlichen Willen, der dir befiehlt, nicht zu murren gegen dein halb schon bereutes Priesterjoch! ... Das geschieht dir in dem Augenblick, wo du dein größtes Opfer bringen wolltest, dein eigenes Grab zu graben, das Grab deiner Liebe! ... Nun noch dies! Noch dies!... Und Lucinde die Zauberin dieses Spukes, der dich ein Leben lang wie Hexengruß im falben Mondlicht äffen wird! ... Sollst du deine Würde niederlegen? ... Sollst du dem Generalvicar dich anvertrauen und bekennen: Du bist kein Christ?! ... Sollen alle deine kirchlichen Handlungen, die deine ungetaufte Hand verrichtete, erst nachträglich von einem Spruch Roms die Kraft des Sakramentes erhalten! ... Nein! Nein! Nein! Ich trotze dem Geschick und lüge! Ich muß, ich muß lügen! ...

Die Jüdin sah diese Seelenkämpfe, zitterte, fragte, bat und – hoffte ...

Sie konnte seinem Gedankengang über den Inhalt *[353]* des von Lucinden gefundenen Briefes nicht folgen ... Sie würde selbst aus dem Judenthum heraus, aus der Religion des Gesetzes, kaum begriffen haben, wie ein Gemüth, lebte es auch noch so sehr im steten Gewissenszwang, so doch über Sonnenstrahlen fallen, so über Spinnenfäden straucheln konnte ... Sie würde mit Christus gesagt haben: Ihr verschluckt Kameele und seigt Mükken! ...

„Das Christenthum ist die größte Schmeichelei an uns Juden" – und Bonaventura stand wie ein Verbrecher ... Dämonische Stimmen raunten ihm zu: Offenbare dich doch Lucinden! Was trennst du diesen Schatten deines Daseins von dir selbst? Lucindens Liebe, Verschwiegenheit, Frevelmuth? ... Mit ihr vereint ist ja alles still – Mit ihr vereint erstirbt ja der Hohn, der um dich her aus tausend Larven rufen wird: Auch du wandelst den Weg der Lüge! ...

Schieben Sie Ihre Reise einen halben Tag auf! sagte Veilchen ... Hören Sie die Beichte des armen Mädchens ... Sie will nichts, als Ihnen ein Bild ihres gegenwärtigen Innern geben, vieler Geheimnisse, die sie drücken, auch der Ursachen, warum sie so plötzlich das Haus des Oberprocurators verlassen hat ... Ich versichere Sie, es muß eine große Begebenheit gewesen sein, die sie zu mir getrieben – Zu mir, in die dunkle schmutzige Rumpelgasse, zu meinem unausstehlichen Nathan, den ich nun schon dreißig Jahre nehmen muß, wie er ist ... Ich möchte schwören, daß in Holland, wo sie den ganzen Tag putzen und scheuern, keine Stube so sauber und rein ist, wie meine Schlafstube im *[354]* dritten Stock unseres Hauses, das wir glücklicherweise allein bewohnen, und doch thut mir das stolze Kind leid – im reinsten Glase Wasser sieht sie Judenthum ... Aber sie hat keinen Ort gewußt, wo sie sich verbergen sollte ... Ich dürfte nicht an Ihrer Stelle sein, Herr Priester ... Schon aus Neugier, was sie von der Marcebillenstraße verjagt hat ... Acht Tage ist sie bei mir ... Der Nathan sieht die Polizei jede Stunde kommen ... Ich hab' ihm versprochen, die Strafe aus meiner Gage zu zahlen – 30 Thaler jährlich, Herr von Asselyn! Ich bin der wohlfeilste Buchhalter an der deutschen Börse ... So hockt sie verzweifelnd auf meinem Kanapee, schreibt Briefe, zerreißt sie, hat nichts bei sich, als ein Bündel, mit dem sie aus dem Nück'schen Hause entflohen ist ... Hat der Mann Ihre Ehre verletzt? rief ich sie an ... Sie antwortete mir darauf nichts, sah aber aus, als käme sie vom Richtplatz und erst seit drei Tagen hör' ich sie weinen – weinen wie im Brustkrampf! ... Sie sagt: Mein Unglück ist, ich falle über mich selbst! Ich bin nur für die Schlechten da! Ich habe etwas in meiner Art, das selbst die, die mich lieben wollen, an einem einzigen Tage zu meinen Feinden macht! ... Könnt' ich ihm nur einmal noch alles sagen und beichten! sprach sie dann ... Ich gestehe, Herr Priester! Von dem Wort „Beichten" hab' ich keinen Begriff ... Je mehr ich bei mir selbst behalte, desto fester und besser werden meine Gedanken ... Ja die mauern sich dann erst recht aus wie ein Schwalbennest, das ganz sauber werden kann aus lauter kleinem Schmutz ... Müßt' ich alles, was ich denke und eben erlebte, *[355]* so frisch und weich wieder von mir geben, würde ich wie ein leckes Faß ... Ich bin katholisch! sagte sie mir darauf ... Mein Gott, da stritt ich nicht mehr und weil ich die Neigung ihres Herzens schon durch die Bekanntschaft mit dem Herrn Pater Sebastus wußte und wie die Gefahr, nicht an Ihr Ohr zu gelangen, zu groß wurde durch Ihre Abreise, da sagt' ich: Wissen Sie – Ich will für Sie gehen, Fräulein, wie Eliezer ging auf die Werbung für Jakob ... Sie umarmte mich, begleitete mich bis hieher – Unten in der dunkeln Gasse da – sehen Sie, da steht sie und wartet ... Geben Sie der Armen den Trost, daß sie Ihnen noch einmal, nur als einem Priester versteht sich, ihr Herz ausschütten kann ...

Bonaventura's Gedanken sammelten sich in der Vorstellung, was Lucinde so plötzlich aus dem Hause Nück's entfernt haben mochte ... Auch an den Brand und an die Urkunde dachte er ... Er stand sinnend und zögernd ...

Die Jüdin blickte aus ihren klugen Augen mit jener List hervor, die auch das gutmüthigste Kind im Spiele hat, wenn es Freude an einem Sieg seiner Klugheit verräth, ohne damit Böses zu wollen ...

Bonaventura hatte sich erhoben ... Er hielt sich vom Fenster fern ...

Er überlegte und sah die Scene, die ihm mit Lucinden drohte ... Sie konnte jetzt nicht anders enden, als mit ganzer Vertraulichkeit über alles, was ihn drückte ... Ein gemeinschaftliches Geheimniß zu bewahren bindet die Seelen wider Willen ... Er hätte Lucinden nicht *[356]* anblicken können ohne zu sagen: Den Brief des Geistlichen Leo Perl – gib mir zurück oder zerreißen wir ihn und laß' ihn zwischen uns ein ewiges Geheimniß bleiben! ... Sich einem Weib verpflichtet fühlen, raubt dem Mann seine Selbständigkeit und Dank ist schon an sich eine Pflicht, die eine edle Seele nie karg abträgt ...

Bonaventura ging eine Weile auf und nieder ... Er kämpfte ... Endlich hatte er entschieden ... Er wollte, er konnte nicht nachgeben ... Er sah in die Zukunft – ahnte, daß sie ihn immer und immer in Lucindens Bahnen führen würde ... Jetzt aber, jetzt in dem letzten Opferdienst seiner Seele für Paula, wollte er sich rein erhalten ... Er schüttelte sein Haupt und sprach: Ein andermal! ... Und für sich: Komme was komme! ...

Die Jüdin stand in der Nähe der Thür, schon ihren Hut in der Hand ...

Es schlug neun ...

Ich kann meine Reise nicht aufschieben, fuhr Bonaventura fort ... Erklären Sie – Lucinden, ich käme – ja zurück – und dann – dann vielleicht ...

Veilchen schüttelte ungläubig den Kopf ...

Das bestreitet sie – sagte sie ... Sie behauptet, Sie kämen nie zurück ...

Bonaventura ließ, wie ein Ueberwundener, nur die Arme sinken und schüttelte ablehnend sein leidendes Haupt ...

Woraus schließt sie das? fragte er, vor Ueberanstrengung seiner Seele völlig kraftlos – ...

Veilchen erwiderte:

Man würde Sie in Wien fesseln, sagte sie ... Schon *[357]* wäre ein Verwandter von Ihnen gefesselt worden ... Man würde Sie nicht sehen können, ohne die nicht zu beneiden, denen Sie immer angehörten ... Ich wiederhole ihre Worte ... Sie nennt schon einen Bischofssitz, der für Sie bestimmt ist, Herr Priester ... Robillante in Italien oder einen ähnlichen Namen ... Im Thal von – Castellungo – Das ist der Name ... Ich habe ihn behalten ...

Bonaventura faltete nur die zitternden Hände ...

Die beiden Mönche, fuhr Veilchen fort, die dieses Frühjahr von Witoborn entflohen, haben aus Rom geschrieben, daß in ihrem Kloster ein Mönch lebt, der ein Bisthum ausgeschlagen hätte, das ein mächtiger Cardinal gelobt hätte, dem heiligsten Priester in der Christenheit zu geben ... Und in Wien sind – Sie, Sie, Herr Domkapitular, schon dafür genannt worden ... Das wurde hereingeschrieben ... Lucinde weiß alles ... Sie werden in Wien mit diesem Anerbieten empfangen werden ...

Bonaventura hörte nur ...

Eine Besinnung, eine Fassung lag nicht mehr in seiner Kraft ...

So hörten Sie selbst das noch nicht? fragte die Jüdin, immer hoffend, den Zweck ihres Besuchs zuletzt noch erreichen zu können ...

Bonaventura hauchte:

Sie – berichten – mir – Wunderdinge ...

Er ließ sich die Namen noch einmal nennen ...

Es waren und blieben die Namen Robillante und Castellungo ... Die Orte, wo Paula leben sollte – *[358]* wo Frâ Federigo lebte ... Er sah Benno, Olympia, Ceccone betheiligt ... Das war das von Benno erwähnte Bisthum ... Gaben es ihm wol gar – die Jesuiten? dachte er einen Moment ...

Verlassen Sie sich! fügte Veilchen hinzu ... Sie kommen nicht zurück ... Sie werden in Italien ein Bischof ...

Ohne noch zu widerreden, faltete Bonaventura, überwunden von den Fügungen seines Geschicks, aufs neue die Hände ... Er sah, wie mit übergeistigtem Auge, Paula auf dem Schlosse, auf dem sie einst in ihrer Vision die Fahne mit den Dorste'schen Farben erblickt hatte ... Seinen Vater sah er unter den Eichen von Castellungo ... Ein Glanz umfloß ihn wie die himmlische Morgenröthe ...

Dennoch schüttelte er den Kopf auf die wiederholten Bitten der Jüdin ...

Herr Priester! ... Das ist grausam, wallte diese auf ...

Solchen Worten zürnte er nicht mehr ...

Gute Nacht, Liebe! sprach er ... Dank für Ihre Verschwiegenheit – wegen dessen, was Herr Seligmann hörte, eine Verschwiegenheit, auf die ich bei unserm gemeinsamen Gott fest und heilig baue ... Sagen Sie aber Lucinden: Wer allwissend ist, ist auch allmächtig! ... Was kommt sie zu mir –! ...

Herr Priester –! bat Veilchen noch einmal inständigst ...

Komm' ich in der That nicht wieder, so wünsch' ich ihr alles Glück und jeden Frieden des Gemüths ... Ich danke Ihnen, daß Sie ihr Bote wurden ... Sie *[359]* sind treu, was Sie auch gegen die Treue sagen ... Doch gehen Sie, ohne mich noch wankend machen zu wollen ... Es gelingt nicht ... Drohungen, die Lucindens Charakter entsprechen, schrecken mich nicht; ich kann, sagen Sie ihr's, alles ertragen ... Noch eins! Ist sie hülflos, so schreibe sie offen und getrost – an meinen Oheim in der Dechanei ... Das ist nicht wahr, daß alle vor ihr fliehen ... Der Onkel verehrt sie wahrhaft; er wird alles für sie thun ... Sagen Sie ihr das! Mein Oheim ist ganz der Freund, den sie sucht ... Sagen Sie ihr auch – daß ich glücklich bin über ihre Trennung von Nück und daß ich nie in dem Verhältniß ein Arg gefunden ... Nicht aber mehr ... Ich kann nicht anders ... Die Kraft fehlt mir, all die Bürden zu tragen, die mir ihre Beichte noch auferlegen würde ... In Zukunft! ... Ich reise morgen in erster Frühe ... Nun bleibt es dabei ...

Damit half Bonaventura Veilchen schon den Mantel auf die Schultern legen ...

Sie schüttelte den Kopf wie über die Thorheit der ganzen Welt ... Still befestigte sie ihren Mantel ...

Bonaventura leuchtete ihr hinaus und begleitete sie über den

Corridor bis an die nächste Treppe ... Diese war erleuchtet ...
Veilchen wandte sich noch einmal, sah den Priester mit ihren
geöffneten Augen wie einen bemitleidenswerthen Wahnbefangenen an und schlich die Treppenstufen nieder ... Bonaventura
wartete, bis er hörte, daß sie das Hausthor gefunden ...

Dir sind wol schon hundert wie mit unsichtbaren Ketten gebunden, die dir beichteten, sagte er sich, zurück-*[360]*kehrend in
sein Zimmer, mit dem ganzen ausbrechenden Schmerz seiner
Seele; aber wie du gebunden, du umstrickt bist von deinen eigenen Lebensräthseln, das ist ein Verhängniß wie im Haus – der
alten Labdakiden! ...

Und des so wohlthuenden Eindrucks der Jüdin gedenkend,
rief er laut:

Gott der Christen – Gott der Juden – Allah –! ... Zeus! ... Ja
auch der Olymp herrscht noch ... Nicht alle Götter der Alten
sind in nichts zerflossen ... Die Nemesis – die Tyche – die Keren haben ihr Amt behalten ...

Der Gedanke, daß ein Bisthum neben dem Schlosse, wo
Paula wohnen sollte, für ihn eine Unmöglichkeit wäre, stritt mit
der Ungewißheit über den Eindruck, den ihm Graf Hugo machen
würde und nach dem er doch der Wahrheit gemäß entscheiden
sollte ...

Sein Lager suchte er, um nur allein die müden Muskeln zu
strecken ... Schlaf, wußte er, würde ihn fliehen ... Träumte er,
so würde der Ungetaufte – vom Jordan träumen ...

In der That erhob er sich vor Sonnenaufgang ohne Stärkung ...

Es war ein nebeliger Morgen ... Er kleidete sich an ... Renate credenzte ihm den gewohnten Labetrunk ... Sie weinte ...
Der gute und ernste Mann war ihr wie ein Sohn geworden und
seit Monaten sah er krank und zerfallen aus und auf wie lange
verreiste er ...

Auch in Bonaventura's Auge standen Thränen ... Er ahnte,
daß er die alte Frau nicht wiedersehen würde ...

[361] Rings blickte er auf seine Bücher, seine Bilder ... Es war ein Abschied auf ewige Zeit ...

Die Huldigungen, die seiner ersten Abreise gebracht wurden, fehlten auch dieser zweiten nicht ...

Für die von ihm etwa abgefallenen Seelen waren andere eingetreten und die Feierlichkeit der Begrüßung im Kapitelhofe war sogar noch größer, als früher durch Schnuphase's Rede ... Sie war geordneter ... Die Curie hatte an dem Erfolg dieser Reise das höchste Interesse ... Viele der alten Herren traten selbst an seinen Wagen ... Dies war ein ganz eleganter, den Bonaventura gar nicht bestellt hatte ...

Den von Glückwünschen fast Erdrückten hob Thiebold, der gestern nur zum Schein Abschied genommen hatte, in seinen eigenen Wagen ... Er hatte alles so arrangirt ... Der gestrige Abschiedsbesuch maskirte die Absicht, den Hochverehrten nicht blos bis an das Dampfboot zu begleiten, sondern auch noch eine Strecke weiter hinaus ...

Die Blumen wurden einem Altar der Kathedrale übersandt, an dem Bonaventura oft celebrirte ...

Thiebold ließ sich nicht nehmen, bis zum Hüneneck mitzufahren ... Zwei Stunden lang „zerstreute" er die stille, der Sammlung bedürftige Seele des unglücklichen Priesters ... Erst am Hüneneck verzogen sich die Nebel ... Die Gegend, selbst im Winteranfang lieblich wie immer, entschleierte sich ... Thiebold konnte nicht allen Empfindungen Ausdruck geben, die ihm der Anblick Lindenwerths, der Blick nach Drusenheim und dem Geierfels hinüber machte, wenigstens nicht in Bonaventura's *[362]* Gegenwart ... Am Gasthaus zum Roland landete der Dampfer ... Thiebold stieg hier aus und erneuerte den Abschied ...

Als Bonaventura allein war und tiefbewegt Rundgänge, die denen in seinem eigenen Geisteslabyrinth glichen, auf dem Verdeck machte, das erst jetzt von seiner Reinigung und der Nebelnässe zu trocknen anfing, bemerkte er, gerade beim Hinblick auf die Maximinuskapelle und den Sanct-Wolfgangsberg, hinter dem sein altes stilles Glück lag, einen jungen Mann, der, mit dem Rücken an den Radkasten der Maschine gelehnt, ihn mit großen durchbohrenden Augen ansah ...

Die Gestalt war nicht zu groß, zierlich und behend ... Die Kleidung elegant ... Ein Mantel von dunkelbraunem Tuch mit offenen Aermeln, am Kragen besetzt mit schwarzem Sammet, das Futter von einem langflockigen Zeuge und Schnurtroddeln geschmackvoll zum Zusammenhalten des Mantels – Darunter ein schwarzer enganliegender Oberrock ... Die Cravatte schwarz; ebenso die Handschuhe ... Ein feiner ganz neuer Hut auf dem Kopf ... Die Haare kurzgeschnitten ...

Ueber den starren Ausdruck des bräunlichen zierlichen Antlitzes flog ein Erröthen und ein verlegenes Lächeln, als Bonaventura's Blick länger auf dem jungen Mann verweilte ...

Doch zerstreute ihn bald die theure, geliebte Gegend ...

Es ging vorüber an der Maximinuskapelle, am „Weißen Roß" ...

Bonaventura bemerkte den jungen Passagier nicht *[363]* mehr ... Auch später bei gemeinsamer Tafel fehlte die Gestalt, die ihm den unheimlichen Eindruck einer Aehnlichkeit mit Lucinden machte ...

Hafenruhe konnte erst spät gegen Abend um zehn Uhr geboten werden ...

Der junge Passagier war verschwunden ...

Die Fahrt ging zuletzt im Dunkeln und bedurfte der Vorsicht ... Aber so kalt es wurde, die Passagiere verbrachten die längste Zeit lieber auf dem Verdeck ...

Bonaventura ging auf und nieder ... Ein Berg mit einem hochthronenden Schlosse führte ihm die Scene vor, die Benno mit dem Staatskanzler erlebt und geschildert hatte ... Es war schon bald bei Ankunft in der großen alten „goldenen" Stadt, wo die Rast für die Nacht stattfinden sollte, als Bonaventura wieder den jungen Mann erblickte, eingeschlagen in seinen weiten Mantel und nicht weit vom Steuerruder sitzend ...

Er rückte und rührte sich nicht ...

Ging aber Bonaventura an ihm vorüber, so war es ein einziger unter dem etwas breitrandigen schwarzen Hut und aus der Umhüllung des emporgezogenen Sammetkragens hervorzukkender Blitz der Augen – ein Funkeln, wie ein Käfer in der Nacht aufglüht, ein Funkeln, wie ein lauerndes Raubthier sich durch nichts, als seine Augen verräth ... Kein Laut, keine Bewegung, als ein Zurückziehen des lackirten zierlichen Stiefels, um dem Vorübergehenden Platz zu machen ... Die Situation, die Zeitdauer, alles bot dem Priester Muße, sich an die entsetzliche und doch fast beruhigende Vorstellung zu gewöhnen: Wenn das Lucinde wäre! ...

[364] Beim Landen, beim Wohnen in einem „Rheinischen Hof" war die Spur des jungen Mannes verschwunden ...

Nach zwei Tagen und einem Aufenthalt in Frankfurt befand sich Bonaventura in der Stadt, wo er im Seminar gewesen ...

Es war dasselbe Seminar, von dem Serlo erzählte ...

Er besuchte alle ihm denkwürdigen Plätze der Erinnerung ... Die Altarstelle, wo er zum Priester geweiht worden ... Das Zimmer, wo Paula in der orthopädischen Anstalt lag ... Den Bischof, bei dem Lucinde convertirte ... Den Mitgeweihten Niggl, einen noch immer zwischen dem Naiven und Excentrischen unpraktisch, brausend und schnaubend hin- und herfahrenden, gutmüthigen Phantasten ...

Bonaventura sah und begrüßte alles wie zum letzten mal ...

Auch das berühmte Hospital des alten Bischofs Julius sah er ... In dem botanisch gepflegten Garten schien die Jahreszeit noch nicht der November ... Die Genesenden saßen zwar nicht im wärmenden Sonnenstrahl, aber die Irren rannten hin und wieder, gesticulirten und sprachen aufs zufriedenste mit sich selbst ...

Da wieder der Anblick des jungen Mannes vom Dampfboot ...

Kaum schoß er an ihm und an Niggl, der ihn begleitete, vorüber, so sagte dieser:

Wer war nur das? Das Gesicht ist mir so bekannt ...

[365] Nach wenigen Augenblicken, wo der junge Mann verschwunden war, begann Niggl, von unbewußter Ideenassociation geleitet, von Lucinden als von einer Hocherleuchteten, von einer durch Nück und Hunnius und viele andere in alle Vorkommnisse des innern Kirchenlebens Eingeweihten ... Er scherzte über die ihm wohlbekannte Neigung derselben zu seinem Besuch ... Beda Hunnius hatte ihm darüber Mittheilungen gemacht ... Er wußte schon, daß sie von Nück sich entfernt hatte, und vermuthete, sie wäre nach Belgien, um Jesuitesse zu werden – „Redemptoristin" – nach dem äußern Ausdruck ...

Das Gespräch kam von dem verfänglichen Gegenstand ab ...

Bonaventura sah den jungen Mann nicht wieder, aber sein Herz bebte von den trübsten Ahnungen ...

Die Donau kam ... Bonaventura bewunderte den regensburger Dom und bestieg die Höhe, auf der König Ludwig die Walhalla erbaut hat ... Ein Aufenthalt dort oben wie Athemzüge im Aetherreich ... Unten die Erde mit ihren Mühen, hier oben die Himmlischen ... Ausgerungen haben Kampf und Leidenschaft ... Hier sind die Pforten der Welt des Plato, die Eichen im Haine Odin's ... Walkyren stehen zwar noch, die unerbittlichen Parzen, in marmornen Gebilden an der Schwelle des Tempels; aber sie scheinen Versöhnerinnen, nicht mehr Rächerinnen ...

Bonaventura stieg die Riesentreppe nieder – tieferfüllt von dem empfangenen Eindruck ... Da blickt er auf neue Ankömmlinge ... Eine Gesellschaft, die eben *[366]* mit einem Boot aus Regensburg angekommen sein mochte, steigt ihm von unten her entgegen ... In ihrer Mitte – sein Reiseschatten, der junge Mann im braunen Mantel ... Dicht streift er, tief niederblickend, an ihm vorüber ... Zwei Schiffe kreuzen sich so auf dem Meere ...

Bonaventura konnte nicht stehen bleiben, nicht der spukhaften Erscheinung nachsehen ... Sie war schon wie seine Furcht, wie sein Gewissen geworden ... Beim jedesmaligen Begegnen fuhr ein schriller Ton durch die Luft: Du Ungetaufter! ... Und ebenso sagte das Lächeln des jungen Mannes: Bleibe ruhig, ich bin dein Schutzgeist! ...

Die regensburger Geistlichen, von denen Bonaventura begleitet war, führten den Erblassenden, Schwankenden noch in einem Wagen nach einem Oertchen, Straubing gegenüber ... An der Stelle, wo Agnes Bernauer ihren Tod in den Wellen gefunden, bestieg er das Dampfboot ... Er glaubte annehmen zu dürfen, daß er nicht allein fuhr – daß der junge Mann – Lucinde – schon auf dem Dampfer war ...

Er sah sie aber nicht ... Nicht die ganze Reise entlang, die zwei Tage dauerte ... Er glaubte nun doch an eine Täuschung in der Person ...

So kam er nach Wien ... Er sah zum ersten mal eine so rauschende, volkreiche Stadt, wohnte bei dem Chorherrn, der ihn ganz erst so zuwartend und prüfend wie Benno empfing, theilte die Aufgaben, die seiner im Gewühl dieser großen Stadt harrten, gewissenhaft ein, überlegte: Wie näherst du dich dem Grafen! ...

[367] Darüber vergingen einige Tage ...

Die Gräfin Erdmuthe war zum Grafen Hugo auf Schloß Salem hinaus, um den grollenden Sohn hereinzuschmeicheln ...

Bonaventura hatte beim Cardinal Ceccone seine Briefe persönlich abgegeben, war in der That von dem liebenswürdigsten und zuvorkommendsten Benehmen eines Priesters, der die Grazie als Milderung der List über sein ganzes Wesen ausgegossen trug, mit dem Anerbieten des Bischofssitzes von Robillante begrüßt worden ... Olympia, die Herzogin von Amarillas, Benno wurden als seine Protectoren genannt ...

Alle seine Pulse flogen, als er, nach der von ihm um Bedenkzeit ausgesprochenen Bitte die Stufen des kleinen Palastes niederstieg ...

Er wußte nicht, wie er auf die Straße kam ...

Kaum blickte er auf, da rollte ein Fiaker vom Hause, der nur auf ihn gewartet zu haben schien ...

Aus dem Schlag blickte ein Kopf – der junge Mann im braunen Mantel ...
Pfeilgeschwind schoß der Wagen vorüber ...
Er verlor die Besinnung und verirrte sich in den Straßen ...
Wer Bonaventura sah, wer ihn nach einer Vorstellung anredete, wen er besuchte – jeder wußte, daß er Bischof werden sollte im Piemontesischen ... Jeder fragte nach seiner italienischen Predigt in „Maria Schnee", die zugleich mit drei Messen bedungen war ...
Man fand diese Erhebung so natürlich ... Man sagte, der Domkapitular wäre ein Gesinnungsgenosse des *[368]* Kirchenfürsten und in seiner Heimat „unmöglich" geworden ... Dort schied er aus ... Auch seine Gesundheit rathe ihm den Aufenthalt im Süden ...
Sofort in den Palatinus zu gehen vermochte er nicht ... Er zitterte, sich dort zu verrathen ... Aber es suchte ihn schon Fürst Rucca auf ... Olympia überhäufte ihn mit Geschenken und Zuvorkommenheiten, wie sie eben nur Priester anzunehmen gewohnt sind ... Er rüstete sich, noch unentschlossen, gedrängt vom Chorherrn – italienisch zu predigen ... An sich war es ihm ein Leichtes, da er die Sprache so gewandt, wie Benno, sprach ...
Noch immer sah er die Herzogin nicht ... Der Boden unter ihm wurde heiß wie Feuer ... Glühende Lava rann neben ihm ... Was soll aus Alledem werden! stöhnte er vor Schmerz über seine Lage ... Nun auch noch die fremden Leiden zu den eigenen! ...
Schon wußten auch die Zickeles, wohin ihn seine Creditbriefe führten, von seiner Ernennung und wünschten der Gräfin Erdmuthe Glück, ihn als einen Deutschen so in der Nähe zu haben ... Er mußte sich sagen: Das zerstört ja jede Möglichkeit der Ehe ihres Sohnes, wenn Graf Hugo die Absicht meiner Reise erfährt und – Paula's Empfindungen für mich kennt –!
In der That, die Gräfin empfing ihn mit der Kälte, die er erwartet hatte ... Haßte sie schon das römische Priesterthum an

sich, war sie wie ihr Sohn tiefverletzt von der Bedingung, daß erst eines Beichtvaters Ja! oder Nein! über Paula's Willen entscheiden sollte, so war die Nachricht, dieser Beichtvater käme nun auch sogleich dicht in die Nähe Castellungo's, wo der Graf [369] so gern ganz sich niedergelassen hätte, und folgte demnach seinem Beichtkinde, für sie ein wahrer Hohn, den die „Kirche" dem Stolz dieser Familie sprach ... Sie sah hier nichts als die Veranstaltung der Jesuiten ... Sie sah das fortgesetzte Wirken des Ordens, dem Terschka sich entzogen hatte ... Sie sah die Feindseligkeit des Erzbischofs von Cuneo, des Cardinals Fefelotti, der bereits gewaltsam in die Rechte der Waldenser eingegriffen hatte ...

Als Bonaventura von seiner ersten Begegnung mit der Gräfin mit dem Entschluß, lieber doch dieser Lockung des Ehrgeizes, dieser Lockung seiner Liebe zur Geliebten und zum Vater mit äußerster Kraft zu widerstreben, nach Hause kam, regnete es in Strömen ...

Schon war es spät ... Er konnte nicht sogleich auf der Freyung die Pforte finden, die die seinige war ...

Eine Weile dauerte es, bis er sich zurecht fand ...

Wie er geklingelt hatte, schlug unter den vielen Regenschirmen, die um ihn her sich fast den Platz benahmen, einer, ein dunkelblauseidener, auf ...

Indem er in sein Wohnhaus trat, erkannte er die langsam an ihm vorübergehende Gestalt im braunen Mantel und mit den schwarzen Handschuhen ...

Das Blau des Schirmes, das Gaslicht der Laterne, die gerade neben der Hauptpforte befestigt war, der mit Schnee untermischte Regen gaben dem Antlitz des jungen Mannes den Ausdruck des Todes ...

Kein Wort, nicht einmal ein zweiter Blick, nur ein Lächeln, wie: Siehst du nun? – und das Bild war vorüber ...

Bonaventura suchte wie vor einem Gespenst sein einsa-[370]mes Zimmer ... Er floh, als wenn Lucinde hinter ihm her huschte und höhnte: Heide! Heide! und dann doch sagte: Aber sei ohne Furcht! Ich sag' es nur dir! ... Sie ist es, rief er ... Sie ist es ... Was kann sie noch wollen? ...

Am folgenden Tage sah er endlich die Herzogin von Amarillas ...

Olympia ruhte nicht eher ...

Principe Rucca suchte ihn fast gewaltsam in den Palatinus zu führen ...

Ceccone war zugegen ... Es war äußerlich ein heiterer Abend ... Unter den Scherzen zitterte das tiefste Leid ... Angiolina wurde nicht erwähnt ...

Benno's Mutter fand er, wie sie dieser geschildert ... Unter dem Schein äußerster, ja abstoßender Kälte eine leidenschaftliche und dann doch wieder plötzlich kalt verständige Seele ...

Er und sie benahmen sich so, als wüßten sie nichts vom Tiefverborgenen ...

Olympia überhäufte ihn mit Schmeicheleien und Liebkosungen – um Benno's willen, den sie für seine Flucht einen Maledetto nannte, den sie nun bald in Rom strafen würde ...

Principe Rucca nannte den Baron von Asselyn schon den allerbesten Freund, den er in dieser Welt besäße ...

In einigen Wochen hofften alle in Rom zu sein ... Es schienen Menschen, hergekommen aus jener alten Welt der Imperatoren, wo die Frauen in ihren Ohrgehängen den Werth eines Königreichs trugen ... Sie fanden ganz in der Ordnung, daß der Bischof von Robillante sein Bisthum vom Kapitel verwalten ließ *[371]* und den Carneval in Rom verbrachte ... Wie bewunderten sie Bonaventura's italienische Aussprache ...

Die Herzogin war bei all diesen wilden und leichtsinnigen Exclamationen – – die Duenna Olympia's – jene Arme, die sich von Kirche zu Kirche fortbetete, weil sie keine Kutsche bezahlen konnte ... Sie stand tief befangen und mit Zittern lauschend ... Die noch zum Leben verurtheilte – Niobe, wie sie Bonaventura's von ihr seltsam gefesseltem Auge erschien ...

Die Schwierigkeit der von Paula gestellten Aufgabe lähmte Bonaventura's Entschließungen ...
Wie sollte er dem Grafen sich nähern? Wie ihn nur annähernd ergründen? ...
Selbst Erkundigungen nur über seinen Ruf einzuziehen, widerstrebte ihm ...
Auch kannte jedermann und niemand mehr, als Bonaventura, sein Verhältniß zu Angiolinen ... Er wußte durch Benno, daß der Graf ehrenwerth war, ja edel von Paula sprach ... Er konnte nur nach Westerhof schreiben: Er ist vollkommen würdig! ... Dennoch – ihn sehen, eine Weile mit ihm leben, war unerläßlich ...
Die Mutter des Grafen betrachtete ihn indessen mit prüfenderen Augen, als er auf ihren Sohn gerichtet haben würde ...
Als der Graf hörte, Bonaventura sollte Bischof von Robillante werden, kam er noch weniger von Schloß Salem herein, von dessen Versteigerung man schon sprach ...
Bonaventura erfuhr letzteres von Angelika Müller ...
Diese, endlich einmal wieder in katholischen Berührungen recht sich ausschwelgend, sagte:
[372] Gräfin Erdmuthe fährt hin und her, schickt Boten über Boten an die Zickeles ... Die Katastrophe ist reif ... An die Stelle des Adels tritt in dieser Welt die Börse ...
In diesen Zustand der Unentschlossenheit, die durch Lucindens verlorene Spur gemehrt wurde, hinein drängten sich die Vorbereitungen zur wirklichen Vollziehung seiner Bischofswahl, noch ehe er ganz entschieden zugesagt hatte ...
Das Kapitel von Robillante hatte seiner eigenen Wahl sich begeben und der römischen Curie die Besetzung mit einer ihr genehmen Persönlichkeit überlassen ... Bonaventura stand der Gräfin und dem Grafen gegenüber in einem Licht, das das ungünstigste von der Welt sein mußte ... Was sollte Paula denken! Was ganz Westerhof! ...
Da, zur Mehrung des falschen Scheins, mußte es geschehen, daß der unwiderstehliche Zug des Herzens, der Bonaventura

nach den Eichen von Castellungo zog, eine Entscheidung erhielt, die ihn bestimmte, in der That die Mitra und den Krummstab anzunehmen, es mochte kommen, was da wollte – – ...

Er war bei Gräfin Erdmuthe gewesen, hoffte wieder vergebens, bei ihr den Grafen Hugo zu begrüßen ...

Die Gräfin empfing ihn mit äußerster Kälte, heute mit einer Aufregung des Zorns ...

Ihre Augen glühten, ihre Hände zitterten ...

Ha, brach sie nach den ersten Begrüßungen aus, da seh' ich die neuen Kämpfe, die mir beschieden sind! ... „Haltet Recht und Gerechtigkeit und errettet den Beraubten von des Frevlers Hand!" spricht der Pro-[373]phet ... Ich muß nach Italien ... Fefelotti zertritt die Früchte meiner Anstrengungen ... Hab' ich darum mit soviel Kronen und Cabinetten unterhandelt! ...

Bonaventura erfuhr eine Schreckenskunde – auch für ihn ...

Die nach Witoborn zu Hedemann's Hochzeit reisende Mutter Porzia Biancchi's, die bei den Seidenwürmern zurückgebliebene Giuseppina Biancchi, Gattin des frankfurter Napoleone, Schwägerin des Professors Biancchi, der – ein echter Italiener – vor seiner Verwandtin plötzlich „verreist" war, hatte diese Nachricht eben mitgebracht ...

Der Eremit von Castellungo, Frâ Federigo, war spurlos verschwunden ...

Im Mund des Volkes ging nur Eine Stimme ... Der neue Erzbischof von Cuneo hatte ihn in die Kerker der Inquisition geworfen ...

Als Bonaventura diese Mittheilung hörte – als er den Strom von Anklagen und Verwünschungen, in denen sich die Greisin erging, auch nicht mit einem einzigen Wort unterbrach, sondern nur, wie die Wand so weiß geworden, den Bericht vernahm und sich ihn von der hereingerufenen alten Italienerin bestätigen ließ – wie er selbst dem kleinsten Zug der Mittheilung eine fieberhafte Aufmerksamkeit schenkte, hätte eine mit geringerem Selbstvertrauen begabte und nicht ganz nur in sich selbst lebende Persönlichkeit, wie die der Gräfin, wohl erkennen müssen, welche Umwälzungen im Innern Bonaventura's vor sich gingen ...

[374] Sie sah in dem Zucken seiner Nerven, in seinen auf den Lippen ersterbenden Fragen und Antworten nur die Beschämung eines römischen Priesters ...

Jetzt bricht es aus, was die „Rotte Korah", die Väter der Gesellschaft Jesu, über unser Haus verhängt haben! rief sie leidenschaftlich aus ... Dieser redlichste Freund der Armen, dieser wahre Priester Gottes, dieser Rathgeber, Tröster, Lehrer der Unglücklichen und Unwissenden, ein heimatloser Pilger, den ich seit Jahren schützte, ein Deutscher nach allem, was ich von ihm entdecken konnte, so oft ich seine einsame Hütte besuchte und eine Vergangenheit zu ergründen strebte, die er vielleicht nothgedrungen verhüllt – schmachtet jetzt in den unterirdischen Kerkern des Kapitels von St.-Ignazio – ist vielleicht schon den Ketzerrichtern, den Dominicanern der Trinitâ zu San-Onofrio übergeben! ...

Und kein Beistand von der Regierung, fuhr sie fort ... Diese Regierung ganz in den Händen der Jesuiten ... Kein Beistand bei den benachbarten Geistlichen ...

Nicht bei mir?! rief Bonaventura mit mächtig hallender Stimme ...

Seine Augen leuchteten ...

Er stand aufrecht, erhoben, wie mit einem Blitzstrahl in seinen krampfhaft ausgestreckten Händen ...

Die Gräfin betrachtete die seltsame Bewegung, hörte das Wort des Beistands mit Theilnahme – aber, da nächst dem Glauben ihr der Sohn ihr Alles war, so sah sie jetzt nur die wirkliche Bestätigung des Gerüchts über Bonaventura's Bischofssitz – in der Nähe der lu-*[375]*therischen Salem-Camphausens – in der Nähe Paula's, ihrer – allenfallsigen Schwiegertochter ...

Die Entfremdung blieb die alte ...

Eine Annäherung an den Grafen war aufs neue gestört ... Eine bloße Formalität, die Bonaventura zur Beruhigung Paula's und der Verwandten schnell zu beenden glaubte, wurde immer unmöglicher ...

Er rannte dahin – wie von Rossen gezogen ... Er hatte sich noch von der Gräfin und von der alten Italienerin über seinen vermeintlichen Vater erzählen lassen ...

Jeder Zug bestätigte seine Ahnung ... Sein Vater lag nicht in dem Schnee der Alpen begraben, nicht in Sanct-Remy – er lebte – war seiner Freiheit beraubt ... Beraubt durch Fefelotti, dem er berechtigt sein konnte, gegenüberzutreten ...

Es gab jetzt keine Wahl mehr für ihn ... Er mußte Bischof von Robillante werden ... Paula gegenüber das zu bleiben, was er bisher war, ein Entsagender – diese Kraft für ein ganzes Leben sich zuzutrauen, entmuthigte ihn ja nichts ...

Wie aber jetzt die Vereinigung aller Interessen! ... Er hätte dem Grafen sich so gern ganz vertrauen, ihn in seine Seele blicken lassen mögen ... Die Heirath Paula's mußte stattfinden ... Aber auch von seinem Bischofsstabe konnte er nicht lassen ... Sollte er sich dem Chorherrn anvertrauen? ... Dem Cardinal Ceccone selbst? Sollte er dem Grafen an die Brust sinken? Gerade da sich ausweinen? ... Wäre Benno's Vermittelung möglich gewesen! ... Fast war es ihm ein Trost, *[376]* den Doppelgänger Lucindens oder sie selbst zu sehen ... Er konnte annehmen, daß sie noch nicht alles, alles kannte, was seine Seele belastete ...

Daheim erwartete ihn Leo Zickeles, der älteste der Söhne des großen Handlungshauses, und beklagte aufs bitterste, daß der Gang der Geschäfte mit dem Grafen eine so üble Wendung zu nehmen drohte ... Alle Hoffnungen schienen zerstört, die Aussichten auf die Heirath schienen gescheitert ... Die Gräfin, hörte er, hätte neue Verbindungen mit Geldleuten eingeleitet ... Sogar an Herrn von Pötzl wäre eine Annäherung erfolgt ... Zweideutige Agenten riefe sie in ihr Palais ... Der „ungerechte Mammon" brachte die liebende Mutter um alle Haltung ...

Leo Zickeles sah in dem seufzenden Schweigen des jungen

vornehmen Geistlichen nur – die Verstocktheit der Kirche gegen eine gemischte Ehe, äußerte sich aber darüber mit der seiner Stellung geziemenden Zurückhaltung ...

Am Abend durfte Bonaventura nicht beim Cardinal Ceccone fehlen ... Er ließ sich getrost als „Bischof von Robillante" begrüßen, komme was da wolle – und doch sagte er sich: Treulos handelst du an den Verwandten Paula's – an dem Grafen Hugo! ... Er war mit seinem ganzen Dasein zerfallen ...

Den folgenden Morgen hatte er verzweifelnde Briefe an den Onkel, an Benno geschrieben ... Aber er war willens, in die Kirche „Maria Schnee" zu gehen, die alle geistlichen Functionen, Messe, Beichtstuhl, Predigt ihm schon gestattete ...

[377] Dann wollte er nach Schloß Salem fahren und den Grafen dort begrüßen – oder nicht eher weichen, bis er ihn gesprochen, ihm – er hoffte es – Vertrauen abgewonnen hätte ...

Um halb zehn Uhr erhielt er einen Brief vom Grafen selbst ...

Er war datirt aus der Stadt und vom frühesten Morgen ... Man hatte den Brief zurückbehalten, bis Bonaventura sein Zimmer öffnete ...

„Hochwürdigster Herr Domkapitular!" lautete er. „Noch immer ist es mir nicht möglich gewesen, in der Stadt Ihren Besuch zu empfangen und zu erwidern, da ich durch vielfache Geschäfte an meinen Landaufenthalt gebunden bin. Gestern Abend bin ich von Schloß Salem hereingekommen und zwar auf Grund eines Briefes, den ich von Herrn von Terschka aus London erhielt. Er wiederholt die Behauptung, daß die Urkunde, die unsere Linie um Hoffnungen betrog, die Jahrhunderte alt sind, eine gefälschte ist. Er verwies mich ausdrücklich auf eine gewisse Lucinde Schwarz, mit der ich mich über diese Angelegenheit verständigen sollte. Sie wäre, wie er gehört hätte, jetzt in Wien und stünde zum Herrn Oberprocurator Dr. Nück in Beziehungen der größten Intimität. Die Ehre und der Bestand meines Hauses stehen auf dem Spiele. Ich erkundigte mich noch gestern Abend nach dieser Dame und fand sie in der That hier anwesend. Ich sprach sie. Ich will jedes Aufsehen meiden, aber ich muß die Dame durch meine Mittheilungen für sichtlich in Verlegenheit gesetzt erklären. Wenn ich nicht sofort gegen sie einschreite, so ist es, weil mich eine außerordentliche Aehnlichkeit derselben mit einem We-*[378]*sen rührt, das mir unendlich theuer war. Auf mein wiederholtes Androhen, daß ich nichts unterlassen würde, um eine Frevelthat aufzudecken, an der, wie ich weiß, meine Verwandte unbetheiligt sind, erklärte sie mir, sie würde mir eine Antwort zukommen lassen durch Eure Hochwürden – nach einer in der Beichte genommenen Rücksprache – – Somit ersuche ich Sie in aller Ergebenheit, haben Sie die Güte, von ihr in der Kirche der Italiener, wo Ihnen Kanzel und Beichtstuhl eingeräumt wurden, die Beichte entgegenzunehmen – und zwar heute in der Frühe, zehn Uhr. Ist diese mit Ihnen genommene Rücksprache vorüber, so bitt' ich mir die Stunde bestimmen zu wollen, wo ich die Ehre haben kann, Ihnen meine Aufwartung zu machen. Um meine gute Mutter nicht aufzuregen, bitt' ich dringend um die Adresse: Professor Dalschefski, beim St.-Stanislaushause auf der Currentgasse. Mit aller Hochachtung Hugo, Graf von Salem-Camphausen." ...

Bonaventura's Athem stockte ...

Er sah auf die Uhr ...

Es war schon dreiviertel auf zehn ...

Nach einigen Minuten Besinnung begab er sich, geführt vom Chorherrn, in die Kirche „Maria zum Schnee"...

Bald standen sie auf einem kleinen Platz, wo ihn der freundliche Führer weiter wies ...

Die Sakristei liegt ein wenig abseits von der uralt ehrwürdigen Kirche ...

Wie er sich zitternd in geistliche Kleidung warf, starrten ihm durchs Fenster von einem Kreuzgang *[379]* her alte Grabmäler und Statuen wie der Tod entgegen ...

Er betrat das Innere des gothischen, hellen, nur zu sehr modernisirten Gottestempels ...

Es war ihm, als träte er ein – in die Welt des Südens ... Doch auch wie ein heißer Sirocco wehte es zugleich ihn an ...

An einem der hohen Pfeiler ragte die Kanzel, wo er am nächsten Sonntag predigen sollte ...

Er verbeugte sich dem Hochaltar und schritt an dem Standbild Metastasio's vorüber – ...

Der Meßner führte ihn in einen Beichtstuhl, dicht an einem kleinen Nebenaltar mit brennender Lampe ...

Ein Bild des Gekreuzigten, zu dessen Füßen zwei Frauengestalten, alte Holzschnittwerke, beteten, zur Rechten – zur Linken das hohe Eingangsportal ...

In dem engen braunen Häuschen sank er zusammen, wie das Vorbild all seines Duldens – als diesem auf seinem Todesgang Simon von Cyrene zu Hülfe kam ...

Es schlug zehn Uhr ...

Wenig Secunden – und eine Gestalt – in weiblicher Kleidung – kniete neben ihm ...

Es war Lucinde.

                Ende des sechsten Buchs.

Siebentes Buch.

1.

Jenseits der Tiber, hoch auf dem Janiculus, liegt in Rom das Kloster San-Pietro in Montorio ...

Eine der schönsten Aussichten über die Siebenhügelstadt genießt man dort auf dem Platz vor einer Kirche, deren erste Anlage zu den urältesten gehört. In ihrer spätern Erneuerung verräth sie nicht ganz jenen mehr prächtigen, als schönen Geschmack, in welchem fast alle Kirchen Roms gebaut sind ...

Pinien und Cypressen bezeichnen die Stätte, von wo das Auge die im Abendroth verschwimmenden violetten Contouren des Horizonts bis zu den Sabiner- und Albanergebirgen verfolgen kann. In nächster Nähe schwimmt, von Abendnebeln durchzogen, das unermeßliche Häusermeer, durchschnitten von den Krümmungen der Tiber. Zahllose Kirchen ragen auf, zahllose Paläste, das Capitol mit seinen Trümmern aus der eisernen Römerzeit, die Engelsburg mit ihrem sein Schwert senkenden Sanct-Michael auf der Zinne ... Ein Bild, groß und herrlich wie die Vision einer Verheißung ...

Der erste Gedanke jedes Pilgers, der in Rom an-[4]kommt, ist die welthistorische Macht der christlichen Idee ... Die Schauer der Erinnerung an die blutige Märtyrerzeit begleiten ihn schon vom Fuß der Alpen ... In Rom angekommen, sieht er die Triumphe des Kreuzes ... Kein Tiber, kein Nero, kein Domitian beherrschen mehr das Universum ... Die Vexillen und blutigen Fasces der Imperatoren, unter denen der christliche Bekenner verspottet, gefoltert, den wilden Thieren vorgeworfen wurde, sind zerrissen und zerbrochen ... Der capitolinische Jupiter stürzte selbst vom tarpejischen Felsen; den Rand seines zurückgebliebenen Sessels ziert das Kreuz ... Das Kreuz triumphirt über Cicero, Cato, August, Seneca ... Es triumphirt ohne Rache ... Sanct-Michael auf der Engelsburg hält sein Schwert nicht drohend empor, sondern senkt es versöhnt zur Erde ...

So kann man fühlen, wenn Hunderte von Glocken nach San-Pietro in Montorio hinauf das Angelus tragen ... Der nächste Gruß kommt links aus San-Onofrio, von Tasso's Eiche herüber; zur Rechten von Santa-Cecilia über die botanischen Gärten aus Trastevere ... Hier oben bei den reformirten Franciscanern wird es später Nacht, als im Thal da unten, wo schon Hunderte von Lichtern aufblitzen ... Die Mönche sitzen soeben im Refectorium – essen Polenta – köstlichen jungen Salat aus ihrem eignen Garten ... Salz und Pfeffer, nicht Asche darauf gestreut, wie Petrus von Alcantara, der Stifter dieser – „Reformation" – mit seinem Salat es zu halten pflegte ...

Der fromme Pater Vincente, für den Bonaventura *[5]* jetzt in Robillante Bischof ist, fehlt heute unter den Brüdern der braunen Kutte ...

Er liegt in seiner Zelle und erbittet sich von Gott Kraft und Sammlung zu dem harten Weg, für den gerade ihn heute ein Loos getroffen ...

Alle Klöster der von Almosen lebenden Orden sind eingeladen, heute in der Nacht auf Villa Rucca zu erscheinen, um dort die Gaben des jungen, heute vermählten fürstlichen Paars, die Abfälle der köstlichen Tafel zu empfangen ...

Der alte Fürst Rucca, Generalpächter der Steuern an der Nordküste des Kirchenstaats, will zeigen, daß das Sprüchwort falsch ist: „Unrecht Gut gedeihet nicht!" – Was kann gedeihlicher sein, als Almosen an Klöster und Bettler ...

Guardian und Brüder wußten, daß Pater Vincente einst um einen „Kuß in der Beichte", den sein Gewissen und seine Phantasie ihm nur vorgespiegelt hatten, hier oben Jahre lang hatte büßen wollen ... Büßen zu dem Stachelgürtel, den Barfüßen und den aus drei Brettern bestehenden Betten, die hier Regel sind, noch hinzu! ... Ein Trost der Brüder war, daß doch noch nicht ganz gelebt werden mußte, wie der Freund der heiligen Therese, der Beichtvater des Einsiedlers von Sanct-Just (Karl V.), Petrus von Alcantara lebte, in einer Zelle, die kürzer war, als seine Leibeslänge! Ging man über den Hof hinweg, so fand man von Bramante eine Kapelle just über der Stätte erbaut, wo der Apostel Petrus einst mit dem Kopf nach unten gekreuzigt werden wollte – Sanct-Peter wollte nicht die Ehre haben, *[6]* zu sterben, wie sein Herr und Meister ... Der Janiculus ist das zweite Golgatha. Was sagten, solchen Leiden gegenüber, drüben die dunklen Zellen mit eisernen Gittern, in deren einer der selige Bartolomäus von Saluzzo zehn Jahre hinbrachte, ein Priester, der die Dreistigkeit hatte, schon dem Rom seiner Zeit, Päpsten und Cardinälen, zu sagen: Nicht einer unter euch ist ein wahrer Priester! ...

Pater Vincente schien kein so wilder Feuerkopf. Ein Schwärmer aus dem Thal von Castellungo, gehörte er ohne Zweifel zu jener dritten Art der Heiligen, den Geschlechtlosen, von denen damals der Onkel Dechant gesprochen ... Im Süden sind vollkommen schöne Jungfrauen nicht so häufig, wie diese rein vegetativen, willenlosen, zuweilen bildschönen Jünglinge ... Ein Mönch lebte gefangen auf San-Pietro in Montorio, der den Pater Vincente nur einmal sah und sich sagte: „Nun begreif' ich Horaz und Alcibiades, Plato und – Platen" ...

Wer konnte wol hier oben in Rom vom deutschen Dichter Platen sprechen? – – ...

Pater Vincente hatte das Loos gezogen, der Hochzeit seines bösen Beichtkindes beizuwohnen ... Er sollte die Speisen in Empfang nehmen, die man ihm in seinen Quersack schütten würde, den jedoch ein stärkerer Laienbruder tragen sollte ... Dieser Laienbruder war krank ... Das Fieber springt in Rom von einem Berg zum andern ... Im Monat Mai hockt der unheimliche Dämon auf dem Janiculus ... So hatte man beschlossen, einen der beiden deutschen Gefangenen, die hier in Rom auf der Höhe des freien Vogelflugs in *[7]* strenger Haft saßen, ihm zur Begleitung mitzugeben ... Der eine, den die Mönche „den Todtenkopf" nannten, war so stark, daß er im ersten Anfall seiner Ungeduld die verrosteten Eisenstäbe seines Kerkers verbog und

fast zerbrach ... Jetzt war Bruder Hubertus schon lange ruhiger geworden ... Er ließ nach dem letzten Vierteljahr, das er und Pater Sebastus noch für ihre Flucht aus dem Kloster Himmelpfort in Deutschland hier zu büßen hatten, ein nützliches Mit-
5 glied der Alcantarinergemeinde erwarten, falls Pater Campistrano, der General der Franciscaner, und der Cardinal-Großpönitentiar ihm und dem nur noch schattenhaft am Leben hängenden Doctor Klingsohr die Bestätigung gaben, daß ihre Absicht, zu den „Reformirten" ihres Ordens überzutreten, auf einem wirklichen Be-
10 dürfniß der Seele beruhte ...

Als Pater Vincente gehört, er müßte auf das ganz Rom in Bewegung setzende Hochzeitsfest der Gräfin Olympia Maldachini mit dem Sohn des reichsten aller Römer nächst dem Fürsten Torlonia gehen und unter den hundert Bettlern auch für
15 San-Pietro in Montorio seine zarte, weiche, frauenzimmerliche Hand offen halten, die einen Bischofsstab hätte tragen dürfen, wäre er nicht voll Demuth gewesen, war er in seine Zelle gegangen, fastete und betete ... Dem „Bruder Todtenkopf" hatte man den Vorschlag gemacht, den voraussichtlich heute überfüllten
20 Zwerchsack zu tragen ... Bruder Hubertus sang seit einiger Zeit so viel heitere Lieder, daß man den Versuch glaubte wagen zu dürfen, ihn ins Freie zu lassen, hinaus in eine allerdings fieberschwangere Mainacht ... Hubertus hatte erwidert:

[8] Wohlan! Laßt mir aber den Pater Sebastus mit ... Es ist
25 zu grausam, in Rom angekommen zu sein und neun Monate lang nichts davon gesehen zu haben, als eine Zelle von zehn Fuß Länge und zehn Fuß Breite ... Beim Kreuz des heiligen Petrus drüben, laßt ihn ohne Furcht mit mir gehen! ... Schon deshalb, weil er vielleicht ein Fieber mitbringt und ich dann Gelegenheit
30 habe, euch zu zeigen, wie ich in Java das Fieber curiren lernte ... Der nimmt die Arznei, vor der ihr euch so fürchtet ...

Die Mönche lachten über diese Worte aus zwei Ursachen ... Einmal weil sie aus einem Kauderwälsch von allerlei Sprachen bestanden ... Holländisch, Deutsch, etwas Meßlatein und so viel

Italienisch, als man auf einer Wanderung durch Italien bis hieher und in dem beschränktesten Verkehr mit der Welt erlernen konnte ... Dann, als man zum Uebersetzen den Pater Sebastus herbeigerufen, lachte man wieder über die Methode des Fiebercurirens, die nach Hubertus hauptsächlich in einer sonst nicht normalen Anwendung von Theer und Kuhmist bestehen sollte ...

Die Stimmung wurde dem Mitgehen des Paters Sebastus günstig ... Der Herbeigerufene trat in das Refectorium ein ... Er sah schon aus wie ein echter Nacheiferer des heiligen Petrus von Alcantara ... Hätte ihn sein General gesehen, er würde gesagt haben: Auch du, mein einst so wilder Kriegsmann, wirst mit der Zeit reif, die Wonne der heiligen Therese zu werden! So mochte einst der edle Ritter Don Quixote de la Mancha ausgesehen haben! So fleischlos hingen auch die Arme des Don Pedro von Alcantara, so voll *[9]* Schwielen waren seine Kniee! So sah er aus, als er in der schauerlichen Einöde zu Estremadura seinen furchtbaren Tractat über den „Seelenfrieden" schrieb! ...

Armes Jammerbild des Wahns! ... Aber „d o c h n o c h e i n Glück dabei!" sagt der gute Bruder Lorenzo in „Romeo und Julia" ... Dinte und Papier hatte man dem Pater Sebastus gelassen. Man hatte ihm Bücher gegeben, um sich in der italienischen Sprache zu vervollkommen. Man hatte gefunden, daß er besser Latein verstand, als der Pater Guardian, der seit diesem deutschen Pflegbefohlenen seine Sprachschnitzer nicht mehr so oft vom General unten im Kloster Santa-Maria corrigirt bekam ... Der Gefangene tilgte sie zuvor ...

Pater Sebastus, fahl und bleich, mit übergebeugter, hohler Brust, hüstelnd, unsichern Ganges, flößte dem Guardian keine Besorgniß mehr ein, daß er entfliehen und sich dem wahrscheinlich doch nur noch kurzen Rest seiner Strafzeit entziehen könnte ... Der Guardian betrachtete seine Collegen, wie der heilige Vater im Consistorium die Cardinäle ... Quid vobis videtur? Worauf ein einmüthiges Stillschweigen die jahrtausendalte Regel ist ... Zustimmung schien auch hier aus Jedes Auge zu leuchten ... Bei dem „Bruder Todtenkopf" versah man sich ja, daß er keinen Schinken, keinen Büffelkäse als zu viel ablehnen, sondern den Sack so vollstopfen würde wie nur möglich – eben um seine Kraft zu zeigen, über die er etwas ruhmredig und plauderhaft war, der alte Polterer ... Man beschloß, den Pater Sebastus mitgehen zu lassen und unterrichtete nur noch beide, wie sie es anstellen müßten, um von Koch, Kellner, Haushofmeister des *[10]* Fürsten Rucca mehr, als alle andern Klöster, besonders die nicht blöden Kapuziner von Ara Coeli, zu bekommen ... Das Hauptmittel, begriff schon Hubertus, war auch hier die Faust ... Wenn um Mitternacht die große Tafel, die der alte Fürst Rucca seinem Sohn und der „Nichte" des Cardinals Ceccone ausrichtete, zu Ende war, begann die Austheilung ... Brachen die Mönche um die zehnte Stunde auf, so kamen sie gerade recht ... Wogte es dann schon die ganze Nacht in jenen Straßen, die zur Villa Rucca führten, so ging für sie der Weg durch entlegenere Gegenden, wo sich rascher dahinschreiten ließ ...

Die Frate waren, in Hoffnung auf die große Beute, so nachsichtig, daß sie sogar in dem Verlangen des Pater Sebastus nach Siegelwachs heute nichts Sträfliches fanden und ihm die Mittel einer unerlaubten Correspondenz an die Hand gaben; – es sollte alles, was die beiden deutschen Mönche auf die Post gaben, erst hinunter an den General kommen ... Heute ging in den Würsten, Schinken, Käsen, den feinern Tafelresten, die man erhoffte, ein Brief unbemerkt hin, den Pater Sebastus fast sichtbarlich seinem Leidensgefährten Hubertus zusteckte, daß er ihn vorher läse und mit unterschriebe ... Er wollte noch eine Weile sich ruhen, den Brief dann siegeln, mitnehmen und irgendwie suchen „der Post beizukommen", – das flüsterte er auf deutsch dem Leidensgefährten ...

Klingsohr hatte Rom, sein ewiges, hochheiliges Rom, bisher nur erst aus der Ferne gesehen ... Er kannte nur seit drei Vierteljahren diesen magischen Anblick zuweilen vom Fenster des

Refectoriums ... Nun sollte er *[11]* im Mondschein zum ersten mal den heiligen Boden betreten ... Die Sonne sank in ihrer goldensten Pracht ... Diesen Anblick hatte er zuweilen an Festtagen gehabt, durch die Olivenbäume des sich vom Fenster des Refectoriums abdachenden Bergabhangs hindurch ... Heute verweilte er länger bei ihm ... Sein dumpf gewordener Geist belebte sich ... Aus den matten Augen glitt ein Schimmer der Erwartung ... An den Bischof von Robillante hatte er geschrieben ... Robillante lag ja da, da, wo die Sonne ebenso schön unterging ... Er wußte, Bonaventura von Asselyn war jener Bischof dort geworden, der hier oben Pater Vincente hätte sein können, wenn er gewollt ... Vincente's Geschichte war das große Wunder, das man auf San-Pietro jedem erzählte, der etwas länger blieb, als nöthig, um die Bilder Sebastian's de Piombo in der Klosterkirche und die alten paolischen Wasserleitungen zu sehen ...

Unbeschreiblich ist die Schönheit des letzten Blicks der scheidenden Sonne Italiens, wenn ihre Strahlen sich zuletzt nur noch leise durch die grünen Zweige der Bäume stehlen ... Ein Olivenwald vollends ist an sich schon zauberisch ... Seine Schatten sind so licht, das Laub ist so seltsam graugrün blitzend ... Und wenn seine Stämme hundertjährig sind, so sind die Gestalten der Zweige und über dem Boden herausragenden Wurzeln so phantastisch, daß sie sich im purpurnen Dämmerlicht der Sonne zu bewegen scheinen wie die Bäume in den „Metamorphosen" Ovid's ... Ein magischer Sommernachttraum gaukelt durch einen solchen uralten Olivenhain ... Sieben, acht Stämme sind zu Einem zusammengewunden ... *[12]* Wie Polypen von Holz sind sie aufgeschnitten, das Mark ist heraus und nur die Rinde noch zurückgeblieben, aber die trägt die graugrünen Blätterkronen mit den blauen kleinen Pflaumen der Frucht ganz so, als wäre Herz und Seele noch drinnen ... Diese groteske Welt, voll Fratzen, als hätte sie Höllen-Breughel geschaffen, schwimmt nun im Lichte und wird zu purem Golde; die untergegangene Sonne läßt am Horizont einen riesigen Baldachin der glänzendsten Stickerei zurück ... Flimmernde Goldfranzen hängen in Himmelsbreite an violetten und rosa Wölkchen ... Während nach der östlichen Seite hin schon die Nacht urschnell und tiefblau, mit sofort sichtbaren Sternen aufleuchtet, steht noch im Westen diese Phantasmagorie der Farbenmischungen eine wunderbare Weile ... Endlich wird auch sie röther und röther; die goldnen Franzen, die Stickereien von Millionen von Goldperlen erbleichen; dann wird der westliche Himmel dunkelblauroth ... Nun schwimmt der Olivenwald wie in einem Meer von aufgelöstem Ultramarin ... Die Nacht im Osten ist schon tiefschwarz ... Alles das lehrt – Ewigkeit des Schönen ...

In seiner dunkeln Zelle hatte Hubertus heute eine zinnerne Oellampe ... Sie war an sich armselig, aber sie konnte doch in Pompeji gestanden haben ... Der Docht brennt in der Mitte gleichsam eines Tulpenkelches aus vier Oeffnungen ...

Er las jenen Brief, den er mit Pater Sebastus verabredet, um durch Bonaventura's Vermittlung vielleicht für sie beide ein besseres Loos zu erzielen, als das ihrer durch den Spruch aus Santa-Maria da unten *[13]* harrte und selbst für den Fall harrte, daß sie sich diesem römischen oder sonst einem Kloster der Alcantariner einreihen durften ...

Der Brief mußte so geschrieben sein, daß er im äußersten Fall auch in die Hand des Generals gerathen und sie nicht aufs neue compromittiren, nicht zur Fortsetzung ihrer Leiden Anlaß geben durfte ...

So hatte denn Dr. Heinrich Klingsohr, weiland göttinger Privatdocent, ganz im gebührenden Ton, wie etwa Pater Vincente gethan haben würde, wörtlich an Bonaventura geschrieben*):

„Vivat Jesus! Vivat Maria! Halleluja! Friede sei mit Ihnen, hochwürdigster Herr und hochgnädigster Herr Bischof! Hat unser Ohr recht gehört, so ist ein Wunder geschehen! Hochgeehrtester Herr, Sie verweilen nicht mehr auf deutscher Erde, wo

---

*) Vielen dieser Einzelzüge liegen Actenstücke zu Grunde.

das Salz dumm geworden ist, Sie führen den apostolischen Stab im Lande der Verheißung! ... Hochgnädigster Herr und Bischof! Wir sind die beiden Flüchtlinge aus dem Kloster Himmelpfort, die wir schon einmal Schutz gefunden durch Ihre gnädigste Frau Mutter, als wir lieber unter den Thieren des Waldes und in einer Hütte von Baumzweigen wohnen wollten, als länger in der üppigen Völlerei der entarteten Minderbrüder des heiligen Franciscus. Lieblosigkeit, Zank, Mangel an gottseliger Gesinnung haben uns von einer Stätte getrieben, wo unser allerheiligster Herr Jesus von seinen eigenen Jüngern täglich noch gekreuzigt wird! In dem großen Feldzug, den die Kirche gegen [14] den Belial der Aufklärung gerade in unserm Vaterland zu bestehen hat, sind diese Klöster, in denen sich nichts als der Schein der alten Regeln erhalten hat, nur zu Verschanzungen des bösen Feindes nütze. Provinzial Maurus hat an unsern General eine Liste unserer Verbrechen geschickt und so müssen wir denn, da man uns ohne Richterspruch verurtheilte, unser sehnsüchtiges Verlangen nach der reformirten Regel der Minderbrüder durch eine Gefangenschaft büßen, die hier auf San-Pietro in Montorio bereits drei Vierteljahre dauert; freilich schmachten wir in der Nähe des Kerkers, den der selige Bartolomäus von Saluzzo zehn Jahre lang innehatte ... Aber die Krone des Himmels zu gewinnen wird, ach! zu mühselig für die schwache Kraft unser Sterblichkeit ... Hochgnädigster Herr Bischof! Wir schöpfen wol Muth aus dem Vorbild der Märtyrer und heiligsten Apostel, aber unsere Kräfte schwinden, unsere Hoffnungen auf die Macht der Wahrheit erlöschen, zu schwer für menschliche Schultern ist, was wir seither erlitten! ... Von dem unterzeichneten Pater Sebastus, hochgnädigster Herr Bischof, wissen Sie aus einer denkwürdigen Stunde mit dem gefangenen Kirchenfürsten, daß er die Rettung seiner Seele dem «Bruder Abtödter» verdankt, der im Gegentheil im Lebendigmachen sich auch hier schon mannichfach bewährt hat. O daß ich in einem einfachen, schlichten Menschen mehr fand, als in meinen weiland Genossen, Hochgebildeten, die mich durch die sophistische Moral der heidnischen „glänzenden Laster" zum Tödten eines Mitmenschen, Ihres Verwandten, reizen konnten! Hubertus hat mich oft meilenweit Nachts auf seinen Greisesarmen getragen, *[15]* wenn wir auf unserer Flucht mit nackten Füßen den Häschern zu entrinnen suchten. Vom Düsternbrook, von der verhängnißvollen blitzzerschlagenen Eiche an bis zu den trauernden Cypressen dieses heiligen Sanct-Peter-Kreuzes-Hügels verfolgte uns das Concil von Trident, nach dem «ein entsprungener Mönch seinem Kloster zurückzuführen ist» ... Wir lebten von Wurzeln und Beeren, suchten die einsamsten Straßen des Rhöngebirges, des Schwarzwaldes und der Alpen auf ... Nie legten wir unser hären Gewand ab, unsers heiligsten Franciscus Ehrenkleid, das ich einst, Sie wissen es, im schnöden Rückfall um jene Lucinde verleugnen konnte ... Nie gönnten wir uns eine andere Erquikkung, als unsern blutenden Füßen die kühlende Welle des Waldbachs ... Auf der Schweizergrenze ergriffen uns die durch Steckbriefe aufgewiegelten Häscher ... Nur der Kraft des Bruders Hubertus, die er indessen seinem Gebet zuzuschreiben bittet, gelang es, daß wir aus einer Polizeiwache auf dem Transport entsprangen und uns drei Tage und drei Nächte, dem Verhungern nahe, unter dem Heu einer Scheune verbargen ... Zu unserm Uebergang über die Alpen wählten wir die einsamste Straße, die des Großen St.-Bernhard ... So verschmachtet und verkommen waren wir, daß wir den Gerippen glichen, die dort von verschütteten Wegwanderern aufbewahrt werden" ... (Sebastus ahnte nicht, wie gerade diese Worte auf Bonaventura wirken mußten, wenn er den Brief empfing!) ... „Nur die Hoffnung auf Rom belebte uns ... Rom! Rom! rief es in unsern Herzen und gestärkt erhoben wir uns, wie verschmachtete Kreuzfahrer einst mit dem Feldruf: *[16]* Jerusalem! ... Aber auch in diesen heißersehnten Gefilden verfolgte uns die Hand des Paters Maurus. Jedes Kloster unsers Ordens drohte zum Gefängniß für uns zu werden. In den Reisfeldern Pavias, wo wir uns in giftigen Sümpfen verstecken mußten, ergriff mich das Fieber. In der Nähe jener prachtvollen Certosa, einer architektonischen Wunderblume deutscher Baukunst in einer Oede voll Trauer, trauriger als die Fieberkrankheit, glaubte ich zu sterben. Mein zweiter Vater rettete mich und der innere Stern des Morgenlandes schimmerte wieder am Wege ... Rom! rief es von unsichtbaren Geistern, in die zuletzt wirkliche Stimmen, die Stimmen der Pilger einfielen, denen wir uns anschlossen ... Alle meine Gräber öffneten sich in meiner öden Tannhäuserbrust ... Leiche auf Leiche erhob sich ... Die Wissenschaft, die Kunst, die Philosophie, die seraphische Liebe – alles wachte auf in dieser Sehnsucht nach Rom! ... Ich fühlte unendliches Leben in meinen Adern ... Wir kamen ein kahl Gebirge, die Apenninen, hinauf und sahen das Meer – Zum zweiten male sah ich's und mein Führer kannte es von Indien ... Was blieb da noch die Ostsee! Nußschaale gegen einen Bethesdateich! – Dort, dort lagen Afrika, Asien – Hannibal stieg mit uns nieder, Scipio kam von Karthago – Hinan! Hinan! ... So wanden wir uns drei Wochen durch Etrurien hindurch nach dem Sanctum-Patrimonium ... Mit den Pilgern, mit manchen Verbrechern, mit denen uns die Nachtwanderung vereinigte, hofften wir: Rom ist die Stadt der Gnade! ... Ein Pilger rief: Rom ist mit Ablässen gepflastert! Ich verzieh einem Mund, der dem natür-*[17]*lichen Jubel des frommen Entzückens erwiderte: Noch mehr, denk' ich, dein eigen Herz! – Diese Denkerphrase – deutsch gesprochen! Ich verzieh dem Sprecher, weil er ein Greis war" ...

Hubertus hielt hier einen Augenblick inne ... Dieses greisen deutschen Pilgers hatte er oft gedacht ... Auch ihm und Klingsohr war er streng gewesen; aber eine verklärte und wieder andere verklärende Natur bei alledem ... Wo mochte wol dieser Reisegefährte weilen! ...

Dann fuhr Hubertus zu lesen fort:

„Wir mußten mit den andern oft in den Felsen schlafen, vermieden die großen Städte, deren Zinnen und Domthürme ich nur fernher aufragen sah, wie die Märchenerinnerungen meiner Jugend ... Parma! Florenz! Siena! Welche Klänge! ... Aber in Höhlen, oft zu Räubern, mußten wir flüchten, bis wir endlich in diesem öden Kesselthal ankamen, das Euch die «wüste» Campagna heißt – Die wüste! Ihr leipziger Nationalökonomen, ein Hirtenland mußt' es ja sein, wo wieder die Krippe des Heiles steht! Hier darfst du ja, verlorene Welt, nur Schafhürden und Ställe suchen! Hier sollst du ja nur der Hirten Lobgesang hören wollen, der dich doch in Correggio's «Nacht» entzückt, warum nicht in Wirklichkeit? ... Endlich eines Morgens ging die Sonne auf und wir sahen – die Stadt der Städte! Im Kern einer großen Muschel liegt, nächst Jerusalem, die köstlichste Perle! ... Das Auge unterschied die Peterskuppel ... Schon hörte das Ohr die Glocken der versunkenen Kirche, die in meiner Brust schon seit dreißig Jahren «Rom» läuten; ich hörte sie – nun von sichtbaren Thürmen nieder-*[18]*hallen – Hosiannah! rief alles um uns her ... La capitale du pardon! jauchzte ein Franzose ... Da umringen uns wieder die Häscher des Paters Maurus. Die in der Knabenlectüre vielbelachten – «Sbirren» – häßliche Dreimaster von Wachsleinen auf dem Kopf – ... Sie wissen, wer wir sind. Sie wissen, woher wir kommen ... Sie führen uns über die Tiber zurück, die wir schon hinter uns hatten! ... In der Abenddämmerung geleiten sie uns einen jener riesigen Aquäducte entlang, die man nicht sehen kann ohne an Roms ewige Größe, an die fruchtlosen Belagerungen durch Attila, die Hohenstaufen und Beelzebub zu denken, führen uns durch ein entlegen Thor auf einen hohen Berg und hier in ein Gefängniß, das wir seit dieser Stunde nur zuweilen im Umkreis einiger hundert Schritte verlassen haben! ... Vor unserm Kloster stürzen sich die Wasser jenes Aquäductes, dem wir folgten, in ein Becken und gleiten nach Rom hinunter, das, sagt man, vom Geriesel der Brunnen und Cascaden wie ein einziger Quell des Lebens rauschen soll! – – Wir hier oben aber verschmachten! Wir müssen uns der Gewalt des Pater Maurus, die bis hieher reicht, ergeben! – ... Wohlan, die Ordnung herrsche in der Welt, selbst in den Händen unwürdiger Gotteswerkzeuge! Wir wollen unser Joch-Jahr dulden. Aber die Zukunft! Soll sie denn nur, nur den Tod bergen? ... Wenn Ihre große Güte, hochgnädigster Bischof, es übernähme, ein Wort des Zeugnisses für uns beim General zu sprechen! Wenn Sie Ihren Nachbar, den Erzbischof von Coni, Cardinal Fefelotti, der, wie man sagt, die Stelle des Großpönitentiars der Christenheit erhalten wird, für uns gewännen! Das Elend meines Lebens [19] kennen Sie! Sie wissen, was ich dem Kreuz des Erlösers schon alles von Menschenschuld aufgebürdet habe! Sie kennen Klingsohr's Sünden – auch seine verwelkten Rosen – Sie wissen, welche Hand den Lebensfrühling mir zerriß ... Ueber Trümmern aber ist das Kreuz erstanden! Ich will meine Fahne nicht mehr lassen, die Fahne des geopferten Lammes! Lassen Sie mich nicht streiten unter sinnlosen Führern! Das ist das Schrecklichste, unter Mitknechten stehen, die nicht wissen, wessen Harnisch sie angethan haben! Müßten wir nach Deutschland zurück, zurück nach Witoborns öden Gassen, zu den dumpfen Wänden Himmelpforts, so würde der letzte Funke unsers Lebenslichtes erloschen sein! Lieber das Grab in Rom, als ein Leben im Leichentuch Deutschlands! Sie, Sie sind glücklich! Sie dürfen reden, hochwürdigster Herr und Bischof! Legen Sie Zeugniß für uns ab! Ein Wort von Ihnen zu unserm General, ein Wort zu Cardinal Fefelotti, und man wirft uns nicht mehr mit denen zusammen, die wie der Tag kommen und gehen. Auch mein guter Führer und Lehrer stürbe so gern in der Stadt der Katakomben. Er hat noch auf dem Amt in Witoborn eine Summe Geldes liegen, ungerecht Gut, das er der Sache der Gerechtigkeit schenken möchte. Er hoffte in Rom einen Erben zu finden, einen Krieger im Heer Seiner Heiligkeit, den zu erkundschaften ihm noch keine Muße geboten ward. Fände er diesen nicht, so würde er das Vermögen dem General seines Ordens anweisen ... Laßt ihn eine Weile suchen! Laßt uns doch noch irgend eine schaffende Thätigkeit! Der Trieb zu helfen ist Gradmesser noch vorhandener Lebenslust. Mit dieser [20] neuen schönen Sonne, die wir

Gefangenen nur zu spärlich sahen, ist er in uns zurückgekehrt. Ich jage nicht mehr dem Spuk der nordischen Phantome nach. Dieser blaue Himmel, diese göttliche Luft, diese immer gleiche Stimmung der Natur selbst im Blättergrün, das im Winter nicht entschwindet, ach! sie gießen einen so vollen Glanz der Schönheit selbst über unsre bescheidensten Wünsche, daß ich mir vorkomme, als hätte meine seitherige Vergangenheit nur unter meiner unrichtigen Geburt im Norden gelitten. Meine Zweifel schwinden. In einem römischen Sonnenuntergang glaub' ich an das Labarum des Constantin, das ihm in den Wolken erschien! Ich sehe das Tabernakel des Hochamts in jeder bunten Wolke dieses italienischen Himmels! Halleluja! Die Kreuzesfahne voran! In diesem Zeichen Sieg und Hoffnung! Retten Sie uns! Retten Sie uns! Heinrich Klingsohr, genannt Pater Sebastus a Cruce. San-Pietro in Montorio, im Mai 18**."

Zu diesem Namen schrieb Bruder Hubertus:

„Eines hochgnädigsten Herrn und Bischofs gehorsamster Kreuzesträger und apostolischer Pilger Frater Hubertus."

Diesen Brief ganz flüssig zu lesen und dann zu unterschreiben kostete dem „Todtenkopf" einige Mühe ... Seine knöcherne Hand kritzelte lange an den wenigen Worten ... An der Stelle, wo von seinem Geld die Rede war, hielt er besorgt inne ... Er gedachte mismuthig jenes Wenzel von Terschka auf Westerhof, von dem er schon lange ahnte, daß er dessen Versicherungen, er wäre nicht jener Soldat, der einst im römischen Heer gestanden, zu leichtgläubig hingenommen, von dessen Verbleiben aber, *[21]* Ursprung, späterer Flucht, Uebertritt, gegenwärtigem Aufenthalt in London die Eremiten im winterlichen Walde, die Flüchtlinge durch Deutschland und Italien, die Gefangenen von Rom nichts erfahren hatten. Klingsohr kannte diesen Terschka nicht einmal dem Namen nach ... War die Erwähnung seines Geldes praktisch? ... Wie würde diese Stelle auf den General wirken, wenn er sie läse? ... Vielleicht ganz förderlich! dachte endlich Hubertus mit einiger Pfiffigkeit ...

Gegen zehn Uhr erhob er sich von seinem Maisstroh ... Aufgeschreckter denn je ... Dachte er an Terschka, Picard, sein Geld, so erschienen ihm Eulen und Fledermäuse und Brigitte von Gülpen rang unter ihnen die Hände und Hammaker's blutigen Kopf sah er und Picard hing am brennenden Dachbalken und den Pater Fulgentius, den er „richtete", indem er ihn ruhig sich selber tödten ließ, sah er am Seile schweben ... Der Riegel seines Kerkers wurde klirrend zurückgeschoben ...

Der fieberkranke Laienbruder war es selbst, der, sich schüttelnd, den mächtigen Sack brachte ... Er geleitete Hubertus an Sebastus' Zelle ...

Auch hier fiel die eiserne Klammer ... Sebastus stand in erregter Spannung ... Rom und die langen Leiden hatten seinem sonst so vornehm verächtlich, so hochmüthig geringschätzend in die Welt und auf andere Menschen blickenden Wesen seit einiger Zeit eine vortheilhafte Veränderung gegeben ... Er ergriff den heimlich dargereichten Brief, siegelte ihn, während Hubertus dem Laienbruder, um diesen zu zerstreuen, seine Pillen rühmte und zu größerer Deutlichkeit das Ver-*[22]*schwinden des Fiebers mit der Leere des mächtigen Sackes verglich ... Dann steckte Sebastus unter der braunen Kutte den Brief zu sich und folgte dem Laienbruder, der beide auf die Terrasse zu den rauschenden Wassern führte ...

Hier harrte ihrer Pater Vincente ...

Benedictus Jesus Christus! ...

In aeternum, Amen! ...

Die drei Mönche schritten den Hügel San-Pietro nieder in jene kleinen gespenstischen Schatten der Bäume und Häuser, die ein helles Mondlicht wirft ...

Alle drei schritten sie nach Rom hinunter in den gleichen Kutten ... Die Kapuze über den Kopf gezogen, um den Leib des heiligen Franz von Assisi fliegende weißwollene Schnur ... Die beiden Deutschen noch nach ihrer alten Regel in Sandalen ... Pater Vincente mit entblößten Füßen.

2.

Pater Vincente war wol schon dreißig Jahre alt; doch hatte er noch alles von der weichen Jünglingsschönheit des Antinous ...

Seine Augen waren sanft braun ... Die Farbe seines Antlitzes, und nicht ganz vom Widerschein der Strahlen des orangegelb über dem Albanergebirge herausgetretenen Mondes, war fast gelblich ... Das kurzgeschnittene und die so schöngeformten kleinen Ohren grell freilassende Haar dunkelschwarz ... Der braune, jetzt von der Kapuze bedeckte Nacken schweifte sich sanftgebogen ... Sein Mund war etwas aufgeworfen und wie zum Genuß des Lebens bestimmt ... Die hohle Wange stand in Verbindung mit sanften Erhöhungen an den Winkeln und Lippen ... Seine Gestalt hatte etwas Aetherisches; sie schien, wie dies einst dem heiligen Franciscus in Wirklichkeit geschehen sein soll, in den Lüften zu schweben ... Viele, die ihn kannten, prophezeiten auf sein Haupt – noch einst die dreifache Krone – wie man in der katholischen Christenheit jedem Leviten thut, der sich durch gottseligen Sinn auszeichnet ...

[24] Die beiden Deutschen gingen hinter dem Italiener, wie seine Diener ... Doch wollte dieser nur ihr Führer sein ... Hubertus ließ sich auch nichts von seinem bestimmten, festen, muntern Naturell nehmen ... Was ihm durch den Sinn kam, plauderte er aus ... Die Bäume am Wege nannte er alte Bekannte aus Indien; die Düfte, die von den botanischen Gärten herüberkamen, analysirte er nach den Pflanzen, denen sie angehörten ... Den schmetternden Nachtigallen paßte er stillstehend auf; dem Mond drohte er, ihn, wenn er noch größer und ganz wie in Java würde, vor Freude in den Sack zu stecken ... Alles das, sagte er, ist darum so prächtig hier, weil es ohne die Schlangen und die Tiger ist! ...

Die Heiterkeit des wunderlichen Alten hatte seinen Leidensgefährten schon seit Jahren aufgerichtet ... Sebastus nannte ihn schon im Kloster Himmelpfort den zweiten Philippus Neri ... Philippus Neri war jener „kurzangebundene, humoristische", römische Heilige, von dem Goethe in seiner italienischen Reise erzählt ... Könnte ich Ihnen den Schamanen und indischen Gaukler austreiben, sagte Sebastus schon oft, Ihre Wunderkraft und Heiligsprechung wäre verbürgt! Philippus Neri legte sich auf das Studium, den Menschen manchmal so unausstehlich zu werden wie möglich. So auch Sie! Es gelang freilich Ihrem heiligen Vorbilde nicht immer so ganz, wie Ihnen! Je mehr Philippus verletzte, desto mehr liebte man ihn. Ja sogar die Thiere liefen ihm nach. Hunde zu tragen – war sonst eine Strafe der Verbrecher; Philippus trug sich immer *[25]* mit Hunden und duldete den Spott der römischen Jugend. In die Kirchen ging er und unterbrach die römischen Fénélons und Bourdaloues seiner Zeit gerade an ihren blumenreichsten Stellen. Da wollte er ihre Demuth prüfen, ob auch wol die geistreichen Rhetoriker nun ebenso gelassen blieben, wie sie ihren Zuhörern anempfahlen. Erschien ihm die allerseligste Jungfrau, so spie er sie an, und siehe da! es war eine Teufelslarve. Er sagte: Ihm müßte dergleichen viel herrlicher erscheinen! ... Die „Vernunft" in unserer Heiligengeschichte ist noch gar nicht genug geschildert worden ...

So sprach Klingsohr in Himmelpfort – Fast hätte er sich auch in Rom veranlaßt fühlen dürfen, wieder an diese alten Vergleichungen zu erinnern ... Hubertus sprach den ganzen Weg bis zum Ponte Sisto, der die Wanderer über die Tiber führte, vor Aufregung alles bunt über Eck durcheinander ... Ja er wagte sich an den Pater Vincente mit der italienischen Frage, nicht etwa wo das Capitol oder das Coliseum oder die übrigen Klöster des heiligen Franciscus lägen, sondern wo er die päpstliche Reiterkaserne finden könnte ...

Pater Vincente zeigte weit weg über die Tiber zur Peterskuppel hin und sprach von einer dort befindlichen Porta Cavallaggieri ...

Nun ereiferte sich Hubertus über den Mangel an Briefkästen ... Und daß auch die Hauptpost nicht einmal des Nachts einen Briefkasten offen hielt, wie ihm Pater Vincente versicherte, rügte er ebenso, wie der heilige Philippus Neri mit den Institutionen von fünfzehn Päpsten, die er erlebt hatte, in stetem demokratischen Hader *[26]* lag und noch wenige Jahre vor seinem Tode und schon im Geruch der Heiligkeit nahe daran war, statt als „heiliger Diogenes in der Tonne" in allerlei römischen Winkeln zu leben, als Staatsgefangener auf die Engelsburg zu ziehen ...

Als Hubertus die Unmöglichkeit, den Brief abzugeben, in deutscher Sprache beklagte, mußte er erleben, daß Pater Vincente sich umwandte und mit gebrochenem Deutsch einfiel:

Wisset Ihr denn nicht, daß Ihr keinen Briefwechsel führen dürft? Laßt mich doch nicht zum Beschützer einer unerlaubten Handlung werden! ...

Die betroffenen Mönche erfuhren zum ersten mal, daß Pater Vincente soviel Kenntnisse in den Sprachen besaß ... Sie mußten ihren Unterhaltungen einen Dämpfer auflegen ... Hubertus murmelte, verdrießlich über soviel Loyalität:

Sind wir wirklich im Lande der Mörder und Räuber? ...

So kam er in die andächtig und feierlich gehobene Stimmung Klingsohr's, um den jetzt nur noch bald die Volksstürme der Gracchen rauschten, bald die ersten feierlichen Gesänge der Katakombenkirchen ...

Die Wanderer hatten die innere Stadt betreten, die in ihren lebhaftesten Theilen jeder andern südlichen gleicht und außer den an den Häusern zahlreich angebrachten Balconen nichts Auffallendes hat. Die „ewige Stadt" zeichnet sich auch sonst am Tage durch ihre Schweigsamkeit aus, die gar nicht mit der lärmenden Weise Südeuropas stimmt. Die Herrschaft der Priester bedingt *[27]* den Ton der Ehrfurcht und Zurückhaltung. Beim ersten Betreten macht Rom einen Eindruck, wie Venedig auf den Lagunen – lautlos gleiten die Gondeln über die dunkle Flut ... Jetzt war nun noch die Nacht hereingebrochen und vollends still lagen die hier so engen, den erwerbenden Klassen angehörenden Straßen und kleinen Plätze. Dunkle Schatten hüllten die verschlossenen Häuser ein. Nur da und dort brach der goldene Strahl des Mondes hervor und gab den schmutzigen Eckgiebeln, den verschwärzten Balconen, hochragenden Schornsteinen eine verklärende Beleuchtung. Die vielen Fontainen Roms belebten die Stille. Fiel der Mond auf die Strahlen und die Bassins, in die jene niederglitten, so glaubte man Büschel von Gold- und Silberperlen zu sehen. Oeffnete sich ein größerer Platz und zeigte eines der hohen Staatsgebäude, eine der Kirchen oder einen der in dieser Gegend seltenern Paläste, so sah man die Giebel, Thürme und Kuppeln in um so magischerem Lichte, als die Dunkelheit der Schatten daneben den Glanz derselben erhöhte. Dazwischen durfte das Auge dann und wann glauben, Schneeflocken auf den Höhen zu sehen. Das war dann weißer Marmor, ahnungerweckend aufblitzend ...

Klingsohr sah wie zum zweiten mal geboren um sich ... Die Erinnerungen umkrallten ihn riesig, als Pater Vincente, der sein hartes Wort wieder gut machen zu wollen schien, Erläuterungen zu geben begann ... Da sagte der sanfte Führer auch unter anderm auf ein wüstes Gewirr von Häusern zur Linken zeigend:
Il Ghetto! ...

[28] Der Ghetto der Juden! ... Die „Rumpelgasse" Roms! ... Ob auch hier, wo eine Nachtigall so mächtig schlug, wo die Fontana Tartarughe so traulich plätscherte, wo am Mauerwerk wie verstohlen eine schwarze Cypresse hervorlugte, ein Veilchen Igelsheimer leben mochte? ... Ob auch hier die nächtliche Vertauschung einer Mönchskutte möglich war gegen einen Ueberrock, mit dem ein toller Mönch in die Theater Roms lief? ... Lucinde huschte für Klingsohr schon lange, lange am Wege ... Da gab es schon so manchen schönen Kopf mit aufgelöstem Haar an einem Fenster, ein Mädchen, das eben schelmisch noch einmal den Mond anguckte und dann erst zu Bett gehen wollte ... Da tönte eine Guitarre ... Da scholl aus einer Schenke ein

Jauchzen – das Schreien beim Morraspiel ... Jesus, mein Feldherr! mußte schon der ewige Fahnenflüchtling rufen ... Lucindens Gestalt begleitete den so tief Verkommenen in jeder schönen Situation, ihn, den wie der Brief zeigte, den er in seiner
Kutte trug, die trübste Lebenserfahrung schon so tief gedemüthigt, ja zu der ihm sonst nicht eigenen Verstellung gebracht hatte ... Wie oft hatte nicht Lucinde, wenn Jérôme von Wittekind sie im Latein unterrichtete, von Rom gesprochen und ihm was sie gelernt wiedererzählt bei ihren Stelldicheins hinterm
Pavillon unter den alten Ulmen auf Schloß Neuhof und noch in Kiel ... Im Profeßhause der Jesuiten hatte sie dem Gefangenen Bilder einer größern Wirksamkeit vorgegaukelt, deren Fernsichten bis nach Rom gingen ... Wo mochte sie wol jetzt weilen, sie, die in ihren auch im Kloster Himmelpfort später bekannt
gewordenen, von der Regierung veröffentlichten Briefen an Beda Hunnius ihr *[29]* Lebenssymbol nicht selten wiederholt hatte: An der Schwelle der Peterskirche möcht' ich sterben! ... Was alles mit ihr Hubertus in Witoborn vorgehabt, hatte Sebastus von diesem nicht ganz erfahren können ...

Pater Vincente blieb freundlich und milde ... Ging doch auch er mit der mächtigsten, gewiß auch ihm aufwachenden Poesie im Herzen dahin ... Klingsohr hatte das Erlebniß von dem Kuß in der Beichte gehört ... Er selbst kannte diese Schemen, die den heiligen Antonius peinigten, nur zu gut ... Und diese Luftspiegelung der erregten Sinne, für die der schöne Jüngling und Mann dort hatte fünf Jahre büßen w o l l e n, vermählte sich heute! ... Er bettelte nun an ihrer Thür! ... Da war ja die Welt Heinrich Heine's, die ihn einst so umfangen gehalten ...

      Das kommt, weil man „Madame" tituliret
      Mein süßes Liebchen –

Jesus hilf! rief es in Klingsohr's Seele ...

Pater Vincente deutete auf eine rechts sich noch einmal öffnende Durchsicht über die Tiber und auf einen jenseits in den blauen Lüften schwebenden fernen Punkt und sprach:

Das da ist das Asyl der Pilger! Eine fromme Stiftung des heiligen Philippus Neri! ...

Hubertus lachte und drückte spähend seine schwarzen funkelnden Augen zu und hob die Kapuze in die Höhe und sah die so achtbaren Erinnerungen an einen Mann, mit dem er Aehnlichkeit haben sollte ... Und ganz im Neri'schen Geist sprach er in seinem holländischen Deutsch durcheinander, rasch, als wenn Pater Vincente folgen könnte:

[30] Das Haus sieht groß genug aus, um den Seckel der Wirthe zu füllen! Ja – wer Gott liebt, dem müssen alle Dinge zum Besten dienen – namentlich die Wohlthaten, die er spendet! Pater, wo wir in Italien auch hingehört haben, bringen die Bettler, die Armen, die Pilger, die Wallfahrer den Stiftern erst recht das Geld ein. Wie so? Wir sind mit Wallern gezogen, klopften an alle Pilgerasyle und bekamen ein Essen, so schlecht – um sich davon abzuwenden! Aber wir sahen die Oberalmoseniere und Spitalprioren in Kutschen an uns vorüberfahren. Im Walde gab es besseres Laub zum Schlafen, als in solchen Pilgerbetten ... In Turin und in Parma flohen die Wallfahrer vor allen heiligen Asylen, weil sie, eben todtmüde angekommen, erst eine Procession durch die Stadt machen sollen, ehe sie zu essen kriegen ... Herrgott, wer vollends, wie wir, die Sehnsucht hat, 'nmal eine hübsche Stadt näher zu betrachten, eine Stadt, die man endlich mit müden Füßen erreicht hat, dem schließen sie die Pforte vor der Nase, wenn er sich auch nur fünf Minuten an einem gnadenreichen Altar verspätete – Campirt draußen! heißt's ... Da lernten wir den deutschen Pilger kennen – Woher kam er doch? Von Castellungo! Der alte Naseweis und Ketzer, aber ein redlicher Mann ... Der sagte uns: Es steht geschrieben: Nächst dem Gebet eines Heiligen ist nichts vor Gott wirksamer, als das Gebet eines Wallfahrers ... Freilich, das war Spott ... Ein andrer Pilger war bereits dreißig Jahre auf dem Wege nach Jerusalem und immer – bei Montefiascone kehrte er um, da, wo der gute Wein wächst – Est! Est! sagte der deutsche *[31]* Pilger. Sie,

Pater Sebastus, wußten gleich ein deutsches Lied darauf, das der andre auch gekannt. Widrige Winde machten nach Jerusalem die Schiffahrt gefährlich! sagte der dicke Pilger nach Montefiascone seit dreißig Jahren. Der Schelm lebte von Hühnern und Gänsen – die man dem ewigen Kreuzfahrer nach dem heiligen Est! Est! nicht freiwillig gab ... Was zu schwer zum Forttragen war, half ihm ein dritter frommer Bruder verzehren, der eine Kette an den Füßen durch Spanien, Frankreich und Italien schleppte ... Nicht daß er von den Galeren kam – wenigstens sagte er's nicht – er kam aus Marokko, wo er der Sklaverei entronnen sein wollte, und das Stück Kette trug er jetzt ordentlich wie seinen – Orden ... Heiland, das Italien ist buntes Land! Haben die Leute nicht falsche Briefe mit großen Siegeln, wie nur echte Siegel aussehen können! Und wußten sie nicht alle Gebete, die den Seelen der frommen Stifter von Pilgerasylen im Himmel zugute kommen! ... Dort drüben also auch? ... Wird's besser da hergehen? ... Der heilige Philippus hat glücklicherweise das Gebet solcher verdächtigen Kreuzfahrer und erlösten Christensklaven nicht nöthig ... Manchmal muß ich dem deutschen Ketzer in seinen Zweifeln an allem von Herzen Recht geben ... Wo mag der Alte im Bart wol hingekommen sein? ... Ich ziehe in die Katakomben! sagte er immer ... Es klang wie Kyrie Eleyson ...

Der „heilige Mynheer", wie Hubertus zuweilen von Sebastus genannt wurde, setzte beim Pater Vincente eine zu große Vollkommenheit in der Sprache voraus, die er ohnehin selbst nur mit vielen Freiheiten sprach *[32]* ... Sein ganzer Ausfall auf die Wohlthätigkeitsanstalten der Kirche, die in den Schriften so vieler von Rom Verzauberten prunkend verzeichnet stehen, auf die mangelhafte Polizeiverwaltung, auf das ungeregelte Paßwesen bei Vagabunden – die ehrlichen Leute werden genug damit geplagt – erntete aus dem Munde des der Hochzeit Olympia's wehmüthig gedenkend dahinschreitenden Priesters nur die einzige Erwiderung:

Si! Si! Si! ... Quest' un' theatro antico ... Il theatro di Marcello! ...

Selbst die Erwähnung Castellungo's schien der Pater Vincente überhört und von dem Pilger nichts verstanden zu haben ... Und doch war es wol nur Frâ Federigo, sein Lehrer, ein Deutscher, jener Mächtige, vor dessen Lehren er einst geflohen war und der fast schon den Bruder Hubertus zu seinen Anschauungen hinübergezogen zu haben schien ...

Sebastus hörte nichts von alledem ... Der starrte nur den im Schatten liegenden antiken Trümmerbau an ...

Hier aber war es lebhafter geworden ... Einzelne vergoldete Kutschen mit prächtigen Livreen jagten vorüber, die Pferde aufgeputzt mit hängenden rothen Troddeln am Ohr und mit bunten Geschirren ... An die Rennbahn der Alten ließ sich denken ... Sebastus dachte, da er vom Marcellustheater hörte – an die alten Tage von Göttingen – Seltsame Ideenverbindung! An den auch von Doctor Püttmeyer verherrlichten „Quincunx" – das Schenkenzeichen! ... Denn die „Goethe-Kneipe" mußte ja hier in der Nähe liegen, Goethe's Campanella, jetzt nur noch berühmt durch ihr Frem-*[33]*denbuch und ihren schlechten Wein ... Die Trümmer des Marcellustheaters waren in Hütten und Paläste verbaut ... Dicht in der Nähe lag der Palast der Beatrice Cenci ... Auf alles das besann sich Klingsohr aus seiner alten „klassischen Zeit" ...

Aber auch die „romantische" wirkte mächtig ... Schon begegnete man im sich mehrenden Straßenleben andern Mönchen, die mit Körben und Säcken gleichfalls zur Porta Laterana liefen ... Kapuzinern in langen Bärten, Franciscanern aller Grade, Augustinern, Karmelitern; selbst die vornehmen Dominicaner erinnerten sich, daß sie das Gelübde der Armuth abgelegt hatten; auch sie schickten ihre „Brüder" auf die Hochzeit der Nichte des Cardinals ... Kein Trupp stand dem andern Rede ... Kein Lächeln hatten sie oder nur eines, das nicht im mindesten die phantastischen Gestalten als in einer tollen Mummerei begriffen und sich (Augur augurem!) erkennend darstellte ... Nur der Gewinnsucht galt es und dem Vorsprung, den ein Kloster vor dem andern suchte ... Die beiden Deutschen sahen ihre Mitstreiter im römischen Lager ... Welche Welt! ... Und hier nun doch noch so spät ein Leben und Bewegen? ... Da noch wird gekocht und geschmort auf offener Straße? ... Da noch werden Melonen ausgeschrieen? ... Noch Citronenwasser? ... Frische Kirschen? ... Klingen nicht sogar Geigentöne? ... Lacht nicht ein Policinell im Kasten? ... Das alles heute in der Hochzeitnacht Olympiens! ... Roms Saturnalien! ...

Noch haftete Sebastus' Phantasie, wie das in Rom so geht, bald an Goethe, bald an Winckelmann, bald an [34] Ovid, bald an Horaz, die den Marcellus besungen haben, den Neffen des Kaisers Augustus, dem dies Theater da gewidmet ... Da erscholl plötzlich ein fernes Klagegeheul und ein hundertstimmiges Miserere ...

Es kam, wie Pater Vincente erläuterte, von der „Bruderschaft des Todes", den Begleitern der Leichen, die in Rom bei Nacht begraben werden ...

In wilder Hast, als wenn der Todte die Pest verbreitete oder als wenn Christen einen eben gerichteten Märtyrer in die vor den Thoren gelegenen heimlichen Begräbnißstätten flüchteten, trugen Männer in langen, schwarzen oder weißen, über den Kopf gezogenen Kutten, die nur den Augen zwei kleine Lücken ließen, wie Gespenster einen Sarg dahin ... Andere dazu schwangen Fackeln ... Neben den Fackeln liefen Bursche und sammelten in Schalen das tröpfelnde Wachs, das sich wieder brauchen ließ ... Schnuphase hätte sich niedergeworfen wie alle – er schon vor solcher heiligen Sparsamkeit ... Mönche und Bruderschaften, einen Priester mit seinem Akoluthen und Meßknaben umringend, sangen: Miserere! in nicht endender Litanei ... Vor dem klingelbegleiteten Sanctissimum, das der Priester hoch in den Fackelqualm emporhielt, warf sich alles nieder ... Aber immer weiter, weiter, wie auf rasender Flucht, ging der Zug dahin ... Pater Vincente sagte – um die Leiche in eine Kirche jenseits der Tiber zu stellen, von wo sie erst der gewöhnliche Leichenwagen abholt ... Der Todtenkopf des „Bruder Abtödter" war Leben gegen die Vorstellung, daß unter allen diesen weißen und schwarzen Kutten und Kapuzen Skelette wandeln müßten ... Aus *[35]* den kleinen Oeffnungen vor den Augen dieser Männer glühte es wie leuchtende Kohlen ...

Nehmen wir den Weg über das Capitol! sagte Pater Vincente, als sich die Mönche mit den andern wieder erhoben hatten und der wilde Zug vorüber war ... Ihn schien er nicht erschüttert, nicht so zur Eile gedrängt zu haben, wie den Pater Sebastus ... Zur Eile! ... Musterte eben die „Braut von Rom", wie ein Schmeichler die junge Fürstin heute besungen, oder der Cardinal oder die Herzogin von Amarillas die Reihen der Mendicanten, die an der Pforte der Villa Rucca standen – er war ja dessen gewiß, daß San-Pietro in Montorio vor allen andern Klöstern bedacht werden würde ... Olympia zeichnete reuevoll sein Kloster aus ... Ihn bedrohte, das sagte man seit einiger Zeit, in der That der Hut des Cardinalats ...

Bei Klingsohr – wie war da nun freilich die Erinnerung dahin – an Goethe's Campanella –! ... Dieser schreckhafte Leichenzug – und jene Römerin, auf deren Rücken der Dichter des Faust hier einst Hexameter getrommelt zu haben vorgab, die Goethe, Klingsohr wußte es, erst in Weimar auf dem Rücken der „Dame Vulpius" trommelte, paßten nicht zusammen ... Memento mori! ... Auch Goethe hat es erfahren! sagte sich Klingsohr sinnend zum Capitol aufsteigend ... Hier, wo er den Becher der Lebenslust, kurz vor dem Scheiden der männlichen Kraft, in seinen vierziger Jahren noch einmal wie ein Sohn der Griechen getrunken hat, hier mußte er ja dem einzigen Sohn, dem Sohn jener in römische Reminiscenzen maskirten Thüringerin, an der Pyramide *[36]* des Cästius, dem Begräbnißplatz der Protestanten, eine wahrere Grabesinschrift setzen ... Hier starb Goethe's einziger Sohn ... Flüchtig zog und fast schon von ihm in Rhythmen gebracht der Gedanke durch seine Seele:

Wo nur find' ich den Wirth zur Campanella! Der Schenke,
   Wo ich Falerner gesucht – „Lacrymä Christi" nun fand!
Firnen aus Golgatha! Nicht aus den Trauben der Schlacke,
   Die der Vesuv uns schenkt, Leidenschaft, wenn sie verglüht!
Deutscher Apoll! Hier war's, hier hast du Verse getrommelt –
   Auf der Römerin Leib – schwelgtest in seliger Lust –
Und erfuhrst nur dein Maaß! Die Pyramide des Cästius
   Blieb das Ende vom Lied! Blieb der Morgen der Nacht –!
Wahrheit und Lüge! O wohl, so mürrisch strafen die Götter!
   Wandle gen Rom, o Mensch! Rom ist der Mensch und die Welt!

Ein tiefes, tiefes Schweigen folgte nun … Glocken hallten von den Thürmen … Man erstieg einen Calvarienberg – das sind die Stufen zum Capitol …

Zur Linken wohnt – der heimatliche Gesandte, auf dessen Autorität vor drei Vierteljahren drei Gensdarmen am Ponte Molle auf die deutschen Flüchtlinge gewartet hatten! … Zur Rechten – der tarpejische Felsen, der jetzt derselben Krone gehört … Wie schüttelte Sebastus all diesen „Staub" von seinen Füßen! … Wie hatte er für ewig dieser „ghibellinischen" Welt entsagt! … Das Capitol! rief er und über seinen Sandalen schmerzte ihm der Fuß, so trotzig stampfte er vor dem Wappen seines Landesherrn auf …

Da lag ein mittelalterlich Haus vor ihm, die Stätte des gebrochenen Capitols … Einige Brunnenstatuen vor ihm und ein kleiner Platz, auf dem, vom Mond beleuchtet, Marc Aurel zu Pferde sitzt – Ein Gelehrter, der *[37]* über dem Studium der Philosophie seine alten Schlachten vergaß! sagte Klingsohr mit Hindeutung auf die ihm nicht kriegerisch erscheinende Haltung des Reiters und auf – „Euern Friedrich, den sogenannten Großen –!"

Jetzt schlug es elf …

Bergab ging es auf die Trümmerstätte des alten Forums …

Ein Leichenfeld! sprach Pater Vincente …

In seinen Erläuterungen ging er nicht über Petrus und Paulus hinaus … Die Gracchen – Cicero! … Das mußte sich Klingsohr selber sprechen ... Sein Blick starrte dem Untergang der Erhabenheit ...

Hubertus kannte von den alten Zeiten nur so viel, als nöthig war um zu begreifen, daß hier die begrabene Macht eines alten Volkes lag, das einst die Welt beherrschte ... Zertrümmerte Portale, einsame Säulen, Triumphbögen mit zerbrochenen Statuen ... Am Tag ein wüst erschütternder Anblick, den jetzt das Zauberlicht des Monds verklärte ... Dort oben auf dem Palatin wohnten die weltgebietenden Cäsaren ... Ein magisches Goldnetz hält die grünen Hügel und die Steine umwoben ... Wären diese vom Corso herüberrasselnden Wagen, diese lachenden Menschen nicht gewesen, die zu spät zu kommen fürchteten zu der auf Mitternacht angesetzten Hochzeits-Girandola, die durch die Fenster eines am milchblauen Himmel auftauchenden dunklen Gebäudes schon zu beginnen schien, wenn ein Knabe rief: Eine Leuchtkugel! – Der Knabe meinte einen Stern, der so plötzlich durch die Oeffnungen des Coliseums blinkte ...

Das Coliseum! ... Sebastus hätte wünschen mö-*[38]*gen, Niemand hier zu sehen und zu hören und nur allein zu wandeln ... Allein mit Livius und Niebuhr ... Da ein Tempel, dort eine Basilika ... Wie mag es hier einst gesummt haben, als die Comitien des Volks versammelt waren und die Consuln Roms gewählt wurden! ... Wohin entläßt uns dies Thor? flüsterte er ... Ist es nicht der Triumphbogen des Titus, als er Jerusalem zerstört hatte? ... Sein „Credat Judaeus Apella" fiel ihm ein ... Doch der „Virtuose im Glauben" – hier hatte er keinen Zweifel zu hegen nöthig. Da an der Wand des Thors sah er den siebenarmigen Leuchter, den Tisch, die Schaubrote, die Jubeljahrposaunen, die Bundeslade ... Die erhabene Stelle war's, wo sich Jupiter und Jehova so nahe berührten! ... Aber – kein Jude geht gern unter diesem Bogen hinweg, kein Jude blickt gern auf jenes Riesengebäude, das dreißigtausend gefangene Juden gebaut haben sollen ...

Was Vincente so und ähnlich erläuterte, wußte Klingsohr alles ...

Aber kaum gedachte er Löb Seligmann's, dessen physische Kraft zum Streichen der Ziegel für diesen Riesenbau in keinem Verhältniß gestanden haben würde – als er Veilchens gedenken mußte ... Veilchens, die ihm einst bei seinen Besuchen in der Rumpelgasse gesagt hatte: „Sie sind ein Mensch der Selbstqual, der Reue, des Gewissens – ewig wird's Ihnen gehen, wie's dem Kaiser Titus ging, als er Jerusalem zerstört hatte! Da ist Titus zu Wasser gegangen mit seiner siegreichen Armee und ein Sturm zog herauf und die gefangenen Juden triumphirten, weil sie dachten, Gott hätte seine Rache auf das *[39]* Meer aufgespart. Und Titus bekam Angst, spottete und sprach: Zu Land ist Adonai schwach, aber zu Wasser – da kommt er, scheint es doch, dem Neptunus gleich! Wahrlich, spottete er, Adonai hat die Sündflut befohlen, er hat die Aegypter im Rothen Meer ersäuft, er hat den Sissera am Strom Kischon geschlagen, er wird auch für Jerusalem seine Rache nehmen auf dem Mittelländischen Meer! ... Da aber ist gekommen eine Stimme aus dem Himmel und hat dem Spötter gerufen: Titus, Titus ich habe Jerusalem untergehen lassen wegen seiner Gottlosigkeit! Weil du aber meiner Langmuth spottest, so sollst auch du meine Macht kennen lernen, aber – zu Lande! Das Meer ward da stille und Titus betrat unter dem Jauchzen des Volks das feste Land. Wie er recht von Herzen über den Judengott lachte, flog ihm in die Nase eine Mücke, wie sie nur auf dem Lande vorkommt, und bohrte sich tief in sein Gehirn. Sieben Jahre hat Titus davon die schrecklichsten Schmerzen im Kopf gehabt, denn die Mücke starb nicht, sondern sie wurde immer größer und sie summte bei Tag und bei Nacht. Einst ging er bei einem Schmied vorüber. Bei den Amboßschlägen hörte die Mücke zu summen auf. Da stellte sich Titus dreißig Tage an den Amboß und die Mücke schwieg. Am einunddreißigsten aber fing sie wieder zu summen an; sie hatte sich an den Hammerschlag gewöhnt und Titus mußte sterben. Als sie sein Gehirn aufmachten, kam ein Thier zum Vorschein, so groß wie ein Vogel. Der Mund war von Kupfer und die Füße waren von Eisen – –" Nun schloß die Spinozistin: „Daß Sie sind katholisch und ein *[40]* Mönch geworden, Herr Pater, das ist bei Ihnen die Schmiede gewesen und die Mücke ist nun auch vielleicht dreißig Tage still ... Aber ich will nicht wünschen, daß sie am einunddreißigsten wieder lebendig wird!" ...

Wie wurde sie aber schon so oft so lebendig! ... Schon damals wurde sie's beim Schweigen, das der Kirchenfürst dem Pater als Buße auferlegt hatte, beim Begegnen Lucindens in der Kathedrale ... Nun all dies Große und Majestätische Roms! ... Und wenn auch Klingsohr damals zu Veilchen sagte: „Jehova rächte sich allerdings an den Römern zu W a s s e r – durch die T a u f e !" – wie summte ihm doch die Mücke jetzt und wisperte: Ist Golgatha die Welt? Haben die alten Götter keine Rechte mehr? ...

Klingsohr schritt dahin, fast wie einst in Göttingen, wenn er die Titel der hundert Bücher auf den Lippen führte, „die er schreiben wollte" ...

Pater Vincente, in dessen Seele es still und ruhig schien, lenkte zum Coliseum ein ... Er betrat es, den fremden armen Gefangenen zu Liebe ...

Wäre die Nacht nicht so hell und belebt gewesen, so würde dies mächtige Rund den Eindruck eines Schlupfwinkels für Räuber gemacht haben ... Es liegt so einsam – umwuchert von wildwachsenden Büschen, die oben aus den Fenstern herausbrechen; die Vegetation hat seit tausend Jahren in allen Stockwerken bis zur obersten Galerie Platz gegriffen ... Die Bogengewölbe, die geborstenen Säulen, die zertrümmerten Rundmauern waren im Mondlicht wie die Erscheinung eines Traums ... Von Luft und Licht gewoben schien dies Bild eine *[41]* märchenhafte Täuschung ... Aber sicher, fest und natürlich widerhallte Schritt und Gespräch unter der Bogenwölbung des Eingangs; nur zu deutlich sah man drinnen die Sitze, von denen herab Tausende auf Menschenkämpfe einst blickten mit jenen Thieren der Wüste, die hinter den eisernen Gittern da geborgen und durch Hunger zur Wuth gereizt wurden ... In der Mitte steht zur Entsühnung solcher Erinnerungen an den tiefsten Verfall der Menschheit ein kleines Kreuz ... Rundum ziehen sich die Bilder eines Stationswegs ... Eine Heiligung, die edler gedacht als ausgeführt ist! ... Das sagte selbst Pater Vincente, der niederkniete und einen mit einem Kreuz bezeichneten Stein küßte, auf dem Hubertus mühsam las: „Wer – dies Kreuz – küßt, hat auf ein Jahr und 40 Tage – Ablaß." ...

Hubertus folgte dem Beispiel des frommen Paters ... Natürlich mußte es auch der Mönch Sebastus thun, so wenig die Hoffnung, vierhundert Tage im Fegfeuer Linderung zu gewinnen, in diesem Augenblick seiner Stimmung entsprach ... Die Mücke des Titus schwieg nicht mehr. Er stand nicht mehr an seiner Schmiede ... Es ergriffen ihn die Schauer der Vergangenheit ... Wenn er auch nur des heiligen Augustin gedachte, der seinen Freund Alypius von seiner Leidenschaft für Gladiatorenkämpfe hier im Coliseum durch einen plötzlichen Schauer vorm strömenden Blut der sich Mordenden geheilt sah, so mußten ihm wol seine hohlen großen Augen rollen und Gedanken kommen, wie der, den er aussprach:

Hier dies kleine armselige Kreuz! Hier hätte Michel Angelo einen seiner Giganten herstellen sollen! So groß, *[42]* so hoch, wie der Koloß von Rhodus! Bis an die obersten Sitze hätte der Blick eines Daniel reichen müssen, zu dessen Füßen die besänftigten Löwen sich schmiegten! Niederbohren mußte der Prophet mit dem Busch seiner Augenbrauen die wilden Thiere auf dem blutigen Sande um sich her und – die Thiere in den Herzen dieser Zuschauer! ... Marcus der Evangelist, der die Bibel emporhält, hätte wie ein Geisterbeschwörer stehen müssen, sein aufhorchender Löwe neben ihm, auch gebändigt, auch in die Falten seines Gewandes scheu sich schmiegend! Was soll dies kleine Kreuz! ...

Hier möcht' ich im Chor singen! sagte Hubertus ... Er übte seine Stimme so laut, daß es weit dahinschallte ...

Pater Vincente verstand sein deutsch gesprochenes Wort, nickte und entgegnete, das geschähe hier alle Freitage – von den Kapuzinern ... Zeigte er dabei auf die Fenster hinauf mit dem vom Nachtwind leise bewegten wildwuchernden Gebüsch, auf den Mond, der hinter den Oeffnungen bald hervorblitzte, bald sich versteckte – und dann sie selbst in der Mitte des riesigen Baues beleuchtete, wovon sie Schatten warfen wie – „kleine bucklige Gnomen", so war dieser Vergleich aus Sebastus' Munde die von ihrem Führer wol kaum verstandene – ironische Antwort ...

Die Wanderer wandten sich der Eingangswölbung zu ... Klingsohr fand sich allmählich zurück in seine Gegenwart; sie näherten sich heiligen Stätten ... Sie bestiegen einen aufwärts gehenden Weg und kamen in eine Art Vorstadt, an deren äußerstem Ende einer der drei Paläste der Stellvertreter Christi liegt, der Lateran. [43] In alten Zeiten als Burg der dreifachen Krone hervorragend vor Quirinal und Vatican, erhält sich der Lateran jetzt nur noch in seiner Autorität durch die Gerechtsame, die nebenan auf der ältesten Pfarrkirche Roms, Sanct-Johannes, ruhen, auf dem Heiligthum des größten der von Thiebold de Jonge einst so kritisch beurtheilten Kreuzessplitter, auf der Platte, auf der einst das Abendmahl eingesetzt wurde, auf dem Heiligthum jener hier aufgestellten „Heiligen Treppe", an deren Fuß Petrus den Herrn verleugnete ... Sonst ist hier alles am Tag so still und öde, wie ein Sonntagsnachmittag in einer kleinen Stadt – in dieser Nacht rauschte ein buntes, bewegtes Leben ...

Alles drängte dem Thor zu, vorüber am Obelisken des Constantin und zur Straße, die hinaus nach Albano führt ... Militär sprengte dahin, um die Ordnung zu erhalten ... Wagen in grotesker Vergoldung, mit Bedienten, die hier dem neuesten englischen Geschmack, dort der Rococozeit angehörten, folgten sich einander – jetzt schon in langsamerer Fahrt ... Auf den Trottoirs und die langen Mauern der Vorstadtgärten entlang drängten die

Bürger in ihren kurzen Jacken und Manchesterhosen, die kurzen Mäntel übergeworfen, weiße Hüte oder bunte Mützen auf den unrasirten braunen Köpfen ... Die Frauen selten noch in der Tracht der alten Zeit ... Englands Baumwolle hat die bunten Nationaltrachten schon aus Sicilien und Griechenland verjagt; die gelben Mädchen der Hindus gehen in Kattunröcken unsres Schnitts ... Nur der Kopf bleibt noch zuweilen national; hier war das dunkelschwarze Haar der Röme-*[44]*rinnen schön geflochten, geziert vom bunten Kamm, vom silbernen Pfeil; selbst der Matrone wirres und weißes Haar blieb nicht ohne Schmuck ... Würde und Selbstbewußtsein liegt im festen Gang aller dieser dicken Krämer und Wurststopfer ... Von den ausgelassenen Späßen, mit denen sich bei solchem Anlaß jenseits der Berge die Volksmassen geneckt haben würden, fand sich wenig Spur ... Kein Anschluß; Jeder für sich ... Die Erwartung galt der „Girandola", dem Anblick der geputzten Herrschaften, den ausgeworfenen Zuckerspenden und Schaumünzen ... Höflich bog man dem schwarzen Rock des Augustiners aus, der braunen Kapuzinerkutte, der weißen Schnur des Franciscaners, dem grauen Rock des Karmeliters, dem weißen des Dominicaners ... Alle diese kamen mit Körben und Säcken, mit riesigen Kannen sogar, ohne die mindeste Rücksicht auf lächerliche Störung ihres malerischen Effects ... Italien hat seine eigne Aesthetik ... Es besitzt Raphael – aber ein Offizier mit einem Regenschirm – ein Dorfpfarrer auf einem Esel – und zwei Reiter zugleich auf Einem Pferde erscheinen ihm nicht im mindesten lächerlich ...

Die herrlichen Gärten dann ... Leider nur mit hohen Mauern verschlossen, wie überall in Italien ... Hängen die Jasminkronen auch nicht herüber, so erfüllen sie mit ihrem Duft die Straßen um so ahnungweckender ... Da und dort zeigt sich denn auch wol in den neidischen Mauern ein kleiner eiserner Ausbruch, durchzogen von blühenden Rosenranken oder purpurrothen Asklepiadeen ... Jenseits des Thors schweift der freie *[45]* ungehinderte Blick auf die im blauen Licht schimmernde Campagna,

auf die Gebirge; nun zur Rechten liegen Villen und Gärten, die sich an die des Lateran anlehnen ... Die fünfte oder sechste darunter ist die heut an einer bunten Illumination weithin schon kenntliche, vom Volk umwogte Villa Rucca ...
  Vier mit blauen, rothen, gelben, violetten Lampen geschmückte Obelisken bilden die Eckpfeiler am heute geöffneten Eingangsgitter ... Die hohe Gartenmauer ist mit einer flimmernden Guirlande von Hunderten kleiner Flammen geziert ... Im Garten vor der beleuchteten Villa brennt eine riesige Sonne, rings umgeben von den kostbarsten Südpflanzen ... Perspectivisch berechnet, am Ende einer schimmernden Ahornallee glänzt ein sichelförmig niedergleitender Wasserfall, hinter dessen krystallnen durchsichtigen Fluten geschäftige Hände die Künste der Sanct-Peterskuppel-Beleuchtung nachahmen, die beweglichen Lampenständer auf- und niederschwenkend ... Musik hallt aus den beleuchteten Sälen der illuminirten Villa ... Dann und wann schießt in die magisch blaue, unendlich weiche, milde Luft schon eine Leuchtkugel, ein mit dem Mondlicht wetteifernder Vorbote des Feuerwerks ... Das ihm aufjauchzende Volk drängt bis an die große Sonne ... Von da ab werden nur noch die Mönche und die Träger von privilegirten Büchsen hindurchgelassen ... Todtenbrüder in ihren unheimlichen Hemden fehlen nicht ... Man hatte ausgesprengt, der Cardinal Ceccone spendete heute Gaben im Werth von dreitausend Scudi und die Aeltern des Prinzen Rucca die nämliche Summe ... Das Gerücht schien sich an-*[46]*nähernd zu bestätigen ... Ein Harlekin ergötzte das Volk über das Gitter hinweg durch Würfe von Münzen ... Diese waren freilich nur noch von gebackenem Zucker, aber eine Tombola war im Gange, bei der einige silberne Uhren ausgespielt werden sollten, ohne daß man den Einsatz bezahlte – die Loose wurden über die Häupter hinweggeworfen ... Nächst Madonna Maria ist Fortuna die größte Heilige in Rom ...
  Pater Vincente, Pater Sebastus, Bruder Hubertus wurden durch die Chaine gelassen, die die Soldaten und Gensdarmen

zogen ... Man wies sie an ein Seitengebäude, wo vor einer noch geschlossnen Pforte eine förmliche Kirchenversammlung gehalten wurde ... Am heiligen Grab in Jerusalem mag es zur Osterzeit so aussehen, wenn sich die Mönche aller Orden der Christenheit zusammenfinden und je nach Umständen beten, Tauschhandel treiben oder – sich prügeln ... Die Türken sollen den christlichen „Caricaturen des Heiligsten" mit stillem Lächeln zusehen und abwechselnd bald zum Pfeifenrohr, bald zur Peitsche greifen ...

Klingsohr fühlte heute ähnliche Anwandelungen aus Goethe's „west-östlichem Divan" ... Er drängte vorwärts und staunte der Wiederkehr seiner alten göttinger Burschenkraft ... Hubertus warf schon hier einen Kapuziner, dort einen Karmeliter aus dem Wege ... Als die übrigen Franciscaner den heiligen Pater Vincente sahen, fielen sie ehrfurchtsvoll in den Ruf einiger Stimmen ein:

Platz dem Sack von San-Pietro in Montorio! ...

3.

Contessina Olympia Maldachini hatte zwar immer die Villa Rucca nach dem runden und geschweiften Rococostyl ihrer Bauart eine „altbackene Brezel" genannt und damit die empfindlichste Seite der Ruccas, ihren – von einem Bäcker herstammenden Ursprung berührt ...

Aber die geöffneten Räume der altmodischen marmornen Kommode, das große Oval des Saales mit den kleinen Seitenpavillons und den nach hinten hinausgehenden Terrassen, die fast noch eine Ausdehnung des Saales schienen, boten doch darum einen glänzenden Anblick ...

Ein solches Fest, wo das Auge unter Lichtern, Blumen, Statuen nicht mehr herausfindet, ob der Fuß innerhalb oder außerhalb eines Saales, in geschlossenen Räumen oder auf Veranden und Altanen verweilt, kann man nur im Süden feiern ... Die Gunst des Himmels muß eine sichere sein; kein Wölkchen darf das Vertrauen auf die Mitwirkung der Natur zur Lust der Menschen stören ...

In dem Saal, in den Nebenzimmern, auf den mit blendend weißen, silber- und krystallstarrenden Tafeln ge-[48]schmückten Terrassen wogten einige Hundert der vornehmsten Gäste mit glänzender Dienerschaft ... Männer und Frauen in den reichsten Toiletten ... Die Römerinnen der hohen Aristokratie hie und da imposant; aber bei weitem die Mehrzahl doch nur zierliche, kleine, ja nicht selten verkommenere Gestalten, als die majestätischen, die unsre Phantasie in Römerinnen erwartet ... Auch die Männer sind nicht das, was wir von den Nachkommen der Scipionen erwarten ... Der junge Principe Rucca, in seiner rothen, goldgestickten päpstlichen Kämmerlingsuniform, der glückliche Bräutigam, der wirklich, wie ein Pasquill sie nannte, die „Katze Olympia" leidenschaftlich liebte, braucht dabei nicht mitzuzählen; noch weniger sein Vater, der immer wie ein alter schäbiger, heute einmal ordentlich gewaschener und lächerlich bunt ausgeputzter Bewohner des Ghetto aussieht ... Aber selbst Principe Massimo, der Nachkomme des Quintus Fabius Maximus Cunctator, der auf Napoleon's ironische Frage: Stammen Sie wirklich von diesem glücklichen Gegner des Hannibal her? stolz erwiderte: Das weiß ich nicht, Sire, aber man glaubt es von unserm Geschlecht bereits seit eintausendzweihundert Jahren! (eine Antwort, die nach Klingsohr's Auffassung der „Heiligen Treppe", vor der alles Volk im Vorübergehen knixte, Rom und der römische Glaube auf alle Zweifel an seine Reliquien geben darf – „Sind diese Knochen nicht echt", schrieb Klingsohr schon zur Zeit des Kirchenstreites, „so ist doch durch sein hohes Alter der Glaube an ihre Echtheit ehrwürdig") – – Principe Massimo ist ein kleiner, feiner *[49]* diplomatischer Herr, der mehr der Sphäre der Abbés, als der Imperatoren anzugehören scheint ... Da wandeln die Borghese, die Aldobrandini ... Gegen frühere Geltung sind es herabgekommene Namen, wenn auch immer noch so stolze, daß sie hier vielleicht nicht anwesend wären, schwebte nicht der Alter Ego des Stellvertreters Christi, Cardinal Don Tiburzio Ceccone, wie ein Apoll von sechzig Jahren durch die Reihen, lächelte bald hier, bald dort, stellte, als wäre er der Wirth, neue Mitglieder des diplomatischen Corps den Damen vor, begrüßte junge Prälaten, die sich eben erst in die Carrière mit einigen Tausend Scudi eingekauft haben, neckte die Damen ... Diamanten und Bonmots blitzen ... Die seidenen Gewänder streifen sich und die Galanterieen ... Das die Gemahlin des Fürsten Doria, eine Engländerin, hoch und stolz, sogar mit einem Orden geschmückt ... Dort die Fürstin Chigi, deren Urahnen unter dem wilden Papst Julius II. ihren Gästen bei solchen Gelegenheiten Ragouts von Papagaienzungen vorsetzten und die gebrauchten Silbergeschirre in die Tiber werfen ließen – „Jetzt würden sie vorsichtiger sein", spottete schon oft Ceccone ... Napoleoniden fehlen nicht ... Ceccone gibt ihnen mit lächelnder Grazie Andeutungen, wie ihre demokratischen

Bestrebungen ihm in Wien Gegenstand empfindlichster Vorwürfe für das Cabinet der gekreuzten Schlüssel gewesen wären ... Neulich hatten Räuber den Prinzen von Canino (Lucian Bonaparte) in seiner Villa Rufinella aufheben wollen ... Der Cardinal scherzt eben darüber mit ihm und sagt: Wenn man eine Million Lösegeld verlangt hätte, würden Eure Hoheit vielleicht nicht den „Congreß der *[50]* Naturforscher" in Pisa begründet haben, der ja wol den Anfang der „Einheit Italiens" bilden soll! ... Ein scharfes Wort, harmlos vorgetragen, und doch so drohend, daß der Prinz hinter dem Mann im rothen Käppchen und in rothseidnen Strümpfen eine bedenklich ernste Miene macht ...

Saht ihr diese Miene? Ihr Piombino, Ludovisi, Odescalchi, Ruspigliosi –? ... Alle diese Namen, die freilich in den Listen des „jungen Italien" fehlten, fehlten doch nicht bei dem Widerspruch, den das Priesterregiment Roms seit tausend Jahren bei den Adelsgeschlechtern findet ... Den Gesprächen zufolge hätte niemand an die Stadt der sieben Hügel denken sollen ... Sie betrafen Theater, Concerte, Moden – aber doch auch Räuber, die nächsten Segnungen des heiligen Vaters, die reservirten Plätze bei den großen Kirchenfesten ...

Die lebhafteste Conversation führten die Offiziere und die Geistlichen ... Letztere, Roth- und Violettstrümpfe, sind gegen die Damen fast noch zuvorkommender, als die erstern, die vorzugsweise der Nobelgarde Sr. Heiligkeit angehören – schlanke hohe Gestalten, jüngere Söhne der Aristokratie; nur ihrer achtzig; aber Schooskinder der römischen Gesellschaft, Tonangeber aller offenen Freiheiten, die sich noch unter dem Priesterregiment gestatten lassen – der geheimen gibt es genug – die Begleiter Sr. Heiligkeit auf Reisen, die Anführer seiner öffentlichen Aufzüge – ein Graf Agostino Sarzana darunter – in goldstrotzender zinnoberrother Uniform mit blauem Kragen, weißen Beinkleidern, den schönen Römerhelm, mit schwarzen hängenden Roß-*[51]*haaren und dem kleinen weißen Seitenbüschel daneben, schon in der

Hand ... Das Souper war zu Ende ... Alles drängte dem Garten und dem Feuerwerk zu ...

Graf Agostino Sarzana war es, der eine Dame verfolgte, die sich nach dem Ausspruch Sr. Eminenz des regierenden Cardinals heute ausnahm wie eine „Tochter der Luna" ... Die Dame verschwamm im blauen Aetherlicht wie ein Gedanke voll Ahnung ... Sie tauchte auf, da und dort – und verschwand wieder in den dunkelgrünen und blauen Schatten wie die Luft ... Ihre Toilette war der Anlaß dieser Vergleichung des Cardinals, der sie gleichfalls mit Feueraugen verfolgte, wenn er sie auch nicht vor den vielen andern anwesenden, die seinem Herzen und – Beutel theuer waren, allein auszeichnete ...

Die Tochter der Luna, der Keuschen, deren heidnischen Ruf Ceccone als Priester der Christenheit nicht zu schonen brauchte, indem er ihr eine Tochter gab, trug ein blaßblaues Kleid von Donna-Maria-Gaze, einem durchsichtigen, damals neu erfundenen Seidenstoff, übersäet mit kleinen silbernen Sternchen ... Das Kleid war nicht ausgeschnitten; es verhüllte, der keuschen Luna schon entsprechend, Formen, die sich dennoch verriethen ... Als einziger Schmuck blinkte im dunkeln Haar ein einfaches Diadem von blankem Silber, in Gestalt eines Halbmonds ... Es war ein Kopf, der sich mit seinem glattliegenden Scheitel und dem kräftig gewundenen Knoten im Nacken wie eine lebendig gewordene Statue aus den ägyptischen Sälen des Vatican ausnahm ... Um *[52]* die dunkeln Augen lag eine gewisse erhitzte Röthe, wie sie bei leidenschaftlichen Naturen vorkommt ... Die Stirn war schmal; die Wange ebenso etwas zusammengehend, aber sanft zum spitzen Kinn niedergleitend; die untere Lippe trat mit Muth und Trotz hervor ... Es gibt plastische Gesichtsformen, die nicht altern ... Das Schönste war die Länge der Gestalt ... Die Dame war pinienhaft schlank ...

Graf Sarzana will unserer „Creolin" Unterricht im Italienischen geben? scherzte der Cardinal so laut, daß es alle Umstehenden hörten ... Die „Creolin" war wieder ein neues Stichwort für die „Tochter der Luna" und diesmal kam es vom Monsignore Bischof Camuzzi, dem ersten Secretär des Cardinals, der als Missionar Westindien bereist hatte ...

Eminenz, sagte Graf Sarzana, der schlanke junge Mann mit athletisch breiten Schultern, auf denen bei jeder seiner Bewegungen die goldenen Epaulettes hin- und herflogen, und strich sich den martialisch gezogenen Schnurrbart, Eminenz haben die Absicht, die ganze Welt zu reformiren! Auch die Garde Sr. Heiligkeit! Wenn ich noch länger in diesen Fesseln schmachte und nicht erhört werde, geh' ich nach San-Pietro in Montorio, nach dem die Dame mich soeben gefragt hat ...

Auf diese scharf betonte Lokalität und überhaupt auffallend grell gesprochenen Worte des Ritters Sr. Heiligkeit fistulirte ein Stimmchen nebenan:

Ja, in der That! Pater Vincente ist ja da! ...

Dies Stimmchen gehörte dem Bräutigam, der den Namen des bezeichneten Klosters gehört hatte und eben von der *[53]* Pforte kam, wo er den seiner Person so schmeichelhaften Volksjubel und die Ausspielung der silbernen Uhren hatte controliren wollen ...

Wir werden das meiner Frau sagen müssen! fuhr er, vom Champagner erhitzt mit Lebhaftigkeit fort ... Erführe sie die Anwesenheit des Paters und dieser ginge, wie er gekommen, so wäre sie im Stande, mir die erste Gardinenscene zu machen ...

Die Abbés und Prälaten lachten über die Wonne, mit der jeder junge Ehemann von zwölf Stunden fortwährend den Begriff: „Meine Frau" im Munde führt ...

Inzwischen stiegen immer mehr Leuchtkugeln auf und das Feuerwerk schien seiner Entfaltung nahe zu sein ... Draußen riefen Tausende von Stimmen und klatschten bereits im voraus Beifall und die Musik fiel mit schmetterndem Tuschblasen ein ...

Der alte Rucca und die Fürstin Rucca Mutter – die jedoch noch keineswegs Matrone sein wollte und ihren Cavaliere servente aufsuchte, um ihm eine Strafrede für Vernachlässigung zu halten – schossen hin und her, sahen nach der Ordnung, sahen nach dem Aufbewahren der Speisereste – „für die Armen" – Der Schwiegervater Olympiens war bis zum Exceß ökonomisch ... Der kleine Mann mit einer orientalischen Habichtnase und dem Band des Gregoriusordens über der Brust klagte allen Prälaten über seine Domäne, die Zölle der adriatischen Küste ... Man nannte ihn gewöhnlich den „Blutsauger" ... Dies war ein Titel, der ihm gerade vor andern, die ihn ebenso verdienten, keinen Vorzug gab ... Nie aber hätte sich allerdings gerade der alte Fürst Rucca auf der [54] Küste von Comacchio bis Ferrara sehen lassen können, ohne Gefahr zu laufen, von den Schmugglern und seinen eigenen Zollbedienten todt geschlagen zu werden ...

Aber auch dieser alte Herr horchte mit dem schalkhaftesten Lächeln seines Nußknackerkopfes sowol nach der Erwähnung des Pater Vincente wie nach dem Unterricht der „Creolin" hin – er wußte ja, daß es eine Deutsche war ... Seinem Sohn rief er gelegentlich ein heimliches: Asino! nach dem andern ins Ohr, besonders wenn dieser die Monsignori vom Steuerwesen, den Finanzminister Roms, den Cardinal Camerlengo, nicht genug zu honoriren schien ... „Maulesel" nannte er ihn sogar, wenn er zu wild um Olympien her „trampelte" ... Klagte nun der junge Ehemann über die „schlimme Laune" seiner Frau, so schrieb der Alte das mit eigenthümlichem Meckern auf Rechnung aller Bräute am Hochzeitstag ... Dies Meckern machte, daß seine Nase und sein Kinn sich küßten und die Mundwinkel zurückgingen fast in die Ohren ... Der Cardinal Camerlengo, düster brütend wie Judas Ischarioth, der auch zuweilen nicht wissen mochte, wie er den Seckel für den ersten Kirchenstaat von dreizehn Personen füllen sollte, scherzte jetzt: Sie sind so guter Laune, Fürst? Im nächsten Jahr verlang' ich eine Million mehr! Die Zeiten werden schlechter und schlechter! Wir müssen aufschlagen, Hoheit Generalpächter! ...

Der alte Fürst drückte sein „Wie kommen Sie mir vor?" mit einer charakteristischen Geberde aus, die zwar stumm war, aber das ganze anwesende geistliche Ober-Finanz-Personal des Kirchenstaates lachen machte ...

[55] Der Vielseitigkeit seines Geistes entsprach sein Sohn keineswegs ... Ercolano Rucca war von Wien beschränkter als je zurückgekommen ... Er konnte überhaupt immer nur Einen Gegenstand im Kopf haben ... War dieser erledigt, erst dann kam er auf den zweiten ... Oft aber dauert es bekanntlich Tage und Wochen, bis in dieser sublunaren Welt unter hundert Sachen Eine gründlich durchgesetzt ist ... Principe Ercolano sprach dann tage- und wochenlang nur von dieser Einen Sache, z. B. von der Kunst, Handschuhe zu verfertigen aus Rattenleder, was eine Idee war, die der Verwaltung des Steuerwesens Muth geben sollte, die nördliche Generalpacht im Hause der Rucca's erblich zu lassen ... Jetzt suchte er nur noch nach der Herzogin von Amarillas, die wegen Pater Vincente um Rath gefragt werden sollte ... Graf Sarzana hatte soeben noch mit der Herzogin gesprochen ... Auch die alte Fürstin suchte die Herzogin – wie deren Cavaliere servente, Herzog Pumpeo, versicherte – Dieser Herzog Pumpeo wollte in gerader Linie von Pompejus abstammen; auch er war ein armer Nobelgardist, aber ein Crösus an guter Laune und für Se. Heiligkeit selbst ein Spaßmacher, wenn gerade an ihn der Dienst im Vorzimmer oder bei der kleinen Garçontafel des Stellvertreters Christi kam ... Se. Heiligkeit ließ übrigens damals den Cardinal Ceccone schalten und walten – und um nichts zu verschweigen, sagen wir es offen und aufrichtig: Der „Zauberer von Rom" war bitter krank ... Der „Träger der Himmelsschlüssel", der „Patriarch der Welt", der „Vater der Väter", der „Erbe der Apostel", der „Hirt *[56]* der Heerde", war ein armer Mensch; er fürchtete den Gesichtskrebs zu bekommen*) ...

Heda, Kamerad! ruft bei alledem champagnerberauscht Herzog Pumpeo dem Grafen Sarzana zu. Ich sehe die blaue Eidechse da, wo die Schwärmer prasseln! ... Hu, wie sie erschrickt! ...

---

*) Cardinal Wisemann's „Erinnerungen".

Dort huscht sie zu den Mönchen hinüber, von denen sie einer
vielleicht in seinen Sack steckt und nach Santa-Maria trägt ...
Sie ist eine „Beate" (Frömmlerin) ... Alle Eure Mühe, sie zu
bekehren, scheint mir vergebens, Bruder – oder soll's vielleicht
heißen:
>   Freut Euch, ihr Jungen!
>   Die Alten bezahlen!
>   Die Alten bezahlen,
>   Nur müßt ihr nichts sehen –
>   Nur müßt ihr nichts hören –

Weiter kam diese Lästerung auf Ceccone nicht ... Nun war
die „Tochter der Luna" und die „Creolin" auch die „blaue Eidechse" und sogar eine „Frömmlerin" ...

Der Graf und der Herzog wandten sich armverschränkt beide
dem linken Flügel der „Brezel" zu, wo erstens die Champagnerströme reichlicher flossen, zweitens die alte Fürstin Rucca, zornig mit den Augen runzelnd, auf Pumpeo, ihren Ritter, wartete
und drittens eine wahre Batterie von Schwärmern losplatzte ...
Das gab ein Angstgeschrei, bei dem die muthgebenden Soldaten
nicht fehlen durften ...

Der Bräutigam kam inzwischen mit einer Dame zurück, die
heute nicht zu den freudestrahlenden gehörte ... *[57]* Auch die
Toilette der Herzogin von Amarillas verrieth ihre Trauer ... Die
Veilchen sind eine Blume, vor der bekanntlich jede Römerin,
obgleich an Blumenduft gewöhnt, eine bis zur Ohnmacht gehende Abneigung hat; dennoch war das schwarzseidene Kleid der
Herzogin ganz von blauen Veilchen durchwirkt; schwarze Spitzen saßen am Leibchen und am Rock ... Auch die grauen Haare
waren in schwarze Spitzen eingehüllt ... Und nur um den Cardinal nicht zu sehr zu einem jener Blicke zu reizen, die ihm zuweilen bis zum Tod verwundend zu Gebote standen – seit einiger Zeit war er in dieser Art gegen sie wie ein Skorpion – hatte
sie dem Anlaß der Freude, die zur Schau getragen werden sollte,
das Opfer gebracht, Hals und Arme mit dunkelrothen Korallen

und die Spitzen, die das graue Haar verhüllten, mit frischen Granatenblüten zu schmücken ... Warum soll sie erfahren, sagte sie in ihrem bei alledem stolzen und festen Tone, daß Pater Vincente zugegen ist? ...

Sie ist so verdrießlich ... fiel der besorgte junge Ehegatte ein ... Wir müssen es ihr auf alle Fälle sagen ... Durchaus ...

Die Herzogin erwiderte nicht minder mismuthig:

Sie kennen die Bescheidenheit des heiligen Mannes ... Olympia wäre fähig, ihn in die Gesellschaft zu rufen und mit ihm – zu kokettiren! ... Das letzte Wort unterdrückte sie freilich ...

Sie will ihn zum Cardinal machen ... Ehe es Fefelotti ohnehin thut ... Wir müssen ihn aufsuchen ...

Thun Sie das nicht! sagte die Herzogin. Ich werde es ihr selbst sagen und dann hören, was sie etwa wünscht ... *[58]* Die Ernennung zum „Cardinal" überraschte sie nicht ... Sie kannte die Maxime der ehrgeizigen Cardinäle, für die Papstwahl entweder sich selbst in Bereitschaft zu halten oder, falls sie unterliegen sollten, irgendeine unschädliche, ihnen verpflichtete Puppe ... Pater Vincente's Geschichte war dem Klerus ganz Italiens bekannt ...

Das Feuerwerk entfaltete sich noch nicht in seinem vollen Glanze ... Die Bravis erschollen von nah und fern nur noch wie Ironie über die Verzögerung ... Das Gewühl des Volks wurde größer und größer ... Dabei gingen die abgetragenen Schüsseln bei den Mönchen und Repräsentanten der Spitäler und Bettlerherbergen um ... Schon begannen unter knallenden Champagnerkorken die Austheilungen ... Manche der devoten Frauen, der „Beaten", betheiligten sich selbst an der Uebermittelung der Gaben ... Ihre goldbetreßten Diener standen dann zur Seite und überwachten die glänzenden Schmuckgegenstände, die sie trugen ...

Olympia, die „Braut von Rom", besaß entweder die Reizbarkeit aller kleinen Gestalten, im Gewirr vieler Menschen nicht mit den ihnen gebührenden Ansprüchen hervortreten zu können, oder ihre Stimmung war in der That voll äußersten Verdrusses ... Sie lief nach rechts und nach links, redete mit diesem und mit jenem und trug auf der Stirn den ersichtlichsten Ausdruck einer leidenschaftlichen Nichtbefriedigung ... Ganz so mürrisch, wie sie heute in der Frühe in der Kirche Apostoli den Ceremonien der Trauung beigewohnt hatte, sah sie jetzt das „Bouquet" des Festes, das Feuerwerk herannahen ... *[59]* Schon mahnten die Schwiegerältern, daß es passend wäre, sie führe ganz in der Stille während des Feuerwerks mit ihrem Gatten in das Palais der Stadt, das sie in der Nähe des Pasquino bewohnten – jenes alten Steinbildes, an dessen Fuß seit urältesten Zeiten die Satiren Roms angeklebt werden und von dessen Sockel die Polizei seit einigen Tagen jeden Morgen in erster Frühe Spottverse abgerissen hatte, die den Cardinal ernstlich an die Zeiten mahnen ließen, wo Sixtus der Fünfte solchen Pasquinospöttern die Zunge ausreißen ließ ... Gerade vor diesem Augenblick der Abfahrt schien aber Olympia Furcht wie zum Entfliehenmüssen zu haben ... Sie stand niemand Rede ... Dem Gatten nicht ... Dem triumphirenden – „Onkel" nicht ...

Ceccone weidete sich an seinem Liebling, dessen Bewegungen und Erscheinen sich wenigstens durch das Rauschen des schweren Seidentaffetkleides ankündigten, das sie unter ihrer Brautrobe von Spitzen trug ... Noch wehte ihr wie bei der Trauung und der ersten Messe, die das junge Paar anhören mußte, wie bei den conventionellen Andachten, die den Tag über an gewissen großen Altären und bei dem Besuch Sr. Heiligkeit, um den Segen des armen mit Tüchern umwundenen Mannes zu bekommen, gemacht werden mußten, der kostbare Spitzenschleier im Haar – statt der Myrte war er jetzt von einem Kranz von Orangenblüten umgeben ... Schon welkte dieser; schon welkten die gleichen Bouquets, die auf dem Kleide in gewissen Zwischenräumen zur Seite saßen; die Hitze des innern Saals, wo Olympia gesessen, war zu groß gewesen; sie riß auch und zerrte an allem, *[60]* was sie hinderte ... Den bronzenen Hals schmückte ein Collier von Diamanten ... „Sie ist schön, wenn sie liebt" – hatte im vorigen Jahre die Herzogin gesagt ... Olympia liebte heute nicht ...

Ein kurzer Augenblick – hinter einer großen von Hortensien gefüllten Marmorvase – und Ceccone konnte Olympien an sich ziehen und sie voll väterlicher Bestürzung fragen:

Aber was hast du denn nur, mein geliebtes Kind? Was ist dir nur heute? ...

Jettatore anche voi! zischte Olympia mit rauher Stimme, stampfte den Fuß auf und stieß die weichen Hände des Priesters zurück ... Alle Welt will, daß ich sterben soll! setzte sie fast weinend hinzu ...

Ein solches Wort – dem „Onkel"! ...

Olympia hatte gesagt, Ceccone wäre gleichfalls ein mit dem „bösen Blick" für sie Behafteter, ein Jettatore, „wie alle Welt!" ... Das der Dank, daß er der öffentlichen Meinung trotzte und ungeachtet aller vom Pasquino abgerissenen Satiren auf die „Donna Holofernia", auf die Vermählung derselben mit dem jungen „Judas Ischarioth Seckelträger junior", und ähnlicher Anspielungen scheinbar heute so sorglos und unbefangen sein Haupt erhob ...

Auch er hatte ja der Sorgen genug! Aber ihm genügte im Augenblick vollkommen der lärmende Antheil der ewigen Stadt an seiner Person; ihm genügte die unabsehbare Wagenreihe der hohen Aristokratie und Prälatur, die bis in die dunkelsten Schatten der Landstraße hin sichtbar blieb ... Und nun ein Ausbruch solcher Nichtgenüge *[61]* bei dem geliebten Kinde, das sich zuweilen auch gegen ihn zu empören anfing ... Er flüsterte:

Täubchen! Liebchen! ... Papagallo! ... Fiore di luce! ...

Suche dir die „Tochter der Luna"! ... erwiderte sie höhnisch und huschte fort ...

Der Onkel lachte über die „Eifersucht" seiner Nichte ...

Da wandte sie sich noch einmal ...

Onkel, sagte sie zornig, lache nicht! Ich möchte in diesem

Augenblick sterben! ... Ich wünschte, du hättest nur wegen meiner an Pasqualetto geschrieben – nach Porto d'Ascoli – ...

Jesu! flüsterte der Cardinal, wurde kreidebleich und sah sich besorgt um ... Welchen Namen nennst du da? ... Pasqualetto – St! unterbrach er aufs strengste Olympiens Gegenrede ...

Der alte Rucca ging eben vorüber, spitzte die Ohren, grinzte seltsam und sagte für sich: Eh! Eh! Eh! ...

Vieldeutige Laute ... Olympia hatte einen Namen genannt, den er gehört zu haben schien ... Er wandte sich halb und halb zum Zuhören und liebäugelte einer Schwiegertochter, deren Hochzeit – mit seinem verlängerten Pachtcontracte zusammenhing – ...

Ceccone winkte ihm mit graziöser Handbewegung zu gehen ... Noch ist sie mein! sprach er süß und vor allen näher herantretenden Zeugen ... Dann legte er die zarten weichen Hände auf das Haupt der kleinen Meduse, zog sie wieder an die Hortensienvase und flüsterte:

[62] Wie kannst du von Pasqualetto reden? ... Was soll er? ...

Mich stehlen und in die Berge schleppen! ... erwiderte Olympia ...

Ich beschwöre dich, mein süßer Papagai! fuhr der besorgte Vater fort und wollte Olympia noch weiter ins Dunkel mit sich ziehen, um sie herzinniger zu küssen, vielleicht sie an den Wagen zu führen, den der junge Gatte zu jeder Minute bereit zu halten versprochen hatte ... Schon rief er nach dem Mohren, der nach seiner Taufe den frommen Namen Chrysostomo führte ...

Statt des Chrysostomo kam aber der ganze Schwarm der Gäste ... Die Leuchtkugeln erhellten gerade die Vase mit den Hortensien und wo die Braut war, mußten doch alle sein ... Niemand erzürnte gern die wilde Olympia ... Es klang ihr jetzt ganz zu Sinn, daß ihr Gatte verspottet wurde über die Verzögerung des Feuerwerks ... Die Raketen haben den Schnupfen! hieß es ... In die Cascatellen ist Wasser gekommen! ... Die „Feuerräder" haben die Achse gebrochen! ... Man fürchtet, die „Frösche" werden hüpfen wie die Flöhe! ... Flöhe ... Wer solche Italienerworte hätte in dieser Sphäre für unziemlich halten wollen, mußte eine deutsche oder französische Bildung haben ... Der Südländer kennt keine Scheu der offenen Namengebung dessen, was natürlich ist ...

Die Herzogin von Amarillas machte inzwischen einen Versuch, sich Olympien zu nähern ... Aber Olympia entzog sich gerade ihr ... So beschloß denn die Herzogin, die Nachricht über den Pater Vincente für sich zu behalten ... Auch sie floh vor dem endlich beginnenden Feuerwerk *[63]* ... All dies Knistern und Knattern, all diese Bravis und Ausrufungen waren der Mutter Julio Cäsares nicht zu Sinn ... Sie suchte den Garten, den Park, der zwar nicht unbelebt, aber dunkler war und an seiner äußersten Grenze Einsamkeit versprach ... In diesem Verlangen nach dem Pater Vincente, das die Braut ausgesprochen, lag für sie ein ihr wohlbekannter Ausdruck des Zorns über Benno's Nichtanwesenheit, über sein gänzliches Verschwundensein nach den beiden Märchenwonnentagen von Wien, lag der Ausdruck der Reue über die allzu schnelle Ernennung Bonaventura's zum Bischof von Robillante ... Benno hatte sich im vorigen Jahr nach Rom begeben und war dort nicht länger geblieben, als bis – die Mutter und Olympia ankamen ... Da war er nach dem Süden entflohen ... Er hatte sich aufs Meer begeben, war über Sicilien, Malta, Genua, Nizza nach Robillante gereist, wo er in diesem Augenblick bei Bonaventura verweilte; er stand mit der Mutter im Briefwechsel, er schrieb ihr unter fremden Adressen – sie hatte die ganze Bürgschaft seiner Liebe und Zärtlichkeit für sich; – aber vor einem Zusammenleben mit Olympien erfüllte ihn ein ahnungsvolles Grauen ... Aus dieser Misachtung der ihm so offen in Wien ausgesprochenen Liebe Olympiens war eine Gefahr für die Herzogin selbst, für Benno, für alle seine Beziehungen entstanden ... Die Theilnahme, die die Mutter für ihn nicht verleugnen konnte, wurde ihr von Olympien aufs heftigste verdacht ... Nun mußte auch noch die Herzogin in Wien ein junges

Mädchen gefunden haben, das, der italienischen Sprache *[64]* vollkommen mächtig, anfangs nur die Vermittelung mit den deutschen Verhältnissen erleichtern sollte ... Eine wohlberufene Convertitin, die von einer glühenden Sehnsucht nach Rom verzehrt wurde ... Die Herzogin hatte den Auftrag erhalten, die Würdigkeit dieser Empfehlung zu prüfen ... Sie sah sie, war von einer auffallenden Aehnlichkeit derselben mit ihrem Kinde Angiolina gerührt – es fehlte nur noch die Bekanntschaft dieses Mädchens mit Benno und Bonaventura, um sie nicht wieder freizulassen ... Es war nun aber Lucinde Schwarz selbst, die ihrer Stellung gefährlich zu werden drohte ...

Lucinde liebte nicht, ungefragt von ihrer Vergangenheit zu sprechen. Sie war nie in der Stimmung, gern von Schloß Neuhof, vom Kronsyndikus, Jérôme von Wittekind zu berichten ... Aber die Erwähnung fand sich zufällig und da stand sie schon in Wien Rede ... Die Herzogin horchte voll Erstaunen ... Auf die Länge war sie von Lucinden seltsam abgestoßen und wieder angezogen ... Man nahm sie mit nach Italien ... Erst später zeigte sich die Gefahr dieser „Eroberung", wie Ceccone, überrascht von Lucindens Geist, sie genannt. Lucinde gewann Einfluß über alle ihre neuen Umgebungen, über den jungen Principe, über Olympien, den Cardinal sogar ... Jetzt war sogar schon Olympia eifersüchtig auf „die Tochter der Luna" ... Rom hatte Lucinden verjüngt ...

Das Boskett, das dicht an die zur Verlängerung des Speisesaals umgewandelte Terrasse stieß, bestand aus einer Pflanzung von Nuß- und Kastanienbäumen ... Aus seinem mäßigen Umfang heraus führten Gänge von beschnittenen Buchsbaum- und Cypressenwänden auf kleine *[65]* Rotunden, in deren Mitte aus Farrenkräutern und Vergißmeinnicht Springbrunnen plätscherten oder Marmorstatuen glänzten, am Fuß von blühenden Cactus, von feurigen Schwertlilien umgeben ... Nun kamen die rechts zu den Gärten des Lateran sich ziehenden Beete ... Sie folgten sich in Abdachungen, die zu Cascatellen benutzt, von Grotten, von

Muschel-, von Marmorverzierungen unterbrochen wurden ...
Zur Linken, jenseits der großen Platanenallee und des flimmernden Wassersturzes führten riesige Taxuswände zu einer Altane, von welcher sich ein weites Feld von Weinstöcken wie ein einziges grünes Dach auf die Landstraße erstreckte ... Dorthinauf, wo sich unter wilden Lorberblättern ausruhen ließ, zog es die von den schmerzlichsten Ahnungen erfüllte Herzogin ...

Eine Weile noch wurde sie auf ihrem Wege von einem Naturspiel aufgehalten ... Das Licht des Mondes und der Widerschein des Feuerwerks wurden in ihren magischen Wirkungen noch übertroffen von zahllosen Glühwürmern, die bald grün, bald roth aufblitzend die Luft durchschwammen, auf den Sträuchern und Blumen wie Edelsteine funkelten, unwillkürlich die Hand lockten, die Luft zu durchstreifen und nach eitel Funken und Licht zu haschen ...

In diesem Augenblick glaubte die Herzogin die „Tochter der Luna" zu sehen, die am äußersten Ende eines der in den Ziergarten einmündenden Heckenwege – von zwei Mönchen verfolgt wurde ...

Sie staunte des auffallenden Anblicks ... Sollten von den Bettlern an der Pforte zwei so verwegen gewesen sein, sich hierher zu wagen? ... Oder konnte sich *[66]* in falscher Verhüllung Räubervolk eingeschlichen haben? ... Eben waren die Mönche und die fliehende Donna Lucinda verschwunden ...

Oder hatte sie sich getäuscht? ... Hatte das mondlichtfarbene Kleid der Gesellschafterin sie irre geführt? ...

Da hörte sie das Lachen des Herzogs Pumpeo ... Offiziere kamen und junge Prälaten, die der Champagnerrausch von den alten Damen zu den jungen vertrieb ... Einige der schönsten hüpften an ihrem Arm – gleichsam nur auf der Flucht vor den gefährlichen Feuerfröschen ...

Die Herzogin blieb stehen ... Fast wurde sie umgerannt von dem aus einem andern der Gänge ihr eilend entgegentretenden Conte Sarzana ...

Sahen Sie die beiden Mönche, Graf? fragte die Herzogin ängstlich ...

Die der Donna Lucinda folgten? antwortete Sarzana mit Theilnahme ... Wo sind sie? ... Ich habe ihre Spur verloren ...

Beide durchkreuzten den Gang, den die übrige Gesellschaft heraufkam, und eilten der dunklern Gegend jenseits der Platanenallee zu ... Der am Ende derselben funkelnde Wasserfall gab einen Schein von Belebung des Gartens, der sich indessen nicht bestätigte ... Alles blieb einsam und gefahrvoll ... Jetzt rief der Graf:

Ich sehe sie ... Dort beim Aufgang auf die Altane ... Was wollen die Frechen? ...

Conte Agostino lief mit seinen hohen Reiterstiefeln die nothwendigen fünfzig Schritte voraus und rief schon auf halbem Wege dem nächsten der Mönche ein donnerndes:

[67] Que commande? ...

Als er näher gekommen, fand er Donna Lucinda mit geisterhafter Blässe im Gespräch mit den beiden Mönchen, die unausgesetzt wie Eindringlinge von ihm angerufen und für verkappte Gauner erklärt wurden ... Ging doch auch durch die Stadt das Gerücht, man hätte heute in einer Herberge am Tiberstrand den berüchtigten Räuber Pasquale Grizzifalcone aus der Mark Ancona gesehen, das Haupt aller Räuber- und Schmugglerbanden der adriatischen Meeresküste ... Es konnten seine Genossen sein ...

Die lange schlanke Deutsche hielt einen Brief in der Hand und sagte mit zitternder Stimme und im besten Italienisch:

Vergebung, Herr Graf! Es sind – zwei Landsleute von mir ... Sie ersuchen mich, eine Bittschrift zu übernehmen ... Ich werde sie besorgen, ihr – frommen – Väter –! Lassen Sie sie in Güte ziehen, Herr Graf! ... Willkommen in Rom, Pater – Sebastus und Frater – Hubertus! ... Wir sehen uns noch ... Gewiß! Gewiß! ... Felicissima notte! ...

Die beiden Mönche standen lichtgeblendet – wie Saulus am Wege von Damascus ... Sie konnten sich nicht trennen ...

Inzwischen war die Herzogin näher gekommen ... Sie erschrak bei dem Anblick Lucindens, die tieferschüttert schien ... Noch mehr entsetzte sie sich vor dem Anblick eines dieser Mönche, der mit seinem kahlen und wie fleischlosen Kopf aus seiner niedergefallenen Kapuze geradezu ein Bote des Todes erschien ...

[68] Auch die Begleiter des Duca Pumpeo kamen, jetzt ohne die Damen, näher, nahmen die Mönche in die Mitte und geleiteten sie aus dem Garten ... Graf Agostino erhielt von Lucinden die Bitte und, als er darum noch immer nicht ging, fast den Befehl, sie zu verlassen ...

Die Herzogin sah Lucinden noch wie betäubt an den Sockel einer Statue sich lehnen, von welcher aus man auf die Plateforme jener Altane schreiten konnte ... Es war hier ringsum dunkel ... Die dichtbelaubten Bäume warfen düstere Schatten ... Die Herzogin widerstand nicht, Lucinden zu folgen ... Diese drängte auf die Altane hinauf, als fürchtete sie hier unten zu ersticken oder den Mönchen aufs neue zu begegnen ...

Sie sind ja auf den Tod entsetzt, mein Kind! sprach sie theilnehmend ... Erholen Sie sich ... Diese zudringlichen Bettler in Rom! ... Die Bittschrift war nur ein Vorwand! ...

Lucinde schlich nur langsam die Erhöhung hinauf ...

Oben angekommen, sagte sie:

Nein, nein! ... Ich kannte sie beide ... Ich wußte längst, daß sie in Rom sind – ich hätte sie aber lieber, das ist wahr, vermieden; ich – mag nichts mehr hören von Deutschland ... Die Bittschrift ist – an den Bischof – von Robillante ... Ich will sie besorgen ...

An den Freund meines Cäsar! ... staunte die Mutter und hätte nun gewünscht, die Mönche wären nicht vertrieben worden ...

Beide Frauen blieben auf der einsamen Altane, auf der sie sich auf Sesseln von Baumzweigen niederließen, [69] unter einem Dach von künstlich gezogenem Lorber ... Vor ihnen lag

vom Mond beschienen das große stille Meer der Weinstockblätter ... In der Ferne Feuerwerk und das lärmende Volk, das jeder Rakete ein Evviva! rief ...
　Obgleich sich Lucinde allmählich zu fassen schien, kam die Herzogin doch nicht mehr auf die Mönche zurück ... Gerade diese durch Benno bedingten Wallungen des Interesses zu verbergen, besaß sie eine volle Gewandtheit ... Sie pries die erquickende Erlösung von dem rauschenden Gewühl, das sich nicht verziehen wollte ... Sie saßen so, daß sie durch die Büsche zugleich die Künste des Feuerwerks und über die Weingärten hinweg den stiller gebliebenen Theil der Gegend beobachten konnten ...
　O, hier sind wir sicher vor dieser bunten Posse! sagte die Herzogin. Wenn die Lüge in der Welt so rauschend auftritt, wie sollte erst die Wahrheit sich ankündigen dürfen! ...
　Die Wahrheit feiert ihre Triumphe in der Stille! entgegnete Lucinde, noch immer athemlos. Diese Triumphe sind die Glühkäfer des Geistes, die uns nur auf einsamen Wegen umschwirren! ... Wie heißt denn die Pflanze da, auf der ich vorzugsweise die Thierchen wie die Lichter auf unsern nordischen Weihnachtsbäumen antreffe? ...
　Lucinde rang nach dem Ton der Gleichgültigkeit ...
　Die rothen Disteln? Das sind Artischocken! sagte die Herzogin ...
　Wächst so dummes Gemüse hier so wild und schön! ... Carciofoli! Ganz recht! ...
　Eine kurze Pause trat ein ... Beide bewegten ihre Fächer und wehten sich Kühlung zu ... Mancher scherz-*[70]*hafte Vorfall des Tages, manche Neckerei an der Tafel, mancher Schmuck, manche überladene Toilette ließen sich besprechen ...
　Das Gespräch stockte jedoch bald ... Es zeigte sich – diese beiden Frauen mußten anfangen eine sich für ein Hinderniß der andern zu halten ... Die Herzogin hatte sich längst gesagt: Hier ist meine Zeit um! Olympia ist meiner Führung entwachsen!

Selbst den Cardinal, ihren Vater, lehnt sie für ihre neue Einrichtung als täglichen Gast ab – Schon hat sie's ihm angekündigt ... Ceccone sucht – eine neue Häuslichkeit! Diese Lucinde – lockt, reizt ihn – Ich sah es heute, er schien ganz außer sich ... Lucinde sollte, wie sich gebührt, zu Olympia ziehen ... Diese lehnt aber auch sie ab ... Soll also ich jetzt –? Ich? ... Ich ahne, was Ceccone aus ihr und – mir gestalten will ... Um sie „mit Anstand" zur Nachfolgerin – der Herzogin von Fossembrona, der Marchesina Vitellozzo zu machen, soll ich – als Deckmantel? – ... Nimmermehr! ... Das zu verweigern bin ich – Benno schuldig ... Aber Graf Sarzana! ... Diese Abenteurerin – wie sie in seinen Briefen Benno schildert – und Sarzana! ... Diese armen Teufel freilich – die – Sarzanas! ...

So empfand die Herzogin ... Klug aber und verstellungssicher, wie sie war, nahm sie das Gespräch nach einer Weile auf ...

Es ist wahr, sagte sie, das Leben bringt es mit sich, daß nur zuweilen die Stacheln der Disteln, das sind ja Artischocken, jenen nordischen Weihnachtsbäumen, die ich kenne, gleichen! Die Illumination der Lüge muß *[71]* uns ermuthigen, an diese kleinen Glühkäfer in der Nacht der Wahrheit, an das hellste Licht, das Aetherlicht des Schmerzes, zu glauben ...

Lucinde konnte noch nicht geläufig erwidern ...

Eine Bittschrift an den Bischof von Robillante, sagten Sie? ... fuhr die Herzogin fort, als Lucinde den Brief träumerisch betrachtete und ihn seufzend in ihrem Busen barg ... Ist es wahr, daß dieser Priester eine Gräfin liebte, die seit einigen Monaten die Gattin des Grafen Hugo von Salem-Camphausen geworden ist? ...

Lucinde fixirte die Herzogin mit scheuen unheimlichen Augen ... Jetzt erst recht antwortete sie nicht ... Jetzt erst fiel ihr ein, daß sie ja mit einer Frau zusammensaß, gegen die sie seit einiger Zeit sich hatte entschließen wollen, einem Serlo'schen Gedanken Gehör zu geben ... In Serlo's Denkwürdigkeiten stand: „Wenn ihr doch nur nicht ewig von Pflichten der Dankbarkeit bei Diensten reden wolltet, die Euch gar kein Opfer gekostet haben!" ...

Die Herzogin sprach sorglos, der bittern Stimmung ihres Herzens folgend:

Graf Hugo liebte – hört' ich und sah ich in Wien – ein junges Mädchen, das sich aus Verzweiflung – um ihr Schicksal den – Tod gab ... Ich sah – ihre – Leiche, ich sah seine Trauer ... Er schloß mit dem Leben ab und doch – doch – wie mögen auch bei dieser Vermählung die Raketen gestiegen sein! ... Ha, erinnern Sie sich in Wien der schönen Altane, von der wir Abschied nahmen am Tag vor unserer Abreise? ... Es lag tiefer Schnee auf den düstern Tannen ringsumher ...

Ich erinnere mich ... antwortete jetzt Lucinde, die *[72]* sich von Klingsohr und Hubertus allmählich zurückfand. Sie betonte scharf. Sie hatte der Herzogin heute schon wieder Zurücksetzungen nachzutragen, die sie ihr in Mienen und Worten an der Tafel hatte widerfahren lassen ...

Ob wol das junge Paar an derselben Stelle wohnt, wo – die – arme – Geliebte – mit zerschmettertem Haupte lag? ... fuhr die Mutter Angiolinens, nichts ahnend fort ...

Das – junge – Paar wohnt – in der Stadt ... berichtete Lucinde – – von dem wirklich geschlossenen Bunde Paula's und des Grafen Hugo ...

Eine lange Pause trat ein ... Ein leiser weicher Windhauch kam vom Südmeer ... Im Weinberg zitterten die Blätter ...

Es ist doch gut, daß wir den Gespensterglauben haben! sagte die Herzogin feierlich ... Wir fürchten uns doch noch zuweilen ein wenig vor den Gräbern ... Die Alten verbrannten ihre Todten, glaubten aber doch auch an eine strafende Wiederkehr; der Geist des ermordeten Cäsar erschien den Mördern in der Schlacht bei Philippi ... Die Christen wollten von den Todten so wiedererstehen, wie sie in ihrer schönsten Lebenszeit aussahen ... Angiolina hieß – sie? ... Sahen Sie schon die Katakomben drüben? ... unterbrach sich die Erinnerungsverlorene ... Dort blitzt eine goldene Spitze im Mondlicht auf ... Das ist Santa-Agnese ... Dort steigen Sie einmal nieder mit einem guten Führer ... Philipp Neri, der Heilige, hat da unten wochenlang gewohnt ... Die Erde hier ringsum ist durchhöhlt ... Christen- und Römergräber in Eins ... Ein *[73]* Leichenfeld! ... Das Leben ist's ... Wer war der eine dieser Mönche? Er sah ja wie der Tod ...

Wie die Auferstehung! hauchte Lucinde für sich ... Aber der erste Schrecken war bei ihr nun vorüber ... Sie hatte sich wieder in ihre gegenwärtige Lage zurückgefunden ... Ihr Auge fixirte die Herzogin immer unheimlicher ...

Diese erschrak über die fast schielenden Blicke des Mädchens ... Und beim Suchen nach einem gleichgültigen Gespräche schilderte Lucinde die Unzufriedenheit der jungen Fürstin Rucca ... Da betonte sie sehr scharf den Namen Benno's ...

Lucinde that das seit einiger Zeit in Gegenwart der Herzogin öfters ...

Lucinde hatte allerdings bemerkt, daß die Herzogin von Amarillas in einer geheimen Beziehung zu Benno stand ... Sie hatte schon in Wien das Interesse beobachtet, das diese Frau an ihrem frühern Aufenthalt in Deutschland, an Witoborn, an Schloß Neuhof nahm ... Sie wußte, daß sie eine Sängerin gewesen und – in Leo Perl's Bekenntnissen war ja von einem gewissen Betruge die Rede, den er an einer – nicht genannten Sängerin hatte ausführen helfen ... Sie war auf den Gedanken gekommen, ob nicht jene „zweite Frau" des Kronsyndikus, die der vom Wein Aufgeregte und schon an Wahnanfällen Leidende damals in jener Nacht in Kiel mit dem Degen von sich abwehren wollte, diese jetzige Herzogin von Amarillas sein könnte ... Ihrer wühlerischen Combination entging nichts von dem, was sich aus auffallenden Daten solcher Art irgendwie verknüpfen ließ ... Sie hatte auch schon Benno's ihr hinlänglich bekannte *[74]* im Familienkreise der Asselyns und der Dorstes oft besprochene „dunkle Herkunft" in den Kreis ihrer Combinationen gezogen und staunte schon lange über Benno's Aehnlichkeit mit dem Kronsyndikus und mit der Herzogin ... Sie verfolgte diese Gedanken stets und stets seit dem Augenblick, wo sie bemerkt zu haben glaubte, daß die Herzogin gern über sie lächelte, sie gering behandelte und zurücksetzte ... Heute war Graf Sarzana, als er ihr den Arm geboten hatte, von der Herzogin auf eine andere Dame verwiesen worden ... Diese Kränkung hatte sie nur vergessen, weil sie später genug von Huldigungen überschüttet wurde ... Solche Geringschätzungen konnten sich aber wiederholen ... Daher sagte sie mit scharfspähendem Blick und sich aller der Vortheile erinnernd, die sie über die Asselyns hatte:

Der Todtenkopf? Nach dem Sie fragten! Ich lernte ihn in Witoborn kennen, in dessen Nähe ein Kloster liegt ... Es ist das Familienbegräbniß jener Wittekind-Neuhof, nach denen Eure Hoheit mich schon so oft gefragt haben ... Der vor länger als einem Jahr verstorbene Stammherr, der Kronsyndikus genannt, hat den Vater des andern, des zweiten Mönches, den Sie sahen, in einem Wortwechsel erstochen ... Dieser Unglückliche hieß Klingsohr und war des Freiherrn Pächter ... Der Todtenkopf aber war des Freiherrn Jäger und hieß Franz Bosbeck ... Aus Holland stammt er, war in Java, gewann auf dem Schloß Neuhof eine Stellung durch die Liebe einer bösen Frau, die dort regierte, Brigitte von Gülpen ... Da sein Herz an einem andern Wesen hing, rächte sich diese Frau und veranlaßte den Entschluß ihres Verlobten, der seine wahre Liebe durch den Tod *[75]* verlor, sich in ein Kloster zu flüchten ... In Indien soll er von den Gauklern Künste der Abhärtung gelernt haben, weshalb er sich trotz Entbehrungen und Strapazen so rüstig erhält ... Der eine der beiden Mönche hatte eine Sehnsucht nach Rom, die der andre aus mir unbekannten Gründen theilte ... Beide entflohen, saßen bisher auf San-Pietro in Gefangenschaft und richten nun, wie sie mir sagten, in diesem Schreiben an den Bischof die Bitte, sich zu ihren Gunsten zu verwenden ... Sie fürchten sich, wie jeder, der einmal in Rom war, nach Deutschland zurückzukehren – ...

Lucinde hielt inne, weil sie die Wirkung ihres Berichtes beobachten wollte ...

Die Herzogin folgte mit der höchsten Spannung ...

Doch hatte Lucinde in der Kunst der Beherrschung ihre Meisterin gefunden ...

Nach dem ersten leisen Zucken der Mienen bei den Worten: „Familienbegräbniß der Wittekind-Neuhof", trat trotz der aufs äußerste erregten Spannung und der sie blitzschnell durchzukkenden Vorstellung: Diese Schlange kennt dein ganzes Leben! eine Todtenkälte in die geisterhaft vom Mond beschienenen Züge der Herzogin und sie sagte nichts als:

Kommt der Nachtwind so vom Meere? Wovon bewegt sich das Laub in den Weinbergen? ... Sehen Sie nur, als wenn eine einzige große Schlange dahinkröche ... So hebt es sich hier und dort und sinkt wieder zusammen ...

Lucinde hatte nur ihr Auge nach innen gerichtet ...

Beide Frauen waren zu tief in ihre Erinnerungen, zu tief in die Rüstung des zunehmenden Hasses gegen-*[76]*einander verloren, um einer Beobachtung über den Nachtwind längern Spielraum zu lassen ...

Die Herzogin ging nach Lucindens Mittheilungen in die Worte über:

Ich würde vorschlagen, lieber die Bitte dem Cardinal, bei dem Sie ja allmächtig zu werden anfangen, mitzutheilen, wenn nicht – allerdings Olympiens Laune zu schwankend wäre ... In der That schon oft sprach sie ihre Reue aus, einem Fremdling, wie jenem Bischof, so schnell den Fuß auf italienischem Boden gegönnt zu haben ... In ihren Lobpreisungen des Pater Vincente, der jetzt am Thor unter den Bettlern sein soll, erkenn' ich die Gedanken, die in ihrem Innern Gestalt gewinnen wollen ...

Lucinde beobachtete, ob wol die Herzogin ihr ganzes Interesse für Bonaventura kannte ...

Diese fuhr fort:

Auch ist der Bischof von Robillante in der That nicht vorsichtig ... Er hat dem Erzbischof von Coni mehr die Spitze geboten, als einem so ganz den Vätern Jesu angehörenden, jetzt als Großpönitentiar nach Rom zurückkehrenden Prälaten gegenüber gutgeheißen werden kann ... Sein Eindringen in San-Ignazio und die Trinita zu San-Onofrio hat die Dominicaner gegen ihn aufgebracht ... Die Dominicaner sind in gewissen Dingen mächtiger, als die Jesuiten ... Dieser Orden beruft sich auf die Privilegien der Inquisition ... Der Bischof ging an die weltlichen Gerichte ... Das war ein Beweis von Muth, aber auch eine große Unbesonnenheit ... Neun Waldenser, sieben Proselyten, die die Waldenser unerlaubterweise aufgenommen hatten, mußten von den Do-[77]minicanern, die sie einzogen, herausgegeben werden ... Um Einen, der fehlt, kämpft nun der Bischof noch immer ... Wie aber nur möglich, sich und andere um einen ketzerischen Fremden so aufzuregen! ... Allerdings einen Deutschen – aber in seiner Stellung gebührte sich gerade gegen seine Landsleute die Vermeidung aller Parteilichkeit – ...

Lucinde horchte mit gespanntem Antheil ... Sie kannte diese Gefahren Bonaventura's nur aus flüchtigen Andeutungen Ceccone's ...

Schreiben Sie ihm doch alles das, wenn Sie den Brief couvertiren sollten ... sagte die Herzogin ...

„Schreiben Sie ihm doch alles das –" ... Das hatte die Herzogin mit einem seltsamen Ton gesagt ... Es war der Ton, der etwa sagte: Ich weiß es ja, Sie sind die verschmähte Liebe dieses Bischofs! ...

Lucinde sagte, demüthig ihr Haupt senkend und nur im Blick die Fühlfäden verrathend, die sie ausstreckte:

Der Bischof rechnet, denk' ich – auf den Beistand der Gönner, die ihm – hier in Rom ihre alte Neigung – sofort wiederschenken würden, wenn – Herr Benno von Asselyn, sein – Vet-

ter zurückkehrt und – nicht länger eine Furcht verräth, die – für einen Mann doch – kindisch ist ...
Welche Furcht? ...
Das Muttergefühl wallte auf ...
Aus Besorgniß, sich durch Vertheidigung des Sohnes zu verrathen, sagte die Herzogin gezwungen lächelnd:
Dürfen Sie am Hochzeitstag der Fürstin Rucca von der Furcht eines Mannes sprechen, der nicht der beglückte Gegenstand ihrer Liebe zu werden wünscht? ...
Alle Umgebungen der Herzogin und Lucindens wuß-*[78]*ten, wie das Bild der kurzen wiener Bekanntschaft von Schönbrunn und vom Prater immer noch vor Olympiens Seele stand ...
Lucinde sah sich in diesem Augenblick um ... Es war um sie her ein Geräusch hörbar geworden ... Ueber den Fußboden eilte eine jener kleinen Schlangen, deren Augen einen phosphorescirenden Glanz von sich geben ... Lucinde zog erschreckt den Fuß zurück, sah die künstliche Ruhe der an südliche Eindrücke gewöhnten und der Schlange nicht achtenden Herzogin und erwiderte nach einiger Sammlung:
Benno von Asselyn fürchtet, an die bestrickende Olympia ein Herz zu verlieren, das – ich will es Ihnen verrathen – einem jungen jetzt in London lebenden Mädchen gehört ... Sagen Sie aber nichts davon der Fürstin! ...
Die Züge der Mutter konnten sich nicht beherrschen ... Sie verklärten sich ... In ihrem brieflichen Verkehr hatte sie nie auf eine Frage nach Benno's Herzen deutliche Antwort erhalten ...
Wen liebt – Signore – Benno? fragte sie mit einer sich bekämpfenden Theilnahme, deren leidenschaftlichen Ausdruck jedoch ihr ganzes Antlitz verrieth ...
Er liebt unglücklich ... sagte Lucinde immer forschender und schon mit triumphirenden Blitzen aus ihren dunkeln Augen hervorlugend ... Sein bester Freund nächst dem Bischof und dem Dechanten Franz von Asselyn – Die Herzogin schlug ihre Augen

nieder – ist ein junger reicher Kaufherr, Thiebold de Jonge ... Beide wurden, ohne es zu wissen, zu gleicher Zeit von einer Liebe zu einem Mäd-*[79]*chen ergriffen, das damals noch halb ein Kind war ... Armgart von Hülleshoven ist ihr Name ...

Armgart von –? ...

Lucinde mußte den Namen wiederholen ... Der Mutter klopfte das Herz ...

Armgart von Hülleshoven ... sagte die Listige, die sich rüstete, der Herzogin ein für allemal das Geringschätzen ihrer Person zu verderben ... Sie ist, hauchte sie, die zärtlichste Freundin jener Gräfin Paula, die die Gattin des Grafen Hugo geworden ... Schon einmal geriethen beide Freunde um diese Neigung in Streit ... Einer entsagte zu Gunsten des andern ... Darüber fand Armgart Zeit, erst eine Jungfrau zu werden, die überhaupt an Liebe denken darf ... Ein wunderliches Aelternpaar hat sie aus Witoborn nach England geschickt, wo sie im Hause einer Lady Elliot lebt und ihre Zärtlichkeit für zwei Liebhaber zugleich an dem Widerstand gegen einen dritten prüfen kann ... Dieser hat das glücklichere Loos getroffen, jetzt in ihrer Nähe leben zu dürfen ... Es ist dies jener Wenzel von Terschka, der, wie man sagt, nur um ihretwillen Priestergelübde und Religion und was nicht alles aufgab – ...

Pater Stanislaus? sagte hocherstaunt und sich ganz vergessend die Herzogin ...

In der Ferne donnerten Böller und schmetterten rauschende Fanfaren ...

Sollten Sie in Ihrem Briefwechsel mit Herrn von Asselyn – ... wagte sich jetzt Lucinde ganz keck heraus ...

Ich? ... Mit wem? ... fuhr die Herzogin auf ...

[80] Ja Sie, Hoheit, Sie allerdings – mit Benno von Asselyn – ... lächelte Lucinde ...

Die Herzogin war aufgesprungen ... Die Bewegung ihres Schreckens, die der Furcht zunächst vor Olympien galt, war erklärlich ... Der Schrecken konnte aber auch von etwas anderm kommen ... Die Zweige hatten in nächster Nähe gerauscht, wie unter Berührung eines leise Dahinschleichenden ...

Man ist doch sicher hier ... konnte noch die Herzogin ihren Schreck maskirend, fragen ...

Da deutete sie aber schon mit einem Aufschrei auf die grüne Decke des Weinlaubs, aus der sich spitze Hüte und Männerköpfe erhoben ...

Lucinde wollte im selben Augenblick entfliehen ... Vergebens ... Schon hatten sie von hinten zwei Arme ergriffen ...

Eine wilde Physiognomie, die nur die eines Räubers sein konnte, grinste sie an ... Ein widerwärtiger, dem gemeinen Italiener eigner, vom Genuß der Zwiebel und des Lauchs kommender Athem nahm ihr die Besinnung ... Sie konnte nicht von der Stelle ...

Die Herzogin war an den Aufgang der Altane gestürzt und rief:

Räuber! Räuber! Räuber! ...

Sie rief diese Worte – sie wußte selbst nicht, ob im Schrekken über den Ueberfall oder in dem über Lucindens Voraussetzung eines Briefwechsels zwischen ihr und Benno ... Sie wiederholte sie muthig, trotzdem daß unter dem Weinlaub alles lebendig wurde, wilde Männer in abenteuerlichen Trachten den Rand der Altane erkletterten, Pistolen und Dolche blitzten, Lucinde in die Arme eines Ath-*[81]*leten geworfen wurde, der die Mauer schon erklettert hatte, während der erste, der bereits oben war und die im stillen Gespräch Verlorene von hinten überfallen hatte, Miene machte, nun auch die Herzogin zu ergreifen ... Die Räuber trugen die Tracht der Hirten, kurze Beinkleider, Strümpfe, Jacken, offene blaue Brusthemden; die Gesichtszüge waren von Bart und künstlichen Farben entstellt; die braunen sehnigen Hände eines dritten, der dem zweiten nachkletterte, stopften Lucinden, die vor Schrecken nicht einen Laut mehr von sich geben konnte, ein buntes Tuch in den Mund ...

Während die Herzogin, halb auf der Flucht, halb muthig wieder innehaltend, ihre Hülferufe fortsetzte, sah sich Lucinde schon in den Armen des Riesen, der sich, auf den Rücken zweier andern sich stützend, an die Wand feststemmte und die Beute herunterzog mit den der Situation völlig widersprechenden Beschwichtigungsworten:

Haben Sie doch keine Furcht, schönste Altezza! ... Ei, Eure Excellenza sollen so gut schlafen, wie in Ihrem eigenen Schlosse ... Es ist nur ein Spaß, Signora Excellenza ... Tausend Zechinen ... Ei, das wird eine so schöne Dame ihren Freunden schon werth sein ...

Da Lucinde den Muth einer Frau sah, die doch von ihr soeben so scharf verwundet worden, ergriff sie Beschämung ... Sie hielt sich an einem großen Oleanderstamm, der von draußen her an der Mauer aufwuchs, wühlte sich in dessen schwanke Zweige, die sie nicht lassen wollte, und widerstand um so mehr dem Räuber, als sie hinter sich ein wildes Geschrei hörte, das halb aus deutschen, halb aus italienischen Lauten bestand ...

Da ließ der Riese loser und loser ... Lucinde *[82]* hielt sich mit allen Kräften ... Hinter sich hörte sie ein Ringen, ein Kämpfen ... Eine Ahnung erfüllte sie ... Sie krallte sich fester und fester ... Da ein Schmerzensschrei wie von einem Verwundeten in der Nähe ... Nun ein Pistolenschuß ... Jetzt stürzte sie selbst von der Mauer ... Der Rauch um sie her, ihr Sturz, die Angst, die Hoffnung – sie verlor die Besinnung ...

Als sie wieder zu sich gekommen, lag sie noch auf dem Boden des Weinbergs ... Eben ließ man von oben Leitern herab ... Die Terrasse oben stand voller Menschen ... Waffen klirrten noch immer ... Graf Agostino, seiner schweren Reiterstiefeln nicht achtend, stieg von oben hernieder ... Neben ihr lag in seinem Blut der gewaltige Riese, den ein Pistolenschuß getroffen hatte von der Hand eines Mönches. Der Muthige kniete neben einem andern Mönche, der verwundet am Boden lag ... Da hüllte sich ihr wieder alles in Nacht ...

Als sie aufs neue erwachte, befand sie sich in dem großen Saale der Villa ...
Wüst durcheinander standen die Tische und Sessel. Das Fest war zu Ende. Die Kronleuchter brannten nur noch dunkel. Die Zahl von Menschen um sie her war geringer geworden ... Düsterblickend stand Graf Sarzana ... Sein Auge hatte eine Macht, vor dem sie das noch so schwache ihrige niederschlug ... Sie hörte Ausbrüche des Erstaunens ... Wer hätte sich auch denken können, daß an einem so lebhaften Abend, unter so vielen Tausenden von Menschen Räuber es wagen würden, ihren gewöhnlichen Anschlag – Gefangennehmung von Personen, die sich durch Lösegeld loskaufen mußten – *[83]* in Ausführung zu bringen ... Die Räuber waren unter dem dichten Weinlaubdach hinweggeschlichen, hatten sich der einsamsten Stelle des Gartens genähert und würden ihren Raub wenigstens mit Lucinden ausgeführt haben, wenn nicht die beiden Mönche, freilich auch ihrerseits in unerklärlicher Absicht, den gleichen Weg genommen und so ihr die Freiheit erhalten hätten ... Der Mönch mit dem Todtenkopf entriß einem der Banditen ein Pistol und schoß es auf die gewaltige Gestalt ab, die Lucinden schon davontrug ... Ihn selbst hatte dann ein leichter Messerstich verwundet ... Der jüngere Mönch aber, Pater Sebastus, war lebensgefährlich von einem Stilet verwundet worden ... Lucinde blieb unversehrt ... Sogar der Brief an Bonaventura war nicht aus ihrer Brust geglitten ...

Das gehört zu Italien! sprach eine Stimme ... Kommen Sie, wenn Sie können – Ihr Wagen wartet schon ... Die Fürstin ist schon lange fort ... Graf, Sie begleiten doch die Signora – ...

Lucinde sah die Herzogin von Amarillas nicht ... Sie hörte aus diesen Worten nur: Diese Signora – die die Tochter eines Schulmeisters vom Lande, eine Abentheurerin ist – die ehemalige Braut des einen dieser Mönche – die Genossin des andern bei gewissen, unenthüllbaren, heimlichen Dingen! – Lassen Sie lieber dies Geschöpf! ...

Durch die geöffneten Fenster schimmerten die Sterne ... Hätte sich allerdings Lucinde je einen solchen mit Klingsohr noch zu erlebenden Abend träumen lassen können, als sie in ihrem Pavillon auf Schloß Neuhof *[84]* unter den Ulmen wohnte und H. Heine's Liederbuch las, das ihr Klingsohr geschenkt ... Klingsohr – um ihretwillen jetzt vielleicht todt! ...

Der Graf erbot sich voll Zuvorkommenheit zur Begleitung ... Die Mönche bleiben hier, sagte er ... Der eine ist zu schwer verwundet, der andere leichter ... Aber Pater Vincente bewacht und pflegt sie beide ... Auch ist schon ein Arzt bei ihnen ... Sie liegen drüben beim Haushofmeister ... Die Villa bleibt die Nacht über bewacht ... Der Bargello läßt zehn Mann Wache zurück ... Sie werden, denk' ich, ausreichen ...

In der That war nun auch alles schon zerstoben und verflogen ... Der alte Fürst Rucca war so rasch entflohen, als wenn er sich wirklich an der adriatischen Küste befunden hätte ...

Von dem getödteten Räuber versicherte man, es wäre der berüchtigte Pasquale Grizzifalcone selbst gewesen ... Cardinal Ceccone hatte sich nach dieser Recognition sofort von Lucindens Ohnmacht losgerissen, war in den Garten geeilt, wo die Leiche lag, und hatte sich jeden Gegenstand verabfolgen lassen, der sich in den Taschen des Gefallenen vorfand ... Dann war er eilends in seine glänzende Carrosse gestiegen und mit seinen beiden „Caudatarien" (Schleppträgern) in seine Wohnung gefahren, die mit der Sr. Heiligkeit unter einem Dache lag, nach dem Vatican ...

Graf Sarzana lächelte spöttisch bei diesem Bericht und bot Lucinden den Arm ... Sie schwankte ... Tief erschöpft schritt sie an den Wagen ...

Beide fuhren nach dem Palazzo Rucca am Pasquino.

4.

Ganz Rom war von der gestrigen Begebenheit erfüllt. Der Schrekken des Kirchenstaats, Grizzifalcone, war getödtet worden von einem deutschen Franciscanermönche! ...
Der Messerstich, unter dem der Genosse des Mönchs zusammengesunken war, hätte besser diesem gebührt! hieß es bei den Meisten ... Grizzifalcone wurde bemitleidet! ... – „Der Aermste starb ohne Beichte –!" sagten selbst die, die ihm vielleicht den längst verwirkten Tod gönnten ... Noch mehr! In der Sphäre der Prälatur, des Adels, des gebildeten Gelehrtenstandes gingen seltsame Versionen ... Da war Grizzifalcone nicht zufällig, sondern aus geheimen Absichten „ermordet" worden ... Man sah die Kutsche des Cardinals hin und her fahren ... „Was man solchen Staatsmännern alles aufbürdet! Man beschuldigt sie, selbst ihre besten Freunde nicht zu schonen!" ... So lautete ein bittres Wort, das aus der Sphäre der „Verschwörungen", wir wissen nicht, ob des jungen oder des alten Italien kam ...

Die Aerzte, die der Cardinal in die fürstlich Rucca'sche Villa geschickt hatte, erklärten, daß die Wunde, die *[86]* der deutsche Mönch und Gefangene von San-Pietro in Montorio empfangen, so besorgnißerregend wäre, daß sie einen Transport desselben auf die Tiberinsel San-Bartolomeo zu den Benfratellen für unerläßlich hielten ...

Der Laienbruder Hubertus kam mit einem leichten Verband davon ... Er ließ sich diesen nach seinen ihm eigenthümlich angehörenden chirurgischen Kenntnissen anlegen und bedauerte nur, nicht gleichfalls zu den Benfratellen kommen zu können, wofür nach Pater Vincente's Aeußerung keine Hoffnung war ... Wenn der Tragkorb den Pater Sebastus abholte, wollten sie ihm das Geleit geben und dann in ihre luftige Höhe nach San-Pietro zurückkehren ... Der Sack des Klosters war gestern über und über gefüllt gewesen; aber im Tumult des Ueberfalls, des Schießens, der allgemeinen Auflösung des Festes war er von irgend einer vorsorglichen Seele aufbewahrt, d. h. gestohlen worden ...

Der Stiletstich war dem verwundeten Pater Sebastus in die Rippen gedrungen ... Er hatte die Besinnung, athmete aber schwer und durfte nicht sprechen ... Was in seiner Seele lebte, mühte sich Hubertus statt seiner zu sagen ... Er traf nicht alles ... Pater Vincente, der neben den beiden auf Maisstrohbetten ruhenden Verwundeten und mit dem Luxus einer auf der Erde ausgebreiteten Matratze geschlafen hatte, berührte das Unsagbare schon näher, wenn er sprach: „So ist es mit all unsrer Sehnsucht! Ich kann mir denken, daß ihr beide euer Leben lang nach dem Anblick Roms geschmachtet habt, und die erste Nacht, wo euch vergönnt war, euch am Ziel eurer Wünsche zu fühlen, mußte *[87]* so verderblich enden! Im Coliseum priesen wir die menschlichere Zeit, die uns nicht mehr den wilden Thieren vorwirft! Raub und Mord sind darum von diesem Boden nicht gewichen! ..." „Man kann Italien nicht verwünschen, das neben Räubern auch einen Pater Vincente hervorbringt ..." dachte Hubertus ... Das sah er wol, Klingsohr's Bewegungen kamen nicht von den Phantasieen des Wundfiebers allein her ... Lucinde in Rom! ... Lucinde in so glänzenden Verhältnissen! ...

Hubertus hatte die Landsmännin bei ihrer Annäherung an die Bettlerschaaren zuerst erkannt und Klingsohr auf sie aufmerksam gemacht ... Diesem war sie anfangs eine Täuschung der Sinne, eine Luftspiegelung gewesen ... Soll diese erste römische Nacht mich toll machen! rief er ... Bald aber sah er, daß auch Lucinde sie erkannte, von dem Offizier, der sie begleitete, fortzukommen suchte und ängstlich ihren Anblick vermied ... Nun wagte er dem muthigern Bruder Hubertus zu folgen ... Sie umgingen den Stand des Feuerwerks, schlichen sich in den Park, in den Garten, sahen, wie Lucinde sich von ihrer Gesellschaft frei machte und entfloh ... Dennoch schnitten sie ihr den Weg ab ... Nun schien sie ihnen wirklich Gehör geben zu wollen und schon hatte Hubertus manchem Fragenden den Brief und die Landsmannschaft als einen äußern Grund bezeichnet, den ihr Verlangen haben durfte, jene Dame zu sprechen ... Endlich riefen sie ihr zu, redeten sie an – nun war sie gezwungen, sich ihnen zu stellen ... Hubertus wußte, was sie Klingsohr gewesen ... Dieser sah, wie Lucinde, Rom *[88]* schon längst als das Höchste auf Erden an, als das Paradies der Seligen schon hienieden ... Beim ersten Wort, beim ersten Gruß erging er sich in jenem Entzücken seines geknickten Geistes, das ihm in so beglückender Situation, wie in den besten Zeiten seiner Vergangenheit, wiederkehren mußte ... Selbst die Eifersucht loderte auf, als Lucinde nach den Offizieren spähte, dann die Aufschrift des Briefes im Dunkeln zu erkennen suchte ... Zerreiße den Brief! rief er. Wir wollen ihn nie, nie geschrieben haben! Bist du hier nicht mächtiger, als ein Bischof! Wer feiert eine Hochzeit – als mit dir! Sieh diese Fackeln, diese Feuerflammen – wie Nero möcht' ich Rom anzünden, um deine Epithalamien zu singen! ... Jesus hilf, sprach diesmal voll Bangen Hubertus statt seiner ... Dazwischen kam die Herzogin und bald der Trupp der Offiziere und der jungen Prälaten ... Die beiden Bettler wurden verwiesen, hart bezeichnet mit den ihrer Keckheit gebührenden Worten ... Aber die Ungeduld, die Freude, die Spannung auf Verständigung nach so langer Trennung hatte sie beide wie im Wirbel ergriffen ... Diese wilde festliche Nacht konnte so nicht enden; sie schien alles zu erlauben ... Sie ließen den Pater Vincente beim Sack des Klosters, den die Köche, Diener und vornehmen Damen füllten ... Sie streiften zum Garten hinaus, erkannten die Möglichkeit, ihm von der Landstraße, vielleicht vom Feld her beizukommen ... Nur ein Wort noch Lucinden, nur noch eine Bitte um Wiedersehen, um die Begegnung in einer Kirche, etwa wie im Münster zu Witoborn zu den Füßen des heiligen Ansgarius ... So sahen sie jene *[89]* schleichenden Räuber, wurden Zeugen des Ueberfalls, Lucindens Retter ... Klingsohr's Erinnerung an die Zeit der Mensur stählte seinen entnervten Arm; ohne Waffe erhob er ihn, rang gegen das geschwungene Stilet des Banditen, riß diesen nieder und erlag im Stürzen nur einer größern Gewandtheit und der gereizten Wuth der Entfliehenden, die den Garten sich beleben sahen, während Hubertus schon den Riesen zugleich mit Lucinden niederzog aus den Zweigen des Oleanders, in denen sie sich festhalten wollte ... Hubertus drückte das eroberte Pistol los – ohne Scheu, wie einem Jäger geläufig war, der schon manchen Wilddieb niedergeschossen hatte ...

Pater Vincente erfuhr, daß die gerettete Dame den beiden Deutschen werth und näher bekannt war ... Wieder offenbarte er die Vertrautheit mit einigen deutschen Worten ... Ueber sich selbst sprach Pater Vincente wenig ... Selbst die Neigung des gesprächsamen Hubertus, sich, wo er nur konnte, in der Sprache des Landes der Schönheit und der Banditen zu vervollkommnen, ergriff er nicht als Anlaß weltlicher Unterhaltung, sondern erinnerte ernst an jene Bitten, die für Kranke zu sprechen die vorgeschriebene Regel des kirchlichen Lebens ist ... Dann – ohne den Sack mit Lebensmitteln ins Kloster zurückzukehren –! Eine Aussicht war das auch auf einen Dorn zur Märtyrerkrone mehr ...

Um elf Uhr sollte der Tragkorb jener Benfratellen kommen, die einst auch Wenzel von Terschka so wohl verpflegt hatten ... Wäre Klingsohr nicht Mönch und bereits dem römischen Glauben gewonnen gewesen, so hätte man ihn jetzt in eine Anstalt gebracht, wo in Rom *[90]* „Neuzubekehrende" (Katechumeni und Convertendi) in solchen Fällen leibliche und geistliche Pflege zu gleicher Zeit erhalten ... Das Geringste doch, womit sie dann für die Genesung beim Scheiden danken können, ist ein Uebertritt ...

Um zehn Uhr schon kam die junge Signora vorgefahren, die gestern hatte von Räubern entführt werden sollen und heute der Gegenstand des Gesprächs und der Aufmerksamkeit für ganz Rom war ... Man nannte sie, wie solche Verwechselungen vorkommen, bald eine Fürstin, bald eine „spanische Herzogin" ... Das „Diario di Roma", die Staatszeitung Sr. Heiligkeit, war noch nicht mit dem aufklärenden Bericht erschienen, wenn die schweigsamste aller Zeitungen überhaupt von dem ärgerlichen Vorfall Act nahm ...

In Italien ist noch bei Hochzeiten die Sitte des „Lendemain" üblich ... Der Palazzo Rucca am Pasquino wurde von Wägen und den Abgeordneten der fünftausend privilegirten Bettler Roms (der „Clientela" der alten Römerzeit) den ganzen Tag nicht frei ... Auch nach dem Befinden der Donna Lucinda mußte gefragt werden ... Sie selbst hatte ein Dankopfer darzubringen für ihre Rettung ... Der nächsten Madonna gebührte der Sitte gemäß diese Huldigung ... So hörte sie die Messe in San-Giovanni di Laterano, dem der Rettung nächstgelegenen Gottestempel ... Graf Sarzana hatte sie auf diese Sitten beim Nachhausefahren aufmerksam gemacht ... Er war im Wagen zurückhaltender gewesen, als in der Gesellschaft ... Am Pasquino war er ausgestiegen ... Vom Wein, von den Abenteuern *[91]* und dem Rendezvous bei der Messe – so ließen sich denn doch wol auch seine Andeutungen verstehen – erregt, declamirte er Verse an die Säule des Hadrian, an die Obelisken des Venetianerplatzes, an denen sie vorüberfuhren, misbrauchte aber nicht die Vortheile des Alleinseins mit dem offenbar zum Tod erschöpften Mädchen ... Als sie heute den Pasquinostein mit Gensdarmen besetzt fanden, sagte er: Ist diese Wache nicht selbst schon eine Satire? ...

Die Messe war wie immer in dem „stiefmütterlich" behandelten und gegen die Sanct-Peterskirche zurückgesetzten Gottestempel am Lateran einsam und der große, wie fast alle römischen Kirchen einem Concertsaal ähnliche Raum lag ganz in jenem Schweigen, das die Sammlung unterstützen konnte ... Lucinde kniete und träumte ... Graf Sarzana fehlte ... Er hatte sich in aller Frühe schon wegen seines Ausbleibens entschuldigen lassen – Im Duft des Weihrauchs sammelte sie sich ... **Secreta – Canon – „Wandlung"** – sie unterließ kein Kreuzeszeichen und dachte an die noch schlummernden jungen Ehegatten –

an die Morgengeschenke, die Ceccone schon in aller Frühe für
das junge Paar geschickt hatte – auch für sie lag eine kostbare
Broche, Venetianer Arbeit, dabei – An Graf Sarzana's Schnurr-
bart und unheimliche Augen – An die schlaflose Nacht ihrer
Feindin, der Herzogin von Amarillas – An Hubertus und seine
Vertrautheit mit der ältesten Geschichte des Kronsyndikus – An
Klingsohr's möglichen Tod – An Bonaventura ... Dann sang der
Priester: Ite Missa est! ...

[92] Mit gestärkter Kraft schritt Lucinde über die bunte
Marmormosaik des Fußbodens dahin ... Sie trat aus den Reihen
der großen Porphyrsäulen hinaus auf den Platz der „heiligen
Treppe" und ließ sich von ihrem Bedienten in den Wagen helfen ...

Der Bediente erzählte, der ganze Weg bis zu Castel Gandolfo, wohin Se. Heiligkeit heute frühe hinausgefahren, wäre des
Räuberüberfalls von gestern wegen mit Carabiniers besetzt und
würde eben noch von einzelnen Trupps der Leibwache bestri-
chen, unter denen sich auch Graf Sarzana befunden hätte ...
Deshalb hatte er bei der Messe fehlen müssen ... Lucinde
konnte erwarten, daß Se. Heiligkeit selbst sie nächstens beriefen
und ihr persönlich seinen Glückwunsch abstatteten ... Daß die
Regierung hier über den Tod Grizzifalcone's anders dachte, als
jeder gewöhnliche Freund der Ordnung, wußte sie schon ...
Besonders sollte der alte Fürst Rucca daran auf verdrießliche Art
betheiligt gewesen sein ... Er hatte ihr kaum einen guten Morgen! gewünscht, als er ihr auf der Marmortreppe seines Palazzo
bei ihrer Ausfahrt begegnete und murmelnd in die Bureaux seines Parterre schlich ...

Die Fahrt zur Villa Rucca dauerte nur wenige Minuten ...
Aber der Ueberblick einer Welt konnte sich für ein Wesen wie
Lucinde in sie zusammendrängen ... Das Nächste: Sollte Klingsohr die Nacht über gestorben sein? war schon abgethan ... Vor
einigen Jahren hätte Lucinde darin eine Gunst des Zufalls gefunden ... Auf ihrer jetzigen Höhe war ihr ein in Clausur eines

strengen Klosters lebender ehemaliger Verlobter kein zu *[93]* gefährliches Schreckbild mehr ... Sie hätte ja lieber mit Klingsohr und Hubertus mehr verhandelt ... Sie mußte es auf alle Fälle ... Der Herzogin von Amarillas wegen, die sie „unschädlich" machen wollte ...

Wie stand sie überhaupt jetzt zu dieser „Posse des Lebens?" ...

Sie lehnte in ihrem offnen Wagen, die Hände ineinandergeschlagen und auf ihren weißseidnen Polstern ausgestreckt, wie eine Fürstin ... Das also bot ihr denn doch in der That Rom! ... Sehet her, so lohnte sich jener Gang zu dem Bischof, bei dem sie einst ihre „hessische Dorfreligion", das Lutherthum, abgeschworen hatte ... Der „Augenblick", der goldene „Augenblick", wie er jetzt dem auf dem goldenen Kreuz über der Kapelle „zur heiligen Treppe" blitzenden Sonnenschein glich, gehörte ihr, ihr, der „vom Leben Erzogenen", mit „Thränen Getauften" – – wie sie im Beichtstuhl zu Maria Schnee in Wien, anzüglich genug für – den ungetauften Bonaventura, gesprochen hatte. Sie wollte diesen Augenblick ihr Eigenthum nennen; sie wollte ihn sobald nicht wieder fahren lassen ... Sie wußte, daß sie hinuntersteigen würde ... O, das kannte sie schon als ihr altes Lebensloos ... Aber bei einem Sturz kommt es auf die Höhe an, von wo h e r ab! ... Die Bedingungen des künftigen Elends, das sie vollkommen voraussah, richteten sich nach der Lage, die sie v e r l i e ß ... So dachte sie: Jetzt oder nie! ...

Was ist das mit dem Grafen Sarzana? ... Warum will mich die Herzogin von Amarillas nicht bei sich behalten? ... Warum flüstert der Cardinal so lächelnd *[94]* mit dem interessanten, geistvollen Offizier, der mir offenbar den Hof macht und doch – ... Warum lächelten beide so zweideutig? ... Seitdem Lucinde damals vor Nück zu Veilchen Igelsheimer entflohen war, hatte sie für die Verwickelungen des Lebens Gigantenmuth bekommen ... Sie hatte auch den Muth, vor nichts mehr – zu erröthen ... Sie ahnte, was zwischen Ceccone und dem Grafen Sarzana vor sich ging ... Daß sie nicht um Kleines zu erobern war, hatte sie wol schon gezeigt ... Ja – haßte sie nicht eher die Männer überhaupt? ...

In „Maria Schnee" hatte sie nicht Zeit gefunden, Folgendes zu beichten:

Sie hatte das Kattendyk'sche Haus um den Thiebold'schen Streit über die Kreuzessplitter verlassen ... Sie war zur Frau Oberprocurator Nück gezogen, die sich schon längst ihre wärmste Freundin und Bewundrerin nannte ... „Jede kluge Frau" – stand in Serlo's Denkwürdigkeiten – „macht die zu ihrer Freundin, die ihrem Platz bei ihrem Manne gefährlich zu werden droht. Kühlt sich durch eine nähere Bekanntschaft dann nicht an sich schon die Glut des Interesses beim einen oder andern ab, so hat die Frau den Vortheil, der Welt die böse Nachrede zu verderben ..." So dachte freilich die Oberprocuratorin nicht, aber die Wirkung blieb dieselbe ... Lucinde war bei den täglichen, mit Frau Dr. Nück gepflogenen Erörterungen über Kleiderstoffe, Farbenzusammenstellungen und die Echauffements ihres Gesichts nirgends vor ihrem Mann sicherer, als in seinem eignen Hause ... Dennoch verließ sie es, als sie eine grauenhafte Sage, die über Nück im Munde *[95]* des Volkes ging, bestätigt fand. Er selbst hatte es ihr einst gesagt, daß sich ihm zuweilen eine Binde vor die Augen legte, die ihn verhinderte zu wissen, was er thäte. ... Dann müßte er Hand an sich selbst legen ... Es waren wirkliche Thränen – „der Nervenschwäche", die ihm flossen, als er sagte, in solcher Lage würd' er einmal sterben, wenn nicht ein Wesen um ihn wäre, das ihn vor Wahnsinn bewahrte ... Was halfen die „Davidsteine" aus seiner Beichte bei Bonaventura –! Was half die Erkenntniß, daß jeder, jeder Geist untergehen muß, der anders spricht und handelt, als er denkt – ... Am achten Tag nach Lucindens Einzug in sein Haus wollte sie ihm in seine Zimmer einen spätangekommenen Brief tragen und fand ihn hängend unterm Kronleuchter. Das Sopha darunter, das auf Rollen ging, war zurückgeglitten ... Der Anblick war furchtbar ... In Momenten der Gefahr bewährte sich Lucinde nicht.

Sie sah Hammaker den schwebenden Körper hin- und herschaukeln; sie hörte die „Frau Hauptmännin" ein Wiegenlied auf ihrer Guitarre dazu klimpern; die Blätter in Serlo's Erzählungen vom Pater Fulgentius und Hubertus flogen auf ... Sie floh vor dem grauenhaften Anblick, ohne den Muth zu haben Lärm zu machen ... Ja sie fühlte mit grausigem Gelüst der That des Hubertus nach – ihn ruhig hängen zu lassen – den lebensmüden, gewissenszerrütteten Mann – der sie in so entsetzliche Verwickelungen des Lebens geführt, der so viel Verleumdungen und Zweifel über sie in Bonaventura's Urtheil verpflanzt hatte ... Aber nun vor sich selbst als dann einer Mörderin erbebend, konnte sie nichts thun als die Flucht ergreifen ... Sie raffte *[96]* ihre wichtigsten Sachen zusammen, klingelte und lief wie von bösen Geistern verfolgt zu Veilchen Igelsheimer in die Rumpelgasse ... Die Nacht über mußte sie annehmen, daß der Oberprocurator – durch ihre Schuld! – todt war ... Sie blieb einige Tage versteckt, sie, die Mörderin des Verhaßten ... Allmählich erfuhr sie, daß Nück noch lebte und nur heftig erkrankt war ... Ueber diese Annäherungen ihres Lebens an Brand und Mord verließ sie die Residenz des Kirchenfürsten. Sie folgte Bonaventura nach Wien ... Gefeit gegen alles, zog sie Männertracht an und lebte wie ein Mann ... Sie hatte seitdem nichts mehr von Nück gehört, als daß er, zurückgezogen von den Geschäften, auf dem Lande wohnte ...

So war sie reif für Rom! ... Ihrem Auge hatte sich die sittliche Welt aller Hüllen entkleidet, wie nur einem katholischen Priester, der, um den Himmel lehren zu können, in den Vorkommnissen der Hölle unterrichtet wird ... Sie haßte und verachtete, was sie sah – und im Grunde nichts mehr, als die Männer ... Für diese hohen Würdenträger der Kirche, für diese Tausende von ehelosen Geistlichen, die Rom zählt, war ihr jeder Begriff von Tugend zur Täuschung geworden. Ist Rom „mit Ablässen gepflastert", wie jener Pilger zu Bruder Federigo gesagt hatte, so sind die Sünden dort wie Straßenstaub ... Die

Beichtstühle der katholischen Welt scheinen in Rom mit den Geheimnissen der Menschen seit zwei Jahrtausenden umgestürzt und ausgeschüttet worden zu sein ... Ja sogar der Heiligste der Menschen, der Bischof von Castellungo, war – „ungetauft"! ... Sein Rival, *[97]* Pater Vincente, hatte für einen geträumten „Kuß in der Beichte" gebüßt! ... Lucinde nahm nichts mehr, wie es sich gab; sie zweifelte an Allem ...

Dem „ungetauften Heiligen" hatte Lucinde in Wien Dinge gebeichtet, die bei diesem allerdings ihren Besitz der Urkunde Leo Perl's in Schach halten konnten ...

Bonaventura durfte nach diesen Geständnissen ruhiger werden ...

Sie hatte in der That begonnen von ihrer Bonaventura schon bekannten Begegnung mit Räubern ... Sie hatte erzählen müssen vom Eindruck, den auf eine nicht von ihr genannte, aber leicht zu erkennende Person (Bonaventura ergänzte sich: „Nück!") die Mittheilung gemacht hätte, daß jener Hammaker seinem frühern Gönner eine tödliche Verlegenheit hinterlassen wollte durch eine ins Archiv von Westerhof einzuschwärzende falsche Urkunde ... Sie hatte Nück's Betheiligung als eine nur passive dargestellt, ihren eigenen Zusammenhang sowol mit dem Brand wie mit dem Fund des Falsificats nur als die äußerste Anstrengung, das Verbrechen zu hindern ... Dennoch – sie gestand es, war es ausgeführt worden ...

Ein kurzer Schauder Bonaventura's – ein Seufzen – „Was muß ein katholischer Priester alles in der Beichte hören und verschweigen!" ...

Dann fuhr sie fort und berichtete vollständig, Jean Picard hätte sogar für seine Rettung und Flucht den Beistand eines Mannes gefunden, der zufällig in ihm denjenigen erkannte, für dessen Wohl er noch die letzten Anstrengungen seines Lebens hätte machen wollen ... *[98]* (Bonaventura sagte sich: „Hubertus!" ...) Was aus dem Brandstifter geworden, wußte sie nicht ... Nück hätte das Geschehene nicht ohne die größte Gefahr für seine

Ehre aufdecken können, wäre auch durch nichts dazu gedrängt worden, da sowol ein Ankläger fehlte wie die anfangs von ihm so gefürchteten Gelderpressungen des Brandstifters, der sich von seinem Unternehmen mit gutem Grund die stete Beunruhigung und Ausschröpfung Nück's hätte versprechen dürfen ... Picard war in einem Grade verschollen, daß man selbst seinen Tod – wer weiß, ob nicht von den Händen seines ungenannten, von Bonaventura errathenen Retters – annehmen durfte ...

Alle diese Vorgänge beichtete Lucinde in ihrer vollen Wahrheit, gedrängt von den Drohungen des Grafen Hugo ... Sie warf ihre Sorge auf die heilige römische, alleinseligmachende Kirche, auf die nahe Beziehung derselben zu Gott, auf den Schatz der guten Werke, der die reichste Vergebung aller der Sünden gestattete, die die weltliche Welt, die Welt des Gesetzes, die Welt der Fürsten, ihrer Helfer und Helfershelfer **nicht zu wissen braucht** – – ...

Das war die Lehre der Kirche, die ihr immer so wohlgethan ... Die gab ihr jenen Muth und jenes Talent, eine „Beate" scheinen zu können ... Was auch an Angst über diese Verbrechen in ihrer Seele lebte, sie warf alles auf Bonaventura ... Seiner Vermittelung der grauenhaften und für ihren Ruf, ihre Freiheit so gefährlichen Vorgänge vertraute sie – seiner „vielleicht noch für sie erwachenden" Liebe – seiner Furcht auch vor ihrem zweiten „Geheimniß" – über ihn selbst ... Zu *[99]* Enthüllungen über die Ursachen der Flucht Lucindens aus dem Nück'schen Hause blieb die Zeit nicht gegeben ...

Den Ton der tiefsten Entfremdung gegen sie, einen Ton aus dem Urgrund der Seele, den Bonaventura nicht überwinden konnte, milderten die priesterlichen Formen ... Da erklang der sanfte Ton der Güte, da das stille Murmeln des Gebetes, da die ernste Ermahnung ... Furcht über ihre Mitwissenschaft an seinem eigenen tiefen Lebensunglück beherrschte ihn nicht ... Schon beim ersten Nennen Bickert's unterbrach er sie mit den Worten: Jener Verbrecher, dessen Reue Sie immer noch unvollständig machen durch das Zurückbehalten seines Raubes! Warum erhielt ich nie, was Sie von ihm besitzen? Ist Ihr Bedürfniß, sich an mir zu rächen, noch so lebhaft? Warum sagen Sie mir nicht, was ich aus dem beraubten Sarge von Ihnen zu fürchten habe? ... Alle diese Fragen ließ Lucinde ohne Antwort und ihn selbst verhinderte sein Stolz, verhinderte sein Schmerz um seines Vaters so schwer bedrohtes Schicksal anzudeuten, daß er den Inhalt der Leo Perl'schen Schrift kannte ... Vollends mahnte die nächste Gefahr, die vom Grafen Hugo mit Erneuerung des Processes drohte, zu dringend ... Zu dringend sogar die Möglichkeit, daß Lucinde ihrer Freiheit beraubt werden und die Beschlagnahme ihrer Papiere gewärtigen konnte ...

Nachdem Lucinde in Bonaventura's Ohr geflüstert hatte, was sie vom Brand in Westerhof und aus Nück's Mittheilungen über Hammaker's Vorhaben wußte, verlebte sie Stunden der höchsten Angst ... Sie durfte irgend eine Unternehmung, irgend eine Berührung *[100]* mit dem Grafen Hugo erwarten ... Es wurden aber Tage daraus – zuletzt Wochen ... Niemand mehr erkundigte sich nach ihr ... Weder der Graf, noch Bonaventura ... Hatte dieser den Grafen so vollständig beruhigt, so ganz die von ihr eingestandene Fälschung der Urkunde verschleiert? ... Sie hörte Bonaventura's italienische Predigt; sie theilte die Bewunderung der Hörer sowol über den Inhalt, wie über die Form; sie frischte selbst ihre alte Kenntniß des Italienischen auf und nahm Unterricht darin ... Kein Wort aber kam vom Grafen, kein Lebenszeichen von Bonaventura, der inzwischen nach Italien abgereist war – ohne von ihr irgend einen Abschied genommen zu haben ...

Anfangs sandte sie ihm einen zornigen Fluch nach, dann erstickte der Schmerz in Schadenfreude ... Graf Hugo war denn also wirklich nach Schloß Westerhof gereist und alle Welt erklärte die Heirath zwischen dem Grafen und Comtesse Paula für so gut wie geschlossen ... Paula vermählte sich! ... Es war das Gespräch der ganzen Stadt ...

Inzwischen fing sie an bittre Noth zu leiden ... Ihre Geldmittel waren erschöpft ... Was sollte sie beginnen? Welchen Weg einschlagen, um sich in dieser so schwierigen Stellung eines alleinwohnenden Mädchens zu behaupten? ... Durfte sie
es ein Glück nennen, wenn sie hier plötzlich – Madame Serlo und ihren Töchtern wieder begegnete? ... Wol durfte die theaterlustige Stadt beide alte Gegnerinnen zusammenführen. Serlo's Kinder waren schnell herangewachsen und gefällige Tänzerinnen geworden. Sie protegirten Lucinden, *[101]* die sie herabgekommen, eingeschüchtert, in schon schwindender Jugend sahen. Sie boten ihr nicht nur ihren eigenen Beistand, sondern auch den – ihrer Beschützer. Die Kinder waren leichtsinnig. Die Mutter „genoß" nun, wie sie sagte, ihr Leben nach langer Entbehrung; sie genoß es auch im Behagen, prahlen zu können; ja – „Herz"
zeigen zu können, gewährte ihr, ganz nach Serlo's Theorie, eine eigene Genugthuung ... Frau Serlo – das war ein elektrischer Leiter für die ganze begrabene Vergangenheit Lucindens ... Sie erzählte jedem, was sie von Lucinden und Klingsohr, von Jérôme von Wittekind, vom Kronsyndikus wußte ... Daß Dr.
Klingsohr in Rom gefangen saß, war allgemein bekannt; oft genug wurde Lucinde in die Lage gebracht, über diese Beziehungen Rede zu stehen ...

Sie wohnte in der ärmlichsten Vorstadt ... Empfehlungen von Beda Hunnius und Joseph Niggl öffneten ihr wol manches
fromme Haus; die Gewohnheiten einer Convertitin behielt sie bei; sie blieb eine der eifrigsten Besucherinnen der Kirchen und Andachten; aber ihre Lage wollte sich nicht dadurch bessern ... Von Nück wollte sie nichts begehren ... In ihrer steigenden Noth dachte sie: Du schreibst an den Dechanten, wie ihr damals
Bonaventura durch Veilchen hatte rathen lassen ... Sie unterließ es ... „Wenn es nicht die Asselyns wären!" ... Nun suchte sie selbst Stunden zu geben ... Ihre Musik suchte sie hervor ... Sie versuchte sich sogar in dem ihr gänzlich versagten Gesange ... Dies Letztere, um zugleich in der italienischen Sprache sich zu

vervollkommnen und sich rüsten zu können zu ihrer *[102]* letzten „Pilgerfahrt nach Rom" – „vor'm Zusammenbrechen" ...

Sie nahm Singstunden bei Professor Luigi Biancchi ... Sie waren bei diesem gesuchten Maestro theuer ... Aber für jede Stunde, die sie in der Currentgasse nahm, gab sie eine in der Weihburggasse, wo Serlo's Kinder wohnten ... Diese wollten den Cavalieren gegenüber, die die Tänzerinnen des Kärnthnerthors auszeichneten, ihre vernachlässigte Bildung nachholen ... Eine Weile ging das alles leidlich ... Aber wie viel Stunden ließen die undankbaren Mädchen, die sie einst auf ihrem Schooße geschaukelt und so oft auf ihrem Arm getragen hatte, absagen und rechneten sie nicht an! ... Zum Glück – bei ihrer Manie für die Ausbildung im Italienischen konnte sie so wol sagen – wurden eines Morgens die beiden alten Männer Biancchi und Dalschefski – verhaftet! ... Der Italiener, der Pole verschwanden auf dem Spielberg bei Brünn, wo die „schwarze Commission" über die Revolutionen tagte ...

Das Aufsehen, das dieser Vorfall in ganz Wien machte, der Schrecken, den darüber vorzugsweise Resi Kuchelmeister und Jenny Zickeles empfinden mußten, führte Lucinden diesen beiden Damen näher ... Vielleicht würde sie ganz in das Zickeles'sche Haus eingedrungen sein, wenn ihr nicht die noch bei Madame Bettina Fuld verweilende Angelika Müller, „die diese Abenteurerin schon seit Hamburg kannte", mit mehr als drei Kreuzen entgegengetreten wäre ...

Kurz nach Weihnachten hatte Lucinde Tage der Verzweiflung ... Sie sprach italienisch, wie eine ge-*[103]*borene Italienerin, aber sie hatte Schulden – Schulden – bis zum Ausgewiesenwerden aus Wien ...

Schulden machen den Menschen erfinderisch ... Sie wecken Genie bei Dem, der dergleichen nicht zu besitzen glaubt ... Die Resultate des Nachdenkens jedoch über die Mittel, sich zu helfen, sind nicht immer unserer moralischen Vollkommenheit günstig ... Lucinde war nie „gut"; Mittel und Wege, entschieden

„schlecht" zu werden, boten sich ihr genug ... Das wohlfeilste darunter, sich unter die Protection irgend eines Mannes, der sie zu lieben vorgab, zu begeben, vermied sie – ... Aus zunehmender Abneigung gegen die Männer überhaupt? ... Wozu hatte sie so gut Italienisch gelernt! – ... „Freund der Seele, ich komme, um meinen Spuk mit dem Fund aus dem Sarge zu entkräften! Ich will ihn in deine Hände zurückgeben! Ich will mit dir die Frage erörtern: Was ist diese Welt, was Glaube, was unsere ganze dies- und jenseitige Seligkeit? ..." Das blieb ihr denn doch noch immer übrig, noch einmal nach Robillante und Castellungo schreiben zu können ... Jetzt vollends, wo sich Paula in der That – dem Verbrechen der Fälschung? – hatte opfern müssen – ...

Lucinde rechnete und wühlte ... Serlo's Kinder waren hübsch, aber ohne Geist. Ihre Lehrerin brauchte nur bessere Kleider anzuziehen, als sie sich erborgen konnte, und sie hätte schon die Aufmerksamkeit dauernder gefesselt ... Wie sonst, so auch jetzt ... Lucinde konnte verschwinden und auffallen; sie konnte als Magd und als Königin erscheinen; die Devotion war die Maske für beides ... Blinzelte sie nur einmal mit der vollen *[104]* Macht ihrer kohlschwarzen Augen, gab sie sich mit dem ganzen Vollgefühl ihres übermüthigen Geistes, so erstaunten Grafen und Fürsten, die, mit Serlo's Töchtern und Madame Serlo plaudernd, die schlanke schwarze Lehrerin im einfachen Merinokleide nicht beachtet hatten ... Nach einem solchen Lächeln war ihr Mancher schon nachgesprungen, wenn die schlanke Kopfhängerin mit ihren französischen, von den Jesuiten de la Société de Marie herausgegebenen Geschichtsbüchern sich empfahl ... Madame Serlo hatte sie dann beim Wiederbesuch mit einem Hohngelächter empfangen ... Wäre Lucinde sentimental gewesen, sie hätte über dies ganze Familienleben ausrufen müssen: O wärst du noch zugegen, du abgeschiedener Geist des armen Vaters dieser Kinder! Sähe dein erbittertes Gemüth eingetroffen, was du schon alles ahntest, als du auf dem Sopha lagst – und ich die Uhr zog, die ich vom Kronsyndikus damals noch hatte, um nach der Stunde zu sehen, wo du die Arznei nehmen mußtest! ... Wie oft hatte Serlo gesagt: Und gesetzt, ich würde alt und erlebte, was ich voraussehe, ich kann mir denken, daß ich das Gnadenbrot bei den Meinigen annehme! Nicht wie den alten Lear hinausjagen würden sie mich; nein, ich bekäme die Reste von den Orgien, die sie feiern; ich würde lachen wie ein Lustigmacher, würde leuchten bis zur Treppe und die Trinkgelder nehmen, die dem Papa in die Hand gesteckt werden ... „Hunger – thut weh"! konnte Serlo dann wimmern, wie Edgar im Lear ...

An Menschenhaß und Weltverachtung nahm Lucinde immer mehr zu ... Sie hatte schon im Spätherbst *[105]* bei einem Besuch des Praters die Entdeckung gemacht, daß die aufgeputzte Besitzerin jener Menagerie von einem jungen Mann begleitet war, über den die alte Holländerin mit ängstlicher Eifersucht wachte ... Lucinde wagte nicht ihn schärfer zu betrachten, seitdem sie entdeckte: Das war Oskar Binder, der entlassene Sträfling, der spätere Spieler unter dem Namen „Herr von Binnenthal"! ... Und von einem aufgehobenen Spielclub hatte sie gehört, den ein Herr „Baron" von Guthmann hielt ... Die Entdeckung war bei einer polizeilichen Recherche erfolgt, von der die ganze Stadt sprach ... Frau Bettina Fuld wünschte bei ihrer Abreise Andenken zu hinterlassen und kaufte zu dem Ende allerlei Schmucksachen. Sie wollte ihre Kasse nicht zu sehr in Contribution setzen und wandte sich auf den Rath der praktischen „Frau von Zickeles", ihrer Mutter, an eine Auction im Versatzhause ... Wie erstaunte sie, dort jenes Armband verkäuflich zu finden, das ihr vor einem Jahr in ihrer Villa zu Drusenheim abhanden gekommen! ... Das verfallene Versatzstück war auf den Namen einer Frau von Guthmann eingetragen, derselben, die damals bei ihr so gastlich aufgenommen gewesen! ... Die Anzeige, die Arrestation erfolgte ... Lucinde las in den Zeitungen die nähern Angaben ... Wie versetzte die Hellauflachende das alles in ihre erste Jugendzeit ... Vom Lauscheraugenblick, als jene Frau vor ihrem spätern Mann auf den Knieen lag, fing ja ihr ganzes dunkles Leben an ...

Lucinde würde zur Verzweiflung gekommen sein, hätte ihr jenes Bild der Jugend nicht auch Treudchen Ley *[106]* als freundlichere Erinnerung vorgeführt ... Durch diese beschloß sie sich zu helfen ... Sie schrieb an „Madame Piter Kattendyk" nach Paris, erzählte, daß sie in der größten Noth wäre, und bat um Hülfe ... Da kam ein unorthographischer, liebevoller Brief, der einen Wechsel auf hundert Dukaten einschloß ... „Das Glück liegt irgendwo, sagte sich Lucinde – wer es nur fände!" ...

In einem kurzen Sonnenschein des Glücks suchen wir die zuerst auf, denen wir gefallen möchten ... So eilte Lucinde zu Resi Kuchelmeister, deren gesunder Ton ihr in freundlicher Erinnerung geblieben war ... Sie fand diese in ausdauernder schmerzlichster Trauer über das Schicksal der beiden alten Männer aus der Currentgasse ... Resi war an sich so loyal, daß sie jedes dem Kaiserhause und ihrem großen schönen Vaterlande bedrohliche Unternehmen für eine Ausgeburt absoluter Nichtswürdigkeit erklärte; seitdem sich aber Dalschefski und Biancchi auf geheimen Umtrieben hatten betreten lassen, anerkannte sie wenigstens psychologische Möglichkeiten solcher Verirrungen – Frauen beurtheilen alles aus dem Herzen ... Biancchi war denn nur geizig gewesen zum besten der Conspirationen! ... Ein weitverzweigtes Netz von London über Paris, nach Italien, Ungarn, Polen hatte sich auch um ihn geschlungen! ... Und Dalschefski lächelte nur deshalb so ironisch, weil ein Greis mit Jugendmuth in den schmerzlichen Nachklängen des Finis Poloniae lebte ... Emissäre hatte „das arme Lamm" nach Krakau und Galizien befördert, Flüchtlinge, Mitverbundene – Spione ... Dem „elenden Pötzl" schrieb Resi, vielleicht mit Unrecht, das Unglück der *[107]* beiden alten Männer zu, die mit ihren verwöhnten Bedürfnissen, mit ihren großen edlen Fähigkeiten jetzt in grauen Kitteln zwischen den Wällen des Spielbergs leben mußten ... Resi's Unmuth war ebenso groß, wie ihre Erbitterung über die Gesinnungslosigkeit der Zickeles, wo Jenny plötzlich that, als erinnerte sie sich kaum des „Schöpfers ihrer Stimme" – sie hatte inzwischen einen neuen Maestro gefunden, der die Methode des vorigen verwarf, wunderbare Enthüllungen machte über den falschen Gang ihrer bisherigen Tonbildung und ihres Stimmansatzes – „eine dilettantische Sängerin ist zu allem fähig!" sagte Resi ... Aber auch die Bühne gab sie inzwischen jetzt selbst auf ...

Wer kann den unglücklichen Männern helfen! ... dachte Resi ... Sie hatte so vielfache Beziehungen – die einflußreichste, Graf Hugo, war nicht anwesend ... Da fiel ihr ein: Die Herzogin von Amarillas hatte so treu ausgeharrt bei Angiolinens Seelenmetten ...

Zu dieser ging sie in den Palatinus ... Olympia, die sie immer noch die Mörderin Angiolinens nannte, war glücklicherweise nicht anwesend ...

Als die Herzogin die Bitte vernommen, die darauf hinausging, daß sie sich für einen Landsmann beim Cardinal, dieser aber beim Staatskanzler verwenden möchte, sagte sie voll Staunen: Luigi Biancchi! ... Sie hörte allem, was Resi in leidlichem Italienisch von einem ihr so wohlbekannten Namen erzählte, mit größtem Interesse und versprach auch das Möglichste zu thun ...

Die Herzogin konnte nichts thun ... Zu Olympien durfte kaum der Name Biancchi ausgesprochen werden, *[108]* ebenso wenig wie zu Ceccone ... Resi vergab ihr den Nichterfolg um des Antheils willen, den die weiche Seele um Angiolinen zeigte ... Resi erzählte das Leben ihrer Freundin, soweit es ihr bekannt war ... Die Herzogin war über jede ihrer Mittheilungen zu Thränen gerührt ...

Resi's leidliche Gewandtheit im Italienischen bestimmte die Herzogin, von einem Verlangen der Gräfin zu sprechen, eine Deutsche als Gesellschafterin zu engagiren und sie vielleicht mit nach Rom zu nehmen ... Olympia glühte noch ganz für Benno und Bonaventura ... Die Herzogin trug ihr diese Stellung an ...

Resi ergriff anfangs den Vorschlag und schien nicht abgeneigt ... Zuletzt legte sich die Anhänglichkeit der Wienerin an ihre Vaterstadt verhindernd dazwischen und so brachte sie „eine Schülerin Biancchi's", ein Fräulein Lucinde Schwarz für diese Stellung in Vorschlag ...

Diese bewarb sich und reussirte ... Das System, sich anspruchslos, unbedeutend, vorzugsweise nur an den Uebungen der Religion betheiligt zu stellen, stand Lucinden bei allen Anfängen ihrer Unternehmungen bei ... So sehr es aufregt, stets in einer fremden Sprache reden zu müssen; so mächtig Phantasie und Herz von den Zaubern Italiens ergriffen wurden, sie beherrschte sich; sie suchte weder Mistrauen noch Eifersucht zu erregen ... Der Cardinal reiste erst später nach in Begleitung des jungen Fürsten Rucca ... Olympia, die Herzogin und Lucinde gingen voraus ...

Lucinde erkannte bald die Natur der Gräfin, die man flüsternd die Tochter des Cardinals nannte ... Sie er-*[109]*staunte über die Leidenschaft, die sie für Benno von Asselyn zur Schau trug ... Jetzt erst erfuhr sie den eigentlichen Zusammenhang, wie Bonaventura zu einem Bisthum in Italien hatte kommen können ... Benno wurde in Rom erwartet; die Gräfin sprach von ihm, als sollte ihre Vermählung nicht mit Ercolano Rucca, sondern mit Benno stattfinden ... Nun – war er aber wieder entflohen ... Jetzt wurde sein Name mit Verwünschungen genannt ... Sie hütete sich wol, von ihrer Bekanntschaft mit Benno zu viel zu verrathen ... Bald war ihr der junge Principe Rucca eine Art Piter Kattendyk; der alte Rucca ein Stück Kronsyndikus; die Fürstin Mutter eine der vielen alternden Koketten, die sie in ihrem Leben schon kennen gelernt hatte ... Der allmächtige Cardinal hatte geistig alles von Nück; nur in seinen Manieren war das Streben nach Glanz und Anmuth vorherrschend ... Sie hatte einigemal scharfe Urtheile gefällt, Ansichten über die Zeit, die Verhältnisse Deutschlands ausgesprochen; bei einigen Festen ging sie in gewählter Toilette; da merkte sie – Ceccone warf verstohlene, glühende Blicke auf sie ... Es ließ sich ganz so an, als wenn sie eines Tages seine Beute werden sollte – ... Sie dachte über die Bedingungen eines so außerordentlichen Sieges nach ... Hätte sie sich je dergleichen von Rom träumen lassen! ... Nur die Herzogin von Amarillas wurde ihr mit einem jeweiligen sonderbaren Lächeln bedenklich ...

Den Lebensbeziehungen Bonaventura's war sie wieder in einem Grade nahe, der ihr die glänzendste Genugthuung werden mußte ... Sie sah, daß er sein *[110]* Amt mit einem auffallenden Streit gegen den Erzbischof von Coni begonnen hatte ... Der Gegenstand desselben gehörte den Gerechtsamen der Inquisition an, die zwar nicht mehr mit Scheiterhaufen, aber immer noch mit Einkerkerungen strafen kann ... Die Dominicaner sind die Wächter des Glaubens; sie halten auf ihre Vorrechte um so eifriger, als die Jesuiten sie im übrigen überflügelt haben ... Der gestürzte, von Bonaventura befehdete Fefelotti war nicht im mindesten in dem Grade unterlegen, wie Ceccone gewünscht hatte ... Gegen einen unruhigen Bischof seiner Diöcese konnte ihn Rom vollends nicht fallen lassen ... Noch mehr; Fefelotti kam in die unmittelbarste Nähe des Vaticans zurück. Er wurde der erste g e i s t l i c h e Minister Sr. Heiligkeit, während Ceccone der w e l t l i c h e war ... Jetzt wurde Bonaventura's Lage vollends schwierig – ... Noch ein anderer Schlag gegen ihn war in Vorbereitung, die Verurtheilung der dem apostolischen Stuhl aus Witoborn vorgelegten Frage über den Magnetismus – „ob sich ein Priester nicht durch magnetisches Handauflegen verunreinige"*)? ...

Mitten im Gewirr dieser sich durchkreuzenden Gerüchte und leider nur halbverbürgten Nachrichten, hörte Lucinde, daß Paula's Bund mit dem Grafen Hugo wirklich im Frühjahr war geschlossen worden ... Resi Kuchelmeister schrieb ihr authentisch diese Nachricht ... Resi schilderte, was sie gehört von der in der

---

*) Thatsache.

Libori-Kapelle bei Westerhof stattgefundenen Trauung ... Sie schilderte Paula's erstes Auftreten – in Wien – wie die geisterbleiche, *[111]* mehr dem Himmel, als der Erde angehörende Gräfin ein Aufsehen sondergleichen mache, wie sie alle Schichten der Gesellschaft in Bewegung setze ... Lucinde befand sich im Glück; das machte ihr Urtheil milder ... Bonaventura hatte Paula aufgeben müssen; das ließ eine Weile ihre Eifersucht schweigen ... Auf der Höhe des Verständnisses dieser unglücklichen Liebe stand sie ohnehin und wohl empfand sie, was in Paula's Seele vorgehen mußte ... Graf Hugo hatte ihr einmal eine schreckhafte Stunde des Lebens bereitet, er hatte zornig und drohend mit ihr gesprochen und so schrieb sie denn an Resi: „Das ist unser Frauenloos! Die Lilie vom See in einen Stall verpflanzt! Veilchenkränze vom Bachesufer in ein mit Tabacksqualm durchzogenes Zimmer! Hände, weich und weiß wie Schwanenflaum, blätternd jetzt in einem abgegriffenen Lebensbuch! Aber gewiß! Der Graf wird sie schonen! All die Künste der «Egards», mit denen die Männer sich zu verstellen wissen, wird er entfalten ... Er wird sich auf den Ton der Tugend und Achtung vor dem Schönen stimmen! Wie wird er um sie her einen Tempel aus bunten Lügen-Wolken bauen, einen Tempel mit schönen Säulen und Vorhängen, die undurchsichtig sind, um – den Stall, die Cigarre, den Wein, die Untreue zu verbergen! ... Aber manchmal verwickelt sich denn doch der Sporn des plumpen Fußes in die zarten Teppiche, die auf dem Boden gebreitet sind; manchmal reißt er die Herrlichkeit der Lüge zusammen. Da stürzen die alabasternen Vasen, zerbrechen die kleinen Hausgötter des Friedens, der erlogene Seladon wird zum schnurrbärtigen Barbaren, wie ich sie alle gefunden habe, diese Erlauchts, diese *[112]* Excellenzen, diese Durchlauchts ... Dann kommen Dinge zu Tage, die für uns Frauen wie Offenbarungen aus der Welt des Mondes sind! Seit dem Anfang der Welt belügen so die Männer die Frauen, misbrauchen mit ungroßmüthiger Kraft unsere urewige Schwäche, die immer wieder die Füße küßt, die uns getreten ... Vielleicht führt der Graf seine Rolle wenigstens durch bis zum stillen Verlöschen des Lichts, das ihm der Himmel zu hüten beschieden hat. Vielleicht besitzt er, da sie ihn gutmüthig nennen, wenigstens die Geduld des Ausharrens bis zum Ende ... Ich kann mir den Glauben der Aerzte nicht geben, die diese Paula wie eine welk gewordene Blume an solchen Küssen und Umarmungen aufleben sehen und eine gesunde Mutter mit sechs pausbackigen Jungen in Perspective dieser Ehe erblicken. Zieht der Graf nach Schloß Salem, so fällt aus der dortigen Luft allein schon ein Mehlthau auf die zarte Pflanze; selbst wenn sie nie erfährt, wer die andre arme Seele war, die einst dort in den kleinen Entresols des Casinos gehaust hat" ... Resi Kuchelmeister nahm diesen Brief sehr übel und antwortete nicht mehr ...

Es war eben in der Welt nur Ein Mann, der Lucinden liebenswerth erschien ... Hochthronender denn je unter allem Elend und aller Schwäche dieser Erde lebte er in seinem einsamen Alpenthale ... Wie gern hätte sie ihn in seinem jetzigen Glanz erblickt! In seiner langen weißen Dalmatica, mit seinem silbernen Bischofsstab, unter seiner spitzen Bischofskrone, die ein Haar bedeckte, das schon, wie sie bei ihrer Beichte zu Maria-Schnee gesehen, zu ergrauen anfing! *[113]* ... Wie gegenwärtig war ihr alles, was Bonaventura über diesen Bund Paula's empfinden mußte ... Sie ängstigte sich um die Gefahren, die ihn bedrohten ... Hätte sie nur mehr davon erfahren ... Sollte sie sich an den Cardinal wenden? ... Ceccone hatte den Kopf mit dem „Jungen Italien" und den Vorwürfen des Staatskanzlers voll und Olympia sprach nur selten noch anders, als mit Hohn über den von ihr zum „Heiligsten der Christen" und zum Bischof ernannten Deutschen ... Die Herzogin schien ihr eher eine Bundsgenossin; doch mußte sie mit dieser – „erst einen Vertrag abschließen" ...

Eines Tages hatte sich Lucinde, als Olympia nicht anwesend war, nach einem kleinen Diner bei der Herzogin, dem der Cardinal, einige Prälaten und Offiziere beiwohnten, den Scherz erlaubt, den großen rothen Cardinalshut des erstern aufzusetzen und damit vor den Spiegel zu treten ... Das Gespräch war so lebhaft, das Lachen so natürlich gewesen, daß Lucinde sich diesen kleinen Rückfall in ihre alten „Hessenmädchen"-Naivetäten glaubte beikommen lassen zu dürfen ...

Una porporata! rief Ceccone mit glühenden Augen und beifallklatschend ...

Der große rothe Sammthut mit den hängenden Troddeln von gleicher Farbe stand dem schwarzen Kopfe in der That allerliebst ...

„Die Päpstin Johanna!" sagte ein Offizier, der Lucinden zu Tisch geführt hatte ... Er schien sich gut mit ihr unterhalten zu haben ... Man nannte ihn den Grafen Sarzana ... Er stand bei der Nobelgarde und war noch nicht lange von Reisen zurück ...

[114] Der Cardinal drohte ihm für sein Wort schelmisch mit dem Finger, sagte, wie zur Strafe: „Nein! Die Gräfin Sarzana!" ... Damit setzte er Lucinden den schönen Helm des Offiziers auf ...

Eine Purpurglut überfloß sie ... Ihre verunglückte Johanna d'Arc auf der Bühne stand wieder vor ihr ... Sie hatte keine Kraft, ein Wort zu sprechen, keine Kraft, den Helm wieder abzunehmen, bis es Herzog Pumpeo that ... Der Cardinal hatte den seinigen ergriffen ...

Seit dieser Zeit wurde sie mit „Gräfin Sarzana" geneckt und von niemand mehr als von Ceccone ... Der Graf, der sie nach dieser Scene anfangs auffallend gemieden hatte, fing plötzlich sogar selbst an, den Scherz wahrmachen zu wollen ... Er zeichnete sie aus ...

Lucinde wußte, daß Don Agostino ein Graf „ohne Baldachin" war, d. h. ohne Stellung zum hohen römischen Adel. Ein Marchese ist mehr als ein römischer Graf. Sie wußte, daß Graf Sarzana arm war und unter Cavalieren nach dem Schlag des alten Husarenrittmeisters von Enckefuß lebte. Galanterie und die Kunst, mit 1500 Scudi für sich und ihre Diener auszukommen,

erfüllte das Leben dieser „armen Ritter" – unter denen sich Frangipanis und Colonnas befinden ...
  Wie sich aber die Neckereien mit der „Gräfin Sarzana" mehrten, trat ihr die Vergleichung des alten Enckefuß mit diesen römischen Rittern noch in einer andern Beziehung entgegen ... Der alte Husarenrittmeister hatte Ehrgeiz, Ritterlichkeit, Treue, Aufopferung für gute Freunde, Tugenden, die die Fehler seines Leichtsinns vergessen ließen ... Seltsam aber, sagte sie sich, diese romanische Art *[115]* besitzt von alledem wenig oder gar nichts und regiert doch die Welt! ... Die anständigsten Menschen hatte Lucinde hier gewinnsüchtig und schmutzig geizig gefunden; ein gewisser Adel der Auffassungen, der ihr selbst noch in der äußersten Entartung des heimischen Junkerthums, im Kronsyndikus, bei ernsten Krisen erinnerlich war, fehlte hier ... Sie sah anständig gekleidete Männer Abends in die Kaffeehäuser zu den Gästen treten, die Achsel zucken und den Hut hinhalten – um einen Bajocco zu erhalten ... Selbst die Herzogin von Amarillas fand in solchen Vorkommnissen nichts als die allgemeine Consequenz des südlichen Lebens ... Mit dem äußern Schein der Demuth verband sich, wo Lucinde hinblickte, eine Gewöhnlichkeit der Anschauungen, die selbst ihre leichte Art zu denken und zu urtheilen noch überschritt ... Im Theater, das sie wegen Olympiens Koketterie besuchen mußte, sah sie zwanzig Tage hintereinander dieselbe Oper oder Farce ... An manchen Stellen, wo Rührung hervorgebracht werden sollte, zitterten wol die Stimmen der Sänger, der Schauspieler; die Taschentücher wurden gezogen; aber meist waren es Ausbrüche von Klagen, die ihr weit eher lächerlich vorkamen ... Anderes wieder, das selbst für sie roh und herzlos erschien, ging bejubelt oder als „großartig" vorüber ... Maßstab aller Beurtheilungen war die Klugheit oder Dummheit, die man bewiesen. Eine geschickt ausgeführte List erntete Bewunderung ... Und nicht anders im täglichen Leben. Der alte Rucca war, wie alle sagten, ein Gauner. Er stand im besten Einvernehmen mit den Cardinälen ...

Sein Sohn hatte die *[116]* Eitelkeit eines Affen. Seine Kameraden waren ebenso. Anmaßung, Unwissenheit überall ... Einige der römischen Junker trieben Politik und hielten sich zur „nationalen" Partei. Ihre Unzufriedenheit bestand darin – daß im Sanct-Peter bei großen Festlichkeiten „die Gesandten und die Fremden die Plätze erhielten, die ihnen gebührten"! ... Oder sie fanden, daß der Kirchenstaat zu sehr von Paris, Neapel und Wien beherrscht wurde; sie wollten die Herrschaft der alten Geschlechter wiederherstellen. Selten, daß sich einmal bei der Herzogin eine unterrichtete Persönlichkeit einfand. Die „Prälaten" besaßen Kenntnisse, mehr noch, angeborenen Geist; aber eine Einbildung verband sich damit, die jedes Maß überschritt. Nach ihnen war jede Wissenschaft zuerst in Italien entdeckt worden ... Wenn Cardinal Ceccone „auf sein Alter Neuerungen liebte", so bestanden diese nur in dem eifrigsten Verlangen, den Einfluß der fremden Cabinette zu beseitigen ... Seitdem hatte freilich der Staatskanzler auch ihm von dem „Salz" gesprochen, das auf das dem Erdboden gleichzumachende Mailand gesäet werden müßte ... Doch ging alles so keck, so sicher, so maßgebend her! ... Diese elende Verwaltung! ... Die Zölle befanden sich in den Händen von Pächtern, die so rücksichtslos verfuhren, daß Zahlungsunfähige wider Willen zu Flüchtlingen, Räubern und Mördern wurden ... Auf Anlaß des gestern von Hubertus niedergeschossenen Pasqualetto wußte Lucinde zwei Thatsachen. Einmal daß sämmtliche fremde Weine, die Ceccone trank und seinen Gästen vorsetzte, unversteuerte waren. Zweitens daß Graf Sarzana gesagt hatte: Diese Kugel hat den Pas-*[117]*qualetto für seinen letzten Räuberspaß zu früh gestraft! Er wollte ja von morgen an ehrlich werden! Er war nur hier, um nach Porto d'Ascoli mit einer Pension zurückzukehren! ...

Die scharfen und freisinnigen Urtheile des Grafen kamen nur in vereinzelten Augenblicken ... Sie schienen einer Stimmung des Hasses gegen den Cardinal zu entsprechen, des persönlichen Hasses; denn die sämmtlichen Sarzanas waren Creaturen des

Cardinals und ihm auf Tod und Leben verpflichtet ... Don Agostino hatte Verwandte, die nicht gerade des Abends in den Kaffeehäusern achselnzuckend bettelten, aber für jede Gefälligkeit eine Bezahlung verlangten ... Die Schwester des Grafen war eine Geliebte Ceccone's gewesen – alt geworden hütete sie seine Landökonomieen ... Ein Bruder von ihm verwaltete des Cardinals Oelmühlen – ... Als er sich zu viel Privatvortheil aus ihnen gepreßt hatte, ließ ihm der Cardinal die Wahl zwischen dem Tribunal del Governo oder der Heirath einer seiner vielen Nichten, die er nicht alle so auszeichnen und unterbringen konnte wie Olympia ... Ceccone trieb, das entdeckte ganz aus sich selbst Lucinde, die Ostentation mit dieser Nichte nur deshalb, weil so der Schein gewonnen wurde, als hätte er überhaupt nur Eine dergleichen zu versorgen! ... Der Cardinal lachte überlaut, als ihm Lucinde zwei Tage nach dem aufgesetzten Purpurhut diese Andeutung mit einem verschämten Blinzeln durch die Finger ihrer vors Gesicht gehaltenen linken Hand gab ... Ein dritter Verwandter des Grafen war durch Verheirathung mit einer andern Geliebten des Cardinals Aufseher aller Häfen geworden ... Und Don Agostino? ... Pah, dachte Lu-[118]cinde, sieht Ceccone ein, daß du nicht, wie hier Sitte ist, durch eine Verheirathung mit seinem Majorduomo oder seinem Koch zu erobern bist? ... Sollst du deßhalb, deßhalb die Gräfin Sarzana werden –? ... In diesen Grübeleien lebte sie jetzt ... Es gab Entschlüsse zu fassen fürs Leben ... Es standen Erwägungen bevor, die die außerordentlichste Anstrengung des Verstandes, der List, der Berechnung, vielleicht – des Herzens kosteten ...

Sie hatte noch keinen klaren Entschluß gefaßt – ... Aber das stand fest: Benno von Asselyn urtheilt gering über dich und seine Mutter infolge dessen lächelt und zuckt dir die Achseln! ... Das soll nicht mehr sein! Dies Lächeln der Herzogin von Amarillas soll ihr ein für allemal verdorben werden! ...

Lucinde wollte auf Villa Rucca den beiden ihr so nahe stehenden Mönchen die Theilnahme alter Freundschaft und Dankbarkeit nicht versagen, sich aber im übrigen durch sie vergewissern, ob die Herzogin jene Betrogene von Altenkirchen, jene Römerin war, von der auf Schloß Neuhof soviel Sagen gingen, die Hubertus doch wol wissen mußte ...

Einen fatalen Eindruck machte es ihr jetzt beim Anfahren, daß sie die Villa Rucca keinesweges in der Stille antraf, die sie zur Ausführung ihrer entschlossenen Absichten bedurft hätte ... Nicht nur wurden eben von einer Menge Arbeiter die Spuren des gestrigen Festes entfernt, sondern auch eine Gerichtscommission war zugegen, die die gestrigen Vorfälle aufnahm und der nun gerade ihr Erscheinen zu statten kam, um von ihr noch einige an sie gerichtete Fragen beantworten zu lassen ... Der Cardinal sogar und der alte Fürst Rucca *[119]* waren zugegen ... Sie hörte schon, daß beide am Ort des gestrigen Ueberfalls mit den Mönchen Hubertus und Vincente im Gespräch verweilten ... Ueber Sebastus erfuhr sie, daß es mit seiner Wunde nicht gut stand und die Benfratellen jeden Augenblick erwartet wurden, ihn abzuholen ...

Auch dem Cardinal und dem Fürsten war sie im höchsten Grade und als Dolmetscherin willkommen ... Beide suchten mit dem drolligen Laienbruder, dessen Aeußeres vom Dienertroß belacht wurde, eine Verständigung, die Pater Vincente nur mühsam vermittelte ... Lucinde wurde sofort gerufen, in den Garten zu kommen ...

An der Stelle des gestrigen Erlebnisses harrten ihrer die drei geistlichen Herren und der alte Rucca im lebhaftesten Gespräch ...

Hubertus grüßte sie mit aufrichtigster Freude und drückte nur mit Trauer Befürchtungen wegen seines Freundes Sebastus aus ... Seine Augen sagten: Sei dankbar! Es geschah alles um dich! Bleibe uns ein guter Engel! Entsende den Brief – wenn er noch nöthig ist – Deinen Verbindungen gegenüber! Du weißt, was wir beide seit Witoborn gemeinschaftlich zu tragen haben! ...

Lucinde beglückte und beruhigte ihn durch einen ihrer gütigsten Blicke ...

Pater Vincente und der Cardinal erhielten von ihr die Ehren, die der kirchlichen Stellung derselben gebührten ... Pater Vincente – „der Rival Ihres Bonaventura um die nächste vacante Heiligenkrone" –! wie neulich Olympia zur Herzogin gespöttelt hatte – Ceccone das Bild des Ver-*[120]*suchers, der mit einiger Reserve über alle Schätze der Erde gebietet ... Lächelnd stand er und schien Lucinden mit geheimnißvollen Zeichen begrüßen zu wollen ... Aber sie blieb voll Demuth ...

Der alte Fürst war wie ein luftschnappender Hecht, der sich nicht in seinem Elemente befindet ... Vor dem heiligen Pater Vincente mußte er Ehrfurcht bezeugen und ärgerte sich doch, daß dieser nicht geläufiger deutsch verstand ... Mit gemachtem süßsauern Lächeln verwies er Lucinden auf den von Pater Vincente vorgetragenen Stand einer Verhandlung, der zufolge sie erfuhr, daß der Räuberhauptmann Pasquale Grizzifalcone in der That nach Rom gekommen war auf Veranlassung – zunächst des Fürsten Rucca ...

Sie traute ihrem Ohre nicht ... Der Fürst versicherte jedoch ungeduldig: **Ebbêne!** und wendete sich zu Vincente mit einem drängenden **Parla dunque!** nach dem andern ...

Lucinde hörte, daß der berüchtigte Verbrecher, der schon vielfach sein Leben verwirkt hatte, hier auf dieser Villa erwartet worden war zu einem friedlichen Gespräch, das der Fürst mit ihm unter vier Augen hatte halten wollen ...

Pasqualetto, wie er im Munde des Volkes hieß, hatte die Bürgschaft der Sicherheit verlangt ... Diese hatte er erhalten auf das dem Fürsten gegebene Ehrenwort – des Cardinals ...

Dieser nickte ein Ja! und setzte sich jetzt ...

Zur Summe, die der Räuber als Bedingung seines Erscheinens verlangte, hatte dieser „dumme Kerl", wie der Fürst sagte, noch eine „buona manchia" extra *[121]* verdienen wollen; eine Summe von einer der „Prinzessinnen", die sich vielleicht im

Garten zu sicher dünkten ... Vielleicht auch – eine Geisel für seine Sicherheit zu denen, die er schon in den Schluchten der Mark Ancona besaß ... Dies setzte der Fürst mit einem seltsamen Streiflicht auf das „Ehrenwort" des Cardinals hinzu ...

Sie hätten nun gestern beinahe noch zwei solcher Geiseln gefunden, aber Pasqualetto hätte leider dran glauben müssen ... Leider! betonte der alte Fürst in allem Ernst und corrigirte sich nur pro forma: Der Bluthund! ... Dabei sah er über die Mauer, wo noch die Spuren der gestrigen Verwüstung nicht getilgt waren ...

Der Nimmersatt! ergänzte Ceccone ironisch und ließ zweifelhaft, wen er meinte ...

Lucinde orientirte sich allmählich ...

Der Fürst erging sich in der heftigsten Anklage eines Menschen, der hier den Staatsbehörden völlig in der Eigenschaft einer gleichberechtigten Macht gegenüberstand ... Dabei richtete er seine Vorwürfe geradezu wie die öffentliche Meinung gegen Hubertus ...

Dieser Arme verstand sie nicht und suchte nur mit seinen glühenden Augen, die im Knochenschädel hin- und herfunkelten, zu deuten, was seine Ohren nicht begreifen konnten ... So viel merkte er allmählich, daß er den hohen Herren wol gar keinen Gefallen mit seiner raschen Anwendung des Pistols gethan hatte ...

Der Cardinal wiegte sich im Sessel, brach über sich Lorberblätter, die er in seiner flachen Hand zerklopfte, und beobachtete nur scharf fixirend Lucinden ... Daß *[122]* diese die Mönche Hubertus und Sebastus kannte, schien ihm darum von Interesse, weil sich die kleinen pikanten Episoden der gewöhnlichen Devotion und amazonenhaften Kälte dieses fremden Mädchens immer zahlreicher einzufinden begannen ...

Durch diesen Tod, krächzte der alte Fürst offen zu Hubertus heraus, haben Sie die heilige Kirche um eine große Gelegenheit gebracht, Gerechtigkeit zu üben! ... Sie hätten sich getrost von hier sollen entführen lassen, schöne Signora! scherzte er, sich mäßigend ... Ich würde mit Vergnügen das Lösegeld gezahlt haben – Der Cardinal da hätte den Rest hinzugefügt – setzte er mit sardonischem Lächeln und seine Aufregung zügelnd hinzu ...

Senza il supplimento! ... Ohne das Agio! erwiderte der Cardinal ebenso trocken ironisch ... Er streckte seine rothen Strümpfe vor sich auf die unteren Sprossen eines Sessels aus ... Sein Bein war noch untadelhaft ... Kopfnickend bestätigte er alles Erzählte, nur mit einer gewissen ironischen Bitterkeit ...

Sie können alles wieder gut machen, fuhr der alte Fürst zu Hubertus fort, wenn Sie sich die Gnade des Pater Campistrano erwerben und wirklich diese Reise nach Porto d'Ascoli unternehmen wollen ...

Nach Porto d'Ascoli? fragte jetzt Lucinde staunend über die Anrede, die sie übersetzt hatte ...

Beim Namen des Pater Campistrano blickte Pater Vincente besonders ehrfurchtsvoll – ...

Hubertus stand unbeweglich, dem alten knorrigen Myrtenstamm nicht unähnlich, an den er sich lehnte ... Er *[123]* hatte schon vorhin von einer Reise nach der Küste gesprochen – das war richtig – er verstand nur noch zu dunkel den Zweck und sah auf Lucinden als Hülfe ...

Diese wollte sich erst vollständiger zurecht finden, wollte auch die Interessen des Cardinals erst sondiren, ehe sie vermittelnd eingriff ... Wie den Cardinal diese Klugheit entzückte, die er vollkommen übersah! ... Ceccone schien gleichgültig, spielte mit seinem Augenglase, fixirte bald Lucindens Toilette, bald das Curiosum der Gesichtszüge und Gestalt des deutsch-holländischen Laienbruders, das er belachte ...

Hubertus hatte allerlei Dinge von einem Pilger, von einem Deutschen gesprochen, die ihrerseits Lucinde nicht verstand ...

Erst allmählich lüftete sich ihr folgender, größtentheils von Pater Vincente vermittelter Zusammenhang ...

Der Räuber Pasqualetto war, wie im Musterstaat der Christenheit, im Eldorado der katholischen Sehnsucht, üblich, unter dem Versprechen der Sicherheit nach Rom entboten worden, um für eine bedeutende Summe dem Fürsten Rucca Mittheilungen über die Lage seiner Interessen an der adriatischen Küste zu machen ...

Der Gewinn, den der gefürchtete Räuber von seinen Unternehmungen zog, mußte sonst mit seinen Gefährten getheilt werden; diesmal wollte er die Frucht langer Verhandlungen, eine lebenslängliche Pension ganz für sich allein, wollte seine Wohnung inskünftige in der frommen Stadt Ascoli nehmen und sein bisheriges Leben der Nachsicht der Behörden empfehlen ... Solche letzte Friedensschlüsse der Regierungen mit den Fra Diavolos *[124]* der Landstraßen sind in Italien nichts Seltenes und für Jedermann daselbst das Erwünschtere, weil Sicherste ... Wenn auch zugestanden werden muß, daß sich Ceccone und das Tribunal gegen diese Uebereinkunft sträubten, so wußte doch Fürst Rucca seinen Wünschen Nachdruck zu geben und nicht blos im Scherz sagte er zu den höchsten Richtern: Fürchtet ihr, daß eure Namen auch auf der Liste derer stehen werden, die mir die Füllung des Schatzes des Heiligen Vaters mit der Zeit unmöglich machen? ... Besonders sah wol gar Ceccone den Enthüllungen des Pasqualetto mit unheimlicher Spannung entgegen ... Der Fürst hatte heute ganz den übeln Humor, der jeden Gastgeber am Morgen nach einem Feste, wenn es auch noch so schön ausfiel, zu erfüllen pflegt ... Er äußerte ihn in aller Offenheit mit den Worten: Ich glaube, diesen Mord des armen Pasqualetto hat jemand auf dem Gewissen, der sich fürchtete, auf zehn Jahre zurück seinen Champagner versteuern zu müssen! ...

Der Cardinal zog verächtlich die Lippen ... Lucinde sah, daß, wenn der Cardinal hier etwas fürchtete, mehr im Spiele sein mußte als sein unversteuerter Champagner ... Doch auch schon diese Beschuldigung durfte den Cardinal mit Recht reizen ... Er verwünschte alle die, die der Kirche und ihren Cardinälen Uebles nachsagten ...

Hubertus horchte nur ...

Der Räuber war, erfuhren er und Lucinde, am Tiberstrand mit einigen alten Kameraden aus San-Martino, einem bekannten Räubernest im Albanergebirg, in Berührung gekommen und hatte bloß den Spaß am *[125]* Feste seines versöhnten Feindes noch als „Zugabe zum Fleisch" ausführen wollen ... Die Verständigung zwischen dem Fürsten Rucca und Pasqualetto war auf brieflichem Wege vor sich gegangen – wenn auch mit der größten Schwierigkeit ... Der Schmuggler- und Räuberhauptmann konnte natürlich selbst weder lesen noch schreiben ... Für sein Vorhaben, die Hehler unter den Kaufleuten und die mit ihnen und den Schmugglern unter einer Decke wirkenden Zollbedienten anzugeben, mußte er sich eines verschwiegenen Beistandes, der schreiben und lesen konnte, bedienen. Für solche Fälle gibt es in Italien die Mönche, falls sie – schreiben können ... Aber selbst diesen hatte Pasqualetto nicht getraut. In Ascoli wollte er seine Tage in Ruhe beschließen; er war wol auch gerüstet, die Rache der von ihm Verrathenen zeitlebens gewärtigen zu müssen, hatte sich auch deshalb für die Schlimmsten unter den Defraudatoren die Verzeihung erbeten; aber er vertraute sich sogar den Mönchen nicht gern an. Wo fand sich auch bei ihnen der Muth, Vermittler eines so eine ganze Provinz in Furcht und Schrecken versetzenden Strafgerichts zu werden! Die Mönche mehrerer Klöster, bei denen er anklopfte, baten ihn himmelhoch, keine dergleichen Thorheit zu begehen und in solcher Form reuig werden zu wollen! Wendet Euch doch an uns und die Madonna! sagten sogar die Aebte ... In der Kathedrale von Macerata gab es ein wunderthätiges Marienbild, das alles vergab ... Kurz Pasqualetto war loyaler, als die ehrwürdigen Väter und vollends als die einsam wohnenden Landpfarrer, die sich mit einer solchen Provocation der Rache der Betheiligten am wenigsten *[126]* einlassen wollten ... Wie sehnte sich der riesige Pasqualetto, der eiserne Pfosten aus Brettern ausbrechen, nur nicht schreiben konnte, nach einem Dolmetscher seiner Wünsche! ... Kaum daß er einige Mönche so weit brachte, für die Verständigung mit dem Generalpächter der Steuern die ersten Einleitungen zu treffen ...

Hier wollte der Fürst wieder selbst erzählen ... Pater Vincente trug ihm alle diese Geschichten mit einem zu elegisch eintönigen Klange und wie von der Sündhaftigkeit dieser Welt wenig erbaut vor ...

Man hörte indessen doch aus des Priesters Munde:

Seine Hoheit waren seit lange in ihren Einnahmen nicht so verkürzt gewesen, wie in den letzten Jahren. Während die statistischen Ausweise aller Staaten eine Zunahme der Zollerträgnisse erwiesen, sanken in schreckenerregender Weise die Kirchenstaats. Ein Gewebe von Defraudationen hatte sich gebildet, das neben dem geregelten Steuerwesen des Staats und der Pächter ein zweites der Schmuggler, der treulosen Zollbedienten und Consumenten bildete. Fürst Rucca schwur, daß er im vorigen Jahr den Ausfall einer halben Million gehabt und in diesem Jahr würde das Uebel noch ärger werden. Er wollte ein Gericht mit Schrecken halten. Wozu war Ceccone's Nichte seine Schwiegertochter geworden ...

Pater Vincente sprach letzteres nicht alles ... Lucinde ahnte es ... Der Pater senkte die langen schwarzen Augenwimpern ... Wie sah er so heilig aus ... Ceccone fing an, ihn schärfer zu beobachten ... Er dachte: Fefelotti will Dich zum Cardinal machen? ... Das ist von meinem Gegner theils Koketterie mit der Mode *[127]* der Frömmigkeit, theils eine erneute Schaustellung der Lebensweise Olympiens und eine Verurtheilung meines Systems ... Die geistliche Intrigue ergreift jedes weltliche Mittel ... Ceccone versank in brütendes Nachsinnen ...

Hubertus aber und Lucinde erfuhren:

Pasqualetto wollte sich durchaus noch immer nicht nach Rom begeben, aber auch seine Liste von Kaufleuten, reichen Grundbesitzern, vielen vornehmen Männern in Rom, vorzugsweise von Zollbedienten und Helfershelfern der Schmuggler blieb ungeschrieben ... Das Geschäft rückte nicht vorwärts ... Endlich begab sich Pasqualetto mit seinen nächsten Vertrauten in die Gegend von Loretto ... Dort wollte er nächtlich einen Pfarrer überfallen und ihn mit geladener Flinte zwingen, niederzuschreiben, was ihm „unter dem Siegel der Beichte" dictirt werden würde ... Da fiel ihm vor Loretto ein Haufe Pilger in die Hände. Diese, so arm sie waren, plünderte man aus und entdeckte, daß einer derselben, der der ärmste von allen schien, nur eine Bibel (ein verbotenes und allen Steuerbeamten als zu confisciren bezeichnetes Buch) und ein Taschenschreibzeug besaß ... Diesen glücklichen Fund hielt man fest ... Ein Gefangener, der schreiben konnte! ... Ein Bettler, der sich, wenn es sein mußte, aus der Welt schaffen ließ, ohne daß viel Nachfrage danach war ... Diesen Unglücklichen schleppten die Räuber mit sich und hielten ihn seit Monden gefangen. Es war ein Greis, krank, hinfällig; er kam von den Alpen her, hatte nach dem südlichen Italien gewollt – er nun war der Vertraute einer hochwichtigen Staatsaffaire geworden ...

[128] Und hier eben war es, wo schon bei der früheren Erörterung dieser Dinge Hubertus in seiner regsten Theilnahme aufgewallt war ...

Ingleichen gab auch Vincente jetzt wie vorhin über diesen gefangenen, dem Verderben preisgegebenen Pilger Zeichen eines gesteigerten Interesses ...

Den Pilger zwangen die Räuber, Nachts über die wildesten und schroffsten Felsenwände zu klettern und mit ihnen in einsamen Höhlen zu campiren ... In einer verlassenen Zollwächterhütte am Meeresstrand fand sich nach drei Tagen das nothwendige Papier und nun begann die Correspondenz mit Rom ... Das war ein Verkehr wie zwischen zwei Cabinetten ... Grizzifalcone ging vorsichtig zu Werke ... Die Actenstücke seines Verrathes mehrten sich ... Der Pilger mußte Namen und Orte, alle Waaren, die seit Jahren nicht versteuert gewesen zu sein sich die Schmuggler entsannen, alle Hehler, auch die Schlupfwinkel niederschreiben, wo die Waaren geborgen wurden, Fischerhütten bei San-Benedetto, Leuchtthürme am Fosso Bagnolo, Felsenschluchten bei Grottamare, Zollwächterhäuser beim Hafen von Monte d'Ardizza – nichts blieb ungenannt ... Der unglückliche Pilger hatte Bogen vollgeschrieben mit Geständnissen, die dem Fürsten Rucca Gelegenheit zu einem Strafgericht geben sollten ... War nun dies Convolut mit Pasqualetto mitgekommen? ... Wo befand es sich? ... Es fehlte ...

Hier fragte Lucinde, warum sich der Fürst diese Papiere nicht schon früher hätte zuschicken lassen ...

Er erwiderte, er mistrauete der Post ...

[129] Wer kann sich auf Eure Post verlassen! sagte er bitter und zornig ...

Der Fürst, entgegnete Ceccone sich bekämpfend, wollte nur noch mehr vom Pasqualetto erfahren, als was dieser wagen würde niederschreiben zu lassen ...

Lucinde sah, daß es den alten Fürsten mächtig gereizt hatte, gerade die Würdenträger der Kirche, die festesten Säulen der Prälatur, einer Aristokratie, die noch immer in ihm den Nachkommen eines Bäckers sah, wenn nicht zu compromittiren, doch necken und in Schach halten zu können ... Er glaubte nicht, daß der Räuber schriftlich diese und ähnliche Namen angeben würde ... Deshalb wünschte er das persönliche Erscheinen ...

Vincente's Stimme erhöhte sich jetzt seltsam ... War es deshalb, weil sich die Zahl der Unglücklichen, die in den Händen der Räuber lebten, mehrte und es dem Frevel galt, daß sogar das gesalbte Haupt eines Bischofs in diese blutigen Dinge verwickelt wurde? ...

Lucinde hörte, daß Grizzifalcone endlich hatte kommen wollen ... Doch ließ er vorher noch den Bischof von Macerata verschwinden ... Vom Besuch eines Weinbergs, zwischen den Bergen dahinreitend, war der hohe Prälat nicht wieder nach Hause gekommen. Pasqualetto hatte sich seiner als einer Geisel versichert ... Im „Diario di Roma" wurde die Schuld dieses Ueberfalls allerdings nur dem Pasqualetto zugeschrieben; aber wie sehr man versicherte, daß die bewaffnete Macht ausgezogen sei, den gefangenen Prälaten zu befreien, man konnte seiner nicht habhaft werden und wollte es auch nicht – das sagte *[130]* sich Lucinde ... In der officiellen Zeitung stand nichts von diesem geheimen Zusammenhang eines so betrübenden Vorfalls mit einem großen Staatsact der dreifachen Krone ...

Nun endlich erscheint Pasqualetto. Vielleicht, um sich noch sicherer zu stellen, raubt er vom Hochzeitsfest des Fürsten Rucca noch einen der Gäste ... Da unterliegt er selbst! Alle Hoffnungen sind dahin! Die Verhandlungen eines Jahres vereitelt! ...

Der Stand der ganzen Frage beruhte jetzt auf dem Leben und der Freiheit zweier Gefangenen, von denen der eine ein hoher kirchlicher Würdenträger war, der andre die Kenntniß der Liste hatte ...

Wäre nur diese Liste gerettet! seufzte der Fürst ... Die Gerichtspersonen hatten ausgesagt, daß sich, als man die Kleider des Erschossenen untersuchte, in den Taschen Amulete, Muttergottesbilder, geweihte Schaumünzen genug vorfanden, auch sämmtliche Briefe eines Kochs des Fürsten, der die Correspondenz geführt hatte; aber weder in den Taschen, noch in der Spelunke, wo Pasqualetto abgestiegen war, noch bei gefangenen Complicen fand sich die Liste, auf die die ganze Sehnsucht des Fürsten brannte ... Nun bereuete er, den schriftlichen Verkehr durch die Post nicht vorgezogen zu haben. Nun bereuete er seine gestrige Angst, die ihn bestimmte, so eilends zu entfliehen ... Wie bitter deutete er dem Cardinal an, daß dieser die Liste wahrscheinlich gestern sogleich aus der Tasche des Ermordeten selbst zu sich gesteckt hätte ...

Es waren freilich nur Blicke und Flüsterworte, die *[131]* die in Demuth fern Stehenden nicht hörten ... Lucinde verstand sie aber ...

Der Cardinal nannte in allem Ernst den Zischelnden jetzt einen Hanswursten und verlangte von ihm – ja von Ihnen, Altezza! – den Bischof von Macerata heraus ...

Pater Vincente hatte vom Schicksal des Bischofs mit bebendem Ton gesprochen ...

Pasqualetto ist todt! rief Ceccone. Wo finden wir das gesalbte Haupt eines der frömmsten Priester der Christenheit wieder! ...

Und wo – wo find' ich – die von dem Pilger geschriebene Liste! fiel der ergrimmte Fürst ein ...

Der Koller des Zorns ergriff den kleinen Mann zum Schlagtreffen. Wenn er den fremden Franciscanerbruder nicht um seine vorschnelle Art, hier in Rom auf Spitzbuben Pistolen abzuschießen, persönlich mishandelte, wenn er sich durch die Ankunft der Donna Lucinde hindern ließ, die Worte, die er vorhin gesprochen, zu wiederholen: „Ihr hättet eine Zofe wie diese, und wäre es auch Eure spanische Herzogin selbst gewesen, zehnmal sollen zum Teufel fahren lassen –! Wo in aller Welt ergreifen hier Mönche die Waffen!" so war es, weil er wiederholt von Hubertus verlangte, daß dieser seine Uebereilung durch eine That voll Muth, Entschlossenheit und Discretion wieder gut machen sollte ...

Hubertus stand erwartungsvoll und im höchsten Grade bereit dazu ...

„Wie soll ich es?" fragte nur über die näheren Einzelheiten statt seiner Lucinde ...

[132] Sie hörte jetzt noch mehr von jenem Pilger ... Hubertus hatte erklärt, diesen Pilger zu kennen ... Unfehlbar müsse es derselbe gewesen sein, mit dem er über die Apenninen geklettert und zuerst beim Besuch der „heiligen Orte" des Sanct-Franciscus auf der Penna della Vernia zusammengetroffen war ...

Das Leben dieses Pilgers hing ohne Zweifel von einem Haar ab, falls er noch unter den Räubern geblieben war und unter den Zollbedienten die Kunde seiner Beihülfe zum Verrath sich verbreitete, die Kunde seines vielleicht abschriftlichen Besitzes der Liste ... Hubertus hatte schon so viel von diesem Pilger erzählt, daß Lucinde begreifen konnte, warum auch Pater Vincente lebhaft für ihn eingenommen schien und einmal über das andere das Schicksal des armen Gefangenen beklagte ...

Lucinde hörte das Gepolter des Fürsten ... Sie hörte, was sie übersetzen sollte ... Die Schilderung der unzugänglichen Schluchten am Meer, wo Pasqualetto zu hausen pflegte ... Die Schilderung der List und Verschlagenheit, mit der man allein sich diesen eigenthümlich organisirten Banden zu nähern vermochte ... Die Schilderung der Ehren und Auszeichnungen, die den Pilger hier in Rom erwarten sollten, wenn ihn Hubertus glücklich auffände und über die Gebirge brächte ... Sie übersetzte eine wiederholte Aufforderung des Fürsten an Hubertus ... Reiset nach der Gegend von Porto d'Ascoli! Sucht, da Ihr muthig und unerschrocken seid, das Gefängniß des Bischofs von Macerata und des Pilgers von Loretto! Alle Briefe, die Pasqualetto seit Monaten schon mit mir wechselt, sind von diesem frommen *[133]* Mann geschrieben, den die Räuber zu diesem Behuf gewiß in den unwegsamsten Höhlen verborgen halten ...

Ceccone ergänzte:

Der Bischof von Macerata ist ein Greis – ...

Der Bischof von Macerata ist ein Greis, sagen Seine Eminenz – fuhr Lucinde fort ... Aber mit allen Fähigkeiten der Jugend ausgestattet, setzen Seine Hoheit, den Pilger meinend, hinzu ... Seine Briefe – der Cardinal meinen die Klagen des armen Bischofs – sind gewandt und in jeder Beziehung vollkommen, meinen Seine Hoheit – Beide sprechen zu Euch: Kann eine fromme Seele dulden, daß die Mittel, die den Stellvertreter Christi auf Erden in seiner nothwendigen Würde erhalten sollen, durch Schurken, ungetreue Haushalter, Judasse verkürzt werden? ... O hätt' ich das Verzeichniß, spricht der Fürst, das dieser Mann unter den Flinten der Räuber schreiben mußte! Oder könnte den Pilger, wenn Ihr ihn findet, Eure Entschlossenheit überreden, Euch die vorzüglichsten Namen zu nennen, die auf diesem Papier zur Schande der Christenheit glänzten! Die Namen von Herzögen und Excellenzen behält man doch wol –! ... Ich will ihm hier in Rom die glänzendste Wohnung einrichten, will ihn schadlos für alles halten, was er erduldete! ... Suchtet Ihr den Pilger und – den Bischof, sagen der Cardinal, so würdet Ihr eine Krone mehr im Himmel gewinnen! Ich fahre sofort, sagen Seine Hoheit, nach Santa-Maria und werfe mich dem Pater Campistrano zu Füßen, um Eure Verzeihung, Eure Freiheit zu gewinnen, damit Ihr einen Zweck voll-*[134]*führt, der Euch in jeder Beziehung den Dank der Christenheit erwerben wird! ...

Hubertus übersah jetzt in voller Klarheit das an ihn gestellte schwierige, lebensgefährliche Begehren ...

Aber seine Bereitwilligkeit, einer so ehrenvollen, wenn auch den Tod – und nicht allein von Räuberhand – drohenden Aufgabe sich zu unterziehen, gab sich mit der ihm eigenen Liebe zu Abenteuern um so mehr kund, als ihm die Ueberzeugung innewohnte von einer Identität des Pilgers mit jenem Deutschen, den er trotz seiner Ketzerei auf der Reise nach Rom liebgewonnen ... Zuletzt konnte er hoffen, durch solche Dienste, die er dem Heiligen Vater leistete, auch für seine Wünsche über die Person Wenzel's von Terschka ins Reine zu kommen ... Hatte er bei seinem General die Freiheit gewonnen, so wollte er unerschrocken seine desfallsigen Wünsche vortragen, ehe er die Reise antrat ... Das Vertrauen, heil und gesund nach Rom zurückzukehren, besaß er vollauf ...

Jetzt ergänzte mit verklärten Augen Pater Vincente seine Mittheilungen ... Alles, was Hubertus erzählt und Lucinde übersetzt hatte, traf auf die Erinnerungen zu, die Pater Vincente vom Bruder Federigo zu Castellungo hatte ... Auch Lucinde kannte ja diesen Deutschen, bei dem Porzia Biancchi sich die Fähigkeit erworben, sich als Müllerin Hedemann in Witoborn mit ihren deutschen Mägden verständlich zu machen ... Endlich sprach sogar zu ihrem höchsten Erstaunen der Cardinal:

Gelobt sei unsere gute Mutter Kirche! Diesem Pasqualetto verdanken wir, wie es scheint, mehr als einen *[135]* großen Gewinn! Nicht daß ich Hoffnung habe, Eure Hoheit in den Stand gesetzt zu sehen, Ihre Klagen über die Diener der Gerechtigkeit und unsere Subalternen bestätigt zu erhalten – ich würde nur auf die Aussagen eines Räubers am Fuß des Schaffots, nicht auf die Lügen eines Bösewichts etwas geben, der sich mit lächerlichen Hoffnungen schmeichelte, ja noch als Bürgermeister von Ascoli ein Leben der Achtung führen zu können wähnte –; aber darin hat er uns einen großen Gewinn verschafft, daß er den edeln Söhnen des heiligen Dominicus Gelegenheit gibt, die Milde zu beweisen, die sie gegen Ketzer schon zu lange ausüben! ... Signora, Sie fragten mich vor kurzem nach den Streitigkeiten des Bischofs von Robillante? ... Hören Sie, was eintreffen muß! ... Wenn der apostolische Eifer des Herrn von Asselyn sein neues Vaterland beschuldigt, daß Ungläubige hier spurlos in den Kerkern der Inquisition verschwinden können – so erleben wir die glänzendste Genugthuung! Frommer Bruder, rettet den Bischof von Macerata! Wagt Euch in die Klüfte, wo diese Räuber hausen! Rettet aber auch diesen Pilger! Gebt den Beweis, daß dieser Flüchtling, den von uns die sardinische Regierung reclamirt, den die Gesandtschaften Englands, Schwedens, der Niederlande, Preußens in den Händen der Dominicaner vermuthen, in keinem heiligen Inquisitionsofficium, weder sonstwo, noch hier in Rom, festgehalten wird! Er ist gefangen! Ja! Aber von Räubern! Er muß, auf den Tod bedroht, diesen die Beförderung der öffentlichen Wohlfahrt erleichtern, wodurch ihm Verzeihung werden könnte für die viele Mühe und Sorge, die uns bereits *[136]* die Nachfragen nach dem Verschollenen nicht blos von Castellungo und Robillante aus, sondern von Turin, London, Berlin und Wien gemacht haben! Fefelotti wird mir, so wenig er es sonst um mich verdient hat, dankbar sein, wenn ich ihm den Beweis an die Hand liefere, daß nichts mehr im Wege steht, sich mit seinem feuerköpfigen Nachbar zu versöhnen! Guter Bruder! Ihr seid von einem Blut, das Euch zu leicht in Euern schönen Kopf steigt! Wandert getrost, wandert immerhin! Leiht dem Vorschlag eines Eurer drolligen Ohren! Laßt für Euch in Santa-Maria Seine Hoheit jenen Fußfall thun! Euch wird es Segen bringen und einem so vornehmen Mann, wie ihm, nichts schaden! ...

Ceccone hatte sich lächelnd erhoben und schüttelte Hubertus, dessen Augen vom Feuer seines Unternehmungseifers blitzten, die Hand ... Dieser küßte die seinige voll Demuth ... Pater Vincente stand aufhorchend und feierlich ... Lucinde staunte des Zusammenhangs aller dieser seltsamen Unternehmungen ... Nur der alte Rucca zweifelte – Ceccone schien ihm auf alle Fälle eine doppelte, ihm wahrscheinlich nur feindliche Rolle zu spielen ...

In diesem Augenblick hörte man in der Ferne das Läuten einer kleinen Handglocke ...

Das Glöcklein der Benfratellen! sagte der Cardinal. Sie kommen mit der Tragbahre, den zweiten unsrer tapfern deutschen Lanzknechte des Heilands abzuholen! ... Frater Hubertus, gebt ihm vorläufig das Geleite; grüßt Euern Guardian in San-Pietro und dann – ans Werk! Ihr seid, bei Sanct-Peter, der rechte Mann für diese Aufgabe, die ich Niemand in Rom so gut wie Euch anzu-*[137]*vertrauen wüßte ... Ihr aber, Pater Vincente, wandte sich Ceccone ehrerbietig zu diesem; – die junge Fürstin Rucca hatte gestern das dringendste Verlangen nach Euerm Segen ... Ich hoffe, Euer Kloster wird mit dem Thier nicht unzufrieden sein, das, statt Eines Sackes, Euch jetzt zwei zu tragen draußen empfangen soll! ... Die Zeiten müssen wiederkehren, wo unsere rothen Hüte auf die Stirn von Priestern gedrückt werden, die dem Volk das Schauspiel der Demuth geben ... Laßt mir die Ehre, den rothen Zaum von einem meiner Rosse zu nehmen und den Esel zu schmücken, den Eure Hand durch die Straßen Roms führen wird! ...

Dies war keine jener südländischen Artigkeiten, nach denen der Spanier sein eigenes Haus demjenigen anbietet, der dessen Lage reizend findet; es versteht sich von selbst, daß das Anerbieten abgelehnt wird ... Bei Pater Vincente lag in der That eine

Bezüglichkeit des Ernstes nahe. Er durfte voll Erröthen und mit Nachdruck die angebotene Auszeichnung ablehnen ...

Grüßen Sie die junge Fürstin, sprach er leise zum Cardinal, und sagen Sie ihr, daß ich oft für das Heil ihres neuen Bundes beten werde ...

Er faltete die Hände ... Das Glöcklein der Benfratellen erklang düster und traurig ... Vincente's Auge erhob sich, wie von einem sanften Liebesstrahl entzündet ... Die beiden so weltlichgesinnten Männer mußten erleben, daß Pater Vincente sie zum Beten zwang ... Ecce, Domine, sprach er mit dem Psalmisten in einer eigenthümlich erhöhten Stimmung, tu cognovisti omnia, novissima et antiqua! Quo ibo a Spiritu tuo? Et quo *[138]* a facie tua fugiam? Si ascendero in coelum, tu illic es! Si descendero in infernum, ades! Vide, si via iniquitatis in me est et deduc me in viam aeternam! Amen! ...

Es war ein Gebet wie die Sühne für die sündhafte Weltlichkeit aller dieser Verhandlungen ...

Vincente's Augen blieben gehoben wie mit der Bitte, ein Strafgericht des Himmels abzuwenden ... Der Geist Bartolomeo's von Saluzzo, der Geist des Philippo Neri schien über ihn gekommen ... Sein schöner, weicher Mund betonte scharf die Worte: „Via iniquitatis!" ... Er richtete damit die Falschheit und Unreinheit dieser Welt und schüttelte fast den Staub von seinen Füßen, als er dann Hubertus' Hand ergriff und ihn fast fortführte, als würde ihm eine Seele abwendig gemacht, die ihm anvertraut war ...

Bei alledem blieb es entschieden, daß der Fürst zum General der Franciscaner fuhr und diesen unternehmenden Mönch sich auserbat, der den Grizzifalcone getödtet hatte und nichtsdestoweniger den Muth besaß, noch den Bischof von Macerata und den Pilger von Loretto retten zu wollen ... In dem Muth, der zu einer solchen Unternehmung gehörte, lag allein schon die Bürgschaft des Erfolgs ... Dem Italiener imponirt jede Kühnheit ... Bald mußten über den „Bruder Todtenkopf in der braunen Kutte" Sagen hinausgehen – märchenhaft und wie ein entwaffnender Schrecken ...

Ceccone starrte mehr noch dem Pater Vincente ... Ist das Papst Sixtus V., der sich als Cardinal solange unbedeutend stellte, bis er als Papst die Maske *[139]* abwarf? dachte er ... Nun sah er sogar den alten Heuchler, den Fürsten Rucca, beim Abschied an der Villa den Strick des Paters ergreifen, diesen küssen, dann sogar niederknieen, Hubertus und Lucinden gleichfalls, alle um den Segen des begeisterten Sprechers zu empfangen ...

Diesen Segen ertheilte Pater Vincente mit dem verzückten Liebesblick des Sanct-Franciscus ...

Die Jesuiten haben ihren Popanz für den Stuhl der Apostel gefunden! sagte sich Ceccone ... Er blickte staunend den beiden Mönchen nach, die sich jetzt empfahlen, begleitet von dem alten, gleich einem Aal sich bis in die Villa windenden Fürsten Rucca ...

Das Glöcklein der Benfratellen tönte draußen fort und fort ...

Miracolo! rief Ceccone Lucinden zu und pries galant die Dienste, die sie geleistet ...

Lucinde stand gedankenverloren ... Sie sah nun die Gefahren, die den Bischof von Castellungo umgaben ...

Der Cardinal konnte jetzt sich nicht weiter aussprechen ... Die „Caudatarien", die ihn an eine Sitzung im Vatican und die Anwesenheit seines Secretärs zu erinnern hatten, standen harrend in der Nähe ...

Ceccone plauderte, wie gleichgültig, von der heutigen Speisestunde im Palazzo Rucca und seufzte über seine Sorgen ... Eine „Hochzeitsreise" hatte Olympia abgelehnt. Sie feierte ihren „Lendemain" nach italischer Sitte ... Vor hunderttausend Zeugen ... Heute Abend sollten zwei Musikchöre die halbe Nacht hindurch am „Pasquino" *[140]* spielen ... Große Feuerbecken beleuchteten dann den Platz ... Fässer, mit Reisholz gefüllt, Pechkränze wurden abgebrannt ... Der Volksjubel sollte nicht enden ...

Der Fürst war in der That schon nach Santa-Maria zum General der Franciscaner gefahren ...

Die Benfratellen befanden sich im Nebenbau, um den Pater Sebastus zu holen ...

Pater Vincente leitete das bequemere Heraustragen ...

Hubertus suchte noch einen Moment Lucinden beizukommen, der sich eben Bischof Camuzzi genähert hatte ...

Lucinde verbeugte sich ausweichend dem Priester, der sie gestern eine „Creolin" genannt, und versicherte Hubertus, soweit es in der Eile ging, daß er sich aus seiner Haft als entlassen betrachten dürfte. Den Brief an Bonaventura gab sie darum nicht zurück ... Eine Gelegenheit, sich dem Bischof in Erinnerung zu bringen, behielt sie fest ... Und konnte sie ihm doch auch jetzt Aufklärungen und Warnungen über den Bruder Federigo schreiben ... Sie forderte Hubertus auf, sie erst noch im Palazzo Rucca zu besuchen, wenn er wirklich den Bischof von Macerata und den Pilger entdecken und befreien gehen wollte ... Ihr unternehmt das Kühnste und doch thut ihr, als rieth ich in Witoborn gut, als ich damals sagte: Flieht in einen hohlen Baumstamm? fragte sie lächelnd ...

Hubertus, der unruhige Waldbruder, hätte die endlich errungene Freiheit des Wanderns und des Lebens wieder in freier Luft laut ausjubeln mögen ... Ohne die *[141]* mindeste Furcht bejahte er und zeigte nur traurig auf den verdeckten Tragkorb, den eben die schwarzen Söhne des heiligen „Johannes von Gott" aus dem Hause brachten ...

Lucinde zuckte bedauerlich die Achseln und neigte sich auch diesen Mönchen ...

Der Cardinal sprengte in seinem Wagen mit den weißen, purpurgeschirrten Rossen zur Porta Laterana hin ... Die „Caudatarien" fuhren in einem zweiten Wagen ... In einem dritten mußte Monsignore Camuzzi, Bischof in partibus, der erste Secretär des Cardinals, folgen ...

Lucinde wartete, bis das Glöcklein der Benfratellen verklungen war ... Hinter dem verdeckten Korbe, der ebenso eilends dahingetragen wurde, wie Klingsohr in letzter Nacht die Leiche hatte tragen sehen, trottete der vorher erwähnte, von Ceccone's Majorduomo besorgte Esel mit den zwei mächtig gefüllten Säcken ... Pater Vincente schritt mit demüthig gesenktem Haupt und hielt den Esel an einem einfachen Zügel ... Hubertus hatte einen Jasminblüthenzweig am Portal der Villa gebrochen und wehrte damit, gedankenvoll in sich selbst verloren, dem Thier die Fliegen ab ...

Nun setzte Lucinde sich in ihren Wagen und fuhr mit blitzschneller Eile an dem unheimlichen Tragkorb und dem Esel vorüber ...

Unter dem weißen ausgespannten Leintuch des Korbes lag Klingsohr –! ...

Sie schauderte – als sie im Vorüberfahren wie auf ein Leichentuch blinzelte ...

[142] Der Wagen fuhr am Coliseum vorüber, durch den Bogen des Titus, die Basilika entlang ... Der Kutscher ließ das Capitol links und lenkte zur Säule des Trajan ...

Lucinde lebte innenwärts ... Sie merkte nicht, daß sie schon an Piazza Sciarra, dicht in der Nähe des „Schatzes der guten Werke" war ...

Hier hielt der Wagen ...

Der Kutscher blickte sich fragend um, ob sie nicht zur Herzogin von Amarillas wollte, die hier wohnte ...

Sie winkte: Weiter! Weiter! ...

Sie mußte zu Olympien ...

Die höchste Zeit war es, diese nach ihrer Brautnacht zu begrüßen ...

Sie durfte nicht fehlen zur Chocolade, die heute das junge Paar allen Gästen, die ihre Aufwartung machten und die Neuverbundenen mit lächelnder Zweideutigkeit nach ihrem Befinden fragten, in goldenen und silbernen Tassen mit eigner Hand zu credenzen hatte.

5.

In dieser „Stadt der Wunder" bewohnte die Herzogin von Amarillas einen dem Cardinal gehörenden, äußerlich dunkeln und ganz unansehnlichen Palast in einer der den Corso durchschneidenden Straßen zwischen Piazza Sciarra und der Gegend um Fontana Trevi ...

Mit seiner verschwärzten Außenseite stand aber das heitere und bequeme Innere in Widerspruch ...

War der Thorweg geöffnet, so sah man wol erst einen kleinen düstern Hof, umgeben von einem hier und da von Marmorkaryatiden geschmückten viereckten Arcadengang von Travertingestein, sah in der Mitte ein kleines blumengeschmücktes Bassin, das ein wasserspritzender Triton aus Bronze dürftig belebte, sah Remise und Stallung kaum von den Arcaden bedeckt; aber die hinteren Fenster des einen Flügels gingen in einen hier ungeahnten kleinen Hausgarten von Rosen, Myrten und Orangen hinaus. Sie hatten ein volles, schönes Licht und gewährten im geräuschvollsten Theil der Stadt ein friedlich beschauliches Daheim. Zudem war in der Einrichtung dieser hohen und geräumigen Zimmer nichts *[144]* gespart. Es war eine Wohnung, die verlassen zu müssen Schmerz verursachen durfte ...

Und doch konnte die Herzogin dies Ende voraussehen ... Der Cardinal behauptete seit einiger Zeit, ihre Augen nicht mehr ertragen zu können. Was Olympia von ihm gesagt, das sagte er von der Herzogin ... Ihre Augen hätten für ihn die Wirkung des „Malocchio" ... Der Italiener hat vor dem „bösen Blick" eine selbst von Aufgeklärten nicht überwundene Furcht ...

Diese üble Wirkung ihrer Augen, von der sie hörte, erläuterte die Herzogin nur aus Ceccone's Gewissen. Wol müssen meine Augen einen giftigen Eindruck auf ihn machen, sagte sie ihrem alten Diener Marco, der schon früher im Unglück bei ihr gewesen und nur des Alters wegen nicht damals mit nach Wien gefolgt war ... Meine Augen nennen ihn undankbar ...

Keineswegs wollte die Herzogin sagen, daß der „böse Blick" eine Fabel ist. Als echte Italienerin glaubte auch sie an Menschen, die „Jettatore" heißen. Diese können Krankheit und Tod „anblicken" ... Sie hatte ihre alte Freundin und Gesellschafterin Marietta Zurboni schon lange begraben, aber die Fabel- und Traumbücher derselben waren ihr und dem alten Marco geblieben ... Konnte sie doch zittern vor Angst, als eines Tages Olympia, die ebenso dachte wie sie, sagte: „Seh' ich im Leben diesen Signore d'Asselyno wieder und er verräth, daß ich Wahnwitzige ihm in zwei Tagen meine ganze Seele zum Geschenk gegeben, so laß' ich die Erde aus der Stelle ausschneiden, die sein Fuß berührte, und hänge sie – in den Schornstein! ..." Um Jesu willen! hatte *[145]* die Herzogin erwidert, du wirst solche Sünden unterlassen! ... Sie wußte, daß ein solcher Zauber einen Abwesenden langsam zum Tod dahinsiechen läßt ...

Olympia war nach dem ersten Rausch der Flitterwochen und den vorauszusehenden Zankscenen mit ihren Schwiegerältern ins Sabinergebirg gezogen ... Dort und im Albanergebirg besaßen die Ruccas und Ceccone prächtige Villen ... Der welt- und menschenkluge Cardinal hatte zur Zähmung des wilden Charakters der jungen Fürstin angerathen, sie zu beschäftigen ... Er hatte (schon von der ihm immer vertrauter werdenden Lucinde) einige anonyme Briefe an sie schreiben lassen, in denen von Unterschleifen in der Verwaltung dieser Güter die Rede war ... Das wurde dann ein Feld für die erste unruhige Thatenlust der jungen Ehefrau ... Einige Wochen hindurch, vielleicht einige Monate konnte man Hoffnung hegen, daß sie sich auf diese Art in ihrer neuen Stellung als Fürstin und Gattin gefallen würde ... Bis dahin hatte sie ohne Zweifel mit den Aeltern vollständig gebrochen, hatte das Personal in der Rucca'schen Verwaltung umgewandelt, hatte soviel Scenen des Zanks, soviel angedrohte Dolchstöße, auch Fußfälle und Handküsse erlebt, daß sie vollauf damit beschäftigt war ... Lucinde und der Cardinal stimmten ganz in dem Serlo'schen Wort überein: „Die Seele des Menschen will gefüttert werden, wie der Magen" ...

Die Herzogin erzürnte den Cardinal immer mehr durch ihre Festigkeit, Lucinden als Mitbewohnerin ihrer Behausung abzulehnen ... Lucindens neuliches Wort von ihrem „Briefwechsel mit Benno" war beim Begeg-*[146]*nen nicht wiederholt worden ... Der Schrecken über den gleichzeitigen Ueberfall durch die Räuber konnte ein Misverständniß veranlaßt haben ... Das sagte sie sich zu ihrer Beruhigung ... Die „Abenteurerin", wie sie in der That Benno mehrmals genannt hatte, wurde auch auf Villa Torresani, einem Erbgut der alten Fürstin Rucca, wo die junge Fürstin wohnte, abgelehnt ... Lucinde wohnte mit der alten Fürstin beim Wasserfall von Tivoli, in einer andern Rucca'schen Villa, Villa Tibur ... Niemand kam nun noch zur Herzogin, da der Cardinal nicht kam ... Seltener und seltener kam sie auch selbst aus ihrem Palast heraus, in dem es gespenstisch öde und einsam wurde ... Wie mußte sie bereuen, ein Wesen von so gefährlicher Schmiegsamkeit in die Kreise ihres bisherigen Einflusses gezogen zu haben! ... Lucinde wurde immer mehr die Seele in dem alten und dem jungen Rucca'schen Kreise ... Und wenn sie sich geirrt hätte! Wenn Lucinde wirklich von einem Briefwechsel zwischen ihr und Benno gesprochen! ... Dann fehlte nur noch das eine Wort: Benno von Asselyn ist ja dein Sohn! und ihre Niederlage war entschieden ... Olympia würde, erfuhr sie das von Lucinden, gesagt haben: Nun versteh' ich alles! Du, du warst es, die den Angebeteten von mir entfernt gehalten hat ...

Daß den Cardinal, von dem sich die junge Fürstin nicht minder wie von ihr zu befreien suchte, eine Leidenschaft für die fremde Abenteurerin ergriffen hatte, wurde immer mehr ein öffentliches Geheimniß ... Und bei alledem konnte niemand die Huldigung des Grafen Sarzana begreifen ... Hätte es sich um eine Scheinehe gehandelt, die die Schulden eines leichtsinnigen

Ca-*[147]*valiers decken sollte, so würde man in Rom, in der Stadt der Heiligung des Priestercölibats, dies Benehmen Don Agostino's begriffen haben; denn diese Arrangements kamen hier zu oft vor, um aufzufallen – wenn auch die Contracte nicht in die Archive der Curie niedergelegt wurden ... Don Agostino war aber keiner der Leichtsinnigsten unter den „Achtzig" ... Da er Kenntnisse besaß und sie zu vermehren liebte, galt er seinen Kameraden für einen Pedanten ... Die Wartung seiner Uniform, seines Pferdes, noch mehr seiner kleinen Häuslichkeit war bis in die minutiösesten Dinge sauber und zierlich ... Seine Familie war verwildert, das wußten alle, die Umstände hatten die Creaturen geistlicher Würdenträger aus ihr gemacht, deren Unregelmäßigkeiten sie decken mußte ... Graf Sarzana würde die Hand keiner Dame auch nur zweiten oder dritten Ranges in Rom haben ansprechen können ... Aber eine Geliebte des Cardinals zu nehmen zwang ihn nichts ... Noch weniger begriff man seine Leidenschaft, wenn sie eine aufrichtige war. Lucinde konnte die Capricen des ermüdeten Alters reizen, sie konnte die Vorstellung einer Vernunftehe durch eine darum noch nicht ausgeschlossene Möglichkeit jugendlicher Reminiscenzen mildern; was war sie aber einem jungen, noch in Lebensfrische befindlichen Krieger? ... Sie besaß freilich Geist, Belesenheit, Koketterie ... Fesselte ihn das? ... Seine Kameraden pflegten ihn mit seinem Einsiedlerleben, das der Lectüre gewidmet war, zu necken und sein wärmster Freund sogar, der Herzog von Pumpeo, hatte ihm den Beinamen des „Küsters vom Regiment" gegeben ...

[148] Bei alledem ließ es sich immer mehr dazu an, daß die Herzogin den Palast würde zu verlassen und – dem jungen Ehepaar Sarzana einzuräumen haben ...

Ihrem Julio Cäsare schrieb die Mutter von allen diesen ihren Leiden und Befürchtungen nichts – nichts von den Gefahren, die ihr durch Lucinden drohten ... Einestheils wollte sie Benno's bei solcher Mittheilung leicht vorauszusehende Absicht ihr zu helfen nicht früher hervorrufen, als nöthig war; anderntheils vermochte es ihr Stolz nicht, Befürchtungen auszusprechen, die sie mit dem größten Zorn erfüllten, so oft sie nur an sie dachte ... Benno hatte ihr die Versicherung gegeben, daß der einzige Vertraute ihres Briefwechsels nur Bonaventura war ...

Die Herzogin lag eines Morgens noch in ihren Hauskleidern auf einer Ottomane und blätterte in den französischen Zeitungen, die in Rom verboten sind, vom Cardinal aber gehalten und nach alter Gewohnheit, wenn sie benutzt waren, noch an sie abgeliefert wurden ...

Sie las um so lieber in ihnen, als die einheimischen Blätter fast von nichts als von Festen und großen Ceremonieen berichteten, zu denen sie nicht mehr geladen wurde ... Auch bei einem großen Ereigniß, das vier Wochen nach Olympiens Hochzeit statthatte, bei der wirklich erfolgten Einkleidung des Paters Vincente – zum Cardinal hatte sie gefehlt ... Sie hatte gefehlt bei einem Fest, das wiederum Rom in Bewegung setzte ... Bei einem Fest, wo Olympia und Lucinde die üblichen Honneurs des ersten Cardinalempfanges machten ... Bei einem Feste, das eine Woche dauerte und alle *[149]* Zeitungen erfüllte ... Der neue Cardinal Vincente Ambrosi fand sich voll Demuth, aber ganz gewandt in seine neue Würde ...

Unmuthig warf die Herzogin die einheimischen Blätter fort; wieder auch war im Gebirg eine große Kirchenfestlichkeit gewesen, bei der die junge Fürstin Rucca als erster Stern am Himmel der Gnade und Wohlthätigkeit geglänzt haben sollte ...

Schon ergriff sie die Feder und wollte dem Cardinal schreiben, sie bedürfte Unterhaltung ... Sie bäte, wollte sie sich in ihrer Bitterkeit ausdrücken, um einige Einlaßkarten für den Tag, wo die Räuber guillotinirt werden würden, deren man als Complicen Grizzifalcone's allmählich viele aufgegriffen hatte – Die Mission des Bruders Hubertus war ihr durch die vorläufig erfolgte Befreiung des Bischofs von Macerata bekannt geworden ... Sie wollte ihrem Schreiben hinzufügen, der Cardinal vergäße seine Weine, die in ihrem Keller lagerten; es waren unversteuerte ... Sie grübelte Ceccone's Intriguen nach ... Benno's letzter Brief lag vor ihr, in dem dieser auf Anlaß des von Lucinden an Bonaventura eingesandten Briefs der beiden deutschen Flüchtlinge und eines inhaltreichen Couverts, das sie hinzugefügt, geschrieben: „O fände sich doch dieser Wanderer nach Loretto! Wäre es der, den mein Freund seit fast dreiviertel Jahren sucht! Er wird es nicht sein ... Die Dominicaner haben ihre anderen Gefangenen herausgeben müssen – diesen schickten sie nach Rom, wo ihre Gefängnisse unzugänglicher sind, als hier ... Ceccone verweigerte bis-*[150]*jetzt die Genehmigung, die Kerker des heiligen Officiums untersuchen und den Dominicanern einen Beweis von Mistrauen geben zu lassen ... Fra Federigo schmachtet in ihren Händen wie Galiläi, Bruno, Pignata und so viele andere Opfer der Unduldsamkeit!" ... Daß schreckenvolle Dinge in Rom möglich waren, wußte die Herzogin ... Sie wußte, daß Ceccone mit dem Meisten, was er that, eine andere Absicht verband, als die man voraussetzte ... Zwischen dem alten Rucca und dem Cardinal war es zu einer andauernden Spannung gekommen, seitdem Hubertus zwar durch eine List den Bischof ans Tageslicht gebracht hatte, aber von einer Entdeckung des Pilgers nichts hören und sehen ließ, ja seit einiger Zeit von sich selbst nichts mehr ... Schon war das Gerücht verbreitet, daß die Carabinieri der Grenzwache vorgezogen hätten, statt den römischen Abgesandten in seinen Bemühungen zu unterstützen, ihn – todt zu schlagen ...

Sie sah überall Gewalt und Intrigue ... Sie kannte Ceccone's Ansichten über die Zeit und die Menschen ... Menschenleben kümmerte ihn wenig, wo durchgreifende Zwecke auf dem Spiele standen ... Durch einen der Verwandten Sarzana's, eine der von ihm beförderten Creaturen, hatte Ceccone alle Häfen auch der Nordküste in seiner Obhut ... Wer konnte wissen, was aus dem Rucca'schen Sendboten geworden war ... Jenseits der Apenninen, am Fuß des Monte Sasso, an der Grenze der Abruzzen war jede Controle abgeschnitten ... Dorthin hatten sich in der That die letzten Wege des kühnen deutschen Mönches spurlos verloren ...

[151] Die Zeitungen waren „mit ihren Lügen", wie die Herzogin vor sich hin sprach, durchflogen ... Es war gegen Mittag ... Sie konnte an den Besuch einer Messe denken ...

Da bemerkte sie, daß im Hause laut gesprochen wurde ...

Sie wollte klingeln ... Marco war beim Pantheon auf den Gemüse- und Fleischmarkt, um ein Mittagsessen einzukaufen; die Dienerinnen waren an der Arbeit ...

Schon hörte sie Schritte ... Schon unterschied sie die Stimme Olympiens ... Dann war wieder alles still ...

Die Herzogin glaubte sich getäuscht zu haben ... Schon öfter war ihr geschehen, daß ihre aufgeregte Phantasie Menschen nicht nur hörte, sondern deutlich vor sich sah, Menschen, die mit ihr sprachen ... Sie brauchte nur ihren geheimen Schrank aufzuschließen, brauchte nur Angiolinens blutiges Haar aus einem großen Pastell-Medaillon des Herzogs von Amarillas zu nehmen, dies Haar nur eine Weile vor sich hinzulegen – und sie sah Angiolinen sich langsam an ihren Tisch begeben und hörte sie laut mit ihr sprechen. Benno trat in dieser Art jeden Abend in ihr Zimmer ... Sie hatte nach ihm die Sehnsucht einer Braut – eine Sehnsucht voll Eifersucht ... Aber kein Madonnenbild mehr konnte sie sehen in dieser madonnenreichen Stadt, ohne voll Zärtlichkeit an Armgart von Hülleshoven zu denken, die ihr Lucinde als ihres Cesare Ideal bezeichnet hatte ...

Die Stimmen kamen wieder näher ... Diesmal rief wirklich Olympia:

[152] Da nicht! Nein, nein! ... Dort geht der Kamin entlang! ... Die Hitze ist für ein Bett unerträglich ...

Was will – die Mörderin meiner Tochter? fuhr die Herzogin auf ... Weiß sie wirklich noch, wo ich wohne? ... Will sie wol wieder zu mir ziehen oder was soll – das Bett – von dem sie spricht? ...

Man rückte nebenan die Möbel ... An einer andern Stelle des Hauses hörte man ein so starkes Hämmern, als sollten Mauern eingeschlagen werden ...

Indem öffnete sich die Thür und aus dem Empfangssalon trat die kleine Fürstin, in glänzend outrirter Toilette; Lucinde, nicht minder gewählt gekleidet; die Schwiegermutter, eine noch immer anziehende, jedenfalls gefallsüchtige Frau; Herzog Pumpeo, der für ihren Liebhaber galt; hinter ihnen zwei junge elegante, wohlfrisirte Prälaten; zuletzt auch Graf Sarzana ...

Alle schienen überrascht zu sein, die Herzogin zu finden ... Sie wollten sogleich, Olympia ausgenommen, wieder zurück ... Sie hatten die Herzogin nicht anwesend vermuthet oder thaten wenigstens so ... Olympia hielt sie jedoch fest, schritt weiter, achtete nicht im mindesten auf die am Tisch beim Sopha erstaunt Verharrende, sondern rief, das Zimmer durchschreitend:

Hierher würd' ich rathen, von jetzt an das Eßzimmer zu verlegen ... Oeffnen wir diesen Balcon, so hat man das beste, was dieser alberne Garten bieten kann, etwas Kühle ... Chrysostomo! Wir nehmen hier ein Frühstück! Setzen Sie sich, Lucinde! ... Graf, Sie werden hungrig sein! Kommen Sie doch! Wir sind ja, denk' ich, bei uns! ...

[153] Mit Widerstreben und in offenbar ungekünstelter Verlegenheit war Graf Sarzana gefolgt, hatte sich stumm der Herzogin, die hier nicht mehr wohnhaft geglaubt wurde, verbeugt und trat in das Balconzimmer zu den übrigen, die unterdrückt kicherten – Lucinde ausgenommen, die von einem der Prälaten geführt wurde und scheu zur Erde blickte ...

Die junge Fürstin, die kaum bis zum Thürdrücker, einem schönen bronzenen Greifen-Flügel, reichte, warf zornig die Thür zu ...

Im ersten Augenblick hätte die Herzogin ihr nachspringen und sie zerreißen können ... Viper, Schlange, Basilisk! zitterte es auf ihren Lippen ... Die Worte erstickten ... Sie hatte in diesem Augenblick keine andere Waffe, als ein lautes, gellendes

Lachen ... Hahahaha! schallte es nebenan zur Antwort ... Olympia erwiderte in gleichem Tone ...

Dabei klirrten Gläser, Messer, Gabeln ... Olympia hatte hieher ein Frühstück beordert ... Der Mohr Chrysostomo wollte ihr durch eine andre Thür folgen ... Schon trug er ein Plateau voll Gläser und silberner Gefäße ... Die Herzogin ergriff wenigstens diesen und warf ihn zur Thür hinaus ... Dann schloß sie sämmtliche Thüren so hastig, als fürchtete sie, ermordet zu werden ...

Nebenan lachte und sprach Olympia mit gellender Stimme fast immer allein ... Sie that wie jemand, der hier noch zu Hause war ... Demnach wurde die Herzogin, da sie nicht von selbst ging, zum Hause hinausgeworfen ... Hatte Olympia vielleicht erfahren, wer [154] Benno war? ... Verdankte die Herzogin diese Demüthigung Lucinden? ... War diese wirklich in ihr Leben eingedrungen oder woher dieser plötzliche Angriff, diese Scene ohne jede Vorbereitung? ...

Die Herzogin besann sich, daß Olympia dergleichen Stücke auch ohne alle Veranlassung auszuführen liebte ... Es konnte ein momentaner Einfall sein ... Sie hatte sich wahrscheinlich für einige Tage mit ihrer Schwiegermutter ausgesöhnt, hatte von dieser vielleicht eine Anerkennung für einen neuen pariser Kleiderstoff gefunden; daher ein gemeinschaftlicher „Carnevalsspaß" auf Kosten einer Person, „die der Lächerlichkeit zu verfallen" anfing ...

Die Herzogin weinte ... Sie dachte an die Jahre, die sie an dies Wesen dahingegeben, an die sorgenvollen Stunden, wenn Olympia krank gewesen ... Sie hätte, da sie deren Natur entschuldigen und Ceccone dafür verantwortlich machen mußte, diesem an den Hals fahren und ihn erwürgen können ... Sogar Lucindens Haß auf sie ließ sie gelten; denn sie hatte abgelehnt, der Deckmantel eines Verhältnisses zum Cardinal zu sein ... Aber auch Lucinde wieder versöhnt mit Olympia? ... Olympia hatte damals diese Erklärung der Herzogin gebilligt. Die Herzogin hatte geglaubt, von Olympiens Eifersucht auf Lucinden Vortheil ziehen zu können ... Nun sah sie das Leben dieser Menschen des Müßiggangs und des Glücks, diese Zerwürfnisse, diese Versöhnungen um nichts ... Um irgend ein auf der Villa Torresani gesprochenes Schmeichelwort Lucindens war Olympia im Stande zu sagen: Was ist das nur mit der Herzogin? Ihr Palast soll jetzt bald nur Ihnen und Sarzana ge-*[155]*hören! Machen wir doch kurzen Proceß! ... Oder etwas dem Aehnliches war vorgefallen ... Männer waren zugegen, Priester ... Graf Sarzana sogar, der sie zwar immer kalt, aber doch höflich behandelt hatte ...

Sich aus diesem Zimmer entfernen konnte die Herzogin nicht, da das ganze Haus sich belebt hatte ... Von den Köchen der jungen Fürstin war ein Frühstück überbracht worden ... Ein Troß von Dienerschaft schien aufgeboten ... Dabei arbeitete man im Nebenzimmer zur Linken, klopfte, hämmerte – Es waren Schreiner und Tapezierer ... Die Gardinen wurden abgenommen, die Tapeten abgerissen ... Das Ganze war eine Unterhaltung des Uebermuths ... Wer konnte so schnell hier einziehen wollen? ... Die Declaration des Grafen Sarzana war doch wol noch in einiger Entfernung ...

Vernichtet sank die mit Gewalt Verjagte auf ihr Kanapee ... Ihre Brust hob sich in hörbaren Athemzügen ... Sollte sie rufen: Megäre, lade noch deine Mutter zu deinem Gelage, die tolle Nonne drüben aus den Gräbern der „Lebendigbegrabenen"! ... Was half das alles! ... Sie hatte nicht einmal den Muth, dem alten Marco zu erwidern, der ihr am Schlüsselloch wisperte ... Sarzana, Sarzana! sprach sie wiederholt vor sich hin ... Auch Er läßt die Mishandlung einer Frau zu und ißt und trinkt und stößt mit dem Teufel in Menschengestalt an! ... Sie malte sich das alles wenigstens so aus ...

Mit doppelt starker Stimme, damit die Herzogin nebenan nichts davon verlor, rief beim Mahle Olympia und fast immer allein sprechend:

[156] Wie viel Lösegeld würde wol damals Don Pasquale für Sie gefordert haben, Signora Lucinda? ...

Wie sagen Sie, Graf? ...

Zum Gelde würde es gar nicht gekommen sein? ...

Sie hätten sie mit Ihrem Säbel herausgehauen? ...

Haha! Ich weiß noch ein anderes Mittel, falls die Herzogin mit gefangen gewesen wäre; ein Mittel, wodurch sie alles in die Flucht geschlagen hätte! ... Durch eine ihrer alten Arien ...

Schallendes Gelächter ...

Gewiß hatte sie auf meiner Hochzeit die Hoffnung, zum Singen aufgefordert zu werden ... Darüber vergaß sie den Auftrag meines Mannes, mir die Anwesenheit des Cardinals Ambrosi anzuzeigen ...

Jetzt blieb alles still ...

Das war der Grund dieses plötzlichen grausamen Einfalls? ... Nimmermehr! sagte sich die Herzogin ... Oder doch –? ... Die Erhebung des Paters Vincente war auffallend genug ... Man schrieb sie der Absicht zu, dem neuen Großpönitentiar, Fefelotti, zuvorzukommen, der diesen Mönch zur nächsten Cardinalswahl empfohlen hatte ... Ceccone hatte sich rasch des neuen Cardinals selbst bemächtigt ... Olympia hatte die Honneurs seiner Ernennung im dazu hergeliehenen Palazzo Rucca gemacht; alle Welt war verliebt in den schönen jungen Cardinal Ambrosi, der wie ein Ganymed, ein David im Purpur aussah; gar nicht unmöglich, daß Olympia ihre erste Untreue als Frau zu einer geistigen machte und wieder in leidenschaftlicher Andacht für einen Prie-*[157]*ster schwärmte, den sie schon einmal so unglücklich gemacht hatte ...

In der That – die Herzogin konnte hören:

Zieht sonst niemand hier ein, den der Onkel lieb hat, so ist das kleine Haus ganz geeignet, von einem so bescheidenen Priester bewohnt zu werden ... Ich mache dem Cardinal Ambrosi seine ganze Einrichtung ...

Cardinal Ambrosi soll hier wohnen! ... Benno's Nachfolger in deinem oberflächlichen Herzen! ...

In der That wurde das Gespräch rücksichtsvoller geführt ...
Die Herzogin verstand nichts mehr ...
Herzog Pumpeo machte den Wirth und schenkte ein ...
Trinken Sie, Graf Sarzana! rief er ... Oder haben Sie noch
immer Ihre geringe Meinung über den Champagner, den Sie
damals auf unserer Landpartie nach Subiaco – vor drei Jahren –
das „Bier der Franzosen" nannten? ...
Graf Sarzana, Sie sind überhaupt inconsequent! fiel Olympia
ein ... Wie konnten Sie je die Deutschen und die Franzosen so
hassen! Jetzt lieben Sie – ein deutsches –
Halt, Principessa! unterbrach einer der Prälaten ... Wir lieben
in diesem Augenblick nichts als die Heiligen ... Die Signorina
hier kennt alle Gebräuche der Beatification vom Tu es Petrus an
bis zur Rede des Advocatus Diaboli ...
Wenn nächstens die Seele der Eusebia Recanati heilig gesprochen wird, fiel der andere der Prälaten ein, wer wird da wol
die Rolle des Advocaten der Hölle übernehmen? ...
[158] Schweigen Sie! Keine Lästerungen, Monsignore! unterbrach Olympia mit energischem Ruf ...
Die Herzogin lachte bitter auf und sprach für sich:
Fürchtest du diese „heilige" Eusebia, weil sie dich – an deine
Mutter erinnert? ... Oder ängstigen dich die Ansprüche, die der
Teufel selbst an die Heiligen macht – wie vielmehr an deines-
gleichen! ...
Graf Sarzana's Stimme, ein voller wohlklingender Baryton,
wurde mit den Worten vernehmbar:
Cardinal Ambrosi lebt noch vierzig Jahre ... Also erst in 140
Jahren ist es möglich, auf seine Kanonisation anzutragen ...
Auch bei ihm wird jemand den Auftrag bekommen, geltend zu
machen, welche Rechte auf ihn der Teufel hat ... Abbate Preda-
ri! ... Gesetzt, Sie bekämen diese Aufgabe! Wie würden Sie Ihr
Thema anfassen? ... Halten Sie eine Rede gegen den Cardinal
zum Besten der Hölle! ... Vergessen Sie dabei nicht diesen
schönen Palast! ...

Und die nichtswürdige Art, wie er eingeweiht wurde! ergänzte die Herzogin ...

Und die zerbrochenen Beine, als die Tribüne einstürzte, auf der die Menschen bei seiner ersten Messe im Sanct-Peter standen! ... bemerkte die alte Fürstin ...

Die schlechten Plätze, die gewöhnlich der römische Adel bekommt! ergänzte der zweite der Prälaten, ein jüngerer Chigi ...

Lassen Sie mich! rief sich räuspernd Abbate Predari ... Die Rede halte ich! ... Ich kann von Ambrosi's erster Jugend anfangen, von seinen ersten Ketzereien bei den Waldensern ... Ich war sein Schulkamerad in Robillante ...

[159] Dann wird nur zu sehr die Stimme des Neides aus Ihnen sprechen! unterbrach ihn Olympia, die befürchten mußte, in dieser Rede selbst eine Rolle zu spielen ... Genug! Genug! unterbrach sie aufs neue die Ermunterungen zu einer Rede, die durchaus Abbate Predari halten wollte ... Gewiß würde er sie nicht so gewandt haben, als Advocat des Teufels zu sagen: Siehe, ich sandte dir einst eine meiner Botinnen in den Beichtstuhl! ... Olympia wollte aber nichts von allen diesen „Blasphemieen" hören und erklärte, jetzt denjenigen strafen zu wollen, der dies Thema aufgebracht hätte, den Grafen Sarzana – ...

Wissen Sie, Lucinde, wandte sie sich zu dieser, daß ich früher eine Neigung für den Grafen hatte? ... Ich will es Ihnen nur gestehen! ... In meiner kurzen Geschichte mit Don Pallante, die Sie kennen, machte dieser Herr da den Vermittler und die Vermittler wissen oft die Thränen so gut zu trocknen, daß sie selbst an die Stelle der Ungetreuen treten ... Ich liebte Don Agostino, den Boten Pallante's – aber beruhigen Sie sich! – nur drei Tage lang ... O mir war er zu gelehrt, zu pedantisch, zu spöttisch, zu eingebildet – er las zu viel ... Viel lesen, das beweist, daß man wenig eigenen Geist hat ... Graf! Ich rathe Ihnen, sich bei der Entzifferung der Obelisken und Pyramiden anstellen zu lassen ... Wenn Sie nicht im nächsten Carneval tanzen, geb' ich Sie zu unsern gelehrten Eminenzen oben am

Braccio nuovo im Vatican in die Lehre, zu Angelo Mai und Giuseppe Mezzofanti! ...

Die Männer lachten dieser Spöttereien ... Die *[160]* Schwiegermutter rief sogar: Auf das Wohl des Küsters vom Regimente! ... Ihr Herzog Pumpeo hatte diesen Witz gemacht ... Pumpeo bat um Frieden und brachte das Wohl aller schönen Spötterinnen aus, denen sein Freund bereits vergeben hätte ...

Die Empfindungen der völlig ignorirten Herzogin, die zuletzt nur noch das Klappern der Schüsseln und Klingen der Gläser und ein Durcheinander von Witzen und Anekdoten, in denen Pumpeo und die beiden Prälaten excellirten, hörte, lösten sich wieder in Thränen auf ... Nur die Stille des präsumtiven Sarzana'schen Ehepaars versöhnte sie ...

Als das Frühstück beendet, die Gesellschaft entfernt, die Dienerschaft mit den Resten der Mahlzeit gefolgt war, nahm die Herzogin die Unschuldsbetheuerungen der ihr noch gebliebenen Dienerschaft entgegen, vor allen die Versicherungen des fast weinend eintretenden alten Marco, und suchte noch am selbigen Tage eine andere Wohnung. Sie wollte zu einem Miethbureau und dann in der Runde zur Besichtigung von Wohnungen fahren ...

Als sie den Wagen bestellt hatte, erfuhr sie, daß auch Wagen und Pferde auf Befehl der jungen Fürstin Rucca fortgeführt wären ...

Auf diese Nachricht sank sie in Ohnmacht ... Der „Intendente" des Hauses, der bisher alles für sie bezahlt hatte, zuckte die Achseln; es war ein von Ceccone eingesetzter Koch ... Er gestand, daß er schon lange vom Cardinal nur mit Widerstreben die Zahlungen für die Bedürfnisse des Hauses erhalten hatte, packte dann seine Sachen und zog nach Villa Torresani ins Gebirge, wo es *[161]* hoch und herrlich herging ... Die Erklärung hinterließ er, daß sich hier wahrscheinlich das ganze Hauswesen zur Bedienung des Cardinals Ambrosi neugestalten würde ...

Marco machte Vorschläge von Wohnungen, die der Bedachtsame schon lange für diesen voraussichtlichen Fall in Augenschein genommen ... Noch an demselben Abend und bis in die Mitternacht zog die Herzogin um ... Sie nahm ein Stockwerk von mehreren gesund gelegenen und schön möblirten Zimmern auf der Höhe des Monte Pincio ... Die dortigen luftreinern Straßen konnte sie als Vorwand der Veränderung nehmen ... Um sich nicht als zu tief gefallen darzustellen, setzte sie alle ihre Ersparnisse daran ...

Zu alledem läuteten nun die Glocken der dreihundertfünfundsechzig Kirchen Roms – brausten die Orgeln – schmetterte die Janitscharenmusik der Hochämter – wandelten unter Pfauenfederwedeln und Baldachinen die wohlgenährten Pairs der Kirche – rannten die Engländer nach den Katakomben und convertirten – schwärmten die Deutschen von den Bildern des Fiesole – knieten die Franzosen in Trinita di Monti drüben und küßten die Hände einer Gräfin-Aebtissin der hier eingepfarrten „Soeurs grises" aus den ersten Geschlechtern Frankreichs ... Rom spielt seine äußere heilige Rolle mit Glanz ... Wer kennt das Innere ...! ...

An Benno schrieb die vernichtete Frau auch noch jetzt nicht alles, was ihr begegnet war ... Sie erschien sich zu tief gedemüthigt ... Zu lange Jahre hatte sie auch die den Umgang verscheuchende und die Menschen vereinsamende Wirkung des Unglücks kennen ge-*[162]*lernt ... Dann beredete sie sich, sie wollte lieber erst die Antwort auf einen Brief an Ceccone abwarten, in dem sie von ihren Empfindungen nichts zurückgehalten hatte ... Schließlich hatte Benno selbst seit Wochen nicht geschrieben ... Sie fing für die Sicherheit ihres Briefwechsels immer mehr zu fürchten an ...

Am vierten oder fünften Tage weckte sie aus einem Zustand der Erstarrung, den das fortgesetzte Nichteintreffen eines Lebenszeichens von Benno mehrte, der erste Besuch, den sie in ihrer neuen Wohnung empfing ...

Eine glänzende Equipage stand am Hause ... Sie kam aus Villa Tibur und brachte Lucinden ...

Mit kalter Ruhe und Sammlung führte sich diese bei ihr mit den Worten ein, der Cardinal hätte sie beauftragt, der Herzogin einen Jahrgehalt anzubieten, den er ihr mit Dank für die geleisteten Dienste ausgesetzt hätte ... Er bedauerte, fügte sie hinzu, den Einfall der jungen Fürstin, an dem er schuldlos wäre – wie wir alle – sagte sie ... Olympia schwärme für den Cardinal Ambrosi und – wollte wol auch alle diejenigen strafen, die dem Bischof von Robillante den Ruf des ersten Priesters der Christenheit gegeben hätten – setzte sie lächelnd hinzu ... Cardinal Ceccone, schloß sie, würde selbst gekommen sein – ...

Wenn er nicht meine bösen Augen fürchtete! unterbrach die Herzogin und in der That konnte ihr Blick den Tod androhen ... Der ausgesetzte Jahrgehalt reichte kaum für die Wohnung und die für Italiens Sitten so nothwendige Equipage aus ...

Lucinde zuckte die Achseln ...

Zu allzu vielen Erörterungen schien sie nicht aufge-*[163]* legt ... Sie hatte Eile, käme überhaupt selten in die Stadt – ihr ganzes Wesen war voll Unruhe, gemachter Vornehmheit, Uebermuth ...

Unter andern war sie eben bei Klingsohr gewesen ...

Sie kam von Santa-Maria, dem Mutterkloster der Franciscaner ...

Dort hatte sie den glücklich geheilten und zu Gunst und Gnaden angenommenen Pater Sebastus am Sprachgitter gesprochen ...

Sie hatte ernste Dinge mit dem vor Schwäche noch an den Händen Zitternden, aber in ihrem Anblick Ueberglücklichen verhandelt ...

Nach dem, was sie schon von Hubertus, als dieser von ihr Abschied genommen, über die zweite Gemahlin des Kronsyndikus in Palazzo Rucca erfahren, ließen die jetzt endlich möglichen Mittheilungen Klingsohr's keinen Zweifel, daß diese zweite Gemahlin allerdings eine ehemalige kasseler Sängerin Fulvia Maldachini, dann also die – Herzogin von Amarillas gewesen sein mußte ... In dem lateinischen Bekenntniß Leo Perl's hatten die Namen gefehlt und auch noch jetzt bei Verständigung mit Klingsohr hütete sie sich, die Fingerzeige allzu grell zu geben ... Sie mußte dann auch den kaum Genesenen schonen ... Gab ihm das Wiedersehen einen erhöhten Ausdruck der Spannung und Kraft, so forderte sein todblasses Aussehen, seine gekrümmte Haltung, die der eines Greises glich, zur Schonung auf ... Von Benno sprach sie zu Klingsohr nicht, da auch Hubertus nichts von Kindern dieser zweiten Ehe gewußt hatte ... Noch war sie schreckhaft erregt von Klings-*[164]*ohr's Hosiannah des Dankes für ihren Beistand, vom Triumphgesang seiner Hoffnungen für eine neue Zukunft in Rom, wo „selbst der Tod mit leichterer Hand abgewehrt würde, als anderswo" ... Er hatte ihre ihm durchs Sprachgitter dargereichte Hand krampfhaft festgehalten und sie mit Versen begrüßt, die schon bereit gehalten schienen, wenn er sie wiedersehen würde ... Er gab Minerva, die Weisheit, Maria, den Glauben, hin – Sie, sie, die Botin Aphrodite's, gäb' ihm allein die volle Lebenskraft ...

    Pallas Athene! Wär' ich immer
    Gefolgt nur Deinem Schild und Speer –
    Ich wäre längst ein Abendschimmer,
    Begraben in dem ew'gen Meer!

    Was zog mich denn mit Zauberbanden
    Hinauf zu Schnee und Alpenhöhn?
    Was ließ in fernen, heil'gen Landen
    Mich Ziele noch und Wünsche sehn?

    Todmatt und krank, gedörrt die Lunge –
    Nahst Du dem Auge kaum, dem Ohr,
    Raff' ich mich schon mit Löwensprunge
    Ein Held zu neuer That empor ...

    Was komme jetzt? Nur Du gebiete!
    Zum Frühling wird des Kerkers Haft!
    Maria –? Pallas –? Aphrodite,
    Du bist die Lebens- – L i e b e skraft!

Sie sagte dem Wahnbethörten, fieberhaft Blickenden, von Reflexionen Umgewirbelten lächelnd, daß ihn der Cardinal bei der Congregazione del' Indice für die Beaufsichtigung deutscher Kunst und Wissenschaft verwen-*[165]*den wollte*) ... Von Hubertus wußte man auch in Santa-Maria noch nichts ... Klingsohr versicherte, die Entschlossenheit seines tapfern Freundes würde sich in jeder Lage zu helfen wissen ...

Sie wohnen hier sehr hübsch? ... fuhr Lucinde, sich im Empfangzimmer der Herzogin umsehend und von ihrer Erschöpfung durch die empfangenen Eindrücke sammelnd, fort ...

Hundert Fuß vom Erdendunst entfernter, als an Piazza Sciarra ... lautete die Antwort ...

Lucinde drückte der Herzogin wiederholt ihr Bedauern über die neuliche Scene mit Olympien aus und versicherte, ihrerseits angenommen zu haben, daß die Herzogin bereits ausgezogen wäre ...

Der Cardinal hatte, denk' ich, die Absicht, dies Palais – Ihnen als Aussteuer anzubieten? sagte die Herzogin ...

Immer hörte Lucinde von dieser Frau nur gewisse höhnische Betonungen ... Immer nur gewisse Zweifel der Ironie ...

Graf Sarzana wird den Dienst bei Seiner Heiligkeit nicht aufgeben? fuhr die Herzogin fort ... Sie hoffen ein stilles und glückliches Leben führen zu können? ... Vergessen Sie nicht, wenn der Cardinal Ambrosi die Wohnung zu beziehen ausschlagen sollte, einige Verbesserungen – des Küchenherdes im Palais vorzunehmen ... Sonst ist alles gut im Stande ...

Schwach sind die Frauen wahrlich nicht, wenn sie ihre Empfindungen aussprechen ... Lucinde kannte auch *[166]* darauf hin ihre Mitschwestern ... Aber der „Küchenherd" schien ihr denn doch eine Anspielung geradezu auf die Zeit, wo sie eine Magd war ...

Sie sehen mehr, als ich, Hoheit! sagte sie, sich ergrimmt auf die Lippen beißend ...

---

*) Die Stelle Augustin Theiners aus Schlesien.

Sind die Verhältnisse noch nicht so weit? ... fuhr die Herzogin fort ...
Die Verhältnisse! ... Welche Verhältnisse? ... Eure Hoheit haben mich in diese Verhältnisse empfohlen ...
Sie sind auch dankbar dafür ... lächelte die Herzogin ironisch ...
Sie aber sind nicht großmüthig, Hoheit! sagte Lucinde. Ich höre, daß Sie diese mögliche Zukunft zu verhindern suchen und mich nicht für würdig halten, eine Gräfin zu werden. Ich bin allerdings keine geborene Marchesina von Montalto, wie Sie! Ich bin eine einfache deutsche Bäuerin – das ist wahr! Oder hat man Ihnen aus Robillante anders geschrieben? ...
Aus Robillante –? Mir? ... So hört' ich – also neulich am Hochzeitstage – doch recht? ... Wie kommen – Sie denn – ...
Sie stehen im Briefwechsel mit Robillante ... unterbrach Lucinde schnell und entschieden ...
Mit – Ihrem Bischof –? ... entgegnete die Herzogin, noch mit einer gewagten Sicherheit, aber schon erzitternd ...
Mit Ihrem S o h n e Benno von Wittekind-Neuhof, mein' ich ... warf Lucinde wie einen den Sieg verbürgenden Trumpf aus ...
Die Herzogin wollte erst auflachen ... Dann deu-*[167]*tete sie auf Lucindens Stirn, als wenn ihr Verstand nicht in Ordnung wäre ...
Lucinde erhielt sich in unbeweglicher Ruhe und wiederholte langsam, was sie soeben gesprochen hatte ...
Die Herzogin ergriff Lucindens Arm, starrte sie mit aufgerissenen Augen an und schwankte an die Thüren, um wenigstens diese fester anzuziehen ...
Sie litt nicht für sich – was hatte sie zu fürchten! ... Sie litt für Benno, der seines zweideutigen Ursprungs nicht froh zu werden schien ...
Sie – sind – wirklich – ein Teufel! ... hauchte sie, sich halb ohnmächtig niedersetzend ...

An diesem „Wirklich", sagte Lucinde, erkenn' ich die mich betreffenden Stellen Ihres Briefwechsels ... Jenseits der Alpen ist man noch immer nicht im Reinen, für welchen Ofen der Dante'schen Hölle ich passe ... Aber Ihr Sohn ignorirte mich doch mit einer gewissen mitleidigen Toleranz ... Ein vortrefflicher Mensch, nur mit dem Einen Fehler, daß er zu den Männern gehört, die Verstand bei Frauen für Anmaßung halten ...

Eine lange Pause des Triumphes trat ein ... Die Herzogin raffte sich allmählich empor und suchte, um Luft zu schöpfen, das Fenster ...

Ich spreche eine Vermuthung aus, die ich beweisen kann! ... fuhr Lucinde ihr nachblickend fort ... Leo Perl hieß der Geistliche, der Sie traute ... Ein Jude war es und es geschah auf dem Schloß Altenkirchen ... Ich kenne viele Folgen dieses abscheulichen Betruges, arme Frau! ... Benno von Asselyn ist die beste davon ... *[168]* Ein trefflicher Mensch, sagt' ich, ob er gleich dem Kronsyndikus ähnelt und – Ihnen ... Madame, Sie wissen, daß ich nur wenig Freunde im Leben gefunden habe ... Lassen Sie mir die, die ich hier gewinne ... Ich verspreche Ihnen, Sie werden von mir unbehelligt bleiben ... Ich weiß vom Cardinal, daß hier nur die Jesuiten und der General der Franciscaner Ihr vergangenes Leben kennen, Olympia im Allgemeinen ... Arme Frau! Aber da die erste Hochzeit falsch war, konnte man Sie nicht der Bigamie anschuldigen, was Ihre und Ceccone's Feinde thun wollten ... Sie wurden glorreich gerechtfertigt ... Ihr Geheimniß dann mit Benno – das weiß niemand außer mir ... Ich werde es zu bewahren wissen, nur – bitt' ich von jetzt an und befehl' es Ihnen, lächeln Sie nicht mehr, wenn mein Name genannt wird – genannt, ob nun in Verbindung mit dem Cardinal oder mit dem Grafen ... Lassen Sie sich von Ihrem Sohn nichts über mich erzählen, was Sie veranlassen könnte, etwaigen Hoffnungen, die ich habe, welche es auch sein mögen, schaden zu wollen ... Das ist es, was ich Ihnen schon am Hochzeitsfest zu sagen hatte und nur verschob, weil die Räuber uns hinderten und wir im Gebirge kaum zur Besinnung kommen ... Noch Eins und in aller Aufrichtigkeit ... Erneuern Sie die Warnungen für den Bischof von Robillante! ... Schreiben Sie Ihrem Sohn davon! ... Man erwartet Fefelotti ... Dieser bringt die Einleitung eines Processes auf Absetzung des Bischofs ... Das wäre entsetzlich, wenn sich Bischof Bonaventura um eine ketzerische Persönlichkeit so fortreißen, von Gräfin Erdmuthe auf *[169]* Castellungo so bestimmen ließe ... Der Cardinal meinte es aufrichtig, als wir den Pilger zu entdecken suchten ... Es ist nicht seine Schuld, daß Hubertus so räthselhaft an der Grenze der Abruzzen verschwunden ist ... Hören Sie aus alledem, daß ich der Meinung bin: Wir sind Freunde, Verbundene, Herzogin! ... Waffenstillstand, Friede zwischen uns! ... Kein Wort an Olympien! Nimmermehr! Verlassen Sie sich auf mich! Das versprech' ich Ihnen ... Aber jetzt muß ich auf Villa Tibur zurück ... Der Weg ist weit ... Achthundert Scudi nur, Herzogin; ich find' es erbärmlich! ... Aber – was kann ich thun! ... Sagen Sie das Ihrem Sohne – Benno ... Sie sind glücklich, einen solchen Sohn zu besitzen! ... Wo fanden Sie ihn? Wie erkannten Sie sich? ... Sie haben recht; für die Fürstin war er zu gut ... Nie, nie darf sie davon erfahren ... Ihre Rache würde keine Grenzen kennen ... Regen wir uns nicht auf! ... Sie kennen jetzt meine Wünsche – meine Befehle! ... Auf Wiedersehn! ...

Lucinde war verschwunden, wie sie gekommen ... Sie hatte, um die Bedienung in Bereitschaft zu halten, selbst geklingelt ...

Die Herzogin blieb zurück, erstarrt – gebunden an Händen und Füßen ... Sie fühlte ganz die Wirkung, die Lucinde beabsichtigt hatte ... Mußte sie „diese Schlange an ihrem Busen erwärmt" – sie selbst nach Rom geführt haben! ... Unter diesem Damoklesschwert sollte sie nun leben! ... Was thun? Was um Benno's willen unterlassen? ... Ihre Correspondenz *[170]* schien ihr nicht mehr sicher, trotz der Adressen, die an die geringsten Leute hier und in Robillante gingen ... Diese Sprache, diese kurze Eröffnung, diese Schonungslosigkeit! ... Benno ihr Sohn! ... Von Angiolinen, der Lucinde selbst so ähnelte, hatte sie geschwiegen ... Wußte sie nichts von ihr? ... Sie wußte genug, um sie in ewige Fesseln zu werfen ...

Alles das mußte die vereinsamte Frau nun in sich selbst verwinden ... Trotz des Vorwands mit der „bessern Luft des Monte Pincio" verließen sie alle ihre Bekannte ... Sie hatte ohnehin nie die erste Rolle spielen dürfen, solange sie mit Ceccone und Olympia lebte ... Was war sie der Welt! ... Jetzt bereuete sie zu klug gewesen zu sein und sagte: Wie viel haben bei alledem die Menschen voraus, die sich allein den Ausbrüchen ihres Temperaments hingeben! Sie erleben immer noch etwas mehr Unglück und Demüthigung, als wir andern, die wir so klug sein wollen, das ist wahr; aber ihre Personen fesseln und lassen ihre Verhältnisse vergessen ... Nicht einmal ein paar alte Prälaten hatten das Bedürfniß, bei ihr zu speisen ... Von Benno keine Andeutung, wie sie sich verhalten sollte ... Seine Briefe blieben aus ... Sie war in Verzweiflung ...

Ihr Geist hatte seit einem Jahr ganz in dem geliebten Sohn gelebt ... Seine Briefe waren wie an ein Ideal gerichtet. Nur einen einzigen Tag hatte er die Mutter gesehen und gesprochen und gerade darum war ihm alles an ihr neu und reizvoll geblieben ... Die ganze, seit so lange von ihm beklagte *[171]* Heimatlosigkeit seines Daseins fand in ihr Ruhe und Sammlung ... Und auch sie lebte nur in seinen Mittheilungen und bildete sich aus ihnen, so fragmentarisch sie waren, jetzt ihre Welt ... Sie las zitternd alle seine letzten Briefe ... Sie waren der einzige beglükkende Eindruck, der ihr noch geblieben ... Da lag die schöne Alpengegend Piemonts ... Da lagen die Thäler, die schattenreichen Kastanien- und Nußbaumwälder, in denen sich der Geliebte mit Bonaventura erging ... Da schilderte Benno das rege Leben der Bewohner und die blühendste Seidenzucht ... Ort reihte sich an Ort – erkennbar war jeder Weiler an den viereckigen Kirchthürmen mit heitern Glockenspielen ... Schlösser standen auf höchster Höhe, gebrochene Zeugen der Wildheit des Mittelalters, tiefer abwärts von diesen Trümmerstätten lagen wohnliche neue Sitze des Adels, darunter Castellungo, erkennbar schon in weiter Ferne am wehenden Banner der Dorstes ... Wie oft hatte der Kronsyndikus sie vor Jahren versichert, daß gerade um dieser Dorstes willen seine zweite Ehe noch geheim bleiben mußte ... Sie sah Benno hinüber- und herüberreiten zwischen Robillante, einem freundlichen Städtchen, und Castellungo ... Die alte Gräfin Erdmuthe bediente sich seiner als Vermittlers zwischen ihr und dem Bischof, den sie seltner sah, obgleich er ganz in ihrem Sinne wirkte und Benno nicht genug von Bonaventura's Muth schreiben konnte, der jenen von der Gräfin beschützten Waldensern ihre Gerechtsame wahrte ... Sie sah die Eichen von Castellungo, die verlassene Einsiedlerhütte, die Processionen zur Kapelle der „besten *[172]* Maria" ... Seltsam durchschauerte sie etwas von Geheimnissen, die auf allen diesen Beziehungen liegen mochten ... Sie wußte schon so viel, daß dem Bischof jene Gräfin Paula werth gewesen, die inzwischen die Nachfolgerin ihres Kindes geworden ... Sie fühlte die Dämmerungsschleier so vieles Zarten und Ahnungsvollen, das auf jenen Gegenden lag, und die sich schon ihr selbst auf Auge und Herz zu legen anfingen ... Selbst die Anstrengungen Bonaventura's, jenen Eremiten den Händen der Inquisition zu entreißen, machten ihr einen eigenthümlich persönlichen Eindruck ... Wie ein stilles Abendläuten war alles, was von dort herüberklang ... Nun sollte sie an Benno die unheimliche Nachricht schreiben: Dein Geheimniß ist in den Händen dieser Lucinde, die mich entwaffnet, versteinert hat – ich konnte ihr nicht widerreden – konnte dich nicht verleugnen! Schien sie doch voll Antheil für unser aller Schicksal! ... Die Nachricht, jene düstern Gemäuer von Coni, die erzbischöfliche Residenz würde ihren Souverän, den grimmen Fefelotti entsenden und dieser würde neue Schalen angesammelten Zornes bringen, um sie über die ihr so werthen Menschen auszugießen, war wie das Anrollen eines Gewitters, das – „doch wol auch Benno selbst hören mußte" ... Sie wußte nicht, was beginnen ... Wenn er nur endlich, endlich selbst schriebe! ...

Zunächst mußte die Kraft ihres stillen Liebescultus für den Sohn und die Erinnerung ihr helfen ... Sie legte sich schon lange auf, die Plätze zu besuchen, von denen sie wußte, daß Benno bei seinem Aufenthalt in Rom vorzugsweise von ihnen gefesselt worden. Benno *[173]* hatte an der Ripetta gewohnt, mit der Aussicht auf die Peterskirche. Er hatte seine Betrachtungen an so manches geknüpft, was sie bisher verhindert gewesen, wieder in Augenschein zu nehmen und nach Benno's Weise auf sich wirken zu lassen. Sie staunte nun, alles so zu finden, wie Er ihr geschrieben – in Briefen, die ihr ein Heiligthum wurden und die sie in ihren einsamen Stunden wieder und wieder las. Jetzt sagte sie: Ja, er hat Recht: Die Peterskirche macht keinen gewaltigen Eindruck! Die gelbangestrichenen Säulenarcaden drücken sie zum Gewöhnlichen herab! ... Sie sagte: Er hat Recht: Das Innere der Peterskirche ist kalt; man athmet hier nur in der Sphäre des Stolzes und der Vermessenheit der Päpste! ... Er hat Recht: Die Engelsburg ist wie ein Reitercircus! ... Er hat Recht, wenn er schreibt: Als ich nach Rom kam, erschien mir der Engel auf ihrer Spitze wie ein Lobgesang auf die Idee des Christenthums, jetzt nur noch wie eine Satyre! ... Er hat Recht: Die Kirchen sind Concertsäle; nicht eine hat die Erhabenheit eines deutschen Domes! ... Er hat Recht, wenn er schreibt: Unter den Bildsäulen der Museen verweil' ich lieber, als unter den Bildern; sie lehren Vergänglichkeit und Trauer und das Museum auf dem Capitol ist geradezu die heiligste Kirche Roms; nur dort hab' ich Thränen geweint, unter den gespenstischen Marmorgöttern, den Niobiden, den sterbenden Fechtern, den gefangenen Barbarenkönigen! ... Er hat Recht: Kein christlicher Sarkophag hat mich so gerührt, wie im Lateran die heidnischen Aschensärge mit den zärtlichsten Inschriften: „Gattin dem Gatten!" ... Er hat Recht:

[174] Nichts hass' ich wie das Coliseum! Ich kann es nicht mehr sehen ... Er hat Recht: Wie wenig kann ich mich mit Michel Angelo befreunden! So oft ich von ihm ein Werk erblicke, hab' ich das Gefühl, er hätte etwas geben wollen, worauf die gewöhnlichen Vorstellungen vom Schönen nicht passen – Raphael hat allein das Einfache und Richtige! Was ein Ding sein muß, das ist es bei Raphael; bei Michel Angelo ist's immer etwas anderes, als das natürliche Gefühl erwartet ... Raphael's Bilder betrachtete sie nun stundenlang – die Madonnen waren dann Armgart – süßer heiliger Friede senkte sich auf Augenblicke in ihre Brust – Dann fuhr sie wieder auf und ängstigte sich um die Ahnung, daß sie Benno nicht wiedersehen würde ... Nun fehlte ein Brief schon seit Wochen von ihm ... Und ihr Herz, ihre ganze Seele war so voll – so übervoll –! ...

Es war die Zeit, wo in Rom jeder, der nur irgend kann, auf dem Lande lebt ... Die Herzogin mußte sich diesen Schutz gegen die Wirkungen der „Malaria" versagen ... Neulich war sie in ihrem vom Schrecken des Gemüths gehetzten „Wiederaufsuchen Roms nach Benno's Anschauungen" beim Kloster der „Lebendigbegrabenen" angekommen ... Sie fand da einen schönen, luftreinen Garten ... Oefters schon war sie hinübergegangen zu diesen Schwestern der „reformirten" Franciscaner; sie wohnten an Piazza Navona, nahe der Tiber ... Sie, die Mitwisserin eines schweren Geheimnisses, blieb dort gut aufgenommen, aber um achthundert Scudi jährlich kauften die Andern ihr Schweigen ab ... Sie, sie war es nun, die *[175]* diesem Kloster die Last Olympiens abgenommen ... Nicht alle Gründe hatte sie Benno erzählt, die die fromme Genossenschaft damals bestimmten, eine so gewagte Handlung zu begehen wie die, eine Nonne einzukleiden, die ihnen eine geheime Commission des peinlichen Tribunals als eines Attentats auf den Inquisitor Ceccone verdächtig überwiesen hatte und die schon allein deshalb abzuweisen war, weil sie möglicherweise niederkommen konnte. Nichts seltenes, daß Verbrecher den Klöstern zur Aufbewahrung übergeben werden; aber eine Braut des Himmels, die gesegneten Leibes war – von einem Monsignore, der einen Mordanfall unter Umständen von ihr erlitten hatte, die keine nähere Untersuchung des Frevels wünschen ließen ... Das Kind blieb am Leben und wurde nicht aus dem geräumigen Kloster entfernt. Man hatte Gründe für diese Zurückbehaltung. Vorzugsweise fürchtete man, solange man ein pflegbefohlenes Kind lieber selbst hütete, weniger für den Ruf des Klosters, das leicht seine gegenwärtige Auszeichnung, die Pallien weben zu dürfen, verlieren konnte und sie an andere abtreten mußte, die auf diese Ehre und den Gewinn eifersüchtig waren ... Außerdem hatte dies Kloster noch eine Ehrenaufgabe, auf welche die jungen Prälaten neulich anspielten ... In der zu ihm gehörigen Kirche befand sich eine „Mumie" ... Dies war der Leichnam der Stifterin des Klosters, einer Franciscanerin, die im Jahr 1676 die strengere Regel Peter's von Alcantara angenommen hatte. Bei zufälliger Oeffnung ihres Sarges im Beginn dieses Jahrhunderts fand man die Schwester Eusebia Recanati nicht verwest. Der Leichnam hatte sich in sei-*[176]*ner ursprünglichen Gestalt erhalten, während die Gewänder, der braune Rock, der schwarze Schleier, das weiße Kopf- und Halstuch zusammenfielen. Ohne Zweifel ein Wunder. Seit dreißig Jahren petitionirte das Kloster um die Heiligsprechung der Eusebia Recanati, die in einer Kapelle der Kirche, in einem verschlossenen Schrank, unter Verglasung, in sitzender Stellung an gewissen Tagen dem Volk gezeigt wurde. Seit dreißig Jahren bestand eine Commission zur Prüfung der Ansprüche, die Eusebia Recanati auf den Schmuck des Heiligenscheines hatte. Dem Kloster wäre die wirklich erfolgte Heiligsprechung und ein unversehrter Heiligenleib zur Quelle des größten Gewinns geworden. Aber die Orden regten sich voll Eifersucht – die schwarzen Oblaten und Ursulinerinnen, die weißen Camaldulenserinnen und Karthäuserinnen, die hellbraunen Olivetanerinnen, die schwarzweißen Philippinen, die schwarzbraunen Augustinerinnen, die weißschwarzen Dominicanerinnen, die braunen Karmeliterinnen und Kapuzinerinnen, die blauen Annunciaden, die rothen Sakramentsanbeterinnen und hinter ihnen die entsprechenden Mönchsorden mit allen ihren Generalen. Die geringere bloße „Seligsprechung" der Mumie genügte den „Lebendigbegrabenen" nicht, sie wollten der Christenheit eine heilige Eusebia geben, die in der That dem Kalender noch fehlte. Sie bewiesen, daß diese schrecklich anzusehende, verschrumpfte, braunem Leder gleichkommende Eusebia Recanati, ein Grauenbild, geschmückt mit den glänzendsten Kleidern und mit goldenen Spangen befestigt, Wunder verrichtete, Lahme gesund *[177]* machte, Blinde sehend. Die Opposition blieb aber zu stark ... Dreißig Jahre schmachteten die Nonnen schon nach Entscheidung der Cardinäle! Als einen vorläufigen Ersatz erhielten sie das Pallienweben, in dem sie sich, dreißig an der Zahl, auszeichneten wie Penelope auf Ithaka; Ceccone war es, der sie so in ihren Hoffnungen auf die Heiligsprechung der Mumie, die sie nicht aufgaben, ermunterte. Auch wären sie gewiß schon durchgedrungen, seitdem sie das Meisterstück ihres guten Willens, die Verheimlichung eines Prälatenkindes, durchführten; wenn nur nicht auch Fefelotti und die Jesuiten ihre Feinde geworden wären. Diese beschützten die neuen vornehmen Orden, die Salesianerinnen, die Annunciaden, die Sakramentsanbeterinnen, vorzugsweise die Damen vom Herzen Jesu. Die Jesuiten ließen mit jenem Schein „wahrer Aufklärung", der ihnen überall an geeigneter Stelle so geläufig ist, alle Wunder, die die Mumie vollzogen haben sollte, ärztlich untersuchen und erklärten sie für null und nichtig. Die Professoren der Jesuiten lehrten auf der „Sapienza" (der Universität Roms) die Heilkunde und Naturwissenschaften. Die Gutachten, die ihre Commission für die Heiligsprechung der Eusebia Recanati übergab, waren von einer Freimüthigkeit, als hätte sie Humboldt verfaßt. Die Waffen der Wissenschaft, die in den Händen der Jesuiten glänzen, senken sie nur dann, wo es gilt höhere Zwecke zu salutiren ...

In solchen Klöstern, wo ein Industriezweig getrieben wird, z. B. Blumenmachen, sieht es wie in einer *[178]* Fabrik aus. Man läßt anderwärts Zöglinge und Kinder zur Mithülfe zu; die „Lebendigbegrabenen" repräsentirten ihr kleines „Manchester" für sich ... Ihr Fleiß hielt gleichen Schritt mit der Sterblichkeit unter den Bischöfen von 131 Millionen Seelen. Sie schoren und spannen und webten und die Herzogin von Amarillas konnte einige Uralte unter ihnen nicht anders betrachten, als unter dem Bild der Parzen Clotho, Lachesis und Atropos. Auch Lucrezia Biancchi spann und spann ... Dazu sang sie alte Lieder – Freiheitslieder, die sie von ihren Brüdern gelernt hatte, weniger von Napoleone, als von Marco und Luigi ... Für einen kleinen Schwestersohn von ihr, den die „schöne Wäscherin" vom Tiberstrand erzog, als sie die neue Judith zu spielen begann, hatte der liebevolle Ceccone großmüthigst gesorgt ... Dieser war, als seine Oheime Luigi und Napoleone nur durch die Flucht von den Galeeren freikamen, als Marco sogar zum Tode verurtheilt, dann zu den Galeeren begnadigt, endlich verbannt wurde, erst sieben Jahre alt. Ceccone ließ den kleinen Achille Speroni verschneiden und zum Sopransänger der Sixtina machen ...

Die Herzogin besuchte am Abend nach der Schreckensscene mit Lucinden den Garten dieses Klosters ... Da saß die Mutter Olympia's, die Mutter eines Kindes, dem ihre Seele fluchte, als sie es empfing, die irrsinnige, magere, hohläugige Lucrezia und spann wie immer ... Selbst aufgeschreckt wie ein verfolgtes Wild, erzählte sie ihr von ihres Bruders Luigi Gefangenschaft ... Die Spinnerin hielt einen Augenblick inne und zeigte auf die Wolle am Rocken und auf den langen Faden, den sie *[179]* aufgewickelt hatte ... Das ist recht! Er muß Geduld haben! ... sagte sie und feuchtete den Faden an ...

Ja, sagte die Herzogin, du meinst die Zeit! Schwester Josepha – so war sie beim Einkleiden getauft worden –, der lange Faden ist die Z e i t! Auf den müssen wir viel, viel aufreihen! ...

Die drei Parzen in der Nähe lächelten und nickten Beifall ...
Die Herzogin beneidete fast die Schwester Josepha ...
Dies arme Wesen, das einst auf einen Mann, in dessen Arm sie ruhete, ein Messer zücken konnte, wußte nichts von ihrem Kinde, das eine Fürstenkrone trug und Menschen tyrannisirte ... Sie hatte die fixe Idee von ausbleibenden Briefen – Briefen, die Gott, Jesus, St.-Johannes, die Heiligen an sie schrieben – es waren die Briefe ihrer verbannten Brüder ... Ihrer Brüder, die in den Gefängnissen Roms, unter den Torturen gesessen hatten, die vom Rechtswesen des Mittelalters gerade im Kirchenstaat noch am längsten zurückgeblieben sind ...

Als die Herzogin aus dem Klostergarten, von den kleinen Lämmern, von den Webstühlen zurückkam, war sie über ausbleibende Briefe so trostlos wie Schwester Josepha ... Nun mußte sie auf alle Fälle Benno den Vorfall mit Lucinden, überhaupt alles berichten, was ihr seit fünf Tagen widerfahren war ... Seit Benno's letztem Brief waren Wochen verflossen ... Täglich fragte sie bei einem Lotteriecollecteur, der eine große Correspondenz unverfänglich führen durfte, ob nichts für sie *[180]* angekommen wäre ... Endlich, endlich durfte doch wol ein Brief – morgen eintreffen ...

Er kam aber auch morgen nicht ... Auch nicht am nächsten Tage ... Schon fragte die Verzweifelnde und wie auf der Flucht vor sich selbst Dahinwankende das Orakel der Karten, das sie stundenlang vor sich ausgebreitet hatte und bei verschlossenen Thüren durchforschte ... Sie nahm eines jener schöngeformten eisernen Gestelle, in die man in Italien die Waschschüssel stellt, und stand wie Pythia am Dreifuß, um an den Wellenschwingungen, die ins Wasser geworfene Kiesel hervorbringen, zu erkennen, ob die Ringe, große oder kleine, Glück oder Unglück bedeutende wären ... Sie nahm Asche vom Feuer des Herdes, streute sie Nachts auf den Sims eines vom Wind bestrichenen Fensters und schrieb mit zitterndem Finger die Frage, ob Benno gesund wäre ... „Sano?" ...

Am Morgen dann las sie mit banger Erwartung, was der prophetische Wind aus den Buchstaben gemacht haben würde ...
Das Orakel antwortete: Santo ...
Wie, dachte sie den Tag über – er ist doch nicht auch in ein Kloster gegangen? ... Auch er will uns ein Priester werden? ...
Damit quälte sie sich einen Tag ... Kein Brief kam ... Am Abend schrieb sie wieder: Sano? ...
Am Morgen las sie in dem verwehten Aschenstaube: Cane ...
Himmel, dachte sie jetzt und raufte sich wie wahnsinnig das Haar, ein toller Hund hat ihn gebissen! ...
Am dritten Tage las sie: Caro ...
Das machte sie ein wenig ruhiger ... So war er *[181]* vielleicht nur verliebt und vergaß sie um – wessentwillen? ... Armgart's? ...
Am vierten las sie: Sale – Salz oder Verstand –? ...
Die Ironie des Zufalls lehrte sie nicht, daß sie ihre Thorheiten lassen sollte ... Sie grübelte, worin Benno's Schweigen gerade jetzt ein besonderer Beweis von Verstand sein konnte ...
Als sie am Tage, wo sie Sale gelesen hatte, von einer Corsofahrt nach Hause kam, am Hause des Lotteriecollecteurs wieder nichts für sich gefunden hatte, schleppte sie sich fast zusammenbrechend die Treppe hinauf ...
Eben wollte sie ihre Hauskleider anlegen ... Da hörte sie von der Straße her einen Wagen anrollen und still halten ...
Nach einer Weile klingelte es und Marco kam mit hochaufgerissenen Augen und brachte die Wundermär:
Cardinal – – Fefelotti! ...
Die Herzogin traute ihrem Ohr nicht und erhob sich ...
Es war in der That der Erzbischof Fefelotti, Cardinal und Großpönitentiar der Christenheit – in eigener Person ...
Von solchem Besuch ahnte sie jetzt nichts Uebles ... Das „Salz" des Orakels – „Verstand" traf zu ...
Nicht besonders älter war Fefelotti geworden, seitdem die Herzogin ihn zum letzten male gesehen ... Im Gegentheil, die

Ruhe in Coni, die Sicherstellung seiner Unternehmungen durch die Jesuiten, die Nothwendigkeit, die gottseligste Miene zu zeigen, hatte die sonst sehr lebhaften Verzerrungen seiner unschönen Gesichtszüge ge-*[182]*mildert ... Sind die Hunde aus den Wölfen entstanden, so stellte Fefelotti jenen Uebergang dar, wo möglicherweise die Wölfe zuerst anfingen sich in den Gewohnheiten des Hausthiers zu versuchen ... Seine runde Nase, seine buschigen Augenbrauen, sein von Pockennarben zerrissenes Gesicht war dasselbe wie sonst, aber eine heilige, gesättigte Ruhe lag auf seinen Mienen ... Konnte er doch wahrlich lächeln über seinen neuesten Sieg ... Konnte er doch lächeln über seine Rückkehr aus einer Verbannung – wo er für den „schlechtesten Christen" hatte gelten sollen, dem man den „besten" zur „Versöhnung der Gottheit" gegenübergestellt! ... Konnte er doch lächeln über Ceccone's ohnmächtiges Schnauben, von dem er sogleich andeutete, daß es sich jetzt schon an Frauen auszutoben anfinge ... Das war nun jene Dame, zu der Fefelotti sonst als Prälat so gern gegangen war, die aber seine Intrigue mit der „kleinen Wölfin" bei den „Lebendigbegrabenen" und die Verhinderung der Cardinalserhebung Ceccone's so eiligst gekreuzt hatte ...

An ein Verschleiern seiner Empfindungen denkt in solchen Fällen kein Italiener ... Fefelotti lachte sich weidlich aus ... Sowol über die Höhe der Treppen, die er hatte ersteigen müssen, wie über die Möbel, wie über die Dienerschaft und – ein „Sommerlogis" auf dem Monte Pincio ...

Sie kluge Frau, sagte er, ich habe Sie immer so gern gehabt! Wie konnten Sie sich nur von meiner Fahne entfernen! ... Sie haben sechzehn Jahre Ihres Lebens verloren ... Wie hoch ist die Pension, die Ihnen mein alter Freund Don Tiburzio zahlt? ...

[183] Die Herzogin hatte die Schule der Leiden in einem Grade durchgemacht, daß sie sich weder über Fefelotti's Besuch allzu erstaunt zeigte, noch auch Ceccone's Undankbarkeit ganz nach den Empfindungen schilderte, die sie darüber hegte ... Sie wünschte dem Großpönitentiar Glück zu seiner neuen Erhebung,

ließ die von ihr betonte wahrscheinlich nahe bevorstehende Papstwahl nicht ohne Bezüglichkeit für die Hoffnungen des ehrgeizigen Priesters – sie klagte aber Ceccone keineswegs allzu heftig an ...

Fefelotti sah die Schlauheit der weltgewandten Frau ... Sich mäßigend schlug er die Augen nieder, beklagte die Leiden Seiner Heiligkeit und gestand offen, daß durch die Wiederherstellung des Jesuitenordens, dessen Affiliirter er schon seit lange war, in die schwankenden und von den Persönlichkeiten der Päpste abhängigen Zustände der Kirche endlich Festes und Dauerndes gekommen wäre ... Seine eigene Wiederberufung bewiese, daß sich ohne den Rath des Al Gesù nichts mehr in der katholischen Welt unternehmen lasse ...

In der Art, wie Fefelotti es sich dann unter den von dem trippelnden Marco inzwischen angezündeten Kerzenbüscheln bequem machte, wie er sogar herbeigeholte Erfrischungen nicht ablehnte, lag das ganze Behagen ausgedrückt, sich bei einer Frau zu befinden, die nach aller Berechnung menschlicher Natur seine Verbündete werden mußte ... Von Ceccone's „häuslichen" Verhältnissen ließ er sich erzählen ... Er hatte seine Freude an dem kleinsten Verdruß, den „seinem Freunde" das Schicksal bereitet hatte ... Er stellte sich wie ein in einem kleinen *[184]* Landstädtchen begraben Gewesener, nur um recht viel Neues, Ausführliches und pikante kleine Details erfahren zu können ... Und die Herzogin war klug genug, trotz ihrer Abneigung gegen den häßlichen Mann, dessen falsche Zähne nach jedem Satz, den er sprach, ein eigenes Knacken der Kinnlade von sich gaben und gegen den Ceccone noch jetzt ein Apoll war, doch dies Verlangen nach Befriedigung seiner Schadenfreude nicht ganz unerfüllt zu lassen ... Sie gab eine ungefähre Schilderung der Mühen und Sorgen, unter denen Ceccone's Ehrgeiz allerdings stöhnte und schmachtete ...

Fefelotti schlürfte Sorbett ... Seine Zähne bekamen vorübergehend einen bessern Duft von den Orangen, aus denen es bereitet war und sie knackten jetzt nur noch von der Berührung mit dem Löffel ... Immer mehr gewöhnte sich die Herzogin an das Wiedersehen eines Mannes, der ohne Zweifel doch nur allein der Anstifter der den Jesuiten nicht geglückten Verfolgung gegen sie wegen Bigamie gewesen ... Kannte er alle Geheimnisse ihres Lebens? ... Kannte er die Existenz Benno's? ... Ihr Antheil an seinem Kampf mit Bonaventura, gegen den er vielleicht einen Proceß auf Absetzung instruirte, rüstete sich, ihn möglichst unverfänglich über dies und anderes zu befragen ... Sie ließ dem Gefährlichen den Vorschmack der Annehmlichkeiten und Vortheile, die er denn doch durch diesen Besuch gewinnen konnte ...

Roms Lage ist schwierig, sagte Fefelotti bei Erwähnung des Ceccone'schen Aufenthalts in Wien ... Auf der einen Seite bilden wir das Centrum der Welt, auf der andern das Centrum Italiens ... Wir sollen rein geistlich und für *[185]* die Ewigkeit auf die Gemüther wirken und sind von allen politischen Strudeln des Tags ergriffen ... Die neue Zeit hat dem apostolischen Stuhl eine fast unerschwingliche Aufgabe gestellt ... Ohne die weltliche Würde kann die geistige Souveränetät des Heiligen Vaters nicht auf die Dauer bestehen ... Beides für die Zukunft zu einen, erfordert die äußerste Anstrengung ... Ich billige ganz, wenn Ceccone seine kleinen Koketterieen mit den sogenannten „Hoffnungen Italiens" zu unterlassen angefangen hat ... Erzählen Sie mir noch mehr – von Wien! ...

Die Herzogin bestätigte, daß Ceccone von Wien in seinen politischen Neuerungstrieben bedeutend abgekühlt zurückgekehrt wäre. Der Fürst Staatskanzler hätte ihn belehrt, daß die Tribunen Roms sich immer zuerst am Entthronen der Päpste und am Halsabschneiden der Cardinäle geübt hätten ...

Fefelotti lachte mit vollem Einverständniß ... Die Herzogin dachte an Benno und seine Freunde ... Sie gab der guten Laune des Schrecklichen die gewünschte Nahrung ... Sie erzählte: Ceccone hätte beim Nachhausefahren von einer solchen Scene mit dem Staatskanzler immer nur Fefelotti! Fefelotti! gerufen ...

Bestia! unterbrach der Cardinal ...

Dann hätte Ceccone Olympien geschildert, was "politische Reformen" wären ... "Nur Ein Bedienter für dich, monatlich nur Ein Paar neue Handschuhe und die Nothwendigkeit, deine Hemden selbst nähen zu müssen!" ...

Fefelotti hielt sich die Seiten vor Lachen ...

[186] Ich bin mit Ceccone's politischer Haltung ganz einverstanden, sagte er ... Sie ist jetzt streng und fest ... Sie läßt sich auf keine Transactionen mehr ein ... Rom ist unterwühlt von Verschwörungen ... Verbannung nur und Galeere können helfen ... Das geringste ist das Verbot aller zweideutigen Schriften ... Wissen Sie – apropos – nichts Näheres über – Grizzifalcone –? ...

Die Herzogin hörte Gesinnungen, die sie haßte, verbarg jedoch ihre Aufwallung hinter einem Erstaunen über das, was Grizzifalcone mit Roms – Politik gemein haben könnte –? ...

Der Cardinal drückte seine kleinen Rattenaugen zu ... Ein bedeutsames Knacken seiner Zähne trat wieder an die Stelle seiner Worte ... Der Duft der Orangen verflog ... Glücklicherweise nahm er eine zweite Schale Sorbett ...

Die Herzogin mußte die Geschichte der Gefahr erzählen, die sie an Olympiens Hochzeitstage überstanden hatte ... Lucindens Name mußte genannt werden ... Dieser war ihm keineswegs unbekannt ...

Eine Neubekehrte? warf er ein ...

Sie hütete sich ein Wort der Misachtung zu sagen ...

Fefelotti kehrte dringender auf Grizzifalcone zurück ... Glauben Sie, sagte er, daß Ceccone jene für den Fürsten Rucca bestimmte Liste in den Taschen des Räubers fand und einsteckte? ... Ich glaube nicht ... Diese Liste besaß Ceccone ohne allen Zweifel schon vorher in Abschriften genug ... Er brauchte sie ja – Hm! ... Räthselhaft sind die Aufträge, die dem wilden deut-

*[187]*schen Franciscanerbruder gegeben wurden ... Nun sagt man ja, er wäre spurlos verschwunden ... Mit jenem Pilger zugleich ... Hörten Sie davon? ... Der Pilger und der Mönch sind von den Zollwächtern, die verrathen zu werden fürchteten, ohne Zweifel todt geschlagen worden ...

Die Herzogin entsetzte sich ... Und warum „brauchte Ceccone die Liste"? ...

Eine Weile verzog sich der bisherige heitere Ausdruck der Mienen Fefelotti's, seine schwarzen Brauen senkten sich auf die kleinen Augen, die ein verderbliches wildes Feuer zu verbergen schienen ...

Dennoch suchte er die Stimmung des Scherzes zurückzuführen und sprach lieber von Olympien, die er beschuldigte, in der „Argentina" bei allen neuen Opern die Stellen zu beklatschen, die für die Tausende von Carbonaris, die auch in Rom wären, oft ein Losungswort gäben ... Das Junge Italien hat allein zwölf Logen in Rom! schaltete Fefelotti ein ... Doch erzählen Sie von Olympien! ...

Die Herzogin hörte nur und hörte ...

Fefelotti sah, daß die Herzogin in politischen Dingen nicht mehr Ceccone's Vertrauen besessen hatte ... In die Argentina geht Olympia jetzt seltener, sagte sie mit bitterer Erinnerung an den neulichen Spott Olympiens über ihre Beziehung zur Musik ... Sie verlangte von mir, daß ich erklärte: Unsere neuere Musik anhören zu müssen verdiente, daß die Componisten mit den Ohren angenagelt würden ...

Diese Strafe trifft in der Türkei die Bäcker, wenn sie *[188]* schlechtes Brot backen! ... Dieser Witz wird den alten Rucca geärgert haben, wenn er ihn hörte ... sagte Fefelotti ...

In dieser heitern Weise dauerte die Unterhaltung fort ... Auch auf den Cardinal Ambrosi kam Fefelotti zu sprechen ...

Ich habe ihm, sagte er, sofort eine Amtswohnung anweisen lassen, indem ich ihn zum Vorstand der „Congregation der Reliquien und Katakomben" machte ... Vielleicht ist er so galant,

Olympien mit der Heiligsprechung der Eusebia Recanati ein Gegengeschenk für seine Erhebung zu machen ... Sie wissen doch noch, daß wir einst um die kleine „Wölfin" bei den „Lebendigbegrabenen" auseinander gekommen sind – Sie schlimme Frau, die Sie mir auch in Wien einen noch gottseligeren Priester auf Erden entdeckt haben – Ja Sie! Sie! Ich weiß es – Meinen Nachbar bei Coni – den magnetischen Bischof Bonaventura von Asselyn ... Sie haben ihn zuerst Olympien empfohlen ... Der Spott dabei auf mich kam allerdings wol nur von dem kleinen Grasaffen ...

Die Herzogin spitzte ihr Ohr ... Jedes Wort in diesen leichten Scherzen und drohenden Neckreden war bedeutungsvoll ... Ihr Palais an Piazza Sciarra stand also noch leer ... Cardinal Ambrosi hatte sich Olympiens Verehrungscultus entzogen ...

Bonaventura's heiliger Ruf wurde keineswegs von ihr abgelehnt ... Mit einem fast schelmischen Trotz berief sie sich auf das Urtheil der deutschen Kirche ...

Gut, daß ich mich an diesem Eindringling auf ita-*[189]*lienischen Boden habe überzeugen können, wie gefahrvoll diese deutsche Kirche wird, erwiderte Fefelotti ... Kaum in sein Amt eingeführt, begeht der Freche eine Unthat nach der andern ... Der Verbündete einer Ketzerin, die auf dem Schlosse Castellungo haust, wahrt er den durch die Milde der Zeiten übrig gebliebenen Resten einer schismatischen Sekte die Rechte, die sie verbrieft besitzen wollen, bestreitet das ihnen streng eingeschärfte Verbot, Proselyten zu machen, behauptet, die Dominicaner hätten außer diesen gefänglich eingezogenen, dann freigegebenen religiösen Fanatikern noch einen Eremiten eingekerkert, der den Wohlthäter des Volkes machen wollte und nur ein Verbreiter ruchloser Lehren war ... Auch dieser Eremit war ein Deutscher! ... England und Deutschland! Das wird unser Kampfplatz werden! ... In Deutschland ist es schon wieder wie zur Zeit Luther's ... Ein Priester ist aufgestanden, der dem Bischof von Trier die Aussetzung des Heiligen Rocks zum

Verbrechen am „Geist der Zeit" macht! ... Die ketzerischen Bewegungen auf dem Gebiet der Lehre, ja des Cultus nehmen überhand ... Erkundigungen, die wir über den Bischof von Robillante eingezogen haben, machen ihn zur Absetzung reif ... Und der blinde Wahn dieses Mannes geht so weit, hieher nicht als ein Angeklagter, sondern als ein Richter kommen zu wollen ...

Hieher –? Er wird berufen? ... fragte die Herzogin erbebend vor Angst und doch auch vor Freude ...

Der Bischof behauptet, fuhr Fefelotti in gesteigerter *[190]* Aufregung fort, die Nachricht, daß man jenen Eremiten in der Mark Ancona als Pilger gesehen hätte, wäre ein absichtlich ausgesprengter Irrthum ... Dieser Eremit wäre nach Rom überführt worden und säße hier in irgendeinem Kerker ... Der Pilger von Porto d'Ascoli, erklärte er noch kürzlich, wäre ein anderer ... Seit man jetzt verbreitet, er wäre ermordet worden, hatte ich eine Scene mit ihm, die zu seiner sofortigen Verhaftung hätte führen müssen, wäre nicht die besonnene Vermittelung eines seiner Verwandten von ihm dazwischen getreten ...

Des Signore – Benno –? ... fragte die Mutter nach Gleichmuth ringend ...

Der Cardinal bestätigte diesen Namen ...

Benno lebt denn also noch! ... dachte die Mutter und verbarg hinter Bewegungen, die ihr als Wirthin eines so hohen Besuches zukommen durften, das Gemisch ihrer Freude und Besorgniß ... Fefelotti sprach Benno's Namen harmlos aus ... Er schleuderte nur seinen Bannstrahl über Deutschland und Bonaventura ... Dann fragte er wiederholt nach Lucinden ... Er wußte, daß sie dem Cardinal nahe stand und Aussicht hatte, Gräfin Sarzana zu werden ... Nach den Berichten der kirchlichen Fanatiker Deutschlands nannte er sie eine Hocherleuchtete, der sich nur die eine Schwäche nachsagen ließe, für jenen Bischof von Robillante eine unerwiderte Liebe im Herzen getragen zu haben ...

Die Herzogin nahm ihm nichts von allen diesen Vorstellungen ... Sie sah, dem Großpönitentiar lag das Leben aller Menschen aufgedeckt ... Er fragte wiederholt, *[191]* was die Herzogin über Donna Lucinde wisse und ob sie gut mit ihr stünde ...

Die Herzogin sah, daß Fefelotti bei Ceccone eine Spionin suchte ... Vielleicht fand er sie in Lucinden ... Sie hütete sich, Lucinden nach ihrer Auffassung und eigenen Erfahrung zu charakterisiren ... Eine Vermittelung dieser Bekanntschaft durfte sie aus nahe liegenden Gründen – um Ceccone's willen – ablehnen ...

Es war schon halb elf Uhr, als der Cardinal sich endlich erhob ... Er hatte ein paar angenehme, höchst trauliche, für ihn mannichfach anregende Stunden verbracht ... Er hatte sich schnell wieder in den römischen Dingen orientirt ... Er versprach wiederzukommen ... Dann küßte er der Herzogin mit aller Galanterie die Hand, sagte ihr die Tage und die Orte, wo er „zum ersten male aufträte" – d. h. die Messe lesen oder sie mit Pomp anhören würde ... Das waren Schauspiele, wo sich alles, was zur Gesellschaft gehörte, versammeln mußte ... Er versprach ihr die „besten Plätze", unter andern zu einem morgenden Gebet von ihm in der Sixtina ...

Daß ich, sagte er beim Gehen, Ceccone's Feind nicht mehr sein will, beweise ich dadurch, daß ich den Schein von ihm entferne, als könnte er einer Dame, der er sich lebenslang verpflichtet fühlen sollte, wie Ihnen, undankbar gewesen sein ...

Mit dieser artigen Wendung empfahl er sich ...

Die ganze Dienerschaft, die der alte Marco rasch durch einige Hausgenossen vermehrt hatte, stand in den Vorzimmern ... Die Umwohner hatten sich den Schlaf *[192]* versagt, um dem Schauspiel der Abfahrt eines Cardinals beizuwohnen ... Fefelotti's Pferde trugen am Kopfgestell der Zäume die rothen Quasten. Die Kutsche war vergoldet; zwei Lakaien sprangen hinten auf, während ein dritter mit dem Ombrellino an der Hausthür wartete und beim Einsteigen den kleinen stämmigen

Priester begleitete, der seinerseits nur einfach, nur mit dem rothen dreieckigen Interimshut erschienen war ...

Einige Freude empfand die gedemüthigte Frau denn doch über diesen Besuch ... Sah sie auch Gefahren über den Häuptern der ihr allein noch im Leben werthen Menschen sich zusammenziehen, so blitzte doch in solchen Nöthen ein Hoffnungsstrahl auf durch die Beziehung zu einem so mächtigen Mann, der glücklicherweise ihren vollen Antheil an den Schicksalen der Bedrohten nicht ahnte ... Benno hatte jener Scene beigewohnt und ihren schlimmen Ausgang gemildert ... Sie wollte noch einen Tag warten und dann auf jede Gefahr hin dem Sohn mittheilen, worin sie alles ihre Sorge auf ihn, seinen Rath und seinen Beistand werfen müßte ... Die Vorladung Bonaventura's schien noch nicht entschieden zu sein ...

Am Abend nach dem Besuch Fefelotti's kam die Herzogin aus der Sixtinischen Kapelle, wo Fefelotti sein „erstes Abendgebet" gehalten hatte ... Der kleine Raum war überfüllt gewesen ... Der Qualm der Lichter, die Atmosphäre so vieler Menschen ließen sie fast ersticken ... Fefelotti hatte der Herzogin in aller Frühe schon einen reservirten Sitz zur Verfügung gestellt ...

Wie kräftig sprach er sein „Complet" – las den *[193]* 90. Psalm Qui habitat in adjutorio Domini, sang mit jenem conventionellen Ton, der vom Herzen sanft der Rührung den Weg durch die Nase läßt, sein Gloria Patri, worauf die Kapelle mit Simeon's Lobgesang: Nunc dimittis antiphonisch einfiel ... Nicht eine der zu Ceccone's engeren Beziehungen gehörenden Persönlichkeiten war zugegen ... Ceccone hatte die ersten Weihen, er nahm vor kurzem auch die letzten; er übte sich täglich im Messelesen, um seinerseits mit den unerläßlichen Bedingungen zur Papstwahl hinter andern nicht zurückzubleiben ... Fefelotti's Virtuosität in allen kirchlichen Functionen war ihm ein Gegenstand besondern Neides ...

Die Herzogin versank auch hier wieder in die schwärmerischste Sehnsucht nach ihrem Sohn ... Gerade diese kleine Kapelle, die für die Hausandacht der Päpste bestimmt ist, enthielt Michel Angelo's „Jüngstes Gericht" ... Man sieht nur noch ein wüstes Durcheinander dunkler Farben an den lampenrußgeschwärzten Wänden ... Benno hatte ihr geschrieben, der berühmte Gesang in dieser Kapelle hätte ihm nie die mindeste Erhebung gewährt; die unglücklichen Verstümmelten, die zur päpstlichen Kapelle gehörten, hätten im Discant gesungen wie Hühner, die plötzlich den Einfall bekämen, wie die Hähne zu krähen; die Bässe wären küstermäßig roh; die alten Weisen Durante's und Pergolese's kämen in ihrer einfachen Erhabenheit unwürdig zu Gehör ... Und für alles das schwärme der deutsche Sinn! Diese Sixtinischen Kapellenklänge allein schon wirkten wie ein Zauber *[194]* der Sehnsucht nach Deutschland hinüber! Erst der germanische Geist, der schon sonst das Christenthum überhaupt zur weltgeschichtlichen Sache des Gemüths gemacht hätte, hätte auch hier wieder in das Abgestorbenste, in die Kirchenmusik, neues Leben gebracht ... Wie klang das alles der Herzogin beim Schlußgebet des Erzbischofs von Coni nach: Omnipotens, sempiterne Deus! ...

Gestern Nacht hatte sie in die Asche „Sano?" geschrieben und der Wind hatte in der That an diesem Morgen „Canto" daraus gemacht ... Darum war sie mit Hoffnung in die Kapelle gefahren ... Sie war im Wagen die Treppe hinauf gekommen an den salutirenden, hanswurstartig gekleideten Schweizern vorüber; sie hatte, vorschriftsmäßig vom schwarzen Schleier verhüllt, zur Menschenmenge nicht aufgeblickt vom kleinen ihr reservirten Plätzchen aus ... Die von Michel Angelo in die Hölle geschleuderten Bischöfe und Cardinäle waren ihr heute nicht wie sonst Gegenstände der Zerstreuung, wenn sie in ihnen zum Sprechen ähnlich getroffene noch lebende Würdenträger suchte ... Das verschrumpfte Antlitz Achille Speroni's auf dem Singchor sah sie ohne Lächeln ... Speroni, der Cousin der jungen Fürstin Rucca, stand in seinem violetten Rock mit dem weißen Spitzenüberwurf und der rothen Halsbinde anfangs wie ein

Mann, sang auch eine Zeit lang wie ein Mann: Maria, ad te clamamus exules filii Evae! ... Dann aber, bei den für einen exul filius Evae doppelt rührenden Worten: „Maria, zu dir seufzen wir auf, weinend und flehend, in diesem Thal der Thränen!" sprang der Unglückliche in die äußerste Kopfhöhe über, fistulirte eine Weile und war zuletzt *[195]* bei den für einen Entmannten erschütternden Worten: „Zeig' uns, Maria, die gesegnete Frucht deines Leibes!" ein vollständiges Frauenzimmer ... Die Herzogin kannte nicht wörtlich den Inhalt dieser für die Trinitatiszeit normalen abendlichen Horengesänge; sie verstand nicht, wie die Worte in schneidender Ironie zur Verstümmelung des Sängers standen; im Geist aber hörte sie Benno's Aeußerung: Schon um diese krähenden Hühner der Sixtinischen Kapelle allein muß die römisch-katholische Kirche, wie sie jetzt ist, untergehen! ...

Mancher lächelnde und ironische Blick haftete an der Herzogin ... Er sollte ihrem Sturz gelten ... Sie dagegen durfte diesen Monsignores, Ordensgeneralen, Uditores und Adjutantes di Camera nicht minder ironisch lächeln ... Wie nur eine Hofdame bei einer großen Cour die Geheimnisse all dieser so steif sich verbeugenden Welt von ihrer Reversseite übersieht, so blickte auch sie auf alle diese tonsurirten Häupter, die das Frauenthum aus ihrem Leben ausgeschlossen zu haben schienen und die alle, alle doch gerade vom Frauenthum am meisten abhängig waren – nächst ihrem Ehrgeiz ...

Ihren Wagen behielt sie und befahl dem Kutscher, sie heute auf den Corso und in den Park der Villa Borghese zu fahren ... Sie kam sich wie wiederhergestellt vor ...

Wie sie gegen neun Uhr nach Hause kam, hörte sie, daß ein Fremder nach ihr verlangt hätte ... Er wollte morgen zeitig wiederkommen – hieß es ...

Dem beschriebenen Wuchse nach war es Benno ... Ein dunkler, voller Bart, der das ganze Gesicht beschat-*[196]*tete, ein grauer Calabreserhut – das stimmte freilich nicht zu ihrer Erinnerung ... Aber – wer konnte es denn anders sein? ...

Zu Nacht speiste sie nichts vor Aufregung …
Mit zitternder Hand schrieb sie in ihre Asche: „Sano?" …
Kaum, daß sie einige Stunden schlief …
Am Morgen las sie: „Salve!" …
In der That lag sie einige Stunden später in Benno's Armen.

6.

Ein geliebter Freund, der aus weiter Ferne von Reisen zurückkehrt, breitet zuvor seine Geschenke aus ... Benno brachte genueser Korallenschmuck und mailänder Seidenstoffe ... Kostbarer aber, als alles, war sein eigenes Selbst ...

Und war er es denn auch wirklich? ... War es jener liebenswürdige junge Mann, der vor einem Jahr am Kärnthnerthor zu Wien aus dem vierspännigen Wagen der Herzogin von Amarillas sprang? ... Aeußerlich machte er geradezu den Eindruck eines Italieners ... Gestern, frisch vom Postwagen gekommen, hatte er noch einen Calabreser aufgehabt ... Heute hatte er der Mode zwar den Tribut eines schwarzen Hutes gebracht, seinen verwilderten Bart ein wenig gestutzt; aber das lange schwarze Haar, die Bräune des Antlitzes, die leichte, heitere Beweglichkeit, alles das war nicht so, wie es die Mutter kannte aus den wenigen unvergeßlichen wiener Augenblicken des äußersten Schmerzes und der äußersten Freude ... Aber es war schöner noch; es war verwandter, heimatlicher als in der Er-[198]innerung. Sie erstickte seine ersten Worte mit ihren Küssen und Umarmungen ... Er war es – ihr Julio Cäsare ...

Nichts ist anziehender als ein lebensmuthiger, froher, sorgloser junger Mann ... Ihm gehört die Welt ... Alles, was die Gegenwart bietet, muß sich ihm zu Gefallen ändern ... Der Tag rauscht dahin, Jahre vergehen; den Reichthum seiner Lebenskraft scheint nichts zu berühren ... Gefühle, Leidenschaften, Gedanken, mit denen das Alter geizt, von denen die Erfahrung nur noch Einzelnes und Abgegrenztes entgegennimmt, ihm ist das alles noch eine in sich zusammenhängende große Welt, die den ganzen Menschen ergreift, alle Sinne zu gleicher Zeit, die Seele und den Leib – den Leib und die Seele ...

Benno verrieth anfangs nur die Stimmung, in die ihn die glückliche Lage versetzen durfte, von seinem Bruder Wittekind

anerkannt worden zu sein ... Seine Geldmittel flossen nach Bedürfniß ... Schon hatte er sich bei Sopra Minerva eine Wohnung gemiethet ... Endlich – er war bei seiner Mutter ...
Allmählich erstaunte er, die Mutter auf dem Monte Pincio zu finden ... Wie oft hatte er im letzten Herbst den Palast betrachtet, wo er wußte daß sie wohnte ...
Das ihm nun enthüllte Schicksal der Mutter durfte ihm, was die Geldmittel anbelangte, gleichgültig erscheinen ... Dennoch betraf es ihn tiefschmerzlich ... Mehr noch, er deutete fast mit Vorwurf an, wie verdrießlich es ihm war, diese Veränderung erst jetzt zu erfahren ...
Warum, mein Sohn –? fragte die Mutter voll Besorgniß ...
[199] Er wäre dann vielleicht nicht gekommen! sagte er ...
Die Betroffene erzählte ihm die Einzelheiten ihres Bruchs mit Ceccone ...
Dieser Elende! rief Benno ... Dann aber sprach er dumpf vor sich hin: Hätte ich – das geahnt! ...
Aber was hast du? fragte immer besorgter die Mutter ... Du rechnetest auf Olympiens Liebe –? setzte sie angstbeklommen, wenn auch lächelnd hinzu ...
Benno erröthete und erwiderte nichts ... In seinem Schweigen lag – ein aufrichtiges Ja! ...
Die Mutter stand mit bebenden Lippen vor ihm und hielt seine beiden Hände ...
Benno verhieß jede Aufklärung ... Jetzt sprach er von einem Freund, der ihn vielleicht bei dem jungen Fürsten Rucca schon angemeldet hätte ...
Ich Thörin! wehklagte die Mutter. Ich mistraute der Sicherheit unserer Briefe und schrieb dir nichts ...
Die Mutter wagte noch nicht von Lucinden zu sprechen ...
Benno wurde zerstreuter und zerstreuter ... Er schützte für eine vorläufige Entfernung das Suchenmüssen seines Freundes vor ... Dieser hatte bereits vor ihm eintreffen wollen ... Er erzählte nur noch einiges von Bonaventura's schwieriger Stellung,

vom Dank, den sich sein Freund erworben durch die Befreiung einiger Opfer der Inquisition, von Bonaventura's Mistrauen in die ihm von Rom durch Lucinde und die Mutter gewordenen Mittheilungen über die Identität jenes Pilgers mit dem Eremiten Fra Federigo, der sich nach allgemein dort verbreiteter Meinung in den Kerkern der Inquisition zu *[200]* Rom befinden müsse, von der bedenklichen Feindschaft Fefelotti's, die es indessen zu einer förmlichen Anklage durch die Congregazione de Vescovi e Regolari noch nicht hatte kommen lassen ...

Die Mutter wagte sich mit einigen ihrer Erfahrungen hervor ... Sie erzählte von Fefelotti ... Sie erzählte endlich auch – Lucindens Mitwissenschaft um das Geheimniß seines wahren Namens ...

Von dieser Seite konnte nur das Verhängniß kommen! erwiderte Benno mit den lebhaftesten Zeichen der Betroffenheit ...

That ich recht, mit einem solchen Dämon Frieden zu schließen? fragte die Mutter und las voll Angst in seinen Mienen ...

Gewiß! gewiß! sagte er fast abwesend ...

Er wollte gehen und den Freund suchen ... Offenbar kämpfte sein Inneres irgend einen gewaltigen Kampf ... Die Mutter sah es und wollte ihn nicht lassen ...

Als er dann aber doch gegangen war mit dem Versprechen, gegen Abend zurückzukehren, als sie in die letzte Umarmung die ganze Empfindung ausgeströmt hatte, die sie vorm Jahr nach ihrem: „Auf Wiedersehn!" in ihr Herz verschlossen und angesammelt, überfiel sie jenes Bangen, von dem wir selbst nach der mächtigsten Freude und dann ohne allen Grund erschreckt werden können. Salve! Salve! rief sie ihm zwar nach und ihres Orakels dankbar gedenkend. Aber nun wuchs das wiedereroberte Glück zu solcher Höhe, daß sie ein Schwindel ergriff. Ist es denn möglich, rief sie, sein Vaterland scheint nicht mehr *[201]* dieser kalte Norden zu sein! Er spricht im Geist seiner Mutter, nicht blos so schön in den Lauten unserer Zunge! ...

Daß sie in dieser Seligkeit nicht lange verweilen durfte, machte sie weinen ... Was hat er mit Ceccone – was mit Olympien? ...

Zwei Stunden war er bei ihr gewesen ... Nun erst dachte sie allem nach, was er gesprochen ...

Er hatte politische Aeußerungen fallen lassen ... Er hatte nach einigen freisinnigen Namen, nach Lucian Bonaparte gefragt ... Himmel, rief sie, ich sollte erleben, daß ich eine Römerin werde wie die Mutter der Gracchen! Cäsar, Cäsar, ich bin nicht so stark wie Cornelia! Ich zittere vor Gefahren, in die du dich begibst ...

Was ist ihm nur verdorben durch meinen Bruch mit Ceccone –? grübelte sie ... Bedarf er eines so Mächtigen? ... Fühlt er sich nicht sicher? ...

Sie erschrak, daß er von einem Gang auf die österreichische Gesandtschaft als von etwas für seine Lage Ueberflüssigem sprach ... Er lehnte den Wunsch eines Zusammenhangs mit Deutschland ab ...

Nun drängte sich anderes in ihre Erinnerung an diese seligen zwei Stunden ... Wie sinnig hatte er das Pastellmedaillon des Herzogs von Amarillas betrachtet! ... Wie wehmuthsvoll umflorte sich sein Auge, als sie dies Medaillon öffnete und Angiolinens blutiges Haar hervorzog! ... Sie hatte ein geheimes Fach eines Schreibsecretärs aufgezogen und ihm Erinnerungen an Kassel, Schloß Neuhof, Altenkirchen gezeigt, die gefälschten Demissorialien, die Zeugenaussagen der [202] Freunde Wittekind's ... Alle dem sprach er Worte voll Ernst und Charakter ...

Zuletzt nahm sie alles leichter ... Sein Lächeln war zu lieb und sicher gewesen ... Er hatte sie zu innig umarmt, zu oft an den Spiegel geführt und sich mit ihr verglichen; ihre Hände küßte sie an den Stellen, wo er sie geküßt hatte ... Sie fühlte ihre Jahre nicht mehr, sie gedachte ihrer grauen Haare nicht, sie liebte Benno mit dem Feuer eines Mädchens, das ein Abbild ihrer Träume gefunden ... Zu Lucinden hätte sie hinausfahren und ihr rufen mögen: Was willst du uns! ... Ueber Armgart, von der sie sogleich gesprochen, hatte sich Benno nur träumerisch ablehnend geäußert ...

Alle ihre Unruhe sammelte sich jetzt in der Sorge um ein würdiges Empfangen des Sohns für den Abend ... Er kam dann vielleicht mit seinem in Aussicht gestellten und vielleicht gefundenen Freunde ... Letzterer hätte drei Tage schon vor ihm in Rom sein sollen, hatte Benno erzählt und seinen Namen mehrmals genannt ... Daß sie ihn behielt, war von einer Italienerin nicht zu verlangen ... Auch Marco und die andern Dienstboten, die befragt wurden, ob wol jemand nach Baron d'Asselyno im Hause gefragt hätte, behielten ihn, obgleich ihn Benno auch ihnen nannte, nur unter dem Namen des vielleicht noch kommenden „Signore biondo" – des „blonden Herrn" ... Sonst schien man wegen eines so außerordentlich warm begrüßten Fremden wie Benno im Hause nicht zu neugierig ... Marco beherrschte sich ... Er war das Prachtexemplar eines italienischen Bedienten ... Schon in den Vor-Ceccone'schen Zeiten der Herzogin *[203]* hatte er Abends ihren Kammerherrn, Vormittags die Scheuerfrau gemacht ... Jetzt sank er zwar nicht ganz zu dieser Vielseitigkeit herab, aber den Koch mußte er doch heute Abend mit dem Kammerherrn zu verbinden wissen ... Er versprach ein Souper herzurichten, wie es sich für eine Herzogin gebührte ... Die Mutter ordnete und schmückte die Wohnung und – sich selbst ... Das Haus war in Aufregung ... Una conoscenza della Padrona – aus Wien ... Wozu brauchte es weiterer Aufklärung ...

Das beste Zimmer der Etage bot einen Ausgang auf eine prächtige Altane – das Dach eines vorgebauten, niedrigeren Hauses ... Hier war die Plateforme mit riesigen großen Blumentöpfen bestellt, mit kleinen Orangen-, großen Oleanderbäumen ... Die geöffnete Thür ließ die Wohlgerüche der Pinciogärten in das einfache, heute doppelt sorgfältig geordnete Zimmer einziehen ... Noch wurden Teppiche auf die Stellen gebreitet, die die Blumenstöcke leer ließen ... Das die unschuldigste Nachahmung der „hängenden Gärten der Semiramis"... Ein ungehinderter Fernblick zeigte ein Häusermeer, aus dem die Kirchen, Säulen und Obelisken, schon von der sinkenden Sonne beleuchtet und rosig verklärt, emporragten ... Die Luft noch wie frühlingsmilde ... Die Mutter hätte der Welt rufen mögen: Wo ist heute eine Festesfreude, wie bei mir! ...

Marco lief hin und her und kaufte ein ... Mag er ein wenig die Ohren spitzen, mag er sogar denken: Das ist wol gar der Vielbesprochene, um den die Fürstin Rucca so manche Tasse zerbrach und so manchen *[204]* Teller an den Kopf der Diener schleuderte! ... So dachte sie ...

Aber nun: Was wird Olympia sagen! ...

Da stand sie beim Arrangement ihrer Blumen still und flüsterte: Wohl! Wohl! Was wird Olympia sagen! ... Mehr schon zu fassen und zu denken vermochte sie noch nicht ...

Benno kam dann rechtzeitig und noch vor dem Abend ...

Der Freund war nicht angekommen ... Er hieß Thiebold de Jonge – „Tebaldo", wie man wenigstens den Vornamen behielt ...

Ist es wol der? fragte die Mutter und erzählte was sie von Lucinden über Armgart's drei Freier wußte ...

Benno zog die gelben Handschuhe aus, knöpfte den schwarzen Frack auf, strich den langen lockigen Bart, der auf die weiße Weste niederglitt, und sagte:

Es ist unwürdig, von Armgart in einem Augenblick zu sprechen, wo ich nur zu sehr verrathe, daß – ich bedauere, von Olympien vergessen worden zu sein ...

Wieder dasselbe Räthsel, wie heute früh ...

Die Mutter begriff diese Aeußerung nicht ... Aber sie wußte, daß die Aufklärung nicht fehlen sollte ... Jetzt hatte sie nur mit Benno's Person, mit dem Glück, ihn zu besitzen, zu thun und war wie eine Braut mit ihm ... Eine Braut ist in den ersten Tagen ihres Glücks ganz nur von stiller Prüfung und Beobachtung erfüllt, wie sich der Geliebteste in der ihm jetzt gestatteten engeren Vertraulichkeit des Umgangs ausnimmt; wie ihm die Berührung mit ihrem eigenen kleinen Dasein steht; wie ihre Blumen, ihre Bücher, ihre kleinen Pedantereien am Nähtisch *[205]* von ihm beurtheilt werden; wie in die tägliche Ordnung des Aelternhauses sein Wesen sich bescheiden oder vielleicht gar – o Wonne und Glück! – ihre aparten Ansichten über diesen Brauch und jenen Misbrauch den Aeltern gegenüber unterstützend fügt ... Wohl dem Bund, wo dann alles so still beklommen Beobachtete die Seligkeit des Besitzes mehrt, kein plötzlich ausbrechender Thränenstrom verräth, daß oft ein einziges, allzu sorglos hingeworfenes Wort den Cultus eines ganzen ersten Jugendlebens stürzt – Welten wie Spinneweben zerreißt ... Wohl dem Bund, wo die Harmonie der Herzen dann auch eine des Geistes und unsers irdischen, oft allerdings launisch bedingten Daseins wird! ...

Benno spöttelte immer noch gern und war nie ein – Zwirnabwickler, wie Armgart die Männer nannte, die sie nicht mochte. Aber „Mutter Gülpen" in der Dechanei hatte ihn doch ein wenig für die Schwächen der Frauen erzogen. Wo er mußte, fügte er sich dem Ton, den die Frauen lieben. Auch Gräfin Erdmuthe hatte nachgeholfen. Er kam so geschult, so rücksichtsvoll und artig, daß die Mutter ihre Freude hatte zu sehen: So nimmt er sich aus vor andern! So gleicht er – dem bösen Vater und so gleicht er ihm auch nicht! ... Das Haar unter dem großen Medaillon des mit Orden bedeckten weißlockigen Herzogs von Amarillas hatte er sich wieder betrachten zu dürfen erbeten ... Benno sah ebenso voll Wehmuth den Inhalt der Kapsel, wie mit Interesse das Bild des greisen Herzogs, der in jedem Zug den Spanier verrieth ...

Die Politik war in der That die Seele von allem, *[206]* was Benno in längerer und ausführlicherer Erörterung sprach ... Er sah sich um, ob sie unbelauscht blieben ... Die Mutter führte ihn auf die nun dunkelnde Altane hinaus ... Hier war alles still ... Da saßen sie unter den duftenden Blüten ... Ihre Hände ruhten auf dem Schoos der Mutter ineinander ...

Benno's die Mutter außerordentlich überraschende Berührung mit den politischen Umtrieben der Jugend und den Flüchtlingen Italiens beruhte auf einem persönlichen Erlebniß ... Nachdem er seiner Fürsorge für Bonaventura's Gefahr noch einmal alles hatte berichten lassen, was die Mutter von Fefelotti vorgestern gehört, erzählte er es ...

Sein Grübeln über den Anlaß aller dieser Lebenswirren – es war Bonaventura's Schmerz um das traurige Geschick seines Vaters – unterbrach er fast gewaltsam ...

Er erzählte, daß er vorm Jahre mit den Depeschen des Staatskanzlers nach Triest und von dort zu Schiff nach Ancona gereist wäre – den kürzesten Weg, um Rom in Zeit von acht Tagen zu erreichen ... Auf diesem Dampfboot hätte er eine Bekanntschaft gemacht ... Ein hoher stattlicher Mann wäre ihm aufgefallen, ein Greis mit weißen Haaren, aber kräftigen dunkelgebräunten Antlitzes, eine Erscheinung, vor der die Bemannung des Schiffes ebenso wol, wie die Passagiere die größte, wenn auch etwas scheue Hochachtung bezeugt hätten ... Bald hätte er erfahren, daß dieser in einen grauen militärischen Oberrock, sonst in Civil gekleidete Mann einer der ersten Namen des Kaiserreichs wäre, Admiral der österreichischen Flotte, Fran-[207]cesco Bandiera*) ... Italiener von Geburt, Venetianer aus den alten Geschlechtern, hatte Bandiera die angeborene Seemannsnatur zu Gunsten des Staates ausgebildet, dem ihn die Geschicke Europas nach dem Sturz Napoleon's zugewiesen ... Er hatte die kaiserliche Marine ebenso vervollkommnet, wie ihrer Geschichte Lorbern errungen – er befehligte die österreichische Fregatte „Bellona", die noch vor kurzem ein englisches Bombardement von Saint-Jean d'Acre unterstützte ... Reisen nach Amerika hatte er gemacht und trug, wenn er sich in ganzer Repräsentation seiner Würde hätte zeigen wollen, die Brust mit Orden bedeckt – ...

---

*) Geboren 1780 in Venedig.

Die Herzogin kannte die Lage dieses Mannes ... Sie wußte, warum sein Blick so traurig und die Ehrfurcht vor ihm so scheu gewesen sein mußte ...

Zwei seiner Söhne, bestätigte Benno, hatten die Loyalität des hochgestellten Vaters auf eine in Oesterreich mit Indignation, in Italien mit Jubel aufgenommene Weise compromittirt ... Attilio und Aemilio Bandiera standen als Marinelieutenants unter ihrem Vater.*) Mit dem Pistol in der Hand und im Bund mit einigen Verschworenen hatten sie sich das Commando der Fregatte „Bellona" erzwingen und mit ihr nach der Küste der Romagna segeln wollen, wo ein gleichzeitig organisirter Aufstand den Versuch einer Insurrection erneuern sollte, der schon einmal bei Forli und Rimini gescheitert war ... Bandiera selbst, der Admiral, ihr Vater, hatte *[208]* sich damals den für einen Italiener zweifelhaften, für einen Oesterreicher achtbaren Ruhm erworben, die Trümmer der in Rimini und Forli gesprengten Insurrection – Louis Napoleon Bonaparte war unter den Entkommenen, sein älterer Bruder unter den Gefallenen – zur See vernichtet zu haben ... Aber der Ueberfall der Fregatte „Bellona" mislang ... Die beiden dem „Jungen Italien" affiliirten Söhne des Admirals entflohen ... Bandiera, vor dem Kaiserstaat in seinen Söhnen compromittirt, riß sich im ersten Anfall seines Schmerzes die Epauletten von den Schultern, band sich die goldene Schärpe ab, legte seine Würde nieder und begab sich nach seinem Landgut Campanede bei Mestre an den Lagunen Venedigs; er bekannte sich seiner Stellung für nicht mehr würdig ...

Die Herzogin kannte alle diese ergreifenden Vorfälle ...

Wohl kannst du denken, fuhr Benno fort, wie mich der Anblick dieses Greises erschütterte! ... Die markige Gestalt war vom tiefsten Schmerz gebeugt ... In die Wellen blickte Francesco Bandiera wie Jemand, der den Tod einem Leben ohne Ehre vorzieht ... Abgeschlossen hielt er sich von der ganzen Equipage des

---

*) Wir geben nur Thatsachen.

Schiffs ... Ich hörte flüstern, er wollte nach Korfu, wohin seine Söhne geflohen waren, wollte ihnen zureden, zurückzukehren, sich dem Kriegsgericht zu stellen, das sie ohne Zweifel zum Tode verurtheilen würde – er wollte sie ermuntern, sich der Gnade des Kaisers zu empfehlen und eine Gefängnißstrafe zu büßen, die vielleicht keine lebenslängliche war ... Auch ihm persönlich konnte dann noch vielleicht möglich bleiben, eine Stellung zu [209] behalten, die er trotz seiner Jahre liebte ... Das Blut eines alten Seemanns fließt unruhig und geht nicht im gleichen Takt mit dem Leben auf dem Lande ...

Die Mutter verstand die Schwere eines solchen Schicksals und horchte ... „Eine Mutter", sagte sie, „ist die Vorsehung ihres Kindes!" Das waren deine Worte, mein Sohn, als wir an Angiolinens Leiche standen! ... Ein Vater aber, fuhr sie fort, ist der Sohn selbst ... Das ist nur Eine Person mit ihm – Vater und Sohn, beide haben nur eine und dieselbe Ehre – ...

Benno seufzte ... Er verfiel auf Augenblicke in ein Sinnen. Nicht um den Kronsyndikus, wie die Mutter dachte ... Ebenso hatte Bonaventura gesprochen, der keine Ruhe mehr im Leben finden zu können erklärte, solange er wüßte, in einem Kerker der Inquisition schmachtete sein Vater ... Benno theilte die Ueberzeugung, daß Fra Federigo Friedrich von Asselyn war ... Er sah Conflicte kommen mit Friedrich von Wittekind, der ihn todt glauben mußte ... Sich aufraffend fuhr er fort:

Die Begegnung des Vaters mit seinen Söhnen schien eine Scene des höchsten Schmerzes werden zu müssen ... Ich betrachtete den gebeugten Helden mit jener Rührung, die das tragische Schicksal einflößt ... Doch gerade meinen Blick vermied er ... Es hatte sich herumgesprochen, daß ich als Courier für die Regierung reiste. Meine Tasche mit den Depeschen verrieth mich; Geheimhaltung war mir nicht anbefohlen worden ...

Benno war schon so auf die Weise des politischen Lebens in Italien gestimmt, daß er den besorglichen Blick der Mutter wohl verstand ... Ein Courier mit österrei-*[210]*chischen Depeschen ist in Italien nicht vor dem Tode sicher ...

Die Fahrt dauerte zwei Tage und zwei Nächte ... erzählte Benno. Die Küste der Romagna kam und verschwand wieder. Die hohen Apenninen sah das Fernrohr bald, bald verloren sich die zackigen, zuweilen schneebedeckten Höhen. Jenseits derselben lag Rom! ... Auf die Länge war nicht zu vermeiden, daß Bandiera mit mir in Gespräche verwickelt wurde. Er erkundigte sich nach meiner Heimat. Da er sie nennen hörte, sprach er von einem mir unendlich theuern Namen, der aus dortiger Gegend gebürtig ist. Den englischen Obersten Ulrich von Hülleshoven hatte Bandiera auf der Rückreise von Rio Janeiro, wohin er die Erzherzogin Leopoldine von Oesterreich als Kaiserin von Brasilien überführt hatte, in Canada kennen gelernt ...

Den Vater deiner Armgart! ... sagte die Mutter lächelnd ...

Benno erwiderte:

Du sahst wol an Lucindens Schilderung, daß diese Liebe mehr ein Gegenstand des Spottes als des Glückwunsches ist ... Schon hab' ich mich gewöhnt, sie wie meinen Stern des Morgenlands zu betrachten, dem die Lebensreise unbewußt folgt ... Ich hoffe um so weniger auf Erfüllung, als der Freund, den ich jeden Augenblick erwarte, ebenso leidet wie ich ...

Mein Sohn, sagte die Mutter voll Theilnahme, es gibt in der Liebe vielerlei Wege ... Die gerade Straße führt nicht immer zu dem, was für uns bestimmt ist ... Hoffe! ...

[211] Benno hielt einen Augenblick inne und schüttelte seine ihm fast auf die Schultern reichenden schwarzen Locken ... Nach einer Weile fuhr er fort:

Auf diese Mittheilung, die mich außerordentlich überraschte, wurde ich mit Admiral Bandiera vertrauter ... Daß der vom Staatskanzler mir gegebene Auftrag eine ganz zufällige Veranlassung hatte, schien ihn fast zu erfreuen ... Er faßte Vertrauen, als ich ihm sagte: Die Jugend des jetzigen Europa wächst in neuen Anschauungen auf! Zwei Offiziere, die ihren Eid brächen, könnte man freilich nicht entschuldigen; aber wie oft hätten auch die Völker und die Fürsten in diesen Zeiten ihre Eide brechen müssen! ... Nein, wallte er auf, ich schieße sie nieder, die Fahnenflüchtlinge, Verräther an ihrem Kaiser, ihrem Schiff, dem sie angehörten, dem Palladium ihrer Ehre! ... Die Erregung, mit der der greise Admiral diese Worte sprach, glich der des Brutus, der seine Söhne zu richten hat ... Dennoch konnt' ich erwarten, daß diese Reise nach Korfu, wo die Söhne ein Asyl bei den Engländern gefunden hatten, die Wendung der Versöhnung nahm. Ich bemitleidete den Greis, dessen Inneres von Folterqualen zerrissen schien ...

Die Mutter nahm schon längst Partei für die Söhne ... Sie machte eine jener verächtlichen Mienen, von denen auch nur, wenn innerliche Abneigung sie ergreift, die Südländerin ihre Gesichtszüge entstellen läßt ...

Ihren Pahs! und Ehs! erwiderte Benno:

Ich rechnete zu des Vaters Leiden die mir vollkommen ersichtliche Liebe und Theilnahme für seine Söhne ... Sie schienen die Augäpfel seines Lebens ... *[212]* Beide Söhne waren der Stolz der Mutter, die nach Mailand geeilt war, um die Gnade des Vicekönigs anzurufen ... Sie hatte tröstende Versprechungen zurückgebracht, falls die Flüchtlinge reuig wiederkehrten ... Ja im Stillen gährte in des Alten Brust die Regung des geborenen Italieners. Er glaubte vollkommen an die Möglichkeit dieser Verirrung, schrieb er sie auch nur auf Rechnung der Verführung – Er, er wollte ihnen lieber die kaiserliche Kugel vor die Stirn brennen lassen, rief er aus, als sie mit diesen Mordbrennern und Mördern in London, Malta, Korfu, wo die Junten des „Jungen Italien" säßen, Hand in Hand gehen zu sehen – Bald jedoch setzte er hinzu: Dort suchen und finden sie die Kugel sichrer, als wenn sie nach Venedig zurückkehren, ihren Richtern sich stellen und ihr Schicksal der Gnade des Kaisers empfehlen! ... Was thun solcher Jugend, fuhr er wie – ein Italiener zu calculiren fort, ein paar verlorene Jahre? Bis dahin ändert sich vieles. Aemilio, mein jüngerer, ist kräftig; Attilio, der ältere, zarter – erst dreiundzwanzig Jahre alt ...

Das Auge der Herzogin leuchtete hell auf ... Ihr Herz schlug für die jungen Flüchtlinge, die zu jenem Bunde gehörten, von dem zwölf Logen auch in Rom wirken sollten – zu jenen Verschwörungen, um derentwillen Fefelotti und Ceccone scheinbar Frieden geschlossen ... Nur blieb sie besorglich gespannt ... Wie konnte diese Begegnung Veranlassung sein, daß Benno so plötzlich nach Rom kam und sogar wünschen konnte, Ceccone und Olympien wieder zu begegnen ... Ihre Augen, die wie glühende Fragezeichen auf dem sonnenverbrannten *[213]* Antlitz des Sohnes hafteten, sprachen: Was willst du mit alledem? ...

Mutter, sagte Benno liebevoll, ich gestehe dir's, ich habe bei allen diesen Beziehungen nur an dich gedacht, habe aus deinem Sinn heraus darüber geurtheilt – du hattest mich schon in Wien zum Italiener gemacht ...

Divino! flüsterte die Herzogin und küßte Benno's Stirn ...

Benno drückte ihre Hand und fuhr fort:

Ich empfand Mitleid mit dem Vater und den Söhnen ... Auch die Söhne schienen ihren Vater zu lieben und die Schande vollkommen zu erkennen, die sie ihm bereiteten ... Er erzählte die rührendsten Züge ihrer Anhänglichkeit ... Wie erkannt' ich das schöne Band, das einen Sohn an seinen Vater fesseln kann – wie den Schmerz, nicht mit ihm dieselbe Bahn gehen zu dürfen! ... Ich vergegenwärtigte mir den Mann, dessen Namen auch wir tragen sollten und sagte mir: Hättest du ihn im Leben zur Rechenschaft fordern dürfen, wer weiß, ob sein Anblick dich nicht entwaffnet hätte ...

Orest tödtete seine Mutter! wallte die Herzogin auf ...

Aber die Furien verfolgten ihn! entgegnete Benno ...

Ein unheimliches Brüten trat in die Augen der Herzogin ... Sie schien sich auf die Momente Wittekind's zu besinnen, von denen sie selbst erzählt hatte, daß sie bestrickend sein konnten ... Sie brütete, ob sich Benno etwas daraus machen würde, sich mit der Zeit einen *[214]* Wittekind zu nennen ... Fefelotti konnte mit einem Federstrich ihre Ehe legitimiren ... Für wissentliche und unwissentliche Bigamie gab es in Rom dicht an der nächsten Straßenecke die officielle Entsühnung ...

In Ancona nahm ich Abschied von dem greisen Helden, fuhr inzwischen Benno fort. Obgleich das Schiff einen Tag rastete, blieb der Admiral auf seinem Elemente. Anconas Thürme schreckten ihn. Er hatte die Fahne des „Jungen Italien" auf ihnen gesehen. Er hatte die Flüchtlinge von Forli und Rimini aufgefangen und an die Kerker des Spielbergs ausgeliefert ... So lohnte ihm die Nemesis ... Er drückte meine Hand, ermahnte mich, wenn ich Aeltern hätte, ihnen Freude zu machen, empfahl sich dem Obersten von Hülleshoven und zeigte nach Südost, zu den jonischen Inseln hinüber. Die Heimat des Ulysses! sagte er ... Ihm würde keine Ruhe mehr werden, deutete er damit an. Er wollte seiner Weinreben in Campanede warten. Der Gedanke an seine Gattin, die Mutter dieser geliebten Söhne, füllte sein Auge mit Thränen ...

Die Herzogin machte eine Miene, als wollte sie sagen: Ah bah! Was hilft das uns! Kümmere dich nicht um ihn! ...

Ich erlitt in Ancona eine Verzögerung, fuhr Benno fort, weil gerade damals Grizzifalcone den Weg nach Rom besonders unsicher machte ... Der Eilwagen fuhr in Begleitung eines Detachements Carabiniers ...

Ueber den Angriff bei Olympiens Hochzeit, über die Gefahr der Mutter, den Tod des Räubers hatten sich die Briefe genugsam ausgesprochen ... Dennoch kam *[215]* Benno mit neuem Bedauern darauf zurück ... Dafür kürzte er die Schilderung seines Aufenthalts in Rom ab, der bis zum Carneval und bis zur Ankunft der Mutter gedauert hatte ...

Da entflohst du wieder! ... sagte sie. Bereitetest meiner Sehnsucht die schmerzlichste Enttäuschung! ... Nun ich von deiner Liebe zu Armgart weiß, versteh' ich es – und alles das nennst du deutsch! Deutsch ist euch die Ehrlichkeit –! ... Dein

Vater war nun auch ein Deutscher und dennoch – Doch fahre fort! ... Ich ahne – sagte die Mutter mit zagender Stimme – du lerntest die Gebrüder Bandiera selbst kennen ...

Ich ging nach dem Süden, sprach Benno mit bejahender Miene, sah Neapel, schwelgte in Sorrent, kletterte über die Felsen Capris und Ischias, lernte die Sprache des Volks, die eine andere als die der Grammatik ist, und reiste nach Sicilien ... Ich machte die Reise mit einigen Engländern, die ich in Sorrent kennen gelernt hatte im Hause der Geburt Tasso's ... Wir stimmten beim Anblick einer alten Bronzebüste des Dichters überein, daß nach diesem Abbild Tasso die häßlichste Physiognomie von der Welt gehabt haben müßte und dadurch seine Stellung zu Leonore d'Este eine neue und komische Beleuchtung erhielte ... Ich blieb mit diesen heitern Engländern zusammen ... Wir reisten nach Palermo ... Dort besuchten wir ein englisches Kriegsschiff, das im Hafen lag ... Wir dinirten am Bord desselben; köstlicher und fröhlicher, als ich seit Jahren auf dem Lande gelebt ... Der Wein floß in Strömen ... Die Engländer meiner Bekanntschaft wa-*[216]*ren mit dem Kapitän von der Schule zu Eton her bekannt ... Am Tisch saßen zwei junge Männer, Italiener, die bei dieser ausgelassenen Schwelgerei die Zurückhaltung und Mäßigkeit selbst waren ... Sie sprachen Deutsch und Englisch, waren bildschön, hatten Augen von einem glühenden und doch wieder so milden Feuer – ...

Wie du! unterbrach die Mutter wie mit dem Ton der Eifersucht ... Sie weidete sich an Benno's Anblick, der ein edler und männlicher war ...

Sage, wie – verkleidete Angiolinen! ... entgegnete Benno ... Die Söhne Bandiera's waren wie Castor und Pollux ... Redete man den einen an, so erröthete statt seiner der andere ... Nach Tisch wurde auf dem freien Element bei einem Sonnenschein, der alle Herzen der Menschen mit Liebe und Versöhnung hätte erfüllen sollen, politisirt ... In der Ferne lag das rauschende wilde Palermo mit seinen Kuppeln und Thürmen; sein Kauffahrteihafen mit Hunderten von Masten; das englische Kriegsschiff mit achtzig Kanonen lag dicht am Castell und diente zur Unterstützung einer Differenz des englischen Leoparden mit der Krone Neapels*) ... Dicht lag es an dem abgesonderten Festungshafen Castellamare ... Ich erzählte den Brüdern meine Begegnung mit ihrem Vater und fragte nach dem Resultat ... Sie sehen es, sagten beide zu gleicher Zeit und zu gleicher Zeit füllten sich beider Augen mit Thränen ... Abwechselnd, wie nach Verabredung und doch nur in-*[217]*folge ihrer guten Erziehung und brüderlichen Eintracht, sprach immer der eine und dann erst der andere. Ihr Gemüth schien ein einziges Uhrwerk zu sein. Was auf dem Zifferblatt der eine zeigte, schlug mit dem Glockenhammer der andere ... Sie erzählten, daß sie wol gewußt hätten, welchen Kummer sie dem Vater und der Mutter bereiteten und wie sie des erstern ehrenvolle Laufbahn unterbrächen. Sie hätten aber schon lange keinen freien Willen mehr. Einmal eingereiht in den Bund des „Jungen Italien" müßten sie vollziehen, was ihnen befohlen würde. Die Befehle kämen von London, Malta und Korfu. Nur durch diese blinde Unterwerfung und gänzliche Gefangengabe seiner eigenen Persönlichkeit könnte eine große Zukunft erzielt werden. Italien müßte frei von den Fremden, frei von seinen eigenen Unterdrückern, müßte einig werden und eine große untheilbare Republik. Ich mochte, weil dieser Wahn zu eingewurzelt schien, ihn nicht bekämpfen ...

Wahn? unterbrach die Mutter. Glaubst du, daß diese Ceccones, diese Fefelottis so zittern würden, wenn sie solche Hoffnungen für Wahn hielten? ... Alle Cabinete Italiens fürchten sich vor diesen beiden Jünglingen ...

Die Republik, sagte Benno, ist nur möglich für Völker, die in dieser Staatsform eine Erleichterung für ihre übrige tägliche Sorge, für eine vom Gewinn oder von der Furcht gestachelte

---

*) Die bekannte „Schwefelfrage".

einzelne Hauptthätigkeit ihres geselligen Verbandes finden. Sie ist möglich bei einem Volk, das in der Lage ist, sich täglich vertheidigen zu müssen, wie die Republiken Griechenlands; sie ist bei leidenschaftlichen und den Erwerb liebenden Ackerbauern, wie in der Schweiz, *[218]* bei leidenschaftlichen Industriellen, wie in den Niederlanden und in England, bei Handeltreibenden, wie in Holland und Amerika möglich. Jede Nation aber, die sich Zeit zum Träumen lassen darf, die nichts erzielt, nichts hervorbringt, Nationen, wie sie Südamerika, Spanien, Italien, selbst Deutschland bietet, sind unfähig zur Republik ...

Die Herzogin erwiderte:

Der Italiener liebt den Gewinn mehr, wie Einer ...

Italien sind nicht die Gastwirthe! entgegnete Benno und wollte dem Thema ausweichen ...

Die Mutter aber hielt es fest und sah in Italien die Republik unter dem Schutz eines verbesserten Papstthums wieder aufblühen ... Rom beherrscht noch einmal die Welt! sagte sie. Das erhöhte, zur wahren Capitale der Christenheit erhobene Rom! ...

Mit oder ohne Jesuiten? ... fragte Benno ironisch ...

Ein spanischer Jesuit lehrte, es sei erlaubt, Tyrannen zu morden ...

Ketzerische Tyrannen! ...

Marco hatte sein Souper beendigt, hatte sich in seinen schwarzen Frack geworfen und ging lächelnd und schmunzelnd wie ein alter Hausfreund drinnen im Salon auf und ab ...

Mutter und Sohn mußten schweigen, weil der Alte näher kam, auf die Blumenterrasse durch die halbgeöffnete Thür blickte und fragte:

Altezza werden nicht mehr auf den Corso fahren –?

Marco that, als wäre es ganz in der Ordnung, *[219]* wenn man hier jeden Abend ein gewähltes Souper fand ...

Hier ist unser Corso –! sagte die Mutter ...

So will ich die Pferde ausspannen lassen ... blinzelte Marco und ging ...

Die Pferde waren gar nicht angespannt gewesen ... Ein Miethkutscher in der Nähe lieferte sie nach Bestellung ... Wurden sie nicht bestellt, so war es eine kleine Ersparniß ...

Benno, der diese kleinen Manöver, die Marco machte, um die Armuth seiner Gebieterin zu verbergen, mit Rührung bemerkt hatte, lenkte, da die Herzogin den Nachtimbiß noch etwas verschieben zu wollen Marco nachgerufen hatte, wieder auf seine Erzählung ein ... Er schilderte den Eindruck, den ihm die Brüder Bandiera gemacht hätten, als einen so nachhaltigen, daß er seit jenem Besuch des Kriegsschiffs in den Interessen dieser jungen Männer wie in denen seiner ältesten Freunde lebte ... Ich habe, sagte er, an jungen Bekannten Deutschlands die gleichen Stimmungen und Ueberzeugungen oft bespöttelt und ihnen keine Lebensfähigkeit zugestanden; aber selten auch fand ich einen idealen Sinn in solcher Reinheit, eine dem Unmöglichen zugewandte Ueberzeugung so fest und als selbstverständlich aufrecht erhalten. Diese Brüder hatten sich ebenso zu Kriegern wie zu Gelehrten gebildet. Sie sprachen von den Wurfgeschossen bei Belagerungen mit derselben Sachkenntniß wie von Gioberti's Philosophie. Sie hatten Ugo Foscolo, Leopardi, Silvio Pellico, alles, was die Censur in Oesterreich verbietet, in ihr Lebensblut aufgenommen und bei alledem blieben sie *[220]* Jünglinge, die wie aus der Märchenwelt gekommen schienen. Daß sie sich unter den Eindrücken der See, der rohen Matrosen, des zügellosen Hafenlebens so rein hatten erhalten können, sprach für die Mutter, die sie bildete, für die strenge Mannszucht, die der Vater übte ... Den Aeltern, sagten sie, hätten sie Lebewohl sagen müssen für diese Erde ... Der Vater hätte sie anfangs begrüßt wie – Schurken. Geschieden wäre er von ihnen wie ihr Bundsgenosse. Er wohne jetzt zu Campanede wie ein Sklave, der nur schon zu alt wäre, noch seine Fesseln zu brechen. Die Mutter würde ihm die Freude an seinen wenig genossenen Blumen und Früchten versüßen und ihn von seinen jungen Tagen erzählen lassen, da sie fünfundzwanzig Jahre mit ihm verheirathet wäre und nicht fünf Jahre ihn besessen hätte. Mögen Venedigs Gondeln, sprach Attilio, mit ihren geputzten Sonntagsgästen, mit ihren Stutzern und Damen unter leuchtenden Sonnenschirmen, an Mestre vorüberfahren und auf Campanede's kleine Häuser deuten, wo ihr Vater wohne – sie würden nicht lachen, sie würden ihm – um ihretwillen stille Evvivas bringen ...

Ha ragione! sagte die Mutter fest und bestimmt ... Sie hatte keine Theilnahme für den Vater, sondern nur für die Mutter und die Söhne ...

Doch wollte sie diese nicht als Märtyrer, sondern als Sieger sehen ... Die Rosse sollten ihnen vom Schicksal so wild und stolz gezäumt werden, wie den olympischen, die sich drüben auf dem Monte Cavallo aus des Praxiteles Hand bäumten ... Diese *[221]* Evvivas, sagte sie, werden bald laut werden und Sieg bedeuten! ...

Benno zuckte die Achseln ... In seinen Mienen lag der Ausdruck des Zweifels ... Es lag aber auch der Ausdruck der Kämpfe in ihnen, die schon lange in seinem Innern vor sich gingen ... Er war nie ein Ghibelline gewesen im Sinn der Bureaukratie Deutschlands wie sein Bruder, der Präsident – aber ein Welfe zu werden, wie etwa Klingsohr, Lucinde, andere Abtrünnige, widerstand ihm ebenso ... Der Mutter konnte er seine irrenden Gedankengänge nicht mittheilen ... Er erzählte nur ...

Zunächst berichtete er, wie er die Brüder auf dem Kriegsschiff täglich besucht und mit ihnen politisirt und philosophirt hätte, bis das Schiff die Anker lichtete und nach Malta segelte ... Später, als die Hitze in Sicilien und bei seinen Wanderungen auf den Aetna zu unerträglich geworden, wäre auch er ihnen nach Malta gefolgt; er hätte sie auf dem felsigen Eiland mitten unter den für sein Gefühl zweideutigen Elementen der emigrirten Verbannten wiedergefunden wie zwei Engel des Lichtes ...

Schreckhaft, fuhr er in seiner Darstellung fort, war die Seefahrt selbst ... Nach Tagen der drückendsten Hitze sprang das Wetter um und ich erlebte einen Sturm. Die Küste Siciliens wurde ein einziger Nebelball. Das dunkelgraue, bald nur noch einem weißen Gischt gleichkommende Meer wälzte sich wie von einem unterirdischen Erdbeben gehoben. Das Schiff, ein englischer Dampfer, sank und stieg, wie von geheimen Schlünden ergriffen, die es bald hinunterzogen und wieder ausspieen. Jeder Balken ächzte. Der Regen floß *[222]* in Strömen. Das Arbeiten der Maschine mehrte unsere Beklemmung, die den Untergang vor Augen sah. Schreckhaft, wenn nur immer die Räder der Maschine hochauf ins Leere schaufelten – man fühlte dann die furchtbare Gewalt des Dampfes, der keinen Gegenstand fand und die Esse hätte sprengen müssen. Aber in diesem Toben und Rasen des Sturms und des Wassers erkennt man die allgemeine Menschenohnmacht und ergibt sich zuletzt – fast wie der Träger einer Schuld, die gleichsam unser Vorwitz schon seit Jahrtausenden gegen die Natur auf sich geladen hat. Auf dem engen Lager der Kajüte hingestreckt, erfüllte mich zuletzt Seelenruhe, auch wenn in der Nacht das Schiff auf ein Riff oder ein ihm begegnendes Fahrzeug geschleudert worden wäre. Der Tod infolge einer Naturnothwendigkeit hat, wenn man sich daran zu gewöhnen Zeit bekommt, nichts Schreckhaftes mehr ... Ich erzähle das alles, weil Aemilio Bandiera ganz ebenso vom Segeln auf den Wogen der Zeit sprach ...

Die Mutter machte alle möglichen Zeichen der Abwehr und des Protestes gegen eine solche Ergebung in das Unglück ... Mitgefühl und Aberglaube lagen auf den gespannten Zügen ihres Antlitzes, das jedesmal, wenn eine edle Leidenschaft es erregte, einen lichtverklärten Anhauch ehemaliger Schönheit erhielt ...

Attilio setzte hinzu, fuhr Benno fort, bei solchen Schrecken stünden soviel unsichtbare Engel zur Seite und fingen den Streich der Nothwendigkeit auf und soviel Tausende riefen: Uns ging es ja ebenso! ... Oft, wenn ich mit den Brüdern auf dem Molo von La Valette *[223]* spazieren ging, rings das weite Meer wie nach beruhigter Leidenschaft in lächelnder Majestät lag, wenn ich mich in allem erschöpft hatte, was die Geschichte und die gesunde Vernunft gegen die italienische Form, die Freiheit der Völker zu erringen, lehrten – antworteten sie: Das mag auf euch passen, aber nicht auf uns! Und auch auf euch paßt es nur den Männern, nicht der Jugend! Die Jugend und ein unreifes Volk folgen der Ueberlegung nicht, sondern dem Instinct. Wir wissen, daß unsere Einfälle, die wir da oder dort in das Erbe der Tyrannen machen, noch scheitern müssen. Aber weit entfernt, daß sie darum dem Spott unterliegen, lassen sie immer etwas zurück, was dem nächstfolgenden Versuch zugute kommt. Immer ist wenigstens Ein heroischer Zug, Ein überraschender kleiner momentaner Erfolg vorgekommen, der dann für den nächsten Versuch ermunternd wirkt; man hatte ein Schiff, einen Thurm erobert, es waren einige der Gegner gefallen – Wenn Sie Recht haben sollten, daß die Freiheit immer nur eine Folge eines andern historischen großen Impulses ist – wie Graf Cesar Balbi lehrt, der für Italien erst den Untergang des osmanischen Reichs als erlösend betrachtet – so muß für eine solche möglicherweise eintretende Krisis die Gesinnung vorbereitet sein. Wir müssen diese Aufstände, so nutzlos sie scheinen, nur allein der Anregung wegen machen. Sie werden noch lange Jahre hindurch scheitern, manche Kugel wird noch die Besiegten mit verbundenen Augen in den Festungswällen niederstrecken, manches Haupt wird auf dem Henkerblock fallen: das thut nichts; alles das hält *[224]* nur die Frage wach und bereitet vor für ihre künftige Entscheidung …

Die Mutter horchte voll Grauen …

Als ich entgegnete: Lehrt durch Schriften und Gedanken! – lachten beide und erwiderten: Italien und ein Kind begreifen nur durch Beispiele! Der Buchstabe, Dank der langen Beschränkung desselben, kommt unserm ungebildeten, wenn auch geistesregen Volk nicht bei; hier will man sehen, hier mit Händen greifen, die Wundenmale berühren! Von den Jesuiten erzogen, wird dies Volk belehrt, daß die Patrioten lächerlich und schwach wären.

Aber das Beispiel eines Aufstands in Genua oder Sicilien oder in der Romagna muß deshalb auf einige Tage das Gegentheil beweisen. Italien bewundert Räuber um ihres Muthes willen! ergänzte Attilio. Was ist der Tod! fiel Aemilio, der jüngere, wieder ein. Schreckhaft nur, wenn man im Leben Dinge verfolgt, die sich ausschließlich an unsere eigene Person knüpfen. Aber schon der Krieger gewöhnt sich und sogar im Frieden durch die Tausende, die mit ihm in gleicher Lage sind, von seinem Ich als einem völlig Gleichgültigen zu abstrahiren. Einer da mehr oder weniger – wen darf das schrecken! Vollends, sprach der ernstere und ruhigere Attilio, wenn man die Philosophie zu Hülfe nimmt! Die Erde ist ein Atom im Weltgebäude; diese Luft, diese Gestirne, diese Welten, diese Bäume, diese Menschen sind nur Schatten eines andern wahren Seins, das mit unzerstörbarer Göttlichkeit über dieser Welt der flüchtigen Erscheinungen thront! ...

Die Herzogin erhob sich, überwältigt von den an-*[225]*geregten Empfindungen ... Sie wollte, wenn von Italien die Rede war, nur vom Siege, nur von Kränzen des Triumphes hören ... Der Tod ist nur für die Feigen da, für die Tyrannen! rief sie ...

Auch Benno war in höchster Erregung aufgestanden ... Auch durch seine Adern pulste das Blut in mächtiger Strömung ... Nach einigen Gängen hin und her auf der dunkelgewordenen Altane beruhigte er sich und fuhr leiser sprechend fort:

Ich blieb länger auf Malta als meine Ueberlegung hätte gestatten sollen ... Die liebenswürdigen jungen Männer, mit denen ich auch über Deutschland, über unsere Dichter und Denker so gut wie über Italien sprechen konnte, fesselten mich zu lebhaft. Ich wußte nicht, um was ich sie mehr lieben sollte, ob um ihrer Freundschaft und brüderlichen Eintracht willen oder um einen sich so bewundernswerth ruhig gebenden Fanatismus. Was nur Schönes in der Menschenbrust leben kann, das hatten diese Jünglinge sich zu erhalten und auszubilden gewußt. Die Schilderung der Sternennacht auf den Lagunen Venedigs, in der sie nach ihrer von London erhaltenen Weisung beschließen mußten, zum Verräther an ihren nächsten Lebenspflichten, an ihres Vaters Ehre, an ihrer eigenen, am Herzen der Mutter zu werden, war erschütternd – Sie erzählten, daß sie unschlüssig gewesen wären, ob sie sich nicht selbst erschießen sollten ... Ich nannte im Gegentheil das Martyrium unserer Zeit: Sich dem nicht entziehen, worauf uns Geburt, Stellung und das Vertrauen der Menschen angewiesen haben! ... Möglich, daß ich dies Axiom zu sehr von Priestern entnahm, die *[226]* unter dem Druck ihrer Gelübde leben müssen und sie nicht brechen wollen – aus Furcht, einer Sache zu schaden, die sie in ihrem Wesen lieben ... Mit einem Wort – ich ließ ein Herz voll Freundschaft in Malta zurück ... Auch voll Dankbarkeit ... Das felsige Eiland fesselte mich mit seinen geschichtlichen Erinnerungen länger, als ich hätte bleiben sollen; bald bildeten sich unter den Flüchtlingen zwei Parteien; eine, die das Vertrauen der Brüder Bandiera zu mir theilte, eine andere, die mich für einen Spion erklären wollte. Meine Kurierreise von Wien war bekannt geworden und sprach gegen mich. Ich fing an mich vertheidigen zu wollen und, wie in solchen Fällen es geht, verwickelte mich dadurch nur desto mehr. Ich fürchtete Concessionen zu machen, die über mein noch nicht reifes Nachdenken über diese Fragen hinausgingen. Die Mischung der Charaktere, die ich antraf, war abenteuerlich genug. Kaum waren reine und consequente Gesinnungen unter Menschen vorauszusetzen, unter denen ein wankelmüthiger, schwacher, aus Furcht vor seiner Schwäche wieder tückisch gewaltsamer Mensch wie Wenzel von Terschka eine Hauptrolle zu spielen scheint ...

Auch Pater Stanislaus war zugegen? ... wallte die Mutter erschreckend auf ...

Nicht in Person – er dirigirt von London aus ...

Wo er dein Nebenbuhler ist – ...

Lucinde hat dich gut unterrichtet! ... sagte Benno ... Da sprach sie sicher auch von Thiebold de Jonge? ...

Auch von ihm ...

[227] Thiebold wurde die Ursache, daß ich endlich von Malta und den immer bedenklicher gewordenen Verpflichtungen aufbrach ... Mein Freund war nach Italien gekommen und wartete auf mich in Robillante ... Wenn ich dir die Versicherung gebe, daß Thiebold de Jonge zwar das närrischste Italienisch spricht, aber das beste Herz von der Welt und eine Freundschaft für mich hat, wie sie nur die Brüder Bandiera gegeneinander besitzen, so wirst du mir vergeben, wenn ich ihn zum Vertrauten – meiner ganzen Lebenslage gemacht habe ...

Die Mutter horchte auf ...

Noch mehr! fuhr Benno fort. Ich habe nur im vollen Einverständniß mit ihm gewagt hierher zu reisen und einen Plan zu verfolgen, der – mir – eine Sache des Herzens war ... Indessen – jetzt ...

Welchen Plan? fragte die Mutter, noch immer der letzten Aufklärung harrend ...

Marco meldete sich im Eßzimmer mit dem Geklapper seiner Anrichtungen ...

Benno sprach leiser:

In so hastiger, völlig unüberlegter Eile hat mich die Freundschaft für die Brüder Bandiera hergeführt ... Nachdem ich Malta verlassen, blieben sie mit mir im Briefwechsel ... Ich kann sagen, es sind die ersten Männer, die mir im Leben nächst meinem Freund Bonaventura imponirten. Selbst wo ich ihre Ansichten verwerfen muß, rühren sie mich. Ich ordnete mich ihnen schon in Sicilien unter ... Ich möchte diese herrlichen Jünglinge ebenso meinem Leben, wie dem Leben der Menschheit erhalten; ich möchte sie dem Vater, der Mutter erhalten, ihnen, die zwar äußerlich tief *[228]* gebeugt und voll Demuth an den Ufern der Lagunen wandeln, innerlich aber doch ihren Stolz auf „die Knaben" behalten haben – ... Mein Gott! Die Stunden der armen Unglücklichen sind gezählt – ...

Wie? Warum? ... rief die Mutter ...

In wenig Wochen vielleicht schon – flüsterte Benno ...

Ein Aufstand?! fuhr die Mutter empor und hielt Benno's Hand mit ihrer eigenen krampfhaft ausgestreckten Rechten ...

Ein umfassend vorbereiteter! sprach Benno leise ... Es gilt Rom selbst! Der Herrschaft Ceccone's! Der Einschränkung dieses freiheitsfeindlichen Papstes ... Man erwartet Mazzini in Genua, Romarino in Sardinien, erwartet einen Aufstand in Sicilien ... Die Brüder Bandiera sind von Malta aufgebrochen ... Sie ließen zweifelhaft, wohin sie gingen ... Einige ihrer Freunde waren weniger gewissenhaft ... Sie dirigirten Flüchtlinge, die über die Alpen aus der Schweiz kamen, nach Robillante ... Unter mancherlei Gestalten, als Pilger, als Mönche reisen sie vorzugsweise nach der adriatischen Küste der Romagna ... Dort, bei Porto d'Ascoli, dort, wo seltsamerweise jener Pilger und der deutsche Mönch verschwunden sind, soll alles vorbereitet sein zu einem Handstreich ... Die Brüder Bandiera werden eine Landung befehligen ... Ancona, Ravenna, Bologna werden von den Verschworenen an einem und demselben Tage überfallen werden ... Der Erfolg kann meiner Ueberzeugung nach kein glücklicher sein ...

Warum nicht? rief die Mutter.

[229] Die Brüder werden in die Hand Ceccone's fallen ...

Nimmermehr! ...

Sie werden das Schaffot besteigen ... Die Führer all dieser Aufstände des „Jungen Italien" sollen, das ist die gemeinschaftliche Verabredung der betheiligten Cabinete, auch des Cabinets der gekreuzten Himmelsschlüssel, den Tod durch Henkershand erleiden ...

Jesu Maria! rief die Mutter ...

Ich sehe diese edeln Jünglinge das Schaffot besteigen! ... Das ist die Angst, die mich nach Rom geführt hat ...

Die Mutter stürzte an den Hals ihres Sohnes ...

Nun hatte sie die Ursache, warum Benno wünschte, sie wäre bei Olympien und – Olympia begrüßte ihn noch mit ihrer frühern Neigung ...

Benno hatte gehofft, so den Brüdern Bandiera das Leben retten zu können ...

Marco! Einen Augenblick! Laß doch! Laß doch! rief die Mutter in den Salon und warf die Glasthür zu ...

Als sie mit Benno auf der Altane abgeschlossen war, warf sie sich ihm wiederum mit Ungestüm an die Brust ...

Ich Olympien zürnen! sprach sie. Nimmermehr! Wenn du ihrer bedarfst, so hab' ich nichts von ihr erduldet! Laß sie mich mit Füßen getreten haben – wenn sie dich nur liebt, wenn sie deinen Wünschen nur Erhörung gibt – Jesu Maria, nur diese Söhne Italiens vor dem Henkersschwert bewahrt ...

Benno stand gedankenverloren ...

[230] Die Mutter fuhr fort:

Ich weiß es, Ceccone brütet furchtbare Dinge ... Er muß es thun ... Fefelotti, das Al Gesù, der Staatskanzler, seine eigene Liebe zur Macht treiben ihn dazu ... Aber – sei ruhig, mein Sohn! ... Laß Olympien in deinen Armen ruhen! Laß sie die Hände zu deinem stolzen Nacken erheben ... O sie sind zart, diese Hände ... Sie mordeten – nur Lämmer ... Olympia ist ein Kind! Noch jetzt! Noch jetzt! ... Vielleicht, daß du, du sie zum Guten erziehst! Vielleicht, daß du mit deinem Liebeskuß das Eis ihres Herzens aufthaust! ... Sie kann schön sein, wenn sie liebt! sagt' ich dir schon in Wien ... Sie kann vielleicht auch gut sein, wenn sie liebt! ... Mein Sohn, habe Muth, vertraue! Wir Frauen sind alles, was ihr aus uns macht! ... Fliege hin zu ihr, höre das Jauchzen ihrer gestillten Sehnsucht, fühle die Glut ihrer Zärtlichkeit, sei, sei, was sie will –! ...

Es ist zu spät –! erwiderte Benno ...

Um meinetwillen zu spät? fuhr die Mutter fort und raunte ihm ins Ohr: Ich beschwöre dich ... Ich habe dich hier nie als einen Rächer für mich erwartet ... Pah! Attilio Bandiera hat Recht: Was sind unsere Personen! ... Das Vaterland ist die Losung ... Sollen diese Jünglinge, deine Freunde, die Hoffnungen Italiens verderben –? ... Nimmermehr! ... Ein Kuß von deinem Munde und Olympia zerreißt alle Todesurtheile! ...

Benno strich sich das Haar in wildester Erregung ... Seine Augen glühten ... Seine Brust hob sich ... *[231]* Der Raum der Altane war zu eng für das mächtige Ausschreiten seines Fußes ...

Ist es denn aber auch gewiß, fragte die Mutter leise, gewiß, daß diese Invasion bevorsteht? ...

Die Küste der Adria ist reif zum Aufstand! flüsterte Benno ... Die Zollbedrückungen Rucca's sollen unerträglich sein ... Die achtbarsten Kaufleute arbeiten der Insurrection in die Hände ... Und hier in Rom –

Zwölf Logen gibt es hier! ... fiel die Mutter ein ...

Benno schwieg ... Er schien mehr zu wissen, als er sagte ...

Die Brüder Bandiera, fuhr die Mutter fort, sind, wenn ihr Beginnen scheitert und sie nicht fallen oder entfliehen können, nicht anders vorm Tode zu retten, als durch Olympia ... Ich weiß es, selbst die Hand des Heiligen Vaters scheut das Blut der Rache nicht mehr für die, die die dreifache Krone antasten – Auch das zweischneidige Schwert Petri ist gezückt – Laß alles! Geh' zu dem jungen Rucca! Verständige dich mit deinen wiener Freunden – Auch mit Lucinden! Kenne mich nicht mehr in Rom! ... Ich verlange es! ...

Benno stand, immer in dumpfes Brüten verloren ...

Ich verlange es! wiederholte die Mutter ... Weiß ich dich nur in meiner Nähe! Kann ich deine Stirn nur zuweilen küssen! ... Laß mich, mein Sohn – Du fühlst wie ein Sohn meines Landes! Das macht mich allein schon glücklich! Benno – Soll ich so dich nicht lieber nennen – nicht Cäsar? ... Wage du dich nicht selbst an Dinge, die mich um das Glück deiner Liebe bringen müssen ... Oder – doch? ... Thu, wie du mußt! *[232]* Nur geh' morgen zum jungen Rucca, den du – in Wien vorm Tode durch einen Elefanten rettetest ... Dein Name, dein Anblick wird Wunder wirken ... Ich kenne Olympiens verzehrende Sehnsucht ...

Nach den Begriffen des italienischen Volks ist Größe der Empfindung mit List vollkommen vereinbar ... Wie ihr mir, so ich euch! lautet die Moral des Südens ... Die Herzogin schilderte die Lächerlichkeit des jungen Ercolano Rucca, sein Prahlen mit jenem Angriff eines Elefanten auf ihn, die Sehnsucht, die er noch immer nach dem Bestätiger seines Muthes ausspräche, seine Sorglosigkeit Olympien gegenüber, die bald über sie gekommene Langeweile, die sie vorläufig im Gebirge in Reformen der Ackerwirthschaft austobe ... Zwar wäre sie auf die Grille gekommen, den ehemaligen Pater Vincente, von dem ich dir in Wien schon erzählte, sagte sie, zum Cardinal zu erheben und ihn jetzt wie ihre Puppe zu behandeln, die sie schmückt ... Aber dein erster Gruß löscht alle diese Flammen aus – ...

Im Lauf der sich überstürzenden Schmeichel- und Ermuthigungsreden der Mutter bemerkte Benno:

Von diesem Vincente Ambrosi hab' ich in Robillante seltsame Dinge gehört ... Jener Eremit von Castellungo bekannte sich zu den Lehren der Waldenser, die das erste apostolische Christenthum besitzen wollen ... Eine zahlreiche Gemeinde bildete sich ... Zu ihr gehörte ein junger Zögling des Collegs von Robillante, der sich zum Priester bilden wollte. Die Lehren des Eremiten zogen ihn an ... Oft soll er Tage und Nächte bei ihm im Walde zugebracht haben. Die Gesetze verbieten aufs strengste den *[233]* Uebertritt zu den Waldensern. Eines Tags verschwand der junge Ambrosi und war Franciscaner geworden ... Man schickte ihn zu seiner weitern Ausbildung nach Rom. Seine dortigen Schicksale erzähltest du ... Ueberraschend ist es, daß mancher in Robillante glaubt, er hätte sich durch sein Buß- und Leidensleben nur einem von jenem Eremiten ihm ertheilten Auftrag unterzogen und stünde noch jetzt mit ihm in Verbindung ...

Die Herzogin hörte nichts mehr ... Sie war zu erfüllt von der einzigen Nothwendigkeit, daß Benno zu Olympien müßte ... Sie blieb bei ihrem Wort:

Olympia läßt von allen, wenn du erscheinst! ... Du bleibst der Sieger! ...

Wenn sich Benno im Lauf dieser Ermunterungen und Versicherungen allmählich scheinbar für überwunden erklärte, ja sogar dem Ernst seiner Mienen einige Streiflichter des Scherzes folgen ließ, so war ein Gedankengang daran schuld, den die Mutter nicht sofort verstehen konnte ... Er sagte, mit dem Kopf nickend:

Bin ich nicht glücklich? ... Ich habe eine Mutter, die mich verzieht und mir gegen alles Verdienst schmeichelt; einen Bruder, der mir bei Torlonia einen Creditbrief offen hält, von dem ich dir die Pension Ceccone's verdoppeln zu können hoffe; einen Oheim, der mich und Bonaventura zu seinen Erben macht, wenn auch Frau von Gülpen bis an ihr Lebensende die Nutznießung seines Vermögens behält; dann hab' ich in meinem jungen Leben schon vier wahre Freunde gefunden, Bonaventura, Thiebold, Attilio, Aemilio ... Nun höre noch dies, Mutter! Ich wollte nicht übermüthig sein ... Ich wollte mich in *[234]* die Strudel des Wiedersehens der jungen Fürstin mit Vorsicht wagen ... Hatten wir Stunden der Trauer zu erwarten, mein Freund Thiebold de Jonge sollte uns Erheiterung bringen ... Das Idol seines Herzens – schon einmal hat er es mir geopfert ... Und auch jetzt wollte er meinem Gewissen einen tapfern Beistand leisten ... Mit einer Gemüthsruhe, die nur verständlich ist, wenn man die persönliche Bekanntschaft dieses närrischen Menschen gemacht hat, sprach er, als er meinen Kampf und die Furcht sahe, mich nach Rom zu begeben: Bester Freund – – ...

Noch hatte Benno das Lieblingswort Thiebold's: „Ich kann mich vollkommen auf Ihren Standpunkt versetzen" nicht ausgesprochen, als es draußen heftig klingelte ...

Wer stört uns! rief die Herzogin, stand auf und wollte Befehle geben, die sie für niemand anwesend sein ließen ...

Schon aber klingelte es zum zweiten mal ...

Mutter, sagte Benno, das kann nur mein stürmischer Freund sein! An dieser kurzen Pause zwischen dem ersten und zweiten Klingeln erkenn' ich Thiebold ... Gegen alle Verabredung hat er sich verspätet ... Ich ging zu Land, er den kurzen Weg über Genua zu Wasser – ...

Man hörte die laute Stimme eines radebrechenden Fremden, der nach „Ihrer Hoheit der Herzogin von Amarillas" verlangte ...

Er ist es! sagte Benno ... Ich bin wenigstens froh, daß er noch am Leben ist! ...

[235] Die Mutter wußte, daß der alte Marco die Gewohnheit hatte, vertraute Gespräche seiner Gebieterin nicht zu unterbrechen ... Sie wußte, daß er solche Störungen mit völlig unklarem Bewußtsein, ob Altezza zu Hause wäre oder nicht, zu beantworten pflegte ... So kam er auch jetzt mit einer fragenden Miene ... Aber kaum sah er: Willkommen! im Antlitz seiner Gebieterin, so war er auch schon wieder draußen und mit den heitersten Scherzen hörbar ... Die gute Laune kam wieder, da er sah, es fing um seine Gebieterin an lebhafter zu werden ...

Thiebold de Jonge trat ein ...

Er sah aus wie ein Räuberhauptmann ... Nur mit dem Unterschied, daß dieser einmal gelegentlich, etwa zum Behuf einer ihm von Aerzten vorgeschriebenen Badereise, eine elegantere Toilette gemacht hat ... Sonst konnte er von seiner „Verwilderung kein Hehl machen" ... Die Gesichtsfarbe war braun „wie ein kupferner Kessel" ... Sein Bart wie die Mähne eines Löwen ... Sonst trug er sich vom Kopf bis zum Fuß in Nankingstoffen ... Auf dem weißausgelegten Hemd von bielefelder Leinwand blitzte eine Brustnadel von Diamanten, die abends jedem Räuber eine Aufforderung zu einem kühnen Griff erscheinen durfte ... Weste, Pantalons, gefirnißte Stiefel, alles war von jener Fashion, die dem Modejournal und den heimatlichen Gewohnheiten entsprach ... Mindestens glich er bei alledem doch einem „Schiffscapitän, der zweimal die Linie passirte" ... Mit einem Gemisch von Worten, das wahrscheinlich bedeutete: „Ich muß tausendmal um Entschuldigung bitten, Frau Herzogin!" *[236]* kam er über die Schwelle des Salons gestolpert ... „Noch taumelte das kaum verlassene Schiff mit ihm"... An seinem Strohhut, den er, wie er Benno zuraunte, „in erster Verlegenheit" zerdrückte, flatterten zwei rothe Bänder, wie am Hut eines Matrosen ... Seine Corpulenz hatte zugenommen ... Bei alledem war er anziehend und für Italien als Blondin doppelt interessant ...

Seinen Freund Benno noch in der Hauptsache ignorirend, radebrechte er, immer zur Herzogin gewandt, daß er eben angekommen wäre und seinen Freund aufgesucht und dessen Spur bei Piazza Sciarra und endlich auf dem Monte Pincio aufgefunden hätte ... Bitte, Hoheit, ich bin nur da, um ihm meine Adresse, die auf ein vis à vis seiner Wohnung lautet, zu bringen oder etwa eine Verabredung für morgen zu treffen oder falls Hoheit heute Abend noch Befehle hätten, sie auszuführen – Ich werde überhaupt in Rom lieber Eurer Hoheit, als einem Menschen folgen, der mir den Weg über Genua angerathen hatte, ohne zu wissen, daß die Dampfschiffe von Genua nicht auf Passagiere warten, die sich von wunderbaren Kaffeehäusern und Hotels in Nizza und Genua nicht gut trennen können ... So bin ich aus Zerstreuung in Genua sitzen geblieben und wider Verabredung um fünf Tage zu spät gekommen, hoffe indessen, daß der von meinem Freunde beabsichtigte Feldzug auch ohne die Tranchéen, die ich – ...

Dies schwierige Bild aus der Kriegstaktik auszuführen scheiterte nicht gerade an Thiebold's Sprachkenntnissen, wol aber an seinem Gedächtniß ... Er hatte seine *[237]* Rede italienisch gehalten und auswendig gelernt ... Die Ehren, die er der Herzogin ließ, waren ungefähr die, die er etwa in Deutschland einer regierenden Landesmutter von Braunschweig oder Nassau hätte erweisen müssen ...

Die Herzogin reichte dem närrischen Signore Tebaldo die Hand und bat ihn, sogleich zum Souper zu bleiben ... Sie klingelte, ließ ihr kleines Mahl anrichten, trat am Arm Tebaldo's in ein Eßzimmer, wo die kleine Tafel sinnig geordnet war, und fand sich in ihn so gut, als hätte sie ihn seit Jahren gekannt ...

Das Gefühl, in ihm einen Mitwisser des Geheimnisses zwischen ihr und Benno zu sehen, durfte sie nicht stören; Signore Tebaldo war nur durch die ihm nicht geläufige Sprache und die Anwesenheit der Diener verhindert, sofort jeden „Zwang als bei ihm völlig überflüssig" zu bezeichnen und die „Sachlage" und die „vollendete Thatsache" und überhaupt alles auf „seine natürlichen Voraussetzungen zurückzuführen" ... Sein Sprachgemisch, zu dem sich als letzte Aushülfe Französisch gesellte, sein Benehmen gegen Benno, die Art, wie er die Terrasse „himmlisch" und „stellenweise die drei Treppen belohnend" fand, die Kritik des „kühlen Speisesaals", die Leichtigkeit, mit der er seinen Stuhl ergriff und die entzückende Natur Italiens, selbst mit „radicaler Unerträglichkeit" solcher Strecken wie von Civita-Vecchia bis hierher, die Einfachheit der Sitten, die Frugalität der Soupers – „mit Ausnahmen" – anerkannte, Roms Trümmerwelt als einen „das Auge mehr oder weniger beleidigenden polizeilichen Skandal der Jahrhunderte" bezeichnete, alles *[238]* das hatte etwas so Vertrauenerweckendes und über jede Schwierigkeit sogleich Hinwegsetzendes, daß die Herzogin nicht die mindeste Scheu vor ihm empfand ... Zwischen eine Erzählung über seine Reiseabenteuer von Robillante bis hierher und die ersten Erfahrungen in einem römischen Hotel, das er sofort verlassen hätte, weil der „erste Cameriere sich gegen ihn das Benehmen eines Ministers erlaubt hätte", ließ er bei Abwesenheit der beiden Diener die kühn stilisirten Worte fallen:

Altezza, anch' io suon un' filio perduto, ma ritrovato! ... Auch ich hab 'nmal eine Mutter gehabt, die in einem Zeitalter gestorben ist, von dem ich mir nur noch eine dunkle Erinnerung bewahrt habe! Jedoch an jedem Sterbetag der frühvollendeten Dulderin hab' ich mit dem alten Mann, meinem Vater, eine Messe für sie lesen lassen und ging in die Kirche, was sonst meine Gewohnheit weniger ist ... Gott, das sind jetzt zwanzig Jahre her und oft hat mich schlechten Menschen diese Gewohnheit genirt. Aber ich that's um meines Vaters willen. So lang' ich lebe und es noch Kirchen gibt, setz' ich diese Gewohnheit fort an jedem vierzehnten October, Tag des heiligen Burkard, vorausgesetzt, daß unsere Kalender stimmen, Hoheit! ... Ich bin nicht ganz so aufgeklärt, wie mein Freund da – Asselyn. Ich kann Ihnen, wenn Sie es wünschen, Herzogin, auf jede Hostie – selbst eine wunderthätige – beschwören, daß ich mir die Ehre, Mitwisser Ihres „übrigens längstgeahnten" Geheimnisses zu sein, durch eine Discretion verdienen werde, die Ihnen möglicherweise selbst auf die Länge peinlich werden dürfte! ... Unglaublich! Wirklich – der Kronsyn-[239]dikus –! Na, wissen Sie, Benno, wie wir damals bei dem Leichenbegängniß – ... Doch kein Wort! ... In der Kunst, sich dumm zu stellen, hab' ich die Vortheile voraus, die einem gemeinschaftlichen Freund von uns zugute kamen, der eines Tags die Entdeckung machte, daß durch systematisches Ignoriren sich am besten die Ignoranz verdecken läßt! ... Bruto e muto! ... So wahr wie –

Marco's Kommen unterbrach einen, wie es schien, auf Haarsträubendes berechneten Schwur ...

Die Herzogin verstand aus den französischen Beimischungen seiner Rede, was er andeuten wollte, und Benno küßte die Hand der Mutter – Thiebold bat um die gleiche Gunst ... Die Glückliche saß, wie sie sagte, wie die Perle im Golde ...

Marco schien ihr alles das von Herzen zu gönnen ... Er sah auf nichts, als auf die Leistungen seiner Kochkunst ...

Die trauervollste, ernsteste Stimmung mußte durch Thiebold de Jonge immer mehr gemildert werden ...

Thiebold erzählte, bald italienisch, bald deutsch, bald französisch und noch öfter Benno zum Uebersetzen veranlassend, von einem aus Paris von Pitern vorgefundenen Brief ... Er verbreitete schon damit über die Züge der Herzogin den Ausdruck einer Heiterkeit, die sie seit Jahren nicht gekannt hatte ... Thiebold's Humor hatte die seltene Eigenschaft, beim Scherz dem etwaigen Ernst, der eingehalten werden mußte, nicht im mindesten seine Würde zu nehmen ... Jede vom ab- und zugehenden Marco und seinem Genossen, der eine stattliche Livree trug, gelassene *[240]* Pause, benutzte er, die Saiten zu berühren, die in Benno's Innern zu mächtig nachbebten ... Wie wuchs die Verehrung vor ihrem Sohn, als die Mutter sah, daß Benno solche Freunde gewinnen konnte ... Thiebold äußerte in noch verstärkterem Grade die Besorgniß, die Benno über das Schicksal der beiden Männer hatte, die ihm so werth geworden ... Er theilte „unbekannterweise" ganz diese Sympathie für die Gebrüder Bandiera – ohne allen Neid ... Er sah eine Sorge im Gemüth des Freundes und suchte ihr abzuhelfen; das war ihm Aufgabe genug ... Ohne selbst Politik zu treiben, konnte er sich „dergleichen Wahngebilde von einem fremden Standpunkt aus vollständig erklären" ... Es war der immer gleiche Trieb der Gefälligkeit, der in Thiebold's Herzen so freundliche Wirkungen hervorbrachte. Dieser Trieb verband sich mit dem behaglichen Gefühl seiner sorglosen Lebenslage, seiner reichlichen Mittel, vorzugsweise dann freilich auch – mit dem ungewissen Halt seiner eigenen Bildung. Sah er kluge Leute von einer Sache interessirt, so war er selbst klug genug, ihren Meinungen „vollständig Rechnung zu tragen" ... Italien und Rom „waren nun einmal da" ... Die Interessen dieses „überhitzten und in einem südlichen Klima gelegenen Landes" waren ebenso abzuwarten, wie der Hemmschuh des Vetturins ... Vollends war „die Guillotine kein Spaß" ... Thiebold besaß jene seltene Toleranz, die eine fremde Welt um so mehr achtet, je weniger sie davon versteht ...

Nur schade, daß die Herzogin der „neuerfundenen Mischsprache" Thiebold's nicht immer folgen und so recht *[241]* die Gegensätze und Natürlichkeiten genießen konnte, die in dieser empfänglichen Seele zu gleicher Zeit Platz hatten ...

Die Nacht war herniedergestiegen ... Millionen Sterne funkelten am dunkeln Himmel ... Auf der Altane, auf die man nach dem Souper, dem sogar Champagner nicht fehlte, zurückkehrte, brannte eine Lampe ... Drei so traulich Verbundene saßen unter dem Duft der Blumen und in dem ganzen Zauber südlicher Natur, der sich selbst beim nächtlichen Gewirr der Städte nicht verliert ... Glocken läuteten; die Luft, die nach dem Untergang der Sonne anfangs kühl geweht, hatte wieder ihre alte Weiche gewonnen; die Lampe warf geheimnißvolle Reflexe in das tiefdunkle Grün der hohen Zierpflanzen und zog schwirrende kleine Käfer an, die in ihr eine lichtere Schlummerstätte zu finden glaubten, als die Orangen- und Granatenblüten, in deren Kelchen sie schon gebettet lagen ... So erliegen wir den Ausstrahlungen höherer Ziele, die ein Gesetz unserer schwachen, dem Irrthum unterworfenen Natur rastlos uns auch dann noch suchen läßt, wenn wir uns schon längst hätten genügen sollen ...

Benno und die Mutter knüpften an die frühere, von Thiebold unterbrochene Stimmung an ... Thiebold konnte nun selbst das sagen, was eben Benno als seine Hülfe in der möglicherweise verhängnißvollen Wiederbegegnung mit Olympien hatte berichten wollen ...

Ja – Armgart –! seufzte Thiebold ... Wir lieben ein und dasselbe Mädchen, Hoheit, und längst hab' ich entsagt zu Gunsten meines Freundes. Ich *[242]* beanspruche nur noch bei ihm Pathenstelle ... Seine Großmuth lehnt nun freilich mein Opfer ab und darin hat er Recht: Der Gegenstand unserer Liebe neckte einen mit dem andern ... Diese Cigarrentasche, die von ihr ist – sehen Sie, Hoheit, diese so – mangelhafte Arbeit – deutet auf eine Berechtigung, das Andenken der Geliebten gleichsam zur Lebensgefährtin machen zu dürfen, während mein Freund einen Aschenbecher erhielt, ein Mobiliar, das sich nur in den vier Wänden benutzen läßt ... Er vergaß es in Robillante – ich hab's mitgebracht, lieber Freund – ... Andererseits könnte damit freilich das Princip der Häuslichkeit angedeutet sein ... Genug – „sei dem, wie ihm wolle" und wie sehr wir besorgen müssen, daß eine raffinirte Natur wie die des Ex-Paters Stanislaus mit Hülfe der so fanatisch lichtfreundlichen Aeltern uns beide aus dem Felde schlägt, ich habe meinem Freund als einzigen Ausweg aus dem Labyrinth seiner möglichen Verirrungen mit Fürstin Rucca den Ariadnefaden meiner eigenen Liebe zu ihr vorgeschlagen ...

Die Herzogin begriff nicht ...

Altezza! Ich kenne überraschende Wirkungen der blonden Haare in Italien! unterbrach Thiebold Benno's Erläuterung ... Ich habe haarsträubende Erfolge erlebt! Ich werde noch mehr gewinnen, wenn ich Fortschritte in dieser verdammten – göttlichen Sprache mache, die mich beschämend genug an mein altes Latein – Secunda – erinnert ... Ich liebe die Fürstin Rucca bereits bis zur Narrheit! Ich werde Benno's Erfolge paralysiren ...

Die Herzogin fragte nach dem Sinn dieser Worte *[243]* und fixirte den Sohn, den Thiebold nicht aufkommen ließ ...

Es ist dies: Ich, ich liebe Gräfin Olympia Maldachini bereits aus dem Garten von Schönbrunn, schon aus der Menagerie im Prater ... Die Erzählungen über sie wirkten so auf mich, daß ihr die Wahl zwischen mir und Benno unmöglich werden soll ... Schon vor fünf Tagen sollt' ich im Palazzo Rucca meine Karte und einen Empfehlungsbrief von Benno an den jungen Elefantenkämpfer abgegeben haben ... Nun ist es später geworden und der Fürst ist auf dem Lande ... Ich reise morgen in erster Frühe nach Villa Torresani, auch nach Villa Tibur, wo Lucinde wohnt, im Widerspruch mit allen, die sie verdammen, bekanntlich eine leidenschaftliche Neigung von mir ... Scherz bei Seite, Hoheit, die Schilderung der Persönlichkeit der Fürstin Olympia hat mehr, als meine Neugier erregt. Grüner Teint, blaue Haare, Wuchs bis Benno's Taille – ich werde Lucinden sofort Erklärungen machen und um die Vermittelung meiner Wünsche bitten. Ich mag diese kleinen Figuren! Armgart ist auch nicht groß. Ich werde der Fürstin zeigen, was bei uns in Deutschland schwärmen heißt. Weiß ich dann auch, daß mich die spätere Ankunft Benno's, die ich in Aussicht stelle, aus dem Sattel heben wird, so werd' ich doch sein Schicksal so lange durchkreuzen, aufhalten und nur über meine Leiche hinweg ihn zum Sieger über diese gebietende Göttin des Kirchenstaates werden lassen, daß darüber das Schicksal der Gebrüder Bandiera sich entschieden haben dürfte ... Ich weiß nicht, ob ich deutlich gewesen bin, Hoheit? ...

[244] Die Mutter begriff halb und halb und sah lachend auf Benno, der eine abwehrende Miene machte ...

O, fuhr Thiebold auf, ich weiß durchaus nicht, ob es nach genommener Verabredung ist, daß mich mein Freund Asselyn hier in unserm Plan durch ein ironisches Lächeln unterstützt! ... In Robillante waren wir einig: Wir wagen uns beide in die Höhle des Löwen! Wir bitten die Herzogin von Amarillas um ihre Protection! Wir unterwerfen uns Sr. Eminenz dem Cardinal Ceccone in gebührender Demuth! Wir lassen in dieser großen, vornehmen Welt, in der Sie leben, gnädigste Frau Herzogin, unser Licht leuchten so gut es geht und sollte mir mein Freund Asselyn wirklich von jenem grünen Teint und jenen blauen Haaren in Gefahr für seine Tugend gerathen, so verderb' ich ihm jedes Rendezvous und setze das so lange fort, bis Rom entweder eine Republik geworden ist oder Ceccone, was mir wahrscheinlicher erscheinen dürfte, die Sentenz für die Gebrüder Bandiera zu unterschreiben hat – ...

Die Herzogin sah den Irrthum Thiebold's über ihre gegenwärtige Lage, unterstützte aber seinen überraschenden Einfall durch jede Geberde ... Sie unterdrückte jede Einsprache Benno's, nannte Ceccone ihren Freund, ihren Gönner, Olympia ihr treuestes Pflegekind ... Sie ermuthigte beide, mit der jungen Frau ihr Heil zu versuchen ...

Es schlug nun elf Uhr ...

Thiebold mahnte an den Aufbruch ...

Benno blieb traurig und schien keinen Willen mehr zu haben ...

[245] Die Mutter ließ ihn nur mit den Beruhigungen scheiden, die sie verlangte ... Er mußte versprechen, morgen im Palazzo Rucca nach dem Principe Ercolano zu fragen und seine

Karte abzugeben – Thiebold sollte inzwischen schon ins Gebirge und auf die Villa Torresani reisen ...

Das alles stand fest und unwiderruflich ... Die Mutter führte Benno an das Medaillon des Herzogs von Amarillas, ergriff seine drei Schwurfinger und flüsterte ihm – „bei Angiolinens Angedenken!" – einen Schwur ... Er sollte geloben, daß er sich mit Lucinden verständigte und in die Welt Ceccone's und Olympiens einträte, ohne die mindeste Rücksichtsnahme auf irgendetwas, was ihr persönlich begegnet war ...

Benno erwiderte: Rom ist die Tragikomödie der Welt! ... Er gab der Mutter in dem, was sie vorläufig begehrte, nach ...

Beim Nachhausegehen war Thiebold entzückt von dieser „seltenen Frau" ... Er verwünschte seine mangelhaften Kenntnisse im Italienischen, schwur, täglich sechs Stunden Unterricht nehmen zu wollen und erstaunte dann nicht wenig, als ihm Benno beim Herabsteigen von jener großen Treppe, die auf den spanischen Platz führt, erzählte, daß sich die Stellung seiner Mutter zu Ceccone und Olympia gänzlich verändert hätte ...

Nun erst begriff Thiebold die kalte Aufnahme, die er an Piazza Sciarra erfahren hatte, als er dort nach der Herzogin von Amarillas fragte ...

Er verwünschte die römische Welt nicht wenig ...

Dann verglich er Rom bei Nacht mit seiner Vater-*[246]*stadt bei Nacht ... Die Beleuchtung war hier „unter der Würde" – Rom verwarf bekanntlich damals als „revolutionäre Neuerung" nicht blos die Eisenbahnen, sondern auch die Gasbeleuchtung*) – ...

Die Freunde verabredeten sich, morgen in alter Weise gemeinschaftlich zu frühstücken und das Weitere ernst zu berathen ...

Thiebold wollte zu Benno kommen ...

Den Aschenbecher vergaß ich in Robillante! rief Benno Thiebold nach, als dieser schon an die Pforte seiner Wohnung

---

*) Thatsache.

geklopft hatte, die derjenigen Benno's gegenüber lag ... Bringen Sie ihn doch morgen früh mit ...

Das einzige Wort, mit dem Benno die zum Tod betrübte Stimmung seines Innern verrieth.

7.

Die Wirkung einer Karte, auf der zu lesen stand: „Monsieur Thiebold de Jonge, recommandé par le Baron Benno d'Asselyn" war außerordentlich ...

Sie fiel in die Siestenstunde, wo auf Villa Torresani die junge Fürstin Rucca bei herabgelassenen Jalousieen auf schwellenden Polstern ausgestreckt lag und vielleicht in Liebesschauern vom schönen Cardinal Ambrosi träumte ...

Sie fuhr empor ...

Halbentkleidet lag sie auf einem Ruhebett ausgestreckt ... Dicht war sie gegen die bösen „Zanzari" in Musselinvorhängen eingehüllt ... Mit halbschlafendem Brüten hatte sie ein Deckenbild des Bettes, eine Amorettenscene von Albani angestarrt ...

Diese Villa war der Mittelpunkt einer durch Kunst und Natur zum reizendsten Aufenthalt bestimmten Schöpfung ...

Die Villa Torresani lag auf Bergabhängen hingehaucht wie im tändelnden Musenspiel ... Alles an ihr war leicht, zierlich und gleichsam ohne Mühe geschaffen ... Die Treppenaufgänge waren in ihren Geländern *[248]* mit zierlichster Symmetrie durchbrochen, auf ihren Wangen mit Statuen, Aloë- und Cactustöpfen geschmückt ... Wo sich bei jeder neuen Etage die Treppe zwiefach theilte, plätscherten Springbrunnen oder muschelblasende Tritonen ... Oben auf der gekieselten Plateforme erhob sich ein Bau voll Pracht und Schönheit, in zwei Stockwerken, verschwenderisch geziert von Säulen, Nischen, Statuen, abgeschlossen hoch oben von einer Attika, deren vier Ecken freischwebende Marmorbilder begrenzten ... Eine silberweiße Herrlichkeit war es, weithin leuchtend aus einem dunkeln Boschetto von Lorberhecken und urmächtigen Eichen ... Hier rauschten die Wasser, dort sangen die Vögel, summten die Käfer ... Weit hinaus zur Ebene verfolgte das Auge die gelblichen Fernsichten herbstlicher Stoppelfelder; sie milderten sich durch die quer hindurchlaufenden Weingehänge und die breitastigen, nicht ängstlich beschnittenen Pappeln ... In der Ferne erhob sich Rom, die Peterskuppel, sie, der immer hocherhobene Finger, der die Welt aus dem Erdendunst gen Himmel weisen soll ... Wer aber schweift hinaus bei so beglückender Nähe! ... Hier waltete die Kunst und die in ihren Weihemomenten überraschte Natur ... Durch die zur Erde gehenden Fenster des Palastes sah man die an den Capitälen bronzirten schwarzen Marmorsäulen eines großen Speisesaals mit dem weißschwarzen Marmorgetäfel des Fußbodens ... Nach hinten empfingen die Schlaf- und Siestenzimmer die Kühle einer angrenzenden Cypressengruppe, den Duft des zur Berglehne reichenden Blumengartens, in dem die Pflanzen eines noch tieferen Südens im Winter durch Glasdächer geschützt wurden ... Dort *[249]* reiften Bananen ... Dicht am Fenster, wo Olympia schlief, hauchte eine Gruppe Gardenien aus ihren weißen, großmächtigen Blütentrichtern und aus der wollüstig feuchten Wärme der fortdauernd zu erneuernden Berieselung einen Duft aus, gegen den der Duft der Rose verschwand ...

Olympia lachte im Halbschlaf – Sie lachte sogar des Cardinals Ambrosi, der sich ihren Sorgen für eine seiner würdige Einrichtung durch den eifersüchtigen Fefelotti hatte entziehen müssen ... Dann erschrak sie, weil den – Cardinal-Conservator der Reliquien nichts als Todtenschädel umgaben ... Durch eine nahe liegende Ideenverbindung kam sie auf den deutschen Mönch Hubertus und Grizzifalcone ... Sie warf sich auf die andere Seite und wieder lachte sie ihrer Schwiegermutter, die sie fortwährend hofmeistern wollte ... Sie lachte Lucindens, des Cardinals und der Herzogin von Amarillas – ...

Da eben erscholl das Klopfen des betreßten Dieners – Da kam die Karte ...

Drei, vier Klingeln gingen durcheinander, als sie die Karte gelesen hatte ... Portier, Diener, Kammerzofe – wem hatte sie nicht alles Befehle zu ertheilen! ...

„Recommandé par le Baron d'Asselyn" ...

Die Fürstin, außer sich, weckte ihren nebenan schnarchenden Ercolano ...

Für diesen war sogar ein Brief vom Signor d'Asselyno durch den draußen harrenden mit Extrapost vorgefahrenen Monsieur Thiebold de Jonge selbst überbracht worden ...

Sie herrschte dem schlaftrunkenen Gatten zu, er sollte den Fremdling so lange unterhalten, bis sie sich in Toilette *[250]* geworfen hätte ... Den Brief nahm sie selbst und erbrach ihn ...

Benno von Asselyn beklagte in diesem Briefe sein bisheriges Los, das ihn in der Welt hin- und herzureisen gezwungen und erst jetzt nach Rom zurückgeführt hätte ... In acht Tagen spätestens würde er dem Fürsten seine Glückwünsche und der Fürstin sich selbst zu Füßen legen ...

So schallen auf der Insel Ceylon plötzlich wunderbare Klänge aus der Luft ... So richtet sich die Blume auf, die nach langer Dürre ein stürzender Regen erfrischt ... Olympia flog in ihre Garderobe ...

Thiebold de Jonge hatte inzwischen in einer Empfangsrotunde Gelegenheit, die Geschichte der alten Kunst zu studiren ... Neun Marmorstatuen zierten sie, geschmackvoll in Nischen angebracht; sie sowol wie der Mosaikfußboden gehörten dem wirklichen Alterthum an ... Hier war alles echt ... Das alte Rom war hier noch nicht untergegangen ...

Später hat es Thiebold oft erzählt, wie ihm der erste Anblick der „kleinen Heuschrecke", die nach einer halben Stunde in gelbnaturseidenen, mit grünen Blättern und bunten Blüten bedruckten Gewändern hereinrauschte, Lexikon, Grammatik, Alberti's Complimentirbuch in vollständigste Verwirrung brachte ... Die „gelbe Hexe" wäre viel, viel anziehender gewesen, als er erwartet ...

Dennoch mußte er sich früh erholt haben ... Er „reussirte" schon beim ersten Gruße ... Benno hätte sich getrost noch acht Tage in Rom können versteckt halten ... Thiebold beschäftigte den Fürsten und die Fürstin schon am ersten Tag mit all den Erfolgen, die wir *[251]* als die gewöhnliche Belohnung seiner geselligen Talente kennen ... Sogar ein Begrüßen der Villa Tibur wurde ihm am ersten Tag nicht möglich ... Das Französische unterstützte die Verständigung ... Olympia und Ercolano ließen den liebenswürdigen „Baron" de Jonge nicht wieder frei ...

Der Brief, die Ankunft Thiebold's hatten sich verspätet ... Folglich erschien Benno schon am Tag nach dem Siestentraum ... Ercolano holte ihn aus Rom ab und er holte ihn im Triumph ... Da hatte denn der junge Römer den Mann, der es möglich machte, die Geschichte von seinem „Kampf mit einem Elefanten" zu wiederholen ... „Dies ist der Herr, der mich damals in Wien –" ... Ercolano erdrückte Benno mit seinen Umarmungen ...

Und siehe da! ... Als Benno auf Villa Torresani ankam, hatten sich gerade – Thiebold und Olympia schon bei einem Ausflug in den Gebirgen verspätet ...

Es konnte kein Wunder nehmen, daß in drei Tagen Thiebold und Benno schon auf der Villa Torresani selbst wohnten ... Im Garten gab es mehrere, die reizendste Aussicht gewährende Pavillons ... Diese allerliebsten kleinen Häuschen mit den grünen Jalousieen! hatte Thiebold seltsam kokettirend zur Fürstin gesagt und sogleich wurde eines für sie aufgeschlossen ... Es war die Zeit, wo alles auf dem Lande lebte ... Was wollen Sie in Rom, was in Tivoli! – wo die Freunde sich eingerichtet hatten im Gasthof zur Sibylle – Sie wohnen bei uns! jubelte Ercolano ... Lucinde wohnte tausend Schritte weiter von den Wasserstürzen Tivolis *[252]* ... Weder Benno noch Thiebold hatten sie begrüßt und schon wohnten sie in dem Pavillon der Villa Torresani ... Die Italiener sind sonst nicht gastfrei ... Hier aber traten Gründe ein, diese beiden jungen Fremdlinge nicht wieder frei zu lassen ... Schon das erste Zusammentreffen des Besuchs mit einer Visite der Schwiegermutter, das Hinzukommen ande-

rer Nachbarschaften entschied – ... Alle sagten: Diese beiden
Deutschen werden die Löwen der römischen Gesellschaft! ...
    Thiebold's Kunst, die Menschen und Verhältnisse in Verwirrung zu bringen, ohne die erstern übermäßig zu reizen und die letztern zu unglücklich ausgehen zu lassen, bewährte sich auf eine bestrickende Art ... Benno konnte in der That einige Tage zweifelhaft sein, ob nicht Thiebold den Sieg davontrug ... Thiebold hatte sogar den Muth, des Abends sentimental zu werden ... Beim Anblick der Wirkungen, die er damit auf die junge Fürstin machte, erleichterte sich ihm die anfangs beklommene Brust, erheiterte sich sein Rundblick auf die Verhältnisse, in die ihn die Sorge um zwei dem Tod bestimmte Freunde Benno's wider alle Neigung gezwängt hatten ... Benno, dem die Fürstin noch gleichsam schmollte, blieb ernst und düster ...
    Nun haben wir's, sagte Thiebold, als Benno das reizende Gartenhaus mit seiner Aussicht auf das vom Kaiser Hadrian „Tempe" genannte glückselige Thal mit ihm bezogen hatte und voll Verdruß die glänzende Einrichtung, die bronzirten Sessel, die Sammtkissen, die Verschwendung an Marmor und Krystall sah, nun werden Sie eifersüchtig auf mich! ...
    [253] Wir streiten uns, entgegnete Benno, wie zwei Fechter, die zum Tode bestimmt sind! Auf dem Programm der Niedermetzelungen geschieht dem einen weniger Ehre, als dem andern! ... Bin ich darum wol – etwa traurig? ...
    Das Verhältniß Olympia's zu Benno war in Wahrheit dies: Als sie mit Benno zum ersten male allein war und von Wien zu reden begann, erbleichte sie, zitterte und verließ, keines Wortes mächtig, das Zimmer ... Um nur Fassung zu gewinnen, gab sie sich den Schein mit ihm zu schmollen ...
    Eine Täuschung nur ... Sie war auf dem Gipfel alles Erdenglücks ... Sie ritt, sie fuhr, wie in ihrer fröhlichsten Zeit ... Thiebold machte sich zu ihrem dienenden Cavalier und sie ließ sich's gefallen ... Thiebold plauderte zu amusant, war immer lebhaft und gefällig – immer „präsent" – das wollen die Frauen – ...

Sie konnte vollkommen mit zwei solchen jungen Männern zu gleicher Zeit fertig werden ... Thiebold hatte Recht, wenn er sagte: Unsere Tugend rettet ihr Embarras de richesses! ...

An lange Einsamkeit und ein ungestörtes Begegnen war freilich wenig zu denken ... Die Fürstin war eine Neuvermählte, Ercolano rauchte nicht eine Cigarre ohne sie, trank nicht ein Glas deutscher „Birra" ohne Benno und sein Leben bestand aus Trinken und Rauchen ... Reiter und Fuhrwerke belagerten die Thore der Villa Torresani ... Zankte auch wol der alte Fürst, der aus der Stadt ab und zu kam, über einen Landaufenthalt, der seinen Zweck, zu sparen, gänzlich verfehlte, so war nun einmal Olym-*[254]*pia die Nichte des regierenden Cardinals und hatte als solche den Zustrom der Fremden und Einheimischen ... Da gab es hundert Monsignori, die Carrière machen wollten; Aebte, Bischöfe kamen von nah und von fern; Fefelotti sogar ordnete sich Ceccone's gesellschaftlicher Stellung unter ... Fremde kamen, die aus Kunstinteresse, andere, die aus Frömmigkeit, die meisten, die aus Geselligkeitstrieb nach Rom wallfahrteten ... Das Princip der römischen Aristokratie, so unzugänglich wie möglich zu sein, ließ sich hier nicht durchführen ... Olympia wollte nicht aufhören, die Beherrscherin Roms zu bleiben ...

Und wie war die Zeit bewegt ... Couriere kamen und gingen ... Außerordentliche Botschafter von Neapel, Florenz und Modena gab es zu empfangen ... Schon hörte man von Verhaftungen in Rom ... Von Aufhebung einzelner „Logen" ... Die Gefängnisse der Engelsburg und des Carcere nuovo füllten sich so, daß die Gefangenen des Nachts, mit starken Escorten, nach Civitavecchia und Terracina geschickt wurden ... Von ungewöhnlichen Streifcolonnen hörte man, die durch die Gebirge zogen ... Die Marine Neapels, Sardiniens, Oesterreichs kreuzte in den Gewässern von Genua, um Sicilien her und im Adriatischen Meere ... Schon wurden allgemein die Brüder Bandiera als Anführer von Trupps genannt, die demnächst an verschiedenen Stellen Italiens landen würden ...

Ceccone, der Benno sehr artig begrüßt und dem devoteren Gefährten Thiebold die Hand zum Kusse *[255]* gereicht hatte, war, das beobachteten beide, in äußerster Aufregung ... Seine Kutsche fuhr hin und her ... Sie wurde regelmäßig von zwölf Berittenen der Nobelgarde begleitet, wenn er nach Castel Gandolfo fuhr, wo der Heilige Vater eingeschlossen lebte und mismuthig über sein Körperleid die Bullen, Breves und Allocutionen unterschrieb, die man ihm aus den verschiedenen Collegien seiner Weltregierung überbrachte. Bücher wurden verboten, Excommunicationen ausgesprochen ... Wächter der Kircheninteressen gab es genug ... Wenn auch der Hohepriester nichts las, als medicinische Schriften, nichts hören wollte, als ärztliche Consultationen ... Seine Zuflucht war damals, wie bekannt, ein deutscher Arzt geworden ...

Olympia hatte in der That jetzt keine geringe Abneigung gegen die „Erhebung Italiens" ... Sie räderte und köpfte – „Ein paar Handschuhe monatlich – Ein Bedienter nur – Und deine Hemden selbst flicken –"? Mazzini, Guerazzi, Wenzel von Terschka – jeden erwartete, wenn man seiner habhaft wurde, ein eigener Galgen ... Bekanntlich unterschreibt der Heilige Vater nie die Todesurtheile selbst; man überreicht sie ihm – wenn er nichts dagegen einwendet, hat die Gerechtigkeit ihren Lauf ... Man kann die Religion der Milde nicht milder betrügen! sagte Benno ...

Als Benno zum ersten mal mit Ceccone beim jungen Rucca dinirte, bedurfte er der ganzen Erinnerung an die Verstellungskunst – des ihm schon einmal in seinem Leid aufgegangenen Hamlet ... Er gab jede Auskunft, die der geschmeidige Priester zu hö-*[256]*ren wünschte ... Er widersprach keinem Urtheil, das sich ja auch hier nicht berichtigen ließ ... Er hörte nur mit Schrecken: Wir wissen alles! Wir sind unterrichtet über die Personen! Wir kennen die Orte ... Wir wissen, wo die Fackel der Empörung zuerst auflodern soll! ... Zwanzig Mitglieder der „Junta der Wissenden" haben auf die Hostie geschworen, mich binnen einem Jahre zu tödten! ... Ich weiß, daß geloost worden ist! Ich weiß, daß ein Mann in Rom, in meiner unmittelbaren Nähe leben soll, der die Aufgabe hat, mich zu ermorden! ... Nun wohlan! Ich will es aufgeben zu forschen – sonst mistrau' ich jedem, der mich grüßt, jedem, der in die Nähe meines Athems kommt ...

Eben war bei Tisch gesprochen worden von einigen Königsmördern, die kurz hintereinander in Frankreich guillotinirt wurden ... Benno horchte, ob bei allen diesen Schilderungen ein Advocat Clemente Bertinazzi würde genannt werden, der ihm als Mittelpunkt der Verschwörer in Rom bezeichnet worden und – der ihn sogar selbst erwarten durfte ... Er erblaßte, als Cola Rienzi genannt – Rienzi's Haus am Tiberstrand geschildert wurde – Bertinazzi wohnte dicht in der Nähe ...

Niemand sprach von Bertinazzi ...

Benno bedurfte der neuen Anmahnung seiner Mutter, um in dieser peinlichen Lage harmlos und unbefangen zu bleiben ... Nur endlich zu Lucinden zu gehen, beschwor sie ihn ... Immer noch war er nicht auf die Villa Tibur gekommen ... Die Schwiegermutter Olympiens war wieder einmal mit ihrer Tochter im Streit – Lucinde sollte „Farbe halten", und nicht auf Villa Tor-*[257]*resani erscheinen ... Das verlangte die alte Fürstin ... Und die junge verlangte gleiches von ihren Hausgenossen ... Ceccone emancipirte sich ... Das sahen Benno und Thiebold mit Erstaunen – Nach den Diners fuhr Ceccone auf Villa Tibur ... Die Voraussetzung, daß Graf Sarzana dennoch dieser Donna Lucinde in redlichster Absicht den Hof machte, hörte Benno in der That ... Noch hatte er diesen Cavalier nicht gesehen ... Aber die Art, wie in Italien die Ehe geschlossen wird und um ihrer Unauflöslichkeit willen sich mit allen Verirrungen der Leidenschaft vertragen muß, hatte er genug beobachtet ... Lucinde – eine Gräfin! ... Er konnte sich nicht genug die Wirkung davon in Witoborn, Kocher am Fall und in der Residenz des endlich freigegebenen Kirchenfürsten ausmalen! ...

Thiebold war nicht mehr zurückzuhalten, Lucinden zu besuchen ...

Er kam von ihr zurück und hatte sie außerordentlich vornehm gefunden ... Sie gäbe Audienzen wie eine Fürstin ... Sie hätte sich höchst bitter über Benno beklagt, der sie nicht zu begrüßen käme ... Nur die Nähe eines „Conclaves von Prälaten", darunter Fefelotti, hätte verhindert, daß er sich darüber ganz mit seiner „alten Freundin" ausgesprochen – mit ihr, die ihm den Streit über die Kreuzessplitter als Ursache ihrer gegenwärtigen Anwesenheit in Rom dankte ...

Olympia hörte diesen Bericht voll Neid und sagte grimmig lachend:

Benissimo! Die Kammerzofe meiner Schwiegermutter! ...

[258] Sie aber werden sie nicht sehen ... Ich verbiete es ... wandte sie sich zu Benno ...

Benno brauchte sich nicht zu verstellen, wenn er seine Geringschätzung Lucindens andeutete ... Da aber mahnte jetzt sogar der Cardinal um den Besuch in Villa Tibur ... Olympia hörte diese Flüsterworte und wollte aufs neue widersprechen ...

Benno warf einen einzigen Blick auf sie und sagte: Ich reite morgen hinüber, Eminenz! ...

Die junge Fürstin sah empor zu ihm, wollte bitter schmählen, dann schlich sie still davon ... Welch ein Glück beherrscht zu werden von dem, den man liebt ... Wie gern hätte sie so ihr ganzes Leben ihm zu eigen gegeben ...

Der Cardinal sah das und verstand alles ... Er lachte dieser demüthig niedergeschlagenen Augen, mit denen sein Kind, erst zornig aufwallend, sich beherrschte und hinter den Säulen des Eßsaals verschwand ... Dergleichen war ihm an Olympien noch nicht vorgekommen ...

Am andern Tage fuhr sie dann aber doch mit Thiebold und ihrem Mann nach Rom – eines Modeartikels wegen, sagte sie – Sie schmollte mit Benno ... Als dieser fest blieb und bat, ihm ein Pferd nach Villa Tibur bereit zu halten, weinte sie und zog ihre Fahrt bis zum Abend hinaus ... Lucinde schien ihr die Einzige, die ihren beiden Freunden gefährlich werden konnte ...

Benno durfte hoffen, Lucinden allein zu finden ... Er hatte gehört, daß auch die alte Fürstin in Rom war, wo sie öfter verweilte als auf dem Lande – Pum-*[259]*peo's wegen – Seine erste Aufwartung hatte Benno ihr in Rom gemacht ...

Lucinde, die Benno in so vielen sich widersprechenden Situationen, in Demuth und Glück, in Verzweiflung und Uebermuth, schön und häßlich, fromm und heuchlerisch, verführerisch und abstoßend gesehen hatte – Sie jetzt auf solcher Höhe! ... Ihr sich beugen zu müssen, von ihr durchschaut zu werden, sich und seine Mutter abhängig von ihrer Großmuth, von ihrer Selbstbeherrschung zu wissen – wol durfte ihn das alles mit Bitterkeit und Mismuth erfüllen ...

Er umritt das schon im Abendgold schwimmende Tivoli und suchte dem Bett des Anio von der Seite seines rauschenden Sturzes beizukommen ... Der Lärm des Städtchens oben, die Schrei-Concerte der Esel, das Lachen und Schwatzen des Volks, das Begegnen der Fremden hätten seiner Stimmung wenig entsprochen ...

Anfangs mußte er sich vom Rauschen des Wasserfalls in seinen verschiedenen Spaltungen entfernen, dann kam er ihm wieder näher ... Vögel flogen über ihn her, wie aufgeschreckt vom Donnerton der stürzenden Gewässer. Sie flogen zur Linken – Unglücksboten, wie er nach antikem Glauben sich sagen durfte beim Anblick des wohlerhaltenen Vestatempels, der oben auf der Höhe schimmerte, und in Erinnerung an die Sibylle Albunea, die einst hier die Orakel verkündete ...

Liegt die Villa Tibur so nahe dem Rauschen des Anio? sprach er zu sich selbst und gedachte – Armgart's, die einst so im Rauschen der Mühlen von Witoborn Ruhe und ihre Aeltern gefunden hatte ...

[260] Die schon dunkle Schlucht mit ihren silbernen Schaumterrassen, ihren feuchtkühlen Grotten, ihrem wilden Baum- und

Pflanzengewucher blieb zur Rechten ... Villa Tibur lag noch höher in die Berge hinaus ... Nur wie ein fernes Meeresrauschen, immer gleich, immer rastlos, nie endend als nur durch die einstige Zerstörung dieser Felsen beim Weltgericht – so mußte der Sturz vernommen werden in der kleinen Villa, die sich durch Olivenwälder und Bergzacken endlich unterscheiden ließ ...

Hoch oben glänzte noch der goldene Sonnenschein, der hier unten im Geklüft schon fehlte ... Die Cypressen an der endlich erreichten Thorpforte standen so ernst, wie nebenan einige Hermen ... Ein Reitknecht in Livree war zunächst zur Hand, der schon ein Roß am Zügel hielt ... Das Roß des Grafen Sarzana! dachte Benno ... In der That war dieser der Herr des Knechts ... Er erwartete ihn, sagte er, jeden Augenblick von oben ... Gleich an der Pforte lag ein Wirthschaftsgebäude, wo, wie Benno sah, an Dienern kein Mangel war ... Ihnen gab er zur Hut das Pferd aus Ercolano's, ihres jungen Fürsten, Stall ...

Ueber sich schlängelnde und terrassirte Wege ging es aufwärts zur Villa, die sich an Großartigkeit mit Villa Torresani nicht messen konnte ... Sie war so klein, daß Lucinde hier höchstens nur zwei Zimmer bewohnen konnte ... Schön aber war auch sie, wenn auch alterthümlicher, als die auf der andern Seite des Berges ... Die Decke des Vestibüls enthielt Lunettenbilder von ersten Meistern ... Der Garten bot Laubengänge und Boskets ... Man zeigte einen Gang hinunter, den die *[261]* Weinrebe aus lieblichen Guirlanden bildete ... Dort sollten Donna Lucinda und Graf Sarzana verweilen ... Dieser Gang endete in einem Rundbogen von geschnittenen Myrten ...

Hob sich hier vom dunkelgrünen Hintergrund in blendendweißem carrarischen Marmor eine in Schilfblättern kniende Nymphe mit einem Schöpfkrug als eine Erinnerung an die Wasserwelt des fernher rauschenden Anio an sich schon bedeutungsvoll ab, so noch mehr die an das Postament dieser Gruppe gelehnte Gestalt Lucindens ...

Benno sah, was das Glück vermochte ...

Lucinde, die in St.-Wolfgang von der alten, über die Alpen ihrem Pflegling, dem Bischof, gefolgten Renate verachtet wurde, von Grützmacher nach einem Steckbrief verglichen, von Tante Gülpen aus der Dechanei verwiesen, Lucinde, die sich in der Residenz des Kirchenfürsten nur durch Nück's Interesse für sie erhielt, die nicht unverdächtig der Theilnahme an einem Verbrechen auf Schloß Westerhof geblieben war – sein Beichtwissen durfte Bonaventura auch an Benno nicht verrathen – sie, die Bonaventura in Männerkleidern nach Wien gefolgt war – soviel hatte Benno von ihm erfahren – sie, ein Kind der Armuth, in ihrer ersten Jugend eine Magd – ... Da stand sie jetzt – in einem purpurrothen Kaschmirshawl, den sie um beide Arme geschlungen hielt ... Ihr weißes Gewand lag eng an ihrer schlanken Hüfte ... Ihr Haar, um den Kopf in Flechten gewunden, war frei ... Im starren Auge lag die alte Unheimlichkeit des Blicks, ihre Rache an dieser Welt für etwas, *[262]* das sie vielleicht selbst nicht angeben konnte ... Ihre blinzelnde Augenwimper, ihre leise, zurückhaltende Sprache ... Letztere schon in der Todtenstille angedeutet, die Benno antraf, obgleich ihr gegenüber auf seinen langen Degen sich stützend Graf Sarzana stand, den bebuschten silbernen Helm in der Hand ... Dennoch unterhielten sie sich ... Benno konnte den Bewerber erst erblikken, als sein Fuß schon in die Myrtenrotunde eingetreten war ... Vorher stand nur Lucinde seinem Auge ersichtlich – Sie, die Richterin über das Geheimste, was mit seinem Dasein zusammenhing ...

Herr von Asselyn! sprach Lucinde Benno dem Grafen vorstellend – ohne einen Schritt weiter zu gehen oder sich in ihrer Stellung zu verändern ...

Zu Benno sagte sie lächelnd: Kommen Sie also endlich? ...

Sie hatte den Ankommenden schon beim Absteigen vom Pferde gesehen und längst ihrem Blute Ruhe geboten ...

Graf Sarzana hatte sich eben entfernen wollen ...

Benno betrachtete Lucinden, die so ruhig that, als hätte sie ihn erst gestern zum letzten mal gesehen, betrachtete den Cavalier, der in so seltsamer Umstrickung lebte ... Beide mit dem größten Befremden ... Graf Sarzana war ein Mann zwischen den Dreißigen und Vierzigen ... Seine Augen ruhten auf Benno mehr finster, als freundlich ...

Er verneigte leicht sein Haupt und sagte, daß er schon von Signor d'Asselyno gehört hätte ... Benno hatte auf den nahe liegenden Besitzungen des Cardinals *[263]* Verwandte des Grafen gesprochen, die da und dort die Oekonomie verwalteten ...

Ein Brautpaar konnte Benno kaum zu sehen glauben ...

Die Kälte und Ruhe Lucindens war der Ausdruck der höchsten Abspannung ...

Graf Sarzana schien aufgeregter, wenigstens stand ein unausgesetztes Streichen der Haare seines Helms mit seiner scheinbaren Ruhe im Widerspruch ...

Unwillkürlich bot sich für Benno die Vergleichung mit Paula und dem Grafen Hugo ... Wie anders dies Gegenbild! ...

Der Abschied des Grafen verzögerte sich ...

Benno's scharfes Auge glaubte einen gemachten Zug von Verachtung vor dem sich Empfehlenden auf Lucindens Lippen zu sehen; sie wollte wol nur damit an ihre Liebe für Bonaventura erinnert haben ... Aber auch der Graf schien nur eine eingelernte Rolle zu spielen ... Zwar blieb er artig und plauderte noch einige Dinge, die einen Fremden interessiren durften. Die Stunden, wo der Heilige Vater seine Segnungen ertheilt, sind jedem Fremden in Rom von Wichtigkeit; sie sind das, was anderswo die Wachparaden und Manöver. Einige Paläste, einige Sammlungen sind schwer zugänglich ... Graf Sarzana's Erbieten zur Vermittelung war freundlich ... Auch schien er unterrichtet und behauptete Sammler zu sein ... Er bewunderte, wie beide Deutsche sich in die italienische Art gefunden hätten, rühmte die deutschen Schulen und schien vorauszusetzen, daß Lucinde eine Erziehung genossen hätte, die ihr die Kennt-*[264]*niß des Lateinischen schon durch die Fürsorge des Staats verschafft hätte ... In allem, was er sprach, lag ein Anflug von Ironie ...

Graf Sarzana hatte auf ein Convolut von Papieren gedeutet, das auf einer Bank lag ...

Das sind deutsche Acten! sagte Lucinde und fuhr fort: Der Graf thut, als wenn ich so frischweg die Gedichte lesen könnte, die drüben auf den Wasserfall Catull gemacht hat! ... Ich verstehe das Breviarium – Das ist alles ...

Der Graf that, als hinderte ihn am Gehen eine Zärtlichkeit, die Benno für gemacht halten mußte ...

Er wollte Lucinden die Hand küssen, die ihm diese mit Koketterie entzog ... Ihre Reserve hatte immer etwas Anlockendes ... Der Graf hörte in der Ferne das Stampfen und Wiehern seines schönen neapolitanischen Rosses und konnte nicht fortkommen ...

Unter anderm sprach er von einem Fest, das der Heilige Vater noch dem jungen Rucca'schen Ehepaar nachträglich geben wollte ... Es war eine Gunstbezeugung, die nicht zu selten ertheilt wird, ein Mahl im Braccio nuovo des Vatican ... Die dort aufgestellten Meisterwerke der alten Bildhauerkunst werden dann im Glanz der festlichsten Beleuchtung gesehen ... Lucinde kannte diese Wirkung noch nicht und bedauerte, daß nur Eine Dame, die die Honneurs macht, dabei zugegen sein dürfte – diesmal Olympia ... Der Vatican, bestätigte Graf Sarzana, gilt allerdings für ein Kloster ... Lucinde kannte allerlei Ausnahmen von der Regel der Klöster ... Ihr Lächeln konnte beim Nennen der im Braccio nuovo aufge-*[265]*stellten Sculpturen dem Vorfall mit dem von Thorwaldsen restaurirten Apollin gelten ... Sie that, als sähe sie ganz die Furcht, die Benno schon in Wien hatte, für die junge Fürstin das zu werden, was dem Uebermuth des Kindes jene Statue gewesen ... Ihr Blick blieb forschend ... Inzwischen zeigte sich der Graf unterrichtet über die Meister und die Schulen, denen jene Bildwerke zugeschrieben werden ...

Endlich ging er und bald hörte man nur noch das Klirren seiner Sporen, bald nur noch den Hufschlag seines dahinsprengenden Rosses ...

Nun kommen Sie! sagte Lucinde. Wir haben dort einen bequemeren Platz und ich bin ermüdet ...

Sie deutete an, daß sie den Grafen nicht im mindesten liebte und von seiner Bewerbung nur fatiguirt würde ...

Mit einigen Schritten befand man sich in einem ringsumschlossenen traulichen und völlig einsamen Bosket, wo mehrere gußeiserne Sessel standen ...

So finden wir uns wieder! ... sprach sie jetzt ... Und ich sehe schon – Sie kommen voll Zorn auf mich! ... Hat mich die Herzogin so verklagt? ...

Im Gegentheil, erwiderte Benno, des Mädchens, ihrer Umgebung, ihrer Haltung staunend; meine Mutter rieth mir, mit Ihnen Frieden zu schließen ... Sie wissen, ich habe das immer als das beste Mittel erkannt – mit Ihnen auszukommen ...

Ein Lachen deutete an, daß sie sich nicht verletzt fühlen wollte ...

Nun, nun, sagte sie, verwundern Sie sich nur erst recht aus! ... Ja, das ist hier Italien, das ist Rom, die *[266]* Villa des Mäcenas drüben – das hier Villa Tibur! ... Nicht wahr, wer das alles von Ihrem und unserm Leben geahnt hätte, als ich unreifes Kind auf Schloß Neuhof lebte, unter Männern voll Grausamkeit und Tükke, von denen der ärgste Ihr Vater war! ... Der beste von allen – war mein guter, närrischer Jérôme, Ihr – Bruder! Seltsam! Ich hatte dort schon Träume, die mir alles zeigten, was seither eingetroffen ist ... Ich sah Ihre Mutter – wie oft! – in den Kellern des Schlosses ... Ich sah die alte Hauptmännin Buschbeck mit der Giftschale in der Hand ... Ich sah das Dasein Ihrer Mutter in den Visionen Ihres Vaters ... Wie ich Ihnen dann zum ersten mal an der Maximinuskapelle begegnete! ... Wissen Sie noch? Sie trugen den rothen Militärkragen jener blonden, hellblauäugigen Sandlandsklugheit, der Sie Gott sei Dank! Valet gesagt haben ... Frau von Gülpen ahnte schon meine Mitwissenschaft an so manchem und wies mich deshalb aus der Dechanei ... Wie ich diese stille Stätte des Friedens und der Hoffnung verlassen mußte, brach mir das Herz ... Ihr Onkel war so gut ... Und Ihnen ist er der Retter Ihres Lebens geworden! ... Ich liebe, im Vertrauen gesagt, die Reue nicht, ganz wie die Spinozisten – alle Magdalenenbilder sind mir schrecklich – Aber schön und ein ganzes Leben verklärend war Ihres Pflegvaters Reue über einen schlimmen Antheil, den er doch wol auch an Ihrem Dasein hatte – denn der Kronsyndikus war sein intimster Freund ... Wie geht es dem Dechanten? ...

Er freut sich jeder frohen Botschaft aus Italien ...

Grüßen Sie ihn von mir! ... „Frohe Botschaften *[267]* aus Italien!" ... Kämen ihrer nur mehr! ... Ich fürchte, ihr, ihr gerade siedet und kocht ihm nichts, was ihn laben wird ... Euer Bischof bringt ein Ungestüm über die Berge, das diesseits nicht am Platze ist ... Wer ist denn nur jener Eremit, um den er sich noch ins Verderben stürzt? ... Ein Deutscher! ... Erinnern Sie sich Ihrer Scherze zu dem Gypsfigurenhändler, als wir über den St.-Wolfgangberg keuchten? ... Halt! unterbrach sie sich plötzlich ... Ich vergaß die Papiere, wo wir standen ... Holen Sie sie mir! ...

Benno folgte, wie von einem mächtigen Willen regiert ... Er hörte und hörte nur ... Ueber den Eremiten hatte sie harmlos und sozusagen waffenlos gesprochen ...

Nach wenigen Schritten war Benno zurückgekehrt und gab Lucinden ein Pack sauberer Velinpapierbogen, die deutsche Scripturen enthielten ...

Sie war aufgestanden und setzte sich wieder ...

Sie ahnen schwerlich, was diese Papiere enthalten! – sprach sie, das Convolut neben sich legend ...

Sie verwies ihn auf den nächsten Stuhl ...

Ich höre, Sie und Klingsohr sind die Referenten der Curie in deutschen Angelegenheiten geworden! erwiderte Benno ... Wir haben, wissen Sie gewiß, eine Reformation in Deutschland ... Sind das die betreffenden Actenstücke? ...

Sie schüttelte den Kopf, ließ den angeregten Gegenstand fallen und fixirte nur Benno mit prüfenden Blicken ...

Seltsam! sagte sie ... Ihr Haar ist von der Mutter ... Die Augen haben Sie vom Vater ... Ihr *[268]* Blut scheint von Natur langsam zu fließen, wie – durch Kunst bei Ihrer Mutter ... Ihr Verstand, der ist hitzig, wie beim Kronsyndikus – und wissen Sie, ich hätte Sie schon in St.-Wolfgang mit ruhigem Blut in allerlei Unglück sehen können – Nicht dafür, weil Sie kein Interesse für mich hatten – Armgart hatte es Ihnen schon damals angethan – Nein, Sie trugen den Kopf so schrecklich hoch – um Ihrer Klugheit willen! ... Das haben Sie ganz von Ihrem Vater ... Der konnte auch jedem einen Thaler geben, wer ihn klug nannte ... Ich lästere ihn nicht ... Mir war der Schreckliche gütig ... Nur zuletzt nicht mehr ... Hätt' er mich da noch aufrecht gehalten, ich würde nicht so elend in die Welt hinausgefahren sein ... Es – ist – nun so ...

Dafür machen Sie jetzt Ihren Weg! fiel Benno mit Bitterkeit ein ... Wann werden Sie Gräfin Sarzana sein? ...

Sie hörte auf diese Frage nicht, sondern sagte träumerisch:

Wenn ich rachsüchtig wäre ...

Manche bezweifeln Ihre Großmuth – ...

Und wenn ich sie nun nicht hätte, habt ihr mich nicht dahin kommen lassen? ...

Etwa auch meine arme Mutter? ...

Der Herzogin, das ist wahr, war ich zu Dank verpflichtet; aber sie war nicht gut gegen mich ... Wir Frauen wissen, daß wir Ursache haben, uns im Leben an eine starke Hand zu halten ... Nun finde ich hier vielleicht eine solche ... Konnt' ich ertragen, daß Ihre Mutter über mich lachte und ihrem Briefwechsel mit Ihnen, *[269]* den ich voraussetzen durfte, Ihre und des Bischofs Urtheile über mich entnahm und weiter verbreitete? ... Ich leugne nicht meine Herkunft und meine ehemalige

Lage ... Ich weiß auch, daß mich im Leben noch niemand gemocht hat, und habe mir längst darüber mein System gemacht. Ich ahne sogar – im Vertrauen – daß auch diese Herrlichkeit hier bald zu Ende sein wird ... Aber was ich mir an Unglücksfällen ersparen kann, das will ich denn doch nicht unterlassen haben. Ihrer Mutter, einer höchst gefährlichen, völlig in sich unklaren, halb ehrlichen, halb listigen Frau, einer echten Italienerin, mußt' ich einen Vergleich anbieten ... Ich will wünschen, daß sie die Bedingungen ebenso hält, wie ich sie halte ... Sie sind mit der jungen Fürstin Rucca intim, fragen Sie sie in einer Schäferstunde, ob ich geplaudert! ... Selbst über Armgart werden Sie sie nicht unterrichtet finden – Sie Ungetreuer! Was wird Armgart sagen! Nicht nur Sie, sondern auch Herr de Jonge brechen ihr die Treue! ... Meine Herren, sie erfährt alles! Darauf verlassen Sie sich ... Herr von Terschka wird sie von allem in Kenntniß setzen ... Apropos, hüten Sie sich doch vor den politischen Grillen Ihrer Mutter ...

Benno mußte anerkennen, daß der Ton des Wohlwollens durch alle diese Reden klang ... Dennoch lag er auf der Folter und hätte mit einem einzigen Wort die Maske seiner Selbstbeherrschung abwerfen mögen ...

Werden Sie den Namen Asselyn behalten? fragte Lucinde nach einer Weile ...

[270] Benno konnte die quälende Erörterung nicht mehr pariren ... Auch sah er, daß sich ihr Sinnen immer mehr und mehr auf den Bischof richtete ...

Der Name Asselyn – erwiderte er – klingt dem Italiener nicht fremd – ...

Der Präsident, Ihr Bruder, ist kinderlos – fuhr sie fort – Wenn Sie da – Nein, nein – lassen Sie die Wittekinds aussterben! Bleiben Sie der räthselhafte „Sohn der Spanierin", der Neffe des guten Dechanten, ein Asselyn! ... Ich habe mir viel Mühe gegeben, hinter Ihr Geheimniß zu kommen, das ist wahr ... Aber es wissen nicht mehr darum, als der Bischof, ich, ohne Zweifel der

Dechant und meine alte Freundin, Frau von Gülpen ... Aber Thiebold de Jonge scheint eingeweiht ... Das ist thöricht ... Sie müssen ihn freilich erprobt haben ... Ganz so dumm, wie Piter Kattendyk ist er nicht ... Sagen Sie, wie können Sie Dergleichen um sich ertragen! ...

Benno erhob sich und sagte halb scherzend, halb im Ernst:

Nun wollen wir von den neuesten mailänder Moden sprechen ... Sonst erleben Sie, daß ich Sie auf Pistolen fordere ...

Pistolen! sagte sie kopfschüttelnd. Auch das kommt in Italien nicht vor ... Wer uns hier beleidigt, fällt durch das Stilet eines Rächers, den man dafür bezahlt ... Das ist schrecklich und doch – ist es nicht eine unendliche Wonne, aus den deutschen Verhältnissen erlöst zu sein? ... Rom hat seine Lügen, seine Schlechtigkeiten – aber dieses Maß von schwatzhafter Tugend, eitler Sittsamkeit, biederer Langeweile von jenseits der Berge gibt *[271]* es hier gar nicht ... Erzählen Sie mir aber –! ... Ja wie geht es Nück? Ich weiß durch Herrn de Jonge, daß er ohne seine Frau in Wien ist und noch unentschlossen sein soll, ob er nach dem Orient geht oder nach Rom ...

Ein solches unentschlossenes Umherblicken wird seine Halsschmerzen vermehren ...

Sie sind boshaft! ... Lucinde erröthete und schwieg ...

Woher erfuhren Sie die näheren Umstände meines Geheimnisses? Gewiß ist vorzugsweise Nück betheiligt? ... begann Benno, der endlich mehr die Oberhand gewann ...

In diesem Augenblick läutete es von Tivoli herüber ... Lucinde senkte den Blick und sprach für sich den englischen Gruß ...

Benno durfte der frommen Sitte sich nicht entziehen ...

Darüber hatte sie Zeit gewonnen und kam auf die verfängliche Frage wegen Nück nicht zurück ...

Die Dämmerung war hereingebrochen ... Ueber die Höhen des Gebirgs sah man Streifen des Monds schimmern, die bald ihr mildes Licht über die dunkelnde Schlucht verbreiteten ...

Läßt mir der Bischof nichts, gar nichts sagen? begann Lucinde ...

Nein! erwiderte Benno und sprach der Wahrheit gemäß ...

So war es ja immer, sagte sie mit stockender Stimme ... Lieblos entzogt ihr mir die rettende Hand! ... Hinweggeschleudert habt ihr mich wie ein Wesen ohne Bildung! ... Wie hab' ich gerungen nach euerer Freundschaft, nach euerer Schonung nur ... Kalt, grausam habt ihr mich zurückgestoßen! ... Nun mußt' [272] ich mir freilich selbst helfen ... Das ist die größte Feigheit der Männer: Ein Weib um ihrer Thorheit willen leiden sehen und sie dann auf Vernunft und Besinnung verweisen ... Vernunft und Besinnung haben wir ja nicht ... Nur in der That, sei's der That der Liebe, sei's dem Rausch des Wahns oder dem Klagegeschrei der Enttäuschung, nur in Handlungen und Zuständen sind wir, was wir sind ... Vernunft und Besinnung! ... Nachdenken und Reflexion! ... Was soll das uns! ... Ich vergebe dem Bischof – doch nie, was er alles, alles an mir gethan hat ...

Benno wußte kaum, was er einem weiblichen Wesen erwidern sollte, das auf einen katholischen Priester Rechte der Liebe zu haben behauptete ... Er begnügte sich, die Wildaufgeregte zu beruhigen mit einem einfachen und ironischen:

Sie beteten doch eben voll Frömmigkeit das Ave Maria – und verlangen das Unheiligste ... Sie haben nie das Gemüth dieses edelsten der Menschen verstanden ...

Ein Gemüth ist's, wie das dieser Bildsäule! sagte Lucinde zornig ... Als wenn ein Priester von seinen Gelübden sprechen könnte, der sie doch einer andern gegenüber nicht hält! ... An jenem Abend auf dem Friedhof von St.-Wolfgang schon, wo wir unter den – – Gräbern wandelten, funkelten die Sterne herab, als wollten sie sagen: Halte sie doch fest, die Stunde der Versöhnung! ... Sieh, dies wahnsinnige Weib, so sprachen die Sterne, hat zwei Jahre geschmachtet nach Wiedervereinigung mit dir! Nun kommt sie und pocht voll Hoffnung an deine Hütte! Du – du opferst sie aber schon der alten Magd, die dich bedient! ...

[273] Lachen Sie nicht! – Die Sterne sprachen mehr ... Sie sagten: Du schmähst ihre Verehrung, die so ganz ohne Interesse, nur ein reines Opfer der Liebe ist! – Ich bin um diesen Mann katholisch geworden – ich wäre schon glücklich gewesen, nur dann und wann mit ihm sprechen zu dürfen ... Daß ich seine Magd hätte sein können, mich wirklich als Bäuerin bei Renate verdingen, davon will ich gar nicht reden ... Ich war heimisch in ihm, als ich ihn das erste mal sah ... Ich fand einen Menschen wieder, der todt war und in ihm sein Testament zurückgelassen hatte ... Schon damals, als Ihr Vetter geweiht wurde, kannte ich seine Zukunft; ich kannte die ganze kommende Zerrissenheit seines Gemüths; wußte, daß er dort enden würde, wo er jetzt steht – an einem furchtbaren Abgrund, den nur noch seine äußere Würde deckt ... Ich kannte alles, was ihm über die Leiden dieses Daseins hinweggeholfen hätte ... Er verschmähte es ... Nun folg' ich dem Ruf in die Dechanei, erlebe die Demüthigung, zum Hause hinausgeworfen zu werden; ich klammere mich an den Saum seines Kleides, an den Teppich der Altäre, die sein Fuß berührt; ich wage mich in die schwierigsten, demüthigendsten Lebensverhältnisse, nur um eine Erhörung meines – um Güte und Vertrauen – Gott, ich sage nicht: um Liebe – verschmachtenden Herzens zu finden ... Keine Hülfe! ... Nichts als die kalte Sprache der Lehre und Ermahnung ... Mit der Zeit konnt' ich ihm furchtbar erscheinen, konnte ihm drohen, ich that es auch – ... Als ich dennoch mich bekämpfte, dennoch von dem beweinenswerthen, rasenden, wahnsinnigen Gefühl für diesen Mann mich beherrschen lasse, alle meine Waffen *[274]* senke, find' ich noch immer keine Regung der Versöhnung, kein Wort der Güte, keines des Vertrauens! ... Noch in Wien stößt er den Nachen zurück, auf dem ich mich zu ihm geflüchtet ... Das ist wahr – er nahm mir in Wien eine Bürde ab, die mich zum Tod niederdrückte – aber kaum fließen meine Thränen, so läßt er mich auch wieder hinaus auf die stürmende See in ein Leben, das bisher nur Noth und Demüthigung mir gebracht ... Jetzt hab' ich einen

kurzen Augenblick des Glücks! Er macht – euch alle schwindeln ... – Mich nicht! Ich weiß, was ich thue! ... Ja! Wie eine Bettlerin – will ich nicht wieder vor euern Thüren stehen! ...

Lucinde war aufgestanden ...

Benno erbebte vor ihrem Blick ... Er fürchtete für Bonaventura's schwierig gewordene Stellung ...

Sie sind bei alledem dem Bischof werth ... sagte er und mit voller Ueberzeugung ...

Sie anerkannte diese Aeußerung, fuhr aber fort:

Weil er mich fürchtet! Weil ihr alle mich fürchtet! ... Ich habe mich freilich rüsten müssen gegen euch! Gesucht hab' ich nichts – ich fand alles von selbst ... Auf dem Schlosse Ihrer Väter hab' ich schon als Mädchen von sechzehn Jahren die sibyllinischen Bücher aufgeschlagen gesehen und verstand nur noch nicht die Zeichen, die in ihnen wie durchstochene blutige Herzen funkelten ... Jetzt liegt mir jeder Traum der Kindheit offen ... Ich verstehe das Wimmern und Seufzen in den Ulmen des Schloßparks von Neuhof, ich sehe die Verwirrung euerer ganzen Familie und euer – tragisches Ende ... Mit dem Bischof hab' ich Mitleid ... Er liebt, ein *[275]* umgekehrter Jupiter, statt eines Weibes eine Wolke ... Erzählen Sie mir von Paula! Ich denke, ich verdiene, daß Sie sich's etwas kosten lassen, mich wenigstens – zu unterhalten ...

Diese Worte waren freundlich ... Benno mußte ihr den vorangegangenen Ton des übermüthigen Emporkömmlings vergeben ...

Sie setzte sich wieder ...

Benno sollte es ebenfalls thun ... Angezogen hatte sie ihn niemals so wie heute ... Die Leidenschaft verjüngte Lucinden zu ihrer ersten Jugendschönheit ... Ja sie fiel sogar in ihren naiven „Hessenmädchen"-Ton ...

Also – Paula! Bitte, bitte! ... Erzählen Sie! ...

Ich kann Ihnen nur erzählen, sagte Benno, was alle wissen! Ich ehre den Bischof zu sehr, als daß ich ihm durch unberufene

Fragen Gelegenheit geben sollte, sich über Gefühle auszusprechen, die ihm schmerzlich sind – ...

Die Wunde nicht berühren, heilt sie euch! ... schaltete Lucinde ein ...

In den meisten Fällen ist es auch so ... Ob beim Bischof und bei Paula – ich weiß es nicht ... Ich kann nur berichten, daß dieser Ihnen so undankbar erscheinende Bonaventura an Verklärung und Hoheit der Gesinnung von Tage zu Tage wächst ... Er entschwebt dem Irdischen und ich mag ihn durch Fragen nicht niederziehen aus seinen reinen Höhen ... So viel aber weiß ich, daß doch Er es war, der Sie vor allen mislichen Folgen Ihrer Verbindung mit Nück geschützt hat ... Ich weiß, Graf Hugo gab seine Absicht, die Urkunde anzuzweifeln, *[276]* erst nach einer langen Unterredung mit dem Bischof auf ...

Lucinde horchte ...

Sagen Sie selbst, fuhr Benno fort, was hätte den Bischof verhindern können, dem Grafen zu rathen: Handeln Sie getrost nach allem, was Ihnen Terschka mitgetheilt hat! Zu offen lagen aller Welt die räthselhaften Vorgänge des Brandes in Westerhof. War ich nicht selbst ein Zeuge derselben? Dieser Bruder Hubertus – der – leider – so räthselhaft auch – jetzt verschollen ist – ...

Den ich unter die Räuber und Mörder schickte? ... sagte Lucinde verächtlich ...

In der That – überall stellen sich seiner Vernehmung eigenthümliche Hindernisse entgegen ... Den Dionysius Schneid hat er gerettet, hat die Hälfte seiner Erbschaft aufgenommen und nach London geschickt, wohin dieser Mensch, unzweifelhaft ein Brandstifter, über Bremen entkommen sein soll ...

Also wer und was schützte mich – – vor dem Zuchthause? ... unterbrach Lucinde ...

Wenigstens vor der Anklagebank schützte Sie Graf Hugo von Salem-Camphausen ... Er that dies infolge einer Bürgschaft, die doch ohne Zweifel nur der Bischof für Sie übernahm ... Er mag dem Grafen Dinge über Sie gesagt haben, die Ihnen nicht würden gefallen haben; aber sie bestimmten ihn, sich dem Unvermeidlichen zu fügen ... Er hat die Urkunde anerkannt – ...

Lucinde hätte gern gesagt: So kann also euer Bischof wirklich auch – lügen? ... Sie hörte nur *[277]* voll Spannung über die Folge von Bekenntnissen, von denen Benno nicht einmal zu wissen schien, daß sie in kirchlicher Form stattgefunden hatten ...

Dann, fuhr Benno fort, erfolgte die Verständigung mit Schloß Westerhof ...

Worin lag zuletzt für Paula die Bürgschaft des Werthes, den Graf Hugo, nach dem Zeugniß, das der Bischof ihm ausstellen sollte, ihr haben durfte? fragte Lucinde ... Die Bedingung, die Paula gestellt haben soll, kannte ja die ganze katholische Welt ...

Ich denke in der Art, sagte Benno, wie Graf Hugo die Ergebnisse seiner Rücksprache mit Ihnen aufnahm ... Beide Charaktere lernten sich zum ersten mal kennen, sprachen sich aus und schätzten sich ...

Ganz und ohne Rückhalt? zweifelte Lucinde lachend ...

Ich traue ihm zu, daß er ehrlich zu Bonaventura sagte: Sie lieben die Gräfin Paula! ...

In der That? ...

Sie freilich glauben nicht an Wahres und Gutes in dieser Welt ...

Nie an den S i e g des Wahren und Guten ...

So weiß ich keine andere Erklärung ... Der Graf kennt ebenso Paula's Empfindungen für Bonaventura wie Bonaventura's für Paula ... Dieser blieb mit jenem einen Tag auf Schloß Salem allein und die Folge war die Reise des Grafen nach Westerhof ...

Eine Andeutung, daß der Graf – katholisch werden wird! sagte Lucinde. Er hat unsere Religion in den Bekenntnissen eines Priesters achten gelernt ... Was sagt die Mutter dazu? ...

[278] Benno schwieg eine Weile ... Er wußte allerdings, daß der Graf seit jener Unterredung von der tiefsten Verehrung Bonaventura's durchdrungen war ... Er wußte, daß die alte Gräfin

auf Castellungo sich auf Grund dieser Verehrung mit bangem Herzen zum Bischof von Robillante verhielt und die Freundschaft des Grafen für den Bischof nur deshalb nicht nachdrücklicher bekämpfte, weil dieser ihre Theilnahme für die Waldenser und für den Eremiten Federigo theilte ...

Benno erstaunte, daß Lucinde, die alles wußte, was ihn und Bonaventura betraf, nicht in diesem Eremiten den Vater Bonaventura's sah ...

Alle diese Rückhaltsempfindungen verbarg er unter den Worten:

Die beste Religion, die wir haben könnten, wäre eine auf die Erkenntniß der tiefsten und edelsten Möglichkeiten und Fähigkeiten unserer Menschenbrust begründete! Liebe, Freundschaft, Vertrauen, alles Edle im Menschenherzen – ich dächte, das ist die einzig wahre Bürgschaft der Gottesnähe ...

Lucinde zeigte auf den kleinen Vestatempel, der auf der Höhe des Gebirges über dem Katarakt wie ein weißer Nebelring schwebte ...

Sogar Benno von Asselyn schwärmt! sagte sie. Nein, diese Religion, die Sie da nennen, ist keine ... Oft schon hat die Gottheit versucht, ob sie sich im reinen Menschenthum offenbaren könnte ... Die Götter kamen auf die Erde in allem Reiz der menschlichen Phantasie ... Da verwilderten sie ... Dann kamen sie noch einmal im Reiz des menschlichen Duldens ... Auch das – im Vertrauen *[279]* gesagt – erlag – für den Denker ... Die Götter wohnen jenseits dieser Welt ...

Es war still ringsum ... Das Dunkel mehrte sich ... Lucinde warf ihre religiöse Maske ab ...

Aber als wenn sie Reue darüber befiel, so ergriff sie die Papiere, erhob sich und deutete auf einen Weg zur Villa, wo es heller war ...

Dabei sprach sie:

Sie haben ganz Recht! Paula, Graf Hugo und Bonaventura gehören einer einzigen Kirche an ...

Doch die Kinder? sagte sie plötzlich, zu den Religionsformen der Erde zurückkehrend und des oft an ihr nagenden Bundes gedenkend, den der heilige Franz von Sales gerade mit einer **verheiratheten Frau**, mit der Stifterin der Visitandinen geschlossen – ...

Nein! Nein! beantwortete sie sich selbst ihre Frage ... Die werden nicht kommen! ... Wenigstens nach dem Urtheil der Aerzte nicht – Die Gräfin hat ihre Visionen noch immer ... Sogar jetzt in Witoborn, wohin sie nach dem wiener Winter mit dem Grafen gereist ist ... Die in Salem heftig eintretende Rückkehr ihrer Visionen, die Aufregung derselben für Wien, das Andrängen der Aerzte, die Neugier der Forscher und Träumer brachten beim Grafen den Entschluß zu Wege, seine Güter um Westerhof zu besuchen ... Vielleicht regte sich in Paula die Sehnsucht nach des Obersten von Hülleshoven magnetischer Hand ...

Ueberraschend! entgegnete Benno ... Diese Nachrichten hatten wir selbst noch nicht in Robillante ... Woher wissen Sie alles das? ...

[280] Unwillkürlich fiel sein Blick auf die Papiere, die ihm Lucinde entzog ... Seine Neugier mußte sich steigern, als sie fortfuhr:

Auch Sie sollten nun doch für immer in Rom bleiben und sich hier nützlich machen ... Sie sollten Partei ergreifen ... Wem kann das Glück mehr lächeln als Ihnen? ... Fürchten Sie sich doch nicht so sehr vor einem Roman mit Olympia Rucca! ... Die Zeiten sind vorüber, wo böse Frauen ihre ausgenutzten Liebhaber vom Thurm zu Nesle stürzten ... Jetzt geben sie ihnen Anstellungen und manchmal sogar – Frauen ... Bleiben Sie in Rom! Nehmen Sie hier eine Stelle, die nicht zu gebunden ist! ... Schon ließ Sie, hör' ich, der Staatskanzler in eine verlockende Zauberlaterne blicken ... Für Ihre Heimat haben Sie seit Ihrer Courierreise doch den Credit verloren ... Auf dem Venetianischen Platz kann ich das große schöne Haus mit dem schwarzgelben Banner nie ansehen, ohne nicht die Stelle wenigstens eines österreichischen Legationssecretärs an Sie zu vergeben ... Rom ist die Welt ... Und selbst wenn Sie Rom nur studiren wollten – ich kenne Ihr Verhältniß zu Ihrem Bruder, dem Präsidenten von Wittekind nicht – so brauchen Sie dazu ein Leben ... Sie können hier jeden Tag eine andere Inschrift, jeden Tag einen andern Marmorstein vornehmen ... Und verstellen Sie sich nicht! Ganz gleichgültig ist Ihnen Olympia keineswegs ... Man flieht nicht so eifrig vor dem, was man verachtet ... Wär' ich ein Mann, mich würd' es sogar reizen, diesen Panther zu bändigen ... Schwärmen Sie in der That noch immer für die Lindenwerther – Kindereien? ...

[281] Da Sie alles wissen, erwiderte Benno mit dem Ausdruck jener Toleranz, die Männer ein für allemal der kecken Rede aus Frauenmund zu gewähren haben, was wissen Sie von Armgart? ...

Von den englischen Cardinälen, entgegnete Lucinde, von jenen Aermsten, die sich alle drei Jahr dem Martyrium aussetzen, sich in England von den Roheiten John Bull's beschimpfen lassen zu müssen, hat Cardinal Talbot Armgart in London gesehen ... Bei guter Laune verglich er sie dem Heiland, der als Kind im Tempel predigte ... Sie legt die Bibel aus, wie ihre Mutter ... Eine Krankheit das – nur findet sie bisjetzt noch immer das in der Bibel, was die Engländer erst sehen, wenn sie in den Katakomben waren ... Wenn sie nicht auf die andern Thorheiten der Engländer eingınge, würde man sie kaum dulden ... Glücklicherweise reitet sie nicht nur und schießt, sie schwimmt und angelt auch ... Sie könnte die Herzogin von Norfolk sein, hör' ich, wenn die Auswahl ihrer Bewerber nicht zu groß wäre ... Ob sie für die beiden jungen Männer, die ihr einmal eine Flucht aus der Pension erleichterten, noch die alte Pietät bewahrt, zweifl' ich fast ... Im Bericht des Cardinals erfuhr ich nichts davon ... Mit Baron Terschka hat sie sich ausgesöhnt ... Ja, ja, die Gefühle junger Mädchen wollen ihre Nahrung haben. Thut man auch gar nichts, lieber Herr, um sie an sich zu erinnern, so unterhält solche kleine Koketten mehr noch der Haß, den sie auf manche Menschen werfen, als eine bald verklingende Liebe aus dem Pensionat ...

Benno widersprach nicht ... Er war in die Erin-*[282]*nerung an sein zu Armgart gesprochenes Wort, sie würde noch einst lange in der Irre gehen und dann voll Wehmuth an ihn zurückdenken – so versunken, daß Lucinde eine Frage wiederholen mußte, die sie an ihn gerichtet hatte:

Was halten Sie von Paula's Visionen? ...

Ich glaube nicht an sie, aber sie können zutreffen, sagte Benno ...

Das ist ein Widerspruch ...

Nein! ... Niemand kann freilich sehen, was erst die Zukunft ins Leben rufen muß ... Aber ein Auge wie Paula's blickt unbeirrt von den Verhältnissen, die uns andere zerstreuen ... Wir würden alle ein wenig sozusagen allwissend sein, schärften wir nur unser inneres Auge, jenes Auge, das nicht mit dem Verstand, sondern mit dem Herzen sieht ...

Nun – dann hoffen Sie! ... Paula sieht Armgart in ihren Visionen – immer nur mit Ihnen verbunden ... Sie staunen? ... Ueber diese Papiere? ... Nun ja, freilich, das sind Abschriften der Visionen Paula's ... Genau gesammelt seit einer Reihe von Jahren und fortgeführt bis in die neueste Zeit ... Ich erwarte schon morgen aus Witoborn eine neue Sendung ... Wer sie niederschreibt, weiß ich nicht. Frau von Sicking – oder Norbert Müllenhoff in ihrem Auftrag – möglich ... Sie wissen vielleicht nicht, daß Fefelotti die Frage zu entscheiden hat, ob das magnetische Leben innerhalb des Christenthums Berechtigung hat ... Ich fürchte, man wird den Magnetismus verwerfen ... Die Concilien sprechen nichts davon ... Mich ängstigen die Gefahren *[283]* des Bischofs, wenn ich auch beim Lesen dieser Blätter lachen – freilich auch viel mich ärgern muß ... Ich sehe die Zipfelmütze des alten Onkels Levinus und seine gelehrten Forschungen – Ich sehe die Tante Benigna und ihre Schweinemast ... Aber auch vieles Andere ... Nur seltsam! Die wahren Verhältnisse der Asselyns und Wittekinds, wie ich sie kenne, sind Paula unbekannt ...

Benno wurde eben von einem der näher gekommenen Diener mit einem Blick befragt, ob sein Pferd in Bereitschaft gehalten werden sollte ...

Im Wandeln waren sie schon dicht bei der Thorpforte angekommen ...

Reiten Sie jetzt zurück! sagte Lucinde ... In Italien ist die Nacht unheimlich ...

Und Sie, Sie übersetzen diese Visionen ins Italienische? fragte Benno erstaunt ...

Im Auftrag Fefelotti's! bestätigte Lucinde ... Fefelotti ist es, der die Kirche regiert ...

Und glauben Sie nicht, daß man dem Bischof hier die Kerker der Inquisition öffnet und jenen greisen Bewohner des Thals von Castellungo herausgibt? ...

Das ist nicht möglich – und zwar deshalb nicht, weil man ihn gar nicht in Gewahrsam hat ...

Das glaubt der Bischof nicht ...

Aber es ist so ... Als es hieß, Pasqualetto hätte den Vielbesprochenen in Gestalt eines Pilgers von Loretto gefangen genommen, freuten wir uns alle des Beweises, den jetzt die Dominicaner nicht mehr zu geben brauchten, indem sie ihre Gefängnisse öffneten ... Letzteres thun sie nicht ... In Rom gewiß nicht, verlassen Sie sich darauf ... *[284]* Hubertus wurde entsandt, den Pilger aufzusuchen ... Seither sind leider beide verschwunden ... Warnen Sie den Bischof, diesen Streit nicht wieder aufzunehmen ... Fordert man ihn vor die Schranken eines geistlichen Gerichts, schlägt man hier in den Archiven nach, wo über Tausende von Seelen der katholischen Welt – Geständnisse und Aufklärungen liegen – ...

Lucinde hielt inne ... Sie konnte nicht wissen, ob nicht in der That die Curie von Witoborn von Leo Perl's Geständnissen damals nach Rom Bericht gemacht hatte ...

Daß man die Frage über den Magnetismus anregt, ist mir schon ein Beweis, wie man in unsers Freundes Vergangenheit einzudringen sucht – fuhr sie nach einiger Besinnung fort … Ich wünsche ja aufrichtig, daß Bonaventura hier eine ganz andere Krone als die des Märtyrers trägt … Wäre er darum nach Italien gekommen, um hier – in einem Kloster elend unterzugehen –? …

Die Wasser des Anio rauschten so mächtig, daß sie das Gespräch übertönten … Beide hatten die Eingangspforte mehrmals umkreist … Das Roß scharrte schon im Kieselsande …

Es wird zu spät! sagte sie. Ich lade Sie nicht ein, bei mir zu einem Nachtimbiß zu bleiben … Auch ist die Fürstin Ihnen gram … Sie hat ihrem Sohn Vorstellungen gemacht über die Aufführung seiner jungen Frau … Sie verlangt – hören Sie's nur – daß Sie und Thiebold von Villa Torresani wegziehen … Das alles findet sich – besonders wenn Sie der guten *[285]* Dame selbst ein wenig den Hof machen … Wir haben soviel gemeinschaftliche Sorgen! … Aber – vielleicht auch Freuden! … Glückauf in Rom! … Geben Sie mir die Hand! Lassen Sie uns Verbundene bleiben! …

Benno reichte die erstarrte, kalte Hand …

Lucinde schied mit einer Miene der Protection, wirklicher Theilnahme und – Koketterie … Sie sagte:

Versprechen Sie mir, daß Sie auf Villa Torresani nie anders von mir reden, als so, daß ich Männern noch in einer einsamen Abendstunde gefährlich werden könnte – …

Damit schlug sie nach ihm mit einer Päonienblüte, die sie am Wege abgebrochen hatte und in ihrer gewohnten Weise zu zerzupfen anfing …

Der Diener hatte den Rücken gewendet …

Die deutsche Unterredung schützte beide vor dem verfänglichen Inhalt ihrer Worte …

Benno schwang sich in den Sattel …

Lucindens „Auf Wiedersehn!" war wie ein Gruß zu einer

Reihe der unterhaltendsten und vertraulichsten Beziehungen auf lange, lange Zeit ...

Benno schied halb außerordentlich gefesselt, halb in der Hoffnung, binnen wenig Wochen vom giftigen Hauch dieser ganzen Atmosphäre befreit zu sein – ...

Der Weg war dunkel und abschüssig ...

Er mußte langsam reiten ...

Hinter der finstern, scheinbar vom Silber des Wassersturzes mehr als vom Mond erleuchteten Schlucht unterhalb Tivolis verbreitete sich der Weg ... Die *[286]* Krümmungen des Anio hatten hier Anbau ... Zur Linken ragten die Trümmer der zu einer Schmiede gewordenen Villa des Mäcenas mit dem Schimmer der Cascatellen, die aus ihren Fenstern gleiten, und mit Feueressenglut auf ... Ringsum war es still, doch nicht einsam ... Einzelne Wanderer hielten am Wege inne ... Da und dort erhob sich aus den hohen, noch nicht abgeernteten Maisfeldern ein spitzer Hut ...

Benno ritt tief verloren in Gedanken ...

Paula, Bonaventura, alles was ihm theuer war, umschwebte ihn ... Welche Welt gestaltete sich in seiner Brust! Welches Chaos rang zum Lichte! Es waren nichts als glühende Tropfen, die Lucinde auf seines Herzens geheimste Stätten hatte fallen lassen ...

Allmählich belästigte es Benno, von drei Reitern, in der Tracht römischer Landbesitzer, mit hohen Flinten auf dem Rükken, ledernem Gürtel, Gamaschen bis weit übers Knie, auf unruhigen, ohrspitzenden Maulthieren, fast in die Mitte genommen zu werden ... Eben wollte er seinem Roß die Sporen geben, um sich dieser unfreiwilligen Begleitung zu entziehen, als die Reiter innehielten, wie der Blitz abschwenkten und zur Schlucht zurückritten ...

Hatten sie sich in seiner Person geirrt? ...

Wenige Secunden und Benno begriff, daß ihr Auge und Ohr schärfer als das seinige gewesen war ... Er hörte den gleichmäßigen Trab bewaffneter Reiter ... Bald sah er einen Trupp Carabinieri, denen in einiger Entfernung eine Kutsche folgte ...

Es war die Kutsche des Cardinals Ceccone ... *[287]* Benno gab seinem Pferd die Sporen ... Windschnell suchte er vorüberzufliegen ... Er mußte vor einem zweiten Reitertrupp abschwenken, der die Arrièregarde des Wagens bildete ...

In die unheimlichsten Gespenster schienen sich ihm jetzt rings die Bäume und Felsen zu verwandeln ... Wie von einem Höhnen der Natur verfolgt, sprengte er dahin ... So schuldlos ihm sein eigenes Innere erscheinen durfte, immer mehr Schrecken begehrten Einlaß in seine Brust ... Ist das Rom, das gelobte Zauberland der Christen –! ... Ceccone fuhr soeben zu Lucinden, die der Mann im Purpur ohne Zweifel allein wußte ... Die Unterredung mit ihr hatte Benno's ganzes Interesse gewonnen ... Er hatte erkannt, daß Lucinde in der That aus dem Trieb ihrer Liebe zu Bonaventura auf Wegen wandeln könnte, wo man ihr eine Anerkennung nicht versagen durfte ... Nun stürzte alles zusammen ... Er sah nur noch – die Buhlerin ...

Wie glücklich war er, als er, die hohen spitzen Aloes und Statuen erblickend, die die Treppengeländer der Villa Torresani zierten, unterschied, daß in den Sälen kein Licht war ...

So war Olympia doch noch nicht zurück ... Und sie blieb wol über Nacht in Rom ...

Er sprang vom Pferde und flüchtete sich in die Einsamkeit seines Pavillons ...

Wer waren die drei Reiter? ... Schwerlich Räuber ... Man kennt dich in den geheimverbundenen Kreisen als einen Freund der Bandiera – du hast die Begrü-*[288]*ßungsformeln des „Jungen Italien" und dennoch weilst du in der Nähe eines Mannes, den – Mord und Verrath umschleichen –! ...

In seiner gewagten Doppelstellung glaubte Benno sich nicht mehr lange halten zu können ... Es mußte zu Entscheidungen, zu Entschlüssen fürs Leben kommen ...

So suchte er die Ruhe, von der er wußte, daß er sie nicht finden würde ...

Man brachte ihm noch einen Brief, der während seiner Abwesenheit angekommen war ... Die verstellte Handschrift war die der Mutter ...

Die Mutter schrieb, daß sich in seiner Wohnung, dann bei ihr selbst der berühmte Advocat Clemente Bertinazzi hatte erkundigen lassen, ob Herr von Asselyn nicht bald aus dem Gebirge zurückkehrte ...

Das war eine Mahnung, der er sich entschließen mußte, Folge zu leisten ... Sie konnte gefährliche Folgen nach sich ziehen, wenn er nicht auf sie hörte ...

8.

Als nach Mitternacht Olympia von Rom zurückgekehrt war und sie ihm dann in der Frühe beim Wandeln im Garten begegnete – Thiebold freilich immer in der Nähe, heute mit dem Begießen von Blumen beschäftigt – sah Benno wol, daß auf die Länge des Freundes Beistand nicht mehr vorhielt ... Mit der Gießkanne und ähnlichen Hülfsmitteln konnte er nicht überall hin folgen ... Olympia wollte heute sogar ihre Schmähungen über Lucinden Benno nur allein vertrauen ...

Menschen wie Thiebold können für den Umgang unentbehrlich werden; doch erfüllen sie nicht die Phantasie ... Sie lassen sich als Freunde, als Gatten, nicht als Liebhaber denken ... Benno erhielt seinen vollen Platz in Olympiens Herzen und die Stunde rückte näher und näher, wo die zunehmende Vertraulichkeit um so mehr eine schwindelnde Höhe erreichen mußte, als sein „bester Freund" Ercolano plötzlich schüchtern und verlegen zu werden anfing. Die Mutter hatte in der That seine Eifersucht angeregt ... Das Wohnen auf seiner Villa hatte sie einen lächerlichen Beweis von Schwäche genannt ... Olym-[290]pia trotzte der Zumuthung, die deutschen Freunde aus ihrer Nähe entfernen zu sollen ... Darüber ging Ercolano wie in der Irre ...

Thiebold war bald nur noch der Vertraute ihres Geheimnisses mit Benno ... Er wurde nichts als eine „schöne Eigenschaft" seines Freundes mehr ... Thiebold übernahm die Commissionen ihrer Launen, für die sie den Angebeteten selbst zu hoch hielt ... Thiebold mußte „das Verhältniß zum Cardinal Ambrosi" lösen, d. h. die letzten Aufmerksamkeiten und Geschenke überbringen, die noch für dessen Einrichtung bestimmt waren ... Sonst aber ärgerte sie sich schon lange über Thiebold's Allgegenwart ... Bald hatte dieser Unbequeme gerade an derselben Stelle, wo niemand anders als Benno erwartet wurde, seine Brillantnadel, bald sein Portefeuille verloren; er suchte und fand den Freund immer an einer Stelle, wo sie mit Benno allein zu sein hoffte ... Wenn sie geneigt wurde, beide aus dem Pavillon der Villa Torresani nach einer ihr noch bequemeren Besitzung des Cardinals umzulogiren, so war es, weil Thiebold wahrhaft Benno's Schatten blieb ...

In Rom spielte selbst im Sommer eine Operntruppe ... Olympia besuchte diese Vorstellungen wieder ... Das Sitzen in den Logen bot Zerstreuung, kokette Unterhaltung, neckendes Fächerspiel, Gelegenheit zum Hin- und Herfahren, Abholen, Sichbegleitenlassen, Verfehlen u. s. w. ...

Da die Freunde trotz der Schönheiten des Landlebens doch von den Merkwürdigkeiten Roms gefesselt sein mußten und manchen Tag in der Stadt blieben, so wollte *[291]* die junge Fürstin zu gleicher Zeit mit Villa Torresani auch die „Brezel" an der Porta Laterana bewohnen ...

Die Aeltern waren entschieden dagegen und beriefen sich auf die Ehepacten, die jeden Punkt der Vergünstigungen bezeichneten ... Sie verlangten, daß ihre Schwiegertochter die Villa Torresani bis zu einem bestimmten Tage nicht verließ ... Manchen Menschen, sagte Lucinde zu Thiebold, der hier vermitteln sollte, ist es Bedürfniß, sich zu ärgern ... Wenn die Fürstin ihre Tochter in ihrer Nähe entbehren sollte, entgeht ihr ein Motiv der Aufregung ... Die Mutter ist so gut gewachsen, daß sie sich gern ihrer Schwiegertochter als Folie bedient ... Wir Frauen heben nicht den Arm auf, ohne nicht zu berechnen, wie unser herabströmendes Blut ihn weißer machen muß ... Bester Herr de Jonge, heirathen Sie niemals! ...

Vierzehn Tage – drei Wochen gingen in dieser Weise vorüber ...

Zum Glück hatte man Anzeichen, daß die Nachricht einer Insurrection jeden Augenblick von der Küste des Adriatischen Meers kommen mußte ... Couriere gingen und kamen; die bewaffnete Macht war aufgeboten, vervollständigt, marschfertig ...

Die Consulta hielt täglich Sitzungen ... Der Verkehr mit den auswärtigen Gesandten nahm Ceccone's ganze Aufmerksamkeit in Anspruch ... Von Angst und Sorgen sah er in der That niedergedrückt aus ...

Wie beim herannahenden Sturm jede Hand ihr Haus verschließt und den Gefahren der Zerstörung vorzubeugen sucht, so zeigte sich auch jetzt in den Umgebungen dieser *[292]* Machthaber mehr politisches Leben, als sonst ... Mancher Mund sprach sogar beredt und frei ... Manche geheime Hoffnung sah eine Erfüllung voraus und verrieth vorschnell ihre Freude ... Jene große Mehrzahl von Menschen, die als Ballast nur den ruhigeren Gang der Fahrt entscheidet, gleichviel unter welcher Flagge ihre Fahrzeuge segeln, warf sich unruhig hin und her ... Vorahnend machte sie gleichsam nur ihr Gepäck leichter, um bequemer von einem Lager ins andere überlaufen zu können ... Wie richtig hatten diese Bandiera die Italiener beurtheilt! sagte sich Benno. Der Erfolg ist hier alles! Der Muth einer That entscheidet ihre Bedeutung ...

Nur in der Priestersphäre waltete unerschütterliche Zuversicht ... Dort stand es fest, daß ein Kampf mit dem Interesse „Gottes" Jeden zerschmettern müsse – „Selbst die Pforten der Hölle werden dich nicht überwinden!" lautete der tägliche, seit dreihundert Jahren im Mund der Katholiken übliche Refrain, der auch hier über das Antlitz der jungen und alten Prälatur einen lächelnden Sonnenschein verbreitete ... Den „bösen Mächten" gehört ja die Welt, dem Zufall, der Intrigue, der Selbstverstrikkung alles Guten – Wie kann – gesetzt die Revolution wäre das Gute – „in dieser Welt das Gute siegen!" hatte Lucinde ganz im Geist der Jesuiten gesagt ...

Unter den Freigesinnten gab es zwei Richtungen, die sich mit Schärfe bekämpften. Für die ausführlichere Begründung ihrer Ansichten fanden sich in England, in Frankreich, in der Schweiz und auf den Inseln um Ita-*[293]*lien Gelegenheiten zum Drukkenlassen ... Die eine Partei wollte ein einiges Italien, an dessen

Spitze der Heilige Vater als wahrer Friedensfürst und Verbreiter aller Segnungen stehen sollte, die durch die Christuslehre dem Menschen verbürgt und nur noch nicht genug anerkannt sind ... Die andere sah im apostolischen Stuhl die gefährlichste Anlehnung der Despotie, verwies den Papst aus den Reihen der Souveräne, ließ ihm nur allein noch die Bedeutung, Pfarrer einer Metropolitankirche der Christenheit, der Peterskirche, zu heißen und nahm seinen irdischen Besitz in die allgemeine Verwaltung eines republikanisch regierten Italiens ... Freiheit von Oesterreich wollten beide Parteien. Die Souveräne und Würdenträger der Hierarchie waren auf die Hülfe dieses Staates angewiesen; die Väter der Gesellschaft Jesu machten die Vermittler zwischen Wien und allen denen, deren Besitz in Italien bedroht war ... Da die Jesuiten dem Staatskanzler zu wesentliche Dinge überwachten, da sie zu viel Dämonen der Weltverwirrung ihm mit gebundenen Händen überlieferten, so hatte er sich wol gewöhnen müssen, sie zu schonen und ihnen über seine eigene Macht hinaus den Paß zu gewähren, den sie gewinnen wollten für die ganze Welt ... Das übrige Deutschland, selbst im Norden, gehörte schon den Jesuiten ... Der Kirchenfürst war freigegeben ... Der Protestantismus schien alles Ernstes zur Unterwerfung wieder unter Rom durch die Innere Mission und die Wiederaufnahme der Romantik vorbereitet zu werden ...

Das Wunderlichste war der Contrast, in welchem die Rücksichten der Geselligkeit zu den Zerwürfnissen in *[294]* der Rucca'schen Familie standen ... Selbst wenn Ceccone keine Fremden zu bewirthen hatte, keine Prälaten aus der Provinz, keine Gesandten und hohe Reisende, so fehlten doch auf Villa Torresani Ercolano's Freunde nicht, die **jeunesse dorée** Roms, Aristokraten, deren Leben nur von Liebesabenteuern und den neuesten Moden erfüllt wurde ... Der Baron d'Asselyno und der Marchese de Jonge wurden in alle Geheimnisse derselben eingeweiht ... Niemand verbreitete mehr Geräusch von seinem Dasein, als die jungen Prälaten ... Diese geistlichen Stutzer machten das Glück der Familien zweifelhaft ... Der Eine nahm dabei die Miene eines Tartufe, der Andre die stolze Zuversicht eines künftigen Papstes an ... Ehrgeiz und Selbstgefühl drückte jede ihrer Lebensäußerungen aus ... Einige Jahre hatten sie in der Gefangenschaft der Jesuiten gelebt, die die Studien an sich gerissen haben; dann traten sie in die Welt mit all den Ansprüchen, die schon eine geringe Bildung unter einem Volk voll Ignoranz geben darf ... Sie standen spät des Morgens auf, machten wie Frauen ihre Toiletten, ließen sich stutzerhaft frisiren, schlugen in ihren Listen nach, wo sie seit lange in diesem oder jenem Hause nicht zum Besuch gewesen – Den Tag über rannten sie müßiggängerisch durch Rom und seine Kirchen ... Manche ihrer Liebesabenteuer nahmen sie ernst und führten duftende, oft versificirte Correspondenzen ... Alles das verband sich auf das leichteste mit einer ununterbrochenen Ehrfurcht vor diesem Altar, jenem Crucifix, vor jeder geweihten Stelle, die zu küssen die Sitte verlangte, selbst wenn damit kein besonderer Ablaß ver-*[295]*bunden ... Die Religion ist in Rom ein Gesetz der Höflichkeit, wie bei uns das Hutabnehmen und Grüßen vor Hochgestellten oder guten Bekannten ...

Ercolano hatte nach einer heftigen Scene mit seiner Mutter vorgezogen, dem Baron d'Asselyno eine legitime Stellung als Ehrencavalier seiner Gattin zu geben ... Das ist in Italien eine sociale Position wie etwa die jedes Geschäftscompagnons ... Ercolano wollte keinen Bruch. Er war im Stande, außer sich in den Gartenpavillon zu rennen und Benno zu beschwören, „besser" mit seiner Frau zu sein, nachgiebiger, aufmerksamer ... Sie drohte, krank zu werden, wenn Benno Zerstreuung, Abwesenheit, Melancholie verrieth und sie vernachlässigte ...

Zwei Tage vor dem glänzenden Fest in dem Braccio Nuovo des Vatican war eine große Gesellschaft auf Villa Torresani ...

Olympia saß in den Reihen der Geladenen und lebte nur für Benno ... Ihre Augen sogen sich den seinigen mit dem zärtlichsten Verlangen ein ... Die Mutter Ercolano's verließ voll Ver-

druß darüber sogleich nach Tisch die Villa Torresani ... Herzog Pumpeo eilte ihr nach, um sie zu beruhigen ... Sogar Thiebold wollte folgen ... Er hatte die Absicht, Lucindens Rath zu befolgen und die feindselige Stimmung der alten Fürstin durch ein
5 neues „Opfer seiner Tugend" zu paralysiren ... Lucinde hielt ihn jedoch zurück ... Der Augenblick war nicht günstig; Herzog Pumpeo galt für einen Raufbold ... Sarzana fehlte gleichfalls nicht ... Lucinden führte er zu Tisch ... Sein Benehmen war leb-[296]hafter, denn je ... Ausgelassenheit stand ihm aber nicht ...
10 Lucinde mußte sagen: Benno überragt alle ...

Nach der Tafel besuchte die Gesellschaft eine der großartigsten Trümmerstätten, die in jener Gegend das Alterthum zurückgelassen hat, die nahe Villa des Kaisers Hadrian ...

Weitverzweigt ist dieser Riesenbau, den Benno in elegischer
15 Reflexion das Sanssouci jenes alten Kaisers genannt hatte ... Thiebold begann, diesen Gedanken seines Freundes in die entsprechenden Einzelheiten zu zerlegen ... Die Zimmer sah er, wo Kaiser Hadrian nach Tisch den Kaffee trank und junge hoffnungsvolle Dichter und Künstler ermunterte, in ihren Studien
20 fortzufahren ... Hier blies Hadrian die Flöte! sagte er ... Hier lagen seine Lieblingshunde begraben! ... Dort spielte er wahrscheinlich Billard! ... In der That war hier das Leben eines Kaisers jener Universalmonarchie in allen Momenten beisammen ... Raths- und Erholungssaal, Bäder, sogar die Kasernen fehlten
25 nicht, in denen die zur Bewachung commandirten Legionen untergebracht wurden ... Für allzu heiße Tage schien gesorgt durch einen halbunterirdischen, bedeckten Gang, den einst die kostbarsten Mosaikfußböden, die schönsten Frescobilder und eben jene Statuen geziert hatten, die sich jetzt im Braccio Nuovo
30 des Vatican versammelt finden ...

Hier nun war es, wo sich plötzlich die Gesellschaft in den Gängen verirrte und beim Lachen über die Vergleichungen des Marchese de Jonge, der eine ganz neue Art von Alterthumskunde lehrte, auseinander kam ...

In einem Seitenraum dieser Gänge blieb Benno *[297]* mit Olympia allein zurück ... Thiebold's Stimme klang in weiter Ferne; kein Fußtritt wurde mehr hörbar ... Der Augenblick, den Benno immer noch verstanden hatte, nur flüchtig andauern zu lassen, der entscheidende, den seine eigene Selbstbeherrschung immer noch vermieden, Thiebold's List durchkreuzt hatte, schien gekommen ... Jetzt, wo es vielleicht nur noch acht Tage währte, daß die siegreiche oder gescheiterte Unternehmung der Gebrüder Bandiera dieser falschen Position des Herzens und der Gesinnung ein Ende machte ...

Olympia hielt Benno zurück und sagte mit einer einzigen Geberde, die einem Strom begeisterter Worte glich:

Wir – sind – allein! ...

Und ihr Flammenblick schien diese Trümmerwelt neu zu beleben ... Die verwitterten Moose und Schnecken an den feuchten Wänden verschwanden ... Die hier und da noch erkennbaren Farben der alten Wandgemälde glühten zu Bildern der Mythenwelt auf ... Amor und Psyche, Venus und Adonis schwebten ringsum ... Selbst der Fußboden wurde belebt zum kunstvollsten Mosaik ... Wohl konnten der beglückten Phantasie noch die goldenen Armsessel stehen, vor denen die schöngefleckten Felle der Leoparden und Tiger gebreitet lagen ...

Benno mußte seinen Arm um die luftige Gestalt winden, mußte ihre Linke, eine Kinderhand, weich wie Flaum, an sich ziehen und küssen ... Die junge Frau blickte zu ihm auf mit jenem Ausdruck der Liebe, der in der That ihre Züge verschönte ... Ihr Mund zitterte; ihre Augen waren von einem so hellen Glanz, als spiegelten sich die Bilder, die sie aufnahmen, *[298]* in einer reinen Seele ... Mit weicher zitternder Stimme, die ihre Worte wie aus einem der Welt ganz an ihr fremden Register der Stimme ertönen ließ, hauchte sie:

Ja, ich sollte dich hassen, du Treuloser! ... Wüßtest du – was ich alles um dich gelitten – um dich für Thorheiten beging ... Rom, die Welt hätt' ich zerstören mögen und am meisten mich selbst ...

Benno hatte schon Tausenderlei zu seiner Entschuldigung gesagt ... Auch wollte sie jetzt nichts mehr vom Vergangenen hören ... Ihre Lippen wollten gar keine Worte ... Sie verlangten nur die Berührung der seinigen ... Die blendend weißen Zahnreihen blieben wie einer Erstarrten geöffnet stehen ... Liebe verklärte jede Fiber ihres Körpers, wurde das Athmen der Brust, das ersterbende Wort ihres Mundes – Das Geheimniß der Welt Liebe, Religion Liebe, Leben Liebe ... Sie senkte die langen Wimpern über die im träumerischen Vergessen verschwimmenden, ihren Stern ganz innenwärts und hoch hinauf einziehenden Augen ...

Leicht lag sie ihm im Arm wie eine Feder ...

Benno, kaum noch seiner Sinne mächtig, zuckte absichtlich wie über eine Störung ...

Da die Fürstin nur in den Bewegungen des Geliebten lebte, machte sie die gleiche Geberde ... Jeder Zug der Schönheit verschwand auf eine Secunde ... Das Ohr spitzte sich ... Das Auge blickte groß und starr ...

Alles blieb aber still ... Nur über die feuchten Mauertrümmer sickerte draußen ein Wässerchen ... Und im Nu, wie von unsichtbarer Musik regiert, verwandelten *[299]* sich ihre Züge zur seligsten Harmonie ... Ihr Sein war nur Eine Hingebung, Eine Hoffnung ... Die zartesten Sylphenglieder schwebten in Benno's Armen ... Er hätte sie emporschleudern können; wie ein Kind würde sie sich um seinen Nacken mit den Armen festgehalten haben ... Auf diesen ihren entblößten Armen schimmerte ein großmächtiges goldenes Armband – eine einzige Spange nur, von unverhältnißmäßiger Größe ... Das Gold blitzte in Benno's Augen ... Er küßte den Arm um dieses goldenen Glanzes willen, der wie ein Zauber auf ihn wirkte ... Seine Knie wankten ... Erst jetzt war er in gleicher Höhe mit ihr ... Er verlor die Besinnung ...

Olympia war es, die sein glühendes Antlitz mit Küssen bedeckte ... Sie nannte ihn Verräther! Treuloser! Geliebter! ... Sie versicherte, ihn nicht mehr lassen zu können, ihn bis in den Tod lieben zu müssen – ... Benno! sagte sie dann, fast die Buchstaben zählend, und nichts mehr anderes sprach sie ...

Aber dennoch will das Glück seinen vollen Ausdruck haben ...

Diese Statuen, die hier einst standen, rief sie endlich, kann ich nicht mehr anrufen, Zeugen unserer Liebe und Hörer unserer Schwüre zu sein ... Vernimm, mein Freund! Im Braccio Nuovo bin ich auf dem Fest des Heiligen Vaters! Ich bin nur allein dort! Nur bis elf Uhr darf im Vatican der Fuß eines Weibes verweilen! Die Männer werden sich so zeitig nicht von dem Bacchanal Sr. Heiligkeit trennen wollen! Geliebter, mein Auge sieht dich auf dem Fest in allem, *[300]* was die Statuen Schönes bieten ... Antinous, Apollo bist nur du ... Das genügt – gehe du selbst nicht auf dies Fest! ... Sei aber um die elfte Stunde an Villa Rucca, wo ich – übernachten will ... Dort, an der Stelle, wo Pasqualetto Lucinden und die Herzogin entführen wollte, ist ein leicht zu gewinnender Eingang in die Villa ... Ersteige die Mauer! ... Du kennst die Stelle an der Veranda ... Dorthin begeb' ich mich, wenn ich vom Fest zurückgekommen bin ... Ich werde vorschützen, im Garten noch frische Luft schöpfen zu wollen und find' ich dann dich – so bleibst du in meinen Armen – ... Schwöre mir's, daß du kommst! ... Zwei Nächte noch – Schwöre! ...

So lag einst Armgart an Benno's Brust – Sie „das Vögelchen" in seiner Hand, wie er sie damals genannt ... Die Genien senkten die Fackeln ... Keine Störung, keine Hülfe ... Feuer loderte durch Benno's Adern; die Berührung hatte die Glieder seines Körpers mit elektrischen Strömen erfüllt ... Auf der Lippe brannte ihm der Ausruf: Ich komme! ... Nur ihre Lippen hinderten ihn, ihn wirklich auszusprechen ...

Da zuckte sie aber plötzlich selbst auf ... Diesmal war es nicht der sickernde Tropfenfall am moosbewachsenen Gestein, es war der Fuß eines eilend Daherschreitenden ... Ich komme! war noch nicht gesprochen ... Die Fürstin nahm sein Ja! aus seinen Augen, von seinen Lippen ... Die Störung verdroß sie nicht mehr ... Das junge Paar fuhr auseinander und gab sich die Miene, als wär' es hier nur aufgehalten worden von einer gleichgültigen Absicht ... Benno ließ die Fürstin *[301]* frei, trat seitwärts, suchte etwas Blinkendes unter den Steintrümmern an der Bogenlichtung des Gemäuers ... Die Fürstin that, als wartete sie nur auf ihn, um weiter vorwärts zu schreiten ...

Der Zeuge, der sie überraschte, war Lucinde ...

Da ihr Antlitz glühte, so war sie rasch gegangen ...

Als sie sah, daß sie das Paar zu stören fürchten mußte, kam sie wie auf einer harmlosen Promenade und that, als suchte auch sie nur, selbst eine Verirrte, auf diesem Weg zur übrigen Gesellschaft zurückzukommen ... Sie leuchtete im festlichen Glanz ... Ein leichter Sommerhut mit kleinen Federn schwebte lose auf ihrem gescheitelten Haar ... Ueber dem hellfarbigen seidenen Kleid trug sie einen großen breitgewebten Shawl von phantastisch bunten, grünen, rothen und gelben Querstreifen ... Indem sie scheinbar ruhig die Hände übereinander legte, schlugen die beiden Flügel dieses Shawls zusammen und machten den Eindruck einer Erscheinung aus der Zigeuner- oder Zauberwelt ...

Sie wollte Olympien nicht erzürnen, vermied auch die leiseste Spur eines Lächelns und sagte nur athemlos:

Ich suchte Sie, Herr von Asselyn ... Ich bekam eben vom Cardinal, der sich empfohlen hat, Mittheilungen, die nicht gut sind – ...

Worüber? fragte Olympia ohne allen Verdruß ... Sie bot Benno den Arm, um weiter zu wandeln ...

In der Ferne hörte man die Annäherung der Gesellschaft ...

Lucinde beherrschte ihre Erregung ... Konnte sie *[302]* doch diesen Augenblick der Leidenschaft Olympiens für Benno zu irgendeinem Vortheil benutzen ...

Ich höre, sagte sie, daß die Gefahren Ihres Vetters, des Bischofs, immer drohender heraufziehen ... In der That ist er förmlich nach Rom beordert und befohlen worden ...

Was kann ihm geschehen? fragte Olympia, sich an Benno's Arm pressend ...
Benno wiederholte, wie mit Beschämung:
Der Bischof von Robillante ist nach Rom beordert worden? ...
Ich kann nicht sagen, fuhr Lucinde fort, ob wegen Prüfung des Magnetismus von der Pönitentiarie oder wegen der Dominicaner und seiner Vorwürfe gegen die Gerechtsame der Inquisition ...
Der Bischof von Robillante? sagte Olympia leicht und obenhin ... Was thut das ihm und uns! ... Tod seinen Feinden! ... Fefelotti soll ihm sein eigenes Erzbisthum abtreten müssen! ... Das will ich! Ich! Ich! Der Hut des Cardinals soll ihn für jede Kränkung entschädigen ... Das will ich! Ich schütze ihn – und seine Freunde ...
Sie blickte voll Zärtlichkeit auf Benno ...
Lucinde hielt ein Papier in Händen, das sie halb in ihrer Brust verborgen getragen und zaghaft halb hervorgezogen hatte ... Es war ein in lateinischer Sprache gedruckter kleiner Zettel ... Die an alle Cardinäle vertheilte Anfrage des Domkapitels von Witoborn über den Magnetismus! erklärte Lucinde, als Olympia dies Papier ihr abgenommen hatte ...
[303] Benno nahm das Blatt, versprach, es Bonaventura zu senden und fragte, ob es nicht möglich wäre, den Freund zu einer nur schriftlichen Vertheidigung zu veranlassen ...
Nein! Nein! Er soll persönlich kommen! sagte Olympia ... Er soll seine neuen Würden selbst mit nach Hause tragen! ... Ein Asselyn! ... Ein Kampf? ... Divertimento! ... Wer sind seine Gegner? ...
Nach einem Augenblick des Nachdenkens sagte sie lachend:
Ha, ich besinne mich, die Dominicaner! ... Wohlan, reisen wir selbst nach Porto d'Ascoli, um den deutschen Mönch und den Pilger zu suchen! ... Ich weiß, worauf hier alles ankommt ...
Olympia kannte die geheimnißvollen Umstände, unter denen Pasqualetto nach Rom gekommen war ... Sie kannte das Interes-

se, das ihr Schwiegervater an jenem Vermittler dieses Wagnisses, an dem Pilger von Loretto hatte ... Sie kannte die Botschaft, die der deutsche Mönch Hubertus übernommen; kannte die mannichfachen Deutungen, die man jetzt dem spurlosen Verschwinden sowol des Suchenden als des zu Findenden geben wollte ...

Mein Oheim soll alle seine Zweifel lösen! fuhr die Fürstin fort ... Noch ist, denk' ich, Cardinal Ceccone, was er war ... Man sagt, eine Revolution ist im Anzuge ... Nun wohl! Sie wird mit dem Schaffot endigen! Wer will uns hindern, die Gesetze zu handhaben! ... Ich danke Ihnen, Signora, für Ihre Theilnahme zum Besten der Asselyns ... Niemand *[304]* soll diesem Heiligsten der Priester, der unter meinem Schutze steht, ein Haar krümmen ... Nicht das erste mal, daß ich von den Fußzehen des Heiligen Vaters nicht früher aufgestanden bin, bis ich nicht die Gewährung meiner Bitten erhielt – und – die Zahl der Knienden nach mir war – nicht klein ...

Das alles, mit dem Ton des größten Uebermuthes gesprochen, klang wie beruhigende Musik ... Lucinde fühlte ganz die Erquickung, die diese Worte gaben ... Auch Benno stellte sich, sie zu fühlen ... Olympia weidete sich an den Wirkungen ihrer Macht ...

Schon war inzwischen der nachgebliebene Rest der Gesellschaft sichtbar geworden ... Graf Sarzana kam fast schmollend auf Lucinde zu und erklärte, sie überall gesucht zu haben ... Er bot ihr den Arm und entführte sie fast wie mit Eifersucht ...

Thiebold bildete den Mittelpunkt der Lustwandelnden ... Er war in einem nationalökonomischen Streit mit dem alten Rucca begriffen und zeigte sich nicht im mindesten befangen, als „Marchese" seine Kenntnisse der Holzcultur zu verrathen ... Sah er doch auch nach allen Seiten hin diesen römischen Adel mit Speculationen beschäftigt ... Einige der nähern Verwandten Ercolano's, die die Nacht über auf Villa Torresani bleiben wollten, glichen vollkommen den Zickeles und den Fulds ...

An ein ungestörtes Alleinsein für den Ablauf des Tags mit Olympien war für Benno glücklicherweise nicht mehr zu denken ... Der unheimliche, Benno zuweilen mit zweideutigem Blick fixirende Sarzana war zwar mit Lucinden auf Villa Tibur gefahren, andere fuhren nach Rom, *[305]* die Nachbarn zerstreuten sich in ihre Villen, aber genug blieben zurück, die Olympien in Anspruch nahmen ... Genug, die auch unbefangen darüber plaudern konnten, daß Donna Lucinda und Graf Sarzana sicher in kurzer Zeit durch das Band der Ehe verknüpft sein würden ... Schon im Herbst würden sie das kleine Palais bei Piazza Sciarra beziehen, hieß es ... Olympia hörte wenig darauf – Sie ließ allen ihr Glück; hatte sie doch ihr eigenes ... Jeder Blick aus ihren Augen verwies auf die elfte Stunde nach – noch zwei Sonnenuntergängen ... Für Benno – die ausgelöschten Fackeln seines Lebens, denen eine ewige Nacht folgen mußte ...

Einen Punkt in sich zu wissen, wo es nicht hell und rein im Gemüth ist, wird dem edeln Sinn zum tiefsten Schmerz ... Jeder unbelauschte Gedanke fällt dann in ein Grübeln zurück: Wie kannst du diesen Flecken von dir tilgen! Wie kannst du Ruhe und Zufriedenheit mit dir selbst gewinnen! ... Jünglinge, Männer können zuweilen in die Lage kommen, an Frauen Empfindungen zu verströmen, die nur formelle Erwiderungen ohne wahre Betheiligung des Herzens sind ... Irgendeine Schonung fremder Schwäche galt es da, irgendein mildes Entgegenkommen gegen einen Wahn, der sich so schnell, wie wol die Wahrheitsliebe mochte, nicht im verirrten Frauengemüth heilen ließ ... Verstrickt dann zu sein in die Folgen solcher Unwahrheit, die sich das Herz, um seiner thörichten Schwäche willen, vorwerfen muß, leiden zu müssen um etwas, was man so gar nicht empfunden, so gar nicht gewollt hatte, das sind *[306]* Qualen der Seele, die an ihr brennen können wie das Kleid des Nessus ...

Nach dieser Scene in den dunkeln Gängen der Villa Hadriani saß Benno am Whisttisch bei den geöffneten Fenstern des schönen Gesellschaftssaals der Villa Torresani ... Da gab es einen Seitenflügel, dessen Zimmer ganz zur nächtlichen Herberge der Verwandten und Gäste bestimmt waren ... So saß im Saal bis zur neunten, zehnten Stunde noch eine große Gesellschaft beisammen ... Die milden Düfte der Orangenbäume zogen in die Fenster ein ... Phalänen mit durchsichtigen Flügeln schwirrten um die Glasglocken zweier hoher bronzener Lampen, die, aus dem Boden zwischen den Säulen sich erhebend, hier einen Atlas vorstellten, der die Weltkugel trägt, dort eine schwebende Eos, die zwei Leuchtgläser auf ihren Fingerspitzen balancirt ... Auf schwellenden Ottomanen rings an den Wänden des Saals entlang streckten sich die ermüdeten Schönen, die halbschlafend sich keinen Zwang mehr anlegten ... Andere schlürften Sorbet und wehten sich mit ihren Fächern Kühlung, hingegossen an den offenen Fenstern auf niedrigen Sesseln, die kaum einen Fuß hoch über dem Marmorboden sich erhoben ... Weich und lind zog die Nachtluft herein ... Bis in die Fenster wuchsen die üppigen Beete ausgewählter Pflanzen mit ihren seltsam gestalteten Blütenkelchen, an sich schon Symbolen der Freiheit der Natur, Symbolen des allbindenden alles entfesselnden Liebestriebs – wer kann Blüten von Orchideen, Lilien, Nymphäen, Gardenien sehen, ohne an die Mysterien des Lebens erinnert zu werden ... Ein fernes leises Rauschen konnte vom *[307]* Sturz des Anio kommen – es konnte auch der Sang der Cicaden sein ...

Trenta due! schnarrten die Methusalems der Rucca-Familie beim Spiel ... Der Alte selbst war bei seinem Sohn geblieben und nicht nach Villa Tibur gefahren, wo er überhaupt nur selten verweilte, weil er dort morgens nicht zum Auszanken all seine Arbeiter beisammen hatte ... Aber auch diese genossen abendlich ihren Lebenstraum ... Einige sangen in schmelzenden Tenortönen: „Amore re del mondo!" ... Andere spielten bei Laternenschimmer die Morra – leidenschaftlich und wild und wie alles in Italien gleich auf Leben und Tod ...

Felicissima notte! ... sprach endlich gegen halb elf Uhr Olympia zu Benno, als sie von des schon halb schlafwandelnden Ercolano Arm entführt wurde ...

Es klang wie der letzte Gruß – einer Braut vor dem Hochzeitstage ...

Gegen Thiebold konnte sich Benno nicht mehr aussprechen ... Die Lose waren zu ernst, zu furchtbar bestimmend gefallen ...

Thiebold sprang dem zum Pavillon Vorauseilenden von der Gesellschaft angeregt und lachend nach ...

Benno erzählte, als sie durch den Garten huschten, von Bonaventura's Gefahr, von seiner Berufung vor ein geistliches Gericht, vom Stab, der für immer über Paula's Seelenleben gebrochen wurde ...

Thiebold fand sich aus seinen römischen Verwickelungen mit Schwierigkeit in die eigentliche Aufgabe der Freunde zurück ...

Die aus Thiebold's Vaterstadt gekommene, an sich *[308]* wohlwollende, die Anschuldigungen der Frau von Sicking und des Cajetan Rother sogar zurückweisende Anfrage enthielt Stellen, die in deutscher Uebertragung lauteten:*)

„Ist die Person, über welche die Magnetisirte gefragt wird, abwesend, so ist dazu eine Haarlocke von deren Haupte vollkommen hinreichend. Sobald die Haarlocke in ihrer Handfläche ruht, sieht sie schlafend und mit geschlossenen Augen, wo diese Person verweilt und was sie thut" ...

Eine Haarlocke! ... sprach Benno ...

Schon ergrauten des theuern Freundes Locken ...

Und seine eigenen –? ...

Er sah den Aschenbecher Armgart's ... Gedachte des Abschieds – des Briefwechsels durch – „ausgetauschtes Blut" ...

Thiebold verstand Benno's heute so düsteres Leid nur aus Bonaventura's Gefahr und vertröstete, übermüdet von den

---

*) Dieser Anfrage wörtlich entlehnt.

Huldigungen, die seine Galanterie so vielen Contessinen und Principessen dargebracht hatte – und die wiederum auch ihm zu Theil geworden waren, sich entkleidend, mit Olympiens und Ceccone's Schutz ...

„O so wolle", übersetzte Benno eine andere Stelle, „eine hohe Curie nach deren Weisheit, zur größern Ehre des Allmächtigen, zur größern Wohlfahrt der Seelen, die unser Heiland so theuer erlöst hat, entscheiden, ob alles das eine göttliche oder nur satanische Einwirkung ist" –*)

[309] Benno schleuderte das Papier von sich ...

Die Versicherung Thiebold's, daß Olympia alle schützen würde, konnte wenig nachhaltenden Trost gewähren ...

Thiebold ermunterte zum Ausharren ...

Mit größter Spannung sprach er von dem Fest im Braccio Nuovo, auf das er sich nicht nur in der Toilette, sondern auch mit einem Handbuch der Antiquitäten gründlich vorbereiten wollte ...

Am folgenden Morgen – wieder ein Brief der Mutter und – unter dem mit verstellter Handschrift geschriebenen Couvert, wieder die kurze Anzeige, daß sich Advocat Clemente Bertinazzi aufs neue nach Signore d'Asselyno hätte erkundigen lassen ...

Benno kleidete sich rasch an, ließ im Stall des Fürsten ein ihm immer zu Gebot gestelltes Roß satteln, verbarg sich vor jedermann, selbst vor Thiebold, und sprengte sofort und in höchster Eile nach Rom.

---

*) Gleichfalls.

9.

Unterweges hatte Benno ein Misgeschick mit seinem Pferde ... Er mußte dem Thier, das sich den Fuß verstauchte, mitten auf der Heide, in einer Schäferhütte der Campagna, einige Stunden Ruhe gönnen ...

So war es schon spät Nachmittag, fast Abend geworden, als er in Rom ankam ...

Er mußte sogleich das kranke Pferd in Palazzo Rucca den Leuten des alten Fürsten übergeben ...

Dann eilte er in seine Wohnung ...

Sein Zustand war der der Verzweiflung ... Für morgen erwartete ihn die junge Fürstin auf Villa Rucca ... Zu gleicher Zeit mahnten ihn die Freunde der Gebrüder Bandiera ... Nicht umsonst war er in die Kreise der Revolution getreten ... Unsichtbare Geister nicht nur, nicht nur die Stimmen seines Innern, sondern wirkliche Personen, die ihn beobachteten, ihn vielleicht richteten, verlangten eine Entscheidung ...

Todt blickte ihn die „Stadt der Städte" an ... Nur Opfer des geistigen Despotismus sah er überall ... Jeder Abbate, der an ihm vorüberhuschte, lächelte *[311]* ihm wie mit geheimem Hohn ... Die Menschen gingen und kamen so gedankenlos und leer ... Die Trümmer des Alterthums waren ihm mehr denn je nur Gräberstätten – und was war – die lebendige Gegenwart? Aus Gebetbüchern an den Schaufenstern der Buchläden sprach sie ...

Es war fast Abend ... Er fürchtete sich, zur Mutter zu gehen ... Die Scham, eingestehen zu müssen, wie weit er mit Olympien gekommen, hielt ihn zurück ... Aber dennoch, dennoch mußte er nach einer Trennung von mehreren Tagen sie begrüßen, mußte um die auffallenden Mahnungen Bertinazzi's nähere Erkundigungen einziehen ...

Er nahm ein leichtes Mahl in der Nähe des Corso ...

Im Winter besuchte er, um den Kaffee zu trinken, öfters das Café Greco ... Sonst setzte er sich gern zu den deutschen Malern, die im Café Greco hausen ... Aber auch hier war es ihm jetzt nur unheimlich geworden ... Die Monotonie klappernder Dominosteine, das Rascheln der Tassen auf den schmuzigen Marmorplatten der Tische, die rauhen Kellnerstimmen, die in den lächerlichsten Tonschwingungen Erfrischungen, die aus der Küche heraufgebracht werden sollen, ausschreien, die phantastisch aufgeputzten Bettler an der Schwelle, die sich als Modelle vermietheten zu jener unwahren Welt, die die Romantik der Maler noch immer in ihren Ateliers mit südlichen Staffagen gruppirt, während Italien diese Trachten und Sitten naturwüchsig nur noch an wenig Stellen bewahrt hat – vollends die Künstler selbst konnte Benno [312] schon lange nicht mehr sehen, ohne auch sie der Fortpflanzung jener lügenhaften Zauber anzuklagen, mit denen Rom die Welt gefangen hält ... Die Akademie sage ihnen schon, was sie allein hier finden sollten ... Selten, daß sich eine Urkraft gegen die Tradition erhöbe und von Rom nicht blos Lehren, sondern auch Warnungen mitnähme ... „Eine phrasenhafte Welt, in die ich alle diese Künstler verstrickt gefunden habe! Klingsohr – das wäre ihr Mann! Klingsohr müßte auch hier mit der Cigarre sitzen und orakeln!" ...

Benno begab sich, da er auf den Monte Pincio wollte, in ein Café am Spanischen Platz ... Da konnte er eine deutsche Buchhandlung übersehen, besucht von ab- und zukommenden Geistlichen, die sich nur Schriften kauften, die in Wien, München, Regensburg, Münster und Köln erscheinen ... Er sah die augsburger „Allgemeine Zeitung", auf die ihn der Staatskanzler angewiesen hatte ... Er fand in allem Deutschen nur noch die Spuren Klingsohr's ... Es war ihm jener fortgesetzte Vatermord, dessen dieser sich fast in Wirklichkeit schuldig gemacht hatte ... Er sah in Deutschland überall vom hohen Roß der gelehrten doctrinären Anmaßung die grünen Saaten der Neubildungen im Geistesleben der Völker zertreten und was gab den geheimen

Druck der Sporen? Das egoistische Interesse der Fürsten, des Adels, der Geistlichkeit ... Die Bewegung um den „Trierschen Rock" hatte immer mehr um sich gegriffen ... Die „Allgemeine Zeitung" verrieth ihm, wie selbst nach Witoborn die Bewegung hinüberzuckte ... Er dachte an Monika, Ulrich von Hülleshoven, Hedemann ... *[313]* An Gräfin Erdmuthe und – ihre apokalyptischen Bilder über Rom ...

Es gibt Naturen, die vom Zweifel und einer Weltauffassung der Ironie in überraschender Plötzlichkeit zu einer Leidenschaft überspringen können, die an ihnen völlig unvermittelt erscheint ... Es gibt Naturen, die jede Voraussetzung, die sogar nur von ihrer Besonnenheit gehegt werden durfte, plötzlich durch die thörichtsten Handlungen Lügen strafen ...

Die Umstände hatten Benno aus der Bahn des heimatlichen Lebens und Denkens hinausgeworfen ...

Jene Courierreise, von den Umständen so harmlos geboten, gab ihm den Anstoß zu einer immer mehr um sich greifenden Revolution seines Innern ... Auf dem Capitol beim Gesandten seines engern Vaterlandes war er deshalb vorm Jahr kalt empfangen worden ... Aber auch auf dem Venetianer Platz beim Gesandten Oesterreichs, wo er ausgezeichnet worden, erwartete man vergebens seine Wiederkunft ... Durch ein zufälliges Begegniß, durch einen Antheil seines Herzens, genährt durch die Erinnerung an seine Mutter, genährt durch die Mahnung, daß römisches Blut in seinen Adern floß, hatte er sich den hervorragenden Erscheinungen des „Jungen Italien" genähert – ... Schon hatte man ihm mehr Vertrauen geschenkt, als er begehrte und als vielleicht von andern gutgeheißen wurde ... Und dennoch lebte er in vertraulichster Beziehung zu Menschen, die er haßte und die er aus Grund der Seele hätte meiden sollen ... Diese Gegensätze unterwühlten seine Ruhe, brachen seinen Muth ... Auf seinem Antlitz fühlte er *[314]* eine brennende Maske, ein Mal der Scham ... Sein Glaubensbekenntniß des Sichergebenmüssens in Lagen, in die uns die Laune des Zufalls gestellt hätte, war dahin ... Nimm Partei! riefen ihm geheimnißvolle innere Stimmen schon seit jener Stunde, als sich ihm die Mutter in Wien in der ganzen Einseitigkeit ihrer Nationalität offenbart hatte ... Als er dann Italien selbst gesehen, als er auch Bonaventura in so wunderbarer Schnelligkeit auf den gleichen Boden verpflanzt gefunden, da führten die gemeinschaftlichen Anschauungen, die übereinstimmenden Ergebnisse des Nachdenkens beide auf die feste Ueberzeugung, daß nur in Italien und vorzugsweise aus der römischen Frage heraus die Entscheidung der weltgeschichtlichen Schicksale Europas zu suchen wäre ...

„Die Zeit deiner großen Revolutionen", hatte Benno noch vor kurzem an den Onkel Dechanten geschrieben, „ist näher, als Du in Deinem friedlichen Asyle ahnst! ... Die Frage, um die sich Beda Hunnius so erhitzt, die Frage eines Bruchs der deutschen Kirche mit Rom ist nur ein Symptom ... Rom und die große Sache der Geistesfreiheit können zu ihrem Abschluß nur durch die politischen Schicksale Italiens kommen ... Wird der Schemel der irdischen Macht dem Stellvertreter Christi unter den Füßen weggerissen, dann kann ihm nichts mehr von seinen alten, auch den geistigen Druck der Welt unterstützenden Machtansprüchen bleiben ... Eine Weile wird er sich noch Patriarch von Rom nennen dürfen; aber jede neue Phase der Geschichte nimmt ihm eine Würde nach der andern ... Damit bricht der [315] Bau der Hierarchie und das schon halbvollendete Werk der Jesuiten zusammen" ...

Ob auch der Katholicismus? ...

Benno hatte seinen zwischen Katholicismus und Protestantismus in der Mitte gehenden Standpunkt offen dargelegt ... Er hatte dem Onkel geschrieben:

„Ich glaube nicht an die propagandistische Kraft des protestantischen Geistes; ich zweifle sogar an dem entscheidenden Ausschlag, den die Völker der germanischen Zunge überhaupt noch der Geschichte geben ... Das germanische Mutterland ist in zwei Hälften gespalten: Oesterreich hat die Gedankengänge der romanischen Welt angenommen; Preußen hat die kühne Neugestaltung Friedrich's des Großen nicht zu verfolgen gewagt ... Die germanische Welt wäre nur insofern kraftvoll, als ausschließlich mit ihr der Protestantismus geht ... Eine durch Oesterreich vertretene germanische Welt ist keine oder der Name Deutschland wird zum Schrecken jeder Nation, die ihre Freiheit anstrebt ... Nun aber lieb' ich Deutschland, liebe seine Bildung, anerkenne seinen Beruf ... So seh' ich keine Hülfe, die ihm geboten werden kann, als den Untergang Roms, die Zertrümmerung derjenigen Bestandtheile der katholischen Kirche, die uns Katholiken von einer engern Gemeinschaft mit den Protestanten trennen ... Ein gestürztes Papstthum wird Deutschland einigen; ein frei gewordenes Italien wird Oesterreich erinnern, wo Kaiser Joseph die Kraft des Kaiserstaates suchte – in einer Fortsetzung des Fridericianischen Zeitalters der Preußen ... Gibt es einen Katholicismus ohne den Papst? ... Das ist die große Frage *[316]* der Befreiung der Gewissen ... Und wird sie in dem Sinne beantwortet, daß Rom aufhört, die Metropole der katholischen Kirche zu sein, was kann, das ist die zweite Frage, von ihrem Leben zurückbleiben, um die Schranken zwischen ihr und den Protestanten niederzureißen? ... Bonaventura will die Bibel und eine geläuterte Messe ... Es sind seine täglichen Gedanken – sie erfüllen ihn ganz ... Ich selbst besitze zu wenig das Bedürfniß des – Cultus, um darüber ein Urtheil zu haben" ...

Benno fand die Mutter nicht daheim ... Marco, der ihn bei jedem Besuch mit größerm Befremden musterte, versicherte, er würde sie beim Kloster der „Lebendigbegrabenen" oder vielleicht jenseits der Tiber finden ... Sie hätte Sancta Cäcilia, der heiligen Sangesmuse, ihrer alten Schutzpatronin, „der sie so vieles Gute dankte", ihre Verehrung bezeugen wollen ... Von bedenklichen Vorfällen meldete Marco nichts ... Der Advocat Bertinazzi hatte in der That zweimal anfragen lassen ...

Was ist Religion! sagte sich Benno – als er sich auf den Weg machte zu den „Lebendigbegrabenen" ... Bei ihnen war heute die Mumie ausgestellt ... Die Menschen standen noch bis auf die Straße hinaus und jeder hatte dem gläsernen Kasten ein Leiden vorzutragen ... Starr hing das braune Schreckbild der Eusebia Recanati an seinen goldenen Klammern ... Die Menschen berührten den Glasschrank und erwarteten Hülfe ... Selbst aus der Zahl der Falten ihrer Kleider suchten sie sich die Nummern – die sie für die nächste Tombola setzen wollten! ... Die Masse ist unverbesserlich! sagte sich Benno ... *[317]* Die Eingeweide der Vögel oder die Gewänder einer Mumie – gleichviel! Auch in der protestantischen Kirche läßt die Hebamme unter dem Kissen des Täuflings die Nabelschnur der Gebärerin mittaufen –! ... Nur auf die Vertheilung der Herrschaft kommt es an, nur darauf, was im Gesetz den Vorzug hat, die Vernunft oder die getaufte Nabelschnur – Alles andere macht die Strömung der Luft, der Wind, das ansteckende Beispiel – Ohne den Widerstand der Priester und der Doctrinäre könnte der Deutschkatholicismus sogar den Rationalismus zu einer Art von Mystik erheben, deren die Menschheit nicht scheint entbehren zu können ...

Weder vor der Kirche, noch im Kloster bei Olympiens Mutter fand sich die Herzogin ... Equipagen gab es genug; keine mit dem Wappen des Marquis Don Albufera de Heñares, Herzogs von Amarillas, ein Wappen, das der Miethkutscher auf seine Wägen zu setzen gestattet hatte ... Benno wollte nach Sancta Cäcilia, zu welcher Kirche gleichfalls ein Kloster gehörte ...

Es war nun in den Straßen dunkel geworden, obgleich die Abendröthe noch schimmerte ... Das Volksgewühl begann in dieser Gegend wie täglich bei Untergang der Sonne ... Da wogten die Menschen durcheinander, da erscholl jener Lärm des Südens – um ein Nichts, um ein Paar alte Schuhe, um Schwefelfaden, um etwas Wasser mit einem Stückchen Eis ... Immer glaubt man, ein Kauffahrteischiff wäre eben angekommen und lüde die Schätze beider Indien aus ... Schon dampften Maccaroni in den auf offener Straße errichteten Küchen ... Fische wurden gesotten in Pfan-*[318]* nen, über die – wende dich ab, deutscher Geschmack! – der aufgekrämpte rothnackte Arm der Volksköchin die Oelflasche gießt ... So mancher Arbeiter hält jetzt erst sein Mittagsmahl auf Piazza Navona ... Die Fleischerbuden bieten noch feil ... Seltsam geformt und fast an die alten Arenen erinnernd sind die zertheilten Stücke, an denen die Knochen mehr als bei uns zurückbleiben ... „Unsere Sitten das und unsere Sitten sind gut!" – liegt auf den Mienen dieser schreienden, singenden, schmausenden – dann auch dazwischen wieder betenden Welt – ... Die Thüren der erleuchteten Kirche Santa Agnese stehen weit offen ... Auf ihren Stufen im herausströmenden Weihrauchduft lagert sich in bequemster Behaglichkeit das südliche Abendleben ...

Vorüber am Pasquino – am Palazzo Rucca – am Ufficio delle SS. Reliquie e dei Catacombe, wo Cardinal Ambrosi wohnt ...

Benno stand schon zu mehreren malen an dem grauen spanischen Gebäude mit den vergitterten Fenstern ... Er dachte: Da hinten im düstern Hofe wohnt ein Mensch, der ein Geheimniß ist! ... Bonaventura erfuhr sein Leben von mir ... Er floh vor einem Sektirer – hatte die Mutter erzählt ... Und doch soll er mit Fra Federigo im Einverständniß leben? ...

So bilden sich die Sagen, so verknüpft der Volksglaube ... Das Volk kann das Seltene sich nicht denken ohne unmittelbare Beziehung zu Gott; das Edle kann ihm nie ohne Wunder sein; zwei große Menschen können ihm nicht ohne das Band des Einverständnisses leben – ... Dieser einfache, ascetische Mönch erhielt eine Geschichte, *[319]* von der er schwerlich selbst eine Ahnung hatte ... Benno mußte auf den Beistand auch dieses Cardinals rechnen, wenn Bonaventura in Rom erscheinen sollte ... Eine Regung der Dankbarkeit für Fra Federigo ließ sich bei ihm voraussetzen ...

Und Fra Federigo selbst! ... Benno's eigene Erinnerungen trugen von Friedrich von Asselyn kein Bild ... Nur aus Bonaventura's Charakter, nur aus dem Bestreben seines Vaters, für die Welt seinem Weibe zu Liebe ein Gestorbener sein zu wollen, konnte er sich die Züge erklären, die allgemein von jenem Einsiedler unter dem Laubdach eines waldensischen Eichenhains erzählt wurden ... Von Gräfin Erdmuthe wußte er, daß sie eines Tags vor längern Jahren aus einem waldensischen Gottesdienst zu Fuß nach Hause kam, mit einem ihrer Diener auf dem Heimweg deutsch sprach und darüber von einem Mann angeredet wurde, der hinter ihr her ging, sich als Deutscher zu erkennen gab, auf einer Fußwanderung nach den Seealpen begriffen zu sein erklärte und durch Zufall jener Predigt beigewohnt hatte, die ein Geistlicher gehalten, der keinen katholischen Ornat trug ... Der Fremdling konnte diese fast altlutherischen Sitten des Gottesdienstes nicht unterbringen und ließ sich über die Waldenser von einer Dame unterrichten, in der er mit Ueberraschung einer geborenen Freiin Hardenberg, aus altem norddeutschen Geschlecht, begegnete ... Ihm selbst, sagte er, wären die Gedichte eines Hardenberg (Novalis) von größter Anregung gewesen ... Dann – bei einer Kapelle – zur „besten Maria", an der sie vorüber mußten – bekannte er sich der über die Anerkennung ei-*[320]*nes Verwandten freudigerregten Frau zwar als Katholiken, sagte aber: Was hat wol Ihr frühvollendeter Vetter unter jener Maria verstanden, die er zum Anstoß der Seinen so oft besang! Doch wol nur Sophia von Kühn, die er liebte und die ihm starb, noch ehe sie die Seine geworden! So wird unser eigenes Leben zuletzt die lauterste Quelle unserer Religion ... Hardenberg-Novalis sang, fuhr er fort:

> „Wenn alle untreu werden,
> So bleib' ich dir doch treu –!"

Er sang es in so persönlicher Freundschaft für den Erlöser, daß ich diesem Lied mein Glaubensbekenntniß verdanke ... Die Religion muß für jeden Einzelnen sein eigenes persönliches Verhältniß zu Gott werden und die Kirche soll nur so viel dazu mitthun und mithelfen, wie ein Wächter, der ein Stelldichein der

Liebe hütet! Alles andere, jede andere Einmischung in unsere innere Welt ist vom Uebel! ... Die Gräfin, die ihren herrenhutischen Glauben annähernd richtig gedeutet sah, bat den Fremdling, auf Castellungo einige Tage Rast zu halten ... Er zögerte anfangs, folgte aber doch, da er ermüdet und offenbar im Beginn einer Krankheit schien ... Diese überfiel ihn denn auch, als er das stolze Schloß beschritten und die erste freundliche Bewirthung der Gräfin genossen hatte ... Sein überreizter Zustand gab sich sogleich in einem heftigen Strom von Thränen kund, dem ein Fieberfrost und eine lange Nervenkrankheit folgte ... Die Gräfin widmete ihm die größte Sorgfalt und erfüllte zugleich die Bitte, die sich in einzelnen lichten Momenten von seinen fahlen Lippen stahl, daß sie keine Nachfor-*[321]*schungen über seinen Namen und seine Herkunft anstellen sollte ... Er hätte keine Verwandte mehr, wollte todt sein und bäte, ihn nicht anders als Friedrich zu nennen – Das Reich des Friedens, sagte er, find' ich nicht mehr auf dieser Erde, ich zöge gern hinüber; mir selbst aber den Tod zu geben, wäre vermessen; unsichtbare Fesseln halten mich auch noch – doch bin ich nicht mehr, was ich war – ich bin ein Todter ... Die Gräfin hatte Benno erzählt, daß der Fremdling damals wenig über vierzig Jahre zählte, eine seltene Bildung besaß und mit den Lehrsätzen seiner Kirche um persönlicher Erlebnisse willen in Spannung schien ... Oft hätte sie ihn für einen flüchtigen Priester gehalten ... In ihn zu drängen und Namen und Stand von ihm zu begehren, widersprach ihrer Sinnesart, ja die Verehrung vor dem „Signor Federigo", wie ihn sogleich die Schloßbewohner nannten, wuchs bei ihr zu einer so innigen Freundschaft, daß die schon gereifte Frau, damals Witwe, sein Scheiden nur mit größter Betrübniß würde erlebt haben ... Er seinerseits faßte die gleiche Neigung für die edle Dame, deren religiöse Denkweise nicht ganz mit der seinigen übereinstimmte, die aber Verbindungsglieder gemeinschaftlicher Ansichten und Stimmungen bot ... So knüpfte sich zwischen beiden ein seelisches Band, das aus den Erzählungen der Gräfin mehr von Benno geahnt werden konnte, als ihre Worte schilderten ... Sie ließ die jedenfalls auf Friedrich von Asselyn passende Aeußerung fallen, daß der Fremdling die Wappen und Farben ihres Hauses von der ältern Linie her kannte, sie oft mit Rührung betrachtet hätte und selbst wol *[322]* dem Adel angehörte ... Fast wie aus Furcht vor Begegnungen, die gerade auf diesem Schlosse nicht unmöglich waren, hätte der Fremde sowol den langen Bart, der ihm in seiner Krankheit gewachsen war, nicht entfernen, noch auch auf dem Schlosse selbst länger wohnen mögen ... Unter dem Schutz der Gesetze, die aus aufgeklärtern Zeiten, als die unserigen, stammten und den die Gräfin so muthig wiedererobert hatte, verweilte er eine halbe Meile vom Schlosse entfernt in einem Hause, das er sich im Wald aus Baumstämmen selbst gezimmert hatte ... Die Menschen der Umgegend nannten ihn „Fra Federigo" ... Man rühmte seine Kenntnisse in der Heilkunde, in Sachen des Ackerbaus und der Güterbewirthschaftung ... Er kannte das Recht, die Geschichte, die Lehnsverhältnisse in allen europäischen Gesetzgebungen ... Anfangs ließ er sich nur mit Widerstreben von den Umwohnenden besuchen. Zuletzt, wenn die Gräfin auf längere Zeit nach Wien mußte, war sein Rath allen und ihren eigenen Verwaltern unumgänglich ... Unter seiner Eiche hielt er eine Bienenzucht und nahm in dieser summenden Gesellschaft, zu der noch eine Ziege und ein Hund gehörten, immer mehr die Weise eines Eremiten an, der, geschieden von der Welt, auch sein Aeußeres nicht mehr nach den Gesetzen der Gesellschaft einrichtet ... Briefe empfing er nicht; ebenso las er anfangs keine Zeitungen; später desto theilnehmender, bis er sich diese Lectüre versagte, nur um nicht den Reiz der Rückkehr in die Welt zu mehren ... An Anfechtungen durch die Geistlichen und Behörden fehlte es nicht ... Seine Anspruchslosigkeit und der Schutz der Gräfin bewahrte *[323]* ihn vor größern Unbilden ... Bis dann freilich die Jesuiten immer mächtiger und mächtiger wurden und die Eifersucht der Dominicaner reizten ... Hof und Cabinet von

Turin kamen in die Hände der Jesuiten ... Nun begannen Verfolgungen, Einkerkerungen ... Bald nach Fefelotti's Erscheinen verschwand plötzlich der inzwischen zum Greise gewordene gütige und allgeliebte Waldbewohner ... Eines Morgens fand man seine Siedelei leer; seine Ziege hatte noch ihr Futter für einige Tage, ebenso sein Hund, der angebunden war ... Als er losgeschnitten wurde, rannte er schnurstracks nach Coni bis in das dortige erzbischöfliche Ordinariat, wo die übrigen Gefangenen saßen ... Dort wurde er festgehalten und eingesperrt ... Als man ihn eines Tags losgerissen fand, behauptete man, ihn in Robillante gesehen zu haben und zwar, wie die Gräfin Benno versicherte, mit eingeklemmtem Schweif, herabhängenden Ohren, trauernd hinter einer düstern und verschlossenen Kutsche herlaufen, die von zwei Gensdarmen begleitet wurde ... Die Kutsche kam aus dem Officium der Dominicaner zu San-Onofrio und fuhr der großen Straße gen Osten zu ... Das Thier, sagte sie, hatte die Witterung seines Herrn und konnte ihm in seiner verschlossenen Kutsche nicht beikommen ... Selbst als man später vom Auftauchen Fra Federigo's bei Loretto und unter den Räubern der Mark Ancona gehört hatte, ließ sich die Gräfin nicht nehmen, daß jene noch an einigen andern Orten auf ihrer geheimnißvollen Fahrt gesehene Kutsche ihren Freund nach Rom abgeführt hätte – eine Ansicht, die niemand mehr als Bonaven-*[324]*tura theilte – er, der sie mit einem Schmerz nachfühlte, dem Benno in Gegenwart der Gräfin nur einen unvollkommenen Ausdruck geben konnte ... Benno's Ansicht: Dein Vater erfuhr deine wunderbare Ernennung zum Bischof von Robillante und floh aus eigenem Antrieb vor dir und vor dem möglichen Wiedersehen deiner Mutter und Friedrich's von Wittekind! – ließ Bonaventura in einem Augenblick gelten, im andern trat ihm wieder das Bild der verschlossenen, von Gensdarmen nach Rom geführten Kutsche wie eine Mahnung entgegen, nicht eher zu ruhen und zu rasten bis sein greiser Vater aufgefunden war ...

Benno wurde aufs mächtigste von diesen Räthseln ergriffen beim Hinblick auf San-Pietro in Montorio, wo Bruder Hubertus gewohnt hatte ... Er hatte die Mutter in Trastevere gesucht ... Auch in Santa-Cecilia, bei den Benedictinerinnen, fand er sie nicht ... Nun wollte er einen Miethwagen nehmen und nach Monte Pincio zurückfahren ... Da im allerletzten Abendsonnenstrahl leuchtete so schön und verklärt, San-Pietro in Montorio auf ... Wo konnte er sich bessere Kunde vom Bruder Hubertus holen, als dort oder vielleicht – bei Sebastus in Santa-Maria? ... Letztern zu meiden drängte ihn alles ...

Er erstieg den Hügel, auf dem die Paolinischen Wasserleitungen sich sammeln, klopfte an das Kloster, neben einer Kirche, der einst Raphael seine Transfiguration gemalt ...

Von den beim Nachtimbiß sitzenden Alcantarinern kam einer an das Sprachgitter und sagte auf Benno's Fragen:

Wir wissen von dem deutschen Bruder nur, daß man ihn [325] noch in Ascoli sah ... Die Leiden des Bischofs von Macerata sind im Druck erschienen und Ihr werdet sie gelesen haben ... Seine Befreiung ist dem wunderthätigen Marienbild von Macerata beizuschreiben, das eines Tages spurlos verschwand*) ... Das Volk gerieth in Aufregung und beschuldigte das Kapitel von Macerata, das Bild weggeschlossen zu haben, um auf diese Art die Räuber zu zwingen, den Bischof freizulassen ... In der That bemächtigte sich eine solche Unruhe der Gegend, daß die Genossen des Grizzifalcone Angst bekamen und sich herbeiließen, lieber den Bischof auf freien Fuß zu stellen ... Der Heilige hat viel dulden müssen – das Marienbild ist dann wieder erschienen ... Von Bruder Hubertus, der dem Domkapitel jene Hülfe angerathen hat und so ohne alle Mühe den Bischof rettete, ist seither nichts mehr vernommen worden ... Wir wissen, er hat den Grizzifalcone getödtet in einer Nacht, wo wir ganz andere Dinge von ihm erwarteten ... Ein Tollkopf war's ... Er auch nur

---

*) Thatsache.

allein konnte sich unter Räuber begeben, deren Hauptmann er getödtet hatte ... Auch von dem Pilger wißt Ihr, der dem Grizzifalcone für seine Bekehrung hat alles lesen und schreiben müssen? ... Ein Franciscanerbruder sprach vor einigen Tagen bei uns vor und hat ausgesagt, man hätte den Mönch mit dem Todtenkopf und mit ihm zugleich den Pilger jenseit der Grenze in den Abruzzen gesehen ...

Auf Benno's dringenderes Forschen rief der Pförtner den Guardian ...

[326] Dieser kam und versicherte, beide Verschollene wären auch schon lange nicht mehr in den Abruzzen, sondern in Calabrien, wo sie ein Wallfahrer in dem schluchtenreichen Silaswalde wollte gesehen haben ...

Im Silaswalde! ... An der äußersten Grenze Italiens – Auf den meerumbuchteten Landzungen Neapels schon – in den ältesten Hainen der Welt von Eichen- und Kastanienbäumen – ... Immer weiter und weiter rückte die Beruhigung des aufgeregten und selbst so düster bedrohten Freundes in Robillante ... Würde Benno sich freier bewegt haben, er hätte sich an Ort und Stelle begeben, um nach dem geheimnißvollen Pilger zu forschen ... Die Ungewißheit, der Einfall der Gebrüder Bandiera, die Furcht vor Olympia's Rache, Bangen vor den Mahnungen Bertinazzi's hielten ihn von der Ausführung dieses Vorsatzes ab ...

Benno kämpfte mit sich, ob er die Mutter heute aufgeben und nicht lieber sofort zu Bertinazzi gehen sollte, den er erst morgen in erster Frühe hatte besuchen wollen ...

Die volle Nacht war hereingebrochen, als Benno von San-Pietro niederstieg ...

Die Einsamkeit des Weges beflügelte seinen Schritt ... Schon im zweifelhaften Abendlicht sind die nächsten Trümmerhaufen und Gartenmauern Roms unheimlich ...

Er wandte sein Auge vom Anblick der Peterskuppel ab ... Das Bild: Morgen um diese Stunde werden dort die marmornen Bilder des Vatican lebendig! machte ihm das Blut erstarren ...

Er kannte diesen Braccio Nuovo ... Hundert lachende Priester sah er in *[327]* festlichen Gewändern, bei Fackel- und Kerzenschein, durch die mit den Marmorsärgen der ersten Christen geschmückten Corridore schreiten ... Die Statuen der römischen Kaiser wurden lebendig und schlossen sich ihnen an ... Im Saal des Braccio Nuovo schimmerten Bankettische, Vasen voll Blumen, silberne Urnen voll Eis mit dem „Bier der Franzosen", wie Sarzana gesagt hatte; alles im glänzenden Licht, ausgeströmt von zahllosen Kerzen ... Die Julien, Livien und Agrippinen der Imperatorenzeit kamen mit ihren faltenreichen Gewändern in den Saal und setzten sich zu den Zechenden ... Da thront Ceccone, mit dem Rücken gelehnt an die berühmte Gruppe des Nil ... Sechzehn kleine Genien kugeln sich übermüthig auf dem kolossalen Sinnbild der Ueppigkeit und Fruchtbarkeit ... Der lachende Silen blickt auf den neugeborenen Bacchus dicht neben Bischof Camuzzi ... Fefelotti liebäugelt mit der berühmten Statue des Demosthenes, die soviel zierliche Fältchen wirft; mehr, als ein Redner voll Natürlichkeit seiner Toga erhalten konnte, als er gegen Philipp von Macedonien donnerte ... Nun trommelt die Schweizergarde ... Immer neue Gäste kommen im Purpur vorgefahren und die Medusenhäupter nicken ihnen den Gruß; die Athleten erheben sich, die Isispriesterinnen verneigen sich ... Olympia – läßt lachend vor Erwartung den Arm auf dem Sockel ihres Apollin ruhen – ... Oder blickt sie finster wie die „verwundete Amazone" –? ... Er ahnte, daß sie diesmal seiner Flucht aus Villa Torresani nicht im mindesten zürnte, sondern fest und sicher ihn für morgen erwartete ...

[328] Die Qual der Entschlußlosigkeit trieb Benno dahin, wie von Furien gepeitscht ...

Er kam der Tiber näher ... Die Brücken, die in die innere Stadt führten, waren entlegen ... Hie und da ging eine Treppe nieder, wo in einem angebundenen Kahn ein Schiffer sich streckte und auf einen Verdienst wartete ... Er wollte sich übersetzen lassen ...

Wie ein Träumender blickte er um sich ... Hier in der Nähe sind die Spitäler ... Es konnte nicht befremden, daß da und dort jene gespenstischen Gestalten der Todtenbruderschaft auftauchten ... Die Begräbnisse finden des Nachts statt ... Memento mori! ... Benno erblickte einige dieser bald weißen, bald schwarzen Kutten in Kähnen auf dem gelblichen Strom dahingleiten ...

Die Via Lungaretta schien ihm heute endlos ... Er hatte übersehen, daß er die Abbiegung zur Bartolomäusbrücke schon hinter sich hatte und sich an Ponte Rotto befand, einer Gegend, wo es schwerlich Fiaker gab ...

Sollte er den Besuch der Mutter für heute aufgeben? ... Sollte er zu Bertinazzi gehen? ...

Da schritt wieder vor ihm her ein schwarzer Todtenbruder ... Er kam aus dem engen Winkelwerk der Häuser heraus und stieg eine Treppe nieder ... Hier glänzte die Tiber auf ... Im Abenddunkel boten die Lichter am Ufer und die in den Strom hineingebauten Mühlen einen besonders lebhaften Anblick ... Eine Schar von Bettlern und Straßenjungen zeigte Benno hinter einem Gebäude den Kahn, den der Todtenbruder suchte ...

[329] Es zog auch ihn zum Tode ... Er musterte die stolze Haltung seines Gefährten ... Oft verbargen sich unter diesem Kleide die angesehensten Nobili, wenn sie gerade die Reihe des Dienstes in der Bruderschaft ihres Viertels traf ...

Benno rief dem Schiffer, ihn noch mitzunehmen und stieg die Stufen nieder ...

Der schwarze Leichenbruder, eine hohe, schlanke Gestalt, hatte eben zum Abfahren winken wollen ... Jetzt erst, da er noch einen Passagier sich nachkommen sah, setzte er sich ...

Auf dem trüben, ungleichen, strudelreichen Bett der Tiber glitt der leichte Kahn dahin, geführt von einem jungen halbnackten Burschen, der den vom Kopf bis zum Fuß verhüllten Todtenbruder scheu betrachtete und vor Freude über die glückliche Eroberung zweier Passagiere statt eines eine Weile sprachlos blieb ... Rings funkelten immer heller und zahlreicher die Lichter von den Ufern auf ... Auch bei den Benfratellen drüben war Licht ... Mancher Leidende mochte dort eben seinen letzten Seufzer aushauchen, mancher Genesende die Hände zum Dankgebet erheben ... Die hie und da auftauchenden Sterne spiegelten sich nur matt in den trüben Wogen, auf deren Grund so tausendfach die Reste der Jahrhunderte schlummern, so mancher Fund, dessen Entdeckung das Entzücken des Forschers sein würde ... Auf der Quattro-Capi-Brücke war es so lebhaft wie auf Piazza Navona ... Noch stachelten verspätete Fuhrleute ihre riesigen weißen Ochsen, deren stolzgewundene Hörner nur eines Kranzes bedurften, um den Opferthieren Griechenlands zu gleichen *[330]* ... Noch zankten Treiber mit ihren schreienden, in Italien so heißblutigen Eseln ... Die Glocken läuteten ... Ein solcher Abend scheint im Süden erst das Erwachen zum Leben zu sein ... Kähne glitten dahin mit aufgehäuften Gemüsen und Früchten schon für den morgenden Markt ... Die Ruderer mußten Acht haben; von den Tausenden von Trümmersteinen, die in dem Bett des geschichtlichsten aller Ströme ruhen, ist die Fahrt auf ihm keine ebenmäßige ...

Benno, tiefermüdet, redete den Todtenbruder, von dem er nur die Augen sehen konnte, mit den Worten an:

Dieser Dienst in der Nacht hat sicher seine Beschwerlichkeit ...

Der Todtenbruder antwortete nicht ...

Die Römer sind sonst höflich ... Benno glaubte nicht verstanden worden zu sein, wiederholte seine Worte und setzte hinzu:

Aber Sie lösen sich häufig ab? ...

Der Todtenbruder zog statt der Antwort jetzt sogar seine schwarze Kopfbedeckung so, daß selbst seine feurigen Augen verdeckt blieben ...

Seltsam! dachte Benno ... Der Mann ist schwerlich taub ... Er trägt vielleicht ein Leid wie du ...

Benno schwieg und hörte auf den Schiffer, der in italienischer Gewohnheit schon für jede andere Gelegenheit sich empfahl, wo die Herrschaften vielleicht wieder die Tiber befahren wollten ... Er nannte sich Felice und beschrieb seinen Vater, der den Stand an Quattro-Capi drüben hätte und der beste Schiffer von der Welt *[331]* wäre ... Benno kannte, was man alles bei solchen Gelegenheiten in Italien zu hören bekommt; jede neue Kundschaft wird sogleich fürs Leben festgehalten ...

Er war nicht in der Stimmung, die Unterhaltung mit Felice fortzuführen ... Er sah auf den Todtenbruder, der vielleicht das Gelübde des Schweigens abgelegt hatte ... Vielleicht war es ein Vornehmer, den sein nächtliches Amt verdroß ...

Wieder glitt eine Barke mit zwei Benfratellen, die von der Bartolomäusinsel kamen, vorüber ... Auch diese hatten ihre Kapuzen über den Kopf gezogen ... Sie wurden von einer dritten Barke gekreuzt, die gleichfalls ein Mitglied der Todtenbruderschaft führte – in weißer Verhüllung ...

Der Gedanke lag nahe, an eine große Sterblichkeit zu denken, die über Rom gekommen ... Im Herbst pflegte sich seit einigen Jahren regelmäßig die Cholera einzustellen ...

Felice besaß den angeborenen Scharfsinn der Italiener ... Eine angeschnittene Melone, die neben dem Mantel Felice's lag, betrachtete Benno mit einem Blick, der bei so vielen Todeserinnerungen keinen Appetit danach ausdrückte und Felice las sogleich die Gedanken in der Seele seines zweiten Passagiers, denn er sagte:

Eh! ... Sie kommt dies Jahr nicht wieder ...

Benno wußte, was Felice meinte, mochte aber die Conversation nicht fortführen ...

Felice aber im Gegentheil ...

Signore, flüsterte er, als handelte sich's um einen Gegenstand der größten Discretion, ich stehe drüben bei *[332]* Capo di Bocca – dicht an der Apotheke ... Da, wo meine Mutter die Melonen verkauft ... Saftige, Herr! ... Sehen Sie, versuchen Sie! ...

Signore! Nein, sie kommt dies Jahr nicht wieder ... Die Krankheit mein' ich, Signore ... Der Padrone der Apotheke hat es selbst an die Leute gesagt ... Signor, bei Capo di Bocca ... Rufen Sie nur immer: Felice! ...

Woher weiß der Padrone der Apotheke, daß die Cholera diesmal nicht wiederkommt? fragte Benno, um dem Redestrom ein Ende zu machen ...

Signore! Weil sie kein Gift mehr verkaufen dürfen ... Er sagt' es gestern erst dem Wirth der Navicella ... Signore, das ist das Kaffeehaus drüben, wo mich jeder findet, der nur am Ufer nach Felice – ...

Gift verkaufen? Wozu Gift –? unterbrach Benno, der sich die Pein dieser Kundschaftsempfehlungen abkürzen wollte ...

Haha! lachte Felice und stieß sein Ruder auf ein hartes Gestein, das – vielleicht der Torso einer Statue des Praxiteles war ... Die Brunnen vergiften sie nicht mehr ... Das glauben die dummen Leute ... Eh –! ... Die Brunnen! ... Haha, Signore! ... Aber machen Sie eine Partie, Herr – Nach Ceri, Herr – Ceri ist die älteste Stadt der Welt – Ich nehme meinen Bruder mit ... Morgen? ... Meinen Bruder Beppo ...

Warum sagt ihr: He? und lacht – Was glauben die klugen Leute über die Cholera –? ...

Felice machte eine Miene, als durchschaute er alle Geheimnisse der Welt ...

[333] Was ist's, wenn die Apotheker kein Gift mehr verkaufen dürfen? wiederholte Benno ...

Gift? ... Nicht verkaufen? ... Die Apotheker sagen's und die armen Leute glauben's ... Aber die Reichen – die bekommen Gift, soviel sie wollen ... Und die Aerzte – die brauchen's gar nicht aus der Pharmacia zu kaufen ...

Die Armen? Die Reichen? Die Aerzte ... Wie hängt das alles zusammen? ...

Felice machte Mienen, die Benno allmählich verstand ... Er ließ nur einfach die eine Hand vom Ruder los und fuhr damit hinter's Ohr mit ausgespreizten Fingern ... Eine Miene, die etwa sagte: Wir sind nicht so dumm, wie wir aussehen – die Aerzte vergiften zur Zeit der Cholera auf Befehl der Reichen die Armen – ... Signore – nach Ceri! fuhr Felice fort, als Benno verstanden zu haben schien und seinerseits gleichfalls eine Geberde machte, die mit südländischer Offenheit soviel sagte, als: Felice, du bist ein Esel! ... Ceri ist die älteste Stadt der Welt! ... Vielleicht morgen – ich nehme noch meinen andern Bruder mit – Außer Beppo noch den dritten, den Giuseppe ...

Die Cholera ist also eine Krankheit, die von obenher befohlen wird! unterbrach Benno ... Alle Jahre soll einmal der Staatskörper von seinem Ungeziefer gereinigt werden! Nicht so, ihr Thoren? ...

Die Miene und Betonung Felice's drückte das starrste Festhalten seiner Meinung aus ... Wie wenig ihm daran lag, seine Gesinnung über die Aerzte, Apotheker *[334]* und die Reichen in Rom geändert zu bekommen, sagte die Mahnung:

Herr, die Tiber kennen selbst die Römer noch nicht alle ... Gewiß, Herr, selbst wenn Sie ein Römer sind, haben Sie noch nicht Castellana gesehen ... Civita Castellana ist das Wunder der Welt ... Wenn wir Morgens um vier Uhr einen Kahn nehmen, natürlich – mit Beppo, mit Giuseppe und Francesco – Francesco, Herr, ist mein vierter Bruder ...

Das erzählt man allerdings aus der Cholerazeit, unterbrach Benno mit Entschiedenheit ... Wer einen Feind hatte, tödtete ihn bei dieser Gelegenheit; schlechte Frauen vergifteten ihre Männer, schlechte Männer ihre Frauen, ruchlose Kinder ihre Aeltern ... Im allgemeinen jammervollen Klagen und Sterben ging eine Leiche mit der andern, ohne daß man danach fragte, ob wol das Gift, an dem sie den Geist aufgeben mußten, aus der schlechten Luft oder – aus den Kellern kam, wo nur die Ratten daran sterben sollten ... Sagt man nicht das? ...

Diese Frage richtete Benno an den schwarzen Todtenbruder ...

Fast getroffen von Benno's Worten hatte sich dieser von seinem Sitz erhoben ... Vom Nachthimmel sich abzeichnend stand die Gestalt in schöner, langer, schlanker Haltung – ein Bote des Minos, ein Abgesandter des Richters aus der Unterwelt ...

Benno hatte noch einmal geglaubt den Versuch machen zu sollen, den stummen Passagier zu einer Antwort zu bewegen ...

[335] Der Todtenbruder sprach in der That auf seine Frage ein leises und hohles:

Man – sagt – das ...

Benno horchte der Stimme und fuhr fort:

Eine entsetzliche Vorstellung, sich so feige Mörder denken zu müssen, die eine Zeit der allgemeinen Auflösung des Vertrauens, eine Zeit der Trauer benutzen, um mit gedecktem Rükken einen dann wahrscheinlich sichern Mord auszuführen ...

Wieder schien der Todtenbruder von diesen Worten eigenthümlich berührt ... Er schwieg, fiel nicht zustimmend ein, drückte keine Verachtung eines so feigen Mordes aus, sondern wandte sich nur ab, um durch seine kleinen Augenöffnungen auf die bald erreichte Brücke der „Vier-Häupter" zu sehen ...

Als sich nun auch Benno erhob, gerieth der Kahn in ein Schwanken ...

Felice spreitete rasch die Beine aus und hielt das Gleichgewicht ...

Um seine ohnehin wie auf der Flucht vor dem Schmerzlichsten befindlichen Gedanken nicht zu sehr aufzuregen, fragte Benno:

Kennst du das Haus des Rienzi, Felice –? ...

Im selben Augenblick sprach aber auch der Todtenbruder noch eine Antwort auf Benno's Aeußerung von vorhin ...

Sie kam verspätet, kam aus der kleinen Oeffnung der Kapuze, die nur allein dem Mund und der Nase das Athmen erlaubte, dumpf und hohl ...

[336] O gewiß – es gibt – genug der Falschheit – in der Welt ...

Diese Worte klangen seltsam ... Sie klangen wie von einem Ergrimmten ... Wenigstens wurden sie durch die Zähne gesprochen ...

Benno, der selbst eben gesprochen hatte, verstand nicht sogleich und fragte:

Es gibt –? sagten Sie? – ...

Genug der Falschheit in der Welt! wiederholte der Todtenbruder scharf und gereizt ...

Benno horchte auf ... Diesen Ton der Stimme glaubte er zu kennen ... Noch kürzlich, vielleicht erst gestern hatte er diese Stimme gehört ... Wer ist das –? sagte er sich staunend und haftete auf einer Erinnerung an einen der bei Olympien gesehenen Gäste – Zunächst an den Fürsten Corsini – der in der That seinen Palast jenseits der Tiber hatte ...

Der Todtenbruder kehrte ihm jetzt den Rücken ...

Eben fuhren sie unter der Brücke Quattro-Capi hinweg ...

Wo liegt das Haus des Rienzi? wiederholte Benno noch einmal, sich zu Felice wendend ... Er mußte dabei dem Klang der Stimme nachdenken ...

Signore, das Haus des Rienzi kenn' ich nicht, erwiderte Felice eiligst, aber ich versichere Sie, nach Civita Castellana ist es die schönste Reise von der Welt ... Auch Cicero hat da gewohnt ... Es geht gegen den Strom, aber wir nehmen noch meinen fünften Bruder –

Euere Brüder sind zahllos! unterbrach Benno ungeduldig ... Dann nach dem Todtenbruder sich wendend, sagte *[337]* er: Wo hat nicht alles in Italien Cicero gewohnt! ... Cicero und Virgil sind dem Italiener geläufig wie die Heiligen ... Aber Cola Rienzi, euer Volkstribun, ist euch unbekannt geblieben, Felice! ...

Jetzt glaubte Benno für bestimmt annehmen zu dürfen, daß der schwarze Leichenbruder unter seiner Kapuze lachte ...

Es war ein Lachen des Hohns ...

Prinz Corsini konnte das nicht sein ... Corsini gehörte zu den Freimüthigen, aber er war in seinen Manieren höflich ...

Unter dem ersten Hermenkopf der „Vierhäupterbrücke", eines alten Römerwerks, stieg der Todtenbruder aus ... Er schien voll Ungeduld die Steintreppe erwartet zu haben ... Beim Abschied bot er Benno auch nicht den leisesten Gruß ... Seinen kupfernen Obolus warf er dem Schiffer in die Mitte des Kahns wie ein Almosen ...

Felice's Grazie Eccellenza! sagte wenig über seinen Stand ...

Benno zahlte mehr, als üblich ... Da durfte er sich nicht wundern, daß Felice, den er fragte, ob er den Todtenbruder kenne, behauptete, diesen nicht blos öfters, sondern alle Tage zu fahren ... Er nannte ihn einen Herzog, einen Principe, „wenn er auch nur zahlte, was in der Regel" ... Daß er Cardinäle fahre, offen und geheim, Principessen, mit und ohne Schleier, setzte er ermuthigend hinzu ... In jener Unermüdlichkeit, mit der der Italiener seinen Einen Gedanken des Gewinns, darin ganz dem Juden gleich, festhält, kam er wieder auf *[338]* die Reize einer Stromfahrt von zwei Tagen bis zu dem Ort zurück, zu deren Merkwürdigkeiten nun auch noch der Eingang in die Hölle gehören sollte ...

Benno war endlich von ihm befreit und ging, umrauscht vom Lärm der Straßen ...

Das Benehmen des Todtenbruders, sein stolzes, festes Dahinschreiten am Quai, das Benno noch beobachten konnte, sein höhnisches Lachen, die scharfe Betonung über die Falschheit der Welt veranlaßte Benno, dem Unfreundlichen noch einige Schritte weiter als nöthig zu folgen ... Er hatte Worte gehört, die sein Innerstes erschütterten ... Wandelte er denn auch auf Wegen, die offene und gerade waren? ...

In wenig Augenblicken war die gespenstische Erscheinung verschwunden ... Benno sah ein offenes Thor, durch das der Todtenbruder mit seinem flatternden schwarzen Gewande hindurchschritt ...

Benno befand sich hier bei den Hinterpforten größerer Häuser, die nach vorn dem Theater des Marcellus zu liegen ... Hier

gibt es kleine Gärten, kleine Pavillons ... Die Dunkelheit verbarg den unschönen Anblick italienischer Hinterfronten mit ihren schmutzigen Galerieen, ihren ausgehängten alten Teppichen, ihrer aufgehängten zerrissenen Wäsche, ihren schmutzigen
5 Geräthschaften und jenem Colorit der Wände, dessen vorherrschender Ton ein verfängliches Gelb ist ... Alles das vergißt man freilich in Italien um einer einzigen Palme willen, die aus solchem Gewirr in einem kleinen Gärtchen versteckt emporwächst ...
10 Auch hinter jener Pforte, wo der Todtenbruder ver-
*[339]*schwunden war, lag, wie Benno jetzt sah, ein solches Gärtchen ...
Wer wohnt hier? fragte er einen am Wasser mit dem Ausladen eines verspätet angekommenen Kahns Beschäftigten ...
15 In diesem Palazzo –? erwiderte der Angeredete und bot sofort statt der Antwort, auf die er sich die Miene gab, sich gründlich besinnen zu wollen, vorerst seine Waaren an, die der Herr gerade hier am zweckmäßigsten angetroffen hätte ... Walzbreter zur Bereitung von Nudeln, hölzerne Löffel, einen
20 Steinkrug zur Aufbewahrung seines Oels ... Wer in Italien handelt, glaubt, daß man sich zu jeder Zeit aus dem Gebiete gerade seiner Branche assortiren könne; in die Eilwägen hinein reicht man zinnerne und blecherne Küchengegenstände, „die man jetzt gerade wohlfeil haben könnte" ... Und auch dieser
25 Mann wahrte erst seinen Vortheil und zeigte auf hundert Schritte weiter seinen Laden ...
Aber den Besitzer des „Palazzo" konnte er nicht nennen ... Dann war es eine großmüthige Regung von ihm, daß er, als Benno keinen Steinkrug für sein Oel mitnahm, doch einen an-
30 dern Mann anrief und diesen fragte:
Wer wohnt in dem Palazzo? ...
Nach vorn hin, hatte Benno inzwischen gesehen, stand allerdings ein stattliches Gebäude ...
Ein Advocat ... Ein reicher Mann – hieß es ...

Ein Advocat? ... Vielleicht Bertinazzi? dachte Benno und sah sich nach einem mittelalterlichen alten Hause, dem des Rienzi, um ...

[340] Wie auch bei uns die Kinder in die Läden treten und fragen können: Wollen Sie mir nicht sagen, wie viel die Uhr ist? und, wenn sie's gehört haben, als Zugabe ihrer Frage ein paar Rosinen verlangen, so tauschten sich auch hier mit den paar Worten die Interessen der sich versammelnden Italiener aus ... Benno bekam so viel Anerbietungen von Waaren, so viel Verlangen nach Bajocci, so viel Anerbietungen zum Führen, zum Tragen, zum Helfen, daß er zu dem seiner Natur wenig entsprechenden Mittel greifen mußte, aus der Geberdensprache der Italiener eine Miene zu wählen, die die einzige ist, der die unerträgliche Zudringlichkeit weicht ... Macht jemand diese Miene, so ist der Italiener gewiß, einen Landsmann vor sich zu haben, von dem er nichts zu erwarten hat ... Benno streckte nicht gerade die Zunge aus, was in solchen Fällen, um vor dem italienischen Bettelgesindel Ruhe zu bekommen, das allersicherste Mittel ist; er warf nur einfach den Kopf in den Nacken mit der Miene eines gleichsam vor Hochmuth Närrischgewordenen ... Da ließ man ihn gehen ...

In der That hatte er aber doch erfahren, daß dieser Hausbesitzer, dieser reiche Mann und Advocat – Signore Clemente Bertinazzi war ...

Bertinazzi! ...

Wieder blickte er auf die Pforte und siehe da, wieder trat jemand, diesmal ein Mönch mit heraufgezogener Kapuze ein ...

Das sind Verschworene! sagte sich Benno ...

Der Gedanke überlief ihn wie siedende Glut ...

[341] Er sann und sann nun um so mehr: Wer war der schwarze Todtenbruder, der dich offenbar kannte, der dir seine Verachtung ausdrückte – trotz deiner Erwähnung Rienzi's ...

Benno wandte sich in größter Aufregung wieder der Brücke zu ... Hier hatte er einen Fiaker zu finden gehofft ...

Schon suchte er danach nicht mehr ... Es trieb ihn in die Straße, nach der hinaus das Wohnhaus des Advocaten seine Vorderfront hatte ...

Auch hier bemerkte er, rasch nacheinander kommend, zwei weiße Todtenbrüder, die in dem offenen Thorweg des Hauses verschwanden ...

Bertinazzi hält eben seine Loge ...

Diese Vorstellung stand nun fest bei ihm ...

Sollte er folgen? ...

Er hatte das Losungswort ... Er trug in seinem Portefeuille ein Zeichen von Silberblech mit einem aus den Flammen sich erhebenden Phönix ... Beides hatten ihm die Brüder Bandiera für den Fall gegeben, daß er in Rom die Bekanntschaft des Advocaten Bertinazzi machen wollte, dem sie aufs wärmste über ihn geschrieben zu haben behaupteten ...

Mit lautklopfendem Herzen kehrte er zur Flußseite zurück ...

Hier war es jetzt stiller geworden ... Ruhig wogte der Strom ...

Den Besuch der Mutter gab er auf ... Schon schlug es zehn ...

Im Hause des Advocaten, dem er von der Garten-*[342]*seite näher zu kommen suchte, war alles still und dunkel ... Es mußte eine gewaltige Tiefe haben; die Entfernung vom Ende des Gärtchens bis zur Vorderseite war eine ansehnliche ...

Wieder näherte sich ein Schatten der Gartenpforte – ... Wieder huschte dieser an Benno vorüber und ging ins Haus ...

Benno stand – wie am Scheidewege seines Lebens ... Der Gedanke an morgen war ihm an sich schon der Tod – was verschlug es, wenn er den letzten Anlauf nahm und sich in den Abgrund stürzte? ...

Wo sollte er die Stimme, den Wuchs, den Gang des schwarzen Todtenbruders hinbringen ...

Eine fieberhafte Ideenverbindung zeigte ihm die drei Reiter, die ihm im Gebirge so seltsam den Weg hatten abschneiden wollen ... Erschien sein Umgang mit den Tyrannen Italiens denen verdächtig, an die er empfohlen war? ...

Voll Unruhe begab sich Benno abermals nach vorn ...
Jetzt sah er einen Kapuziner zu Bertinazzi eintreten ...
Und nur ihm schien alles das aufzufallen; die Straße hatte ganz ihr übliches Leben ...
Schon griff Benno nach seinem Portefeuille und überzeugte sich, daß er das Symbol des Phönix bei sich hatte ...
Einen in Hemdärmeln vor der Thür seiner Taverne stehenden Wirth fragte er:
Ist das – da drüben – ein Kloster? ...
Nein, Signore! war die Antwort ... Das Haus des Advocaten Bertinazzi ...
[343] Ich sehe Mönche eintreten ...
Bei einem Arzt und Advocaten, Herr, sagte der Wirth lachend, hat alle Welt zu thun ... Und nicht jeder zeigt's dann gern ... Mancher Principe wartet auf den Abend, wo er die Kutte des Todtenbruders umlegen darf – Und – nun – die Pfaffen gar ...
Der Wirth machte eine Miene, als wäre Rom einmal die Stadt des Carnevals und der Carneval stünde nicht blos im Februar im Kalender – sondern zu jeder Zeit und dann hätten am meisten die Priester ihre Heimlichkeit ...
Die Geberdensprache des Südens ist die Sprache der größten Deutlichkeit ...
Benno mußte, um dem vertrauensvollen Manne zu danken, seinen Wein versuchen ...
Es war nicht der Wirth der nahen Goethe-Campanella ... Der Orvieto, den Benno begehrte, war gut ... Stürmisch rollte das Blut in Benno's Adern auch ohne den Wein ... Er war in einer Stimmung, die Welt herauszufordern ...
In dem dunkeln Gewölbe der Kneipe saßen beim qualmenden Licht der Oellampe Männer aus dem Volk ... Die Unterhaltung betraf noch immer den Grizzifalcone ... Einige Häuser weiter hatte der Räuber gewohnt, als er die Courage gehabt, nach Rom zu kommen ... Man erzählte seine Heldenthaten ...

Man rühmte auch den Muth der beiden deutschen Mönche ...
Benno horchte und horchte ...

Der Wirth pries sich glücklich, den Pasqualetto nicht *[344]* beherbergt zu haben ... Die Polizei hätte jeden Winkel der Herberge an der Tiber nach dem Tode des Räubers durchsucht ... Alle Welt wußte, daß niemand durch diesen Tod glücklicher war, als die Zollbediente, auf deren Strafe der alte Rucca es abgesehen hatte ...

Die Pfiffigen und Klugen haben hier immer Recht ... Um den Grizzifalcone blieb es „Schade, daß er nicht – Gonfalionere in Ascoli geworden" ...

Benno hörte lachen – die Gläser aufstampfen – hörte Gesinnungen, die denen der Lazzaronis Neapels entsprachen ...

In seinem Innern klangen die Worte des Attilio Bandiera: „Man muß die Völker zur Freiheit zwingen!" ...

Damals hatte er noch erwidert: „Mit der Guillotine?" ...

Neue Welten waren in ihm aufgegangen ...

In jenem Hause konnte er das Schicksal der Freunde erfahren, um die er sich in so große Gefahren des Lebens und der Seele gewagt hatte ... Der Tag, vielleicht die Stunde konnte ihm dort genannt werden, wann die Brüder in Porto d'Ascoli landen mußten, wann Ravenna, Bologna sich erhoben ...

Er sagte sich: Es ist der Weg des Todes! Sollst du ihn beschreiten? ...

Und gehst du ihn nicht schon? antwortete eine Stimme seines Innern ... Bleib' auf deiner Straße – des Verhängnisses! ...

Wild mit der Rechten durch seine Locken fahrend er-*[345]*hob er sich ... Stürmenden Muthes verließ er die Schenke ... Sie rufen mich! sprach er vor sich hin und sah – jene Geister des Beistands, von denen ihm Attilio gesprochen ...

Auf der Höhe seines Lebens war er angekommen ... Dahin also hatten alle Ziele seines Schicksals gedeutet ... Er sah seine ersten Anfänge wieder – fühlte den Kuß jener schönen Frau, die sich trauernd über ihn beugte, wenn sie aus dem Wagen gestiegen – Die in Spanien erworbenen goldenen Epaulettes seines Adoptivvaters Max von Asselyn blitzten auf ... Zigeunerknabe, du bist in deiner Heimat! klang es um ihn her wie aus tausend silbernen Glöckchen ... Dann wieder waren es Geigentöne – wie sie damals der bucklige Stammer zwischen seinen Erzählungen von der Frau, die nur die deutschen Worte: „Tar Teifel!" kannte, auf dem Finkenhof strich ...

Du gehst! sagte er sich und schritt dem Hause näher ...

Und dennoch würde Benno vorübergegangen sein, wenn nicht die menschlichen Entschließungen unter dämonischen Gesetzen stünden ...

Der eine Flügel des offen stehenden Hausthors war soeben von einer nicht sichtbaren Hand von innen geschlossen worden ... Eben bewegte sich der andere Flügel, um gleichfalls zuzufallen ... Der Anblick dieser kleinen, noch eine Secunde offen gelassenen Spalte bestimmte den wie vom Schwindel Ergriffenen und halb Besinnungslosen rasch vorzutreten und die beiden Worte zu sprechen:

[346] Con permesa! ...

Eine Stimme antwortete:

Que commande? ...

Eine kurze Pause folgte ...

Die Schlange wechselt ihr altes Kleid! ...

Das Erkennungswort des „Jungen Italien" war ausgesprochen ...

Es war kein freier Wille gewesen, der diese verhängnißvollen Worte von Benno's Lippen brachte ... Es war ein fremder Geist, der aus ihm sprach, ja – der ihn diese Losung ganz deutlich und fest aussprechen ließ ...

Er trat in den wiedergeöffneten Flügel und befand sich in einem dunkeln Gange ...

Die Thorpforte fiel hinter ihm zu ...

10.

Kommen Sie aus der Schweiz? fragte aus dem Dunkel heraus eine heisere rauhe Stimme ...

Das menschliche Wesen, dem die Stimme angehörte, entwikkelte sich seinem Auge erst allmählich als eine Frau ...

Ich will Sie dem Herrn anmelden ... lautete die seinem Schweigen folgende Rede ...

Ein Schlorren, ein asthmatisches Keuchen ... Ein langes Verhallen der Schritte ... Diese Räume schienen endlos zu sein ...

Es ist geschehen! sprach er zu sich selbst und sagte fast hörbar:

Also nur die aus der Schweiz Kommenden erkennt man an diesem Losungswort, das ich von den Bandiera weiß! ...

Benno zog sein Portefeuille, um das Zeichen des Phönix zur Hand zu haben ...

Die Flüchtlinge, die sich in Robillante an ihn wandten, um in allerlei Verkleidungen weiter zu kommen, hatten auch ihm ein solches Zeichen entgegengehalten ...

Wenn die ohne Zweifel in diesem Augenblick hier *[348]* versammelte Verschwörung entdeckt – wenn er selbst mit den Mitgliedern derselben aufgehoben wurde! ...

Darin sah die Zerrüttung seines Innern, die Hoffnungslosigkeit seiner Seele kein Unglück mehr ...

Beim Suchen nach dem Portefeuille fand Benno ein Mittel, sich Licht zu machen ... Nach italienischer Sitte führte er ein Streichfeuerzeug bei sich ... In den finstern großen Häusern Italiens hilft man sich auf diese Art gegen die überall mangelnde Beleuchtung ... Kleine brennende Wachsenden reichen aus für jeden zu erkletternden vierten Stock ...

Benno sah nun eine Halle, die in einen gedeckten und überbauten Hof führte ... Da hingen alte Bilder an den feuchten

Wänden ... Sollte hier die Tiber zuweilen so weit austreten, um diese Häuser überschwemmen zu können? ...

Die Alte, die mit einer Lampe zurückkam, unterschied er nun ... Sie war vom Alter gekrümmt und schien aus dem Reich der Nacht zu kommen ...

Mit der Lampe den Fremdling beleuchtend, sagte sie:
Der Herr soll wiederkommen –! ...

War dein Losungswort eine Beschwörung, die nicht kräftig genug wirkte? sagte sich Benno ...

Jetzt überreichte er sein zweites Creditiv, das Zeichen von Silberblech und eine Karte mit seinem Namen ...

Die Alte nahm beides, betrachtete es flüchtig und entfernte sich wieder ...

Inzwischen ging Benno in den Hof, der überbaut war ... Wieder sah er einen langen Gang ... Sessel *[349]* standen in diesem an den Wänden, ohne Zweifel für die Clienten vom Lande, die an jedem Markttag die Schreibstuben der Advocaten belagern ... Er verglich Nück's Lage mit der Bertinazzi's ... Jener der leidenschaftliche Freund der Jesuiten und allen Umtrieben derselben ganz wie ein geheimer Verschwörer zugethan; dieser, wie er wußte, ein Angehöriger der Familie jenes Ganganelli, der als Papst die Jesuiten aufgehoben hatte, und im Geist seines Ahnen fortwirkend ... Das System der Menschen- und Lebensverachtung mußte bei beiden dasselbe sein ...

Die Alte kam zurück und winkte nun schweigend ... Sie zeigte nach hinten, kehrte noch einmal in den Hof und zur Pforte um, die sie mit einem eisernen Querbalken verschloß, und bedeutete Benno, der bei einer Stiege angekommen war, diese nicht zu betreten, sondern auf eine Thür zuzugehen, die sie öffnete ... Es war eine jener südlichen Matronen, die die Freude eines Balthasar Denner gewesen wäre, des Runzelmalers ...

Durch einige mit Büchern und Landkarten gefüllte Zimmer hindurch kam Benno jetzt erst an eine andere Treppe, die er

ersteigen mußte, um endlich bei dem unter den Römern hochberühmten Doctor der Rechte Clemente Bertinazzi einzutreten ...
Dieser trat ihm lächelnd entgegen ...
Benno fand einen langen, hagern Mann ... Der Ausdruck seiner Gesichtszüge war der jener fanatischen und träumerischen Beharrlichkeit, die sich zunächst als mathematische, oft pedantische Strenge zu geben pflegt ... Ebenso *[350]* verband sich die Pedanterie mit Schwärmerei bei Luigi Biancchi, dem armen Gefangenen von Brünn; ebenso leidenschaftlich war in seiner träumerischen Welt der trockene und magere Püttmeyer ... Diese Menschen wußte Benno unterzubringen ... Sie hatten nicht die Schönheit der Willensäußerung, die Grazie der Lebensformen Bonaventura's; aber der feste, beharrliche Sinn war derselbe ...
Clemente Bertinazzi hätte in seinem langen Hauskleide, das ihm bequem um die magern Glieder hing, ebenso einen alten Geizhals darstellen können, der über seinen Schätzen wacht und sich nächtlich mit einer alten Dienerin in diesem weitläufigen Hause ängstlich abschließt ... Doch die allmählich erglühende Kraft seiner Augen verrieth edlere Eigenschaften ... Bald sah Benno, daß dem Mann ein eigenthümlicher Flor über seinen Augen und den untern Anfängen seiner Stirn lag, jener geistige unbestimmte Dämmer, der sich vorzugsweise bei mystischen Naturen findet ...
Endlich, endlich, Signore d'Asselyno! sagte der Advocat und streckte die Rechte aus zum traulichen Gruße und zugleich den Eindruck prüfend, den ihm der junge Mann in Gestalt und Haltung machen würde ...
Benno d'Asselyn! ... erwiderte dieser bestätigend und legte seine zitternde Hand in die des Advocaten ...
Warum kommen Sie erst jetzt? Ich weiß von Ihnen schon seit lange über Malta her, wo sich die Brüder Bandiera für Sie verbürgt haben ... Man hat Sie dort verdächtigen wollen ... Allerdings kann man Ihre Beziehungen zu unsern Tyrannen zweideu-

tig finden ... *[351]* Ich hörte, Sie lernten unsere Machthaber in Wien kennen und da dachte ich: Um so besser, wenn Sie diese Menschen beobachten ... Ich vertraue jeder Bürgschaft, die die Bandiera leisten ...

Kennen Sie meine Freunde persönlich? sprach Benno noch in Befangenheit und ausweichend ...

Nein ... erwiderte Bertinazzi und zog, um das Bild eines alten Garçon zu vervollständigen, eine Tabacksdose ... Aber ich habe Ursache von Ihnen das Beste zu denken ... Ja auch sonst hab' ich das Princip gehabt, fuhr er schnupfend und von unten her Benno musternd fort, nicht zu weise sein zu wollen ... Die Verschwörer, die überall Spione wittern, haben nie mein Vertrauen gehabt ... Haben Sie noch ein drittes Erkennungszeichen außer dem Gruß und dem Phönix? ...

Benno verneinte ...

So gehören Sie den Vertrauten an, nicht den Wissenden ...

Die Zahl dieser Vertrauten, wußte Benno, war in Italien so groß, wie bei uns die der Freimaurer ...

Sind die Wissenden die oberste Spitze? fragte er ...

Die oberste noch nicht! entgegnete Bertinazzi ... Sie haben durch den Phönix den zweiten Grad – einen vorbereitenden – und vielleicht gar ohne Schwur ... Die Wissenden sind erst der dritte ... Der vierte sind die Leitenden ... Erst der fünfte ist der höchste ... Das ist der Grad der Namenlosen ... Zu diesem gehör' ich nicht einmal selbst und weiß kaum, ob in Rom ein „Namenloser" existirt ...

Diese Organisation kann sich halten und wird nicht *[352]* verrathen? ... fragte Benno – unwillkürlich der Worte Ceccone's – über seinen Mörder gedenkend ...

Sie kann an einzelnen Theilen verrathen werden und wird es auch, antwortete Bertinazzi ... Aber die Theile sind nicht das Ganze ... Einer kennt den andern auch noch nicht auf dem Standpunkt der Wissenden ... Derjenige, der wie ich den Grad der „Leitenden" hat, kennt immer nur zwölf Wissende ... Diese, die eine Loge bilden, sind sich untereinander selbst völlig unbekannt ... Die Gruppe, zu der Sie gehören, ist groß und an Vertrauten mögen wir wol in Rom allein dreitausend haben ... Der erste Grad vollends, derjenige, der die Losung kennt, ist dem Verrath am meisten ausgesetzt ... Sie werden genug Priester und Verdächtige in diesen Reihen finden ... Ich würde Ihnen auch noch auf den Phönix nicht Gehör gegeben haben in so später Stunde, wenn ich nicht glaubte, daß Sie irgendeine wichtige Sache zu mir führte ... Weiß man in den hohen Kreisen, daß in diesen Tagen – ...

Der Advocat hielt forschend inne ...

Ich beunruhige mich über das Schicksal der Gebrüder Bandiera, sagte Benno ... Man erwartet ihren Einfall ... Wann findet er statt? ...

Bertinazzi's Miene drückte eine Verlegenheit über diese Frage aus ... Er sagte:

Für solche Dinge haben Sie den Grad nicht ...

Dann aber, und gleichsam, um seine Ablehnung zu mildern, kam er auf Benno's Lebensverhältnisse ...

Seltsam – Sie werden, hör ich, von der kleinen Fürstin Rucca gefesselt ... Der Unseligen! ... Nun, nun – *[353]* Sie sind jung und pflücken die Kirschen, wo sie reif sind! ... Von Geburt sind Sie ein Deutscher ...

Meine Mutter ist eine Italienerin ...

Gut – gut –! Und Sie bringen nichts, was mit Ceccone – Fefelotti – Rucca oder irgendeinem unserer Tyrannen zusammenhängt? ...

Benno schwieg ...

Einige Zimmer weiter schien laut gesprochen zu werden ...

Ohne Zweifel hatte Benno die Loge unterbrochen und störte Bertinazzi ...

Dieser nahm auch eine Lampe vom Tisch und sagte aufhorchend und mit ausweichender Miene:

Ich habe mich gefreut – Sie besuchen mich wieder? ...

Auf Benno's Lippen brannten die Fragen: Befindet sich hinter jenen Wänden nicht jetzt die Loge –? ... Wer war jener schwarze Todtenbruder? ... Was hab' ich zu thun, um die Stunde des beabsichtigten Aufstands zu erfahren? ...
   Natürlich, daß seine Stimmung diese Fragen unterdrückte ...
   Aber sein Zögern gab dem Advocaten Veranlassung zu den leicht hingeworfenen Worten:
   Treten Sie doch in den dritten Grad! ... Sie schwören nur, die Unabhängigkeit und Freiheit Italiens mit jedem Mittel zu fördern, das von den Führern Ihnen vorgeschrieben wird ...
   Mit jedem Mittel –? ... Auch mit dem Mord? – sagte Benno nach einiger Ueberlegung ...
   Das ist der vierte Grad ...
   Zu dem Sie gehören? ... wallte Benno auf ...
   [354] Der vierte Grad anerkennt nur zuweilen die Nothwendigkeit des Todes für Verräther und Tyrannen ... Erst der fünfte Grad vollzieht ihn ... Ich sagte schon, ein „Namenloser" befindet sich vielleicht in diesem Augenblick weder in Rom noch in Italien ...
   Ceccone weiß, daß ihn ein Verschworener tödten soll ... sagte Benno ...
   Bertinazzi horchte auf, schüttelte dann aber den Kopf und sagte:
   Das spricht aus ihm die Furcht ... Sein Tod ist von niemand beschlossen worden ... Er hat Feinde, die der sonst Allwissende vielleicht an seinem eigenen Busen nährt ... In Italien sterben die Menschen zuweilen, etwa wie bei der Cholera, aus gelegentlichem Versehen ... Ja, er soll sich in Acht nehmen ... Aber nun bitt' ich – mich in der That zu entschuldigen ... Ich habe mich gefreut, daß Sie an uns dachten –! Wirken Sie in Ihrem Kreise durch die Gesinnung, soviel es geht und – verweilen Sie nicht zu lange in ihm! ... Man könnte Sie falsch beurtheilen wie schon einmal in Malta ...
   Benno's Blut ließ sich nicht mehr beruhigen ...

Wann landen die Gebrüder Bandiera –? sprach er mit drängender Hast ...
Bertinazzi zuckte die Achseln und erwiderte:
Darüber – muß ich schweigen ...
Die Landung wird in Porto d'Ascoli stattfinden ...
Haha! erwiderte Bertinazzi ... Das erwartet Ceccone –? ...
Der Advocat stand von plötzlichem Zorne geröthet ... Ein krampfhaftes Zucken glitt über seine Züge ...
[355] Doch Sie verstehen meinen Unwillen nicht – beruhigte er Benno und sich selbst ... Die Loge erwartet mich ... Bleiben Sie der Gesinnung treu, deren mich zwei edle Menschen über Sie versichert haben ... Und in allem Ernst – theilen Sie mir aufrichtig die Gefahren mit, die uns von den Tyrannen drohen, wenn Sie dergleichen durchschauen ... Für heute nun – gute Nacht! ...
Benno hielt den Arm des Advocaten, der ihm freundlich hinausleuchten wollte ... Ein fernes Geräusch, das wol aus der Loge kam, fesselte seine Aufmerksamkeit ...
Warum konnte Bertinazzi so aufwallen über die Erwähnung jenes Hafens an der adriatischen Küste? ...
Alle Verwickelungen seines vergangenen, seines künftigen Lebens sah Benno jetzt in einem einzigen Augenblick mit magischer Helle ...
Geboren durch ein Verbrechen, geboren ohne einen Vater, auf den er sich mit Ehren berufen konnte, geboren ohne eine Mutter, die er sorglos sein nennen durfte, gehegt, gehütet von Frauen, von Priestern, hatte er eine Einwurzelung im deutschen Leben um so weniger finden können, als auch daheim die Knechtschaft waltete ... Alles, was damals in Deutschland rang und zum Lichte strebte, war in diesem Augenblick sein Bundsgenosse ... Deutschland wollte frei sein von demselben Geist, dessen Consequenzen Italien gefesselt hielten ... Von Italiens Tyrannen gingen die Bannflüche über Freiheit und Aufklärung in die Welt aus ... Drei Gestalten traten ihm schon immer aus

der Geschichte *[356]* vors Auge – sie lebten und wirkten gleichzeitig: Friedrich Barbarossa, der Kaiser – Hadrian IV., der Papst – Arnold von Brescia, der Tribun von Rom ... Wer sollte nicht die Größe des Hohenstaufenkaisers bewundern – und doch schloß Barbarossa Frieden mit Hadrian, seinem wahren Feinde, und überlieferte ihm zur Besiegelung eines Actes der Falschheit, den der nächste Augenblick zerriß, einen der edelsten Menschen, Schüler Plato's, Petrarca's, einen Weisen, der nach langen Irrfahrten in Frankreich und der Schweiz elf Jahre lang Rom ohne die Päpste regierte, der die Kirche verbesserte, der Vorläufer der Waldenser und der Reformatoren wurde ... Barbarossa sah mit seinen bluttriefenden Söldnerscharen den Scheiterhaufen auflodern, mit dem sich unter dem schützenden Banner des deutschen Adlers Hadrian an seinem geistigen Todfeind rächte ... Unsere Zeit kann nicht mehr mit Friedrich Barbarossa, sie muß mit Arnold von Brescia gehen ... Auch Benno's Vater war kein Ghibelline – Doch war er ein Welf im schlechten Sinne ... Wie der Kronsyndikus wollte sich Benno nicht zu Roß schwingen und die eigene Fahne und die Freiheit seiner Hufe wahren im Geist Heinrich's des Löwen, vor dem Barbarossa einst kniete und vergebens um Hülfe die Hände rang ... Auch der welfische Geist Klingsohr's war nicht der seine ... Er wollte die Vernichtung des Ichs zum Besten des Allgemeinen ... Die Form der Freiheitsthat, das lehrten die Bandiera, ist in unsern Tagen die Verachtung der materiellen Welt ... Diese, die nur anerkennt, was in Glanz und Würde *[357]* steht, diese, die den Widerschein der regierenden und mit momentaner Macht ausgestatteten Thatsachen in hohler Gesinnung liebedienerisch auch auf sich zu lenken sucht, diese, die für äußerstes Unglück hält, gehässig gekennzeichnet zu werden durch den Widerspruch mit dem Gegebenen, hatte Benno schon längst verachten gelernt ... In diesem einen magischen Augenblick hörte er eine himmlische Musik der Ermuthigung ... Boten des Friedens schwebten über die Erde und retteten ihn von allen Folgen seiner falschen Stellung –

retteten ihn vor den Schrecken – vielleicht des nächsten Tags ...
Bonaventura war unter diesen Seligen – Bonaventura, umringt
von den Erfüllungen seiner Träume, von den Tröstungen seiner
Klagen ... Was in so vielen stillen Nächten von Robillante nur
von des Freundes beredten Lippen gekommen, schien in himmlischen Gestalten verkörpert zu sein ... Bertinazzi's erwartungs-
voller Blick sagte: Ich rette dich vor dir – vor Olympien – vor
dem geistigen Tode – ... Und fändest du auch den wirklichen,
wäre der nicht besser als solch ein Leben –? ...

Benno entschloß sich, nur noch Italiener zu sein und der Revolution den Schwur des dritten Grades zu leisten ...

Wenn Bertinazzi über diese Erklärung lachte, so war es ein
Lachen ohne Falsch ... Es war das Lachen über einen erwarteten
und zutreffenden Erfolg ...

Bertinazzi hob von der Wand über seinem Schreibtisch einen
Spiegel und stellte ihn auf die Erde ... Dann drückte er auf die
scheinbar leere Wand ... Sie *[358]* öffnete sich ... Benno sah
einen Schrank mit verschiedenen Schubfächern ...

Das sind die Acten meiner Loge! sagte Bertinazzi und ließ
Benno in Papiere einblicken, die mit allerhand mystischen Zeichen beschrieben waren ... Ohne Zweifel eine Chiffreschrift, die
ohne den dazu gehörigen Schlüssel nicht gelesen werden konnte ... Den Schlüssel behauptete Bertinazzi in seinem Kopf zu
tragen – nur mit diesem allein würde man seine Geheimnisse
entziffern ...

Die Handbewegung auf seinen Kopf als Preis der Eroberung
seiner Geheimnisse war der Ausdruck höchster Entschlossenheit ...

Benno sah in den Fächern einen leeren Raum, der seinem
Schicksal bestimmt sein konnte ... Bertinazzi schrieb verschiedene Adressen auf, die ihm Benno gab und wieder andere, die
dieser für Mittheilungen an ihn empfing ... Dann verbrannte er
vor Benno's Augen alles, was Benno selbst geschrieben hatte,
auch seine Visitenkarte ...

Hierauf legte er ihm das Formular eines Eides vor und gab ihm als Erkennungszeichen des dritten Grades einen gußeisernen Ring, den er auf den kleinen Finger der linken Hand Benno's anpaßte mit den Worten:
5   Ein Stück der gebrochenen Sklavenkette der Welt ... Ich werde Sie den Versammelten unter dem Namen Spartakus vorstellen ... Auch Spartakus, der zuerst in Italien das Wort: Freiheit! ausgesprochen hat, war ein Fremder ... Den Eid müssen Sie in der Loge selbst leisten ... Lesen Sie ihn zuvor! ...
10   Benno nahm ein Papier, das ein Gelöbniß enthielt, *[359]* dem „Jungen Italien" als ein „Wissender" zu dienen – mit Leib und Seele, mit Wort und That, mit der Spitze des Schwerts im offenen Kampf, mit dem Beistand bürgerlicher Hülfsmittel bis zum Betrag des vierten Theils seines eigenen Vermögens – endlich mit steter
15 Werbung zur Mehrung des Bundes ... Alles das auf die Unabhängigkeit Italiens von fremder Herrschaft, Einheit im allgemeinen, Freiheit im besondern ... Die republikanische Form blieb unerwähnt ... Der Eid wurde auf christliche Symbole geleistet ...
  Es gibt eine Partei, sagte Bertinazzi, die den Schwur allein
20 auf den Todtenkopf vorziehen möchte ...
  In Benno's Ohr klang das Wort des alten Chorherrn wieder, der ihm in Wien gesagt: Das Kreuz des Erlösers wird die Reform mittragen müssen! ... Auch Bonaventura dachte so ... Ihm waren diese Formeln gleichgültig ...
25   Nun erschloß Bertinazzi einen andern Schrank und nahm ein Hemd der Todtenbruderschaft heraus, ein weißes, dazu eine gleichfarbige Kopfverhüllung – nur mit zwei Oeffnungen für die Augen und einer für den Mund ...
  Nehmen Sie diese Kleidung! sagte er ... Legen Sie sie inzwi-
30 schen an ... Wenn Sie eine Klingel hören, treten Sie in diese Thür, durch die ich Sie jetzt verlasse, um in die Loge zu gehen ... Sie haben Zeit genug, sich umzukleiden ... Niemand wird Sie erkennen ... Ich führe Sie unter dem Namen „Spartakus" ein ...
  Bertinazzi ging und ließ Benno allein ...

[360] Benno legte die Tracht an – Sie war ihm – sein Todtenhemd ... Der Schlag der Stunden von den Thürmen klang nicht so geheimnißvoll, wie der leise, singende Ton einer Penduluhr über dem Spiegel, der wieder an seine alte Stelle gehängt war ...

Ob du deinen Begleiter von der Tiber finden wirst? dachte Benno und sah seine völlig unerkennbare Gestalt im Spiegel ... Es war ihm, als gliche er jetzt erst dem Hamlet, jetzt erst dem Brutus ... Er schöpfte Muth – nicht blos für den nächsten Augenblick, sondern für morgen, für alles, was die Zukunft in ihrem Schose trug ...

Die Klingel erscholl ... Benno öffnete die Thür ...

Anfangs nahm ihn ein Gemach auf, das des Advocaten Schlafzimmer schien ... Ein grünseidener Vorhang trennte den kleinen Raum in zwei Theile ... Eine Lampe zeigte ihm die Thür, die er noch mit seinem flatternden Kleide zu durchschreiten hatte ... Vor seinem gespenstischen Bilde, das ihm ein anderer Spiegel zurückwarf, erschrak er selbst ...

Nun betrat er einen hellerleuchteten Saal, in welchem um einen Tisch, auf dem sich ein Crucifix, ein Todtenkopf und ein Rosenkranz befanden, auf Stühlen im Kreise eine Anzahl der wunderlichsten Gestalten saß ...

Alle, die Benno das Haus hatte betreten sehen; Todtenbrüder, wie er selbst, Mönche in Kutten, einige als Bettler, andere als Kohlenbrenner, die Unverhüllten mit schwarzen Masken ...

Bertinazzi war in seiner gewöhnlichen Haustracht geblieben, allen erkennbar ...

[361] Schwarze Todtenbrüder erblickte er zwei ... Benno konnte den, mit dem er über die Tiber gefahren war, nicht sogleich von dem andern unterscheiden ...

Ihn selbst kannte außer Bertinazzi Niemand ...

Bertinazzi begann, man möchte das Omen nicht übel deuten, daß sie ihrer dreizehn wären ... Der vierzehnte fehle einer Reise wegen ... Doch auch unser Spartakus – wandte er sich zu Benno

– ist vorurtheilslos genug, einen Aberglauben zu verachten, der nur die Thoren schrecken kann ...

Benno konnte sich nicht von dem Eindruck dieser Voraussetzung bei den Genossen des nächtlichen Rathes überzeugen ... Ihre Mienen blieben ihm verborgen ...

Inzwischen hatte er sich gerade einem Sessel gegenüber gesetzt, auf dem er die äußere Gestalt des Todtenbruders zu erkennen glaubte, mit dem er über die Tiber gefahren ...

Dieser selbst konnte nicht im mindesten annehmen, daß sein Mitpassagier ihm gegenüber saß ... Bertinazzi hatte Niemand sagen dürfen, wer Spartakus war ...

Den Schwur leistete Benno, indem er sich an den Tisch stellte und die ihm schon bekannten Worte, die ihm noch einmal jetzt von Bertinazzi vorgesagt wurden, mit einem Ja! bekräftigte ... Das Kreuz war ein Symbol der Leiden, die man für seine Ueberzeugung nicht abzulehnen gelobte; der Todtenkopf drückte die Verachtung jedes Erdenlooses aus, falls die gemeinschaftlichen Hoffnungen scheitern sollten; der Rosenkranz bezeichnete all die Freuden, die im Siege der Freiheit lägen ... Auch die Bewillkomm-[362]nung durch die übrigen sprach Bertinazzi vor und überließ den Anwesenden nur die Bekräftigung durch ein Ja! ...

Die nächste Verhandlung knüpfte sich an einen während Bertinazzi's Abwesenheit ausgebrochenen Streit ... Diese Männer schienen nicht mehr das volle Bedürfniß zu haben, sich gegenseitig unbekannt zu bleiben, obgleich die Masken und Umhüllungen die Stimme dämpften und veränderten ... Man sprach nach dem Act der Aufnahme eines neuen Mitgliedes lebhaft durcheinander ... Benno sah, kaum eingetreten, in der Einheit schon die Verschiedenheit ... Die schönen italienischen Laute wurden mit Reinheit gesprochen, ein Beweis für die Bildung der Genossen ... Der Gedanke an den Fürsten Corsini kehrte Benno zurück ... Er erwartete die Stimme zu hören, deren Klang er nicht vergessen konnte ...

Aber die schwarzen Todtenbrüder Benno gegenüber enthielten sich ihrerseits des Austauschs der Meinungen, die über manches nicht die gleichen waren, ganz wie schon Bertinazzi angedeutet hatte ...

In der That schien man über die Gebrüder Bandiera gesprochen zu haben ... Benno glaubte von einer Aenderung der Pläne der Brüder zu hören ... Mehrfach wurden die Jesuiten genannt ...

Ein wie ein Kohlenbrenner und demnach als alter Carbonaro Gekleideter stieß einen Stab auf den Fußboden und sagte, die Maske nur lose mit der Hand haltend:

Und noch gibt es Stimmen, die das Heil Italiens, ja der Welt von Rom erwarten? ... Diese dreifache *[363]* Tiara soll der Friedens- und Freiheitshut der Völker werden? ... Die Schlüssel Petri sollen die Zukunft der Menschheit erschließen? ... Ehe nicht der letzte Beichtstuhl der Peterskirche verbrannt ist, kann über die Erde kein Friede kommen ...

Wie immer schüttet Ihr das Kind mit dem Bade aus! hieß es unter einer der mehreren, diese Meinung abwehrenden Kapuzen ...

Und Ihr könnt Euch nicht trennen von dem Blendzauber Euerer Theorieen! fuhr der Kohlenbrenner fort ...

Sagt vielmehr, nicht von den Beweisen der Geschichte! ... erwiderte sein Gegner ...

Das Vergangene! sprach der Kohlenbrenner erregter ... Ha, die Abendröthe ist schön, sie verklärt zuweilen einen stürmischen Regentag; aber sie geht der Nacht voran ... Wo Ihr hinseht, leidet die Menschheit an der Macht und dem Einfluß, den sie noch dem römischen Zauberwesen gestattet! Von dem Tag an, wo sich ein einziger Bischof über die Rechte der andern erheben konnte, gestützt auf das alte Ansehen Roms und so manche Fälschung, die der Uebermuth schon damals wagte, hat das Christenthum seine Segnungen für die Menschheit verloren. Was die Christuslehre der Menschheit brachte, ist wie Lesen,

Schreiben, Rechnen ein Erforderniß der allgemeinen Bildung geworden; die Institutionen, die uns die Herkunft dieser Bildung, ewig ihre erste Geburt gegenwärtig erhalten wollen, sind das Verderben der Jahrhunderte ... Einen Hirten empfehlt Ihr mit Wölfen statt treuer Hunde? Einen Hohenpriester mit Scheiterhaufen und Schaffotten? Wir Römer, wir gerade müssen die Welt *[364]* zum drittenmal erobern, erobern durch die Vernichtung der Hierarchie! ... Durch einen einzigen Messerschnitt müssen wir vollbringen, was Europa durch Tausende von Büchern, Kathedern, Kanzeln nicht hervorbringen konnte! Wir kennen das Papstthum nur als eine weltliche Behörde; als solche muß sie fallen; mit ihr fallen müssen die Cardinäle, die Generale der Orden, die höchsten und mittelsten und untersten Spitzen dieser Anstalten der Verdunkelung – erst dann ist die christliche Welt erlöst! Kommt uns nicht diese Losung von unsern Obern, so ist alle Mühe vergebens! Ihr seht's an der ruchlosen Intrigue von Porto d'Ascoli ...

Benno konnte die leidenschaftliche Rede nicht mit der ihm auf der Lippe schwebenden Frage unterbrechen, was in Porto d'Ascoli geschehen wäre ...

Mehrere Stimmen riefen durcheinander:

Sie wird kommen! ...

Sie wird kommen und ihr Erfolg wird dennoch ausbleiben! sprach zur Widerlegung des Kohlenbrenners mit einer feinen, eleganten Betonung eine andere Maske, deren äußere Tracht einen Kapuziner vorstellte ... Ist der Sitz des Papstthums nicht schon einmal in Avignon gewesen? War nicht Napoleon der Schöpfer eines weltlichen Königthums von Rom? ... Mit je größerer Demüthigung die dreifache Krone getragen wird, mit desto hellerem Heiligenschein umgibt sich die Theokratie ... Die Menschheit sieht nun einmal im Papstthum einen zum ersten Königsrang Erwählten aus dem Volke und kehrt immer wieder darauf zurück ... Sie sieht einen Monarchen, den nur seine Tugenden auf den Thron beriefen ... *[365]* Sie hat an ihm einen

Beistand gegen die Mächtigen der Erde ... Napoleon ras'te gegen Pius und Pius sprach ruhig: Du Komödienspieler! Als Napoleon noch heftiger tobte und mit dem Aeußersten drohte, sagte er noch verächtlicher, wenn auch mit gesteigertem Schmerz: Du Tragödienspieler! ... Wenn den Papst der Despotismus tödtet, so bietet er ruhig die offene Brust; der Begriff lebt wieder auf in seinem Nachfolger ... Aendert die Gesetze Roms, bessert die Sitten, laßt den apostolischen Stuhl theilnehmen an allen Fortschritten der Zeit, macht unmöglich, daß die Greuel von Porto d'Ascoli die Kunst des Regiments in Italien heißen und wieder ein Segen kann der Menschheit werden, was man jetzt nur zu voreilig ihren Fluch nennt! ...

Benno staunte der Dinge, die in Porto d'Ascoli vorgefallen sein mußten ... Wenn er nun auch zu fragen gewagt hätte – so war die Aufregung der Streitenden ein Hinderniß ... Sie war zu groß geworden ...

Ich höre die träumerische Weisheit eures gemäßigten Fortschritts! sprach der Kohlenbrenner von vorhin ...

Und von den beiden schwarz verhüllten Leichenbrüdern fiel jetzt der eine, ihn unterstützend, ein:

So habt ihr seit dreißig Jahren für die Freiheit Italiens declamirt, geschrieben, gedichtet, gewinselt, gebetet! ... Das sind die frommen Wünsche eurer freisinnigen Barone, eurer aufgeklärten Bischöfe! Da soll das Weihwasser nur von unreinen Bestandtheilen gesäubert, der Katholicismus nur wahrhaft zu einem Liebesbund der Menschheit erhoben werden ... Und in dieser *[366]* Gestalt behaltet ihr alles, was ein Fluch der Menschheit geworden ist! ... Ihr behaltet die Gebundenheit der Gewissen, die Gelübde, die Unfreiheit des menschlichen Willens – alles, wovon eine kurze Weile die Praxis einen milden Sonnenschein verbreiten kann, aber auf die Länge wird alles wieder wie die schwarze dunkele Nacht werden! ... Ihr wollt die Hierarchie, Rom und die Cardinäle – nur nicht die Jesuiten mehr? Werdet ihr die allein ausrotten können? Wodurch? Durch ein Verbot?

Wenn alles übrige bleibt? Hat das Zeitalter der Aufklärung, hat Voltaire sie ausrotten können? Ich spreche nicht von dem Gift, an dem ein Ganganelli starb; ich spreche von jener List, die aus Wölfen Schafe machte, von jener List, die sich der Menschheit so unentbehrlich zu geben wußte, daß sogar die aufgeklärtesten Staaten, Borussia unter Friedrich, Russia unter Katharina, die Jesuiten als Lehrer beriefen! Sie sind unvertilgbar durch das Princip der Wissenschaft, dessen Lüge sie als Fahne aufstecken. Ob sie nun diesen oder jenen Namen tragen, bleiben sie unvertilgbar, solange überhaupt unsere Kirche besteht! ... Diese katholische Kirche, unter deren heiligster Oriflamme Menschen wie Grizzifalcone für den Bestand des apostolischen Stuhls wirken durften! ...

Der Sprecher war nicht der Mitpassagier von der Tiber gewesen ... Nun war es also der, der fortdauernd schwieg ... Brütend sah dieser vor sich hin, blieb unbeweglich und zog nur zuweilen seinen Fuß in die schwarze weite Umhüllung zurück und streckte ihn wieder vor ...

Letztere Geberde wiederholte sich, je lebhafter der Streit wurde ...

[367] Wollt ihr deshalb die katholische Kirche zerstören? riefen mehrere Stimmen auf einmal ...

Eine andere setzte hinzu:

Sie ist wenigstens dem Italiener nicht zu nehmen ... Schreibt das nach London, wo man glaubt uns protestantisch machen zu können! ...

Wer will das? riefen andere Stimmen und unter ihnen aufs heftigste die des Kohlenbrenners ...

Der Italiener, fuhr der letzte Sprecher für die Kirche fort, ist und bleibt Katholik ... Ich sage nicht: Geht und seht das Volk sich beugen vor einer Mumie, die es anbetet! Geht und seht den Aberglauben, der die Stufen der heiligen Treppe mit den Knieen hinauffrutscht! Seht den Schmerz, der sich einer ganzen Stadt bemächtigen konnte, als ihm ein geliebtes Marienbild abhanden kam! ... Ich finde den Aberglauben überall, selbst bei Sokrates, der an seinen Dämon, bei Voltaire, der an sich selbst glaubte. ... Nicht an sich selbst zu glauben, das ist der Katholicismus, der unausrottbar ist, so lange das Christenthum die Lehre von einem Mittler zwischen Gott und dem Menschen aufstellt ... Hat Italien irgend einen politischen Reformator gehabt, den ihr euch ohne Verehrung vor dem Mysterium der Messe denken könnt? ... Selbst Savonarola war kein Huß und kein Luther ... Der frostige Gedanke des Zweifels konnte nie die Oberherrschaft über Gemüther gewinnen, die nur Phantasie und Leidenschaft sind ... Und wo nun der Katholicismus sich nicht ausrotten läßt, da – ...

Ließe sich nicht die Hierarchie ausrotten? riefen andere Stimmen. Das bestreiten wir! ...

[368] Rom ist das reine Priesterthum – fuhr der Vertheidiger der Hierarchie fort und ließ sich nicht irre machen ... Rom kann der Duft, der höchste Auszug des katholischen Priesterthums bleiben ... Alles, was für die schweren Pflichten des katholischen Priesters seine Belohnung, seine Erquickung, sein Entzükken ist, ist der Blick auf die Würden, die er erklimmen kann – auf das letzte Ziel, das ihm vom Tabernakel der Peterskirche in Rom leuchtet ... Die Theokratie ist kein Gedanke der Macht, der Herrschaft, kein Gedanke der reinen Aeußerlichkeit und Weltlichkeit – ... Sie ist – ...

Ein Wahngebilde der Phantasten! Ein Schlupfwinkel der Räuber und Mörder! donnerte der Kohlenbrenner ... Wie könnt ihr von einem geläuterten Papstthum sprechen! Wie könnt ihr den Papst an die Spitze unserer Reform stellen! ... Das wird vielleicht die Frauen gewinnen, die weichmüthigen Seelen, aber nie gibt es ein Fundament für die Hoffnungen Italiens ... Ein Menschenalter verrinnt und wieder tauchen Ceccones und Fefelottis auf – ... Sie, die beiden Arme des Papstthums, die sich verschränken konnten in Thaten, wie dieser teuflische Plan gegen die Gebrüder Bandiera war ...

Die Bandiera? sprach jetzt Benno laut und vernehmlich dazwischen ...

Die streitenden Principien – den Kampf der Lehren Gioberti's und Mazzini's – verstand er, aber die Ursache desselben blieb ihm fremd ...

Alle wandten sich ...

Benno war es fast, als regte sich sein Gegenüber, der *[369]* zweite der schwarzen Leichenbrüder, noch lebhafter als bisher ...

Aber die stürmende Rede des Kohlenbrenners übertönte alles – auch eine Antwort auf Benno's Frage ...

Rom bleibt so lange das Verderben der Welt, fuhr dieser fort, als seine Gestalt nicht eine rein weltliche, der geistliche Hof für immer aufgehoben wird ... Ich bin im Princip für die Republik ... Doch ich werde gegen sie sein müssen, weil leider sie es ist, die, auf die Massen und deren geringe Bildung gebaut, uns immer und immer wieder in Rom die Macht der Päpste zurückgeführt hat ... Ich muß aus praktischen Gründen gegen sie sein ... Wir müssen nach Rom ein weltliches Königthum in den Formen der Neuzeit verpflanzen ... Ha, die Könige! – ... Die, die ich so liebe, und besonders die, die mit der Lüge der constitutionellen Formen gekräftigt sind, die wissen sich auszudehnen und zu befestigen ... Das sind Schmarotzerpflanzen, die Boden und Luft brauchen und beides nur zu bald gewinnen werden ... Die pflanzen an die Stelle der geistlichen Legitimität ihre weltliche; die sorgen für ihr Geschlecht, für die, die ihm dienen ... Wir müssen Rom einem Könige schenken, selbst wenn keiner die Hand danach ausstreckt! Wir müssen ihm den Köder unserer eigenen Freiheit bieten, die wir ihm eine Weile opfern! ... Ich gebe Rom an den, der das Meiste bietet und das Wenigste verlangt ... Dem Türken, wenn er es begehrt! ... Nur nicht einem Volkstribunen, der sich bisjetzt nur noch durch den Aberglauben der Masse hat halten können und zuletzt so regiert, wie die Ceccones regierten – durch *[370]* die Räuber ... In hundert

Jahren hat der Italiener eine Bildung und Erziehung gewonnen, dann – ...

Zwei Anhänger der Republik – einer darunter hatte deutlich die Stimme eines Buonaparte, den noch vor kurzem Benno an Rucca's Tafel gesehen – stellten diese retrograde Wendung, die auch noch jetzt die Republik nehmen würde, in Abrede ...

Die Mehrzahl widersprach aber allen diesen Anschauungen ... Sie blieb bei dem Glauben, daß gerade durch die dreifache Krone Italiens Zukunft am ehesten gewinnen würde ... Die Fürsten böten keine Bürgschaft ... Die Läuterung des Papstthums von seinen unreinen Elementen, die Sicherung einer bessern Wahl der Umgebungen des Heiligen Vaters, die Auflösung des Jesuitenordens schien der Mehrzahl die sicherste Aussicht für die Verwirklichung ihrer Hoffnungen ... In der Abwehr der Fremden waren alle einig ... Diejenigen, die der Hierarchie überhaupt, dem Priesterwesen und der katholischen Kirche abgeneigt waren, blieben in der Minderzahl ... Und jetzt lachten sie selbst darüber, daß in Italien besonders erhebliche Wirkungen durch Volksunterricht, Verbesserung der Schulen, die Verbreitung nützlicher Schriften zu erreichen wären ...

Benno sah, daß er sich unter Männern der höheren Gesellschaft befand, die in der Mehrzahl sich noch vor äußersten Schritten hüteten ... Die Idee des Papstthums möglichst von weltlichem Einflusse zu reinigen, die nächst bevorstehende Wahl auf einen Italiener voll Nationalgefühl und politischer Aufklärung zu lenken, die Cardinäle, die jetzt den meisten Einfluß hätten, unschäd-*[371]*lich zu machen und den Volksgeist so zu beleben, daß er an allem, was zur Erhebung Italiens geschähe, ein Interesse nähme – das blieb die Losung der Majorität ... Unter den Hoffnungen für die Papstwahl wurde Cardinal Ambrosi genannt, den freilich wieder andere eine Creatur der Intriguanten und Tyrannen nannten ... La morte a Ceccone! La morte a Fefelotti! war die Schlußbekräftigung ... Dieser Ausruf kam einstimmig ... Er drückte einen Wunsch, eine moralische Verurtheilung, wie unser Pereat! – keine Losung zum Morde aus ...

Dennoch folgte Todtenstille ...

Jetzt fragte Benno, was den Unwillen der Versammlung in Betreff Porto d'Ascoli's und der Brüder Bandiera veranlaßt hätte ...

Er hatte leise, wenn auch nicht verstellt, gesprochen ...

Alle horchten dem wohllautenden Klang der Stimme des neuen „Spartakus" ...

Bertinazzi nahm das Wort und sagte:

Die Brüder Bandiera werden nicht in den Kirchenstaat einfallen ...

Das überrascht mich ... sprach Benno voll freudiger Wallung überlaut und vergessend, seine Stimme zu verändern ...

Bertinazzi reichte Benno einen Brief Attilio's ... Benno übersah ihn ... In jeder Zeile bekundete er seine Echtheit ...

Lest ihn! sprach Bertinazzi ... Ihr seid neu in un-*[372]*serm Kreise und wißt nicht, wie tief Rom und die Welt, die sich noch von Rom beherrschen läßt, gesunken sind ...

Benno las mit starrem Auge ... Seine Hand zitterte ... Ceccone, Olympia entschieden nicht über das Leben der Freunde –? ...

Inzwischen ließ Bertinazzi einige Schriften circuliren und theilte jedem Exemplare aus ...

Benno war solange seiner fieberhaften Erregung allein überlassen ...

Er las, daß die Lenker des Kirchenstaats gemeinschaftlich mit den Jesuiten einen Plan angezettelt hatten, demzufolge die „Verjüngung Italiens" als der Wunsch – nur der Räuber und Mörder erscheinen sollte ... Grizzifalcone war ausersehen worden, dies Werk in Ausführung zu bringen*) ... Bis nach London hin verzweigte sich eine falsche Fährte, auf der die Verschwörer in die Lage kommen sollten, Bundsgenossen nur der Schmuggler und

---

*) Thatsache.

der Räuber zu werden ... Man hatte vom Vatican aus eine falsche Correspondenz mit Korfu angeknüpft, um das dortige Comité glauben zu machen, an der Küste des Adriatischen Meers, in Porto d'Ascoli, wäre alles reif, eine Invasion zu unterstützen ... Während der alte Principe Rucca nur seine Zölle im Auge hatte, richtete Ceccone seine Blicke weiter ... Auch ihm war das Erscheinen des Räubers in der Hauptstadt der Christenheit willkommen ... Auch seine Verhandlungen mit ihm, die gleichfalls jener Pilger geleitet hatte, bezweckten eine große Anerkennung des Reuigen ... Die Liste, deren wesent-*[373]*lichen Inhalt er lange schon vor dem alten Rucca kannte, sollte den Schrekken, den Grizzifalcone's Verrath unter den Zollbedienten und Schmugglern verbreiten mußte, zum Verderben der Revolution ausbeuten ... Ceccone ließ die Ortschaften, wo, wie ihm durch londoner Verrath bekannt geworden, die Brüder Bandiera landen sollten, so durch die Anzeigen, die dem Fürsten Rucca gemacht wurden, einschüchtern, daß die Räuber, die Schmuggler, die Zollbediente die Fahne des Aufstands als Hülfe und Rettung begrüßen mußten ... Wie diese Elemente die Revolution verstehen würden, lag auf der Hand ... Hier konnte nur Mord, Brand, Plünderung im Gefolge der dreifarbigen Fahne gehen ... Die reinsten, edelsten Zwecke mußten von Brandschatzungen, lodernden Flammen, Zerstörung der Wohnstätten des Friedens begleitet sein ... Dies Mittel, die Revolution zu entstellen, hatte man in Europa schon überall angewandt ... Die Bauern Galiziens, entlassene Sträflinge hatten Mord und Brand über Paläste und Hütten verbreitet ... Was Szela, der Schreckliche, später in den Eichen- und Graswäldern Podoliens wurde, sollte schon Grizzifalcone in der Romagna sein ... Den Communismus schürten die Jesuiten, alle Extreme der freien Ideen förderten sie, um die öffentliche Meinung vor den Neuerungen zu erschrecken ... Im Kirchenstaat sollten alle, die durch das Strafgericht Rucca's bedroht waren, auf das Signal warten, die Fackel der Anarchie zu schwingen ... Fermo, Ascoli, Macerata sollten in Feuer aufgehen ... Italien sollte sich mit Schaudern von Freiheitsbewegungen abwenden, die der Welt solche Schrecken brachten ...

[374] Aus dem ergreifenden Gemälde dieser von den Cardinälen der Christenheit, von den Rathgebern des Heiligsten der Heiligen angezettelten Intrigue erhob sich der Protest Attilio's Bandiera, wie die Taube weiß und rein am dunkeln Gewitterhimmel aufsteigt – Attilio erklärte, noch zeitig genug gewarnt worden zu sein ...

Wie Benno mit bebenden Lippen diesen Protest las und sah, daß sich die Losung verändert hatte – wie er las, daß eine Schar von entschlossenen Männern den Versuch machen würde, von Calabrien aus nach Neapel vorzudringen – wie er sogar den Silaswald genannt fand – ja wie sich ihm ein Flor vors Auge legte – als die Namen Fra Hubertus – Fra Federigo auf dem Papier wie Irrlichter auf dunkelm Moore tanzten – wie er ein Wort von einem „abgesandten Franciscanerbruder" noch mit den letzten Stunden in San-Pietro in Montorio in Verbindung bringen konnte und – ihn die Aufklärung über alles zu belohnen schien, was Bonaventura's nächste Sorge war, da hörte plötzlich sein Ohr ein dumpfes Murmeln um sich her ...

Er blickte auf ...

Die Männer waren schon vorher aufgestanden ... Jetzt befanden sie sich in einer Gruppe ... Der schwarze Todtenbruder stand mitten unter ihnen in heftiger Gesticulation ... Bertinazzi bat um Ruhe ... Vergebens ... Das Durcheinanderflüstern mehrte sich ... Timoleon! rief Bertinazzi ... Nehmen wir unsere Plätze ... Nein, nein! riefen andere ... Laßt Timoleon reden! ...

Der schwarze Todtenbruder schien ungern lauter zu *[375]* sprechen ... Doch nun mußte er es thun ... Alles stand erwartungsvoll ...

Ich hatte nur die Absicht – – eine neue Loge zu stiften ... sagte er dumpf und hohl ...

Benno hörte die Stimme vom Nachen ... Die Augen des Sprechers funkelten unheimlich durch die beiden Lücken seiner Kapuze ... Sie waren auf Bertinazzi gerichtet, der mit diesem Wunsch einer neuen Logenbildung nicht einverstanden schien und beschwichtigend rief:

Laßt das! Laßt das! ...

In diesem Augenblick streifte ein Rockärmel Benno's Wange ...

Der Freund der Päpste, der Kapuziner war es, der seine Hand ausgestreckt, Attilio's Brief ergriffen und das Papier in die Flamme eines der Lichter gehalten hatte ...

Benno, betäubt noch von dem nicht vollständig überlesenen Inhalt, erbebend vor dem Anblick der Namen, die sein Innerstes erfüllten – vor dem Silaswald, in dessen Nähe jetzt, an Punta dell Allice, die Invasion stattfinden sollte – zu gleicher Zeit mit einer Erhebung in Sicilien und Genua – Benno wollte dies Beginnen, ein Zeichen wol gar des Mistrauens gegen ihn, verhindern und sprach:

Soll ich diesen Brief nicht so gut kennen wie ihr? ...

Da hatte die Flamme schon den Brief verzehrt ...

Benno sah, daß das Flüstern vorhin, dies Entziehen des Briefes aus dem Erkennen seiner Stimme durch den schwarzen Todtenbruder entstanden war ... Er richtete vor Aufregung seine Augen so zu Bertinazzi, daß sie wie Flammen diesem entgegenglühen mußten ... Denn *[376]* auch ihm war der Ton seines Anklägers immer bekannter und bekannter geworden ... Es fehlte nur noch ein einziges mal, daß jener sprach, und ein unglaublicher Name, der Name eines offenbaren Verräthers, brannte ihm auf der Zunge ...

Bertinazzi hatte sich in der That zu seinem Beistand erhoben ...

Wieder drangen die Stimmen in den Leichenbruder, zu reden ...

Dumpf sprach dieser:

Wir sind in diesem Augenblick zu dreizehn ... Der vierzehnte, unser Franciscaner, fehlt ... Wir dürfen eine neue Loge bilden ... Ja, dies will ich ... Ich thu' es ... Die dazu nothwendigen Zwölf werd' ich finden – ...

Benno starrte den Sprecher an ... Er wußte, wer gesprochen – – ...

Dann ist Bertinazzi's Loge verpflichtet, Euch eine Hülfe zu geben! ... sprach der Kapuziner ...

Einer von uns trete zu Timoleon's neuer Loge! riefen mehrere ...

Loost! Loost! ... erscholl es von anderer Seite ...

Warum loosen! erwiderte der schwarze Todtenbruder, der den Namen „Timoleon" führte ... Ich nehme jeden von euch, der sich freiwillig dazu erbietet – doch – nicht – Spartakus! ...

Wieder sprangen alle von ihren Sitzen ... Was vorhin nur schien einzelnen angedeutet worden zu sein, erscholl jetzt vor aller Ohr ... Die Verschworenen zogen dichter ihre Hüllen vor die Augen ... Sie traten auf Benno *[377]* zu ... Schon streckten sich einige Hände nach seiner Kopfverhüllung ...

Zurück! rief Bertinazzi mit einer Stimme, die an den Wänden widerhallte ... Ich bürge für Spartakus ...

Für einen Verräther?! ... Einen Deutschen?! ... Einen Spion Oesterreichs?! ... rief Timoleon ...

Verräther –? Ich? ... Graf Sarzana! Wer ist hier – der Verräther? ...

Sarzana! rief die ganze Loge voll Entsetzen ...

Ein Augenblick und vier, fünf Dolche blitzten ... Sie blitzten nicht nur Spartakus, sondern auch Timoleon entgegen ... Der Name „Sarzana" klang wie: Eine Creatur Ceccone's! ... Kaum hatte auch Benno jetzt noch den Beistand des Meisters der Loge ... Einen Namen zu nennen war ein Bruch aller Gesetze ... Bertinazzi trat den gezückten Dolchen entgegen und rief: Die Loge ist aufgelöst! ... Friede! Friede! Friede! ...

Die Lichter wurden ausgelöscht ...

Eine kraftvolle Hand drängte Benno aus dem wilden Tumult ... Eine Thür sprang auf ... Mit dem Ausruf: Unglücklicher! stieß ihn sein Retter – der Kohlenbrenner, wie Benno zu erkennen glaubte – in das Dunkel eines engen Corridors ...

Ein Augenblick der Besinnung ... Benno griff nach einer der kleinen Wachskerzen, die er in der Tasche trug ... Damit tastete er vorwärts, um eine Mauer zu finden, an der er das Wachslicht durch Anstreifen entzünden konnte ...

[378] Er fand die Mauer ... Er hatte Licht ... Er blickte um sich ... – –

Am Ende des langen Corridors stand ein Trupp Gensdarmen, der mit angeschlagenen Carabinern lautlos sich auf die Loge zu in Bewegung setzte.

Ende des siebenten Buchs.

Achtes Buch.

1.

Mühsam windet sich ein mit fünf Rossen bespannter Reisewagen die Höhen eines kahlen Gebirges hinan ...

Die Straße ist es, die von Nizza über den Col de Tende nach dem Piemont führt ...

Kreidige Felsen, Reste vulkanischer Zerstörungen, heben sich schimmerndhell vom tiefblauen Himmel ... Die Vegetation wird immer lebloser, je näher dem höchsten Kamm der vom mächtigen Rückgrat der Schweizer- und Savoyer- sich abzweigenden Seealpen ... Noch jetzt, noch am Ende des Juni, liegt Schnee in einzelnen versteckten Spalten, die ein schneidend scharfer Wind bestreicht ...

Zeitig waren die Passagiere von Sospello aufgebrochen ... Sie hatten Vorspann nehmen müssen ... Bald verließen sie den Wagen, um den Pferden die Last zu erleichtern ... Drei Frauen, die rüstig zuschritten, schienen an Anstrengungen gewöhnt ... Ein Kind, das bald ermüdete, ließ man wieder einsitzen ... Die beiden Männer schritten anfangs mit wetteifernder Ausdauer ...

[4] Bald aber ermüdete auch von ihnen der eine ... Ein heftiger Husten zwang ihn oft, still zu stehen ... Nun machten ihm die übrigen Vorwürfe über die Anstrengungen, die er sich zumuthete ... Er lächelte eine Weile, schüttelte den Kopf, deutete an, es würde gehen ... Zuletzt zwang man ihn, in den Wagen zu steigen ... In einen grauen Leibrock mit Metallknöpfen gekleidet, schien er ein Diener zu sein – ein weißes Staubhemd darüber flatterte im Winde ...

Im Wagen nahm er das etwa dreijährige Kind, ein heiteres, schwarzäugiges Mädchen, auf den Schooß ... Eine der Frauen – man hätte sie für die Zofe der beiden andern Damen halten dürfen – ging im ärgsten Staube neben dem Schlage des Wagens und reichte zuweilen die Hand hinauf, die der Kranke dann mit

Liebe drückte, während gleichzeitig ein sanfter Blick seines Auges auf die Frauen deutete, die seine Begleiterin nicht aus dem Auge verlieren sollte ...

Jene aber nahmen die kürzeren Wege und kletterten wie die Ziegen, die in Schaaren auf den kahlen Höhen die wenigen Stellen suchten, wo die Vegetation von ihren üppigsten Entfaltungen, die die Reisenden noch gestern begleitet hatten, in letzten Kräutern und Grashalmen erstarb ... Gestern noch Oliven, Gärten voll Orangen, Gebüsche von Myrten und hier und da die einsam träumende Dattelpalme; noch in Sospello die nächsten Anhöhen bewaldet von Kastanien – jetzt aber schon seit einer Wanderung von zwei Stunden nichts als niedriges Buschwerk und selbst die Alpenflora durch die große Trockenheit des Bodens gehindert ... Hier und *[5]* da leuchtete wol das schöne Himmelblau der Genzianen ...

Die beiden Frauen, in breitrandigen, am Kinn befestigten „Nizzahüten", deren Strohgeflecht fest genug ist, um von den jeweiligen Windstößen nicht bald diese, bald jene Gestalt zu gewinnen, sammeln dem Kinde, der kleinen Erdmuthe, was sie allenfalls an blauen, auch hier und da noch weißen und rosenrothen Blumen entdecken können ...

Die Alpenrose findet sich hier nicht, sagte die ältere und kleinere Dame; sie muß doch mehr Schnee und Eis haben, um fortzukommen ...

Vielleicht jenseits – auf dem niedergehenden Abhang – entgegnete die jüngere und nickte vertröstend der Kleinen zu, die verlangend von der Straße her aus dem Wagen ihr Händchen streckte, an ihrem hastigen Begehren durch den Fahrenden gehindert, der sie auf seinem Schooße schaukelte ...

Der Arme! Wie er hustet! seufzte die ältere der Frauen mit Hindeutung auf den Mann im weißen Staubhemd ... Sie fügte hinzu: Er hätte gar nicht aussteigen sollen ...

Auch die Nähe eines Kranken kann bald zur Gewöhnung werden ... Selbst ein hoffnungsloser Zustand wird zuletzt mit

Ergebung in die einmal nicht zu ändernde Lebensordnung seiner Umgebungen hingenommen ...

Auf den schottischen Hochgebirgen fand ich, wie hier am Mittelmeer, nahm die jüngere mit Beziehung auf die fehlende Alpenrose wieder die frühere Aeußerung auf, ganz die gleichen Blumen ... Dieselben Formen haben *[6]* sie, dieselben Farben ... Auch die langen Wurzeln, mit denen sie sich festklammern müssen, um den Stürmen zu trotzen ... Die Stiele sind immer kurz ... Keine wagt sich zu sehr über den schützenden Boden hinaus ... Und siehe da! Die kleinen Sternblümchen schon verwelkt! ... Alles wie in Schottland ... Ein kurzer schöner Frühling – kein Sommer – gleich der Winter ...

Die Mutter, die wir an ihren grauen Locken als Monika von Hülleshoven erkennen, war schon an sich bewegt vor Erwartung des Ziels dieser Wanderung ... Noch heute konnte sie hoffen, endlich nach langer, langer Trennung die greise, dem Tod nahe Gräfin Erdmuthe von Salem-Camphausen auf Castellungo zu sehen, die Pathe da der kleinen Erdmuthe Hedemann ... Mehr als zehn Jahre nach den Tagen damals in der Residenz des nun auch schon zu seinen Vätern versammelten Kirchenfürsten, als die Gräfin so fest darauf gerechnet hatte, ihre geliebte Monika würde schon den nächsten Frühling in Castellungo zubringen ... Was war nicht alles dazwischengekommen, bis sie die edle Greisin endlich auf ihrem schönen italienischen Schlosse wiedersah ... Nun ergriff sie noch Armgart's Wort: „Ein kurzer Frühling – ohne Sommer – gleich der Winter!" ... Auf wen wol paßte die Vergleichung mit dem Leben der Alpenblumen mehr, als auf sie, die jetzt – achtundzwanzigjährige – unvermählte Armgart! ... Sie hatte sich mit den Jahren dem Vater da, der, um sich etwas zu verschnaufen, mit einem Ziegenhirten plaudert, nachgebildet, war in Wuchs gekommen und ein hochaufgeschossenes, schlankes Fräulein geworden, wofür sie nie Aussicht gegeben ... *[7]* Um so zarter und behender waren ihre Glieder geblieben ... Der Kopf unter dem Strohhut war wol jetzt vom

Steigen rosig erglüht; sonst aber sah ihr Antlitz bei weitem blasser aus, als in ihrer Jugend und als noch jetzt die Mutter aussieht, die an ihrer apfelgleichen Frische und Rüstigkeit nichts eingebüßt hat ... Jenes ihr eigene halbe Lächeln mit den beiden schimmernd weißen Vorderzähnen hatte Armgart behalten, aber es gab ihr jetzt eher etwas Strenges; ihre schönen Augen waren ernst und fast ein wenig starr geworden ... Eine Jungfrau, die mit ihren Hoffnungen abschließt, macht schmerzhafte Krisen der Seele durch ...

Im übrigen würde Monika, die immer die Gegenwart und die nächste Pflicht im Auge behielt, kaum so in Rührung gekommen sein über diese Vergleichung ... Noch in Sospello, wo sie den Berg taxirte und dem Posthalter, der drei Pferde Vorspann begehrte, eines als einen Misbrauch abgehandelt hatte, war sie wie immer laut und entschlossen gesprächsam gewesen ...

Jetzt lag das Jenseits des hohen Kulms geheimnißvoll vorm Auge ... Nun konnte sie nur mit Wehmuth auf die da und dort sich sorglos bückende Armgart sehen – konnte sich nur sagen: Arme Alpenblume auch du! Auch du hattest einen schönen Mai- und Wonnemond, dann sogleich den Herbst und vielleicht – den ewigen Winter! ...

Armgart aber rief jetzt lachend:

Fühlt ihr nun, daß der Col de Tende sich sehen lassen kann? ... Ich sagt' es ja gleich nach allem, was ich in Nizza erzählen hörte ... Den Gipfel er-*[8]*reichen wir noch vor drei Stunden nicht ... Seht ihr auch da oben noch das Haus? ... Da füttert der Postillon noch eine Stunde und auch wir werden ohne Collation nicht fortkommen ...

Armgart schien die Ruhe und Ergebung selbst geworden zu sein ... Sie war selbst um Paula und ihre liebe alte Gräfin, ihr ketzerisches „Großmütterchen", nicht aufgeregt, die auch sie seit zehn Jahren nicht gesehen hatte und dort – jenseits der kahlen Höhe morgen, eine Sterbende, finden sollte! ... Paula! Sogar von ihrer geliebtesten Freundin hatte das Leben und die bewegte

Zeit sie fast im Geist verdrängen können ... Zu den bitteren Kämpfen, die sie alle und zumal ihre Familie seit zehn Jahren durchgemacht, gehörte ein wehmüthiger, wenn auch unausgesprochener Zwiespalt Armgart's mit Paula, hervorgerufen durch die so mannichfache Verschiedenheit der Meinungen und Ueberzeugungen ... Nächster Anlaß dieser Reise war keinesweges allein das dringende Bedürfniß, sich endlich wiederzusehen, sondern mehr noch der zufällige Umstand, daß Hedemann, der sich in einer bewegten Zeit dem Wohl des Obersten von Hülleshoven geopfert hatte, heftig an der Brust erkrankt war, Genf, wo der Oberst mit den Seinigen seit den letzten Jahren gewohnt hatte, erst mit Nizza vertauschte und dann in der Heimat seiner Porzia für immer zurückbleiben – vielleicht dort sterben wollte ... Die Aerzte hatten ihn aufgegeben ... Doch die Auflösung eines so kraftvoll gebauten Körpers ließ einen langen Kampf erwarten ...

Ulrich von Hülleshoven, dessen Locken nun auch schon *[9]* ergraut sind, schreitet schon wieder wacker voraus ... Seit Jahren begleitete ihn auf solchen und ähnlichen Wanderungen immer derselbe mächtige Alpenstab ... Er kehrte diesen jetzt um, hielt das Ende mit der eisernen Spitze oben und streckte den Griff seiner Frau und Tochter zu mit der scherzenden Aufforderung, sich festzuklammern, er wollte sie hinaufziehen ... Aber Armgart stemmte im Gegentheil beide Hände an seinen Rücken, um ihm hinaufzuhelfen ... Vorwärts! Vorwärts! rief sie und ihre Kraft gab ihr das Zeugniß noch der Jugend ...

Porzia unterhielt sich indessen mit dem Postillon über ihre endlich wieder begrüßte Heimat, in der sie die Aeltern nicht, die in Deutschland waren, nicht die alten Seidenwürmerkammern ihrer mütterlichen Hütte fand, aber die Pathin ihres Kindes, die edle Gräfin, die sie einst nach England mitgenommen hatte ... Die kleine Erdmuthe plauderte bald deutsch, bald italienisch ... Da sie so viel vom Sterben hörte, fragte sie, ob es von hier in den Himmel ginge ...

Das war nun alles so, wie es war und nicht anders sein konnte ... Darum brannte die Sonne so drückend wie nur in jedem Juni, pfiff ein scharfer, der Hitze widersprechender Wind aus Nordost herüber – hüpften die Ziegen, zankten die Hirten, grüßten die über den Berg gekommenen Fuhrleute, die in zweirädrigen, maulthierbespannten Karren den guten Wein von Coni und Robillante nach diesseits führten, und – zankte auch wol Monika, die, als der Postillon am Wirthshaus wirklich hielt und die Locandiera auf die Bestellung einer Collazione lauerte, sagte:

[10] Das muß man den Leuten ganz abgewöhnen, den Reisenden ihren freien Willen rauben zu wollen ... In Italien soll man nur immer den Muth haben, in jeder Lage Ja! oder Nein! zu sagen ...

Sie ließ der kleinen Erdmuthe nur Milch geben ...

Mutter, entgegnete Armgart, milde lächelnd, dies Haus ist in der Voraussetzung gebaut worden, daß man hier nach Eiern und Schinken, nach Wein und vielleicht selbst nach einem kalten Huhn frägt ... Es zu bauen hat Mühe gekostet ... Die Galerie da, die Thüren, die Verschläge sind von Holz und Holz wächst hier nicht ... Unser Leben ist ja eine einzige große Verschwörung der verbündeten Menschheit gegen den Schöpfer, der uns vieles doch so gar, gar schwer gemacht hat, besonders die Existenz ... Muß denn nun immer alles so regelrecht gehen? ... Wenn es nach mir ginge, ich kehrte in jedem Wirthshause ein – ich bestelle auch hier Schinken, Eier und Wein ...

Das waren nun so die kleinen Intermezzis des gemeinschaftlichen Reisens, wo sich die gegenseitigen Stellungen ergaben ... Der Oberst ging gern auf den Ton seiner Tochter ein, der ihm sympathisch war, wenn er auch wol sich hütete, die Mutter in solchen Fällen ganz Unrecht behalten zu lassen ...

Der kleine Imbiß wurde bestellt ... Am öde und einsam gelegenen Wirthshause wurde es mit der Zeit ganz lebhaft ... Die Weinfuhrleute richteten an den abgestiegenen und sich ganz, als wäre er gesund und nur ein Diener, benehmenden Hedemann die Frage, ob *[11]* sie denn auch Neuigkeiten aus der Welt mitbrächten und vor allem von Rom Entscheidendes über die Belagerung der ewigen Stadt durch die Franzosen ...

Armgart trat über diese Fragen zur Seite und Monika wußte, warum sie es that ... Nun bestellte die Mutter selbst noch mehr, als Armgart gewollt hatte ...

Auch der Oberst verstand Armgart's Beiseitetreten, seufzte und bedeutete Hedemann, der den Fuhrleuten in gebrochenem Italienisch kurz erzählte, was er wußte, daß er sich dem scharfen Winde nicht aussetzen und sogleich ins Zimmer treten sollte ...

Hedemann erwiderte mit einer Stimme, die seine alte Kraft und Männlichkeit nicht mehr erkennen ließ, daß ihm wohl wäre ... Auf dieser luftreinen Höhe, unter dem blauen Dach des Himmels hatten aus dem Munde eines rettungslos Dahinsiechenden die Worte der Ergebung einen doppelt wehmüthigen Nachdruck ...

Nach einer Rast von mehr als einer Stunde erklommen die Gefährten neugestärkt die Spitze des nun immer noch kahler werdenden Passes ... Wie glich ihr mühsames Aufwärtsschreiten den Kämpfen ihres eigenen Lebens selbst, denen erst jetzt eine etwas glücklichere Ruhe gefolgt war! ...

Aber Muth! leuchtete aus dem Auge Monika's, Hoffnung! aus dem Auge Armgart's ...

Des Vaters kräftige Hand half jetzt den Klimmenden nach und mancher Scherz über die Possirlichkeiten der Kleinen erheiterte die Stimmung, trotz Porzia's Trauer, trotz Hedemann's wiederholtem: Die Gräfin ruht wol schon *[12]* in Gottes Schooß! trotz aller der Mischungen von Freude und Schmerz, die ihnen die Nennung der Namen Paula's, des Grafen Hugo und des jetzigen Erzbischofs von Coni, Bonaventura von Asselyn, bereiten durften.

2.

Das waren denn jene muthigen Menschen, die einige Jahre hindurch, schon vor Paula's Vermählung, mit einer Stadt wie Witoborn, mit einer Landschaft wie die um Kloster Himmelpfort und weit hinaus in die Ebene hin, einen geistigen Kampf zu beginnen gewagt hatten, in dem sie auf alle Fälle unterliegen mußten ...

Sie waren nur Sieger über sich selbst geworden oder trugen, wie Hedemann sich ausdrückte, das Sterben des Herrn am eigenen Leibe, auf daß an ihnen auch das Leben des Herrn offenbar würde ...

Der Oberst hatte sein kleines Vermögen, auch fremdes, auf die Anlage einer Papierfabrik verwandt ... Gerade deshalb, weil in jener Gegend diese Industrie brach lag, hatte er geglaubt, die Wasserkraft der Witobach und die schon vorhandenen Mühlenwerke für eine solche Unternehmung nutzen zu können ... Die Kapitalien wurden vom Onkel Dechanten, sogar zuletzt vom Onkel Levinus dargeboten, letztere allerdings nur von Paula entlehnt – vor dem mächtigen Blick und der bündigen Rede Monika's verstummte auf Schloß Westerhof jeder *[14]* Widerspruch ... Lenkte doch auch sie die so wünschenswerth gewordene friedliche Ausgleichung mit der jüngeren Linie der Camphausen in einer so entschiedenen Weise, daß überall die nächsten äußerlichen Sorgen schwanden ... Endlich hatte auch der Oberst magnetische Gewalt über Paula ... Unentbehrlich war er ihr geworden in jenen Zeiten, wo sich in Paula's Herzen die schmerzlichsten Kämpfe vollzogen, Kämpfe, die ihren Körper zu zerstören drohten – ihr Wachschlummer, ihre Visionen, die sonst lindernd auf sie gewirkt hatten, traten nach und nach zurück ...

Der Oberst mußte seiner Pensionsansprüche wegen dann auf kurze Zeit eine Reise nach England machen ... Um Paula's Leiden kehrte er zeitiger heim, als er im Interesse Armgart's wünschen konnte ... Diese hatte er mitgenommen, da sie trotz der Aussöhnung ihrer Aeltern, trotz der Befreiung von Terschka's Werbungen ein tief in sich verschüchtertes Leben darbot und in ihrem Stift Heiligenkreuz um so weniger sich heimisch fühlte, als Armgart, wie Lucinde, zu jenen Naturen gehörte, die selten die Anerkennung der Frauen gewinnen ... Was sie that, wurde wenigstens in ihrer Heimat abenteuerlich gefunden; was sich an ihren Namen knüpfte, wurde ihr zur Ungunst gedeutet ... Sie hatte, sagte man, Benno von Asselyn, Thiebold de Jonge, vielleicht selbst Terschka „auf dem Gewissen" ... Die Scheu der katholischen Rechtgläubigkeit vor allem, was den Nimbus ihrer Kirche gefährden konnte, verhinderte, daß man um Witoborn offen von Terschka, als von einem „Jesuiten der kurzen Robe" sprach, von einem Proselyten dann, *[15]* der Glauben und Gelübde in London gewechselt ... Die Aufregung der Gegend um die Vorgänge auf Westerhof, um den Brand, um die Urkunde, den vielleicht erneuerten Proceß, das mögliche Auftreten und Erstarken lutherischer Elemente in dortiger Gegend wurde so groß, daß Armgart den Vater auch ganz gern begleitete ... Er ließ sie zurück bei Gräfin Erdmuthe, die bei Lady Elliot theils in der Stadt, theils auf dem Lande wohnte ...

Armgart wurde allmählich den Töchtern der Lady unentbehrlich; sie hatte in der Gesellschaft Erfolge, die die Aeltern nicht stören mochten ... Selbst die Nähe Terschka's beunruhigte sie nicht ... Ihr Vater hatte ihn in London wiedergesehen, hatte seinen Muth, mit den Jesuiten zu brechen, bewundert und vermittelte eine Verständigung des Flüchtlings mit dem Grafen Hugo ... Letztere gelang äußerlich, zumal da der Graf durch Terschka die Aufforderung erhielt, der beim Brand von Westerhof gefundenen Urkunde entschieden zu mistrauen und unerschrocken wieder aufs neue den Proceß zu beginnen ... Als man Terschka's Einfluß auf diese von Wien verlautenden Drohungen erfuhr, wollten ihn zwar auf Schloß Westerhof Tante Benigna und Onkel Levinus als einen unverbesserlichen Sohn der Hölle darstellen, Monika aber fand sein Benehmen in der Ordnung und erklärte, daß sie an des Grafen und Terschka's Stelle ebenso handeln, vor allem Lucinden in Wien, den Mönch Hubertus in Rom, den Doctor Nück in der Residenz des Kirchenfürsten vernehmen, ja verhaften lassen würde ... Als dann Bonaventura, nach Lucindens Beichte zu Maria-Schnee in Wien, dies große Aergerniß von einer der *[16]* ersten Familien Deutschlands abgewandt hatte, als Graf Hugo plötzlich auf Westerhof erschien und Paula nach dem ausdrücklich und wunderbarerweise von Robillante gekommenen Zeugniß Bonaventura's: Dieser Mann darf dir gehören und du ihm! jetzt willenlos geworden, ja durch Bonaventura's plötzliche Verpflanzung auf einen Boden, auf den sie ihm gebührenderweise – als Gattin des Grafen – sogar folgen durfte, überwältigt, ja davon wie berauscht, nachgegeben hatte, gewannen der Oberst und Monika eine mächtige Anlehnung auch an den von ihnen immer empfohlenen Grafen ... Dieser schätzte und verehrte schon lange die ehemalige Bewohnerin des Klosters der Hospitaliterinnen in Wien ... Paula selbst fand er dann unter dem magnetischen Rapport des Obersten ... Sein eigenes beklommenes, tief verdüstertes, erst durch jenen mit Bonaventura auf Schloß Salem hingebrachten „Einen Tag" dem Leben wiedergewonnenes Gemüth schloß sich zuletzt besonders innig dem frischen, lebendigen Sinn der Bewohner Witoborns, den „Papiermüllers" an, wie Oberst Hülleshoven und die Seinen spottend von der ganzen Provinz und den adeligen Genossen genannt wurden ...

Und anfangs machten sich die Verhältnisse ganz nach Wunsch ... Monika's Rath war für die irrend hin- und hertastende Schwester Benigna, für den vom Erscheinen des Grafen Hugo um alle Fassung gebrachten Levinus unerläßlich ... Paula's Aufregung mußte freilich die Freunde und Verwandte mit Schrecken erfüllen ... Sie schlief zwei Wochen lang nicht eine Nacht und sprach und that dabei doch alles, was man verlangte, ordnete ihre *[17]* Ausstattung, wobei sie selbst wie eine Magd angriff, der ein höheres Geheiß geworden ... Wenn alles erstaunte: „Der Domkapitular ist Bischof in Italien!" – wenn man lächelte: „Bischof in dem Sprengel, wo die Güter der künftigen jungen Gräfin Salem-Camphausen liegen!", so hörte und sah Paula nichts von Alledem ... Graf Hugo wurde ihr in der That noch der liebste von all den Menschen, die es außer Bonaventura und Armgart in der Welt gab – war er nicht der Bote, der Bevollmächtigte Bonaventura's – war er nicht zart und rücksichtsvoll in seinem Benehmen ...? Paula war scheinbar so lebensmuthig geworden, daß sie selbst dem Trostworte Monika's nachdenken konnte: „Un mariage de raison! Le comte renoncera à tout droit de possession –!" ... Freilich hörte sie nicht, was Monika zur Schwester Benigna hinzusetzte: Muß man französisch sagen, was uns nicht erröthen lassen soll! ... Sie hörte das Schmollen nicht über die Unnatur des katholischen Priesterstandes, über die Unnatur des Lebens der höhern Stände überhaupt ... Doch allerdings erklärte Monika, hier keinen andern Weg zu wissen, als den „eurer üblichen Convenienz" – ... Die Familienzweige der Dorstes durften nicht auseinander gehen ...

Niemand unterstützte diese Wendungen mehr, als Bonaventura's Mutter, die Präsidentin von Wittekind-Neuhof ... Ihr war es fast, als könnten nur so die düstren Schleier gewahrt bleiben, die sich inzwischen schon theilweise von Angiolinen, von Benno und von der Herzogin von Amarillas gelüftet hatten ... Wenn Graf Hugo fand, daß gerade er es „nicht um Benno und Bonaven-*[18]*tura von Asselyn verdient" hätte, auf Schloß Neuhof so scheu empfangen zu werden, so gab seine „lutherische Religion" einen Entschuldigungsgrund für eine Scheu, eben in ihm den Pflegevater, den Geliebten Angiolinens zu sehen ... Durfte man doch die Besorgniß hegen, ihn wol gar von dem flüchtigen Terschka über alles unterrichtet zu wissen, was damals in jener von Löb Seligmann belauschten Verhandlung zur Sprache gekommen war ... Die kluge Präsidentin wollte ihren Gatten, den

„Büreaukraten", wie er um Witoborn hieß, mit dem Geist der Provinz versöhnen und nahm sogar an den Exercitien der ab- und zugehenden, seltsamerweise dem Schloß Westerhof entschieden feindlichgesinnt bleibenden Frau von Sicking Theil ...

Schon war Paula, opferfreudig und nunmehr in ihrem katholischen Sinn heilig überzeugt, daß sie g e r a d e durch ihre Heirath dem Abgott ihrer Seele, einem Priester, noch eine Glorie des Himmels m e h r gäbe – ihrem Gatten nach Wien gefolgt, als man immer anregendere und überraschendere Mittheilungen aus England erhielt ... Terschka spielte in London eine glänzende Rolle ... Auch dort standen ihm fördernd seine geselligen Talente zur Seite ... Sein Bruch mit dem katholischen Glauben, seine Flucht vor den Jesuiten, zu deren Orden er gehört hatte, sein Anschluß an Giuseppe Mazzini, den italienischen Agitator, und dessen Freunde, alles das gab ihm selbst in den Kreisen der englischen Aristokratie einen Nimbus ... Armgart begegnete ihm in den hohen Kreisen, in denen sie lebte ... Freilich sah sie in ihm ihrerseits nur das Abbild jener düstern Tage, wo sie *[19]* geglaubt hatte, sie müßte sich dem ungewissesten Schicksal opfern, um nur ihre Mutter vor einer Verirrung zu bewahren, die die Aussöhnung mit dem Vater unmöglich machte ... Aber ihre ganze Verachtung vor dem innerlich hohlen, nur gesellschaftlich verwendbaren Mann durfte sie ihm nicht ausdrücken, da die Aeltern selbst zu viel auf seine gegenwärtige Gesinnungsänderung hielten, die Gräfin Erdmuthe ihm verziehen hatte, Lady Elliot ihm eine Stellung über allen Makel gab ...

Die Briefe, die in Witoborn bei dem „Obersten Papiermüller" ankamen, brachten immer überraschendere Mittheilungen ... Um Terschka fingen an sich Gerüchte zu verbreiten, als spielte er eine doppelte Rolle ... Er hätte nicht aufgehört das zu sein, was er war ... Ganz übereinstimmend mit jener vom alten Zickeles in Wien zu Benno gethanen Aeußerung: „Die Jesuiten lassen ihn auch sein Protestant!" ... Schon verlautete mancher Zweifel an seiner fanatisch zur Schau getragenen lutherischen Kirchlichkeit und italienischen Freiheitssympathie ... Armgart sprach von ihm als von einem „ewig Gezeichneten" ... Sie lehnte seine Begleitungen ab, schlug die Huldigungen aus, die ihr seine immer noch lebhafte Galanterie und unbeugsame Elasticität im geselligen Verkehr brachte ... Manche behaupteten, schrieb sie, Terschka spiele leidenschaftlich und wäre stets in Verlegenheiten ... Letzteres mußte wol der Fall sein; denn man bemerkte, daß ihm der Präsident von Wittekind Geld schickte ...

Armgart selbst befand sich im Punkt der Religion immer noch da, wo sie gleich anfangs mit ihrem, in-*[20]*zwischen nach Westerhof, Wien und Italien gegangenen „ketzerischen Großmütterchen" Gräfin Erdmuthe gestanden ... Lady Elliot besaß denselben Bekehrungseifer, wie Gräfin Erdmuthe – hätte sie nicht Gegner gefunden, sie würde sie gesucht haben ... Da kam nun ihrer dogmatischen Streitsucht ein geistesfrisches Mädchen nach Wunsch, das von den Entdeckungen, die Armgart an dem Glauben ihrer Aeltern machte, in einer steten, oft, nach Empfang von witoborner Briefen und Nachrichten, fieberhaft kampflustigen Beunruhigung lebte ... Die Engländerinnen konnten Armgart um die Geltendmachung ihrer noch ungebrochenen katholischen Gesinnung nicht zürnen; denn einmal war und blieb sie in ihrem Wesen für eine weniger engherzige Beurtheilung, als die in Stift Heiligenkreuz, die Anmuth selbst und ebenso bestrikkend war die eigenthümliche Art ihres Wahrheitssinns, der seinerseits aus freiem Trieb selbst nichts schonte, was ihr am katholischen Leben die flüchtige und entstellte äußere Erscheinung war. Sie behauptete, nur den Kern festzuhalten, und rechnete dann freilich dazu das Martyrium, ihren Umgebungen so beschränkt und lächerlich wie möglich zu erscheinen. Sie aß am Freitag kein Fleisch, sie machte ihre Kreuze, sie ging in die Messen; sie sagte: Das ist blos meine Religion, euch lächerlich zu erscheinen! ... Wenn man ihrer spottete und sie fragte: Wie viel Jahre Ablaß und Milderung für die Läuterung im Fegefeuer sie schon gewonnen hätte? zeigte sie ihr Büchelchen und gab die

Addition von einigen Millionen Jahren an mit den Worten: Die Ewigkeit ist lang! ...

Aber im Grunde der Seele wurde sie über dies und *[21]* anderes doch ernster und bekümmerter ... Aus ihrer sichern, ja trotzigen Lebens- und Denkweise, die von einigen großartigen, bis zum Anerbieten glänzender Heirathspartieen gehenden Huldigungen unterbrochen wurde, weckten die, trotz ihres Protestes dagegen, doch zur halben Engländerin Gewordene mehre der erschütterndsten Botschaften, die fast zu gleicher Zeit in England eintrafen ...

Die eine war die Nachricht von jener Bewegung um den „Trierschen Rock", der sich die Aeltern, Hedemann und einige Gleichgestimmte, selbst in dem urkatholischen Witoborn, angeschlossen hatten ... Die Aeltern hatten in der That förmlich mit der Kirche gebrochen ... Sie hatten eine deutschkatholische Gemeinde gebildet, der sich auch Protestanten anschlossen ... Den Gottesdienst leiteten abwechselnd durchreisende, von ihren Pfarreien oder Vikarieen gewichene Kaplane ... Statt der Orgel spielte die Tochter des Pfarrers Huber die Harmonika ... Sogar Püttmeyer wurde seinen Gönnern und geistigen Gefängnißwärtern rebellisch und ließ sich einigemale bei jenen Erbauungen betreffen, bis dann Angelika Müller von den Adeligen aus Wien verschrieben wurde und die Rechte einer zwanzigjährigen Verlobung geltend machte, um den großen Mann in die Kirche und die Beichtstühle von Eschede wieder zurückzuschmeicheln ... Manche in gemischten Ehen lebende Gatten oder Brautpaare entschlossen sich, diesen Ausweg einer neuen Kirche aus allerlei confessionellen Bedrängnissen zu ergreifen ... Der protestantische Staat, damals überwiegend jesuitisch inspirirt, erschwerte die Bildung auch dieser witoborner Gemeinde, konnte sie aber nicht hindern ...

[22] Für Witoborn und Umgebung war hiermit ein Aergerniß ohne gleichen gegeben ... Norbert Müllenhoff betheuerte auf der Kanzel der Liborikirche: Die Familie des Obersten von

Hülleshoven und sein Anhang müßte aus dieser rechtgläubigen Gegend, wo bisher nur Gottes Athem geweht hätte, weichen, es kostete was es wolle! ... Stutzig wurde er zwar, als die alte Hebamme, auch der buckelige Stammer und sogar die Finkenhof-Lene der neuen Religion sich anschlossen – Das ist das schmerzliche Verhängniß der besten Principien, daß sie anfangs die umirrenden und moralisch heimatlosen Naturen zuerst anlocken! – Aber sein Wort verhallte nicht und da die Familie Hülleshoven nicht wich, da die Gemeinde sich durch die achtbarsten Elemente vergrößerte, so kam es zu Aufläufen, zu Beschädigungen der Fabrik, zum Einschreiten der bewaffneten Macht ... Allen diesen Prüfungen setzte die kleine Gemeinde, die ihre schlechten Elemente bald ausschied, Muth und Entschlossenheit entgegen ... Sie vergrößerte sich durch die Arbeiter der Fabrik, die aus fernen Gegenden genommen werden mußten, weil auf Priestervorschrift heimische schon gar nicht mehr in sie eintreten durften ... Damals holte sich Hedemann die Keime seiner Krankheit ... Der Vielgeprüfte, der an seinen verkümmerten Aeltern erlebt hatte, wohin getäuschtes Vertrauen zur Priesterwürde führen konnte, wollte nach beiden Richtungen hin auf dem Platze bleiben, wollte den Betrieb des Geschäfts ebenso abwarten, wie den Ausbau einer von Rom abgefallenen, apostolischen Kirche ... So gewaltig seine Körperkraft war, sie erlag diesen Mühen, Beunruhigungen, Nachtwachen, Kämpfen, die bis zum Handgemenge gingen ... *[23]* In einer kalten Winternacht, als Hedemann im Mühlenwerk noch spät allein gearbeitet hatte, ging er, über und über in Schweiß gebadet, in seine nahe gelegene Wohnung ... Dort warf ihn ein auflauernder Haufe Fanatiker in die an ihrem Ursprung nicht frierende, aber eiseskalte Witobach ... Mit Stangen hatten sie den Unglücklichen verhindert, aus dem bis an seine Brust gehenden Strom herauszukommen ... Sein Hülferuf, der Hülferuf Porzia's, die schon im Bett lag und durch die lärmende Scene ans Fenster getrieben wurde, verjagte die böse Rotte und endlich konnte der Mishandelte ans Ufer ... Fieberfrost durchschauerte ihn; eine lange Krankheit warf ihn aufs Lager ... Von dieser Nacht an schrieb sich der Keim einer Krankheit, die seine Lungen zerstörte ...

Noch aber würde vielleicht Armgart auf solche Schreckenskunden nicht aus England zurückgekehrt sein, hätte sich nicht auch um dieselbe Zeit auf ihre stillverschwiegene Liebe zu Benno und Thiebold – die seltsame Einigkeit beider Namen dauerte fort – der trübste Schatten gesenkt ... Die Nachricht, daß sich Benno in die Verschwörung der Brüder Bandiera eingelassen hätte, gefänglich eingezogen und auf die Engelsburg gebracht war, hatte nur vorübergehend erschütternd gewirkt; denn wenige Wochen darauf kam die frohe Botschaft seiner Befreiung ... In diesen Wochen aber fühlte Armgart erst, daß es ihr wie Fürstin Olympia Rucca ging und Thiebold doch nur „eine schöne Eigenschaft an Benno mehr" war. Sie hatte Benno sonst nur, wie sie selbst glauben wollte, schwesterlich geliebt; gibt es aber in der Liebe Stufen? ... Gott, Weib, Kind – es ist dasselbe allzündende *[24]* Feuer, entglommen demselben Altar, entlodert derselben Sonne – nur verehren will dies Gefühl und zuletzt erst erkennt es sich ganz – in der Sehnsucht nach Erwiderung ...

Im stillen hatte sich diese Sehnsucht immer höher gesteigert ... Wer schärfer beobachtete, sah, Armgart hatte ihre Heiligen, von denen sie sprach; sie hatte noch Heiligere, von denen sie schwieg ... So war Paula ihrem wehmüthigen Blick schon lange der Sphäre des Irdischen entrückt – sie billigte ihre Ehe, aber sie trauerte doch um sie ... „Katholisch sein heißt einen geheiligten Willen haben", hatte sie einst zu Lucinden gesagt – diese Lehre war groß und doch in den meisten Fällen – schmerzlich ... Ebenso mit Benno und Thiebold ... Sie hatte beide in ihrer Verblendung um Terschka's Willen gekränkt, von beiden für immer Abschied genommen – wie gedachte sie jener Scene in der Kapelle mit Thiebold, des Abschieds von Benno, als dieser sie so tief beklagte! ... Sie schrieben sich nun nicht, einer ließ den andern nichts von sich hören – und doch war alles, was Armgart erlebte, nur wie ein Stoff zum künftigen Bericht an beide, deren sie als Freunde so gewiß zu bleiben glaubte wie ihres Schattens ... Sie tummelten sich ja jetzt nur in der Welt, wie sie; sie würden schon wieder zusammenkommen und Benno würde dann alles vergeben, was zu vergeben war, würde ausgleichen, was auszugleichen – Damals hatte sie einem alten Herzog, der sie, für so arm und papistisch sie galt, zu seinem Range erheben wollte, gesagt, sie wäre verlobt ...

In jenen Wochen der Angst und Verzweiflung um *[25]* Benno's Schicksal, hätte sie sogar Terschka's Rath und Beistand angehen können; denn zu, zu verlassen fühlte sie sich ... Wem sollte sie sagen, was ihr Benno von Asselyn gewesen und geworden! ... Sie flatterte wie ein zum Tod verwundeter Vogel und suchte nun auch Terschka selbst auf – sie schrieb ihm ... Aber gerade jetzt fehlte der sonst so Zudringliche, jetzt verbarg er sich – wo und warum? ...

Sie erhielt einen Brief von Schloß Neuhof, in welchem sich eine Einlage des Präsidenten für Terschka befand ... Diese wollte sie ihm überschicken; es hieß, Baron Terschka wäre verreist – einige Italiener sagten, seine Abwesenheit hinge mit dem Aufstand der Brüder Bandiera zusammen, die von Korfu nach Calabrien eingebrochen waren, mit ihrer kleinen Schaar geschlagen wurden, im Silaswalde lange umirrten, dann von einigen Gefährten verrathen und in Cosenza – standrechtlich erschossen wurden*) – – ...

Den Zusammenhang des Geschicks dieser edlen, damals von ganz Europa bemitleideten Jünglinge mit Benno kannte sie nicht ... Sie hörte nur überall den Schrei der Entrüstung über die Grausamkeit der Regierung Neapels ... Sie durfte damals noch das Aeußerste auch für Benno fürchten ... Im Begleitschreiben der Einlage an Terschka las sie, daß der Präsident sofort die Vermittelung der Regierung zu Gunsten Benno's in

---

*) Thatsache.

Anspruch genommen hatte, aber der traurige Bescheid war gekom-*[26]*men, daß diese den ehemaligen Landwehrmann Benno von Asselyn schon lange als fahnenflüchtig, zum mindesten als aus dem Unterthanenverband ausgeschieden betrachten und ihn seinem Schicksal überlassen müsse ... Man solle sich an Oesterreich wenden, hatte es mit bitterer Betonung geheißen, in dessen Diplomatie er eingetreten schiene seit seiner „Courierreise" nach Rom ...

Bald aber kam die Kunde, Benno wäre befreit und von der Engelsburg entflohen ... Terschka war es, der diese Botschaft brachte ... Von ihrer Liebe konnte er sich an Armgart's Jubel überzeugen ... Seiner Erzählung nach wurde Benno mit dem Advocaten Bertinazzi und einigen angesehenen Männern gefangen genommen ... Ein Graf Sarzana konnte sich nicht unter ihnen befunden haben; denn von Lucinden erzählte Terschka zu gleicher Zeit, daß ihre schon in London bekannt gewordenen Hoffnungen, eine Gräfin Sarzana zu werden, nicht die mindeste Störung erlitten hätten ... Durch eine Fallthür war es dem größten Theil der überraschten Loge möglich gewesen, einen aus dem Hause des Advocaten führenden geheimen Ausgang zu gewinnen ... Nun aber wäre Benno frei, befände sich in Marseille und müßte in diesem Augenblick in Paris sein ... Der Stachel, den Terschka mit den Worten: „Man sagt, die allmächtige Nichte des Cardinals Ceccone hätte ihn befreit!" in ihr Herz drückte, haftete nicht allzu lange, denn Terschka führte den Stich nur zögernd; er schien vollauf mit dem Brief des Präsidenten beschäftigt – mit welchem er über die von ihm noch zurückgehaltene vollere „Orientirung des Grafen Hugo in Betreff Angiolinens und der *[27]* Herzogin von Amarillas" schon lange correspondirte und – rechnete ...

Während Armgart nun von Tag zu Tag auf Nachrichten aus Marseille oder Paris harrte oder wenigstens aus Witoborn oder Kocher am Fall – auch mit dem Onkel Dechanten correspondirte sie – erfuhr sie die überraschende Anwesenheit Paula's und ihres

nunmehrigen Gatten wieder auf Schloß Westerhof ... Paula hatte sich in Wien nicht heimisch fühlen können und war in ihre magnetischen Zustände zurückverfallen ... Der Oberst stand mit ihr im Rapport – Graf Hugo sah ihr jeden Wunsch am Auge ab ...
Noch mehr, als die Provinz erleben sollte, der deutschkatholische Oberst magnetisirte die Gräfin Dorste, entführte sie ihr Gatte selbst diesen Conflicten und wollte mit ihr nach Italien ... Die Mutter des Grafen sah darin nichts als die äußerste Schwäche ihres Sohnes, der sogar seine Gattin dem Priester zuführe, den sie liebe ... In jenen Tagen geschah dies alles, wo Bonaventura in Rom war, um sich zu vertheidigen wegen seines Schutzes waldensischer Sektirer, ja wegen seines Rufs, ein Magnetiseur gewesen zu sein ...

Wie mußte Armgart erstaunen, als Terschka die Botschaft brachte: Bischof Bonaventura kehrt nach dem Thal von Castellungo als Erzbischof von Coni zurück! An die Stelle seines grimmen Feindes Fefelotti! ... Wieder war es, wenigstens in Terschka's Darstellung, Fürstin Olympia Rucca, die als die Retterin und Vorsehung auch dieses Asselyns genannt wurde ...
Schon setzte Terschka mit zweideutigem Lächeln hinzu, Fürst Ercolano Rucca hätte sich zum Attaché der Nuntiatur in *[28]* Paris machen lassen und seine Frau wäre ihm vorausgeeilt, um in Paris – eine Wohnung zu bestellen ...

Noch glitt aller Verdacht von Armgart's reiner Seele ... Nur das Eine begriff sie nicht, warum von Thiebold nichts verlautete, warum Benno nicht nach London kam, wo sich doch alle Freunde Italiens sammelten, auch die Trümmer jener so unglücklich gescheiterten Bandiera'schen Expedition ... Terschka konnte dann nicht länger bei ihr gegen Benno wühlen ... Wieder war er für einige Zeit vom Schauplatz der Gesellschaft Londons verschwunden ...

Seit dann Bonaventura in der That mit glänzender Genugthuung Erzbischof von Coni geworden war, hörte sie von Westerhof, mit Ausnahme der ihre Aeltern betreffenden Nachrichten, eine Weile nur Frohes und Gutes ... Noch war Paula in Westerhof ... Armgart schrieb ihr, sie möchte alles aufbieten, die Aeltern vor dem Aeußersten ihrer Unternehmungen zu bewahren ... Als sie Briefe erhielt, die hier jede Möglichkeit der Einwirkung in Abrede stellten, kämpfte sie mit sich, ob sie nicht sofort abreisen sollte ... Sie würde diesem Triebe gefolgt sein, wenn nicht von ihrer Mutter das ausdrückliche Verbot gekommen wäre ... Die Mutter fügte hinzu, daß sich auch gegen Paula's und des Grafen längeres Verweilen in der Provinz Intriguen zeigten ... Die Geistlichen hätten gegen die Wunderkraft Paula's gepredigt ... Der Zustrom derer, die Heilung begehrten, hätte, seitdem überall in den Beichtstühlen der Besuch Westerhofs widerrathen würde, abgenommen ... Die Ehe mit einem Lutheraner, die geistige Verbindung mit einem *[29]* Deutschkatholiken könnte ja auf alle Fälle nur Unheil bringen ... Man trüge sich mit Abschriften der Gesichte, die Paula unter des Vaters magnetischer Hand gehabt hätte, und fände in ihnen einen Himmel und eine Erde, die mit den rechtgläubigen Bedingungen nichts gemein hätten ... Während Paula alle Obliegenheiten ihres Glaubens noch immer erfülle, erschiene ihr in ihren Wahn- und Ahnungsgebilden weder der blutende Christus, noch sein durchstochenes Herz, weder das Lamm mit der Fahne, noch die Mutter Gottes ... Sie sähe Tempel, aber sie wären ohne Hochaltar; sie sähe Opfer, aber sie schienen nichts als der Duft der Blumen zu sein ... Paula behaupte, von jedem Dinge die Seele zu erblicken und diese trüge nichts zur Schau von einem Verlangen nach Erlösung ... Meist schwebte alles, was sie sähe und erkenne, über einen unermeßlichen Regenbogen hinweg ... Armgart's Bildung und Stimmung war reif genug, zu sagen: Sie sieht aus den inneren Erfahrungen ihres Herzens das Land ihrer Sehnsucht, wo es keinen Haß und keine Verfolgung mehr gibt! ... Die Mutter sagte: Sie sieht, unter meines theuern Gatten Hand, das Land der Wahrheit ... Der Onkel Dechant schrieb: Sie sieht – Italien! ...

Die Gegensätze hatten, das erkannte Armgart, um Witoborn eine Höhe erreicht, wo es keine friedliche Ausgleichung mehr gab ... Schon hatten Monika und Benigna, Ulrich und Levinus Hülleshoven wieder ihre natürlichen Stellungen eingenommen und trotzdem, daß oft der Oberst nach Westerhof kam, innerlich gebrochen ... Selbst Graf Hugo war geneigt, für die Bewahrung *[30]* des Alten Partei zu nehmen, wenigstens keinen Anstoß erregen zu wollen durch zu auffallende Begünstigung der kleinen Ketzergemeinde in Witoborn ... Und Monika sagte offen, daß Paula noch den Grafen zu ihrem Bekenntniß hinüberziehen würde ... Briefe voll äußersten Schmerzes kamen darüber aus Castellungo von des Grafen Mutter ... Armgart schrieb hin und her zur Vermittelung, zur Aufklärung ... Vergebens; der Bruch zwischen ihrer Mutter und Westerhof wurde unheilbar ... Graf Hugo konnte sich nur mit Schwierigkeit, Oberst Hülleshoven unter keinerlei Bedingung mehr in Witoborn halten ...

Armgart's Aufregung wuchs, als der Onkel Dechant, der von allen diesen Vorgängen, von Benno's Schicksalen, von den allmählichen Entdeckungen über dessen Herkunft seine schon dem Erlöschen nahe Lebensflamme noch einmal neu und nicht wohlthuend geschürt sah, gerade ihr, der er sich, seit Armgart's vertrauensvoller Bitte um seine Hülfe beim Aussöhnen ihrer Aeltern, besonders theilnehmend zugewandt hatte, aus Kocher schrieb: „Zu den Mislichkeiten des Kampfes deiner Aeltern gehört vorzugsweise die ausbleibende Unterstützung durch den Staat ... So tiefe Wurzeln hat bereits die durch die katholische Reaction geschürte Reue über den Abfall von Rom bei den maßgebenden Protestanten geschlagen, daß sich niemand findet, der diese große Bewegung einer Reform des römischen Glaubens würdig unterstützt ... Die protestantischen Regierungen fühlen ganz das, was die Jesuiten zum Staatskanzler gesagt haben sollen: Wir sind Conservatoren! Wir erhalten und bekämpfen eben das, was ihr! ... Die Fürsten Deutschlands suchen die kleinste Aen-*[31]*derung des Gegebenen zu hindern, im Vorgefühl, daß ein einziges weggenommenes Sandkorn zur stürzenden Lavine anwachsen könnte ... So muß diese denkwürdige Bewegung, da sie ohne den Beistand tieferer Geister bleibt, in sich ersterben, ja sie wird zum Gewöhnlichen herabgezogen und, ganz nach den Anweisungen der Jesuiten, zu einer Sache mehr oder weniger nur des Pöbels gemacht werden" ...

Die kindliche Liebe, die Bewunderung, die Armgart vor der treuverbundenen Zärtlichkeit ihrer Aeltern erfüllte, entwaffnete ihren Widerspruch gegen alles, was von den Aeltern unternommen wurde ... Wie es verzweifelte Aufgaben mit sich zu bringen pflegen, die Wahl der Hülfsmittel, die die Aeltern ergriffen, konnte sie unmöglich alle billigen ... Selbst der ruhige, kaltblütige Vater ließ sich vom trotzenden Sinn der Mutter zu Unbedachtem fortreißen ... Allen Adelsgenossen der Gegend bot er das Schauspiel eines mit Absicht den Nimbus seiner Geburt Zerstörenden ... An seiner Fabrik betheiligte er sich wie ein Arbeiter, ließ sich wie ein Schreiber in seinem kleinen Wohnhause mit der Feder hinterm Ohr erblicken, unterschrieb die kleinsten geschäftlichen Veröffentlichungen mit seinem vollen Namen und löste auf diese Art jeden Zusammenhang mit seinen Standesgenossen ... Und doch rührte es Armgart, daß die Mutter bei allen diesen Dingen gleichsam nachholte, was sie in zwölfjähriger Trennung ihrem Manne zu sein unterlassen hatte ...

Zur selben Zeit, als es dann plötzlich hieß, Paula ist wirklich nach Italien gereist – es mußte in schnellem Entschluß geschehen sein, da Armgart nicht einmal von Paula *[32]* selbst die Nachricht erhielt – erlebte Armgart den Schrecken, daß Thiebold in London war und sie nicht besuchte ... Terschka war seit einiger Zeit ihren Blicken ganz entschwunden, sie konnte von ihm über diese betrübende Erfahrung keine Aufklärung erhalten ... Allmählich hörte sie, daß Thiebold in jener trüben Gensdarmenzeit seinerseits in der Heimat sich auch nur mit Mühe von politischem Verdacht über seinen Aufenthalt in Rom hätte reinigen können ... Ueber Benno hörte sie, daß der Präsident für ihn die freie Rückkehr zu erwirken gesucht hätte, aber auch damit nicht durchdrang ... Die Mutter schrieb ihr nach allerlei seltsamen Andeutungen über Benno's jetzt immer mehr sich lüftende Herkunft, daß ihr alter Freund undankbar genug gegen diese Verwendungen protestire; Benno wollte, hätte er aus Paris geschrieben, jetzt ganz nur noch Italiener sein ... „Man weiß ja", schrieb die Mutter, „wer alles seine Flucht ermöglicht hat! ... Die dir wol noch bekannte Lucinde Schwarz hat das römische Staatsruder in Händen! ... Ist die Abenteurerin vielleicht einer Regung von Dankbarkeit für die Familie gefolgt, die ihr und dem Doctor Abaddon, Herrn Oberprocurator Nück, das Zuchthaus ersparte? ... Wie solche und ähnliche Menschen Rom nach Gutdünken regieren, ersieht man ja aus Bonaventura's Laufbahn ... Trotz des Staatsverbrechens seines Anverwandten Benno, trotz der gegen ihn erhobenen Anklage über seine Antecedentien als „Magnetiseur", trotz seiner an und für sich höchst achtbaren Unterstützung der waldensischen Bewegungen Italiens ist er nach einem kurzen Aufenthalt in der „ewigen Stadt" als Erzbischof in die Thäler *[33]* seiner neuen Heimat zurückgekehrt, nachdem er vorher Lucinden in der Kirche der Heiligen Apostel in Rom mit einem päpstlichen Gardisten getraut hat ... Freilich soll die in Paris verweilende Fürstin Olympia Rucca, die Beherrscherin des Kirchenstaats, alles möglich machen – –"

Hier brach der Brief mit räthselhaften Gedankenstrichen ab ... Centnerschwer wälzten sie sich auf Armgart's vereinsamtes Herz ... Es folgten dann in dem verbitterten, im Ton höchster Reizbarkeit geschriebenen Briefe noch Scherze über den Onkel Levinus, der in allen Bibliotheken nachschlüge, um eine klare Vorstellung über das alte Cuneum, jetzt Cuneo oder Coni, zu gewinnen – Tante Benigna vergliche die Ehrfurcht, die hier zu Lande vor dem entthronten Kirchenfürsten geherrscht hätte, die Trauer über seinen nach seiner Freisprechung bald erfolgten Tod, die Festlichkeiten der Inthronisation seines Nachfolgers mit

dem Bilde der Festlichkeiten in Coni, zu denen wol Paula nun persönlich erscheinen würde – Paula's Gatte hätte vor seiner Abreise seine Besitzantretung vollständig geordnet, hätte die Verträge mit den Agnaten abgeschlossen, hätte das voraussicht-
5 liche Erlöschen seines Stammes mit dem Präsidenten von Wittekind, dem nächsten Erben, zum Gegenstand gerichtlicher Punktationen gemacht – und da dann auch der Präsident ohne Kinder wäre, so wäre manche geheimnißvolle Seite aus dem Lebensbuch des verstorbenen Kronsyndikus, des Tyrannen, jetzt zur
10 offenen Kunde gelangt – Noch läge ihr zwar nicht offen, warum in letzter Instanz das ausschließliche Erbrecht Bonaventura's durch eine anderweitige Beziehung gemodelt werden könnte – aber man *[34]* spräche jetzt allgemein, durch Hülfe des kanonischen Rechts könnte selbst Benno noch vor Bonaventura die
15 Vorhand gewinnen – Nicht unmöglich, schrieb die Mutter, daß eine in Rom, jetzt in Paris lebende Herzogin von Amarillas, eine ehemalige Sängerin aus Kassels westfälischer Zeit, mit dem Kronsyndikus eine geheime Ehe geschlossen hat und Benno ihren Sohn nennen darf –! ... Benno Sohn des Kronsyndikus! ...
20 Ueber alle diese so räthselhaften und ganz nur abgerissen mitgetheilten und mit religiösen Betrachtungen schließenden Dunkelheiten durfte Armgart wol in eine Aufregung gerathen, die sie der Mutter kaum schildern konnte ...

Sie sah Benno in Rom – in Paris – in den Armen einer Mut-
25 ter, die eine Herzogin war – eine Fürstin hatte ihn gerettet – Lucinde war eine Gräfin Sarzana geworden –! ... Noch flossen ihre Thränen nicht; noch glaubte sie an den Sieg des Guten und Edeln; noch standen nur lichtverklärte Bilder vor ihren Augen ... War nicht das Höchste möglich –: Graf Hugo führte Paula nach
30 Coni zum Freund ihrer Seele! ... Sie sah noch ihre magisch seraphische Welt, ihre in den Wolken schwebenden Rosenkränze, ihre großen Thaten der Entsagung und der opfernden Liebe ... Aber schon die Vorstellung: Benno ein Sohn des Kronsyndikus! – das war ja ein Bild wie aus der Welt des Teufels, an die jetzt

auch die Mutter nach ihren religiösen Ausdrücken zu glauben schien ...

Der Onkel Dechant, den Armgart's reife und inhaltreiche Briefe besonders zu erfreuen schienen, schrieb ihr: „Nun hat deine sonst so treffliche Mutter gar den Standpunkt einer bloßen Vernunftopposition gegen den Katho-*[35]*licismus verlassen! ... Der der deutschkatholischen Bewegung gemachte Vorwurf, es läge ihr ja kein Bedürfniß nach Religion, am wenigsten nach dem Christenthum, zu Grunde, bestimmt sie, sich dem Einfluß unterzuordnen, den Hedemann um so mehr auf sie ausübt, als die freudige Geduld und werkthätige Liebe, mit der dieser Treueste sich seinem Beruf widmet, allerdings jeden, der sein Leiden, den schmerzlichen Hinblick auf die junge Frau sieht, die sich so innig ihm anschloß, ergreifen und rühren muß ... Aber eine Monika verirrt sich in die trübe Lehre von der Rechtfertigung durch den Glauben! ... Ich mußte deiner Mutter schreiben: «Durch den Grundverderb unserer Kirche, den auch ich in unsern Ehegesetzen finde, sind Sie aus dem Denken und Fühlen Ihrer Jugend hinausgedrängt worden – aber daß Sie, Sie einen Teufel durch den andern austreiben, das ist beklagenswerth! ... Sie herrliche, klare, geistesfrische Frau, wie kommen Sie zu Hedemann's Bibelgefangenschaft? ... So oft ich dem von Amerika angesteckten Quäker hier beim Obersten begegnete, erkannte ich die unwürdigste Abhängigkeit des Menschen, die vom Buchstaben ... Unsere Zeit ist nicht zu neuen Religionsschöpfungen gemacht, die einzige Religion des Bruchs mit aller Religion etwa ausgenommen, und was wir von Verbesserung unserer kirchlichen Zustände gewinnen können, wird immer nur die Folge gelegentlicher Veranlassungen sein ... Selbst zu Luther's Zeiten war es nicht anders ... Deutschland hatte sich damals in seiner Reichsverfassung überlebt, die Fürsten waren zu mächtig geworden und suchten sich zu kräftigen durch alles, was schwach und leicht zu erobern war; sie rissen die geist-*[36]*lichen Güter an sich und so zerfiel der Zusammenhang mit

Rom von selbst ... Aehnliche Umwälzungen werden auch wir wieder erleben und aus Benno's traurigen Verirrungen erseh' ich wenigstens eine schöne und große Hoffnung ... Was er von Italien schreibt, der arme Verlorene, ist herrlich ... In der Geschichte straucheln die Bewegungen der Massen und Interessen über einen Strohhalm und ich juble im Geiste dem neuen Tag entgegen, wenn Italien dem Papstthum selbst den Schemel unter den Füßen wegzieht ...»"

Wie erschrak Armgart! ... „Traurige Verirrungen?" ... „Der arme Verlorene?" ... Schon flossen ihre Thränen ... Sie schrieb an Bekannte in Paris, ihr von einer gewissen Herzogin von Amarillas zu berichten ...

Am Tage darauf kam wieder ein Brief aus Kocher am Fall ... Der Dechant, wie aus Reue, die Mutter bei Armgart angeklagt zu haben, schickte ihr auch eine eben erhaltene Antwort der Mutter auf seinen Brief ...

Die Mutter hatte dem Dechanten geschrieben, daß sie sonst immer so gedacht hätte, wie er, und mit Hedemann und Erdmuthe hätte sie in gleicher Weise gestritten ... Indessen wäre der Vorwurf, daß die Gegner Roms ohne ein religiöses Bedürfniß überhaupt wären, zu empfindlich für die Sache der geistigen Freiheit geworden und deshalb hätten ihre Angehörigen den Beweis liefern müssen, daß sie dem gemeinschaftlichen Urquell des Lichtes näher stünden, als ihre Feinde ... „Ich erkannte", las Armgart, „daß die Verneinung nur auf der Schärfe eines Messers geht und dabei keinen Schritt vor dem Aus-*[37]*gleiten sicher ist ... Das erkannt' ich, als ich in unsrer kleinen Gemeinde, die eines Tages ohne Lehrer war, reden wollte ... Man kann nicht reden, wenn nicht aus der reichsten Fülle des Stoffs ... Jede andre Belebung zum Sprechen ist todt und hülflos ... Hier einen Satz zugeben, dort einen wegnehmen, da halb, da b e i n a h e halb dies oder jenes wollen oder sagen, das erzeugt vielleicht das Feuerwerk eines feinen und ironischen Kopfes, aber es leuchtet nur eine Weile und verpufft ... Nun sah ich, warum unser herrlicher Hedemann immer und immer sprechen kann ... Einfach ist seine Rede, aber sie hat die Fülle der Beredsamkeit und erwärmt ... Warum? Ich mußte mir sagen: Aus dem Vollen nur kann ein lebendiger Glaube kommen und sich auch im Aussprechen lebendig bewähren! ... Glaube ist nicht die blinde Annahme des Uebernatürlichen, sondern Versenkung in die ganze Erscheinung einer Sache ... Das Evangelium wird dem Glaubenden wie ein Freund, auf den man schwört, weil man ihn in einer großen Probe einmal erkannt hat ... Die Ueberzeugung, daß die Bewährung im Einen da ist, erleichtert das Vertrauen dann auch auf die Bewährung im Andern ... So versenkt' ich mich in die Schrift und die beiden Hauptgegenstände ihrer Verherrlichung, in Gott und seinen Sohn ... Mehr braucht die Religion der Menschheit nicht ... Diese beiden großen Bilder haben so tausendfache zarte Pinselstriche, daß sie jede andere Weisheit überflüssig machen ... Nicht daß ich Wissenschaft und Kunst zurückwiese und wie Omar alle Bücher verbrennen wollte, wenn nur die Bibel bleibt; aber ein ganzes volles Leben und ein *[38]* Leben der Gemeinsamkeit zwischen vornehm und gering, zwischen gelehrt und arm an Geist ist nur durch die Schrift möglich ... Und dieses gemeinsame Feld ist nicht etwa eng und das Ergehen auf ihm bald ermüdend; im Gegentheil, ich entdeckte einen Schatz nach dem andern, als ich die Bücher noch einmal zu lesen begann, die ich früher als eine Quelle der Verdunkelung des Verstandes geflohen war ... Ich finde die höchste Weisheit in dem, was uns belohnt für das Gebot des Apostels: Forschet in der Schrift! ... Das menschliche Herz will nun einmal Liebe und Liebe muß fühlen und Gebet ist Erhöhung des Gefühls, Sammlung zum Aufblick. Worauf? Auf das Bessere und die Besseren ... Die große Zahl von Besseren, die die Katholiken als Heilige verehren, sind die zu üppige Erweiterung eines Gefühls, das an sich ganz richtig ist ... Die Liebe gestaltet alles persönlich und das ist denn der persönliche Gott, der lebendige, der unmittelbar auf uns wirkende, der Gott der Offenbarung ... Mein Glaube sieht im persönlichen Gott keine irdische Gestalt, sie zieht das Unaussprechliche und Unbegreifliche nicht in die Sprache der Dichter und Propheten herab; für mich und für die, die fühlen wie ich, ist der persönliche Gott die Wirkung seines Vorhandenseins in uns; seine größte Offenbarung war die in jenem, der den Muth hatte, sich deshalb auch geradezu Gottes Sohn zu nennen ... Nehmen Sie nur einmal wieder die Evangelien in die Hand, mein theurer Freund, und nicht Ihren Horaz und Virgil! Wischen Sie weg, was auf diese ehernen Tafeln der Witz, der menschliche Spott und selbst die gelehrte *[39]* Kritik geschrieben haben, und sehen Sie dann, was übrig bleibt ... Von dem Tage an, wo ich priesterlich fühlte – und jeder Religionsstifter muß priesterlich fühlen, keine Religion macht sich am Theetisch – von dem Tage an ist mir die Erscheinung unseres Herrn und Heilandes Jesu Christi aufgegangen wie die meines besten Freundes ... Ich wandle mit ihm am See Tiberias, ich spreche mit ihm bei seinem Freunde Lazarus vor, ich sehe die Fußtapfen, die er hinterlassen hat und die überall gesegnete sind ... Sein Leiden ist ganz persönlich das meine; seinen Todeskampf ring' ich mit; er lehrt mich am Kreuz lieben und vergeben ... Auf Liebe, Glaube, Hoffnung, begründet durch Christus und einen persönlichen Gott, müssen wir unsere Kirche erbauen –" ... Darunter hatte denn der Onkel mit seiner alten zitternden Hand und in seinem friedlichen Sinn geschrieben: „Im Grunde ganz unverfänglicher Glaube des Petrus Waldus, in Ruhe gestorben um 1200, aber in seinen Anhängern, den Waldensern, gekreuzigt, gerädert, geviertheilt, verbrannt bis auf den heutigen Tag. Fiat lux in perpetuis!" ...

Das Unkatholischste, was sich denken läßt, ist eine in der Kirche sprechende Frau ... Aber Armgart, ohnehin schon in einem geknickten Zustande, fühlte sich durch diesen Brief der Mutter vollends daniedergebeugt ... Weniger empfand sie Rührung um das Bekenntniß der Mutter, als um den tiefinnern, soweit schon gekommenen Schmerz, der ihm offen zu Grunde lag, um die ungeheure Aufregung, den Bruch der Seele in dieser stolzen Frau zu erkennen zu geben ... Sie sah die erbangende Liebe für den Vater, *[40]* Liebe für den von seiner Krankheit gebeugten Hedemann ... Ein schlichter, wissenschaftlich ungebildeter Mann hatte durch die immer gleiche Gediegenheit seines Charakters und die unerschütterliche Consequenz seiner Denkweise die Oberherrschaft über seine Umgebungen gewonnen ... Die Mutter wollte nichts mehr wissen von der Herrlichkeit und Einbildung dieser Welt – sie wollte fühlen wie der geringsten einer und ihr Gatte folgte dem Beispiel, das sie mit so beredten und feurigen Worten zu erläutern wußte ... Armgart durfte sich bei Alledem wenigstens sagen: Du allein hast die Aeltern so verbunden! ...

Voll Rührung schrieb sie der Mutter, sie wolle nun zu ihnen kommen ...

Die Mutter, ihr selbst sich nicht im mindesten ebenso weich offenbarend, wie dem Onkel, entgegnete ihr: „Kind, du weißt, daß Paula, dein einziger hiesiger Anhalt, den ich gestatten würde, in Italien ist ... Daß du deine Stelle im Stift einnimmst, wieder mit Benigna, die dich mir einst schon raubte, in Westerhof lebst, ist nicht möglich ... Es wäre ein Bruch mit allem, was unser Stolz, unsere Erhebung geworden ist ... Diese Menschen hier sind ja wahnsinnig ... Gott der Herr wird auch an ihnen gute Gründe finden, warum er sie nicht ganz verwirft; ich verwerfe sie ... Im Stift Heiligenkreuz würdest du nur zu unserer und deiner Kränkung deine Stelle einnehmen ... Glücklicherweise ist dir auch gestattet, deine Pension auswärts zu verzehren ... Wir sehen jedoch ein, daß unsere eigenen Wege für deine Jugend noch zu rauh sind! Bleibe also noch getrost bei deiner trefflichen Lady!" ... Dann folgte eine Antwort auf die Frage nach den *[41]* räthselhaften Andeutungen über Benno's Ursprung in dem letzten Briefe der Mutter, die Versicherung, daß Benno der Bruder des Präsidenten von Wittekind wäre und noch eine Schwester besessen hätte, die einst Graf Hugo entdeckt, erzogen, geliebt und daß er lange ihr trauriges Ende beweint hätte ...

Das war, alle ihre Lebensgeister erschütternd, gerade der empfangene Eindruck, als sie nun von jener Freundin in Paris, die von ihr um die Herzogin von Amarillas befragt wurde, Aufklärungen erhielt, die diese, ohne das nähere Interesse Armgart's zu kennen, in aller Harmlosigkeit gab ... Die Herzogin von Amarillas, hieß es, hat aus erster Ehe einen Sohn, der sich Cäsar von Montalto nennt und sie mit einer wahrhaft schwärmerischen Liebe verehrt ... Herr von Montalto ließ sich in Conspirationen ein und gerieth in die Engelsburg ... Seine Retterin, sagt man, war die Nichte des Cardinals Ceccone selbst, die ihm hierher nachgereiste Fürstin Olympia Rucca ... Herr von Montalto soll anfangs nur an die Hülfe seiner Mutter, der Herzogin von Amarillas, geglaubt haben ... Natürlich ergriff er die Hand, die ihm die Mittel bot, aus einer so verzweifelten Lage zu entfliehen ... Schon die Untersuchung, schon die bis zur Tortur gehenden Fragen nach den übrigen Mitgliedern der nicht ganz gesprengten Loge, die Fragen nach dem Zusammenhang seiner Verhältnisse mit denen jener in eine Falle gelockten Gebrüder Bandiera, erzählte man uns, hätten jahrelang dauern können ... Herr von Montalto erkannte erst durch die Bequemlichkeit der ihm gebotenen Hülfsmittel, durch den Fund eines geregelten Passes, *[42]* durch die sichere Einschiffung in Civita-Vecchia auf einem nach Marseille bestimmten Handelsschiff die mächtige Hand, die über ihm waltete ... Wenige Wochen und die pariser apostolische Nuntiatur erhielt einen neuen Attaché im Fürsten Ercolano Rucca ... Seine Gattin, eine allerliebste kleine Hexe, wenn ihr Teint auch fast grünlich ist und ihr Wuchs einem Däumling gleicht, doch mit Augen wie funkelnde Diamanten und einem wahrhaft märchenhaft blauschwarzen langen Haar, das sie in reizenden Flechten trägt, und die Herzogin von Amarillas wohnen gemeinschaftlich in einem und demselben Palais der Rue Saint-Honoré ... Beide stehen im Vordergrund der pariser Gesellschaft ... Cäsar von Montalto wird täglich mit der wilden Italienerin gesehen, die Furore macht ... Ich höre, die französische Regierung hat von Metternich Befehl erhalten, alle italienischen Flüchtlinge auszuweisen ... Herr von Montalto wird dann wahrscheinlich mit seiner Mutter und der Fürstin Rucca nach London kommen ...

Düstere Nacht legte sich nach dieser Mittheilung auf Armgart's Auge ... Nun wußte sie alles ... Und doch sollte sie ihre Geisteskraft zusammennehmen, um aus London zu entfliehen ... Denn bleiben konnte sie nicht ... Sie lebte in der großen Welt, sie konnte, sie mußte den Ankömmlingen begegnen ... Sie mußte, vor dem Verlorenen entweichend, in die Heimat zurück ... Nun erst verstand sie gewisse Aeußerungen in den Briefen des Onkel Dechanten, verstand, warum er ihr überhaupt so oft und so eingehend schrieb – Er wollte sie zerstreuen, vorbereiten auf die Entdeckung ... O mein Gott! beteten *[43]* ihre zitternden Lippen, als sie nach diesen Briefen suchte ... „Wir Menschen", hieß es noch vor kurzem in einem derselben, „sind das Product unserer Verhältnisse ... Die Freiheit des Willens ist eine Illusion ... Die Tugend, auf die Spitze getrieben, wird Laster ... Dem Mann gehört die Welt und gewisse Dinge müssen ihm kaum bis an die Knöchel reichen ..." – – Das waren halbe Scherze, schienen nur Aeußerungen zu sein, um Frau von Gülpen zu necken oder den alten Windhack mit seinen auf dem Monde entdeckten vorurtheilslosen Sitten und Einrichtungen zu vertheidigen; aber – nun sah sie, ein wie bitterer Ernst ihnen zu Grunde lag –! Der Ernst, daß Benno durch den Einfluß seiner Mutter, durch die Rührung und Liebe für sie, endlich durch die Dankbarkeit für seine Retterin aus ihrem Lebensbuche gestrichen war ...

Es bestätigte sich, daß Fürst Ercolano Rucca Attaché in London wurde ... Sie schrieb nichts darüber nach Witoborn ... Ein klares Gefühl wurde ihr überhaupt nicht mehr zu Theil ... Auch nicht in den jeweiligen Anwandelungen des Hasses gerade gegen Benno's Mutter, die von andern Bekanntschaften, die in Paris waren, als eine hochmüthige Frau geschildert wurde ...

Dem Haß auf den Vater konnte sie ihre Kinder opfern! sagte Armgart, nun den Verhältnissen immer vertrauter und den von der Mutter und vom Dechanten erhaltenen Aufklärungen folgend. Gott hat sie schon in Angiolinens Tod bestraft; sie wird auch noch Benno's Verderben sein! ... Cäsar von Montalto! ...

In Fieberhast flog Armgart nach Deutschland zurück ...

[44] Sie überraschte die Aeltern, die ihr Kommen nicht ahnten ... Sie fand die ganze Verwirrung, die sie erwarten durfte – den Vater mit Pistolen bewaffnet ... Das Besitzthum verkauft; ein Anerbieten, sich an einer großen Fabrik im Magdeburgischen zu betheiligen, war vom Vater für sich und Hedemann angenommen worden ... Sie wollten reisen ... Hedemann, ein Schatten gegen sonst, doch in der That von einer wunderbaren Durchgeistigung ... Auch die Mutter gab sich seltsam feierlich ... Nur der Vater blieb, wie immer, ruhig, natürlich und entschieden ...

Die Gründe, warum Armgart so rasch und unvorbereitet aus London kam, lagen insofern auf der Hand, als über die Ausweisung der Flüchtlinge aus Frankreich genug in den Zeitungen gesprochen wurde und Marco Biancchi, Porzia's in London lebender Onkel, von einem Besuch bei Cäsar von Montalto schrieb, dem er vor einigen Jahren den Rath zur schnellen Abreise aus Deutschland verdankte ... Doch wurde aus Schonung von alledem nur ausweichend gesprochen ... Wie fühlte sie aber diese Schonung! ... Wie durchbohrte sie die harmlose Frage der in Eschede der Welt entrückten Angelika Müller nach Benno, als sie der seltsamsten Hochzeit beiwohnte, die je geschlossen wurde, der zwischen Püttmeyer und seiner alten Verehrerin! ... Zwei in sich vertrocknete Menschen, die noch alle Stadien der Aufregung, sogar der Eifersucht durchmachten! ... Frau von Sicking, Gräfin Münnich, Präsidentin von Wittekind, Benigna von Ubbelohde, alle drangen auf die Ehe Püttmeyer's, die doch erst durch das Erringen des *[45]* Hegel'schen Lehrstuhls hatte möglich werden sollen; sie erwirkten eine Beförderung des von

Pfarrer Huber's harmonicaspielender Tochter bedenklich Begeisterten zum bischöflichen Archivar in Witoborn und die Versetzung Huber's ... Wie war Armgart, durch ihren dreijährigen Aufenthalt in London, allen diesen kleinen Anschauungen entrückt ... In ihrem Stifte war sie nur einen Tag ... Nach Westerhof durfte sie der Mutter wegen auch nur ein einziges mal – ... Tante Benigna und Onkel Levinus umschlangen sie voll Inbrunst und hätten jetzt alles darum gegeben, das sonst so viel gescholtene Kind bei sich zu behalten und schon fingen wieder die alten Entführungspläne an ... Da entschied der Vater für den Ausweg, daß Armgart, die zwar nicht zu den Deutschkatholiken übertreten, wol aber mit Freuden in die Gegenden der Elbe mitziehen wollte, wohin die Aeltern gingen, die Mühseligkeit dieser Irrfahrten nicht theilen, sondern nach Kocher am Fall zum Onkel Dechanten, zur lange schon kränkelnden „Tante Gülpen", ziehen sollte ...

Armgart erfüllte dies Gebot der Aeltern und zog nach Kocher am Fall ...

Hier war sie denn des mit dem freudigsten Willkommen! sie aufnehmenden Dechanten letzte und würdigste „Nichte" ... Tante Gülpen hatte sie nicht aus dem Wochenblatt verschrieben, hatte sie nicht auf fremde Empfehlung in die Dechanei geschmuggelt ... Sie war in Wahrheit eine nahe Verwandte und gab der immer schroffer gewordenen Beurtheilung gegen den Dechanten keinen Anstoß ... Franz von Asselyn erklärte, sich auf seine letzten Lebenstage keiner solchen „Eroberung" mehr gewär-[46]tig gewesen zu sein ... In dieser holden äußern Anmuth besaß er alles, was seinem Auge, in Armgart's innerm Wesen, was seinem Herzen wohlthat ... Da waren einige gute Elemente der Feuernatur Lucindens ohne die verheerenden Folgen derselben; da war die ewig dienende Natur Angelika Müller's ohne deren trockene Regelmäßigkeit ... Da hatte er eine der Seelen, von denen er sagte: Die gehen in solche kleine Vögel über, wie sie unter meinem Baum am Fenster nisten! ... Von Armgart's Seelenwanderung versprach er sich vorzugsweise den Besuch seines Grabes, von dem er oft und gern sprach ... Er war gerüstet, täglich hinabzusteigen ... Die Aufregungen der letzten Jahre waren für ihn zu mächtige gewesen ... Seine heitere Laune kam schon seltener und währte nicht lange ...

Während nun der Oberst unter den mannichfachsten Bedrängnissen in Deutschland umirrte – in Magdeburg lösten sich bald die angeknüpften Verhältnisse – und sich zuletzt, ermüdet durch die gänzlich durch den Protestantismus selbst zerstörte Hoffnung auf eine große geschichtliche Bewegung der Geister, nach der Schweiz begeben hatte, verlebte Armgart noch einige Jahre in Kocher am Fall ... Die Eindrücke hier waren nicht immer erhebend ... War auch die Verbindung mit allen den ihr werthen und theuren Menschen gerade durch die Dechanei die lebhafteste, so erfolgten doch selten Mittheilungen, die eine wahre Freude verbreiten durften ... Die schmerzlichsten von allen betrafen Benno ... Sie waren so trüb, daß selbst Thiebold nur einmal nach Kocher kam ... Einmal hatte sich Thiebold mit der ganzen Liebe und *[47]* Hingebung seines Gemüths, wenn auch wie immer als „närrischer Kerl" sich einführend, einige Tage zum Gast der Dechanei gemacht, hatte, „über sich, als Mann, fast schamroth", die Reife Armgart's, ihre vorgeschrittene Bildung, die Sammlung ihres Charakters bewundert, hatte italienische Anekdoten, Reiseabenteuer erzählt, von Nück berichtet, dem in Italien, andere sagten im Orient Verschollenen, hatte von Schnuphase, der eine Pilgerfahrt zum heiligen Grabe mit Stephan Lengenich und mehreren andern Erleuchteten bezweckte, erzählt – aber die Art, wie er von Benno's italienischer „Nationalisirung", von den Erlebnissen in Rom, vom gegenwärtigen londoner Wirken und Treiben Benno's als eines „mit Gott und der Welt zerfallenen" Sonderlings und Grillenfängers sprach, überhaupt als von einem Menschen, den man „nach dem allerdings bedauerlichen Ende der Gebrüder Bandiera" gar nicht mehr wiedererkannte – alles das sagte genug, um sein einziges – das dann „etwas deutlich gegebenes" Wort zu verstehen: „Als wir ja damals für immer Abschied nahmen in der westerhofer Kapelle!" ... Armgart lächelte zustimmend, sie verstand, was Thiebold mit „für immer" sagen wollte ... Thiebold war dann nach dem kocherer Besuch gleich nach London gegangen, wo er oft monatelang verweilte ... Von dem Luxus und den Extravaganzen Olympiens konnte sein Bericht nicht genug erzählen ... Drei Briefe von Olympien wurden ihm nach Kocher mit einem Carissimo nach dem andern nachgeschickt ...

Für Armgart gab es in Kocher Zerstreuungen der in Wehmuth erbangenden Seele an sich genug ... *[48]* Darunter freilich auch die erschütterndsten ... Der Onkel wollte noch einmal vor seinem Ende nach seinem geliebten Wien, wohin ihn die Curatverhältnisse des Doms von Sanct-Zeno riefen – da starb an einer Erkältung Windhack ... Und als für das alte treue, gelehrte Factotum der Versuch mit einem neuen Diener gemacht werden sollte und der Dechant dabei blieb, reisen zu wollen, kam aus Wien die Nachricht, sein alter würdiger Gastfreund, Chorherr Grödner, wäre dem österreichischen Landesspleen erlegen und hätte sich erhängt ... Die Schrecken mehrten sich dem tieferschütterten Greise; Frau von Gülpen that des Nachts, wo sie schon sonst um jedes kleine Geräusch aufstehen konnte und nun nicht mehr den Lolo als Führer hatte und überall ihre Schwester, die Hauptmännin, und ihren Mörder, den Hammaker, sah, und dennoch das nächtliche Rumoren und Wandeln und Pochen an alle Thüren, ob sie auch gut verschlossen wären, nicht lassen konnte, einen unglücklichen Fall – woran sie starb ... Und wenige Monate darauf legte sich auch der Dechant und hauchte seine edle Seele in Armgart's Armen aus ...

Sein Testament hatte Franz von Asselyn schon lange geändert und sein ansehnliches Vermögen in drei Theile zerlegt, für Bonaventura, Benno und Armgart ... Benno, in einem Briefe Thiebold's, und Bonaventura, in directer Zuschrift an Armgart, verzichteten zu ihren Gunsten ... Armgart war nun ein vierundzwanzigjähriges wohlhabendes und mit einer auch von Heiligenkreuz sich mehrenden Rente ausgestattetes Stiftsfräulein ...

Alle diese erschütternden Vorgänge erlitten diejenigen *[49]* Unterbrechungen, die das Traurige haben – andere sagen das Gute –, das Leben selbst beim größten Schmerz immer noch erträglich und anziehend zu machen ... Die Sonne leuchtete auch so und die Blumen blühten auch so ... Für Armgart gesellte sich zu den Zerstreuungen der Dechanei, zu kleinen Reiseausflügen, zu Briefen von nah und fern und zu jenen Fortschritten der innern Bildung, die uns sogar selbst überraschen und erfreuen dürfen, die Steigerung des Interesses, das an ihrer Person genommen wurde ... Mancher Offizier mit dem flatternden Husarendolman ritt im Park der Dechanei täglich die Schule, um nur von ihren Fenstern aus beobachtet werden zu können; mancher junge Beamte interessirte sich für die alten Möpse und Papagaien der in Kocher lebenden Honoratioren, um nur auch bei ihren Kaffees zuweilen der interessanten jungen Stiftsdame zu begegnen ... Armgart blieb jugendlich wie ihre Mutter, wenn sie „im Geist auch schon eisgraue Haare" hatte und über die Rosenzeit des ersten Mädchenfrühlings hinweg war ... Sie gehörte dem Leben an, wo es sich nur regte, nicht um seine Freuden zu genießen, sondern um seine Räthsel zu belauschen und seine Aufgaben zu lösen ... Am liebsten wandelte sie mit dem Onkel, wie er in seinen letzten Tagen liebte, über den Friedhof ... Schon lange und seit dem Tode Windhack's und der Mutter Gülpen sagte der Onkel nicht mehr: „Der allein richtige Gattungstrieb des Menschen ist der, leben zu wollen; kommt der Tod, so ist er da und es kann ja auch einmal eintreffen, daß gerade unsereins den Beweis führt, daß das Sterbenmüssen seit Jahrtausenden *[50]* nur ein bloßes Versehen der Aerzte gewesen! Die Wissenschaften machen so außerordentliche Fortschritte!" ... Diese Lebensfreudigkeit, sonst auch zu Benno und Bonaventura ausgesprochen, hielt im letzten Jahre nicht mehr

Stand ... Er liebte die Gräber und las ihre Inschriften ... Aus jeder ihrer goldenen Lettern hörte er seine eigene Grabschrift heraus, bestellte sich, wie er die seine haben wollte, und sah im Geist die Leute an einer solchen Stelle eines kleinen Kreuzgangs
5 hinter dem Sanct-Zeno stehen und lesen: „Hier ruht in Gott" – Nun setzte er wol hinzu: „Der alte Narr, der –" ... Eine Selbstkritik folgte ... Alles das plauderte er im langsamen Gehen und bestellte sich in der Nähe des einst ihn im Kreuzgang deckenden Steines Rosen und Vergißmeinnicht ... Armgart erfreute ihn
10 dabei durch Eines – durch jenes gründliche Eingehen auf seinen Tod und sein Begräbniß – eine Tugend, die viel besser wirkt, als ein ewiges Weg- und Ausredenwollen des Sterbens ... „Darin kann ich Karl V. ganz verstehen, daß er sich Probe begraben ließ!" sagte sie ...

15 Des Dechanten Hauptbeschäftigungen im letzten Lebensjahr waren seine Briefe mit Cäsar von Montalto und Bonaventura ... Armgart erfuhr wenig von ihrem Inhalt – aus den von Italien kommenden nur das, was Paula und Gräfin Erdmuthe betraf ... Oft fuhren Onkel und Nichte zusammen nach Sanct-Wolfgang,
20 besuchten das Pfarrhaus, auch das erbrochene, jetzt wohlerhaltene Grab des alten Mevissen ... Ja noch ein Studium nahm der Dechant in seinem letzten Lebensjahre vor, die italienische Sprache ... Oft sprach er von Bonaventura's Vater *[51]* und versenkte sich in dessen Entwickelungsgang. Als Paula einmal
25 schrieb, sie lerne provençalisch, die Sprache der Troubadours, rühmte der Dechant seinen „verstorbenen", im Schnee des Sanct-Bernhard „so elend verkommenen" Bruder, der in seinem immer romantisch gewesenen Jugendsinn auch diese Sprache sich angeeignet hätte vom dritten Bruder Max, dem Offizier,
30 dem Adoptivvater Benno's, der die Kenntniß derselben aus dem südlichen Frankreich und den Pyrenäen mitbrachte ... Er las die Minnesänger und vergaß seine Acten! sagte der Dechant träumerisch von seinem Bruder Friedrich ... Es war ein Thema, über das er in ein langes, seltsames Schweigen verfallen konnte ...

Ueber Benno's Ursprung wurde wenig gesprochen ... Die Erinnerung an die falsche Trauung im Park von Altenkirchen war dem Greise zu unheimlich ...

Kurz vor seinen letzten Stunden raffte der Greis noch den Rest seiner Kraft zusammen und ließ sich über mancherlei in einem langen Briefe an den Erzbischof von Coni aus, den er schon theilweise Armgart dictiren mußte ... An gewissen Stellen nahm er selbst die Feder und ließ Armgart nicht lesen, was seine zitternde Hand geschrieben ... Er verbreitete sich über alles, was noch in Bonaventura's Leben, nach seinem Wissen, unaufgelöst und zu verklingen übrig blieb ... Auch die Losung: Fiat lux in perpetuis! wiederholte sein entschwebender Geist still vor sich hinmurmelnd ... Armgart schrieb mit Erstaunen und schon an Irrereden glaubend: Nun würde er diese Worte nicht mehr unter den Eichen von Castellungo, sondern im Vorhof der Seligen hören; sein *[52]* Huß- und Savonarola-Scheiterhaufen würde die läuternde Flamme des gelösten Weltenräthsels sein! Sollte Bonaventura noch einst, dictirte er, den Eremiten im Silaswalde sehen, so mög' er ihm sagen: Im Leichenhause des großen Sanct-Bernhard hätte auch er eine neue Offenbarung über Gott und die Welt gefunden – – Da besann sich der Greis und stockte ... Er ließ sich die Feder in die Hand geben und versuchte selbst weiter zu schreiben ... Die Hand versagte den Dienst ... Armgart mußte noch den Brief vor seinen Augen verschließen und dann sorgsam siegeln ...

Man senkte den Greis unter die kalten Steine des Kreuzganges, pflanzte aber um die Oeffnung des Bogens, der in den Friedhof führte, Rosen und Vergißmeinnicht ...

Beda Hunnius, auf dem nun ganz von den Jesuiten eroberten Terrain, auch jenseits der Elbe, wieder zu Ehren gekommen, wurde sein Nachfolger ... Zu seinem Kaplan machte sich dieser neue Dechant den in Lüttich erzogenen Schifferknaben von Lindenwerth, den Thuriferar von Drusenheim, Antonius Hilgers ... Der Arme hatte die ganze Erziehung und Abrichtung erhalten, wie sie Rom für seine Priester beansprucht ... Er war noch ärgerer Zelot als Müllenhoff ...

In dem schweren Amt der Bestattung und der Uebernahme der Hinterlassenschaft fand Armgart Beistand und überwand alles voll muthiger Entschlossenheit, noch ehe ihr Vater zu ihrer Hülfe aus der Schweiz herbeigeeilt kam ... Armgart hatte ganz Kocher zu Freunden ... Ihre Maxime war, bei jedem, der „ihr etwas zu haben schien", still zu stehen und zu fragen: Ist etwas zwischen uns? *[53]* ... Das konnte sie selbst dem hämischen Hunnius gegenüber, der mit ihr wie mit jeder „Nichte" der Dechanei gegen deren Bewohner zu conspiriren suchte ... Sie erfreute ihn durch ihre Empfänglichkeit für seine geistliche Poesie ... Die „Dichterapotheke" von Weihrauch, Myrrhen, Narden, Aloë und ähnlichen Spezereien, die so stark aus seinen Versen „stank", wie der Onkel sagte, erinnerte sie doch noch immer an die Zeit ihrer ersten Jugend, wo sie den Rosenkranz mit seinen fünf schmerzhaften, fünf freuden- und fünf glorreichen Geheimnissen in alle Himmel ausgebreitet sah, die Sonne als Monstranz und die Seelen als beflügelte Kreuze dem großen Herzen Gottes mit der lodernd über ihm thronenden Flamme zufliegend ... Die Zeiten dieser Anschauungen waren freilich auch bei ihr vorüber ... Nur hielt sie an ihrer allgemeinen Stimmung fest und die blieb eine gebundene – schon um Paula's willen, die ihr in der Ferne wie eine leuchtende Glorie, ein Ziel der Sehnsucht und heißesten Wünsche verblieb ...

Unter den Beileidbezeugenden erschien auch Löb Seligmann ... Er war ja so engverbunden der Dechanei, so engverbunden auch den Geheimnissen von Westerhof, von Kloster Himmelpfort und Schloß Neuhof ... Seitdem man allgemein wußte, daß Benno von Asselyn der Sproß einer ruchlos geschlossenen Ehe des Kronsyndikus war, hatte endlich auch Löb seine Miene vertraulicher Protection gegen den Dechanten gemildert ... Diesem hatte er sich wirklich eines Tages ganz offenbart, als er gerade von Reisen zurückkehrte und auch voll

Wehmuth Veilchen Igelsheimer auf den Friedhof *[54]* hatte tragen helfen ... Sein Auge weinte ... Die sanfte Zimmerblume war an ihrer stillen Hektik dahin gegangen und hatte den rauhen Nathan von ihrem Husten befreit, den ihre zarte Schonung, sagte
5 Löb, sich nur des Nachts gestattete! Am Tag, da hielt sie jeder unter den lachenden Masken und bunten Schellenkappen für wohlauf und gesund ... Bis zum letzten Augenblick hatte Veilchen zum „Carneval des Lebens" gescherzt – und selbst noch im Tode waren ihre langen Locken so schwarz wie in ihrer Jugend
10 geblieben, wo sie in eben diesem Park der Dechanei Spinoza kennen gelernt ... Der Dechant, nicht wenig erschreckend über Seligmann's befremdliche Beichte, sagte damals zu ihm: Auch daran trag' ich schuld, daß Leo Perl diese bescheidenen Mädchenträume nicht erfüllte! ... Löb, durch und durch „Trauer-
15 marsch" aus „Montecchi und Capuletti", erzählte dem Dechanten mehreremale, in mannichfachen Variationen, was ihn das Schicksal in Schloß Neuhof belauschen ließ ... Er gab aber die Bürgschaft seiner Discretion fürs ganze Leben und hatte gleich alles doppelt erzählt, gleich auch für die, vor denen er zu
20 schweigen gelobte ... Armgart wurde die besondere Flamme Löb's ... Wie oft auch besuchte sie die noch lebende „Hasen-Jette" und hörte dort die Neuigkeiten – über ein seidenes Kleid, das Frau Treudchen Piter Kattendyk schickte, über die in Rom eine Gräfin gewordene „damalige Lucinde Schwarz", von der
25 auch Veilchen noch oft gesprochen hätte, über die Barone von Fuld, die den Seligmann zuweilen noch in Drusenheim sahen, aber nicht mehr zum „Speisen" einluden, ohnehin, seitdem sie die Rothschilds stürzen wollten; vor allem aber die Ent-*[55]*zükkungen der glücklichen Mutter über David, ihren Sohn ... David
30 Lippschütz war auf die Beine gekommen, hatte Schulen, hatte schon einige Jahre die Universität besucht und war bereits ein berühmter Dichter ... David Lippschütz und Percival Zickeles in Wien vertraten vorzugsweise diejenige neueste lyrische Schule, der es „die Loreley angethan" hat ... Allerdings kostete diese

Liebe zur Nixe des Rheins dem Onkel Seligmann viel Geld ...
Monat für Monat gingen seine mit einem frommen „Jehova"
beschriebenen Zehnthalerscheine (ein bekannter jüdischer Heck-,
Vermehrungs- und Verlustabwendungs-Segen) in die Ferne und
suchten den David unter nordischen Tannen und südlichen Palmen, tiefunten am Kyffhäuser beim schlummernden Rothbart
oder auch „dort oben auf luft'gen Höh'n, wo Adler die Nester
sich bau'n", und ähnlichen halsbrechenden Adressen auf ...
Dafür war aber auch David Lippschütz mit Percival Zickeles
der Träger der neuesten Romantik, blies mächtig des Knaben
Wunderhorn in allen Zeitschriften und sorgte dafür, daß dem
deutschen Volk seine Nixen, Zwerge, Held Siegfried, sein Ritter
Tannhäuser, vor allem aber die Anerkennung solcher Bestrebungen nicht abhanden kam ... Ja Beda Hunnius sogar blieb zuweilen auf dem Markt in Kocher am Fall stehen und fragte die
ihm begegnende Hasen-Jette: Ja, ist denn das da wirklich euer –
es folgte ein intolerantes und liebloses auf Reinlichkeit gehendes
Eigenschaftswort – euer David, der jetzt soviel die Nixe belauscht, so ihr Goldhaar strählt mit dem silbernen Kamm? ...
Die Mutter, allerdings gedenkend, wie ungern ihr David sonst
sich kämmen ließ, *[56]* bestätigte leuchtendes Auges die volle
Identität ... Die reiche Frau Piter Kattendyk, weiland Treudchen
Ley, erzählte sie, hätte den David auch in Wien – Piter, noch im
Bruch mit seiner Familie, war meist auf Reisen – „zur Tafel
gehabt" ... Eine solche Hunnius'sche Anrede wirkte dann unten
im Ghetto von Kocher am Fall mit einem spät verklingenden
Echo als belohnender Ersatz für all die Summen, die der Onkel
auf die Länge nicht mehr ganz mit dem Humor in die grünen
Fluten warf, mit dem er sonst beim Rasiren die Barcarole sang:
„Werft aus das Netz gar fein und leise" ...
    Der brave Grützmacher war nach der Gegend von Jüterbogk
zurückversetzt worden und wohlbestallter Schleusenmeister an
einem jener Kanäle, die Elbe und Oder verbinden ... Und Major
Schulzendorf hatte das eigenthümliche Loos gezogen, eine gro-

ße Strafanstalt für sittliche Verwahrlosung zu dirigiren, die zu den Werken der „Innern Mission" gehörte, jener bekannten, hier offen, dort geheim wirkenden Bundesgenossenschaft der Jesuiten ... Einer seiner Söhne, der die Rechte studirt hatte, war bereits bis zum Präsidenten eines Regierungsbezirks, als Nachfolger des Herrn von Wittekind-Neuhof, avancirt ... Dieser kluge Mann hatte die Gewohnheit gehabt, auf Reisen, selbst an offner Table-d'hôte, vor der Suppe erst die Hände zu falten und zu beten ... Diese Gewohnheit wurde in den maßgebenden Kreisen bekannt und so wohl aufgenommen, daß man ihn in seiner Carrière einige Zwischenstufen überspringen ließ ...

Oberst Hülleshoven nahm nach des Dechanten Tode seine Tochter mit nach der Schweiz, wo er und Hede-*[57]*mann, soweit letzterer noch konnte, sich in industriellen Unternehmungen zu bewähren suchten und Monika jede Aufforderung ergriff, theilzunehmen an irgendeinem Werk der Gesinnung und der auch den Frauen gestatteten öffentlichen Bewährung ... Sie hatten abwechselnd in Basel-Landschaft, dann im Aargau, zuletzt am Genfersee gewohnt ... Der Oberst leitete Ingenieurarbeiten für die schweizerische Armee; Hedemann bebaute mit Porzia's Hülfe das Feld; Monika reiste viel; sie hatte zuletzt eine große Vorliebe für Genf und die calvinistischen Anschauungen ... Daß sie sich das Denken durch eine immer weiter gehende Vertiefung in Christus vereinfachen zu müssen erklärte, war theils die Rückwirkung Hedemann's, theils der auch jetzt nicht nachlassende Trotz gegen Armgart ...

Der unruhige Sinn der Aeltern ging glücklicherweise im gleichen Takt; uneins mit der Welt und der Zeit, waren sie doch einig mit sich ... Sie kauften jetzt – in jener Hast, die Monika eigen war – mit Armgart's bedeutendem Gelde sofort eine herrliche Besitzung, die Armgart gehörte, dicht am Genfersee ... Es war das Schloß Bex, das einem Patricier Berns gehört hatte – dicht in der Nähe jenes Waldes, wo sich im Jahr 1689 von den aus ihren Thälern in Italien mit Feuer und Schwert vertriebenen

Waldensern 900 wieder sammelten und unter Heinrich Arnaud's tapferer Führung jenen Heldenzug über den Genfersee, durch Savoyen hindurch und zurück in ihre heimatlichen Thäler unternahmen, eine Unternehmung, die nach dem Aufgebot zweier Truppencorps Ludwig's XIV. und Victor Amadeus' vollständig vom Siege gekrönt wurde ...

[58] Als sie das Schloß bezogen, entdeckte man freilich hundert Fehler und hätte es gern wieder veräußert ... Aber Armgart sagte nun: Ihr reißt euch gleich das Bein ab, wenn euch der Schuh drückt! ... Sie drang darauf, das Schloß, den Park, die schönen Weinberge mit allem, was daran schadhaft war, zu behalten ... Dabei grenzte sie sich ihr Leben eigenthümlich streng von dem der Aeltern ab ... Sie hatte ihre eigenen Zimmer, Freitags ihre eigene Mahlzeit, manchen Abend sogar in ihrem Flügel Gesellschaft für sich und die Aeltern eine andere in dem ihrigen ... Der Ton war mild, oft innig ... Die Aeltern wußten, was im Innern ihres Kindes zu schonen war und woher sie den Anlaß zu ihrem jetzt schon eigenthümlich gehaltenen, allmählich sogar spröden und ablehnenden Wesen nahm ... Benno von Asselyn, überall anerkannt als Halbbruder Friedrichs von Wittekind und demgemäß mit Lebensgütern reich gesegnet, verweilte nach wie vor als Cäsar von Montalto in London – bei ihm die Mutter und die Fürstin ...

Diese Existenz währte einige Jahre, bis eine unerwartete Wiederbegegnung den schon mächtig hereinzubrechendrohenden Stillstand und Abschluß in Armgart's jungfräulichem Leben unterbrach und überhaupt die Schicksale der ganzen kleinen Colonie wieder in neue Bewegung brachte.

3.

Eines Winterabends herrschte auf Schloß Bex eine große Aufregung ...

Sie galt einer Karte, die man, heimkehrend von einer Thalfahrt an den See, auf dem großen grünverhangenen, von einer brennenden Ampel beschienenen Tische des Eintrittsvestibüls vorgefunden hatte, wo regelmäßig die Karten der inzwischen dagewesenen Besucher niedergelegt wurden ...

„Der Baron Wenzel von Terschka" lautete die Aufschrift ...

Dazu sein Wappen und die mit „p. f. v." bezeichnete Ecke eingebogen ...

Terschka! ... rief Monika erstaunt und reichte Armgart die Karte ... Der lebt noch! ...

Seit lange hatte man von ihm nur gehört, daß er nach Amerika gegangen war ...

Armgart, die nun schon über die Mitte der Zwanzig gerückte schlanke, stattliche Herrin von Schloß Bex, schlug ihren Schleier auf, der sie beim Heimfahren im offenen Wagen gegen die rauhe Winterluft geschützt hatte, und *[60]* sah, so eröthet sie war, sogleich erblassend auf die Karte, die in ihren Händen zitterte ...

Erregt ergriff auch der Oberst die Karte ... Düster drückte er die Augenbrauen zusammen und wiederholte mehrmals:

Ist der aus Amerika zurück! ...

Armgart hatte den Abend für sich allein sein wollen ... Es war der 28. Januar, der Tag der heiligen Paula ... Sie hatte ihren Kalender, den sie auf eigene Art einhielt ... Schon freute sie sich auf die Wärme ihres Zimmers ... Am Kamin wollte sie sitzen, ihren Thee für sich allein nehmen, ihre alten Angedenken hervorsuchen und über den Montblanc hinweg so stark und lebhaft nach Castellungo und Coni, wo Paula mit ihrem Gatten in Bonaventura's unmittelbarer Nähe wohnte, hinüberdenken, daß Paula, dachte sie, sie sehen müßte ... Schon hatte sie sich ausgemalt, wie zu gleicher Zeit, während die Uhr über ihrem Sopha tickte, Paula den Brief las, den sie ihr zu ihrem Namenstage geschrieben ... Vielleicht war der, wie man hörte, in viele Händel verwickelte Erzbischof bei ihr ... Schwerlich die alte Gräfin ... Aber gewiß alle Freunde und Verehrer, die einer so hochgestellten Dame, wie Paula, auch dort nicht fehlen konnten ... Sie hatte in jenem Briefe von Sancta-Paula geschrieben, jener römischen jungen Witwe, die sich von ihren Kindern trennen konnte, um die Stätten Jerusalems zu sehen und mit Hülfe des heiligen Hieronymus über dem Grab Christi ein Kloster zu bauen ... Und um so lieber träumte sie von jenem eigenthümlichen Verhältniß, in dem ihre Lieben dort lebten, als *[61]* sich vieles davon aus Paula's Briefen doch nur zwischen den Zeilen ersehen ließ und der immer und immer besprochene endliche Besuch des Thals von Castellungo seine Mislichkeiten bot ... Ohne die Aeltern mochte sie nicht gehen und mit ihnen hatte es der religiösen Differenzen wegen ebenso seine Schwierigkeiten, wie in Rücksicht auf den Vater, der mit Paula im magnetischen Rapport gestanden hatte ... Diese Zustände hatten in Italien abgenommen; aber Gräfin Erdmuthe, so sehr sie die Familie der Hülleshovens schätzte und liebte, schien eine verstärkte Rückkehr derselben zu befürchten, wenn sich ihrer Schwiegertochter wieder die alten Elemente ihres Umgangs näherten ... Die alte Gräfin trug schon schwer genug an Bonaventura, den sie lieber ganz gemieden hätte, wäre nicht einst sein Eifer so muthvoll für ihren Eremiten aufgetreten ... Die Reise über die Alpen war unter solchen Umständen nur ein Sehnsuchtsziel der Familie geblieben ...

Dies stille Abendträumen mußte sich Armgart nun versagen ... Denn mit dem Namen Terschka zog Beunruhigung ins ganze Haus, Schrecken vorzugsweise in ihre eigene Seele ... Ein eisiger Winter war es wieder ... Sie sah sich wie damals im frosterstarrten Walde zwischen Westerhof und ihrem Stifte, sah an ihrer Seite den dämonischen Schmeichler, von dem sie damals mit Recht geglaubt hatte, daß er die Mutter berückte ... Ein Schauder ergriff sie in Erinnerung an ihr Gelübde, an ihr Suchen der Gefahr, an ihre Hingebung an diesen Mann ohne jede Spur der Neigung, an alles, was sie um ihn verloren und freiwillig geopfert hatte ... Wieder *[62]* in ihrer Nähe dieser Schein der Harmlosigkeit, diese leichte zutrauliche Manier, die nichts begehren zu wollen schien und eben deshalb sogleich alles besaß? ...

Vater und Mutter, die sich mit politischen Dingen deshalb ausdrücklich nicht befaßten, weil ihrer religiösen Richtung vorgeworfen wurde, daß sie nur die maskirte Revolution wäre, hatten nichts mehr über Terschka's Leben und Treiben vernommen ... Nur das eine war ihnen zu Ohr gekommen, daß Terschka in irgendeiner Weise, welche, wußten sie nicht, sogar mit dem Untergang der Brüder Bandiera in Verbindung stand, einem Ereigniß, an dem der Oberst den schmerzlichsten Antheil nahm, da ihm in Amerika der Vater der Jünglinge bekannt geworden war und durch Thiebold auch dessen an Benno aufgetragenen Grüße ihm ausgerichtet wurden ... Noch hatte man vernommen, daß Terschka in dem Augenblick London verließ, als Benno dort ankam ... Eine große Geldsumme, die ihm später, als er wieder zurückgekehrt war, von Witoborn aus zugekommen sein sollte, mußte, glaubte man im engern Kreise des Obersten, vom Präsidenten auf Neuhof herrühren, der mit ihm über die Enthüllungen der zweiten Heirath seines Vaters schon längere Zeit in näherer Verbindung stand ... Dann war er nach Amerika gegangen ...

Monika konnte nie wieder ganz das Bild jener wiener Zeiten bannen, wo Graf Hugo und Terschka so heiter und sorglos verkehrten, die alte Gräfin trotz erster Abneigung gegen Terschka für ihn schwärmte, ja sie selbst von ihm mit einer Leidenschaft verehrt wurde, die ihr Herz in Unruhe, ihre Entschlüsse in Schwankungen *[63]* versetzte ... Daß Terschka, der schon immer und immer mit dem Uebertritt umging, wie Monika selbst, die Hoffnungen auf ihre Gegenliebe damals, als er Armgart und deren förmliches Sich-ihm-anbieten, um die Mutter von ihm abzuziehen, kennen gelernt hatte, aufgab, schien ihr natürlich zu sein; eine alte Theilnahme löscht sich im Frauengemüth nie aus; wo sie einmal Partei genommen, sind ihre Entschuldigungen unerschöpflich ...

Nur Armgart, die nun schon wieder ganz allein in ihrer Abneigung zu stehen fürchtete, sagte: Er hat irgendeine Schuld auf seinem Gewissen! Diese jagt und verfolgt ihn! Diese treibt ihn vom Guten auf, wenn er das Schlechte eben verlassen hatte und das Gute lieben möchte! Diese macht ihn zum Werkzeug jedes energischen Willens, der ihm imponirt! ...

In ängstlicher Spannung saßen sie beim Thee; der Sturm mehrte sich, manche Zweige an den ächzenden Pappeln, die in nächster Nähe des Schlosses standen, brachen ... Jeden Augenblick, glaubte man, müßte die Glocke an der Eingangspforte gezogen und Terschka's Rückkehr gemeldet werden ...

Es wurde neun, zehn Uhr ... Schon wollte man zur Ruhe gehen, da zog es an der Glocke ... Es war eine weibliche Stimme, die sich hören ließ ... Porzia Hedemann kam noch so spät aus ihrem dem See näher gelegenen Häuschen ... Sie hatte sich nicht überwinden können, ihren theuren Gönnern und Beschützern noch von einem Besuch des Barons von Terschka zu erzählen ... Freude strahlte aus ihrem Auge und ergänzte ihre gebrochene deutsche Rede ... Terschka hatte in gewohnter *[64]* Weise die Spuren seines Erscheinens sogleich angenehm bezeichnet, hatte von Mitteln gesprochen, die unfehlbar die kranke Brust Hedemann's heilen müßten ... Alle Zauber Amerikas breiteten sich schon um ihn, als nun auch der Oberst einräumte, die Indianer besäßen Heilmittel, von denen sich die Weisheit unserer Aerzte nichts träumen ließe ... So schwebte schon Terschka, noch ehe man ihn wiedersah, in dem gewohnten Nimbus seiner Liebenswürdigkeit ...

Am folgenden Tage erschien er in der That ...

Er war in Genf abgestiegen, kam in einem Einspänner dahergeflogen, den er selbst führte, und sah in seinem schnurbesetzten Pelzrock, von Wetter und Sturm geröthet, trotz seiner fünfzig Jahre, noch immer ganz stattlich aus ... Die kleinen Formen des Siebenmonatkindes konnten eher, als plastischer ausgebildete, durch die Jahre zusammengehen ... Sein Auge hatte das alte lebhafte Feuer; sein kurzgeschnittenes Haar war, trotz der Beängstigungen, die sein Gemüth die Reihe von Jahren hindurch schon ausgestanden haben mochte, nur von einem leichten Hauch der Verwandlung in Grau überflogen ... Mit einer Unbefangenheit gab er sich, als setzte die Gegenwart die nur kurze Zeit unterbrochen gewesene und völlig ungestört gebliebene Vergangenheit fort ...

Die befangenen Mienen des Obersten klärten sich auf, als Terschka mit Begeisterung von Amerika sprach ... Monika sah in jeder Freude ihres Gatten ihre eigene und schürte dies Behagen ... Vom frühern Jesuiten, von der Umwandelung in einen Protestanten, vom Freunde der italienischen Emigranten konnte um *[65]* Armgart's willen nicht lange die Rede sein ... Diese noch unverheirathet zu finden, sagte Terschka, überraschte ihn nicht, denn er hätte sie und ihre Familie auch jenseits des Oceans nicht aus dem Auge verloren ... Sein Wesen blieb harmlos; nicht eine Miene verrieth: Du liebtest einst diese Mutter, deren Locken nun immer silberner geworden! Und wie nahe warst du, auch die Tochter, diese immer noch blühende, schöne, reiche Herrin von Schloß Bex die Deine zu nennen! ...

Hedemann wurde gerufen ... Trotz seines „Sterbens in Christo" kam er neubelebt ... Porzia war hoch in der Hoffnung und der Gedanke des Todes, sonst ein ihm so lieber und vertrauter, erfüllte ihn jetzt mit Trauer ... Terschka versprach, ihn seines Mittels wegen zu besuchen ... Im Plaudern hatte er eine noch auffallend genaue Kenntniß aller Verhältnisse und Personen, mit denen er sonst gelebt, verrathen und bedurfte darüber keines Unterrichts, den er eher noch selbst ertheilen konnte ... Ohne

Schärfe ließ er zuweilen und wie zufällig eine Anspielung auf den natürlichen Sohn des Kronsyndikus, Cäsar von Montalto, oder auf die Fürstin Rucca fallen ... Er übertrieb, bei Gelegenheit des Grafen Hugo, das Princip der Dankbarkeit, sagte aber auch, in Anspielung auf Benno's Dankbarkeit für seine Befreierin, die Fürstin Olympia:

Meine Damen, als ich noch ein Jesuit war, kam im Colleg zu Rom die Frage auf die Dankbarkeit ... Wir trieben Moral nach allen möglichen Unterscheidungen hin; aber von Dankbarkeit war wenig die Rede ...

„Seid dankbar in allen Dingen, denn das ist der *[66]* Wille Gottes in Christo Jesu an euch!" sagte Hedemann und freute sich der vorgeführten Bilder aus der alten Zeit Witoborns ...

Das ist aber die Dankbarkeit nicht, nahm die streitsüchtige, schon außerordentlich angeregte und ein gewähltes Mittagsmahl anordnende Monika auf, die Terschka meint ... Sie wollte hören, wie es mit Terschka's religiösem Innern stand ... Terschka hatte vom Tode Ceccone's gesprochen, der wol auch die Ursache gewesen sein mochte, sagte er harmlos, daß seine Nichte seit Jahren nicht nach Rom zurückkehrte ... E b e n s o lange war Ceccone todt – er war unter seltsamen Umständen gestorben ...

Auch der Oberst achtete nicht darauf, daß sich Armgart dem Fenster zuwandte; er sah nur und freute sich dessen, wie geheimnißvoll seine Frau für den Mittagstisch sorgte ...

„Und seid gewurzelt und erbaut in ihm und seid fest im Glauben, wie ihr gelehrt seid, und seid in demselben reichlich dankbar!" wiederholte Hedemann zum festen Zeugniß, daß die Bibel die Jesuitenlehrer beschäme ...

Die Mutter, während Armgart schwieg und am Fenster auf den See und die im Violett strahlenden Schneeberge Savoyens blickte, wollte heute gar nicht Hedemann's Partie nehmen und meinte, manches Verhältniß des modernen Lebens, manche Verpflichtung unserer künstlichen und unnatürlichen Verhältnisse ließe sich kaum aus der Bibel herleiten ... In diesen Gegenden, wo der Bibelglaube und die religiöse Phrase fast an jedem Bissen Brot, den man in den Mund nimmt, haftete, war Monika allerdings etwas weltlicher *[67]* geworden; aber auch die Erinnerung an die schönen Stunden, die sie in Wien verlebt, erregte sie ...

Hedemann ließ die Meinung nicht aufkommen, daß die Schrift nicht die umfassendstverpflichtende Dankbarkeit anempföhle ... David war dankbar gegen Abjathar, den Sohn Abimelech's, der für David gestorben ... David war dankbar gegen Barsillai, den achtzigjährigen, den er mit nach Jerusalem in seine Burg nehmen wollte, weil er ihm früher in Noth gedient ... David war dankbar dem Gedächtniß Jonathan's, des Sohnes Saul's, der ihm angehangen, und rief in alle Lande: Wo ist jemand übriggeblieben von dem Hause Saul's, daß ich Barmherzigkeit an ihm übe um Jonathan's willen?! ...

Dennoch hielt Monika die Frage der Dankbarkeit in einem andern Sinne fest und sagte:

Die Dankbarkeit, die Terschka meint, heißt nicht das Erweisen von Wohlthaten an den, der auch uns Wohlthaten erwies, sondern die Unterordnung des eigenen Willens und Interesses unter den Willen und das Interesse eines andern für ein ganzes Leben lang – ...

Eine Stille trat darauf ein ... Terschka genoß ihre Wirkung und sagte, so hätte er sich allerdings dem Grafen Hugo hingegeben und ganz von ihm regieren lassen ... Unsre Professoren auf dem Collegium, fuhr er fort, ließen wenigstens nicht mit offnen Worten, aber halt ziemlich deutlich keine Dankbarkeit gelten, die eine eigene Benachtheiligung voraussetzte ... Den Vortheil, den sie auf alle Fälle gewahrt wissen wollten, nannten sie die eigene Vollkommenheit ... Hatten wir nicht einen ganzen Tag Disputation über die Frage: Ist man ver-*[68]*pflichtet, hundert Zechinen einem Mörder auszuzahlen, der sich dafür erbot, einen Mord zu begehen? ... Der erste Satz war natürlich: Solange der Mord nicht vollzogen ist, kann auch von Zahlung gar keine Rede sein ...

Man lachte ... Selbst Armgart mußte es ...

War aber halt der Mord vollzogen, fuhr Terschka fort – wie dann, wenn der Anstifter in den Beichtstuhl kommt und, nachdem nun sein Vortheil bereits gewahrt ist, jetzt keine rechte Lust mehr bezeugt, die hundert Zechinen zu bezahlen? ... Darüber waren die Meinungen der Theologen getheilt ... Einige glaubten, daß das Geld, ob vor oder nach der That, wenn auch versprochen, unter keinerlei Umständen bezahlt zu werden brauchte ...

Schändlich! rief Monika aufwallend ... Selbst dem Mörder muß man die Treue halten ...

Sie urtheilen, meine Gnädigste, fiel Terschka ein, grad' wie der heilige Liguori, der Stifter der Liguorianer, unser Schutzpatron, auch urtheilte ... Rund und fest hat der Liguori erklärt: Die hundert Zechinen müssen dem Mörder unter allen Umständen bezahlt werden! ...

Das beste Wort, das ich je von einem Jesuiten gehört habe! fiel die Mutter ein und setzte die Entwickelung ihrer Moral der Hochherzigkeit und des Edelmuthes fort, bis der Oberst von der Dankbarkeit hinzugefügt hatte, daß er Beispiele aus seinem eigenen Leben kenne, wo sie manche Charaktere vollständig aus ihrer Bahn gelenkt hätte, wo Menschen, einmal verpflichtet, nie wieder ihren freien Willen bekommen hätten, Offiziere, die das Opfer eines einmal unbedacht geschlosse-*[69]*nen Verhältnisses sogar mit ältern Damen geworden und elend untergegangen wären ... Da erst verstanden denn Monika und Hedemann die wechselnde Gesichtsfarbe Armgart's und setzten das Gespräch, dessen Bezüglichkeiten sie sich jetzt auf Benno deuten konnten, nicht fort ...

Aber von Lucinden und einem seltsamen Zusammenhang des überraschenden Todes ihres Gönners, des Cardinals Ceccone, wußte nun Terschka Dinge zu erzählen, die, wenn sie auch fragmentarisch bleiben mußten, weil sie für Armgart's Ohr nicht gemacht waren, doch die ganze Behaglichkeit verbreiteten, durch Terschka wieder in einen Zusammenhang mit der Welt zu kommen ... Armgart hörte aus dem Flüstern nur, daß Graf Sarzana gleichfalls als Flüchtling in London und gleich in den ersten Wochen seiner Vermählung von seiner Frau getrennt lebte ...

Acht Tage verflossen und Terschka war in dieser und ähnlicher Art auf Schloß Bex die Hauptperson geworden ... Die Mutter konnte schon sagen: Was sollte denn nun auch werden, wenn jedem Menschen, der einmal strauchelte, der Kainsfluch immer und ewig auf der Stirn gezeichnet bliebe! ... Warum gibt es denn keine großen Männer mehr? ... Weil die Keime dazu in unserer Civilisation falsch aufblühen und leider zuweilen eher in den Zuchthäusern, als in den Walhallen reifen! ... Verpflanzt doch nur einmal unsern Herrn und Heiland in das Zeitalter der Gensdarmen! ... Würde Jesus von Nazareth drei Jahre haben lehren und hin- und herwandeln können? ... Nicht drei Tage hätte sein hochheiliges Lehramt gedauert ...

[70] Von Lucinden, Gräfin Sarzana, hatte Terschka, wie nun Armgart vertraulich von der Mutter erfuhr, erzählt, daß die Klügste ihres Geschlechts das Opfer einer Intrigue geworden war, die auch nur in Italien vorkommen konnte ... Graf Sarzana war in der That ein Verschworener des „jungen Italien", theils aus Ueberzeugung, theils aus Rache gegen Ceccone, der seit Jahren seine Familie entwürdigte und wahrhaft misbrauchte ... Auch ihm wollte der Cardinal die Hand einer Frau geben, die nur ihm gehören sollte ... Hatte der Cardinal Berechtigung, von Lucinden solche Hoffnungen zu hegen oder nicht, der Gardist Sr. Heiligkeit ging wenigstens scheinbar auf den Vertrag ein ... Seine Rache wollte einen erlaubten Anlaß haben, Ceccone gelegentlich aus der Welt zu schaffen ... Die Ehe wurde vollzogen; der gerade in Rom anwesende neuerhobene, glänzend gerechtfertigte, wie von unsichtbaren Armen geschützte Erzbischof von Coni hatte früher Gräfin Paula nicht trauen können – aber Lucinde wollte diesen Vorzug genießen und Terschka hatte sogar angedeutet, daß Lucinde Mittel besäße, den Erzbischof zu

allen möglichen Dingen zu zwingen ... Kaum hatte das Sarzana'sche Ehepaar jenen Palast bezogen, in dem früher die Herzogin von Amarillas wohnte, so verbreitete sich ein Gerücht, der Cardinal hätte bei einem Abendbesuch in diesem Palast einen unglücklichen Fall gethan ... Blutend fuhr er nach Hause ... Wol ein Jahr hätte er sich dann elend hingeschleppt, hätte sehen müssen, wie Fefelotti seinen ihm immer mehr abgerungenen Einfluß gewann und wäre zuletzt still vom Schauplatz verschwunden und sogar außerordentlich heilig *[71]* gestorben ... Bald aber nach jener Nachricht von dem „unglücklichen Fall" wäre Graf Sarzana heimlich aus Rom entwichen, seine Gemahlin in ein Kloster, das der „Lebendigbegrabenen", gegangen, wohin schon einmal ein dunkler Vorfall aus dem Leben des Cardinals sich der Welt entzogen hätte – ... Jetzt wisse es alle Welt, hatte Terschka erzählt, Graf Sarzana hätte seine Gemahlin in einer „Scene" mit dem Cardinal überrascht, die Thür gesprengt und auf frischer That auf ihn den Degen gezückt ... Der Stoß war nicht tödtlich und erst nach einem Jahr erlag Ceccone den Folgen der Wunde ... Gräfin Sarzana wäre seitdem noch gar nicht lange erst wieder aus dem Kloster ans Tageslicht gekommen ...

Armgart wußte freilich aus Briefen, die aus dem Thal von Castellungo kamen, daß Gräfin Sarzana schon seit zwei Jahren in Genua lebte, ja sogar in Coni erwartet wurde ... Sie sagte also: Alles das wird sich auch wol noch anders verhalten! ...

Ueberhaupt kannte Terschka von den Verwickelungen im Leben der Nahebefreundeten Monika's und Ulrich's mehr, als diese in ihrem reinen Sinn hören mochten ... Selbst Lucinden ließ der Oberst, der sich ihrer wenig entsann und von der er nur hatte erzählen hören, das Urtheil angedeihen: Wir wissen nicht, ob die Menschen, die sie verurtheilen, recht haben oder nicht; aber für soviel Unglück, als auch gerade ihr beschieden zu sein scheint, könnte sie jeden fast dauern und ihre Erbitterung gegen die Welt gar nicht wunder nehmen ...

An den in jener Gegend üblichen Erbauungsstunden und religiösen Versammlungen, an den Streitigkeiten *[72]* über die Erbsünde und die Gnade nahm Terschka, der nun eingebürgert blieb, ohne besonderes Interesse theil ... Geistige Bedürfnisse lagen ihm überhaupt, wenn sie Ernst voraussetzten, fern ... Wenn von Paris, London und Wien die Rede war, seufzte er sehnsuchtsvoll ... Anfangs kehrte er immer wieder, wenn er Schloß Bex besucht hatte, nach Genf zurück ... Zuweilen kam von dort mit ihm Gesellschaft, anfangs achtbare Persönlichkeiten, die in einer mit Fremden überfüllten Stadt leicht gefunden sind ... Der einförmige Kreis des Landlebens im Winter erhielt durch ihn Belebung; sogar mehr, als man wünschen konnte ... Es stellte sich eben eine Toleranz gegen den Erzähler seiner Abenteuer und Reisen wieder her, die alle Bedenklichkeiten des Vergangenen vergessen zu haben schien ...

Nur Armgart blieb gegen den nur zu schnell wieder zu Gnaden Angenommenen kalt, vermied ihn, wo sie konnte, blieb, wenn er nicht noch vor Nacht nach Genf heimkehrte, vorsichtig auf ihren Zimmern und lebte ihrer innern Welt, die sie schon so früh verstanden hatte zu ihrem Universum zu machen ... Ein Kind, das mit einem aus Baumrinde geschnittenen Schiffchen sich stundenlang den Ocean träumen konnte, war sie sonst; jetzt kannte sie den großen Ocean des Lebens und suchte auf diesem nur ihre kleinen Schiffchen ...

Der Oberst und Monika waren im Grunde doch nur Gemüthsmenschen und entbehrten, ungeachtet ihrer steten Berufung auf den Verstand, eines scharfen psychologischen Blicks ... Sie übersahen, daß es eine Verkommenheit im Menschen gibt, die dem Kenner selbst durch den *[73]* äußern Schein des größten Behagens hindurchschimmert, wie eine nur scheinbar gepflegte Toilette durch eine zerrissene Naht und ein nicht gehörig verstecktes Bändchen in ihren geheimen Schäden sich verräth ... Eine solche im Sinken begriffene Natur lacht und scherzt dann und am Uebermaß des Widerhalls läßt sich erst erkennen, wie innerlich alles so hohl ... Jedes Wort hört der scheinbar so unbefangen Sprechende dann gleichsam selbst zuerst; sein Gang ist berechnet; der Schatten, den er wirft, ängstigt ihn ... Unruhig sucht er dann Haltpunkte und Anlehnungen ... Sie sind aber ganz wie im Zufall und wie im Traum gewählt ... Eine alabasterne Vase, ein Spiegel, um im Bilde zu bleiben, ist von dem Vorsichtigsten dann zertrümmert, er weiß nicht wie ...

Für die sich ganz ebenso zeigende tiefinnere Verkommenheit Terschka's hatte Armgart einen klarsehenden Blick ... Während der Unheimliche den Vater durch seine Ställe und seine Vorschläge für die Oekonomie fesselte, die Mutter durch hundert Aufträge, die von ihm für Genf übernommen wurden, Hedemann und Porzia durch Heiltränke, die in der That vorübergehende Linderungen verschafften, sah allein Armgart mit Schrekken, wie Terschka schon so im Zuge des Eingreifens in alle Verhältnisse auf Schloß Bex war, daß ihr bereits die Geldsummen verloren schienen, die ihm anvertraut wurden ... Sie sah eine Lebendigkeit um sich her, die sie im höchsten Grade beunruhigte ... Terschka's Genossen, jetzt größtentheils Franzosen von unheimlichen Manieren, gingen ab und zu ... Schon wurden Jagdpartieen arrangirt... Oft war *[74]* die Tafel, ohne irgend eine Einladung, zwanzig Personen stark ... Der Oberst liebte die Jagd und Monika unterstützte diese Neigung ohnehin, weil sie – sie sagte es scherzend – gutmachen wollte, daß der Anfang ihres früheren Zerwürfnisses mit ihm ein Lachen über die Fehlschüsse des eben Erheiratheten war ... So ging es hinauf in die Schluchten der Berge, gerade wie um Witoborn her in die Wälder ... Monika, der es an Gründen nie fehlte, wenn etwas Inconsequentes durch Gesetze der Nothwendigkeit entschuldigt werden sollte, fand diese Bewegungen dem Gatten zuträglich, sorgend nur, daß Armgart von den Zumuthungen der Theilnahme verschont blieb ... Wohl kannte sie Armgart's Erinnerung an jenen Tag, wo sie, todtbetrübt und die Mutter an Terschka gebunden glaubend, sich infolge ihres Gelübdes in die gräflich Münnich'sche Jagd stürzen konnte, um für die Erkorene Terschka's zu gelten ...

Der Winter verstrich ... Armgart saß nicht immer mit ihren Büchern im Zimmer ... Sie unterstützte Hedemann und Porzia im Reinigen und Schwingen der Sämereien, stieg in die Keller und wahrte die Wurzelgewächse gegen üble Wirkung dumpfer und feuchter Luft, benutzte jeden sonnigen Tag, wo der Boden der großen Gemüsegärten sich auflockert, um die Aussaat solcher Pflanzen zu leiten, denen längeres Verweilen des Samens im Schoos der Erde nützt, ließ die Obstspaliere und manche freischwebende junge Pflanzung mit Stroh umhüllen, unterstützte gegen den Sturm, der oft aus dem Walliserland und vom großen Sanct-Bernhard her mit Ungestüm wehte, die jungen Obstbäume mit *[75]* kräftigen Stecken, ließ die Weinstöcke niederlegen und gerade wenn ihr Blumengarten dicht voll Schnee lag, säete sie die ersten Boten des Frühlings, Primeln und Aurikeln – ihr Same darf die Erde nur leise berühren, nicht in sie eindringen – ... Bei diesen Beschäftigungen, auch beim Pflegen der Hyacinthen, die in ihren Zimmern, wie ehemals bei Paula, die grünen Keime ansetzten, trug sie ihr seltsames Lebensloos und gab, wie in einem spanischen Gedicht, das Bonaventura auf Westerhof einst ihr und Paula vorgelesen, „Des Gärtners Lohn" – auf die Frage:

„Herr, unter Steinen und Moosen
Was schöpfst du soviel aus dem Born?"

durch Blick, Rede und ganze Haltung die Antwort:

„Dir will ich benetzen die Rosen! –
Mir will ich benetzen den Dorn!"

Es war ein Nonnenleben ohne Klausur, das ihr Ideal zu werden schien ... Die Welt hüllte sich ihr in eine Trauer, die sie nicht deuten, ja in einen Schmerz, den sie kaum anerkennen mochte ... Sie wurde ablehnend und streng; vielen erschien sie kalt ...

Der Frühling war gekommen, die Hollunderbüsche blühten, die Kastanienbäume setzten ihre braunen Knospen an, der Leman braute jene durchsichtigen, sonnigen Nebel, die die wild aus den Bergen stürmende „Bise" nicht mehr zerriß ... Terschka wohnte nun schon oft wochenlang auf dem mit allen Reizen der Natur sich schmückenden Schloß Bex ... Zu andern Zeiten wieder überredete er den Obersten, mit ihm nach dem fremdenüberfüllten Genf zu gehen ... Wer das *[76]* Gefühl hat, mit gegebenen Zuständen in Bruch zu leben, ergreift gern die Gelegenheit, aus seiner Isolirung herauszutreten und da sich anzuschließen, wo von den unbefangener Urtheilenden die langentbehrte Zustimmung nicht ausbleibt ... Diese reichen Patricierfamilien Genfs mit ihren strengen calvinistischen, aber in andern Dingen wieder republikanisch unbefangenen Formen wurden eine Welt, in der sich Monika sorglos bewegen durfte ... Sie sprach gut französisch, konnte mit den Professoren der Universität Streitigkeiten führen, die für jeden Zuhörer genußreich waren, der Rath des Obersten wurde in mancher technologischen und Ingenieurfrage begehrt, Terschka war die Seele der auch in Genf vorhandenen aristokratischen Gesellschaft ... Von den Flüchtlingen, den Polen, Italienern, Deutschen, hielten sich alle in Entfernung ...

Aber gerade von dieser Seite aus gab es scharfe Augen und der geschmeidige, lebensschlaue Böhme, der überall nach Macht, Einfluß, Stellung trachtete, mußte erleben, daß ihm schon manches fehl schlug ... Bald hieß es sogar auch hier: Er spielt eine falsche Rolle! Er hat sie schon in London gespielt! Sein Gewerbe kann nur das eines Spions sein! Er correspondirt mit Wien und Rom! ... War dem nun so oder nicht, Terschka blieb jener Jesuitenzögling, der zwar mit scheuer Vorsicht seinen Weg Schritt für Schritt macht, nie aus sich selbst heraus, sondern immer nur aus den andern die Situationen seines Lebens entwickelt, niemals kann er recht ein Herr werden, immer nur Diener ... Durch sein Dienen verpflichtet man sich die Menschen und zuweilen sind die Menschen edel und heben dafür den andern, der uns dient, wie *[77]* einst mit ihm Graf Hugo gethan; jetzt aber hatte er zuletzt doch nur noch den Obersten und Monika für sich, hundert Zerwürfnisse und Streitigkeiten schon gegen sich ... Bereits hieß es beim Obersten und Monika: Man müßte doch aus dieser Gegend fort! Man müßte doch Bex verkaufen, so schön es auch wäre! Schon wegen – Hedemann's sollte man in eine mildere Gegend ziehen! ...

Die Herrin von Schloß Bex hatte auch hier, trotz ihrer Schroffheit, Verehrer und Bewerber ... Angesehene Namen aus Genfs Patricierfamilien, umwohnende Grundbesitzer, Reisende, wiederum auch mancher Engländer, huldigten Armgart mit oft maßlosem Eifer ... Die Mutter wünschte die endliche Verheirathung; auch der Vater; schon deshalb, um den Schein aufzuheben, als bestimmten sie die Tochter ihres Vermögens halber unvermählt zu bleiben ... Alledem geberdete sich Terschka trotz seiner fünfzig Jahre eifersüchtig, als scheute er mit der Jugend keinen Wettkampf ... Nicht daß er seine eigene Liebe zur Schau trug – wenigstens warf er ein: Ich werde so lächerlich nicht sein! – immer aber hatte er Gründe, die Bewerber zu verdächtigen und suchte Scenen herbeizuführen, die zuweilen so ausarteten, daß die Frauen, vor allem Armgart, wahrhaft darunter litten ... Conflicte gab es, wo man erstaunen mußte, wie ein einziger Mensch, dem der wahre innere Halt des Charakters fehlt, dennoch einen ganzen Lebenskreis verwirren und beschäftigen kann ... Zuletzt standen auch endlich die Hülleshovens mit Terschka so allein, daß ein Entweder-Oder sich ihnen als unabweisbar aufdrängen mußte ... Terschka, fünfzig Jahre alt, in Fällen, wo *[78]* sein Benehmen Zeugen hatte, muthig und entschlossen, wo er allein war, hinterlistig, feige sogar oder doch nur schlau, konnte schon wieder die Hände vor die Augen legen, weinen wie ein Kind und sein Lebensloos beklagen, sodaß die Frauen entweder mit einstimmen oder entfliehen mußten, um sich nur dem magischen Einfluß eines Gauklers zu entziehen, der die besonnensten Menschen bethörte, seine geschworensten Feinde irre machte und, das sah man nun wohl, Armgart noch erobern wollte ...

Terschka hatte Schulden; der Oberst konnte ihm nicht mehr helfen ... Monika schmollte mit ihm tieferbittert, seitdem er, ganz nur wie zum Scherz, die Aeußerung hatte fallen lassen, er würde, wenn Armgart es beföhle, in den Schoos der römischen Kirche zurückkehren ... Armgart besuchte zuweilen die Messe in einem zwei Meilen höher hinauf gelegenen katholischen Dorfe ... Terschka fing an, sie dorthin zu begleiten ... An der Kirchthür wartete er dann, bis sie zurückkam ... Wieder wurde ihr der Mann wie die Schlange, deren Athem den Vogel besinnungslos macht ... Sie stand ohnehin mit ihrem katholischen Gefühl hier allein und nun gesellte sich diesem, wie sympathisch ergriffen, Terschka zu ... Monika sagte ihm seitdem, so oft er sich auf dem Schlosse sehen ließ, mit dem Ton des gebietendsten Ernstes: Terschka, verlassen Sie uns endlich! ... Der Oberst erklärte in Güte: Terschka, Ihre Rolle ist hier ausgespielt! Reisen Sie mit Gott! ... In leisem, gemüthlichem Ton konnte er dann seufzen: Ich gehe! ... Er ging und kam wieder ... Nur einen Augenblick *[79]* blieb er dann, schwieg und warf einen Blick des tiefsten Schmerzes auf Armgart ... Nicht lange währte es, so kniete er hinter ihr in der Messe des kleinen Kirchleins im Gebirge ... Armgart erhob sich dann, sprach nicht mit ihm beim Verlassen des Gottesdienstes und wich ihm für den Heimweg aus, aber sie sammelte nur mühsam die Kraft dazu, wankte, wenn er sich ihr näherte, suchte zu entfliehen und konnte nicht von der Stelle ... Alles, alles, als wär' er durch sie und um ihretwillen im Begriff, wieder Katholik zu werden und als wär' er's schon längst geworden, wenn er nur sicher wüßte, ob er in diesem Fall seines Priestergelübdes entbunden würde ... Er behauptete, deshalb in Genf alle Bibliotheken nachzuschlagen ...

So überraschte er Armgart einst auf ihrem Zimmer ... Seine Jahre verwünschend, nannte er die Empfindungen, die ihn beherrschten, wahnsinnig, dennoch erklärend, gewisse Namen, die gerade damals als Armgart's Bewerber genannt wurden, tödten zu können; er drohte sich eine Kugel vor den Kopf zu schießen und hoffte bei solchen Worten nur, durch Armgart's Erklärung, daß sie ihn für jung, lebensberechtigt und ihrer endlichen Erhörung für vollkommen würdig hielte, aufgerichtet zu werden ... In wilder Hast ergriff er ein an der Wand hängendes Crucifix, küßte es mit leidenschaftlicher Inbrunst und bat dem „heiligen Holze", wie er es nannte, mit lauter Stimme ab, was seither von ihm ruchlos am katholischen Glauben verbrochen worden ... Seinen Priesterstand würde er nicht zu erneuern brauchen, sagte er – weil er ihn ja ewig geschändet hätte ... Alles das kam *[80]* mit einer Wahrheit von seinen Lippen, als machte er im Al-Gesù eine jener rhetorischen Uebungen durch, wo sich ein Sprecher in einer von ihm geschilderten Situation ganz wie ein Schauspieler verlieren muß ...

Armgart stand am Fenster und zitterte ... Terschka sprach, als wäre sie nicht anwesend ... Laut recitirte er eine Litanei an die allerseligste Jungfrau ... Er kniete nieder, um sein Gelübde auszusprechen, in den Schoos der von ihm verlassenen Kirche zurückzukehren, auch wenn ihm, dem Leviten, nie wieder Vergebung zu Theil werden würde ... Engel würden dann für ihn die Hände erheben und vielleicht im Jenseits eine besonders begnadete Seele ihn rettend in ihren Schoos nehmen ...

Ohne Zweifel erwartete Terschka, daß Armgart ihn emporziehen, irgend mit ihm einen Ausweg aus dem Labyrinth seiner Verhältnisse bereden würde ... Aber so sehr sich in ihr die alten Stimmungen des Selbstopfers, die Seligkeiten des gebundenen Willens regten, die Jugendzeit mit ihren Schwärmereien war vorüber ... Mit einem verachtenden Ausdruck ihrer Augen, der den unverkennbarsten ewigen Bruch zwischen ihr und Terschka verrieth, rief sie: Nein! Nein! Nein! ließ ihn auf dem Teppich vor ihrem kleinen Hausaltar liegen und entfloh aus dem Zimmer ...

Da begegnete ihr der Vater, sah ihre Aufregung, traf Terschka, noch mit dem Crucifix, das er unaufhörlich küßte, in der Hand, schleuderte ihm einige Verwünschungen zu und wies ihm die Thür ...

Terschka erhob sich von der Erde, auf der er gekniet hatte, schwankte eine Weile, taumelte unentschlossen, maß den *[81]* Obersten, halb als ob er an seinem Halse sich ausweinen, halb – als ob er ihn tödten wollte ... Und als dieser wiederholt rief: Sie sind ein unverbesserlicher Abenteurer! Man weiß alles von Ihnen! Sie sind unter Räubern erzogen, Sie sind ein Kunstreiter – noch haben Sie nicht aufgehört den Jesuiten zu dienen! Die Brüder Bandiera sind durch Sie verrathen worden – durch einen gewissen Jan Picard – ha, kennen Sie den Namen –? – da erblaßte Terschka, erhob sich lautlos und verschwand – ...

Allgemein glaubte man, er säße in Genf im Schuldgefängniß ... Seine Sucht, sich in den vornehmsten Kreisen zu bewegen, Cavalier zu sein, Matador der Gesellschaft, hatte ihn in nicht endende Verlegenheiten gestürzt ... Nach und nach aber verbreiteten sich Gerüchte, er wäre in den Canton Freiburg gegangen und hätte sich dort reuig in das dortige, damals allgewaltige Collegium der Jesuiten zurückbegeben ... Die Strafen, die ihn in diesem Fall dort erwarteten, mußten, wenn er nicht schon früher Verzeihung gefunden, furchtbare sein – deshalb wurde auch von andern die Möglichkeit eines so gewagten Entschlusses bezweifelt ...

Auf Schloß Bex stellte sich der Friede wieder her und die Gegensätze versöhnten sich in der einstimmigen Verwerfung eines sittlich Haltungslosen, an den man vergebens Milde, Langmuth, Wohlthaten verschwendet hätte ... Die Schulden, die Terschka beim Obersten nicht getilgt hatte, konnten als Vorwand dienen, in Freiburg nach ihm Erkundigungen einzuziehen ... Man gab dort eine kaltausweichende Antwort ... Der Uebermuth der im Steigen begriffenen klerikalen Partei hatte gerade damals, *[82]* in der von Bürgerkämpfen zerrissenen Schweiz, den höchsten Grad erreicht ...

Aber nur noch eine kurze Weile und es schlug die Stunde einer großen Bewegung ...

Jener dreifachgekrönte arme leidende Mann mit dem tücherumwundenen Antlitz auf dem apostolischen Stuhl hatte seinen letzten Seufzer ausgehaucht, wie ihn die Stellvertreter Christi aushauchen – einsam, verlassen, in den schauerlich öden Marmorsälen des Vaticans ein dem Reiz nach Neuem allzulang verweilender Gast ... Draußen eine unruhige, großer Umänderungen harrende Menge, die die neue Bescherung, das beginnende Conclave und den Namen und die Person eines neuen Trägers der Himmelsschlüssel erwartet ... Der Sterbende ist dann nur noch eine leere Hülse ... Nur noch einige geringe Würdenträger bleiben bei ihm, die auf den Augenblick harren, wo ihnen gewisse Functionen für den Todesfall der Päpste vorgeschrieben sind, das Zerbrechen der Siegel, das Aufbewahren des Fischerrings, das Läutenlassen einer kleinen silbernen Glocke der Peterskirche ... Ertönt diese geheimnißvolle Glocke, dann müssen alle Gerichte aufhören, alle Glocken Roms fallen mit schauerlichem Geläute ein; auf allen Tribunalen wird die Feder ausgespritzt und nicht die Trauer, sondern – die Freude beginnt ... Armer Stellvertreter des Gottessohns! ... Nun verlassen dich die Deinen, die sonst vor dir knieten! ... Nun eilen sie sich, ihre gesammelten Schätze in Sicherheit zu bringen ... Nun schleichen sie schon von deinem Sterbebett, noch ehe du erkaltet bist! ... Noch einmal tastet dein erstarrter Arm nach einem Glockenzug, du *[83]* jammerst um einen Labetrunk Wassers und niemand will kommen, dir deine verschmachtenden Lippen zu benetzen! ... Wo sind sie, die Köche, die Haushofmeister, die Frauen deines Barbiers, des Allgewaltigen, den du zum Camerlengo erhoben hattest? ... Sie sind beim Packen ihrer Papiere, bergen ihr Gold, ihr Silber ... Sowie das Auge ihres Herrn gebrochen ist, verweist sie die jahrtausendjährige Regel sofort aus dem Bereich der neuzulüftenden und frisch zu reinigenden Gemächer des Nachfolgers ... Das ist der Brauch, der nach Rom von Byzanz herübergekommen zu sein scheint – Im Orient ist der Tod das Gesetz, das sich auch auf die Umgebungen eines sterbenden Sultans erstreckt ... Sogar seinem Arzt sieht der sterbende Herr der Kirche an, daß ihn der Unmuth drückt um den Verlust seiner Stelle – diese alten Cardinäle haben seit Jahren schon ihr Leben auf eigene Art eingerichtet und nichts verpflichtet sie, das Privatleben ihres Vorgängers fortzusetzen oder zu ehren ... Nicht die jugendliche Sorglosigkeit eines gebornen Erben nimmt Besitz vom Throne, nicht die Pietät eines Verwandten, eines Bruders für einen Bruder, eines Neffen für seinen Onkel, sondern ein fremder Greis folgt einem fremden Greise, die langjährige Verwöhnung eines Hagestolzen und die vollkommen schon hartnäckig eingewurzelte Lebensart eines Cardinals den Gewohnheiten und Launen eines dahingegangenen andern ...

Neun Tage währt dann äußerlich Klage und Trauer, aber im Stillen läuft und flüstert die Neugier und Intrigue von Haus zu Haus ... Wer wird der Nachfolger sein! ... Couriere kommen und gehen, die *[84]* Diplomatie hält Besprechungen, Parteien bilden sich, Stimmen werden gezählt, die Frauen werben und stiften Versöhnungen, alte Cardinäle vergessen, daß die Aerzte sie längst aufgaben, sie werden jung, haben keine Gicht und keine Wassersucht mehr, die Frivolen werden fromm, die Frommen weltlich – ... Welche Gedanken würden sichtbar werden, wenn diesen Cardinälen (siebzig sollen es sein – nach der Zahl der Aeltesten der Stämme Israels), die im Sanct-Peter die Messe um Erlangung des Heiligen Geistes für die Neuwahl hören, die Decke der demüthig gesenkten Häupter gelüftet würde! ... Nun ziehen sie feierlich in den Quirinal und finden da die wunderlichsten Holzverschläge für sich hergerichtet ... Schon haben tagelang die Maurer alle Thore des Palastes außer einem einzigen vermauert, schon sind mindestens zweihundert Fenster in ihren Fugen mit Kalk und Mörtel verstrichen ... Die vierzig oder funfzig anwesenden Wähler leben ohne frische Luft, wie ebenso viel Mönche, und so lange abgesperrt von der Welt, bis der Geist der Erleuchtung zum Siege, zur richtigen Stimmenzahl geholfen hat ... Sie leben in schnellgezimmerten, auf die langen Corridore verpflanzten Zellen, die aussehen, wie Meßbuden ... Jede hat ein kleines Fenster auf den Corridor ... Die unbequeme Lage ist peinlich und unterstützt die Neigung, einig zu werden ... Haß und Abneigung schwinden mit dem Druck der Entbehrungen ... Fefelotti's Pracht- und Bequemlichkeitsliebe, eingesperrt in einen solchen weihnachtlichen Hirtenstall! Fefelotti ohne die Hülfsmittel – nur allein seiner Toilette! ... Der einzige Cardinal Vincente Ambrosi und einige Ordensgenerale mochten *[85]* wenig den Unterschied von ihrer gewohnten Lebensweise spüren ...

An dem Hauptthor, gegenüber den Rossen des Monte-Cavallo, sind vier Oeffnungen mit Drehrädern angebracht, durch welche die Speisen eingeschoben werden ... Die Massen des Tag und Nacht ringslagernden Volkes sehen es wohl – Fefelotti entbehrt kein einziges seiner Leibgerichte; die verdeckte Tragbahre verbreitet den köstlichsten Duft ... Aber der seither Allmächtige muß sich gefallen lassen, daß ein mit der polizeilichen Controle des Conclaves seit Jahrhunderten betrauter Fürst Chigi jede Pastete mit eigener Hand aufschneidet und sich überzeugt, ob sie im Füllsel nichts Geschriebenes enthält, keinen Brief vom Staatskanzler des Kaisers von Oesterreich, keine Mahnung aus Frankreich oder Spanien, kein Billet einer Verehrerin, die auf dem Corso Francesco angstklopfenden Herzens wohnt und Mittel und Wege sucht, mit den heiligen Holzverschlägen in Verbindung zu bleiben und die Stimmen zu addiren, ja von außen her den Cardinalbischof von Ostia mit dem Cardinalgeneral der Kapuziner, den Cardinaldiakon der Santa-Maria in Via Lata mit dem Cardinalpriester von Santa-Maria della Pace zu versöhnen ... Hülfe, Hülfe – durch die fremden, noch nicht angekommenen Cardinäle! schrieb Fefelotti in einer mit der Gräfin Sarzana verabredeten Chiffreschrift, die aus Compotkirschkernen, Geflügelknöchelchen und andern Resten seiner Mahlzeit bestand ... Die Antworten ertheilte ihm die Gräfin und manche andere seiner

Angehörigen unter der Etikette jener Weine, die ihm nicht vorenthalten werden durften ... *[86]* Fürst Chigi betrachtete jede Flasche am Lichte, ob sich nicht im Burgunder vielleicht unterm Kork ein verdächtiges Telegramm befand – die Etiketten abzureißen unterließ sein Mitleid mit einem Manne, der nicht einerlei Wein genießen konnte und ohne Etikette vielleicht die Sorten verwechselte – ...

Anfänglich hatte der gottselige, heiligstrenge Sinn des Hüters der Katakomben und Reliquien, des Cardinals Vincente Ambrosi, des geheimnißvollen Flüchtlings vor dem Eremiten von Castellungo, des Beichtvaters der kleinen Olympia Maldachini, des Gefangenen im Kerker des heiligen Bartholomäus von Saluzzo und des dem Erzbischof von Coni seit sieben Jahren innigstverbundenen Freundes die allermeisten Hoffnungen ... Aber eigenthümlich, wie selbst die Frommsten und Trefflichsten unter den heiligen Wählern nicht ganz der Meinung leben, daß der zu Wählende ein durchgreifender Reformator sein müsse ... Man wollte denen, die nur einen politischen Kopf, einen Lenker des Kirchenstaats, einen Politiker im Geist der Cabinete Neapels und Modenas begehrten, ebenso wenig das Feld räumen, wie einer kleinen Anzahl, die überzeugt war, es müßte ein Freund der neuen politischen Ideen, der Hoffnungen Italiens gewählt werden ... Die Verwirrung wurde die größte ... Darin aber waren alle, jetzt wie immer, einig, daß der Stellvertreter Christi ein Mittelwesen zwischen Hart und Weich, zwischen Strenge und Milde sein müßte – Nicht zu heilig und nicht zu weltlich –! Nil humani a me alienum! die Losung ... Fefelotti täuschte sich indessen gründlich ... Bei jedem Scrutinium schmolz seine *[87]* Stimmenzahl ... Auf die besten Freunde war kein Verlaß mehr ... Fefelotti legte sich ins Bett, um durch Abwesenheit zu schrekken; dann, als dies Mittel fehl schlug, erklärte er sich für in Wahrheit krank, so krank, daß man ihn nach Hause tragen sollte – nach der Praxis früherer Wahlen war das eine erwägenswerthe Empfehlung – denn um so schneller machte er einem Nachfolger

Platz ... Vergebens – Die Cardinäle lachten – Fefelotti regierte draußen die katholische Christenheit, aber nicht mehr fünf Stimmen im Conclave und er bedurfte zwei Drittel aller Stimmen! ...

Seit sieben Jahren war Cardinal Vincente Ambrosi aus seiner früher im Mönchsgewand so passiven Rolle mit überraschender Energie herausgetreten ... Er hatte die Hoffnungen aller seiner Protectoren getäuscht ... Schon vor sieben Jahren hatte der junge Cardinal mit Entschiedenheit Bonaventura's Partei genommen und diesem kurz vor Lucindens Einsegnung in der Apostelkirche mit unverhohlener Freude die Botschaft einer Genugthuung gebracht, die ihm der Heilige Vater mit Einsetzung auf Fefelotti's verlassenen Hirtensitz schenkte ... Ambrosi, nun schon graulokkig, aber immer noch der „Ganymed unter den Cardinälen" genannt, trat bei allen Gelegenheiten hervor, wo irgendein Misbrauch abgestellt oder wenigstens öffentlich gerügt wurde ... Er sowol wie der Erzbischof von Coni, dann ein neuer General der Dominicaner, auch der General der Theatiner und mehre erste Pfarrer Roms, galten für muthige Kämpfer gegen die Herrschaft der Jesuiten ... Nachdem noch selbst Cardinal Ceccone gegen sie gestritten hatte, war mit Fefelotti Schule, Haus, *[88]* Kirche, diesseitiges und jenseitiges Leben dem Al-Gesù gebunden in die Hände gegeben worden ... Man trug zwar ruhig, man beugte sich dem Joch Fefelotti's, das schwerer noch drückte, als das Ceccone's; im Conclave aber hörte plötzlich alle Verstellung auf ... Da zitterten die Mächtigen, da erhoben sich die Schwachen ... Nehmt Ambrosi oder – mich! donnerte der lange weißbärtige, kahlköpfige General der Kapuziner, ein mit kaustischem Witz begabter Greis ... Sich selbst zu empfehlen, seine eigenen Tugenden zu preisen ist im Conclave durchaus erlaubt ... Das wispert dann nachts auf den langen Corridoren ... Da schleichen die schlaflosen Greise von Thür zu Thür; da wird geflüstert und hoch und theuer geschworen und Vortheile werden versprochen und die Stimmen schon für künftige Aemter und Einnahmen ver- und erkauft ... Ambrosi hatte bereits zwanzig Stimmen und bot sie dem General der Kapuziner ... Darüber gerieth das Conclave in Entsetzen ... Der? hieß es. Ein neuer Sixtus V., der Rädern und Köpfen zur Tagesordnung macht! Nimmermehr! scholl es durch die Bretterwände und verdrießlich legte sich nun auch dieser Alte ins Bett und brummte: Wählt wen ihr wollt! ... Als er sich bald in sein Schicksal gefunden hatte, pochte der General der Dominicaner, der die Jesuiten über alles haßte, an seine Thür und bat: Bruder, wollt Ihr denn das Feld verlassen? Wählen wir doch wenigstens einen, der uns vom Al-Gesù befreit! ... Der alte Kapuziner erwiderte: Ihr seht ja, wie sie ihm alle verkauft sind! Aber ihr habt Recht! Wollen wir nicht ganz erliegen, schlagt eine Tabula rasa vor, einen *[89]* Menschen, von dem bisher nichts gesprochen wurde! Einen Menschen, der unter uns ist und den Niemand kennt! Geht alle Namen durch und von wem ihr nicht wißt, ob er Jesuit oder Carbonaro oder Theologe oder Heide ist, den ruft durch Inspiration aus! ... Das Ausrufen durch Inspiration ist eine eigenthümliche Wahlmethode; mitten im Debattiren, Beten, Singen springt plötzlich ein Inspirirter auf und ruft: N. N. soll es sein! ... Diese an Luft, Bewegung, ihre häusliche Ordnung gewöhnten Greise sind durch ihr gefangenes Beisammenleben und die stete Spannung dann so nervenerregt, daß solche Rufe zuweilen Erfolg hatten und unter Scenen krankhafter Verzückung Wahlen durch Acclamation zu Stande kamen ...

Der Kapuziner kannte selbst keine solche Tabula rasa ... Aber General Lanfranco kannte eine ... Es gab einen der jüngern Cardinäle, der während aller dieser nun schon mehrtägigen Kämpfe der eingesperrten Priester wenig gesprochen hatte und als Erzbischof aus der Provinz den meisten unbekannt geblieben war ... Jeder dieser Gepurpurten hatte schon eine lange Chronik seines Lebens, der heilige Cardinal der Katakomben die allbekannteste – ... Von diesem aber wußte man nur, daß er einem Grafengeschlecht in einer kleinen Stadt an der nördlichen Meeresküste, dem Schauplatz der Thaten Grizzifalcone's, angehörte, in seiner Jugend an dem Uebel der fallenden Sucht gelitten hatte, darum sowol vom Eintritt bei der päpstlichen Nobelgarde, wie anfangs vom Priesterstande abgewiesen wurde, dann in die besondere Pflege vornehmer Frauen gerieth und durch *[90]* deren Betrieb endlich auch zum Priesteramte zugelassen wurde. Durch das Gebet der Fürstin Colonna verlor er jene Krankheit ... Vollends verlor er sie durch eine Seereise, eine Reise nach Amerika ... Zurückgekehrt erklomm er eine Würde nach der andern und um Rom hatte er sich als Erzbischof von Spoleto das besondere Verdienst erworben, daß er einen Revolutionshaufen unter Anführung Louis Napoleon's durch Zahlung von 6000 Scudi an den Freund desselben, Sebregondi, von ihrem Marsch auf Rom zurückgehalten haben soll*) ...

Der Erwählte fiel in Ohnmacht, als auf begeisterte Empfehlung Ambrosi's und der beiden Generale aus dem Scrutinium mit der vollen Stimmenzahl sein Name hervorging ... Beinahe hätte sich gezeigt, daß das Gebet der Fürstin Colonna und die Seereise noch nicht die volle Wirkung erlangt hatten ... Alle mußte es rühren, daß, nachdem man sich zugeflüstert hatte, in der ewigen Stadt wäre einst ein Jüngling verzweifelnd am Strande der Tiber auf- und niedergegangen in der Absicht sich in die Wogen zu stürzen – Militär und Klerus hatten ihn um sein bemitleidenswerthes Körperleiden abgewiesen – nun das Schicksal in dieser selben Stadt die dreifache Krone auf sein Haupt hob! ... Der Erwählte erholte sich in den Armen Ambrosi's und der Ordensgenerale; man legte ihm die Kleider seiner neuen Würde an und nannte ihn der Welt und zeigte ihn den Völkern ...

[91] Dem Stuhl Petri, sagt man, naht sein Verhängniß ... Diesmal erst hatte ihn ein Anhänger jener Partei bestiegen, die damals in Bertinazzi's Loge vom Kohlenbrenner – es war Pater Ventura – die der Phantasten genannt wurde ... Durch den

---

*) 1831.

Patriarchen von Rom sollte vorerst nur Italien erlöst und die katholische Christenheit über das allen Völkern ihre Freiheit raubende Wirken der Jesuiten beruhigt werden ... Liebenswürdig ist der Eindruck jedes guten und gläubigen Willens ... Wie im rosigen Lichte schwimmt noch jede auf ihn gesetzte Hoffnung ... Will sie scheitern, so müht sich die edle Absicht, ihr den Sieg zu erleichtern, wirft aus dem zu schweren Fahrzeug Ballast über Ballast, will nur das Glück, nur den Erfolg, nur den Sieg, den ewigen Sonnenschein ... Umrauscht vom jauchzenden Zuruf der Völker hebt sich dann die Brust und wagt und wagt und wofür sonst jeder Wille gefehlt haben würde, doch wird es vollzogen; Vertrauen heißt die Hand, die den Zagenden weiter und weiter führt; schon kann er das Läuten der Glocken, die Freudenfeuer, die donnernden Salven der Geschütze, das tausendstimmige Hoch der Liebe nicht mehr entbehren ... Der neue Zauberer vollzog das Verhängniß eines Wunderthäters von größerer Macht, der über die Geschicke der Menschen thront ... In der That brachte nach Italien die erste Botschaft vom Evangelium der Freiheit – ein Papst ...

Doch es war und blieb – eine phantastische Wahl! ... Ein junger Student, ein Graf, ein neugekleideter Priester hatte einst auf dem Marktplatz zu Sinigaglia nachts seine Predigten gehalten, unter freiem Sternenhimmel, umgeben von erleuchteten, mit Tausenden von *[92]* Menschen geschmückten Fenstern, an einem improvisirten Altar, auf dem im Augenblick, wo in poetischen Bildern von seinem beredten Munde das Fegefeuer geschildert wurde, eine große Schale von Spiritus angezündet wurde, sodaß hoch die blaue Flamme aufschlug und den Platz, die Fenster, das Antlitz aller Hörer geisterhaft beleuchtete*) ... Nun aber schlugen freilich andere Flammen auf ... Erst wurden die Kerker geöffnet, die Verbannten zurückgerufen ... Bertinazzi hatte bis dahin auf der Engelsburg geschmachtet; er wurde im Triumph

---

*) Préliminaires de la Question Romaine. London 1860.

durch die Straßen gezogen ... Die wenigen, die sich damals, als Benno gefangen genommen wurde, durch eine Versenkung retteten – Graf Sarzana hatte zu ihnen gehört, Benno hatte sich in dem Leichenbruder nicht geirrt – waren größtentheils nach England geflüchtet und kehrten nun zurück ... Auch Sarzana, der, wie man sagte, „aus Misverständniß" der Mörder Ceccone's geworden, kehrte heim – Benno dachte oft an sein stilles Tibergespräch mit dem Unheimlichen „über die misverständlichen Morde zur Cholerazeit" – ... Die Herzogin von Amarillas, die Fürstin Rucca, auch Cäsar Montalto kamen von London ... Rom war überfüllt mit Fremden, mit Flüchtlingen, Enthusiasten ... Die Freudenbezeugungen, die Feste, die Ovationen nahmen kein Ende ... Waren es doch – – die Theaterflammen vom Markte zu Sinigaglia –? ...

Anfangs machten sich die Ereignisse von selbst ... Es gibt Zeiten, die ohne Hinzuthun von Menschenwitz nur *[93]* die Additionen der Vergangenheit sind ... Das Anathem, das über so vieles bisher geschleudert worden, wurde ihm jetzt von selbst zum Segen ... Nicht blos die Eisenbahnen wurden von dem Bann der Gottlosigkeit, der auf ihnen ruhen sollte, befreit, nicht blos die von Rom als Teufelswerk verworfene Gasbeleuchtung; nicht blos die „materiellen Fortschritte des neunzehnten Jahrhunderts", wie Thiebold mit Satisfaction sagte, wurden anerkannt ... Pater Ventura – General der Theatiner – predigte und entflammte das Volk auf offener Straße mit noch viel weiter greifenden Aufklärungen über die neue Zeit ... Im Coliseum, wie Klingsohr einst verlangt hatte, sprach Ventura's flammende Beredsamkeit und erläuterte den Römern, was ihrer geringen Bildung zu begreifen fast noch versagt war ... Ein Fuhrmann aus Trastevere, Brunetti, der jene Schenke liebte, wo Benno damals den Orvieto getrunken, ein Freund des Wirths, dessen Weinkeller mit dem Bertinazzi's in Verbindung stand und damals die Flucht eines Theils der Verschworenen ermöglichte, Retter des „Kohlenbrenners", des Grafen Terenzio Mamiani, des

Advocaten Pietro Renzi, die alle bei Bertinazzi zum „jungen Italien" geschworen hatten, schwang sich auf seinen zweirädrigen Karren und wurde ein so beliebter Volksredner, daß sein Ruf als „kleiner Cicero" (Ciceruacchio) durch die Welt erscholl ... Freisinnige innere Reformen wurden versucht ... Der alte Rucca, ohnehin entsetzt über die Rückkehr seiner Schwiegertochter aus London, wo sie fast das ganze Vermögen ihres Onkels, des Cardinals, vergeudet hatte, verlor die Pacht der Zölle, die ihm Fefelotti bereits für den ganzen *[94]* Kirchenstaat verschafft hatte ... Der Schrecken und der Widerspruch der Cardinäle, die Besorgniß der Gesandten wurde durch vorsichtige Allocutionen niedergehalten ... Die Amnestie fand ihre unbeschränkte Ausführung ... Aus Beethoven's „Fidelio" kennt ihr jene rührenden Züge von Staatsgefangenen – Schaaren, zerlumpt, verhungert, hohläugig, gingen so aus den überfüllten Kerkern hervor ... Das Volk holte sie im Triumph, hob sie auf Wagen, schmückte und bekränzte sie ... Bürgerwachen wurden gebildet ... Ja eine Aussicht auf eine Repräsentativverfassung zeigte sich, als eines Morgens ein Decret die Vorstände der Provinzen aufforderte, Männer des öffentlichen Vertrauens zu bezeichnen, die die Regierung in den nothwendigen Reformen des Kirchenstaats durch Rath und That unterstützen sollten ... Die Bewegung griff weiter und weiter ... In der That bewährte sich, wie noch die Welt durch Rom getragen und regiert wird ... Mit dem, wie sonst im Schlechten, so hier im Guten sich gleichbleibenden Zauber Roms griff die Bewegung über Italien hinaus, stürzte den Julithron, rief in Frankreich die Republik hervor, brach die Knechtschaft Deutschlands, verjagte den Staatskanzler, entfesselte alle Völker, die in unnatürlicher Zusammenkoppelung zu dynastischen Zwecken mit Aufgebung ihrer eigenen Nationalität um so weniger länger leben mochten, als gerade die zunehmende Förderung der Volksbildung an nichts anderes zunächst angeknüpft hatte, als an die Erhebung des Sinns für Sprache, Geschichte, eigenthümliche Volkslebensart ... Auch Dalschefski und der nunmehr ganz zusammengegan-*[95]*gene, mumienhaft vertrocknete Luigi Biancchi kamen vom Spielberg herunter und Resi Kuchelmeister weinte in ihren Armen ... Auch sie gingen nach Rom, wo aus London Marco Biancchi eintraf – Napoleone blieb bei seinen Gipsfiguren, bei seiner Giuseppina, seinen Kindern und Ersparnissen in Deutschland und ohnehin war er mit seiner Tochter Porzia Hedemann gespannt. Sie hatte sich nicht bereit finden lassen, in Witoborn ein Depot für seine Heiligen zu übernehmen ... Da aber bangte dem nächtlichen Schwärmer vom Marktplatz zu Sinigaglia – ... Die blaue Theaterflamme war ihm wider Willen zu einem Fegefeuer schon hienieden für Gut und Böse geworden ...

Größer und größer wurde der Druck der Mahnungen von Fürsten und Staatsmännern auf den Träger der dreifachen Krone ... Immer weiter griff der Zwiespalt im geheimen Consistorium ... Fefelotti, das Al-Gesù, dessen Bewohner sich beim ersten Anbruch der großen Veränderungen geflüchtet hatten (die jesuitischen Rundhüte sind seitdem ganz in Italien abgeschafft und eckige geworden wie die Hüte aller andern Priester), alle Vertreter des geistigen und weltlichen Despotismus suchten den dreifach gekrönten Schwärmer zur Besinnung zu bringen ... In der That stutzte er ... Seine Wonne war zu sehr nur die äußere Acclamation gewesen ... Diese blieb schon zuweilen aus; der tausendstimmige Mund des Volks schwieg zuweilen bei seinen Segnungen und solche Kränkungen wurzeln im Gemüth eines Mannes, der, wie alle Italiener, den Beifall liebt ... Schon schmollte er zuweilen ... Er fand *[96]* Freunde und Freundinnen, die sein Schmollen für gerecht nahmen ... Noch nannte er seine Erfahrungen die gewöhnlichen Belohnungen des Undanks ... Mit der Zeit vergrößerte sich die Zahl derjenigen, die mit ihm nicht gern in der Minorität standen ... Endlich sollte gar sein kleines Heer zu den Kämpfern stoßen, die Oesterreich gegenüber mit den Waffen behaupten wollten, was bisher nur in Liedern gesungen, in Declamationen gesprochen worden ... Da fing die Hand, die die Fahnen zum Unabhängigkeitskriege segnen sollte, zu zittern an ... Die Zeit der Dictatoren, der Consuln und Tribunen Roms mit dem ganzen Gefolge der Demüthigungen des geistlichen Primats schien im Anzuge ... Nun rief der Heilige Vater vom Balcon des Quirinal herab: „Gewisse Rufe, die nicht vom Volke, sondern von wenigen herrühren, k a n n ich, d a r f ich, w i l l ich nicht hören!" ...

Es sanken die Fahnen der Erhebung Italiens gegen Oesterreich ... Die von Sardinien erhobenen Banner mit dem weißen Malteserkreuz zersplitterten ... Das „Schwert Italiens" brach in Stücke ... Das hatt' ich nimmermehr gewollt! erklärte der Zauberer aller dieser Stürme; Prospero, der Beherrscher der Winde, ging zum Sieger über ... Er dachte noch nicht wieder an Fefelotti, den er haßte; noch bot eine starke Hand, die den Nachen Petri retten sollte, Pellegrino Rossi ... Als dieser vom Dolch eines Mörders durchbohrt, der Vatican von einer Revolution belagert wurde, Kugeln in die Gemächer des Stellvertreters Christi flogen – da verkleidete sich der Ueberwundene in den Diener eines deutschen Grafen, täuschte seine Wächter und überließ die ewige *[97]* Stadt ihrem Verhängniß, den Siegern, den Bertinazzis, Venturas, Sarzanas, allen denen, die auf Crucifix, Todtenkopf und Rosenkranz geschworen hatten für eine Sache, der sie jetzt auf dem Capitol als Rächer saßen – Sarzana, das wußte jetzt alle Welt, hatte an Ceccone die geheiligte Rache eines Italieners geübt ...

Rom war eine Republik geworden und stand unter dem Bann der kirchlichen Excommunication ... Die Stadt selbst kümmerte die Ungnade des Himmels wenig; – in einem mit Priestern und Mönchen überfüllten Lande fanden sich Hände genug, die die nothwendigsten Sacramente ertheilten ... Das „Schwert Italiens" rüstete sich am Fuß der Alpen zu einem zweiten Gange ... Viele Flüchtlinge der Staaten, wo die frühere Ordnung schon wiederhergestellt war, strömten nach Rom ... Cäsar von Montalto – Italiener geworden – nach manchem bittern Seelenkampfe – nun schon mit ergrauendem Haar, fehlte nicht unter denen, deren Namen bei Wahlversammlungen und Ehrenämtern auftauchten ...

Alles das verlautete nach und nach bis zum Genfersee – dann aber nach Nizza hin, wohin man von Schloß Bex in der That übersiedelte ...

Monika hätte sich anfangs selbst in diese Bewegung stürzen mögen ... So vieles sah sie, was, bei aller Uebereinstimmung, doch noch, nach ihrer Meinung, anders, besonnener, vorsichtiger hätte unternommen sein können ... Jener Trieb, der 1793 eine Manon Roland in den Rath der Männer und aufs Schaffot führte, regt sich in großen Krisen bei jeder Frau von Geist – und keine *[98]* große Begebenheit der Geschichte ist ohne die Mitwirkung der Frauen geblieben ... Aber die Besorgniß um den Gatten, die Rücksicht auf den dahinsiechenden Hedemann, die Gewöhnung an die biblischen Auffassungen der Ergebung in den Rathschluß Gottes hinderten die Ausführung der sich anfangs wirr durchkreuzenden Entschlüsse, die zuletzt nur am Ziel einer Entäußerung des Schlosses Bex anlangten ...

Als die Franzosen der Republik gegen die Republik Rom zogen, sah die Familie von Nizzas Molo aus die leuchtenden Segel ihrer Flotte ...

Nizzas mildes Klima war für den Winter dem leidenden Freunde von einigem Nutzen gewesen ... Der Oberst und Monika verschlangen die Zeitungen des Café Royal ... Armgart hatte sich dem Zeichnen und Malen ergeben und hörte aus der Welt nur das Allernothwendigste ... Sie wohnten in einem Gartenhause, nicht weit vom Ufer des Meeres ... Tag und Nacht vernahmen sie den gleichmäßigen Schlag der Wogen an das Gemäuer der Meerterrasse ... Einen Winter gab es hier nicht ... Selbst im Januar konnte Armgart im Freien, unter dem immergrünen Laub von Lebenseichen ihre kleinen Landschaftsskizzen ausführen, während Erdmuthe, Porzia's Kind, um sie her auf den mit zerbröckeltem Marmorkalk bestreuten Wegen zwischen den buchsbaumumfriedigten Beeten des kleinen Ziergartens sich tummelte ... Armgart hörte, daß in Rom drei Männer das Heft in Händen hielten, Terschka's früherer Beschützer, nach dem Untergang der Bandiera entschiedenster Gegner Mazzini, mit ihm Saffi und Armellini ... Graf Sarzana befehligte *[99]* einen Theil des Heeres ... Oft wurde Cäsar Montalto genannt – einmal als Befehlshaber einer Truppenabtheilung, die in den Umgebungen Porto d'Ascolis eine Gegenrevolution unterdrückte; die Räuberelemente wurden noch immer benutzt, um den gestürzten Machthabern als Anhalt zu dienen und an andern Orten wurde, eine Veranstaltung derselben Intrigue, der Fanatismus bis zur Schreckensherrschaft gesteigert – Opfer über Opfer fielen dann unter den Dolchen dieser wahnsinnig Gemachten ober Erkauften ... Alles das waren bekannte Stratageme aus dem geheimen, allerdings ungeschriebenen, aber praktisch vorhandenen Codex der **Monita secreta Loyola's** ...

In diese Schrecken der aufgeregten Leidenschaft donnerten nun die Kanonen der Belagerung Roms ... Die Höhe, bis zu der die Bewegung durch Rom gekommen, sollte selbst in den Augen der französischen Republik aufhören, die sich schon für den Uebergang zum Kaiserreich rüstete ... Wir kommen als Freunde! riefen die Abgeordneten der Franzosen – aber Rom antwortete durch eine Rüstung zum Kampf auf Leben und Tod ... Avezzana, Garibaldi, Sarzana befehligten ... Der Kampf entbrannte an der Porta San-Pancrazio zu einer Schlacht ... Die Römer siegten ... Die Franzosen, ohne Enthusiasmus für ihre Aufgabe, zogen sich zurück ... Vom Norden kamen die Heersäulen Oesterreichs, vom Süden die des Königs von Neapel ... Spanier landeten und die Franzosen erhielten Verstärkung ... Vergebens rief das römische Triumvirat: „E in fester Zug waltet im Herzen des römischen Volkes: der Haß gegen die Priesterherrschaft, *[100]* unter welcher Form sie auch auftrete, der Widerwille gegen die weltliche Herrschaft der Päpste!"*) ... Der

---

*) Note an Lesseps vom 16. Mai 1849.

Kampf entbrannte aufs neue ... Die Franzosen nahmen die Villa Pamfili und die Villa Corsini ... Garibaldi stürzte sich mit seiner italienischen Legion auf die letztere und ließ sie wieder im Sturm angreifen ... Drei Stunden der äußersten Anstrengung und es gelang, die Franzosen von den Wällen zu vertreiben, zwölfhundert Todte bedeckten das Feld; wieder war der Sieg den Belagerten geblieben ... Aber die Uebermacht war zu groß; nicht endender Kanonendonner verwirrte die Gemüther; glühende Bomben flogen bei Tag und bei Nacht, die Luft war ein Feuermeer; unter Schrecken, die dem entsetzten Volk dem Weltuntergang gleichzukommen schienen, ließen sich über Rauch und Trümmern die ersten Franzosen in der Stadt sehen ... Am 2. Juli empfing Oudinot die Capitulation ...

Noch vor diesem Tage, während sich das blutige Schauspiel des untergehenden republikanischen Roms vollzog, hatte sich die Aufregung der Gemüther nicht länger in Nizza beruhigen können ... Der Aufenthalt daselbst war ohnehin im Sommer zu widerrathen. Trockene scharfe Winde wehen von den Alpen her, die Luft ist heiß, spärlich die Erquickung des Schattens, der kreidige Boden setzt einen dem Athem beschwerlichen beizenden Staub ab – die kleine Colonie suchte sich durch Ausflüge in die Berge zu helfen, suchte die kühleren, von einer üppigen Vegetation geschmückten Schluchten der Cimiés auf – *[101]* aber das Steigen ermüdete Hedemann ... Blieb er auch meist daheim und athmete die Blumendüfte zahlloser Gärten, wo allabendlich Tausende von Orangeblüten frisch gebrochen in die Fabriken künstlicher Duftgewässer getragen werden – alles das, was man von Schönheit und Wohlbehagen als Grund zum Bleiben sich einredete, half zuletzt nichts, um die große Vereinsamung der Gemüther zu verbergen ... Nun schrieben Paula und ihr Gatte von Gräfin Erdmuthens zunehmender Schwäche, von einer bedenklichen Erkrankung, bevorstehender Auflösung, vom dringendsten Verlangen der Gräfin, sie alle noch einmal zu sehen – nun beschloß man, die bisher aufrechterhaltenen Ueberzeugungen über die Schwierigkeit dieser Begegnungen, alle Gründe dieses gegenseitigen langen Vermeidens zu durchbrechen und die Reise anzutreten ... Paula war von ihrem magnetischen Leben befreit ... Was die Nähe des Erzbischofs nicht mehr hervorrief, konnte doch wol nicht mehr der Oberst wekken ...

Zu den Beweggründen der Reise gesellte sich ein nicht zu unterdrückendes Interesse für Benno von Asselyn ... Bellona's Sichel war in mächtiger Arbeit ... Graf Sarzana befand sich bereits, hieß es, unter den Gefallenen ... Benno's Schicksal wurde selbst in Paula's Briefen für eine gemeinsame Sorge erklärt ... Armgart irrte oft einsam wie die Möve am Meeresstrand ... Entsagt ein Frauenherz, so bildet sich mit den Jahren ein Cultus des Gemüths, der unbewußt die Rechte auf sein Verlorenes übertreibt, ja sich das, was nie besessen und genossen, wie ein wirkliches, ein volles Glück ausmalt ...

[102] Und so erklomm denn jetzt die kleine, aus so eigenthümlichen Elementen bestehende Colonie den Col de Tende ...

Sie alle trugen über die Felsen hinweg eine Welt voll Trauer ... Ihr Innerstes war schwerbeladen und doch schienen sie am Nächsten interessirt ... An Steinen, an Blumen, am Plaudern des Kindes ... Weiß man denn, was von den Fähigkeiten unserer Natur mehr zu hassen ist, die schnelle Gewöhnung an Glück oder die schnelle Gewöhnung an Unglück! ...

Nun ist die Höhe erreicht ... Aber der niederwärtsgehende Weg blieb noch unabsehbar bis zu den grünen prangenden Thälern, die erwartet werden durften ... Kahle und öde Gesteine ringsum ... Einsame Sennerhütten wechseln mit Holzschuppen, Zufluchtstätten des Wanderers im Wintersturm ... Mächtige Steine müssen an ihnen die Schindelbedachung gegen die Stürme festhalten ... Zwischen Felsen und Wasserstürzen, oft wunderbaren Lichtungen, wo überrascht der Blick bis in die Cottischen Alpen hinüberschweift, zwischen Resten alter Römerbauten und zerbrochenen Schlössern der rauhesten Zeit des Mittelalters hindurch, war dann endlich gegen Mitternacht das Städtchen Limone erreicht ...

Hier überraschte die Reisenden Graf Hugo, der die Aufmerksamkeit gehabt hatte, ihnen entgegenzukommen ... Er kam ohne Paula ... Der alte freundliche, herzliche Ton der Bewillkommnung half sogleich über die lange Reihe von Jahren hinweg, wo man sich nicht gesehen hatte ... Armgart und der Graf sahen sich sogar zum ersten mal – Sie staunten einander an ... *[103]* Das ist das Große im Menschen – zwei erdgeborene hülflose Wesen können sich betrachten, wie ein nur einmal in der Welt vorhandenes Schauspiel der Natur und wie eine Begebenheit, die so, wie in dieser Erscheinung, nirgend und niemals wiederkehrt ...

Nach einer Versicherung des Grafen, daß die Mutter noch einige Tage leben würde, überließen sich die Ermüdeten dem aufgethürmten Maisstroh in einem Wirthshause, das – in Limone! – den Namen führte „Grand Hôtel de l'Europe" ...

4.

Im Widerspruch mit dem im goldensten Sonnenglanz strahlenden Limone lag am frühen Morgen auf den Mienen der nach so langer Trennung sich Begrüßenden der Ausdruck der Trauer ... Die Ankömmlinge sahen wohl, daß den Grafen gestern nur die Besorgniß, die von seiner Mutter so heißersehnten Freunde möchten nicht mehr rechtzeitig eintreffen, bis nach Limone getrieben hatte, von wo er über den Col Stafetten aussenden wollte, als sie dann endlich ankamen ... In erster Morgendämmerung hatte ein reitender Bote den Wink des Arztes gebracht, daß seine eigene Rückkehr zu beschleunigen war ...

Graf Hugo hatte gealtert ... Sein braunes Lockenhaar war lichter geworden und an vielen Stellen ergraut ... Die stattliche Haltung war der zurückgebliebenen Gewohnheit seines militärischen Standes zuzuschreiben; seiner Stimmung entsprach sie nicht ... An seinen Antworten auf Monika's Bewunderung der ent-*[105]*zückenden Gegend sah man, daß Schloß Castellungo ein Ort der Trauer war ... Auch Paula war, erfuhren sie, von Coni, wo sie wohnte, heraufgekommen und harrte ihrer in Castellungo ...

Der italienischen Sitte gemäß, wo Rang und Reichthum ihren äußern Ausdruck finden müssen, fuhr mit dem Reisewagen des Obersten auch ein Staatswagen, ein Viergespann prächtiger Rosse vor und erlaubte die Theilung der Gesellschaft ... Obgleich sich Armgart zum Grafen hingezogen fühlte, blieb sie doch bei den Hedemanns ... Monika, der Oberst, Graf Hugo nahmen die Plätze der offenen großen Equipage ein, die von einem buntgekleideten Kutscher vom Sattel aus geführt wurde ... Zwei Bediente leuchteten in neuen Livreen mit den Dorste'schen Farben ... Man konnte sich nach Westerhof versetzt glauben, wenn die schöne Natur und der blaue Himmel nicht zu sehr an die Glückseligkeit Italiens erinnert hätte ...

Die Gespräche ringsum, schon im Gasthof und im Städtchen, berührten auch die Weltbegebenheiten ... Armgart hatte gehört, daß die Kämpfe in Rom zwar noch fortdauerten, aber schon für die Republik hoffnungslos waren ... An einem geheimen Blick der Aeltern sah sie, daß auch von Benno gesprochen wurde ... Zitternd stand sie, mochte hören und auch nicht – jetzt saß sie abwesend, fast fiebernd, auch in Folge der gestrigen Anstrengung und einer nur kurzen Nachtruhe ... Neben ihr suchte sich Porzia, in den Wonneschauern des Wiedersehens ihrer Heimat, durch ein Durcheinandersprechen zu helfen; sie erklärte jedes Haus, jede Mühle *[106]* und grüßte jeden Vorübergehenden, als müßte sie noch von allen gekannt sein ... Erdmuthe langte nach den Früchten, die aus den Gärten blinkten – Armgart nahm sie auf den Schoos, um sie zurückzuhalten ... Dabei schwankte sie doch selbst vor Freude und Bangen in ihrer hochgespannten Brust ...

Nach zweistündiger Fahrt, die unter Kastanien- und Nußbäumen, oft wie unter dem Laubdach eines Parkes dahinging, hielt plötzlich der vorausfahrende Wagen des Grafen ... Eine Biegung des zuweilen von rauschenden Bergwässern unterbrochenen Weges verhinderte noch, die Ursache des Haltens zu entdecken ... Als Armgart's Wagen näher gekommen war, sah sie unter einer Pflanzung von Eichen, die am Wege auf einer grünen Böschung standen, eine Gruppe sich herzlich Bewillkommner ... Eine Dame, die, vom blauen Sonnenäther sich abhebend, hingegeben in den Armen des Vaters und der Mutter lag und doch zugleich mit einem weißen Tuch in die Ferne wehte, um die noch Zurückgebliebenen schon zu begrüßen, konnte wol nur Paula sein ...

Im ersten Augenblick hätte Armgart laut rufen und alle ihre krampfhaft zusammengedrängten Empfindungen in einem Schrei lösen mögen ... Ihr Wagen flog jetzt dahin und hielt ... Der Schlag wurde geöffnet; sie schwebte, sie wußte nicht wie ... Paula lag überwältigt in ihren Armen und senkte ihr Haupt auf die Schultern der athemlosen Freundin ...

Daß beide weinten, trotz der Freude – lag es nur allein im Hinblick auf die Sterbende in Castellungo? ... Angenommen wurde es ... Ihr krampfhaftes, *[107]* in kurzen Sätzen erfolgendes Schluchzen, das beiden ihre Empfindungen erleichterte, sagte wol mehr ...

Ein dritter Wagen, mit dem nun noch Paula gekommen war, nahm diese und Armgart allein auf ... Sie wollten für sich und hinter allen zurückbleiben ... Die andern, dabei eine Italienerin, Begleiterin Paula's, fuhren voraus ... Nun erst begrüßten sich die Freundinnen ganz so, wie sie es für sich allein bedurften; nun erst sahen sie, was sie inzwischen geworden – sie spiegelten sich in ihren thränenblinkenden Augen ... Paula trug keine Locken mehr ... Sie bot vollkommen das Bild einer Dreißigjährigen ... Sie war noch nicht verblüht, hatte aber Linien des Grams auf ihrer Stirn und um den Mund jene Einschnitte, die nicht mehr weichen wollen ... Ein leichter, mit blauen Florentinerblumen geschmückter Strohhut umrahmte ihr edles Antlitz ... Die Freundinnen prüften sich fort und fort, Auge in Auge ... Wer beide beobachtete, konnte zweifelnd bleiben: Sind das zwei Jungfrauen oder zwei Witwen? ...

Das also das Land deiner Verheißungen! ... Das das Land – deiner Träume ... begann Armgart sich nun erst findend und in der immer paradiesischeren Gegend umblickend – ...

Der Bediente war auf die andern Wägen geschickt worden ... Der Kutscher hatte mit seinen Rossen zu thun ... Die Freundinnen konnten annehmen, daß sie allein waren ...

Seit ich hier bin, träum' ich schon lange nicht mehr, erwiderte Paula ... Ich sehe irdisch wie alle ... Die Luft dieser Berge ist gesund ... Du und die *[108]* Aeltern, alle müßt ihr nun bei uns bleiben ... Mein Gatte – sagt' er es nicht schon? – sehnt sich freilich in die Welt zurück ... Der Kriegslärm lockt ihn schon lange, um wieder in die Armee zu treten ... Aber – ihr bleibt ...

Die Beziehung zu dem Lande hier war im Kriegssturm gewiß die bitterste und schwerste? unterbrach Armgart ...

Die Mutter glich alles aus – erwiderte Paula ... Sie war – so hochverehrt ... War! ... O, daß ihr zu solcher Trauer kommt! ... Und auch wir bringen Leid ... Der arme Hedemann! ...

Paula war voll herzlichsten Antheils ... Die Freundinnen sprachen wehmuthbewegt von Westerhof, Witoborn, vom Stift Heiligenkreuz ... Neuigkeiten gab es genug ... Vom Erzbischof von Coni war noch nicht die Rede – nur von Coni selbst, wo Paula wohnte ...

Coni ist zwölf Miglien von hier ... sagte sie und bediente sich der italienischen Bezeichnung für eine Entfernung, die Armgart auf drei deutsche Meilen zu deuten wußte ... So weit lag etwa von Heiligenkreuz Schloß Neuhof entfernt ... Jedes Wort, das die Freundinnen wechselten, weckte heilige Erinnerungen ...

Paula deutete auf einen zur Linken sich erhebenden grünen Hügel, auf den sich terrassenförmig ein Stationsweg hinaufschlängelte und oben eine kleine Kirche malerisch vom blauen Hintergrunde abhob ...

Die Kapelle der „besten Maria!" erklärte Paula der den landschaftlichen Reizen schon als Künstlerin lauschenden Freundin ...

[109] Diese konnte in einem Augenblick, wo sie schon soviel trübe mit dem Religionszwiespalt zusammenhängende Verhältnisse theurer Angehöriger besprochen hatten, in dieser Hindeutung auf die „beste Maria" nur einen Anlaß finden, an das unsichtbare und ohne Bild verehrte Princip der schmerzverklärten weiblichen Liebe überhaupt zu denken ... Sie faltete die Hände und sagte:

Das also der Altar, wo die Cocons gesegnet wurden, die dein Brautkleid werden sollten! ...

Paula erröthete ...

Armgart hielt eine Lobrede auf den Grafen, rühmte den Eindruck, den er mache, seine Natürlichkeit, seine Trauer um die Mutter ...

Er ist gut! bezeugte Paula ...

Das der beste Schmuck eines Mannes! entgegnete Armgart mit Andeutung ihrer eigenen trüben Lebenserfahrung ...

Nun schwiegen die Freundinnen ... Was sie fühlten, verstanden sie ja ... Ihr Briefwechsel hatte nichts von ihren tiefern Lebenslagen verschleiert, wenn sie auch nicht in Allem gleicher Meinung waren ...

Die Zahl der Wegwanderer, der Fahrenden, Reiter mehrte sich inzwischen ... Obgleich die Embleme des katholischen Cultus nicht fehlten, bemerkte doch Armgart Landleute, die einen eigenen Ausdruck der Mienen hatten und der ihr aus Lausanne und Genf bekannt war ... Sie forschte für sich nach Waldensern – nach der ganzen Sehnsucht Hedemann's und ihrer Aeltern ...

Ein Städtchen kam mit einer mächtigen, dem Ort kaum angemessenen Kathedrale ... Eine hochgewölbte *[110]* Kuppel ragte weit über das ganze Städtchen hinweg ...

Das ist Robillante! sagte Paula ...

Armgart's Augen fanden schon von selbst vor dem Thor der Stadt das bischöfliche Kapitel ... Ein mächtiges Gebäude im Jesuitenstyl, die Kirche daneben mit Kuppel und schnörkelhafter Façade ... Die Kirche hatte ein Glockenspiel und intonirte soeben mit kurzem Ansatz den Schlag der zehnten Stunde, dem dann ein Musikstück, wie eine Galopade, folgte ...

Das war nun in Italien nicht anders ... Bonaventura hatte hier als Bischof, erzählte Paula, die Melodie geändert ... Sein Nachfolger hatte wieder die Tänze zurückgeführt ...

Mit dieser kurzen Erwähnung waren denn auch jene Kämpfe angedeutet, die der fremde Eindringling auf diesem Boden zu bestehen hatte ... Im letzten Revolutionssturm hatten sie nachgelassen ... Jetzt, nach Piemonts Demüthigung, begannen sie wieder ... Auch gegen die neue, in Turin im Bau begriffene Waldenserkirche hatte der neue Bischof von Robillante energischen Protest erlassen ...

Armgart's Phantasie hatte inzwischen Spielraum, sich auszumalen, wie dort Bonaventura in dem von ehrerbietig grüßenden Priestern umstandenen, nicht endenden Palaste wohnte und wie auch einst Benno und Thiebold hinter jenen stattlichen Fenstern mit den Balconen und grünen Jalousieen dort von ihm aufgenommen wurden – ...

Die Stadt selbst wurde umfahren ... Wieder glänzte im Sonnenschein Berg und Flur ... Nur die vielen, um *[111]* der Seidenwürmer willen entlaubten Maulbeerbäume störten den malerischen Eindruck ... Wieder folgten die Grüße von Landleuten, die auf Armgart einen schweizerischen Eindruck machten ...

Waldenser! bestätigte auch Paula ... Wohlhabende Leute darunter ... Dank der Fürsorge der Mutter ... Unsere Gemeinde hier ist nur klein – ... Die Mehrzahl wohnt dort oben ... In den Thälern um Pignerol sind ihrer Tausende ...

Schon suchte Armgart's Auge nach Castellungo ... Viele Schlösser gab es, die auf den grünen Hügeln, den Vorbergen hinterwärts aufstarrender schrofferer Felswände, leuchteten ... Paula deutete auf einen schimmernden Punkt in weiter Ferne – eine unter einem tiefdunkeln Waldkranz hervorragende Flagge ...

So krank die Mutter ist, sagte sie, hat sie zu eurem Empfang das Aufziehen aller Fahnen befohlen ... Auch eure Farben und die der Hardenbergs werdet ihr finden ... Bei hohen Festen sind alle Zinnen damit geschmückt ... Bald wird die schwarze Trauerfahne wehen ...

Das Gespräch kam auf die Waldenser zurück und Paula sprach von ihnen, ohne das mindeste Zeichen der Abneigung ... Alle diese Verhältnisse umschlang hier schon lange das gemeinsame Band der Schonung und Familienrücksicht ... Eine Frage wie die: Wird wol Graf Hugo nach dem Tode seiner Mutter katholisch werden? kam nicht von Armgart's Lippen; edle Bildung scheut nichts mehr, als das Aussprechen des Namenlosen; sie läßt das Misliche an sich kommen, ohne es zu *[112]* rufen ... Wie Paula, ihr Gatte und der priesterliche Freund in Coni zusammenlebten, wußte ja Armgart seit Jahren aus dem Briefwechsel der Freundin ... Sie kannte, was hier im Herzen edler Menschen möglich, freilich auch nach der Anschauung ihrer Mutter und der Mutter des Grafen ein sprechender Beweis für die tiefe Verwerflichkeit der katholischen Kirche war ...

Um dieser Schonung ihres Verhältnisses zu Bonaventura willen berührte auch noch Paula nichts, was zum Unaussprechlichen in Armgart's Seele gehörte ... Seitdem Benno ein Opfer der Dankbarkeit für Olympia geworden, hatte er aufgehört, für diese ohnehin im Politischen nicht mit dem herrschenden Zeitgeist gehenden Kreise anders, als in den Bildern alter Zeit zu existiren ... Der Graf hatte schon in Limone seine alte Anhänglichkeit an Oesterreich zu erkennen gegeben ... Die Gegend würde ihn, sagte er, in dieser anarchischen Zeit mit dem feindseligsten Mistrauen betrachtet haben, wäre die Mutter nicht so hochverehrt ... Paula verschwieg nun auch nicht, daß sie alle anfangs dem Ruf des Erzbischofs geschadet hätten ... Armgart erkannte an allem, was sie so abgebrochen hörte, daß nach dem Tode der Gräfin irgendeine große Entschließung im Werke war ... Der Tod Sarzana's wurde von Paula bestätigt ... Von Lucinde, von Cäsar von Montalto hatte man keine Nachricht ...

Im Austausch der durch alle diese Namen und Verhältnisse hervorgerufenen Empfindungen entdeckte man endlich die deutlichen Umrisse des sich allmählich als Beherrscher eines dichtbevölkerten Thals und einer kleinen Ortschaft erhebenden, aber mehr den Bergen zugelegenen Schlosses *[113]* ... Wohl konnte Armgart begreifen, wie sich Graf Hugo's Vater mit diesem Prachtgebäude hatte in Schulden stürzen müssen ... Castellungo gehörte der Gräfin, aber ihr Gatte hatte beigetragen, es weit über ihre Mittel zu einem leuchtenden Mittelpunkt der reizenden Landschaft zu erheben – es war der einzige Adelssitz, der hier noch an die Zeiten der gebrochenen Burgen der Tenda und Saluzzo erinnern konnte ... Thürme erhoben sich mit gezackten Zinnen, mit Altanen, freischwebenden luftigen Brücken –

alles hätte, ohne den düstern Flor, der auf dem Ganzen lag, einen um so anziehenderen Aufenthalt verheißen können, als die Reize der Natur, wie ihm schmeichelnd, sich rings um den mächtigen Bau lehnten ... Eine üppige Fruchtbarkeit, gute, freundliche Menschen, die ihre Wohnungen bis weit hinauf über die Berggelände hatten, alles das machte den wohlthuendsten Eindruck ...

Wie schmerzlich, daß die Diener, die den auf dem bequemsten Schlängelpfade bis zum Schloß anfahrenden Wägen entgegeneilten, schon in ihren Mienen die angebrochene letzte Stunde der Gräfin berichteten ...

Hedemann, nach dem die Sterbende ein besonderes Verlangen trug, stand schon an der Eingangspforte unter den mächtigen Wappenschildern von Marmor und sah sich in der weiten schönen Gegend und in den blumengeschmückten Höfen des Schlosses mit einem Blick um, als wollte er sagen: Hier wirst auch du dein letztes Lager finden! ...

Eilends stiegen alle aus ... Bangklopfenden Herzens folgte man dem Grafen, der Monika den Arm bot ... *[114]* Paula wurde vom Obersten geführt, der sich noch scheute, sich ihr zu sehr zu nähern ... Aber Paula's gen Himmel erhobener Blick schien den Dank aussprechen zu wollen, daß sich ihr Leben schon lange unter die allgemeinen Bedingungen der Natur gestellt hätte ... Fest klammerte sie sich an den ihr sympathischen Mann – den Vater ihrer geliebten, so langentbehrten Armgart ... Auch der Mutter warf sie nur Blicke der Liebe und Versöhnung zu ...

Der Aufgang, das Treppenhaus, alles gab sich in hohem Grade würdig ... Decken lagen ausgebreitet auf Marmor und Granit ... Die Diener gingen leise auf und ab in reicher Zahl ... Die alte Gräfin hielt auf den Glanz ihres Hauses; zumal, seitdem die frühere Entbehrung geschwunden ... Ordnung und Sauberkeit waltete auf allen Gängen ... Die steigende Mittagshitze verlor sich in Schatten und Kühle ... Im Schmuck der dann betretenen hohen, luftigen und hellen Zimmer herrschte ein gewählter Geschmack ... Graf Hugo's Liebhaberei waren schon in Salem kunstvolle Möbel und gediegene Einrichtungen ... Schon in Limone deutete er dem Obersten an, daß ihn Langeweile nie beschlichen hätte – zu thun gäb' es bei großem Besitz immer und oft fehle ihm die Zeit, alles allein zu besorgen – Schloß Salem war unverkauft geblieben und seit diesen zehn Jahren jährlich von ihm auf einige Wochen besucht worden ... Für die Ankömmlinge, die er gern für immer gefesselt hätte, war ein ganzer Flügel des Schlosses eingerichtet ... In einem hellleuchtenden, säulengeschmückten Saale stand dann eine von *[115]* Silber und Krystall glänzende, gedeckte Tafel ... Hier fanden sich alle Schloßbewohner beisammen ... Und wohl sah man, daß der Todesengel waltete ... An einer hohen, schwarzen, reich mit Holzschnittarbeit gezierten Thür standen weinende Frauen ... Einige davon erkannten sogleich von alten Zeiten her Porzia und begrüßten sie ... Auch Monika und Armgart fanden Bekannte, jene aus Wien, diese aus London ... Inzwischen öffnete der Graf jene schwarze Thür und bedeutete die Freunde ihm zu folgen ... In einem Vorzimmer sollten alle so lange verweilen, bis er die Mutter auf die endliche Ankunft derselben vorbereitet hätte ...

Von einem würdigen Manne in schwarzer Kleidung, der ein Prediger schien, wurden zuerst der Oberst und Monika allein hereingerufen ... Paula schloß sich ihnen an ...

Nach einer Weile rief Paula auch Armgart herein ...

Dann durften Hedemann und Porzia und mit ihnen das kleine Pathenkind kommen ...

In einem grünverhangenen Eckzimmer lag auf einem Rollsessel ausgestreckt die Mutter des Grafen, schon einem ausgelebten Körper ähnlich ... Ihre knöchernen Hände hatte sie auf der gepolsterten Lehne des Sessels liegen ... Sie fühlte wol kaum noch die Küsse, die die um sie her Stehenden oder Knieenden auf die kalten Finger drückten ... Porzia schluchzte laut – die andern schwiegen ehrfurchtsvoll, wenn auch ihre Augen voll Thränen standen ...

Gräfin Erdmuthe winkte, daß niemand wieder hinaus *[116]* gehen sollte; sie wollte sie alle in ihrer Nähe behalten ... Die Augen lagen tief in ihren Höhlen ... Doch erkannte sie jeden ... Lichtstrahlen der Freude, daß sie Menschen, die ihr zu allen Zeiten so werth gewesen, noch einmal sehen konnte, brachen unverkennbar aus ihren, schon halb erstarrten Zügen ...

Wo gehst du denn hin? sprach die kleine Erdmuthe, da die Gräfin ihre Rede mit einem mehrmaligen: „Ich gehe –" begonnen hatte ...

In einen schönen – Garten –! ... antwortete die Sterbende mühsam jede Sylbe betonend ...

Wol in den, in den auch der Vater geht? ... fragte das Kind und wurde um dieser Fragen willen leise von Porzia weggezogen ...

Aber die Gräfin langte nach ihrem Pathchen und wehrte allen, ihm sein zutraulich Fragen zu verbieten ...

Hedemann stand hinter dem Stuhl der Sterbenden und verrieth sein Leiden durch seinen Husten ... Die Gräfin hatte ihn mit besonderer Theilnahme begrüßt ... Da sie ihm nun, sich nach ihm wendend, zuflüsterte: „Ei – du – frommer – und – getreuer Knecht!" fiel er, das Wort des Kindes bestätigend, ein: „Gehe ein zu deines Herrn Freude!" ...

Eine Pause trat ein, unterbrochen vom Weinen Porzia's, auch jetzt vom Weinen des erschreckten Kindes ...

Als es stiller geworden, winkte die Matrone dem Obersten, der ihr in Witoborn und Westerhof immer einen so vortheilhaften Eindruck gemacht hatte und dem sie schon aus Reue über ihre Absicht, Monika mit Terschka zu vermählen, besonders ergeben war, und *[117]* sprach mit ihm ... Es währte lange, bis der Oberst verstand, was sie wollte ...

Wie ist es – mit – Rom? verstand er endlich ...

Er nannte ihr mit scharfbetonten Worten die gegenwärtige

Sachlage des Kampfes ... Der Sieg der Franzosen wäre, sagte er, so gut wie entschieden ...

Sie überlegte lange, was gesprochen worden ...

Monika errieth ihren Gedankengang und half dem Aussprechen desselben nach ... Dieser Sieg, sagte sie dicht am Ohr der Gräfin, wird noch einmal die Herrschaft des Heiligen Vaters wieder zurückführen – bis – einst – ...

Die Gräfin verfiel in einen röchelnden Husten, ergänzte aber, als der krampfhafte Anfall vorüber war, mit einer überraschenden Kraft: Bis einst die wahren Streiter kommen ... Das ist das Lamm auf dem Berge – und mit ihm hundert – und vierzigtausend ohne andere – Waffen – als – ...

Nun versagte die Stimme der Gräfin und Hedemann und Monika fielen ergänzend ein:

Als – den Namen des Herrn ...

Den Namen des Herrn aus Monika's Munde zu vernehmen schien der Gräfin außerordentlich wohlzuthun ... Sie hatte früher an ihr den „rechten Grund" vermißt, wußte nun aber aus Briefen schon lange, um wie viel die jüngere Freundin ihr näher gerückt war ...

Der Sohn trat heran, um die Erregung der Mutter zu beschwichtigen ...

Die Mutter hielt seine Hand fest und sah ihm mit weitgeöffneten Augen ins Antlitz ...

[118] Warum läuten die Glocken? ... fragte sie ihn feierlich ...

Es klangen keine Glocken ... Nur im Nebenzimmer regte sich der Arzt, der hochberühmte Doctor Savelli aus Coni, der mit einem Glase näher trat, an dem nur so der silberne Löffel erklang ...

Die Mutter hörte wol diesen Klang und deutete ihn auf das Läuten von Glocken und starrte wie ins Leere ...

Nimm, Mutter! sprach der Graf mit liebevoller Bitte und reichte ihr selbst das Glas dar, das kräftig und würzig duftete ...

Es war die letzte Stärkung eines von seinen Lebensgeistern immer mehr Verlassenen – edler Tokayerwein ...

Die Mutter betrachtete das Glas und erkannte wohl, daß das dargereichte Getränk Tokayer war ... In ihrem Ideengang unterbrochen, sah sie den Sohn mit einem schmelzenden Liebesblick an ... Nun zog sie ihn näher und heftete die Augen auf ein gerade vor ihr befindliches lebensgroßes Bild, das den Vater Hugo's in Generaluniform darstellte ... Der Sohn verstand ihre Empfindungen ... In Ungarn hatten ja er und der Vater gestanden ... Er trocknete den Schweiß vom kalten Antlitz der immer mehr sich Aufregenden ...

Hinter dem Arzt trat der Mann hervor, der alle anfangs empfangen hatte ... Es war der Geistliche, der „Barbe" des jenseits des Waldes, der sich hinter dem Schloßgarten erhob, gelegenen Waldenserdorfes, ein Herr Baldasseroni ... Er hatte bisher für sich in Diodati's italienischer Bibel gelesen ...

Die Mutter sah zu ihm hinüber, langte nach der *[119]* Bibel, ließ sie sich auf den Schoos legen und setzte mit zitternden Händen das Glas mit dem Tokayerwein darauf ... An seinem Inhalt, deutete sie an, wollte sie sich nach und nach erquicken ... So sitzend hielt sie lange des Sohnes Hand ...

Sie wiederholte aber, daß sie Glocken hörte, und murmelte, das Ohr gegen das Fenster richtend:

Glocken haben die Armen ja nicht – und keine Thürme ... Nimm nicht die Glocke – von Federigo's – Hütte ... hörst du, mein Sohn? ...

Der Graf nickte mit einer Miene, die fast vorwurfsvoll war ... Er that, als traute sie ihm Unwürdiges zu ...

Dann winkte sie Monika und Armgart, daß auch sie näher treten sollten ... Beide nannte sie Du und langte nach Monika's Locken, streichelte ihr auch die thränenfeuchte Wange und legte ihre und Armgart's Hände ineinander ... Dabei sprach sie langsam jenen ihren Lieblingsvers, der sie einst mit dem deutschen Fremdling verbunden hatte:

> Wenn alle untreu werden,
> So bleib' ich dir doch treu,
> Daß Dankbarkeit auf Erden
> Nicht ausgestorben sei – ...

Wieder trat eine Pause ein – jene Stille, die man den Engel nennt, der durchs Zimmer geht ...

Die Kleine verscheuchte ihn ... Da sie den Ernst der Scene störte, so duldete jetzt die Leidende, daß Armgart und Porzia das Kind den Dienern im Nebenzimmer zuführte ...

Die Sterbende starrte wie tief innenwärts und hörte *[120]* nur ihre Glocken ... Sie war so abwesend, daß man sanft das Glas mit der Bibel von ihrem Schoose fortnehmen konnte, ohne daß sie es bemerkte ...

Ein großes Wasser – sprach sie dann in abgerissenen Sätzen, wird gehen und ein Donner wird ertönen – lass' – die Glocke unberührt – Zum Gericht – des Herrn – Schwöre mir's, mein Sohn, auch – wenn – du dem Thiere folgst – ...

Mutter –! rief der Graf voll äußersten Schmerzes – und vielleicht weniger über den Verdacht, daß er seinen Glauben ändern könnte, als über die Sorgen, von denen sich die Mutter noch in ihrer letzten Stunde beunruhigen ließ ...

Die Hochaufgerichtete fühlte den Stachel ihrer Worte in – Paula's Herzen nach ... Diese stand bescheiden hinter ihrem Sessel und beugte trauernd ihr lichtblondes Haupt auf die hohe schwarze Sammetlehne ... Jetzt zog sie ihr Gatte näher und Paula kniete nieder ...

Die Mutter gab ihr ein Zeichen versöhnlicher Gesinnung durch eine Aeußerung, die nur der Graf und die näher Eingeweihten als eine solche verstehen konnten ... Sie tastete nach dem Buche, das man weggenommen ... Als Baldasseroni es ihr wiedergeben wollte, sagte sie:

No! No! Signore! ... La Nobla – Leyçon ...

Der „Barbe" ging in das dunklere Nebengemach und brachte ein altes kleines Pergamentbändchen, in welchem er blätterte ...

Sie –! ... sprach die Gräfin und deutete auf ihre Schwiegertochter ...

[121] Mit erstickter Stimme, vor der Sterbenden knieend, las Paula in einer seltsamen Sprache aus diesem Buche vor ... Es war kein Italienisch und kein Französisch, doch eine wohllautende Sprache ... Man hörte Reime ... Monika, Armgart und der Oberst glaubten das Patois von Nizza zu erkennen ...

Paula las allmählich mit Begeisterung ... Sie nur und Graf Hugo begriffen, wie die Mutter gerade in dieser Zumuthung, ihr aus der Nobla Leyçon vorzulesen, eine Versöhnung mit Bonaventura aussprach, den die Mutter mit unausrottbaren Gefühlen des Mistrauens verfolgte – trotz der damals alles für seine Stellung aufs Spiel setzenden Verwendung desselben für den in Neapel verschollenen Frâ Federigo, trotz seines zehnjährigen Kampfes gegen Lug und Trug im hierarchischen Leben um ihn her – sie konnte eben nur die ihrem Sohn abgewandte Seele seiner Gattin festhalten, deren Kinderlosigkeit, die unmoralischen Consequenzen im römischen Priesterleben, endlich die mögliche Gefahr, daß ihr Sohn nach ihrem Tode übertrat und den mystischen Bund, der hier zwischen drei Personen waltete, immer noch enger und enger schließen half ...

Die Nobla Leyçon ist das älteste in provençalischer Sprache geschriebene Gedicht der Waldenser ... Niemand verstand einst die provençalische Sprache so vollkommen und so rein und wußte den umwohnenden Waldensern ihre alten, sämmtlich in der Sprache der Troubadours geschriebenen Werke so zu übersetzen und zu erläutern wie Federigo, der diese Sprache kannte, noch ehe er von der Sekte der Waldenser wußte ... Auch *[122]* Bonaventura, immer von den Erinnerungen und Sorgen um seinen Vater geleitet, auch in seinem Interesse für die Blüten der alten Kirchenpoesie, kannte diese alte Mundart und Paula erlernte sie in Coni ihm zu Liebe ... Daß nun die Mutter im Stande war, sich von ihr noch zum letzten mal aus diesem Buche, einem für Paula allerdings ketzerischen, vorlesen zu lassen, war ein Act der Liebe, der Versöhnung, ein Gruß an den Erzbischof ... Ihre Aufforderung gab auch Paula wahrhaft Schwingen ... Sie las so laut die schönen wohlklingenden Verse, als wollte sie sagen: Im Geist rufst du nun ja auch noch Bonaventura an dein Lager und versöhnst dich mit dem edelsten der Menschen! ... Als Paula bis zu den Worten gekommen war:

„Intrate in la sancta maison!"
blickte sie auf ...

Die Mutter schien entschlummert ... Paula erhob sich ...

Aber auch die Sterbende hob die Augen, sah eine Weile, als wäre sie abwesend, starr um sich und sprach:

„Ich bin – der Weg – die Wahrheit und das Leben – niemand kommt – zum Vater, denn durch mich!" ...

Das sahen alle, sie verweilte in den Erinnerungen an die Hütte jenes Einsiedlers, den sie so wahrhaft verehrt und lieb gehabt und von dem sie seit seiner Entweichung nichts mehr vernommen, als, in einem einzigen Abschiedsbriefe für dies Leben, die Bitte an jeden, der ihm Gutes erwiesen und noch erweisen wollte, nie, aber auch nie mehr nach ihm zu forschen ...

[123] Intrate in la sancta maison! ... wiederholte sie mit einem Aufblick gen Himmel ...

Monika und Armgart, die das noch im Nebenzimmer plaudernde Kind nun ganz entfernt hatten, gingen hin und wieder ...

Immer stiller wurde es – still wie schon im Grabe ... Jeder hielt den Athem zurück ... Da noch einmal streckte die Sterbende die Hände aus und flüsterte mit dem Hohenliede, sicher in Anregung ihres Gedächtnisses durch Armgart's Abbildung der im Herzen Gottes als befiederte Kreuze aufsteigenden Seelen:

„Hätt' – ich – Taubenflügel!" ...

Mit diesen Worten sank sie, von Schmerzen überwältigt und nach Erlösung ringend, zurück ... Lange noch wehrte sie Bilder ab, die sie beängstigten ... Ihre Stimme blieb erstickt ... Ihre Hände sanken erstarrt ... An ihrem geöffnet stehenbleibenden

Munde traten kleine Schaumbläschen hervor ... Sie war noch nicht ganz todt, aber schon zeigte ihr Antlitz jene herbe Strenge, die unsern Gesichtszügen der Tod verleiht ...

Der Arzt, der Geistliche traten eilends näher ... Leise begab sich alles aus dem Zimmer und trat in den Saal zurück, während die Sterbende auf ihrem Lehnsessel von Dienern unter Hugo's Leitung sanft zurückgerollt wurde in die dunkleren Nebenzimmer ...

„Ach, hätt' ich Taubenflügel!" ... wiederholte Hedemann ...

Auch ihm erklang dies letzte Scheidewort der edlen Frau wie der Ruf nach Erlösung von den Schmerzen, die auf seiner kranken Brust lasteten ...

[124] Im Saale, in welchen alle zurückkehrten, brach die Theilnahme in ihrer ganzen bisher zurückgehaltenen Macht aus ... Die Frauen schluchzten ... Auch die Männer traten bei Seite ... Monika trat bald zum Gatten, bald zu Hedemann, der am Fenster saß und Weib und Kind liebevoll an sich gezogen hatte ...

Es war dann ein Trauermahl, das in dem schönen Raume genommen wurde ... Unsere menschliche Natur erscheint uns nie geringer, wird nie von uns unlieber befriedigt, als wenn unsere himmelentstammte Seele aufjammern möchte vor Schmerz und doch unser Leben und Sein unter dem Druck des physischen Erdenverhängnisses steht ...

Noch ehe das Mahl, dessen stärkende Wirkung alle bedurften, zu Ende war, wurde dem Grafen heimlich eine Botschaft überbracht, die ihn bestimmte, sofort aufzuspringen und sich zu entfernen ...

Alle folgten ihm erschreckt ...

Der Bote sagte, die Gräfin hätte vollendet ...

Bebend folgte man dem Grafen ... Paula vor allen, deren Brust von so vielen Schmerzen durchwühlt wurde, deren Gründe sich von den Andern wol ahnen ließen ... In ernsten Krisen erkannte sie, wie sehr der Graf zu lieben war ...

Der Arzt und der Geistliche lüfteten die Vorhänge des Schlafzimmers ... Der schöne sonnenhelle Tag schien herein und beleuchtete die Züge der Entschlafenen ... Sie hatte, hörte man, noch versucht, die Worte nachzusprechen, die über ihrem Bett unter ein Bild des ihr verwandten Dichters Novalis-Hardenberg geschrieben waren:

> *[125]* „Und wenn Du Ihm dein Herz gegeben,
> So ist auch Seines ewig dein!" ...

Da stockte die Zunge wie gelähmt ... Sie hatte ausgehaucht ...
Nun läuteten in der That fernher die Glocken ... Die ehernen Zungen eines andern Bekenntnisses waren es ... Auch Gesänge mischten sich ein, dicht in der Nähe ... Diese galten der Entschlafenen ... Ein Chor von Kindern stimmte ein geistliches Lied unter ihren Fenstern an ... Regelmäßig an jedem Nachmittag hatte sich die Gräfin von den Kindern der Waldensergemeinde, die vom Gebirg herunterkamen, diese Erquickung erbeten – der Pfarrer erklärte dies den Hörern ...

Jetzt kam auch ein Herr Giorgio, der sogenannte Moderatore oder Kirchenvorstand der kleinen Colonie und brachte zu aller Erstaunen eine Schrift, die die Gräfin in seine Hand gelegt hatte mit dem Bedeuten, sie erst ihrem Sohne zu zeigen, unmittelbar wenn sie die Augen geschlossen hätte ...

Der Graf erbrach das unversehrte Siegel, las und theilte die Wünsche der Mutter den Umstehenden mit ...

Sie hatte befohlen, erst in der kleinen Kirche des Schlosses ausgestellt, dann aber in der Kirche der Waldenser und nicht in der Schloßkirche begraben zu werden ...

Der Graf erkannte, daß dieser Bitte die Voraussetzung zum Grunde lag, er würde Castellungo nicht behalten ... Aufregungen, wie sie mit dem Aussprechen und Erörtern dieser Voraussetzung verbunden sein konnten, hatten sie jedenfalls bestimmt, ihm ihr Verlangen nur schriftlich auszusprechen ...

[126] Porzia ließ sich nicht nehmen, die Leiche zu entkleiden, Hedemann nicht, den Katafalk zu ordnen, dem noch für denselben Abend im Betsaal des Schlosses jeder nahen durfte, der der Abgeschiedenen seine letzte Ehrfurcht bezeugen wollte ...

Es kamen ihrer von nah und fern ... Der Betsaal drückte die ganze Geschichte und Richtung der Gräfin aus – schon an den Bildern, die rings an den Wänden hingen ... Der tapfere Heinrich Arnaud in kriegerischer Tracht ... Bischof Scipione Ricci, der die Souveränetät der Concilien gelehrt hat und vom römischen Stuhl als Lutheraner verdammt wurde ... Graf Guicciardini, der kürzlich in Florenz Protestant geworden ... Der Engländer Oberst Beckwith, der sein ganzes Vermögen den Waldensern schenkte ... Der mächtigste Beistand der Gräfin, Friedrich Wilhelm III. von Preußen, hatte unter den Porträts den ersten Platz ...

Die Reisenden richteten sich inzwischen in den für sie vorbereiteten Zimmern ein ... Mit einer eigenthümlich bedingten Theilnahme beobachteten sie, wie eifrig Graf Hugo bemüht war, den Erzbischof in Coni noch vor Anbruch des Abends über das Ableben seiner Mutter mit Angabe aller Einzelheiten in Kenntniß zu setzen ... Ja er zeigte erst Paula den Brief und diese fügte noch die mehrmalige Aeußerung um die Glocke jenes Eremiten hinzu, um den sich Bonaventura so verdient gemacht ... Ueber Paula's Lesen aus der Nobla Leyçon hatte schon Graf Hugo geschrieben ...

Paula schien in der That erkräftigt und gesund ... Sie ertrug den lange und voll Rührung auf ihr ruhen-*[127]*den Blick und die unmittelbare Nähe des Obersten, ohne die Befürchtungen zu bestätigen, die man so lange Jahre über diese Wiederbegegnung gehegt hatte ... Monika sagte: Fast scheint es, als wäre eine Kraft über sie gekommen, die sie früher nicht gekannt hat – die Kraft des Willens ...

Armgart trauerte ...

Ob darüber, daß unter denen, auf deren Leben ein letzter Segen und eine letzte versöhnte Erinnerung hier zurückgeblieben war, ein einziger ausgestoßen und unberücksichtigt blieb – Benno von Asselyn? ...

Oder über ein unausgesprochenes, ersichtlich vorhandenes Leid der Freundin, ihres Gatten und des hohen Geistlichen in Coni – ein Leid, das schon mit gesteigerter Offenheit von ihrer Mutter als ein unerlaubt unnatürliches verworfen wurde? ...

Oder endlich über den Heimgang ihres „Großmütterchens" nur allein? ...

Der Aufenthalt in Castellungo hatte jedenfalls erschütternd und bedeutungsvoll begonnen ...

5.

Nach Beisetzung der Gräfin in der von ihr selbst erbauten, oberhalb Castellungo's in den Bergen liegenden Kirche der Waldenser, einer Feierlichkeit, zu der aus den Bergen und aus der Tiefe des Thals auch die Rechtgläubigen, Jung und Alt, herbeiströmten, aus den Thälern von Saluzzo und Pignerol, wo die Waldenser in Masse wohnen, von allen Gemeinden die „Barben", „Evangelisten", „Moderatoren" – nach diesem Tage hätten nun ruhigere Stunden eintreten können, wenn nicht die politische Welt die Aufregung wach erhalten und nun auch Hedemann's Abschied vom Leben sich genähert hätte ... Die Freude am Tod war bei diesem wieder bereits eine solche, daß er sich in seinen Gebeten Vorwürfe machte, ihn zu eifrig zu wünschen ...

Rom war inzwischen gefallen ...

Die letzten Spuren der Revolution wurden in ganz Italien getilgt ... Die ersten Vorzeichen jener Zeit brachen an, die in drei Jahren wieder die Kerker nur des Kirchenstaats allein mit sechstausend Menschen füllen *[129]* sollte*) ... Fefelotti ergriff jetzt auch noch das weltliche Ruder außer dem geistlichen ... Staat und Kirche gehörten ganz den zurückkehrenden Jesuiten ...

Auch in der kirchlichen Sphäre der Umgegend zeigte sich manche Wiederkehr des Alten ... Die Jesuiten hatten in Coni ein von Fefelotti begünstigtes Collegium besessen, das sie freilich nicht wieder beziehen durften, da Sardiniens Verfassung sie verbannte ... Aber schon war in Schule, Staat und Kirche ihr dennoch geheimwirkender Einfluß bald wieder ersichtlich ... Robillante und Pignerol waren zwei Bischofssitze, die ausdrücklich schon lange durch Männer besetzt wurden, die dem

---

*) Thatsache.

deutschen Eindringling, dem Erzbischof von Coni, wo sie nur konnten, wehren sollten*) ...

Der Oberst und Monika konnten inzwischen dem Grafen im Ordnen des Nachlasses seiner Mutter, in Auszahlung einer Menge von Legaten an die Gemeinden der Thäler hier und drüben am Fuß des Monte Viso behülflich sein ... Der Graf war es, der am meisten darauf drängte, daß Paula nach ihrem Wohnhause in Coni zurück sollte ... Armgart wollte sie begleiten ... Wohl sprach sie ihr dringendstes Bedürfniß aus, den Erzbischof zu begrüßen, der sich, seiner Stellung gemäß, vom Leichenbegängniß der Gräfin hatte entfernt halten müssen ...

[130] Monika, die zwar zu Paula's Heirath dringend gerathen hatte, empfand und tadelte doch, was sie das Anstößige dieser Beziehung nannte, im höchsten Grade ... Hatte sie schon sonst die Partie des Grafen genommen und ihn über das Meiste entschuldigt, was sich seinen jungen Jahren vorwerfen ließ, so erklärte sie vollends mit ihm Mitleid zu fühlen, seitdem sich jenes mystische Dreiblatt gebildet hatte, dem womöglich fern bleiben zu wollen sie sich auf Schloß Bex gelobt hatte ... Nun sah sie dies Verhältniß einer „Standesehe" in nächster Nähe ... Und das sei denn die rechte Höhe, sprach sie schon eines Tages in Paula's Gegenwart, Opfer über Opfer anzunehmen, nur deshalb, weil man wisse, sie würden von schwachen Menschen ohne Murren gebracht ... Ja sie sagte schon zu ihrem Gatten: Der Graf leidet, weil er Paula liebt – und zu Armgart: Auch Paula, scheint es, ringt mit ihrem Herzen, weil sie den Grafen mehr als achten muß ...

Daß Paula und Armgart zum nächstbevorstehenden Bonaventura-Tage in Coni sein und der Celebration der Messe durch den Erzbischof an diesem Tage beiwohnen wollten, konnte

---

*) Monsignore Charvaz, Bischof von Pignerol, warf sich Karl Albert von Sardinien zu Füßen, um ihn von seinen Begünstigungen gegen die Waldenser zurückzuhalten.

Monika nicht hindern ... Doch bekam es Armgart bitter zu hören, warum sie gerade diesen Tag wählen wollten ... Die Mutter sagte, daß sie den Doctor Seraphicus, wie Sanct-Bonaventura in der Vätergeschichte heißt, nicht im mindesten zu jenen Bekennern und Märtyrern zählen könne, die allenfalls auch die Freude evangelischen Sinnes sein dürften ...

Ich schätze den heiligen Bonaventura noch höher, entgegnete Armgart, als die andern Märtyrer, die nur *[131]* zufällig in den Tod gingen und der Nachwelt nichts von ihrem Leben hinterlassen haben ...

Von ihrem Leben? entgegnete aufwallend die Mutter ... Dieser Johannes von Fidanza ist ja das Prototyp aller katholischen Schwärmer! Dieser heilige Bonaventura hat mit seinem sogenannten Gemüth alles verklären und verschönern wollen, woran wir noch heute leiden ... Was nur immer Gregor und Innocenz aus weltlichen Rücksichten für die Kirche erfunden haben, umgab dieser Italiener mit dem Schein beinahe der Philosophie ... Mariendienst, Cölibat, Entziehung des Kelches – alles, alles, was das Tridentinische Concil später in die todesstarren Formeln gezwängt hat, brachte dieser heilige Bonaventura als Gemüthssehnsucht in Curs, gerade wie auch jetzt wieder mit dem Dogma der ohne Sünde geboren sein sollenden Mutter Gottes geschieht ... Mir ein Räthsel, wie euer Erzbischof zu den Freisinnigen zählen kann, schon in Deutschland unter den Anfechtungen der Fanatiker leiden mußte und immer noch seine Krone, immer noch seinen Krummstab trägt ... Wären solche Männer vor einigen Jahren wahr gewesen und in den Zeiten der Bedrängniß zu uns übergetreten, wie anders stünde es mit der Sache des Lichts und des Evangeliums! ...

Hedemann und der Vater dachten ebenso und sagten das Nämliche ...

Arrmgart aber stritt schon lange nicht mehr gegen dies stete Verurtheilen, seitdem sie für ihre frühere Behauptung, daß Bonaventura seine Erhöhung weder Lucinden noch Olympien verdankte, kürzlich Recht erhalten *[132]* hatte. Ihr richtet und richtet, wie ihr's eben versteht! sprach sie damals und verwies auf bessere Erkenntniß der wahren Sachlagen, wenn sie auch leider meist im Leben zu spät käme ... Hier in Castellungo wurde für bestimmt eine schon früher von Paula brieflich ausgesprochene Versicherung wiederholt, daß der aus Robillante gebürtige Cardinal Vincente Ambrosi vor zehn Jahren in Rom der eigentliche Freund und Fürsprecher Bonaventura's gewesen ... Armgart verwies auch jetzt die Ankläger auf die Siege, deren sie sich ja täglich rühmten ... War nicht vor kurzem der vom greisen General der Kapuziner als Dekan der Studien über die römischen Theologen als Examinator gesetzte de Sanctis, Professor der Theologie, Parochus an Maddalena, Beichtvater in den Gefängnissen der römischen Inquisition, von den Jesuiten in seinen wahren Gesinnungen erkannt, gefangen gesetzt worden, entflohen und in Malta zum Protestantismus übergetreten –?*) ... Wisset ihr, sagte sie mit Ironie, was in Bonaventura's Innern vorgeht und was euch alles vielleicht noch von ihm werden kann? ...

Die hinterlassene Bibliothek der Gräfin war eine Fundgrube der interessantesten Anregungen für Monika, den Obersten und Hedemann ... Auch Baldasseroni und Giorgio waren Männer, die auf Kosten der Gräfin in Genf, Tübingen und Berlin studirt hatten ... Ihr Ton gab sich milde und rücksichtsvoll – sie wußten, was bei ihrer jetzigen Schloßherrschaft zu schonen und zu achten war ... Auch sie gaben dem Erzbischof das *[133]* Zeugniß, daß allein schon sein persönliches Erscheinen in Rom alle Intriguen hätte entwaffnen müssen und daß er noch täglich diese Macht der Beschämung über seine Gegner übe ...

Ein Glück, daß Armgart's Vater die Schroffheiten der Mutter milderte ... Eine Rechtfertigung der amerikanischen Weise, sich zur Religion zu verhalten, sagte er beim Durchmustern eines Schranks voll Alterthümer und beim Anblick einer kleinen

---

*) 1847.

Schaale, die wie eine Tasse aussah, aus der einst Huß den Wein beim Abendmahl dargereicht haben sollte, find' ich in dem Schicksal des Kelches ... Das Trinken aus einem und demselben Gefäß ist vielleicht in der That nur einer Gemeinde möglich, wo sich alles so persönlich nahe steht, wie zur Zeit der Apostel und der ersten Bekenner ... Wo noch der Liebeskuß als Gruß der Verbundenen möglich war, war auch die Ertheilung des Kelches möglich ... Als jedoch die christliche Lehre Staatskirche wurde, als ganze Völker im nächsten besten Flusse getauft werden mußten, mußte vieles von den ersten Satzungen des Glaubens verloren gehen ... Welcher Reiche gab da noch seine Reichthümer hin und warf sie, statt in die Kasse einer ihm befreundeten Gemeinde, in das weite, wüste Meer des Proletariats! ... Wer setzte noch gern die Lippe an ein Gefäß, aus dem Hunderte und noch dazu zur Zeit der einst so allgemeinen Pest und des Aussatzes tranken! ... Man hat das Christenthum eine Weltreligion genannt; sie ist es auch dem Geiste nach, nicht nach dem Buchstaben ... Wer den apostolischen Anfängen nachgehen will, muß die Freiheit Amerikas wünschen, wo *[134]* sich jede Form, Gott zu dienen, auf eigene Art befestigen kann ... Geschieht es dort würdelos, so ist nur der Mangel an Bildung schuld ... Unsere Gotteshäuser und die Priester, die in ihnen lehren und Ceremonien abhalten, sollten, wie ich von Ihnen höre – er wandte sich an Baldasseroni – nach dem Ausdruck des Bruders Federigo nur noch Hüter und Wächter des Christenthums sein, gleichsam die Sänger, die Dichter, die Historiker der Kirche – ohne sich den mindesten Eingriff in die Lebens- und Gesellschaftsformen gestatten zu dürfen ...

Solcher Streitigkeiten gab es viele ... Sie konnten zu tagelangen Verstimmungen führen – namentlich wenn Armgart sagte: Ein Einzelner gewonnen ist nichts – Könige, die ohne ihre Krone kommen, sind vollends nichts; die müssen gleich ihre Reiche mitbringen ...

Wieder den heutigen Streit unterbrach Paula's Eintreten ... Schon hatte Armgart musternd unter den waldensischen Schwertern, hussitischen Kelchen, den alten Bibeln, Luther- und Zinzendorf-Ringen gesagt:

Ihr habt doch auch eure Reliquien! ...

Zu einer Erwiderung kam es nicht, da Paula allerlei Geschäfte mitbrachte, die sich auf die sittlichen Zustände der Gegend bezogen ... Seit dieser langen Reihe von Jahren hatte Graf Hugo für sich und Paula den Weg der Zerstreuung eingeschlagen ... Nicht nur beschäftigte er sich und Paula mit einer umsichtigen Pflege der hier so reizenden und reichen Natur, sondern auch mit den Vorkommnissen seiner gesellschaftlichen Beziehungen, mit Aufgaben der Wohlthätigkeit ... Der gute Wille, *[135]* nützlich sein zu wollen, ist bei gebildeten und gutgearteten Vornehmen immer rege und hier kam ein fast ängstliches Verlangen hinzu, durch solche äußere Werkthätigkeit aus dem Versenken in zu große Innerlichkeit entfliehen zu können ... Monika mußte freilich schon wieder lächeln, wenn sie sah, mit welcher emsigen Umständlichkeit und mit welchem offenbaren Nichtberuf für praktische Bewährungen die junge Schloßherrin, nun die souveräne Gebieterin von Castellungo, die an Glücksgütern gesegnete Herrin von Westerhof, von Schloß Salem, Besitzerin eines Palastes in Coni, ihre unerschöpfliche Wohlthätigkeitsliebe zu einer segensreichen und mit Vorsicht gespendeten zu machen sich mühte, wie sie in die Hütten der Armen trat, momentane Hülfe, aber selten, nach Monika's Meinung, den rechten Rath und die rechte Warnung brachte ... Sie weiß nicht, sagte sie, wie sie sich schon mit ihrer Krone am Giebel der Eingangsthür in solche Hütten den Kopf stößt, vollends, wie sie zuletzt bei solchen Leuten mehr Aufsehen und Schrekken, als Freude, wenn nicht gar Schlimmeres, zuweilen Spott, hinterläßt ... Sie spricht mit diesen Menschen wie ein Buch ... Sie werden sie alle zu Gevatter bitten – Das pflegt noch die nützlichste Folge solcher vornehmen Herablassungen zu sein ...

Da nach dem Wunsch des Grafen, dem gleichfalls solche Herbigkeiten nicht erspart wurden und der dann oft träumerisch von Wien als einem Ausweg aus allen Labyrinthen sprach, der Oberst fürs erste hier als Verwalter wohnen bleiben sollte – auch gegen die winterlichen Verheerungen der Berggewässer sollten Brücken und *[136]* Wehre gebaut werden – so sammelte auf dem Schlosse schon allabendlich Monika die hervorragenderen Persönlichkeiten der Umgegend zu einem behaglichen Kreise und hatte für diese sichere und feste Einwohnung ganz den Beifall sowol des Grafen wie der gütigen Paula, deren weicher Sinn keine ihrer Schroffheiten aufbieten konnte … Die italienische Sitte kennt nicht die deutsche Unterscheidung zwischen den Ständen … Der größte Theil des umwohnenden Adels war nach deutschem Gesichtspunkt eine wohlhabende Bauernschaft – die Contes und Markeses ritten mit hohen Lederkamaschen über ihre Felder und sprangen nicht selten ab, um bei den Arbeiten mit anzugreifen … Aeltere Diener gehörten mit zur Familie … Gemeindevorsteher, Forstwarte, Recheneibeamte sammelten sich allabendlich in den unteren Räumen des Schlosses und selbst der Graf und der Oberst setzten sich manchmal zu ihnen und verschmähten nicht den Trunk aus gemeinschaftlichem Krug … Einige reiche Seidenweber, die zu den Waldensern gehörten, hatten sich sonst allabendlich auf dem Schlosse im engern Kreise der verstorbenen Gräfin eingefunden; sie blieben auch jetzt nicht aus; um so weniger, als in der That das Benehmen des Grafen die Besorgniß erwecken durfte, die Mutter hätte in seiner Seele recht gelesen. Man sah ihm eine große Unruhe an; man fürchtete allgemein den Verkauf Castellungos, ja sogar seinen Religionsübertritt … Wenigstens schiene ihm, sagte man, daran zu liegen, nicht allein nach Oesterreich zurückzukehren, sondern nur mit Paula, für die es dann, so offen lag allen das bekannte Verhältniß mit Coni, eine letzte große Entscheidung geben müßte …

[137] Des österreichischen Grafen vertrauliche Stellung zum Erzbischof hätte dem letztern in den Augen der Italiener schaden

müssen, wenn nicht die alte Gräfin so beliebt gewesen wäre und seinerseits auch Bonaventura ein Anhalt aller Freigesinnten ... Schon mit dem Hirtenstab des Bisthums Robillante hatte er gewagt, den Neuerungen Fefelotti's die Spitze zu bieten ... Als er dann zur Verantwortung für die Vorwürfe, die er den Dominicanern wegen Frâ Federigo zu machen gewagt hatte, nach Rom gefordert wurde und statt dort verurtheilt zu werden als Nachfolger Fefelotti's heimkehrte, hatte er den muthigsten Kampf begonnen, den ein Fremder auf diesem gefahrvollen Boden nur wagen konnte ... Dem Colleg San-Ignazio zu Coni entzog er sogleich eine Kirche, auf die die Patres Jesuiten, damals noch nicht verbannt, Ansprüche machten – er setzte bei den Stadtbehörden durch, daß diese ihn in seiner Weigerung unterstützten ... Ein gewöhnliches Hülfsmittel der Jesuiten, das sie bei neuen Niederlassungen, um sich die Herzen der Umwohner zu gewinnen, anwenden, besteht in dem Schein bitterster Armuth, den sie sich geben. Plötzlich erschallt dann durch die Stadt die ängstliche Kunde, die unglücklichen Väter verhungerten hinter ihren Mauern. Nun rennen fanatische Sammler durch die Häuser und rufen um Hülfe. Man bricht fast gewaltsam mit dem gesammelten Gelde, den Speisen, den Kleidungsstücken in das Colleg ein und findet auch in der That die armen Väter beim Gebet – verschmachtet, abgezehrt, vom gezwungenen Fasten fast leblos*) ... Bo-*[138]*naventura bewies jedoch dem Rector Pater Speziano, der dieselbe Komödie aufführte, und dem Magistrat der Stadt, daß das Colleg aus dem Profeßhause in Genua eine regelmäßige Einnahme bezog, die weit über die Einkünfte der sämmtlichen andern Klöster der Stadt zusammengenommen ging ... Den Bischof von Pignerol zwang er, ein höchst gehässiges Institut zu schließen. Man entzog unter allerlei Vorwänden den Waldensern ihre Armenkinder, besonders ihre Waisen, taufte sie schnell nach römischem Ritus und gab sie nicht wieder

---

*) Vor einiger Zeit so zu Münster in Westfalen geschehen.

her ... Jedes uneheliche Kind der Waldenser gehörte an sich schon diesem „Ospizio dei Catecumeni" ... Als vorgekommen war, daß eine Gefallene, um ihr Kind zu behalten, sich auf die höchsten Spitzen des Monte Viso vor den Gensdarmen geflüchtet hatte und Kind und Mutter im Schnee elend umgekommen waren*), wallte Bonaventura's Zorn so auf, daß er nicht eher ruhte, bis jenes Ospizio geschlossen wurde ... Das Verkommen im Schnee – – gehörte ohnehin zu den erschütterndsten Vorstellungen seines Gemüths und zumal, da seines Freundes, des Cardinals Vincente Ambrosi, Vater, Professor der Mathematik in Robillante (er erfuhr dies zu seiner höchsten Ueberraschung in Rom), eines solchen Todes im Alpenschnee wirklich verstorben war ...

Von Genua aus, wohin sich Gräfin Sarzana begeben hatte, als sie wagte, wieder ans Tageslicht zu kommen von den „Lebendigbegrabenen", in deren Kloster sie sich geflüchtet hatte nach dem Attentat ihres Mannes auf *[139]* Ceccone, wurde der Kampf mit den freisinnigen Richtungen Italiens um so erbitterter geführt, als Genua auch für die Pforte der Mazzini'schen Einflüsse und des englischen Ketzerthums galt ... Fefelotti bot alles auf, die weibliche Bundsgenossenschaft der Jesuiten gerade in Genua zu mehren und zu kräftigen ... Ein Orden, der sich offen „Jesuitessen" nannte, „Töchter Loyola's", gestiftet vor zwei Jahrhunderten, hatte sich nicht erhalten können; Papst Urban VIII. schaffte ihn schon 1631 ab ... Aber unsere Zeit hat diesen Orden erneuert – vorzugsweise in den Damen vom Heiligen Herzen Jesu (Sacré Coeur) ... Sie leiten, schaarenweise von Frankreich kommend, die Erziehung der vornehmen Stände und halten auch außerhalb ihrer Klöster Schulen für die ärmere Klasse; sie sind in weiblicher Sphäre das, was die Väter der Gesellschaft Jesu für die Erziehung in männlicher ... Wo diese Heiligen Schwestern vorangehen, folgen ihnen in noch nicht einer

---

*) Thatsache.

Generation ihre Brüder, die Jesuiten, nach ... Sie bereiten ihnen den Weg; sie wecken in den Familien, bei allen Müttern, Vätern, Kindern, eine solche Sehnsucht nach diesen Rathgebern nicht nur der Seele für ihre jenseitige Bestimmung, sondern des ganzen auch diesseitigen Lebens, daß die Berufung der Väter nicht lange ausbleibt ... Umwälzungen folgen dann in den Familien, in der Gesellschaft ... Der süße Ton der Andacht, verbunden mit den feineren Rücksichten der Geselligkeit und Eleganz, führt dieser Congregation des Sacré Coeur alle jungen weiblichen Herzen zu ... Mütter, oft bereuend, was sie selbst in ihrem Leben verschuldeten, *[140]* glauben in ihren Töchtern durch so zeitige Fürsorge alles nachholen zu können, was sie an sich selbst versäumten ... So strömte auch in Genua und Turin die weibliche Jugend den Herz-Jesu-Damen zu ... Zweigvereine bildeten sich unter dem Namen der „Dorotheïnerinnen" bei den Frauen, der „Raffaëliner" bei den Männern, der „Leonhardiner" unter den Klerikern ... Die obere Leitung aller dieser weitverzweigten und auf ein System gegenseitiger Ueberwachung (in den lieblichsten Ausdrücken, als: „Bewahre dir den Duft der geistlichen Blume zur einstigen festlichen Ausstellung am Altare!" d. h.: Lebe so, daß es dich nie verdrießen wird, in den Conduitenlisten von andern nach deiner geistlichen Aufführung beurtheilt zu werden!) begründeten Genossenschaften hatten die Superioren der Jesuitenklöster ... Ihnen gehörte das Beichtbedürfniß, Tod und Leben dieser Seelen und ihres ganzen Anhangs ...

Die Stadt, das Land wußten, wie nahe der Erzbischof von Coni wiederum bei den äußersten Gefahren für seine Stellung angekommen war, als die neue Aera der Hoffnungen Italiens anbrach ... Schon vorher war eines Tages Lucinde – sie zählte nun schon dreißig Jahre – in Coni erschienen und hatte, man sprach wenigstens so, dem Erzbischof aus Rom die ernstesten Warnungen gebracht ... Die Leiden, die ihm dieser fast ein Vierteljahr dauernde Aufenthalt Lucindens in Coni zuzog, gehörten seinem Innenleben an und konnten nur von wenigen verstanden werden ... Graf Hugo war es, der die Gräfin Sarzana damals mit Gewalt aus der Gegend vertrieb; er erinnerte sie an Nück und den *[141]* Mordbrenner Picard ... Hier erst erfuhr die kleine genfer Colonie, daß Lucinde von hier nach einem Abend verschwunden war, wo auf Castellungo im Kreise der alten Gräfin, die sie nur widerstrebend empfangen hatte, die Rede auf den Bruder Hubertus kam, der noch im Silaswalde beim Eremiten Federigo leben sollte ... Man hatte erfahren, daß Hubertus einen der Verräther der Brüder Bandiera entdeckt und in seinem wilden Zornesmuthe gerichtet haben sollte – einen Belgier oder Franzosen, den die Emigration aus London absandte, um von Korfu aus die Bandiera zu unterstützen ... Viele behaupteten – erst jetzt erfuhren dies die alten Bewohner Witoborns – daß dieser Genosse Boccheciampo's*) jener Jan Picard gewesen, der ohne Zweifel den Schloßbrand in Westerhof angelegt und damals spurlos verschwunden war ... Allen schien ein Zusammenhang Lucindens mit diesen Vorgängen erwiesen ... Graf Hugo lehnte die Aufklärungen ab, die von ihm den Freunden gegeben werden konnten ... Man drängte in ihn ... Erst als sogar Terschka's Name als dessen, der jenen Picard der Emigration empfohlen und später Vortheile vom Scheitern der Expedition gezogen haben sollte, mitgenannt wurde, brach man von den dunkeln, Monika, den Obersten und Armgart erschreckenden Vorgängen ab ... Von Gräfin Sarzana sah man wol, daß ihr Muth, ja ihre Keckheit, auf Castellungo zu erscheinen, ihr theuer zu stehen gekommen war ... Paula behandelte sie mit Artigkeit, der Graf aber nur als eine Störerin der Ruhe seines *[142]* Freundes Bonaventura und die alte Gräfin vollends wandte der Apostatin den Rücken ... Statt ihrer erschien dann die rechte Hand Fefelotti's selbst, Abbate Sturla aus Genua ... Die Welt erzählte sich, daß Sturla's erster Besuch beim deutschen Erzbischof einige Stunden gedauert und

---

*) Der den Verrath leitete.

bei diesem eine Aufregung hinterlassen hätte, die ihn mehrere Wochen aufs Krankenlager warf ...

Bald nach Sturla's Abreise gingen dunkle Gerüchte von einer neuen Reise des Erzbischofs nach Rom, ja von baldiger Niederlegung seiner hohen Kirchenwürde, von seinem bevorstehenden Eintritt in den Benedictinerorden und seinem Uebergang in ein deutsches Kloster ... Da brach die neue Aera an ... Abbate Sturla, der inzwischen in Turin und Mailand gewesen (auch hier war der Erzbischof ein Deutscher*)) und über Coni nach Genua zurückkehren wollte, predigte in Robillante ... Sturla erlaubte sich am Schluß seiner Rede gegen das in wenig Wochen umgewandelte Rom die Wendung: „Laßt uns beten für das Seelenheil des Heiligen Vaters! Laßt uns beten, daß Gott ihn vor dem Schicksal, ein Atheist zu werden, bewahren möge!"**) Da verlangte Bonaventura, daß der Bischof von Robillante dem Abbate die Kanzel verbot und zeigte den Obern desselben in Genua an, Sturla schiene ihm dem Wahnsinn nahe gekommen und müßte angehalten werden, sich Geistesübungen zu unterwerfen ... Sturla floh mit *[143]* der wachsenden Bewegung nach Frankreich und Spanien***) ...

Nach einer wilden, an Hoffnungen und ebenso vielen Täuschungen reichen Zeit, wo namentlich Graf Hugo in der größten Aufregung lebte und unter dem Druck seines politischen Doppelverhältnisses bis zu sichtlicher Verzweiflung litt, war Sturla der erste, der in Genua wieder die alten Umtriebe begann ... Noch ehe die Franzosen im Kirchenstaat landeten, erhob schon die Reaction ihr Haupt ... Was sich zwei Jahre wie die Schwalben im Sumpf versteckt gehalten, flog wieder auf ... Die Dorotheïnerinnen hatten sich in Pisa, in der Nähe von Florenz, niedergelassen ... Die Leonhardiner suchten wieder die Priester für

---

*) Gaisruck.
**) Sturla's eigene Worte.
***) Thatsachen.

das Gelübde der „Ignoranz" zu gewinnen ... Die Raffaëliner waren jene süßliche Bruderschaft, die dem Rosenbunde Schnuphase's entsprach, sich und andere als B l u m e pflegte und begoß und die kleinen Insekten der Fehler und Sünden, die etwa dem Wuchs der Nachbarblüte gefährlich werden konnten, in Form von Angebereien, letztere in kleine beschriebene Zettel gewikkelt, in eine monatlich am Altar aufgestellte Büchse warf ... Diesen Bündnissen gehörte der mächtigste Einfluß auf die politischen Wahlen für Staats- und Gemeindeleben ... Nach Toscana kehrte eine Dynastie zurück, die sich gelobte, ganz nur die Jesuiten walten zu lassen ... Jede Bibel, die in eines Katholiken Hand gefunden wurde, wurde verbrannt ... Pater Speziano wagte aus der Schweiz *[144]* nach Coni zu schreiben, er würde mit acht Priestern, fünf Scholaren und sieben Laienbrüdern zu San-Ignazio wieder einziehen und getrost das Martyrium des Kerkers erdulden ... Beichtstuhl, Schule, Pensionat, Universität, Oberaufsicht der Nonnenklöster, Missionspredigt, die ganze Richtung vorzugsweise d i e s e s freisinnigen Staates sollte aufs neue zu einem äußersten Kampf den Fehdehandschuh hingeworfen erhalten ... Nun war Rom gefallen und die Einnahme der ewigen Stadt das Signal für die Rückkehr aller alten Positionen Fefelotti's ...

Das Interesse an Ruhe und Ordnung blieb allerdings bei den Possidenti das überwiegende; selbst bei den Waldensern, größtentheils fleißigen und wohlhabenden Bauern ... Verwünschungen genug wurden gegen Garibaldi ausgestoßen, der den unnützen Widerstand durch das Sprengen der Tiberbrücken um einige Tage hatte verlängern wollen ... Abendlich las man die Schilderungen aus dem „Monitore Romano", wie die einrückenden Soldaten zwar mit Zischen und den Rufen: „Nieder mit den Pfaffen! Nieder mit den Fremden!" empfangen wurden; aber das Drama der Befreiung Italiens von äußern und innern Feinden hatte ausgespielt ... Die Vertheidiger Roms hatten den Versuch gemacht, sich nordwärts durchzuschlagen ... Dort kamen ihnen die Colonnen der Oesterreicher entgegen ... Man erstaunte, wie Garibaldi die Trümmer seines kleinen Heeres noch bis nach San-Marino führen konnte, wo dann alles sich auflöste und wohin irgend möglich zu entkommen suchte ...

Die ersten Acte der wiederhergestellten Priesterherr-*[145]* schaft wurden oft besprochen ... Die flüchtigen Jesuiten, hörte man, waren im Al-Gesú wieder eingezogen ... Statt des Monitore kam wieder das alte censurirte „Diario" ... Auch Gräfin Sarzana, las man, kam nach Rom ... In den Todtenlisten, die allmählich bekannt wurden, befand sich ihr Gatte als Gefallener ... Eines Abends wurde unter den Verwundeten auch Cäsar von Montalto genannt ...

Die Gesellschaft befand sich gerade am Vorabend des Bonaventuratages, an dem in erster Morgenfrühe der Graf, Armgart und Paula nach Coni reisen wollten, im großen Speisesaal, als aus den Zeitungen diese Nachricht vorgelesen wurde ... Das Gespräch war bunt durcheinandergegangen ... Einigen Gutsbesitzern der Umgegend, die von Monika's Stellung zur Kirche keine rechte Vorstellung hatten und von Hoffnungen sprachen, die man noch auf Se. Heiligkeit und dessen persönlichen guten Willen setzen dürfte, hatte diese geradezu erwidert: Solche Menschen sollen erst noch geboren werden, die, wenn sie von Natur eitel sind, ertragen, daß man ihnen auch nur eine einzige ihrer gewohnten Huldigungen entzieht ... Solche Naturen schmollen ewig, wie die Koketten, die uns ein Wort über ihren Teint nicht vergeben können ... Von Dem erwarten Sie nichts mehr ...

Paula war wegen Benno's aufgestanden ... Armgart erblaßte sogleich und saß still in sich versunken ... Graf Hugo nahm die Zeitungen, aus denen Baldasseroni vorgelesen hatte und wiederholte voll Schmerz: Also – Cäsar Montalto – verwundet ...

Der Vater, die Mutter sahen auf Armgart ... *[146]* Paula wollte sich der Freundin hülfreich erweisen; denn langsam erhob sich jetzt Armgart ...

Man konnte zum Glück hinter der Theilnahme für eine Störung, die dem Grafen wurde, die Betroffenheit verbergen ...

Diesem hatte man eben einen Brief überbracht, mit dem Hinzufügen, auf der Terrasse draußen harre der betreffende
Herr, der ihn abgegeben, und wünsche den Grafen selbst zu sprechen ...

Graf Hugo hatte die wenigen Zeilen des Billets wieder und wieder überflogen und stand halb auf dem Sprunge, zu gehen, halb kämpfte er mit sich zu bleiben – ob aus Theilnahme für
Benno, ob aus Interesse für Armgart, ob vor Erstaunen über den Brief, ließ sich nicht unterscheiden ... Erst auf Paula's an ihn gerichtete Frage, wer so spät ihn noch zu sprechen käme, faßte er einen Entschluß ...

Der sonst so Aufmerksame erwiderte seiner Gattin kein Wort
... Wie abwesend verließ er den Saal ...

Die übrige Gesellschaft fand in alledem kein Arg und blieb noch beisammen ... Angeregt plauderte man durcheinander, auch nachdem Paula und Armgart sich entfernt hatten ... Stumm, doch innig theilnehmend hatten ihnen die Aeltern nachgeblickt,
blieben aber um so mehr im Saale, als jetzt auch der Graf fehlte ...

Nur durch einige Zimmer brauchten die Freundinnen zu schreiten, um auf eine Altane zu treten, von der sich in den Garten blicken ließ ... Es war ein milder Juliabend, der nach
brennender Hitze des Tags die sanfteste Kühlung brachte ... Der Mond, dessen vollen Strahl *[147]* Paula noch immer vermied, war im abnehmenden Licht ... Nur die Sterne erhellten die stille Nacht und weckten, wie sie so dicht auf der Höhe der Seealpen lagen, Sehnsucht in die Ferne, Sehnsucht nach dem
großen jenseitigen Meer ... Die Terrasse, auf die Graf Hugo hinausgerufen, lag unter der Altane zur Seite und stieß an ein offenes Gewächshaus, in das man eintreten konnte, um sich, wenn man wollte, dort auf Ruhebänken behaglich niederzulassen ...

Benno verwundet –! sprach jetzt Paula und zog liebevoll die tiefergriffene Freundin an die Brust ...

Alles geht hin –! Was bleibt übrig! ... hauchte Armgart leise und schien gefaßt ...

Wird er sterben? ... lehnte Paula ab ...

Ich begrub ihn längst – erwiderte Armgart, mit sich kämpfend, um nicht, wie sie sagte, – „thöricht" zu erscheinen ...

Eine Thräne aber perlte an ihrem Auge ... Die Freundin küßte ihre Stirn ... So lagen sie eine Zeit lang aneinander ...

Vom Saale herüber erscholl wieder die lebhafte Unterhaltung der Gesellschaft ...

Wie wird dir's wohl thun, begann Armgart, um mit Gewalt die Gedanken an Benno zu verscheuchen, wenn du wieder in deinem Hause in Coni bist! ... Ich glaube nicht, daß dir für immer die hiesige Welt behagen könnte ...

Der Graf und ich, erwiderte Paula im Gegentheil, wären dennoch lieber hier ... Aber müssen auch wir nicht in Coni um den Freund erbangen? ... Oft ist *[148]* uns, als könnte sein Lebenslicht in Einer Nacht erlöschen ...

Nenne sie nicht beide zusammen! ... fiel Armgart ein ... Dann schwieg sie lange und sagte entschuldigend: Benno liebte fast zu sehr seine Mutter ... In ihr liebte er Italien ... Italien ist ein Gift ... O diese Mutter! ... Sie trägt die Schuld an allem ... Sie hat ihn auch jetzt getödtet ...

Paula hörte, was schon so oft von den Freundinnen besprochen worden ... Sie kannte die Mutter Benno's nur aus den Schilderungen, die Bonaventura und Lucinde von ihr gegeben ... Die aus dem Munde der letztern gekommenen waren wenig vortheilhaft für die Herzogin von Amarillas – auch Angiolinens, ihres Kindes Schicksal hinderte den Grafen, mit besonderer Anerkennung von ihr zu sprechen ... Alles das waren schmerzliche Erinnerungen, wehmüthige Vorstellungen für beide ...

Armgart bekämpfte sich, schwieg und setzte sich, ihr Haupt

aufstützend, auf einen der gußeisernen Sessel, die unter einem zeltartigen Dach von gestreiftem Zeuge standen ...

Nach einer Weile fragte sie:

Wer mag den Grafen so spät noch abgerufen haben? ...

Man entdeckte den Grafen nicht ... Vielleicht war er weiter hinaus in den Garten gegangen, der offen, in nächtlicher Stille und mit seinem berauschenden Dufte vor ihnen lag ...

Paula sagte, sie brauchten wol über das Verbleiben *[149]* des Grafen keine Besorgniß zu hegen; sie setzte sich zu Armgart, die es beklagte, dem Erzbischof zu morgen kein würdiges Geschenk bringen zu können ... Wol mochte sie inzwischen an den Aschenbecher gedacht haben, den sie einst Benno gegeben ...

Paula sagte:

Dich selbst wieder zu sehen, wird ihm die liebste Gabe sein ...

Wie fürcht' ich seine Begegnung mit meinen Aeltern! ... fuhr Armgart fort ...

Paula bestätigte diese Furcht, wenn sie sagte:

Oft spricht der Freund: Auch wenn zwei dasselbe sagen, ist es darum noch nicht dasselbe! ...

Sie deutete damit den verschiedenen Grund an, auf welchem von beiden Parteien das Leben der Kirche gebessert werden sollte, setzte aber begütigend hinzu:

Aber auch mein Glaube ist schon längst, daß alles, was wir zu sehen und zu begreifen wähnen, eine Täuschung ist ... Ist das ein Haus? Sind das Berge? Wir nennen es so ...

Das mein' ich nicht! widersprach Armgart ... Die Verstandeskräfte, die uns nun einmal gegeben sind, sind unsere sichern Wegweiser ... Wir haben gar kein Recht, ihnen zu mistrauen ... Für uns ist wahr, was sie sagen ... Gibt es eine andere Wahrheit, so kommt sie uns gar nicht zu ...

Waren es die gewöhnlichen Sinne, die mich einst bei wachem Auge schlafen und wachen ließen bei geschlossenem? entgegnete Paula ... Damals als dem heiligen Stuhl meine Angelegenheit vorgelegt und mein *[150]* Zustand verurtheilt wurde, glücklicherweise ohne Nachtheil für Bonaventura, hab' ich ein Heft in die Hand bekommen, wo vieles verzeichnet stand, was ich gesprochen haben soll ... Als ich alles das las, war mir's doch wie einem Menschen, der sich an den Glauben gewöhnen soll, schon einmal vor seiner Geburt gelebt zu haben ... Das glauben freilich auch viele und trauen dem Schöpfer die Armuth zu, den Stoff, aus dem er Menschen bildete, so sparsam aufbewahren, so vorsichtig verwerthen zu müssen ...

Armgart gedachte lächelnd des Dechanten, dem sie Gleiches gesagt, als er sie in einen Vogel verwandelt prophezeite ...

Ich las damals, fuhr Paula fort, daß aus mir heraus eine Macht gesprochen hätte, die Frau von Sicking die des Teufels nannte ... Meine angebliche Wunderkraft, die Kraft des Gebets verlor sich in der That; schlimme Sagen wurden über mich verbreitet; als ich gar den lutherischen Grafen ins Land zog, erlosch an mich der Glaube ganz ... Nun sah ich, was mein Traumreden war; es war die stille Ansammlung von tausend unausgesprochen in mir lebenden Urtheilen und die für sich selbst fortarbeitende Unruhe des Geistes, der seine Eindrücke wider Willen aussprach ... Ich sah einen neuen Himmel und eine neue Erde; warum? Weil ich eine Welt haben wollte für mich und Bonaventura ... Ich sah die Kirchenväter; sie schlugen andere Bücher auf, als die wir kennen, lesen und befolgen sollen ... Ich sprach, zumal aus der Seele deines Vaters, Dinge, die ich glaube jetzt auch ohne Hellschlaf verkünden zu können – *[151]* freilich fehlt mir der Trieb dazu ... Die Sprache, die deine Mutter redet, ist die nicht, die ich dann wählen möchte ... Doch glaube mir, Armgart, auch der Erzbischof denkt wie deine Aeltern; oft verheißt er Zeiten der größten Umgestaltung – nur müsse die Kraft, die sich dann bewähre, eine gesammelte und vorbereitete sein ... Rüste dich, manches an ihm zu entdecken, was dich überraschen wird – ...

Dem Gedanken, meine Aeltern zu versöhnen, sagte Armgart, hab' ich meine Jugend geopfert und es scheint, mein ganzes Leben wird diesem Opfer folgen ... Trennen kann ich mich nicht mehr von dem milden und gütigen Sinn des Vaters und dieser wieder hat alles in der Mutter, was ihm sein Leben noch zur Freude macht ... Was ihn sonst an ihr verletzte, gerade das ist jetzt seine Erhebung geworden ... Beide seh' ich treuverbunden und darum trag' ich alles und murre nicht und durch Schweigen helf' ich mir oft mehr, als durch Worte ... So hoff' ich, komm' ich auch mit dem Erzbischof aus, der mir ohnehin zu allen Zeiten mehr streng als nachsichtig war ...

Paula suchte der Freundin liebevoll diese Voraussetzung zu nehmen und umarmte sie ... Beide standen schön und schlank im Abendlicht ... Paula schien jetzt kleiner – doch war die Höhe der Freundinnen gleich ... Paula küßte Armgart's Stirn ...

Wie vieles von dem, was ich in meiner Krankheit sah, ist eingetroffen, sagte sie, und nur das eine – eine Bild, wo ich dich und Benno immer nur verbunden erblickte, traf nicht zu ...

[152] Du sahst mich mit ihm auf Felsen, entgegnete Armgart, sahst mich mit ihm am Ufer des Meeres ... In jeder Gefahr war ich ihm zur Seite ... Ist das nicht alles eingetroffen? Jetzt bin ich auch bei ihm und bald – – bald – ...

Armgart –! unterbrach Paula die düstere Erwartung und zog die Freundin an sich, der ein Strom von Thränen entquoll ...

Dann entwand sich Armgart mit stürmischer Geberde und trat an den Rand der Altane, ihr Haupt auf die hohen Vasen der Blumen legend ...

Eine Weile dauerte Paula's beruhigendes Streicheln der Stirn, der Wangen und der Hände der Freundin ...

Ein leichter Abendwind erhob sich und brachte noch würziger die Düfte der Rosen und Orangen ... Nun wandte sich Armgart und erinnerte, daß sie schon in aller Frühe aufbrechen müßten ... Sie wollten zur Ruhe gehen ...

Da ist der Graf ... unterbrach sich Paula im Gehen und deutete auf den Garten ...

Armgart entdeckte unter den dunklen Schatten des Schlosses, heraustretend aus einem Boskett von Lorberbüschen, die mit hochstämmigen Camellien durchzogen waren, den Grafen mit einem Begleiter ...

Kaum hatte sie hingeblickt, so stieß sie einen unterdrückten Schreckensruf aus und sagte:

Das ist ja – Terschka! ...

Paula hatte Terschka's Bild im Gedächtniß fast verloren und lehnte die Richtigkeit der Erkennung ab ...

Armgart versicherte aber:

[153] Er ist es ... Verlaß dich ... Das ist sein Gang ... Das seine Art, so mit den Händen zu fechten ...

Der Dämon seines Lebens –! sprach Paula dumpf und mit einer Theilnahme für den Grafen, die die Macht der Gewöhnung über ihr Herz verrieth ... Sie konnte nicht liebevoller von einer Gefahr für Bonaventura sprechen, als jetzt von einer für den Gatten ...

Der nächste Gedanke an eine für den Grafen zu befürchtende persönliche Gefahr konnte nicht lange anhalten ... Der Graf ging ruhig ... Nur der dunkle kleine Schatten neben ihm schwankte – ... Jetzt standen die Wandelnden still ...

Armgart fuhr von einigen hohen Cactustöpfen der Balustrade zurück, die sie verbargen – erbebend vor dem Blick, den Terschka durch das Dunkel der Nacht auf sie herüberwarf ...

Was kann er wollen? ... fragte Paula ängstlicherregt ... Die Freundschaft, die sie für ihren Gatten empfand, ließ sie mit einem einzigen Blick die Gefahren übersehen, die im Gefolg einer solchen Wiederbegegnung eintreten konnten ... Daß Terschka zu den Jesuiten zurückgekehrt war und vielleicht in Freiburg, wo noch vor kurzem Hunderte der vornehmsten Adligen erzogen wurden, streng, doch mit offenen Armen, vorläufig – als Lehrer der Reitkunst aufgenommen wurde, hatte oft Graf Hugo selbst gesagt ... Unmittelbar nach Terschka's vorausgesetzter Rückkehr zum Orden brachen die Ereignisse an, die die Jesuiten von Freiburg verjagten ... Paula kannte jetzt alles, was Pater Stanislaus einst bei ihrem Gatten im Auftrag des Al-Gesú hatte *[154]* sein sollen; gerade diese Gedankengänge hatten so oft Veranlassung gegeben, im kirchlichen Glauben das Aechte vom Falschen zu unterscheiden und Bonaventura's Entrüstung über die seelenmörderische Thätigkeit der Jesuiten zu theilen ... Paula wußte, daß die verführerischen Plane des Paters an ihres Gatten gesundkräftiger Natur und Terschka's Mangel an Selbständigkeit scheiterten ... Was er wäre, hatte oft der Graf zu Paula gesagt, verdanke er dem Leben und – dem Tode Angiolinens, dann freilich vorzugsweise dem einen Tage, den Bonaventura mit ihm auf Schloß Salem zugebracht ... Verließ sich auch Paula auf die Wahrheit dieser Worte, so war doch schon lange ein trüber Stillstand in des Grafen Leben eingetreten ... Die unerwiderte Zärtlichkeit für seine Gattin, sein mannichfach getheiltes Herz, die jetzige Erfüllung aller seiner äußern Wünsche hatten einen Zustand der Muthlosigkeit hervorgerufen, aus dem sich emporraffen zu wollen sein fester Wille schien ... Der Tod der Mutter, die Ankunft des Obersten schien Pläne zu erleichtern, deren Ausführung nun vielleicht in die Hand – Terschka's gerieth? ... Paula gerieth in die heftigste Erregung ...

Armgart, aus natürlichen Ursachen selbst erbebend, konnte nicht alles übersehen, was sich so in Paula's Seele an Angstgedanken jagen konnte ... Aber sie fühlte die Hand der Freundin erkalten, fühlte, daß in Paula's Brust eine Theilnahme für den Gatten zitterte, die ihr schon lange viel mehr, als nur die Folge der Gewöhnung an ihn schien ... Staunend und ihres eigenen Schreckens nicht achtend sagte sie:

[155] Beruhige dich! Sieh, wie friedlich beide nebeneinander gehen ...

Ausgesöhnt! ... Und – dem Walde zu! ... sprach Paula voll Bangen ...

Eben gingen der Barbe Baldasseroni und der Aelteste der Waldenser denselben Weg dem Walde zu ... Im untern Schlosse wurde es lebendig; die Gesellschaft trennte sich, Diener waren in Bewegung ... Armgart glaubte, daß man Paula's Befürchtungen nicht zu theilen brauchte ... Sie stockte eine Weile, ob sie den Aeltern von Terschka's Nähe sprechen sollte, unterließ es aber, aus Besorgniß, daß ihnen mit dieser Nachricht die Nachtruhe geraubt würde ... Zu Paula's Beruhigung zog sie zwei Diener ins Vertrauen, die sie beauftragte, in einiger Entfernung dem Herrn und seinem Gast zu folgen ... Der Abendwind wurde frischer; sie sollten dem Grafen und seinem Besuche Mäntel nachtragen ... Armgart zog die Freundin in ihr Schlafgemach, dessen Thüren auf die Altane hinausgingen ... So lange wollte sie bei ihr bleiben, bis der Graf zurück wäre ... Schon allein das Bedürfniß, sich über die gebundenen Stimmungen ihrer Seelen auszusprechen, hielt sie inzwischen beide wach ...

In der That hatte sich Armgart nicht geirrt ...

Terschka war es – und in leichtem, unpriesterlichem Reisekleide ... Er hatte den Grafen um einen unbemerkten Empfang gebeten und demzufolge ihn draußen auf der Terrasse begrüßt ... Die Ruhe, die die Frauen am Grafen beobachtet hatten, kam von einer innersten Erkältung her, mit der er dem enthusiastischen Gruß *[156]* und der beredsamen Darstellung eines abenteuerlichen Irrgangs durchs Leben vom Tage seiner Abreise nach Amerika an bis zum gegenwärtigen Augenblick gefolgt war ... Damals als ich Ihnen rieth: Greifen Sie die Urkunde an! Sie ist falsch! Lassen Sie jene Lucinde verhaften! konnte alles noch anders werden; aber Sie folgten mir nicht! hatte Terschka, an den durch die Abreise nach Amerika unterbrochenen Briefwechsel anknüpfend, offen ausgesprochen und angedeutet, um wie viel weniger grausam ihn dann die Schläge des Misgeschicks getroffen haben würden ...

Graf Hugo war auch darin eine vornehme Natur, daß er sich sogar gegen das Zweideutige und Schlechte nicht mit sofort aufwallender Entrüstung, nur mit einer Art naiver Ironie, ja einer scheinbaren Toleranz verhielt, die jedoch tief erkältend und alles Ungebührliche von sich ablehnend wirkte ... Ein sich immer gleiches entwaffnendes Lächeln lag dann auf seinen Gesichtszügen, sein wienerisch gemüthlicher Accent bekam eine ironische Schärfe, die verwirrte ... So bemerkte er auch jetzt mit einem Schein von Humor:

Wirklich, mein alter guter Terschka, wenn ich Ihnen dienen kann, so sagen Sie es offen! ... Ich bin ja reich ... Mama starb vor kurzem ... Verfügen Sie über mich! ...

Terschka kannte diese Manier, fürchtete sie und erwiderte nach einer Weile:

Graf, das ist alles zu spät! ... Was ich brauche, brauchen darf, das hab' ich ja ... Ich muß arm bleiben, wie mein unseliges Gelübde befiehlt ... *[157]* Ja, ja, Graf, ich kann nicht mehr zurück – bleibe, was ich war und – wieder bin ... O, diese Kämpfe – diese Martern! ... Aber Graf – – Wenn Sie – Sie wollten – ...

Ich? ... Was soll ich wollen? ... sagte der Graf ...

Mit dem Ausdruck des höchsten Schmerzes stockte Terschka und sah sich um, ob niemand ihnen folgte ...

Der Graf wiederholte mit dem Ton der alten Sorglosigkeit, wenn auch scharf aufhorchend, mehreremal:

Sie sind also wieder Katholik, Priester, Jesuit – haben in dieser wilden Zeit – wo? – in Tirol gelebt? ...

Unter fremdem Namen leitete ich die Erziehung der Söhne eines Grafen von Wallis in Steiermark ...

Versteckten sich bei den Gemsen und auf den Eisfeldern der Tauern ... Hören Sie, da thaten Sie recht ... Ich hörte, daß Ihre alten Freunde in London einige Dolche für Sie geschliffen hatten, die Ihnen – den Tod der Brüder Bandiera heimzahlen sollten ...

Sprechen auch Sie diese Verleumdung nach? ... wallte Terschka auf und begleitete seine Rede mit den heftigsten Gesticulationen ...

Durch wen sollte die Erhebung von Porto d'Ascoli zu einer Espèce Räuberfeldzug werden? ... entgegnete der Graf mit Schärfe und wiederholte, was durch Bonaventura und Benno's frühere Briefe ihm erinnerlich war ... Durch einen gewissen

Boccheciampo und Jan Picard, den man aus London nach Korfu geschickt hatte, um an jener Expedition theilzunehmen ... Das Experi-*[158]*ment misglückte ... Der Einfall fand in Calabrien statt ... Aber doch ereilte die Nemesis einen Ihrer Abgeordneten durch den Bruder Hubertus, der Ihnen, hör' ich, schon in Westerhof eine unheimliche Erinnerung gewesen sein soll ... Was hatten Sie gegen den Mönch mit dem Todtenkopf, den „Bruder Abtödter"? ... Ihren Sendling soll er wie den Grizzifalcone in Rom bedient haben ... Daß die Italiener doch noch manchmal vor uns Deutschen Respect bekommen! ...

Alles das schrieb Cäsar Montalto aus London an den Erzbischof? ... entgegnete Terschka mit funkelnden Augen ... Ich versichere Sie Graf! Es sind Lügen ...

Der Graf hatte die Anklage ausgesprochen, die Terschka seit einigen Jahren verfolgte; die Anklage, die ihn nach Amerika getrieben; die Anklage, die ihn, aus Furcht vor den Flüchtlingen in Genf, zuletzt die Pforten des Asyls von Freiburg wieder aufsuchen, ja in den Zeiten der entfesselten Revolution sich ganz in der Welt verbergen ließ ... Der Graf that dabei so, als wenn es ihm gar nicht einfiele, Terschka's etwaige, höchst respectable Motive verdächtigen zu wollen ...

Man verlangte damals für die Bandiera, begann Terschka, entschlossene und verzweifelte Männer ... Ich schickte einen solchen ... Es war ein Mensch, der mir in London, ich gesteh' es, unbequem wurde ... Ich habe Ihnen nie ein Hehl gemacht, Graf, daß, ohne meine Schuld, meine erste Jugend abenteuerlich war ... Nun führte mich eine zufällige Begegnung mit einem Menschen zusammen, der sich an mich klettete, mich aus-*[159]*preßte, belästigte in jeder Weise ... Ich wußte ihm nichts zu bieten, als das Handgeld der Verschwörer ... Noch mehr, ich suchte diesen Picard zuerst in Londons Tavernen aus freien Stücken auf; ich war ihm als Brandstifter von Westerhof auf der Spur ... Zwar leugnete er, vermaß sich hoch und theuer – ich setzte ihm aber – in Ihrem Interesse, Graf – so lange zu, bis ich, ohne Ihre dringende Abmahnung, diesen Gegenstand weiter zu verfolgen, ohne Zweifel der Wahrheit über den Schloßbrand auf den Grund gekommen wäre – ...

Sie wußten, daß es ein Gauner war, sagte der Graf, und empfahlen ihn doch jenen Flüchtlingen, deren Partei ich nicht nehme, die aber, mein' ich, einige brave Menschen in ihren Reihen zählen ... Empfahlen ihnen einen Kerl, der ganz gewiß jener Diener auf Westerhof war, Dionysius Schneid ja wol, für den Ihr alter Hubertus hätte verantwortlich gemacht werden müssen, wenn der alte Freund und zuweilen nicht zurechnungsfähige Protector Ihrer Jugend, einer unter Räubern zugebrachten Jugend, nicht damals mit dem Doctor – Klingsohr ja wol – entflohen wäre – ...

Graf –! unterbrach Terschka mit verdrossener Geberde und hielt, vorauseilend, beide Hände an seine Schläfe, als könnte er Dinge nicht hören, die – das Mal auf seinem Arm erglühen machten ...

Nun, nun, beruhigen Sie sich nur! rief ihm der Graf nach und folgte langsam ... Mein Vorwurf trifft nur die Möglichkeit, wie Sie Ihren Freunden in London einen notorischen Bösewicht haben empfehlen können! ...

[160] Meine Freunde! wiederholte Terschka und lachte ... Was ist, was war mir diese Freiheit Italiens! Diese Aufstände, diese Bewegungen! ... Ich bin zu Grunde gegangen an meinem Bedürfniß, andere froh und glücklich zu sehen ... Jesus, mein Ehrgeiz war schon da befriedigt, wenn ich unter dem Schein der Freundschaft so viele Jahre nur Ihr Bedienter war ... Protestiren Sie nicht, Graf! ... Ich liebte die Geselligkeit, habe die Rechte, die sie gab, nie misbraucht, ich lebte ihren oft sehr schweren Pflichten ... Sie haben es gesagt, das unglückliche Gespenst meiner geringen Herkunft ist es, das mich überall verfolgt ... Sie haben sich gut erinnern –; ich gestand es Ihnen selbst – damals, als Sie sich von dem lieblichen – Kinde in Zara nicht trennen konnten ...

Terschka sah den Eindruck seiner an dieser Stelle in Weichheit übergehenden Stimme am Stillstehen des Grafen ... Ein stürzendes Bergwasser begrenzte den Garten ... Eine Erlenbrücke führte hinüber ... Der Graf lehnte sinnend über die weißen Stämme dieser Brücke hinweg und blickte in die rauschende Flut ...

Angiolina! fuhr Terschka in melancholischem Tone fort ... Ach, wenn du, du noch lebtest! ... Nie würde dein alter, verwitterter, lebensmüder Freund so tief ins Elend gerathen sein! ... O, diese Zeiten! ... Graf, oft hör' ich sie noch im Geiste weinen und – lachen ... Wie sie lachen konnte – die Angiolina – wie sie halt wieder gut machte, was ihre Wildheit zerstört hatte ... O Graf, um Angiolinen schont' ich ihren Bruder – noch vor drei Tagen sah ich ihr Bild wie *[161]* zum Verwechseln vor mir – in den Zügen dieses – mir immer nur impertinent gewesenen Bruders – ...

Sie sahen – Montalto? erhob sich der Graf vom Geländer der Brücke ... Wo? ... Er soll ja verwundet sein – ...

So wissen Sie noch nicht, daß er in Coni beim Erzbischof ist? ...

Wer? fuhr der Graf auf ... Benno von Asselyn? – in –? ...

Coni! Auf meiner Fahrt von Genua hierher begegnet' ich ihm ... Vor wenig Tagen ... Ich glaubte damals nicht, daß er noch den nächsten Tag überlebt ... Aber er ist, verlassen Sie sich, in Coni – ...

Der Graf gerieth in die höchste Aufregung ... Dachte er auch nur an die morgende Fahrt nach Coni, so war Grund genug vorhanden, sich zur Umkehr zu wenden ...

Lassen Sie mir diese letzte Stunde! bat Terschka und ergriff die Hand des Grafen ... Es ist die letzte – meiner Freiheit! Graf, lassen Sie uns so nicht scheiden! ... Ich bin eine elende Ruine, zu Grunde gerichtet, verloren ... Das ist mein Unglück, ich kann ohne die Vorsehung anderer Menschen, ohne eine Kette nicht leben ... O diese Kette – wie ist sie unendlich – und ach! – wie schwer –! ...

Sie sind also in der That der Pater Stanislaus wieder! ... sagte der Graf nicht ohne wärmeren Antheil ...

Die Fessel ist dehnbar aber sie reißt – nie! ... antwortete Terschka im Tone der Vernichtung ...

[162] Eine dumpfe Pause trat ein ... Eine öde Stille ... Nur die Blätter der Bäume fingen mächtiger und mächtiger zu rauschen an ...

Der Graf empfand die ganze Verwerflichkeit eines Ordens, den er schon lange gelernt hatte vom Katholicismus selbst zu unterscheiden ... Aber er empfand mit Terschka persönlich Mitleid ...

Sie Aermster gehen also nach Rom! ...

Zum Gericht! fiel Terschka ein ...

Und kommen direct? ...

Von Genua – ...

Da sahen Sie – Benno von Asselyn! ...

Auf dem Wege nach Coni ... Ich sprach ihn natürlich nicht ... Schon in Witoborn war er mein Todfeind ... Ich sah ja Armgart eben – auf der Altane ... Graf, es wird kühl ... Schließen Sie Ihr Kleid ... Armgart wird erstaunen – ihren Benno wiederzusehen – ...

Die nächtlichen Wanderer standen am Eingang zu jenem mächtig sich ausdehnenden Eichenwalde, der die noch unzerstörte Einsiedelei des Eremiten barg ... Sie schritten in die sich mehrende Dunkelheit hinaus ... Eben gingen der Pfarrer und der Gemeindeälteste an ihnen vorüber und sprachen, als beide stillstanden und sie vorüberließen, ein: Salute! ...

Buon viaggio! durfte der Graf erwidern, da die Wanderer bis zu ihrem Gebirgsthale eine weite Strecke hatten ...

Terschka wandte sich abseits, um nicht erkannt zu werden ... In früheren Jahren war er nicht selten hier ge-[163]wesen und geredet wurde noch oft genug von ihm ... Er kannte hier Weg und Steg ...

Werden Sie denn auch für diese Schwärmer, fragte er den

Vorausgehenden nach, ebenso ein Protector sein, wie Ihre Mutter? ...

Die Gesetze protegiren sie ... entgegnete der Graf und sah, nur noch Benno's gedenkend, nach der Uhr ...

Terschka wollte ihn nicht lassen ... Er suchte ihn in Interessen zu verwickeln, die für beide gemeinschaftliche waren ...

Man sagt, begann er, daß Ihre Freundschaft für den Erzbischof von Coni – Ihre Zärtlichkeit für – Ihre Gemahlin jetzt vielleicht – nach dem Tode – Ihrer Mutter – – ...

Der Graf hörte nicht ... Seine Gedanken waren nur dem Schlosse und Coni zugewandt ...

Warum bin ich nur so feige und tödte mich nicht selbst! ... unterbrach sich Terschka mit wilder Geberde und weckte somit gewaltsam den Grafen aus seinem fortgesetzten Brüten ...

Sie erwarten wirklich jetzt erst in Rom die ganze Strenge Ihres Ordens für Ihre Flucht! ... sagte der Graf, mit zerstreuter Theilnahme auf seine Worte hörend ...

Terschka erwiderte nichts, sondern blickte nieder ...

Sie haben mir von den Exercitien des heiligen Ignatius erzählt! fuhr der Graf, um ihn zu beruhigen, fort ... Werden Sie also in einer dunklen Zelle zubringen müssen mit einem Todtenkopf auf Ihrem Betpult, mit *[164]* dem Bild einer – verwesenden Leiche in Ihrem Bett –?*) ...

Terschka schwieg ...

Das sind doch in der That nur kindische Dinge ... Auch hab' ich gehört, daß Sie Ihren Uebertritt, Ihren Verrath am Orden, wenn Sie wollen, als eine wohlberechnete Strategie darstellen dürfen, als ein Mittel, desto besser zu Ihrem Ziel zu gelangen – ...

Ja – was war – denn mein Ziel? fiel Terschka mit zustimmendem Aufhorchen ein ...

Der Graf bereuete diese Andeutung gegeben zu haben ...

---

*) Kommt in Jesuitenhäusern vor.

Sie werden, begann Terschka anfangs lebhaft, bald aber seine Stimme dämpfend, als könnten die Blätter der immer mehr bewegten Bäume seine Worte weiter tragen, Sie werden in diesem Thal, in diesen öden Wäldern nicht ewig bleiben wollen ... Ihre Liebe zu den Waffen wird sich wieder regen, zumal wenn Sie sehen, daß eine Zeit kommt, wo nur noch die Waffen die Welt regieren ... Oft schon sind Ihnen glänzende Anerbietungen zum Rücktritt in die Armee gemacht worden ... Ihre Lage, zweien Staaten angehören zu sollen, zumal zweien, die sich unausgesetzt befehden werden, wird Sie zuletzt zu einem Entschluß veranlassen müssen ... Ich weiß nicht, wohin Sie Ihre Ueberzeugung zieht ... Katholisch sein! ... Selbst in jenen lächerlichen Exercitien des Ignatius liegt ein – dumpfer Ernst – mache nur Einer mit, was ich in Freiburg habe erleiden müssen *[165]* ... Die Revolution machte dem schrecklichen Kinderspiel, das man mit mir trieb, ein Ende ...

Was in Freiburg unterbrochen wurde, wird in Rom wieder aufgenommen werden –? ...

Ja Graf –! Aber gesetzt, Sie nähmen wieder bei Ihren alten Waffengefährten Dienste, Sie lebten in Wien, wofür sich doch zuletzt die Sehnsucht Ihres Herzens entscheiden wird – Gesetzt – Sie brauchten ja Castellungo nicht zu verkaufen – die Nothwendigkeit für Ihre Gemahlin, in des Erzbischofs Nähe leben zu müssen – ...

Was reden – Sie! ... unterbrach der Graf ...

Vergebung! schmiegte sich Terschka in demüthiger Geberde ... Sie misverstehen mich – Ich meine, der Oberst von Hülleshoven ist ein Projectenmacher und eigensinnig wie seine Frau ... Hedemann wäre für die Verwaltung Castellungos zu brauchen gewesen – Aber der ist – ja wol auch todt? ...

Sie sind – ein schneller – Reiter! ... entgegnete Graf Hugo, sich erst langsam beruhigend ... Nie noch hatte jemand gewagt, ihm persönlich die Nothwendigkeit, Paula in des Erzbischofs Nähe zu lassen, so offen auszusprechen, wie Terschka ... Ihm war Bonaventura nothwendig, Er nur blieb in des Freundes Nähe –! So und nie anders hatte sich seit Jahren das Verhältniß im Munde seiner Umgebungen gestalten dürfen ...

Wollen Sie diese herrliche Besitzung zu Grunde gehen lassen? fuhr Terschka immer demüthiger fort ... Konnten Sie über meine Art, in Westerhof zu Geld für Sie zu kommen, klagen? ... Behalten Sie mich hier! ...

[166] Ich verstehe nicht – entgegnete der Graf ...

Ich fürchte mich vor Rom ... Man wird Dinge von mir verlangen – die über meine Kraft gehen ... Die einzige Möglichkeit der Rettung für mich wäre, daß ich draußen in der Welt eine Aufgabe fortsetzte ... Was ich Ihnen früher im Geheimen war, Graf, wenn ich es offen würde – und – sagen könnte – ...

Der Graf horchte auf ...

Treten Sie über! ... Lassen Sie mein jahrelanges Werk endlich mit Erfolg gekrönt sein! ... Thun Sie es öffentlich, so soll es mir nicht zu schwer werden, es meinen Obern so darzustellen, als wenn alles, was ich mir seither habe zu Schulden kommen lassen, nur ein Mittel war zu höherm Zweck ... Thun Sie es geheim, wohlan dann desto besser ... In diesem Fall würd' ich Ihr Gewissensfreund bleiben, würde Ihr Wächter scheinen dürfen und könnte so fortleben, wie bisher – selbst unterm Schein, Priesterstand und was nicht alles verwirkt zu haben ... Oesterreich erhält die Weisung, meine Lage zu ignoriren – Piemont schützt uns ohnehin ... Werden Sie katholisch, Graf! ...

Graf Hugo brauste nicht auf und entsetzte sich nicht ... Es gab eine Stelle in seinem Innern, die von Terschka's Vorschlägen elektrisch berührt wurde ... Die Jesuiten waren ihm nicht der Katholicismus ... Religion nannte er übliche Sitte und Landesart ... Der geselligen Spaltungen, die in seiner frühern militärischen Stellung für ihn als Akatholiken lagen, erinnerte er sich ungern ... Den stolzen Muth seiner Mutter, gerade im Widerspruch mit weltlichen Rücksichten zu *[167]* leben, besaß er nicht ... Mehr noch, wirkliche Liebe zu Paula fing ihn zu bestimmen an ... Um sich, um die Mutter aus bedrängten Verhältnissen zu reißen, hatte er eine Standesehe geschlossen, ohne Paula die Zumuthungen einer Gattin zu machen – ... Und die ersten Jahre war es ein Verhältniß gewesen, wie auch nur je eine Vernunftehe unter hochgestellten Personen geschlossen wurde ... Als aber Paula in Italien, in Bonaventura's unmittelbarer Nähe lebte, als sich die hochgespannte Leidenschaftlichkeit dieser Beziehung milderte, als die bescheidene Unterordnung des Grafen unter den Erzbischof diesen nicht minder, wie Paula rührte – die Jahre und die Reife des Geistes bringen allem Menschlichen sein Maß und lehren uns die wahren Güter des Lebens in Höherem suchen, als im persönlichen Glück – da hegte Graf Hugo Hoffnungen auf sein Weib ganz mit der Werbung eines Liebenden ... Das Aussterben seines Stamms, die der Möglichkeit, noch einen Erben zu gewinnen, immer mehr gezählten Stunden – schon allein diese Rücksicht verlangte ein Entweder-Oder ... Und da glaubte denn Graf Hugo schon lange, daß er sich und Paula diese Entschlüsse durch seinen Uebertritt erleichtern würde ... Den kirchlichen Beziehungen seiner Mutter war er entrückt; die fortzusetzende Verbindung mit den Waldensern setzte eine größere geistliche Neigung voraus, als er sie besaß ... Aus solchem Indifferentismus, verbunden mit Resignation des Gemüthes, erfolgte schon oft ein Uebertritt zur römischen Confession ... Und so konnte er Terschka's Vorschläge hören, ohne sie sofort von sich zu weisen ... Hatte er nicht auch eine Reihe der glücklichsten [168] Jahre mit diesem Menschen verlebt, oft über seine Rathschläge den Stab gebrochen, oft sie dennoch befolgt –? ... Zwischen ihm und Terschka hatte von jeher die mitleidige Toleranz eines Herrn für einen erwiesenermaßen nicht immer ehrlichen, aber bei alledem in seiner Art unersetzlichen Diener geherrscht ...

Der Abendwind erhob sich mehr und mehr ... Wolken legten sich über die Sterne ...

Graf Hugo ließ Terschka reden – ließ sich ihm bald rathen, bald schmeicheln – ließ sich von ihm den Rock zuknöpfen, aus

Besorgniß, der Graf möchte sich „verkühlen" – Bald an dieser bald an jener Stelle seines Gemüthes wurde er berührt ... Auch das Glück schilderte Terschka, das er sonst hier gefunden haben wollte bei des Grafen Mutter ...

Die Herrliche, Gütige! sprach Terschka ... In London – da lag ich zerknirscht zu ihren Füßen ... Sie schickte mir einen Geistlichen, dem ich meinen Glauben abschwören sollte ... Oeffentlich in einer Kirche hab' ich es nicht gethan – ich ging zum Abendmahl und nahm es in beiderlei Gestalt ... Graf, darin sind wir – einig; was mich einst zum Priester machte – was war es? ... Für mich waren die Weihen nichts, als eine Erlösung vom Gewöhnlichen ... Die klugen Väter erkannten es zu spät und gaben mir einen Auftrag, der mich dem Weltleben zurückgab ... Kann man den Jesuiten, den Soldaten der Kirche, verdenken, daß sie Werth auf den Besitz eines Namens legen, wie des Ihrigen? ...

Graf Hugo verabscheute, was er hörte, aber – er dachte an Paula und die Zukunft seines Namens ... [169] Der Zauber des gebundenen Willens lag schon lange auf ihm ... Was jeder verworfen hätte, was Monika Unmoralität nannte, vertrug sich bei ihm mit manchen geheimnißvollen Stimmungen der Seele ... Es gab keinen andern Ausdruck für sein Gefühl, als den, daß die reinere Natur des Katholicismus, die Natur, die selbst ein Terschka nicht entweihen konnte, geheime und mystische edle Dinge verklärte ... „Der erste Beichtstuhl wurde aus dem Baum der Erkenntniß gezimmert" hatte die Gräfin Sarzana vor einigen Jahren hier gesagt ... Graf Hugo versank immer mehr in ein brütendes Nachdenken ...

Terschka erging sich in Lobpreisungen des katholischen Glaubens vom Standpunkt der Weltlichkeit, die beide früher so eng verbunden hatte ... Und hätte ihn ein noch schlimmerer Ruf verfolgt, als der, den der Graf kannte, es lag zu viel Gemeinsames in ihren Lebensbezügen, ihre Erinnerungen trafen so oft auf einem Punkte zusammen, daß ihn der Graf nahm, wie er sich gab ... Terschka knüpfte immer und immer an Angiolinen an ... Und der Graf wußte, wie energisch Terschka auf Schloß Neuhof für sie gesprochen hatte ... Terschka kam auf Angiolinens Mutter, die Herzogin von Amarillas, die aus London erwartet würde und wieder in Rom wohnen wollte, wenn sie nicht, unterbrach er sich, wol gar noch hierher kommt, um ihren, wie ich glaube, hoffnungslosen Sohn aufzusuchen ...

Der Graf gab alle diese Möglichkeiten zu, hörte sie aber voll Schrecken und Wehmuth ...

Terschka erzählte von Fürstin Olympia, deren Ver-[170]hältniß mit Benno schon seit lange nicht mehr das alte gewesen sein sollte ...

Der Graf hörte Terschka's welt- und herzenskundige Auffassungen; aber so groß seine Theilnahme für Angiolinens Bruder war, so sehr er Benno's Seelenkraft bewunderte seit jenem Schreckenstage auf Schloß Salem, wo Schwester und Mutter in einem und demselben Augenblick von ihm gefunden und verloren wurden, so sehr ihn der Eindruck ergriff, den nun Benno's Anwesenheit in Coni auf alle, vornehmlich Armgart hervorrufen mußte – sein Fragen und Forschen nach Diesem und Jenem war nur ein Verbergenwollen der größeren Sorgen, die sein Inneres um Paula drückten ...

Terschka sah seinen Einfluß wiederkehren, sah, wie Graf Hugo sich an seinen Ton, seine alte Weise gewöhnte ... Er blickte um sich ... Sie waren tief im Waldesdunkel vorgedrungen und Zeit hätte es werden müssen, an die Rückkehr zu denken ... Immer mehr und mehr verstärkte sich der Wind, der von den Bergen wehte ... Die schwanken Wipfel der Bäume ließen Raum hier und da zu Durchsichten, wie in einem kunstvoll angelegten Park ... Die Wanderer gingen einen Bach entlang, der behend unter den jetzt hin- und hergepeitschten Blütenbüschen dahinschoß ... Nur allmählich erhob sich die grüne Bergwand ... Schon war die Einsiedelei Federigo's in der Nähe ... Eine Gruppe der mächtigsten Eichen stand auf der Höhe so dicht beieinander, daß ihre Baumkronen von fern her zu einem jetzt im Winde den Einsturz drohenden Dach verwachsen schienen ...

[171] Ich war vor drei Tagen noch in Genua, erzählte Terschka, des Brausens und Rauschens um ihn her nicht achtend, wo eben Sturla aus Barcelona angekommen war ... Dort schon hört' ich, daß sich Cäsar von Montalto, schwer verwundet, unter den Trümmern der römischen Aufstandsarmee befand und auf dem Wege nach Coni war, ohne Zweifel zum Erzbischof ... Auf der steilen Riviera di Ponente begegneten wir ihm ...

Wir? wiederholte der Graf ...

Pater Speziano und ich – ...

Pater Speziano! Wagt ihr euch so weit schon wieder ins Land! ...

Wir stiegen in Robillante aus – wohin ich bis morgen früh – zurück muß ... Incognito – bis – – nach Rom – Graf! ...

Erzählen Sie! ...

Durch Vintimiglia fuhren wir im Postwagen und hielten eine Weile, ohne auszusteigen ... Vor einem Kaffeehause, wo unsere Pferde gewechselt wurden, stand ein halb offner Wagen ... Sehen Sie da! rief Pater Speziano und deutete auf den Wagen ... Ein Kranker lag in ihm zurückgelehnt ... Ich blicke näher – mich schützten die Jalousieen des Postwagens – und erkenne den Bruder Angiolinens ... Sollt' ich es wagen auszusteigen und ihn anzureden? ... Sein Zustand sah dem eines Sterbenden ähnlich ... Speziano hielt mich zurück ...

Der Graf gerieth in eine Stimmung des unsaglichsten Schmerzes ... Sollte alles dem Verhängniß verfallen, überall der Tod seine Opfer suchen! ...

[172] Wo sind Sie abgestiegen? fragte er noch einmal, ehe sie sich zur Rückkehr wandten ...

In Robillante – ... Aber für diese Nacht unten in San-Medardo beim Pfarrer ...

Und die Herzogin – seine Mutter –? ...

Ist mit Fürstin Olympia eilends aus London gekommen ... Die letzten Nachrichten von diesen Frauen hatte man aus der Schweiz ... Erfuhren sie von Montalto's Verwundung und Gefahr und seiner Reiseroute, so kommen sie ohne Zweifel hierher ...

Olympia –! rief der Graf und dachte an eine nothwendig werdende Vorbereitung Armgart's auf so erschreckende Möglichkeiten ... Vielleicht klopfte er noch jetzt dem Obersten und zog zunächst diesen ins Vertrauen ...

Aber werden Sie katholisch, Graf! drängte Terschka ... Es ist die Religion der reinen Menschlichkeit ... Krönen Sie mein Werk, dem ich dann achtzehn Jahre meines Lebens geopfert habe – So läßt es sich wenigstens darstellen ... Die Mittel, die ich anwandte, sind natürliche gewesen und ich bin gerettet – ... Sie erlösen mich von Strafen, die alles überschreiten werden, was meine Natur erträgt ... Das Al-Gesú macht ein Endurtheil über mich – ... Ich habe keine Kraft, einem Geschick zu trotzen, das mich in die Mitte der beiden mich verfolgenden Parteien nimmt ... Wollt' ich auch zum zweiten male entfliehen, ich wäre vor Mazzini's Rache ebenso wenig sicher wie vor der des Al-Gesú ... Graf, werden Sie katholisch! ... So hab' ich wenig-*[173]*stens Ruhe vor Denen, die auf mich die ersten Rechte hatten ...

Terschka versicherte dann, daß ihn Pater Speziano nach Rom führen müsse wie einen Gefangenen ...

Der Graf stand schon lange wie eingewurzelt ... Er blickte um sich und sah, daß er in dem Hain des Eremiten unter dem majestätischen Dach der uralten „Eichen von Castellungo" stand ... Noch glänzte die von Birkenzweigen und verwittertem Moos gebaute Hütte ... Noch lag wie sonst der Verschlag für Federigo's treuen Hund, den „Sultan", wie er hieß, unverändert; noch die Hütte für die Ziege, beide Thiere, die die einzige lebende Gesellschaft des Freundes seiner Mutter waren ... Eine mächtige runde Steinplatte, verwittert und mit gelblichen Moosflechten überzogen, die als Altar zu dienen pflegte, stand in der Mitte des

mächtigen Rundes, über dem die Baumkronen sich schüttelten im zunehmenden Sturm ... Noch hing in den ächzenden Zweigen des stärksten dieser Bäume die Glocke, durch deren Ruf der Einsiedler in einiger Verbindung mit der Welt blieb ... Die
5 schlummernden Vögel auf den Zweigen schienen zu träumen, mancher leise Laut erscholl, mancher Vogel flog erschreckt vom Neste ... Der Wind bewegte durch die Zweige auch die Glocke ... Zuweilen schlug sie an – leise, geheimnißvoll, geisterhaft – Graf Hugo sah ein ganzes Leben ihn hier wie mit stiller Bitte
10 mahnen; er hörte den Ruf der Mutter, als sie ihn um die Erhaltung der Glocke – um die Erhaltung Castellungo's und des Glaubens seiner Väter bat ...

[174] Terschka erkannte diese Zauber der Bestrickung für den Grafen ... Oft hatte er hier selbst den Eremiten gesprochen,
15 hatte sich mit dem „Sultan" in der Hütte dort geneckt; er wußte, daß dies treue Thier dem vermeintlichen Gefangenen der Inquisition gefolgt sein sollte ... Noch deutlich sah er die Gräfin auf einem Sessel von Baumzweigen, auf dem sie hier oft stundenlang bei ihrem Schützling zu verweilen liebte ... Gerade damals
20 war Terschka hier zum ersten mal gewesen, als sich die Sage von Vincente Ambrosi verbreitet hatte, der vor Frå Federigo's Lehren geflohen wäre ...

Träumend stand der Graf und blickte auf die Glocke, deren Bewegungen immer stärker und stärker wurden ... Er fuhr auf,
25 als er Fußtritte hörte und die beiden Diener sah, die gefolgt waren und jetzt näher kamen, um die Mäntel anzubieten ...

Mechanisch nahm er den einen und bot Terschka den andern ... Dieser nahm ihn schnell, nur um die Diener zu entfernen ... Lebhafter und lebhafter drängte er auf Entscheidung ...
30 Er schilderte alles, was er wünschte, als ein Facit von Umständen, die gebieterisch gegeben wären ...

Der Graf lauschte der Glocke unter den Bäumen, die die heftigen Windstöße in Bewegung erhielten ... Der ungleiche Klang war wie die unregelmäßigen Athemzüge einer von Angst be-

drängten Seele ... Das Bild der sterbenden Mutter stand dem Sohn vor Augen ... Ihr Wort: „Du wirst dem Thiere folgen!", ihre Bitte für diese Glocke, ihre Bitte für den jetzt schon in so wilder Störung begriffenen Frieden dieses *[175]* einsamen Ortes
5 sprach ihm aus dem Wehen jedes zitternden Blattes ...

Lassen Sie, Terschka! schnitt er jetzt, wie aus Träumen erwachend, alle Vorstellungen ab, die ihm dieser im Ton einer unverstellten Verzweiflung machte – Es war eine Proselytenwerbung so eigner Art, wie sie auch nur durch Jesuiten veranstaltet wer-
10 den konnte ... Keine Salbung, keine Ueberzeugung – eine Sache nur der Etikette und der praktischen Psychologie ... Der Graf widerstand ... Dort hinaus führen Sie meine Diener auf kürzerm Weg nach San-Medardo zurück, sagte er ... Was die Zukunft bringen wird, weiß ich nicht ... So, wie Sie es begehren,
15 Terschka, wird und kann es nicht sein ...

Graf! flehte Terschka ... Ist das Ihr letztes Wort? ...

Mein letztes, Terschka! Mein Inneres – Sie haben es errathen – ist zerrissen und unglücklich ... Noch weiß ich nicht, was werden soll und ob ich länger mein Loos ertrage ... Ich liebe –
20 mein Weib! ... Aber Ihr Auskunftmittel – – Weiß ich doch kaum, ob die Gräfin gerade dies noch begehren würde –! ...

Graf, um so mehr! fiel Terschka ein. Allbekannt ist die Gesinnung des Erzbischofs ... Auch die Gräfin, sie, die einst eine Seherin war, erkaltete in ihrer alten Glut und Andacht für den
25 Glauben ... Es ziehen Gefahren für Ihren Freund herauf, denen er jetzt erliegen dürfte, jetzt, wo die Richtung der Zeit sich ändern wird ... Verachten Sie meinen Beistand nicht – auch ein Sturla kann mich kennen lernen ... Aber nehmen Sie mich wieder auf! Schützen Sie mich durch *[176]* Ihren geheimen
30 Uebertritt! Ich lenke alles, was Ihr Herz, Ihre Natur, das Glück Ihrer Freunde verlangt ... Und Monika, selbst den Obersten gewinn' ich – pah durch einen einzigen Tag ... Selbst Armgart soll nicht vor mir entfliehen ... Ich bin ja – ein Greis – alt – ich entwaffne halt jeden durch meine Ergebung – durch meine

Demuth ... Graf, zum letzten mal, ich, ein Abtrünniger, rettungslos Verlorener, ich darf mit einem großen Zweck leben, wie und wo ich will – ich darf mit den Waldensern gehen – Protestant scheinen ... Nur besuchen Sie die Messe in Coni, in Robillante – wo Sie wollen – man liest sie Ihnen geheim ... Dann gehen wir zuletzt alle nach Wien – Ihre Gattin folgt – Ihr erstes Kind wird auf einen Heiligen getauft – Das ist die Sprache der Welt, der gesunden Vernunft, der Verhältnisse, in denen Sie leben, die Sprache des Trostes, der Erhebung für – die Gräfin selbst – ...

Der Graf schüttelte den Kopf und entgegnete:

Ein Abschied fürs Leben ... Wir sehen uns nicht wieder –! ...

Haben Sie Mitleid mit mir –! rief Terschka ...

Die Glocke schlug unausgesetzt ... Die Bäume rauschten im Sturme ... Die Natur war im Aufruhr ... Der Graf ging jetzt und wie auf der Flucht ...

In französischer Sprache rief ihm Terschka nach:

Graf! Ich beschwöre Sie! ... Sie werden es einst aus eigenem Antriebe thun ... Thun Sie's jetzt um mich, um Ihren alten – treuen – unglücklichen Freund! ...

[177] Die Glocke tönte ... Mit hellen, mit klagenden, mit stärkeren, mit schwächeren Klängen ...

Noch einmal wandte sich der Graf zu Terschka, wartete, bis dieser näher kam, bot ihm die Hand und sagte ihm ein letztes Lebewohl – ... Unsere Wege sind getrennt, setzte er hinzu ... Erde und Himmel können vielleicht für mich bürgen und für das, was ich thue oder lasse, Sie nicht mehr ... Das sag' ich alles ohne Groll, Terschka, ohne Sie kränken oder verurtheilen zu wollen; ich urtheile, Sie wissen es, über Menschen überhaupt nicht; lassen Sie alles wie es ist ... Beschütze Sie jetzt der Himmel, Terschka! ... Sans adieu! Sans adieu! ...

Der Graf schritt mächtig zu, gleichsam – um dem drohenden Unwetter zu entfliehen ... Auch begann es in der That zu regnen ...

Ein Diener blieb bei Terschka in dem wildbewegten Eichenhain zurück ...

Der Graf sah sich nicht mehr um ... Ohnehin ging es bergab ... Er eilte wie jetzt selbst vom Sturm ergriffen ...

In einer halben Stunde hatte sein Fuß das Schloß erreicht ... Die Frauen wachten noch ... Aber er wollte ihnen nicht die Nachtruhe nehmen durch die Mittheilung über Benno ... Sein Mund blieb auch dem Obersten noch geschlossen über alles, was er hörte ... Sein Auge durchwachte aber die ganze Nacht und sein Ohr vertausendfachte ihm alles, was er vernommen ... Die grünen sturmbewegten Wipfel der Eichen rauschten um ihn her wie ferne Donner ... Der Geisterton der klagenden *[178]* Glocke wurde eine Mahnung, als bedrohte eine Feuersbrunst die Welt und – vor allem die theuersten Menschen, die um ihn her in Ruhe schlummerten ... Hatte es also zehn Jahre und erst des Todes seiner Mutter bedurft, um seinen ganzen innern Menschen so mächtig aus einem Zustande der Lethargie zu erwecken –! ...

Terschka stand eine Weile vernichtet, bis er sich sammelte ... Endlich erhob er trotzig sein Haupt, das nun schon durch die Jahre eine natürliche Tonsur trug, griff in die Tasche – gab dem Diener ein Trinkgeld und ließ sich im Gehen erzählen von den Bewohnern des Schlosses, vom Tod der Gräfin, vom morgenden Fest in Coni, von den Ueberraschungen für den Erzbischof, von den Reiseplänen des Grafen, von der dem Obersten hier schon gegebenen Stellung, von Monika's Reformen, von Armgart ... Auch von Federigo ließ er den Diener plaudern, vom Einsiedler, der noch im Silaswalde leben sollte, nachdem er in die Hände der Räuber gefallen, aus denen ihn Frâ Hubertus – wie alle Welt erzählte, mit Hülfe seines Hundes, des treuen Sultan – errettet haben sollte ... Terschka forschte mit kurzen Fragen diesem unheimlichen Namen nach, forschte Allem, was von Franz Bosbeck, seinem ehemaligen Retter, den die Nemesis schon zum Richter über Jan Picard gemacht, im Volksmunde hier bekannt war ... Auch Frâ Hubertus mit dem Todtenkopf sollte noch leben ... Er erstaunte – künstlich ... Alles, was er hörte, war ihm schon bekannt – ...

Frost durchschüttelte seine Glieder – Jetzt erst warf er des Dieners Mantel um, den er bisher überm Arm *[179]* getragen hatte, und bat um die Angabe eines kürzern Weges, um ins Thal und dort zum Pfarrer zu gelangen ...

Der Wind hatte aufgehört ... Regenströme ergossen sich ... Noch schützten ihn und den Diener hier und da die Bäume der Alleen ... Sie umgingen das geheimnißvoll nächtlich schlummernde Schloß ... Eine Weile sah es Terschka mit dem Blick verzweifelnden Neides an ... Dann fragte er den Diener, ob er sich auch der Gräfin Sarzana erinnern könnte ... Auch von ihr ließ er sich einiges erzählen ... Den im spottenden Ton gemachten Bericht über diesen Besuch unterbrach er mit den dumpf vor sich hingesprochenen Worten: Auch sie – ist in Rom! ...

Terschka befahl jetzt dem Diener, ihn allein zu lassen ... Den Mantel sollte er morgen vom Pfarrer im Thal abholen ... Es war über die elfte Stunde – rings stichdunkel ... Durch ein labyrinthisches Gewinde von Gärten, über schwellend brausende Bäche – endlich an einem malerisch gelegenen Friedhof mit unheimlich blitzenden Kreuzen vorüber erreichte er das Pfarrhaus San-Medardo ...

Aus einem geöffneten Fenster, wo noch Licht brannte, begrüßten ihn die heisern Worte:

Ecco! Ecco! Al fine venuto! ...

Sie kamen von Pater Speziano und klangen wie die Beruhigung eines angsterfüllten Kerkermeisters, dem ein entflohener Gefangener endlich wiederkehrt ...

6.

Als derselbe Tag noch goldensonnig am unbewölkten Himmel geleuchtet hatte, fuhr ein kleiner, mit Staub bedeckter Halbwagen langsam auf der Landstraße zwischen der Stura und dem Gesso dahin, zweien Bergströmen, die hinter Robillante in ihrem Lauf miteinander wetteifern ... Um die Dämmerung gelangte das kleine Gefährt an die Thore einer Stadt, die in frühern Jahrhunderten stark befestigt gewesen sein mußte ... Noch erhoben sich in dem alten Cuneum Römerthürme; noch erstreckten sich rund um die Stadt zackige Mauern und tiefe Gräben ...

Die Straßen Conis, einer 15000 Einwohner zählenden Stadt, waren am südlichen Thor eng und düster, aber belebt von einer schwatzenden, muntern Bevölkerung, wie sie in Italien der Abend auf die Gasse lockt ... Kinder, Frauen, Greise, nichts bleibt dann daheim im geschlossenen Raume; selbst die unterste Volksklasse sitzt in Hemdärmeln, Manchesterjacken, Blousen vor Kaffeehäusern, raucht, trinkt, schwatzt, streitet über die Tagesneuigkeiten, für deren Kunde ein ein-*[181]*ziges Zeitungsblatt ausreicht, da unter zwanzig meist nur einer lesen kann ...

Gesang ertönte ... Drehorgeln durchkreuzten sich in ihren Melodieen ... Der Kutscher erfuhr in dem Lärm erst von Andern, daß hinter ihm sein Passagier nach ihm verlangte ...

Er wandte sich theilnehmend ...

Coni ist eine ansehnliche Stadt ... Aber die schlechtgepflasterte Straße mußte dem Passagier, der ausgestreckt im Innern der Halbchaise lag, empfindlich werden ... Der Kutscher erfuhr, er sollte langsamer fahren ... Zugleich wurde nach dem Palast des Erzbischofs gefragt und von einem Dutzend Stimmen die Antwort ertheilt ... Man begleitete den Wagen, der einen Kranken führte ... Es war ein todtbleiches, männlich gefurchtes Antlitz mit vollem wilden, hier und da ergrauten Bart ... Benno war damals ein Mann von vierzig Jahren ...

Die Straßenjugend folgte dem Wagen, der auf einen großen Platz einbog, einen Exercirplatz, wie es schien; rings war das mächtige Quarrée mit duftenden Lindenbäumen besetzt ... Nicht zu entfernt von einer stattlichen Kirche lag hinter einem gegitterten Vorhof ein großartiges Gebäude, vor welchem der Kutscher in seinem weißen Hute, seiner braunen Jacke, seiner rothen Halsbinde ebenso sicher anfuhr, wie der Führer einer sechsspännigen Carrosse ... Er wußte ja, daß er dem Erzbischof einen theuren Verwandten brachte ...

Ein Carabinier mit gezogenem Säbel hielt vor der hohen Eingangspforte des Palastes Wache ... Er deutete auf die Klingel, die der Kutscher, der schon abge-*[182]*sprungen war, nur anziehen sollte ... Ein Diener erschien ... In einer Art Livree von schwarzem Frack, schwarzen Beinkleidern, schwarzen Strümpfen und Schnallenschuhen ...

Der Kutscher hatte schon eine Karte in Bereitschaft, die dem Diener zur Anmeldung des Besuches übergeben werden sollte ... Zugleich bat er um Hülfe, den Kranken aus dem Wagen zu schaffen ... So wie er da läge, il povero, brächte er ihn dritto aus Genua ... Miracolo! setzte er mit beredsamem Blick hinzu – er brächte einen Mann, der nur durch ein Wunder noch lebte ...

Benno, bleich, mit blassen Lippen, starren Gliedern, auf einer halb zum Sitzen, halb zum Liegen eingerichteten Matratze, hörte und sah alles, was sein Führer trieb, aber er schwieg ... In der That schien er an den äußersten Grad der Erschöpfung angelangt ... Noch manches Jugendliche hatte sich in seinen Zügen erhalten ... Schmächtig und mager schien er geblieben, aber sein Haupthaar war fast grau, wie der mächtige Bart hier und da von gleicher Farbe ... Geronimo, der Kutscher, erzählte den sich schon mehrenden Dienern, zu denen sich Priester gesellten, der Kranke hätte in Rom einen Schuß in die Brust bekommen und die Kugel säße noch fest; die Aerzte hätten behauptet, der Verwundete würde, nachdem die Anstrengungen der Flucht von Rom nach Genua ihn schon dem Tode nahe gebracht, eine weitere Reise schwerlich überstehen, aber nichts hätte ihn abbringen können, seinen Transport bis nach den Thälern von Piemont zu verlangen. Ihn selbst zwar hätte das Hospital gemiethet *[183]* und ihm als Ziel seiner Reise nur Nizza genannt. Daß es Coni und dort das erzbischöfliche Palais sein sollte, erfuhr Geronimo erst vom Verwundeten selbst in Vintimiglia. Dieser konnte die Arme nicht bewegen, konnte keine Briefe schreiben – sie aber von andern schreiben zu lassen, hätte er abgelehnt. Niemand sollte erfahren, wohin seine Reise ging. Selbst im Spital hätte man sein wahres Ziel nicht wissen sollen ... Wenn der Verwundete jedem die Fährte der Nachfrage nach ihm abschneiden wollte, so war es wol die natürliche Lage eines politischen Flüchtlings ...

Schon wurde Benno emporgehoben und auch die Schildwache griff mit an ... Der Leidende überwand die Schmerzen, die ihm diese Bewegungen zu verursachen schienen ... War doch die Sehnsucht seines Herzens erfüllt, die letzte Freude seines Lebens gewährt ... Geronimo hatte recht berichtet – Benno wollte allen denen, die noch an seinem Leben Interesse haben konnten, selbst seiner Mutter, verborgen bleiben ... Deshalb vertraute er selbst dem Spital in Genua nichts über seine Absichten, am wenigsten der Post – ... Und selbst die Feder zu führen, verbot ihm sein Zustand ... Still in Bonaventura's Armen zu sterben, war alles, was er vom Leben noch begehrte ... Diesen hoffte er zu finden, auch ohne sich ihm angekündigt zu haben ... So kam es, daß ihn hier niemand erwartete ...

Die Diener jedoch, auch wenn sie den Namen „Cäsar Montalto", der auf der Karte stand, nicht zu deuten gewußt hätten, thaten darum nicht befremdet ... Was *[184]* sollte nicht bei ihrem Herrn ein Sterbender seine letzte Zuflucht suchen können –! ...

Noch war der Fremde nicht bis an die große Marmortreppe getragen worden, als auch schon von oben her, gefolgt von Priestern und Dienern, der Erzbischof in seinem wallenden Hauskleid, einem priesterlichen Rock mit violettem Ueberwurf und goldener Kette, in athemloser Hast erschien, sich über den unglücklichen Freund warf, ihn in beide Arme schloß und unter Thränen an sein Herz drückte ...

Mein Bruder –! rief er unausgesetzt ...

Mehr konnte nicht von seinen Lippen kommen – und Mein Bruder! Mein Bruder! hatte er auf der Stiege schon, abwechselnd in deutscher und in italienischer Sprache, gerufen ... Italienisch, um seine Umgebungen über den Anlaß eines so außergewöhnlich großen Schmerzes und sein Verlassen aller Formen der Etikette, die in diesem Hause waltete, gebührend aufzuklären und sie aufzufordern, in seine Trauer miteinzustimmen ...

Das Bedürfniß, zu helfen, drängte nun sofort jede andere Empfindung zurück ... Schon wurden die ersten Aerzte der Stadt gerufen ... Schon hörte man oben Thürenschlagen, ein emsiges Rennen, ein Klopfen und Hämmern, um Zurüstungen für ein Lager zu treffen ... Das ganze, nur von Priestern bewohnte Haus war in Bewegung ...

Die Worte: Wie konntest du in diesem Zustand eine solche Reise unternehmen! kamen nur halb von Bonaventura's Lippen ... Laßt! bat der Majorduomo, ein *[185]* stattlicher Herr mit einer silbernen Kette auf der Brust und wehrte der Ueberzahl der helfenden Hände ... Nach Benno's Wunsch leitete dieser dann allein den Transport ...

Auch für den Erzbischof war Sorge zu tragen ... Am eisernen Geländer der mächtigen Treppe hielt er sich mühsam aufrecht; anfangs vermochte er den Männern, die Benno hinauftrugen, vor physischer Schwäche nicht zu folgen ... In meine Schlafkammer! war alles, was er zu sagen vermochte, und wieder doch zum Kutscher mußte er sich wenden, der auf die Anrede des Majorduomo, woher sie kämen, vor dem Erzbischof sein Knie beugte und Segen – und Trinkgeld begehrte ... Ohne den Auseinandersetzungen Geronimo's, so wichtig sie ihm waren, länger zuzuhören, riß der Erzbischof unter seinem Ueberwurf sein Almosenbeutelchen hervor und reichte dem Knienden den ganzen Inhalt ...

Jetzt raffte sich der Erzbischof auf und schwankte am Geländer der Stiege entlang ... In den hohen weiten Sälen des ersten Stockwerks standen alle Thüren geöffnet ... Die letzten Abendsonnenstrahlen beleuchteten die kostbaren Tapeten von Seide, die bunten Malereien, die sich sein Vorgänger Fefelotti für die kurze Zeit seines Verweilens in diesen Räumen hatte anfertigen lassen ... Die Fußböden waren parquettirt ... Die Wände starrten von Bronze und Krystall ... Die Wohnung eines Fürsten schien es zu sein und erst in dem mit grünen Vorhängen von einem Bibliothekzimmer getrennten Schlafgemach des Erzbischofs sah es einfacher aus ... War auch hier nicht die rauhe Kasteiung sichtbar, die einst *[186]* Bonaventura beim Kirchenfürsten am großen vaterländischen Strome beobachtet hatte und die in dem dem Schönen abgeneigten Sinn desselben eher ihren Grund gehabt haben mochte, als im ascetischen Bedürfniß, so hatte doch Bonaventura hier sowol wie in seinen nächsten Zimmern die Spuren der Ueppigkeit seines Vorgängers so weit getilgt, als das dem Palast erblich angehörende Mobiliar von ihm verändert oder entfernt werden durfte ... Da lag nun Benno schon auf seinem einfachen Lager, verlangte von allem, was ihm zur Erfrischung angeboten wurde, nur ein kühlendes Citronenwasser, vor allem Ruhe und – allein zu sein mit dem geliebten Freunde, der an sein Bett niederkniete, um Benno's glühheiße Hand zu küssen ... Alle Umgebungen waren in Bestürzung über den Schmerz des Erzbischofs – ... Noch dazu wurde ihm dies Erlebniß am Abend seines Namenstages ...

Der Majorduomo sorgte dafür, daß die Verwandten allein blieben und nur die Aerzte noch zugelassen wurden ... Auch zu einem Kloster der Barmherzigen Brüder wurde geschickt, um einen erfahrenen Krankenwärter zu holen ... Mit den von Fefelotti eingeführten Töchtern des heiligen Vincenz von Paula hätte man dem Erzbischof nicht kommen dürfen – ...

Die Freunde waren allein – allein mit dem letzten Strahl der Sonne, der sich durch die herabgelassenen Vorhänge stahl – allein mit dem Todesengel, dessen dunkler Fittich seit einiger Zeit von Bonaventura's Lieben nicht mehr weichen zu wollen
5 schien – allein mit den Rückblicken auf ein so tief verfehltes Leben, wie es Benno geführt, *[187]* auf ein so tief vereinsamtes, wie es Bonaventura mitten im rauschenden Gewühl der Zeit und der Welt führte ... Wie brachen die schönen freundlichen Sterne der Jugend wieder aus den Wolken, die sie so lange verschleiert
10 gehalten hatten ... Wie klang ein Ton so wehmüthig und klagend durch die bangen Seelen der Freunde und sprach: Das, das wollten wir – und das haben wir gefunden! ...

Bonaventura's Lippen bebten, ob sie fragen sollten: Weißt du denn auch, wie dein irrend Leben gerade jetzt hier angekommen
15 ist bei seinen ersten Anfängen – und daß die liebliche Armgart in unsrer Nähe weilt? Weißt du, daß ich aus Deutschland den Besuch meiner erkrankten Mutter, den Besuch Friedrich's von Wittekind, deines Bruders, soeben gemeldet erhielt? Wird dich denn auch, ohne ihre letzten Küsse, deine in der Schweiz ge-
20 nannte Mutter sterben lassen? Wird jene Verirrung, die für immer die Flügel deines Lebens knickte, Olympia, deinen Tod ertragen können, jene Circe, die deine Sinne verwirrte mit dem Zaubertrank ihrer – wer kennt den Inhalt der Mischungskünste, die eine Frauenhand bietet! Oder – nun kehrten ihm Klänge des
25 längst abgebrochenen Briefwechsels wieder – war es deine eigene Seele, die dich berauschte, deine eigene Natur, die sich des Höchsten vermaß und sich doch besiegen ließ von dem, was die Menschen dir immer und du dir selbst als dein ärmstes deuteten – deinem Gemüth! ... Dankbar wolltest du sein –! Deutscher
30 nicht mehr bleiben – seit du eine von Deutschen gemishandelte Mutter gefunden – und, fast möcht' ich nach deinen Briefen *[188]* sagen, mehr noch – seit die Bandiera deine Freunde geworden, die Bandiera, die die Kugel des Henkertodes traf – Benno, Benno, welche Dämonen haben dich fortgeschmeichelt

von Deutschlands Herzen und hinüber in soviel Irrgänge deines Lebens und in dies ersichtliche Ende! ...

Zehn Jahre –! sprach jetzt Benno mit einer dumpfen, heisern Stimme, die sich mühsam von seiner keuchenden Brust rang ...

Rege dich nicht auf! entgegnete Bonaventura und setzte sich auf den Rand des Bettes ... Schlummre! ... Du bedarfst nur der Ruhe! ...

Benno winkte, daß Bonaventura die Vorhänge am Fenster lüften möchte ... Er wollte den Erzbischof sehen, wollte vergleichen, wie auch ihn das Leben nach so langer Trennung gezeichnet hätte ...

Bonaventura erfüllte sein Verlangen und sah Benno's noch volles, aber ergrautes Haar – ... Sein eigenes war ebenso gefärbt ... Die Magerkeit des Erzbischofs hatte zugenommen ... Die glanzvollen Augen lagen tief in ihren Höhlen ... Furchen umgaben den Mund ... Aber die edle Bildung des Kopfes, die Gestalt selbst konnte durch die Spuren der Jahre nicht geändert werden und vielleicht der jüngste und noch immer jugendlichste Kirchenfürst in Roms Hierarchie blieb er nächst Vincente Ambrosi in Rom bei alledem ...

Bonaventura sprach von der Kunst der hiesigen Aerzte ... Vom Doctor Savelli, der das Leben der Gräfin Erdmuthe so lange erhalten hätte ... Von dem Arzt der Garnison, der sich auf den letzten Schlachtfeldern bewährt hätte ...

[189] Benno schüttelte das Haupt und erwiderte:

Die Kerze ist – nieder ...

Bonaventura konnte solcher Schwäche gegenüber nichts entgegnen ... Man brachte den Erquickungstrank ...

Der Freund reichte ihn dem Verschmachteten und als er getrunken, winkte nach einer Weile Benno selbst, daß das Fenster wieder verhangen würde ... Fieber durchschüttelte ihn plötzlich ... Sogar auf die grünen Vorhänge des Bibliothekzimmers, durch die sich zu viel Licht stahl, deutete er ... Sie wurden zurückgeschlagen und dafür die Thürflügel ganz geschlossen ...

Die Erschöpfung schien durch den Lichtreiz gemehrt zu werden ...

Bonaventura bat ihn vor allem, nur zu schweigen ... Reden und Denken griffe ihn ersichtlich an ... Nur fühlen, träumen sollte er – glücklich sein – ... Du bist – bei mir! sprach er mit der ganzen Innigkeit liebevoller Sorge und fast schon hätte er, an Armgart denkend, gesprochen: „Bei uns" – ...

In Benno's Auge, das wol von Armgart weit-, weitab irrte, traten Thränen ... Er schwieg und lehnte das Haupt zur Seite, jetzt in der That, wie um zu schlummern ...

Nun fast störte es, daß die Aerzte kamen ...

Sie nahten sich dem Lager, streiften die Decke auf und riethen, trotzdem daß der Kranke sich nicht bewegen konnte und mochte, ihn ganz von seinen Kleidern zu entblößen ... Die entzündete, den Lungen nahe Stelle, wo die Kugel sitzen mußte, war bald gefunden ... Der Kranke zuckte mit einem kurzen Schrei auf, als sie berührt wurde ... Die Kugel herauszunehmen hätte den sofortigen Tod veranlaßt ...

[190] Im Blick der Aerzte lag die Andeutung, daß auch so die Auflösung schwerlich ausbleiben würde ... Die Ruhe, ja die starre, krampfartige Erschöpfung, in der sie den Kranken fanden, verordneten sie durch nichts zu stören ... Zwei Barmherzige Brüder, die inzwischen gekommen waren, wußten, was sie die Nacht über zu beobachten hatten ... Jetzt galt es, den von der Untersuchung seiner Wunde Ohnmächtigen sich allein zu überlassen ...

Bonaventura kehrte, die Hände gen Himmel erhebend, in seine hohen, so prachtvollen, durch die eigenthümlichen Anordnungen, die er ihnen gegeben, wohnlich umgestalteten Zimmer zurück ...

Sein einfacher Abendimbiß, der inzwischen aufgetragen wurde, konnte ihn nicht zum Niedersitzen bewegen ... Nur wie schwebend schritt er dahin, faltete die Hände und sah nieder wie ein Verzweifelnder ... Ein einziger Augenblick – wie hatte dieser so den Frieden um ihn her verwandeln können! ... Den Frieden! ... Hatte seine Seele Frieden? ... Erlosch um ihn her nicht ein Auge nach dem andern? ... Das tragische Geschick, das über sein Haus und über sämmtliche Angehörige desselben hereingebrochen schien, hatte er erst heute wieder gesehen, als vom Präsidenten die Nachricht gekommen, daß die Aerzte seiner Mutter den Aufenthalt im Süden vorschrieben ... Sie würden nach Neapel gehen, hatte der Präsident geschrieben ... So nahe dem Silaswalde! seufzte Bonaventura – und die Mutter bat ihn inständigst, vorher noch in Rom mit ihr zusammenzutreffen –! ...

Eben noch hatte Bonaventura an seinen Freund, den Cardinal Vincente Ambrosi, geschrieben – hatte *[191]* sich ihm auf Besuch angemeldet ... Eben noch hatte er ihm die Nachricht mitgetheilt, daß Pater Speziano wagte, heimlich eine Nacht in Robillante sich aufzuhalten, in Begleitung des Doppel-Apostaten Terschka ... Wie mußte bei solchen Bildern die Erinnerung an die alten Tage des Glücks und der Hoffnung über ihn hereingebrochen sein ... Im Lehnsessel, am Schreibtisch, an seinem hohen Fenster hatte er gesessen und beim Abendläuten in die rosige Glut des Himmels geschaut ... Morgen war sein Namenstag ... An den schönen Strom der Heimat hatte er denken müssen, an sein kleines erstes Pfarrdorf Sanct-Wolfgang, an eine Gemeinde, wenn sie zum ersten mal den Namenstag ihres Seelsorgers feiert ... Das stille Leben eines Landpfarrers hatte ihm wieder als ein so beneidenswerthes Glück vorm Auge gestanden ... Er hörte die Frühglocke seiner Kirche; von seinem Gärtchen aus zählte er die Reihe der Kirchgänger; fühlte seine erste Pfarrersangst, ob ihrer auch genug kämen, um ihm die Beruhigung zu geben, daß sie ihn liebten ... Wieder sah er sich auf dem engen, kaum zum Umwenden ausreichenden Platz vor seinem Hochaltar, hörte seinen eigenen Gesang und in der markigen edlen Sprache der Heimat, die er nun schon so lange auf immer abgeschworen, seine Predigt ... Wie sah er denn auch nur gerade heute den alten Mevissen so ernst und feierlich in seinem Stuhl sitzen, den treuen Hüter der Geheimnisse, die so ganz, ganz anders, als vielleicht sein Vater gewollt, in sein Leben griffen ... Auch seines Kainsmaals gedachte er, jener noch immer unenthüllten Beichte Leo Perl's, eines Spuks, *[192]* der ihn freilich nicht mehr wie sonst schreckte ... Die Jahre und die innern Revolutionen seiner Ueberzeugung hatten ihn allmählich bewahrt, über die Thorheit eines wahnwitzigen Priesters dauernd in solcher Verzweiflung zu leben, wie anfangs ... Das erzbischöfliche Pallium trug er nicht wie eine gleißnerische Hülle innerer Unwahrheit; mit sichrem Vertrauen auf seine Lebenskraft hatte er sich ein Ziel gesteckt, dem er nachlebte, ein Ziel, das nur durch den Hirtenstab eines mächtigen Bischofs erreicht werden konnte, ein Ziel, dem die Enthüllung seiner unvollendeten Taufe eine Glorie mehr werden sollte ... Als Lucinde von ihm mit dem Grafen Sarzana getraut wurde, hatte er mit ihr Frieden geschlossen (sie schickte ihm an jedem Namenstage, anfangs aus dem Kloster der Lebendigbegrabenen, später aus Genua, dann aus Rom, das letzte mal aus Venedig, zu diesem Tage ein Angedenken und ihr diesjähriges war bereits wieder von daher eingetroffen) – von ihrer alten Drohung, „ihn vernichten zu wollen", war nichts mehr zurückgeblieben, als eine Art Superiorität, die ihr wenigstens in des Erzbischofs Nähe z. B. bei ihrem Besuch in Coni eine Stellung sicherte, auch wenn andere sie eine Jesuitin, wol gar eine Brandstifterin nannten ... Ihr diesjähriges Geschenk war ein Kelch von Krystall, umsponnen mit silberner Filigranarbeit, eine Arbeit aus den Werkstätten Venedigs, von wo sie noch ihre Begleitzeilen datirt hatte ... Sie wäre auf dem Wege nach Rom, hatte sie geschrieben, „um den Raben auf den Leichenfeldern ihren Mann zu entziehen und ihn anständig begraben zu lassen" ... Wie hatte sich das alles mit den Jahren umgewandt! ... *[193]* So weilten Bonaventura's Gedanken in fernen glücklicheren Zeiten – da kam diese neue trübe Mahnung an die Gegenwart ...

Bonaventura hatte nun den steten Anblick und Umgang Paula's, hatte die seltenste Freundschaft des Grafen, hatte die unermüdliche Sorgfalt Aller für sein Wohl, hatte die edelsten Freuden der Geselligkeit, jede nur erdenkliche Fürsorge und Ueberraschung, die sonst nur einem Gatten von seinem Weibe, einem Vater von seinen Kindern kommt – und doch fehlte das Glück ... Der Kampf mit Roms Hierarchie war ihm an sich eine Freude – er hatte hier und da offene und geheime Bundesgenossen – aber Inneres und Aeußeres in ihm war nicht ausgeglichen ... Nur das Nächste brauchte er zu betrachten – im Grafen sah er Krisen entstehen, die zu neuen Kämpfen der Seele führen mußten – und, blickte er in die Ferne, war denn jenes in die Ferne gerückte Räthsel des Eremiten, seines Vaters, gelöst? – – ...

Friedrich von Asselyn, sein Vater, war damals nur vor seinem Sohn aus Castellungo entflohen ... Er wollte todt sein und das Schicksal sendete ihm in seine Verborgenheit gerade den eigenen Sohn! ... Er erblickte darin die Entdeckung seines Geheimnisses ... Seit den lebensgefährlichen Abenteuern, die er bestehen mußte, lebte er jetzt im Silaswalde – ... Cardinal Ambrosi hatte erst vor Kurzem wieder geschrieben, daß sein Jugendlehrer dem muthigen Kirchenfürsten ewig Dank wissen werde für die Mühe und Sorge, die er ihm damals, mit Gefahr seiner hohen Würde, gewidmet; daß er ihn aber fort und fort beschwöre, bis zu einer be-*[194]*stimmten Stunde seiner Lebensspur nicht zu folgen, ja daß er ihm das heilige Versprechen abnähme, ihn bis dahin nie mehr unter den Lebenden zu suchen – ... Fiat lux in perpetuis! hatte diese erneute Bitte des Eremiten geschlossen ... Das Losungswort der Briefe, die ihm und dem Onkel Dechanten einst aus Italien gekommen waren – der Augenblick der Versammlung unter den Eichen von „Castellungo" an einem Sanct-Bernhardstage ... Noch lag dieser Tag um Jahre hinaus und doch mußte er bestimmend und bindend wirken ... Mußte nicht Bonaventura des Vaters Bitte schon um seiner noch lebenden Mutter willen erfüllen? ... Zu seiner Beruhigung diente, daß dem Vater ein treuer Wächter im Silaswalde geblieben war, sein Retter aus Räuber- und Mörderhand, jener kühne Laienbruder Hubertus ... Wie die Reise der Mutter nach Neapel in diese Räthsel eingreifen konnte, hatte sich der Sohn mit banger Spannung eben vergegenwärtigt ... Cardinal Ambrosi war inzwischen der innigste Vertraute seines Lebens geworden – nur wußte derselbe nicht, daß Federigo des deutschen Freundes Vater war; Vincente Ambrosi und Bonaventura hatten sich so gefunden, daß in den Zeilen, die er ihm eben geschrieben, jene Beziehung ausgenommen, sonst die geheimsten Saiten seines Innern widertönen durften ...

Ein Erzbischof kann, wie ein Fürst, nicht frei gehen und wandeln; er ist der Gefangene seiner Würde ... Im Speisezimmer wurde Licht angezündet und der Haushofmeister kam mit bittender Miene, Excellenza möchte sich nicht dem Mahl entziehen und die nothwen-*[195]*dige Stärkung zu sich nehmen ... Der Erzbischof aß nicht allein ... Eine Anzahl Hausbewohner, Hülfspriester, Secretäre, Schüler, waren seine regelmäßigen Tischgenossen ...

Gelassen gab Bonaventura den Bitten nach, setzte sich zur Tafel auf seinen Ehrensessel und sah voll Wehmuth auf ein neben ihm liegendes Buch, das er befohlen hatte, heute Abend neben ihm aufzuschlagen ... Es war ein Theil der Werke des heiligen Bonaventura, denen er sich seines Namenstages wegen hatte widmen wollen ...

Es ist mein Namenstag morgen – sprach er mit leiser Stimme und im reinsten Italienisch; ich beschäftigte mich gerade mit unserm Doctor seraphicus ... Die Stelle, die ich vorlesen wollte, – (er blätterte mit seinen magern weißen Fingern) – ich kann sie nicht wiederfinden ... Lesen Sie, wandte er sich erschöpft zu einem jungen Vicar, der bei ihm den Freitisch genoß – eine jede Stelle wird auf unser Leben passen ...

Der junge Mann las, was er fand: „O wär' ich doch jener Baum des Kreuzes und wären die Hände und Füße des Gekreuzigten an mich geheftet gewesen, so hätt' ich zu jenen Menschen gesprochen, die ihn vom Kreuze abnahmen: Nimmermehr laß' ich mich trennen von meinem Herrn; begrabt mich mit ihm! Doch da ich das dem Leibe nach nicht thun kann, so thu' ich es der Seele nach. Drei Stätten will ich mir im Gekreuzigten erwählen; die eine in den Füßen, die andere in den Händen, die dritte in seiner Brust! Dort will ich athmen und ruhen! Dort wohnen, trinken aus dem Quell ihrer *[196]* unaussprechlichen Liebe! Oft wandelt mich Furcht an, ich möchte herausfallen aus diesem Aufenthalt! Glückselige Lanze, glückselige Nägel, die ihr diesen Weg des Lebens uns öffnet! O wäre es mir vergönnt gewesen, jene Lanze zu sein, nimmermehr wär' ich dann aus dieser göttlichen Brust zurückgekehrt!" ...

Lästerung! unterbrach der Erzbischof plötzlich aufwallend und nahm das Buch an sich ...

Alle erschraken ... Doch bei näherer Besinnung war ihnen diese Kritik nicht befremdlich an ihrem Oberhirten, der die Wärme der Religion nur beim Lichte suchte ...

Er winkte mit der Hand und deutete an, daß man unbehindert den Speisen zusprechen sollte ... Da er selbst nur wenig aß, konnte er seinen Tischgenossen sagen:

Wohin verirrt sich nicht der spielende Witz einer Andacht, die mit der Feder in der Hand betet! ... Wahrheit! Wahrheit! ... Und vor wem denn mehr, als vor dem Herrn der Welten, vor dem Gedanken: Was ist die Ewigkeit! ...

Dann erzählte er von Benno's Leben – bis seine Thränen ihn hinderten ...

Der Haushofmeister, der am untern Ende der Tafel vorlegte, kannte Benno noch von seinem Aufenthalt in Robillante her ...

Es war ein schlichter Mann, der dem Erzbischof von dort gefolgt war und Ordnung und Sparsamkeit in Fefelotti's Hinterlassenschaft gebracht hatte ... Daß der sich jetzt Cäsar von Montalto nennende, verwundete Vetter des Erzbischofs vom Kriegsschauplatz in Rom kam, war kein Geheimniß und *[197]* mehrte das

Interesse; in diesem Lande war das Urtheil über Italiens Angelegenheiten freigegeben ... Allgemein nahm man die Möglichkeit, in so krankem Zustand von Rom bis hierher reisen zu können, für ein Hoffnungszeichen möglicher Genesung ...

Bonaventura dachte anders ... Es hat ihn nur gezogen, hier sein letztes Lager zu suchen ... Noch einmal wollte er in seinen Anfang zurück ... So nur war ihm dies Suchen eines letzten Wiedersehens erklärlich ...

Das bescheidene Mahl war zu Ende, als das lebhafte Gehen der Thüren nach dem Schlafzimmer zu auf ein Vorkommniß im Zustand des Kranken schließen ließ ... Der Erzbischof erhob sich eilends und ging in die anstoßenden Zimmer ... Alle folgten ... Einer der Brüder kam ihnen mit einem Gefäß voll Schnee entgegen, den man anwenden wollte, um den Blutandrang zum Kopf des Kranken zu mildern ...

Bonaventura hörte ihn laut phantasiren ... Als er näher gekommen war, fand er Benno hochaufgerichtet im Arm des andern Bruders, seiner nicht bewußt – auch Bonaventura nicht erkennend ... Es schien, als befehligte er noch auf den Breschen der Mauern Roms – als riefe er die Wankenden zusammen ... Mit erhöhter Stimme sprach er bald italienisch, bald deutsch, bald englisch ... Er redete Personen an, die er leibhaft vor sich sah ... Sarzana! rief er und lachte sogar ... Da haben Sie's denn nun! ... Leichenbruder! ... Auch Hamlet hatte erst Muth, als eine Ratte hinter der Wand raschelte! ... War's nicht so auch mit Ihnen, Ihrer neuen Loge damals –? ... Stehen Sie jetzt auf, Sar-[198]zana! ... Ich bitte Ihnen ab, daß ich Sie für einen Verräther hielt ... Ein toller Hamlet waren Sie freilich noch als ich ... Achtung aber der Dame, die da kommt und die eine Krone zu tragen würdig ist – Nein – es ist – ja nur die Kammerjungfer – ...

Bonaventura las aus Benno's wilden und lachenden Mienen die Erinnerungen, die ihn quälten ... Die letzteren schienen Luciden zu gelten ... Er redete dem Freunde zu, sich zu fassen ... Seine Hand strich ihm das Haar aus der Stirn ...

Endlich schien der wie von Gespenstern verfolgte und wie um Hülfe bittende Blick des Phantasirenden den Freund zu erkennen ... Seine wilde Rede stockte ... Das Auge starrte um sich; der Kopf neigte sich zum Kissen zurück und nur die abwehrenden Hände verriethen, daß die Gedanken des Leidenden keine heitern waren ... Fort! Fort! rief er und suchte sich der Annäherung von Menschen zu erwehren, dann murmelte er vor sich hin in jetzt nicht mehr zu verstehenden Lauten ... Allmählich trat eine Entkräftung ein, so bedenklich, daß die hinzugekommenen Aerzte dem Bewußtlosen Stärkungen einflößen mußten ... Darüber verfiel er in einen Halbschlummer ...

Inzwischen war im Nebenzimmer ein Bett aufgeschlagen worden ... Bonaventura hatte angeordnet, daß hier, in seiner Bibliothek, sein Nachtlager sein sollte ... Man beschwor ihn, seiner selbst zu schonen – Morgen in erster Frühe wollte er die Messe lesen ... Er erwiderte: Nachtwachen bin ich gewohnt ... Dann trat er ans Fenster und deutete an, daß ein Unwetter heraufzöge; *[199]* man möchte die Fenster schließen und sich zur Ruhe begeben ... In der That brauste ein plötzlicher Wind, warf offenstehende Thüren und Fenster ... Man entfernte sich und ging scheinbar zur Ruhe ... In Wahrheit schmückte man heimlich den Palast zum morgenden Feste ...

Der Kranke lag, als Bonaventura an sein Lager zurückkehrte, in Schlummer versunken ... Sein Athemzug ging schwer und ungleichmäßig ... Die Brüder schlossen nebenan die Fenster und Thüren – das Brausen des Windes nahm zu ... Auch die Thür, die das Schlafcabinet vom Bibliothekzimmer trennte, wurde wieder geschlossen ... Bonaventura trat in letzteres zurück und war nun allein – unter seinen Büchern, von denen die meisten ihm über die Alpen (ohne Renate, die gutversorgt daheimgeblieben bald nach der Trennung von ihrem Pflegling starb) nachgekommen ... Seine Studirlampe brannte auf dem grünbehangenen Tische ... Die Glocken schlugen zehn ...

„Nachtwachen bin ich gewohnt" ... Bonaventura war es schon in seinen glücklicheren Tagen ... Wie viel mehr in denen, die seiner Reise nach Wien folgten ... Seinen Brief an Ambrosi holte er hervor ... Ambrosi hatte dem Heiligen Vater auf seiner Flucht folgen müssen ... Nun zog er wol wieder mit ihm in Rom ein ... In Rom, wohin auch ihn, den Sohn – die Mutter rief ... Bonaventura hatte vor zehn Jahren Rom nur flüchtig kennen gelernt ... Damals war er als ein Angeklagter erschienen, anfangs in seinen Schritten gehemmt, dann, als sich alles zum Guten wandte, von Huldigungen der maßlosesten Art, durch die Herzogin von Amarillas, Olympien, Lucinden, am wenigsten freigegeben ...

[200] Damals war Benno bereits durch die Hülfe der Frauen gerettet ... Die Herzogin von Amarillas hatte sich mit Olympien durch die Sorge um ihren Sohn ausgesöhnt ... Daß Benno ihr Sohn, verkündete sie nun selbst; ihr verzweifelndes Muttergefühl hatte ohne jedes Besinnen den Schleier des Geheimnisses zerrissen – und Lucinde, die vorher so gefürchtete Mitwisserin des Geheimnisses, wurde nun ohne Scheu die Dritte im Bunde; die Herzogin hatte jede Demüthigung vergessen ... Zwei Menschen gab es nur, die helfen konnten, Olympia und Lucinde – ihr erschienen sie jetzt wie Engel und gottgesandte Heilige ...

Als Benno in Sicherheit war, errichteten die Frauen Pforten des Triumphes für Bonaventura ... Fefelotti mußte ihn von ganz Rom wie auf Händen getragen und sogar vom Heiligen Vater begnadet sehen ... Ermüdet und beschämt von soviel Glück und Erfolg, hatte Bonaventura den Trost, zu sehen, daß seine Sache wenigstens von einigen unabhängigen Männern und Richtern aus Ueberzeugung gefördert wurde ... Er hatte gehört, daß seine Angelegenheit besonders freundlich Ambrosi vertrat ... Diesen seltsamen Menschen, für den er ja selbst in Robillante Bischof geworden und von dem er mit doppelt begründeter Rührung vernommen, daß sein Vater ein Professor in Robillante war, der auf einer Alpenwanderung, wo Vermessungen von ihm vorgenommen werden sollten, umgekommen – diesen besuchte er jetzt ... Wie drängte es ihn, zu hören, ob sein Vater, der einen solchen Tod nur fingirt hatte, wirklich als Lehrer oder Ver-*[201]*führer zu ketzerischen Gesinnungen mit ihm in näherer Verbindung stand ...

Im früheren germanischen Collegium liegt die „Custodia der Reliquien und Katakomben" ... In dem untern Geschoß des düstern Palastes befinden sich lange, an den Fenstern vergitterte Säle, in denen die alten Steinsärge ihres Inhalts entleert, die vermoderten Knochen gesäubert und in grünangestrichene Kisten gesammelt werden ... Nach den Inschriften der Särge werden die Namen der Bekenner festgestellt ... Findet man kleine Phiolen mit einer eingetrockneten Flüssigkeit, die vielleicht Blut war, so hegt man die Ueberzeugung, die Knochen eines Märtyrers gewonnen zu haben ... Ueberall liegen hier Glassplitter, zerbrochene thönerne Lampen, selbst Kleiderreste einer uralten Vergangenheit ...

Soeben war Cardinal Ambrosi beschäftigt, einen von einem Professor des Collegiums, einem Jesuiten, „getauften" heiligen „Xystus" nach Amerika zu versenden, wo man in Mexico das dringendste Bedürfniß ausgesprochen und viel Geld darum nach Rom gesandt hatte, für eine neugebaute Kathedrale den kostbarsten Schmuck in einem heiligen Reliquienleib zu besitzen ...

Bonaventura wartete in einem Nebenzimmer und gedachte an das Wort: „Ich ziehe in die Katakomben!" ein Wort, das Frâ Federigo zu Klingsohr und Hubertus gesprochen hatte ... Ueber Hubertus hatte sich Bonaventura schon bei Klingsohr beruhigt, den er mehrmals in Santa-Maria besuchen wollte, endlich nur im Archiv des Vatican fand, wo Pater Se-*[202]*bastus die deutschen Schriften excerpirte, die Rom auf den Index setzt – Wohl eine Thätigkeit, die Bonaventura an Benno's Wort vom Vatermorde erinnern konnte, dessen dieser den Sohn des Deichgrafen mehr bezichtigte, als seinen eigenen Vater, den Kronsyndikus ... Klingsohr's demüthiger Brief aus San-Pietro in Montorio nach

Robillante, den Lucinde damals besorgen sollte und besorgt hatte, stand im auffallendsten Widerspruch – mit einer Cigarre, die Pater Sebastus am offenen Fenster in der Nähe der Loggien des Raphael zu rauchen wagte ... Soviel stand fest – die Situation hier oben, dieser Blick auf die Größe Roms, dieser heraufströmende Duft aus den lieblichen Gärten des Vatican – es verlohnte sich, mit dem deutschen Vaterland, mit Schiller, Goethe, Kant gebrochen zu haben ... Klingsohr analysirte sein Glück mit der ganzen Kraft der ihm zu Gebote stehenden poetischen Reproduktion – ... Die „dummen, albernen Wahngebilde" in den Büchern vor ihm, die ewige Schönheit Raphael's um ihn her – auch Lucindens beseligende Nähe – alledem wußte der kahlköpfige, hektisch hustende Mönch goldene Worte zu leihen ... Von Hubertus berichtete er, daß dieser den Pilger von Loretto aus der Gefangenschaft der Räuber mit Lebensgefahr befreit hatte, dann aber leider, den Verfolgern ausweichend, mit dem Geretteten nach dem Süden verschlagen wäre ... Hubertus unterhandelte damals mit dem General der Franciscaner um die Erlaubniß, in dem Kloster San-Firmiano, am Eingang in den Silaswald, für immer bleiben zu dürfen und schon hatte seine Bitte die Unterstützung Lucindens *[203]* und Ceccone's gefunden – Beide waren froh, den Unheimlichen in der Ferne zu wissen ... In ruhiger Ergebenheit ließ Bonaventura Klingsohrn die Gelegenheit, alle Erfahrungen seines Gemüthes gegen einen Mann durchzusprechen, der ihm so mannichfach nahe stand ... Und wie orakelte Klingsohr! ... Am längsten verweilten seine Einfälle und Paradoxen diesmal beim Leben – der „Thierseele" ... Hubertus sollte den Pilger mit Hülfe eines Hundes, ohne Zweifel des seinem Herrn bis nach Loretto und dann bis an die Bai von Ascoli nachgelaufenen „Sultan" entdeckt haben ... Den Pilger selbst charakterisirte Klingsohr als einen Deutschen, der der alten Zeit des Turnerthums und der Romantik entlaufen wäre und „sozusagen Eichendorff ins Protestantische übersetzt hätte –", wahrscheinlich hätte er in Loretto „die Andacht statistisch studiren" und das hochheilige Wunder von der durch die Lüfte nach Loretto getragenen Heilandskrippe in der Darmstädter Kirchenzeitung lächerlich machen wollen ... Grizzifalcone hätte einen scharfen Blick verrathen, als er diesen Mann zu seinem Schreiber machte ...

Bonaventura hielt seinen heftigsten Zorn und Unwillen zurück und rühmte nur die Bildung des Verschollenen ...

Klingsohr räumte diese ein und erzählte: Als wir in einer Nacht im Walde campirten und ich nicht schlafen konnte, sang er, neben mir im Moose liegend, ein provençalisches Lied ... Von einer edlen Dame, glaub' ich, der ein in den Kreuzzug ziehender Ritter seinen Hund und seinen Falken zurückläßt ... Ich übersetzte es – glaub' ich:

> *[204]* Weil ich Dich, Liebste, lassen muß,
> Wie darf ich je noch fröhlich werden!
> Nimm hin noch mit dem letzten Kuß
> Das Liebste mir nach Dir auf Erden! – –

Bonaventura ging dann erschüttert ... Er sah ja den Abschied des Vaters von Gräfin Erdmuthe ... Als er erfahren hatte, daß sich in Santa-Maria vielleicht eine Möglichkeit fand, mit dem Silaswald in Verbindung zu treten, als Klingsohr mit elegischem Aufschlag seiner schwimmenden hellblauen Augen von Lucindens Macht und Einfluß und, Bonaventura's fast spottend, von ihrer baldigen Grafenkrone gesprochen hatte, verließ er ihn, um ihn nicht wiederzusehen ... Klingsohr behandelte ihn, im Hinblick auf Lucinden, mit Vertraulichkeit, fast Protection ...

Es währte eine halbe Stunde, bis Ambrosi, den er für fernere Nachforschungen im Silaswalde zu interessiren hoffte, sich ihm widmen konnte ... Er sah sich die auch in seinem Wartezimmer befindlichen alten Marmorsärge an ... Auf allen Verzierungen derselben fanden sich die nämlichen Embleme des Glaubens an Auferstehung ... In roher Darstellung, ohne Zweifel von Fabrikhänden gefertigt, waren die Verstorbenen als Jonas im Bauch des Walfisches dargestellt, ein Mythus, der den Formen der Schönheit wenig entgegenkommt – ebensowenig wie der auf allen Särgen wiederkehrende Fisch, der in seinem griechischen Namen die Anfangsbuchstaben für Jesus und seine Erlöserwürde ausdrückt ...

Endlich erschien der Cardinal ... Bonaventura fand eine kleine Gestalt, von weiblichweichen Formen, von einer *[205]* noch ebenmäßigeren Schönheit, als sie ihm oft war geschildert worden ... Ambrosi's Lächeln war fein, sarkastisch sogar, seine Sprache sanft und melodisch ...

Was er Bonaventura zur ersten Begrüßung sagte, schien ein Herzensbedürfniß auszudrücken, das schon lange von ihm genährt wäre und in dem Wunsch nach inniger Bekanntschaft mit einem Manne bestünde, der einen Bischofssitz einnahm, der vor einem Jahre ihm bestimmt gewesen ...

Nach Entschuldigungen dann für die Eile, die die Verpakkung des heiligen Xystus hätte, da ein Segelschiff in Civita-Vecchia nach Mexico bald die Anker lichte, nach den ersten schärferen Forschungen in der Natur der beiden sich in ihrem innern Grund bereits bekannten Männer, sagte Bonaventura beziehungsvoll:

Es weht mich aus diesen Symbolen, so unschön die Formen sind und so – man kann wol sagen, roh, einem Bauer gleich, die Gestalt Jesu abgebildet wird, doch eine seltsame Weihe an ... Man sieht einen nächtlichen Gottesdienst geheimnißvoller Verbrüderung in einer unterirdischen Krypte ...

Die nahe Erwartung des Heils liegt in diesen mystischen Zeichen! sprach Ambrosi und führte seinen Besuch an den Steinsärgen entlang, auch an noch uneröffneten ... Der Geruch in diesen Sälen war peinlich genug; die Stimmung aller Anwesenden seltsam beklommen; nicht gerade des Moders wegen, sondern wie im verschütteten Pompeji nicht Ein Glasscherben von den Arbeitern mitgenommen werden darf, so hier keiner dieser einträglichen Knochen, die im Preise von Juwelen standen

[206] ... Ein Priester mußte den andern bewachen und die Wächter hatten wieder über sich ihre Wächter ...

In der That – als wenn man eine Orphische Nachtreligion mit geheimnißvollen Wunderzeichen dargestellt sähe! sprach Bonaventura, staunend über die an den Särgen angebrachten Basreliefs ...

Der Cardinal unterrichtete seinen Besuch über die neuesten Forschungen in den Katakomben ... Dann sagte er: Die Gleichheit aller Särge und die gemeinsame Begräbnißstätte erweckt die Vorstellung von einer fast familienartig zusammenhängenden Gemeinde ...

Inzwischen wurden dem Cardinal eine Kerze und Siegelwachs entgegengehalten ... Ein großes Petschaft zog er aus seinen Kleidern und versah mit dem Wappen der gekreuzten Schlüssel und der dreifachen Krone die Stricke und die Nähte der Emballage ...

Nachdem wollte der Cardinal seinen Besuch in die obern Zimmer führen; wieder fand sich eine Störung ... Gleichsam als käme alles zusammen, was den Gedanken wecken mußte: Sind denn das nicht Heuchler, die einen gottseligen Sinn haben wollen und solchem Aberglauben huldigen? – traten ihm die Superiorin, die Vicarin und Sacristanin der „Lebendigbegrabenen" in ihren braunen Röcken und weißen Schleiern als Abgeordnete ihres Klosters entgegen, um das Fürwort des jüngsten der Cardinäle für die Heiligsprechung ihrer Mumie zu gewinnen ... Sie verneigten sich tief ... Ambrosi nahm ruhig ein Verzeichniß aller Wunder entgegen, die weiland Eusebia Recanati schon bewirkt haben sollte ...

[207] Bonaventura sah, daß Ambrosi nicht lächelte, sondern ernst die Blätter überflog, sie zu sich steckte und die Angelegenheit der Nonnen zu prüfen versprach ... Beide begegneten sich als katholische Priester ... Beide waren erzogen und emporgekommen in ihrem Beruf ... Jedenfalls kannten sie keine Reform, als die auf Grundlage des katholischen Lebens ... An einen

Uebertritt zum Lutherthum denkt nicht der alleraufgeklärteste, nicht der allerunabhängigste unter den Katholiken ...

Als die Nonnen sich entfernt hatten, saßen zwei Menschen, Heilige, wie sie oft genannt wurden, sich gegenüber und forschend ruhten auf einander ihre Blicke ... Der eine war ein Märtyrer des Duldens und stand deshalb jetzt erhöht ... Der andere wurde immer verfolgt und entfloh nur von Würde zu Würde ... Jener ein contemplativer Charakter, dieser zum Handeln und zur praktischen Bewährung geneigt ... Die Ruhe beider die gleiche; beim einen war sie ein Wachen wie über einen Schatz von schönen Hoffnungen, die alles Leiden endlich belohnen würden, beim andern wie über einen Schatz voll Ergebung, dem kein neues Leiden mehr eine Ueberraschung bieten konnte ...

Ambrosi lobte Bonaventura's Eifer für die Waldenser, nicht weil er ihre Lehre billigte, sondern weil die Waldenser ihre Rechte hätten ... Voll Theilnahme und beruhigend sprach er über den Eremiten, den er einen Landsmann des neuen Erzbischofs nannte und im Silaswalde wußte ... Die Berichte, die er gab, bestätigten, was Bonaventura inzwischen schon zu seiner Beruhigung erfahren hatte ...

[208] Als Bonaventura von Frâ Federigo nähere Kunden zu hören wünschte, wich allerdings sein Gönner aus und rühmte nur – die Gegend um Robillante ...

Auf einsamen Wegwanderungen hab' ich da die großen Begebenheiten kennen gelernt, die dem Einsamen Stoff zur Betrachtung geben – sagte er ... Mein erstes Evangelium war tagelang ein Vogel oder eine Wolke ... Als ich später in die Schule, ins Seminar, ins Kloster kam, fand ich freilich, daß ich infolge dieses Träumens alles, was eine Unternehmung werden sollte, linkisch anfaßte; der Erfolg war immer kleiner, als meine Absicht ... Da begann ich nichts mehr und nun hatt' ich alles ...

Gefahrvoll für die Welt, griffe solcher Quietismus um sich! ... sagte Bonaventura mit aufrichtigem Tadel ...

Darauf machte mich Frâ Federigo aufmerksam, dem ich mein Leiden klagte ... fuhr der Cardinal mit voller Zustimmung, offenbar über seine Worte wachend, fort ...
Warum suchten Sie ihn auf? ... fragte Bonaventura ...
Ich wollte deutsch von ihm lernen, um in die Schweiz zu reisen ... Ich brachte es nicht weit ... Ihre Heimatsprache ist schwer und wir plauderten wenig über die Grammatik, mehr über Gott und die Welt ...
Bonaventura sah den Einfluß seines Vaters auf den jungen Theologen und fragte:
Sie wußten, daß Sie mit einem Ketzer sprachen? ...
[209] Das wußt' ich ... Ich ging auch mit großer Angst zu ihm ... War ich aber bei ihm und es wurde Nacht und ich ging dann heim, so erschien ich mir wie Jakob, der auf dem Felde einem Engel begegnete und im Nebel mit ihm rang ... Ich kämpfte oft einen Riesenkampf gegen diese mächtige Erscheinung und doch suchte ich meinen Gegner wieder auf, gerade weil ich bei ihm die Kraft fand, um mit jenem Engel im Nebel, mit Gott zu ringen ... Jeder Schlag, den ich von Gottes allmächtigem Geist empfing, verbreitete Kraft durch meine Glieder ... Sie hatten Recht, mein theurer Bruder, sich für diesen edlen Landsmann zu verwenden ... Ich denke, Sie sind jetzt über ihn beruhigt? ...

Bonaventura's Brust hob sich mit dem Gefühl der Beseligung und zugleich der Spannung auf die Möglichkeit, daß Ambrosi seine nähere Beziehung zum Eremiten kannte ...

Ist es wahr, begann er nach einigem Schweigen, während dessen seine Augen umirrten, daß Sie doch zuletzt vor seinen Lehren geflohen sind? ...

Der Cardinal erröthete, wie öfters, so auch jetzt – gleich einem Mädchen ... Dann wiegte er den schönen Kopf wie über die Seltsamkeit aller solcher Gerüchte und über sein Antlitz verbreitete sich ein mildes Lächeln ... Er hatte geschwiegen, aber seine Geberden sagten ein Ja! und wieder auch ein: Nein! ...

Nur ein Italiener oder ein Orientale besitzt die Fähigkeit eines so ausdrucksvollen Mienenspiels ...

Ein Mönch zu sein! fuhr Bonaventura beobachtend *[210]* fort. Konnte – Sie das so reizen – so zu den staunenswerthesten Entbehrungen –? ...

Ein Mönch in alten Tagen, unterbrach der Cardinal die ihm dargebrachte Huldigung mit lächelnder Miene, war ein lebensmüder Einsiedler ... In den unsern bedeutet er entweder weniger oder – mehr ... Ich stellte mir mit meinem Verlangen nach Gott eine Aufgabe ... Ist es nicht mit unserm ganzen Glauben so, daß wir unsere Schultern nur zum Tragen göttlicher und unsichtbarer Dinge stärker machen wollen? ... Diese Reliquien, diese Seligsprechung, von der Sie eben hörten – diese rechne ich auch zu dem, was mit dem Baldachin des Himmels, der Offenbarung, der Verehrung für überirdische Dinge überhaupt zu tragen ist ... Warum tragen wir es noch und handeln danach? ...

Noch? wiederholte Bonaventura ...

Ein flüchtiges Zittern bewegte die Augen- und Mundwinkel des Cardinals ... Wieder folgte ein vielsagendes Mienenspiel, ein beredsames Schweigen ... Wie mit plötzlicher Erleuchtung glaubte Bonaventura eine Vision zu sehen ... Dieser Priester, sagte er sich, ist ein Schüler deines Vaters! ... Alle Grundsätze desselben hat er eingesogen! ... Um sie in die katholische Kirche einzuführen trachtete er danach, eine hohe Würde zu erklimmen, die ihm möglich machte, Reformator mit Erfolg zu sein ... Unter allen Mitteln, um zu steigen, wählte er das – eines Lebens der Ascese ... Bonaventura gedachte der Mahnung an die Eichen von Castellungo, an den Tag des heiligen Bernhard, an den Tag, wo Scheiterhaufen oder göttliche Läuterungsflammen der *[211]* Kirche sich erheben würden ... Fiat lux in perpetuis! schwebte auf seinen Lippen ... Schon wollte er die geheimnißvolle Losung aussprechen ...

Da fuhr der Wagen mit dem heiligen Xystus vom Hause ab ... Nicht zu weit entfernt vom Sopha, auf dem sie saßen, stand ein

Tisch, auf dem eine Anzahl jener gelben, wie Ockererde zerbröckelnden Reliquienknochen lag ... So mußte er seine Vision wol als eine Vorstellung des Wahns wieder von seinen Augen bannen ...

Sie sind befremdet, sprach der Cardinal, der ihn so in Gedanken verloren fand, wenn ich Ihnen gestehe, daß ich diesem Ihnen vielleicht verdrießlich erscheinenden Amte sogar mit Liebe obliege? ... Es erinnert mich doch gewiß an Eines – an den Tod, der unser aller sicherstes Loos ist ...

Aber diese Reste der Vergangenheit verehren? entgegnete Bonaventura mit wiederkehrendem Muthe ... Sogar Wunder verlangen von diesen – todten Knochen? ... Ich habe in meinem Wirken als Pfarrer und Bischof die Reliquienanbetung – nie unterstützt ...

Es war ein gewagtes Wort, das Bonaventura gesprochen – ... Der Cardinal nahm es ruhig hin ...

Der Aufgeklärte und Denkende, sprach er, wird immer trauern, wenn er sieht, daß diesen todten Resten der Vergangenheit eine göttliche Ehre erwiesen wird ... Aber trägt man denn nicht auch den Ring einer Geliebten, das Haar einer theuern Mutter, und treten Sie nicht mit feierlichem Gefühl in die Gruft der Scipionen, die Sie auf der Via Appia finden? ... Ist nicht der Besuch der Gräber die heiligste Gelegenheit, unsere *[212]* irdischen Gedanken zu läutern und von uns so vieles abzustreifen, dem wir allzu thöricht nachjagen? ... So möcht' ich auch diese Gebeine, die man tausend Jahre lang heilig hielt, nicht sofort, wie die Sansculotten mit den Gräbern der französischen Könige in Sanct-Denis thaten, auf die Straße werfen ... Aber den wahren Sinn des Sicherinnerns im Kirchenleben wünsch' ich allerdings gedeutet und die Verehrung vor den Reliquien nur zu einer Sache der Dankbarkeit gemacht ... Bewundert doch, möcht' ich rufen, den Zusammenklang der Zeiten! Diese von uns fortgeführte Melodie alter Hoffnungen und Tröstungen! ... Wer kann die Heiligen mit einem Federstrich tilgen! Sie leben so gut wie

Christus ... Aber auch hier: Sie können immer mehr dem rein äußerlichen Bann ihrer Bilder entschweben, können immer mehr in ihren irdischen Farben erbleichen und vergeistigt in die Herzen der Menschen einziehen – das soll und muß und wird kommen – ... Aber wie soll unsere Kirche diese Formen so schnell zertrümmern ohne Gefahr, auch das Gute zu verlieren, das sich an sie knüpft? ... Zumal in südlichen Ländern, wo Jahrtausende hindurch die Religion nur auf dem Weg der Phantasie in die Herzen zog ...

Bonaventura sah die Richtung seiner eigenen Stimmungen ... Auch ihn band Pietät ... Doch hatte sein Glaube angefangen, alles auf die Bibel zu geben ... Und er sagte dies ...

Sorgen Sie nur, daß sie alle l e s e n können! ... erwiderte der Cardinal mit einem Seufzer ...

Das Bild des Aberglaubens im Volke, der Unbil-*[213]*dung der Massen lag nun ganz vor den beiden freigesinnten Priestern ... Ambrosi hörte die beredte Schilderung des Bischofs, wie Deutschland so weit voraus wäre ... Wie Italien dagegen zurückstand, zeigte die Erinnerung an die Gefangenschaft Federigo's unter den Räubern – alle ihre Qualen verdankte der Unglückliche allein seiner Schreibekunst ...

So sprachen beide noch lange fort und Bonaventura ahnte die Erfüllung seiner kühnsten Träume in den Gedanken einer gleichgestimmten Seele ... Die Formen der katholischen Kirche aufzugeben und so zu denken, wie Luther dachte, war ihnen nicht gegeben – sie wollten diese Formen zurückgelenkt sehen in die Bedürfnisse des Gemüths, diese geläutert durch einen Geist, dessen allgemeiner Ausdruck die Anerkennung der bisher im katholischen Kirchenleben verpönten Bibel war ... Im Haß gegen die Gesellschaft Jesu waren sich beide gleich; beide gelobten, sie mit allen Mitteln bekämpfen zu wollen ... Das läßt mich meinen Krummstab lieben, daß er in diesem Feldzuge ein Commandostab ist, keine schwache einzelne Kriegerwaffe –! ... sagte Bonaventura ... Bald verrieth Ambrosi's leuchtendes Auge, daß auch ihm der Protest eines einzelnen Pfarrers oder Mönches nur ein Tropfen auf einen glühenden Stein war; das zischt auf und hinterläßt nichts, als ein wenig Rauch ... In der Frage, die er dann an den Bischof richtete, ob er diesen oder jenen Namen der Hierarchie schon kannte, lag die Andeutung, wie schon die Zahl der Gegner Ceccone's und Fefelotti's im Wachsen war ...

[214] Bonaventura versprach, sich den genannten zu nähern ... Die hohe Wonne, die dem Menschen Uebereinstimmung gewährt, verklärte sein Angesicht ... Noch mehr, selten ist das Glück gewährt, noch in späteren Lebensjahren, in Stellungen, die den Anschluß der Herzen nicht mehr erleichtern, eine Freundesbrust zu gewinnen ... Das hob ihm jetzt die seinige ... Das Gespräch wurde lebhafter und zutraulicher ... Diesem Priester, den Bonaventura einen „heiligen Scheinheiligen" hätte nennen mögen und mit mancher ähnlichen Erscheinung der Kirchengeschichte, mit Philippo Neri verglich, hätte er sich ganz entdekken mögen ... Kämpfend mit dem, was in ihm hindernd noch dazwischenlag und doch schon auf sein Bedürfniß der vollen Hingebung zielend, sagte er:

So vieles in unserm Glauben ist wie die Beichte ... Auch ihr liegt eine Erfahrung des Gemüths zum Grunde, die ohne höhere Einbuße niemanden entzogen werden kann ... Aber wie sie jetzt besteht, ist sie doch der unwürdigste Zwang ... Eine Zeit wird kommen, wo man erkennt, daß sie dem Priester das Unmögliche zumuthet ... Was drückt unsere innere Würde mehr als die Beichtbürden, die wir tragen, ohne das Gute befördern, das Schlechte, das wir erfahren, verhindern zu können ... Wenn die Unmöglichkeit und der nothwendige Heuchelschein des katholischen Priesterthums erst erkannt sein wird, dann – ...

Bonaventura brach ab und erhob sich, weil ein Geräusch vernehmbar wurde ...

Auch der Cardinal erhob sich und betrachtete Bonaventura mit heißen, glänzenden Augen ...

[215] Ich möchte nur von dem die Beichte hören, dem ich sie selber spräche, sagte er ... Ein Austausch des Vertrauens unter Freunden – ...

Ihnen – – könnt' ich wahr sein – ... wallte Bonaventura in seiner deutschen, vom Herzen kommenden Regung auf und hielt dem Cardinal die Rechte hin ...

Der Cardinal nahm sie zitterndbewegt – ...

Da trat einer der Caudatarien ein und erinnerte an die vorgerückte Stunde ... Eine Sitzung des Consistoriums rief ihn ab ...

Der Caudatar ließ die Thür offen, durch die er gekommen und wieder gegangen war, und harrte im Nebenzimmer ...

Es handelt – sich heute – um Ihre Ernennung zum Erzbischof von Coni – sprach Ambrosi tief bewegt. Sie sollen an die Stelle Fefelotti's kommen ...

Bonaventura's Mienen drückten einen Schmerz aus, als trüg' er zu schwer schon an seinem gegenwärtigen Kleide des Nessus ...

Der Cardinal winkte ihm – zu schweigen – Die Zahl der Diener, die draußen harrten, mehrte sich ...

Denken Sie an Ihren Commandostab! sprach er ... Es muß ein Feldherrnstab sein –, den wir in unsern Händen haben! Was ist ein – einzelnes Kriegerschwert! ...

Der Ton dieser Worte war so muthig, so offen – daß Bonaventura seine Vision bestätigt sah ... Ambrosi hatte Jahre lang sich selbst getödtet, um eine Auferstehung zur That zu feiern ... Kein Zweifel, daß diese Annahme die richtige war ... Und nun hätte er weiter *[216]* forschen, von seinem Vater beginnen mögen, fragen, ob nie über dessen Herkunft, über dessen frühere Verhältnisse von ihm gesprochen wurde – nur seiner Mutter wegen hemmte er den Drang der Mittheilung, der immer höher stieg – Endlich begann Ambrosi, der Umgebung lauschend, von gleichgültigen Dingen ... Ein Schimmer von List sogar blitzte aus seinem Antlitz ... Einige Worte wagte er in deutscher Sprache; seine Gedanken wurden nicht klar; er sprach wieder italienisch ... Anerkennend urtheilte er von Klingsohr's Gelehrsamkeit ... Vom Bruder Hubertus sagte er:

Dem kommt es zu statten, daß der geistliche Stand im Süden Europas etwas anderes ist, als im Norden ... Unsere Mönche sind schwer an ihre Regel zu bannen ... Sie ergreifen jede Gelegenheit, ihrem Temperament zu folgen und viele gibt es, die immer unterweges sind ... Aufträge gibt es genug und wenn sonst kein Entschuldigungsgrund vorliegt, wird dem Drang zum Betteln als einer heiligen Vocation Gehör gegeben ... Ich war zugegen, wie der Todtenkopf den Auftrag erhielt, den Bischof von Macerata zu befreien, und noch dringender, den Gefangenen des Grizzifalcone, den Pilger von Loretto ... Eines gelang ihm durch List, das andere, hör' ich, durch wunderbare Abenteuer, an denen – sogar die Treue eines Hundes betheiligt ist ... Der Cardinal erzählte, was Bonaventura durch Klingsohr wußte ...

Die Vertraulichkeit kehrte wieder ganz zurück ... Mit leiser Stimme gaben sich diese Gefangenen ihrer Würde der Geständnisse immer mehr ... Ambrosi gab die *[217]* Bestätigung der Schilderungen, die Bonaventura von Benno nach seiner Befreiung von Frankreich aus über die Loge bei Bertinazzi und den Brief Attilio Bandiera's erhalten hatte ... Bonaventura hörte die Vermuthung, daß sein unglücklicher Vater in seiner Gefangenschaft die Doppelrolle Grizzifalcone's hatte unterstützen müssen, die Dienste, die er dem Fürsten Rucca im Interesse der römischen Finanzen und die er dem Cardinal Ceccone im Interesse der Politik leisten sollte ... Nur angedeutet zu werden brauchte diese Vermuthung, um auch die Gefahr auszusprechen, in die sich Federigo gestürzt haben würde, wenn er, durch die Kunst der Federführung zum Vertrauten des verschmitzten, beutegierigen Räubers geworden, nach Rom gekommen wäre und seine Geständnisse wirklich dem alten Rucca hätte aus dem Gedächtniß wiederholen wollen ... Ich würde sagen, schloß der Cardinal, vom erglühten Aufhorchen seines Besuches nicht zu auffallend befremdet, ich würde sagen, beide, der Gefangene und sein muthiger Befreier, verabscheuten die Rückkehr in eine so verderbte Welt, wenn nicht auch der stille Waldesfriede, den sie dann gefunden haben, wiederum von menschlicher Verworfenheit wäre heimgesucht worden; man sagt, daß im Silaswald der von Grizzifalcone angelegte Verrath zum Ausbruch kam und auch dort der muthige Mönch seine Mission der strafenden Gerechtigkeit an einem der gedungenen Verräther vollziehen konnte ...

Bonaventura hörte zum ersten mal von den näheren Umständen, unter denen die Invasion der Bandiera gescheitert war ... Bisher hatte er nur gewußt, daß die kleine *[218]* Schaar durch einige aus ihrer Mitte verrathen wurde ...

Die Caudatarien hatten sich zurückgezogen, blieben jedoch hörbar ... Der Cardinal sah auf die Uhr ... Er hatte nur noch einige Minuten Zeit ...

Wir sehen uns leider so bald nicht wieder! sprach er mit Trauer ... Ich muß einige Tage von Rom fort und auch Sie werden Eile haben, in Turin die Wünsche des Consistoriums früher geltend zu machen, ehe dort die Intriguen Fefelotti's ankommen ... Lassen Sie sich's nicht verdrießen, daß Ceccone es ist, der Ihre Erhöhung fördern muß ... „Die Gottlosen richten ihre Schemel auf und erheben nur die Gerechten" ...

Nicht wiedersehen – Nach Turin eilen – dachte Bonaventura mit Schmerz und stand im Kampf mit sich selbst ... Sollte er dem Cardinal sagen, daß es auch ihn aufs mächtigste nach dem Silaswalde zog? ... Aber – wie konnte er es – da sein Vater offenbar nur vor ihm, nur vor seines Sohnes wunderbarer Verpflanzung nach Robillante geflohen war ...

Cardinal Ambrosi sagte, daß er nichts unterlassen würde, sich durch die Klöster über Federigo's Befinden zu unterrichten und dann seinem muthigen Vertheidiger über ihn Kunde zu geben ... Ohne das mindeste Anzeichen, als wäre ihm Federigo's näheres Verhältniß zu seinem Besuche bekannt, kam er wieder auf seine Heimat und seinen eignen Vater zurück ... Dieser war ein Lehrer der Mathematik auf dem Lyceum zu Robillante gewesen, hatte eine Alpenreise gemacht, war nicht wiedergekehrt und nie wieder aufgefunden worden ... Um im Berner *[219]* Oberland, wo er Höhenmessungen hatte vornehmen wollen, Spuren seines Verbleibens aufzufinden, hatte der junge Student des Seminars von Robillante bei Federigo Deutsch lernen wollen ... Die Reise, die er dann wirklich gemacht, war ohne Erfolg geblieben ...

Bonaventura, der dies Verhältniß nie so vollständig übersehen hatte, wie nach dieser Erzählung, stand wie an einem Abgrund ... Warum nur trat ihm die furchtbare Morgue auf dem Sanct-Bernhard vors Auge! ... Er gedachte: Wie muß diese Eröffnung des jungen Mannes damals auf den Vater gewirkt haben, der eine mit dem Vater des Cardinals so ganz gleiche Lage – nur fingirt hatte – ...

Federigo konnte damals – wol noch nicht lange – bei Castellungo sein –? fragte er ...

Als ich ihn zuerst sah? ...

Als Ihr Vater vermißt wurde – ...

Einige Wochen erst ...

Sprach Ihnen – Federigo – nie – von den Gefahren des Schnees – denen auch – Er –? ...

Ambrosi blieb dem plötzlich stockenden Wort ein unbefangener Hörer und verweilte nur bei seinem eigenen Leid ... Ohne Mutter, ohne Verwandte, wär' er nur der Zögling der Liebe seines Vaters gewesen ... Als er ihn verloren, hätte er ein Gefühl der Theilnahme bei allen gefunden; doch ein solches, das ganz seinem Schmerze gleichgekommen, nur bei Federigo ... Dieser Edle hätte seine Thränen aufrichtig zu denen gemischt, die er selbst vergossen ... Er hätte ihn seinen Sohn genannt – ...

[220] Bonaventura stand über eine dunkle Ahnung zitternd ...

Er versicherte mich, fuhr Ambrosi, des Sichabwendens seines Besuchs nicht achtend, fort, für bestimmt, daß mein Vater todt wäre, er säh' es im Geist, – doch sollte ich ihn nur aufsuchen ... Verlorenes, wenn auch Unwiederbringliches suchen wäre so gut wie es finden – wenigstens fände man anderes, neue Schätze ... Seine Thränen deutete mein Gönner nicht allein auf die Theilnahme für den Vater, sondern auch auf die Erkenntniß, daß auch ihm aus tiefster Reue über seine begangenen Fehler, aus Suchen nach ewig Verlorenem erst die Kraft der Erhebung geworden wäre ...

Bonaventura verbarg die Thränen in seinem Auge – er verrieth nichts von einer Ahnung, daß des Vaters fingirter Tod – wol gar mit dem wirklichen Tode des Professors Ambrosi zusammenhing ... Wenn hier eine Schuld des Vaters vorläge? dachte er schaudernd ... Seine Hände zitterten ... Das erbrochene Grab des alten Mevissen, die aufgefundenen Angedenken, die Urkunde Leo Perl's, alles trat ihm gespenstisch entgegen ... Sein Vater – konnte doch – kein – Verbrecher sein –! ...

Ist Ihnen nicht wohl? fragte Ambrosi, ihm näher tretend ...

Bonaventura hätte sich ihm an die Brust werfen, alles offenbaren, alles von sich und von seinem Vater eingestehen mögen ... Aber diese neue Verwickelung wieder – war zu beängstigend – sie zwang ihn, seine Worte zu hüten ... Nachdem er sein Befinden als wohl bezeichnet, wagte er noch ein Entscheidendes, indem *[221]* er leise, gleichsam nur in Hindeutung auf den verschollenen Vater Ambrosi's, die Worte sprach:

Räthsel – Räthsel ... Fiat lux – in perpetuis! ...

Eine Bewegung in den Mienen des Cardinals blieb aus ... Sein Antlitz blieb ruhig ... Von einem besondern Sinn dieser Worte schien er nicht betroffen ...

Nun mahnten die Caudatarien wiederholt ... Ambrosi mußte Abschied nehmen und sofort für längere Zeit, da ihn unmittelbar nach dem Consistorium Ausgrabungen am untern Lauf der Tiber zu einer Reise veranlaßten ... Noch sprach er sein sichres Vertrauen aus, daß der an die Krone von Piemont gehende Vorschlag, das Erzbisthum Coni an den Bischof von Robillante zu geben, Erfolg haben würde – rieth aber, nach dem Entschluß des Papstes sofort nach Turin zu reisen ... Er wünschte Bonaventura

Glück und trennte sich von ihm, nur noch mit einer bedeutungsvollen Erinnerung an die einst zwischen ihnen auszutauschende Freundesbeichte und einer vollkommen unbefangenen Versicherung, daß es aufgeklärte, brave und wohlwollende Priester auch in Rom gäbe ... Ueber den Eremiten im Silaswalde würde er ihm unfehlbar binnen kurzem nach Coni schreiben ...

Bonaventura wurde vom apostolischen Stuhl zum Erzbischof von Coni vorgeschlagen ... Auch Ceccone verlangte, daß er, um Intriguen vorzubeugen, sofort nach Turin eilte ... Den Cardinal Ambrosi hatte Bonaventura seitdem nicht wiedergesehen ... Aber ihr Briefwechsel blieb der lebhafteste, blieb die Fortsetzung ihrer ersten Begegnung ... Bonaventura sah das Wachsen des Lichts und der Aufklärung auch in Italien ... Ambrosi *[222]* gestand in aller Offenheit, daß schon lange und noch immer eine fortgesetzte Beziehung zwischen ihm und Frâ Federigo bestand ... Aber das Wort desselben: Er beschwöre den Erzbischof von Coni, bis zu einer bestimmten Zeit seiner Spur nicht zu folgen! wurde von ihm ohne die mindeste Ahnung der Verwandtschaft wiederholt; es wurde nur auf die Lage des Erzbischofs, seine Theilnahme für einen Deutschen bezogen ... Unterwarf sich Bonaventura diesem Befehl? ... Die That eines Mannes, sagte er sich zuletzt über diese schmerzliche Lücke seines Lebens, darf nicht halb sein ... Darf ich den Vater hindern, seinen Ausgang aus dem Leben so weit zu vollenden, als er ihm ohne den Selbstmord möglich schien? ... Noch lebt die Mutter ... „Es ist eine der grausamsten Handlungen, die es geben kann, jemand an einem schon begonnenen Selbstmord hindern", hatte ihm der Onkel Dechant geschrieben und noch in dem letzten, theilweise Armgart dictirten Briefe an Bonaventura stand: „Ich nehme dein Ehrenwort, Bona – nehme es nicht vom Priester, sondern vom Asselyn, daß du v o r dem Tod deiner Mutter den Eremiten vom Silaswalde nie suchst – nie kennst –" ... Bonaventura gelobte es ... Sein Brief kam zwar nach Kocher am Fall zu spät, das Gelöbniß blieb aber gegeben ...

Mit Freuden riß sich damals der so mannichfach gebundene und durch seinen Beruf, durch das ihm auch in Rom geschenkte Vertrauen so mannichfach willensunfrei gewordene Priester von der ewigen Stadt los ... Er sah die Leidenschaft Olympiens für Benno – er sah die Aussöhnung der ihm schon in Wien nur wenig *[223]* sympathischen Mutter mit ihren ärgsten Feindinnen ... Er sah die Zurüstungen der Reise, durch die Ercolano Rucca „an die Brust seines besten Freundes zu gelangen" wünschte ... Er ahnte alles, was kommen mußte, las es aus den Mienen Lucindens, die wol auch ganz offen sagte: „Benno liebt ja Olympien! Man liebt mit Leidenschaft nur das, was man versucht sein könnte unter andern Umständen zu hassen! Er sieht alle ihre Fehler, aber er wird sich überreden, sie verbessern zu können. Und ist es unmöglich? Wir Frauen sind die Erzeugnisse unseres Glücks oder unseres Unglücks!" ...

Bonaventura traute Lucinden mit dem Grafen Sarzana, nachdem er die Bedingung gemacht, daß ihm Beichte und Examen (beide müssen jeder Trauung vorangehen) vom Pfarrer der Apostelkirche, der die Cession gegeben, abgenommen wurde ...

Wie traten ihm die Stimmungen jener Tage aus dem Briefe wieder entgegen, mit dem Lucinde ihr heutiges Geschenk begleitet hatte! ... Grade heute hatte sie ihm geschrieben: „Dieser Sarzana! So hat er denn die Glorie seines Lebens gefunden, der tückische Schurke, den sie in die Grube geworfen haben ordentlich mit Ehren! An den Galgen gehörte er von Rechts wegen – wenn ich auch die Posse mitmachen und ihm durch eine Beisetzung eine anständige Entsühnung geben will ... Ich beschwöre Sie, mein hochverehrter Freund! Lassen Sie doch von nun an Ihre kleinen Fehden gegen den Geist der Zeit! Mit unversöhnlicher Macht ergreift Rom jetzt die Zügel und ich weiß, es wird *[224]* niemand mehr geschont werden! Der Schrecken wird die Welt regieren – und es ist gut so, denn die Tyrannen hab' ich immer menschlicher gefunden, als die Philosophen, die Humanitätsschwärmer, die Tugendhelden, die Volksfreunde, die Aufklärer, die Pietisten, die Gensdarmen, die Vertreter der unendlich suffisanten Ordnung und Richtigkeit des Lebens – die fand ich immer grausam, herzlos und da, wo sie recht tüchtig Widerstand finden, recht feige und erzdumm ... Denken Sie nur allein an die Intrigue, die mich damals zur Gräfin Sarzana machte – muß man nicht das italienische Volk gehen lassen, wie es ist? Eine Bestie ist's und zum Gehorchen bestimmt ... Und, mein Freund – die Kirche! Ich begreife in der That Ihr Reformiren nicht! ... Die katholische Kirche ist gerade darum so schön und rührend, weil sie ganz und gar eine Antiquität ist. Mir ist sie nun auf die Art geradezu eine wurmstichige alte Kommode geworden, in der ich meine liebsten Siebensachen, meine alten verblaßten Bänder, meine alten zerknitterten Ballblumen liegen habe ... Aus meinem im Herzen noch manchmal wiederkehrenden Frühling leg' ich dann und wann eine Rose in die alten Schubläden hinein und deren Duft durchzieht dann die alte beweinenswerthe Herrlichkeit ... Ein bischen moderig bleibt's immer, nun ja! aber der Duft der Rose dringt doch auch in das alte, wurmstichige Holz mit den messingenen Ringen und schnörkligen Schildern dran ein – ach! auch schon manche Thräne ist mir in den alten Rumpelkasten gefallen ... Lassen Sie doch Ihre Principien, hochverehrter Freund! Der alte Gott sorgt ja schon selbst für seine Anerkennung! ... Der Vernünftigste, den ich seit lange be-*[225]*obachtet habe, war Ihr Vetter Benno, von dem ich gar nicht einen solchen Cäsar Montalto erwartet hätte – den dummen Rückfall ausgenommen, der ihn nach Rom unter die Narren von 47 trieb! ... Glauben Sie mir, er hat in Paris und London glückliche Stunden verlebt; er nahm, was sich ihm bot, und reflectirte nicht ... Kommen Sie nun auch endlich einmal ordentlich nach Rom? – Sie müssen Cardinal werden, und mehr! Nur beschwör' ich Sie, machen Sie es einst, wenn Sie die dreifache Krone tragen, wie es alle machten, nicht etwa wie unser jetziger Phantast, der sich auf den Vatican, die Hochwarte des wenigstens mir sicher bekannten Universums, wie ein Kind hinstellen und aus einem thönernen Pfeifenstummel Seifenblasen puhsten konnte! ... Wie leben Sie denn, mein hochverehrter Freund? ... Ist die alte Gräfin auf Castellungo entschlafen in jenem «HErrn», bei dem nur sie allein courfähig war? ... O, des Hochmuths dieser Frommen! ... Finden Sie nicht, mein hochverehrter Freund, daß Jesus in den Evangelien eigentlich nur recht bei denjenigen steht, die sich gegen Gesetz und Regel auflehnen, tief in der Irre gehen und mit den respectabeln andern Leuten auf gespanntem Fuße leben? ... Rauft einer am Sonntag Aehren aus, gleich entschuldigt er ihn; wäscht ihm eine Frau die Füße mit kostbaren Salben, gleich sagt er: Laßt doch die gute Närrin! Alles, was Jesus that, war, wie's die andern Leute nicht thun – ... Und das wäre denn der Herr für diese wohlanständigen, vornehmen Seelen, deren Sünden höchstens Neid und Hochmuth sind? Nimmermehr! ... Auch das hat mich katholisch gemacht, daß *[226]* mein allersüßester Jesus Mein ganz aparter Freund ist ... Im Dunkel einer kleinen Kapelle, da ein Gekennzeichneter, ein polizeilich Verfolgter, vom vornehmen Pharisäervolk Gesteinigter wie ich, gehört er ausschließlich Mir an ... Vor dem dunkelsten Altar, da, wo von einem Crucifix, von einem schlechten Tüncher geklext, die Tropfen Blutes am Haupt und in der Seite, zum Greifen dick, herunterfließen, da hab' ich den Liebling meiner Seele und hör' es, als sagte er: Lucinde – Alte, wie geht es dir? Bist du immer noch in der Irre, immer noch unverstanden und ohne Herzen, die dich lieben? ... Das ist wahr, vor der allerseligsten Jungfrau, zu der Sie mir vor langen Jahren riethen, mich besonders vertrauensvoll zu beugen, vor Maria entzündet sich noch immer nicht ganz mein Herz, wie ich möchte ... Ach, die Königin des Himmels hat einen Sohn verloren, hat den gelästert gesehen – das sind gewiß, gewiß große Leiden – aber sie selbst litt nicht viel unter Lästerungen ... Maria ist noch immer meine Feindin, wie alle Frauen ... Grüßen Sie Paula, die ich mehr liebe, als sie glaubt ... Hindern Sie den Grafen nicht, katholisch zu werden ... Es wird sich dann alles zwischen Ihnen leichter machen ... Die katholische Religion ist die der menschlichen Schwäche – und eben in seiner Schwäche liegt die Größe des Menschengeschlechts ..."

Jahr ein, Jahr aus kamen diese Ausbrüche einer erbitterten Welt- und Lebensanschauung ... Näherer persönlicher, so innigst von ihr gesuchter Umgang war ihm mit Lucinden vor einigen Jahren in Coni unmöglich gewesen – eben durch die Art, wie sich ihre Denk-*[227]* und Gefühlsweise mit einer scheinbar tiefüberzeugten Art, allen, selbst den bigottesten Vorschriften der Kirche nachzukommen, vertrug und wie sie ihm dadurch den katholischen Glauben, dem er immer noch sein Tieferes und Besseres abzuringen suchte, ganz verhaßt machen konnte ...

Unrichtig getauft zu sein hatte Bonaventura nur damals schrecken können, als er es zuerst erfuhr und das Bekenntniß eines verbitterten Hypochonders in den Händen einer rachsüchtigen Feindin wußte ... Diese Feindschaft hatte sich durch Paula's Heirath, durch Lucindens nothwendig gewordene Beichte zu Maria-Schnee in Wien gemildert, ja sie hatte wieder der alten Hoffnung und dem alten Werben um Bonaventura's Liebe das Feld geräumt ... In Bonaventura's Innern gingen soviel Veränderungen vor, daß ihm an ein Verhältniß, das er nur zum größten Triumph derjenigen Richtungen hätte aufklären können, die er bekämpfte, die Gewöhnung kam ... Einen Augenblick, der in den immer höher gesteigerten Wirren der Zeit einst ihm noch kommen müsse, einen Augenblick großer Entscheidungen dachte er als ihm ganz gewiß beschieden. Dann wollte er zur Widerlegung des tridentinischen Concils sich erheben und sagen: „Priester oder Gott – das ist die Frage! Hat Christus seine Vertretung in der Gemeinde oder nur im geweihten Vorstand derselben? Kann der Wille eines schwachen Menschen deshalb, weil er gesalbt wurde, die Menschenseele zu seinem Spielball machen? Seht, ich bin getauft nach allen Regeln der apostolischen Einsetzung der Taufe! Und doch, doch bin ich ein Heide, wenn unsere Seele von Priestern abhängt! *[228]* Unsere Kirche steht und fällt mit der Entscheidung über mein Lebensschicksal!" ... Dann sich denkend, daß alle seine Würden von ihm niedergelegt werden müßten, alle kirchlichen Acte, die er vollzogen, für ungültig erklärt, sich vorstellend, daß er in ein Kloster gehen, sich neu taufen, neu weihen lassen müßte, fühlte er das mächtigste Verlangen, bei irgend einer großen Krisis der Zeit seine Lage selbst zu offenbaren ... Einstweilen hatte er Leo Perl's Beispiel befolgt und eine Urkunde aufgesetzt, die nach seinem Tode erbrochen werden sollte ... In ihr hatte er seinen Fall ausgeführt ... Noch wußte er nicht und kämpfte mit sich, ob er dies Bekenntniß in die Hände des römischen Stuhls selbst oder nur in die seiner näherverbundenen Freunde legen sollte ... Innerlich war er mit sich im Reinen – er verachtete den Spuk des Zufalls ...

Nur der höhnende Schatten desselben konnte ihn zuweilen schrecken – Lucinde ... Aber selbst als sie von Castellungo im äußersten Zorn damals geschieden war, selbst da hatte sie zu Bonaventura, der sie, um Abschied von ihr zu nehmen, im Kloster der Herz-Jesu-Damen besuchte, auf ein Kästchen gedeutet und versöhnt gesagt: „Dort liegt mein Testament! Sie überleben mich und ich vermache Ihnen alles, was ich hinterlasse – cum beneficio inventarii – meinen Schulden! Sie finden Serlo's Denkwürdigkeiten, die, wie ich Ihnen schon vor Jahren sagte, die Schule meiner Kunst wurden, Leiden zu ertragen. Glauben Sie mir, Thomas a Kempis war nichts als der geistliche Serlo und Thomas a Kempis hat ganz die nämliche Philosophie, nur daß der Mönch seine Verachtung der Welt und *[229]* Menschen in religiöse Vorschriften kleidete ... Wenn Thomas a Kempis anräth, Gott zu lieben, so wollte er nur wie der Schauspieler Serlo sagen: Verachtet die Welt und die Menschen! ... Dann finden Sie – noch –" setzte sie stockend und leise hinzu: „die Hülfsmittel jener – Rache, die ich Ihnen einst in einem kindischen Wahnsinnanfall geschworen hatte –"... Und die Sie noch immer nicht Ceccone ober Fefelotti auslieferten? warf Bonaventura ein ... Lucinde erhob sich, nahm einen Schlüssel, der an dem immer auf ihrer Brust blinkenden goldenen Kreuze hing, ging an ihr Kästchen und schloß es auf ... Nehmen Sie, sagte sie und deutete auf ein gelbes, vielfach gebrochenes großes Schreiben mit zerbröckeltem Siegel ...

Es war ein Moment, an den Bonaventura oft zurückdenken mußte ... Damals drängte sich alles zusammen, was oft so centnerschwer auf seiner Brust lag und nun – ein Augenblick der seligsten Erleichterung –! ... Aber wie ein Blitzstrahl fuhr es auch zu gleicher Zeit durch sein Inneres: War und ist dein Leben und Ringen wirklich nicht mehr, als die Furcht vor diesem zufälligen Verhängniß? Bist du nicht Herr deines Willens, Schöpfer deiner Freuden und Leiden? Wie kannst du erbangen vor einer Anklage, die du verachtest, weil sie die teuflische Verhöhnung der christlichen Idee ist? ... Bonaventura wandte sich und sagte: Behalten Sie! ... Lucinde verstand diese Weigerung im Sinn eines ihr geschenkten Vertrauens und wurde davon so überwältigt, daß sie eine Weile hocherglühend und in zitternder Unentschlossenheit stand, dann ihr Knie beugte und sich *[230]* vor Bonaventura zur Erde niederließ ... Gräfin, lassen Sie! bat er erbebend und der alten Scenen gedenkend ... Lucinde neigte den Kopf bis auf seine Füße ... Ein in der Nähe entstandenes Geräusch mußte sie bestimmen, sich zu erheben ... Man hörte Schritte ... Noch ehe sie den Schrein geschlossen, den Schlüssel wieder zu sich gesteckt hatte, trat die Aebtissin der Herz-Jesu-Damen ein, die nicht verfehlen wollte, dem Erzbischof bei seinem Klosterbesuch die schuldige Ehrfurcht zu bezeugen ...

Einige Zeit nach einem ihm unvergeßlichen Seelenblick, den damals Lucinde auf ihn warf, war es Bonaventura, als fand sich in den Drohungen Sturla's, der von Genua kam, ein Anklang an die Urkunde Leo Perl's ... Doch konnte er sich auch irren ...

Der kecke Jesuit hielt ihm ein Bild der deutschen Geistlichkeit vor, dessen Züge auf den fremden Eindringling passen sollten, und unter anderm lief die Bemerkung unter: „Unglaublich, was die Archive Roms von Deutschland mittheilen könnten, hätte nicht die Kirche vor allem an ihren eigenen Organen Aergerniß zu vermeiden!" ...

Wie bitter, und sogar triumphirend waren im Briefe Lucindens die Andeutungen über Paula! ... Auch er fühlte es ja nach, was die lutherischen und abgefallenen Freunde der Familie oft genug unter sich sagten: Solch ein unnatürliches, jede Empfindung verletzendes Verhältniß ist nur auf katholischem Gebiete möglich! ... An sich, vor den Augen der Welt war jede Rücksicht auf Misdeutung gewahrt – Paula war die Nichte des Kronsyndikus, Bonaventura der Sohn des Präsidenten, ihres Vetters – die Verwandtschaft war die allernächste des *[231]* Blutes und Graf Hugo durfte, ohne Anstoß zu erregen, in Coni einen schönen Palast bewohnen, wo im Kreise einer Geselligkeit, die Paula mit Mitteln zu unterhalten wußte, die sich ihr in dem fremden Lande mit sonst nicht gewohnter sicherer Beherrschung zu Gebote stellten, allabendlich der Erzbischof verweilte ... Meist war Musik das Organ der Verschmelzung oft schroffer Gegensätze, ja Paula wurde erfinderisch und ergab sich jenem schönen Triebe, nach- und vorauszudenken allem, was über rauhe Stunden des Lebens zerstreuend hinweghelfen kann ... Aber ein Vorwurf des Gewissens fehlte nicht bei Alledem – es war ein Verhältniß, an dem, wie sich Bonaventura sagte, „Gott keine Freude haben konnte" ...

Ein zärtliches Ueberwallen der Liebe hatte sich in Bonaventura und Paula längst gemildert ... Auf Entsagung blieb ihr Gefühl ja auch gleich anfangs begründet ... Und lenkt nicht jede Liebe, selbst die leidenschaftlichste, zuletzt die Flut in ruhiger wallende Strömung? ... Kuß und Umarmung! Was sind sie denn, als ein letztes Ziel, ein Zerreißenwollen jedes Rückhaltgedankens, der Brücke, die den geliebten Gegenstand noch einmal zur alten persönlichen Freiheit zurückführen könnte; Kuß und Umarmung werden begehrt und gewährt, weil sie den Begehrenden und Gewährenden als Ich vernichten, künstlich gleichsam eine gemeinschaftliche Schuld erzeugen, die beide Theile fast zwingt, auf ewig Eins zu sein ... Aber bald tritt die volle Beseligung der Liebe nur im Austausch des seelischen Lebens ein. Ineinander zu leben ist dann nur noch ein Bedürfniß des Herzens. Kommen *[232]* erweckt ein Jauchzen der Brust und Gehen ist die Hoffnung nur auf den Gruß, auf das Lächeln des Wiedersehens ... Dann zerlegt sich in seine Stunden der Tag, in ihre Minuten die Stunde, jedes Atom der Zeit ist erfüllt vom Glück der Gewöhnung an so viel willkommene Freuden und noch willkommenere Sorgen – Das ist das Glück, das auch in der Ehe, lange schon vorm Ersterben der Leidenschaft, Ausdruck des wahren Besitzes bleibt ...

In diesem letzten Stadium des Verbundenseins der Liebe befand sich der Erzbischof, nachdem er in jedem früheren längst überwunden hatte ... Jeden Abend war er auf dem Schloß des Grafen, das mitten in der Stadt lag und einer der vielen weiland großen Familien des Landes gehört hatte, die im Lauf der Zeiten zu Grunde gingen und nichts behielten, als die glänzende Hülle ihrer Vergangenheit ... An diesen Palast schloß sich ein Garten, altmodischen Geschmacks, wie die Gärten auf den Borromäischen Inseln ... Der Graf hatte eine Aufgabe, diesen Garten der freien Natur zurückzugeben ... Ein geselliger Kreis wurde vor dem Kriege durch nichts gestört ... Später blieben freilich nur Einige, die sich durch die Empfindungen des Grafen nicht stören ließen ... Gewiß wäre der Graf, als die Revolutionen ausbrachen, nach seinem deutschen Vaterland zurückgekehrt, wenn nicht auch dort die Verwirrung für seine Denkweise das Maß überschritten hätte ... Seit lange hatte Oesterreich gesiegt – er mäßigte den Ausdruck seiner Freude und konnte infolge dessen bleiben ... Bonaventura kannte die Sehnsucht nach Thätigkeit, die den Grafen bestimmen mußte, entscheidende Entschlüsse zu fassen, ja er *[233]* kannte des Grafen Sehnsucht – nach einem Erben – ... Noch mehr, Graf Hugo liebte Paula ... Es mußte kommen, daß dies zehnjährige Zusammenleben in Coni aufhörte ... Und doch, doch kannte er den Grafen dafür, daß dieser im Stande war, die Nachricht von seiner Berufung zur Mutter nach Rom mit den Worten aufzunehmen: Die Frau Präsidentin ist krank und Herr von Wittekind in Rom? Das wird Ihre Kraft übersteigen, mein theurer Freund, wir müssen Sie begleiten; wir gehen mit nach Rom ...

In solchen, sein Inneres zerreißenden Stimmungen, zu denen sich an jedem der ihm besonders wichtigen Gedenktage seines Lebens noch der Hinblick auf den mit jedem Tag sich dem Abscheiden vom Leben nähernden Vater gesellte, verweilte Bonaventura heute unter seinen Büchern ... Hier, wo ihn so oft die nächtliche Stille geheimnißvoll umfing – hier, wo sein Gemüth der Muttersprache noch zuweilen ein Opfer brachte, wie in den Versen:

        Du wunderbare Stille,
        Wer deutete dich schon,
        Im Erd- und Himmelschweigen
        Den Weltposaunenton!
        Die namenlose Sehnsucht
        In flücht'ger Welle Gang,
        In stiller Brunnen Plätschern
        Den mächt'gen Rededrang!

        Wenn Mondenglanz die Rose
        Sanft zu entschlummern ruft
        Und Nachtviole trinket
        Den Thau der Abendluft,
[234] Wenn frei die Sterne treten
        Aus ihrem blauen Zelt,
        Worin das Licht der Sonne
        Sie Tags gefangen hält –

Wie predigt da die Rose!
Viole singt im Chor;
Das kleinste Blatt hält Tafeln
Der Offenbarung vor!
Es rauschet und es klinget
Ein jeder todte Stein;
Der Stäubchen allgeringstes
Will nur verstanden sein!

Nur in die dunklen Schatten
Hat Gott das Licht gestellt,
Nur in die öde Wüste
Die Herrlichkeit der Welt;
Nur brechend nimmt ein Auge
Den rechten Lebenslauf!
O, schließet euch, ihr Zauber
Der ew'gen Stille, auf!

Der buntfarbigen Blume sich zu vergleichen, die, hochragend und stolz, doch erst aus welken Blättern emporsteigt – so erhebt sich die Lilie über den am Fuß des Schaftes schon beginnenden Tod – dafür besaß seine Selbstschau zu viel Demuth und doch – nun schon wieder um ihn die „heilige Stille" und ein brechend erst den rechten Lebenslauf nehmendes Auge – –! ...

Ein wilder Sturm, wie er in Berggegenden oft ohne die mindeste Vorbereitung entsteht, hatte sich erhoben und störte die Stille der Nacht ... Während die Fensterläden des Palastes gerüttelt wurden, der *[235]* Wind in den rauschenden Wipfeln der Bäume des großen Platzes tobte, konnte kein Schlaf über Bonaventura's Auge kommen ... Und doch nahm der morgende Tag seine ganze Kraft in Anspruch. Er wußte, daß sich Stadt und Umgegend nicht nehmen ließen, den Namenstag ihres Oberhirten zu feiern ... Schon nach fünf Uhr wollte er die Messe lesen ... Nie ergriffen ihn die Anfangsworte der Messe: „Der du meine Jugend erfreust, o Herr!" mächtiger, als an diesem Tage der Jugenderinnerung ...

Wo das Gehör einen Dienst der Liebe verrichtet, versagt die Natur den Schlaf ... Bonaventura mochte sich zuletzt auf seinem Lager noch so ermüdet strecken, sein Ohr lauschte jeder Bewegung im Nebenzimmer ... Sturm und Regen hatten aufgehört, der Morgen graute schon und noch hatte Bonaventura kein Auge geschlossen ...

Eben mochte sich vielleicht für einige Minuten die ermüdete Wimper gesenkt haben, als sie sich sofort wieder erhob ... Bonaventura hatte das schnelle Auftreten der dienenden Brüder gehört ... Erschreckend über eine mögliche Verschlimmerung im Befinden des Kranken, sprang er, wie er war, halbangekleidet, vom Lager ...

Als er die Thür geöffnet hatte, fand er, von einem Licht beschienen, den Leidenden aufgerichtet ... Die dienenden Brüder reichten ihm eben von einer Arznei ... Benno lehnte das Glas ab ... Als er Bonaventura erkannte, sagte er, er hätte lange und fest geschlafen ... In der That blickte sein Auge weniger fieberhaft und seine Hand, die er in der Bonaventura's ruhen *[236]* ließ, hatte die feuchte Wärme, die fast auf eine Krisis schließen ließ ...

Welche Zeit ist's? fragte er ...

Man sah auf die Uhr und nannte die vierte Stunde ...

So geh zur Ruhe! bedeutete er den Freund ...

Dieser nahm jedoch an seinem Lager Platz und sagte, daß er der Ruhe nicht mehr bedürfe ...

Auf dies beharrlich wiederholte Wort der Liebe wandte der Kranke sein Haupt nach den beiden Mönchen und gab seinen Wunsch zu erkennen, mit dem Erzbischof allein zu sein ...

Ein Wink desselben und die Mönche traten in ein Nebencabinet, das nach Osten lag ... Beim Oeffnen der Thür sah man den ersten Frührothschimmer der aufgehenden Sonne ...

7.

Ehe ich vom Leben scheide – begann Benno ...

Mein theurer Freund, unterbrach ihn Bonaventura, du wirst leben! ...

In deinem Gedächtniß – im Gedächtniß manches, der auf meine Zukunft Hoffnungen setzte und schwer begreifen wird, warum sie nicht erfüllt wurden und warum sie gerade so – so – endigen mußten ... Meine Minuten sind gezählt ... Noch deinen Namenstag feir' ich, dann ist das Liebste da, was ich – vom Weltgeist begehre ...

Freund! ... unterbrach Bonaventura voll äußersten Schmerzes ... Diese Worte Benno's wurden so zuversichtlich, so fest gesprochen, daß sie keine Widerlegung zuließen ...

Ich will nicht sterben, sagte Benno, ohne mit den letzten Segnungen unserer Kirche versehen zu sein ... Sorge dafür ... Die Rücksicht deines Hauses erfordert es ... Wer mit den Priestern ein Leben des Kampfes geführt hat, mag sich im Tode ihre Nähe verbitten; ich kämpfte nicht mit ihnen – meine Gegner *[238]* sucht' ich mir auf andern Schlachtfeldern auf ... Einem deiner Vicare werd' ich beichten, daß ich nie an Religion betheiligt war ... Sie war mir kein Bedürfniß ...

Bonaventura schwieg ... Er wußte, daß keine Confession so sehr religiösen Indifferentismus bei Gebildeten erzeugt, wie die katholische ...

Einen Kranken erquickt nichts mehr, als von seinen Umgebungen die Anerkennung zu hören, daß er krank ist; einen Sterbenden nichts mehr, als die Anerkennung, daß er stirbt ... So kam es, daß Benno mit jener Kraft der Stimme sprach, die in letzten Augenblicken oft wunderbar wiederkehrt ...

Ich erfülle, sagte er, das Geschick unseres Hauses – wie mir einst in Rom der feindliche Dämon deines Lebens verheißen hat – als Lucinde jene Klagen ausstieß, die ich dir vor Jahren – von

London berichtete ... Vor – fast zehn Jahren! ... Deinen letzten Brief hab' ich in meinem Portefeuille – und heute erst beantwort' ich ihn durch mein – Testament ... Was konnt' ich dir sagen, nachdem ich mit allem gebrochen, was andere von mir voraussetzten? ... Skeptiker, Indifferentist – das gibt eine imposante Lebensstellung, wenn man in die Lage kommt, nur reflectiren zu brauchen, sich die Zähne zu stochern, im Salon die Beine übereinanderzuschlagen ... Stell' einen der Weisen, die im Chor der Tragödie den Heroen so gute Lehren geben, selbst auf die Breter, er macht die Tragödie zur Burleske ...

Benno hielt inne, sammelte neue Kraft und lehnte Bonaventura's Entgegnungen mit einem Zeichen der Hand ab ...

[239] Ich saß auf der Engelsburg, fuhr er fort, mit Räubern, deren Ungeziefer mich die Freiheit ersehnen ließ ... An sich ist die Freiheit zu verlieren kein besondres Unglück ... Ich hätte Steine klopfen können, um ungestört über mich und die Dinge und dann vielleicht endlich Gott nachzudenken ... Nur der Schmuz des Gefängnisses entsetzte mich ...

Wieder hielt der Kranke inne ... Wieder fuhr er, um des Freundes Nachsicht bittend, nach einer Weile fort:

Eines Tags stand die Thür meines Kerkers offen und eine Mutter war es, die ich glücklich machte durch meine Flucht ... Selbst Lucinde nahm es ernst mit meinem Schicksal, war ganz bei der Sache, ohne meiner Verkleidung zu spotten – Der arme Bertinazzi erhielt die Galeere auf Lebenszeit ... Als ich die Hinrichtung der Bandiera erfuhr, brach mein Lebensmuth – die Mutter – konnte mich damals – gängeln wie ein Kind – ...

Bonaventura folgte aufmerksam allen diesen schmerzlichen Erinnerungen ...

Man soll die Seinen nicht analysiren ... fuhr Benno fort in offenbarer Wallung gegen seine Mutter ... Wo Uebermaß im Verkehr der Herzen waltet – da welkt nur zu bald die Blüte ...

Bonaventura wußte, daß Benno von London im tiefsten Bruch von seiner Mutter und von Olympien sich losgerissen und gleichsam nach Rom nur entflohen war ... Er hörte nun alles das, neigte sein Ohr dicht an den Mund des Freundes und bat ihn nur, sich zu schonen ...

Meine Retterin, fuhr Benno in Erregung fort, war *[240]* die Fürstin Olympia Rucca ... Es hat schon oft Seelen gegeben, die plötzlich den Teufel in seiner Rechnung betrogen – Die Heiligengeschichte erzählt von ihnen ... Eine Heilige ist Olympia nun nicht geworden ... Aber aus einer Tyrannin wurde sie eine Sklavin ... Ich habe nie so dienen sehen, wie Olympia ein Jahr lang dienen konnte ... An einem Tigerkäfig hab' ich sie kennen gelernt; sie war nun selbst gezähmt zu einem der jungen Lämmer, die sie – als Kind erwürgt haben soll – aus – Zärtlichkeit ... Solche Frauen gibt es nicht – in – deiner germanischen Welt! ...

In meiner? ... fragte Bonaventura mit leisem Vorwurf ...

Benno schwieg eine Weile ... Dann sprach er einen Vers des Bonaventura'schen Gedichtes:

> „Einmal, eh' sie scheiden,
> Färben sich die Blätter roth –"

Er legte in den Ton der Recitation die Anerkennung deutschen Wesens im Denken und Empfinden, fügte aber hinzu:

Als ich mein Lebensräthsel erfuhr, als ich meine todte Schwester sah, die Mutter an ihrer Leiche kennen lernte, ergriff mich Haß gegen alles, wofür ich bisher und worin ich gelebt hatte ... Ich brach mit einem Vater, der lügen und morden konnte; ich brach mit einem Staat, der damals keine freien Bürger duldete; ich brach mit einem Volke, das der Tyrann andrer Völker sein konnte; ich folgte in allem meiner Mutter, deren Namen ich annahm ...

[241] Bonaventura kannte diese Umwandlung, die nicht der seinigen glich ...

Nicht lange war ich in Paris, fuhr Benno fort, so erschien Olympia, ausgesöhnt, engverbunden mit meiner Mutter, die mich anbetete ... Du mußt wissen – – als ich Olympien zum letzten mal gesehen hatte, war mir in – der Villa Hadrians durch eine seltsame Scene – durch die Umgebungen – durch die Umstände, die meine Sorge um das Schicksal der Bandiera heraufbeschworen, – – ein Stelldichein von ihr aufgedrungen worden ... Es war ein Zwang, der sich nicht ablehnen ließ ... Was dem Mann Bettelpfennig, wird dem Weibe Krösusschatz – kann ein Mann mit Bettelpfennigen geizen! ... Tugend –?! – – Ich fühlte eine mächtige Hand, die mich zurückhielt – ich suchte fast den Tod, um dem Wiedersehn auf Villa Rucca zu entfliehen – ... Olympia und das Schicksal hielten sich an mein erzwungenes Ja! ... Nicht Nacht war es, als ich sie wiedersah in einem eleganten Salon – in der Rue Rivoli zu Paris – sie hatte mich befreit – ich hieß Cäsar Montalto, haßte die Tyrannen, liebte meine Mutter, Italien – dennoch wehte Afrika's Wind vom Meer herüber, Millionen Blüten hauchten ihren Duft in linde Abendstille ... Die Fürstin nahm sich den Dank, wie sie ihn begehrte ...

Wieder trat eine Pause ein ... In Bonaventura's Blick lag die Anerkennung alles dessen, was hier möglich gewesen ... Saß er nicht an einem Leichenstein, der versöhnt –? ...

Frankreich, England, das Land der schönsten Frauen, [242] konnte an sich kein Schauplatz für die an Triumphe des persönlichen Erscheinens gewöhnte Nichte Ceccone's sein ... Der Cardinal wurde ein Opfer der dir bekannten Italienerrache ... Olympia gerieth in Bedrängnisse und die Reihe, ihr zu helfen, kam nun an mich ... Einander nützlich sein – veredelt – bindet – fesselte hier aufs neue ... In Olympia kehrten Regungen des Gefühls, die sie schon dem Mönch Vincente Ambrosi einst bewiesen hatte, zurück ... Sie ertrug den Verlust ihrer glänzenden Lebensstellung, ertrug die ihr folgende Verringerung ihrer Hülfsmittel ... Einige Jahre fand sie in der That in mir die Fülle ihres Glücks wie ein Kind ... Diese abzuwehren war unmöglich ... Wie die Schlange ihr Opfer nicht läßt, fand ich bei jeder Pforte, durch die ich hätte entfliehen wollen, meine Bestimmung ... Diese war verloren an – zwei Frauen ...

So dachte auch die Welt und entschuldigte dich ... warf Bonaventura mit mildem Tone ein ...

Ein Zustand des Elends blieb es ... fuhr Benno fort, während seine Züge einen Ausdruck des höchsten Schmerzes annahmen ... Jedes einzelne Leid fühlte ich wie das natürliche Kettenglied der Folgen, die ich über mein Leben heraufbeschworen hatte, als ich dem südlichen Blut in meinen Adern folgen wollte ... Ich wollte Partei nehmen für die betrogene Hälfte meines Erdenlebens und – von Wahn zu Wahn, von Traumbild zu Traumbild lockte mich die mütterliche Welt, die mir zuletzt ein Gift wurde, das mich – langsam tödtete – ...

[243] O mein Freund! war alles, was Bonaventura aus der Tiefe seines Herzens entgegnen konnte ...

Beklage mich nicht! sprach Benno ... Ich hatte zahllose, flüchtige Stunden des Glücks; ich trotzte der Sehnsucht meines Gemüths ... Reich ist der menschliche Geist an Gedanken, die einen Kampf gegen die innern Vorwürfe des Gewissens unterstützen, ja auf Augenblicke ihn siegen und triumphiren lassen ... Ich durfte mir ein – künstliches Pflichtenleben schaffen – die brüderliche Freigebigkeit des Präsidenten entzog mich den Sorgen für meine Erhaltung ... Ich las, studirte, schrieb – ... Da ich für einen Italiener gelten wollte, hatte ich Mühe und Verdruß genug durch die Vorbereitung zu dem, was nun – gescheitert ist ... Welche Menschen! Verunreinigend durch ihre Schwächen und Laster die heiligen Dinge, die sie im Munde führen – ... Freilich – die Gegner –! Sind sie nicht ebenso verächtlich? ... Ich kannte sie ja alle, die Diplomaten von Paris und London ... Nur in den Formen liegt der Unterschied ... Oft gab es Stürme im Glase Wasser – elende Streitigkeiten; doch konnten sie mit dem Schiffbruch der Betheiligten enden ... Terschka – wo wol mag – der Schurke – hingerathen sein –! ...

Bonaventura ließ dem Freund den Glauben an eine hienieden schon waltende Nemesis ... Drängte es ihn auch, von Terschka's Beziehung zum Verrath der Bandiera zu erfahren, so gab er es doch auf – denn die Kraft des Freundes drohte zu versiegen ...

Benno schloß eine Weile die Augen; dann erhob er sie wieder und ließ die irrenden Sterne derselben wie *[244]* ausruhen an der Decke des immer mehr sich erhellenden Zimmers; unbeweglich starrten sie wie in eine unergründliche Tiefe ...

Es gab auch Edle unter diesen Kampfgenossen! begann er aufs neue wie mit feierlicher Andacht ... Euch hab' ich folgen wollen, ihr Brüder, die ihr den grausamsten Tod erlittet! Ihr leuchtetet mir voran, Dioskuren am Himmelszelt auf weißen Rossen! ... Die Welt sich zu erschaffen aus freiem Willen – ist edler Mannestrotz! ... Lernt' es auch, als ich, ein Katholik, dem heimatlichen Staate trotzte ... Haben mir's später bitter heimgezahlt, als – dem Präsidenten – auf seine Verwendung die Antwort – wurde: Ist ja österreichischer Cabinetscourier –! ... Warum wurde Germanien nur so – russisch ... Lebt – denn – noch – Nück? ... Und – schreibe sogleich – wenn ich – ... an – Thiebold – ...

Weiter reichte nicht mehr die erschöpfte Kraft, die sich übernommen hatte ...

Die Aerzte kamen ... Schon läutete draußen von allen Thürmen das Angelus ... Es war fünf Uhr ... Der helle Tag lag hinter den Vorhängen der Fenster ... Benno hatte sich eine zu große Anstrengung zugemuthet und war erschöpft in die Kissen gesunken ... Fast schien seine Zunge gelähmt ... Die Aerzte sagten, die letzte Stunde ließe sich nicht vorausbestimmen ... Sie baten den Erzbischof, sich zu schonen ...

Bonaventura rief die Mönche und überließ ihnen und den Aerzten die Sorge für den Geliebten, für den von heißen Qualen – der Seele Zerrissenen ... Zur *[245]* Frühmette wollt' er nun in den Dom, wo an diesem Tage seit Jahren die Stadt gewohnt war, ihn erwarten zu dürfen ...

Bonaventura's Aufmerksamkeit, in die Mittheilungen Benno's verloren, hatte nichts vernommen von den Zurüstungen der

Ueberraschungen, welche ihm Verehrung und Liebe bereiteten ... In sein Wohnzimmer getreten, fand er die Wände mit Blumen geschmückt ... Kostbare neue Teppiche lagen über die Stühle gebreitet ... Geschenke von Gold und Silber standen auf den Tischen ... Alte Werke, seltene Drucke und Holzschnitte hatte ihm Graf Hugo hinlegen lassen ... Der Haushofmeister, die Caudatarien, ihre Glückwünsche ertheilend, nannten die Namen der Geber, unter denen Paula's Name obenan glänzte ...

Es lag in seinem Berufe, daß sich Bonaventura in seine goldstarrenden Gewänder werfen mußte ... Die Bischofskrone prangte auf seinem Haupte ... Schon spiegelte sich die nach der allmählich wieder ruhiger gewordenen Nacht goldig aufgegangene Sonne in den kostbaren Edelsteinen ihrer Verzierung ... Unter einem von sechs Knaben getragenen Baldachin, begleitet von allen im Treppenhause versammelten Abgeordneten der Kirchen und Klöster der Stadt, den Civilbehörden, den Oberoffizieren des Militärs, trat der Erzbischof, gebeugt und trauernd, aus dem Eingang des Portals, das mit Guirlanden geschmückt war ... Der Vorhof innerhalb des Gitters war leer, draußen wogte die Menschenmenge ... Die halbe Stadt war in Bewegung ... Selbst einer vom Erzbischof sonst verfolgten Unsitte, der rauschen-*[246]*den Musik des Militärs bei Kirchenfesten, konnte heute, auf Anlaß eines solchen Freudentages, nicht gewehrt werden ... Jung und Alt schloß sich der glänzenden Procession an, die in den Dom zog ... Bonaventura hatte sonst diese Ueberraschungen an seinem Namenstag unmöglich machen wollen; hatte kurz vorher Reisen angetreten oder war ein andermal in ein Kloster gegangen ... Allmählich aber hatte er auch hierin der Landessitte nachgegeben und dem Onkel Dechanten beigestimmt, der ihm geschrieben: „Nimm doch Liebe, wo sie geboten wird! Ist die Zeit angethan, sich der Ernte seiner Saaten zu entziehen! –?"... Angeregt von solchem Zuspruch konnte er wol einmal auch ausrufen und den gewohnten Klageruf seiner Selbstgespräche unterbrechen:

Nimm an der Welt dein ganzes Theil,
Nimm es mit vollen Händen!
Was du verschmähst, wird nicht zum Heil,
Nicht zum Gewinn sich wenden!

Der Blüten nur im Lenz gedenk',
Die rings den Rasen decken,
Vom Apfelbaume ein Geschenk
Den Winden, sie zu necken!

Und doch im Herbst – der liebe Baum
Was er an Früchten spendet!
Erinnern kann er sich noch kaum
Der Blüten, die verschwendet.

Zur Erde blicke nicht hinab,
Wenn Götter dich umschweben!
Für jeden ist das kühle Grab,
Für jeden erst das Leben!

[247] Für jeden dreifach ein Genuß
Und Einmal nur Beschwerde!
Es wogt ein sel'ger Ueberfluß
Der Freude durch die Erde!

Heute dagegen trug er im Herzen „Maria's achtes Schwert", wie er jene Leiden nannte, die jedem nur allein verständliche, nur allein von Gott ihm zu tröstende und zu theilende wären ... So schritt er in seinem Trauer-Triumphzug, unter dem Geläut der Glocken dahin ... Die große, mit drei Kuppeln gebaute, dem vorigen Jahrhundert angehörige Kirche war überfüllt ... Seine Ministranten waren heute seine nächsten Würdenträger ... Den geheimnißvollen Ritus der Messe aus der Kirche zu verbannen würde sich Bonaventura nicht verstanden haben ... In einem gelegentlichen Streit mit Gräfin Erdmuthe hatte er gesagt: „Allerdings, die Messe sollte in der Landessprache gelesen werden! Aber ich gebe auf die stummen Augenblicke in der Messe mehr, als auf die gesprochenen ... Ein Gottesdienst muß mehr als nur eine Predigt sein ... Unsrer Messe ist lediglich der Schein, daß sie ein unblutiges Opfer wäre, sonst nichts von ihren mystischen Vorgängen zu nehmen ... Kirchen, die nur um der Predigt willen da sind, müssen ja mit der Zeit leer stehen – wer verbürgt denn nur dem Preise Gottes immer würdige Sprecher, Zungen, die nicht anstoßen, Kehlen, die nicht heiser und rauh erklingen? ... Was macht die Gotteshäuser der Protestanten so leer? Die alleinige Herrschaft der Kanzel und die Einsamkeit am Altar! ... «Gott wohne nicht in Häusern, von Menschenhänden gemacht?» Gewiß! Aber der ge-*[248]*wölbte Raum der Kirche sagt Ihnen, daß Gott nicht Ihr Gott allein ist, nicht der, den Sie in Ihrem «Kämmerlein» sich zurecht gemacht haben, sondern der Gott des Universums! ... Gerade da muß Ihr Eifer, ihn persönlich für sich aus der Masse der um seine Gunst Werbenden herauszugewinnen, um so lebendiger angefacht werden; die Entschließungen Ihrer Brust können erst in der Kirche erkennen, wie schwer es ist, unter so vielen, die seine Liebe zu gewinnen suchen, gleichfalls mit Würde zu bestehen ... Still dann zu sein in einer Kirche mit tausend andern Stillen – das ist, denk' ich, die feierlichste Aufforderung zur Einkehr in sich selbst ... Oder – soll die Religion ohne Formeln sein? Dann ist sie Philosophie ... Daß die Philosophie eben Wahrheit des Lebens werde, zwingt sie, die Religion bestehen zu lassen ... Der protestantische Gottesdienst sagt nur: Wir sind nicht katholisch! – Das ist gewiß wahr und war historisch richtig – Soll aber diese Zeit des Protestes ewig dauern? Kann ein Gottesdienst der ewigen Negation bei den Protestanten Sinn haben, wenn die katholische Kirche sich läutert? ... Eure Predigt wird sich unsere Messe zu Hülfe rufen müssen, um – schon allein die Herrsch- und Streitsucht Eurer Parteien zum Schweigen zu bringen ... Dann werden die Protestanten nicht mehr Nichtkatholiken, die Katholiken nicht mehr Nichtprotestanten, sondern beide erst wahre Christen sein –" ...

Unter den Anwesenden waren Paula und Armgart zugegen ... Beide eben von Castellungo angekommen – beide eben von der schmerzlichen Ueberraschung unter-*[249]*richtet, die ihrer harrte ... Der Graf hatte ihnen Benno's Anwesenheit und Lebensgefahr erst gemeldet, als sie sich trennten, er, der Protestant, zu Benno's Lager eilte, sie mit dieser Nachricht nun in die Messe schwankten ... Erkundigungen, welche Graf Hugo auf der Herfahrt eingezogen, hatten ihm bestätigt, daß Benno wirklich in Coni war ... Mit diesem Stich im Herzen sank Armgart unter die tausend Beter nieder, die am Fuß des Hochaltars knieten ...

Sollte sie weniger vermögen, als jener Priester dort, den die gleiche Nachricht nicht hinderte, laut seine Psalmen zu singen? ...

Als die Feierlichkeit vorüber und Bonaventura auf einem kürzern Wege, unbemerkt und in einfacher Kleidung, in seine Wohnung zurückgeeilt war, fand er den Grafen schon lange mit Benno beschäftigt ... Die beiden Frauen harrten in einem Gemach, wo des Kirchenfürsten Audienzen gegeben wurden, vom Schmerz überwältigt und in Thränen gebadet ... Natürlich hatte man bereits die Veranstaltung getroffen, daß der Erzbischof heute nur noch seinen nächsten Freunden gehörte ... Die Glückwünschenden wußten nun, welches Leid diesem Hause an einem Freudentage beschieden war ...

Graf Hugo hatte dem Sterbenden Armgart's Anwesenheit angezeigt ... Den Frauen hatte er dann nicht verschwiegen, wie diese Nachricht Benno erschütterte ... Bonaventura richtete sein Auge auf Armgart – auch er hatte sie seit so vielen Jahren nicht gesehen ... Sie war ihm aber wie gestern erst von ihm geschieden ... Ihr gemeinsames Leid verband sie *[250]* sofort und sein seelenvoll auf sie gerichteter Blick schien fragen zu wollen: Aermste, wie trägst – nun gar erst Du das alles –? ...

Ein Gesang der christlichen Dichtkunst spricht aus, was edle Herzen bei höchstem Leid erfüllt ... Das „Stabat mater" in seiner unnachahmlichen Magniloquenz ... Jacopone da Todi war der Dichter dieser Threnodie der verlassenen Liebe, die zurückgeblieben am letzten Rest ihres Daseins, dem todten Leib des Geopferten, trauert ... Die Erde ist verfinstert; die Menschen, von Furcht und Bangen erfüllt, sind geflohen – Gott hat seine größte Offenbarung gegeben und doch leiden und weinen grade diejenigen Menschen, denen seine große Wohlthat zuerst zugute kommt ... Wer kennt denn, was uns frommt –! ... Jacopone hatte sein Stabat aus eigenem Schmerz gedichtet ... Zeitgenosse Dante's, berühmter Rechtsgelehrter, Liebhaber der Weltfreuden, sah er bei einem Fest eines vornehmen Hauses die Decke des Tanzsaals einstürzen, sah die edelsten Frauen todt oder verwundet – und sein eigen Weib, eine blühende Schönheit, hoffnungslos aus den Trümmern davongetragen ... Man entkleidete die Sterbende und unter den rauschenden Prachtgewändern trug sie, die eben nach des Gatten Wunsch noch heiter und scheinbar lebensfroh getanzt hatte, ein grobes Büßergewand ... Jacopone, von Beschämung und Schmerz überwältigt, verlor den Verstand ... Die Verwirrung seiner Gedanken hellte sich erst allmählich auf; doch beherrschte ihn ein räthselhafter Zustand, welchen er nicht bewältigen konnte; er redete in der Irre und wußte es, daß er so redete; er wußte die Weisheit der [251] Welt, aber er vermochte nicht, in ihr sich auszudrücken ... Endlich meldete er sich am Thor eines Klosters, um als Mönch aufgenommen zu werden ... Die eben neugegründete Regel des Franz von Assisi wies ihn ab, wenn er nicht Beweise seines Verstandes gäbe ... Da zwang er den sich jagenden, fiebernden Gedanken seiner Seele gewaltsamen Halt auf und dichtete, wie zu gleichem Zweck einst Sophokles den Chor „Im roßprangenden Land", so sein „Stabat mater" ... Nun erhielt er die Aufnahme ... Beweise seines wiedergekehrten Geistes gab er dann ferner genug, gab sie auch im Freimuth seiner Gedichte ... Ueber die Sophisten von Paris schwang er die Geißel seiner Satire ... Dem aus den Felsschluchten der Abruzzen auf den apostolischen Stuhl berufenen Einsiedler Petrus von Morrone, der als Cölestin V. dem verwilderten Rom die Zügel halten sollte, sagte er:

> „Jetzo kommt an Tageshelle,
> Was du sannst in stiller Zelle –
> Ob du Gold, ob Kupfer, Eisen,
> Muß sich jetzt der Welt beweisen!"

Dante ging einst zu einem Turnier und blieb unterwegs im festlichen Gewande an einer Goldschmiedbude stehen, um eine Spange zu kaufen, die noch seinem Kleide fehlte ... Da sah er ein Buch auf der Lade des Goldschmieds liegen und fing, während die Wagen und Reiter an ihm vorübersausten und der Goldschmied die passende Spange suchte, zu lesen an ... Noch kannte er die Gedichte Jacopone's nicht ... Immer mehr vertiefte er sich in die Ergüsse einer verwandten Seele, *[252]* überhörte die Mahnungen des Goldschmieds, sich zu eilen, und versäumte das Turnier ... Als bereits die Kämpen mit zersplitterten Lanzen nach Hause ritten, stand Dante noch immer in die Pergamentblätter verloren, die ihm der Goldschmied nicht verkaufen wollte ... Lucinde, die Dante nicht leiden konnte, sagte bei der Erzählung dieser Geschichte: Da sieht man, wie die Dichter ihre Rivalen lesen! Mit einem Neide, der ihnen Hören und Sehen vergehen läßt! ...

Paula und Armgart wurden an Benno's Lager gerufen ...

Armgart beugte sich über den todblassen Mann ... Die Thränen, die ihr sonst versagten – rannen jetzt in Strömen ... Benno mit seinen grauen Locken lag starr und drückte die Augen zu ... Seine Lippen sogen die Tropfen ein, die über seine Wange aus Armgart's Augen rieselten ... Daß es Armgart war, die so weinte, wußte er ... Er wußte auch, daß Paula in der Nähe stand ...

Allmählich trat eine Todtenstille ein ...

Des Sterbenden Stimme erhob sich wieder, aber die Worte,

die noch verstanden wurden, gaben den Entferntstehenden keinen Zusammenhang ...

Nur Armgart, die sich dicht über ihn beugte, verstand allmählich:

Armgart – nordische – kalte – Maid! ...

Lebe! Lebe! rief Armgart und küßte die Stirne Benno's, strich die grauen Locken vom perlenden Schweiße zurück und weinte so heftig, als wollte sie jetzt die Beweise ihrer Herzensglut nachholen ...

[253] Einst – warnt' ich dich – vor – deiner Zukunft, Mädchen! ... Ich – – Thor –! ...

Die Worte, die noch folgten, blieben auch Armgart nicht vernehmlich ...

Der Graf trat näher ... Paula wandte sich erschüttert zum Vorzimmer ...

Indessen war Bonaventura eben eiligst abgerufen worden ...

Auch Armgart wollte sich erheben und zurücktreten ... Der Sterbende ließ ihre Hand nicht frei ...

Armgart starrte Alledem mit Blicken, die dem Grafen Sorge um sie selbst einflößen mußten ... In ihrem Antlitz lag eine ihrer ganzen Natur fremde, fast wilde Geberde ...

Unser – guter – Thiebold! sprach Benno ... Schreib's – dem besten – Freund – der Erde – ... Auch – Du – Mit – Bona –! ...

Armgart versprach jeden seiner Aufträge zu erfüllen und setzte mit bitterm Lächeln, ja wie mit prophetischem Schwunge hinzu:

Stummes Räthsel der Frauenbrust! ... Starrer Mund, der nicht reden kann, wenn doch ein Mädchenherz überquellen möchte vom Drang nach helfenden Worten! ... Lieber erstirbt das eigene Leben in uns, als daß die Lippe zu brechen wäre, die Starrsinn schließt! ... Ach nur dir, nur dir hab' ich jeden Gedanken meiner Brust geweiht! Nur dir jeden Schlag des Herzens – dir hab' ich gesprochen in öden, sternenlosen Nächten – ...

Armgart –! hauchte Benno und erhob sich – geisterhaft und

streckte seinen Arm so aus, daß der Graf, aufs *[254]* tiefste von diesem freien Bekenntniß der Liebe überrascht, vom Zuspätkommen eines so heroischen Muthes erschüttert, sich zwischen die Umschlungenen drängen mußte ...

Benno sah ihn lange und wildfremd an ...

Freund – meiner – Schwester Angiolina! sprach er, wie jetzt ihn erst erkennend ... Bezeuge – was – die – Liebe eines – Weibes – vermag –! ...

Auch in des Grafen Augen traten Thränen ...

Bona! Bona! wandte sich Benno an diesen, der eben zurückkehrte ... Dann sah er sich fieberhaft um, sah Armgart mit dem zärtlichsten Blick der Liebe an und sank in sein Kissen zurück, die Hand Armgart's krampfhaft festhaltend ...

Bonaventura kam, durch irgend eine neue Veranlassung sichtlich aufgeregt ... Das Geflüster der Aerzte, die im Nebenzimmer sich befanden, mehrte sich ... Auch verbreitete sich Weihrauchduft ... Der Priester, den Benno begehrt hatte, war in der Nähe mit dem Sterbesakrament ...

Aber noch eine andre Ursache schien Anlaß der Erregung des Erzbischofs zu sein ... Er nahm den Grafen bei Seite und flüsterte ihm, während Benno in ekstatischer Begeisterung: „Einmal – eh' – sie – scheiden", sprechen wollte und auf Armgart als die „letzte Freude" seines Lebens deutete ...

Dieser Taumelkelch des letzten Entzückens sollte entweder zu hoch aufschwellen oder sich bitter – vergällen ... Bonaventura berichtete laut die eben gemeldete Ankunft eines sechsspännigen Reisewagens, der, *[255]* mit einigen Damen besetzt, sofort am Portal seines Hauses angefahren wäre ... Die eine der Damen, die ältere, wäre schon in den Vorzimmern – während die andere noch im Wagen verweilte ...

Armgart erhob sich ... Eine Todtenstille trat ein ... Auf Bonaventura's Lippen lag die Ergänzung des Berichtes: Die Fürstin Olympia – und die Herzogin von Amarillas ...

Alle blickten auf Benno, ob er gehört hätte – ...

Das – Sakrament – ... sagte er leise ...

Die Umstehenden, zu denen sich jetzt in höchster Angst auch Paula gesellte, glaubten, daß Benno die Worte des Erzbischofs nicht verstanden hatte ...

Deine Mutter ist da ... Bereite dich, sie zu empfangen ... wiederholte Bonaventura mehrmals und dicht an seinem Ohre ...

Schon vernahm man eine wehklagende Stimme in der Nähe, der sich die Stimmen der Mönche gesellten, die nach vorn gegangen waren und die plötzliche Bestürmung des Kranken hindern wollten ... Paula und der Oberst gingen schleunigst, um ihre Bitte zu unterstützen ...

Bonaventura hielt den Freund in seinen Armen, der mit Geberden, die denen eines flehenden, fiebergeängsteten Kindes glichen, ihn ansah und sprach:

Die besten Jahre – meines Lebens hab' ich ihnen – geschenkt – Der Tod – sei wenigstens mein und – sei euer – Laßt mich – von ihnen – frei ... Fort! Fort! ... Beide! – Beide –! ...

Eiligst war der Graf an die Thür, welche in die Bibliothek führte, getreten und hatte diese verriegelt ...

[256] Benno sah diese Handlung, dankte mit zitternd ausgestreckten Händen, sah flehend in Bonaventura's Augen und krampfte sich um seinen Hals wie ein Schutzsuchender, wie ein Verfolgter, und wiederholte sein erschreckendes, wie Gespenster verscheuchendes Fort! Fort! ...

Bonaventura, ohne Fassung, that jetzt nur alles, was Benno's nächsten Wunsch unterstützen konnte, verriegelte auch noch die zweite Thür, die in jenes Cabinet führte, in welchem die Mönche sich aufgehalten hatten und jetzt der Priester mit dem Sakrament harrte ... Im Bibliothekzimmer wurde es still ...

Bonaventura bat wiederholt, die Mutter und die Freundin nicht abzuweisen ...

Rufe den Priester – entgegnete Benno – Ich kann – nicht mehr – italienisch – sprechen ... Armgart – mein Cherub! Helft, helft mir –! ... Fort! – ... Und – Beide! – ...

Du wirst leben, Freund! betheuerte Bonaventura, in der That noch in Hoffnung auf die große Kraft, die soviel Erregungen zu ertragen fähig war ... Wie könntest du bei diesem Entschluß verharren? ...

Ich riß mich – von meinen – Fesseln los und gelobte, sie – nie wieder – anzulegen! ... Ich sehe dich, Schwester –! ... Mag die Selbstanklagen, die wilden Worte nicht – hören ... Friede! – Friede! – Friede! ... Mein – Gefühl für diese Mutter war – wie der angesammelte Schatz meiner unerwiderten Liebe zu allen Menschen der Erde ... Was hab' ich ihr – nicht alles hingegeben ... Als diese heiligen Flammen verloderten, sah ich nur die Asche *[257]* – Berechnung – Eigenwille – List, Rache, Haß ... Hab's – lange ertragen – ... Abgerechnet – nun mit – ihr und – ihrem Schatten – ... Stille – nur Stille – um – mich her ... Ich – ersticke – noch – vor – südlicher – Luft –! ...

Bonaventura und Armgart erbebten ... Sie sahen zehn Jahre eines Lebens voller Qualen, eines Lebens ohne Willen, eines Lebens der Gebundenheit und eine furchtbar ausbrechende Reue ... Wie sollten sie helfen –! ... Eben mußte auch die Fürstin heraufgekommen sein – Wieder wurde es im Bibliothekzimmer unruhig ... Man hörte das Schluchzen und laute Reden italienischer Frauenstimmen ...

Benno bat mit stummem Blick, die Thür nicht zu öffnen ... Die Kraft seines Blicks stand in wunderbarem Contrast mit dem ersichtlichen Zunehmen seiner Schwäche ...

Ich will gehen, Freund ... sprach Armgart athemlos ... Laß' sie ein, sie, denen du jahrelang ihr Glück gewesen bist ...

Benno hielt krampfhaft ihre Hand fest und ebenso die des Erzbischofs ... Die Frauenstimmen verhallten wieder und nun sagte Bonaventura, er wolle gehen und sie beruhigen, Benno würde inzwischen selbst auf einen andern Entschluß kommen ...

Nein ... Nein –! ... sprach dieser und fuhr in kurzen Unterbrechungen fort: Priester! ... Wenn der letzte – Wunsch eines – Sterbenden – dir heilig ist, bewahre mich vor diesen Klagerufen! ... Die Todten *[258]* – hören noch lange – hören die Klagen um – ihr – Abscheiden ... Angiolina, auch du vernahmst – den Ruf der Mutter –! ... Abgerechnet – Stille – Stille – wie im Walde – die Blätter – rauschen – an unserm – schönen – Strom – Armgart! – Laßt – – mich – ...

Im Hinblick auf Hüneneck, Drusenheim und Lindenwerth schien sein Bewußtsein zu erlöschen ... Erschöpft sank Benno in die Kissen zurück ...

Bonaventura fragte Armgart, ob sie die Kraft behalten würde, eine Weile allein beim Freunde auszuharren, bis er den Vicar schicken würde ...

Armgart verneigte bejahend das Haupt ...

Bonaventura verließ durch die hintere Thür das Zimmer, machte einen Umweg durch mehrere der Gemächer und kam in den Empfangssaal zu den Aerzten und den Brüdern, die er glücklicherweise allein fand ... Er bedeutete sie, leise und unbemerkt mit dem Priester und dem Sakrament zum Lager des Kranken zu treten ... Dann ging er ins Nebenzimmer, aus dem die wildesten Weherufe der Frauen erschallten ...

8.

Vier Personen traf Bonaventura, die wol die größten Gegensätze der Charaktere und der äußeren Erscheinung bildeten ...

Olympia, die jetzt Dreißigjährige, in Reisekleidern ...

Die Herzogin von Amarillas, eine weißhaarige Matrone – redend gegen die verschlossene Thür, ja an ihr – mit den Nägeln kratzend ...

Graf Hugo, der die Herzogin von Amarillas, nachdem sie ihm als Angiolinens Mutter bekannt war, heute zum ersten male sahe ...

Die reine, nur in der Hoheit ihres Schmerzes strahlende Paula trostspendend und versuchend die Frauen zu beruhigen ...

Olympia ging, wie die Löwin im Käfig, auf und nieder ... Schmerz, Reue, tiefbeleidigter Stolz kämpften in ihren Mienen ... Reue – denn sie hatte seit einigen Jahren mit Benno in Streit gelebt, hatte ihm, als er ohne sie nach Rom gegangen war, Lebewohl für immer gesagt ... Die kleine Gestalt war bewegt von *[260]* Athemzügen, die ihr mächtig die Brust hoben ... Ihre seidnen Gewänder rauschten ganz schrillenden Tones ...

Die Herzogin, ohnehin von der Reise erschöpft, sank zitternd, beengt von den Umgebungen, auf einen Sessel ... Sie blickte auf den Grafen, auf die Thür ... Ihr ganzes Benehmen drohte mit einem Ausbruch von Irrsinn ...

Der Graf mußte sich mit Paula beschäftigen, die keine Kraft besaß, diesen wilden südlichen Leidenschaften, denen, wie man deutlich ersah, Benno's Kraft schon in Paris und London hatte erliegen müssen, länger die Spitze zu bieten ...

Noch ahnten die Ankömmlinge nicht die Ablehnung Benno's ... Sie jammerten nur um die lange Verzögerung, die Vorbereitung des Todkranken auf ihr Erscheinen ... Sie wußten doch, daß Armgart von Hülleshoven am Krankenlager war ...

Olympia kannte diese als Benno's Jugendliebe ... Ihre Mienen glichen dem elektrischen Leuchten eines dunkeln Gewölks, das ein Ungewitter birgt ...

Als die Herzogin und die Fürstin Bonaventura eintreten sahen, stürzten sie auf ihn zu, warfen sich ihm an die Brust, umklammerten sogar sein Knie und beschworen ihn, sie wissen zu lassen, wie es ihrem Cäsare erginge ... Sie wollten den Geliebtesten sehen ...

Graf Hugo und Paula traten in die vorderen Zimmer ... Sie sahen am Benehmen des Erzbischofs eine feierliche Bewegung des Ueberlegens, eine ernste Entschlußnahme ... Wohl kannten sie die Strenge, deren sein sonst so mildes Gemüth unter Umständen fähig *[261]* war, kannten die ganze Aufrichtigkeit, mit welcher in solchen Lagen selbst der Schein der Grausamkeit von ihm nicht gescheut wurde ...

Meine Damen! begann er in italienischer Sprache ... Welches traurige Wiedersehen! ... Tröste Sie wenigstens die Gewißheit, daß mein edler Freund in den Armen von Menschen weilt, die ihn lieben ...

Mehr, mehr, als wir?! – Als wir?! – Lassen Sie uns zu ihm! riefen beide Frauen zugleich und wie im Ton der wildesten Eifersucht ...

Erfüllen Sie mir eine Bitte, sprach Bonaventura ... Die Augenblicke des Geliebten sind gezählt ...

Er stirbt? ... riefen beide zugleich und die Mutter brach in ein krampfhaftes Schluchzen aus ...

In wenig Stunden ist seine edle Seele hinüber ... Lassen Sie ihm die Ruhe – die jetzt um ihn her waltet ... Eben versieht ihn – die Hand des Priesters ...

Ohne mich, ohne – sein Weib? – fiel die Fürstin ein ...

Sie konnte nicht ganz ihre Rede vollenden ... Ein strafender Blick traf sie sowol aus dem Auge des Erzbischofs, wie aus des Grafen, der die Thür zuzog ... Dem Grafen war die Wiederbegegnung mit diesen Frauen eine so aufregende, daß Paula jetzt ihn beruhigen mußte ... Angiolinens Tod, der Ritt Olympiens durch den Park von Schloß Salem stand vor seinen Augen ... Die Herzogin war im Casino damals anfangs seinem Schmerz theilnehmend verbunden gewesen – die Zeit, die Ueberlegung, die Beurtheilung des Preisgebenkönnens ihrer Kinder hatte die freundliche Stimmung des Grafen von damals verändert ...

[262] Beruhigen Sie sich beide, sprach der Erzbischof, ich achte die Ansprüche, die Sie auf den letzten Händedruck des Freundes haben – ...

Meines Sohnes! verbesserte die Herzogin und richtete ihr Auge auf die Thür, die zu den nach Benno's Lager auf andrem Wege führenden Zimmern offen stand und jetzt von Bonaventura geschlossen wurde, indem er sprach:

Nehmen Sie an, Sie hätten für immer von Ihrem Sohne Abschied genommen – ...

Für immer –? – riefen beide Frauen und Olympia fügte mit gellender Betonung hinzu: ...

Er w i l l uns nicht sehen –? ...

Bonaventura schwieg ...

Die Mutter blickte wie geistesabwesend um sich ... Dann schien sie nachzudenken, welche Empfindungen ihren Sohn zu dieser Erklärung hätten bestimmen können ... Endlich raffte sie sich mit leidenschaftlichem Entschluß auf und wollte an die Thür des Bibliothekzimmers ...

Der Erzbischof vertrat ihr den Weg und wollte jedes störende Geräusch verhindern ... Herzogin –! ... sprach er fest und bestimmt ...

Dann seine Stimme mildernd und auf die der Herzogin sich anschließende Olympia blickend, begann er:

Geben Sie diese Beweisführung Ihrer Liebe auf! ... Niemand zweifelt daran! ... Aber der letzte Augenblick eines Sterbenden, sein letzter Wille sei Ihnen heilig ... Vereinigen Sie Ihre Klagen mit den unsrigen, weinen Sie mit uns –! ... An seinem Bett wacht die Liebe seiner Freunde – ... Lassen Sie ihm die stille Ruhe des

Abschieds vom Leben ... Er entschläft – *[263]* in Gott ... Er bat nur um Eines – um – ewige Ruhe ...
Welche Liebe? wandte sich jetzt Olympia mit einer Miene, als hätte sie des Erzbischofs Worte nicht verstanden ... Meinen Gatten will ich sehen – denn das ist er –! ...
Sie rasselte an der Thür, bis Graf Hugo eintrat und ihr nicht endendes Mia anima! Mio cuore! zu beschwichtigen suchte ...
Wie aus einer fremden Welt verhallten diese Klagelaute – ohne Echo, ohne ein Zeichen, daß sie drüben vernommen und erhört wurden ...
Graf Hugo schloß noch die von innen verriegelte Bibliothekthür ab, steckte den Schlüssel zu sich, ging zu Paula zurück und blickte nur im Vorübergehen auf den Erzbischof, andeutend, ob er nicht besser thäte, zu Benno zurückzukehren und zu versuchen, ihn umzustimmen ...
Aber Bonaventura stand regungslos ...
Wir stören die heilige Handlung des Abbate Orsini, sagte er ... Beten können wir auch hier ...
Olympiens Augen wurden weiß vor Zorn ... Ihre Gestalt schien wie von Luft ... Sie schwebte hin und her und murmelte eine Reihe zusammenhangloser Worte, die dem Erzbischof sehr wohl als Erinnerung an sein Emporkommen und Verurtheilung seiner Undankbarkeit verständlich waren ...
Nichtsdestoweniger wiederholte er: Beten wir! ...
Drüben hörte man die Klingel des Ministranten ... Weihrauchduft durchzog die Zimmer ...
Die Herzogin weinte nur noch ...
[264] Bonaventura sprach ihr mit weicher Stimme:
Die Seele unseres Freundes ist ebenso krank, wie sein Körper ... Lassen Sie ihm den letzten Frieden, um den er gebeten ... Mich, einen Priester, bat er, die Mutter und die ehemalige Freundin selbst dann noch fernzuhalten, wenn sein Auge gebrochen ist ... Es muß ihm ein heiliger Ernst mit diesen Wünschen sein ... Kann ich etwas dagegen thun? ... In jener Zeit, wo der

Freund nur noch Ihnen und Italien angehörte, muß er schwer gelitten haben ...

Wahnsinn! ... Wahnsinn! ... rief Olympia ...

Sagen Sie: Verklärung und Erhebung vom Irdischen! entgegnete Bonaventura ... Ein Gericht hat er nicht über Sie halten wollen, sondern über sich ... Sie können nicht begreifen, wie sein Leben von Deutschlands heiligen Eichen ausging, wie die Wipfel der Tannen, unter denen Sie einst betrogen wurden, Herzogin – wir alle wissen es mit Beschämung – doch ihm die süßesten Märchenträume sangen ... Anfangs wand er sich künstlich vom Zauber seiner Heimat, seines deutschen Vaterlandes los und verbitterte künstlich sein Gemüth gegen die Welt, in der er lebte ... Da fand er dann Sie und der künstliche Haß wurde ein scheinbar natürlicher ... Ihnen, dem Lande seiner Mutter, Ihren Interessen, Ihren Hoffnungen widmete er sich ganz ... Das wurde zum Fieberbrand, der ihn zuletzt verzehrte ... Der nordischen Sehnsucht zum Süden ging es immer so ... Nun aber, nun weht ihn noch einmal die Kühle aus den deutschen Eichen an – umgaukeln ihn die Bilder aus den grünen Tannenwäldern *[265]* der Heimat des Mannes, der ihn erzog, seines wahren Vaters, des Dechanten – lassen Sie ihm diese letzte Erquickung des Verlorenseins in seiner deutschen Jugend nach dem heißen Sonnenbrand, während Sie drei ja einst – genug zusammen glücklich waren – ...

Die Zauberei eines Mädchens seh' ich, das ihn in seinen letzten Augenblicken bestrickt! unterbrach Olympia und ihre Zähne glänzten, wie sie der Wolf im Anblick seiner Beute wetzt ...

Lästern Sie nicht, Fürstin! sprach Bonaventura voll Unwillen, doch kehrte er zur Milde zurück und sagte zur Mutter: Reisen Sie mit Gott, Herzogin! ... Sie haben lange ein Herz besessen, das sich Ihnen opferte ... Wenn dies Herz im letzten Augenblick umfangen sein will nur von jener Einsamkeit, die den armen verstoßenen Knaben, der sich selbst so oft einen Zigeuner im Leben nannte, umfing, wenn er an die grünen Wälder zurückdenkt, die Sie verfluchen, weil Ihr Ehrgeiz dort betrogen wurde, lassen Sie ihm diese Erinnerungen ... Armgart von Hülleshoven schloß ebenso die Augen seines zweiten Vaters, des Dechanten ... Ich vermochte nichts gegen einen Wunsch des Freundes, der so fest, so unwiderruflich fest ausgesprochen wurde – ...

Die Herzogin weinte und schien sich zu ergeben ... Sie erinnerte sich der letzten Jahre in London, die unausgesetzt für Benno nur Qualen geboten hatten – Olympia hatte wieder angefangen, ihre tyrannische Natur, Eifersucht und jede Plage geltend zu machen – ... Die Mutter verstand, was Benno gethan, als er floh, und was er eben that – sie verstand, warum sein *[266]* schroff gewordener, verdüsterter Sinn so und nicht anders aus dem Leben scheiden wollte ...

Olympia fühlte die gleiche Berechtigung so harter Strafe, aber sie ergab sich nicht ... Starr blickte sie zur Erde ... Sie hatte sich allmählich setzen müssen ... Ihre Brust kochte vor Rache und Eifersucht ...

Die Thränen der Herzogin rührten den Erzbischof ... Er gedachte der eigenen Mutter, die nun auch vielleicht bald vom Leben schied und im brechenden Auge das Gefühl einer großen Schuld zeigen konnte ... Er bemerkte die wiederholt bittenden Blicke des Grafen, der von Olympiens Kälte und ihrem drohenden Schweigen allmählich das Schlimmste befürchtete ... Schon hatte er gehört, daß sie in Verbindung mit Gräfin Sarzana stand ... Jetzt mußte er sogar der Terschka'schen Drohungen gedenken ... Bitte! sprach er zum Erzbischof und deutete an, daß man besser thäte, den Versuch zu machen, ob sich nicht Benno umstimmen ließe ...

Wollen Sie mir versprechen, sich ruhig zu verhalten? erwiderte Bonaventura ... Ich will noch einmal an Ihres Sohnes Lager treten ...

Die Frauen hoben flehend die Hände, selbst Olympia ...

Da trat Paula, die inzwischen durch die andre Verbindung der Zimmer in der Nähe der Sakramentsertheilung geweilt hatte, ihm entgegen und sank weinend in die einzigen Arme, die sich ihr entgegenstrecken durften – die ihres Gatten ... Sie sagte mit erstickter Stimme:

Er ist hinüber ...

[267] Der Ausdruck des Schmerzes bei den beiden Italienerinnen war unverstellt ... Sie schwiegen eine Weile, wie vom Strahl des Himmels getroffen – und in der That wie bestraft für all' die Qual, welche Frauen, unter dem Vorwande der Liebe, über die Freiheit des männlichen Willens und ein nothwendiges Sichbewußtbleiben seiner Kraft verhängen können – ...

Sie drängten, Benno sehen zu wollen – die Mutter wie eine Irrsinnige – ...

Bonaventura erinnerte sie, wie oft der Freund von Angiolinens Tod gesprochen, wie oft er behauptet, die Schwester hätte die entsetzliche Scene zwischen ihm und der Mutter noch hören müssen, die Todten verließen die Erde weit langsamer als wir glaubten ... Und eben noch hatte der Freund in diesem Sinn um die Stille seines Sterbelagers gebeten ... Bonaventura bat die Frauen, zu bleiben ... Selbst Klagen, selbst Thränen nicht in seiner Nähe! ... Er hätte dies dem Freunde geloben müssen ...

Abbate Orsini ging eben mit den Sterbesakramenten an der offengebliebenen Thür vorüber ...

Der Anblick der Monstranz gebot den verzweifelnden Frauen Ruhe und Selbstbeherrschung ...

Bonaventura benutzte diesen Moment, um sich zu entfernen ... Graf Hugo begleitete ihn ... Es drängte beide an das Lager des todten Freundes ... Beide durften es Paula überlassen, mit der ihr eigenen Güte des Tons, mit der ihr im bittersten Leid eigenen Hoheit den zurückbleibenden Frauen Worte des Trostes zu spenden ...

[268] Die Fürstin sah, daß die Herzogin dieser edlen Erscheinung gegenüber schon lange die Fassung verloren hatte, ob sie gleich wußte, daß diese blonde Deutsche die Ursache des Bruchs zwischen dem Grafen und Angiolinen war ... Oft, wenn

von ihrem Ritt durch den Park von Schloß Salem als Ursache des Todes Angiolinens gesprochen wurde, hatte Olympia die Schuld auf diese Gräfin und ihr Geld geworfen ... Jetzt auch sah Olympia allmählich schon verächtlich zu ihr empor und sprach zur Herzogin, die auch von den Jahren schon tiefgebeugt schien, ein Andiamo! nach dem andern; ja als diese mit den Nägeln in ihrem Antlitz wühlte, brauchte sie die kalten Worte: Keine Schwäche! ... Die Nähe des nun wirklich eingetretenen Todes beängstigte im Grunde niemanden mehr als Olympien ... Sie hätte den ehemals heißgeliebten Freund vielleicht nicht einmal im Tod betrachten können ... "Nichts ist schöner, als der Tod!" hatte einst die Mutter Benno's gesagt, als sie zu Angiolinens Leiche trat ... Sie wiederholte dies Wort – ... Sie kannte aber Olympiens abergläubische Furcht, ergab sich und sagte nun schon, daß sie auch ihrerseits fürchtete, dem Anblick zu erliegen ... Die aufgeregt hin- und hereilenden Bewohner und Diener des Hauses konnten es zuletzt natürlich finden, daß die greise Dame, die zum allgemeinem Staunen die Mutter des Hingeschiedenen war, langsam die Treppe niederstieg und am Portal in ihren Wagen sank ... Die Fürstin ging der Schluchzenden zur Linken ... Paula begleitete sie zur Rechten ...

Auf der Mitte der Stiege waren ihnen noch der *[269]* Erzbischof und der Graf nachgekommen und begleiteten sie beide bis zum Portal ... Noch einmal bat Bonaventura um Vergebung und lud die Frauen ein, in einigen Stunden wiederzukommen – Graf Hugo träfe Anstalten, dem Geschiedenen einen militärischen Katafalk zu errichten mit allen kriegerischen Reliquien, die sich noch in Benno's Gepäck vorgefunden hätten ... Ohne Zweifel strömte die ganze Stadt herbei, den römischen Republikaner zu sehen ... Die Herzogin versprach, in einigen Stunden zu kommen ...

Olympia schwieg ... Sie sah sich mit Verachtung und einer vor Zorn bitterlächelnden Miene um ... Ihre Gedanken schienen abwesend ... Fast war es, als wollte sie die Menschen messen, die sie sah, und etwa wahrnehmen, bis wie weit sie an ihnen ihre Rache kühlen könnte ...

Der Graf bot sofort den beiden Scheidenden eine Wohnung in seinem Palais an, ja er traf in ihrer Gegenwart Anordnungen, sie bis zum Begräbniß und noch auf längere Zeit würdig bei sich zu beherbergen ...

Die Herzogin sah gerührt und bittend auf Olympien ... Diese nickte gelassen mit dem Kopf und ließ zum Hotel fahren ...

Olympia hatte anders beschlossen ...

Von den flehentlichsten, ja fußfälligen Bitten der Herzogin, daß sie beide wenigstens bis zum Begräbniß blieben, erfuhren nur zufällige Lauscher an den Thüren des Hotels ... Trotz Benno's Beistand, trotz der Mittel, die ihr Benno schon bei seiner Abreise nach Rom lebenslänglich ausgesetzt hatte, war die Herzogin schon *[270]* wieder nur die Duenna Olympiens ... Sie hatte gegen diesen wilden Charakter keine Kraft des Widerstands ...

Olympia fragte die gebeugte, reuevolle Frau mit durchbohrender Ironie, ob sie Verlangen trüge, Armgart von Hülleshoven kennen zu lernen –? ...

Alle Welt erstaunte, als sie dann Postpferde bestellte ... Diese kamen nicht sofort und schon machte sie dem Wirth eine Scene ...

Ihr Reisewagen fuhr an, sie bezahlte den Aufenthalt dieser wenigen Stunden und schritt ruhig die Treppe des Hotels nieder an den geöffneten, rings von Menschen umstandenen Schlag ihres Reisewagens ... Die Herzogin kam nicht ... Olympia ließ den Postillon eine Mahnung blasen ... Zehn Minuten und die Herzogin erschien ...

Wären die Frauen noch einen Tag geblieben, so hätte sich ein Zwiespalt, der, wie sämmtliche über diese Abreise erstaunten Freunde fürchten mußten, nicht ohne Folgen bleiben konnte, durch eine glückliche Vermittlung vielleicht gelöst ... Thiebold de Jonge traf am Morgen nach dem erschütternden Heimgang

Benno's ein und bot eine wahrhafte Erquickung allen trauererfüllten Herzen, die er hier antraf ... Auch der Oberst und Monika waren von Castellungo herübergeeilt, sogar Hedemann, der dem ersten Jugendleben Benno's so nahe gestanden hatte ... Thiebold, der in innigster Verbindung mit Benno geblieben war, hatte kaum von den ersten Opfern der Belagerung Roms an Porta Pancrazio gelesen, als er sich „vom Geschäft" losriß und „bei *[271]* allem Unglück den glücklichen Gedanken" hatte, erst über Coni und Castellungo zu reisen ... Mit dem ganzen Schmerz der hingebendsten, treuesten, bis über den Tod ausdauernden Freundschaft traf er den Freund schon vom Leben geschieden ... Bebend trat er an den ausgestellten Leichnam, weinte wie ein Kind – ordnete aber doch sogleich des Freundes graue Locken mit seiner Linken und drückte mit der Rechten Armgart's Hand, die ihn gewähren ließ ... Fand er von allen gebeugten Herzen den Ton der natürlichen Ergebung zuerst wieder und konnte, den theuern, mit seinem Leben so innig verwachsenen Freund betrachtend, mit liebevollster Prosa sagen: „Merkwürdig; eigentlich hat er sich nicht verändert!" so konnte er doch sein „Er hat mich erzogen!" mit einem Schluchzen sprechen, wie eine mit vierzig Jahren „mutterlos dastehende Waise" ... Die Verbindung mit Benno war ungetrübt geblieben; seine von unermüdlichem Hin- und Herreisen begleitete Vermittlerschaft hatte in den stürmischen letzten Lebensjahren des Freundes die äußersten Katastrophen zu verhindern gewußt ... Jetzt war alles so gekommen, wie jener Scherz in den zauberischen Tagen auf Villa Torresani bei Rom nicht ahnen ließ und wie er doch, nach den Regeln der Nemesis, hatte enden müssen ...

Armgart und Thiebold konnten an Benno's Leiche noch manche Melodie aus alten Zeiten vernehmen ... Diese Melodieen rissen freilich schmerzlich ab – „Durch wessen Schuld –?" lag in Thiebold's Blicken, als er die hohe, so seltsam anders, als er erwartet, entwickelte Gestalt Armgart's betrachtete und an den räth-*[272]*selhaften Abschied erinnerte, den sie ihnen beiden einst im Schloß zu Westerhof – ihres Gelübdes wegen – hatte geben können ... Jetzt erdrückte ihn fast eine Art „Ehrfurcht" vor Armgart's Geist und gereiftem Urtheil ...

Die Veränderung des tiefbetrübten Lebenskreises wurde die mächtigste, als Bonaventura unmittelbar nach Benno's Bestattung zu seiner inzwischen in Rom angekommenen Mutter gerufen wurde und in der That der Graf, trotz aller Gährungen seines Innern, erklärte, das Bedürfniß zu haben, auch seinerseits den Präsidenten zu begrüßen und deshalb mit Paula den Erzbischof zu begleiten ... Monika erglühte über diese Ausrede, die einer ganz andern Rücksichtsnahme galt, vor mächtigster Regung einer Entrüstung, die sie sich nur gerade jetzt in dieser allgemeinen Trauerstimmung auszusprechen scheute ...

Ein Glück, daß Thiebold's rege Fürsorge für alle und über alles wachte ... Das Begräbniß des Freundes, die Ausschmückung des Grabes, das Errichten eines Denksteins, alles das fiel auf seinen Theil und nichts ließ er sich von dem, „was sich ja von selbst verstände", nehmen ... Er sagte: „Auf unserm gegenseitigen Contocorrent hat Benno noch so viel Saldi und Ueberträge zu gute, daß ich sie in d i e s e m Leben nimmermehr auslöschen kann!" ...

Armgart, wie die Sonne am herbstlichen Tag, dankte ihm voll wehmüthiger Freude – so für sein Kommen wie für sein längeres Bleiben – ...

9.

Zwischen dem Ionischen und dem Mittelmeer erstreckt sich die eine Hufeisenhälfte des südlichen Italien und berührt in ihrer Spitze beinahe das Haupt der alten Trinacria, Siciliens ...

Die Scheide zwischen beiden Meeren bilden die Ausläufe der Apenninen mit den hohen Bergspitzen des Monte Januario und Monte Calabrese ...

Zwischen beiden erhebt sich eine bewaldete, hier in schroffe Felsklüfte zerspaltene, dort in grüne, weidenreiche, aber engumschlossene Thäler sich absenkende Gebirgskette, der Silaswald ...

Wer da weiß, daß man auf dem Aetna, während unten die Dattelpalme und Feige grünt, auf der Höhe von Schneestürmen überfallen werden kann, begreift, daß zwar auch der benachbarte Silaswald an seinen Füßen und an beiden Meeren hin die ganze Pracht der südlichen Vegetation entfaltet, auf seinen Höhen aber und in seinen Schluchten den Alpencharakter der Schweiz tragen muß – schmale, an reißenden Berggewässern hingehende Wege, Thäler, die von hohen Felsen *[274]* umgeben sind, auf denen Adler horsten, Wälder, an die sich seit Jahrhunderten die Axt nicht legte, weil die Mittel und die Kräfte fehlen, die Stämme in die Ebene zu führen ... Oft wirft die Sonne ihre südlichen Strahlen senkrecht in die feuchten Felsritzen und läßt in ihnen eine tropische Luft entstehen, wie in einem Treibhause; aber an anderen Stellen pfeift dann wieder durch die offenen Lücken zwischen den von Zwergeichen umkränzten Spitzen des Hochgebirgs die Bora so eisig, daß die Hirten ihre ungegerbten Schaffelle, mit denen sie den nackten Körper bekleiden, über und über zusammenbinden müssen wie die Grönländer ... Weiße spitze Hüte decken die schwarzbraunen, scharfgeschnittenen Köpfe mit ihren dunkelbraunen Augen, deren lange schwarze Wimpern manchen Physiognomieen einen sanften, gutmüthigen Ausdruck geben ... Andere blicken dafür wieder desto wilder ... Die

Schaffelle sind am Leib nach innen, an den Füßen nach außen gekehrt und bis zum groben Holzschuh hinunter durch Schnüre befestigt ... Ein braunrother Mantel dient als Decke für die Nacht oder gegen die zuweilen urschnell ausbrechenden Gewitter ... Die Thätigkeit der Silaswaldbewohner ist größtentheils Viehzucht ... Die Ziegen Calabriens, die zu Tausenden an den schroffen Felsabhängen ihre Nahrung suchen, während die Hirten den Dudelsack blasen oder auf der alten Pansflöte vielstimmiges Echo wecken, liefern jene elegantesten Handschuhe von Paris und Mailand ...

Wer im Silaswald nicht Ziegen treibt oder für Schafe und Rinder die fetteren Weideplätze sucht oder Kohlen brennt, verlegt sich auf das einträgliche [275] Gewerbe des Schmuggels, seit uralten Tagen für dies buchtenreiche Land ein ebenso überliefertes wie der Raub ... Hier weht die classische Luft, die uns umfängt, wenn wir von den Thaten des Hercules, der die Landstraßen säuberte, von Theseus, von den strengen Gesetzen der Republiken des alten Griechenland lesen ... Von Osten her weht hellenische Luft, vom Süden sarazenische ... Flibustierthum ist die eigentliche Lebensbewährung aller dieser am Meer wohnenden Völker, die auch schon deshalb das Leben nicht so ruhig, wie andere, nehmen können, weil unter ihnen der Boden vulkanisch wankt und zu sagen scheint: Was du dir nicht heute genommen vom Ueberfluß der Erde, das verschlingt vielleicht schon morgen der uralte Neid der Götter auf unser Menschenglück – ...

Wenn sich auf einem zweirädrigen, aber menschenüberfüllten, von einem Pferd und einem Maulthier zugleich gezogenen Karren, der in Kalkstaub gehüllt die Felsenstraße von Cosenza sich hinaufwindet, die Furcht ausspricht, daß auf dem Wege bis Spezzano der Abend hereinbrechen würde und mancher seine kleine Baarschaft an ein mit Flintenläufen unterstütztes: Gott grüß! hingeben müßte, so hatte sie vollkommene Begründung ... Nur dürfen ebenso die acht Personen, die, an dem zweirädrigen

Karren wie Bienen an einem Baumast hängen, dem Impresario der Gebirgsdiligença, Meister Scagnarello, Recht geben, der die unausgesetzten, bald liebkosenden, bald drohenden Anstachelungen seiner Thiere mit einem lauten Lachen unterbrach, als ein Handschuhmacher aus Messina in seinem sicilianischen Dialekt noch *[276]* von dem furchtbaren Räuber Giosafat Talarico zu meckern anfing und vom Scagnarello hören mußte:

Das wißt ihr also noch drüben nicht, wer euer vornehmer Nachbar geworden ist? ... Auf Lipari, dicht vor eurer Nase, könnt ihr den Vater Giosafat und seine ganze Familie wie einen Prätore leben sehen ... Seine Excellenz der Minister waren selbst von Neapel nach Cosenza gekommen, sprachen ein ernstes Wort mit dem tapfern Mann und für achtzehn Ducati monatlich vergnügt er sich jetzt auf der Jagd am Strand der See ... Sie klagen in Cosenza, daß seitdem so wenig wilde Gänse mit dem Südwest zufliegen ...

Die Gesellschaft, die auf dem Karren trotz eines Umfangs desselben von nur acht Fuß Länge und sechs Fuß Breite doch in mehreren Stockwerken saß, ordentlich, dem Preise nach, ein Coupé, ein Intérieur und eine Impériale hatte, ja noch Körbe, Säcke und Felleisen in einer wahren Laokoon-Verschlingung unterzubringen wußte, mußte bestätigen, daß Meister Scagnarello vollkommen Recht hatte ... Nachdem die Regierung in Cosenza damals an einem Tage zwanzig Insurgenten, die Brüder Bandiera an der Spitze, hatte erschießen lassen, mußte sie wol des Blutes für einige Zeit genug haben ... Del Caretto, gewöhnlich der „Henker Neapels" genannt, kam nach Cosenza, nahm die Fürbitte des Erzbischofs für die durch einen glücklichen Zufall gefangene Bande des Giosafat Talarico, der an Morden und unzähligen Räubereien mit Pasquale Grizzifalcone in der Mark Ancona wetteifern konnte, in ernste Erwägung und vollzog es wirklich, was *[277]* der alte Principe Rucca in Rom und der selige Ceccone nur für eine erwägenswerthe Möglichkeit gehalten hatten ... Lipari erhielt den Giosafat zwar nicht als

Bürgermeister, wie sich, vor dem Schuß des deutschen Mönches Hubertus, Grizzifalcone von Ascoli geträumt hatte, aber er lebte daselbst freier und vergnüglicher, als Napoleon auf Sanct-Helena ... Mit den achtzehn Ducati hatte es seine vollkommene Richtigkeit*) ...

Darum war es aber im Silaswald noch nicht eben viel geheurer geworden ... In Cosenza sah man ja hinter den Gittern eines Thurms dieser alten Stadt, wo einst am Busento Alarich, der Gothenkönig, sein geheimnißvolles Grab gefunden, genug halbnackte Gefangene um Almosen betteln und, wenn sie keins erhielten, hinterher eine höhnische Frazze schneiden ...

Bis die Diligença Signors Scagnarello in der Nothwendigkeit war, um der engen Wege willen die Thiere so zu spannen, daß sein Maulthier voran, sein Rößlein hinterher ging, war die Zahl seiner Passagiere bedeutend zusammengeschmolzen ... Der Handschuhmacher traf die Ziegen, die er erhandeln wollte, schon in Pedaco, dann wollte er sich um den unheimlichen Silaswald herum nach Rossano auf die große Ledermesse begeben – ein Männlein war's, wie die feinen Leute dort gehen, in dunkelgrüner Jacke, kurzen braunen Beinkleidern, braunen Strümpfen und schwarzen Kamaschen, mit einem braunen Mantel und einem weißen Hut, so spitz wie ein Zuckerhut, eine rothe Feder *[278]* darauf, als gehörte auch er zur Bande des Talarico ... Hinter ihm her wurde vielfach gelacht, auch von zwei Priestern, die hier in vergnüglichster Weise ganz zum Volke gehören und oft vertrauter mit den Räubern sind, als mit ihren Verfolgern ... Zuletzt blieb dem Scagnarello von Männern nur noch ein Soldat treu, der den Weg von Cosenza zu Wagen machte, obgleich er zu den berittenen Scharfschützen gehörte – Sein Pferd lag hüftenlahm, erzählte er, in Spezzano, einem Oertchen, das sonst keine Besatzung hatte, heute aber mit Soldaten überfüllt war – eine Erscheinung, die die Passagiere nicht zu sehr überraschte, denn wo

---

*) Gregorovius' „Siciliana".

waren nicht die Truppen jetzt nöthig, um heute eine Verhaftnahme eines noch aus den kaum beschwichtigten Stürmen der letzten Jahre zurückgebliebenen versteckten Compromittirten vorzunehmen, morgen eine wiederum drohende neue Conspiration zu ersticken – Sicilien und Calabrien hatten auch für ihre politischen Vulkane geheime Zusammenhänge genug ...

Außer dem Soldaten blieb auf dem Karren noch eine Frau mit einem Kinde, die weiter wollte als bis Spezzano und schon seit Cosenza mit Signore Scagnarello in Unterhandlungen stand, was sie wol zahlen würde, wenn sie die Diligença noch bis in die letzte fahrbare Gegend des Gebirges benutzte, bis nach San-Giovanni in Fiore hinauf ... Eigentlich wollte sie zum Franciscanerkloster San-Firmiano, wo die hierorts bekannte Welt aufhörte; denn jenseits Firmianos begann die Wildniß, die nur den Räubern, einigen Hirten und den Geistern gehört, sowol den alten *[279]* dorthin gebannten classischen, als welche im Volksglauben besonders noch Cicero und Virgil spuken, wie den neueren muselmännischen, besonders seeräuberischen, vorzugsweise dem berüchtigten Renegaten Ulusch-Ali und ähnlichen Dämonen, die schon manchen hier in die Hölle abholten ...

Sechs Uhr war es und doch lag das enge Thal, aus dessen Mitte Spezzano auf einem hochgelegenen Felsen hervorragte, schon in einiger Dämmerung ... Nur das Städtchen selbst oben langte noch in den vollen goldenen Sonnenschein ... Der Ort war schwer zu erreichen ... Langsam wand sich der Weg auf und ab, oft tief hinunter über das brückenlose wilde Rauschen hier des Crates, dort des Busento, die querdurch vom Wäglein mit Sack und Rock passirt werden mußten, bald wieder hinauf in die steilste Höhe, wo es dann einen entzückenden, die Phantasie dieser Reisenden wenig beschäftigenden Fernblick auf das dunkelblaue Meer bis hinüber zu dem Felseneiland Lipari gab ... In den Schluchten war die Vegetation die üppigste, aber kaum ließ sich begreifen, wie sich an den schroffen Abhängen den Kastanienbäumen beikommen ließ, um die schweren Lasten, die sie trugen, abzuernten ...

In Spezzano, einem Oertchen von einigen hundert Seelen, einem Durcheinander von Lumpen, Schmutz, von wie Wäsche aufgehängten frischgewalzten Nudeln, von wildwuchernden riesigen Feigenbäumen an Schutthaufen alter Castellmauern, fanden die beiden letzten Passagiere die größte Aufregung durch die Soldaten, die schon einen Tag hier campirten ... Das rasselte mit langen *[280]* Säbeln über die höckerigen Straßen, die fast erklettert werden mußten. Die Pferde konnten nur am Zügel geführt werden ... Außer den Reitern gab es ein Detachement Fußschützen, die zur Schweizerarmee gehörten – Leute, die nicht eben heiter blickten, da die militärische Zucht in den Schweizerregimentern von furchtbarer Strenge ist und die Offiziere gegen die Gemeinen mit einer das deutsche Gemüth wahrhaft verletzenden Unfreundlichkeit verfahren ... Fast scheint es, als hätten die in der Schweiz so wenig bedeutenden höhern Ansprüche einiger alten Adelsgeschlechter, besonders in den Urcantonen, durch die militärische Organisation der Fremdenregimenter sich in Rom und Neapel eine Satisfaction für die heimatliche Abschaffung des Mittelalters holen wollen ...

Was aber mag denn nur vorgehen? fragte jetzt doch Signor Scagnarello, als er seinen Pepe, das Maulthier, und seine Gallina, das Rößlein, ausspannte und ganz Spezzano zusammenlief, um die wichtigen Begebenheiten des Tränkens, Fütterns, Verwünschens der Wege, Verwünschens der Fliegen, des Ausscheltens des noch trinkscheuen „Pepe", Schmeichelns der alten geduldigen „Gallina" lachend und spottend mit durchzumachen – (in Italien geht das nicht anders und Neapel scheint vollends die Stammschule aller Possenreißer zu sein und trotz der schönen, edlen, malerischen Gestalten, die überall sich lehnten und kauerten, den Uebergang vom Affen- zum Menschenthum zu vertreten) ... Was mag nur vorgehen? rief Scagnarello im Stall ... Die Kopfsteuer haben wir doch schon am Ersten bezahlt *[281]* und die Vettern des Talarico – die hoffen ja auch auf ihre Anstellung beim Zollfach und halten sich ... Das Fest der Madonna von Spezzano ist erst übermorgen und zu unserer Illumination, seh' ich, hilft von den Soldaten Keiner, obgleich die Offiziere beim Pfarrer wohnen ... Die Swizzeri bringen uns nie etwas, sondern holen nur ... Von Spezzano –! ... Unser armes, frommes Spezzano! ... Bauen sie nicht schon wieder der heiligen Mutter Gottes einen Triumphbogen und die Bora hat erst zu Maria Ascensione alle Lampen zerbrochen –! ...

Von den durch die letzten Abstrafungen revolutionärer Regungen gründlich abgeschreckten Bewohnern Spezzanos konnte niemand diese starke Einquartierung begreifen, noch auch von den Soldaten, die ihre eigene Verwendung nicht kannten, darüber eine Aufklärung erhalten ... Ein bunter Kreis bildete sich um das von Scagnarello gehaltene Gasthaus, die „Croce di Malta", wo seine Giacomina die Militärchargen bewirthete und des Hausherrn Einmischung in ihr Departement nicht litt ... Die Offiziere hörten dem Handel der von Cosenza mitgekommenen jungen Frau zu, die, ihr Kindlein im Schose, auf einem verwitterten Steinblock saß und ihre Weiterreise nach San-Giovanni in Fiore in die Wildniß hinein und zwar aufs lebhafteste erörterte ... Alles bewunderte den Muth Scagnarello's, der sich bereitwillig fand, nach einer einstündigen Rast seines Pepe, noch bis in die späte Nacht hinaus in die Berge zu fahren. Die alte Gallina besaß die Ausdauer nicht, wie der wilde ohrenspitzende Pepe, dem die Freuden im „Torre del *[282]* Mauro", dem besten und einzigen Wirthshaus von San-Giovanni in Fiore, so lebhaft von seinem Herrn geschildert wurden, als müßte die ganze außergewöhnliche Unternehmung, die der Frau baare zwei Ducati (Thaler) kostete, erst von seiner gnädigsten Zustimmung abhängen ...

Die Frau, die sich ihrerseits des freundlichsten Gesprächs der auf guten Erwerb bedachten Giacomina zu erfreuen hatte, kam aus Nocera, das über Cosenza hinaus dicht am Meere liegt ...

Sie hätte ihrem Kinde zufolge noch jung sein müssen; aber sie trug schon, wie hier überall die Frauen, die Spuren zeitigen Verblühens ... Sie war die Frau eines Krämers in Nocera und konnte sich etwas zu Gute thun auf die Feinheit ihres Hemdes, das mit schönen Spitzen besetzt theils über ihr Mieder hinauslugte, theils an den Achseln sichtbar wurde, wo die Aermel ihres braunen Kleides nur durch Schnüre am Leibchen befestigt waren ... Auf dem Kopf trug sie ein rothgelbes Tuch, das in Ecken gelegt flach am schwarzen Scheitel auflag und mit seinen Enden, die mit gleichfarbigen Franzen besetzt waren, an sich gar schelmisch in den Nacken fiel ... Die schwarzen Augen der sonst schmächtigen und behenden Frau gingen hin und her, schon vor Aufregung über die wilde Bewegung in dem sonst so friedfertigen Spezzano ... Ihre kleine Marietta zappelte bald nach den bunten Lampen, die schon an den Gerüsten für das Madonnenfest hingen, bald nach den bunten Uniformen der Soldaten, von denen einige Liebkosungen mit ihr wechselten wie „Bisch guët?" „Willsch Rössli reita?" und ähnliche deutsche *[283]* Herzenslaute, die auch keineswegs der Mutter in ihrem Sinn verloren gingen; denn auch ohne Wörterbuch, und keinesweges nur durch den Austausch von Blicken und Geberden, verstehen sich in guten Dingen alle Nationen – nur Haß und Eigennutz hat die Verschiedenheit der Sprachen erfunden ... Durch den dolmetschenden Beistand der Umstehenden kam es heraus, die Frau war an den Gewürzkrämer Dionysio Mateucci in Nocera verheirathet, hieß ursprünglich Rosalia Vigo und wollte nach San-Firmiano, wo ihr Bruder im Kloster lebte ...

Auf diese Mittheilung hin belebten sich Scagnarello's Züge und niemanden mehr, als dem Pepe wurde nun voll Staunen und Verwunderung die ganze Geschichte dieser Frau erzählt ... Die Rosalia Vigo! Die Schwester des ehemaligen Pfarrers von San-Giovanni in Fiore! ... Das ist nur gut, daß Herr Dom Sebastiano (der Pfarrer von Spezzano) beim Erzbischof in Cosenza ist – denn noch in seiner letzten Predigt an Mariä Ascensione nannte er ihren Bruder einen Unglücklichen, der im Fegfeuer noch einmal so lange sitzen müsse als andere, weil ihm sein geschorenes Haupt mit heiligem Priesteröl gesalbt wäre und bekanntlich Oel im Feuer nicht eben löscht ... Scagnarello war nunmehr auf die interessantesten Neuigkeiten und noch ein ganz besonders gutes Trinkgeld gefaßt ...

Vollends hörte er von der Absicht der Schwester des Pfarrers, ihren geliebten Bruder wol gar aus San-Firmiano ganz abzuholen und mitzunehmen ... Der seitwärts schielenden Blicke einiger alten Bettler von Spezzano, des Murmelns einiger Graubärte, der Bekreuzigungen *[284]* einiger Matronen, die Hexen nicht unähnlich sahen, achtete Scagnarello nicht – obgleich er alles zu deuten verstand und vollkommen wußte, wie sehr es eine ganz eigene Bewandtniß hatte mit der Geschichte des Pfarrers von San-Giovanni in Fiore ... Ach, auch Rosalia Matteucci verstand, warum einige alte Schäfer, die in der Nähe standen und den Soldaten gegenüber ihre Flinten, über ihre Schaffelle hinausragend, mit aller Keckheit trugen – sie wollten zur Messe nach Rossano – auf ihre großen Hunde blickten und deren Blässe berührten, die der Pfarrer von Spezzano mit Weihwasser besprengt hatte ... Pepe und die Gallina und alle Pferde, Esel und Maulthiere, alle Hunde und Katzen, überhaupt was nur irgend mit dem Menschen hier in näherem Umgang lebte – das wilde Heer des nächsten Umgangs der Flöhe u. s. w. ausgenommen – hat in Italien durch Priesters Hand die Heiligung empfangen*) ...

Mit dem allgemeinen, die junge Frau mehr beschämenden, als erhebenden Rufe: Das ist die Rosalia Vigo! Die Schwester des Pfarrers von San-Giovanni in Fiore! fuhr die Schweigsame und nun recht in Gedanken Verlorene endlich nach sieben Uhr aus dem noch hellsonnigen Spezzano in die schon dunkeln Felsenschluchten nieder ... Schauerlich durfte es ihr erklingen, als

---

*) Ueblicher Brauch.

am Fuß des Felsens, auf dem Spezzano liegt, ein Schweinehirt, der dem auf dem zerbröckelten Gestein des Weges hin- und hergeschleuderten Karren Platz machte, ihr einen Will-*[285]*kommen und Abschied auf einer riesigen Meermuschel blies ...

Scagnarello offenbarte im Fahren dem Hirten, der ihnen folgen konnte – sogleich ging es wieder bergauf – sein abenteuerliches Unternehmen, noch in die lichte Mondnacht hinaus bis in den Torre del Mauro von San-Giovanni fahren zu wollen ... Rühmte er sich auch nicht, mitzutheilen, was er damit verdiente, so schilderte er doch die Fahrt als eine, die sich schon allein durch die guten Leute von San-Giovanni belohne ... Im Grunde alles nur, um die vollere Zustimmung des Pepe zu gewinnen, dessen beide Ohren an dem furchtbaren Klange der Muschel einen musikalischen Genuß empfunden haben mußten; Pepe schlich, wie in sehnsuchtsvolle Gedanken verloren ...

Auch Rosalia blieb nachdenklich ... Ohnehin an Unterhaltung durch den Lärm der rauschenden Gewässer, die wieder ohne Brücken zu passiren waren, gehindert, begann sie ihre Marietta in Schlummer zu singen ... Sie brachte dies zu Stande nicht etwa durch ein heiteres Wiegenlied, sondern durch einen einzigen, lang gehaltenen Ton in A ... Diesen setzt die italienische Mutter so lange endlos fort, bis ihr Kindchen einschläft ... Eine Melodie würd' es ja wach erhalten – ...

Auch Scagnarello rief seinem Pepe unausgesetzt ein Wort, das freilich im Gegentheil ein Wachbleiben und muntres Traben hervorrufen sollte: Maccaroni! ... Der Neapolitaner legt dabei den Ton auf die letzte Silbe ... Soll es dem Zugthier die Hoffnung erwecken, am erreichten Ziel seines Führers Lieblingsspeise theilen zu dürfen, *[286]* oder ist es noch ein alter Rest der hier einst üblich gewesenen Griechensprache, wo Μακάριε! ein Schmeichelwort war, wie: „Du altes gutes Haus!" –? Gleichviel, Pepe that sein Möglichstes ... An die Stelle der Liebkosungen traten freilich auch zuweilen die in Italien üblichen energischen Peitschenhiebe ...

Zur Linken sah man nach einer Stunde nichts mehr, als einen Wald von riesigen Farrenkräutern, die sich zum Ufer des auf dem Gebirgskamm entspringenden Neto niederzogen ... Zur Rechten starrte die schroffe Felswand ... Jenseits der Anhöhe leuchteten noch in der Sonne die Kronen eines Buchenwaldes, die dann jede weitere Aussicht versperrten ...

Miracolo! ... begann jetzt Scagnarello; ihr sagt, Euer Bruder würde San-Firmiano verlassen können und wieder nach San-Giovanni in seine Pfarre kommen, die er vor zehn Jahren – der Aermste –! – hat verlieren müssen? Warum doch? ...

Die Frau unterbrach ihr Singen und mußte die kleine Marietta aufheben, die sich noch nicht ganz wollte zum Schlafen bändigen lassen ...

Ihr glaubt, sagte sie, auf eine solche Pfarre, wo die Birnen aus nichts, als kleinen Steinen bestehen? ... Nein, ich glaube nicht, daß in San-Giovanni auch jetzt noch ein anderer Wein wächst, als den zu meiner Zeit kaum die Ziegen getrunken hätten ... Signore! Nein! ... Seine Excellenza hat mir eine bessere Hoffnung gemacht ... Mein Bruder wird Pfarrer zu San-Spiridion in Nocera ...

Ho! Habt ihr Euch nicht versprochen, Frau? brach *[287]* Scagnarello in Erstaunen aus und Pepe benutzte ein Sichumwenden seines Herrn, um sogleich still zu halten ... San-Spiridion in Nocera? ... Da tauscht er ja mit keinem Erzbischof drüben in Sicilien ... Dies setzte er mit einem Avanti! und einem tüchtigen Peitschenhieb hinzu ... Freilich – in Sicilien hab' ich ein Kloster gekannt, wo die Brüder verhungerten, wenn sie nicht abends mit der Flinte aufpaßten, ob Engländer vom Aetna kamen ... Aber in Nocera soll Euer Bruder Pfarrer werden! ...

Scagnarello war gutmüthig genug, seine Meinung: „Ich dachte, daß ihm sowol im Jenseits, wie schon hienieden die ewige Verdammniß bestimmt ist" – nicht auszusprechen ...

Bei San-Gennaro! sagte die Schwester Paolo Vigo's; ich

dächte, daß er sich diese Auszeichnung redlich erworben hat ... Zehn Jahre hat er büßen müssen und die Heiligkeit ist er selbst geworden ...

Wißt Ihr für ganz gewiß, daß sie ihn losgeben? äußerte Scagnarello mit bescheidenem Zweifel und der giftigen Rede des Pfarrers von Spezzano gedenkend ...

Der heilige Erzbischof von Cosenza, fuhr die Frau fort und reichte ihrem mildurtheilenden Führer, der die schlimmen Ansichten der übrigen Bewohner von Spezzano gegen ihren Bruder nicht zu theilen schien, eine Flasche Wein aus einem ihr zu Füßen stehenden großen Korbe, der mindestens auf eine Woche mit all' den Dingen versehen war, die man, nach ihrer Erfahrung, hinter San-Giovanni in Fiore nicht mehr als in der Welt auch nur gekannt vorauszusetzen berechtigt war – der heilige Erzbischof von Cosenza, sagte sie zuversichtlich, hat es noch gestern *[288]* betheuert ... Ich bin dreimal von Nocera herübergekommen und jedes mal war der heilige Herr liebreicher und gnädiger mit mir ... Alles hab' ich ihm erzählt, warum mein Bruder ins Unglück gekommen ist – ...

Redet nur nicht davon! ... unterbrach sie jetzt Scagnarello mit einigem Schaudern, die Flasche zurückgebend, aus der er einen kräftigen Zug gethan hatte ... Der Trunk hatte, schien es, sein Gedächtniß gestärkt, das ihm anfangs versagte, als es sich um den Gewinn von zwei Ducati handelte ...

Rosalia Mateucci nahm die Flasche, stellte sie wieder in den Korb und schwieg in der That ... Sie verstand vollkommen, daß es gewisse unheimliche Dinge im Leben ihres Bruders gab, von denen man in solcher Abenddämmerung und in der stillen Gebirgswildniß nicht sprechen soll ... Ohnehin galt der Silaswald für verzaubert ... Es ist dies die Ruhestätte, wo noch immer der „große Pan schläft" ... In Abenddämmerung beggenen uns hier noch Satyrn mit Bocksfüßen und Hörnern genug, sehen aus den Bäumen noch nickende langhaarige Dryaden, ertönt oft noch ein schrilles Lachen in der Luft und niemand weiß, wo all die vergessenen Schelmerein des Alterthums am Tage sich versteckt halten; des Nachts sind sie da ...

Rosalia Mateucci begann wieder ihr Wiegenlied ...

Die Sonne war höher und höher an die Buchengipfel gestiegen und endlich ganz verschwunden ... Schon hatte der Mond sich in dem weiteren Himmel, der auf kurze Zeit jetzt zur Rechten sichtbar wurde, mit silbernem Glanze gezeigt ... Die Straße, die eigentlich *[289]* nur ein jetzt ausgetrocknetes Flußbett war, zwängte sich durch zwei Felsen, die sich so nahe standen, daß sie oberhalb, einige hundert Fuß höher, durch eine Brücke hätten verbunden werden können ...

Scagnarello wußte nun allmählich im vollen Zusammenhang, daß seine Passagierin Rosalia Vigo, die jüngste Schwester ihres Bruders Paolo Vigo war, der in Neapel Theologie studirt hatte und doch nur die ärmste Pfarre der Welt, zu San-Giovanni in Fiore im Silaswalde, gewann ... Ein feuriger, muthiger, wissensdurstiger Jüngling, hatte er aber diese Pfarre bereitwilligst angetreten, weil sie mit einer Aufsicht über das naheliegende Kloster San-Firmiano, eine Art geistlicher Strafanstalt, verbunden war; andererseits weil das Innere des theilweise unzugänglichen Silaswaldes noch von Ketzern bewohnt sein sollte, welche sich aus urältesten Zeiten dort erhalten haben und mit zerstreuten Anhängern in Verbindung standen, die an gewissen Tagen, auf nur ihnen bekannten Wegen, dort zusammenkamen*) ... Seinem jugendlichen Glaubenseifer hatte sich die Bekämpfung und Ausrottung dieser Secte gerade empfohlen ... Die Ketzer trieben Zauberei, besonders mit Hülfe der Bibel ... Da erfuhr dann aber alle Welt, daß im Gegentheil auch Paolo Vigo plötzlich von ihnen verwirrt wurde, die Bibel auf die Kanzel von San-Giovanni mitbrachte und auf Denunciation des Pfarrers von Spezzano suspendirt, ja nunmehr selbst in jenes Kloster der Pönitenten verwiesen wurde, wo er hatte erziehen und bessern

---

*) Ph. J. von R e h f u e s' Schriften.

wollen ... *[290]* Der Guardian dieses Klosters mußte in San-Giovanni solange die Messen übernehmen, während die übrigen pfarramtlichen Handlungen von Spezzano aus verrichtet wurden ...

Rosalia Mateucci wußte gegen die Auffassung des Pfarrers von Spezzano und des Signor Scagnarello über ihren Bruder an sich nichts einzuwenden ... Doch behauptete sie, daß ihr Bruder, wenn auch eine Zeit lang von Zauberern verblendet, doch nie im Stande gewesen wäre, in die unkatholischen Greuel mit einzustimmen ... Daß Paolo Vigo beschuldigt wurde, vorzugsweise gegen Einen, den auch Scagnarello vollkommen als einen gefürchteten Hexenmeister kannte, Nachsicht geübt zu haben – das alles ließ sich nicht wegleugnen ... Auch nicht die haarsträubende Geschichte von einem feuerschnaubenden, geradezu aus der Hölle gekommenen Hunde, welcher auf dem Markt von San-Giovanni in Fiore einst laut geredet und die Seele des Pfarrers in seine Gewalt zu bekommen begehrt haben sollte, obgleich derselbe ihn dann mit eigener Hand todtschoß ... Scagnarello wußte das alles und sagte beim Anstreifen an diese unheimlichen Erinnerungen: Bitte! Bitte! – fragte aber doch, ob sich die Frau noch des Skeletts erinnerte, das dazumal ihren Bruder um den Tod des höllischen Hundes so in Harnisch gebracht hätte? ...

Des Frâ Hubertus! sagte die Frau mit einem halb beklommenen, halb freudigen Tone ... Er lebt noch ... Ich weiß es ja –! ...

An seinen Knochen kann man zwar von Fleisch kein Pfund mehr zählen! entgegnete Scagnarello, aber – *[291]* gewiß lebt er noch – und ich will Euch nur gestehen – ich hätte mich nicht heute Nacht noch in den Wald gewagt, könnten wir nicht hoffen, noch den Bruder Hubertus einzuholen ...

Heilige Mutter Gottes! rief die Frau freudig erregt und wagte die gefährlichste Stellung von der Welt in Scagnarello's zweirädrigem Karren. Sie stand auf, hielt ihre schlafende Marietta mit Gefahr, selbst überzustürzen, im Arm und reckte spähend den Hals in die Weite ... Saht Ihr denn den Frâ Hubertus? rief sie und lugte in die dunkle Ferne ...

Beruhigt Euch! sprach Scagnarello und bezog diese Aufregung misverständlich auf eine Anwandlung von Furcht ... Wenn ich meiner Frau, meinen Kindern und dem Pepe zugemuthet habe, mich bis Mitternacht noch auf die Straße zwischen Spezzano und San-Gio hinauszulassen, so ist es, aufrichtig gesagt, geschehen, weil ich hörte, daß Frâ Hubertus uns ein paar hundert Schritte voraus ist ... Denn was der Frate nun auch sein mag, ob ein Russe oder von Geburt ein Türke, wir alle haben ihn hier anfangs gleichfalls für den leibhaftigen Boten der Hölle gehalten – ja da erst gar, als er den fremden Mann nicht weit von hier in den Neto gestoßen –! ...

Ich bitte Euch! ... sagte die Frau sich niedersetzend ...

Aber habt darum keine Furcht! fuhr Scagnarello fort ... Holen wir den Bruder ein, so haben wir mit ihm ein Regiment Soldaten ... Der Pfarrer von Spezzano, im Vertrauen gesagt, mag ihn noch jetzt nicht – aber darum hat der Bruder, der soeben in Neapel war, doch hohe Gönner und Beschützer und, was seine Leibeskräfte *[292]* anlangt, so kenn' ich manchen, der ihm noch jetzt abends aus dem Wege geht – ...

Er war in Neapel – Und ist zurück! ... Ich weiß es ja – weiß alles – ... rief Rosalia freudig und verstummte dann. Letzteres zum Aerger Scagnarello's ... Er merkte, daß es etwas ganz Neues aus dem Leben seiner Passagierin zu erfahren gab ... Diese wich seinen Fragen aus und versank in eine wehmüthige Stimmung ...

Es knüpften sich ihr aus der Zeit, wo sie vor Jahren ihres Bruders Wirthschaft in San-Giovanni geführt hatte, an diesen „Bruder mit dem Todtenkopf" Erinnerungen voll Schrecken ... Ihr Bruder Paolo hatte lange liebevoll für die Seinigen gesorgt, hatte ihnen jede Ersparniß nach Salerno, wo sie her waren, geschickt, hatte, der gute Sohn, die Gebühren seiner ersten Messen nur seiner Mutter verehrt ... Zwei Jahre war sie dann bei ihm im

Silaswalde gewesen und hatte das Ihrige gethan, ihm einen so traurigen Aufenthalt einigermaßen erträglich zu machen ... Aber Paolo Vigo verfiel in Melancholie, zumal durch die Nähe des Klosters San-Firmiano selbst ... Seinem Gemüth mußte es schmerzlich sein, so viel verabscheuungswürdige Priester kennen zu lernen, die in jenem in Felsen eingezwängten, eine melancholische Aussicht in eine düstere Waldgegend bietenden Kloster leben mußten ... Außerdem lebten hier alle ehrlichen Leute damals im Kampf mit Giosafat Talarico ... Die Räuber der Abruzzen, die Genossen des Grizzifalcone, standen mit denen Calabriens in einem Schutz- und Trutz-*[293]*bündniß und bedrohten unausgesetzt die Sicherheit der Einsamwohnenden ... Schon waren aus dem Kirchlein in San-Giovanni die heiligen Geräthschaften des Opferdienstes gestohlen worden ... Kein Wunder, daß der Pfarrer sich mit Waffen versah und zu jeder Zeit eine geladene Flinte über seinem Bett hängen hatte ... Nun geschah es aber eines Tages, daß die Bewohner von San-Giovanni in der größten Aufregung durcheinander rannten, auf dem Marktplatz, dicht vorm Fenster des Pfarrers auseinander flohen und sich in ihren Häusern versteckten ... Rosalia und ihr Bruder traten ans Fenster und erkundigten sich nach dem Grund des lauten Geschreis ... Da hieß es, im Orte wär' ein toller Hund ... Vom Fenster aus erblickte man in der That ein wandelndes Thiergerippe, die Zunge lang aus dem Munde hängend, die Haare borstig aufwärts gebäumt – es war ein Hund, der einem verhungerten Wolfe glich ... Kaum konnte das entsetzliche Thier sich aufrecht erhalten ... Schon knickte es zusammen und taumelte dann wieder wildschnappend auf, bis es aufs neue zusammensank ... Der Pfarrer erwies den Bewohnern von San-Giovanni die Wohlthat, in rascher Regung die Flinte zu ergreifen, abzudrücken und das Ungethüm niederzuschießen ... Und eben die Folgen dieser raschen That waren die seltsamsten ... Sie lagen in Schleier gehüllt, endeten aber damit, daß Rosalia's Bruder oft tagelang abwesend war, mit dem Bruder Hubertus gesehen wurde, sogar einen Ziegenhirten in San-Giovanni, der schon seit lange für einen Ketzer galt, an seinen Tisch nahm, zuletzt mit der Bibel auf der Kanzel *[294]* erschien und in einer Weise predigte, die einen so großen Anstoß erregte, daß ihn sein Diöcesanbischof suspendiren mußte ... Man ließ ihn bis auf Weiteres im nahgelegenen Kloster wohnen und verbot ihm seine kirchlichen Functionen und Reden ... Aus dieser provisorischen Maßregel wurde ein Zustand, welcher Jahre dauerte und nicht mehr enden zu wollen schien ... Die Stolgebühren von San-Giovanni behagten auch dem Dom Sebastiano von Spezzano ...

Scagnarello war durch die Hoffnung, bald den riesenstarken Bruder Todtenkopf einzuholen, so ermuthigt, daß er, trotz der schauerlichen Einsamkeit, wagte, auf alle diese unheimlichen Dinge anzuspielen ... Es ist eine Pflicht unserer Seelenhirten, sagte er nach einer Betrachtung über feurige Hunde, die sich öfters hier den Schäfern nächtlich zugesellen, für das geistige und leibliche Wohl der Ihrigen zu sorgen ... Der Pfarrer in Spezzano ist gewiß ein Santo, aber auch er heilt die Kröpfe und kann Geister bannen ... Meinen Pepe da hat er mit allen Weihen versehen ...

Rosalia Mateucci hatte das Thema des verhängnißvollen Hundes verlassen ... Scagnarello richtete jedoch mit umspähender Miene an sie die Frage:

Frau – noch seh' ich den Bruder Franciscaner nicht – sagt: Ist es wahr, hat der den Hund ganz feierlich begraben –? ...

Kaum war das aus der Hölle gekommene Thier, erzählte sie, gefallen, so kam, wie wir damals glaubten, ein Abgesandter des Satans, der die ihm verfallene unreine Seele abholen sollte ... Auf dem Platz *[295]* erschien ein langer hagerer Mönch mit einem Todtenkopf, der, wie die Magd erzählte, im Kloster Firmiano vor kurzem erst Herberge gefunden hatte ... Die Kinder liefen ihm aus dem Wege – eine Sprache hatte er, wie unser Truthahn, wenn ich mein rothes Kleid anziehe ...

Das alles hat sich geändert! unterbrach Scagnarello ... Jetzt fürchten ihn nur noch die Leute mit zu langen Flinten und besonders der Schmied von Spezzano ... Denn ein Hufeisen bricht er wie trockene Nudeln entzwei, wenn die Arbeit schlecht ist ... Gäule heilt er, die schon unter den Galgen kommen sollten ... Talarico! Der bekam Angst vor ihm, als er hörte, daß das der Frate war, der in Rom dem Grizzifalcone den Garaus gemacht ... Nun, bei San-Firmiano! Der heilige Vater hat ihn auch gewiß nur hergeschickt, daß er's dem Giosafat ebenso machen sollte ... Signora, ich hörte aber doch – mit dem Hund hatt' es Dinge auf sich, die einen guten Christen um die Absolution bringen können ... Andere meinen, der Alte mit dem Todtenkopf hat wenigstens seitdem nichts mehr mit der Hölle ... Ein Heiliger ist's geworden, wie nur der Erzbischof von Cosenza auch – und – Euer, unter uns gesagt, vortrefflicher Bruder – ...

In voller Glückseligkeit über diese Anerkennung sagte Rosalia:

Ja, Signor! ... Ich glaube es für gewiß, daß Frâ Hubertus sich zu Gott gebessert hat ... Gerade von ihm hat mir der heiligste Erzbischof von Cosenza gesagt: Geht getrost, liebe Frau! Bis Ihr in San-Giovanni in Fiore seid, ist Frâ Hubertus von Neapel zurück-*[296]*gekehrt ... Und nun ist er da ... Und ich denke doch, es muß alles gut werden ...

Scagnarello erhielt noch einmal die Flasche, leerte sie und lobte sehr den Wein von Nocera ...

Auf seine Frage, was nur der Todtenkopf in Neapel gethan hätte, erhielt er die Antwort:

Der heilige Erzbischof schickte ihn nach Neapel, um sein Begehren beim rechten Mann vorzubringen ...

Beim rechten Mann? ... wiederholte der Kutscher ... Und welches Begehren – ...

Daß die Bewohner von San-Firmiano nicht mehr – wie die Canarienvögel von Cosenza gehalten werden ... Sind sie denn nicht alle Santi geworden? Hat mein Bruder sie nicht bekehrt? Hat der Todtenkopf ihnen nicht allen die Schrecken der Hölle zu Gemüth geführt, die er so gut kannte –? ... Ich sage Euch, bis nach Nocera hin steht das Kloster im Geruch der Heiligkeit –! ...

Scagnarello wußte vollkommen, daß unter den Canarienvögeln die gelbgekleideten Galerensträflinge zu verstehen sind, die in Neapel öffentlich im Dienst der Straßen- und Hafenpolizei arbeiten müssen ... Auch über die gute Aufführung der Bewohner von San-Firmiano herrschte nur Eine Stimme und Alle wußten, daß Dom Sebastiano darüber nicht reden konnte, ohne so zornig zu werden wie ein Puterhahn ... Nach einer seiner letzten Predigten gab es Tugenden, die blos vom Teufel kämen – ... Doch war Scagnarello vorsichtig und hielt seine Meinung zurück ...

Die Einsamkeit, welche dann und wann nur vom *[297]* Gruß eines Hirten oder eines mühsam ausbiegenden Eseltreibers unterbrochen wurde, hörte bei Annäherung an San-Giovanni auf ... Es wurde lebhafter rings im Gebirge ... Zwar war die Nacht nun ganz hereingebrochen, Nebel stiegen auf, welche die Feuchtigkeit der Luft so vermehrten, daß Scagnarello und Rosalia ihre braunen Mäntel übernahmen; der mondscheinblaue Luft- und Nebelhauch gab den grünen Waldabhängen, den einzelnen Wiesenteppichen eine geisterhafte Beleuchtung; aber, wo der Strom der Gewässer am Wege nicht zu rauschend stürzte, da hörte man deutlich und von mannichfachem Echo weitergetragen, das Locken und Rufen der Hirten an ihre Heerden, die zur Nachtruhe unter den mächtigen Eichen sich lagerten, hörte das Blasen einer einsamen Schalmei oder an einer andern Stelle das unaufhaltsame und unerschöpfliche Lungen voraussetzende Schnurren eines Dudelsacks ... Jagdschüsse erschollen sogar zuweilen dicht über den Häuptern der Gefährten und machten den Pepe stutzig und unterbrachen dann die Reise durch ein Intermezzo von Apostrophen, die Scagnarello an die Vernunft des Thieres richtete ... Tüchtige Peitschenhiebe unterstützten die Beweiskraft ...

Um ein verhältnißmäßiges Stück war man schon ganz in die Nähe San-Giovannis gekommen ... Rosalia erkannte die Gegend ... Die mit Früchten überladenen Kastanienbäume, die zuweilen am Wege standen, rauschten ihr wie mit vertrautem Gruß ... Dort stand ein altes Gemäuer, das der urältesten Zeit Groß-Griechenlands angehörte ... Der Mond schien durch die zer- *[298]* klüfteten Fenster ... Sie kannte jeden dieser, bald als Aufbewahrungsort des frischgemähten Heus, bald als Versammlungsort der Hirten bei Unwettern benutzten Orte ... Ihr Herz wurde ihr immer frohbanger und zagendhoffnungsvoller ...

Scagnarello erzählte jetzt von einem Stein, an welchem sie bald angekommen sein müßten, wo Frâ Hubertus vor Jahren mit jenen zwei Männern gerungen hätte, die im Silaswald umirrten und die „Freimaurer", welche später in Cosenza erschossen wurden – die Bandiera und ihre Genossen – verrathen wollten ... Denen begegnete „dort oben am Kreuz", erzählte er, der Bruder mit dem Todtenkopf, redete den einen, den er kannte, in fremder, ich glaube russischer Sprache an und warf ihn jählings von oben da am Kreuz hinunter in den Neto ...

Die Bürgersfrau von Nocera, die sich auf Betrieb des Bruders vortheilhaft mit einem Verwandten verheirathet hatte, war in diesen Ereignissen bewandert ... Sie konnte lesen und schreiben und führte ihrem Mann sein Hauptbuch ... Was im Silaswald vorging, hatte sie seit Jahren um des geliebten Bruders willen mit dem größten Interesse verfolgt ... Lebhaft stand ihr in Erinnerung, wie man sich damals gewundert, warum der fremde Mönch, ein Sohn des heiligen Franciscus, wiederum auch für diese wilde That so heil und ungestraft davonkam ... Diesmal wie bei Gelegenheit der immerhin bedenklichen Todesart des Grizzifalcone ... Rosalia sprach noch jetzt dies Erstaunen nach ...

Er hat gute Freunde, sagte Scagnarello ... Er hat sie da, wo sie am meisten nützen können – in Rom *[299]* ... Und wenn man Rom hat, hat man Neapel ... Damals, als der Freimaurer in den Neto flog, sah und hörte man lange nichts mehr vom Frâ Hubertus ... Mit Einem mal war er wieder da und der Sindico von Spezzano zog den Hut vor ihm ab ... Hätte der Bruder die Weihen, er wäre längst in San-Firmiano Guardian ...

Rosalia kannte alles das und schwieg, in Hoffnung auf die Geltendmachung eines so großen Einflusses in Neapel ...

Nach einer Weile fragte Scagnarello:

Signora – wart ihr denn auch schon dazumal an – den – ich meine, an den Bluteichen –? ...

Die Frau erschrak über diese Frage und schwieg ...

Ich meine, habt Ihr ihn nie gesehen? fuhr Scagnarello leise und lächelnd fort ...

Die Frau wußte vollkommen, was und wen Scagnarello mit seiner Frage meinte ...

Hm! Hm! räusperte er sich und fuhr fort: Ich möcht' es, bei San-Gennaro, auch einmal wagen und ihn besuchen ... Nur um die Nummern zu hören, die ich im Lotto spielen soll ... Da war ein Mann von Cotrone – wißt Ihr, was er dem gesagt hat, als der die nächsten Nummern hören wollte, die herauskommen –? ...

Er sollte arbeiten und auf Gott vertrauen –? ... antwortete Rosalia ...

Nein, entgegnete Scagnarello – Das kann sich Jeder selbst sagen –! Dem Mann von Cotrone hat er gesagt: Wer gab dir früher deine Nummern? ... „Der Pfarrer *[300]* von San-Geminiano in Cotrone!" ... Kamen sie heraus? ... „Nein! Auch die auf den Namen Mariä nicht!" ... Warum nicht auf den Namen Mariä? ... „Der Pfarrer rechnete die Nummern nach den Buchstaben aus – M. war 12. Sie kamen aber nicht heraus." ... Ich verstehe! Kannst du lesen? ... „Nein!" ... Auch nicht das ABC? ... „Nein!" ... Im Namen Maria kommt zweimal A vor – das gab zweimal 1 ... „Da nahm der Pfarrer für das zweite 1 das Doppelte; manchmal das Dreifache; so hab' ich zehn Jahre auf «Maria» und die Heiligen gesetzt, aber nicht mehr gewonnen, als ausreichte, um den Pfarrer zu bezahlen –" ... Der Pfarrer ließ sich bezahlen? ... „Ich bezahlte die Messen, die meine Todten aus dem Feuer erlösten!" ... Nun, mein Sohn, sagte der Alte von den Bluteichen, so nimm einmal den Namen „Jesus!" Siehst du, das sind auch fünf Buchstaben, auch fünf Zahlen und die letzte nimm dann gleichfalls doppelt – 9. 5. 18. 20. 36 ... – So hab' ich sie behalten –! unterbrach sich Scagnarello – Gewinnst du, sagte der Hexenmeister, dann danke deinem Erlöser durch gute Anwendung des Geldes! Verlierst du aber, so nimm an, daß er dir eine christliche Lehre geben wollte und dich blos durch deine Arbeit reich machen wird! ... Der Mann aus Cotrone spielte und gewann – eine Terne; es ist auch so ein ganz reicher Mann ... Das Ding sprach sich aus; alles setzte auf den Namen Jesus; es hat aber keinem mehr so glücken wollen, wie dem Mann aus Cotrone ...

Rosalia seufzte über diese Zaubereien und sann über *[301]* Scagnarello's Aeußerung, daß der Mann von Cotrone wol noch eine besondere Anweisung bei diesem kabbalistischen Spiel des Einsiedlers von den Bluteichen hinzu empfangen haben müßte ... Sie hatte die vollkommene Geneigtheit, dieser Meinung zuzustimmen ... Zuletzt bat sie ihn beim Blut des heiligen Januarius, von solchen durch die Hölle angerathenen Lottonummern, auch von den Bluteichen, von den nächtlichen Versammlungen, welche dort die Geister hielten, besonders aber von dem erschossenen feurigen Hunde und den blutigen Thaten des Bruders Hubertus zu schweigen und auf eine baldige glückliche Ankunft in San-Giovanni zu hoffen ...

Nach einer halben Stunde, welche Scagnarello im schmollenden Gespräch mit Pepe und zuletzt mit Klagen über die theure Zeit und die von der Hitze versengte zweite Heuernte zubrachte – letzteres im Interesse eines erhöhten Trinkgeldes – deutete er mit der Peitsche auf einen im Mondlicht grell beleuchteten Gegenstand an demselben Wege, welchen sie fuhren ...

Schon lange hatte auch schon Rosalia ihr Auge auf diesen Punkt gerichtet und fragte jetzt:

Seht Ihr denn da etwas, Signor? ...

Es ist – so wahr ich Napoleone heiße – endlich der braune Bruder ... Ich wette um meinen Pepe – er ist's ...

Sein Maccaroni wurde jetzt wacker durch die Peitsche unterstützt ...

Die Frau konnte nicht umhin anzuerkennen, daß Scagnarello's Vermuthung über einen an einem hölzernen Kreuz auf einem Stein sitzenden Mönch Wahr-*[302]*scheinlichkeit für sich hatte ... Die braune Kapuze war halb niedergeschlagen; so schwarz und starr konnte darunter hervor nur ein Kopf lugen, der so gut wie keiner war oder wenigstens nur dasjenige, was übrigbleibt wenn von einem Kopf Haare und Fleisch weggenommen werden ...

Scagnarello, jetzt vollends ermuthigt und sogar von dem hinter den Felsen her immer heller und heller läutenden Glockenthurm von San-Gio schon angenehm überrascht, schwang seine Peitsche und gab der hochgespannten Frau, die glücklich war, schon jetzt dem Manne zu begegnen, welcher die gute Kunde aus Neapel nach San-Firmiano bringen sollte, jede tröstliche Versicherung ...

Ein Franciscaner, in Sandalen, mit brauner Kutte, den weißen wollenen Strick um die magere Hüfte, saß in der That auf dem Stein am Wege ... Es war Frâ Hubertus ... Er saß am Gedächtnißkreuz des von ihm vor Jahren hier in den brausenden Neto geschleuderten Jân Picard ... Als er die Klingel des Pepe hörte, stand er auf und ging fürbaß ... Er schien keine Neigung zu haben, auf eine verspätete Equipage zu warten und sich in seinen wahrscheinlich düster angeregten Empfindungen stören zu lassen ...

Ihn einzuholen wäre beim Bergauf unmöglich gewesen, wenn ihm nicht Scagnarello alle möglichen Interjectionen nachgerufen hätte aus jenem unerschöpflichen, in seinem Reichthum noch von keinem Gelehrten würdig abgeschätzten Wörterbuch der neapolitanischen Natursprache ... Zu den thatsächlichen Motiven, welche Scagnarello mit civilisirteren Worten ein-

mischte, um den rüstigen *[303]* Greis zum Stehenbleiben zu
bewegen, gehörte, in seltsamen Abkürzungen freilich, die ganze
Geschichte der Frau, welche hinter ihm hochaufgerichtet stand,
in der Linken mit dem schlafenden Kinde, in der Rechten mit
ihrem Tuch, mit dem sie unablässig wehte; gehörte endlich auch
ein Gruß vom Erzbischof von Cosenza und die ganze Ausmalung aller der Glückseligkeiten, die sich nun in San-Firmiano
und in San-Spiridion zu Nocera begeben würden ...

Der lange hagere Knochenmann stand endlich still und lachte
des tollen Gewälschs ... Sein Kopf wurde darüber ein einziges –
Gebiß von Zähnen ...

In der „Campanischen" Sprache, jenem Italienisch der Neapolitaner, in welchem die Buchstaben mit allen nur erdenklichen
Freiheiten behandelt werden, oft der eine ganz für den andern
eintritt und statt „Michel" Kaspar gesagt wird, hatte Hubertus in
der That Fortschritte gemacht ... Er blieb stehen ...

Dann freilich entsprach seinem ersten frohen Gruß an die
ihm sehr wohl erinnerliche Schwester Paolo Vigo's keineswegs
sein fernerer Mittheilungsdrang ... Letzterer schüttelte er zwar
als alter Freund die Hand und nahm das jetzt erwachte, schreiende Kind auf den Arm, versichernd, daß seine Sehnsucht, den
trefflichen Bruder der Signora nach sechs Wochen wiederzusehen, nicht minder groß, als die ihrige nach so vielen Jahren wäre
– ja er kannte das schöne dem Bruder winkende Gotteshaus zu
San-Spiridion in Nocera vollkommen und gab zu, daß der Erzbischof von Cosenza hinlänglich heilig wäre, um auch weissagen
zu können ... *[304]* Gewiß! Gewiß! Es wird alles gut werden!
wiederholte er zum öftern ... Aber – dem ganzen Wesen fehlte
die rechte, von Innen kommende Freudigkeit ...

So kommt Ihr von Neapel und habt noch nichts Bestimmtes
erfahren? fragte die Frau voll Bestürzung über dies Benehmen
und lud den frommen Bruder ein, neben ihr Platz zu nehmen ...

Hubertus folgte dieser Aufforderung, nahm die noch an
Schönheitsanschauungen nicht gewöhnte und wenig vor ihm er-

schreckende kleine Marietta auf den Schoos, sang ihr eine alte holländische Liedstrophe und versicherte, die Hoffnung wäre das schönste Lebensgut, das sich der Mensch nur immer frisch in allen Nöthen bewahren müsse ...

Die Hoffnung? ... Bei San-Gennaro! rief die Frau und zitterte ... Weiter bringt Ihr nichts von Neapel zurück, als – Hoffnung? ...

Und schöne Feigen! Seht die Feigen! erwiderte Hubertus und reichte deren aus seiner Kutte Marietten eine Hand voll, während die Frau ihm bereits ihre Eßwaaren angeboten hatte ...

Was kann mir alles das helfen? wehklagte Rosalia Mateucci ... Hab' ich darum so viele Jahre die Reise von Nocera nach Cosenza gemacht? ... Haben wir darum zwanzig Ducati an die Mutter Gottes Della Salute und abermals funfzehn an den heiligen Gennaro von Cosenza bezahlt? ...

Das wird sich einbringen, Frau ... Hofft in Gottes Namen! wiederholte Hubertus ...

Inzwischen fing er mit einem bei weitem dringli-*[305]*cheren Interesse an, dem Meister Scagnarello sein Erstaunen über die neue Garnison von Spezzano auszudrücken ... Was wollen nur all diese Reiter und Jäger wieder? Geht der Weg nach Frankreich durch den Silaswald? ...

Scagnarello deutete an, daß nicht gut von solchen Dingen zu reden wäre, seitdem hier schon die besten Leute zu den „Canarienvögeln" in Neapel gekommen wären ...

Guter Bruder, was bringt Ihr von Neapel? ... drängte die Frau ... Ihr redet von Canarienvögeln ... Nur zu wohl weiß ich, die Raben, die schwarzen, die hacken dem heiligen Franciscus gern die Augen aus ...

Steht das wo geschrieben? entgegnete Hubertus und schien betroffen von dieser Rede, die er vollkommen verstand und für ebenso prophetisch hielt, wie sie wohlgesetzt war ... Die Jesuiten (diese nur konnte Rosalia unter den schwarzen Raben verstanden haben), hatten allerdings hier die Hauptentscheidung ...

Auf den Spruch der Jesuiten hatte der Erzbischof von Cosenza als die letzte Instanz verwiesen, von welcher hier alles abhängen würde ... Alle Welt wußte, daß zwar in den Bewegungstagen zwanzig Kutschen voll Jesuiten aus Neapel hatten entfliehen müssen, sie waren aber in vierzig wiedergekommen und die rechte Hand des Herrschers über dies unglückliche Land blieb des Königs Beichtvater, Monsignore Celestino Cocle, Erzbischof von Neapel, ein fanatischer Agent des Al Gesú, eben jener „rechte Mann", von welchem die Wünsche der Bewohner San-Firmianos abhängen sollten ...

[306] Zehn Jahre, erzählte wehklagend die Frau, hab' ich meine Knie gebeugt vor dem heiligen Erzbischof von Cosenza ... Jeden Quatember, wenn neue Priester geweiht wurden, lief ich zu Fuß die zehn Miglien von Nocera nach Cosenza und beugte meine Knie auch nach der Messe noch ... Wenn der heilige Herr in seinen Palast ging, rief ich ihn um Gnade an für meinen unglücklichen Bruder ... Und immer gab er mir seinen Segen und sagte: Ihr seht ja, liebe Frau, die Pfarre von San-Giovanni bleibt ihm offen; das Sacro Officio prüft lange, aber gründlich –! ... Heiliger Gennaro! ... Zehn Jahre prüfte das Officio –! ... Ich wußte nicht, ob mein Bruder noch lebt –! ... Wir schickten – mein Dionysio ist gut – was wir nur vermochten – bald an den ehrwürdigen Guardian, bald an den heiligen Erzbischof – aber meines Paolo Briefe meldeten nichts von seiner baldigen Freiheit ... Sogar damals, als doch alles frei wurde, als selbst die, denen zeitlebens die Kugel am Fuß zu tragen besser gewesen wäre, zu Ehren kamen, kehrte mein Bruder nicht aus dieser traurigen Einöde zurück ... Damals hatte nur Marietta leider das Fieber, mein Dionysio mußte unter die Guardia civica, Jeder war froh, wenn in seinem Garten noch die Feigen wuchsen – Verdienst gab es nicht ... Dann aber, als die Ruhe wiederkehrte, als alle Welt erzählte, wie die Gefangenen und Verwundeten in San-Firmiano christlich verpflegt wurden, da fiel ich vor dem heiligen Erzbischof in der Kirche selbst auf die Knie

und bat vor allem Volk um Paolo's Freiheit ... Zum Glück – verzeih' mir's die heilige Jungfrau! – war *[307]* gerade unser Pfarrer von San-Spiridion gestorben und weil ich hörte, daß sich zehn Pfarrer um die Stelle bewarben und sie vorerst keiner bekommen sollte, weil auf ein Jahr die Einkünfte auch dem heiligen Erzbischof gutschmecken, kauft' ich nochmals, nach allem, was schon draufgegangen war, für zehn Ducati Wachskerzen und schenkte sie in Cosenza der heiligen Rosalia ... Seitdem hieß es: „Seid gutes Muthes, Frau, reist getrost nach San-Giovanni – In San-Firmiano sind Wunder geschehen – Der Guardian hat einen Boten nach Neapel geschickt an das heilige Officio. Wir wissen es ja, das ganze Kloster ist heilig geworden – Sie bekommen alle die besten Stellen in der Christenheit, denn die Mutter Kirche ist gütig und belohnt jeden, welcher sie liebt – ja, und ein Bote, Frâ Hubertus, muß bald zurück sein von Neapel –" ... So sprach der Erzbischof und das ganze Kapitel stimmte ein ... Da vertraut' ich denn und machte mich auf den Weg und jetzt bin ich da und Ihr seid es auch und nun bringt Ihr doch nichts und schweigt –? Ihr wißt, denk' ich, nur zu gut, daß mein guter Bruder nur durch Euch ins Elend gekommen ist ... Ohne Euch könnte er längst in Nocera Bischof sein ...

Diese muthige, für Scagnarello zum Bewundern sachgemäße und kenntnißreiche, nur am Schluß etwas frauenzimmerlich ausfallende Rede hatte Hubertus theils mit seufzenden, theils mit begütigenden Worten begleitet ... Scagnarello hoffte, der schwer Beleidigte würde mit einer Rechtfertigung früherer Misverständnisse, vor allem mit Rückblicken auf die wunderbare Geschichte vom feurigen Hunde vernehmbar werden; aber Hubertus be-*[308]*schäftigte sich allein mit dem Kinde und sang seine „russischen" Lieder ...

Rosalia Mateucci ersah nun wol aus Allem, daß Hubertus kein Vertrauen auf den Erfolg seiner Mission hatte, und fuhr in ihren Klagen über diese arge Welt fort ... Sie ließ dabei jedem seine äußere Ehre, bezeichnete ihn aber bei näherer Betrachtung

um so mehr als Spitzbuben ... Vom Standpunkt einer vermögenden Krämerin von Nocera gab sie einen Rückblick auf die ganze bewegte Zeit der letzten Jahre – namentlich auf die wilde Anarchie, welche damals entstand, als die in Neapel durch
5 Lazzaroniaufstand und Schweizerregimenter gesprengte Nationalvertretung sich in Cosenza noch einmal, unterstützt von einem Aufstand der Calabresen, wieder gesammelt hatte, doch von jenem ehemaligen Räuber, spätern General Nunziante, im Süden, vom General Lanzi im Norden angegriffen mehr durch
10 Uneinigkeit, als Ueberlegenheit der Truppen sich auflöste ... Die Bewaffneten wurden damals zu Flüchtlingen, und wie es im Süden geht, zu Wegelagerern und Räubern ... Dieser anarchische Zustand hatte im Silaswald erst seit kurzem aufgehört ... Das Kloster San-Firmiano hatte lange Zeit nur ein Gefängniß
15 und Lazareth sein können, wo die Brüder sich wahrhafte Verdienste erwarben ... Und nun sollten alle diese guten Thaten ohne ihren Lohn bleiben? Märtyrer sollten sich bewährt haben und keine Krone gewinnen –! Da müßte ja der Giosafat von Lipari als ein wahrer Retter ersehnt werden und mit der Zeit in
20 Neapel am königlichen Schlosse kein Stein mehr auf dem andern bleiben ...

[309] Hubertus entgegnete in leidlichem „Campanisch" auf diese unausgesetzten Verwünschungen, die schon Marietta's Weinen und Scagnarello's loyalen Protest zur Folge hatten:
25 Beim heiligen Hubert, meinem Schutzpatron! Frau, ich kann Euch versichern, daß ganz San-Giovanni und wer anders noch von damals am Leben ist, sich freuen wird, Euch und die kleine Marietta zu sehen ... Euern heiligen Bruder nehm' ich nicht aus, wenn ich auch zweifle, daß Eure Hoffnung, ihn als Pfarrer in
30 San-Spiridion nach Nocera zu bekommen, so bald in Erfüllung geht, zugleich auch, ob dies seinen Wünschen entspricht ... Indessen beruhigt Euch! ... Ei, so weint nicht! ... Ich will Euch sagen, wie es ist ... Ich hätte gute Freunde und Gönner – sagt man? ... Nun, das San-Officio in Neapel war sackgrob – ...

Aber gut – ich fand immer, die Leute sind geneigter, uns Gehör zu geben, wenn sie grob sind ... Leider, leider – kann ich dasselbe nicht vom Ohr und Mund Seiner Majestät, Monsignore Celestino, sagen ... Das ist wahr, artig war er ... Dem mußt' ich haarklein erzählen, was seit Jahr und Tag hier in diesen Bergen vorgegangen ist! ... Und wenn ich jetzt so schlummerköpfig nachdenklich bin, so ist es blos, weil ich, aufrichtig gesagt, meine Erzdummheit bereue ... Ich ging auf alle seine Artigkeiten ein ... „Gut! Gut! Das freut mich! Um so besser! Und was wünschen die guten Brüder von San-Firmiano?" – ... Ich Tropf! Das hätt' ich mir doch sagen sollen, daß es mit all diesen Süßigkeiten nur bitter stand –! ... Wir Brüder haben in San Firmiano um nichts gebeten, *[310]* als um was die Hechte bitten, wenn in einem Teich ihrer zu viel sind ... Laßt Euer Licht leuchten vor den Leuten! hat schon unser allerheiligster Erlöser gesagt – und nur deshalb sehnen sich unsere Gefangenen von San-Firmiano in ihre Klöster und Pfarreien zurück, um zu zeigen, daß sie aus Wölfen gute Hirten geworden sind ... Seht nun, das alles hab' ich in Neapel vorgetragen; aber – Ei was! Bei Alledem kann ich mich irren! Es ist im Namen unsres heiligsten Erlösers gar nicht unmöglich – wir finden in San Firmiano fröhliche Gesichter und Euer edler Bruder lacht hellauf, wenn er morgen früh – eher rath' ich nicht bei unserm Kloster anzupochen – die Ueberraschung hat: Gelobt sei Jesu Christ! von seiner Schwester zu hören und gar von der Kleinen da – wie heißt sie? ... Alles heißt hier Marietta ... Kommt niemand von Euch auch einmal – auf den Namen – Hedwigis –? ...

Diese Worte waren so gutmüthig, endeten mit einem so elegischweichen Tone, daß Rosalia Mateucci der wohlthuenden Wirkung derselben sich nicht entziehen konnte ... Sie sagte: Bei San-Gennaro! Hat denn San Gio jetzt gar die neue Beleuchtung von Neapel –! Seht, wie hell es da liegt! ... – Nun lachte sie freudiglich ...

Scagnarello fand die Aufnahme des Mönches beim Erzbischof von Neapel ebenfalls nicht so bedenklich und im Gegentheil außerordentlich schmeichelhaft ... Nun versteh' ich, sagte er, warum die Leute Recht haben, wenn sie sagen, daß sogar Seine Heiligkeit in Rom ein alter Freund und Bekannter von Euch wäre und Euch schon in Rußland kannte; denn unser heiliger Vater ist weit-*[311]*gereist! – ... Ja aber auch mit Recht! Habt Ihr nicht das hochheilige Erbe Petri vom Grizzifalcone befreit? ... Wußte denn auch der Erzbischof das alles von Euch? ... Hm! auch vom Kreuz – da überm Neto? ... Und – hm! hm! – von Eurem – feurigen Hunde? ...

Auf den ich Euch manchmal aufbinden möchte! schnitt Hubertus die neugierige Rede ab ... Was schlagt Ihr nur so grausam auf Euern armen Pepe! In Spezzano, vor Eurer Abfahrt nach Cosenza, da konntet Ihr ihm gewiß schmeicheln! Da konntet Ihr ihn nennen: Pepito! Mein zuckersüßes Brüderchen! Unterwegs aber ist alles vergessen! ... Der Gerechte erbarmt sich auch seines Viehs und Wort halten muß man Jedermann – selbst seinem Maulesel! ... Ein alter Jäger weiß ich, daß im Wald und auch draußen in der Welt unsere besten Freunde – wie oft – doch nur unsere Pferde und unsere Hunde sind! – ...

Hubertus sprach voll Scherz, aber auch voll Wehmuth und hörbaren Anklangs an einen Gegenstand, der ihn rührte – ... Doch kam er nicht auf den Hund ... Im Gegentheil zeigte er Rosalien die sich jetzt ein wenig öffnende Gegend, an deren östlicher und walddunkler Grenze, dicht unter den glänzendsten Sternbildern, eine schwarze Thurmspitze in die Höhe ragte – das Kloster San-Firmiano ...

San-Giovanni war erreicht ... Ein Bergflecken, wo sich vor Jahrhunderten einige Menschen um einige halbzerstörte Thürme der Normannenzeit angesiedelt und einige hundert Nachkommen hinterlassen haben, die keinen Anblick für Götter bieten ... Aber ein Maler hätte *[312]* darum doch seine Lust an diesem Städtchen gehabt ... Die Thurmmauern ragten von Epheu überwuchert ... In riesiger Ausdehnung spazierte der immergrüne Kletterer bis auf die Felsen hernieder und an diesen wieder, wie

eine einzige Wiese, entlang bis zu den rauschenden, sich hier
vereinigenden Gewässern des Neto und des Arvo ... Ein vierekkiger Glockenthurm der Kirche war der Mittelpunkt einiger im
wirren Durcheinander von den beiden Wildbächen sich aufdachenden sogenannten „Straßen" ...

Nun erst entdeckte man, warum es scheinen konnte, als wäre
in San-Gio die Gasbeleuchtung eingeführt ... Schon in einiger
Entfernung hörte man die beim Morraspiel üblichen, aber in
San-Gio nie so laut vernommenen Flüche und Verwünschungen
... Auch deutsche Laute wurden hörbar ... Pechkränze und Bivouakfeuer loderten auf ...

Auch San-Giovanni war von Soldaten überfüllt ...

Hubertus sah das voll äußersten Erstaunens, sprang vom Wagen und eilte in wilder Erregung auf den Marktplatz ...

10.

Der „Torre del Mauro" eine Locanda, die einer Scheune ähnlich sah, war erreicht ...

Man fand sie von Soldaten in Beschlag genommen ...

Ein Leutnant in einer jener überladenen südeuropäischen Uniformen, mit Troddeln und Stickereien, die bei uns keinem Obersten zukommen würden, stand mit der Cigarre im niedrigen rauchgeschwärzten Thor eines von brennenden Spänen erleuchteten Hofraums ...

Die Bivouakfeuer brannten auf dem Platz vor der Kirche ... Dünste von gebratenem Speck, von Zwiebeln, von Käse ließen auf einen eben abgehaltenen reichlichen Abendimbiß schließen ... Viele der Soldaten, in Mäntel gehüllt, schnarchten schon auf ausgebreitetem Stroh unter freiem Himmel ...

Diese fliegenden Corps waren in den letzten Zeiten im Silaswalde so oft gesehen worden, daß sie eigentlich niemanden besonders auffallen durften ... Nur Hubertus, schon aufs bedenklichste aufgeregt, sah neues Unheil und Scagnarello, der sich mit San-Gios Einwohnerschaft *[314]* in lebhafteste Conversation versetzt hatte, schürte jetzt seine Besorgniß – denn Dom Sebastiano von Spezzano hatte allerdings kürzlich gepredigt, San-Gio müßte noch einmal untergehen wie Sodom und Gomorrha ...

Den Mönchen wurde von Del Caretto's und Celestino Cocle's Regierung wenig getraut ... Ein Schweizeroffizier, welchen Hubertus in deutscher Sprache um die Ursache dieser Expedition anging, schien zwar vom Laut der Muttersprache freundlich berührt, aber Ordre hatte auch er, nichts verlauten zu lassen ... Auf den im verlassenen Pfarrhaus einquartierten Oberoffizier verweisend, mischte er sich unter die andern Offiziere, die sich mit ziemlich derben Späßen auf Kosten einer Frau unterhielten, die „der schöne Mönch wol nicht in sein Kloster entführen, sondern ihnen überlassen würde –" ...

Hubertus wandte sich einem Hause zu, das hier ein Ziegenhirt ersten Ranges, ein „Rico", ein Reicher bewohnte ... Messer Negrino hieß er; er war ihm besonders befreundet ... Leider aber war dieser im Ruf der Ketzerei stehende erste Bürger von San-Gio nicht zu Hause ... Mit seiner Heerde war er unterwegs und vielleicht auf der Messe von Rossano ...

Schon wußte ganz San-Gio, wer mit Scagnarello gekommen war ... Schon hatten sich Gruppen von alten Bekannten gebildet, welche die Schwester ihres in San-Firmiano wohnenden ehemaligen Pfarrers sehr wohl erkannten und sich zu Theilnehmern einer Verhandlung über die Frage machten, ob es gerathener wäre, daß Rosalia Mateucci noch mit ihrem Kinde dem Bruder Hubertus folgen und am Eingangsthor des Klosters *[315]* unter einem Dach, das die Madonna schützte, übernachten oder in einem Bette bleiben sollte, das ihr der alte, hocherfreut sie begrüßende Meßner ihres Bruders in seinem niedrigen Häuschen anbot ... Scagnarello hatte schon den Pepe ausgespannt und mußte ihm die Streu im Freien machen, da den Stall die Soldaten eingenommen hatten ... Als weltkundiger Mann hatte er zum Bleiben gerathen ... Es schien ihm, als würde Paolo Vigo schwerlich sich ihm morgen als Rückpassagier anschließen können ...

Hubertus, vom Hause Negrino's zurückkehrend, scherzte bei allen diesen Verhandlungen mit Jung und Alt, nahm die jetzt verdrießlich aus der Ruhe gekommene Marietta auf den Arm, gab Auskunft über seine Reise sowol dem „Sacristano" wie dem „Sindico", welchem letztern er einige auf seine Reise übernommene Aufträge ausgerichtet hatte – aber die Soldaten, deren Absichten auch die erste Magistratsperson des Ortes nicht zu deuten wußte, beunruhigten ihn so sehr, daß er von Rosalia Mateucci für heute Abschied nahm und sofort nach San-Firmiano aufbrach, um, wie er versprach, schon beim Mitternachtgebet dem Bruder die frohe Kunde zu bringen und diesem zur Ueberlegung Zeit zu lassen, wie er am passendsten seine Schwester empfangen wollte ...

Unter den Scherzen der Soldaten, die Hubertus seines Todtenkopfes wegen schon gewohnt war, verließ er den Platz und begab sich in großer Spannung nach seinem Kloster ... Der Sindico, der zugleich die Post von San-Giovanni hielt, hatte versichert, daß allerdings amtliche Briefe seit einigen Tagen für den Guardian *[316]* des Klosters genug angekommen wären ... Das gab ihm Hoffnung ... Der Sindico wußte, Hubertus hatte die in San-Firmiano seit Jahren Eingekerkerten in Neapel erlösen wollen ... Zöglinge waren sie alle der seltnen Strenge dieses einfachen Mönches, Zöglinge des ihm von Frâ Federigo eingepflanzten leidlich evangelischen und aufgeklärten Geistes ... Mit seiner Fürbitte war Hubertus von Cosenza nach Neapel verwiesen worden ... Hier hatte er nur die Dominicaner verdrießlich und unfreundlich, alle andern Behörden gütig und ganz erfüllt von der ihm immer gewährten Nachsicht gefunden ... Allerdings wurde Hubertus von Rom protegirt ... Seit Jahren hatte man ihm gestattet, in Firmiano zu leben; sogar die Untersuchung über den Tod eines Genossen des Boccheciampo war ihm erlassen worden; man gestattete ihm all die Freiheiten, ohne welche sein unruhiges Temperament nicht leben zu können schien ... Der Sindico konnte nicht genug schildern, was ihm die angekommenen Briefe schon von Außen inhaltreich und bedeutsam erschienen wären ...

Hubertus verließ San-Gio ... Einsam ging er den dunkeln Weg ...

Seine aufgeregte Phantasie brachte diese Soldaten mit seiner Reise in Verbindung ... Der Erzbischof von Neapel hatte eine Menge Fragen an ihn gerichtet – vorzugsweise über Frâ Federigo ... Dem hohen Herrn war alles bekannt gewesen, was diesen Einsiedler betraf, der deutsche Ursprung desselben, seine Flucht aus einem piemontesischen Thal, seine dortige Förderung ketzerischer Bestrebungen, seine Gefangenschaft unter den Genossen *[317]* Grizzifalcone's, dann Hubertus' muthige Befreiung desselben ... Daß Frâ Federigo noch lebte, wußte der Erzbischof nicht minder, ja er beschrieb mit genauester Ortskenntniß ein von Bergen umschlossenes enges Thal im Silaswalde, wo jener Flüchtling unter den sogenannten Bluteichen seit vielen Jahren einsiedlerisch lebte ... „Bluteichen" hießen jene uralten Stämme aus den Tagen, wo auch in Calabrien für die evangelische Lehre Blutströme geflossen waren und Scheiterhaufen loderten ... Paolo Vigo war infolge einer Bekanntschaft mit Frâ Federigo in seinen Kanzelreden verdächtig und dem Kloster Firmiano zur Correction übergeben worden ... Allen diesen Verhältnissen hatte der Erzbischof seine volle Aufmerksamkeit geschenkt, wußte, daß Cosenzas Kirchenfürst vom Guardian zu San-Firmiano Bericht über Bericht über die Umwandlung erhielt, welche mit den unter seine Obhut gegebenen Spielern, Fluchern, Gotteslästerern vor sich gegangen war und dennoch gab er auf die Frage, ob nicht endlich die jetzt so anerkennenswerthen Bewohner des Klosters in ihre Aemter zurückkehren durften, keine entscheidende Antwort ...

Bruder Hubertus hatte in San-Giovanni einige Stärkung zu sich genommen ... Der alte Franz Bosbeck, der noch im hohen Alter einer ungebrochenen Kraft sich rühmen zu können gehofft hatte, war er nicht mehr ... Die lange Kette seiner Lebenserfahrungen war zu drückend und schwer geworden ...

Schon war es über zehn Uhr – nach italienischem Zifferblatt die dritte Stunde – seine Klostergenossen mußten schon schlafen – wecken wollte er niemand, da *[318]* ohnehin die Matutin in den nächsten zwei Stunden sie wach rief ... So unterbrach er sein Steigen auf dem schmalen Felsenpfade und setzte sich auf einen verwitterten, mit Moosflechten überzogenen Stein, traurig hinausblickend in die grüne Wildniß, in die stille Mondnacht, in die rauschenden Wasserstürze am Abhang des Felsens – hinaus in jene noch entlegenere Einsamkeit, wo ein deutscher Schwärmer seit länger als zehn Jahren unter Büchern, Schriften und ländlichen Beschäftigungen sich vergraben hatte – ...

Alles nächste rundum und in der Ferne war grabesstill – auch San-Giovanni, das zum Handausstrecken vor ihm liegen blieb, ob er gleich um eine Stunde Weges schon von ihm entfernt war ... Die Schwester Paolo Vigo's wiedergesehen zu haben, die Erwähnung des „feurigen Hundes", der Anblick des Kreuzes über dem Neto – alles das hatte mächtig die alten Erinnerungen seines Lebens geweckt – ...

Welche Reihe von Schicksalen konnte er überblicken –! ...

Seine Jugend verlebt unter Räubern ... Die einsame Mühle eines Diebshehlers ... Die Gefangennahme der Picard'schen Bande ... Das Hochgericht ... Die Meeresfahrt des holländischen Rekruten ... Java mit seinen braunen Menschen, Palmen, Löwen, Schlangenbeschwörern ... Wieder dann Europa ... Deutschland, zur Zeit Napoleon's – Schloß Neuhof mit seinen grünen Wäldern – Der grimme Wittekind – Hedwig, seine geopferte Liebe ... Brigitte von Gülpen's Betrug – ... Die Flucht in ein schützendes Kloster – die *[319]* Verwilderung der dortigen geistlichen Zucht – sein treuer Beistand durch Abt Henricus – seine Reisen – seine That am melancholischen Bruder Fulgentius, den seine Hand vom Riegel nicht losschnitt, an dem er sich erhängt hatte – die Begegnung mit Hammaker, einem so hochgebildeten Manne, der dennoch ein Mörder werden konnte – mit Klingsohr – mit Lucinden – die Flucht in den blitzgespaltenen Eichbaum – die Flucht nach Italien – die Gefangenschaft auf San-Pietro in Montorio – die Nacht auf Villa Rucca – Pasqualetto's Tod – dann seine Reise, um den Bischof von Macerata und den Pilger von Loretto zu entdecken – ...

Wie führte ihn schon allein die Erwähnung des treuen „Sultan", welcher durch Paolo Vigo, den Pfarrer von San-Giovanni, ein so trauriges Ende nehmen sollte, so lebhaft in die Tage zurück, wo Italiens Reiz dem „christlichen Schamanen", wie ihn Klingsohr genannt, die alte Abenteuerlust weckte –! ...

Als damals Hubertus, entlassen und abgesandt vom Fürsten Rucca, vom Cardinal Ceccone, von Lucinden und vom frommen

Mönch Ambrosi, dem bischöflichen Kapitel von Macerata gerathen hatte, die wunderthätige Madonna zu verbergen, hatte er sich die Bevölkerung der nördlichen Felsenküste des Kirchenstaats zu Bundesgenossen für die Ausführung der Befreiung des Bischofs gemacht ... Durch die Volkswuth über die fehlende Madonna geängstigt, lieferten die Anhänger Grizzifalcone's den Bischof ohne Lösegeld aus ... Ueber den Pilger von Loretto jedoch hatte Hubertus vergebens gesucht, irgend etwas in Erfahrung zu bringen ... Schon *[320]* konnte sich Verdacht regen, daß wol gar der gespenstische fremde Mönch, der, ohne sich deutlich ausdrücken zu können bettelnd bald hier bald dort auftauchte, selbst der Mörder des Grizzifalcone sein mochte ... Hubertus mied die ausgestellten Wachen der Schmuggler, mied die Gensdarmen, welchen er schwerlich, in Folge der Rucca'schen Drohungen, eine willkommene Erscheinung sein konnte, und quartierte sich auf einer Strecke von zehn Miglien bald an der Küste bei Fischern, Zöllnern ein, bald landeinwärts sich wagend, in Klöstern oder bei einsamen Häuslern ...

Vorausgeeilt war er der Kunde, daß Grizzifalcone in Rom von der Hand eines Mönchs gefallen war ... Er vernahm sie zuerst im Kreise von zechenden und ihre Beute theilenden Schmugglern ... An der Art, wie sie ihre Dolche schwangen und ihm Rache schwuren, erkannte er seine Gefahr ... Von den vielen Wohnungen, welche der Räuberhauptmann innezuhaben pflegte, hatte er eine nach der andern durchspäht und nichts konnte er in ihnen von einem Gefangenen entdecken ...

Da schloß sich ihm eines Morgens ein Hund an, der, von langer Wegwanderung so hinfällig wie er selbst, ihm zur Seite schlich, anfangs ihm einen unheimlichen Eindruck machte, dem er ausweichen mußte, der aber dann immer mehr sein Mitleid erregte ... Mit dem Wenigen, was er selbst noch an Eßwaaren bei sich trug, erquickte er das verhungerte Thier ... Der Hund umschnupperte ihn, wie einen alten Bekannten ... Auffallend war ihm der stete Trieb des Thiers, zum Meeresstrand zu gelangen ... Schon war vorgekommen, *[321]* daß gegenüber kleinen Eilanden, die vom Felsenufer abgerissen aus dem Meeresspiegel aufragten, sein Begleiter ins Wasser sprang, hinüber zu schwimmen versuchte und vom mächtigen Wogendrang zurückgeworfen, winselnd wieder zu seinen Füßen kroch ... Hubertus war ein zu guter Jäger, um sich nicht zu sagen: Dem Thier muß irgend eine große Sehnsucht inne wohnen, der nur die Sprache fehlt ...

Jener Felseneilande gab es hie und da größere ... Sie schienen bewohnt; wenigstens wurden sie dann und wann, besonders im Abenddunkel, von Nachen umfahren ... An einem der schroffsten, zu welchem gewiß eine schützende Bucht gehörte, die sich, da sie dem Meere zulag, dem Auge nur entzog, entdeckte Hubertus die Segel eines schon leidlich großen Schiffes ... Das Benehmen des Hundes, das Spitzen seines Ohrs, sein heiseres unterdrücktes Bellen erschien ihm immer auffallender ... Schon nahm Hubertus an, das treue Thier hätte wol gar dem Pasqualetto selbst gehört und suchte zu den nächsten Verbündeten des Räubers zurückzukommen ...

Seine Erkundigungen machten ihm immer mehr und mehr wahrscheinlich, daß jene wie ein riesiger Felsenzahn aus dem Meer aufragende Klippe die Stelle war, die er suchte ... Eine unruhige, über Entschlüsse brütende Nacht verbrachte er auf dem Steingeröll am felsigen Ufer ... Hubertus setzte sich der Gefahr aus, vom Anwachsen der Flut verschlungen zu werden ... Ueber ihm ragten die starren Häupter der Küste, umflattert von aufgeschreckten Seegeiern ... Zuweilen ließen sich oben die Stimmen dort hanthierender Menschen *[322]* vernehmen ... Um Mitternacht tauchten auf dem Wasserspiegel Segel auf ... Deutlich sah Hubertus, wie nur immer und immer drüben die eine Klippe gesucht wurde ... Schon richtete sein bei Nacht doppelt wachsamer Hund Auge und Ohr mit starrem Verlangen hinüber ...

Plötzlich hörte Hubertus in der Nähe des Ufers ein Rauschen ... Er erhob sich von seinem Versteck am Fuß des feuchten Felsens, den nur zu bald wieder die herantretende Flut bespülen konnte, hielt dem Hund, um durch sein Bellen nicht verrathen zu werden, fest die Lefzen zusammen und lauschte, ob es wol eine Barke war, was am Kieselsand die Felsenküste entlang so anschlug und vom Wellenschlag mehr geworfen, als getragen wurde ...

Vom Seetang, auf welchem Hubertus ruhte, kroch er vor und entdeckte einen Kahn, den ein einziger Ruderer mit größter Anstrengung führte ... Ein Moment und Hubertus rief sogleich in seiner humoristischen Zutraulichkeit: Heda, seid Ihr's denn –? Endlich! Endlich! ...

Ja, Tonello! lautete die Antwort ... Sind die Kisten herunter? ...

Die Kisten herunter –? dachte Hubertus –. Sie lassen oben an Stricken die Schmuggelwaaren herunter, die zu Wasser dann am Ufer entlang weiter geführt werden sollen – ... Rasch hatte er seine Kutte ausgezogen, sie wie einen Mantelsack zusammengerollt, auch die Sandalen von den Füßen geschnallt, alles, um nicht auf den ersten Blick als Mönch erkannt zu werden ... Ebenso schnell nahm er die volle Sprache eines Holländers an ... Da er der Tonello nicht sein konnte, *[323]* wollte er sich wenigstens für einen mit Tonello im Einvernehmen stehenden fremden Matrosen geben ...

Inzwischen war die Barke ganz um den Felsenvorsprung herumgekommen ... Ihr Führer war ein junger Bursche ... Nicht wenig erstaunte er, hier statt des Tonello einen halbnackten Menschen zu finden, der sich ihm durch unverständliche Reden, aber deutliche Geberden, vorzugsweise durch ein Zeigen bald aufs Meer, bald auf seinen Hals, dem gewiß die Schlinge drohe, als einen Ausreißer von seinem Schiffe zu erkennen gab, der mit den oben vorausgesetzten Helfershelfern im Einvernehmen stand ...

Ohne weiteres deutete Hubertus an, der Schiffer möchte ihn ja in seine Barke aufnehmen und auf den Felsen hinüberfahren, wohin schon lange die andern, so sprach mit unwiderstehlicher Beredsamkeit sein Mienenspiel, voraus wären ...

Durch sein Fragen bestimmte der Bursche schon immer selbst die Antworten, die Hubertus geben konnte ... Und bald war die Barke dem Ufer so nahe, daß sein Hund nur einen Satz brauchte, um hinüberzuspringen ... Hubertus folgte, ergriff noch ein zweites Ruder, das am Boden lag, und deutete auf den Felsen, dem zusteuern zu sollen der Bursche unausgesetzt in einer kauderwelschen Sprache von ihm bedeutet wurde; die Genossen hier am Meer gehörten allen Nationen an; vorzugsweise fehlten flüchtige Matrosen von Dalmatiens Küste nicht, deren Sprache vielleicht nach des Knaben Meinung es war, die der halbnackte Mensch mit dem grinsenden Todtengesicht sprach ... Hu-[324]bertus hatte seine Kutte mit seiner weißen Schnur umwikkelt ...

Je mehr Hubertus durcheinander sprach, desto sichrer wurde der Knabe und noch sichrer mußte ihn das Benehmen des Hundes machen, der mit vorgestreckter Schnauze und aufgereckten Ohren wie auf dem Sprunge stand – keine Muskel rührte, das Auge unverwandt dem Felsen zu gerichtet ... Die glückliche Erwartung des Thiers verrieth dann und wann ein leises kurzes Bellen ...

Die Fahrt dauerte länger, als sich Hubertus vorgestellt ... Das Meer lag durchaus ruhig und doch ging bis zum Landen eine Stunde hin ...

Die wunderlichsten Bewegungen, Sprünge und das kurze Bellen des Hundes mehrten sich ... Kaum war der Nachen an einem zum Landen geeigneten Vorsprung des Ufers angekommen, so war Hubertus nicht mehr im Stande, dem Knaben Auskunft zu geben; denn sein Hund sprang wie der Blitz aus dem Nachen und im Zanken darüber, im Begehren, den Flüchtling festzuhalten, konnte ihm Hubertus nacheilen ohne damit aufzufallen ... Satz über Satz ging es vorwärts, als wäre der Hund auf der Insel zu Hause – ... Kaum konnte Hubertus folgen ...

Nun mußt' er wol fürchten, der Hund möchte den Räubern gehören, deren Anwesenheit ihm jetzt aus Tonnen, Waarenballen, großen runden Flaschen, wie sie auf Schiffen gebraucht werden, unzweifelhaft wurde ... Erkannte man ihn, so hatte seine letzte Stunde geschlagen ...

Alles blieb still ... Die Waaren lagen aufgespei-*[325]*chert unter den Wölbungen hoher Felsgesteine, verborgen von wildwucherndem Strauchwerk ... Manche dieser Wölbungen waren tiefgehende Höhlen ... Der hellste Mondschein ließ alles deutlich erkennen ... Im Schneckengang wand sich der oft schlüpfrige und unterm Fuß zerbröckelnde Felsenpfad hinauf, bis endlich ein lautes Bellen des Thieres anzeigte, daß seine Anstrengungen belohnt waren ... Hubertus folgte und sah, wie der Hund an einem Holzgatter kratzte, das einen mannshohen Felsenspalt verschloß ... Offenbar war dieser hinterwärts sich erweiternde Raum eine menschliche Wohnung ... Hell schien an einer andern Seite, der See zu, durch einen kleinern Spalt das Licht des Mondes ...

Kaum hatte Hubertus, den Hund beschwichtigend, die Pforte des Gitters ergriffen und sie geschlossen gefunden, kaum einige Geräthschaften wie Tische, Sessel unterschieden, so beschien auch vom jenseitigen, zum Meer gehenden Spalt aus der Mond eine auf einem Lager am Boden ausgestreckte menschliche Gestalt ...

Die Freude, die Aufregung des Hundes war nicht mehr zu stillen ... Hubertus schwebte zwischen Leben und Tod – ... Gleichviel ob dort der Pilger, der Gefangene Pasqualetto's, lag oder ein Angehöriger der Räuber, sein Leben hing an einem Haar ... Er packte den Hund und erstickte ihn fast durch Zusammenwürgen der Kehle ...

Der Schläfer auf dem Lager erhob sich indessen ... Hubertus sah einen Kopf, den ein langer weißer Bart umflutete ... Es war nicht möglich, die Gesichtszüge zu erkennen ... Die Gestalt erhob sich allmählich ... Der *[326]* Mondstrahl der jenseitigen Felsöffnung beleuchtete sie ... Der Mann kam langsam näher und mit einer Hubertus nun bekannten Stimme hörte er auf italienisch: Was ist dein Begehr? – Weißt du nicht, daß der Eingang am andern Gitter ist –? ...

Jetzt unterbrach der Gefangene sich schon selbst ... Er erkannte den Hund und sank zu diesem nieder ... Machtlos streckte er durch das Gitter die Hände nach ihm aus ...

Hubertus ließ die Kehle des Thieres jetzt frei und sagte in deutscher Sprache: Mann! Mann! Du bist es! Gott gelobt! Ich komme, dich zu befreien! Erhebe dich! Auf! Auf! Verweilen bringt Gefahr – ...

Noch hatte Frâ Federigo, der es war, nicht die Sprache gewonnen; er sah nur auf seinen Hund ... Aus Piemont bis hieher war ihm das treue Thier gefolgt ... Hubertus konnte nun dem Thier nicht mehr wehren; durch lautes Bellen gab es seine Freude kund ... Aber ohne Zweifel gab es auf dem einsamen Felsen Schläfer, die geweckt werden konnten ... Auch Federigo erhob sich jetzt von seinem Niederknieen, hielt seine Hände durchs Gitter, zog den sich aufbäumenden Sultan zärtlich an sich und suchte ihn zu beruhigen ...

Inzwischen entdeckte Hubertus die Stelle, wo ein Eingang hinter dem Felsen an der Meeresseite lag und wie dieser zu erreichen war ... Er entdeckte ein Bret, das von den Räubern aufgelegt und wieder weggenommen werden konnte und das den Zugang zur Höhle bildete ... Das Bret stand an die Felsenwand ge-*[327]*lehnt und mußte über eine Spalte gelegt werden, unter welcher ein tiefer Abgrund gähnte ... Hubertus hatte Mühe, den Hund zurückzuhalten, der schon Miene machte, hinüberzuspringen ...

Glücklicherweise schwieg jetzt Sultan und winselte nur vor Begier, über die furchtbare Lücke zu kommen ... Hubertus legte das Bret sorgfältig auf und konnte auf eine andere Kante des Felsens gelangen, auf welcher sich bequem bis zu jener dem Meere zu gelegenen Oeffnung gehen ließ, die in halber Manneshöhe den Eingang bildete ...

Da fand denn Hubertus seinen Reisegefährten, den Pilger von Loretto ... Er fand den greisen, einem Schatten ähnlichen Bewohner dieses grausamen Behälters, eines Nestes für Raubvögel – fand ihn in den Umarmungen seines Thieres, die Augen voll Thränen und sprachlos vor Bewunderung und Freude ...

Zu Verständigungen war keine Zeit gegeben ... Hubertus, gleichfalls vom Pilger sofort als der Gefährte jenes deutschen Mönches Klingsohr erkannt, drängte zu sofortiger Flucht ... Laßt mich hier sterben! sprach Federigo ... Doch Hubertus zog ihn an die Oeffnung und deutete auf Stimmen, die am Fuß des Felsens ihm vernehmbar schienen ... Es ist die Welle, die brandet! sagte Federigo und tastete schon unwillkürlich nach seinem Pilgerkleide, raffte einige Wäsche zusammen und suchte seinen Stab ...

Ich bringe Euch nach Rom! sprach Hubertus. Mich schicken Eure Befreier! Wer weiß, ob diese Bösewichter, wenn ich auch den Kahn gewinne und allein entfliehen *[328]* wollte, Euch nicht inzwischen an einen andern Ort führen, falls ich auch morgen mit der Küstenwache hier einträfe und Euch abholen wollte ... Kommt lieber sogleich! ... Ihr habt Recht, nur die Brandung ist's! ... – Wohlan – Gut Heil –! ...

Hubertus half dem Greise zusammenraffen, was um ihn her ausgebreitet lag und nur irgend rasch zu erfassen war ... Selbst die Decken, auf denen er schlief, bürdete er sich auf; die Papiere, auf die ihn Rucca so ausdrücklich verwiesen hatte, ballte er zusammen ... Der Hund hüpfte und tänzelte nur um beide her und schon waren sie zur Oeffnung hinaus, schon schwankte Federigo auf dem schmalen Stege über die grausige Tiefe – schon rafften sie die andern Sachen zusammen, die sie ans Gitter der größeren Oeffnung geworfen hatten, schon schickten sie sich an, in eilendem Schritt den Felsenpfad hinunter zu entfliehen und das Ufer und den Nachen zu gewinnen ...

Das kluge Thier, gleichsam als merkte es die Vorsicht, die hier zu üben war, begleitete sein Laufen und Wiederlaufen, sein Springen und Schmeicheln nur mit einem leisen freudigen Winseln ... Aber dennoch war es auf dem Eilande lebendig geworden ... Federigo hielt inne ... Lichter schwankten unterwärts am Gestade auf und nieder, Fackeln leuchteten auf, Laternen ... Durch einen Spalt des immer noch schroffen Gesteins sah Hubertus, daß der Knabe den Nachen verlassen hatte und wahrscheinlich zum Lager der Räuber gegangen war und diese geweckt hatte ... Vorwärts! Vorwärts! trieb er den Befreiten an ... Dieser *[329]* folgte, sprach aber besorgt den Namen Grizzifalcone's aus ...

Wißt Ihr denn nicht, daß Euer Peiniger todt ist? flüsterte Hubertus ...

Er ist todt – seit acht Tagen – wiederholte er dem Staunenden und setzte hinzu: Und ich bin es selbst, der ihn erlegte ...

Unglücklicher! rief Federigo voll Entsetzen über diese Tollkühnheit und die mögliche Rache seiner Genossen ... Er hielt aufs neue seine Schritte an ... Nun aber war schon der Weg zu schroff, als daß sein Fuß sich noch selbst regieren konnte; er mußte vorwärts wider Willen ...

Indessen wuchs der Lärm an den Stellen, wo man Licht bemerkt hatte ... Nur noch hundert Schritte waren die Fliehenden entfernt vom Nachen; dennoch konnte der kurze Weg den Tod bringen ... Die Gefahr wuchs, als Sultan die Herbeieilenden bemerkte, wüthend zu bellen anfing und sich zum Angriff rüstete ... Schon sprang er einigen Männern entgegen, die mit Pistolen und Flinten, halbnackt und schlaftrunken, von einem Felsenvorsprung her sich näherten ...

Indessen hatte Hubertus den Nachen gewonnen und den ermatteten Federigo mit Gewalt vom Ufer zu sich herübergezogen ...

Sultan! Sultan! riefen beide im schaukelnden Kahne, den Hubertus schon losband ...

Da blitzte Pulver auf den Feuerröhren der Ankommenden auf, Schüsse fielen, Kugeln sausten ... Darüber flog der Nachen vom Ufer ...

[330] Sultan, der nachsprang und von Federigo's ausgestreckten beiden Armen nachgezogen werden sollte, sank unter, getroffen von einer Kugel, die seinem Herrn gegolten ... Von der unruhigen Brandung geschleudert flog der Nachen machtlos in die Weite ... Das treue Thier blieb auf dem Meeresgrund oder in der Gewalt der Verfolger zurück ...

Mit einem Schmerz, der sich in lauten Jammertönen kund gab, brach Federigo auf dem Boden des Fahrzeugs zusammen – ...

Ja – dieser wunderbaren Nacht mit ihrem Gefolge von Freude und herzzerreißendem Leid mußte jetzt Hubertus gedenken auf dem stillsten Orte der Welt, in diesem einsamen Gebirgsthal Calabriens, ruhend auf einem Stein, um den selbst die Eidechsen und Käfer jetzt schliefen ... Bilder des Kampfes, Bilder neuer Gefahren traten vor sein erregtes Gemüth ... Eine Ahnung, welche mit dem von Neapel hinweggenommenen Eindruck der Falschheit zusammenhing, sagte dem schlichten Mann, der alles, nur kein Menschenkenner war: Wenn sich Federigo's ruheloses Leben erneuerte! Wenn der hochbetagte Greis in seinem düstern Waldesdunkel nicht länger sicher bliebe! ...

Seit jener Flucht vom Felseneiland bei Ascoli waren fast zwölf Jahre vergangen ... Doch traten gerade heute alle Einzelheiten derselben vor die Seele des einsamen, hier wie am Grabe der Natur wachenden Wanderers ... Er gedachte, wie damals der erste Schmerz um den Verlust des wie man glauben mußte todten Thieres alles andere überwog – wie die Flüchtlinge da-*[331]*mals sich vorstellen mußten, wie oft der brave Sultan gefangen gewesen sein mußte, um ein Jahr zu brauchen, die Spur seines Herrn von Piemont bis zur Mark Ancona wiederzufinden –! ... Und am Ziel seines edlen Naturtriebes*) mußte das treue Thier zusammenbrechen – ...

Aber Hubertus gedachte nun auch, wie damals mit dem anbrechenden Tage die Sorge wuchs und ihre Kräfte nicht mehr

---

*) Ein Factum.

ausreichten, den Nachen zu regieren – wie der Nachen ans Ufer getrieben wurde und die Landung neue Gefahren brachte, da Federigo dem Vorschlag, sich den Grenzbeamten zu überliefern und nach Rom zu fliehen, aufs allerentschiedenste widersprach, immer und immer als das Ziel seiner vor dreiviertel Jahren unterbrochenen Pilgerschaft nach Loretto, das er sich nur der Merkwürdigkeit und des allgemeinen Pilgerstromes wegen hatte ansehen wollen, nur den Silaswald in Calabrien bezeichnete ... Wie erbebte noch jetzt des guten Bruders Theilnahme unter der Erinnerung an die seltsamen Gründe, welche für diese Reise damals Federigo angab und Hubertus wol schwerlich sämmtlich erfahren hatte – ...

Die von Ceccone geleiteten Fäden der Verlockung der Bandiera in einen Aufstand der Räuber hatten ebenso in Federigo's Händen gelegen, wie die jener Mittel, durch welche sich Grizzifalcone die Erkenntlichkeit des Fürsten Rucca erwerben wollte ... Jene Listen, welche er dem Räuber hatte schreiben müssen, besaß er – er warf sie zu Hubertus' Erstaunen zer-*[332]*rissen ins Meer ... Lebhafter war Federigo's Drang, die Insurgenten in Korfu zu warnen ... Federigo hoffte irgendwo eine Post anzutreffen, um einen Brief nach Korfu an die ihm wohlbekannten Adressen der Emigration zu schicken ... Dies that er dann auch ... Um die Landung in Porto d'Ascoli zu hintertreiben, um vor den Namen zu warnen, die bisher nach Korfu gleichsam als Einverstandene und zur Invasion Ermunternde geschrieben hatten, ergriff er die erste Gelegenheit, um einige Zeilen aufzusetzen ... Hubertus erfuhr, daß der Gefangene in jener Höhle Briefe, deren Zusammenhang und Bestimmung er nicht kannte, anfangs harmlos geschrieben ... Als er die Absichten ahnte, die ihm die unheimlichsten schienen, zwangen ihm nur noch die furchtbarsten Qualen und Drohungen der von Cardinal Ceccone gedungenen Räuber die Feder in die Hand – ...

Eine Folge der, des unsichern Postganges wegen, mehrfach aufgesetzten, aber in Korfu richtig angekommenen Briefe war dann die Landung der Bandiera in Calabrien ... In jenem Briefe Attilio's, von welchem damals in Bertinazzi's Loge sich Benno so mächtig hatte aufregen lassen, waren diese Mittheilungen Federigo's sämmtlich wiedergegeben worden ...

Langsam kamen der Gerettete und Hubertus, welcher sich von seinem neuen Freunde nicht zu trennen vermochte, durch die Abhänge des Monte Sasso und durch die Abruzzen ... Endlich erreichten sie jenen alten Wald, in welchem Federigo seine Tage beschließen wollte ... Die religiösen Gespräche des Pilgers, seine genaue Bekanntschaft mit jenem deutschen Landstrich, wo Hubertus soviel *[333]* Freude und Leid erfahren, des Pilgers Bekanntschaft mit soviel Personen, die in die schmerzlichsten Schicksale seines Lebens verwickelt waren, fesselten ihn in dem Grade an den deutschen greisen Sonderling, daß er sich nicht mehr von ihm trennen mochte ... Durch ihn ließ er dann an Lucinden nach Rom schreiben, bat sie, seinen Aufenthalt vorläufig noch dem Cardinal und dem Fürsten Rucca zu verschweigen, fügte hinzu, sie möchte ihm insgeheim von seinem General die Erlaubniß erwirken, in San-Firmiano, einem Franciscanerkloster, bleiben zu dürfen, das glücklicherweise in der Nähe des Ortes lag, wo sich Federigo seine Hütte gebaut ... Sein früherer Pflegling, Pater Sebastus, war genesen und hatte eine seinen Wünschen entsprechende Stellung gefunden ... Lucinde vermittelte alles, was er wünschte und seine Bitte wurde gewährt ...

Durch eine wunderbare Fügung des Zufalls traf es sich auch, daß gerade dies plötzliche Verschlagenwerden nach dem Süden Italiens zugleich die Anknüpfungen an eine so lange von Hubertus verfolgte Absicht bot, sein von Brigitte von Gülpen ererbtes Vermögen dem verhaßten Kloster Himmelpfort zu entziehen und zweien Personen zuzuwenden, die ihm seine von Gott ihm auf die Seele gebundenen Kinder schienen, da sie einst in seinen Armen gerettet blieben bei jenem verzweifelten Sprunge aus der Höhe eines brennenden Hauses in Holland ...

Einer derselben hatte seine Güte nicht verdient ... Und doch hatte wiederum Jân Picard, damals Dionysius Schneid genannt, aus dem Brand von Westerhof von ihm gerettet werden müssen ... Anderthalb Jahre war es da-*[334]*mals her, daß Löb Seligmann am Eingang zur Kirche des Klosters Himmelpfort jenes furchtbare Krachen gehört und im Todtengewölbe Licht gesehen hatte ... Damals benutzte Hubertus die gerade noch im Bau begriffene Begräbnißstätte des Kronsyndikus, um den muthmaßlichen Brandstifter im Todtengewölbe der Kirche zu verbergen ... Die mächtige Marmorplatte, auf welche Namen und Würden des Geschiedenen gemeißelt werden sollten, ließ er oberhalb der Grube niederfallen, in die sein damals noch unwiderstehlicher Arm den Verwundeten über die hinunterführende Leiter trug ... Für einige Augenblicke machte er dann Licht und bereitete unter den Särgen dem Kranken ein Lager ... Seine Drohungen mußte Jân Picard aus einem so entschlossenen Munde für Ernst nehmen ... Drei Tage und drei Nächte verpflegte ihn Hubertus, ohne in den Verstockten dringen, ganz seine auf Westerhof vollführte That erforschen zu können ... Sein Interesse für Terschka, seine Sorge für den auf seiner Zelle und unter des Pater Maurus' Zucht verzweifelnden Klingsohr bestimmten ihn, diese Last sich je eher je lieber abzuschütteln ... Lucinden hatte er das Wort gegeben, ihn nicht zu verrathen ... Zugleich vertraute er dem Ton der Verstellung, die von einer dumpfen Bigotterie, die in Picard lebte, unterstützt wurde, nahm von ihm das Gelöbniß der Besserung entgegen, ließ den gegen religiöse Eindrücke nicht Verschlossenen bei einem der auf den Gräbern angebrachten Kreuze schwören und vertraute dem Versprechen, daß der Zögling der Galeeren nach Amerika auswandern und dort mit Hülfe *[335]* der großen Summe, die er ihm für diesen Fall bestimmt hatte, ein neues Leben beginnen wolle ... Diese Summe, vor kurzem erst erhoben, trug Hubertus in Papieren bei sich ... Die Ueberraschung und Geldgier des Räubers nahm die Form einer Dankbarkeit an, die aufrichtig schien ... Picard vermaß sich hoch und theuer, an den Ufern irgend eines der Ströme Amerikas Grundbesitz kaufen und sein Leben hinfort nur noch der Reue und Arbeit widmen zu wollen ... Nach einigen Tagen, während ihn Hubertus unter den Särgen verpflegt hatte, brachte er ihn mit größter Behutsamkeit auf den Weg nach Bremen ...

Picard ging, wie wir wissen, über London und gerieth unter seine gewohnte Gesellschaft ... Er verthat die für England nicht zu große Summe in kurzer Zeit ... Ohne Mittel, fiel er in seine frühern Gewohnheiten zurück ... Die französische Sprache, deren er mächtig war, die anfänglich ihm so reich zu Gebote stehenden Summen hatten ihn in Verbindungen gebracht, die weit über die Sphäre gingen, auf welche seine rohe Bildung angewiesen war ... So war es möglich geworden, daß er Terschka begegnete, den er von Westerhof kannte ... Ohne sich ihm als Dionysius Schneid zu erkennen zu geben – seine kunstreichen Perücken sind uns vom Finkenhof her bekannt – knüpfte er an die ihm von Hubertus ausgesprochenen Vermuthungen über Terschka's Person an, erinnerte an ihre gemeinschaftlich bei einem Müller, später bei einem Scharfrichter verlebte Jugendzeit und hatte, da sich Terschka, trotz der lockenden Aufforderung, die sein Jugendgespiele an ihn richtete, er *[336]* sollte sich getrost die auch ihm bestimmte Summe vom alten Jugendkameraden, Franz Bosbeck, dem jetzigen närrischen Mönch Hubertus kommen lassen, befremdet und höchst entrüstet zeigte und diese Reden zurückwies, die Frechheit, Terschka's Rock- und Hemdärmel aufzureißen und ihm das holländische Brandmal der Verbrecher auf seinem Arm zu zeigen ... Terschka, nun zum Schweigen verurtheilt, kämpfte mit sich, was er thun sollte ... Hubertus war nach Italien gegangen; eine Correspondenz mit dem in Rom auf San-Pietro in Montorio Verweilenden war nicht möglich, ohne sein Geheimniß noch mehr zu compromittiren; – die große Summe reizte ihn aber – für ihn bestimmt war sie in Witoborn niedergelegt ... Terschka mußte sie zu bekommen suchen ...

Einstweilen suchte sich Terschka Picard's selbst zu entledigen ... Die Reihen der Emigrationen waren von je gemischt ... Mit dem Schein des politischen Flüchtlings umgibt sich der betrügerische und flüchtige Bankrottirer, der Spion, der falsche Spieler ... Unter den verbannten Karlisten und Sicilianern gab es Charaktere, für deren erste Lebensanfänge niemand gutsagen konnte ... Nicht nur Ceccone's Intrigue, die Intrigue der meisten Regierungen ging in England dahin, irgendwie in das innere Getriebe der Conspirationen einzutreten. Zu Horchern und Provocatoren geben sich dann reine Charaktere nicht her – so mußten sich den oft phantastischen und der Welt unkundigen Edelgesinnten Betrüger zugesellen ... Das große Weltgewühl erschwert die gegenseitigen Prüfungen ... Picard, der seit Jahren schon verschiedene Namen geführt und in den *[337]* abwechselndsten Lagen gelebt hatte, schloß sich den für Malta und Korfu geworbenen entschlossenen Revolutionären an ... Boccheciampo, ein ehemaliger sicilianischer Bravo, ging wie jeder andere Flüchtling unter einer Mehrzahl unbescholtener und den reinsten Ueberzeugungen lebender Männer ... Diesem schloß sich Picard an ... Mit goldenen Ringen, Uhrketten überladen, nannte er sich einen Belgier van der Meulen ... Boccheciampo leitete jene Intrigue des Cardinals Ceccone, der zufolge mit den römischen Invasionen der Flüchtlinge, um sie zu compromittiren, die Räuberelemente der Mark Ancona und der Abruzzen verbunden werden sollten ... Van der Meulen reiste mit Boccheciampo über Gibraltar und Malta nach Korfu ... Hier musterten die Bandiera ihr Fähnlein und beurtheilten es im besten Vertrauen auf die Bürgschaft der londoner Absender ... Schon sollte ein von ihnen gemiethetes und commandirtes Schiff nach Porto d'Ascoli in See stechen, als die Briefe des von Hubertus befreiten Federigo ankamen und die Insurgenten vor einer ihnen gelegten Falle warnten ... So spielte sich der Schauplatz der demnach schon im Keim hoffnungslosen Unternehmung auf eine andere Stelle Italiens, wo eine gleichzeitige Erhebung Siciliens in Aussicht gestellt wurde ...

Hier offenbarten sich die schlechten Elemente, die sich unter den Insurgenten befanden*) ... Mit der dreifarbigen Fahne marschirten die Verschworenen, die in *[338]* Punta d'Allice landeten, über Rossano auf Salerno zu, wo gleichfalls eine Erhebung angesagt war ... Aber im Gegentheil; vorbereitet fand man überall nur den Widerstand; sämmtliche Bürgergarden waren einberufen ... Wuchs auch der Haufen der Insurgenten von Ort zu Ort, so konnte er doch die erste Begegnung mit regulären Truppen nicht aushalten ... Die Trümmer des zersprengten Corps suchten Schutz auf dem hohen Kamm der Apenninen ...

Hier irrten sie bis auf die höchsten Gipfel und bis da hinauf, wo im schmelzenden Schnee die Ströme des Neto, Leso, Arvo ihren Ursprung nehmen ... Hubertus erfuhr im Kloster, daß die Bandiera mit zwanzig ihrer Angehörigen in jene Schlucht gedrungen waren, wo unter den Bluteichen Frà Federigo seine Hütte erbaut hatte ... Unruhig, ob sich die Nachricht bestätigte, daß von Spezzano aus eine Militärcolonne in den Wald rücken sollte, verließ Hubertus sein Kloster, ging die Windungen des Neto entlang und begegnete zweien zerlumpten, Banditen ähnlichen Männern, die in Eile daherlaufend und sich scheu umblikkend ihn anriefen: Sind in San-Giovanni Soldaten? ... Kaum waren sie so nahe, um unter seine Kapuze zu blicken, so wandte sich der eine ... Die Stimme, die Hubertus gehört, schien ihm bekannt; der flüchtige Blick hatte ihm eine selbst in solcher Verwilderung erkennbare Physiognomie ins Gedächtniß gerufen ... Das ist ja Picard! sagte er sich mit dem höchsten Erstaunen und beflügelte seine Schritte, die Flüchtigen einzuholen ... Je lebhafter sie von ihm verfolgt wurden, desto schneller eilten sie vorwärts ... *[339]* Bei San-Giovanni machten sie einen Umweg und schlichen unterwärts durch die Kornfelder ... Hubertus

---

*) Mazzini hat über die Vorwürfe, die ihm wegen seiner mangelhaften Ausrüstung der Bandiera'schen Expedition gemacht wurden, eine eigene Rechtfertigungsschrift herausgegeben.

folgte rastlos; zumal da er sah, wie sie sich furchtsam die Mauern entlang drückten und den Schutz der Gärten suchten ... Es ist Picard! wiederholte er sich. Picard, den ich in Amerika glaubte! Picard, der die Kraft meines Armes fürchtet! ...

Der Ideenkreis unsres guten Hubertus war klein – aber klar trat ihm Picard's Theilnahme an jener von Porto d'Ascoli aus irregeleiteten Unternehmung vors Auge ... Eine Gefahr, sowol für die ihm durch Federigo's Mittheilung bemitleidenswerth gewordenen Brüder Bandiera, wie für Federigo, welcher die der deutschen Sprache Kundigen vielleicht gastlich aufgenommen – stand lebhaft vor seinen Augen ... Ahnend, daß die Flüchtlinge trotz der Soldaten ausdrücklich Spezzano suchten, schnitt er ihnen bei seiner schon gewonnenen Terrainkenntniß den Weg ab ...

Inzwischen kletterten die Flüchtlinge aus der Tiefe, die keinen Weg mehr bot, zur obersten Saumthierstraße empor ... Hier erwartete sie jedoch schon der schreckhafte Mönch, ein Knochenskelett ... Hubertus trat ihnen muthig entgegen ... Picard! rief er, noch zweifelnd; aber Picard war es, er erkannte den Räuber ... Zurückbebend sagte dieser, und zum Tod erschrocken, in deutscher Sprache: Jesus Maria! Seid Ihr es, Bosbeck? Ich glaubte Euch in Rom! Dort wollt' ich Euch aufsuchen! Steht uns bei! Wir müssen nach Spezzano ... Sind Soldaten in Spezzano? unterbrach der andere auf italienisch ... Picard fuhr fort: Ist alles vorüber, Alter *[340]* so erzähl' ich Euch, wie schlecht es mir am Ohio gegangen ... Und wieder rief mit wildem Ungestüm der andere: Sagt rasch, rasch, rasch; sind Soldaten in Spezzano? ...

Was wollt ihr mit Soldaten? antwortete Hubertus, der wohl begriff, daß des Italieners Worte nach Soldaten ein Verlangen nach ihnen und keine Besorgniß ausdrückte ... Sie werden euch fangen –! setzte er forschend hinzu. Gewiß seid ihr von der Bandiera-Bande aus Korfu ...

Das mag recht sein! erwiderte der andere – es war Boccheciampo ... Aber nur schnell! Schnell! Führt uns auf dem kürzesten Wege nach Spezzano! ...

Aus Dem, was die athemlosen und erschöpften Männer sonst noch vorbrachten, ersah Hubertus, daß sich beide von den übrigen Flüchtlingen getrennt hatten, sich mit den ausgestellten Posten der bewaffneten Macht in Verbindung zu setzen hofften und ohne Zweifel einen Zug anzeigen wollten, welchen, wie er erfuhr, der Rest der Insurrection von den Bluteichen aus diese Nacht über den Kamm der Montagne delle Porcine hinweg unternehmen wollte, um den Meerbusen von Squillace und von dort die See zu gewinnen ... In San-Giovanni di Fiore, hörte er, würde dieser Zug um Mitternacht ankommen und leicht von den Truppen aufgehoben werden können, wenn diese ihm nicht sofort bis zu den Bluteichen entgegengehen wollten ... Hubertus sah die verrätherische Absicht ...

Diesen Zug wollt ihr angeben? fragte er und hielt schon Picard's Arm fest ...

[341] Picard kannte die Stärke des Mönchs und erblaßte nicht wenig über die funkelnden Augen, deren unheimliche, einer Kraftentfaltung vorausblitzende Macht er aus seinen Jugenderinnerungen heute zum zweiten mal wieder erkennen sollte ...

Mit dem Narren in die Hölle! rief Boccheciampo, Hubertus' Gesinnung ahnend, zog ein Pistol und ergriff zu gleicher Zeit Picard's Arm, um seinen Gefährten zu befreien und ihn sich nachzuziehen ...

Einen Augenblick fuhr Hubertus vor dem Pistol zurück, sah auch, mit einem zuckenden Blitz des Auges, daß Picard mit der Linken ein blankes Messer aus seinen Lumpen zog ... Doch schon hatte den wilden Mönch der Anblick zweier Bösewichter, die, um den Preis ihrer eigenen Freiheit, andere ins sichere Verderben ziehen wollten, zur Wuth entflammt ... Seine Hand drückte Picard's Arm so mächtig, daß dieser aufschrie und seinen Arm für gebrochen erklärte ...

Hubertus suchte am Felsen seinen Rücken zu decken, ohne dabei Picard's rechten Arm loszulassen ...

Laßt mich! schrie dieser, drängte vorwärts und drohte mit seinem blitzenden Messer in der Linken ... Wie ein dem Ertrinken Naher, mit der ganzen fieberhaften Kraft, deren selbst die Feigheit fähig ist, wenn sie sich vor äußerster Gefahr zu retten sucht, suchte sich Picard loszuwinden und dem Italiener zu folgen, dessen Pistol sich jetzt zur Mehrung seiner Wuth als nicht geladen erwies ...

Nun mußte Hubertus auch Boccheciampo abwehren ... Alle drei rangen ... Hubertus gegen zwei ... *[342]* Immer näher kam der wilde Knäul dem jähen Abgrund des Felsenweges ... Mit verzweifelnder Anstrengung wollten sich die Ringenden der andern Seite zuwenden, wo die Felswand wieder höher emporstieg ... Da riß sich mit einer höhnischen Lache Boccheciampo plötzlich aus dem Knäul los, stürzte die andern vom Rand des Weges in die Tiefe und entfloh ...

Mit einem gellenden Schrei suchte Picard sich im Fall zu halten – Vergebens; die beiden Sinkenden glitten tiefer und tiefer ... Unten rauschte die wilde Flut des Neto ... Hubertus hielt sich an einer hervorragenden Strauchwurzel – ein Moment – und er hörte, daß Picard, der die Besinnung verloren hatte, unaufhaltsam in die zuletzt nur noch schroff sich absenkende Tiefe stürzte ...

Eine Besinnung, eine Entschlußnahme war anfangs auch für Hubertus nicht möglich ... Eine Viertelstunde verging, bis er so viel Kraft gesammelt hatte, um sich wieder auf die Straße hinaufzuarbeiten ... Da hörte er in der Ferne Schüsse ... Als er auf die Straße kam, hatte sie ein Piket Soldaten besetzt und hielt Boccheciampo gefangen ... Auch den Mönch nahm man mit und ließ ihn streng bewachen ...

In der Nacht krönte sich Boccheciampo's Verrath ... Aus dem Thurm zu San-Giovanni, in welchen Hubertus, ohne die Flüchtlinge warnen zu können, gefangen gesetzt wurde, vernahm er, wie oberhalb Firmiano's, wo ein einsamer, unbekannter Waldweg über den höchsten Gebirgskamm führt, ein kurzer verzweifelter Kampf der kleinen Schaar stattfand, die auf ihrem Wege gekreuzt *[343]* und zuletzt gefangen genommen wurde ... Boccheciampo hatte den Soldaten die richtige Anzeige ihres nächtlichen Zugs gemacht ... Man führte die Verlorenen nach Cosenza – ...

Auch Frâ Hubertus wurde später dorthin abgeführt ... Der Erzbischof nahm sich des Klerikers an, berichtete an den General der Franciscaner nach Rom und wieder kam die Weisung, den Worten des Bruders Hubertus vollen Glauben zu schenken und ihm jede Nachsicht zu gewähren ... Die Nachforschung nach dem verunglückten Gefährten des mit Pension nach Stromboli geschickten Boccheciampo gerieth ins Stocken ... Einige Wochen nach Hinrichtung der Bandiera, kam Hubertus auf freien Fuß ...

Wie Hubertus erst heute wieder jene Stelle des Ringkampfs gesehen, wie er jetzt zu jenem Felsenpfade über sich emporblickte, der damals ein Todespfad für zwanzig Menschen geworden war, brachte ihm die bange Stimmung seines Gemüths in voller Gegenwärtigkeit auch den Augenblick zurück, wo er damals, nach Entlassung aus seiner Haft in Cosenza, von jenem Kreuze aus, das er am verhängnißvollen Orte vom Sindico zu San-Giovanni auf Befehl der Regierung errichtet fand, ein Wagstück vollführte, welches allen, die davon erfuhren, unglaublich erschien ...

Mit Stricken, Hacke und Beil stieg der Tollkühne am schroffen Felsabhang nieder und suchte dem Opfer beizukommen, das dort unten noch im feuchten Schose des an jener Stelle von Menschenfuß noch nicht berührten Neto ruhte ...

[344] Im Ringen hatte Hubertus bemerkt, daß Picard unter seinen zerlumpten Kleidern ein Portefeuille trug, auch Geld und Geldeswerth bei sich hatte ... An letzterm lag ihm nichts; im erstern aber fand er vielleicht Aufklärungen über die ihn wahrhaft empörende und mit höchstem Zorn erfüllende Täuschung, der er sich hingegeben vor noch nicht zwei Jahren, als er glaub-

te, Picard wäre nach Amerika gegangen ... Nur eine so von
frühster Jugend gehärtete, an jede Lebensgefahr gewöhnte Natur, wie die seinige, konnte die Schwierigkeit dieser Unternehmung überwinden ... Hundertmal glitt sein halbnackter Fuß am
zuletzt völlig senkrechten, glücklicherweise strauchbewachsenen
Abhang aus ... Nichts hielt dann die Wucht des Körpers, als ein
Zweig, eine Wurzel, welche die schon blutig zerrissene Hand
unterstützte ... Wo ein hervorragender Stein oder ein Ast kräftig
genug schien, befestigte der Muthige mitgenommene Stricke,
die den Rückweg erleichtern sollten, falls sich aus der Tiefe der
Schlucht selbst kein anderer Ausweg bot ... Ganz allein, und
ohne irgend einen Zeugen sich an diese muthige Unternehmung
wagend, kam Hubertus, blutend an Armen und Füßen, endlich
bei den an dieser Stelle gehemmten, in einem Kessel wildtobenden Fall des Neto an ...

Hoch spritzte der Schaum des von zerrissenen Felsblöcken
zurückgeworfenen Gewässers auf – weitab nur vom Rande des
Strombetts ließ sich an den Büschen mühsam weiterklettern ...
Die Kohlenaugen des alten Jägers spähten rundum ... Hubertus
fand, daß der Wildbach irgendwo ein Hemmniß hatte ... Von
Weißdorn-*[345]*büschen wildüberwuchert zeigte sich ein Vorsprung, um den das schäumende Gewässer sich herumzwängen
mußte ...

Endlich fand sich – unter den Büschen das Schreckbild einer zerschmetterten und verwesten Leiche ... Der Kopf war
schon unkenntlich, aber die andern Glieder hatten sich noch
unzerstört erhalten – die kühle Wasserluft verzögerte die Auflösung ...

Eine Weile währte es, bis Hubertus es wagte näher zu treten
und den vollen Anblick des Schreckens dauernd zu ertragen ...
Ein Dolch, den er nach Landessitte in seiner Kutte trug, schnitt
die Kleider der Leiche auseinander ... In den Taschen lag noch
Geld, eine Uhr; die Brieftasche war nicht zu finden ... Hubertus
durchsuchte den ganzen Körper ...

Das Portefeuille war verschwunden ... Ohne Zweifel war es beim Sturze aus der Tasche geglitten ... Aber auf dem steinigen Grund der krystallenen Woge blinkte Gold auf ...

Hubertus blickte weiter um sich ... Da lagen auch Blätter Papier, eingeklemmt in die spitzen Steine ... Die nassen Blätter gingen beim Aufnehmen auseinander ... Hubertus sah, daß es Bruchstücke waren, die einem Paß oder einem ähnlichen Document angehörten ... Wieder suchte er mit spähendem Auge. Es fanden sich, jetzt auch am Ufer, einzelne zerstreute Blätter ... Vom Regen und vom Schaum des Neto waren sie so aufgeweicht, daß sie schon beim Aufnehmen unter der Hand auseinandergingen ... Dennoch nahm er alles vorsichtig an sich und wickelte es zum Trocknen in sein Taschentuch ...

[346] Nach langem Suchen dann nichts mehr findend, nahm er einige wild durcheinanderliegende Steine, bildete in Manneslänge in der Erde eine Höhlung, warf in sie die Reste des verwesten Körpers und bedeckte alles mit den Steinen und buschigen Weißdornzweigen, die er mit dem Dolch abschnitt ... Uhr und Geld nahm er in sein Bündel noch hinzu, sprach einen kurzen Segen und machte sich auf den Heimweg, dessen noch gesteigerte Schwierigkeiten die Gewandtheit seines Körpers überwand ...

Von jener Brieftasche fand sich nichts mehr – er durfte sich sagen, daß die Papierreste, die er gefunden, hinreichten, um einem so kleinen Behälter schon einen ansehnlichen Umfang zu geben ... Das Geld floß dem nächsten Opferstock an der Kirche von San-Giovanni zu; die Uhr und die Papiere wurden bei passender Gelegenheit für einen Besuch bei Federigo aufgespart ... Sie zu lesen verhinderten – natürliche Schwierigkeiten ...

Nicht zu oft durfte es Hubertus wagen, die Bluteichen zu besuchen ... Nur dann ging er, wenn ihn zu mächtig die Sorge für den immer mehr verwitternden Greis ergriff – nach einem stürmischen Wetter, nach einem Briefe, deren zuweilen welche für Federigo – dann waren sie eingelegt an Hubertus – beim Guardian einliefen; diese kamen von Rom und waren, wie Hubertus gelegentlich bemerkte, in seltsamen Chiffern geschrieben ...

Als den Mönch eines Tages wieder die Hütte seines Freundes mit seinem, dem Leichnam abgenommenen Funde beherbergte, betrachtete dieser die Uhr mit äußerstem Erstaunen ... Der Eremit erkannte sie für die seinige *[347]* ... Nicht daß sie ihm jetzt geraubt war, sie hatte ihm vor vielen Jahren gehört ... Daß Picard sie aus dem Grabe des alten Mevissen gestohlen, konnte durch die Mittheilungen des Mönches theilweise errathen werden – Hubertus wußte, daß Picard auf dem Friedhof eines deutschen Dorfes ein Grab erbrochen hatte ... War es das des alten Mevissen –? dachte Federigo. Welche Verwickelungen konnten dann entstanden sein, falls sein Vertrauter an solchen Erinnerungen noch mehr in die Grube mit sich genommen hatte! – ... Mit einer Aufregung, die Hubertus an seinem Freunde sonst nicht gewohnt war, durchflog dieser die Papierreste, die sich in Picard's Nähe gefunden hatten ... Ihr Inhalt schien ihn allmählich zu beruhigen ...

Aus einigen Brieffragmenten ergab sich aber eine Beziehung Picard's zu Terschka ... Sie hatten sich, das ersah man deutlich, in London gekannt ... Die Briefe waren vorsichtig abgefaßt und enthielten sogar besonnene Mahnungen, manche Ablehnung der Picard'schen Zudringlichkeit – Terschka's Ton war hier in hohem Grade vertrauenerweckend – ...

Die nunmehrige Entdeckung der Thatsache, daß sich Hubertus damals auf Schloß Westerhof in Terschka's Person nicht geirrt hatte, nahm ihn trotz Terschka's damals so schroffer Ablehnung für ihn ein ... Die Klage Terschka's über seine eigene hülflose Lage, auch die zufälligerweise in diesen Briefen von ihm ausgesprochene Reue über seine schnöde Behandlung des „guten Franz Bosbeck", der ihm so wohlgesinnt gewesen, alles das konnte Hubertus nicht hören, ohne an sein noch *[348]* in

Witoborn bei einem Advocaten stehendes Geld zu denken ... Auch Federigo kannte von Castellungo her den Lebenslauf Terschka's, kannte seinen Uebertritt zu einer Confession, die an Federigo und den Waldensern der nur in jüngeren Jahren fanatisch katholische Mönch zu achten gelernt hatte, und rieth dazu, diesen Wink des Schicksals zu beachten ... Wenn Hubertus doch einmal sein Vermögen dem Kloster Himmelpfort entziehen wollte – und nach seinem Tode würde Pater Maurus in Himmelpfort sich schon zu Gunsten seiner Ansprüche regen und geltend machen, daß Hubertus nur als ein auf Urlaub befindlicher Mönch seiner Provinz betrachtet werden konnte – so sollte er sich eilen, dem Erben, den er sich nun einmal gewählt und der hoffentlich besser damit verfahren würde, als Jân Picard, seine, wie man sähe, dringend ersehnte Hoffnung nicht zu entziehen – Die Partheilichkeit, die Gräfin Erdmuthe für Terschka von jeher gezeigt, hatte sich auch dem Einsiedler mitgetheilt ...

Durch ihn, als Schreibkundigen, zugleich durch den wohlgesinnten Guardian des Klosters Firmiano, leitete Hubertus eine Verhandlung mit den Gerichten im fernen Witoborn ein, der zufolge Terschka die Summe, die er diesem gleich anfangs bestimmt hatte, richtig in London ausgezahlt erhielt ... Es währte ein Jahr, bis diese Procedur zu Stande kam ... Terschka's Dankesbriefe hoben nicht wenig das Gefühl des alten Mannes, der sich einer guten That bewußt war und oft mit Schmerz von seinem Schicksal sprach, das ihn gerade über die, denen er Gutes erweisen wollte, zum willenlosen und wie von Gott bestimmten Richter machte ...

[349] Die Räthsel, die den deutschen Pilger umgaben, hatten sich für Hubertus nur theilweise gelüftet ... Bald nach dem Vorfall mit jener Uhr, einem Zusammentreffen, das Federigo am wenigsten aufklären mochte, kam das Ende des treuen Sultan, der, von seiner Wunde geheilt und einen Augenblick die Freiheit nutzend, seinem Herrn wieder bis auf mehr als funf-

zig Meilen gefolgt war und am Ziel seiner Sehnsucht durch den Pfarrer von San-Giovanni so misverständlich sein Ende finden mußte*) ...

Lebhafter denn je gedachte Hubertus heute der Folgen, welche damals eine an sich so entschuldigte That des edlen Paolo Vigo nach sich zog ... Er gedachte seiner Klagen damals, als sein zufälliger Ausgang aus dem Kloster, um zu terminiren, ihn nach San-Gio führte, ein Volkshaufe um den verendenden Hund stand, er ihn erkannte, ins Kloster trug, ganz so, wie zuweilen Sanct-Philippo Neri, mit dem ihn Klingsohr so oft verglichen, abgebildet wird ... Paolo Vigo erfuhr die Geschichte des Hundes, war davon aufs tiefste ergriffen und besuchte den Eremiten unter den Bluteichen, gleichsam um seine rasche That zu entschuldigen ... So knüpfte sich zuletzt eine Freundschaft, die auch ihn ins Strafkloster Firmiano brachte ...

Hier aber zeigte sich die gute Wirkung solcher Nachbarschaft ... Jähzorn, Völlerei, alle Leidenschaften, von denen das Amt des Priesters geschändet wird, fingen dort allmählich zu verschwinden an ... Nicht *[350]* genug konnte der Guardian, ein milder gutgesinnter Mann, nach Cosenza rühmen, wie sich seine Pfleglinge gebessert hätten ... Schickte man aber eben deshalb schon seit lange niemanden mehr her? ... Nahm man eben deshalb niemanden mehr fort? ... Es war, als wenn dies stille Waldkloster in der Welt vergessen war ... Hatte Hubertus Recht gethan, so ausdrücklich die Jesuiten an die Existenz desselben zu erinnern? ...

Gerade Diesem vorzugsweise nachdenkend, hörte Hubertus jetzt die Uhr des Klosters die vierte, d. i. die elfte Stunde schlagen und machte sich, von Unruhe getrieben, noch früher auf den Weg, als er anfangs beabsichtigt hatte ... Ueber die Höhen wehte ein frischer Nachtwind ... Noch eine halbe Stunde brauchte er, bis er am Klosterthor die Glocke zog ...

---

*) Gleichfalls Factum.

Hier sollte ihn aber dann sogleich ein glücklicher Zufall begrüßen ... Es war Paolo Vigo selbst, der heute den Pförtnerdienst verrichtete ... Eine edle Gestalt voll ernster Würde, mager, abgezehrt, begrüßte ihn ... Der Pförtner trat Hubertus mit dem frohesten Willkommen entgegen ...

Hubertus sah ihn voll Erstaunen, band sich seine beim Steigen losgegangene Kuttenschnur fester und sprach:

Das muß ja dem Guardian ein Traum eingegeben haben, Euch gerade heute an die Thür zu stellen! Ihr seid noch wach? Ich bitte Euch, bleibt es ja! ... Weckt unsere Schlafsäcke die Matutin, so laßt Euch nur vom Guardian auf der Stelle Urlaub geben – ...

Nicht wahr? Um unsern Vater aufzusuchen –? ... fiel Paolo Vigo mit lebhaftester Erregung ein ... Ich *[351]* konnte mir doch denken, daß Ihr gerade zum zwanzigsten August wieder zurücksein würdet ...

Zum zwanzigsten August –? ... Verderbt mir den Willkomm nicht! entgegnete erschreckend Bruder Hubertus ... Bei Sanct-Hubert! Wo hatt' ich meinen Kalender! ... Haben wir heute den heiligen Rupert und bei Witoborn die ersten Schnepfen – –! Und ich – ich – Esel –! ...

Morgen ist doch Sanct-Bernhard! bestätigte Paolo Vigo. Wißt ihr das nicht –? ... Ich stehe wie ein Soldat auf Schildwacht und bitte Gott, mir eine gute Ablösung zu geben ... Ihr seid voll guter Anschläge, Bruder; sagt, wie fang' ich es an, sofort zu den Bluteichen zu kommen! ... Drei Nächte hatt' ich denselben Traum und keinen guten mein' ich ... Ich hörte an meiner Zelle kratzen, wie von einem Hunde, der herein wollte ... Ich sah im Geist den guten Sultan vor mir ... Oeffnete ich dann, so fand ich nichts – ... Dreimal das hintereinander! – Ich glaube an solche Dinge nicht – aber ich meine doch – Federigo ist krank oder es geschieht ihm sonst nichts Gutes – ...

Der heilige Bernhard ist morgen –! sprach Hubertus dumpf und vor sich hinsinnend, immer besorgter und im Ton des härtesten Vorwurfs gegen sich selbst ... Leb' ich so in den Tag hinein! ... Ihr träumtet vom Sultan? Und ich träume schon seit Neapel von nichts, als von Wölfen, die an den Bluteichen eine Lämmerheerde fressen ... Wißt Ihr hier denn auch nicht, warum unser San-Giovanni drüben so voll Soldaten steckt? ...

[352] San-Giovanni? ... entgegnete Paolo Vigo bestürzt ...

Euer Pfarrhaus und alle Scheunen sind voll ... Auch in Spezzano siehts wie im Lager aus ... Ist morgen Sanct-Bernhard –! ... Glaubtet Ihr, daß ich um irgendetwas Anderes Urlaub wünschte, als um an diesem Tage – Nun Ihr wißt doch, daß ich jedesmal, wo ich an diesem Tage nicht bei den Bluteichen war, erklärte, ein Jahr aus meinem Leben verloren zu haben –! ...

Hubertus hatte sich inzwischen durch die niedrig und rundbogig gewölbten Gänge zum Refectorium begeben, wo noch auf dem Speisetische die Lampe brannte ... Paolo Vigo folgte ihm in den anmuthig kühlen, von kleinen gewundenen Säulen arabischen Geschmacks getragenen Raum ... Ein Schrank enthielt die Vorrichtung, sich zu einem hier immer bereitstehenden Kruge voll Wein durch Drehen eines Hahns frisches Quellwasser zur Mischung zu verschaffen ... Das Wasser tröpfelte hörbar von den oberen Bergen zu ... Hubertus war erschöpft; Paolo füllte einen der im Schrank stehenden hölzernen Becher mit Wein und Wasser und erwartete vom so schweigsam gewordenen Sendboten nähere Aufklärungen über Verhältnisse, die beiden gleich theuer und werth waren ...

Alles ringsum blieb still ... Nur die Wasserleitung tröpfelte geheimnißvoll und lauschig in dem wieder geschlossenen Schrank ... Düstere Schatten warf die matte Lampe durch die alterthümliche Halle ...

Briefe sind ja von Cosenza gekommen? ... fragte *[353]* Hubertus, der die Meldung der Ankunft Rosalia Mateucci's über die andern, ihm viel wichtigeren Dinge vergessen hatte ...

Briefe von Cosenza? Nein! Aber vom Sacro Officio aus Neapel! entgegnete Paolo Vigo und setzte hinzu: Leider! Sie geben dem Guardian keine Hoffnung ... Spracht Ihr denn nicht den Monsignore? ...

Die bange Vorstellung, die den Alten schon lange beschäftigte, es könnte einen Schlag auf Federigo und seine geheimverbundenen Anhänger gelten, trat mit quälender Gewißheit vor seine vom mühevollen Wandern ohnehin erhitzten Vorstellungen; aus fieberhaftem Blut steigen nach körperlichen Anstrengungen Wahnbilder und krankhafte Gedanken auf ... Der zwanzigste August war seit zehn Jahren in den fast unzugänglichen Schluchten des Silaswaldes ein Tag, wo anfangs nur drei oder vier Männer, jetzt schon oft zwanzig bis dreißig mit ihren Familien sich versammelten ... Hubertus äußerte seine entschiedensten Besorgnisse und Paolo Vigo redete sie ihm keinesweges aus ... Schon berechnete Paolo, ob nicht vielleicht die Einquartierung in seinem Pfarrhause Anlaß geben könnte, den Guardian um Urlaub zu bitten – ... Sinnend fuhr er fort, man müßte doch morgen in erster Frühe in San-Giovanni hören können, was die Soldaten wollen ...

Was sie wollen – hm! hm! fiel Hubertus ein – Wenn ich an die lachende Miene des Monsignore denke und denke an den Golf von Neapel, der im Sonnenschein funkelt wie ein Paradies und doch den Vesuv im *[354]* Leibe hat, so wird mir bange wie einer Mutter um ihr Kind ... Der zwanzigste August! ... Mein Sohn, ich bitte Euch, mich dem Guardian nicht zu melden ... Ich bin noch nicht angekommen ... Hört Ihr! ... Lebt jetzt wohl! In drei Stunden bin ich an Federigo's Hütte und schicke Jeden nach Hause, der etwa heute oder morgen kommen sollte, um für die Seelen der armen Märtyrer Pascal und Negrino zu beten ...

Guter Bruder! entgegnete Paolo Vigo ablehnend und erklärte auch seinerseits zu dieser Warnung bereit zu sein ... Ihr muthet Euch ein Uebermaß zu ... O, daß ich statt Eurer hinauffliegen könnte! ... Soldaten! sagtet Ihr? ... Ich sagte ja gleich, daß der aus Neapel vom Sacro Officio angekommene Brief ebenso hinterhaltig ist, wie schon lange das Benehmen des Erzbischofs von

Cosenza ... Und der Monsignore gab Euch in Nichts einen tröstlichen Bescheid? ...

So artig war er, sprach Hubertus, wie Papa Kattrepel in meiner alten Stadt Gröningen, der jeden Armensünder, wenn er ihm den Kopf abschlug, erst um Verzeihung bat ... Laßt mich doch jetzt nur sogleich gehen ... Schon hör' ich den Rumor da oben ... Mitternacht muß vorüber sein ... Geht! Geht! ... Ja, all ihr Heiligen, daß ich es nicht vergesse! Bei Sanct-Hubert's Bart, wo hab' ich meine Gedanken! Gütiger Gott, mach' auf mein Alter keinen Schwabenkopf aus mir! ... Mein Sohn, laßt Euch getrost Urlaub geben nach San-Gio! ... Da werdet ihr ja eine Person finden, die viel lieber hat, Euch schon morgen wie sonst in Eurem Hause oder beim alten Meister Pallantio die *[355]* Polenta auf den Tisch zu stellen – lieber, als den steilen Weg hieher zum Kloster erst heraufzuklettern –! ...

Eine Person? Die Polenta? Wer? fragte Paolo Vigo und ließ sich von Hubertus die überraschende Begegnung mit dem keuchenden Pepe, mit Scagnarello, Rosalia und Marietta Mateucci erzählen ...

Gütiger Himmel! rief Paolo Vigo in doppelter Freude – ... Erst aus Liebe zu seiner seit Jahren nicht gesehenen Schwester – dann um die Gelegenheit, nun auf alle Fälle Urlaub zu bekommen ...

Hubertus mußte sich jetzt verstecken, wollte er unangemeldet bleiben ... Schon ertönte die Glocke, welche die sämmtlichen Bewohner des Klosters weckte und in die Kirche rief, wo sie singen mußten ...

Während Paolo Vigo in größter Ueberraschung, in Spannung und Rührung stand und jedenfalls entschlossen blieb, den Guardian um die sofortige Erlaubniß zu bitten, seiner geliebten Schwester und ihrem holden, von ihm noch nie gesehenen Kinde entgegenzugehen und außerhalb des Klosters übernachten zu dürfen, schlüpfte Hubertus eine vom Refectorium in die Zellen führende enge Wendeltreppe hinauf, um wo möglich, ehe die Frate kamen, seine Zelle zu erreichen und dort sich zu verbergen ... Schon hörte man einen Mönch, der heute das Amt des Weckers hatte, in einem entfernten Gange an die Zellenthüren pochen ... Der Regel des heiligen Franciscus gemäß rief er alle Schläfer aus ihren süßesten Träumen ...

Hubertus erreichte glücklich und unbemerkt seine dunkle Zelle ... Sie war nicht breiter und nicht tiefer, *[356]* als zwölf Fuß, und enthielt als Bett einen Sack von Maisstroh – die Decke darüber war so grob wie seine Kutte ... Von Glasfenstern war keine Rede; nur eine rohgezimmerte Holzjalousie schützte gegen die im Winter oft schneidend kalte Luft ...

Hubertus warf sich auf sein Lager ... Er hatte vor Uebermüdung jene Empfindung, die ihn an die Zeiten erinnerte, wo auch er sich in Java an Opium gewöhnt hatte ... Traumartige Bilder traten vor die wachen Sinne ... Alles schwebte um ihn in Licht und Farbe und Licht und Farbe war auch wieder wie Musik ... So soll einem an Erstickung Sterbenden der Tod sein ... Gestalten, die ihm wie Hexen hätten erscheinen dürfen, waren ihm jetzt freundlich und nickten ihm mit süßem Lächeln ... Mit seiner noch nicht besonders geläuterten Religion nannte Hubertus das die Triumphe des Teufels, den er namentlich auch beim nächtlichen Chorsingen um zwölf Uhr Mitternacht gern in Thätigkeit wußte und oft schon hinter dem großen Missale mit seinem Hörnerkopfe als einen höhnischen Mitsänger oder am Weihwasserkessel, den verunreinigend, erblickt hatte ... Er rüttelte sich wach und horchte nur, ob der Lobgesang in der Kirche bald vorüber sein würde ...

Die Lampen in den Händen, schlichen die Mönche und geistlichen Züchtlinge erdfahl und schlaftaumelnd durch die Gänge ... Hubertus, der auch hier schon manchen Verschlafenen – wie oft sonst Klingsohrn! – um solche Stunde auf den Armen in den Chor getragen hatte, lauschte dem öden Widerhall ... Endlich sangen einige zwanzig Stimmen ... In einfacher Cantilene *[357]* wurde ein Psalm vom Guardian verlesen und seinen Worten an bestimmten Stellen von den andern respondirt ...

Als nun wieder alles nachtstill geworden war und jeder auf seiner Zelle wieder sein Lager erreicht hatte, erhob sich Hubertus von dem seinigen ... Hatte Paolo Vigo Urlaub erhalten, so mußte ein andrer Pförtner für ihn eingetreten sein und jedenfalls erwartete ihn dann der Beurlaubte nirgend anderswo, als in seiner eignen Zelle ...

Letztere erreichte Hubertus ungesehen, trat bei Paolo ein und fand ihn in der That bereit, das Kloster zu verlassen ... Auf die freudige Botschaft, seine theure Schwester wäre in San-Giovanni, war ihm die Erlaubniß ertheilt worden, ihrem Besuch zuvorzukommen und sie, wenn ihn sein Herz dazu triebe, überraschen zu dürfen ... Bleibt aber Ihr zurück! setzte Paolo Vigo bittend hinzu ... Alter, Ihr seid zu erschöpft ... Und nur darin steht mir bei; geht morgen früh meiner Schwester entgegen und haltet sie vom Kloster eine Weile entfernt, bis ich um die achte Stunde von den Bluteichen in San-Gio wieder zurück sein und Euch Alle bei meinem alten Meßner Pallantio begrüßen kann – ...

Wie zwei Jünger, die für ihren Meister ihr Leben zu lassen bereit sind und um den Vorzug in den Beweisen ihrer Liebe streiten, so standen sie am offenen Fenster und stritten, ob es nicht gerathener wäre, Paolo Vigo überließe den Gang nach den Bluteichen, um die am Morgen dort Versammelten zu warnen, an Hubertus und ginge lieber selbst nach San-Gio zur Ueberraschung für seine Schwester ...

[358] Mein Sohn! bat Hubertus ... An mir ist wenig gelegen ... Wenn aber Euch zum zweiten Mal eine Strafe träfe, wie sie Euch schon einmal so lange Eure Freiheit gekostet hat! ... Jetzt brächet ihr ja geradezu auch das Herz Eurer Schwester! ... Sie versprach, am Morgen zum Kloster zu kommen ... Ihr liebliches Kind wird Euch die Wange küssen ... Wagt nichts Neues wieder, nachdem Ihr schon so lange gebüßt habt ...

Paolo Vigo hatte jedoch den Geist empfangen, der in edlen Dingen den Menschen unwiderstehlich zum Selbstopfer treibt ... Eine heilige Glut durchloderte ihn, seine Augen funkelten, wie die Sterne über den leise Flüsternden ... Er ergriff die Hand des Greises und sprach:

Weiß ich doch nicht – ich ahne die letzte Stunde unseres Freundes ... Krank ist er zum Tod schon seit lange und es geht das Gerücht, daß sein stilles Wirken entdeckt ist ... Seit jenem letzten Brief, den Ihr aus Rom brachtet, muß eine große Veränderung mit ihm vorgegangen sein ... Ich sah ihn seitdem nur einmal – und da schon wollte er Abschied nehmen für immer, wogegen meine Worte kaum aufkommen konnten ... Es schien, als wenn er eine wichtige Kunde aus der Welt empfangen hatte, die ihn zur Auferstehung, zur Beendigung seiner Einsiedlerschaft und zur Rückkehr ins Leben rief ... Schon aus freien Stücken schien er gehen zu wollen und nun ahn' ich, er hätte besser gethan, dieser Regung zu folgen – ... Wenn man ihn heute holte, am Tage der Versammlung, ihn in die Kerker der Inquisition würfe –! Lebt wohl, Alter –! ...

[359] Nicht ohne mich –! ... sprach Hubertus und blieb dem Unheilverkündenden unabweislich zur Seite ...

Mein Fuß ist jünger, als der Euere! bat Paolo und wollte nicht dulden, daß Hubertus weiter, als bis an die Zelle des Pförtners folgte ...

Während noch beide, und mehr mit Geberden als mit Reden, die ohnehin geflüstert werden mußten, stritten, erscholl in einiger Entfernung außerhalb des Klosters ein klagender musikalischer Ton ... Er kam von einer Pansflöte, wie sie hier die Hirten blasen ... Aus kleinen Rohrstäben ist eine einfache Scala zusammengesetzt, die unter geübten Lippen eine in nächtlicher Einsamkeit wohllautende Wirkung hervorbringt ...

Horch! rief Paolo Vigo und bedeutete Hubertus, Acht zu haben ...

Die Flöte blies eine Melodie ... Es waren die einfachen Töne eines Kirchenliedes ...

Tanto – Christo – amiamo! ... sprach Paolo Vigo mit Ueberraschung der Melodie nach ... Es ist die Erkennungslosung der

Freunde ... Man ruft uns ... Seht ihr, eine Gefahr ist da ... O – mein Gott –! ...

Auch Hubertus lauschte voll höchster Betroffenheit und räumte ein, so könnte sich nur ein Verbündeter zu erkennen geben ...

Herüber von der Mauer des Klostergartens tönte die sanfte Flöte fort und fort ... Sie blies das alte Waldenserlied „Tanto Christo amiamo –" zu Ende ...

Pater Cölestino! rief nun schon Paolo Vigo mit starker Stimme in eine Oeffnung, die aus dem Corridor in *[360]* die Zelle des Pförtners führte ... Ich gehe ... Bemüht Euch aber nicht ... Ich öffne schon ... Gelobt sei Jesu Christ! ...

Amen! rief Pater Cölestino von drinnen her und ließ getrost den Beurlaubten den Riegel selbst zurückschieben ... Nur langsam erhob er sich, um ihn wieder anzuziehen ...

Doch auch Hubertus war inzwischen schon ungesehen entschlüpft und kaum konnte Paolo Vigo ihm folgen ...

Mit raschen Schritten gingen beide dem Orte zu, wo aufs Neue unausgesetzt die Melodie der Hirtenflöte ertönte ...

Endlich, an einem breitastigen, der Klostermauer sich anschmiegenden türkischen Haselnußstrauch entdeckten sie einen alten Hirten und einen Knaben ... Letzterer war es, der die Flöte blies ...

Der Hirt war ein wohlbekannter alter Freund ... Er gehörte zu den Nachkommen des von den Waldensern hochgefeierten Negrino*) ... Ein äußerlich schlichter, doch kluger und allgemein geachteter, auch wohlhabender Ziegenhirt, der alte Ambrogio Negrino aus San-Gio ... Oft reiste der schlichte Mann mit seinen Heerden bis Salerno und trieb einen einträglichen Handel mit den Gerbern selbst von Palermo und Messina ... Heute, als Hubertus in seinem Hause vorsprechen wollte, hatte man ihn auf der Messe zu Rossano geglaubt ... Inzwischen kam

---

*) Starb den Hungertod in Cosenza.

er heim und hatte Veranlassung gefunden, sofort wieder dieFlinte überzuwerfen, *[361]* mit seinem jüngsten Sohn Matteo aufzubrechen und, wie er ankündigte, nach den Bluteichen zu eilen ...

Ihr Herren! rief er den Ankommenden entgegen. Gott segn' es, daß ihr kommt! ... Ich sage euch! Es gibt eine große Gefahr für unsern Vater Federigo ... Die Soldaten in San-Gio wissen von nichts, als von Morden, Brennen und Gefangennehmen ... Und wen? – Das haben Offiziere im Weinrausch ausgeplaudert ... Um vier Uhr brechen sie auf und umzingeln die Bluteichen – ... Ueber den Aspropotamo her kommen die andern – ... Wer mag ihnen verrathen haben, daß heute der zwanzigste des Monats ist! ... Bleibt daheim – Herr Pfarrer, und auch ihr, guter Hubertus ... Nur deshalb raubte ich euch die Nachtruhe, weil ich euch warnen wollte, falls euch der Geist getrieben hätte, heute auch an den Eichen zu erscheinen ...

Nimmermehr, wir gehen mit Euch! fielen Hubertus und Paolo Vigo in banger Besorgniß ein ...

Beide achteten der Bitten Ambrogio Negrino's nicht ... Sie verharrten dabei, sich ihm anschließen zu wollen – ... Unwiderstehlich zöge sie ihr Verlangen, dem greisen Freunde in einer Stunde so großer Gefahr nahe zu sein ... Ohne Clausur, wie sie eben waren, wollten sie die glücklicherweise ihnen zu Gebote stehende Freiheit nach dem Bedürfniß ihres Herzens benutzen ...

Matteo! rief Paolo Vigo dem nach San-Gio zurückgeschickten Knaben nach; geh sogleich zu Meister Pallantio, meinem Küster, wecke die Signora, die diesen Abend bei ihm angekommen ist und sprich zu ihr: Sie sollte *[362]* unter keinerlei Antrieb morgen hinauf nach San-Firmiano gehen ... Morgen in erster Frühe, so Gott will, um acht oder neun Uhr würd' ich schon selbst bei ihr vorsprechen – ...

Ambrogio Negrino unterbrach:

Heiliger Priester, wenn man Euch an den Bluteichen träfe – ...

Wirst du ausrichten, Matteo, wiederholte Paolo Vigo, was du gehört hast? Willst du einen herzlichen Gruß an meine liebe Schwester und die kleine Marietta bestellen? ...

Matteo gab jede Beruhigung und wandte sich mit diesen Aufträgen nach San-Gio zurück ...

Die drei Verbundenen gestatteten sich keinen längern Aufenthalt, sondern machten sich sofort auf den mühevollen Weg, der zu den Bluteichen führte ...

11.

Paolo Vigo's Wort: „Er nahm Abschied von mir wie auf ewig" wurde nun auch von dem alten Ziegenhirten wiederholt ...

Es fiel ihnen allen auf die Seele, als würden sie den Geliebten nicht wiedersehen, wenn sie sich nicht eilten, es noch einmal jetzt zu thun ...

Daß sie zu dem Ende die Würfel ihres eigenen Looses warfen, kümmerte sie wenig ...

Sie hofften jedoch auf ihr zeitiges Eintreffen ... Wenn noch Zeit zum Ergreifen und Ausführen eines Entschlusses gelassen war, so sollte sich ihr Freund, nach Negrino's Meinung, am sichersten über den Monte Gigante hinweg nach dem Meerbusen von Squillace begeben oder im äußersten Fall in einer in der Nähe befindlichen Höhle verbergen ...

Jährlich nur einmal, am 20. August, fanden sich die letzten Trümmer der einst so zahlreich im unteren Italien ausgebreiteten Söhne des Peter Waldus zusammen ... Drei Jahrhunderte waren seit jenen Schei-*[364]*terhaufen verflossen, die auch die Fortschritte der Reformation in Calabrien geendet hatten ...

Frâ Federigo fand davon im Silaswalde keine andern noch ersichtlichen Spuren, als die „Bluteichen", wo einst Hunderte der Reformirten und Waldenser – wie die Schafe mit dem Messer abgestochen wurden ... Zufällig begegnete ihm dort ein alter Ziegenhirt, Ambrogio Negrino, der ihm diese Dinge erläuterte und sich dann selbst als einen Nachkommen des Märtyrers Negrino zu erkennen gab ... Ihm verdankte der Einsiedler die Bekanntschaft mit noch einigen andern Trümmern der alten Sekte ... Gehörten sie auch alle der herrschenden Kirche an, so hatten sich doch alte Gebräuche, Erkennungszeichen, Gebete, letztere meist in provençalischer Sprache in ihren Familienkreisen erhalten – Ambrogio Negrino besaß ein altes Buch, das er selbst nicht lesen konnte – die waldensische **Nobla Leyçon** ... Federigo übersetzte sie ihm – anfangs allein; bald brachte Negrino andere mit, die gleichfalls diesen Gruß ihrer Vorvordern aus alten Jahrhunderten aus seinem Munde vernehmen wollten ...

Der Kreis von Verehrern und Freunden des Einsiedlers, der seinerseits noch unter dem besonders über ihm wachenden Schutze des Mönchs Hubertus zu San-Firmiano stand, mehrte sich wider Willen Federigo's ... Von Nah und Fern wurde sein Rath begehrt ... Freilich hielten ihn die Meisten für einen Hexenmeister ... Wie Paolo Vigo veranlaßt wurde, ihn zu besuchen, wurde erzählt ... Aus seinen wiederholten Wanderungen in die Wildniß und den ihr folgenden Erörterungen entstanden in Paolo Vigo Zweifel, ernste, kummervolle Be-*[365]*trachtungen; er verrieth die Resultate derselben in seinem Wirkungskreise und erlitt die Strafe einer, wie wir gesehen, nicht endenden Suspension und Einsperrung in San-Firmiano ...

Der Einsiedler, erschreckt von solchen Vorkommnissen, bat fort und fort seine Freunde, ihn der todesähnlichen Stille in seinem Waldthale zu überlassen ... Hubertus besorgte dann und wann einen Brief, den der deutsche Sonderling nach Rom schrieb und von dorther beantwortet erhielt ... Das war des Eremiten einziger Verkehr mit der Welt ... Er lebte vom Honig seiner Bienen, von Früchten, die er selbst zog, von Vorräthen, die seine Freunde ihm brachten ... Zuletzt war es Sitte geworden, daß alle die, welche auf dreißig Miglien in der Runde gleichsam unter des alten Ambrogio Negrino Controle standen, ihn wenigstens einmal im Jahre besuchten, am 20. August, den er nach langem Sträuben endlich als Erinnerungstag an die alte Schreckenszeit festgesetzt hatte ...

Ich habe es immer gefürchtet, sprach Hubertus, die athemlose Eile des Wanderns unterbrechend, und ließ sich wiederholt erzählen, was der weltkundige, weitgereiste Hirt, ein Greis mit langen weißen Locken, sonnenverbranntem braunem Antlitz, von den Reden der Offiziere gehört hatte ... Um vier Uhr, wiederholte Ambrogio Negrino in einer gewählteren Sprache, als dem hier üblichen Patois, rücken die Truppen von San-Giovanni aus, vertheilen sich in den Bergen und wollen von verschiedenen Seiten dem Thal der Bluteichen so beizukommen suchen, daß sie die ketzerische, dem Teufel *[366]* opfernde Versammlung mitten in ihren Greueln aufheben können ...

Die Möglichkeit einer so irrthümlichen Auffassung ihrer Versammlungen war ihnen nach dem Geist ihrer Umgebungen vollkommen erklärlich ... Sie verweilten nicht bei dem Ausdruck ihres Schmerzes über ein so großes Misverständniß; sie überlegten nur ... Die Versammlung mußte verhindert und Frâ Federigo, wenn sein Entkommen unmöglich war, in einer Felsenspalte verborgen werden, welche Ambrogio Negrino schon lange für diesen Fall aufgefunden und jedem Uneingeweihten unzugänglich gemacht hatte ...

So sehr auch die Männer eilten, sie konnten nicht hoffen, vor Anbruch des Morgens an Ort und Stelle zu sein ... Auf dem kürzeren Pfade, den sie einschlugen, um an die Abhänge der oft schneebedeckten Serra del Imperatore zu kommen, begegneten sie Niemanden ... So durften sie annehmen, daß die geheimverbundenen Getreuen sich längst schon auf den Weg gemacht, ja an der Hütte ihres Meisters schon die Nacht verbracht hatten ...

Die Wanderer kannten sich in ihrer Theilnahme für den einsamen Bewohner des Waldes und hatten nicht nöthig, diese noch durch viel Worte kundzugeben ... Sie tauschten nur ihr Urtheil über die kürzeren Wege aus, wenn die Wildniß überhaupt noch etwas bot, was einen Weg sich nennen ließ ... Nur kleine ausgetrocknete Strombetten waren noch die besten dieser Wege; diese gingen verborgen unter Gestrüpp und Büschen hin ...

Die Nachtluft wurde frischer ... Nebel stiegen auf, *[367]* die den leichtbekleideten Wanderern ein frostiges Schauern verursachten ... Der Hirt bot Paolo Vigo seinen langhaarigen Mantel, den dieser nicht abschlug ... Zum Glück trug der Pfarrer Schuhe, nicht, wie Hubertus, Sandalen ...

Hubertus hatte, als wäre ihm seine ganze Kraft ungeschwächt zurückgekehrt, sein dolchartiges Messer gezogen ... An manchem Gebüsch von Steineichen, wo durch die stachlichten Blätter schwer hindurchkommen war, schnitt er die Zweige nieder und machte die Wildniß wegsam ... Dann kamen zuweilen Buchenhaine, die wie zum nächtlichen Reigen der Elfen bestimmt schienen; so licht und traulich glänzten sie im abnehmenden Mondlicht und unter den allmählich erblassenden Sternen ...

Eine Sorge der Verbundenen konnte sein, ob nicht auch den Lauf des Neto herauf von Strongoli oder aus Umbriatico über den Aspropotamo und Gigante her schon Corps Bewaffneter herüberkamen und das Thal der Bluteichen bereits früher eingeschlossen hatten, als es von ihnen erreicht wurde ...

Schon war es vier Uhr ... Schon sah man die zunehmende Helle ... Immer matter wurde die Scheibe des Mondes, immer röthlicher erglänzten am blauenden Himmel die Sterne ... Schon zeigte sich auf Serra del Imperatore, einem Berg, der an manchen Stellen gen Ost offen und riesig groß vor ihnen lag, die dunkelrothe Glut der aufgehenden Sonne ... Die Spitze des Aspropotamo war die erste, die vom Sonnenlicht hell aufleuchtete ... Aengstlich spähten sie rundum, ob nicht irgendwo am Rand des von andern Seiten zugäng-*[368]*lichen, in grünen und grauen Nebeln schwimmenden Thales eine Waffe blitzte ...

Wie sie fast erwartet hatten, so geschah es auch ... Als sie mit hellem Tagesanbruch endlich in der Ferne die Bluteichen sahen, entdeckten sie ein reges Gewimmel von Menschen unter den mächtigen Baumkronen ... Bald erscholl auch aus der Tiefe, zu der sie niederstiegen, ein vielstimmiger Gesang ... Er erklang gegen die dumpfe Litanei in San-Firmiano wie ein jubelndes Schwirren der Lerche in blauer Luft verglichen mit dem trüben Ruf der Unke ... Reine helle Frauen- und Kinderstimmen schwangen sich wie geflügelte Tongeister über die Laubdächer ... Sie sangen die auch ihnen wohlbekannten einfachen Hymnen, die aus alten Zeiten stammend das Lob des Höchsten priesen und die heilsame Veranstaltung der Erlösung und die Hoffnung aller Christen ... Dazwischen läutete ein Glöcklein, von welchem sie wußten, daß es denen, die vielleicht noch entfernt waren, den Weg zur Hütte andeuten sollte ... Alles das geschah wie im tiefsten Frieden ...

Wol hätten die Wanderer sich sagen mögen: Wer wollte diese stille Andacht stören! Wer könnte hier etwas finden wollen, was vor Gott oder Menschen ein Verbrechen wäre! ... Dennoch mußten sie eilen, die gefahrvolle Feier zu unterbrechen ...

Nach einer kurzen Stille, welche die Wanderer durch einen die Betenden erschreckenden Zuruf aus der Ferne nicht unterbrechen mochten, begannen die Stimmen aufs neue und ließen nach einem vollen, mächtig an den Bergwänden widerhallenden Gesang jene Pausen ein-*[369]*treten, von denen die Wanderer wußten, daß sie die bis zu ihnen herauf nicht hörbare Stimme Federigo's füllte ... Federigo sprach dann die Worte vor, die zu singen waren ... Alles das, erinnerungsfrisch vor ihre Seele tretend, bewegte sie um so mächtiger, als noch immer der Anblick der Hütte selbst verborgen blieb ...

Endlich aber zeigten sich die Windungen von Radgleisen, die im grünen, weichen, oft morastigen, dann von den herrlichsten Farrenkräutern überwucherten Boden von kleinen Karren zurückgeblieben waren ... Es mußten heute von weitweg, auch von Rossano und Conigliano die dem Ziegenhirten wohlbekannten Nachkommen der Waldenser erschienen sein ... Der helle Lichtstrahl des immer höher und höher über dem Meeresspiegel heraufgestiegenen Sonnengeschirrs fiel auf die obern Ränder des Thals ... Die Nebel zertheilten sich und nun hatte ihr besorgter und zugleich verklärter Blick die volle Aussicht auf die Gruppe der Menschen, die da unten versammelt waren und die sie meist kannten ... Kinder lagen im Grase; andre hielten die Mütter auf ihren Armen; Männer in zottigen Schafspelzen, andere im kurzen Rock des Alpenjägers, Fischer, die vom Meer herübergekommen, in ihren rothen Mützen und ihren braunen

Mänteln – alle umstanden die Hütte ... Ein Haufe von nahezu achtzig Seelen, hochbetagte Greise darunter; aller Mienen mit jenem Ausdruck, den eine gutmüthige Denkart gibt ... Noch verdeckten sie das Bild des Mannes, der ihnen, auf die zufällige Veranlassung seiner Begegnung mit Ambrogio Negrino, zehn Jahre lang hier nichts, als nur die Geschichte ihrer un-*[370]*glücklichen Vorfahren erzählte und nicht hindern konnte, daß sie von ihm Belehrung und Anleitung zu reinem Sinn, zur Beurtheilung des Glaubens begehrten, in welchem sie leben mußten ... Federigo enthielt sich jeder Aufwiegelung ihres an die Gebräuche der herrschenden Kirche gebundenen Gewissens ... Auch war die Höhe der Bildung, die im Waldenserthal bei Castellungo geherrscht hatte, hier nicht anzutreffen ...

Schon wollte Negrino hinunterrufen, da hinderte ihn die jetzt hörbar werdende weiche, volle, innig zum Herzen dringende Stimme des Sprechers ... Die dem Volk vollkommen verständliche, wenn auch fremdartige italienische Rede desselben fesselte sie ... Was bestimmte nur die Warner, diese Feier nicht zu unterbrechen! Was gab ihnen so urplötzlich ein felsenfestes Vertrauen auf den Gott, der sich in jedem Menschenherzen, auch in dem der Verfolger, offenbaren müsse –! ... Hubertus kündigte sich sonst durch scherzende Töne an, die ihn bei Jung und Alt im Gebirge bekannt machten; jetzt beschien der erste Sonnenstrahl, der sich durch den Imperatore und den Gigante stahl, die glänzende Stirn, die weißen Locken des Freundes und Lehrers, sein unter weißen Brauen aufgeschlagenes begeistertes Auge – jetzt stand er im Pilgerkleid von schwarzem rauhwollenem Tuch, mit entblößtem Halse, um den Leib einen schwarzen Seidengürtel, so hoheitsvoll und edel, daß alle drei aufhorchen und den Fuß hemmen mußten ... Die Farbe des Antlitzes, die Hände, alles sah am Freunde blasser und krankhafter aus als sonst ... Das von ihren Augen wieder aufgenommene theure Bild *[371]* eines Greises, den für seine letzten Lebenstage noch durch die Erregung seines Geistes ein jugendliches Feuer durchglühte, schloß doch in der That die Besorgniß nicht aus, daß diese Lebenstage kaum bis zum beginnenden Winter andauern konnten ...

Federigo sah die Dahereilenden nicht ... Sein Blick war nach innen gewandt ... Schon sprach er Worte, welche die Kommenden allmählich im Zusammenhang verstehen konnten ... Zu den Erweckungen der Waldenser hatten im Piemont gewisse Formen einer öffentlichen Beichte gehört ... Wie die ersten Christen sich ein Gemeindeleben aus ihren Privatbeziehungen bildeten und eine Oeffentlichkeit der letzteren einführten, bei welcher nicht fehlen konnte, daß die persönlichsten Leidenschaften zur Klage und Rüge kamen, so walteten die Diaconen und „Barben" auch bei den Waldensern des Amts der Gerechtigkeit und des Auflegens von Bußen und Strafen ... Ebenso trat auch hier bei diesen Versammlungen einer nach dem andern vor und wurde entweder aus eigenem Antriebe oder durch Mahnung veranlaßt, sich zu vertheidigen, sich zu erklären, Lehre oder Versöhnung anzunehmen ... Hubertus und Paolo Vigo kannten den Segen, welchen diese Verständigungen der kleinen Gemeinde unter ihren Gliedern schon seit lange hervorgebracht hatten*) – ...

Unterwegs hatte Paolo Vigo seinen Begleitern, so wenig sie auch durch Gespräch ihre Schritte hemmen mochten, doch gelegentlich wiedererzählt, warum Frâ Fe-*[372]*derigo, als die Genossen Negrino's ihn endlich zur Abhaltung mindestens Einer Versammlung im Jahre überredeten, gerade den Tag des heiligen Bernhard dazu wählte ... Nicht nur, daß in der Höhe des August die wichtigsten Ernten beendet waren, Frâ Federigo hatte ihm auch das Gedächtniß des Abtes Bernhard von Clairvaux als ein festzuhaltendes Spiegelbild frommerer Zeiten dargestellt, wo einsichtsvolle freimüthige Priester noch zu heilsamen Zwecken in den Rath der Großen traten ... Siebenhundert Jahre war es her und in der Blütezeit des Mittelalters, als ein hoher Ernst die Völker ergriff und Männer erstehen ließ, die in einer wilden,

---

*) R e h f u e s ' „Neue Medea".

kriegerischen Epoche kaum von solcher Weihe und Thatkraft erwartet werden durften ... Damals, als die Philosophie in Frankreich, England und Italien erblühte, die Dichtkunst sogar über das rohere Deutschland hie und da einen milden Glanz der Sitten verbreitete, die Kreuzzüge einen seltenen Aufschwung des Gemüths und der Phantasie hervorriefen, zerstörte Rom und die Herrschaft der Päpste noch nicht alle Hoffnungen der Völker und verdunkelte noch nicht alle Lichtschimmer einer besseren Aufklärung ... Ein einfacher Bürger in Lyon, Pierre Vaux (Peter Waldus), las damals die Bibel in einigen Abschnitten, welche in die gewandteste und poesiefähigste Sprache damaliger Zeit, die provençalische, übersetzt waren ... Ein wunderbarer Lichtglanz überfiel ihn beim Lesen des den Laien gänzlich unbekannten Buches – gerade wie die Jünger, die nach Christi Tod im Dunkeln wandelten, plötzlich an ihrer Seite einen Wanderer bemerkten, der so mächtig die Schrift auslegte ... Wal-*[373]*dus las seine Entdeckungen Befreundeten vor, ließ auf seine Kosten die Bibel noch vollständiger in die Sprache seiner Landsleute übersetzen und nahm die einfachen Formen des ersten apostolischen Christenthums an ... Sein Vermögen gab er seiner Gemeinde; ihre Priester, denen die Ehe unverboten blieb, wählte die Gemeinde selbst; von den Sacramenten behielt man nur Taufe und Abendmahl; letzteres hörte auf ein mystischer Act zu sein und blieb nur noch ein Opfer der Erinnerung; es war eine Reformation ohne Schulgezänk, ohne Disputation der Theologen, eine Läuterung der Lehre allein durch das Herz ... Mit reißender Schnelligkeit verbreitete sich das Wirken der Waldenser ... Ein ganzer Gürtel Europas von den französischen Abhängen der Pyrenäen an bis nach Süditalien fiel vom herrschenden Kirchengeiste, vom weltlichen Streit der Päpste mit dem Kaiser und von Geistlichen ab, die damals sogar die Waffen führten und oft im glänzenden Harnisch zu Roß saßen, im wildesten Kampfgewühl die zum Segnen bestimmte Hand mit Blut besudelnd ... Mit einem warmen, lebendigen Eifer für die apostolische Reinheit der Lehre und des kirchlichen Lebens ging Hand in Hand die Gesittung ... Gerade dieser Gürtel Europas wurde der blühendste an Gewerbfleiß, Erfindungen, in Künsten und Wissenschaften ... Immer weiter und weiter schwang sich ein lichtheller Iris-Bogen über Europa ... Burgund, Deutschland, Böhmen erglänzten von seinem siebenfachen Strahl ... Wo der Webstuhl sauste, wo die Industrie der Städte mit dem Betrieb des Ackerbaues zu regem Austausch ihrer Erzeugnisse verkehrte, da er-[374]schollen auch bald die neugedichteten Lieder zum Lob des Höchsten ... Ganze Städte, ganze Länderstrecken hatten schon keinen andern Gottesdienst mehr, als den der Waldenser, der Humiliaten, Armen Brüder, der selbst die Kirchen und ihre Pracht für überflüssig erklärte und jeden grünen Rasenplatz, jedes Laubdach einer Eiche für eine Gott wohlgefällige Kapelle erklärte ...

Paolo Vigo schilderte die furchtbare Verfolgung, welche von Rom aus über diese Bekenner des reinen Christenthums anbrach ... Die Päpste nannte er, die zum Morden aufforderten ... Jene Schreckensthaten des Abtes von Citeaux und jenes Vorbildes eines Alba, des Grafen Simon von Montfort, schilderte er, wie sie mit Feuer und Schwert Männer, Weiber, Kinder vertilgten ... Damals kam der Satz der römischen Kirche auf: „Ketzern ist keine Treue zu halten"; päpstliche Legaten schwuren auf die Hostie, daß, wenn die Ketzer ihnen die Mauern öffneten, sie nur allein mit einigen Priestern einziehen würden, um die bethörten Bewohner zu bekehren; geschah es aber, so warfen sie die Priesterkleider ab, zogen verborgene Schwerter, die Reisigen der fanatisirten Glaubensarmee brachen nach und kein Säugling auf dem Mutterarm entkam dem allgemeinen Blutbade ... Beutegier, Habsucht schürten die Verfolgung ... Simon von Montfort, Abt Arnold schlugen herrenlos gewordene Länderstrecken zu Fürstenthümern zusammen ... Damals war Raimund, Graf von Toulouse, das unglückliche Oberhaupt der bedrängten evangelischen Bekenner, wie späterhin das Haupt der Hugenotten Coligny ... Endlich flüchteten sich die letzten Reste *[375]* dieses unablässigen Mordens in die Berge, die Pyrenäen, die Alpen, die Apenninen ... Jahrhundertelang erhielten sie sich dort, trotz einer sie auch hier erreichenden zweiten blutigen Verfolgung, die dann das Werk der neuen Kreuzritter wurde, der Jesuiten ... Damals griffen sie in den Thälern Piemonts wieder zu den Waffen ... Zu den tapfern Namen, die in älteren Tagen mit Maccabäermuth ihre heilige Sache, Haus, Herd, Weib und Kind vertheidigten, gesellten sich neue, wie Heinrich Arnaud, der in offener Schlacht mit einer kleinen Schaar Tausende zurückgeschlagen hatte, sich über die steilsten Felsen Piemonts zurückzog, ein Lager in einer Schlucht wie eine Festung erbaute, acht Monate lang, nur von Kräutern lebend, mit seiner kleinen Schaar gegen die Kanonen kämpfte, die auf sein kleines Häuflein von den Felswänden aus ein mörderisches Feuer unterhielten, bis sich Arnaud endlich mit dem Rest seiner Schaar, 350 an der Zahl, einen ruhmvollen Abzug erkämpfte ... Wie dann auch in Calabrien die Waldenser hingesunken waren, hatte Federigo oft genug erzählt ... Damals starb Negrino in Cosenza den Hungertod, Pascal in Rom auf dem Scheiterhaufen ... Oft hatte Federigo's rührende Stimme geklagt, daß besonders solche Thorheiten verderblich wären, die selbst in den Gemüthern der Edeldenkenden Raum gewinnen könnten ... Bernhard von Clairvaux, Abt eines Klosters in Frankreich, Lehrer seines Jahrhunderts, ein Orakel der Fürsten, ein Rath ihrer Rathgeber, ein Straf- und Bußprediger der Geistlichkeit, sogar den Päpsten ein: Bis hierher und nicht weiter! gebietend; – ach! auch der, wie die heilige *[376]* und so edle Hildegard, sah in den Thaten und Lehren der Waldenser nur die Eingebungen des Teufels –! ... Ambrogio Negrino und Hubertus waren nicht befähigt, sich zu all den Bildern und Erinnerungen aufzuschwingen, die von Paolo Vigo's fiebernderregten Lippen kamen ...

Herr, erleuchte die Weisen! verstanden jetzt auch die Ankömmlinge aus Federigo's Rede ... Mildere ihr Vertrauen auf die eigene Kraft! Wecke dem Guten und Gerechten Deine Fürsprecher im Rath der Großen! Ersticke den Durst nach Rache im Gemüth beleidigter Machthaber! ...

Es schien in der That, als wollte Federigo von seinen Freunden Abschied nehmen ... Mehr als sonst riß ihn heute seine Rede hin ... Er berührte katholische Punkte, die er sonst vermieden hatte – er wollte Niemanden die Möglichkeit nehmen, mit seinem Pfarrer in leidlicher Verbindung zu leben ...

Mit großer Wehmuth sprach er:

Der heilige Bernhard kann uns in vielem ein Vorbild sein – hochragend wie jener Berg im Norden, der mit ewigem Schnee bedeckt, seinen Namen trägt ... Wisset, daß Bernhard jene Lehre, nach welcher auch die Mutter Jesu ohne Sünde empfangen sein soll, für Sünde hielt –! ... Ihr fragtet mich darum, weil der Heilige Vater diese neue Lehre zu verehren befohlen hat –! Nun wohl! Eines Weibes Name ist heilig, wohl trägt Maria die Erdkugel in Händen, wenn Maria die Kraft bedeuten soll, deren ein schwaches Weib in seinem Aufschwung fähig ist ... Wohl ist zu fassen möglich, wie die alte wilde grausame Zeit, die heidnische, die selbst des *[377]* Heilands spottete, der am Kreuze sich selbst nicht hätte helfen können, doch vor einer Mutter erschrak, vor einer Mutter sich beugte – o noch den Mörder befällt vor seiner Hinrichtung die Trauer um den Kummer, den er seiner Mutter bereitete ...

Hier stockte der Redner und wollte abbrechen ... Aber einige Stimmen unterbrachen ihn und deutlich vernahm man aus einem schlichten Hirtenmunde, der dazwischen sprach, die Worte:

Wo Maria dann auch ganz die Königin des Himmels werden soll, wo bleibt ihr Sohn? Wo kommt der wahre Mittler zu seiner ihm allein gebührenden Ehre? ...

Im höchsten Grade gespannt horchten die Ankömmlinge und sogen die Worte ein, welche Federigo erwiderte:

Lasset das gehen –! ... Seht, es war ja sogar ein anderer Heiliger – Bonaventura sein Name – ein Heiliger, der zur Zeit jenes

Bernhard lebte – auch der hat den Psalm David's genommen: „Herr, auf dich traue ich, laß mich nimmermehr zu Schanden werden!" – und hat in jedem Seufzer des Vertrauens und der Liebe zu Gott an die Stelle Gottes – ruchlos, um es nur auszusprechen – ein Weib mit seinen menschlichen Fehlen und menschlichem Elend gesetzt: „Maria, auf dich traue ich –! Mutter Gottes, du hast mich erlöset!" So den ganzen Psalm –! ... Und dennoch danken wir auch dem heiligen Bonaventura so viel Entsiegelungen der frischesten Lebensbrunnen des christlichen Geistes – ...

Nein, unterbrachen die Stimmen der Aufgeregten, er lästerte –! ...

Ich beschwöre euch, rief Federigo, habt Mitleid mit *[378]* jenen armen Verblendeten, in deren Schoose ihr, kummervoll genug ihre Bräuche theilend, voll Bangen und voll Zagen lebt ... Laßt sie die Altäre einer Frau zu Ehren mit Zierrath und mit Bändern schmücken –! Laßt sie ihr Gebet des Morgens, des Mittags und des Abends wenigstens an Etwas richten, was dem Heiland verwandt ist –! ... Aber das ist wahr (nun erhob sich des Sprechers Stimme, von dem man sah, daß ihn die Gesinnungen seiner Umgebungen fortrissen), wenn Maria es ist, die uns erlöst und vor Gott vertreten soll, so konnten jene Räuber, die mit dem Giosafat eure Hütten verbrannten, eure Heerden raubten, getrost auf ihrer fühllosen Brust ihr Bildniß tragen –! ...

Eine freudige Zustimmung ging mit Zornesruf durch die Reihen – ...

Wehe einem Kind, fuhr Federigo, aufgeregt und ganz sich vergessend fort, das für seine Bewährung im Leben nur die Nachsicht einer Mutter hat! ... Nie, nie, wenn auch heute in Spezzano die Lampen brennen werden, nie sollt ihr auf Fürsprache nur der Mutterschwäche hoffen! Denkt an die klugen Jungfrauen, die im Dunkeln ihr Oel hüteten und die Lampen nur anzündeten, wenn ihr rechter Bräutigam, der Heiland, kam! ... Nein, ich sehe es, ihr glaubt nicht an die Wahrheit eines gotteslästerlichen Bildes, das sich in einer der großen und herrlichen Kirchen Milanos befindet und das einen Traum unsres heutigen heiligen Bernhard darstellen soll –! ... Zwei Schiffe steuern dem Himmel zu; des einen Steuer führt der Herr; des andern Maria ... Jenes bricht zusammen und seine Mannschaft sinkt in den *[379]* Abgrund; dieses gleitet sicher dem Hafen des Himmels zu – Maria streckt ihre hülfreiche Hand nach den Scheiternden aus und nun kommen auch sie in den Hafen der Gnade, sie, die mit Christo gingen, sie, die mit Christo verloren sein sollen, sie, nur noch erlöst durch Maria –! ...

Ein Ausruf des Schreckens über solche Lehren theilte sich selbst Negrino, Hubertus und Paolo Vigo mit ...

Zorn regt sich in eurer Brust? sprach Federigo – Eure Blicke sagen: Nimmermehr kann solches ein Heiliger auch nur geträumt haben! ... Ihr sprecht: Du von Rom verrathener, von Rom auf das Steuer eines untergehenden Schiffes verwiesener Heiland, du, du bist allein der wahre Führer! Deine Hand streckte sich einst aus und ließ über Wellen den Verzagenden sogar hinweggehen! Der Nachen, den du, du gezimmert hast, Sohn des Zimmermanns, die Flagge, die du als Wahrzeichen aufgesteckt, sie, die dein mit dem Blut beschriebenes Kreuz trägt, sie sollte nicht die glückliche Fahrt, die Einkehr in den Hafen der Seligen gewinnen? ... – Doch wohin verirren wir uns – meine Freunde –! Ihr müßt in eure Wohnungen zurück – wieder sein, was euch drei Jahrhunderte zu sein zwangen – müßt leben mit den schuldlosen Nachkommen der Mörder euerer Urväter – Vergebt ihnen im Geiste der Liebe und Hoffnung –! Versagt euern Priestern nicht die Spenden, die sie noch begehren dürfen! Auch die Spenden der Andacht nicht, die in diesen Ländern üblich! Ein Korn Goldes ist immer noch bei dem schlechten Blei verdorbener Lehre! Noch ist die Zeit nicht reif, wo *[380]* der Schmelztiegel Gut und Böse scheiden wird! Aber das Lamm wird bald das fünfte Siegel aufthun, von welchem ich euch schon oft gesprochen habe! Unter den Altären des Himmels werden die Seelen derer, die erwürgt wurden um des Wortes Gottes willen zu zeugen beginnen, daß es auf Erden weithin widerschalle! ... Die Stunde kommt näher –! O, bald wird die Freiheit im Glauben und Denken auch für Italien anbrechen! Auch in diese Thäler wird der Lichtstrahl einer neuen Sonne dringen! Läutert euch für diesen großen Augenblick! Thut das Gute, tragt im Herzen euren reinen Sinn und eure geläuterte Hoffnung! Wenn ich – ach! heute von euch scheide – ja, Geliebte ich scheide von euch! Es ist das letzte, letzte – Mal – ...

Warum mußte nur das Ohr der drei Ankömmlinge und aller in Thränen gebadeten Hörer so gebannt sein von dem allgemeinen Schluchzen, Wehklagen, von den Thränen des Redners, daß jene sich still hinter einer der Bluteichen verbargen und die Worte ihres Freundes und Lehrers nicht stören mochten –! ...

Jetzt mußte Hubertus, der Schärferspähende, die erstickte Abschiedsrede Federigo's unterbrechen, mußte auf die ihnen gegenüberliegenden waldbedeckten Berge deuten und in wilder Hast wie ein Verzückter rufen:

Besteigt den Nachen Jesu! Rettet, rettet euch! ...

Und auch aus dem um den Greis zusammengedrängten Haufen mußten nun wol andere, die seinen Leib zu umfassen, seine Hände, seine Füße zu küssen nicht hindurchdringen konnten, ihr Auge auf die von Hubertus bezeichnete Stelle gerichtet und unter den Bäumen an einzelnen of-*[381]*fenen Stellen schon dieselbe Störung erblickt haben ... Ihr Ruf fiel in den des Mönches ein ...

Voll Entsetzen erkannten Paolo Vigo und Ambrogio Negrino, die mechanisch dem voranstürmenden Hubertus gefolgt waren, die Flinten der gefürchteten Jäger von Salerno, die in der That, unabhängig vom Corps in San-Giovanni, über den Aspropotamo und Gigante gekommen waren ...

Schon stand Hubertus mitten unter den in noch wildere Aufregung gerathenden, theilweise zu den Waffen greifenden Verbündeten ... Die Frauen flüchteten sich zu ihren Karren ... Die Kinder drückten sich schreiend an ihre Väter, die rathschlagend zusammentraten ... Hubertus hatte Federigo schnell begrüßt und seine Hand ergriffen, um ihn den Weg zu führen, den Ambrogio zum Entkommen für den sichersten hielt ...

Federigo deutete gelassen auf eine andere Stelle des dichten Waldkranzes, wo die rothen Pünktchen sich mehrten, die Federbüsche an den Hüten der Jäger von Salerno ... Die von San-Giovanni erwarteten Truppen hätten allerdings vor drei Stunden noch nicht eintreffen können ... Dies war ein Detachement, das vom Meerbusen von Squillace gekommen ...

Nun war alles auseinander gesprengt und raffte die Karren, die ausgelegten Geräthschaften, die Kinder zusammen ... Die Männer standen unentschlossen, ob sie zur Flucht oder zu Widerstand schreiten sollten ... Heute zum erstenmal hatte ihr stetes Drängen, daß ihr Freund und Rathgeber sie über Rom, über die Priester und die Lehre der Kirche aufklären sollte, eine Erhörung *[382]* gefunden – Den Greis hatte der Schmerz der Trennung fortgerissen ... Vier Männer, unter ihnen Ambrogio, schwangen ihre Flinten über Federigo's Haupt ... Die Hitze des südlichen Temperaments war bei diesen Männern von ihrer religiösen Denkart nicht überwunden worden ... Hatte man auch nur ein Dutzend Schußwaffen, funfzehn Alpenstäbe waren mit Eisen beschlagen; Messer, welche die Fischer und Kohlenbrenner am Gürtel trugen, waren lang und geschliffen ... Hubertus wartete nur auf das Zeichen, das Federigo geben sollte ... Er selbst hatte sich mit einem: Halt da! denen gegenübergestellt, die ihn nicht kennen mochten und das Erscheinen eines Mönches und eines Priesters für die Vorboten einer unentrinnbaren Gewaltthat ansahen ...

Meine Freunde! rief Federigo in die wilde Bewegung ... Verschlimmert die Sache nicht noch mehr, als sie schon ist! ... Wir wissen, daß diese Krieger das Gebirge durchstreifen seit den blutigen Aufständen an den Meeresküsten ... Wer weiß, ob sie nur uns suchen ... Wo Weiber und Kinder zugegen sind, konnte nichts Uebles geschehen ...

Ambrogio Negrino mußte ihm diese Voraussetzung nehmen ... Er erzählte, was von ihm in San-Giovanni gehört worden ... Paolo Vigo und Hubertus riethen, lieber sofort das Aeußerste anzunehmen und die Sicherheit zu suchen ... Seit dem Aufstand der Bandiera war nicht vorgekommen, daß sich zu gleicher Zeit eine so große Anzahl von Soldaten in diesen Gegenden hatte erblicken lassen ... Viele der Frauen hatten Soldaten im Leben nicht gesehen ... Sie standen *[383]* starr vor Entsetzen und mehrten die Rathlosigkeit der Männer, von denen die Mehrzahl sich vertheidigen wollte ...

Federigo bat alle, sich der Sorge um ihn selbst zu entschlagen und nur auf die eigene Rettung bedacht zu sein ... Den Zumuthungen zur Flucht widerstand er entschieden, ordnete die Leute so, daß sie in zerstreuten Haufen sich auf die Heimkehr über solche Wege begaben, die nur ihm bekannt waren ... War auch das Thal so eng, daß ein auf dem Gebirgskamm plötzlich fallender, schon als Alarmzeichen dienender Schuß ringsum in siebenfachem Echo widerhallte, so fehlten Auswege nicht und nicht alle Gebirgsspalten konnten zu gleicher Zeit besetzt sein ...

Inzwischen mehrten sich die verdächtigen Zeichen und schon wurden die militärischen Commandos hörbar ...

An ein Entrinnen ist nicht zu denken! sagte zu aller Schrekken der jetzt für immer dem Verderben geweihte Pfarrer von San-Giovanni ... Ambrogio und Hubertus schilderten zu wiederholter Bestätigung, was sie in San-Giovanni und Spezzano gesehen hatten ...

Inzwischen war von den Entschlosseneren unter den Männern ein Rückzug angeordnet worden, der vielleicht über die Serra del Imperatore möglich war ... Eiligst warf man die Geräthschaften auf die Karren, gebot den Kindern Ruhe, brachte die Maulthiere und Esel in Bewegung und in einer Viertelstunde war es um Federigo's Hütte still geworden ... Nur noch Hubertus, Paolo Vigo und Ambrogio Negrino blieben zurück ...

Inständigst bat sie der Greis, jenen Felsenspalt, den er kannte und für vollkommen sicher erklären mußte, *[384]* statt seiner aufzusuchen ... Eilt euch, meine Freunde! sprach er ... Kümmert euch nicht mehr um mich ... Meine Stunden sind gezählt und ich habe nicht einmal eine schlimme Hoffnung für mich – ich habe sie nur für euch ...

Wir sind dort alle sicher ... entgegnete Ambrogio ...

Ich beschwöre euch, geht allein! wiederholte Federigo ... Ich suche mein Ende ... Laßt, laßt mir, was beschieden ist –! ... Ich versichere euch, es wacht nicht nur Gott über mich, sondern auch manche Freundesseele unter den Menschen ... Soll ich euch, meine geliebten, theuern Freunde, unglücklicher machen, als ihr jetzt schon mit euerm getheilten, zaghaften Herzen seid? ... Gott ist mein Zeuge, ich pflanzte nichts in euch, was nicht schon in euch war! ... Ich hielt euch zurück, euch den größten Gefahren preiszugeben ... Wenn ich mich dem Drängen nach Entscheidung heute fügte, so ist es billig, daß mich die Folgen allein treffen ... Flieht, flieht –! ... Bewahrt euer Geheimniß, lehrt diese Menschen das ihrige hüten – bald brechen neue Zeiten an! ... Vielleicht vernimmt noch Euer Ohr den Sieg des Evangeliums von Rom! ...

In diesem Wettstreit – die Verehrer des Greises wollten sein Schicksal theilen – mehrte sich die Unruhe ringsum ... Das Thal wurde lebendiger ... Von Aexten getroffen brachen hie und da die Zweige zusammen ... Hier blitzten Flinten auf, dort entluden sich welche ... Federigo wehrte Hubertus, der ihn auf seinen Armen forttragen wollte ... Rettet nur euch! bat er wiederholt ... Für mich ist gesorgt ...

[385] Alle starrten, als sie sahen, wie Federigo jetzt in seine Hütte trat, dort ein brennendes Licht ergriff, die Flamme an die Wände hielt, die von dürrem Moose gefugt waren, und seine Einsiedelei in Flammen steckte ...

Paolo Vigo suchte das verzehrende Feuer abzuhalten von den Gedankenschätzen, die hier in Büchern und Blättern aufgehäuft lagen und aus denen er jahrelang Trost und Erhebung geschöpft hatte ... Aber die Papiere und Bücher brannten schon und bald züngelte die Flamme um die ganze Hütte ...

Gedanken an Rettung und Flucht verließen nun die drei Freunde gänzlich ... Willenlos ließen sie den Greis gewähren ... Sein Betragen war seltsam ... So fast, als käme ihm dieser Ueberfall erwünscht, ja als wäre er früher oder später auf einen solchen vorbereitet gewesen ...

Aus dem Brande ergriff er einige wenige Bücher, um sie zu retten und seltsamerweise noch drei Stäbe, von denen er jedem der Freunde einen einhändigte mit den Worten:

Schützt euer Leben und euere Freiheit – ... Bewahrt aber, jeder von euch, wie irgend möglich, diesen Stab, den ich euch auf die Seele binde –! ...

Nun vollends blieben sie wie angewurzelt stehen ...

Er wiederholte seine Worte und setzte hinzu:

Sucht mit äußerster Anstrengung euch diese Stäbe zu erhalten ... Wenn ihr nicht entweichen wollt, ihr Armen, so bitt' ich nur noch dies ... Es kommt ein Augenblick, wo ich oder irgendwer euch mittheilt, welche Anwendung ihr von diesen Stäben machen sollt ...

Die Hütte brannte nieder ... Eine Viertelstunde *[386]* darauf waren auf einer rauchenden Trümmerstätte alle vier die Gefangenen der Inquisition ...

Fünfzehn auf der Flucht noch aufgegriffene Männer, an ihrer Spitze auf einem und demselben Karren Federigo, Hubertus, Paolo Vigo und Ambrogio Negrino, kamen am Abend desselben Tages zu Spezzano nicht nur von Reitern und Fußvolk geleitet an, sondern vom Schwarm der Bewohner des halben Gebirgs ...

Das Kirchenfest von Spezzano mit all den Späßen, die mit tausend Lichtern und Lampen die Gottheit, wie die Chinesen den Neumond feiern, war im vollen Gange ...

Die Ketzer von den Bluteichen! hieß es – ... Und mancher staunte, darunter einem alten Bekannten zu begegnen ... An der

Spitze des Zugs befand sich der „Hexenmeister", der von den Fanatikern verspottet, von den meisten mit unheimlichem Grauen betrachtet wurde ... Die Mehrzahl wurde nach Cosenza abgeführt ... Die vier verbundenen Freunde kamen nach Neapel ...

Der Abschied, den sie alle von einander und von den Ihrigen nahmen, ließ selbst die von ihrem Pfarrer fanatisirten Bewohner von Spezzano glauben, daß die Ketzer Menschen bleiben wie andere ... Das Weinen der Frauen steckte an ... Die Volkshaufen konnten zuletzt von den Mönchen und Priestern, die anhetzen wollten, nicht mehr recht zu Beschimpfungen entflammt werden ...

Am meisten rührte der Abschied, den Rosalia Mateucci von ihrem in San-Giovanni in solcher Lage begrüßten Bruder, dem Pfarrer Paolo Vigo, nahm ... In Spezzano entriß ihm zwar eine Frau das Kind, das er segnen wollte, aber das halbe San-Giovanni, das bis Spez-*[387]*zano mitgezogen war, trat dazwischen und Scagnarello erbot sich sogar, die weinende Rosalia nach Cosenza umsonst zu fahren ... Was sie an Geld bei sich trug, hatte sie dem heißgeliebten, unglücklichen Bruder aufgezwungen, den in so unwürdiger, diesseits und jenseits verlorner Erniedrigung wiederzusehen ihr das Herz brach ... Paolo Vigo sprach laut über die Freude, leiden zu dürfen um des Heilands willen ... Als er laut betete, senkten sich die Häupter ... Niemand unterbrach seine feierlich erhobene Rede ...

Paolo Vigo zog allem, was ihn treffen konnte, das Glück vor, bei Federigo zu sein ... Alles hatte man ihm genommen, nur den Stab nicht, den auch die beiden andern Gefangenen trugen ... Der Pfarrer von Spezzano zeigte dem Guardian von San-Firmiano, der seinen beiden Klosterangehörigen bis Spezzano gefolgt war, eine Vollmacht des Erzbischofs von Cosenza, der zufolge das Kloster die beiden Leviten nicht reclamiren durfte ...

Rosalia Mateucci schwur dem hochheiligsten Erzbischof von Cosenza eine Rache – wie sie nur vom Blick einer Neapolitanerin begleitet sein konnte ...

Transporte von Gefangenen waren und sind in diesem Lande an sich etwas Gewöhnliches ...

Der Wagen, begleitet von sechs Schweizer-Dragonern, glitt niederwärts – der kreidigen, staubbedeckten Landstraße und –
den blauen Wogen des Meeres zu – hin nach Neapel, wo Hubertus, mit Verzweiflung sich allein als den Urheber aller dieser Schrecken anklagend, nur einen einzigen Gegenstand suchte – die Rauchsäule des Vesuv ...

12.

Was Lucinde vor Jahren geahnt hatte, daß sie nach einer kurzen glänzenden Periode des Glücks nur zu bald wieder in Elend versinken würde, war allerdings nach dem Tode Ceccone's für einige Zeit eingetroffen ...

Aber wie sie am Tage nach dem Hochzeitsfest Olympiens berechnet hatte, sie war wenigstens die rechtmäßige Gräfin Sarzana geblieben ... In ihrer Theilnahme an den Demonstrationen modischer Kirchlichkeit lag eine Versöhnung für alles, was in zweideutiger Weise ihren Ruf treffen konnte ... Sie war eine Büßerin, trug nur dunkle Farben, senkte ihr ohnehin schon zur Erde sich neigendes Haupt in dem Grad, daß die jetzt fast Sechsunddreißigjährige einen gekrümmten Rücken bekommen zu haben schien und mit ihren noch immer blitzenden Feueraugen die Menschen, das Leben und die Welt von unten her um so unheimlicher betrachtete ...

Jetzt, wo Friede und Ruhe wieder in Rom eingezogen war, hatte sie sogar die Mittel gefunden, eine Art „Kreis" um sich zu ziehen ... Die Sorge um einen solchen „Kreis" ist nicht gering; sie ist mit steter Aufregung und *[389]* mancherlei Aerger verbunden ... Sie hatte einen Donnerstag proclamirt, an dem ihr Haus allgemein und massenhaft zugänglich war, während sonst zu ihrem engern Kreise nur wenige „Intimitäten" gehörten ...

Diese Wiederherstellung war ihr in diesem Herbst und Winter nach vielen Mühen gelungen ... Die „Donnerstage" der Gräfin Sarzana waren besucht ...

Die Wohnung, die sie innehatte, gehörte dem ältesten Rom des Mittelalters an und lag in der „Straße der Kaufleute" ... Hier standen alte Paläste, die den herabgekommenen Geschlechtern alter Tage gehörten; dunkle, verwitterte Steinmassen, im Erdgeschoß und Bodengelaß oft zu Waarenmagazinen benutzt, umgeben von baufälligen Nachbarhäusern ... Es lag ein gewisser

Nimbus um diese alterthümlichen Wohnungen und selbst im dritten Stock, den die Gräfin Sarzana bewohnte, war einer dieser Paläste leidlich „anständig", auch wenn man im Eingang an den Fässern eines großen Kaufmannsgeschäftes vorüber mußte und die Treppen mit Wollsäcken verengt fand, die innenwärts auf die oberen Böden gewunden wurden ... Darum hatten die inneren Gemächer, zumal wenn sie erleuchtet waren, doch durch Bauart und architektonische Ausschmückung ein beinahe fürstliches Aussehen ... An ihren „Donnerstagen" bedienten mehre Diener in Livree ... Für gewöhnlich hatte die Gräfin nur ihrer zwei ... Auch eine Equipage, eine gemiethete freilich, durfte nicht fehlen ...

Es war ein Geheimniß, woher die Einnahmen dieser deutschen Dame flossen ... Oft hatten ihr Bonaventura, Paula, Graf Hugo vergeblich Pensionen angeboten ... *[390]* Ceccone's letzter Wille verlangte, daß sie zeitlebens das kleine Palais bewohnte, in welchem ihm Graf Sarzana den Tod gegeben ... Sie bezog es nicht; verwerthete aber die Vergünstigung durch Vermiethung ... Als Olympia in London selbst nicht mehr mit ihren Einnahmen auskommen konnte, stellte sie die Bedingung, daß Gräfin Sarzana das Palais ihres Onkels entweder bezog oder die Nutznießung an sie, seine Erbin, abtrat ... Lucinde zog letzteres vor ... Nun, wo ihr jährlich tausend Scudi fehlten, traten die harten Zeiten ein ... Ihre „Missionsreisen" wurden ihr zwar bezahlt, sie wohnte in Ordenshäusern, auch hatte sie eine Hülfe, die ihr manchmal in äußersten Fällen beistand – die alte Fürstin Rucca ... Nur wurde auch diese vom Herzog Pumpeo so in Anspruch genommen, daß sie Schulden hatte und dann im Gegentheil von Lucinden zu borgen kam ... Lucinde nahm in solchen Fällen keinen Anstand, über die Börsen derer zu gebieten, die unter ihren Bekanntschaften reich waren ... So bei Frau von Sicking, die auf ihren geistlichen Tendenzreisen oft nach Rom kam und Lucindens Protection begehrte ... Treudchen Ley, deren Gatte, Piter Kattendyk, sich nicht nur in die ernste Lebensaufgabe geworfen hatte, Stadt- und Commerzienrath zu werden, sondern sich auch mit der so schmählich von ihm beleidigten Kirche und Religion auszusöhnen (Professor Guido Goldfinger hatte das Geschäft gerettet und schwang sein Scepter über die Hauptbücher mit tyrannischer Gewalt), auch Treudchen Piter Kattendyk ließ ihrer Freundin Gräfin Lucinde Sarzana eine regelmäßige, wenn auch nur kleine Pension aus-*[391]*zahlen ... Goldfinger hatte diese als Tribut der Familie, desgleichen infolge letzten Willens der selig verblichenen Schwiegermutter Wally Kattendyk, anerkannt und sogar etwas vergrößert unter ausdrücklicher Nebenbedingung, daß Lucinde in der Peterskirche an einem gewissen Altar für das Haus Kattendyk und die Angehörigen desselben jährlich eine Messe lesen lassen sollte – sie erstand sie wohlfeiler, als von Deutschland aus möglich war ...

Alle diese Hülfsmittel würden nicht ausgereicht haben, z. B. dem Andenken des Grafen Sarzana, trotzdem, daß er für die Sache des „Atheismus" gefallen war, auf dem Kirchhof an Porta Pancrazio ein glänzendes Denkmal zu setzen, im eigenen Wagen zu reisen, einen alten Palazzo in der Strada dei Mercanti zu bewohnen, einen Jour fixe, regelmäßig zwei Bediente und eine Equipage zu halten – wenn nicht Lucinde noch einen Beistand gefunden hätte, welcher der frommen Convertitin seltsamerweise – aus der Türkei kam ...

Gräfin Sarzana kannte Italien und wußte, daß dort Speculation nicht schändet ... Sollte es allmählich herauskommen, daß sie einen Handel mit allerlei kostbaren türkischen Waaren, Shawls, Seidenstoffen, Kleinodien trieb – was that ihr das –! ... Diese Dinge kamen ihr aus Kleinasien zu, wo in Brussa, an den Abhängen des Olympos, da wo einst im ambrosischen Licht die Götter Homer's gethront, Abdallah Muschir Bei wohnte, ein vornehmer reicher Mann, Renegat, niemand anders, als der ehemalige päpstliche Sporenritter und Oberprocurator Dominicus Nück ...

[392] Wir kennen die Schreckensscene, als Ceccone, der ohne Lucindens Plaudereien nicht leben konnte, in einem Cabinet, dessen Thür durch Zufallen von innen sich von selbst verschloß, bei ihr verweilte, Sarzana mit blanker Klinge die Thür sprengte und nach dem Cardinal stach ... Als damals Lucinde zu den „Lebendigbegrabenen" geflohen war, ließ sich eines Tages am Sprachgitter ein Fremder melden, welcher seinen Namen nicht nennen mochte ... Ueberall Mord und Verrath fürchtend, wagte sich Lucinde nicht ans Gitter, sondern ließ sich verleugnen ... Dieselbe Meldung kam acht Tage später wieder ... Als sie nun tiefverschleiert und wie eine Nonne am Gitter erschien und den Mann erkannte, welcher sie zu sprechen wünschte und den sie zum letzten mal gesehen als einen fast von ihrer eigenen Hand Erhängten, erbebte sie, überflog in schneller Fassung die gegenwärtige Stellung, in der sie sich befand, ihre Rücksichten, die Gesinnung, die sie zur Schau tragen sollte, wechselte nur wenige kalte Worte mit ihm und gab sich ganz den Nimbus, der ihr als Gräfin und Fromme gebührte ... Bei einer dritten Meldung nahm sie den unheimlichen Besucher gar nicht an ... Inzwischen blieb sie bei den alten Parzen des Klosters wohnen und sah die wahnsinnige Lucrezia Bianchi in ihren Armen sterben ... Jetzt schrieb ihr Nück ... Ob sie denn ganz die deutsche Heimat vergessen hätte, ob sie ihn für unwürdig hielte, dem Puppenspieler Weltgeist hinter die Coulissen zu sehen, mit einzublicken in die Gedankenmaschinerie einer großen, stolzen und die Welt verachtenden Seele, wie die ihrige – oder ob sie Furcht haben könnte – vor *[393]* wem? – vor was? – Vor sich selbst — doch gewiß am wenigsten! – Wol gar vor ihm –! ... Er bot ihr, die in so viele Geheimnisse seines Daseins eingeweiht war, die ihn vor den schrecklichen Folgen der Rache Hammaker's vom Hochgericht hernieder bewahrt hatte, den Mitgebrauch seines Vermögens, das er, nach einer Trennung von seiner Frau, so weit an sich gebracht hatte, als ihm sein eigen Erworbenes nicht entzogen werden konnte ... Zur Ehe nehmen konnte er Lucinden nur

dann, wenn beide die Religion wechselten ... Auch das schlug Nück vor ... Er schilderte den „schwarzen Falken", einen Indianerhäuptling voll Tapferkeit, Großmuth, Gerechtigkeitliebe, der an nichts geglaubt hätte, als an den „großen Geist" – ... Er erläuterte die Philosophie Buddha's mit wenig Federstrichen – ... Jedenfalls schlug er nicht den verhaßten „Rückschritt" des Protestantismus, sondern, wenn sie wolle, Islam oder Judenthum vor ... Lucinde war damals so unglücklich, daß sie diese Zeilen lange mit Aufmerksamkeit betrachtete. Es war ein Brief in den Wendungen, wie sie Nück liebte – Cynismus abwechselnd mit Melancholie ... Offen gestand er, daß er sich daheim nicht mehr hätte halten können; zu schlimme Gerüchte hätten ihn verfolgt; ein ruheloser, unstäter Geist irre er jetzt von Stadt zu Stadt und wiche Jedem aus, der sich, weil er wisse, daß er einen Kopf, zwei Arme und zwei Beine hätte, ein vernünftiges Wesen dünke ... Rom, für dessen Macht und Herrlichkeit er sonst seine eigene Vernunft eingesetzt, erschiene ihm eine wüste Einöde ... Er müsse sein altes von Hause mitge-*[394]*brachtes Rom nehmen und über die langweilige Stadt, die er hier anträfe, „überstülpen", um hier nur auszuhalten ... Nur den ihm geistesverwandten Klingsor hätte er besucht und von diesem die Empfehlung eines ehemaligen türkischen Priesters, der Christ geworden, erhalten ... Um seinerseits umgekehrt vielleicht ein Türke zu werden, lerne er von diesem die türkische Sprache ... Er bot Lucinden an, sein Weib zu werden und mit ihm nach Kairo zu gehen ...

Sie antwortete ihm nicht und Nück verschwand dann aus Rom ... In Neapel vervollkommnete er seine Kenntnisse im Türkischen, ging nach Stambul, von da nach Brussa ... Ohne ihr die ihm bewiesene Kälte nachzutragen, schrieb er Lucinden als Abdallah Muschir Bei ... Die beredtesten Schilderungen zeigten ihn als leidlich glücklich; er beschrieb seine Einrichtung, den Harem seiner Frauen; – nur bedauerte er, daß er krank und alt wäre ... Gerade dies von Erdbeben heimgesuchte, jedoch über alle Beschreibung schöne Brussa hätte er gewählt, weil die berühmten Schwefelquellen der Stadt „direct aus der Hölle flössen" ... Seinen Justinian könne er nun nicht mehr verwerthen und hätte auch nach so langer Advocatenpraxis ein unwiderstehliches Bedürfniß nach Ehrlichkeit ... Deshalb wolle er – Kaufmann werden, wie sein Schwager Guido Goldfinger – im Orient befleißigte der Kaufmannsstand sich wirklich der Ehrlichkeit ... An den berühmten Seidenwebereien Brussas betheiligte sich Abdallah Muschir Bei mit Kapitalien ...

Jetzt antwortete ihm Lucinde und es vergingen seitdem nie sechs Monate, wo nicht über Stambul *[395]* und Venedig her ein Geschenk an kostbaren Stoffen, seidenen oder wollenen, an Teppichen und Shawls, auch an kostbaren Geschmeiden für sie ankam ... Da in diesen Briefen jeder seinen Standpunkt beibehielt, so konnten sie nicht ohne Reiz zur Fortsetzung bleiben ... Abdallah verharrte dabei, daß er Lucinden geliebt hätte, liebe und lieben würde in Ewigkeit ... Auch noch jetzt könnte er seinen Sklavinnen nur Geschmack abgewinnen, wenn seine Phantasie sie in Lucinden verwandelte ... Die Geschenke Abdallah's zurückzuschicken oder abzulehnen war zu umständlich – Lucinde behielt sie und verkaufte sie gelegentlich, wenn sie in Noth war ... Ein einziger Shawl half ihr dann auf Monate ...

Ihre demnach mit türkischem Geld unterhaltenen „ultramontanen Donnerstage" wurden von allen jenen Menschen besucht, die nach Rom ziehen, wie die Weisen des Morgenlands nach Bethlehem ... Alle Nationen waren hier vertreten ... Die süßlächelnden jesuitischen Abbés der Franzosen; die englischen Katakombenwallerinnen, die im feuchtmodernden Tuffgestein die anderthalbjahrtausendalten Fußtapfen der Wiseman'schen „Fabiola" suchten; deutsche Künstler, die den Untergang des Geschmacks von den zu weltlichen Madonnen Raphael's herleiteten und an Giotto anknüpften; Gelehrte, die alle gangbaren Geschichtsbücher umschrieben, so, daß sie immer das Gegentheil dessen, was die deutschen Kaiser erstrebten, als das Richti-

gere darstellten, die Päpste zu allen Zeiten Recht behalten ließen
– meist fanatische, geistvolle Menschen – und Gräfin Sarzana
wußte selbst Die unter ihnen zu fesseln, die nicht die Intrigue
liebten *[396]* ... Das Deutsche, mit dem sie oft begrüßt wurde,
behauptete sie vergessen zu haben; schon lange sprach sie ihr
Italienisch mit Feinheit und jedenfalls in jenem rauhen, tiefliegenden Ton, der am gewöhnlichen Organ der Italienerinnen den
bekannten Wohllaut ihres Gesangs bezweifeln lassen könnte ...
Ihre Kunst, einen Abend belebt zu machen, Niemanden zu lange
im Schatten stehen zu lassen, galt für musterhaft ... Gelehrte
Streitigkeiten duldete sie bis zu einem gewissen Grade, der jedoch bei weitem über den der Oberflächlichkeit hinausging – ...
Viel hockte sie unter Büchern, die ihr Klingsohr bis an seinen
vor einigen Jahren erfolgten Tod zutrug – die Hektik, die Cigarre und der Orvieto untergruben ihn –; sie lernte unaufhörlich und
konnte aus Bibel und Kirchenvätern eine Menge Beispiele für
Behauptungen anführen, die den größten Lichtern der Sapienza
und des Collegio anregend waren ... Ihr Vorsprung war dabei
der, daß sie alles Vergangene so nahm, wie Gegenwärtiges ...
Die Menschen hatten nach ihrer Auffassung zu allen Zeiten dieselben Schwächen, dieselben Bedürfnisse; die Forderungen der
Natur waren sich zu allen Zeiten gleich ... „Sonderbar!" sagte
sie – „Die Gelehrten sind auf diese Voraussetzung so wenig
gerüstet! Für das Natürlichste, für den Gebrauch eines Nasentuches in der Hand Cicero's, muß ihnen erst ein Citat aus einem
alten Schriftsteller die beruhigende Anlehnung geben!" ...

Von Klingsohr, dem es gegangen, wie den deutschen Lanzknechten im Mittelalter, wenn sie bis zu dem altgefährlichen
Capua kamen, schrieb ihr Abdallah Muschir *[397]* Bei: „Ist er
nun zu seinem Vater und zum Kronsyndikus! O, dieses eitlen
Prahlers! Er erstrebte eine Bedeutung, zu welcher ihm weniger
Fleiß und Beharrlichkeit, wie er vorgab, als schöpferisch geistige Kraft fehlte! Statt letzteres offen einzugestehen, schmähte er
die Trauben, die ihm zu hoch hingen! Das ganze deutsche Volk

ist wie Klingsohr und gewiß fressen es auch noch einmal die Kalmücken und Tartaren!" ... Lucinde theilte diese Ansichten ... Als sie die ihr von Klingsohr hinterlassene Habe desselben musterte, Brauchbares verkaufte, seine Papiere, seine angefangenen philosophischen Werke unbarmherzig ins Feuer warf, sogar seine Gedichte, in denen doch nur sie besungen war, ließ sie sich selbst von jener Brieftasche nicht rühren, die einst in Klingsohr's und ihrem eigenen Jugendleben eine so große Rolle gespielt hatte ... Nachdem sie einen Augenblick zweifelhaft gewesen, ob sie dies Angedenken an die düstern Verwickelungen im Hause der Asselyns und Wittekinds nicht gleichfalls mit in jenes Kästchen von Ebenholz legen sollte, das ihren ganzen Lebensschatz enthielt – mit zu den noch unverkauften Gold- und Silbergeschenken Nück's – zu all den Briefen und Blättchen, die sie von Bonaventura's Hand besaß – zu Serlo's Denkwürdigkeiten und zur Urkunde Leo Perl's – verbrannte sie es – gerade an einem Tage, wo drei deutsche Pilger bei ihr vorgesprochen hatten, die zu Fuß nach Rom gewallfahrtet kamen, Stephan Lengenich, Jean Baptiste Maria Schnuphase und der Paramentensticker Calasantius Pelikan aus Wien ... – Alle drei erhielten zeitig den gesandtschaftlichen Rath abzureisen – sie betranken sich täglich ...

[398] So gab es der Abwechselungen genug, zu denen sich dann die Reisen, der Aufenthalt in Genua, in Coni gesellte, bis die Revolutionen ausbrachen, wo sich Lucinde in Venedig und glücklicherweise durch die Hülfe hielt, die ihr aus dem Orient kam ...

Jetzt war ein halbes Jahr seit „Wiederherstellung der göttlichen Ordnung" verflossen ... Wieder war die römische Saison, kurz vor dem Carneval, in aufsteigender Höhe ... Wieder war ein „Donnerstag" gewesen ...

Lucinde saß, zufrieden mit der Zahl ihrer heutigen Gäste, mit der Erinnerung an ihre eigenen Einfälle und Repliken, die sie zum Besten gegeben (was mustert man nicht alles nach einem Gesellschaftsabend am Effect, den man im Leben machen soll oder will!) ... Die Herzogin von Amarillas war zugegen gewesen, noch immer tief in Trauer gehüllt – im übrigen starr, versteinert, bis zum Peinlichen unbeweglich geworden ... Olympia Rucca, die zur Besserung ihrer Finanzen mit ihren Schwiegerältern Frieden geschlossen hatte und sich gleichfalls noch derselben Trauer widmete, die auch nicht Ercolano, ihr Gatte, um Cäsar Montalto abgelegt hatte – Ercolano sah in Benno's Verhältniß zu Olympien nur eine persönliche Aufopferung der Freundschaft zu Gunsten seines Friedens, zur Vereinfachung seiner Sorgen um eine „nun einmal schwer zu behandelnde" Frau – „Es gibt solche Ehemänner –!" sagte Lucinde ... Auch Fefelotti, der wiederum allmächtige Cardinal, war dagewesen und hatte Lucinden durch eine heimlich zugeflüsterte Mittheilung erfreut ... Sie hatte den Athem des [399] Mannes zwar nicht gern in ihrer Nähe, aber sie hörte doch mit Vergnügen, was er ihr heute zugezischelt ... Es erfüllte sich also, daß (irgendwo in Europa) mit einem hochbetagten lutherischen Landesvater, bei dessen Hoftheater die beiden Fräulein Serlo als Tänzerinnen engagirt, dann im geheimen zu Freiinnen von *** erhoben waren, durch Vermittelung dieser Favoritinnen ein für Rom günstiges Concordat abgeschlossen werden sollte ... Hatte auch Lucinde, die dies Arrangement zu Stande gebracht, gerade kein besonderes Interesse an der Summe, die man ihr zahlen wollte, wenn die Freiinnen von *** nebst ihrer alten Mutter so lange weinten und sich kasteiten und sich abhärmten und den alten Landesvater selbst beim Champagner und nachts zwölf Uhr, wenn er im Mantel verhüllt nach Hause schlich, durch ihre Gewissensbisse peinigten, bis dieser nachgab und den für ein protestantisches Land schmählichen Vertrag mit Rom abschloß*) – ihr genügte schon, sich die Curie gründlich verpflichtet zu haben und bitterlächelnd – an Serlo's Phantasieen über die Zukunft seiner Töchter denken zu können – ...

---

*) Ein Factum?

Heute war ein neuer Gast zum dritten mal dagewesen – Pater Stanislaus aus dem Al Gesú, Wenzel von Terschka ... Sechs Monate hatte dieser Verlorene in Rom verweilt, ohne daß ihn jemand erblickte ... Man sagte allgemein, er hätte eine qualvolle Gefangenschaft, dann eine glorreiche Umänderung seines Sinnes zu bestehen gehabt und nun wäre er nahezu ein Heiliger *[400]* geworden ... Jedem, der etwa erstaunte, wie hier möglich gewesen, daß ein Mann erst Priester, dann als solcher weltlich beurlaubt, beauftragt, in kurzer Robe sich in die allgemeine Gesellschaft zu mischen, dann in London zum Ketzerthum übergetreten war, wieder nach Rom zurückkehrte, sein altes Priesterkleid – „re quasi bene gesta" sagte Lucinde – wieder anzog – Dem wurde erwidert: All diese Wandelungen im Leben Wenzel von Terschka's beruhen auf Verleumdung! Nie war er vorher ein Priester! Nie war er ein Protestant! Jetzt erst führte ihn das Bedürfniß der Heiligung über ein leichtsinniges Leben in die geschlossenen Räume eines Bußhauses! Erst jetzt ist er geistlich geworden; jetzt in den Orden des heiligen Ignaz getreten – und auch jetzt erst heißt er Pater Stanislaus ... Allen denen, die etwa an der Richtigkeit dieser Darstellung zweifeln mochten, mußte dieselbe glaubhaft erscheinen, wenn sie die hohle Wange, das düster irrende Auge, den scheuen Blick, den fast verstummten Mund, eine erschreckende Vernichtung an einem Mann wiederfanden, der sonst in Gesellschaften wie Quecksilber glitt ... Der dritte Donnerstag war es heute, wo der unheimlich brütende, willenlos gewordene – alte Mann bei Gräfin Sarzana saß ... Mit dem Schlag der zehnten Stunde brach er jedesmal auf; er, dem sonst die Nacht gehören mußte ... Punkt fünfzehn Minuten nach zehn mußte Pater Stanislaus hinter seinen düstern Mauern sein ...

Lucinde urtheilte über diese Eindrücke, wie über etwas, was sich von selbst verstand auf dem Gebiet ihres Wirkens und Lebens ... Sie, die ja auch in dieser *[401]* Weise zu den Wiedergeborenen gehörte, ließ ganz ebenso Terschka gelten ... Sie begrüßte ihn ohne jeden Schein einer Kritik und gab dem Pater Stanislaus die Ehre, die seinem Stande gebührte ...

Nur ein einziges nagendes Gefühl quälte Lucinden unausgesetzt ... Sie, die sonst die Reue als „unnütze Selbstquälerei" verwarf, bereute doch Eines ... Es war ein Wort, das ihr einst bei ihrer ersten Bekanntschaft mit Cardinal Ceccone über den damaligen Bischof von Robillante entfallen war: „Ich besitze in meinen Händen etwas, was ihn auf ewig vernichten kann!" ... Daß ihr dies Wort hatte entschlüpfen können, war nur möglich gewesen im ersten Rausch über die ihr gewordenen neuen Erfolge – auch im Zorn nur über Bonaventura's damalige Abreise von Wien ... Bonaventura hatte sie in einer Stadt, wohin sie ihm verkleidet durch ganz Deutschland nachgereist war, zurückgelassen, ohne sich weiter um sie zu kümmern ...

Oft hatte sie diese Aeußerung, die sie auch aus Furcht vor den Drohungen des Grafen Hugo that, wenn sie daran erinnert wurde, in Abrede gestellt, hatte ihren Sinn harmlos zu deuten gesucht; aber Ceccone, Olympia, die Herzogin von Amarillas hatten die Aeußerung behalten, oft wiederholt und so rückhaltlos wiederholt, daß sie Fefelotti bekannt wurde ... Dieser, von Haß und Rache gegen Bonaventura seit Jahren unveränderlich erfüllt, hatte der Vorgeschichte Bonaventura's nachgespürt, dem Verschwinden seines Vaters, dem beraubten Sarge auf dem Friedhof von Sanct-Wolfgang ... *[402]* Nach ihrer fernern frühern Aeußerung: „Käme, was ich habe, zu Tage, so müßte der Unglückliche auf ewig in ein Kloster!" fehlte nicht viel, daß die seit dem Tode Benno's zu einem großen Schlage der Rache Verbundenen, Fefelotti, Olympia, die Herzogin, schon aus sich selbst heraus die volle Wahrheit trafen ... Zu einer solchen Entsagung konnte nur Jemand gezwungen werden, der mit einem dem Priesterthum widersprechenden Makel behaftet war ... Selbst die Besuche Terschka's, sein lauerndes Umblicken und grübelndes Schweigen schien dem Privatgefühl Lucindens, das von ihrer öffentlich gespielten Rolle abwich, mit einer Verschwörung gegen Bonaventura – sogar mit ihrem Kästchen in Verbindung zu stehen ...

Bonaventura war noch in Rom – mannichfach begnadet und höher noch gehoben, als er schon stand ... Im Sommer angekommen, hatte er seine Mutter sterbend gefunden, sie aus dem Leben scheiden sehen, von seinem Stiefvater, der dann nach Deutschland zurückkehrte, Abschied genommen und eben nach Neapel reisen wollen, als er durch einen jener plötzlichen Einfälle, welche an dem inzwischen wieder auf den Stuhl Petri zurückgekehrten Statthalter Christi alle Welt kannte, zum Cardinal erhoben wurde ... Quid vobis videtur? hatte es aus des heiligen Vaters Munde im Consistorium geheißen und alles blickte auf Fefelotti ... Die alte Regel, zu solchen persönlichen Willensacten des Papstes zu schweigen und ihm die volle Gerechtsame seines Herzens zu lassen, Cardinäle nach eigener Gemüthsregung zu ernennen, wurde auch hier innegehalten so sehr sich *[403]* die Zeiten verändert und die Porporati den Charakter einer Ständekammer angenommen hatten, aus deren Majorität weltlichverpflichtete Minister kamen ... Die Trauer eines Sohnes um seine Mutter war die nächste Ursache dieser Erhöhung ... Ein Erzbischof mußte hierher nach Rom zu solchem Leide kommen – –! Der heilige Vater konnte ihm dafür nur den Purpur schenken ...

Fefelotti schäumte vor Wuth über die ewigen „Rückfälle" des „unverbesserlichen Schwärmers", der die dreifache Krone trug ... Er stürmte zu Lucinden, warf ihr die Veränderung ihrer Gesinnungen für den Verhaßten vor, reizte sie durch Paula's Glück, die gleichfalls in Rom war, und verlangte von ihr geradezu – jenes Gewisse, das sie gegen die „Creatur einer ihm feindlichen Partei", wie er Bonaventura nannte, seit Jahren in Händen hätte ...

Die düstern schwarzen Augenbrauen zusammenziehend stellte Lucinde ihre ehemalige Aeußerung wiederholt in Abrede ... Jetzt zumal, wo sie mit Bonaventura auf dem Fuß neuer Hoffnungen stand ... Ihre Jahre schreckten sie nicht – ... Sie hatte die drei verbundenen Freunde Bonaventura, den Grafen Hugo und Paula nicht aus dem Auge verloren ... Sie beobachtete scharf ... Sie hatte in Erfahrung gebracht, daß sich im Herzen dieser drei Verbundenen große Kämpfe vollzogen; Bonaventura sprach für die Wünsche des Grafen, der ganz nach Wien übersiedeln oder wieder in Militärdienste treten wollte ... Paula stand an einem *[404]* Scheidewege – ob Rom, ob Wien ... Ging sie nach Wien, so waren die Würfel gefallen – Diese Ehe hatte dann ihre natürliche Ordnung gefunden ... Und Bonaventura –? ... Lucinde war so erregt von dem Gedanken, Bonaventura wäre als Cardinal nun an Rom gebunden, müsse dann und wann von Coni herüber kommen, könne sich ihr, ihrer Macht, ihrem Einfluß nicht entziehen, daß sie Fefelotti mit Indignation von sich wies und diesen Gegenstand nie wieder zu erwähnen bat ...

Auffallend war es, daß der neuernannte Cardinal, dem am Tage der Uebergabe des Purpurhutes eines der ersten Fürstenhäuser Roms die üblichen Honneurs machte – Olympia, die Herzogin von Amarillas wohnten diesen Festen nicht bei – doch noch so lange in Rom verblieb ... Der Herbst war gekommen – sogar auf den Winter kehrte der jüngste der Cardinäle immer noch nicht nach seinem Erzbisthum zurück ... Niemand wußte die Veranlassung dieser verzögerten Abreise ... Bonaventura selbst schützte für sein Bleiben Studien über Rom vor ... Sein einziger Umgang war Ambrosi und die Salem-Camphausen'sche Familie ... Selbst als es mit Olympia zu den unangenehmsten gesellschaftlichen Reibungen kam, blieb dennoch Bonaventura bis in das neue Jahr hinein ... Er will den Carneval sehen! hieß es ... Man beruhigte sich scheinbar, nur Fefelotti umgab ihn mit Spionen ...

Auch Lucinde forschte ... Ganz leise hatte sie einige Fäden von einem Verkehr aufgegriffen, welchen der neue Cardinal mit Neapel, ja mit dem Silaswalde *[405]* unterhielt ... Ende August schon hatte sie in Erfahrung gebracht, daß Frà Hubertus und jener Einsiedler, welcher ihnen vor Jahren soviel zu schaffen gemacht, auf Befehl der Inquisition gefangen genommen worden ... Noch zuckte Fefelotti, den sie deshalb befragte, die Achsel und sagte: Die Jesuiten ließen diesen Ketzer allerdings gefangennehmen, mußten ihn aber mit seinen Genossen an die Dominicaner ausliefern! Sie kennen die Eifersucht der weißen Kutten gegen die schwarzen! ... Lucinde hörte, daß Bonaventura's Verbleiben in Rom mit Geheimnissen des Sacro Officio zusammenhing; die klare Uebersicht des Thatsächlichen fehlte ihr noch ... Sie durfte erbangen über ein Wiederbegegnen mit Hubertus; aber sie wollte glücklich sein, wollte hoffen – faßte alles im heitersten Sinne auf und fürchtete für nichts ...

Heute saß sie in der allerlebhaftesten Spannung ... Der Grund, warum sie heute noch nicht zur Ruhe gehen wollte und konnte, war kein anderer, als die noch wie im Sturm der Mädchenbrust gefühlte Spannung ihrer Ungeduld, ob die für morgen früh beim ersten Morgengrauen angesetzte endliche Abreise des Grafen – m i t oder o h n e Paula stattfand – ...

Das gräfliche Paar lebte sehr zurückgezogen in einem der großen Hotels an Piazza d'Espagna ... Der Schleier des Geheimnißvollen, welcher Bonaventura, der seinerseits bei Ambrosi wohnte, und die Freunde umgab, war selbst für Lucinden in den meisten Dingen undurchdringlich ... Lucinde hatte auch für die gegenwärtige Situation nichts anderes erspähen können, als die Absicht des Grafen, in erster Morgenfrühe die längst beab-
[406] sichtigte und immer wieder aufgeschobene Reise nach Deutschland anzutreten ... In erster Morgenfrühe sollte ein Bekannter eines ihrer Bedienten von Piazza d'Espagna, wo dieser im Hotel aufwartete, die Nachricht bringen, ob Graf Hugo – mit oder ohne seine Gemahlin abgereist war ...

Reiste der Graf m i t Paula, so war es ihre Absicht, für ihre noch immer glühende Liebe eine neue Demonstration zu versuchen ... Sie wollte beim Cardinal Ambrosi vorfahren, wollte die Urkunde Leo Perl's, eingesiegelt, mit einem Schreiben an Bonaventura versehen, am Palast der Reliquien abgeben – sie wollte die Bitte hinzufügen, den Empfang ihr durch eine ausdrückliche Meldung an ihren Wagenschlag oder einen Gruß am Fenster beantworten zu wollen ... Reiste Paula nach Wien, so hatte sie die Absicht, sich aufs neue in der Glut ihrer nur mit dem Tode ersterbenden Liebe zu zeigen, selbst mit Gefahr, den Bund, der sich gegen Bonaventura verschworen zu haben schien, zu Gegnern zu bekommen und die Protection Fefelotti's zu verlieren ... An ihre schon grauen Haare, an ihren gekrümmten Rücken, an ihre sechsunddreißig Jahre sollte sie dabei denken –? ... Was ist einem Weib von Geist – ihr Spiegel! Liebesfähigkeit gibt ihr der Wille und des Willens ewige Jugend! ... Da scheut sie keinen Wettkampf mit der glatten Wange des Mädchens – eine „Jungfrau" war sie ohnehin geblieben bei allen ihren Herzensconflicten mit Oskar Binder, Klingsohr, Serlo, Nück, Ceccone, Fefelotti – Gräfin Sarzana war sie nur am Altar geworden ...

[407] Lucinde nahm aus ihrem Schreibbureau ihr Kästchen ... Es hatte die Form einer größern Reisecassette, war von schwarzgefärbtem Holz und mit einem guten Schloß versehen ... Sie schloß es auf – blätterte in Serlo's Papieren – ließ einige Brochen von Türkisen und Diamanten am Lichte funkeln – verlor sich in Träume, überlegte den Brief, welchen sie schreiben wollte, verschloß ihr Kästchen wieder und wollte nun zur Ruhe gehen ...

Als sie in ihrem Schlafcabinet begonnen hatte sich zu entkleiden, hörte sie in der Nähe ein Geräusch ... Es war ein eigenthümlicher Ton, dessen Ursache sie sich nicht erklären konnte ...

Sie ergriff ihr Licht ...

Indem sie um sich leuchtete, fiel ihr ein, daß sie im Nebenzimmer ihr Schreibbureau offengelassen und ihr Kästchen nicht wieder eingeschlossen hatte – ...

Darüber schon zitternd trat sie ins Nebenzimmer, fand hier alles still, verschloß rasch ihr Kästchen und blickte um sich ...

Wieder erscholl der fremdartige leise Ton, der von irgend woher draußen und dicht neben ihrem Fenster hörbar blieb ... Jetzt hätte sie den Ton so erklären mögen, als bewegte der Wind einen Klingeldraht ...

Da ein solcher nicht in der Nähe und die Luft still war, die Nacht eher schwül, als windbewegt, so konnte jenes Geräusch vom Winde nicht herkommen ... Es dauerte fort ... Sollten Diebe in der Nähe sein? ... Ihren Dienstboten zu rufen, versagte ihr bei diesem Gedanken schon der Athem ... Sie wohnte zwar in einer *[408]* lebhaften Straße, aber mit dem Gegenüber eines alten unbewohnten Palastes ... Lauter Ruf hätte auch vielleicht die Diebe entwischen lassen ...

Jetzt bemerkte sie, während jener leise schnurrende Ton fortdauerte, am Fenster einen Schatten, wie von einem Seil ...

Ihr Auge blieb auf diesen hin- und herschwankenden Schatten starr gebannt ...

Sie klingelte jetzt heftig ... Im gleichen Augenblick stürzte vom Dach über ihr ein Ziegel oder sonst ein Gegenstand auf die Straße, der unten zerbrach ...

Auf ihren Balcon, der vielleicht gar durch ein Seil von oben her sollte erstiegen werden, hinauszustürzen hatte sie keinen Muth ... Der große weite Saal, zu welchem jener Balcon gehörte, war unheimlich; um zu den Bedienten und Mädchen zu gelangen, mußte sie ihn durchschreiten ...

Sie klingelte wiederholt und bekam endlich die Hülfe ihrer Leute ...

Vom Balcon aus entdeckte man in der That einen vom Plattdach herabhängenden Strick ...

Die Diener, leidlich beherzte Bursche aus dem Gebirg, sprangen, ungeachtet alles Abmahnens, mit großen Küchenmessern einen Stock höher und von dort, wo sich die Waarenlager eines Tuchhändlers befanden, auf die Plattform ...

Hier regte sich nichts ... Man hatte nur den freien, sternenhellen Himmel und ein unabsehbares Durcheinander von Schornsteinen ... Der Dieb hatte sich also bereits in eines der Nachbarhäuser geflüchtet ...

[409] Luigi, einer der Bedienten, fand das Seil, das mit dreifachem Knoten um einen hohen Schornstein gewunden war und das jedenfalls einen Menschen halten konnte, der sich – etwa auf diesem Wege zum Balcon hätte hinunterlassen wollen ...

Ueber dem lauten Rufen und Erörtern wurde auch die nächste Nachbarschaft im zweiten und dritten Stock lebendig ... Die Mägde machten sich durch das lauteste Schreien Muth ...

Die Nachforschungen, jetzt von den Nachbarn unterstützt, führten zu keiner Entdeckung, welche den Strick erklären konnte ... Beim Schein des von Lucinden in ihr Schlafcabinet getragenen und da erst von ihm entdeckten Lichtes hatte sich ohne Zweifel der Dieb aus dem Staube gemacht ... Die Gräfin mußte warnen, die Untersuchungen auf dem Boden fortzusetzen, da die Lichter hin und her flackerten ... Jetzt erst erkannte sie, in welcher feuergefährlichen Nachbarschaft sie lebte –! ... Die Tuchhändler des Ghetto hatten hier ihre Vorräthe an Tuch und Wolle liegen ... Das Parterre war allerdings so verfallen, daß dem Besitzer des Hauses auf anderm Wege für diese Räume keine Miethe mehr wurde ...

Als es still geworden, der Strick abgeschnitten, die Schlösser und Riegel der Schränke untersucht waren und alles wieder zur Ruhe ging, warf sich die Gräfin in höchster Aufregung auf ihr Bett und ließ sich von den schreckhaftesten Bildern peinigen, die diesen Ueberfall als wirklich vollzogen ausmalten ...

Und wenn er sich wiederholte –? Wenn der *[410]* Dieb wol gar im Hause, in den Zimmern noch versteckt wäre? ...

Sie hatte sich eingeriegelt und ihr kostbares Kästchen jetzt mit in ihr Schlafcabinet genommen ...

Allerdings lag es nahe, an ihre wunderlichen Handelsgeschäfte, an ihren häufigen Verkauf von Pretiosen zu denken ... Ihr aber bildeten sich andere Vorstellungen ... Sie dachte an die abenteuerlichsten Absichten – sie sah einen Abgesandten Fefelotti's, der sich ihres Kästchens bemächtigen sollte ... Die längst verbleichten Bilder Picard's, Hammaker's, Oskar Binder's tauchten mit frischen Farben vor ihren Augen auf ...

Der Morgen erst bot Beruhigung, der ermuthigende, alles belebende Sonnenschein ... Rings öffneten sich die an jedem Fenster in Rom angebrachten Markisen, die sich Lucinde freuen konnte diese Nacht nicht geschlossen gehabt zu haben; denn nur so hatte sie hören können, was am Fenster vorging ...

Von allen Bewohnern der Straße schien das nächtliche Ereigniß erörtert zu werden ... Neugierige sammelten sich, blickten nach oben und disputirten ... Noch einmal suchte man auf den Dächern die Spur des Diebes und fand noch manchen Ziegelstein losgerissen und manchen alten leeren Blumentopf zertrümmert ... Aber die Oeffnung, wo der Dieb niedergestiegen und entkommen sein mußte, konnte in einer Häuserreihe, welche sich bis an Piazza Navona zog, nicht entdeckt werden ...

Um sechs Uhr kam eine Botschaft, welche die Theilnahme Lucindens für jede andere Angelegenheit, selbst für den Besuch des Polizeimeisters (natürlich eines Prälaten) *[411]* und die Untersuchung des von ihm als corpus delicti entgegengenommenen und vielleicht auf Entdeckungen führenden Stricks zurückdrängte ... Ihr Kundschafter zeigte ihr an, daß Graf Hugo nach fünf Uhr in einem leichten Reisewagen, welchen drei Pferde zogen und dem sich ein hochbepackter vierspänniger, Gepäck und Dienerschaft führend, anschloß, abgereist war ... Paula war nicht zurückgeblieben ... Sie folgte ihrem Gatten nach Wien ...

So war denn die Entscheidung erfolgt – das jahrelang Keimende endlich zur Reife gediehen – ... Neue Sterne – neue Bahnen ... Paula folgte den Mahnungen ihres einst gegebenen Jaworts und zahlte die lang gestundete Schuld der Ehe ... Lucinde erkannte die ganze Tragweite dieser Veränderungen; ihre Phantasie ging über sie noch hinaus ... Nun galt es in Bonaventura's Leben die freigewordene Stelle einnehmen ... Und wie ergriff sie die Aufgabe, die ihr ein neues Hoffen stellte –! ...

Entschieden und offen wollte sie den Geliebten vor den geheimen Conspirationen der Herzogin und der Fürstin warnen, die schon seine Heimat, Castellungo, Neapel und die Verließe der Inquisition in den Kreis ihrer Forschungen gezogen zu haben schienen ... Sie wollte ihm den nächtlichen Ueberfall anzeigen, den sie heute erlebt hatte und Veranlassung daraus nehmen, zunächst die Urkunde einzusiegeln und einen Augenblick zu erspähen, wo sie Bonaventura bei seinem Freunde sicher zu Hause fand ... Auch sie hielt sich in seiner Nähe einen Spion, einen Priester, welchen dem fremden Kirchenfürsten seit einem halben Jahr *[412]* die Congregation der Bischöfe zur Verfügung gestellt hatte ...

Ihre tägliche Messe hörte sie – „um es mit keinem zu verderben" – bald hier, bald dort ... Sie kleidete sich an und fuhr zunächst an einen Ort in der Nähe des Ambrosi'schen Palastes, wo ihrer an jedem Morgen jener Priester harren und ihr sagen mußte, wo sie den Freund den Tag über sehen könnte, was er beginnen, wo celebriren, wo in Gesellschaft sein würde ... Der junge Abbate sprang dann an den Wagenschlag; sie lehnte ihm ihr Ohr hin und erfuhr, wo sie hoffen konnte Bonaventura zu begegnen ...

Heute hörte sie zwei Nachrichten ... Eine erfreuliche, die, daß beide Cardinäle dem großen Sprachenfest der Propaganda beiwohnen würden, sie also Bonaventura sehen könnte – ... Dann eine erschreckende – beide Cardinäle würden einen Ausflug nach Neapel machen ...

Es war Winterszeit und letztres schon glaublich ... Konnte sie aber nicht folgen? ... Konnte sie nicht den neuesten Ausbruch des Vesuv sehen wollen oder vom römischen Winter, der diesmal sogar Eis gebracht hatte, gleichfalls vertrieben werden? ... Andrerseits sah sie mit zunehmendem Befremden die wichtige Rolle, die im Leben Bonaventura's Neapel zu spielen anfing – ...

Mit diesen wichtigen Kunden fuhr sie in die nächste Kirche – die des Al-Gesú, in der eigentlich Jeder die Messe hören mußte, wenn er zum guten Ton, namentlich zum triumphirenden der Reaction gehören wollte – ...

Während sie dort, über ihre nächsten Entschlüsse *[413]* brütend kniete, saß Bonaventura in den düstern Zimmern des Katakombenpalastes in der That voll tiefster Trauer ...

Die Unfähigkeit des Grafen, länger seine Liebe zu beherrschen, hatte im Wettkampf dreier Herzen den Sieg davongetragen ... Noch vor einigen Tagen hatte Paula vom Eintritt in ein Kloster gesprochen – ... Der Tod der Präsidentin von Wittekind war unmittelbar und in der ganzen Herbigkeit eines sich nur ungern dem Gesetz der Natur bequemenden Scheidens von den Freunden miterlebt worden – ... Nun erfuhr Bonaventura, daß das stille Gute Nacht! des gestrigen Abends der Höhe seines Lebens gegolten hatte ... Nun konnte es nur noch abwärts gehen ... Es war zwischen den Freunden so verabredet worden, daß sie sich ganz ohne Abschied trennten ...

Die nächste Zerstreuung, die nächste Füllung der Lücke seines Innern bot die Reise nach Neapel ...

Ambrosi kannte jede Beziehung im Leben seines Freundes ... Als Bonaventura's Mutter gestorben war, ging eine Anzeige dieser Entscheidung in den Silaswald ... Bonaventura würde die Botschaft selbst überbracht haben, hätte ihn nicht noch des Präsidenten Gegenwart und tiefste Betrübniß zurückgehalten – dann, als der Präsident abreiste und nun der Vater, wenigstens für ihn, auferstehen, der Sohn ihm an die Brust sinken konnte, seine Ernennung zum Cardinal ...

Federigo's Absicht, selbst nach Rom pilgern zu wollen, hatten die Freunde nicht erfahren können ... Denn die jesuitische Reaction, die mit dem Jahre 1849 über Europa hereinbrach, drang selbst bis in jenen *[414]* dunkeln Winkel eines calabrischen Waldes und machte den Einsiedler zum Gefangenen ... Monsignore Cocle, Bevollmächtigter Fefelotti's, hatte jene Versammlung des 20. August gesprengt und sämmtliche Ketzer des Silaswaldes festnehmen lassen ...

Ambrosi mußte das Aeußerste aufbieten, Bonaventura von unüberlegten Schritten zurückzuhalten ... Sofort nach Neapel zu reisen, dort an die Pforte der Inquisition zu klopfen, wie Bonaventura wollte – es war für einen Cardinal und Erzbischof unmöglich, falls nicht davon zu gleicher Zeit Vater und Sohn die größten Nachtheile haben sollten ... Ambrosi kannte aber den Haß der Dominicaner gegen die Jesuiten, die Inquisition gehörte jenen; er zog den General-Inquisitor ins Vertrauen ... Pater Lanfranco wirkte in der That im günstigsten Sinne nach Neapel ... Bald wurde, zur Wuth der Jesuiten, der alte Negrino freigegeben, selbst Paolo Vigo sollte unter gewissen Bedingungen zu Ostern das Sacro Offizio verlassen ... Von Frâ Federigo sowol wie von dem, auf Betrieb der Jesuiten, aufs heftigste von den Franciscanern reclamirten Hubertus hieß es, beide würden nach Rom geschickt werden, sobald die Acten spruchreif wären und den letzten Spruch sollte dann das heilige Officium von Rom fällen ...

Alles das wurde allerdings in einem Stil verhandelt, wie er den in solchen Fällen ehemals üblichen Scheiterhaufen entsprach ... Im geheimen gab aber Pater Lanfranco die Versicherung, daß schon bis zur Weihnachtszeit beide Gefangene in Rom sein würden; schon jetzt würden sie besser gehalten, als jemals andere in ähnlicher Lage ...

[415] Alles das geschah aus Achtung vor den Empfehlungen zweier Cardinäle und vorzugsweise den Jesuiten zum Trotz – ... Eine sofortige Unterbrechung der üblichen Proceduren war nicht möglich ... Federigo galt für einen Waldenser, war beschuldigt, Proselyten gemacht zu haben, Bonaventura mußte sich ergeben in Das, was zunächst nicht zu ändern war ...

Ambrosi bat den Freund in Rom auszuharren ... Er beschwor ihn, sein Interesse für den unglücklichen Vater nicht zu sehr zu verrathen – unfehlbar würde er ihn damit nur verderben – ... Die beiden Frauen, die vor Jahren die maßlosesten Huldigungen vor dem Bischof von Robillante zur Schau getragen hatten, saßen jetzt im Palast des alten, zum schäbigsten Wucherer gesunkenen Rucca, auf Villa Tibur und Torresani, und ersannen nichts als Kränkungen für einen Priester, dessen Erhöhung sie nicht hindern konnten ... Die Herzogin hatte sich dem Präsidenten mit kalter vornehmer Haltung als seine Stiefmutter vorgestellt ... Obschon Erbin eines Vermögens, das Friedrich von Wittekind seinem natürlichen Bruder ausgesetzt hatte, gab sie sich doch die Miene, diese Mittel nicht zu bedürfen ... Beide Frauen waren jetzt verbunden mit Fefelotti ... Sie sahen Terschka bei sich, sie hatten Geheimnisse, die selbst die schlau aufmerkende, freilich immer sanft erscheinende, immer demüthig ergebene Gräfin Sarzana nicht erfuhr ... Ambrosi bat, alles seiner Führung und der nächsten, sicher nicht zu entfernten Zeit zu überlassen ...

Mit Ambrosi war jener Austausch der Freundes-*[416]* beichten, von welchem sie vor Jahren gesprochen hatten, wirklich erfolgt ... Einer sah auf den Grund des andern ... Ja – Ambrosi war ein Schüler Federigo's und nur glücklicher, als Paolo Vigo ... Ambrosi war ein Märtyrer geworden – um einst mehr zu sein, als ein Mönch ... Was ist ein Dorfpfarrer, sagte er in der That, ganz nach Bonaventura's Ahnung, der mit einem Bischof einen Streit beginnt! ... Nur ein mit dem Papste Streit beginnender Bischof reformirt die Kirche! ... Das war seine Losung ... Die politischen Stürme unterbrachen seine Entwickelung, aber die Stunde reifte ... Vor dem 20. August 18** hatte auch er dem Bruder Federigo geloben müssen, nichts zu sein, als Katholik wie die andern ...

Bonaventura hatte dem Freunde offen gestanden, wer Federigo war ... Mehr noch – er hatte ihm gesagt, daß ihm – die Taufe fehlte ... Getauft bist du mit dem Geiste Gottes! war die Antwort des muthigen Priesters, der ihm ebenso offen gestand, er hätte sein Leben daran gegeben – einst Statthalter Christi zu werden ... Sein Gebet um Kraft und Ausdauer war nichtsdestoweniger ein reines, ein aufrichtiges ... Er brauchte seine Tugend nicht zu heucheln ... Einmal nur strauchelte er, als Olympia von ihm gesagt hatte, seine Lippen hätten im Beichtstuhl ihren Mund berührt ... Ach, er hätte sie geliebt! gestand er dem Freunde. Er hätte sein Bekenntniß darüber, als er bestraft werden sollte, nicht zurückgehalten – Aber – seltsam! selbst dieser Fanatismus, dem Geist einer Sache, nicht ihrem Buchstaben wahr sein zu wollen, hätte sich *[417]* ihm in Segen verwandeln müssen – für um so heiliger hätte man ihn seitdem gehalten –! ... Wenn Bonaventura sagte: Die Welt erkennt noch Heilige, wenn es ihrer nur gäbe –! – so überhoben sich beide nicht – ihr Sinn war der der Läuterung, Demuth und Entsagung – ...

Die Rettung der katholischen Kirche ist ein allgemeines Concil ... In dessen Hände legt der Statthalter Christi seine Gewalt nieder – ... Das war ihre Losung und beide liebten das Kreuz ... Daß die Religion nicht Philosophie sein könne, verstand sich ihnen ebenso von selbst, wie, daß der Katholicismus nicht zum Lutherthum übergeht ...

Der treuverbundene Freund hatte dem Trauernden, dessen Liebe zu Paula aufs tiefste aus den eigenen Entbehrungen seines Lebens von ihm nachgefühlt werden konnte, unausgesetzt Nachrichten vom Vater aus Neapel gebracht, hatte ihn um Mäßigung gebeten, hatte alles gethan, um die Ungeduld des Sohns von übereilten Schritten zurückzuhalten ... Bis zur Weihnachtszeit wollte sich Bonaventura zufrieden geben ... Aber die Roratemessen kamen, die Weihnachtskrippen, das neue Jahr brach an – die Gefangenen kamen nicht. Nun wollten sie allerdings beide selbst nach Neapel ...

Den Vormittag des 6. Januar brachte Bonaventura mit geschäftlichen Briefen zu, die an sein erzbischöfliches Kapitel gerichtet werden mußten ...

Er speiste allein – Ambrosi war auswärts und durch sein Amt bis über Mittag gehindert ...

[418] Als Ambrosi zurückkam, begleitete er den Freund zur Piazza d'Espagna, wo die Missionäre der Propaganda ihr großes Sprachenfest hielten ...

Dort mußten sie Pater Lanfranco finden ... Ertheilte ihnen dieser keine Beruhigung, so wollten sie am nächsten Morgen nach Neapel reisen ...

Der Saal war überfüllt ... Alle Welt ergreift in Rom die Gelegenheit, Würdenträger der Kirche in reicher Anzahl versammelt zu sehen ... Erschienen sie hier auch nicht in ihren großen außergewöhnlichen Prachtgewändern, so trugen doch viele ihre regelmäßigen Ordenskleider ... Griechen, Armenier, Kopten, Maroniten befinden sich immer in ihren eigenthümlichen Trachten ... Auch für den Freund der Physiognomik gibt es schwerlich einen interessanteren Genuß, als soviel markirte Priesterköpfe zu studiren ...

Bonaventura und Ambrosi kamen an, als die Feierlichkeit schon im Gange war ...

Die Schüler der Propaganda, jüngere und ältere Scholaren, darunter manche bereits geweihte Kleriker, sprachen in all den Zungen, in welchen sie einst auf Missionsreisen die Botschaft des Heils zu verkünden hofften ... Wenigstens konnten Proben von einem Viertelhundert Sprachen vernommen werden ...

Ein erhabener Gedanke – ergreifend seine Bedeutung – aber die Ausführung brachte Späße mit sich ... Drollig erklang es dem italienischen Ohr, wenn ihm Slavisch gesprochen wurde ... Ambrosi hatte Bonaventura in eine Falle gelockt ... Er wollte ihn aufheitern ... Als beide ankamen, lachte die Versammlung *[419]* grade über die Art, wie sich eine Lobpreisung des Höchsten im Polnischen ausnahm ...

Bonaventura glaubte anfangs in einen Concertsaal zu treten ... Bald entdeckte er die kleine Fürstin Rucca, die in elegantester Toilette neben ihrem Ercolano saß und so vertraulich mit diesem lachte, als hätte die zehnjährige Episode ihres Lebens mit Benno gar nicht stattgefunden ... In einer gestickten ordenüberladenen Uniform saß Ercolano, lorgnettirte die Damen und klatschte wie im Theater mit seinen hellen Glaçeehandschuhen Beifall, wenn eine gewandte Zunge rasch über die schwierigen Passagen der fremden Idiome hinwegkam ... Neben Olympien saß zur andern Seite die Herzogin von Amarillas mit schneeweißen Haaren; sie blickte mit unversöhnlichem Groll auf Bonaventura ... Olympia beugte sich demuthsvoll dem Cardinal Ambrosi und verzehrte ihn noch jetzt mit süßlächelndem Gruß – eine Geberde, die ihr auch jetzt noch angenehm stand; gegen Bonaventura dagegen verwandelte sie die süßen Züge in jene ihr eigne plötzliche Kälte und verneigte nicht einmal ihr Haupt, wie dies die Herzogin doch beiden that ...

Gräfin Sarzana fehlte nicht ... Sie hatte in ihrer Nähe so viele, die sich mit ihr unterhielten, daß ihr Olympia schon neidische Blicke zuschoß ... Der von Ambrosi den Freunden bestellte Sitz war zufällig dem der Gräfin Sarzana so nahe, daß sie mit Bonaventura einige Worte wechseln konnte ... Natürlich galten diese der Abreise Paula's ... Schließlich sagte sie:

Morgen in der Frühe, um zwölf Uhr – find' ich Sie da in Ihrer Wohnung, Eminenz? ... Zu keinem *[420]* Besuch ... Nur einen gewissen Gegenstand wollt' ich an Ihrem Portal abgeben und eine Beruhigung über den richtigen Empfang haben ... Und denken Sie sich – diese Nacht sollte – bei mir – ...

Ein schallendes Gelächter machte ihre fernere Rede für Bonaventura unhörbar ... Ein Neger hatte eben madagassisch gesprochen und Gurgeltöne hervorgebracht, die noch kaum der menschlichen Sprache anzugehören schienen – ...

Bonaventura war über Lucindens Anblick, ihre Rede, ihr Bedauern wegen Paula's ergriffen ... Welche glänzende Toilette hatte die Gräfin gemacht –! ... Sie trug ein schwersammetnes Kleid von dunkelrother Farbe ... Arme und Hals waren frei ... Den allzu grellen Effect milderte ein schwarzer um den Hals festzugehender Spitzenüberwurf ... Um den Nacken schlang sich eine Kette von schwarzen Perlen – mit jenem goldenen Kreuze, das sie nie ablegte ... Hier und da war ihr Haar schon grau; ein kleines schwarzes Spitzentuch, das an beiden Seiten mit Brillantnadeln festgehalten wurde, lag darüber ... Die unter den Spitzen vorschimmernden immer noch wohlgerundeten braunen Arme trugen am Handgelenk kleine zierlich gewundene Schlangen aus schwarzer Lava ...

Vorzugsweise schien Fürst Ercolano die Claque zu leiten ... Eine Côterie ihm ähnlich aufgeputzter Dandies schlug auf seinen Wink die Hände zusammen, so oft eine halsbrecherische Passage ohne Stocken von den Lippen der Sprecher glitt, unter denen sich Neger und Malaien befanden ... Selbst das heilige Hebräisch fand keine Gnade *[421]* vor den Ohren dieser Zuhörer, denen die andächtiger gestimmten Fremden schon zuweilen zischen mußten ... Freilich klangen einzelne Sprachen komisch genug; andere desto melodischer; z. B. Türkisch ... Als türkisch gesprochen wurde, schlug Gräfin Sarzana die Augen nieder ... Fürchtete sie, um Abdallah Muschir Bei beobachtet zu werden –? ... Das Arabische klang schroff, rasch, „wie Rosseshufschlag"*) ... Ein syrischer Priester sprach kurdisch; in sanftem Wellenschlag flossen oft die Idiome der wildesten Völker ... Dunkel dagegen und trübe erklangen die Sprachen des Nordens, das Englisch der Irländer und Schotten ... Einige förmliche Wettreden wurden aufgeführt, an denen mehrere Sprecher theilnahmen ... Auch das Holländische wurde hörbar – Deutsch durch den rauhesten oberbairischen Dialekt, der nicht im mindesten Anklang fand und vorzugsweise von Olympien lächerlich gefunden wurde, indem sie höhnische Blicke auf Bonaventura warf ...

Ein unverkennbarer Blick aus den Augen der Gräfin Sarzana sagte: Sprächest Du das Deutsche, so wär' es Wohllaut und die Sprache der Götter! ...

Die Stimmung, in welcher sich Bonaventura befand (vor ihm lagen die Fenster der von Paula heute verlassenen Wohnung; sie waren geöffnet, mit Spuren der Abreise ihrer bisherigen Bewohner) bestimmte ihn, ihrem Blick durch milden Ausdruck des

---

*) Neigebaur: „Der Papst und sein Reich."

seinigen zu erwidern ... War es eine durch die deutsche Sprache geweckte *[422]* Rührung beim Gedanken an die Heimat, beim Hinblick auf alles, was sein Leben, das Leben seiner Nachbarin auf dem Boden des Vaterlandes schon durchlaufen hatte und wie sie beide das Gewand einer fremden Nationalität angezogen hatten und jetzt in der That durch ihre Lage Verbundene waren – oder welches andere Gefühl ihn ergriffen haben mochte – sein Blick blieb voll Milde und Antheil ... Lucinde hätte gewünscht, die Rückgabe der Urkunde schon für heute angesagt zu haben ... Sie suchte nach einer Gelegenheit, sich ihm verständlich zu machen und hatte ihn auf alle Fälle wegen Neapels zu befragen – ...

Vor Bonaventura saßen mehre Mönche in schlichten Ordensgewändern ...

Unter ihnen befand sich Pater Lanfranco, der General der Dominicaner ...

Ambrosi blinzelte seitwärts auf Bonaventura und flüsterte ihm die Bitte, an den General keine Frage wegen Federigo's zu richten ... Neben dem General saßen zwei fremde, wie es schien, angesehene Weltpriester, denen sich anmerken ließ, daß sie zu den Affiliirten der Jesuiten gehörten ... Römischkatholische Geistliche haben darin einen Blick, der sich selten täuscht ...

Pater Lanfranco in seiner weißen Kutte saß mit gebeugtem Haupte, unbeweglich; am kahlen Scheitel war ersichtlich nur sein Gehör in Thätigkeit ... Ein südfranzösischer Kopf, scharf ausgeprägt ... Ein Schädel nicht rund, eher länglich und nach oben viereckt auslaufend, wie die getrocknete Feige ... Bei einem *[423]* Lobgesang auf Maria in provençalischer Sprache wurde seine unbewegliche Gestalt lebendiger ...

Ein italienischer Zögling trat auf und sprach malaiisch – die Abwechslung blieb die bunteste – ...

Als der Redner in seinem wunderlich lautenden Vortrag stockte, sagte einer der Nebenmänner des Generals:

Im Sacro Officio sollen Ihre Brüder in Neapel einen Mönch haben, der diese Sprache besser versteht! ...

Sie kommt mir vor, entgegnete Lanfranco in fremdartigem Italienisch, als balancirte ein Jongleur auf der Lippe mit geschliffenen Messern; da kann wol eins zur Erde fallen ...

Bonaventura konnte nicht den Namen Neapels nennen hören ohne aufzuhorchen ... Noch dachte er nicht an den Bruder Hubertus, dessen ehemaliges Leben in Java ihm bekannt sein durfte ...

Nach einer Weile wurde auch ein auf dem Programm verzeichneter holländischer Vortrag gehalten, für welchen der General der Jesuiten, ein Holländer, competent gewesen wäre – er war nicht anwesend ...

Diese Probe ging geläufiger ...

Der General der Dominicaner sagte zu seinem Nebenmann:

Ist Ihr Malaie nicht auch mit dem Holländischen vertraut? ...

Gewiß! sagten seine beiden Nebenmänner zu gleicher Zeit und einer fügte hinzu:

Jener Bruder Franciscaner, der vor Jahren den Pasqualetto erschoß ...

[424] Bonaventura, erkennend, daß von Hubertus die Rede war, wollte sich in die Unterhaltung einmischen, als ihn Ambrosi mit einer heimlichen Handbewegung zurückhielt ...

Merkt Ihr denn nicht, mein Freund, flüsterte er ihm zu, daß es nur darauf abgesehen ist, Ihre Aufmerksamkeit zu erregen? ...

In der That warfen die beiden Weltgeistlichen flüchtig schielende Blicke auf die hinter ihnen Sitzenden und trugen ihre Plaudereien so stark auf, daß Ambrosi's Verdacht sich bestätigte ...

Der General schien wie Ambrosi zu denken und schwieg ...

Doch nun wurden von seinen Nebenmännern auch die Ketzer des Silaswaldes erwähnt ... Frâ Federigo's Name fiel, für beide, Bonaventura und Ambrosi, ein elektrischer Schlag ...

Immer wieder unterbrach der Redeactus, das Beifallklatschen und Lachen, das Blättern in den Programmen eine Unterhaltung, die der General offenbar auf andere Gegenstände zu lenken suchte, als die waren, an denen seine Nebenmänner festhielten ...

Jetzt sagte der Gesprächigste, der dem General zur Linken saß:

Eure Gnaden werden am besten die Bücher lesen können, welche bei jenem Hexenmeister im Silaswald gefunden wurden; die meisten verbrannte er in seiner Hütte ... Sie sind in provençalischer Sprache geschrieben ...

[425] Sind die Gefangenen eingetroffen? fragte jetzt der andere ...

Ich hörte bei Monsignore Cocle, fuhr der erste fort, daß Einer von ihnen kaum die Anstrengung der Reise überleben wird ...

Dennoch sind sie da! sprach Lanfranco scharf und bestimmt und schnitt damit das Gespräch ab ...

Die Wirkung dieser Worte, wurden sie nun in berechneter Weise so betont gesprochen oder nicht, war keine andere, als daß sich Bonaventura sofort erhob und zum Gehen Bahn machte ...

Das Aufsehen dieser Entfernung, der sich auch Cardinal Ambrosi anschloß, war allgemein ... Jetzt sah man recht, wie diese beiden Priestererscheinungen das Interesse der römischen Gesellschaft bildeten ... Für ihren hohen Rang zwei noch so jugendliche und männlich schöne Gestalten ... Der eine schlank und ernst wie die Cypresse, der andere blühend wie ein Rosenstrauch ... Von manchem Maler, mancher englischen Touristin, wurden ihre Züge verstohlen aufgefangen ... Beide senkten ihre Augen ... Jener, um nur seiner Sinne mächtig zu bleiben und im überfüllten Saal nicht ohnmächtig zu werden; dieser mit der ihm eignen lächelnden Schüchternheit, die ihm selbst in seinem jetzigen reiferen Alter geblieben war ... Der Salonwitz nannte beide Freunde die „Inséparables", andere „Castor und Pollux", andere „Orest und Pylades" – natürlich mit jenen verdächtigen Nebenbeziehungen, die dem katholischen Priesterstand zur Strafe anhaften werden, solange er das Weib verschmäht ...

[426] Im Vorsaal wurde dem Cardinal Ambrosi von einem Dominicaner ein Brief übergeben ... Er erbrach ihn rasch ...

Als die beiden Freunde in ihrer alterthümlichen vergoldeten Kutsche saßen, gab Ambrosi den Brief an Bonaventura ... Er enthielt die Worte:

„Die Männer von Calabrien sind angekommen ... Dem Besuch des Erzbischofs von Coni bei seinem Diöcesanen, dem Einsiedler von Castellungo, steht nichts im Wege – Leider findet er den Mann, trotz aller ärztlichen Bemühungen, dem Tode nahe ..."

Zum Vatican! rief Bonaventura dem Kutscher mit fieberhaft zusammenschlagenden Zähnen ...

Beruhige dich –! sprach Ambrosi und zitterte doch selbst ...

Wir treffen ihn sterbend –! ... Wie ich geahnt! – Meine Strafe –! ...

Ambrosi versuchte Hoffnungen auszusprechen ... Die Stimme versagte ihm ... Wie eine Mutter nach ihrer Geburtsstunde von Fieberschauern erschüttert wird, so lag Bonaventura in Ambrosi's Armen ... Selbst dem Befremden, das Ambrosi über die Reden der beiden Geistlichen aus Neapel auszudrücken versuchte, konnte sein Ohr nicht mehr achten ...

Der Wagen jagte über den Corso, der Tiberbrücke zu und zum Vatican – ...

Für viele der beim Sprachenfest Zurückgebliebenen hatte die Sitzung durch die Entfernung der beiden gefeierten jungen Cardinäle ihr Interesse verloren ... Da sie nicht wiederkamen, so entfernten sich auch andere *[427]* ... Sogar Olympiens Wagen und der der Herzogin rollten bald dahin ... Vor ihnen hatten sich schon die beiden Weltgeistlichen entfernt ... Nun ging auch der General der Dominicaner ...

Lucindens scharfes Auge beobachtete wohl, wie alles das in irgend einem Zusammenhange stand, wie irgend etwas vorgefallen sein mußte, was erschütternd in das Leben ihres Heiligen griff ... Was konnte es sein –! Ihr konnte etwas verloren gehen –? ... Was hatte Olympia im Werk? ... Auch ihr war nur ein flüchtiger Gruß von ihr zu Theil geworden – ... Schon oft hatte auch Olympia nach dem Inhalt ihres Kästchens verlangt – ...

Schon oft hatte auch sie von den Geheimnissen der Inquisition gesprochen und ihre Thorheit verwünscht, die sie vor Jahren die Dominicaner, um Bonaventura's willen, beleidigen ließ – ...

Lucinde, hochaufgeregt, erhob sich ... Daß sie am Palast der Katakomben halten und durch ihren Bedienten hinaufsagen ließ: Gräfin Sarzana erkundige sich, ob Seine Eminenz ein Uebelbefinden betroffen hätte? war in der Ordnung ... Sie erfuhr, daß beide Cardinäle noch nicht zurück waren ...

So konnte der Gesundheit des Freundes nichts Bedenkliches begegnet sein – ...

Sie sann den Gründen seiner schnellen Entfernung vergeblich nach und verlor sich in Vorstellungen wunderlicher Art ... Und wie es dem Menschen geht, daß er seine eigne Betheiligung am Schicksal andrer nur allein vor Augen hat und, sei's im guten oder schlimmen *[428]* Sinne, diese übertreibt, so stand ihr auch nur ihr Geheimniß über Bonaventura's Taufe vor Augen ... Es ist entdeckt –! sagte sie sich ... Sturla wußte davon ... Es fehlt noch die authentische Bestätigung – die Urkunde aus meiner Hand –! ... Man wollte sie schon diese Nacht stehlen – ... Sie hätte ihm Leo Perl's Brief noch heute zurückgeben mögen ...

Bei alledem – welch glückliche Beziehung schien sich nun doch, ohne Paula, wiederherzustellen –! ...

Die Wonnen eines liebenden weiblichen Herzens sind nicht zu ermessen ... So nur allein am Fenster des Geliebten einige Minuten harren, so nur die Kunde empfangen zu dürfen, man würde die Anfrage ausrichten – er kommt – er denkt an dich – er besinnt sich auf den gewissen Gegenstand – er lächelt – er erinnert sich der beiden Abschiede, die ich von ihm nahm, jener beiden Male, wo ich vor ihm auf der Erde lag – alles das schon allein kann eine Welt des Glücks für ein wahnbethörtes, für die größten Lebenshoffnungen von kleinen Almosen zehrendes Herz werden ...

Die Gräfin kam in ihre heute aus Besorgniß doppelt erhellte Wohnung gerade zur rechten Zeit, um sich mit dem Monsignore

Vice-Camerlengo, dem Gouverneur von Rom, zu verständigen ...
Auch dieser Beamte war ein Priester ... Er ertheilte den im Kirchenstaat in solchen Fällen üblichen Bescheid: Lassen Sie es auf sich beruhen, Eccellenza –! Entdeckt man die Sache, wie sie ist, so könnte es – noch schlimmer werden! ...

Lucinde kannte Rom ... Der hohe Prälat blieb *[429]* eine Weile zum Plaudern; dann war sie allein – frei – schloß sich in ihr Zimmer ein und begann den Brief, der die Urkunde begleiten sollte ... Sie hauchte in diese Zeilen ihr ganzes Leben ...

13.

Besucht man in Rom die Peterskirche, läßt sich ihre geheimen Kammern aufschließen, die gleich fürstlichen Antichambren eingerichteten Sakristeien, und schreitet man dann über einen kleinen, der deutschen Nation uralt angehörenden Kirchhof und an Gebäuden vorüber, in denen die Wäsche des heiligen Vaters und das Leingeräth zum Kirchengebrauch im Sanct-Peter gereinigt und getrocknet wird, so findet man in einer engen menschenleeren Gasse ein unschönes Eckgebäude mit kleinen, unregelmäßigen Fenstern – ein Gebäude, das einer alten Kaserne gleicht ...

Ein unförmliches Thor sieht vollends dem Eingang zu einer Festung ähnlich ... Im düstern Hofe befindet sich ein Wachtposten ... Man gefällt sich in Rom darin, dies Gebäude der Welt als ein solches zu zeigen, das sich gleichsam überlebt hätte ... Es ist der Palast der Inquisition ...

Michael Ghislieri, als Pius V. Anstifter der Bartolomäusnacht, war einst der Besitzer dieses Palastes und machte ihn den Dominicanern zum Geschenk ...

[431] Im vorderen Hause wohnen die Inquisitoren und ihre „Familiaren" ... Dann kommen zwei Höfe, die von einem Mittelgebäude getrennt werden ... Im hintern Hause liegen die Gefängnisse des Sacro Officio ...

Im achtzehnten Jahrhundert war auch in die katholische Kirche der freisinnige Geist der Zeit gedrungen – die Franzosen der Republik fanden 1797 die Gefängnisse der Inquisition leer ... Ihre Folterkammern und unterirdischen Verließe konnten nicht entfernt werden; sie blieben grauenvoll genug anzusehen, wie nur ein alter Hungerthurm von Florenz oder Pisa ... Die Römlinge behaupten, die Revolution von 1848 hätte das Bedürfniß gehabt, wirkliche Gefangene, „Opfer der Inquisition", jedenfalls menschliche Gebeine, Todtenschädel, Zangen und Folterinstrumente vorzufinden und die Dictatoren der Republik hätten zu dem Ende das Arrangement getroffen, dergleichen vorfinden zu lassen ... Einige Professoren der Sapienza sind noch jetzt bereit, zu erzählen, daß ein ganzer Vorrath von Gerippen, Knochen, unter andern das Skelett einer Frau, von deren Schädel noch das schönste Haar niederfloß, aus der Anatomie zu diesem Zweck wäre geliefert worden ...

Als noch lebenden Gefangenen entdeckte der stürmende Volkshaufe von 1848 einen einzigen ... Einen ägyptischen Erzbischof, der hier seit Jahren eingekerkert saß; widerrechtlich hatte er die erzbischöfliche Weihe empfangen, entkleidet konnte er derselben nicht mehr werden, der Duft der priesterlichen Salbung verfliegt selbst am Verbrecher nicht – so mußte der ägyptische falsche *[432]* Kirchenfürst sich gefallen lassen, hier im lebenslänglichen Kerker Erzbischof eines Pyramidengrabes zu sein ... Die Aegypter lieben und verehren die Thiere ... Der Gefängnißwärter, ein Laienbruder der Dominicaner, besaß einen Vogel ... Diesem hatte der falsche Erzbischof die schönsten Weisen gelehrt, ihn täglich gefüttert – einige Jahre lang ... Da brach der Volkshaufe ein, befreite ihn – der Aegypter kehrte in die Welt zurück, wußte aber nicht, was er in ihr beginnen sollte ... Er hatte Sehnsucht nach seinem Vogel und bat, ihn lebenslänglich in seinen Kerker zurückzulassen*) ...

Die alten Verließe, in denen es einst nicht so idyllisch herging, sind noch da; sogar die Reste des Neronischen Circus, auf welchen diese ganze Umgebung des Vatican gebaut wurde ... Folterkammern, und nicht aus heidnischer, sondern christlicher Zeit, eiserne Ringe an den Mauern, Inschriften an den Wänden, die von den Gefangenen herrühren, wie: „Selig sind, die um Gerechtigkeit willen leiden, denn das Himmelreich ist ihrer" – Alles das findet sich ... Auch die Stätten sind da, wo die Bekenner des geläuterten Glaubens verbrannt wurden, wie jener Luigi

---

*) Thatsache.

Pascal aus dem Silaswalde ... Hier liegen noch zu Tausenden die Exemplare jener oft kaum noch aufzutreibenden Bücher, die Rom verbrennen ließ ... Die Proceßacten aller Inquisitionsopfer liegen hier beisammen zu Kapiteln in der Geschichte des menschlichen Geistes, die noch geschrieben werden sollen ... Und noch jetzt stehen über der Schwelle jedes Kerkers Bibel-*[433]*sprüche, die gewiß oft mit grausamem Hohn die Seele des Gefangenen verwunden mußten, wenn er sie beschritt und las: „Du wirst verflucht sein, wenn du eingehst, und verflucht, wenn du ausgehst!" –*) ...

Die Verurtheilung der Bibelleser und der Verbreiter des Protestantismus durch die Inquisition fehlt allerdings auch noch jetzt keineswegs ... Die Dominicaner von Florenz, die einst ihren eigenen Prior Savonarola verbrannten, thaten auch noch gegen das Madiai'sche Ehepaar**) ihre Pflicht ... Aber die Folterwerkzeuge und Einrichtungen sind jetzt in Italien an die p o l i - t i s c h e n Gefängnisse übergegangen ... Vorführungen und Verurtheilungen im schwarzverhangenen Saale des Tribunals mit dem Wappen Pius' V. und dem Porträt des heiligen Dominicus kommen nur noch selten vor ... Die Qualificatoren und Familiaren der Inquisition sitzen dann wie beim Gericht der Vehme ... Die Fenster sind verhangen – Altar und Crucifix stehen unter einem Baldachin von schwarzem Sammet – sechs Wachskerzen sind angezündet ... Zur Seite erhebt sich eine schwarze Estrade, auf welche der Pater Ankläger tritt, um die Beschuldigungen vorzulesen ... Beginnt ein Gericht, so öffnet ein Official der Inquisitoren die Thür und ruft: Ruhe! Ruhe! Ruhe! Es nahen die heiligen Väter! ... Dann treten diese, in ihren weißen Kutten, schwarzen Mänteln und Kapuzen, feierlich ein, knieen vor dem Altar, beten, erheben sich, und ihr Führer, der Inquisitor-Commissarius, beginnt den hei-*[434]*ligen Erleuchtungsgesang:

---

*) Wörtlich zu lesen.
**) 1856.

"Veni Creator spiritus" ... Dann ergreift der Vorsitzende die silberne Klingel und die Angeklagten müssen erscheinen – in braunen Kleidern, um den Hals den Strick, in der Hand eine brennende Kerze ...

Auch ein aus Neapel hereingebrachter "waldensischer Geistlicher" und ein Laienbruder des heiligen Franciscus, der eines unsteten, abenteuerlichen Lebens angeklagt war, mit ihnen ein Geistlicher, welcher trotz seiner Klausur in einem Strafkloster dennoch zu mehreren von jenem Geistlichen verführten ketzerischen Seelen hielt, endlich ein alter Hirt aus Calabrien hatten allerdings so noch im vorigen Jahr vor einem Gericht der dortigen Inquisition gestanden ...

Das heilige Officium von Neapel lieferte sie auf höhere Weisung nach Rom – wohin drei von ihnen vor kurzem angekommen waren ... Verschmachtet der Eine – nicht infolge der an ihm verübten Martern oder peinlicher Entbehrungen, sondern durch die Jahre ... Die beiden andern gedrückt durch Kummer und Sorge um diesen ihren greisen Mitgefangenen ... Negrino wurde in den Silaswald zurückgeschickt ...

Einen Tag vor ihrer Abreise von Neapel standen sie alle vier vor dem dortigen Gericht zum letzten mal – ... Den Bruder Federigo mußten schon da die Laienbrüder der Dominicaner tragen ... Was ihnen allen zur Last gelegt wurde, hatten die Gefangenen eingestanden ... Der Spruch war nicht zu hart ... Die Jesuiten wollten das Verderben dieser Leute – so trotzten die Dominicaner ... Das ist die innere hierar-*[435]*chische Welt ... Hubertus sollte zu seinem gleichfalls in Alarm gebrachten Orden zurück in die Strafzellen auf San-Pietro in Montorio ... Federigo sollte seinen Spruch in Rom empfangen ... Paolo Vigo hatte geloben müssen, Italien zu verlassen ... Negrino wurde auf einige Jahre excommunicirt und unter polizeiliche und kirchliche Aufsicht gestellt ...

Die Oberaufsicht über die Gefängnisse der Inquisition hat nicht der General der Dominicaner allein, sondern mit ihm ein

Maestro del Sacro Palazzo, gleichfalls ein Dominicaner, zu gleicher Zeit Haushofmeister des Papstes, nach unserm Sprachgebrauch Kammerherr und Oberhofmarschall ... Die Aufsicht im Inquisitionspalast selbst führt ein einfacher Prälat des Officiums ...

Dieser war keinesweges erstaunt, in so eiliger Hast zwei Cardinäle vorfahren zu sehen ... Der General, – dieser war es, der dem Cardinal Ambrosi geschrieben – hatte bereits auch ihn instruirt ... Der Erzbischof von Coni hatte ordnungsgemäß die seelsorgliche Competenz für den ehemaligen Eremiten von Castellungo ... Waren vollends beide Deutsche, so konnte der Besuch ganz in der Ordnung erscheinen ... Im Vatican waren Bonaventura und Ambrosi gerngesehen; der Maestro del Sacro Palazzo, Hofmarschall Pater Tommaso hatte schon seit längerer Zeit zu allen, jene Ketzer aus dem Silaswald betreffenden Wünschen Ambrosi's seine Zustimmung gegeben ...

Cardinal Ambrosi stieg zuerst aus und erklärte mit bewegter Stimme, Monsignore d'Asselyno wünsche Einlaß in die Zelle des sogenannten Frâ Federigo ...

[436] Der Prälat setzte der Erfüllung dieses Wunsches nichts entgegen und machte dem noch im Wagen sitzenden Cardinal d'Asselyno die Anzeige, der General und Pater Tommaso hätten bereits die entsprechenden Befehle gegeben ...

Bonaventura stieg aus – ... Seine Caudatarien mußten ihm aus dem Wagen helfen ...

Ambrosi kannte Hubertus von ihrem Zusammenleben im Kloster San-Pietro in Montorio her ... Nicht auffallen durfte es, wenn auch er wünschte, solange zu einem der Gefangenen gelassen zu werden ... Hubertus war ein Mitglied des Ordens, dem er selbst angehörte ...

Der Prälat erklärte, daß Hubertus und Paolo Vigo versprochen hätten, sich bis auf weiteres nach San-Pietro in Montorio zu begeben – aber der Aelteste der Gefangenen, Frâ Federigo, wäre bedenklich erkrankt und schiene seinem Ende nah ... In

Ambrosi's Antlitz zuckte es schmerzlich auf – er wollte die vielleicht letzte Begegnung zwischen Vater und Sohn nicht stören ... Obschon selbst von mächtigster Sehnsucht nach seinem alten Lehrer ergriffen, ließ er Bonaventura den Vortritt ...

Der Prälat führte seinen hohen Besuch über den Hof eine Stiege hinauf, wo sich die Cardinäle trennen mußten ... Noch geleitete Ambrosi den halb ohnmächtigen Freund bis vor die Zelle, die er bat für diesen aufzuschließen ... Ueber ihr standen die grausamen Worte aus dem 109. Psalm: „Der Satan muß stehen zu deiner Rechten!"*) ... Wie auch die Jesuiten alles *[437]* aufboten, die Dominicaner zur Ausübung ihrer alten Gerechtsame zu zwingen, doch konnte man sagen: Der Katholicismus dieser Form ist todt und das Al-Gesú kann und wird ihn nicht wieder lebendig machen ...

Die Thür steht offen! sprach der Prälat ... Zwei Väter sind beschäftigt, dem Unglücklichen die letzten Tröstungen zu geben ... Aerzte hat er abgelehnt ... Doch sind deren in der Nähe ... Sie geben keine Hoffnung – ...

Die letzten Tröstungen! – sprach für sich Ambrosi und setzte laut hinzu: Ueberlaßt die Vorbereitung seinem Oberhirten! ... In der Stille der Einsamkeit wird die Seele des Armen seinen Mahnungen zugänglicher sein ...

Der Prälat, einverstanden und verbindlich sich verbeugend, öffnete ohne Argwohn die Thür ...

Zwei weißgekleidete Mönche saßen in einem dunklen Vorgemach und lasen mit lauter Stimme im Brevier ... Der Prälat winkte ihnen aufzuhören und ihm zu folgen ... Sie traten mit ihm hinaus ...

Bonaventura's Seele drohte den Körper zu verlassen ... Bewußtlos hob er den Fuß über die Schwelle – Die Thür wurde leise hinter ihm angelehnt ... Hinter dem dunklen Vorgemach folgte ein Zwischenzimmer ... Es wurde durch eine Lampe erhellt, die

---

*) Vorhandene Inschrift.

in einem dritten Raum, in einem Alkoven stand ... Noch konnte der athemlos und zitternd Stehende nicht das Lager entdecken, wo jener ihm nun endlich zugängliche – Begriff lag, der einen Augenblick nach dem Gruß der Liebe und des Erkennens vielleicht für immer aus dem Leben *[438]* schied ... Ein Begriff –? ... Wenn die Person, die ihn erfüllte, dennoch eine andre war –? ...

Eine Weile verharrte Bonaventura in einer unbeweglichen Stellung ... Alle Lebensströme schienen in diesem Augenblick ihm zu stocken ... Eine unendliche Freude und ein unendlicher Schmerz stritten um die Herrschaft in seinem Innern ...

Qui – viene? ... erscholl es jetzt mit einem Ton, der dem Lauschenden durch die Seele schnitt und der ihm nicht bekannt war ...

Bonaventura schritt näher ... Jetzt sah er, daß in einem Winkel des Alkovens ein Bett stand, auf welchem eine Gestalt in einem braunen, warmwollenen Büßerkleide lag ... Er sah nur die langen weißen Haare des ihm abgewandten Hauptes ... Auch eine erwärmende Decke lag auf dem ausgestreckten Körper ...

Siete – voi, miei – cari – figliuoli? ... fragte die Stimme und setzte die Anwesenheit der Mönche voraus ...

Die Stimme durchschnitt des Sohnes Herz ... Nun war es doch wie ein Klang, den er kennen mußte – ein Klang wie die Erinnerung eines Weihnachtsliedes der Jugendzeit ...

Legite dunque! ... La vostra lettura – non mi dispiace ... sprach der Greis mit matter Stimme – Die Bewegung, welche die Rede unterbrach, schien von Fieberfrost zu kommen ...

Bonaventura trat einen Schritt vor und fragte, mit leiser Stimme und in deutscher Sprache:

Habt Ihr es kalt, mein – Vater –? ...

„Kalt" und „caldo" sind in beiden Sprachen *[439]* Gegensätze ... Bonaventura sprach so leise, daß vernehmbar nur das Wort „kalt" von seinen Lippen kam ...

Caldo! Caldo! sprach der Greis mit Misverständniß und deutete mit beruhigtem Ton an, die Wärme der Decke genüge ihm ...

Bonaventura sah nun vollkommen die langausgestreckte Gestalt – die sich ein wenig wandte, da der Schatten, welchen der Angekommene auf die weißgetünchte Wand fallen ließ, den Greis zu befremden und aufzuregen schien ...

Caldo – nahm Bonaventura, sich jetzt ein Herz fassend, das Wort wieder auf und setzte in italienischer Sprache die verhängnißvolle, den Moment der Erkennung, wenn es sein Vater war, entscheidende Frage hinzu: Caldo come sotto una coperta di neve –! ...

Auf dies Wort: „Warm wie unter einer Schneedecke?" – folgte erst eine Todtenstille ... Dann richtete sich der Greis auf, sank, da die Kraft nicht ausreichte, auf seine beiden Arme zurück, die sich gegen das Lager anstemmten, und richtete die mit weißen Brauen umbuschten Augen weit aufgerissen auf die im Glanz ihrer Cardinalswürde vor ihm stehende Gestalt ...

Er mochte denken: Kommt ihr endlich – und bist du Ambrosi oder mein Sohn? ...

Nun sah Bonaventura das von den Spuren des Alters, des Kummers und der nahenden Auflösung zerstörte Angesicht, sah Züge, die nur mühsam aus dem weißen Barte, aus dem langhinflutenden Haare zu erkennen waren – aber – es war sein Vater ... Hatte ihm der Ton der Stimme schon die volle Bestätigung *[440]* gegeben, jetzt bedurfte es keiner weiteren Versicherung ... Langsam sank Bonaventura zur Erde nieder und beugte sein Haupt vor dem Greise, der nur durch diese Zeichen der Liebe und durch die kostbaren Gewänder seinen Sohn erkannte – ... Durch die lange Reihe der Jahre hatte auch dieser eine Veränderung seines Ausdrucks erfahren, die jenen Jüngling, dessen Bild der Vater im Herzen trug, nicht wiedererkennen ließ ...

Bona –! hauchte der Greis ... Was weckst du – mich vom – Tode –! ... Ich liege – unter dem Schnee – der Alpen ...

Und der Tod der Mutter – erst – durfte den Schnee schmelzen! ... wehklagte Bonaventura mit thränenerstickter Stimme und mit einem wie vorwurfsvollen, doch innigzärtlichen Ton ...

Der Greis legte die mageren, zitternden Finger auf das purpurrothe Sammetbaret und die Tonsur des Sohnes ... Wie ein Blinder, der durch Tasten sich erfühlen muß, was sein Auge nicht erkennt ... Schon war er auf sein Lager zurückgesunken, als er mit Thränen hauchte:

Der Mensch ist sich – seine eigene Welt ... Was zürnst du mir –! ... Dann – lange ihn betrachtend – fügte er fast scherzend und doch tief wehmüthig hinzu: Ich – kenne – dich nicht ...

Mein Vater! rief Bonaventura, des Ortes, wo er sich befand, nicht mehr achtend, beugte sich über den Greis und bedeckte ihn mit seinen Küssen ...

Die Thränen mehrten sich in des Greises Augen, die sich wieder schließen mußten ... Leise sprach er:

[441] Nur eine – kurze – Auferstehung! ...

Lebe, mein Vater! ... Ist denn kein Arzt hier? ... O, verschmähst du alles? ... Daß ich einen Heiligen Gottes nicht noch erhöht sehen soll –! ...

Die rechte Hand des Greises deutete eine Weile nach oben – warnte zur Vorsicht, wobei ein unendlich liebevoller Blick der Augen ihn unterstützte – dann sank die Hand kraftlos auf die Decke ...

Eine Pause trat ein, die nur vom stillen Weinen Bonaventura's und von den liebkosenden Bewegungen seines Vaters unterbrochen wurde ...

Hat dich Gott so erhöht! ... sprach der Greis, die Gewänder des wiederholt Knienden berührend ... Und als dieser schwieg und die Zeichen seiner Würde mit Geringschätzung betrachtete, setzte er hinzu:

Als du – Bischof in Robillante wurdest, da – mußt' ich fliehen ... Denn eines Mannes – That soll – nicht halb sein ... Ich wollte nicht – mehr für die Welt – am wenigsten die Meinen – am Leben sein ... Deine Mutter – wollt' ich glücklich machen ...

Sie wurde es nicht –! ... sprach der Sohn ...

Der Greis erwiderte nichts ...

Damals schon wollt' ich dich einem Schicksal entreißen, dem du nun doch erlegen bist –! fuhr der Sohn fort und betrachtete die elende Umgebung ... Man wird dich mir herausgeben müssen ... Man soll dich in einer Sänfte in meine Wohnung, in die Wohnung deines edeln Ambrosi tragen – ...

Ambrosi! sprach der Vater und faltete voll Verehrung die Hände ... Wo ist – er –? ...

[442] Ich rufe ihn – fuhr Bonaventura fort ...

Der Greis tastete nach seiner Hand und sprach:

Zum – Ketzer – und mich – in das Haus – der Cardinäle? ... Ich sehe – auch so – mit Freuden auf meine – Saat ... Herzen fand ich, in denen sie aufgegangen ... Auch in den euern ... Mein Geheimniß – bleibe bedeckt – vom – Grabe ...

Vater! flehte Bonaventura, wir beide sehnen uns nach dem Martyrium! ... Auch Vincente ist angekommen an der Grenze seiner großen Gelübde ... Nur auf der Höhe wollte er leiden, wie Jesus auf einem Berge litt ... Dank, Dank deiner Lehre ... Er ist heilig – nicht ich! ...

Der Greis faltete, allen diesen Worten scharf aufmerkend, seine Hände und sprach:

Die Zeugen des gekreuzigten – Lammes seh' ich – in weißen Gewändern ... Sind das – die Glocken – der Peterskirche – die so läuten –? ... Kann – auf Erden – Stolz wol ewig – währen? ...

Mit bangem Herzen hatte sich Bonaventura erhoben und eine hölzerne Bank dem ärmlichen Bette nähergerückt ... Erschüttert von dem, auch ihm aus der Seele gesprochenen Worte, daß die Peterskirche nur den Eindruck des Stolzes mache und beschämt vom Pomp seiner bunten Kleider, bat er wiederholt:

Schon die sechste Stunde ist es ... Alles ist dunkel ... Ich lasse eine Sänfte bringen und sie tragen dich in die Wohnung Ambrosi's ... Und das Officium gestattet es ... Mehr noch, ich bekenne dich als meinen Vater ...

[443] Mein Sohn! wiederholte abwehrend der Greis ... Unser Geheimniß decke das Grab ... Schon um Wittekind's wil-

len ... Ich habe den seligsten Tod ... Schöner, als ich ihn je geträumt ... Konnt' ich nicht in meiner Wildniß – bittrer enden? ... In Castellungo – ... Horch, was – läuten – so – die Glocken –! ...

Die Augen des Greises wandten sich wie innenwärts ...

Jedes Wort ist ein ewiger Vorwurf meines Innern! nahm Bonaventura mit äußerstem Schmerz die abbrechende Rede des ohne Zweifel in Erinnerungen an Gräfin Erdmuthe und an seine Hütte bei Castellungo verlorenen Vaters auf ...

Dieser betrachtete ihn und sprach liebevoll mit zurückkehrendem Bewußtsein:

Nein, mein Sohn! ... Vor dem Tode – deiner Mutter dich wiederzusehen – das hätt' ich nicht ertragen ... Lieber hätt' ich vor Schaam mir selbst den Tod gegeben – den ich nun auch – in – Jesu Namen – ...

Gib uns nicht den Schmerz, daß du nicht mehr leben willst –! unterbrach Bonaventura ...

Laß nur noch die beiden treuen Seelen – entgegnete der Greis, die mich so oft – erquickt, so oft dem Leben – erhalten haben, nicht ohne deinen Schutz – wenn du, hoff' ich, noch Schutz verleihen kannst, nachdem du – einem Ketzer – deine Theilnahme bewiesen ...

Einem Ketzer! Vater! ... sprach Bonaventura und setzte dicht am Ohr des Greises hinzu: Ich selbst – bin ich – denn nicht – selbst – ein Ungetaufter! ...

[444] Der Greis wandte die Augen auf den Sohn voll Bestürzung ...

Was Leo Perl einst – dem Bischof von Witoborn – bekannte – ich sollte es ja erfahren! fuhr Bonaventura fort ... War es nicht dein Wunsch? ... Im Sarge deines alten treuen Dieners fand sich ja – ...

Mein Wunsch? unterbrach der Vater staunend und seine letzte Kraft zusammenraffend ...

Bonaventura hielt inne ... Die Aufmerksamkeit des Greises

war zu erregt ... Auch machte ihn ein oberhalb des Zimmers wie von einem Fußtritt vernehmbares Geräusch einen Moment betroffen ...

Dann begann er leise eine Erzählung vom ersten Eindruck, welchen damals das Verschwinden des Vaters auf die Welt und ihn gemacht hätte, vom neuen Bund der Mutter, von des Onkels Fürsorge für ihn, von seinem eigenen Entschluß, Priester zu werden, von seiner Pfarre in Sanct-Wolfgang, einem Ort, wo dann zufällig des Onkels Max ehemaliger Diener schon seit Jahren sich niedergelassen hatte ... Bonaventura erzählte, wie treu der alte Mevissen sein Geheimniß gehütet – treu, falls er gewußt, daß der Verschollene lebte ... Dann schilderte Bonaventura die beim Tode Mevissen's vorgefallenen Dinge, welche durch Hubertus dem Vater nur hatten unvollständig bekannt werden können ... Eben war er an die Beraubung des Sarges angekommen, als ihm der veränderte Blick des Vaters auffiel ... Bonaventura mußte sich unterbrechen und fragen:

Vater – wie ist dir –! ...

[445] Dieser antwortete schon nicht mehr und lag wie betäubt ...

Bonaventura eilte, um nach Wasser zu suchen ... Aus einem Glase, das er mit Wasser gefüllt fand, benetzte er dem Greise die Stirn ...

Noch einmal schlug Friedrich von Asselyn die Augen auf ... Liebevoll ließ er das Beginnen des Sohnes gewähren ... Plötzlich starrten seine Augen nach einer Uhr, die an der Wand hing, und er sprach:

Laß dir – von meinen Begleitern – die ich deiner Liebe empfehle – ...

Vater! ... unterbrach Bonaventura, voll Entsetzen die Veränderung der Gesichtszüge, ein krampfhaftes Zucken des Kinns, ein Schütteln der Hände bemerkend ...

Die – Stunde – ist – – hauchte der Sterbende mit kaum noch vernehmbarem Ton ...

Bonaventura wollte die Mönche und etwaigen andern heilkundigen Beistand rufen ...

Der Vater hielt noch krampfhaft seine rechte Hand fest ...

Bonaventura's Linke nahm mit seinem Taschentuch vom Mund des Sterbenden schon leichte Schaumbläschen ... Zugleich vernahm er noch die Worte:

Laß dir von meinen Begleitern – laß dir von ihnen – die Pilgerstäbe geben ... Dort der meine ... Ich sehe ihn nicht ... Ist's ein Baum – ... Er grünt – und wächst –! ... Sieh die kühlen – Schatten ... Die Zweige wie sie – dicht – ...

Vater, dich täuscht dein Auge ...

[446] Bonaventura sah die Kennzeichen des Todes, deren er in kurzer Zeit so viele hatte sammeln müssen ...

Ein Baum – wie die Eichen in – Castellungo ... Ha! Sieh – das Feuer! ... Sieh, von rosigen Wolken – alles bedeckt ... Von Licht – und – Wonne des Triumphs ... Sie kommen von allen Zonen und bekennen das Lob des Höchsten ... Ils – engendron – Dio – in lor – – mesêmes ... – In sich Gott und – Gott – in – uns ... Die – Nobla Leyçon – hörst du – der – Waldenser – Lobgesang – ...

Vater! flehte Bonaventura und mühte sich, dem Sinn dieser Worte zu folgen – – Ich rufe Ambrosi – den Arzt – ...

Der Sterbende beherrschte noch einmal sein unaufhaltsam ihn fortreißendes Irrereden und fuhr fort:

Die Nobla Leyçon nimm — öffne die Wanderstäbe – meiner – Führer ... In ihnen – findest du – mein Leben – und deines – ... Kennst – – die Nobla – Leyçon? ...

Ich kenne sie ... hauchte Bonaventura mit stockendem Athem und die schweißbedeckte Stirn des Vaters trocknend ... Er verstand, daß in den Wanderstäben der Gefangenen ihm ein letzter Gruß gesagt werden sollte ...

In kurzen abgerissenen Sätzen sprach der Vater:

Sie können nicht lesen, was – die Chiffern sagen – ... Der Schlüssel – ist – die Nobla Leyçon ... Im – Anfang – war das Wort – und das Wort – ...

[447] Bonaventura's Lebensgeister blieben in fieberhafter Spannung, während die des Vaters entschwanden ...

Die Nobla Leyçon – macht die Chiffern – der Pilgerstäbe – zu Worten ... O frayres – entende – una – nobla – A – und – B ...
Mein Alpha und – Omega – „Herr bleib – mit – Deiner – Gnade –" ...

Der Irreredende erhob die Stimme zum Singen – ...

Die ersten Worte der Nobla Leyçon enthalten das Alphabet – des – Testamentes, das du mir – hinterlassen wolltest –! sprach Bonaventura dicht am Ohr des Sterbenden – ...

Amen! sprach der Greis und sank zusammen ...

Und wieder regte es sich in der Nähe ... Und wieder war es, als huschten oberhalb schleichende Fußtritte ...

Diesmal kam auch Geräusch von der Thür ... Ohne Zweifel setzten die Harrenden voraus, daß die Beichte des Ketzers vorüber war ... Wenn sein Seelenhirt noch länger blieb, konnte es sein, daß ihm auch aus seiner Hand die letzte Oelung und das Abendmahl ertheilt wurde ...

Die Thür öffnete sich ... Der General der Dominicaner trat selbst herein, die Monstranz in der Hand ... Ein Assistent hinter ihm mit den Werkzeugen der letzten Oelung ... Die Thür blieb offen ... Draußen standen Cardinal Ambrosi, der Prälat des Hauses – Bruder Hubertus und Paolo Vigo folgten – beide freigegeben, um ihre Wanderung auf San-Pietro in Montorio anzutreten, wohin man auch Paolo Vigo zu-*[448]*nächst verwies ...
Schon hielten beide ihre Habe und ihre Stäbe in den Händen ...
Alle Dominicanermönche murmelten draußen das Confiteor ...

Der Sterbende erhielt noch einmal einen Augenblick seine Geisteskraft, übersah, was geschehen sollte, übersah die Lage des Sohnes ... Mit letzter Kraft der Stimme murmelte er – zuerst das lateinische Confiteor, dann begann er italienisch und ging allmählich in die deutsche Sprache über mit den Worten:

Lasset uns beten! ... Ich bekenne – an der – katholischen Kirche alles, was wir ihr – schuldig sind – aus dem Geist der

Liebe – und der Dankbarkeit ... Wer in dieser Kirche – – geboren wurde – ...

Weiter vermochte der Sterbende nicht zu reden ...

Schon wollte Ambrosi von seinem Gefühl übermannt, vortreten, als ihn die laute Rede des calabrischen Priesters veranlaßte, diesem den Vortritt zu lassen ...

Paolo Vigo trat vor, beugte sich am Sterbelager nieder und erhob die Stimme, um zu vollenden, was zu sprechen nicht mehr in seines Lehrers Kraft stand ...

Wer in dieser Kirche geboren wurde, sprach Paolo Vigo fest und bestimmt und des Generals und der Cardinäle nicht achtend, der hat sie gelernt unter dem Bilde einer Mutter verehren ... Nun wohl – ein reiferer Verstand des erwachsenen Kindes erkennt die Schwächen seiner Aeltern; doch wird ein Sohn die silberne Locke des Vaters schonen und selbst Flecken am Ruf ihrer Mutter die Tochter übersehen ... Was die Kirche an heiligen Gebräuchen besitzt, seh' ich allmählich – entkleidet seiner dunkeln, unnatürlichen Zauber – ... Priester! Legt *[449]* die Gewänder der Ueppigkeit und des Stolzes ab! Werdet Menschen! Redet die Sprache, die euer Volk versteht, auf daß der Ruf: Sursum corda! auch wahrhaft zum Empor der Herzen wird ... Laßt die Messe, wenn sie geläutert wird! Ein Zwiegespräch sei sie mit Gott – ... Bilder des Gekreuzigten – tragt sie im Herzen –! Und solange die Völker der Erde nicht aus eitel Weisen bestehen, solange noch Heide und Muselman die strahlenden Ordenszeichen ihres Glaubens verehren, verehrt auch äußerlich das Kreuz ... Macht es jedoch lebendiger noch in euch – ... Lebendig macht alle Ströme des Heils –! ... Hinweg mit Dem, was das Herz erstarrt –! ... Freiheit dem Gebundenen ... Sakrament sei nicht die eiserne Fessel –! ... Im Tod rufe dir den Arzt der Seele – wenn ein Zeichen und ein Wort von ihm statt – deiner reden soll ... Netzt sogar dem müden Wanderer, wie Magdalena dem Herrn, die Glieder ... Erquickt ihn, wenn er es begehrt, durch – das Brot des Lebens! – ...

Die Umstehenden erkannten aus diesen Worten der Verzükkung wohl die Irrlehren, für welche Paolo Vigo versprochen hatte, Italiens Boden zu verlassen ... Doch der General warf einen Blick auf die Mönche, die Paolo Vigo umringten ... Sein würdiges Benehmen gebot ihnen Ruhe ... Er übergab dem Erzbischof das heilige Brot, das dieser dem Sterbenden reichte ...

Auch mit dem Salböl benetzte Bonaventura die Stirn und die Hände des Entschlafenden ... Heiliger, als dies Oel aus geweihtem Gefäß, ließ er auf die immer mehr erstarrenden Züge des Sterbenden seine *[450]* Thränen rinnen, unbesorgt um die rings im Kreise ersichtliche Befremdung ...

Die Ceremonie jener gewaltsamen Bekehrungen wie sie hier in diesen Räumen oft genug vorgekommen sein mochten, war vorüber – ... Die überfüllten engen Räume entleerten sich ... Ein Arzt hielt dem Sterbenden den Puls ... Cardinal Ambrosi, der dem Sohn bisjetzt in allem den Vorrang gelassen, beugte sich über den Entschlummernden, der ihn nicht mehr erkannt hatte, und sprach:

Er ist – hinüber – ...

Pater Lanfranco wußte und erzählte, daß der Erzbischof in diesem Sterbenden einen nahen Verwandten getroffen hatte ...

Bonaventura wandte sich ... Als der Freund die Augenlider des Sterbenden schloß, durchbrach sein Gefühl jede Rücksicht ... Zu mächtig zerriß der Schmerz sein Inneres ... Ueber die ausgestreckt liegende erstarrte Gestalt warf er sich und rief in italienischer Sprache, daß alle es hörten:

Lebe – wohl – mein theurer Vater –! ...

Die Priester, die Mönche und Aerzte sahen bestätigt, daß der deutsche Cardinal in diesem waldensischen Prediger, der seiner Herkunft nach gleichfalls ein Deutscher war, einen nahen Verwandten – padre, einen „Freund", einen „Gönner" – wiedergefunden hatte ... Ein Wunder war es, das ganz Rom beschäftigen mußte ... Aber selbst den Heiligen Vater durfte es rühren, zu hören – Cardinal d'Asselyno hatte im Kerker der Inquisition einen ihm aus seiner Jugendzeit unendlich *[451]* werthen Angehörigen gefunden und ihn in seiner letzten Stunde bekehrt ... So nur und nicht anders konnte seines Ruhmes neue Mehrung lauten ...

General Lanfranco hatte sich zuerst entfernt ...

Bonaventura war vom Freund emporgezogen worden ... Hubertus und Paolo Vigo, jener in der Franciscaner-, dieser in der Büßerkutte, drückten ihre Lippen auf die Wange des Gestorbenen – auch auf Bonaventura's beide Hände ... Bedeutungsvoll gab ihm Paolo Vigo seinen Stab und sagte – er möchte sich darauf stützen ...

Bonaventura ergriff den Stab ... Der andere, den ebenso Hubertus trug, konnte gefunden werden, von wem er wollte – niemand hätte seinen Inhalt entziffern können ... Der dritte, der Stab Federigo's, war vielleicht in der That nicht zu finden ... Niemand brauchte sich darum zu beunruhigen ...

Daß die beiden Cardinäle noch länger blieben, war nicht zu rechtfertigen ... Das Leben des Greises war entflohen ... Hubertus hatte sich über ihn gebeugt, hatte eine Wollflocke seiner Kapuze an seinen Mund gelegt – sie bewegte sich nicht mehr ...

Mit einem letzten Scheideblick ebenso sprachloser wie, wenn die Sprache auch nicht versagt hätte, unaussprechbarer Rührung rissen sich beide Cardinäle vom ärmlichen Lager los, auf welchem sie den abenteuerlichsten Schwärmer, einen Märtyrer der Ehegesetze der katholischen Kirche, als Leichnam zurückließen ...

Die Bestattung mußte freilich an jener Stelle erfolgen, wo die Asche der verbrannten Märtyrer, eines Pas-*[452]*cal, eines Paleario moderte ... Aber bei allem, was die Sachlage hier mit sich brachte, war doch für ein ehrenvolles Begräbniß, wenn auch innerhalb dieser Mauern, gesorgt ... Schon morgen in allererster Frühe wollten die Freunde zurückkehren ...

Das düstere Gebäude war jetzt von Kerzen erhellt, die die

Laienbrüder der Dominicaner trugen ... Schon kamen einige derselben, um die Leiche in die Todtenkammer zu bringen ...

Hubertus hielt den die steinernen Stufen hinunterschwankenden Bonaventura, den er in Witoborn als Domkapitular so oft gesehen und nun den leiblichen Sohn seines geliebten Federigo nennen durfte – Ambrosi hatte ihm auf seiner Zelle sein so lange verschlossenes Auge geöffnet, auch die Gründe genannt, die ein Verschweigen des Geheimnisses und selbst noch in dieser Stunde, um des Präsidenten von Wittekind willen, dringend anriethen – ... Jetzt begriff Hubertus, wie mit dem Tod der Mutter Bonaventura's die Sehnsucht des Eremiten sich regen durfte, in die Welt zurückzukehren; begriff, wie seine Gefangennehmung im August ihm so willkommen, ja nach den Mittheilungen aus Rom, die von Ambrosi kamen, nicht unerwartet erscheinen durfte; Hubertus begriff schließlich auch die Schonung, die ihnen allen zu Theil wurde ...

Ambrosi nahm den zweiten Alpenstab ... Die Uhr des Verstorbenen hatte der Prälat an sich genommen – sie gehörte, den Regeln des Hauses gemäß, den Laienbrüdern ...

Bonaventura stützte sich nicht auf den empfangenen *[453]* Stab ... Er schritt voll Fassung, wenn auch tief sein Haupt zur Erde neigend, dem Ausgang zu ...

Inzwischen beschäftigte die Aufmerksamkeit der mit staunender Bewunderung vor zwei für ihre fromme Opferfreudigkeit so wunderbar belohnten Cardinälen die Treppe niedersteigenden Begleitung derselben ein Lärmen draußen auf der Straße ... Eine Glocke der Peterskirche läutete in unablässiger Hast ... Es war die Feuerglocke des großen Doms ... Andere Glocken fielen mit gleicher Eile ein ... An der nahen Porta Cavallaggieri, wo die Kasernen liegen, erscholl das Blasen einer Trompete ... Trommeln lärmten ...

Eine Feuersbrunst! hieß es ...

Ein nicht zu häufiger Vorfall im steinernen Rom ...

Die erst langsam dahinschreitende Begleitung bewegte sich

allmählich rascher ... Bonaventura und Ambrosi blieben mit ihren nächsten Begleitern, langsamer durch die Höfe schreitend, allein zurück ...

Da verschwand plötzlich auch Hubertus ... Er war nicht dem Drängen nach dem Hausthor gefolgt ... Es hieß, er wäre zurückgekehrt ...

Seht da! Wer ist der Mann? rief plötzlich, alle erschreckend, seine Stimme von einer Galerie herab, die rings um den Hof ging ... Er rief diese Worte einem Manne nach, der in gebückter Haltung an einer andern Stelle der Galerie durch eine Thür verschwand ... Es war ein Mann in einem schwarzen, fast priesterlichen Oberkleid gewesen ... Rasch war derselbe in eine hohe Glasthür, die auf die Galerie führte, zurückgetreten ...

[454] Ein einziger leidensvoller Blick, den Bonaventura vom Hofe aus in die Höhe warf, ließ in Ambrosi den Gedanken entstehen: Glaubt der Freund – daß er belauscht wurde –? ...

Hubertus blieb verschwunden ...

Inzwischen aber waren die Cardinäle zu sehr ergriffen, um dem Zwischenfall lange nachzudenken, und standen schon am geöffneten Schlage ihrer Kutsche ... Auch die Caudatarien bestätigten eine Feuersbrunst ... Zugleich hatten sie von einem soeben hier gestorbenen deutschen Verwandten des Cardinals d'Asselyno gehört und durften nichts Auffallendes darin finden, daß die Cardinäle tief erschüttert waren, herzlich von dem im Kreise einiger Dominicaner stehenden Paolo Vigo Abschied nahmen, ebenso wenig, wie, daß ihnen letztrer als Andenken an den Pilger von Loretto zwei Wanderstäbe in den Wagen nachreichte ...

Hubertus war inzwischen nicht zu finden ... Die bestürzten Mönche, die ihn und Paolo Vigo nach San-Pietro in Montorio escortiren sollten, suchten ihn ...

Beide auf San-Pietro schon morgen zu besuchen und sie dem dortigen Guardian zu empfehlen, wurde von Ambrosi versprochen ...

So stiegen die Freunde ein ...
Die Menschen ringsum rannten indessen der Piazza Navona zu ... Dort sollte das Feuer sein ... Ueber die Tiberbrücke von der Engelsburg abschwenkend sahen beide die Rauchsäule ...
Bonaventura's Haupt lag auf den Schultern des Freundes ...
[455] Ambrosi ließ ihn schweigend gewähren ... Worte des Trostes helfen nicht in solcher Lage ... Auch ihn betrübte es, daß er nicht noch einmal Frâ Federigo umarmen und ihm sagen konnte: Sieh, bis hieher kam ich durch deinen Rath und deine Lehre! ... Er hatte vorgezogen, alle Gefahren zu bewachen, alle mislichen Zeichen draußen den Dominicanern zum Guten zu deuten und dem Freund die Vorhand zu lassen ... Er hatte sich in allem, was seither geschehen, kraftvoll und entschlossen gehalten ...
Was sollen die Stäbe? fragte er endlich sanft, als sich der Wagen in den Straßen mühsam durch das Gewühl der Menschen Bahn machte ...
Bonaventura nahm sie und betrachtete sie voll Rührung ... Noch konnte er nichts erwidern ...
Inzwischen hatten sie den Corso erreicht, auf dem wenigstens für Wägen Platz blieb ...
Endlich in ihrer entlegenen Wohnung angelangt, schwankte Bonaventura aus dem Wagen und sank, als beide allein waren, ohnmächtig zusammen ...
Lange währte es, bis sich der Unglückliche erholte ...
Auf Ambrosi's dringendes Verlangen mußte er einige Stärkung zu sich nehmen ...
Dann trat ein stilles Weinen ein ... Die Natur erholte sich erst, als sie ihre Rechte gefordert hatte ...
Mit den ersten Worten, deren er fähig war, bat Bonaventura um ein Exemplar der „Nobla Leyçon" ...

14.

Zu seinem höchsten Erstaunen erfuhr der Freund die nähere Bewandtniß, die es mit den Stäben haben sollte ...

Es waren Hirtenstäbe, wie sie in Calabriens Bergen getragen werden ... Die Griffe gewunden – die Spitzen von Eisen ...

Griffe und Spitzen, das sah man bald, ließen sich abschrauben ... Das Innere fand sich ausgehöhlt ...

In beiden Stäben befand sich eine mit lateinischen Buchstaben beschriebene Rolle Papier ...

Das Geschriebene war ein Durcheinander von unaussprechbaren Wortformen ...

Die „Nobla Leyçon" gab den Schlüssel ... Die Buchstabenordnung war dieselbe, die bereits in dem zwischen Ambrosi und Federigo gepflogenen Briefwechsel gewaltet hatte ... Beide Rollen hatten denselben Inhalt ...

Schon entzifferte Ambrosi ein Wort nach dem andern und schrieb auf, was er gefunden ... Er stockte ... Es war deutsch – die Ausübung einer schon lange geläufigen Fertigkeit wurde gehindert ...

[457] Ambrosi bat den Freund, sich zu ruhen ... Inzwischen, sagte er, wollte er versuchen, den Inhalt, so weit ihm möglich, mechanisch zu dechiffriren ... Das Vertrauen des Freundes gehörte ihm in allem ... Es konnte auch hier kein Geheimniß mehr geben, dessen Kunde sie nicht theilen wollten ...

Nach wenigen Stunden schon, während die sonstige Stille der nach hinten hinaus gelegenen Wohnzimmer des alten Gebäudes anfangs noch vom Lärm der Glocken und Feuersignale gestört wurde, Bonaventura stillverzweifelnd sein Haupt stützend und zum Tod erschöpft auf einem Ruhelager sich wand und sein ganzes vergangenes und zukünftiges Leben an sich vorübergleiten ließ, unterbrochen vom Bild der letzten Liebesblicke des Vaters, kam Ambrosi in hoher Aufregung mit einer

Anzahl Blätter, auf welche bereits ein großer Theil der Eröffnungen Federigo's an seinen Sohn mechanisch niedergeschrieben war ... Die deutsche Sprache kannte er zu wenig, um ganz zu verstehen, was, Buchstabe an Buchstabe gereiht, seine Blätter bedeckte ...

Es war nun auch von draußen her still geworden ... Schon mochte die zehnte Stunde geschlagen haben ...

Bonaventura konnte leicht die Buchstaben zu Worten fügen und die Sätze durch Punkte trennen ... Durch gegenseitige Unterstützung kamen die Freunde zu folgender Entzifferung:

„Mein Sohn! Das ist ein Brief, den dein Vater dir aus dem Jenseits schickt –! ... Höre – richte und gedenke mein –! ...

„Du erfuhrst von den Zeiten, wo ich einst beauf-*[458]*tragt war, den Uebergang Witoborns an unsere Regierung zu regeln ... Du kennst die Gründe, welche mich damals den Tod wünschen ließen ... Oft, oft überfielen mich Gedanken an Selbstmord –! ... Sie hafteten nicht, weil Selbstmord nur denkbar ist im Zustand einer Verzweiflung, die mit dem ganzen Leben abzuschließen vermag – Das war nicht meine Lage ... Wohl ging mein Blut stürmisch, wenn ich sah, wie mein Weib am besten meiner Freunde hing, dieser an ihr; dacht' ich aber an die Mittel, mich solcher Schmach zu entziehen, so lockte mich wol die Welle des Stromes, der Blitz der tödtlichen Waffe eine Weile; bald aber erkannte ich dann wieder, wenn nur die Gesetze unserer Kirche über die Ehescheidung andre wären, daß der Anfang eines neuen Lebens voll neuer Bewährung für mich anbrechen könnte – ... Ich wollte den Wunsch des geistig schon lange ehelich verbundenen Paares erfüllen und würde eine Scheidung durch Confessionswechsel möglich gemacht haben – aber in diesem Punkte würde die Mutter nicht meinem Beispiel haben folgen können – aus innerem Triebe nicht – auch ihres neuen Gatten wegen nicht, der sich kaum würde entschlossen haben, schon aus Rücksicht auf den schlimmen Ruf seines Vaters, dem Geist der Provinz ein Aergerniß zu geben ... So kam ich, ohnehin von manchem Misverhältniß zu meinem Beruf getrieben, auf den Entschluß, mir den Schein des Todes zu geben – ..."

Die Entzifferung ging noch bis jetzt aufs leichteste von statten ...

„Ich ließ dich einem neuen Vater und die Mutter *[459]* einem neuen Gatten zurück, der ein reicher Mann war und für euch beide sorgen konnte ... Außerdem hattest du den Onkel. Hatte zwar mein Bruder Franz schon den Adoptivsohn meines Bruders Max, den dieser aus Spanien mitgebracht, in seine väterliche Obhut genommen –" ...

Wie? unterbrach Bonaventura seine Worteintheilung und Uebersetzung des Berichtes für den aufmerkenden und in Bonaventura's Familienverhältnissen völlig heimischen Freund; kannte selbst der Vater nicht die Herkunft Benno's? ... Er las staunend weiter:

„– so gestattete ihm doch sein gutes Herz und seine Vermögenslage, auch dich in deiner Laufbahn zu befördern, die dir ohnehin, da du Soldat werden solltest, bald die volle Selbständigkeit geben konnte ... Zur Ausführung meines Vorhabens bedurfte ich Beistand ... Ich konnte mich auf einen Menschen verlassen, der, seines Zeichens ein einfacher Tischler, mit meinem Bruder Max unter Napoleon in Spanien gedient hatte, ihm eine Rettung seines Lebens verdankte, aber auch ohne diesen Anlaß ein Muster von Pünktlichkeit und Verschwiegenheit gewesen wäre ... Ihr alle, die ihr mich überleben werdet, vor allem auch du, Benno von Asselyn, niemand von euch wird je geahnt haben, daß mit dem schweren Amt, einen kaum geborenen Knaben aus Spanien mitzubringen, dieser alte treue Mevissen in Verbindung stand – ... Selbst mir bekannte es der Brave nie, warum auf seinem Todbett Max die Weisung hinterlassen, eine Summe, die ich ihm noch schuldete, in besserer Zeit, wenn ich könnte, einem in der Nähe *[460]* Kochers am Fall, in Sanct-Wolfgang, wohnenden und von dort gebürtigen Tischler, einem ehemaligen Soldaten seiner Compagnie, auszuzahlen ... Da die

Zahlung nicht drängte, ich auch die Summe nicht sofort besaß, sprach ich zu niemand davon, am wenigsten zu unserm guten Bruder Franz ... Letztrer würde die Summe gegeben, aber auch die Verwendung derselben haben erfahren wollen ... Benno war schon damals zum Hüfner Hedemann in Borkenhagen bei Witoborn gegeben ... Ohne Zweifel ist Benno entweder das Kind einer spanischen vornehmen Frau oder einer Nonne ... Mevissen kannte das Geheimniß; er hütete es wie ein Soldat die Parole seines Wachtpostens ..."

Bonaventura mußte voll Rührung ausrufen:

Guter, kindlicher Sinn des Vaters –! ... Alle diese Dinge – wie waren sie so ganz anders und nur dir blieben sie verborgen! ... Die Neugier seines ältesten Bruders, meines freundlichen Erziehers war seine Furcht! ... Und gerade in dessen Händen lagen, selbst dem Bruder verborgen, die Fäden aller der Veranstaltungen, die für den armen geopferten Benno getroffen werden mußten –! ...

Ambrosi kannte die Beziehungen und vermochte voll gesteigerten Antheils zu folgen ...

„Es drängte mich, endlich jene Schuld von einigen hundert Thalern an den alten Soldaten in Sanct-Wolfgang zu berichtigen ... Als ich Abschied von meinem bisherigen Dasein und meinem Namen nehmen wollte, besuchte ich deshalb den kleinen Ort, den Mevissen bewohnte ... Ich fand einen räthselhaft verschlossenen Menschen; einfach und würdig sein Benehmen; obschon *[461]* nicht mehr jung, hatte er geheirathet, sein Weib war gestorben; ohne Kinder hielt er eine kleine Tischlerwerkstatt für die einfachen Bedürfnisse des Landlebens, die ihn ernährte ... Die Summe, welche ich ihm schuldete, mochte er früher mehr bedurft haben, als jetzt; dennoch hatte er nicht gedrängt ... Nach den ersten Verständigungen sah ich wohl, daß sich Mevissen jene Summe durch irgend einen wertvollen Beistand, den er dem Bruder geleistet, verdient hatte ... Ich suchte den Anlaß seiner Bewährung zu erfahren und zeigte mich voll Neugier schon aus

Interesse für Benno's Vater, meinen zu früh vollendeten Bruder Max ... Ich grübelte, forschte – kein anderes Wort kam von den Lippen des schlichten Mannes, als daß mein Bruder – sein bravster Chef gewesen ... Angezogen von soviel Ehrlichkeit und Charakterstärke, beredete ich ihn, mich als Diener auf einer Schweizerreise, die ich machen wollte, zu begleiten ... Er nahm diesen Vorschlag an und ihm verdank' ich die Ausführung meines gewagten Unternehmens – ... Den Schein zu erwecken, daß ich zu den Opfern der Lawinen des großen Sanct-Bernhard gehörte, das war die Aufgabe ..."

Ambrosi seufzte ... Bonaventura's Herz klopfte voll gespannter Erwartung ... Es war die noch nicht ganz enthüllte Stelle im Leben des Vaters ...

„Im Canton Wallis, zu Martigny, legt' ich alles ab, was an mich erinnern konnte. Ich hatte mir neue Kleider gekauft, die in einem Packet verborgen werden mußten, das Mevissen trug – Das meiste, was mein Koffer enthielt, hatten wir verbrannt – ... Der Dunst, *[462]* den die verbrannten Papiere und die sengenden Kleider verbreiteten, fiel im Gasthof zu Martigny auf; so hielten wir mit unsern Zerstörungen inne ... Einiges mußte auch für das Leichenhaus auf dem großen Sanct-Bernhard zurückbehalten werden ... Mevissen's Handschlag durfte mir genügen, um die Gewißheit zu haben, daß von ihm sein Geheimniß würde mit ins Grab genommen werden ... Unter dem Zurückbehaltenen befand sich vielleicht eine seltsame Urkunde, von welcher ich dir reden muß – aus Gründen, die du erfahren sollst – ..."

Bonaventura verstand das schmerzliche Lächeln seines Freundes ... Es galt der Erinnerung an die Qualen, die sich früher, in seinem jetzt überwundenen Glauben, der unrichtig Getaufte über seine Lage bereitet hatte ...

„Mein Sohn! Ich rufe dir mit der Schrift: „Wer Ohren hat, zu hören, der höre!" – – Ich hatte in Witoborn mit dem Husarenrittmeister von Enckefuß, dem neuen Landrath des neugebildeten Kreises, die Besitzergreifung, namentlich die Archive aus einer heillosen Verwirrung zu ordnen, in welche sie während des Krieges gerathen waren, wo man die wichtigsten Acten zu Streu für die Pferde benutzt hatte ... Bischof Konrad war ein wohlwollender, aufgeklärter Mann ... Ich hatte sein Vertrauen gewonnen; auch er liebte, wie ich, alte Drucke, Miniaturen, kunstvolle Heiligenschreine, ohne daß er darum, wie ich, auch geistig unter den Ranken und Blüten der damals modischen Romantik und Phantastik wohnte ... Auf einem Krankenlager, von welchem er nicht wieder erstehen sollte, übergibt mir der Bischof *[463]* einen soeben empfangenen Brief des am selben Tage zur Ruhe bestatteten Pfarrers von Borkenhagen, eines getauften Juden ... Nehmen Sie das! sprach der Bischof. Es ist das Testament eines Narren! Ich soll es nach Rom schicken! Wahnsinn! Doch – da manches Geheimniß Ihrer Familie betheiligt ist – zerreißen Sie die Stilübung –! Sie ist lateinisch geschrieben – ...

„Ich las den Erguß eines melancholischen Gemüthes, das, zerfallen mit sich selbst und mit der Welt, in diesem Brief das Judenthum für die vollkommenste Religion erklärte, die Lehre Jesu nur eine von Jesus nicht beabsichtigte Abweichung vom Judenthum nannte und sich in seiner letzten Stunde von einem Gaukelspiel lossagte, das er jahrelang mit Bewußtsein getrieben hätte ... In dieser Ueberzeugung, hieß es in dem merkwürdigen Briefe, hätte er zwar nicht damals gehandelt, als er den Glauben gewechselt – damals hätte er Jesus und der christlichen Kirche etwas abzubitten gehabt – aber die Erinnerung an seine Verwandte, die Thränen einer verlassenen Geliebten hätten ihn bestimmen sollen, wenigstens nicht auch Priester zu werden ... Er hätte es werden müssen; er hätte die Weihen annehmen müssen aus Furcht vor einem Tyrannen, dem Kronsyndikus auf Schloß Neuhof ... Mishandlung, Drohung, sogar Weinen und Flehen dieses Mannes hätten ihm so lange zugesetzt, bis er Priester wurde ... Jahrelang aber hätte er sein Amt mit Unlust und ohne Ueberzeugung geführt ... In diesem Sinne, schrieb er, hätte er die Sakramente ertheilt, ohne die entsprechende Richtung des

Willens ... Getauft hätt' er in bestimmter Voraus-*[464]*setzung daß das, was er that, eine leere Formel war ... So zunächst alle Verwandte des Kronsyndikus – sogleich seinen ersten Täufling, Bonaventura von Asselyn ... Seine erste Trauung, zwischen Ulrich von Hülleshoven und Monika von Ubbelohde, gleichfalls Verwandte seines Peinigers, wäre von ihm vollzogen worden, ohne den Willen und die Ueberzeugung, daß er wollte, was er that ... Mit diesem bittern Hohn gegen sein Geschick, zu welchem sich die Andeutung über eine unrichtige Ehe gesellte, die einst irgendwo von ihm vorher schon hätte geschlossen werden müssen – und wie zu vermuthen war, auch diese auf Anstiften des Kronsyndikus – wollte der menschenfeindliche Mann, der ein Rabbiner, ja, wie man aus einigen Stellen seines Briefes ersah, ein Kabbalist geblieben war, aus dem Leben scheiden ..."

Bonaventura erkannte jetzt die Gründe, warum Lucinde vor Jahren, damals, als sie seinen Epheu zerstörte, von Monika's Ehe als von einer löslichen gesprochen ...

„Meine Empfindungen waren damals noch so katholisch, daß ich über diese Entdeckung den größten Schmerz empfand und darüber anders dachte, als mein hochbetagter freidenkerischer Bischof, der einige Tage nach Uebergabe der Urkunde an mich gleichfalls aus dem Leben schied ... Aber sollte ich meiner Familie, meinem eigenen Kinde noch einen neuen, von mir mit Entsetzen empfundenen Makel anhängen? ... Ich dankte der Vorsehung für diese glückliche Wendung, die ein so wichtiges Document in meine Hand gelangen ließ ... Sollte *[465]* ich sie zerstören? Daran verhinderte mich mein rechtgläubiges Gemüth, ja der feste Entschluß, eines Tages deine richtige Taufe nachholen zu wollen ... Und in diese Schrecken und Beunruhigungen meines Gewissens mischte sich die immer mehr gesteigerte Trauer um mein unseliges Verhältniß zu deiner Mutter ... Ein treuer, aufrichtiger Freund, den ich um so mehr liebte, als seine kühle und verständige Natur zu meinem eigenen Wesen die heilsamste Ergänzung bot, konnte sich einer Leidenschaft nicht entwinden, die die einzige war, welche ihn vielleicht je überkommen ... Noch mehr, ich war von ihm abhängig; die Güter des Lebens, die ich nie zu verwalten wußte, verbanden uns, während alles andere uns hätte rathen müssen, uns zu trennen ... Eine Lage entstand, die vor der Welt meine Ehre in einem Grade bloßstellte, der mich über mich selbst verzweifeln machte ... Ich sprach nie von dem, was mich drückte, und doch erkannte ich alles, was vorging ... Ich sah, daß Wittekind meinen Haushalt bestritt, meine Schulden bezahlte, die Entscheidungen in jeder Frage gab, wo meine Zustimmung kaum noch begehrt wurde ... Schon gab ich mir die Miene, solche Zustimmungen von meiner Seite gar nicht mehr zu beanspruchen – ich vergebe deiner Mutter; sie folgte ihrem weiblichen Sinn, der sich an Starkes und Verwandtes halten will – unwahr ist es, daß sich nur die Gegensätze lieben – ..."

Die Freundschaft der Lesenden, grade die aus dem Gefühl entsprungen war, sich verwandt zu sein, mußte diesen Ausspruch bestätigen ... Bonaventura dachte an die Sterbeaugenblicke seiner Mutter, die in Einem Punkte *[466]* ruhigere gewesen waren, als er erwartet hatte – ihr zweiter Gatte hatte mit der Ueberzeugung von ihr Abschied nehmen dürfen, daß ihr ganzes Glück und ihre wahre Lebensbestimmung nur er gewesen ... Bonaventura gedachte des Tages, wo auf Schloß Westerhof die Mutter ihm gesagt hatte, gern beuge sich ein Weib dem Worte: „Und er soll dein Herr sein!" – wenn der Gatte es nur wäre –! ...

„O mein Sohn, damals verehrte ich noch eine Kirche, die einer Form zu Liebe zwei Menschen, und wenn sie sich hassen und wenn sie sich zum Anlaß ewiger Verwilderung werden, doch aneinanderschmiedet – eine Kirche, die dem frivolsten Priesterwillen eine Macht über unser ewiges und zeitliches Wohl gibt ... Aber mein Sinn sollte sich ändern ... Er änderte sich in dem Grade, daß ich nicht für mich allein der Wohlthat der Erleuchtung theilhaftig werden wollte ... Als du Geistlicher wurdest, als ich hörte, du hättest dich den Römlingen angeschlossen, da erfreute es mich zu vernehmen, daß Mevissen jene Urkunde damals beim Verbrennen meiner Effecten im Gasthof zur Balance zu Martigny zurückbehalten hatte ... Mein braver Begleiter schrieb mir zuweilen und unter anderm meldete er: «Einiges hab' ich nicht verbrennen mögen ... Besonders auch Geschriebenes nicht ... Es ist bei mir sicher wie im Grabe ... Und sollte sich einst noch einmal Ihr Wille ändern oder eine andere Zeit kommen, wo Sie bereuen, was Sie gethan – dann lassen Sie in Gottes und seiner Heiligen Namen mein Grab öffnen. Was ich nicht vernichtete, finden Sie dort!» ... *[467]* Und dies Grab ist erbrochen worden –! ... Ich weiß es – ein Räuber, dessen Hand mein treuer Hubertus richtete, hat die Witterung gehabt, daß ein Schatz – der Liebe mit diesem armen Manne begraben wurde –! Daß es zu spät sein mußte, ihn zur Verantwortung zu ziehen und mich zu beruhigen über das Verbleiben jener Urkunde –! In deinem eignen Dorfe mußte ein Fluch zu Tage kommen, den deinem Leben ein wahnwitziger Priester geschleudert –! Hast du ihn nie vernommen, so vernimm ihn von mir! ... Bona, du bist Würdenträger einer Kirche, die ein Recht beansprucht, dich sofort aus ihrem Schoose auszustoßen ... Warum? ... Weil es ein Priester so wollte –! Mit einem Zucken seiner Miene, einem tückischen Hinterhalt seiner Gedanken w o l l t e –! Bona, verkünde diese Vermessenheit des katholischen Priesterthums –! ... Verkünde sie der Welt! Zeige, wohin die Anmaßung der Concilien und der Päpste geführt hat! Frage, ob alle die neugetauft werden müssen, die du tauftest – alle die neu verbunden, die du verbandest – alle Sünden noch einmal vergeben, die du vergeben –! ... Ich wünschte, daß die dreifache Krone dein Haupt zierte und du sagen könntest: Höre, höre, Christenheit – wenn Roms Gesetze Recht behalten, so ist sein oberster Priester jetzt – ein Heide –! ..."

Tieferschüttert hielten die Freunde in ihrer Arbeit inne ... Schon schlug die mitternächtige Stunde ... Eisige Schauer überliefen sie ... Ein Diener kam und schürte die schon erloschene Flamme im Kamin ... Einen kurzen Bericht, den er vom jetzt

gelöschten Brande an *[468]* Piazza Navona gab, hörten die Tiefergriffenen kaum ... Abwesend war ihr Geist, ergriffen ihr Ohr und ihr Auge von dem, was sie dem entrollten Papier entzifferten, ebenso wie von den Andeutungen eines Zukunftbildes, das sich
5 mit himmlischen Farben vor ihrem geistigen Blick entrollte ...

„Doch", fuhr Bonaventura fort, die Buchstaben zu lesen und zu übersetzen, die Ambrosi mit Geschicklichkeit zu Papier brachte – „kehre mit mir zurück auf den Tag meines scheinbaren Todes! ... Gefahrvolle Schneestürme hatten geweht und mühsam
10 erklommen wir die mächtige Höhe ... In der Nähe des Hospizes warfen wir Pilgermäntel über, ließen uns die Morgue aufschließen und, während Mevissen beschäftigt war, den führenden Augustinerbruder nach einem der dort aufgestellten Gerippe, vor welchen alles, was an und bei ihnen gefunden wurde, beisam-
15 men lag, zu fragen und ihn zu zerstreuen, legte ich vor einen der jüngst Verunglückten, der mir an Wuchs ziemlich glich und an dem durch seinen Sturz zerschmetterten Kopf völlig unkenntlich war, mein Portefeuille und den Trauring deiner Mutter – ..."

Ambrosi sagte:
20 Vor meinen Vater –! ... Wie hat das Schicksal uns so wunderbar verbunden –! ... –

Bonaventura, erlöst von dem jahrelang ihn quälenden Bilde eines unheimlicheren Zusammenhangs der Todesarten ihrer Väter, der natürlichen des Professors Ambrosi, der künstlichen
25 Friedrich's von Asselyn – konnte nur mit seinen zitternden beiden Händen die linke Hand *[469]* Ambrosi's ergreifen und mit stummer Geberde aussprechen, was er empfand ...

„Als ich dann noch die Portefeuilles vertauscht hatte, fiel mir erst die ganze Schwere meiner That aufs Gewissen ... Mein
30 Führer, muthvoller als ich, mahnte zum Gehen – seine Absicht mußte sein, soviel als möglich für die Augustiner nicht wiedererkennbar zu erscheinen ... Am Hospiz, wo uns die Mönche einluden, einzutreten, trennte sich Mevissen – er mußte es schnell thun, um unsere Physiognomieen nicht zu lange dem

Gedächtniß der Nachblickenden einzuprägen ... Es war ein Abschied für ewig und dennoch ging Mevissen – wie zu einem Wiedersehn auf den folgenden Tag – ..."

Solche Treue lebte jahrelang neben mir und dem Onkel – ohne ihres Ruhmes zu begehren –! schaltete Bonaventura ein ...

„Aber, der Gedanke: Die Spur jenes Unglücklichen, für welchen du nun genommen werden wirst, blieb vielleicht den Seinigen auf ewig verloren – du hast ein Verbrechen auf dich geladen, größer, als dein Selbstmord gewesen wäre! – der verfolgte mich bald mit allen Schrecken eines bösen Gewissens ... Im Portefeuille des Todten, für welchen man mich nehmen konnte und sollte, fand ich keinen Namen, nur Höhenmessungen und Zahlenreihen ... Noch im ersten Eifer meiner scheinbaren Selbstvernichtung warf ich diese Anklage gegen mich in die Tiefe eines Waldstroms ... Ringend, mich in die Stimmung meines alten Leichtsinns, meiner romantischen Sorglosigkeit, meiner angebornen lässigen Natur zurückzuschmeicheln, umging ich Turin ... Die Thäler, die *[470]* ich mit meinen neuen Kleidern durchwanderte, waren zufällig Waldenserthäler ... Ich kannte die romanische Sprache ... Aber ich floh vor allem, was mich an Religion erinnerte ... Nur mein romantischer Trieb gab mir Kraft, nur jener phantastische Sinn, der dem Schönen und Reizvollen sich ergibt und moralischer Imputationen nicht achtet ... Ich wollte nach Genua, wollte mit dem Rest meiner Baarschaft zu Schiff gehen und mir in Südamerika ein neues Leben begründen ... Ueber Coni hinaus wurde ich krank; seelisch und körperlich angegriffen, schlepp' ich mich jetzt nur noch langsam vorwärts ... Scheu mied ich die große Straße und ruhte mich oft in Wäldern ... Da war es denn, wo ich in einem einsamen Thale aus einem schönen Hause einen vollstimmigen Choral vernahm ... Ich trat in einen neugebauten Raum, wo ein Redner geistliche Erweckungen hielt ... Der Gottesdienst war bald zu Ende ... Ich sah eine hohe stolze Dame, der, als sie aus dem Hause trat, alle ehrerbietig auswichen, ich grüßte sie und folgte ihr ... Zu meinem Erstaunen sprach sie mit ihrem Diener deutsch ... Ich redete sie in gleicher Sprache an ... Dies gethan zu haben, bereute ich freilich sofort, denn ich hörte ihren Namen und mußte erstaunen, mich in der Nähe eines entfernten Zweigs meiner eigenen Familie zu befinden ... Entfliehen konnte ich nicht; ich war zu hinfällig, wurde krank, kam dem Tod nahe und befand mich monatelang in einem Zustand fast der Geistesabwesenheit ... Als ich genas, war ich so von Dankbarkeit und Ehrfurcht vor dieser edlen Frau erfüllt, daß ich mich nicht mehr von ihr trennen konnte ... Da ich *[471]* mich als Katholiken bekannt hatte, durfte sie in meiner Absicht, als Einsiedler in ihrer Nähe zu leben, nichts Auffallendes finden ..."

In Bonaventura's Innern klangen die Lieder des Dichters Novalis ... Sein Vater klagte sich nur allein an ... Was sein träumerischphantastischer Sinn hätte aus dem Geist der Zeit entschuldigen können, ergänzte nur die Liebe und Bildung des Sohnes ...

„Die Gewissensschuld, der Schmerz um meine That auf dem Hospiz, die Gewißheit, daß aus meinem geglaubten und bestätigten Tode bereits ein neues Leben in der aufgegebenen Heimat erblüht war (die Gräfin erzählte mir von einer Heirath des Präsidenten von Wittekind, eines Cousins der reichen Erbin, mit der sie zu processiren angefangen – eine Zeitungsannonce nannte den Namen der Gattin Friedrich's von Wittekind –) alles das gab mir eine tiefe Traurigkeit und mehrte den Abschluß mit dem Leben ... So entstand die Neigung, mich um die Lehre der Waldenser zu kümmern ... Gräfin Erdmuthe gab mir die alten Schriften, die sie gesammelt hatte und die in ihrem Text vielleicht niemand so verstand, wie ich ..."

Auch Ambrosi war in ein tiefes Erinnern versunken und schien kaum zuzuhören ...

Bonaventura chiffrirte inzwischen für sich weiter und las ...

Die Darstellung des Vaters lenkte jedoch auf jene Empfindungen zurück, die sich in Ambrosi's Innern angesponnen haben mußten; deshalb begann der Freund aufs neue die laute Mittheilung ...

[472] „Ich würde vergebens gerungen haben, aus meinen durch die Ehegesetze geweckten Zweifeln an Roms Hierarchie zu einer Versöhnung mit dem ewigen Grund aller Dinge, der in unserm Gewissen den einzigen Weg zu seiner Erkenntniß vorgezeichnet hat, zu gelangen, wenn nicht ein wunderbares Erlebniß mich zum Frieden mit mir selbst gebracht hätte ... Alle Schätze der Erde sind nichts gegen die Seligkeit eines erlösten Schuldbewußtseins ... Dann streckt jubelnd die Dankbarkeit ihre Hände gen Himmel und ruft: Verhängniß, Zufall oder wie dein Name sein mag, ewiges Gesetz des Lebens, ich bringe dir den Dank einer befreiten Seele bis in den Sphärensang der Sterne –! ... Unter den vielen, die in meine Waldhütte kamen, um sich Raths zu erholen, wie ich ihn grade geben konnte, kam auch ein anmuthiger Jüngling ... Seine Mienen hatten einen melancholisch trauernden Ausdruck ... Ich konnte ihn nicht sehen, ohne sogleich mit tiefster Wehmuth auch deiner zu gedenken ... Es war verboten, daß sich die geistlichen Schüler von Robillante, überhaupt rechtgläubige Seelen meiner Hütte nahten – dennoch geschah es – ich wurde ein Beichtiger wider Willen ... Auch diese Schüler, die sich oft in den Wäldern tummelten, gingen nicht, ehe ich nicht jedem gethan oder gerathen, wie und was er wollte ... Vielen Umwohnern mußt' ich Briefe schreiben, andern über ihre Geldsachen rathen, manchen lehrte ich die Sprachen, auch deutsch – Knaben wie Mädchen ... Jener Schüler aus Robillante wollte Deutsch lernen ... Die Gabe der Sprachen schien dem jungen Novizen versagt; desto reger war sein For-*[473]*schereifer in Aufgaben der Phantasie und des Gemüths ... Vincente Ambrosi wollte Mönch werden; ich that nichts, um ihn in diesem Entschluß wankend zu machen, kämpfte auch nicht gegen seinen Glauben, den er mit Hingebung und innerlich ergriff ... In ihm liebte ich dich ... Schon lange bewohnte ich meine einsame Hütte und war noch ohne Seelenruhe, immer noch gefol-

tert vom Hinblick auf den Sanct-Bernhard und meinen Betrug ... Meine Thränen feuchteten oft mein nächtliches Lager ... Oft trieb es mich, nach dem Hospiz zurückzukehren und nach allem zu forschen, was seither dort geschehen war ... Aber die Vorstellung: Deine Gattin hat sich mit dem Freund vermählt und darf nicht in Bigamie leben! schreckte mich; man konnte mich erkennen; diese einsam wohnenden Mönche behalten die wenigen Eindrücke, die ihnen werden, desto lebhafter ... Immer und immer aber sah mein gefoltertes Gewissen die größten Verwickelungen entstanden aus den verwechselten Portefeuilles, aus dem Hinlegen meines Ringes unter die Sachen, die einem andern gehörten, dessen Spur nun verloren und der, für mich geltend, begraben wurde ... Was half mir das Glück meines äußeren Schicksals, die liebevolle Sorge und der Schutz meiner Gräfin – ... Mir fehlte Seelenfriede ... Diesen fand ich erst, als mich wieder jener Priesterzögling besuchte, der oft in diese Gegend Almosen zu suchen ausgeschickt wurde ... Er klagte über die Nichtbefriedigung seines Innern und erschloß mir zum ersten mal, warum sein Gemüth stets so krank, sein Sinn so traurig war ... Er hatte bei unsrer ersten Begegnung *[474]* früher Deutsch von mir lernen wollen, weil er nur zu sehr bedauerte, es in einer ernsten Sache, von der er damals nicht sprach – es ließ sich an den Selbstmord des Vaters denken – nicht verstanden zu haben ... Er wäre das einzige Kind seiner Aeltern; seine Mutter, eine Frau von hoher Bildung, wäre eben aus dem Leben geschieden gewesen, sein Vater, Lehrer der Mathematik am Colleg zu Robillante, um sich in seinem tiefen Schmerz aufzurichten, hätte ihn ins Seminar gegeben und eine Fußreise in die Alpen angetreten ... Um die Savoyer und Deutschen Alpen zu vergleichen, hätte er vier Wochen ausbleiben wollen und wäre nicht zurückgekehrt ... Da alle Nachforschungen ohne Resultat blieben, machte sich nach einigen Monaten der Sohn auf den Weg, um wenigstens Einiges über des Unglücklichen Schicksal in Erfahrung zu bringen ... Der Vater war die Straße über den kleinen Bernhard, den Bernhardin, gegangen, hatte von da aus die Walliser, die Berner Alpen besucht – überall fand er des Vaters Spuren, auch auf der Heimkehr noch am Genfersee, noch in Martigny, ja bis zum Hospiz hinauf ... Da war dann plötzlich derjenige, von welchem er geglaubt hatte, daß es unfehlbar nur sein unglücklicher Vater hätte sein müssen – ein anderer, den gleichfalls der Schneesturm überfallen, ein von einem deutschen Domherrn und seinem Diener damals erst vor einigen Wochen in Saint-Remy begrabener, ein Deutscher, Friedrich von Asselyn genannt – Den Namen hatte er deutlich und richtig aufgeschrieben; er stand in Saint-Remy auf meinem vom Bruder Franz gesetzten Grabstein – ..."

[475] Die Freunde konnten an dieser Stelle nichts thun, als sich gerührt die Hände drücken ...

„Weinen durfte ich bei der Erzählung des Jünglings – denn sein Leid hätte jeden gerührt ... Mein Weinen war aber ein Weinen der Freude, das der junge Geistliche nicht begreifen konnte ... Ich rief ihm, da mein Entschluß, mein Geheimniß zu hüten, so lange deine Mutter lebte, feststehen sollte: Ich kann dir nicht sagen, mein Vincente, daß dein Vater lebt; aber glaube mir, die Stunde der Trauer, als alles dir zu sagen schien: Du findest ihn, wenn auch im schreckhaftesten Bild des Todes, und du sahst dich dann doch in deiner schmerzlichen Hoffnung getäuscht – diese Stunde, mein Sohn, wird dir gelohnt werden mit ewigen Himmelskronen! ... Der Jüngling deutete alles im Bilde ... Ich wurde ihm näher verbunden und tiefer verloren wir uns in die großen Aufgaben des Lebens ... Von dieser Zeit an erhob sich mein Inneres zum Dank gegen Gott ... Denn Dank gegen Gott, das ist das Gefühl, dessen Ausdruck wir tausendmal im Munde führen und doch nur selten verstehen, selten in die Ursachen seiner wahren Beseligung zergliedern können ..."

Wieder hielten die Freunde inne .... Wieder besiegelte ihr Händedruck den gottgeschlossenen Bund ihres Lebens ...

„Nun wagte ich, auch an die Läuterung Anderer, an die der Kirche zu denken ... Gräfin Erdmuthens Glaube überträgt unser Glück auf die Wohlthat der Erlösung durch die Gnade ... Dies Bild der Gnade begriff ich und pries am Glauben der Protestanten, daß *[476]* sie, die so Vieles aufgaben, was sie noch wie andere Christen hätten hüten und tragen sollen, sich das Bewußtsein einer fast persönlichen Wahl und Führung Gottes gewonnen hatten ... Ich sah die Hand der Vergebung vor mir, ich fühlte an mir selbst die wider Verdienst geschenkte Gnade des großen Erlösungswerkes ... Nun verstand ich die reinen, andächtigen Bücher der Waldenser, kindliche Hingebungen an die Schrift ... Die Bibel wurde mir ein Buch göttlich geführter Menschenschicksale ... Liebe, Glaube und Hoffnung wurde mein Evangelium ... Warum mehr? Und wozu irgend etwas, was nicht auf diesem Grunde ruht? ... So lehrte ich an manchen Tagen unter meinen alten Eichen und die Menschen kamen von nah und von fern, bis die Verfolgungen sie hinderten ... Da hätt' ich denn schon den wirklichen Tod suchen können, wenn in dieser Welt auf solchen Drang der Tod gesetzt ist ... Immer entschlossener theilt' ich die Ueberzeugung der Gräfin, daß das Verderben der Welt der Stuhl des Antichrists in Rom ist ... Die Fortschritte der Bibelverbreitung, das Wirken englischer Missionäre gerade auf italienischem Boden, die enge Verbindung zwischen Politik und Religion gerade in diesem Lande, der erwachende Freiheitsdrang Italiens, der nur allein über die Zerstörung der Priesterherrschaft Roms hinweg sein ersehntes Ziel des Volks- und Bürgerwohls erringen kann, alles das erfüllte mich mit hoher Spannung ... Ja, in einer solchen Stunde kam mir der Gedanke, nicht allein meinen zweiten Sohn, Vincente Ambrosi, für die Sache einer großen Reform zu gewinnen – ihn nannt' ich auch in diesem Sinn schon mein – son-*[477]*dern auch meinen ersten, der, wie ich hörte, in die Netze der Römlinge gefallen war ... Noch schob ich es auf, bis ich hörte, daß sich Dein Wahn sogar an den Unternehmungen jenes Kirchenfürsten betheiligte, von denen mir die Gräfin in höchster Aufregung leidenschaftlichster Parteinahme für den gekrönten Vorkämpfer des Protestantismus in Deutschland erzählte ... Da schrieb ich dem Bruder Franz und dir, Bonaventura, sub sigillo confessionis eine Aufforderung zu einem Tag des Concils unter den Eichen von Castellungo ... Es war eine That, die selbst die Möglichkeit, mich, deine Mutter, uns alle zu beschämen, nicht scheute, eine That der Uebereilung gewiß, geschehen in jener alten Hast, die ich noch nicht ganz überwunden hatte – Ach, es sollten Prüfungen kommen, die mein Blut in ruhigere Wallung, mein Denken in kühlere Erwägung brachten – ..."

Cardinal Ambrosi mußte bestätigen, daß Bonaventura's Vater schon damals von seiner baldigen Entfernung aus Castellungo gesprochen ...

Die Geständnisse kehrten auf den in heftigste Erregung gerathenen, auf und niederschreitenden Vincente selbst zurück ...

„Wie aber erreicht man ein allgemeines Concil? Wie setzt man die Majestät dreier Jahrhunderte des Lichts zum Richter über das Concil von Trident? Arme Mönche und Landpfarrer haben keine Stimme im Rath der Kirche! Ein Cardinal, ein Papst muß es sein, der dem Schöpfer das Wort nachstammelt: «Es werde Licht!» Und wie wird man Cardinal, wie Papst –! – So sprach mein Schüler eines Tags mit bebender Stimme. *[478]* «Dazu sind alle Wege offen!» erwiderte ich lächelnd. «Keiner ist freilich sicher!» Einer, setzte ich hinzu, wäre neu, der: In Rom ein Mönch im alten Sinn der Väter zu sein! «Werde ein Heiliger, mein Sohn!» sprach ich ... Das will ich werden! antwortete Vincente ... Ich erschrak, ergriff seine Hand und fuhr fort: Mein Sohn, kein Urtheil über die Menschen und Dinge dieser Erde darf dann früher über deine Lippen kommen, bis die kühle Erde oder der Purpur deine Stirn bedeckt! «Das schwör' ich zum dreieinigen Gott!» sprach Vincente Ambrosi und ging nach Rom – ..."

Ambrosi hatte sich niedergelassen, legte sein Haupt auf den Tisch und faltete die Hände ...

Auch Bonaventura's Schweigen war ein Gebet ...
Nach einer feierlichen Stille sagte er:
Und ich, ich mußte dir das letzte Wiedersehen deines Vorläufers und Apostels rauben –! Den Blick – der Bewunderung –! ...
Er ist jetzt unter uns! sprach Ambrosi mit verklärtem Blick gen Himmel ... Und wie bald – einigt uns alle – das große Gottesherz –! ...
Eine lange Pause trat ein ...
Dann mahnte Ambrosi selbst, daß der Freund fortfuhr ...
Dieser las: „Als mein treuer Schüler nach Rom zu den strengen Alcantarinern gepilgert war, hätte ich in hoher, göttlicher Freude in meiner Klause leben können, wenn ich mich nicht einige Jahre später hätte zu jenen Briefen hinreißen lassen ... So lebte ich mit Zittern und Zagen unter den Eichen von Castel-[479]lungo, hoffend und wieder erbangend, erbangend, daß meine Entdeckung nahe war ... Mevissen mußte todt sein – ich hörte nichts von ihm ... So ging noch ein Jahr, noch ein zweites hin ... Da kam plötzlich die Nachricht, daß mein eigener Sohn als Bischof in Robillante erwartet wird –! ... Ich wußte nichts vom Zusammenhang dieser wunderbaren Wendung, ich sah nur die Wirkung meiner Mahnung an die Eichen von Castellungo ... Dein Denken, dein Fühlen entnahm ich aus dem, was ich allein von dir wußte ... Es war mir verhaßt; ich hätte fürchten müssen, dich in die traurigsten Conflicte zu verwickeln ... So entfloh ich ... Ich bot alles auf, dir, deiner Mutter, deinem zweiten Vater die volle Freiheit eueres Lebens zu lassen, mir nur den Schein meines Todes ... Ambrosi wurde der treue Vermittler zwischen deiner Liebe und meiner Furcht ... Ich hörte von deiner veränderten Richtung, von deinen Kämpfen, deinen Siegen ...
Ist es nicht gut, zu entbehren um einen Gewinn? ... Sah ich dich nicht, ob hier, ob dort, in meinen Armen, vereint mit dir in jenen großen Opfern, die nie ausbleiben werden, solange die Erde in ihren Bahnen der Dunkelheit und der Sehnsucht zum unsterblichen Lichte rollt –! ... Ich fürchtete nichts von den Schrecken

dieser Welt – nichts von den Schrecken Italiens ... Müssen sich nicht selbst die Drohnisse der Natur in Quellen der Freude verwandeln, wenn sie uns die Gemeinsamkeit des Erdenlooses lehren und das Bild eines großen Zweckes aufstellen, dem aus Tod erst an der ewigen Schöpfungsquelle die Erfüllung wird! ... Wenn ich dir schildern sollte, *[480]* wie ich auf meinem Pilgergang nach Loretto, in der Gefangenschaft der Räuber, im Silaswald in jener Waldeinsamkeit, die ich in meinen Jugendträumen so oft gepriesen und ersehnt, hin und her bewegt wurde von einer Welt andringender, mich stets beschäftigender Thatsachen, wie ich namentlich im Hinblick auf dich und deine große Laufbahn von Zweifel, Hoffnung, innigster Vater- ja Freundesliebe bewegt wurde – dann soviel freundliche Genien fand, die mich auch wiederum einen Jüngling wie Ambrosi, entsagungsmuthig, willensstark und willensrein finden ließen – Paolo Vigo – wie ich nun drei schon einem Gottesreiche gewonnen sah, das mit klingenden Harfen näher und näher den Nebeln der Erde kommt – ..."

Bis hierher hatten die Freunde gelesen, als die Lampe erlosch und sie sahen, daß der helle Morgen tagte ...

Sie hatten das Schwinden der Zeit nicht bemerkt ... Auch das Verglimmen des Feuers im Kamin nicht ... Nun meldeten sich die Rechte der Natur im Gefühl, daß es Winter war ...

Draußen läuteten die Morgenglocken ... Sie waren so selig ergriffen von Freundschaft, Liebe und Hoffnung, daß ihnen die Besinnung auf die Welt, sogar der Hinblick auf die in den öden Mauern des Inquisitionspalastes liegende Hülle der edlen, schwärmerischen Seele, die hier zu ihnen sprach, wie ein Traum, eine märchenhafte Jugenderinnerung war ...

Den Rest der Blätter wollten sie auf den stilleren Abend lassen und wenige Stunden noch ruhen ... *[481]* Dann hatten sie die Absicht, zunächst zum General der Dominicaner zu fahren und dem zu danken ... Hierauf wollten sie in den Inquisitionspalast, später nach San-Pietro in Montorio ...

Schon hörte man von der Straße her den Lärm des Tages ...
Eben wollten die Freunde sich trennen, als sie bemerkten, daß der Diener, welcher die auf dem entlegenen Zimmer Eingeschlossenen nicht ferner hatte stören dürfen und auch inzwischen geruht hatte und sie staunend noch nicht zu Bett gegangen wiederfand, noch eine Eröffnung für sie bereitzuhalten schien ... Er sagte, daß die trübe Nachricht erst nach Mitternacht gekommen wäre und er nicht sofort sie zu melden gewagt hätte ...

Es war verhängt, daß sich keine Ruhe auf die leidüberladenen Herzen senken sollte ...

Die Feuersbrunst hatte auf Via dei Mercanti stattgefunden ... Sie war seit Jahren eine der größten, die in Rom stattgefunden ... Die daselbst in einem alten Palast befindlichen Waarenmagazine waren von den wüthenden Flammen zerstört worden ... Von oben und unten sich begegnend hatten sie die Stiegen unbetretbar gemacht ... Man beklagte Verlust an Menschenleben ...

Ambrosi und Bonaventura fragten nach Gräfin Sarzana ...

Der Diener berichtete ihren Tod ...

Ein Franciscanerbruder, erzählte er und die sich mehrende Dienerschaft ergänzte seinen Bericht, hätte retten wollen ... Muthig stürzte sich der Mönch in die *[482]* Flammen, zumal als man zu sehen glaubte, daß eine Dame, die oben einen Ausgang aus der Zerstörung suchte, einem Räuber ein Kästchen entriß, das sie mit Verzweiflung und hülferufend vor ihm zu wahren suchte ... Auf einer mit Eisenblech beschlagenen Leiter erreichte der Mönch den Balcon, der schon mit brennendem, zur Rettung bestimmtem Geräth überhäuft war, kletterte in ein vom wirbelnden Qualm und mit knisternden Funken erfülltes Zimmer, wo durch die zersprungenen Fensterscheiben hindurch deutlich das Ringen der Dame mit einem Mann erblickt werden konnte, dem sie jenes Kästchen nicht überlassen zu wollen schien ... Der Mönch machte sich Bahn, ergriff den kleinen Schrein, warf ihn auf die Straße – in die verzehrende Glut, die ihn sofort zerstörte ... Die Flamme loderte so hoch auf, daß bereits die glühend gewordene Leiter brannte ... Eine neue versuchte man anzulegen ... Vergebens ... Noch einmal hörte man aus dem allgemeinen Lärm der Verwüstung und Zerstörung heraus die Stimme des Mönchs, der seine schon brennende Kutte abgerissen hatte, hörte den mächtigen Ausruf: „Schon einmal gelang es, Brüderchen!" ... Da verloren sich die italienischen Worte, die der Muthige noch verständlich gerufen hatte, in eine fremde Sprache ... Mit dem einen Arm ergriff der Mönch den Räuber, mit dem andern die Gräfin Sarzana, hob beide hochhinweg über die brennenden Geräthschaften auf dem Balcon und schickte sich zum Sprunge an ... Die Balken des Daches stürzen, die Flamme sucht mit gierigem Schlund die schon Erstikkenden ... Jetzt, mit dem Ausruf: Noch einmal in Jesu Namen! springt der *[483]* Rettende in die Tiefe ... Mit zerschmetterten Gliedern lagen drei Menschen auf der Straße – bedeckt von den brennenden Balken und dem Schutt der Zerstörung – ... Sie lagen todt – ...

Während Bonaventura erstarrt zur Bildsäule, von Ambrosi gehalten, jedes Wort wie die Spitze eines Dolches fühlte, doch mit dem innigsten Antheil sein Ohr darhielt, fuhr der Bericht fort:

Nun stellte es sich heraus, daß der eine der beiden Männer jener deutsche Mönch war, der einst den Grizzifalcone erschossen hat, Frâ Hubertus ... Der andere hat sich keineswegs als Räuber herausgestellt ... Es war – ein Freund der unglücklichen frommen Gräfin, der nur allein zum Helfen gekommen war – ein Priester des Al-Gesú, Pater Stanislaus ... Die Gräfin Sarzana wurde über die Engelsbrücke getragen, noch hatte sie einige Besinnung; sie erreichte das Krankenhaus der Deutschen nicht mehr ... An den Stufen der Peterskirche hielt die Bahre ... Dort ist sie verschieden ...

Bonaventura war auf einen Sessel gesunken ...

Den todten Pater Stanislaus, hieß es, holten seine Ordensbrüder ... Frâ Hubertus hätte, versicherte man, mit seinem

Muth und seiner unbändigen Kraft den schreckhaften Ausgang auf alle Fälle verhindert, wär' er nur anfangs auf dem Brandplatz verblieben ... Aber mitten im Gewühl behauptete er die Spur eines Mannes verloren zu haben, dem sein leichtbeschwingter Fuß aus dem Sacro Officio gefolgt war und den er im Gedräng der Menschen aus den Augen verlor ... Darüber verstrich die Zeit ... Endlich erblickte er in jenem *[484]* vermeintlichen Kampf mit Gräfin Sarzana den Gesuchten, rief Worte in einer unverständlichen Sprache hinauf, kletterte in die Höhe – alles stand entsetzt ... Es war – als wenn der Tod, ein Knochengeripp, beleuchtet vom blutrothen Schein der Flammen, die schon brennenden Sprossen der Leiter herabklimmen wollte, zwei Leben im Arm – Der Erfolg des Sprunges gab dem Sensenmann, was er suchte – ...

Die Erzählenden hielten auf einen Wink Ambrosi's inne ...
Bonaventura vernahm nichts mehr.

Neuntes Buch.

18??

Selbst am brausenden Donnerton des Wassersturzes nistet ein Vogel im traulichen Versteck ...

Die ermüdete Menschenseele, Erquickung bedürfend, sucht sich ihre Ordnung aus den Schrecken der Zerstörung, sucht – und findet ihre alte, ihr so wohlbekannte Gewöhnung an Freud' und Leid – auch in Sturm und Ungewitter ...

Am Fuß eines alten unschönen Gemäuers in Rom, die Pyramide des Cestius genannt und, der Inschrift zufolge, das Grabdenkmal eines wohlhabenden Kochs aus Kaiser Augustus' Zeit, schmettert in die blaue sonnige Frühlingsluft eine Nachtigall ...

Die Sängerin der Haine würde vielleicht entfliehen, wenn die Fittiche der Nachtunholde, das ringelnde Schleichen einer Schlange sie umkreisen – die Wildheit der Menschen stört sie nicht ...

Kanonen donnern – ... Wilde Lieder erschallen – ... Tausende von Menschen üben sich im Dienst der Waffen ... Die Nachtigall singt ihre Klage unter Rosenbüschen ...

[488] Am Fuß des alten Gemäuers breitet sich ein Kirchhof aus ...

Wohlgewählt dieser Platz beim alten Cajus Cestius, Koch und Gastwirth in dem alten Rom –! Auch Herberge gab er ohne Zweifel den Fremden – den Griechen, Persern, Afrikanern ... Und dieser Kirchhof hier gibt jetzt den Juden und Ketzern Herberge, wenn sie in Rom ihr Auge schlossen ... Diese Rosen und Lilien an dem alten Gemäuer, wo die Nachtigall schlägt, gehören dem Kirchhof der Protestanten ...

Rom ist in Waffen ...

Ein Dictator ist erstanden ... Eben steht er oben und überschaut an diesem entlegenen Ende der Stadt, vom Monte Testaccio aus, die Ebene mit seinem Fernrohr ... Eine kräftige, gedrungene Gestalt mit gebräuntem Antlitz, schlichtem, schon weißem

Haar, fast deutschen Augen ... Ein Italiener ist's mit dem grauen Reiterhut und einer rothen wallenden Feder drauf ... Sein militärischer Stab begleitet ihn ...

Von hier aus sieht man deutlich drei Heere zu gleicher Zeit, die in Latiums großer Ebene, der Campagna, so lagern, wie einst die Cimbern und Teutonen hier und zur Zeit der Völkerwanderung die Hunnen lagerten ... Dem Meere zu liegt das Heer der Franken ... Dem Gebirge zu das Heer der „Deutschen" – was eben „Deutsche" unter Oesterreichs Fahnen sind – ... An der südlichen Seite liegt das Heer der Italiener, im Bund mit der Erhebung in Rom und seinem sieggewohnten Führer ...

Der Monte Testaccio ist ein seltsamer Berg ... [489] Vom Abfall der Küchen, die eine Verwaltung, die im Alterthum sorgsamer als die spätere päpstliche war, hier auf einen Haufen an die Thore der Stadt schaffen ließ, hat sich ein Hügel erhoben, in welchem Unkraut wuchert auf angeflogener Erde, die, in die Ritzen eingedrungen, den Mörtel dieser zu einem Ganzen vereinigten Scherben bildet ... Wie mancher schöne Henkelkrug liegt da in Trümmern –! ... Wessen Hand mag ihn einst an die dürstende Lippe gesetzt haben –! ...

Noch sind die Götter des friedlichen Hauses nicht ganz von diesen Gefäßen gewichen, die ihnen einst geweiht waren ... Der Monte Testaccio ist ausgehöhlt und verbreitet süßen Kelterduft aus zahllosen Weinkellern ... Hier hatte vielleicht schon Cajus Cestius seine Weinvorräthe ... Ueber diese Trümmer gibt es Treppen, Estraden, Lauben von Akazien- und Holunderbüschen, wo die, die einen Guten im Kühlen zu schätzen wissen, in Hemdärmeln sitzen und das schöne „Aller Weisheit sich entschlagen" üben, das in Rom von jeher beim Becher geliebt wurde ...

Auch heute fehlen, wie nicht die Nachtigall und die Rosen unter den Gräbern, so auch die Trinker nicht ... Massenhaft durchforschen sie die heiteren Katakomben des Testaccio ... Wilde und sanfte Gestalten gemischt – Priester und Mönche sogar – in Waffen, die meisten mit rother Blouse – die Büchsen sind in Haufen zusammengestellt ... Der nahe Kirchhof stört da Niemanden – hat doch der Tod seit Jahren in Italien furchtbare Ernten gehalten ... Throne brachen zusammen ... Völker kämpften gegen Völker ... Die letzte *[490]* Entscheidung über Italiens Wiedergeburt ist nahe herbeigekommen ...

Die Waffenruhe trat ein durch den Tod des Stellvertreters Christi ...

Ihrer mehre sind sich in kurzer Frist gefolgt ... Einige Greise sanken in stürmischer Zeit dahin, wie schon sonst ein Stephan II. nur drei Tage auf jenem Stuhl saß, auf welchem man, nach Innocenz' III. Wort, „**zwar weniger, als Gott, aber mehr, als ein Mensch ist**" – Bonifaz VII. ermordete ihn. Auch dieser wich in einem Jahre schon vor Donus II. Auch Clemens II. Freiherr von Horneburg, ein Deutscher, blieb in jener Schwebe zwischen Himmel und Erde nur ein Jahr; Gregor VIII. nur wenige Wochen ... So herab bis zu Pius VIII., der gleichfalls nur wenig über ein Jahr die Himmelsschlüssel trug ... Seitdem kamen andere und schon hatte Frankreich in Avignon, Oesterreich in Salzburg einen oder den andern wählen und krönen lassen ...

Das neuntägige Trauergeläut unterbrach den Kanonendonner in der Campagna und Roms Dictator, bestürmt von seinen Kriegern, bestürmt vom freisinnigen Theil Europas, daß Er am wenigsten noch in Rom eine Papstwahl dulden möchte, erhob dennoch sein Schwert und sprach:

Der letzte der Reihe! ... Doch hört sein Wort! Ist es ein Prätendent auf die weltliche Herrschaft Roms, wie sie alle waren, so senden wir ihn zu den beiden Heersäulen draußen, deren Bajonnete ihn halten mögen, den Schatten ohne Macht und Würde ... Ist es *[491]* aber ein Nachfolger Petri im Geiste Petri, ein Friedensfürst und Apostel, so soll die Welt seine segnende Hand nicht entbehren ... Dann wird unser Schild ihn tragen ... Unser ihm zujubelnder Beifall feiert eine Erlösungsstunde der Menschheit ...

Drei Tage dauerte nun schon das Conclave von nur noch dreißig Cardinälen ... Immer noch eine ansehnliche Zahl von Anwesenden unter den meist unvollständigen Siebzig – in solcher Zeit –! ... Offen und ehrlich hatte der Dictator in die Welt gerufen, daß jeder, der den Purpur trüge, unbekümmert an die Thore Roms pochen dürfe; Rom würde ihm öffnen und ihn schützen ...

So ruhten denn nun seit zwölf Tagen die Waffen und an das Schreckensvolle, an brennende Dächer, stürzende Thürme, an die Verheerungen der Seuchen, hatte sich die bedrängte Stadt schon wieder so gewöhnt, daß zwölf Ruhe- und Trauertage Festtage schienen ... An die Thore, die mit haushohen Barrikaden befestigt waren, hinter die Schanzkörbe der Mauern wagten sich die Frauen, die Kinder, die Greise ... Bang und erwartungsvoll umstanden sie die Batterieen, die mit brennenden Lunten den Monte Cavallo umgaben, wo die Cardinäle eingemauert und den Heiligen Geist erwartend saßen ...

Der Dictator hatte wieder sein Roß bestiegen und sprengte mit seinem Stab vom Fuß des Testaccio dem Thor der Bocca della Verità zu und zur Stadt zurück ... Er blickte sorglos ... Durch nichts verriet er, daß die Welt in diesem Augenblick einer Mine glich, *[492]* die ein einziger Funke in die Luft sprengen und ihn vor allem selbst vernichten konnte ...

Lächelnd grüßte er zwei ihm wohlbekannte Damen in Trauer, welche die allgemeine Erlösung vom Schrecken dieser Tage benutzten, um den Sonnenschein, die Nachtigall, die Rosen und die Gräber zu besuchen ... Von bebenden Hoffnungen, schmerzlichen Erinnerungen bewegt, suchten sie Erholung auf dem Friedhof ...

Ein blühender Knabe von sieben bis acht Jahren saß munter und ruhig vor ihnen ...

Die Reiter bogen aus und ließen den offenen Wagen hindurch ... Mitten durch die Zelte und Gruppen der singenden oder sich im Kriegsspiel übenden Krieger hindurchfahrend, steigen die Frauen, der Knabe und ein Diener am Thor des Friedhofs der Protestanten aus ... Sie tragen Kränze in den Händen ...

Der kleine grüne Fleck dieses Todtenackers war in den letzten Stürmen sichtlich verschont geblieben ... Manche der Ahornbäume, die seine Alleen bildeten, lagen zwar niedergesägt; ebenso Sträucher mit verwelkten Schneeballen oder Jasmindolden; die Gräber waren verschont geblieben ... Der stille Geisterhauch, der doppelt geheimnißvoll über diese in der Fremde Gestorbenen hinweht, schien ruhige Grüße der Sehnsucht nach dem Vaterlande hinüber oder von dorther zurückzutragen ... Aeltern, Geschwister, Kinder der hier Ruhenden weilen in der Ferne ... Manchem jenseits der Alpen Weinenden ruht hier sein ganzes Glück – unter einem – wie oft! – nur einfachen grünen Hügel ... Doch prangen auch auf marmornem Monument die Bildnisse berühmter Künstler, *[493]* Gelehrten, hochgefeierter Staatsmänner ... Meist sind die Züge der Abgebildeten leidend – man sieht es, der Geschiedene hatte noch auf diese milde weiche Luft, auf diesen heitern Sonnenschein seine Hoffnung gesetzt und sie betrog ihn – ... Dürftige Holzkreuze mahnen an manchen armen jungen Maler, der in Italien sein Ideal gesucht und in einem römischen Spital in einer einzigen Fiebernacht es finden sollte ...

Jetzt halten die beiden Damen in Trauer – hohe, schlanke, edle Gestalten, gefolgt vom Diener und geführt vom voranspringenden Knaben – vor einem Denkstein, auf welchem der Name zu lesen steht:

„Graf Hugo von Salem-Camphausen."

Sie nehmen dem Diener ihre Rosen und Lorbeerkränze ab, die dieser aus dem Wagen mitgebracht, und legen sie auf das Grab, das erst kürzlich seine Vollendung erhalten hatte ... Graf Hugo, nicht in die Dienste seiner Armee zurückgetreten, hatte auf Schloß Salem seiner Gattin gelebt und dem Sohn, den sie ihm gebar ... Benno Thiebold Bonaventura Graf von Dorste-Salem-

Camphausen wurde lutherisch getauft ... Graf Hugo starb bei allem Glück an einem Siechthum des Herzens – es hatte seit Jahren der Kämpfe zu viel bestanden ... In Rom hatte er Genesung gehofft und heute vor einem Jahr erlosch sein Auge ... Das da ist sein lieber Sohn – er wird erzogen von zwei Müttern statt einer – ... Von Paula und von Armgart ... Letztere ist nun auch schon von grauen und nicht (wie bei ihrem auf Castellungo noch mit dem Vater lebenden streitbar rührsamen Mütterchen) verfrühten Locken ...

[494] Das heutige Opfer der Freundschaft und Dankbarkeit konnte nicht lange währen; denn die bangen weiblichen Herzen entdeckten bald, daß sie zu allein waren in so wildem Kriegerjubel – ... Es war eine Stunde Allerseelen ... Sie gedachten voll Innigkeit aller Todtenhügel, die sich ihnen in der Welt schon erhoben ... In der Ferne das noch immer von Armgart mit Rosen und Vergißmeinnicht umfriedigte Grab des Onkels Dechanten – Benno's – der Tante Benigna, des Onkel Levinus – des Präsidenten von Wittekind – ... Auch in der Nähe gab es trauervolle Erinnerungen ... Nicht weit von hier, auf dem Kirchhof der Laterangemeinde, lag ein Hügel, der die Herzogin von Amarillas bedeckte, von welcher man sagte, daß sie ein Jahr vor ihrem Ende nachts wie ein verstörter Geist in ihren Zimmern umirrte und die Ruhe suchte, die ihr nur noch der Tod geben konnte ... Am Vatican befand sich Lucindens Grab ... Im Inquisitionspalast ein Hügel, der Bonaventura's Vater deckte ... Bruder Hubertus' Asche ruhte auf San-Pietro in Montorio ... Terschka's Ruhestätte kannte man nicht ... Die Frauen suchten und forschten auch nicht nach ihr – ebenso wenig, wie nach den Umständen, unter denen Lucinde, Terschka und Hubertus aus dem Leben gingen ... Es gab darüber grauenvolle Sagen – Armgart und Paula glaubten ihnen nicht; nicht mehr um der Religion willen, sondern deshalb, weil ein weibliches Herz die Schleier böser Dinge ungern gelüftet sieht ... Wo ist der Widerhall zu finden, die ganze Grabesrede, die jedem dieser Menschen gebührte! ...

Nur in Gott ruhen sie; nachfühlen *[495]* und von ihnen träumen mag der Dichter ... Paula und Armgart waren gerechter als andere – was man von Lucinden sprach, erschöpfte selbst ihrem Urtheil nicht die volle Wahrheit ...

Oder sollte Lucinde wirklich den Tod gefunden haben, überrascht bei einem Briefe, den sie gerade an Bonaventura schrieb –? ... Vor einem offenen Kästchen, in welchem Documente lagen, die – mit den Schicksalen der Familien Wittekind und Asselyn zusammenhingen, mit Benno's Ursprung, wie man glaubte, mit seines Vaters betrügerischer zweiter Ehe, mit dem scheinbaren Tod des weiland Regierungsraths von Asselyn –! Was ließ sich nicht alles an unheimlichen Stellen im Leid dieser Familien auffinden –! ... Oder sollte es wahr sein, daß Fefelotti, das Al-Gesú und Olympia im Bunde jenes Kästchen bei Gelegenheit einer Feuersbrunst ebenso wollten verloren gehen lassen, wie die verhängnißvolle falsche Urkunde, die Hammaker geschrieben, einst bei jenem Brande zu Westerhof gefunden wurde –? ... War es wirklich Terschka, der diesen Raub hatte auf sich nehmen wollen – – müssen – ihn schon lange versuchte –? ... Hatte Terschka's Ohr im Inquisitionspalast, in welchen nur die Verschlagenheit des ehemaligen Anwohners der Porta Cavallagieri sich einzuschleichen wußte, die Beziehungen belauschen sollen, die zwischen Bonaventura und dem deutschen Einsiedler aus dem Silaswald obwalteten –? ... Und hatte die Feuersbrunst zu früh begonnen und der Mönch mit dem Todtenkopf, der alte Freund aus ihrer Jugendzeit, der zwischen Westerhof und Himmelpfort so oft im wogenden Kornfeld traulich mit *[496]* ihnen plauderte und scherzend ihnen Cyanenkränze wand, seinen seit Jahren gesuchten zweiten Schützling in dem Augenblick wiedergefunden, wo ihn zugleich auch über diesen der Himmel zum Richter machte – freilich mit dem Einsatz seines eignen Endes –? ...

Wandte sich alledem ein grübelndes Forschen und Staunen zu, so ließen die beiden Frauen andere die geheimen Fäden offen und klar darlegen; sie selbst verglichen das Meiste, was im

Schoose Gottes ruht, dem stillwaltenden Naturgeheimniß, das oft ein einfaches Summen schwärmender Käfer im heißen Sommerbrand tiefer auszudrücken scheint, als Bibliotheken voll Menschenweisheit – ... Mochten sie nicht glauben, daß ein Falter, der von Blume zu Blume fliegt, vom All mehr schon erfahren hat, als wir –? ...

So war es ihnen, wenn man von Lucinde sprach ...

Eine Stunde verging ... Die düstern Vorstellungen schwanden im Hinblick auf die Enthüllungen des Conclave ... Bonaventura, der muthige Bekämpfer der jetzt überall aus Italien vertriebenen und nur noch in Spanien und Deutschland nistenden Jesuiten, Bonaventura, der noch immer in Coni wohnende Segner alles dessen, was Fefelotti von Trident und Brixen, zuletzt von Salzburg, Wien und Würzburg verdammte – auch er war eingezogen in den wiederum vermauerten Palast des Quirinal ...

Von ihrer Wohnung aus, die sie in Palazzo Ruspigliosi genommen, hatten die Frauen den Einzug der Cardinäle mit angesehen ... Die lange Procession war durch die Krieger hindurchgegangen, deren drohen-*[497]*des Toben der Dictator beschwichtigen mußte ... Tausende bis in die höchsten Dächer und Schornsteine hinauf blickten nieder auf die seit lange zum ersten mal wieder zusammengekommenen höchsten Würdenträger der in Auflösung begriffenen Hierarchie ... Noch befanden sich unter ihnen manche der Alten und Unverbesserlichen ... Da eine hagere, leichenfahle Gestalt, gebeugt von der Last der Jahre, aber funkelnden ehrgeizigen Auges ... Dort eine beleibte, freundlich lächelnde, selbst mit dem Bäuchlein grüßende und nicht minder hoffnungsvolle – trotz der Sorgen, die auf dieser erledigten Krone lasteten ... Hier eine mit wirklichem Schmerz niederblickende, der schweren Zeit gedenkend – ... Geprüft waren sie alle, diese „letzten Märtyrer", durch die bittersten Erfahrungen, zum mindesten durch ihre ungewohnten Entbehrungen ... In dieser diesmaligen Wahl entschied sich die Frage der säcularisirten Hierarchie für immer ...

Unter ihnen schritt Cardinal Vincente Ambrosi – gern als der künftige Stellvertreter Christi bezeichnet ... Noch immer gab er ein wohlthuendes Bild männlicher Schönheit ... Schneeweiß sein Haar, schwarz die scharfe Augenbraue ... Ihm galt der Zuruf der Römer – ... Um so mehr, da man wußte, daß das alte Recht der drei großen rechtgläubigen Dynastieen Frankreich, Oesterreich und Spanien gegen ihn geübt werden sollte – das Recht, daß, als Bevollmächtigter einer dieser Monarchieen, ein Cardinal gegen ihn protestiren durfte ... Gegen Einen nur und Einmal nur durfte protestirt werden – dann „stirbt die Biene, wenn sie *[498]* den Stachel in ihren Feind senkte", wie Cardinal Wiseman sagt ...

Auch Fefelotti folgte ... Krumm, ganz vom Alter gebeugt, citronengelb, geführt von zwei Conclavisten ... Ein Zischen und Höhnen der Masse verfolgte ihn, wie mit Spießruthen; jeder Mund hatte eine andere böse That von ihm zu erzählen ... Auch die Feuersbrunst vor Jahren auf Strada dei Mercanti wurde nur ihm, nur der Fürstin Olympia Rucca mit ihm im Bunde zugeschrieben ... Letztere war nach Spanien entflohen und lebte ihre angeborene Natur, vielleicht auch innern Schmerz, jedenfalls die Zerstörung und den gänzlichen Verfall, den solchen Naturen das Alter verhängt, in den Stiergefechten von Madrid, im Muth der Espadas und Picadoren aus ... Alle Trümmer des ehemaligen Roms verendeten in Spanien – Der junge Rucca befand sich dort mit seinen Orden, mit seinen Titeln und dem klingenden Werth aller seiner verkauften Güter – ...

Ein Glück für Fefelotti, daß ihm im Zug der Cardinäle Bonaventura d'Asselyno folgte – sein Gegner, ein Name, den Italien verehrte – ... Sogleich verstummte der Hohn, als die rollenden Augen dieser wilden Menschen den Erzbischof von Coni sahen ... Auf Bonaventura paßten die Worte Samuelis: „Sieh nicht auf sein Angesicht, noch auf die Höhe seiner Gestalt – sieh auf sein Herz" ... Angesicht und Gestalt ragten im Zuge majestätisch und doch sprach nur jeder von seinem muthigen Geist, von seinem edlen Herzen – Nach des Präsidenten von Wittekind Tode wußte alle Welt die Geschichte Federigo's ...

[499] Drei Tage hatte das Volk durch einen kleinen Schornstein am Quirinal den aufsteigenden Rauch beobachtet, der vom Verbrennen der Wahlzettel im Ofen der Kapelle des Conclave kommt ... Im kleinen Garten, der zu dem von seinem Besitzer verlassenen und deshalb leicht zu ermiethenden Palast Ruspigliosi gehörte, wandelten Paula und Armgart schon seit drei Tagen auf und nieder wie mit Flügeln, die ihr Wille gewaltsam niederhalten mußte; bangfrohe Sehnsucht und Erwartung hob ihre Seelen, als wäre nur noch der Aether ihr Bereich ...

Die dreifache Krone gewinnt nur Er –! sprach Armgart zur Freundin, der sie Führerin und Lenkerin aller ihrer Lebensentschlüsse geworden ... In deinen Jugendträumen hast du ihn so gesehen; so wird es sich auch erfüllen! ...

Was sah' ich nicht alles und die Erfüllung – – blieb aus! ... sprach Paula ...

Alles kam anders – als wir erwarteten, aber es traf zu – zum Guten –! ...

Armgart durfte gewiß so sprechen in Rücksicht auf den eignen Frieden, der in ihr Inneres eingezogen war ... Thiebold's Hand hatte sie abgelehnt, aber die fortdauernden Beweise seiner Freundschaft ließ sie sich gefallen; wenn die Trennungen zu lange dauerten, konnte sie seine erheiternde Nähe kaum entbehren ... Thiebold, reich und guter Laune, gefällig, alles zum Besten wendend, reiste zwischen den „letzten Trümmern seiner schöneren Vergangenheit" hin und her ...

Sein Pathe, Benno, wie er genannt wurde, hatte *[500]* jetzt nur die Krieger im Auge, die Kanonen an den Schanzkörben hinter dem braunen Gestein der Cestiuspyramide, die dreifarbigen Fahnen und die blitzenden Bajonnete auf dem nahegelegenen alten Römerthor ...

Als ich heute in unserm Hause das Bild des Guido an der Decke betrachtete, sprach Paula, den Aufgang Aurorens über die

Gewässer, mußt' ich deiner Erzählung gedenken, die du nach dem Schreckenstage des Westerhofer Brandes vom Jagdgelag auf Münnichhof gabst – an des seligen Onkels Schilderung der Farben, die dem Aufgang der Sonne über Meereswogen vorangehen ... So geh' ich auch heute ganz in Licht und Purpur ...

Armgart drückte die Hand der Freundin und sprach:

Wir sind bis zu Gräbern gekommen und haben immer noch Hoffnungen für diese Erde –! ...

Während sie so plauderten auf dem marmornen Sarkophage, versunken in Träume und Erinnerungen, und ihre Augen dem Knaben folgten, der nach Schmetterlingen haschte, erbebte plötzlich die Luft vom Donner eines Kanonenschusses ...

Die Krieger ringsum griffen zu den Waffen ... Auch auf dem Monte Testaccio wurde es lebendig ... Der Schuß kam von der inneren Stadt ...

Bald fielen, während die Kanonenschüsse sich wiederholten, Glocken ein ... Immer mehr und mehr der ehernen Zungen begannen auf allen Thürmen zu läuten ... Ueber die ganze Stadt wehte ein einziger klingender Luftstrom ...

[501] Die Wahl ist vollzogen! rief Armgart und brach auf ... Der Knabe wurde gerufen ...

Sicher war es jetzt kaum zum Hindurchkommen, wenn man auf den Monte Cavallo zurückfahren wollte ... Paula mußte schon geführt werden ... Sie schwankte in zitternder Erwartung ...

Der Donner der Kanonen, das Läuten der Glocken währte fort ...

Pfeilgeschwind schoß der Wagen durch die Vorstädte ... Im Innern der Stadt mußt' es langsamer gehen ...

Haben wir das versäumt! klagte Armgart und zugleich erwartungsvoll forschend, so oft der Wagen im Gewühl der Truppen, der Bivouaks, der Volksmassen halten mußte ... Sie fragte, was man wisse ...

Man hörte nur Trommeln, Commandowörter, Drohungen sogar – ...

Zu den Waffen! schrie das Volk und von Trastevere stürmten die Menschen in wilder Wuth über die Brücken ...

Was mag es geben! fragten sich die Frauen, voll Bangen über eine unerwartete Wendung ...

Daß zur bestimmten Stunde aus dem kleinen Schornstein nicht Rauch gekommen war, galt bis jetzt für das einzige Zeichen, daß Jemand das richtige Zweidrittel der Stimmen für die Wahl erhalten hatte ... Wer es war? wußte noch niemand ... War es Fefelotti – dann Tod und Verderben –! ...

Dem Monte Cavallo zu, wo nur denen Platz ge-*[502]*lassen wurde, die beweisen konnten, daß sie dort wohnten, hieß es:

Fefelotti ist es nicht ...

Aber auch Ambrosi war es nicht ...

Man hatte gehört, daß von den drei weißen Gewändern, die für den neugewählten Papst bereitgehalten werden müssen, nicht dasjenige geholt worden war, das zu einer kleinen Gestalt paßte ... Anfangs hieß es: Man holte das mittlere ... Endlich, schon an dem von Truppen umlagerten vermauerten Palast, lärmten die Rufe wie bei den Vorbereitungen zu einem Bühnenspiel durcheinander: La roba grande! ...

Halb ohnmächtig über die Schlußfolgerungen, die sich aus diesem üblichen Vorspiel eines überlebten Vorgangs ziehen ließen, kam Paula am Thor des Palazzo Ruspigliosi an ... Armgart sprang aus dem Wagen – eilte durch die Säle, riß eines der von den Dienern und deren Freunden und Angehörigen nicht belagerten Fenster auf und blickte in den schon vom Abendlicht beleuchteten menschenübersäeten Platz ... Hoch und herrlich bäumten sich über dem Gewühl von Menschen, Rossen, Kanonen, Waffen aller Art, wehenden Fahnen die Kolosse der Dioskuren, die Phidias und Praxiteles geschaffen ... Jeder der ehernen Rossebändiger hatte in der einen freien Hand die dreifarbige Fahne ...

Armgart rief nach Paula ...

Diese schwankte näher – krampfhaft ihren Sohn umfassend ...

Ueber dem Portal des päpstlichen Palastes am großen Fenster

wurde es lebendig ... Eine Mauer, vor wenig Tagen erst aufgeführt, rissen in wilder *[503]* Hast Arbeiter im Schurzfell nieder ... Stein auf Stein fiel ... Die Balconthür wird frei ... Ein lieblichster Abendsonnenstrahl fällt auf die bunten Gewänder der Männer, die jetzt auf dem Balcon erscheinen ...

Cardinal Ambrosi tritt hervor, jubelnd vom Volk bewillkommt ... Er trägt eine Rolle in der Hand ... Trotz des Purpurstrahls der Sonne und seiner Gewänder erschien er vor Aufregung hocherröthet ...

Das Jauchzen, das Rufen der Menge, die ihn gleichsam für eine getäuschte Hoffnung schadlos hielt – er konnte nicht der Gewählte sein – hörte endlich auf ... Todtenstille trat ein, unterbrochen vom Krachen der Kanonen auf der Engelsburg, vom Läuten der Glocken ...

Ambrosi, wie Johannes der Täufer den Ruhm seines Freundes Jesus verkündete, rief mit lauter Stimme:

Annuncio vobis gaudium maximum! ... Habemus Papam eminentissimum Cardinalem Archiepiscopum Cuneensem Dominum Bonaventuram d'Asselyno ...

Trommeln wirbelten, Trompeten schmetterten – Fahnen flatterten ...

Von seinem Roß herab salutirte der Dictator mit seinem im Sonnenstrahl blinkenden Schwert dem neuen Bischof Roms, einem Deutschen ...

Wohlgefällig und neugierig murmelnd ging es durch die Reihen ... Der Name war bekannt und in seinem Ruf bewährt ... Es war eine Wahl, die zugleich ein Symbol der Universalität und Unparteilichkeit der Kirche erscheinen durfte ...

In italienischer Sprache fuhr Ambrosi fort:

[504] Der erste Papst, der nicht heilig gesprochen wurde, hieß Liberius I. ... Der neue Bischof von Rom nennt sich in Demuth L i b e r i u s II. ...

Die Spannung mehrte sich ...

Ambrosi fuhr fort:

Liberius II. nimmt die Wahl unter der von den Cardinälen zugestandenen Bedingung an, daß seine erste That als gekrönter Bischof von Rom die Berufung eines allgemeinen Concils ist ...

Der Dictator schwang sein Schwert ... Ein Sturm der freudigsten Unterbrechung folgte ... Die Krieger riefen wie mit ehernen Zungen: Evviva! ...

Ambrosi fuhr fort:

Auf daß sich jedes katholische Herz auf die seit dreihundert Jahren ruhende Frage der Kirche und Lehre, auf eine Kirchenverbesserung nach dem Wort Gottes, Christi und der Apostel vorbereite, gibt das versammelte Conclave der zweiten Bedingung des neuen Herrschers der Kirche die Zustimmung: In allen Sprachen der Christenheit ist das Lesen der Bibel gestattet! Von allen Kanzeln der katholischen Christenheit sollen die Völker ausdrücklich sieben Wochen lang und in jeder Abendstunde dazu aufgefordert und angeleitet werden –! ...

Der Dictator nahm seinen Reiterhut mit der wallenden Feder vom greisen Haupte ... Geisterhaft lag ein heiliges Schweigen über dem Menschenmeer ...

Endlich schloß Ambrosi:

Und daß das Concil in heiliger Stille, fern vom Geräusch der Waffen und weltlichen Störungen gehalten werde, so ist dafür ein stilles Alpenthal Italiens *[505]* bestimmt in der Erzdiöcese des Gewählten ... Zwischen Coni und Robillante im Piemont liegt das Schloß Castellungo ... Dorthin und zum 20. August dieses Jahres, zum Tag des heiligen Bernhard von Clairvaux ist die Versammlung der Bischöfe der Christenheit ausgeschrieben! ... Betet, daß der Geist Gottes die Stätte und die Stunde segnen möge! ...

Der Jubelruf nahm an Kraft und lufterschütternder Macht noch zu, als, von den üblichen Gewohnheiten der Papstwahl abweichend, diesmal der Gewählte selbst vom Cardinalvicar vorgeführt wurde und an dem riesigen Fenster in den Kleidern seiner Würde erschien ...

Diese Kleider sind eines Zauberers Tracht – In Persien tragen sich so die Eingeweihten der Geheimnisse der Natur ...

Aber der neue Zauberer von Rom erschien, ob auch unter silbergesticktem, weißen Traghimmel, ob auch in der Sottana von weißem Moor, ob auch die weiße Mozzetta auf der Brust, ob auch mit dem rothsammetnen Baret auf dem edlen Dulderhaupt, doch wie ein Mensch der Demuth und Schwäche, wie ein Vater, ein Freund, ein Bruder aller Menschen – ...

Alle blickten zu ihm auf voll Liebe ... Lang umflossen die weißen Locken das allmählich freudig niederlächelnde Haupt des Gewählten ... Die Hände streckten sich segnend über die in endlosen Jubel ausbrechende Menge; an der Rechten blitzte der mächtige Fischerring Petri – ...

Die Abendsonne beglänzte einen Verklärten ... Als ihre Strahlen sein braunes Auge trafen, mußte er es *[506]* schließen ... Er schloß es auch um des thränenvollen Blickes willen auf jene beiden Frauen am wohlbekannten Fenster, deren weiße Tücher ihm: Hosiannah, Sieger und Ueberwinder –! entgegenwinkten – ...

Das sah der letzte der Päpste wol nicht, wie hinter den Frauen ein kräftiger Männerarm sich Bahn machte und einen Knaben emporhielt ... Thiebold war es, plötzlich angekommen und keine Gefahr des Krieges scheuend ... Wie konnte Er – fehlen bei solchem Augenblick der Verheißungen und Erfüllungen –! ...

Endlos war der Jubelruf des Volks ...

Ging es zum Frieden mit der Welt oder zur letzten Entscheidung mit dem Schwert – die hier Versammelten riefen die Forderung der Jahrhunderte, die unvertilgbar ewige Losung und das gottgegebene Erbe der Menschheit:

Freiheit –! Freiheit –! Freiheit –!

Ende.

Anhang

Textzeugnisse Gutzkows zum Zauberer von Rom

Vorwort zur zweiten Auflage.

Wenn ich in Vorstehendem von „Schimpf und Schmach" gesprochen habe, die mir von gewisser Seite für mein Buch würde zu Theil werden, so hab' ich die auffallende Anzeige zu machen, daß mir im Gegentheil von derjenigen Seite, die ich allein gemeint haben konnte, nur Anerkennung – wenigstens ein duldsames Schweigen gekommen ist. Die jesuitischen Blätter des deutschen Südens und Westens haben sich entweder mit diesem Buch gar nicht beschäftigt oder es wurden, wenn nicht von ihnen selbst, doch in verwandten Kreisen, Stimmen laut, welche die „katholische Correctheit" des Buches anerkannten. Von protestantischer Seite sind die Katholiken gewohnt Schilderungen ihrer Kirche zu finden, wo nicht selten Priester die Messe im Abenddunkel lesen.

In diesem Schweigen und in mancher warmen und ergriffenen Zuschrift, welche der Verfasser von Katholiken erhielt, liegt die Thatsache ausgesprochen, daß die Tendenz des Buches: „Ein geläuterter, von Rom befreiter Katho-*[XI]*licismus", einer Stimmung entsprach, welche bei den meisten Katholiken Deutschlands verbreitet ist und nur des Beistands unserer Politik, namentlich unserer katholischen Fürsten, bedürfen würde, um durch Trennung von Rom die Einheit des Vaterlandes aufs segensreichste zu befördern. Selbst die katholischen Priester, die Hochpfründner ausgenommen, würden eine Losreißung von Rom willkommen heißen, wenn nur im Uebrigen mit derjenigen Schonung ihres Glaubens verfahren würde, welche in meinem Roman einen Ausdruck gefunden hat, ohne daß den Rechten der Vernunft und Aufklärung darum etwas vergeben wurde.

„Schimpf und Schmach" kam nicht von denen selbst, gegen welche mein Werk gerichtet war. Desto mehr von den unberufenen Satelliten derselben, von den Vertheidigern des auf hierarchischen Grundsätzen gebauten Staates. Es wurden sogleich die ersten Bände – es war vor Aenderung des österreichischen Systems – von einer gehässigen Broschüre begrüßt aus der Feder eines wiener Polizeibeamten, der sich Alexander Alt nannte und ein Neffe von Friedrich Gentz sein soll. Natürlich blieb der Gedankeninhalt meines Werkes bei diesen Schmähungen, welche dieselbe Feder noch jetzt in wiener Blättern fortsetzt, unberührt; die Mängel sollten nur in Verstößen gegen Grammatik und Logik liegen. Nicht minder perfid verfuhren einige große Zeitungen, die, obgleich von Protestanten redigirt, zunächst für die katholische Welt berechnet sind. Auch sie hüteten sich, die doctrinäre Seite anzugreifen, auch für sie entsprach das *[XII]* Werk nicht den hundert und ein poetischen Idealen, die in Deutschland als Maßstäbe ästhetischer Kritik zu gelten pflegen. Aus dem reinliterarischen Lager ist dann der Verfasser die Verfolgung gewohnt. Haß und Neid kann eben hier durch nichts entwaffnet werden, nicht einmal durch eine objectiv anerkennenswerthe ernste Absicht, nicht einmal durch einen g e m e i n s c h a f t l i c h e n Glauben, der doch nur den Sieg des auch von dem Feinde getheilten Glaubens unterstützen will!

Eine große Ermunterung bei allmählicher Veröffentlichung dieser neun, jetzt in achtzehn Bändchen getheilten Bände lag in den Zeitereignissen. Als der achte Band erschien, herrschte in Deutschland noch eine fast allgemeine Unbekanntschaft mit denjenigen Elementen des italienischen Lebens, auf welche mein Werk, namentlich für seine allmähliche Gipfelung, gestützt war. Erst durch die italienische Erhebung erhielt der Gedankengang desselben seine Bestätigung. Die letzten Bände sind lange vor dem Ursprung der „Römischen Frage" in ihrem Inhalt angelegt. Jeder Tag brachte eine Erläuterung mehr zu Verhältnissen, welche ohne den italienischen Krieg ganz in der Auffassung geblieben wären, die wir in Deutschland über Italien durch Wien, München und Augsburg einmal festgestellt sahen. Selbst die evangelische Tendenz Italiens, die Wiederaufnahme des Waldenserthums, auf welche mein Werk begründet war, würde ohne den Krieg nur innerhalb der Kenntnißnahme eines kleinen Theils im deutschen Volke geblieben sein, obgleich die Engländer schon lange *[XIII]* ernst und eifrig sich mit diesem Theil der italienischen neuern Bildung beschäftigt haben. Das Leben der Brüder Bandiera, die Agitation Mazzini's, die evangelische Bewegung Piemonts (der in Band IX genannte de Santis ist gegenwärtig italienischer Minister des Cultus), alles das lag bei mir theils schon fertig ausgearbeitet, theils im Plan des Werkes bereits zu einer Zeit vor, wo an die Zukunft Italiens, an die Möglichkeit einer gänzlichen Endschaft des geistlichen Rom in Deutschland nur noch wenig geglaubt wurde. Der süditalienische Schauplatz, wo in diesem Roman die Gefangennehmung Frâ Federigo's stattfindet, ist derselbe, wo sich vor kurzem Garibaldi ergeben mußte.

Auch von wohlwollender Seite hat man über gewisse Schwierigkeiten des Verständnisses geklagt, desgleichen über stilistische Unregelmäßigkeiten. Ist ein Autor ganz von der Sache erfüllt und spinnt sein Werk sozusagen mit träumerischer Intuition aus Bildern heraus, die dem geschlossenen Auge innen aufgegangen, so folgt die Feder, die Merkmale einer solchen Productionsweise annehmend, nur mechanisch dem tastenden Fortschreiten in Lebensverhältnissen und Situationen, die, größtentheils neu, dem allgemeinen Publikum nur unter Schwierigkeiten zugänglich zu machen waren. In der Hauptsache sind diese Schwierigkeiten durch die inzwischen gegebene Fixirung des ersten Entwurfs überwunden. Diese neue Ueberarbeitung des Werks konnte nun im frühern Text vieles als bloße erste Grundirung betrachten und wird jetzt schon hellere und klarere *[XIV]* Lichter aufsetzen können. Dies ist auch durchgehends geschehen. Sicher tritt mein Werk in dieser neuen Auflage (die während des Erscheinens nöthig gewordene zweite Auflage der drei ersten Bände wiederholte nur, mit einigen Ausnahmen, den Text der ersten) freier von den Spuren des nicht leichten Schaffens auf, ruhiger in der fortschreitenden Bewegung und sowol dem Verständniß wie dem wünschenswerthen Genuß des Lesers mehr entgegenkommend.

Möge der Geist, aus welchem das Ganze geschaffen wurde, der Geist der Befreiung und Erlösung, siegreich bleiben bei den Anfechtungen, die ihm schon wieder mächtig entgegentreten. Verdunkeln kann sich die lichte Aussicht, mit welcher unser neuntes Buch abschließt, die beiden Fragezeichen der Jahreszahl, die dasselbe bezeichnen, können sich in drei verwandeln und des Traumes Erfüllung erst dem zwanzigsten Jahrhundert überlassen; aber das ewige Wort, von dem es heißt: Es ist bei Gott und Gott selbst ist dies Wort! wird darum nicht zu Schanden werden. Den Zug des Weltgeistes zur Natur und zum Einfachwahren hält keine Lüge, keine noch so geharnischte weltliche Rüstung, am wenigsten eine einzige, wenn auch bedeutsame Persönlichkeit auf. Wenn die römische Kirche auf das Wort der Schrift sich zu berufen pflegt: „Und die Pforten der Hölle werden sie nicht überwinden", so wird die Ueberwindung dennoch kommen; es ist eben nicht die Hölle, die sich gegen Rom auflehnt, sondern der Himmel.

We i m a r, im November 1862.

Vorwort zur dritten Auflage.

Bei einem Werke, für dessen Vorbereitung und Vollendung ein Autor Jahre seines Lebens verwendet hat, und dessen äußerer Umfang schon allein auf die große Zahl der darin angeregten und behandelten Gegenstände schließen läßt, dürfte es gestattet sein, ein wiederholtes öffentliches Darbieten desselben mit einem Hinblick auf die Weltlage zu eröffnen.

Großen, welterschütternden Entscheidungen, scheint es, gehen wir, und nur zu bald, entgegen. Die Nothwendigkeit derselben wird der wahre Menschenfreund nicht anerkennen. Unter dem weißen Friedensbanner eines Völkercongresses, bei welchem das Recht der Abstimmung und die Macht der Ausführung des Beschlossenen nicht beim Cäsar, sondern – bei Cato stünde, würde sich alles, was in Europa aus den Fugen gekommen zu sein scheint, einrichten lassen ohne Blutvergießen, ohne den unverantwortlichen Misbrauch der materiellen Kräfte aller civilisirten Nationen, ohne die schmähliche, tief beklagenswerthe Verwirrung, ja *[XVI]* chaotische Durcheinanderwürfelung der bisherigen leitenden Weltideen.

Realpolitiker werden natürlich diese Aeußerungen belächeln. Und sie haben ein Recht dazu; denn ihre Auffassung wird siegen. Ein blutiges Geschick, wie vorhin vorausgesagt, wird sich erfüllen. Bei alledem soll es uns unverwehrt bleiben, eine Lage verwerflich, verabscheuungswürdig zu nennen, in welche uns die Vorbereitungen zum dunkeln Tage dieses hereinbrechenden Gerichts je länger je mehr versetzen. Wir brauchen sie nicht zu nennen diese Vorbereitungen. Wir kennen sie. Sie benehmen uns die Lebensluft. Sie rücken schon in die nächste Nähe unserer natürlichen Athemzüge. Die gesammte Jugend wird in dem Augenblicke, wo ihr Fuß ein wenig sicherer aufzutreten anfängt, aus ihren Laufbahnen zur Bewährung ihrer persönlichen Kraft, zur Begründung ihrer künftigen Existenz herausgerissen und zum Kriegsdienste geschult, als lebten wir noch in den alten Wäldern Germaniens und hätten unser Theuerstes, Religion, Weib, Kind, vor eindringenden Eroberern zu schützen. Den Bestellungen der ländlichen Arbeit wird systematisch die arbeitsfrohe, den Gewerben die Hand, die zur Ausbildung gefügig und schmiegsam bleibt, entzogen. Die Bedürfnisse der ungeheuern stehenden Heere saugen das Mark der Nationen aus. Ein scheinconstitutionelles Staatsleben bürdet den Völkern die Verantwortlichkeit für eine Anleihe nach der andern auf. Die Schwerpunkte nicht nur unsers politischen Lebens, eines Lebens, *[XVII]* das so einfach, so natürlich sein könnte, sondern unsers ganzen gesellschaftlich-moralischen Daseins werden an Orte, an Begriffe, Institutionen gelegt, wohin sie vor dem Auge des Denkers nimmermehr gehören. Erkünstelt, auf falsche Voraussetzungen gebaut wird unser moralisches und materielles Leben. Letzteres wird die Geltendmachung dessen, was die Natur will und die gemessene Kraft des Menschen vermag, nicht mehr lange auf sich warten lassen. Jenes wird sich allerdings für einige Zeit hin immer noch mehr verwirren. Jener Doctor Lasson in Berlin, der heute einen Mystiker des Mittelalters herausgeben und empfehlen konnte und morgen dem neunzehnten Jahrhundert den Krieg als die natürliche geschichtliche Lebensäußerung eines Volkes und sogar als Gegenstand eines Schulprogramms, als Inschrift über dem Eingang in die Hallen eines Tempels der Musen und der Volkserziehung hinzustellen wagt, wird nur das ausgesprochen haben, was noch eine geraume Zeit hindurch die öffentliche Staatsraison sein soll. Es ist die leitende Idee auch im Staat der Irokesen.

Aber nur bei dem Preisgeben der höhern Menschheitsziele wollen wir hier verweilen, bei dem Zusammenstampfen von Dingen, die seither getrennt gelebt haben. Letzteres ist nicht die leichteste der Sünden, die sich unsere Zeit gegen ihren eigenen Genius hat zu Schulden kommen lassen. Gerade bei dem Gegenstande, dem dies unser Buch gewidmet ist, bei Roms Magie, zeigt sich die geistige Schuld, die immer höher und höher steigt.

[XVIII] Von Napoleon's III. Verbindung mit dem Beichtstuhl, mit den Klöstern, von den mit Weihwasser besprengten Fahnen, Flinten und Säbeln, den im Tornister von Civita-Vecchia mit nach Frankreich von seinen Sendlingen heimgebrachten wächsernen Agnus Dei, die des Papstes Hand gesegnet hat, möchte ich wünschen, den Blick trostreich hinüberlenken zu dürfen – etwa auf die Sommertage des letzten Jahres 1868, wo in Worms die Reformations-Erinnerungsgruppe vor deutschen Fürsten enthüllt wurde. Ich möchte ein Wort des Bekenntnisses, der lauten, mit erhobener Rechten gegebenen Versicherung wieder-

holen dürfen, das von den Lippen dieser Mächtigen gekommen, als Friedrich der Weise so fest und ernst, Philipp der Großmüthige so entschlossen und todesmuthig vor ihnen stand und jene Saat von Blut und Thränen, aus welcher sich die Ernte des
5 Evangeliums erhob, weithin vor ihren durch die Geschichte, die sie doch kennen, gelenkten Blicken sichtbar wurde. Aber kein Wort ist kundgeworden, keine auch nur einigermaßen beherzte, neue Versicherung: Wir wollen halten an dem theuern Erbe und Vermächtniß und wollen es mehren, wie wir verpflichtet sind,
10 das Reich Gottes auf Erden zu mehren –! Nur Orden wurden vertheilt. Nicht einmal ein Trinkspruch erscholl. Es galt (wir glauben ihn zu hören den Seufzer, der sich dabei der Brust eines greisen, aufrichtig protestantischen Fürsten entrang), es galt das fünfte, sechste, siebente und achte Armeecorps zu schonen, das
15 sich aus solchen Persönlichkeiten rekrutirt, wie sie in meinem Wohnort im Jahre 1866 im Quartier lagen – *[XIX]* zehn Rheinländer schliefen auf einem Heuboden und beteten jeden Abend nach dem Ausbreiten ihrer Streu zur Mutter Gottes um Verzeihung, daß sie in einen solchen Krieg hätten folgen müssen. So
20 hatte es ihnen ihr Beichtvater befohlen.

Schonung religiöser Vorurtheile ist Regentenpflicht. Aber in Preußen scheint in diesem Punkt jetzt mehr zu geschehen, als die Zusammensetzung eines Staates aus verschiedenen confessionellen Elementen geboten erscheinen läßt. Jenem Idealstaat des
25 Doctor L a s s o n, dem Nationalstaat der nationalliberalen Realpolitik zu Gefallen, wird dem Vorurtheil geschmeichelt, dem Blendstrahl des römischen Zaubers ein unverantwortlich weiter Spielraum gelassen und die „Parität", das Princip der Gleichberechtigung, hingestellt bis zum Erstarrenlassen des warmen,
30 lebendig nachwirkenden protestantischen Gefühls. Friedrich der Große hat doch nur das eine entsetzliche Wort gesprochen: Der Mensch hat nur Werth als Bürger – als Bürger nicht etwa der Republik eines Plato, sondern als Bürger eines Staats quelconque, der heute entsteht und morgen vergeht. Jetzt bringt uns die

Aera des 50-Millionen-Kriegsbudgets den andern Satz: Der Mensch hat nur noch Werth als Soldat.

Man fahre nur so fort, geist- und gesinnungsvolle Schriften, wie die des Professors J a c o b i in Halle über eine Nuntiatur in Berlin, so gleichgültig aufzunehmen, wie geschehen ist. Man wird dann bald erkennen, wohin man mit diesem Lahmlegen von Dingen, worauf es mehr ankommt, als auf die Abrundung des Nordbundes, gelangt. Im Interesse der Schlachten, die geliefert werden *[XX]* sollen, hegt und pflegt der protestantische Norden dasjenige, was der Italiener selbst, vertrauend auf den Beistand der Söhne und Enkel Luther's, im eigenen Lande zerstören, umgestalten, neubilden will. In der That, das sind die schrillsten Töne gewesen, die den Wohllaut eines nach Harmonie ringenden Welt- und Geschichtsganzen, die schneidendsten Eiseshauche und Winterstürme, die einen Frühling zukunftreicher Geisteshoffnungen unterbrechen konnten, wenn dem Seher- und Apostelrufe eines Garibaldi: „Herr, erlöse Italien und die Welt von diesem gekrönten Priester in Rom!" eine protestantische Versicherung an katholische Unterthanen antworten konnte: Verlaßt euch, es wird alles geschehen, die Würde des Heiligen Vaters aufrecht zu erhalten!

Professor J a c o b i hat die Gefahren, die sich aus dem Niederlassen eines päpstlichen Nuntius in Berlin ergeben würden, in höchst besonnenem, ruhig, doch ernst mahnendem Vortrage geschildert. Durch die Ernennung eines Bischofs nur zu einem General-Feldpropst ist jenes Gerücht zwar widerlegt, aber doch deutlich genug wiederum hingestellt worden, wie sich die steten Fortschritte des römischen Wesens auf protestantischem Gebiet scheinbar so leicht, scheinbar so natürlich machen. Jetzt erläßt ein solcher Feldbischof noch Hirtenbriefe, die von Loyalität überfließen. Jetzt segnet er noch jedes katholische Landeskind, das für seinen angestammten Herrscher sein Blut zu verspritzen bereit sein muß. Es kann sich aber ändern. Es muß sich ändern. Denn die Gedanken der Curie sind einmal *[XXI]* keine andern; es sind offene Gedanken seit einem Jahrtausend. Wenn auch die Hirtenbriefe des Feldbischofs nie anders werden hinausgehen dürfen als so, wie sie im Angesicht eines mächtigen Landesfürsten lauten müssen, so ist doch wiederum für Rom ein neues Terrain gewonnen worden, ein Schritt vorwärts gethan zu einer Macht, deren Ausübung der Polizeistaat unterschätzt, wenn er etwa an Friedrich's des Großen Wort erinnern wollte, als von einer Abhaltung der Fronleichnamsprocession außerhalb der St.-Hedwigskirche in Berlin die Rede war: „Mir ist's recht, wenn die berliner Straßenjungen es erlauben!" Der Polizeistaat von heute weiß zu gut, daß in Berlin die Straßenjugend nichts mehr zu erlauben hat. Ein Regiment Soldaten an den Mündungen der Straßen aufgestellt, eine Chaine von Schutzmännern gezogen und der Protest Luther's und des gesunden Menschenverstandes einer protestantischen Bevölkerung hat aufgehört.

Professor Jacobi schildert treffend auch die subtilern Wirkungen, die eine päpstliche Nuntiatur in Berlin haben würde. Das stille Werben würde sich dann nicht mehr auf das *compelle intrare* durch Wohlthaten, Krankenanstalten, freies Schulgeld beschränken. Die höhern Stände, in welchen jetzt der Katholicismus bis zum Thron vertreten ist (die Aufnahme der schwäbischen Hohenzollern ins Königshaus hat sogar katholische Prinzen von Geblüt geschaffen – zum Glück geistvolle und vorurtheilslose), hätten einen Mittelpunkt gefunden, an welchen, da hier die Entfaltung einer gesellschaftlichen Stellung des Nuntius *[XXII]* mit äußern Mitteln unterstützt werden würde, anschließen könnte, was nur von wühlerischem, hierarchischem Geist im Staatsleben vorhanden ist – und Professor Jacobi hebt ausdrücklich hervor, daß daran auf dem protestantischen Gebiet selbst kein Mangel ist. Confessionsschulen! rufen ja verlangend auch die Schüler Stahl's und Hengstenberg's.

Wenn Preußen in der Lage wäre, sich so, wie gegenwärtig Oesterreich, von einem beklagenswerth geschlossenen Concordat befreien zu müssen, man möchte bezweifeln, ob das Heer der Staatsanwalte und Schutzmänner den Zeitungen des Landes gestatten würde, so z. B. einen Hirtenbrief des Bischofs von Linz zu beleuchten, wie dies zur Zeit in den österreichischen Blättern geschieht. Aeußerlich allerdings ist die antirömische Bewegung an der Donau die lebhafteste. Kaum würde man dort wegen einer verspotteten Sendung von Reliquienknochen, wie vor einiger Zeit in Berlin dem bekannten Wochenmoniteur der Satire geschehen ist, in ein Gefängniß wandern müssen.

Roms Zauber wurde ehedem, und vorzugsweise für Deutschland, durch nichts so sehr unterstützt, als durch die Politik Oesterreichs. Die josephinische Zeit auszutilgen, das neunzehnte Jahrhundert wieder an Pater Lamormain und die Jesuitenherrschaft des siebzehnten anknüpfen zu lassen, das wurde die eifrigste Sorge seiner Staatsmänner, der nächsten Räthe des kaiserlichen Hauses. Wie haben sich die Ueberläufer von liberalen Ideen, die Apostaten ihres angeborenen Glaubensbekenntnisses in Oesterreich zu *[XXIII]* sonnen gewußt! Sie hatten eine solche Ausdehnung im Mechanismus der Staatskanzlei gewonnen, daß die veränderte Politik des Grafen Beust, um mit dem römischen Stuhl über die wiederzufordernde Freiheit eines großen Staats zu unterhandeln, nach Rom Convertiten schicken mußte. Die Meysenbug, die Blome, Gagern, Hurter u. s. w. sind Convertiten.

Die Leser unsers Buchs finden in dessen siebentem Bande die josephinischen Elemente geschildert, die vom Concordat für immer in Oesterreich erstickt und niedergehalten werden sollten. Das ist nun aber das Eigene in den Rathschlüssen der Vorsehung, daß sie die Schöpfungen der Menschen die Probe bestehen läßt bei Veranlassungen, auf welche sich der menschliche Witz nicht eingerichtet hatte. Oesterreichs drohender Staatsbankrott gewann eine unwiderleglichere Beweiskraft gegen die Unwürdigkeit der Zulassung eines fremden, ausländischen Herrscherworts auf dem eigenen Staats- und Völkergebiet, als das Ehrgefühl und die Philosophie. Nach der Schlacht von Königgrätz fragte man sich in der Hofburg: Was hat doch die Spannkraft der moralischen Hingebung unserer Völker, ihres Patriotismus, ihrer Aufopferungsfreudigkeit so verringern können? Wofür setzen Völker überhaupt ihr Leben ein? Was lähmte uns so? Was reizte das Hohngelächter der Schadenfreude über unser Unglück selbst in unsern eigenen Reihen? Warum gönnte man uns die Niederlage und nicht den Sieg? Und was hat alles unsere Niederlage herbeiführen helfen?

[XXIV] Es darf bezweifelt werden, ob diese Betrachtung den bittern Kelch der Selbsterkenntniß geleert hat bis auf die Neige. Neben jener erlauchten Persönlichkeit, auf deren Ja oder Nein in solchen Fällen die Geschicke von Millionen angewiesen sind, stand in dem Augenblick des tiefsten Schmerzes und des drückendsten Gefühls der Demüthigung ohne Zweifel eine reiche Schar von schmeichelnden Ohrenbläsern, die ihr sagten, die einen: Gib nur dem Augenblick nach und warte die bessere Zeit ab! die andern: Rüste dir eine neue Kraft statt der alten! Wir wissen alle, daß letzterer Rath befolgt wurde. Dem Ausgleich mit Ungarn wird ein Ausgleich mit Böhmen folgen. Die wühlerischen Freunde des zerrissenen Concordats wissen es nur zu gut, daß der nationale Fanatismus, um zu seinem abgesonderten Ziel zu gelangen, Bündnisse mit jedermann schließt, mit Gott und, geht es mit dem nicht, mit dem Teufel. Die Polen sind bereit, wenn es begehrt wird und sie dafür den kleinen Finger einer Concession für ihre Nationalität erlangen können, von der Mutter Gottes von Czenstochau an bis zur Santa-Maria-Novella in Rom auf den Knieen zu rutschen.

Die Freunde der Freiheit und Aufklärung sollten in Oesterreich ihr Auge schärfen, um den Rundblick frei zu behalten auf das, was sie erreicht haben und was noch lange nicht. Es ist nicht gut, daß Graf Beust Protestant ist. Seine Abneigung gegen Rom würde an einem Katholiken wirksamern Nachdruck haben. Einen Protestanten wird Zagheit überfallen an den Stellen, wo ein Weiterschreiten dringend *[XXV]* geboten ist. Ist die Finanzfrage gelöst (was die österreichische eigentlich nie werden könnte, wenn nicht der Schwindel der Börse die Gewohnheit hätte, jeden kleinen Sieg besonnenerer Rechenkunst sofort mit allen Anzeichen einer Freude, die nur einem großen und durchgreifenden Siege gebührte, zu begrüßen), so kann es heißen – man fürchtet es bereits –: Der Mohr hat seine Schuldigkeit gethan, der Mohr kann gehen! Es ist jedenfalls eine große Gefahr für die gute Sache einer radicalen Reform, sagen wir einer friedlichen Revolution, die Oesterreich durchzumachen hat, daß die Aufgabe von Männern gelöst werden muß, deren alte Namen, Namen der Volksthümlichkeit, bald hinter ihren neuen glänzenden Titeln verschwinden werden. Der Schein, liberal zu sein, und dabei doch nur dasjenige zu thun, was in den Umständen, in den gebotenen Möglichkeiten, in der Alternative liegt: Entweder wir oder die euch bekannten verhaßten Andern –! möge sich das Auge des Patrioten, der Freiheits- und Aufklärungsfreunde an den stechenden Glanz desselben gewöhnen! Gewöhnen an die entschiedene Ablehnung der schon jetzt von diesen Ministern gemachten Einrede: Wir sind immer noch die, die wir früher gewesen! Und wir, wir setzen allein durch, was durchzusetzen überhaupt möglich ist! Wir haften dabei nicht im mindesten an unsern Portefeuilles! Gewiß, diese Einrede, heute hat sie noch Wahrheit. Vielleicht ist sie morgen nicht mehr stichhaltig. Auch im Jahr 1848 wollten Hansemann und Camphausen Minister nur so lange bleiben, als sie liberal, treu ihren *[XXVI]* Grundsätzen von 1847 sein konnten. Die Dehnbarkeit, die sie selbst nicht hatten, hatten vielleicht – ihre Gattinnen. Man hat sich so schön mit seinen Empfangsabenden, mit seinen neuen Teppichen, mit seinen galonirten Dienern eingerichtet.

Noch steht die Aufhebung einiger Artikel des Concordats in völlig unvermittelter Verbindung mit den allgemeinen Landesgesetzen. Die obersten Gerichtshöfe, theilweise zusammengesetzt aus Mitgliedern, die dem Geist der Zeit zu huldigen zu mürrisch und altersverstimmt geworden sind, weichen in ihren

Auslegungen der neuen Gesetze voneinander ab. Hier ist ein Bischof strafbar, dort schützt ihn die dem Papst zugesicherte „Immunität" desselben. Kein weltlicher Arm kann sich nach ihm ausstrecken. Dieser erlangt sogar den Kaplan nicht, der von der Kanzel herab die neuen Ehegesetze Eingebungen des Teufels nannte. Die Gerichte verurtheilen ihn wol zu zwei Monaten Gefängniß; aber wo bringt er die Haft zu, die Sühne des verletzten Geistes der öffentlichen neuen Ordnung? Das Concordat läßt Priester, die gestraft werden sollen, ihre Strafzeit in den Clausuren der Ordenshäuser verbüßen. Man kann sich denken, wie solche Gefangene, Märtyrer, als welche sie sogleich der Vorstand des Ordenshauses mit offenen Armen begrüßt, aus den Gärten herüber, in denen sie lustwandeln dürfen, von den reichbesetzten Tafeln aus, wo sie die „Gefangenenkost" genießen, den weltlichen Richter ironisch begrüßen! Ob man in der Hofburg den Gedanken wol wird fassen können, einen *[XXVII]* Erzbischof, der durchaus Rom mehr gehorchen will, als der Gesetzgebung seines Vaterlandes, auf eine Festung zu führen?

Die freiere Lage, in welcher sich Oesterreich dem römischen Zauber gegenüber befindet, ist zum Bessern nur ein schwacher Anfang. Julius F r e s e hat vollkommen recht gehabt, als er auf dem letzten Schützenfeste den Wienern sagte: Ihr habt den Enthusiasmus für die Freiheit, verdient sie euch aber nicht durch eine Organisation dafür! Ich füge hinzu: Seht Berlin –! Seht dort die mächtige Phalanx einer Verbrüderung, die durch alle Schichten der Bevölkerung geht, Gelehrte und Handwerker in regelmäßigen Zusammenkünften vereinigt und zu gemeinschaftlichem Handeln fast methodisch abrichtet und schult! Seht dies entschlossene Hervortreten mit Namen und Unterschriften, wo es sich um einen Conflict handelt, der in den meisten Fällen mit Gefahr, wenn auch nur mit Gefahr für Vortheile der Existenz verbunden ist! Was wollten die Freudenfeuer sagen, die an dem Tage loderten, wo die neuen Gesetze die Majorität erhielten und ihnen Franz Joseph seine Unterschrift gegeben hatte? Was war diese Illumination, die damals „wie auf einen Zauberschlag" ins Leben getreten gewesen sein soll? Es war eine Kundgebung, die man bemängeln zu wollen an sich nicht geneigt sein kann. Aber wollte man sie analysiren und müßte man sich verpflichtet fühlen, jedem lampengeschmückten Hause genauer in die Fenster zu sehen, was ergäbe sich? Die Freude an der – Loyalität seiner liberalen Gesinnung, das *[XXVIII]* glückliche Gefühl, die Erklärung der Menschenrechte allenfalls mit dem Ausspannenkönnen der Pferde des kaiserlichen Wagens vereinigen zu dürfen.

Gewiß, es ist schön, wenn das menschliche Herz ein friedlicher, anmuthig duftender Würzgarten sein darf, ein harmonisch geordneter Platz, wo alle Wege behaglich ineinanderlaufen und sich auch für jeden Regenschauer, der nicht ausbleiben kann, ein schützendes Obdach zum Unterducken findet. Aber die Zeit ist zu ernst für die Idylle. Die Aufgaben hängen höher, als bis wohin eine Leiter zum Lampenanzünden reicht. An die Sterne steht die Losung eines Volks geschrieben und sie glänzt dort desto heller, je dunkler auf Erden die Nacht ist. Wo findet sich in Oesterreich die Vorbereitung, ich sage nur die **Vorbereitung** zu einer Fortsetzung des gegenwärtigen Kampfes – nehmen wir nur allein den Kampf gegen Rom –, wenn ihn die Regierung nicht mehr mitmachen will? Nirgends. Eine einzige verbesserte wiener Realschule wäre die Vorbereitung? Ihre Ergebnisse bedürfen ein halbes Jahrhundert, wenn sie dem ganzen Lande zugute kommen sollen, und ein Hauch von oben bläst sie um. Hier und da kündigt wol ein Priester seinem Orden auf. Hier und da wird wol eine Freie Gemeinde gestiftet. **Aber fast einstimmig macht die liberale österreichische Journalistik, auf welche sich allein die Bevölkerung für ihren Freiheitskampf verlassen zu wollen scheint, diese reformatorischen Bestrebungen lächerlich, verhöhnt die** *[XXIX]* **deutschkatholischen Wanderprediger, gibt Johannes Ronge** ebenso, wie etwa einen in Wirthshäusern docirenden reisenden Lassalleaner, dem Spott und dem Nimbus der Lächerlichkeit preis!

Hier weiß man wahrlich nicht mehr, was man nachdrücklicher hervorheben soll, ob die Verblendung über die so nachhaltig sein sollenden geistigen Mittel Oesterreichs oder den Leichtsinn, die Frivolität und Gedankenlosigkeit. Gern gestehen wir die Unzulänglichkeiten Ronge's, die Halbheit, die in seinem Wollen und Nichtkönnen liegt, ein. Aber dennoch hat nicht jeder das gleiche Recht, dasselbe zu sagen. Nicht vor jedem Ohr, nicht vor jedem Auge ist ein Ding dasselbe. Wenn aus Ronge nicht das geworden ist, was man von ihm erwartete, so ist doch immer noch so viel von ihm übriggeblieben, daß es aufrecht erhalten zu werden verdient einer – Mariensäule gegenüber, vor welcher tagsüber die Kniebeugenden – nicht etwa um deshalb nicht ein Ende nehmen wollen, weil sie der eigene Drang des Herzens dorthin geführt hat, sondern weil sie im Beichtstuhl die Weisung des Priesters erhielten, dort, gerade dort, eben vor aller Augen, eben zum sichtbaren Beweise für das Nochvorhandensein ihres Ideals der katholischen Kirche, die Aves und Paternoster zu sprechen. Ihr seltsamen Opponenten des Paters Greuter! Mit eurem Witz, ihn nur den „Pater Pfui" zu nennen, denkt ihr, wär' es abgethan? In eure Journale, in die Leitartikel derselben, in die Correspondenzen, die 20000 Abonnenten setzt ihr euer Vertrauen? Ihr Thoren, fragt *[XXX]* einmal nach, wer aus Klagenfurt oder Olmütz jene Correspondenz geschrieben hat, die so energisch die neueste dortige Unduldsamkeit eines Geistlichen in Ehesachen rügte! Etwa eine Persönlichkeit, die dort die öffentliche Meinung vertritt? Oder nicht vielmehr eine, die, wenn sie den Muth hätte, sich öffentlich zu nennen, nur als der bekannte N. N. herauskommen würde, der dort auf eigene Hand Guerrillakrieg führt? Vielleicht gar ein Arzt jüdischen Bekenntnisses. In der Regel wünscht der Verfasser ungenannt zu bleiben. Es fehlt die Deckung durch die Reife einer solchen politischen und religiösen Bildung, die für ihre Forderungen einstehen würde, auch wenn es gegenwärtig nicht gouvernemental wäre, nicht loyal und unterthanenbrav, einen Priester, der gegen die Civilehe eifert, zu – fast möchten wir versucht sein, es mit einem gewissen Nachdruck so zu nennen – denunciren.

Es fehlt in Oesterreich noch durchaus die Organisation zur Aufklärung, noch der geschlossene Gemeingeist, der die Kirche reformirt sehen will, auch wenn die Regierung zu reformiren keinen guten Willen hätte. Und ist denn gesagt, daß sich die katholische Welt zu Luther bekehren soll? Man hat meinem Buch vorhalten wollen, es katholisire. Das Wahre ist nur, es trägt den Gefühlen Rechnung, unter deren mildem, beglückendem Wehen man geboren und erzogen ist. Aber auch ein Katholik kann den Sturz der Hierarchie fordern, die Reform des Klerus, die Läuterung des Gottesdienstes, die Aufhebung der Klöster und des Cölibats, die Abmilderung alles dessen, was Sakra-[XXXI]ment heißen soll (nicht blos in der Ehe) zu natürlichern, menschlichern Auffassungen. Das ist die Beweisführung meines Buchs, deren Hülfsmittel den Quellen, der eigenen vieljährigen Anschauung des katholischen Lebens entnommen sind. Jene Trugdogmatik, die Rom in ein System gebracht hat, muß zerstört, das Christliche in einfachern Lehren gefunden werden, als welche die Dogmatisten der Curie auf eine falsche Unterlage gebaut haben, auf die trügerische Lehre vom Wesen einer untheilbaren, in sich gegliederten K i r c h e, die eine Menge Consequenzen der unbedingtesten Abhängigkeit des Menschen von der Wiege an bis zur Bahre vom Priester nach sich zieht. Es ist in diesem Betracht auch nicht gut, daß die Wortführer des österreichischen Fortschritts, namentlich in den Zeitungen, zum großen Theil Israeliten sind, die für ein tieferes Eingehen auf diese Fragen weder Beruf noch Neigung haben. Und wenn nun auch sie, wahrscheinlich um keinen Anstoß zu geben, die Vorträge, die Ronge hier und dort gehalten hat, mit derselben Indifferenz beurtheilen, als gälte es einem reisenden belletristischen Improvisator, so arbeiten sie vollends den Mächten in die Hände, die an der Aufrechterhaltung des Concordats bis zum Kampf auf Tod und Leben gerüstet scheinen.

Es wird sich, hoffen wir es, aus dem furchtbaren Bann der Unfreiheit, in welchem der katholische Priester auch noch im übrigen Deutschland leben muß, noch einst ein Mann erheben, der auf deutschem Boden so spricht, wie so mancher edle Priester schon auf dem italienischen gesprochen hat. Ueberhaupt wird für diese Frage der Süden Europas den *[XXXII]* Ausschlag geben. Spanien wird hinter Italien nicht zurückbleiben wollen. Die Vision, mit welcher wir im Jahre 1861 unser Buch schließen zu dürfen glaubten, war sechs Jahre darauf beinahe erfüllt. Mentana hat die Erfüllung nur um wenige Jahre zurückgeworfen. Das ökumenische Concil von 1869 wird an diesen wenigen Jahren wieder einige einbringen. Dies neue Tridentinum wird wie eine Seifenblase endigen. Mögen sie leimen und flicken, mögen sie hierher einen Stützbalken einklemmen, dort eine schon sinkende Mauer, als scheinbares Zugeständniß an den Geist der Zeit, vollends in Schutt dahinrollen lassen, es ist vergebliches Thun. Die Burg Zion ist ein Tempel des Herzens und des freien Geistes der Menschheit. Am allerwenigsten aber ist sie noch der Vatican, wo ein Gewissensdespot wohnt, der sich mit einer Demuth, die Rom niemals geübt hat, der „Knecht der Knechte" nennt.

Im Jänner 1869.

Zur vierten Auflage.

Der günstige Erfolg, der meinen in fünfter Auflage bei Otto Janke in Berlin erschienenen, in vier Bände zusammengedrängten „Rittern vom Geist" zutheil wurde, hat mich bestimmt, auch dem vorliegenden Werke in seiner äußern Erscheinung einen Umfang zu nehmen, der Manchem das Maaß einer üblichen Romanlektüre zu überschreiten schien. Ein engergehaltener Druck, hier und da eine Zusammenziehung der Gespräche, manchmal die Weglassung eines die fortschreitende Handlung nur aufhaltenden Raisonnements ermöglichten einen Umfang, der die gemessenen Lesestunden unseres so vielfach in Anspruch genommenen Zeitalters (man denke nur an die immer mehr einreißende Gewohnheit, Abends familienweise die Wirthshäuser zu besuchen –!) Rechnung trägt, ohne die Integrität des Werkes, die, ich darf es bekennen, vielen Lesern werth geworden ist, zu beeinträchtigen.

Möge denn also meine von Roms Magie gegebene Schilderung mit noch mehr ermöglichter Wirkung grade in die gegenwärtigen Wirren eintreten, wo sich schon so Manches von dem, was in den Schlußbildern meines Werkes vorausgesagt wurde, erfüllt hat! Möge aber auch vor allem, und auch aus diesem Buche, die „altkatholische" Partei er-*[XVIII]*kennen, daß sie nur auf Sand gebaut haben wird, wenn sie ihre Reform nicht weiter ausgreifen läßt als nur gegen Roms Unfehlbarkeit! Erst dann hat diese Bewegung einen geschichtlichen Werth, wenn, nachdem der demnächst zu erwartende neue Papst mit einem neugebildeten Concil die Unfehlbarkeit, wie vorauszusehen, zurückgenommen und die seinem Vorgänger abtrünnig gewordenen Bekenner zurückgerufen haben wird, um an der Statue des heiligen Petrus wieder wie sonst die Zehen abzuküssen, diese – ausbleiben, erklärend, inzwischen andere geworden zu sein, wenigstens auf deutschem Boden, Kinder des Lichts, freigeworden durch den Geist der fortgeschrittenen Bildung, und vor allem, was zu erhoffen, **gefördert durch den aufrichtigen Ernst unserer Regierungen, um Gemeinden gründen zu dürfen mit allen Berechtigungen der Seelsorge und Sakramentsertheilung.** Alles Andre ist Spreu, verwehend in die Winde.

Berlin, den 15. Jan. 1872.

Die „Grenzboten" und das sächsische Preßgesetz.

„Der Herausgeber dieser Blätter ließ unter obigem Titel in Nr. 115 der «Deutschen Allgemeinen Zeitung» nachstehende Erklärung einrücken:

„Die Herren DD. Schmidt und Freytag zeigten in Nr. 18 ihrer «Grenzboten» an, daß sie für die sächsische Presse ein neues «Princip» errungen hätten: die Nichtverpflichtung der Redactionen, bei entstellenden Referaten über Bücher, Berichtigungen aufzunehmen. Diese Botschaft, die jeder auch bei Referaten über Bücher genug vorkommenden Schmähsucht, neidischen Tücke und rachsüchtigen Verleumdung eine höchst willkommene gewesen wäre, stützten sie auf eine ministerielle Entscheidung, die sie durch sechsmonatlichen Kampf gegen die durch §. 22 des sächsischen Preßgesetzes ihnen auferlegte Verpflichtung, eine Reihe von Berichtigungen des von ihnen erzählten Inhalts des ersten Bandes meines Romans: «Der Zauberer von Rom», in ihrem eigenen Blatte abzudrucken, endlich durchgesetzt haben wollten. Die Auszüge, die sie aus diesem Rescript gaben, waren richtig. Nur unterließen sie hinzuzufügen, daß ihre Zeitschrift durch eben dieselbe, also in ihrem Endresultat anders zu deutende Entscheidung die Weisung erhalten hatte, vier meiner Berichtigungen, darunter drei, die für ihre Wahrheitsliebe besonders kennzeichnend sind, nach diesem demnach noch zu Recht bestehenden §. 22 des Preßgesetzes in ihrer nächsten Nummer abzudrucken – weil diese allerdings Stellen ihres Referats beträfen, «die (ich citire den Wortlaut des hohen Rescripts) schon in der Wortfassung thatsächliche Unrichtigkeiten und Entstellungen des Originaltextes enthalten».

„Anfangs war es meine Absicht, meinen langjährigen Gegnern die Beschämung, diese Pflicht in ihrer eigenen Zeitschrift nunmehr erfüllen zu müssen, zu ersparen und den ganzen Gegenstand, über den durch mich selbst oder ein Ersuchen an

Freunde bisher auch nicht eine Zeile in die Oeffentlichkeit gekommen ist, fallen zu lassen. Das Publikum hat, zumal im jetzigen Augenblick, an einer persönlichen Fehde schwerlich Behagen. Auch sind inzwischen vier Bände meines Romans erschienen und haben eine Verbreitung gefunden, bei der ich eine unwahre Inhaltserzählung nicht mehr zu fürchten habe.

„Da indessen die «Grenzboten» auf Grund einer von ihnen unvollständig und lediglich nur zu ihren Gunsten citirten Ministerialentscheidung leicht die Praxis sächsischer Preßzustände hätten verwirren können; da sie mir ferner in allerlei dunkeln Redensarten für einen Fall der «Provocation», der doch wol kein anderer sein konnte als die etwaige Antretung eines mir gesetzlich zustehenden Rechtes und des Protestes gegen ein falsch citirtes Ministerialrescript, mit einer fünffachen Gradation von Schreckensmaßregeln drohten, so mußt' ich solchem Terrorismus gegenüber, da wir in einem Rechtsstaate leben, schon den Muth haben, meine gesetzliche Freiheit zu üben *[558]* und ersuchte ich deshalb das leipziger Polizeiamt, in die nächste Nummer der «Grenzboten» folgende Worte einrücken zu lassen:

Berichtigung.

„«Zur Beurtheilung des im vorigen Jahrgange Nr. 44 dieser Blätter enthaltenen Artikels über den ersten Band meines Romans: ‚Der Zauberer von Rom‘, gestattet mir §. 22 des königlich sächsischen Preßgesetzes nachstehende Berichtigungen:
1) „«Es ist unwahr, wenn erzählt wird, daß Klingsohr und Lucinde ‚Champagner aus Biergläsern trinken‘. Die von mir geschilderte letztliche Verwechselung des Wasserglases mit dem Kelchglase läßt jene Ausdrucksweise nicht zu.
2) „«Es ist unwahr, wenn die durchweg entstellte Erzählung der Scene auf Schloß Neuhof berichtet: ‚Endlich liegen beide unterm Tisch.‘

3) „«Es ist unwahr, wenn der Referent sagt: ‚Zuletzt läßt er sie auf dem beschmuzten Boden liegen'. Weder ist von einer Trunkenheit dieses Grades noch vom Liegen auf dem Boden in meinem Buche überhaupt die Rede.»"

„Die übrigen Berichtigungen, die zwei Instanzen für ebenso aufnahmeberechtigt, das königliche Ministerium lediglich zum größern Theil deshalb als abzulehnen erklärt hatte, weil sie sich in formeller Hinsicht der «Antikritik» näherten und sich nicht auf die ministerielle Deutung jenes §. 22 stützen könnten, enthielten in materieller Hinsicht dieselben schlagenden Beweise, wie die Wahrheitsliebe zweier Schriftsteller beschaffen ist, die sowol in den ihnen zu Gebote stehenden Organen wie in ihren «Literaturgeschichten» seit Jahren mich möglichster Geringschätzung des Publikums preiszugeben suchen. Für meine dabei gebrauchte Bezeichnung alles Unwahren auch mit dem Worte «Unwahr», wogegen sie gleichfalls Einspruch erhoben hatten, verdankte ich schon in zweiter Instanz von der königlichen Kreisdirection in Leipzig folgende Zustimmung: «Selbst wenn man zu Ehren des Verfassers des Grenzboten-Artikels annehmen will, die in seinem Referate über das Gutzkow'sche Buch enthaltenen Unrichtigkeiten seien keine **absichtlichen** Entstellungen der Wahrheit, so gehörte doch dazu ein hoher Grad tadelnswerther Sorglosigkeit, der eine in scharfe Ausdrücke gefaßte Zurückweisung zur Genüge rechtfertigt.»

„Inzwischen ist in Nr. 19 der Abdruck jener «Berichtigung», in Nr. 20 die Ausführung der angedrohten Schreckensmaßregeln erfolgt. Letztere bestehen theils aus einer Vertheidigung, die wieder eine neue Reihe von Unwahrheiten und elenden Consequenzmachereien enthält, theils aus Anklagen, denen das schon den Lesern jener Zeitschrift sattsam bekannte Zerrbild meiner ganzen Autorschaft zum Grunde liegt. Glaube dieser ewigen, jetzt schon, wie es scheint, um meiner durch neue Productionen bewiesenen **Zählebigkeit** willen zur förmlichen **Wuth** gesteigerten Wiederholung, wer es will, daß seit zwanzig Jahren mein ganzes Leben und Streben poetisch und moralisch dem Wesen «Kotzebue's» gleichkäme!!! Um der jetzt in drei Instanzen aufgedeckten kunst- und sittenrichterlichen Befugniß der «**Grenzboten**» willen findet sich, denk' ich, noch kein **Sand**, der mich **endlich** niederstäche – – Meine Absicht war keine andere, als zu beweisen, daß jene Verkündigung eines neuen «Princips» für die sächsische Presse **gleichfalls** eine Unwahrheit, die dem Ministerium untergelegte **unbedingte** Preisgebung jedes ehrlichen Schriftstellers an die Rachsucht seiner Feinde eine Beirrung des Publikums war."

Dresden, den 15. Mai 1859.

Karl Gutzkow.

Die Baronin von Gravenreuth, geb. Gräfin Hirschberg, und mein „Plagiat" an ihrer Lebensbeschreibung.

Die Leser der „Unterhaltungen" sind nicht gewohnt, den Herausgeber derselben zu oft von seinen eigenen Angelegenheiten sprechen zu hören.

Mögen die folgenden Mittheilungen ausnahmsweise deshalb gestattet sein, weil sie vielleicht „unterhaltend" genug sind, um eine „Literaturnovelle" genannt zu werden.

Der Gegenstand ist die zuerst in hamburger Blättern von Wien herüber gegen mich erhobene Anklage, ich hätte bei meinem „Zauberer von Rom" ein mir zur Publication anvertraut gewesenes Manuscript benutzt; eine Anklage, die jetzt die Verfasserin des letztern in einer auch ihrerseits erfolgten Erklärung zwar im wesentlichen nur auf „mehrere Charaktere und Situationen" modificirt, aber doch aufrecht erhält und durch eine „Broschüre" beweisen will.

Es wird niemand, der mit gesunder Vernunft begabt ist, verlangen, daß ich in einem aus mehr als 3000 engen Druckseiten bestehenden Werke nicht auch zahlreich mir Erzähltes und Gelesenes benutzt und in meiner Weise verarbeitet haben dürfte. Doch zieh' ich vor, über diesen Fall nicht zu schweigen. Die in Frage stehende Lebensgeschichte ist nicht gedruckt und man könnte Wunder glauben, was ich aus ihr entnommen hätte. Auch kann sie alle Tage aus meinem Roman ansehnlich vermehrt und ergänzt werden.

Noch ehe ich meine „Ritter vom Geiste" ganz beendete, war zu dem Herrn Verleger derselben oft von mir geäußert worden, daß ich ein zweites Culturgemälde südlicher Verhältnisse, vorzugsweise den Katholicismus betreffender, entwerfen und zur künftigen Herausgabe vorbereiten würde. Diese schon 1851 vor Vollendung der „Ritter vom Geiste" vollständig ergriffene Idee basirte sich auf eine Ausbeute von Studien und Erfahrungen, wie ich sie theils jahrelang schon gemacht hatte, theils noch machen wollte. Die Anlage des Gewebes, das ich versuchte, bildete ein Priesterleben, das ich schon 1851 (und zwar in Versen) begann und wovon sich die Spuren im „Zauberer von Rom" Band II, S. 53, finden. Aus der Anschauung zweier an einem stillen Altar sich gegenüberstehender und langsam sich verzehrender Kerzen entstand die Grundanschauung des Ganzen, dessen Versform ich beim Wachsen des Materials aufgab. Ein Priester und eine Priesterin waren die Helden des neuen Culturbildes, das ich versuchen wollte.

Angelika, später Paula, nannte ich das Princip, das ich mir von vornherein als die Ekstase definirte. Eine ekstatische Jungfrau, eine Seherin, eine Traumrednerin, eine zweite Hildegard, eine idealisirte Nonne von Dülmen. Die „rothe Erde", das Münsterland der Schauplatz. Die Seherin, eine Gräfin, sollte entwickelt werden von ihren zartesten Anfängen, ihrem Kindesleben an. Dies Kindesleben mußte seiner Natur nach schon den Keim einer träumerischen Lebensentwickelung hegen. Das Kind Paula mußte k r a n k sein.

Diese erste Anlage des neuen Werks steht fast wörtlich so in meinen Notizbüchern vom Jahre 1851.*)

Ein krankes Kindesleben, das in stiller Einsamkeit und Beschaulichkeit früh schon auf die Spiele der Phantasie hingewiesen wurde, verband sich mir mit einem Lieblingsgedanken, den ich schon seit dem Jahre 1835 hegte. Die Schwester meiner eigenen Frau lag zwei Jahre in einer orthopädischen Heilanstalt auf dem Streckbett. Immer und immer, bei wiederholten Begegnungen mit Familien, deren Kinder auf dem Streckbett lagen, trat mir das alte Verlangen entgegen, zu schildern, wie wol bei solchem jahrelangen Abscheiden des Kindergemüths von Spiel und Erholung, vom Tummelplatz jugendlicher Lebenslust, wie sich namentlich ein M ä d c h e n entwickeln würde, das jahrelang in Gebundenheit auf einem Prokrustesbett ausharren müsse. Der Eindruck wiederholte sich bei Verwandten. Er wiederholte sich bei einer Tochter meines Freundes Emil Devrient. Dem berühmten Orthopäden Dr. Langgaard in Hamburg sprach ich schon vor Jahren, daß ich in der Schilderung einer orthopädischen Heilanstalt eine Dichteraufgabe erblickte.

Mit geschlossener Festigkeit und schon h e r v o r b r e c h e n d im IX., 1851 geschriebenen Bande meiner „Ritter vom Geiste" in den Scenen, wo Olga, ein halbes Kind, in Starrheit und scheinbarer Leblosigkeit auf einem Bett, umgeben von Priestern und von einem Kreuz magnetisirt liegt, Band IX, S. 44 – stand vor meinen Augen die Gestalt der Gräfin Paula als einer aus einem leichten Hüftleiden (da natürlich keine Entstellung des Körpers zulässig war), und aus einem durch das S t r e c k b e t t

---

*) Auf Grund genommener Einsicht in jene uns vorgelegten Bücher und gewissenhafte Vergleichung aller einschlägigen Daten bestätigen dies: Advocat **Siegel**. Advocat und Notar **Judeich**. Dr. **Robert Giseke**. Notar **Blüher**. **Bogumil Dawison**. Advocat und Notar **Fasoldt**.

geweckten und gemehrten Phantasieleben sich zur Visionärin
Entwickelnden. Sie die zweite Kerze. Ihr gegenüber ein Priester.
Dies Thema einer solchen Liebe ist ja uralt. Miller's „Siegwart"
gab einer Modestimmung die Richtung. Den vielen Aufklärungen, die ich Studien, mündlichen und schriftlichen Belehrungen
über Katholicismus verdanke, hätte entsprechen können, daß
Paula auch jenes Kind war, das einem Priester bei seiner Weihe
als geistliche Braut angetraut wird. Der Gedanke reizte, ich ließ
ihn fallen, weil er erstens schon benutzt ist (in „Thomas
Thyrnau"; ähnlich auch in Andersen's „Improvisator") und weil
die Jahre sich nicht entsprachen. Alles das meine Gedanken-
arbeit im Jahre 1851.

Während der Vorbereitungen zum weitern Ausbau dieses
Werkes erhielt ich im Jahre 1853 ein Manuscript zugeschickt, in
welchem ein abenteuerlicher, ich möchte sagen Universal-
Lebenslauf einer Frau – von Kindesbeinen an bis zum ge-
reiftern Alter – erzählt wird und in welchem sich neben einer
Fülle Details, *[493]* die in eine Kindererziehung einschlagen,
auch eine orthopädische Anstalt erwähnt und geschildert befindet, geschildert in einer Menge, der Heldin der Biographie
gleichalterigen Kindern, geschildert in grauenerregenden Details
über – Dinge, die ich nicht nennen will. In der Mitte des Ma-
nuscripts, nicht beim Streckbett eines Kindes mehr, wie bei mir,
kommt die Heldin als reifere Frau, geschieden von ihrem Manne, als Declamatorin auf dem Lande herumziehend, nach hundert Abenteuern, den Inhalt aller Romane bildenden Lebens-
motiven, auch auf eine Periode, wo sie somnambul wird. In ihren Träumen bezeichnet sie die Menschen, deren Liebe ihr beschieden wäre, zieht in Baiern von Ort zu Ort und wird für eine
Geistesoffenbarung, die die Polizei nur als Unfug auffaßte, in
die münchener Frohnfeste gesteckt.

Mußte ich nun, nachdem ich unter kaleidoskopisch abwech-
selnden Scenen auch dies gelesen, meine schon seit zwei
Jahren in mir lebende Paula als Streckbettleidende und Visio-

närin aufgeben? Ich fand keinen Grund dazu. Im Gegentheil, meine Combination zwang mich, dieselbe Anstalt zu wählen. Es gab nur eine damals in ganz Deutschland, die hierher passte, die in den dreißiger Jahren fast täglich in der „Allgemeinen Zeitung" empfohlene. Ich brauchte sie für das erste Eintreten des Katholicismus in mein Buch, sie gehörte mir so gut wie jedem andern. Jeder erräth, daß ich die Heine'sche Normalanstalt in Würzburg meine.

Zu den Leiden eines Schriftstellers meiner Stellung gehört der Zustrom von Manuscripten, der nicht endet. Ein genannter Name ist eine offene Adresse, an die sich jedermann wendet, der seine Feder probirt. Man schickt Manuscripte und verlangt sogar Verleger. Ist man dann noch Redacteur einer Unterhaltungszeitschrift, so steigert sich die Fülle von gelesenen und zurückgeschickten Manuscripten Romaneninhalts bis jährlich in die Hundert. Welches Los sollte eines Autors und Redacteurs harren, wenn er bei jedem Manuscript sagten müßte: Da ist ein Abend auf der heidelberger Terrasse geschildert – nun darfst du nicht mehr ein Gleiches thun! Da ist ein westfälisches Fabrikleben gezeichnet – das ist dir von jetzt an verboten! Da wird der rührende Gesang von blinden Kindern in einem Blindeninstitut erwähnt – dies Motiv mußt du aus deinem Wege schleudern, so oft der Zufall einer Combination dich auch darauf führen könnte! Ein Culturmaler unserer Zeit, wie man mich hier und da zu nennen so freundlich ist, hat vorzugsweise in seinen Anschauungen, seinen Sammlungen, seinen Vorzeichnungen, in jahrelang angelegten Collectaneen sich Themata gestellt, die gerade ihm zunächst liegen, ein Rauhes Haus, eine Auswandererherberge, eine Diakonissenanstalt, einen Einblick in die Sphäre der Heilgymnastik – nichts kann ihm geläufiger sein als die Erziehungssphäre, die ich selbst in meiner „Seraphine" bis zur orthopädischen Anstalt schon berührte. Der Somnambulismus ist vollends ein Hebel in der Romanenwelt, der für abgenutzt gelten kann. Im Hackert meiner „Ritter vom Geiste" hab' ich

Mondsucht behandelt. Vor zwei Jahren schickte mir Herr von L. in Dessau ein Manuscript: „Eine Diakonissin". Glücklicherweise hatte ich drei Jahre vorher selbst „Bethanien" geschildert. Noch vor wenig Tagen schickt' ich eine „Herodias" zurück; zum
5 Glück befindet sich schon im „Zauberer von Rom", Band V, S. 4, eine Anspielung auf den Tanz der Herodias. Die Situationen und Charaktere, die einem Autor meiner Lage seit Jahren in Manuscripten vorkommen, sind nicht zu zählen. Ja sie werden, selbst wenn er sie nicht drucken lassen kann, ihn oft angesprochen, oft
10 angeregt und seine geistige Thätigkeit gespornt haben. Fand ich in dem Lebenslauf, von dem ich erzählte, eine Beschreibung von v i e l e r l e i auf dem Streckbett liegenden Kindern, so b e s t ä - t i g t e und e r g ä n z t e die Schilderung nur meine eigene Absicht. Fand ich tausend Seiten weiter eine Somnambule, so war
15 dies – ob eine echte oder falsche – eine Erscheinung, die ich vergleichen konnte mit einer großen Zahl von Schriften, die ich kannte, mit persönlicher Bekanntschaft der Frau Dr. Auguste H. in Dresden, mit einer frühern Beobachtung in Frankfurt am Main über das Verhältniß von Frau Legationsrath D. und Dr.
20 Carové, mit einem noch täglich in nächster Nähe mir vor Augen lebenden Beispiele magnetischen Lebens u. s. w. Nimmermehr ist meine „arme" Phantasie, die zwei neunbändige Romane erfunden hat, in der Lage gewesen, die würzburger Streckbetten und den Somnambulismus erst von einem gelesenen Manuscript
25 kennen zu lernen!

Jede andere bescheidene und a n s t ä n d i g e Natur würde sich gefreut haben, in meinem Roman Spuren zu finden, daß ich ihr Leben mit Eindruck las. Nichts wird jenem Manuscript dadurch von s e i n e m Werthe genommen. Ich hätte sogar Bd. I, S. 359,
30 wo ich in aller Offenheit eine einfache s t a t i s t i s c h e Notiz von wenigen Z e i l e n aus jenem Leben mittheile, es ausdrücklich nennen dürfen.

Erzählen wir, wie mein n ä h e r e s Verhältniß zu jener Lebensbeschreibung mit der Zeit die Verfasserin zu dem Wahn bestimmte, ich müßte die Momente ihres Lebens selbständig benutzen.

Unterm 24. April 1853 schreibt mir aus Ragnit bei Tilsit eine Baronin Charlotte von Gravenreuth, geborene Gräfin Hirschberg, sie hätte mich auserkoren, der Welt ihr Leben zu verkünden. „Ausgestoßen von einer altadelichen Familie, um eines kleinen Jugendfehlers wegen allen Schicksalen preisgegeben", hätte sie ihr Leben aufgeschrieben. „Durch Sie bearbeitet, wird meine Lebensgeschichte das interessanteste Werk der Jetztwelt!" Im Verlauf des schmeichelhaften Briefs war die Rede von einer gescheiterten – Theaterunternehmung in Rußland – –

Eine Theaterdirectorin in Rußland und eine bairische Gräfin – und voll Verzweiflung und am Rande des Elends – wie sie hinzufügte – Ich schrieb ihr mit allen einer geborenen Comtesse gebüh-*[494]*renden Formen, sie möchte mir getrost ihr Leben schicken.

Ein mehrere Pfund schweres Manuscript kam an. Ich begann die Lectüre in der Voraussetzung, es handelte sich um eine Unglückliche, Verkannte, Verzweifelnde, der ein Recht, der Hülfe verschafft werden müßte.

Die Gräfin ist eine Bairin; ihr Vater Offizier; er fällt in Tirol für Napoleon. Offizierstochter, Gräfin wird sie in München, im nymphenburger Adelsinstitut erzogen. Ihr Kindesleben, ihre Tante eine Hofdame, ihre Genossinnen. Die Töchter des Königs Max sind ihre Mitschülerinnen, die jetzt noch lebenden Königinnen von Preußen, Sachsen, Erzherzoginnen von Oestreich. Ihr Wuchs entwickelt sich nicht. König Max schickt sie nach der von ihm protegirten würzburger Anstalt. Sie liegt auf dem Streckbett, macht Bekanntschaft mit einer Menge leidender Kinder. Sie schildert allerlei Charaktere: zarte, gebrechliche, muntere, ja frivole. Einem, nach ihrer Behauptung, soll meine Paula „nachgebildet" sein. Aber sie schildert auch eine Russin, die excentrisch unter einer Liebe ihrer Mutter leidet, ein Motiv, das ich drei Jahre früher in den „Rittern vom Geiste" in der Russin Olga und Adele Wäsämskoi, ihrer Mutter, mir selbst erfand. Der Aufenthalt endigt mit einer Verleumdung wegen einer Liebschaft und mit einem sittlichen Attentat, das wir nicht erzählen können. Neue Scenerie. Ein Paar alte Verwandte auf dem Lande, wo sie wohnen soll. Ein Präsident ihr Onkel. Neues Attentat auf ihre Tugend. München, Starenberg – der Hof wieder, die Tante-Hofdame. Neue Verheirathung ihrer Mutter. Erbschaftsstreit u. s. w., u. s. w.

Bis zur Mitte etwa war ich von alledem gefesselt. Ich sah bei aller Bedenklichkeit des Inhalts ein **wirkliches** Leben. Mochte die Darstellung gewiß mannichfach unwahr, jedenfalls anstößig der Inhalt sein; es stand alles handgreiflich vorm Auge. Ich gedachte der „unglücklichen" Lage der Frau, sah die Verwandte in dem Licht, das sie über ihre Handlungsweise verbreitete, ich glaubte, diese Biographie könnte mit Verschleierung und Weglassung alles Anstößigen existiren. Auch schrieb ich das der Baronin nach Tilsit. Ich sagte ihr, daß ich **bisjetzt** beim noch nicht beendeten Lesen an die Möglichkeit einer Ueberarbeitung glaubte und „Denkwürdigkeiten einer deutschen Gräfin" gewiß als ein merkwürdiges Bild unserer Zeit und deutscher Adelsschicksale einen Verleger finden und sie aus ihrer unglücklichen Lage retten würden. In einen literarischen Kreis, dem Auerbach, Julius Hammer, die Gebrüder Banck und mehrere andere beiwohnten, trat ich, erfüllt von der Absicht, der Frau zu helfen, erzählte eine Scene, wo die Schwiegermutter der später dann verheiratheten Baronin, eine gefährliche Fieberkranke oder Irre, nachts vor ihrem Bette erscheint, etwa so spukend, wie in der „Waise von Lowood" eine solche Gestalt vorkommt. Ich erzählte die Mysterien der orthopädischen Anstalt – mit dem **ausdrücklich hineingeworfenen Zwischensatz:** Uebrigens eine Lieblingsidee von mir, ein auf dem Streckbett liegendes Kindesgemüth zu schildern! Dann warf ich die Frage auf, was von einer Bearbeitung, natürlich mit Hinweglassung aller Zweideutigkeiten, zu halten wäre?

Die Meinungen waren getheilt und neigten zuletzt auf die Seite der Verneinung. Des Zweideutigen wäre zu viel, die Conflicte mit den Verwandten wären zu gefahrvoll. Auch die Meinung eines angesehenen Buchhändlers sprach dagegen.

Die Briefe von Tilsit drängten und drängten inzwischen. Ich las weiter und sah allmählich die Unmöglichkeit einer Veröffentlichung ein. Der Lebenslauf sinkt und sinkt. Die Heldin wird Directrice einer Schauspielertruppe, lebt im steten Kampf mit der Polizei, flüchtet von Ort zu Ort; trunksüchtige Schauspieler, Improvisatoren hängen sich an sie an; ihr Somnambulismus endet im Arresthause; königliche Gnade weist sie ins Irrenhaus. Neue Flucht. Sie erlebt neue Abenteuer in Oesterreich und macht, ausgewiesen aus Baiern, den Uebergang nach Hannover und Berlin. Endlich folgt ein systematisches Beunruhigen der hohen Herrschaften, mit denen sie erzogen ist, ein ewiger Kampf mit abschlägigen Antworten und Ausweisungen. Zuletzt Pensionen und die Concession zu einer reisenden Theatergesellschaft in der Mark Brandenburg. 1848 hält sie ein Sommertheater in Moabit bei Berlin.

Mit aller Delicatesse stellte ich der Frau meine Bedenken vor. Gewisse Dinge würden sich nicht verschleiern lassen, ihre Familie würde sich erheben, ihr Leben wäre noch nicht abgeschlossen – Ja, sagte ich scherzend, wenn der Herausgeber ein ägyptisches Todtengericht halten könnte und die Heldin nicht mehr wäre! Aber Sie leben noch – ich kann meine Hand zur Veröffentlichung nicht bieten; das ewige „Fortsetzung folgt" Ihres Lebens würde mich stören – kurz, ich hatte durch den Totaleindruck dieses Lebens den Glauben für die Anfänge verloren.

Als auf solche Erklärungen ein Schreckensruf aus Tilsit kam und die Wendung gebraucht wurde: „Ich blicke in die Fluten der Memel!" schickte ich, um dem Aeußersten vorzubeugen, eine augenblickliche Geldhülfe, wie sie meinen Verhältnissen entsprach.

Nicht lange, so wurden die Briefe plötzlich jubelnd. Die Theaterconcession ist erneuert, wahrscheinlich ist ein Arrangement mit den Verwandten erfolgt, die Baronin ist in dem Städtchen Schwetz an der Nogat, hat bald wieder eine reisende Truppe, spielt selbst Komödie und will jetzt nur noch ihre Biographie los sein, d. h. als Romanstoff. Es spräche jetzt alles gegen die frühere Aufdeckung der „Nichtswürdigkeiten und Intriguen" – sie hatte ohne Zweifel ein Abkommen mit ihrer über diese „Memoiren" erschrockenen Familie getroffen infolge meiner ersten Geneigtheit, eine Bearbeitung zu versuchen. Ich hatte, nach einer Wallung meines Herzens, das sich wieder einmal täuschte, meine Menschenkenntniß bereichert.

Aber ein Jahr lang kann die Baronin den Gedanken nicht los werden, ich, gerade ich müßte es sein, der das Ganze für 100 Thaler kauft und nach Be-*[495]*lieben als „Eigenthum" benutzt. „**Ich gebe Ihnen einen Schein, welcher Ihnen volles Recht gibt, die Stoffe zu bearbeiten und anzuwenden, wie Sie wollen.**" Ueber die Hülfe, die ich ihr nach Tilsit geschickt, schrieb sie unterm 12. Dec. 1853: „**Um sich für diese mir gütig geliehene Summe bezahlt zu machen, bitte ich, daß Sie sich irgendeinen Stoff herausnehmen zu einer Novelle u.s.w.**" Ein Geschenk wollte sie – jahrelang wiederholt – nicht empfangen haben, sondern nur ein Darlehen. Sie überließ mir die freie Auswahl.

Ich könnte hier abbrechen. Ich könnte meiner Gegnerin erwidern: Da ist das Geheimniß gelüftet! Das Gewinnen von Quellen schändet keinen Romandichter. Jeremias Gotthelf hatte einen Knecht, der statt seiner in die Wirthshäuser ging und den Bauern ihre neuesten Händel abfragte. Von Berthold Auerbach ist bekannt, daß ihm anfangs seine Landsleute gram waren, weil sie sich und ihre Privathändel in seinen Geschichten wiedererkennen wollten. Goethe hat im „Wilhelm Meister" nie gesagt, wem die Bekenntnisse der schönen Seele gehören. Ein Dichter gibt Gehörtes, Gelesenes in seiner Weise wieder; das ist sein Amt und sein Wesen. Wenn mir jetzt oft gesagt wird: "Wo haben Sie die katholischen Sachen in Ihrem «Zauberer von Rom» her?" so darf ich aufrichtig erwidern: Ich verdanke sie dem Studium, meinen Reiseeindrücken, aber auch vielen mündlichen und schriftlichen Mittheilungen von Freunden und Freundinnen. Manche haben einen förmlichen Eifer gehabt, mich unterrichten zu wollen. Jede treue, redliche Seele hat im Gegentheil in solchem Falle bei der Lectüre ihre Freude, wenn sie sagen kann: Das hat er von mir! Ich könnte also ruhig erwidern: Ich habe, wie ein Philolog fremde Vergleichungen alter Handschriften kauft, ebenso es der Frau bezahlt, daß ich z. B. das Streckbett Paulas's nach Würzburg verlegte! – – Aber ich will nicht. Mein Recht ist zwei Jahre älter als ihr Manuscript.

Die Wahnvorstellung der Frau, ich müßte ihr Manuscript als Ideenmagazin kaufen, hörte nicht auf. Am 27. Jan 1855 schrieb sie: "Wollen Sie nicht, so vermitteln Sie mich mit Alexander Dumas!" Sie bietet mir einen Antheil "für meinen Zeitverlust".

Da ich dies merkwürdige Talent einer Frau, heute bis zur Verzweiflung mit dem Leben fertig zu sein und morgen mit einer bewundernswürdigen Lebenszähigkeit wieder aufzuschnellen, immer mehr durchschaute und die hohen und höchsten Herrschaften in Berlin, Dresden, Wien bemitleidete, die der steten "Erinnerung an die nymphenburger Gespielin" ausgesetzt waren, so hatte ich das Verhältniß in einem Grade überdrüssig bekommen, daß ich den ganzen Ankauf, jede andere Operation ablehnte und das mir lästig gewordene Manuscript zurückschickte.

Die Dame ging nach Wien und fing selbst zu schriftstellern an. Ich durfte annehmen, daß sie die Motive ihrer Biographie längst selbst benutzt hat. Sie schrieb für die Feuilletons wiener Volksblätter, sie versandte Stücke, sie war über alles au fait, was auf dem literarischen Markte vorging.

Inzwischen redigirte ich meinen Roman. Im Bewußtsein der höchsten Anstrengung meiner Kräfte, die er mich gekostet hat und noch kostet, ließ ich mich durch keine Besorgniß irre machen, daß mir vielleicht in einem Werke von 3000 engen Druckseiten irgendeine Reminiscenz wie an vieles, was sich in unserer Erinnerung aufspeichert, so auch an das Leben jener Frau beschleichen könnte. Meine orthopädische Anstalt strich ich nicht aus. Ich hatte, kann ich wohl sagen, meinen Fanatismus dabei. Ich schrieb ihr noch vor kurzem: „Geben Sie, wenn Ihre Biographie jetzt nichts aus meinem Roman abschreibt, das, was Sie von Dr. *** und seinem Wirken am Streckbett erzählen, heraus, es wird vollkommen original und selbständig neben meiner kleinen und kurzen Erwähnung einer solchen Anstalt bestehen!" Daß ich dabei statistisch auf die Lectüre ihres Lebens hinwies, und wirklich den König Max Bd. I, S. 359 erwähnte, war, glaubt' ich annehmen zu dürfen, das Minimum der „Benutzung", um die sie mich nach obiger Autorisation gebeten hatte. Ich entnahm meinem Gedächtniß vier Zeilen, wo ich nach obiger Taxation 2–300 ihrer geschriebenen Seiten hätte herausnehmen und bearbeiten dürfen.

Unterm 29. November v. J. schrieb, nach langem Aufhören des Briefwechsels, ein Jahr nach Erscheinen der angeschuldigten Stellen, die Baronin aus Wien, ich sollte ihr von der Schillerstiftung dreihundert Thaler und eine lebenslängliche Pension erwirken.

Sie schilderte ihre Lage wie gewöhnlich. Trotz der Pensionen, die sie bezieht, Elend über Elend: in jener bekannten Weise, die dem Theater angehört. Ihre Hoffnungen auf einen Adoptivsohn, der in Hamburg hätte die Bühne betreten wollen, und am Abend gerade vor Beginn der Vorstellung die Stimme verlor, sind gescheitert. Sie wollte der Schillerstiftung eine Anzahl Schauspiele zum Versatz geben und so viele Stücke schreiben, daß die Schillerstiftung sich könnte bezahlt machen.

Es that mir leid, ihr erwidern zu müssen, daß ich diesen Vorschlägen keinen Erfolg verbürgen könnte und sie bitten müßte, sich mit der Darstellung ihrer Lebenslage an das Filial der Schillerstiftung in Wien zu wenden.

Nach einiger Zeit schrieb sie, sie hätte nur 30 Gulden bekommen können, erging sich in den heftigsten Schmähungen gegen eine Stiftung, in der sie sich vollkommen getäuscht hätte, die einem Manne – („Ludwig Otto", schrieb sie) – einen Vorzug vor ihr gäbe – vor einer Frau, die unglücklich wäre – Nun wünschte sie ein Exemplar meines „Zauberer von Rom" zu haben.

Ich erwiderte ihr, das Uebersenden von sechs Bänden nach Oesterreich wäre sehr umständlich, sie sollte sich das Buch in Wien zu verschaffen suchen. Ihre Lectüre desselben würde mir um so mehr Freude *[496]* machen, als sie im ersten Bande einer Lokalität begegnen würde, die sie auch in ihrer Biographie berührt hätte, der orthopädischen Anstalt in Würzburg.

Kaum ist dieser Brief bei ihr eingetroffen, so schreibt sie: Ein Schriftsteller, den sie Müller nannte, hätte sie auf Aehnlichkeiten meines Romans mit ihrer Lebensgeschichte aufmerksam gemacht, sie hätte nun zwei Bände gelesen und müsse im zweiten Bande allerdings nichts, aber im ersten die Heilanstalt, den Somnambulismus Paula's und die Erwähnung, daß bei der Priesterweihe ein Kind die geistliche Braut darstelle, als ihr angehörend bezeichnen. Herr Müller würde gewiß sehr scharf verfahren, denn ich „m ü ß t e i h n w o l e i n m a l b e l e i d i g t h a b e n". Sie führt mir zu Gemüthe, daß ich wol einsähe, wie sie nun ihre Biographie interessant machen und im Preise steigern könnte. Indeß schließt sie: „Wenn Sie sich passend mit mir a b f i n d e n , will ich Ihnen schriftlich geben, daß Sie zur Benutzung dieser Ideen berechtigt waren."

Ich hätte von **ihrem** Standpunkt erwidern können, sie vergäße ihre Autorisation vom 12. December 1853; diese kleinen Citate wären eben das, was ich benutzt hätte. Doch blieb ich bei meinem Recht. Ich erwiderte mit allem, was ich im Obigen entwickelt habe und schloß, daß, wenn Herr Müller nichts aus meinem Roman in ihre Biographie hineinschriebe, ich seinen Angriff ruhig abwarten könnte. Ich mochte noch nicht offen heraussagen, daß, wenn mein erster Band, der Lucindens Leben erzählt, in seiner Scenenabwechselung und Abenteuerlichkeit ihrem Leben ähnelte, dies allerdings die Aehnlichkeit aller – Aventurier-Romane wäre – –

Vierzehn Tage vergingen, da erscheint in einer hamburger Zeitung eine offene Anklage auf „Plagiat" mit Benutzung und Entstellung meiner an die Frau gerichteten Briefe. Der Artikel war überschrieben: „Ein Skandälchen".

Als Vermittler desselben meldete sich ein Herr von *, der die Anklage wiederholte und von mir folgende Antwort erhielt: „Ew. Hochwohlgeboren müssen wahrscheinlich die bereits gefälschte Biographie der Baronin von Gravenreuth, geborene Gräfin Hirschberg, gelesen haben, wenn Sie von einer «ungeheuern Aehnlichkeit» derselben mit dem «Zauberer von Rom» sprechen. Ist es die alte Biographie, die ich vor sieben Jahren las, wie ich Hunderte von Manuscripten lese, gelesen habe und lesen werde, so kann das Urtheil nur lauten: Mein erster Band – ja, der schildert das Leben einer Abenteurerin! Scene folgt auf Scene auch da! Gerade wie im Leben aller Gilblas, auch der weiblichen! Es können noch hundert Lebensläufe à la Baronin von Gravenreuth geführt und beschrieben werden, und sie werden sämmtlich, ich sage sämmtlich, mit dem Lebenslauf meiner Lucinde eine «ungeheure Aehnlichkeit» haben. Daß ich nach hundert völlig original von mir erfundenen Abenteuern zuletzt auch im ersten Band eine orthopädische Heilanstalt eintreten lasse, ist der Anhalt meiner Verleumderin. Vor zwei Jahren schickte mir Herr Baron von L. in Dessau eine «Diakonissin». Glücklicherweise hatte ich drei Jahre früher selbst eine Diakonissenanstalt gesehen und beschrieben. Glauben Sie, daß ein Mann, der alle Tage Manuscripte lesen muß, seine Ideen aufgibt, wenn er sie in diesen wiederfindet? Was ich vom Streckbett schon seit 1835 und von einem dadurch geprüften Kinderseelenleben immer und immer mir zu schildern vorgenommen hatte, hat nichts mit Situationen gemein, wo – – – – (Ich lasse diese Stellen weg). Ich war so harmlos in meinem Rechte, daß ich voraussetzte, der Baronin würde eine ausdrückliche kleine statistische Notiz über König Max, die ich ihr allerdings verdanke, Freude machen! Ihre Erlebnisse in dieser Lage bleiben ihr ja völlig unbenommen. Unter den vielen geschilderten Kindern, die sich mit der Baronin auf dem Streckbette befanden, soll auch eins Gräfin Ida Seefeldt heißen? Meine Paula heißt nicht so. Die Freiin Therese von Seefelden, die bei mir vorkommt, ist eine Nonne. Ich habe in fünfundzwanzigjähriger Autorthätigkeit wol schon 500 Namen erfinden müssen. Kommt da einmal auch eine Freiin von Seefelden – «Seeburg» braucht' ich selbst schon in meinem «Weißen Blatt» – was will das sagen! «Hüftleiden» schmunzelt der geheimthuende Verleumder? Als wenn eine aufs Streckbett gegebene ganz Verwachsene fähig wäre einer Entwickelung, wie ich sie Paula in neun Bänden gebe, in Situationen gebe, für die sich im Leben der Frau von Gravenreuth auch nicht eine Spur des Vorbildes findet. «Priesterliebe?» – Wo ist davon bei der Baronin die Rede? Der Magnetismus wäre entlehnt? Glauben Sie, daß meine Paula entstanden ist aus der Kenntniß des Somnambulismus, die ich erst der Frau von Gravenreuth verdankte? Abgenutzt ist leider dies Romanmotiv an sich und neue Begeisterung dafür konnte mir wahrlich eine Person nicht einflößen, die für ihr Schlafreden – (Folgt das oben Erzählte). Ein «Gespräch» sogar über «Magnetismus» hätt' ich dieser im Dialog und Raisonnement so ungebildeten Biographie entlehnt? Lüge!"

Als ich der Frau von Gravenreuth anzeigte, daß ich mich in meinem Vertrauen auf ihre „gesunde Vernunft" getäuscht hätte, und nun in meiner Erwiderung die Lebenssituationen erzählen müßte, für deren Reproduction sie mich vor dem Publikum

Deutschlands verantwortlich machte, drohte sie zwar mit allen Mächten der Erde, vorzugsweise mit dem König von Baiern, schloß aber doch, auf die Geldspeculation zurückkommend: „Finden Sie, daß eine Ausgleichung besser sei, so schicken
5 Sie mir eine telegraphische Depesche!"
Ich glaube, jeder Unbefangene stimmt in meinen Ausdruck der tiefsten – Verachtung ein.
Dresden im April 1860.

Gutzkow.

Quellennachweis

Vorwort zur zweiten Auflage. In: Der Zauberer von Rom. Roman in neun Büchern von Karl Gutzkow. 2. Aufl. Bändchen 1. Leipzig: Brockhaus, 1863. S. X-XIV

Vorwort zur dritten Auflage. In: Der Zauberer von Rom. Roman in neun Büchern von Karl Gutzkow. Dritte Aufl. Bd. 1. Leipzig: Brockhaus, 1869. S. XV-XXXII

Zur vierten Auflage. In: Der Zauberer von Rom. Roman von Karl Gutzkow. Vierte völlig umgearbeitete Aufl. Bd. 1. Berlin: Janke, [1872]. S. XVII-XVIII

Die „Grenzboten" und das sächsische Preßgesetz. In: Unterhaltungen am häuslichen Herd. Leipzig. N.F. Bd. 4, Nr. 35, [28.05.] 1859. S. 556-558

Die Baronin von Gravenreuth, geb. Gräfin Hirschberg, und mein „Plagiat" an ihrer Lebensbeschreibung. In: Unterhaltungen am häuslichen Herd. Leipzig. N.F. Bd. 5, Nr. 31, [28.04.] 1860. S. 492-496

Wolfgang Rasch

Die Werkstatt des Zauberers – Randglossen zur Entstehungsgeschichte eines Romans

Karl Gutzkows Roman Der Zauberer von Rom, *der mit unserer Ausgabe erstmals seit über 140 Jahren wieder in seiner ursprünglichen Fassung gedruckt vorliegt, wurde bislang in der germanistischen Forschung kaum wahrgenommen. In den letzten Jahrzehnten sind nur sehr wenige Arbeiten über den Roman erschienen, was nicht nur seinem Umfang und seiner Komplexität sondern möglicherweise auch der Tatsache geschuldet sein könnte, dass er seit 1911 bzw. 1922[1] nicht mehr im Buchhandel greifbar war. Speziell zur Entstehungsgeschichte dieses Romans hat die Forschung bis heute nahezu nichts beigetragen.[2] Es fehlen diesbezüglich vor allem Notizbücher, Stoffsammlungen, Entwürfe des Autors bzw. Manuskripte und Druckfahnen des Romans, die Aufschluss über das jahrelange Arbeitsprocedere geben könnten. Aber auch der ideengeschichtliche Kontext, in dem der Roman entstanden ist, Gutzkows Quellen, das historische Fundament, die vielfältigen Anspielungen und autobiographischen Bezüge im Text bedürfen genauer Untersuchungen.[3] Manches dazu wird die Kommentierung des Romans unter* www.gutzkow.de *beitragen. An dieser Stelle soll zuerst die Entwicklung „eines der bedeutendsten deutschen Bücher"[4] (Arno Schmidt) in groben Zügen umrissen und mit Einblicken in die Arbeitspraxis Gutzkows beleuchtet werden.*

Seinen ersten großen Roman Die Ritter vom Geiste, *ein Werk von neun Bänden und über 4000 Seiten, schrieb Gutzkow 1850/51 in wenigen Monaten. In den* Rückblicken auf mein Leben *hat er diese kurze Zeitspanne konzentrierter Arbeit als schöpferische Eruption geschildert, als* Befreiung und Erlösung[5] *von politischen und persönlichen Erfahrungen. Die Entstehung und die Niederschrift des zweiten großen Romans* Der Zauberer von Rom, *wiederum neun Bände und mit kleinerer Type gedruckt ‚nur' noch 3500 Seiten stark, dauerten dagegen Jahre und standen in vielerlei Hinsicht unter einem ungünstigen Stern.*

Die schleppende Publikation der neun Bände zwischen Oktober 1858 und Mai 1861, eine dadurch zunächst zögerliche und selektive öffentliche Aufnahme des Romans, die teilweise unfreundliche und einseitige Kritik, ein lästiger Rechtsstreit um den Abdruck einer Gegendarstellung, ein verhindertes Duell, Plagiatsvorwürfe und ein Erpressungsversuch sowie dauernde Querelen zwischen Autor und Verleger sind nur ein paar Begleiterscheinungen, die dem Autor die fortlaufende Arbeit am Zauberer von Rom *schwer machten. Schlimmer noch als diese unerquicklichen Nebenumstände gestalteten sich die finanziellen Folgen der Arbeit: Gutzkow erhielt Vorschüsse und hatte schon bald einen Teil des Honorars verbraucht. Er musste Schulden machen und blickte als Ernährer einer siebenköpfigen Familie sorgenvoll in eine unsichere Zukunft. Dass er dennoch Kraft und Nerven aufbrachte, diesen Großroman fertigzustellen, verdankt er seiner eisernen Arbeitsdisziplin und einem manischen Arbeitsdrang. Der Preis dafür war hoch: Gesundheitliche Probleme und vor allem eine immer gebrechlicher werdende psychische Verfassung bildeten den Nährboden für jene schwere seelische Krise, die 1865 schließlich zu einem Selbsttötungsversuch führen sollte.*

Nach dem Erfolg der Ritter vom Geiste *hatte Gutzkow 1852 mit den „Unterhaltungen am häuslichen Herd" eine der ersten Familienzeitschriften ins Leben gerufen, die ihm ein Mindesteinkommen sicherte. Die bilderlose Zeitschrift geriet aber schon nach einigen Jahren durch eine wachsende Flut illustrierter Blätter ins Hintertreffen. Da sich der redaktionelle Arbeitsaufwand für Gutzkow mit den Jahren steigerte, wurde ihm die Zeitschrift mehr und mehr zur Last und machte sich immer weniger bezahlt. Größere Einnahmen aus seiner dramatischen Tätigkeit blieben aus. Der Dramatiker Gutzkow konnte nach 1850 an seine früheren Theatererfolge nicht mehr anschließen. Keines seiner Stücke aus den fünfziger Jahren hatte durchschlagenden Erfolg.* Die Bühne ist mein Feld nicht mehr, *resümiert er am 6. Dezember 1856 in einem Brief.* Ich darf nichts mehr schreiben, was sich nicht positiv verwerthet. Ich werde mich ganz in meinen Roman versenken.[6] *Dieser neue Roman sollte nicht nur seine Lebensverhältnisse stabilisieren, einer sich andeutenden Schaffenskrise entgegenwirken und seiner literarischen Reputation frischen Glanz verleihen, sondern vor allem auch seiner Vorstellung von moderner Romankunst und realistischer Prosa zum Durchbruch verhelfen. Gutzkow spürte, dass er in dieser Hinsicht gegenüber seinen Gegnern und Rivalen mehr und mehr an Boden verlor.*

Angesichts der großen Konkurrenz auf dem literarischen Markt konnte er daher weder unbekümmert noch unbeschwert schreiben. Ich vergrabe mich wieder in einen neuen Roman vom Umfang wie die Ritter, *teilt er am 15. Januar 1858 Friedrich Hebbel mit,* und das ist ein Bergwerkleben, im untersten Schacht, nicht ohne Lebensgefahr, denn ich werde alt u fühle die Kraft nicht mehr, namentlich die nicht, ganz sorglos ins Zeug hinein zu arbeiten. Mir sitzt nun das ewige Dorfgefiedel und Juchhei der Auerbachschen Triumphe g a n z nahe am Ohr u macht mich auch verwirrt.[7] *Irritation stiftete aber nicht nur das* Juchhei *der sentimentalen, volkstümelnden Dorfgeschichten Auerbachs. Vor allem der für ein breites bürgerliches Publikum identifikationsstiftende Kaufmannsroman „Soll und Haben" (1855) von Gutzkows altem Gegner Gustav Freytag war nicht nur erfolgreich, sondern für einen Großteil der Kritik um 1858 maßgebend. Sehen wir von den beliebten historischen Romanen Luise Mühlbachs ab, von den vielgelesenen, an Dickens geschulten Erzählwerken Friedrich Wilhelm Hackländers und der ungeheuren Masse an sonstiger Leihbibliotheksprosa, so hatte sich Gutzkow vor allem gegen jene Strömungen im Lesepubli-*

kum und in der Literaturkritik durchzusetzen, in denen Ende der fünfziger Jahre Freytag und Auerbach den Ton angaben. Gutzkow hat im Zauberer von Rom *an einigen Stellen ganz ostentativ Kontrastbilder zu den literarischen Vorlagen Freytags und Auerbachs eingeblendet. So erwidert er beispielsweise am Ende des zweiten Buches die verklärte Kaufmannswelt Freytags mit einem ganz eigenen Bild der* Soll und Haben-*Sphäre,[8] nämlich der Darstellung eines Gelages junger Kölner Handelsherren. Die Figur des Chefs eines großen Handelshauses, Piter Kattendyk, der sich nicht fleißig bewährt, sondern vielmehr blamiert, widerborstig und eigensinnig zeigt, liest sich streckenweise als Satire auf den tüchtigen deutschen Kaufmann, wie ihn Freytag in seinem Helden Anton Wohlfahrt idealisiert hat. Selbst die differenziert gezeichneten Judenfiguren des Romans, der stets heitere, opernverrückte Löb Seligmann, die philosophische Veilchen Igelsheimer, die menschenfreundliche Hasenjette oder die beiden Bankiers Fuld scheinen Gegenfiguren zu jenen schäbigen, leptosom-kranken, bösartigen und habgierigen Juden in Freytags „Soll und Haben" zu sein. Erzählerische Reflexe auf Auerbachs naiv-rührselige „Barfüßele"-Welt, auf seine inzwischen zur Manie gewordenen affektierten Dorfgeschichten finden sich gleich zu Anfang des Romans, in der Schilderung der armseligen, heruntergekommenen dörflichen Lebenswelt, in der Lucinde Schwarz aufwächst, aber auch in einigen kurzen, düsteren, bedrückend-realistischen Binnenerzählungen des Romans: So etwa in der Geschichte zweier Selbstmörder – Treudchen Leys Vater und Großvater im achten Kapitel des zweiten Buches – oder in dem Lebensbild der alten Hedemanns im vierten Kapitel des fünften Buches. Sie werden Opfer eines Betruges durch ihren Pfarrer und verweigern sich von da an als ‚Extremaussteiger' kompromisslos der menschlichen Gesellschaft.*

Gutzkow hat schon sehr früh daran gedacht, seinen Rittern vom Geiste, *dem norddeutsch-protestantischen Kulturbild, ein katholisches Pendant gegenüberzustellen. Schon Ende 1851 schreibt er an Brockhaus, er wolle* in 3-4 Jahren, wenn ich Kraft u. Leben behalte, damit hervortreten. Wie die Ritter v. G. Norddeutschland u. den Protestantismus repräsentieren, so hab' ich einen großen, schon ziemlich reifen Plan zu einem Gemälde der süddeutsch-europäischen-katholischen Welt.[9] *Es gärte in Gutzkow nach dem Erfolg der* Ritter *gewaltig und selbst von Paris aus, wo er sich im Mai 1852 aufhielt, heißt es in einem Brief an seinen Verleger:* Ehe ich auch nicht an meinen großen Plan gehe, einen Roman im großen Aufriß über die Theokratie und Rom zu schreiben komme, eher hab' ich auch keine wahre Ruhe und innere Befriedigung. Was hab' ich hier für diesen Plan nicht wieder an neuem Material gewonnen![10]

Für diese Aufgabe war der ehemalige Theologiestudent und Schüler Schleiermachers, der nach dem Willen seiner Eltern hätte Pfarrer werden sollen, prädestiniert. Zeitlebens haben ihn theologisch-kirchliche Themen und Glaubensfragen zu dichterischen Werken angeregt, von Maha Guru, *der Geschichte eines Gottes (1833), über* Wally, die Zweiflerin *(1835),* Uriel Acosta *(1846) bis zu* Die Diakonissin *(1855). In kleinen Aufsätzen und Essays, Rezensionen und Polemiken hat er sich oft mit aktuellen Kirchenfragen und theologischen Problemen auseinandergesetzt. 1837 und 1838 mischte er sich in den Kölner Kirchenstreit ein, polemisierte in seiner Schrift* Die rothe Mütze und die Kapuze *gegen Görres' „Athanasius" und die katholische Romantik und stellte sich – wenn auch mit Vorbehalten – hinter die gewaltsamen Maßnahmen der preußischen Regierung gegen den Kölner Erzbischof. An seinen Wohnorten München, Frankfurt und Dresden sowie auf zahlreichen Reisen hatte er die katholische Welt kennengelernt und eingehend studiert. Neben der Entwicklung eines umfassenden Kulturbildes katholischer Lebenswelten, Anschauungen und Mentalitäten, neben der Frage, wie ganz unterschiedliche Menschen aus verschiedenen sozialen Klassen und von ungleicher Bildung vom Katholizismus angeregt, bewegt und geleitet werden, hatte Gutzkow auch die politi-*

schen Aspekte, die sich aus dem Katholizismus in und für Deutschland ergaben, im Auge. Ihn beschäftigte vor allem die Kraftprobe zwischen Ultramontanismus und nationalstaatlichen Bestrebungen in einem von Konfessionsgegensätzen und einem Nord-Süd-Dualismus geprägten Deutschen Bund. Das Interesse der römischen Kurie an einer dauerhaften kleinstaatlichen Zersplitterung Deutschlands stand dem Bedürfnis liberalfortschrittlicher Kreise nach nationaler Einheit unversöhnlich gegenüber. Diese politische Dimension des Romans, die Freiheit, Einheit und Unabhängigkeit einer deutschen Nation intendiert und einen Beitrag zur Förderung der ‚vaterländischen' Einheit leisten will, wie Gutzkow im Vorwort zum Roman betont, korrespondiert eng mit einer anderen Frage: Kann sich der Katholizismus mit seinem Beharrungsvermögen, seiner strengen Hierarchie und seinem päpstlichen Absolutismus reformieren, ohne durch einen orthodoxen, staatsnahen Protestantismus ersetzt zu werden? In der romanhaften Behandlung dieser Fragestellung verzichtet Gutzkow bewußt auf einen tendenziös protestantischen Standpunkt. Stattdessen stellt er den Katholizismus in seinen vielfältigen Schattierungen, Denkweisen und Lebensauffassungen dar, versucht ihn zu verstehen und psychologisch zu ergründen. Sein Ziel ist nicht die Beseitigung, sondern eine Reform des Katholizismus, die nur von innen heraus geschehen kann. Gutzkow meidet daher eine offen polemische, satirisch überspitzte Tendenzprosa zugunsten einer ausgewogenen und mehr ‚poetischen' Behandlung des Stoffes:

Ich habe mir gerade die Aufgabe gestellt, allem Poetischen im Katholizismus Rechnung zu tragen und die gewöhnliche ordinäre Art, das Priestertum und namentlich den Zölibat zu verfolgen, gänzlich zu vermeiden. Der im zweiten Band hervortretende eigentliche Held des Ganzen ist ein Priester, um den ich alle nur erdenklichen Glorien der Sittlichkeit und des Edelsinns gezogen habe; sodaß, was auf der einen

Seite Angriffe auf den Ultramontanismus schlimm machen könnten, auf der andern wieder die lieblichen Farben, mit denen z. B. dieser Held und sein Oheim, der Dechant, gemalt sind, gutmachen und eine **ruhige Prüfung** sich sagen muß: Gutzkow hat sich eine für uns allerdings verdrießliche Aufgabe gestellt, sucht sie aber würdig und mit sichtlicher Schonung unsrer Gefühle zu lösen.[11]

Gutzkow hat, wie Jutta Osinski treffend anmerkt, schon früh die „Idee einer überkonfessionellen, antipapistischen, übernationales Bildungsgut vereinigenden Religion"[12] vertreten. Diesem Credo bleibt er auch im Zauberer von Rom *treu, in dem ihm „als Ideal [...] eine geeinte deutsche Nation, in der geistigen Einheit Europas" vorschwebt, „in der ein überkonfessionelles Christentum in einer neuen unsichtbaren Kirche herrscht".[13] Er bezeichnet selbst einen* geläuterte[n], von Rom befreite[n] Katholicismus[14] *im* Vorwort zur zweiten Auflage *des Romans als* Tendenz des Buches, *eine Tendenz, die Gutzkow zufolge* bei den meisten Katholiken Deutschlands verbreitet ist und nur des Beistands unserer Politik [...] bedürfen würde, um durch Trennung von Rom die Einheit des Vaterlandes aufs segensreichste zu befördern.[15] *Damit wird eine Zielgruppe des Romans explizit angesprochen: Gutzkow veranschaulicht nicht nur auf profunde Weise seinen protestantischen Glaubensbrüdern Wesen und Magie des ‚römischen Zaubers' mitsamt exotisch anmutenden Exercitien, befremdlich wirkenden Ritualen oder pathologisch scheinenden Bußpraktiken und Strafandrohungen. Er wendet sich vor allem an das gebildete katholische Bürgertum Deutschlands, das sich für den Gedanken einer Kirchenreform – etwa im Geiste des von Gutzkow in den vierziger Jahren ausdrücklich favorisierten Deutschkatholizismus – gewinnen ließe. Schließlich waren um 1850 im Bereich des Deutschen Bundes mehr als die Hälfte,[16] im protestantisch geprägten Preußen immerhin noch mehr als ein Drittel der Einwohner katholisch.[17]*

Auftakt zum Roman, Vertragsabschluss, Geschäftsmodalitäten

1851 hatte Gutzkow begonnen, ein Priesterleben in Versen zu schildern. Aus der Anschauung zw ei er an einem stillen Altar sich gegenüberstehender und langsam sich verzehrender Kerzen entstand die Grundanschauung des Ganzen, dessen Versform ich beim Wachsen des Materials aufgab. Ein Priester und eine Priesterin waren die Helden des neuen Culturbildes, das ich versuchen wollte.[18] *Aus diesen tastenden Versuchen entwickelte sich schon ein Figurenpaar des späteren* Zauberers von Rom: *Bonaventura von Asselyn, ein von ernster, abgeklärter Religiosität geprägter Geistlicher, und Gräfin Paula von Dorste-Camphausen, eine sensibel-ätherische Erscheinung und ekstatische Visionärin, eine Seherin, eine Traumrednerin, eine zweite Hildegard, eine idealisirte Nonne von Dülmen. Die „rothe Erde", das Münsterland der Schauplatz.*[19] *Die Anregung dazu hatte die stigmatisierte Nonne von Dülmen Anna Katharina Emmerich (1774-1824) gegeben, deren Offenbarungen Clemens Brentano protokollierte, bearbeitete und unter dem Titel „Das bittere Leiden unsers Herrn Jesu Christi" 1833 veröffentlichte. Der Arbeitstitel des Werkes, das Gutzkow Ende 1853 schon in groben Zügen vorgezeichnet hatte, sollte* Die Offenbarungen *heißen.*[20] *Spuren dieses ursprünglichen Versepos finden sich im 2. Buch des* Zauberers von Rom, *wo Gutzkow die Gestalt Bonaventuras in Versen schildert,*[21] *und im 8. Kapitel des 5. Buches,*[22] *wo Bonaventura und Paula allein zusammenkommen und die dramatische Spannung einer unerfüllt bleibenden Priesterliebe ihrem tristen Entsagungshöhepunkt zutreibt. Auch hier finden sich vier Verszeilen, die dem ersten Entwurf entnommen sein dürften.*[23] *Eine weitere (Haupt-)Figur des Romans hatte Gutzkow 1853 auch schon entworfen: die dämonisch getriebene, intrigante Lucinde, eine der psychologisch interessantesten Figuren des Romans, die den Priester Bonaventura leidenschaftlich liebt und ihm bis nach Rom folgt. Sie hält dessen Lebensge-*

heimnis, Beweise seiner nicht korrekt verlaufenen Taufe, in Händen. Lucinde ist eine Parallelschöpfung zu dem calibanartigen, mondsüchtigen Fritz Hackert aus den Rittern vom Geiste, *wie Gutzkow selbst bekannt hat.*

Im Jahre 1853 erhält Gutzkow von einer ihm unbekannten Dame, einer Baronin Charlotte von Gravenreuth-Berg (1809-1877), die nach einem ‚Fehltritt' im jugendlichen Alter von 17 Jahren aus ihrer aristokratischen Familie verstoßen worden war und ein abenteuerliches Leben geführt hatte, ein dickes Paket mit Lebenserinnerungen. Zunächst bittet die Baronin, ihr Manuskript an einen Verlag zu vermitteln. Dann braucht sie schnell Geld und bietet ihre Papiere Gutzkow zur freien Verwendung an, wenn sie ein kleines Honorar erhält. Gutzkow ist versucht, auf diesen Handel einzugehen, weil er eine vorzügliche Stoffsammlung für die noch zu schreibenden Abenteuer seiner Lucinde Schwarz darin findet und teilt am 16. Dezember 1853 seinem Verleger Brockhaus mit:

> Ich bin nun auf die Auskunft gerathen, ihr diese Manuscripte abzukaufen und das Schlagendste davon meinem neuen Roman einzuverleiben. Eine durch mein ganzes Werk gehende Figur, ein weiblicher Hackert („Lucinde") würde vollkommen geeignet sein, diese Lebensschicksale durchzumachen. Ich denke sans comparaison an Goethe, der doch auch in Wilhelm Meister „Bekenntnisse einer schönen Seele" aufnahm, die nicht von ihm sind.[24]

Doch aus dem Kauf wird nichts. Als sich herausstellt, dass die flatterhafte und unsolide Baronin ihre Memoiren nur benutzt, um sich an ihrer Familie zu rächen und diese offenbar mit einer angekündigten Publikation von Indiskretionen zu erpressen sucht, schreckt Gutzkow zurück und retourniert Anfang 1854 alle Erinnerungspapiere an die Baronin. Er hat sich später gehütet, irgendwelches Material aus diesen Memoiren für seinen

Roman zu benutzen, was die Baronin freilich nicht daran hinderte, Gutzkow wiederholt Geld abzufordern und ihm mit einer Plagiatsklage zu drohen.

Eine schon im Sommer 1852 entstandene Idee, den neuen Roman mit einigen Figuren aus den populären Rittern vom Geiste *zu beleben, dürfte eher einem Zugeständnis an die Bedürfnisse des großen Lesepublikums geschuldet gewesen sein. Gutzkow verwarf sie bald wieder.*[25] *Das zentrale Problem lautete zunächst auch nicht, wie er den neuen Roman schreiben sollte, sondern womit. So heißt es am 3. August 1852 in einem Brief an Feodor Wehl:*

> Wär' ich vermögend, oder hätte nur für mich zu sorgen [...], ich wollte ganz andere Werke schaffen, meinen Gegnern ganz andere Beweise meines Könnens bieten. An ein großes Seitenstück zu meinen Rittern, einen Plan, der fertig in mir lebt, ein Werk von den großartigsten Dimensionen der Anlage, nebenbei mit der Möglichkeit, die bessern und beliebten Figuren der Ritter wieder in ihm aufzunehmen, kann ich nicht denken. Ich bedürfte einer sichern Existenz von 2 Jahren. Wo nehm' ich diese her? Vorschuß von einem Buchhändler? Dann wär' ich wieder zwei Jahre mit der Publikation und mit der Erschöpfung zu versorgen. Woher das nehmen?[26]

Eine Anfrage des Mannheimer Verlegers Bassermann im Frühjahr 1853, ob Gutzkow gewillt sei, für seinen Verlag einen Roman zu schreiben, beflügelte Gutzkows Ehrgeiz ungemein und festigte seinen Entschluss, sich um eine ökonomische Absicherung des Romanprojekts zu kümmern. Er ergriff die Initiative, wenn auch nicht zu Bassermanns Vorteil. Ende Dezember 1853 einigte er sich mit seinem langjährigen Verleger Brockhaus auf einen neuen neunbändigen Roman, dessen Titel zu diesem Zeitpunkt noch nicht feststand. Die wesentlichen Punkte des Ver-

lagsvertrages, der am 23. Dezember 1853 unterzeichnet wurde, sind folgende: Gutzkow verpflichtet sich, einen Roman vom Umfang der Ritter vom Geiste *zu schreiben und überträgt das alleinige Verlagsrecht an Brockhaus. Die Brockhaussche Buchhandlung ist „bis sechs Jahre nach dem vollen Erscheinen des letzten Bandes berechtigt", den Roman „so oft, in einer solchen Anzahl von Exemplaren und solcher Form zu drucken und zu debitiren, als es ihren Interessen angemessen erscheinen wird."*[27] *Gleichzeitig wird das Verlagsrecht an den* Rittern vom Geiste, *das Anfang 1858 ausgelaufen wäre, um weitere sechs Jahre bis Ende 1863 verlängert. Für die Vertragsverlängerung und den neuen Roman erhält Gutzkow von Brockhaus 10.000 Taler. Wichtig sind die Modalitäten der Honorierung:*

Während der Jahre 1854, 1855, 1856 und 1857 empfängt Dr. Gutzkow unter allen Umständen und ohne Rücksicht darauf, ob während dieses Zeitraumes schon etwas von dem neuen Roman erschienen sein wird, jährlich die Summe von Eintausend Thalern, zahlbar mit 500 Thalern an jedem 1. Juni und 1. Dezember. Weitere Zahlungen erhält Dr. Gutzkow nur dann, wenn zu Ende 1857 der neue Roman so weit gediehen sein wird, daß mit dem Druck und Ausgabe begonnen werden kann, ohne daß eine längere Unterbrechung hierbei zu befürchten steht.[28]

Darüber hinaus verpflichtet sich Brockhaus, Gutzkow sechs Monate nach Erscheinen des letzten Bandes zusätzlich eine Prämie von 2.000 Talern zu zahlen, wenn der Roman sich als besonders gewinnbringend für den Verlag erweisen sollte. Bestehen Zweifel über den angeblichen oder tatsächlichen buchhändlerischen Erfolg des Werkes, sollen drei unabhängige Schiedsmänner über diesen Sachverhalt befinden.

Das damit vertraglich fixierte Verhältnis von Autor und Verleger sollte in den kommenden Jahren starken Belastungen ausgesetzt werden. Ende 1857 war der Roman noch nicht so weit gediehen, dass – wie im Vertrag anvisiert – mit dem Druck begonnen werden konnte. Erst ein Jahr später, im Oktober 1858, lief der erste Band vom Stapel. Die weitere Ausgabe schleppte sich so mühsam hin, dass im Sommer 1859 erst der fünfte Band herausgekommen war und keine weiteren ins Blickfeld kamen. Brockhaus wurde nervös, zumal Gutzkow mittlerweile so viel Vorschuss verbraucht hatte, dass von dem ursprünglich vereinbarten Honorar nur noch 1.000 Taler übrig waren. Ein darüber entstandener Dissens – Gutzkow brauchte Geld, der Verlag verlangte Manuskript – spitzte sich im Sommer 1859 zu, als Gutzkow nach einer scharfen Attacke von Robert Prutz im „Deutschen Museum" gegen den Zauberer von Rom *rundheraus erklärte, er werde die Feder niederlegen und den Roman nicht fertigstellen. Hintergrund dieser Verzweiflungs- und Trotzreaktion war die Tatsache, dass Heinrich Brockhaus als verantwortlicher Redakteur des von Prutz herausgegebenen „Deutschen Museums" zeichnete und Gutzkow ihm damit eine Mitverantwortung für die Angriffe von Prutz zuschrieb. Schon im Mai, nach einem ersten Artikel von Prutz, hatte Gutzkow sich über die* Herzlosigkeit einer Kaufmannsseele *empört,* der ein Schriftsteller reine Waare[29] sei und erklärt, er würde in Leipzig das Haus und das Geschäft von Brockhaus nicht mehr betreten.

Jetzt bangte Brockhaus um das Geld, das Gutzkow für den Roman schon erhalten hatte. Er fasste eine gerichtliche Klage auf Rückzahlung der Vorschüsse ins Auge, wie er am 16. September 1859 in einem brieflichen Rückblick auf den Konflikt gegenüber Gutzkow deutlich macht:

Hätten Sie in Ihrer Mißstimmung sich dahin ausgesprochen, daß, weil Ihnen für den Moment das Fortarbeiten am Zauberer nicht möglich sei, wir uns auf eine längere Pause im Erscheinen gefaßt machen müßten, so hätten wir uns, wie unangenehm es auch gewesen, zufriedengeben müssen. Aber sie [sic!] erklärten, überhaupt den Zauberer liegen lassen zu wollen, hierbei auf analoge Bruchstücke in der deutschen Literatur hinweisend, und gegen

> *Ihre Berechtigung hierzu mußten wir uns erklären, wollten wir unsere Interessen nicht ganz aus dem Auge verlieren.*
> *Unsere Andeutung, nötigenfalls im Wege des Prozesses gegen Sie vorschreiten zu wollen, war nichts weniger als eine bloße Drohung, die Ihrer wie auch mir unwürdig gewesen sein würde, sondern sehr ernst gemeint [...]. [...] Natürlich würden wir unsere Klage nicht darauf richten, daß Sie den Roman zu beendigen hätten [...]; aber unsere Klage würde auf Rückerstattung des von uns Empfangenen gelautet haben, weil Sie erklärt, den Roman nicht beendigen zu wollen [...].*[30]

Ob die Drohung seines Verlegers Gutzkow bewog, die Feder wieder aufzunehmen, sei dahingestellt. Im September entspannte sich jedenfalls die Lage so weit, dass beide Vertragspartner am 7. Oktober 1859 eine Zusatzvereinbarung[31] zum Vertrag von 1853 abschlossen, die im wesentlichen auf folgende Punkte hinauslief: Gutzkow hat noch Anspruch auf 1.000 Taler. Davon erhält er bei Abgabe von Band 6, 7, 8 und 9 jeweils 250 Taler. Brockhaus verpflichtet sich, zusätzlich einen Vorschuss von je 500 Talern pro Band zu zahlen, die Gutzkow „mit fünf fürs Hundert zu verzinsen hat". Die von Gutzkow erhoffte und im Vertrag von 1853 angestrebte Prämie von 2.000 Talern bei einem besonders einträglichen Gewinn für den Verlag zahlt Brockhaus somit als zu verzinsenden Vorschuss. Die Tilgung der Schulden Gutzkows soll durch Abtreten der Hälfte jener Honorare erfolgen, die Gutzkow für künftige Buchprojekte von Brockhaus zu empfangen habe. Das gilt auch für Honorare, die Gutzkow von anderen Verlagen beziehen würde. Im Falle seines Todes haben seine Erben die Schuldenlast auszugleichen.

Alles in allem war der Roman, an dem Brockhaus nicht schlecht verdient hat,[32] für Gutzkow ein finanzielles Fiasko. Für die aufwendige Textrevision und Überarbeitung, die er 1862 anlässlich einer zweiten Auflage ausführte, erhielt er kümmerliche

100 Taler.[33] *Davon konnte er lediglich seinen Schreiber Biedermann bezahlen. Ob Gutzkow für die dritte (Titel-)Auflage, zu der er eine umfassende Einleitung schrieb, Honorar bezog, ist unbekannt. Hatte er geglaubt, der Roman könne ihn seiner finanziellen Dauermisere entheben, so irrte er sich gewaltig. Klagen über Mangel an Geld, familiäre Sorgen und hohe Ausgaben für die Ausbildung seiner halbwüchsigen Knaben ziehen sich in jenen Jahren durch viele Briefe. Als der Roman endlich vollständig vorlag, war Gutzkows finanzielle Lage ebenso prekär wie zuvor. Erst eine Anstellung als Generalsekretär der Deutschen Schillerstiftung im Jahre 1861 brachte zeitweilig Entlastung.*

Dichtung und Wahrheit

Zwischen dem Vertragsabschluss im Dezember 1853 und dem Beginn der Niederschrift des Romans sollten etwa drei Jahre vergehen. 1854/55 überarbeitete Gutzkow zunächst Die Ritter vom Geiste *für eine dritte Auflage, ließ 1855 den kleinen Roman* Die Diakonissin *erscheinen, Prosaableger eines Stückes, das er 1852 aufgegeben hatte, und war nach wie vor stark in die Redaktionsgeschäfte der „Unterhaltungen am häuslichen Herd" eingebunden. Erst als er in Karl Frenzel einen fleißigen und zuverlässigen Mitarbeiter gefunden hatte, der ihn mit Einverständnis von Brockhaus zeitweilig vollständig von der strapaziösen Redaktionsarbeit entlastete, konnte Gutzkow konzentriert an seinen Roman gehen. Frenzel erinnert sich später:*

Seit 1855 bildete der „Zauberer" – ursprünglich sollte der Roman „Der römische Zauber" heißen – das A und O unserer Unterhaltungen. Wie es seine Weise war, fing Gutzkow an, Bücher, Menschen und Dinge einzig auf diesen Zweck hin zu betrachten, zu durchblättern, auszufragen. Sogar die Adreßbücher der Stadt Köln aus dem Ausgang der dreißiger Jahre hielt er eines Studiums nicht für un-

wert. Schon in dem Aufriß seines Planes spielte die Landschaft Westfalens, seine Adelsfamilien, Schlösser und Kirchen eine Rolle, hat doch die römische Magie auf keinen anderen Teil des Vaterlandes wundersamer gewirkt als auf Westfalen. Welch ein Fest war es da für ihn, in einer der vielen adeligen Schriftstellerinnen, angejahrten unverheirateten Damen, einen Schatz westfälischer Erinnerungen und genealogischer Kenntnisse zu entdecken. Wie oft haben wir zu dritt im Café Francais gesessen und den Jugendgeschichten des Fräuleins gelauscht. Ich bewunderte zugleich Gutzkows Geduld und Spürsinn. Die Dame [...] hatte nie einen aufmerksameren Zuhörer für ihre „olle Kamellen" gehabt, und während ich es für das ödeste und leerste Gerede nahm, fand er mehr als ein hundertfältiges Samenkorn darin. [...] Jener Erzählerin hat er das unvergleichliche Denkmal, wenigstens für die Wissenden, gesetzt: sie ist, in erhöhter und idealischer Gestalt, in einer Ausdeutung ihres schon an sich abenteuerlichen Lebenslaufes nach oben wie nach unten die Lucinde des Romans.[34]

Hier werden schon ein paar Aspekte deutlich, die für Gutzkows Schreibpraxis charakteristisch sind: der Anspruch wirklichkeits- und detailgetreuer Darstellung, gründliche Kenntnis realer Lebensverhältnisse, Anschauungen und Mentalitäten; das Bedürfnis, sich vollständig in die Sphäre einzuleben, die sein Roman artikulieren soll; die Neigung, einzelne Charakterzüge seiner Figuren realen Personen aus seinem persönlichen Umfeld zu entlehnen, Bekannte aus seinem mittelbaren und unmittelbaren Gesichtskreis modifiziert und versteckt in den Roman einzuflechten. Gutzkow hat von jeher autobiographische Bezüge in seine Erzählwerke eingearbeitet und damit Leseschichten geschaffen, die für Außenstehende in ihrer realen Bedeutung nur schwer zu enträtseln sind. Das oben von Frenzel nicht namentlich genannte Modell für die Lucinde des Romans ist Luise von

Bornstedt (1807-1870), die 1831 in Berlin zum Katholizismus konvertierte, 1836 nach Münster übersiedelte und dort zum Freundeskreis der Annette von Droste-Hülshoff gehörte. Inwiefern für den ‚Eingeweihten' das Urbild einer Romanfigur erkennbar sein konnte, zeigt eine Reaktion Levin Schückings, den Gutzkow nach dem Erscheinen der ersten zwei Bände des Romans auf mehrere persönliche Einsprengsel im Roman aufmerksam macht:

> Ach Freund, wie wird man mich nach Band III, IV usw. in Ihren Gegenden steinigen! Mad. Hüffer, Frl. Kaufmann, die eine Messe lesen läßt, um Zahnschmerzen zu vertreiben. Wie ich das alles hasse! Den alten Narren, den Haxthausen, sah ich in Rom u. ging mit ihm in die Katakomben, die er in seiner Sucht, alles apart zu haben, für alte Troglodytenhöhlen erklärte. Ich werde im später kommenden „Onkel Levinus" Einiges, das Bessere, von seiner Weise bringen – unter uns – Bei Klingsohr hab' ich s e h r stark an Florencourt gedacht u. einige Leute, die früher seine Intimen waren! Lucinde ist eine Idealisirung von – rathen Sie![35]

Schücking löst das Rätsel und antwortet am 4. Dezember 1858: „Lucinde ist am Ende die Bornstedt? Aber freilich sehr idealisirt!"[36]

Gutzkow hat auf weitere Anklänge privater Beziehungen im Zauberer von Rom *verwiesen: Die Gestalt Klingsohrs ist nicht nur nach dem 1851 zum Katholizismus konvertierten Publizisten Franz Chassot von Florencourt (1803-1886) gebildet, sondern zu einem guten Drittel auch Ludolf Wienbargs Naturell entlehnt,[37] auf dessen Neigung zum Trunke, Aversion gegen das Plattdeutsche, vielversprechendes Plänemachen – Klingsohr arbeitet gleichzeitig an zwanzig verschiedenen ‚epochemachenden' Werken –, auf dessen Unentschlossenheit und spätere Unproduktivität Gutzkow im ersten Buch des Romans anspielt. Mit welch subtiler Ironie er dabei zu Werke geht, zeigt eine Stelle, die er nach Wienbargs Tod 1872 in der vierten Auflage des Romans gestrichen hat:* Klingsohr kann wehmütig und sehnsüchtig stundenlang auf ein einziges Sternbild blicken, die Kassiopeia, und ohne eine Miene zu verziehen so viel Bier oder Wein oder Grog „vertilgen", wie ihm auf ein Klappern mit dem Zinndeckel [...] nur hingestellt wurde.[38] *Im Angesicht des Sternbildes träumt er vom künftigen Ruhm, von kommenden Werken und Taten. Dabei muss man wissen, dass die fünf hellsten Sterne der Kassiopeia am nördlichen Himmel ein unregelmäßiges, aber markantes W bilden, Anfangsbuchstabe des Namens Wienbarg. Zudem hatte Wienbarg in seinem Buch „Wanderungen durch den Thierkreis" (1835) Sternzeichen für die Titelgebung kleinerer Prosatexte benutzt. Für den ‚eingeweihten Leser' ist an dieser Stelle klar, wer gemeint ist, und dass ein selbstverliebter Klingsohr-Wienbarg in den Himmel schaut.*

Schwieriger werden Aufklärungsbemühungen, wo es sich um heute sehr entlegene literarische Bezüge, um vergessene Personen der literarischen Szene handelt. In der Zeitschriftenfassung der Rückblicke auf mein Leben *macht Gutzkow auf die Freundschaft Robert Hellers zu Heinrich Laube aufmerksam:* Robert Hellers Begeisterung für seinen Freund Laube war antik und kam unmittelbar hinter Orest und Pylades. Ja, ich gestehe, Hellers Schwärmerei für Laube hat mir als Modell gesessen für die Liebe meines Thiebold de Jonge zu Benno im „Zauberer von Rom".[39] *Selbsterlebt ist die Schilderung einer Begegnung mit Metternich in Wien 1845, die Gutzkow im 10. Kapitel des 7. Buches einarbeitet, freilich ohne den Fürsten namentlich zu nennen:* Benno von Asselyn begibt sich in die Wiener Staatskanzlei und wird hier vom österreichischen Staatskanzler, dem Beherrscher aller europäischen Cabinete,[40] empfangen. *Gutzkow hat vor allem dieser Szene später große autobiographische Authentizität zugeschrieben.[41]*

Sind viele autobiographischen Bezüge und Hintergründe für uns heute auch nicht mehr entschlüsselbar, so dürfte die Identifikation mehrerer ‚öffentlicher Charaktere' im Roman nicht schwer fallen. Hinter dem ‚Kirchenfürsten' Graf Immanuel von Truchseß-Gallenberg und seinem Sekretär Kaplan Michahelles verbergen sich der Kölner Erzbischof Clemens August Droste zu Vischering und Eduard Michelis, die während des Kölner Kirchenstreits 1837 in Köln verhaftet und auf die Festung Minden gebracht wurden. Zahlreiche Namen, Verhältnisse und Lokalitäten hat Gutzkow nur verschleiert angegeben. Augenfällig wird das besonders bei den Örtlichkeiten des Rheinlandes: Die große erzbischöfliche Residenzstadt, die er im zweiten Buch zu Beginn des 12. Kapitels so eindrucksvoll schildert, nennt er nicht, obwohl jeder Leser schnell begreift, dass es sich um Köln handelt. Die Rheininsel Nonnenwert heißt bei ihm Lindenwerth, Rolandseck wird zu Hüneneck, der Drachenfels zum Geierfels. Nicht einmal der Rhein wird genannt, er heißt im Roman nur ‚der große Strom'. Der Rhein mit seinen Burgen und Ruinen, Sagen und Märchen ist seit der Romantik so oft verklärt und besungen worden, landschaftlicher Hintergrund so zahlreicher Poeme, dass Gutzkow offenbar eine Assoziation mit jener abgedroschenen, zu seiner Zeit schon touristisch vermarkteten Rheinromantik und einen Vergleich mit anderen Rheinschilderungen vermeiden möchte. Denn auf der anderen Seite hat er weitere Schauplätze des Romans nicht nur beim richtigen Namen genannt (Hamburg, Kiel, Wien, Rom), sondern sogar lokale Mikrostrukturen exakt angegeben: In Hamburg zum Beispiel das Dammtor, den Rödingsmarkt, Teufelsbrück oder den Jungfernstieg. So mischt Gutzkow im Roman unablässig Wahrheit mit Dichtung, Gefundenes und Erfundenes, Erfahrenes und Phantasiertes. Auch Geschichte selbst wird von Gutzkow nicht linear erzählt. Zwar ist es rein äußerlich richtig, das 7. Buch nach den im Roman erwähnten realhistorischen Ereignissen und der Erzähllogik in das Jahr 1839 zu legen, wie Gustav Frank[42] es tut.

Aber was heißt das schon? Im 7. Buch wird nicht nur durch Benno eingehend des Schicksals der Brüder Bandiera gedacht, deren Revolte und Hinrichtung 1844 ganz Europa bewegte, sondern auch die Ausstellung des Heiligen Rockes in Trier erwähnt und – ohne ihn namentlich zu nennen – Ronges Protest dagegen[43] *– beide Ereignisse gleichfalls aus dem Jahr 1844.*

Weitere Ausarbeitung des Romans, Studienreisen

Im Laufe des Jahres 1856 beginnt Gutzkow mit der Ausarbeitung des Romans. Am 13. Dezember 1856 teilt er Frenzel mit, er hoffe, bald den ersten Band abzuschließen, berichtet drei Monate später jedoch sorgenvoll von einschneidenden Änderungen am ursprünglichen Plan, da ihm der erste Band auseinandergelaufen sei:

> Den schönen Anfang mit dem Rhein hab' ich ja aufgeben müssen! Er bildet den Anfang des I Buches; aber ich mußte eine Einleitung schreiben, die selbst einen Band stark geworden ist. Der ganze Bau ist mir aus dem Gefüge gegangen. Die Behandlungsart muß eine andre werden, als die der Ritter: Lagerschichten in fortstrebender Art, denn ich muß mich von Köln bis nach Rom schieben u meine Hauptfigur eine Metamorphose nach der andern durchmachen lassen. Vor einem Jahr ist an ein Bekanntwerden des Buches nicht zu denken.[44]

Den schönen Anfang mit dem Rhein *dürfte Gutzkow damit später an den Beginn des zweiten Buches gerückt haben, wo das Dampfschiff Lucinde Schwarz zur St.-Maximinuskapelle bringt, bevor sie nach Kocher am Fall fährt. Die Jugendgeschichte Lucindes bis zu ihrer Konversion wird somit zum Präludium des gesamten Werkes, ein Roman im Roman, der einen ganzen Band ausmacht und in dem Gutzkow verschiedene Fäden anlegt, die sich in den folgenden acht Büchern aus- und weiterspinnen.*

Gutzkow arbeitete bei der ersten Niederschrift in einem vergleichsweise schnellen Tempo. Schon im ersten Halbjahr 1857 hatte er die ersten vier Bände geschrieben. Man muss jedoch bei diesen Angaben, die man seinen Briefen entnehmen kann, immer daran denken, dass der Text der (nicht überlieferten) Handschriften mitnichten identisch ist mit dem Text der späteren Druckausgabe bzw. der letzten handschriftlichen Fassung. Es kann sich also nur um einen ersten Entwurf gehandelt haben. Mehrfach wurden in den Jahren seit 1857 Überarbeitungen einzelner Bände vorgenommen, die sich im Detail nicht mehr rekonstruieren lassen. Am 22. Juni 1857 teilt Gutzkow seinem Verleger zum erstenmal mit, dass der Titel wahrscheinlich lauten wird Der Zauberer von Rom. *[...]* Vier Bände sind druckfertig. Am 15. Juli will ich verreisen u. in irgendeinem stillen Winkel Westfalens u. am Rhein Bd. 5 u. 6 schreiben. Dann mit dem Oktober will ich in schnellstem Fluge über Lyon u. Marseille nach Rom. Dort schreib' ich Band 7.[45] *Zieht man in Betracht, wie lange es noch dauerte, bis die ersten Bände wirklich* druckfertig *waren, so muss man Gutzkows briefliche Angaben stark in Frage stellen. Ohne Zweifel wollte er damit den Verleger, der schon Geld für den Roman zahlte, zuversichtlich stimmen und bei Laune halten.*

Im Juli 1857 hatte Gutzkow die zwei ersten Bände so weit ausgearbeitet, dass er sie bei Brockhaus in Leipzig deponierte. Er begab sich jetzt auf eine mehrwöchige Reise nach Westfalen und ins Rheinland, um Lokalstudien für seinen Roman zu machen. Er ging zunächst nach Kassel (die so genannte Landeshauptstadt[46] *bzw. Residenz im ersten Buch, in der ein Teil der Lebensgeschichte von Lucinde Schwarz spielt), Ende Juli nach Paderborn (im Roman Witoborn), blieb dort drei Wochen, fuhr weiter nach Münster, wo er mit Schücking westfälische Adelssitze in der Umgebung aufsuchte, und bereiste anschließend das ihm schon bekannte Rheinland: Köln, Bonn, die Insel Nonnen-*

wert, Rolandseck und den Drachenfels. Dann verweilte er zur Erholung noch ein paar Tage in Bad Ems. Anfang Oktober 1857 war er zurück in Dresden. Der Besuch der Romanschauplätze regte Gutzkow zu weiteren Feilarbeiten an den beiden schon geschriebenen Bänden an. Zudem hatte er nun Stoff und Eindrücke gesammelt für die weitere Ausarbeitung des dritten und vierten Buches, in denen im wesentlichen Köln und das Rheinland den Schauplatz bilden, sowie des fünften Buches, dessen landschaftlicher Hintergrund vor allem Westfalen ist.

Sechs Manuskriptbände des Romans lagen vor, als Gutzkow Mitte April 1858 eine zweite große Studienreise antrat, die ihn nach Italien führte: zuerst zum Gardasee, dann nach Florenz und Rom, schließlich nach Neapel, von wo aus er nach Genua segelte. Über Wien – als Scharnier zwischen den westdeutschen Kerngebieten des Katholizismus und seinem Ursprungsland Italien ist die österreichische Hauptstadt Schauplatz des sechsten Buches – kam Gutzkow im Juni 1858 zurück nach Dresden. Diese italienische Reise hatte für den Roman gravierende Folgen, denn die im Süden gesammelten Eindrücke waren für Gutzkow überwältigend. Er war von den Reiseerlebnissen, Abenteuern und südländischen Impressionen, von den Beobachtungen und Wahrnehmungen italienischen Lebens so hingerissen, dass er glaubte, der Roman müsse, wenn ich nicht schon seit einem Jahre von ihm lebte u Brockhaus um die Publikation drängte, jetzt, nach der italiänischen Autopsie, noch ein Jahr mindestens ruhen [...]. Aber der saure Gang wird gewagt werden müssen, Beginn im Oktober, während noch über das letzte Drittel bei mir ein wahrer horror vacui stattfindet.[47] *Noch von Wien aus fasste Gutzkow am 10. Juni 1858 den Arbeitsstand zusammen und entwickelt seinem Verleger abermals einen konkreten Produktions- und Publikationsplan:*

> Ich sehe die Unvollkommenheit dessen, was mir bis jetzt von den letzten Entwicklungen meines Planes vorschwebte, jetzt zu sehr ein und denke an die Veröffentlichung einer so

unfertigen Arbeit mit wahrem Schrecken. Indessen, was hilft es! Ich bin in der Notwendigkeit, unausgesetzt von dem Ertrag dieses Werkes leben zu müssen, und Sie selbst mögen ohne Zweifel, daß wir endlich zum Ziele kommen. Es ist da nur zu überlegen, wie läßt sich der status quo, daß im Grunde nur ⅓ meines Werkes sicher u. fest ist, das 2. Drittel zwar geschrieben aber ganz unfertig und der mannigfachsten Umarbeitung unterworfen werden muß u. das letzte Drittel noch gar nicht da ist – ich sage, wie läßt sich dieser Effektivbestand vereinigen 1) mit dem Beginn der Veröffentlichung in diesem Jahre und 2) mit meiner Doppeltätigkeit, einmal der Beaufsichtigung dieses Erscheinens u. – dem Fortarbeiten! Wenn wir uns nicht entschließen wollen u. können, die ganze Arbeit so zu suspendieren, daß wir erst Ende des Winters damit hervortreten, so gibt es keinen andern Weg, als den Druck unmittelbar nach meiner Rückkehr in den nächsten Tagen zu beginnen, so aber, daß mit der Anstrengung aller Kräfte daran gearbeitet wird, damit, wenn Band 1 erscheint, vielleicht schon Band 3 fertig gedruckt ist u. ich auf diese Art den Vorsprung gewinne, viel früher an die noch entweder unfertigen oder gar nicht existierenden Partien meines Buches zu kommen. Ich weiß nicht, ob ich mich verständlich ausgedrückt habe. Druckrevision (gleich Überarbeitung) und Fortarbeiten ist ganz unmöglich zu gleicher Zeit auszuführen. Ich müßte die Anfänge der ersten Bände ganz aus dem Kopf haben, um die späteren herzustellen, u. zu dem Ende schlag' ich diese Hilfe vor. Wir drucken, was ich geben k a n n, außerordentlich schnell: Sie publizieren in projektierter Weise, Band 1 Oktober, Band 2 November, Band 3 Dezember. Ich befinde mich dann aber schon bei Band 4, 5, 6, u. während diese gedruckt werden (ohne sofort zu erscheinen), hab' ich die Muße für den Rest.[48]

Gutzkow teilt Brockhaus weiter mit, dass er nach den Eindrücken, die ihm die Italienreise vermittelt habe, die genaueren Entwürfe für Band 7, 8, 9 zu machen *gedenke und die* Umänderung u. Revision der ersten Bände. *Erst wenn er am vierten Band arbeite, solle der erste erscheinen – nach Gutzkows Berechnung Ende September 1858.* Ich ziehe mich dann von aller Welt zurück, kümmre mich nicht um den Erfolg, sondern lebe nur der weiteren Arbeit u. liefre die Bände so ab, daß wir sie parat haben für den Gebrauch, entweder gleich sie drucken lassend oder wie wirs besser finden."[49]

Halten wir an dieser Stelle fest: Mehr oder weniger druckfertig sind im Sommer 1858 nur die ersten drei Bücher des Romans; das vierte, fünfte und sechste Buch befinden sich noch in einer Rohfassung. Die folgenden Bücher sieben bis neun liegen lediglich als Plan vor und stehen noch nicht einmal im ersten Entwurf auf dem Papier. Nach Gutzkows Willen soll von den fertigen Bänden ab Oktober möglichst monatlich einer erscheinen. Dadurch gewinnt er einen temporären Vorsprung, kann peu à peu die halbreifen Bücher druckfertig machen und endlich in jener Zeit, in der diese Bände herauskommen, die noch ganz unfertigen schreiben.

Heimgekehrt nach Dresden, fand Gutzkow eine leere Wohnung vor. Er hatte seine Familie nach Offenbach ausquartiert, um ungestört an seinem Werk arbeiten zu können, kündigte die große Wohnung in der Prager Straße und wechselte in den folgenden Monaten mehrfach sein Dresdener Quartier. Inzwischen begann der Satz des ersten Bandes. Gutzkow schrieb im Juli das Vorwort und sandte im August die überarbeitete Fassung des zweiten Bandes an den Verlag, wobei er auf eine möglichst schnelle Fertigstellung der Folgebände drängte.

Ende September 1858 wurde endlich der erste Band des Romans ausgeliefert. Nun sollten die weiteren Bände „in kurzen, ungefähr monatlichen Zwischenräumen ausgegeben werden",[50] *so dass Mitte 1859 das Werk vollständig vorgelegen hätte. Doch dieser Editionsplan wurde bald Makulatur: Band 2 kam im No-*

vember 1858, Band 3 im Januar 1859 heraus, danach verschleppte sich die Ausgabe des nächsten Bandes bis in den April.[51] Bis zum Erscheinen des Folgebandes wurde der Leser weitere fünf Monate auf die Folter gespannt: Band 5 erschien im September 1859 und enthält nur einen Teil des fünften Buches des Romans. Der Leser mußte bis zum Januar 1860 warten, um im 6. Band den Schluß des fünften in Empfang zu nehmen. Weitere fünf Monate verflossen, bis Band 7 im Mai 1860 herauskam, noch einmal fünf Monate, bis im Oktober Band 8 ausgegeben wurde. Am längsten ließ der Schlußband auf sich warten: Sieben Monate nach Erscheinen von Band 8 wurde mit Band 9 im Mai 1861 endlich das gesamte Werk abgeschlossen. 32 Monate dauerte also die Veröffentlichung eines Romans, der durch sein umfangreiches Personal, durch komplizierte Beziehungsgeflechte und vielfältige Handlungsstränge das Gedächtnis des Lesers ohnehin schon stark strapazierte.

Für diese schleppende, Autor, Verleger und Leser gleichermaßen störende Publikation gab es viele Ursachen. Gutzkows Konzentration wurde zuweilen durch äußere Umstände abgelenkt und durch zusätzliche Aufgaben stark beeinträchtigt. So war er als einer der Gründungsväter maßgeblich an dem Zustandekommen der Deutschen Schillerstiftung beteiligt, die im November 1859 offiziell ins Leben gerufen wurde. Hinderlich für die Fertigstellung jedes einzelnen Bandes war jedoch vor allem Gutzkows Umgang mit den Korrekturbogen.

Korrekturnöte

Die Herstellung eines Bandes vollzog sich in drei größeren Schritten: Zuerst erfolgte die Niederschrift und die anschließende mehrfache Be- oder Umarbeitung des Manuskriptes. War Gutzkow damit fertig und der Text nach seinem Dafürhalten druckreif, so machte sich ein Abschreiber an die Arbeit und stellte eine Reinschrift her. Das lesbare Manuskript wanderte in *die Setzerei und Gutzkow erhielt nach einiger Zeit Korrekturfahnen. Diese wurden nun nicht etwa nur auf Druckfehler hin durchgesehen, sondern mit umfangreichen Verbesserungen, Ergänzungen und Umarbeitungen an die Setzerei retourniert. Erhielt Gutzkow die Revision, so nahm er erneut umfassende Änderungen am Text vor und sandte die Korrekturen wieder an die Setzerei. Dieses Procedere brachte die Setzer oft zur Verzweiflung, zumal Gutzkows eigenhändige Verbesserungen und Textänderungen nur schwer zu entziffern waren und die Korrekturen kein Ende nahmen. Von einer gewöhnlichen Druckfehlerbeseitigung konnte daher bei Gutzkow keine Rede sein.* Es ist leider eine fatale Eigenschaft meiner Schriftstellerei, *schreibt er einmal an Brockhaus,* daß mir im Druck alles anders erscheint, als im ersten Niederschreiben. Schon durch das viele Geld, das ich an einen Abschreiber gebe, such' ich einigermaßen eine größere Objektivität in der Prüfung meiner Arbeiten zu erreichen [...].^{52} *Doch erst in den Druckfahnen objektivierte sich ihm der Text. Erst jetzt konnte er letzte Abschleifungen an Sätzen vornehmen, an einzelnen Formulierungen feilen und damit jenen stilbildenden Prozess forcieren, den Kurt Jauslin weiter unten detailliert linguistisch ergründet. Es handelte sich also für Gutzkow um einen wichtigen selbstständigen Arbeitsschritt. „Er wollte in einem ‚Rausch'",* so schreibt Houben, *„einem ‚Arbeitsfieber', mit einer Art ‚Improvisation' die letzte Hand ans Werk legen und übersah die ‚hundert Fäden der angelegten Interessen', wie er versicherte, erst im Druck, und auch dann nur, wenn dieser ‚mit einem Zauberschlag hervorgerufen' werde."^{53} Um diese „Improvisation" gewährleisten zu können, mussten die Bogen in möglichst schneller Folge bei Gutzkow ankommen. Das war aber nicht immer zu leisten, wie sich vor allem bei der Herstellung des letzten Romanbandes Anfang 1861 zeigt.*

Weihnachten 1860 beendet Gutzkow seinen Roman und teilt am 27. Dezember 1860 Frenzel erleichtert mit: Das Weihnachtsgeschenk, das ich mir selbst bescheert habe, war der endliche Abschluss meines Romans. Freilich geht nun erst die Redaktion u feinere Gestaltung an; doch wird der Satz schon in Leipzig beginnen müssen.[54] *Mit dem Satz wird auch bald begonnen, denn am 11. Januar 1861 schickt Brockhaus den ersten fertigen Druckbogen an Gutzkow.[55] Doch mit der feineren Gestaltung scheint es bei Gutzkow zu hapern. Nach fast einem Vierteljahr sind Satz und Korrektur immer noch nicht abgeschlossen. Schuld daran seien, so Gutzkow, die Setzer, die zu langsam arbeiten würden. Er muss in seiner Korrektur oft innehalten, zu lange Pausen einlegen, weil entweder gar keine Druckfahnen eintreffen oder weil die Fahnen zu sporadisch eintrudeln. Er gerät so mit der Überarbeitung des letzten Bandes ganz aus der Fassung. Am 4. April 1861 klagt er entnervt seinem Verleger:*

> Ich glaube, es arbeitet jetzt nur noch ein Setzer an den Korrekturen. In meiner geistigen Verfassung macht mir das einen Eindruck, als wenn Sie eine große Spinnmaschine mit hundert Rädern u. Wellen sähen, ein Werk, das statt Pferdekraft jetzt ein einziges Bächlein treibt! Ich sitze in absolutesten Ruhestand versetzt u. kann nicht vor-, nicht rückwärts. Die geistige Arbeit der Korrektur ist an diesem Werke, wo ich *[...]* einem Kutscher gleiche, der fünfzig Pferde zu gleicher Zeit mit ebenso vielen Zügeln lenken soll, gar nicht möglich, wenn nicht die Ablieferung der Bogen ineinandergreift, die Partien u. Kapitel mir in ihrem Zusammenhange massenhaft vorliegen und mir gleichsam mein in Ekstase schaffender Geist von einer in gleicher Stimmung ergriffenen Mitarbeiterschaft der Offizin unterstützt wird. So, wie es jetzt vorwärts geht, seh' ich die Bogen wie tote Schatten an, in die ich kein Leben zu bringen weiß, u. lasse vorläufig die ganze Korrektur liegen, bis Sie mehr Kräfte haben.[56]

Allerdings war Gutzkow – was bei einem Arbeitsbesessenen verzeihlich ist – entgangen, dass soeben das Osterfest die Setzer und Mitarbeiter des Verlags hatte tagelang feiern lassen. Brockhaus weist Gutzkows Vorwürfe denn auch entschieden zurück und gibt ihm die Schuld für den zögerlichen Verlauf des Drucks:

Ihrem Wunsche, den Zauberer so schnell als möglich zum Abschluß zu bringen, stimme ich gewiß vollkommen bei [...]. Ich muß indes immer wieder dabei stehen bleiben, daß der größte Aufenthalt durch Ihre wiederholten Korrekturen verursacht wird. Trotzdem ich aufs bestimmteste gegen eine mehrfache Korrektur Verwahrung eingelegt, lassen Sie gleichwohl doch wieder Bogen 10, 11 und 12, welche bereits die Revision durchgegangen, mit vielfachen erneuerten Korrekturen versehen, ohne Bezeichnung »druckfertig« an mich zurückgehen; diese drei Bogen wandern daher wieder zum Setzer zurück, dann nochmals zu Ihnen, und wenn sie wirklich nun so glücklich sind, Ihr Approbatum zu erhalten, werden sie nochmals revidiert usf. Wo liegt da wohl die meiste Schuld an dem langsamen Fortschreiten des 9. Bandes?

Ist es daher wirklich Ihre Absicht, daß der Zauberer in den nächsten Wochen zum Abschluß gelange [...], so lassen Sie es bei unserm Abkommen bewenden, und fügen Sie zu den ausgemachten Korrekturen keine weiteren hinzu.[57]

Doch die Setzer arbeiten nach wie vor nicht so, wie Gutzkow es wünscht und spannen ihn pausenlos auf die Folter. Versehentlich erhält er auch noch Aushängebogen von Heinrich Koenigs Roman „Stilleben", der soeben bei Brockhaus hergestellt wird. Am 30. April beschwört er Brockhaus wiederholt:

Sie schreiben mir, daß »v i e r Setzer, die alles liegen lassen« an der Herstellung des 9. Bandes arbeiten, und dennoch bin ich ohne Korrekturbogen! Der letzte wurde Freitag expediert. Am Sonnabend u. am Montag ging nichts an mich ab – trotz 4 Setzern!

Das begreif' ich nicht u. gestehe, dieser Zustand martert mich. Meine kostbare, mir so notwendige Zeit, meine Stimmung ist in einem Grade unmutig okkupiert, dem ich gar keinen Ausdruck geben kann.

[...] Ich bitte um Erlösung von diesem auch für meinen Ehrgeiz wahrhaft qualvollen Zustand, da ich schon gar nicht mehr in Gesellschaft, in einen Buchladen, zum Leihbibliothekar gehen kann, ohne den ewigen lästigen Fragen nach dem endlichen Kommen des 9. Bdes. ausgesetzt zu sein.[58]

Mitte Mai 1861 ist es endlich vollbracht: Gutzkow kann das letzte Imprimatur erteilen und der neunte Band wird in wenigen Tagen fabriziert. Ende Mai 1861 liegt der ganze Roman vollständig gedruckt vor.

Ausdehnungsfragen, formale Probleme

Neben den gewöhnlichen Scherereien mit Brockhaus' Setzern bzw. selbst verursachten Korrekturqualen stand Gutzkow während der Drucklegung des Romans mehrfach auch vor größeren formalen Komplikationen bei der Bewältigung des Stoffes, da jeder Band eine bestimmte Anzahl von Druckbogen nicht überschreiten durfte. Brachten noch Die Ritter vom Geiste. Roman *in neun Büchern gleichmäßig in jedem Band ein Buch, so gelang dem Autor dieses homogene Zusammenspiel von Buch und Band im* Zauberer von Rom *nicht. Besonders das fünfte Buch bereitete ihm, als er im April und Mai 1859 an der letzten Fassung feilte, viel Kopfschmerzen. Dieses für Band 5 vorgesehene Buch wurde zusehends umfangreicher und war schließlich in einem Band nicht mehr unterzubringen.* Die Handlung steht hier an einem

Wendepunkt, den ich im 5. Band selbst nicht habe befriedigend abschließen können. Nicht einmal das ganze 5. Buch geht in diesen Band hinein, ich muß für 3-4 restierende Kapitel den 6. Band zu Hilfe nehmen,[59] *schreibt er seinem Verleger am 12. Juli 1859. Zugleich bittet er Brockhaus, den mittlerweile gedruckten fünften Band nicht auszuliefern, sondern zu warten, bis der sechste fertig ist und dann beide Bände gleichzeitig herauszubringen. Brockhaus geht zunächst darauf ein, wartet bis zum September, um endlich – nachdem Gutzkow den sechsten Band nicht fertiggebracht hat, weil er unterdessen die Arbeit am* Zauberer *zeitweilig ganz unterbrochen hatte – den fünften Band doch separat erscheinen zu lassen. Es schien dem Verleger nicht mehr vertretbar, Abonnenten, Leser und Käufer weiter hinzuhalten und eine zu große Pause im Erscheinen der Bände eintreten zu lassen. Gutzkows fernere Um- oder Ausarbeitungen des fünften Buches im Herbst 1859 hatten ohnehin ein solches Ausmaß angenommen, dass er mitnichten nur 3-4 restierende Kapitel in den sechsten Band zwängte, sondern den sechsten Band komplett mit dem Rest des fünften Buches ausfüllte. Die ursprüngliche Konzeption: ein Buch = ein Band, war damit zerbrochen; Buch- und Bandzählung gingen jetzt auseinander.*

Römische Frage und Finale des Romans

Wollte man bei den neun vereinbarten Bänden bleiben, so musste nach der Ausdehnung des fünften Buches zu zwei Bänden ein kommendes Buch des Romans sehr schmal werden. Der neunte (Schluss-)Band enthält daher sowohl das achte als auch das neunte Buch, das lediglich aus knapp zwanzig Druckseiten besteht und in Form eines utopischen Schlussbildes den Roman beendet, besser gesagt: abbricht.

Mit dem siebten und achten Buch hatte Gutzkow den Leser nach Italien und Rom versetzt, in das Mutterland des Katholizismus. Damit brachte er einen politischen Konflikt ins Spiel,

der am Ende der fünfziger Jahre ganz Europa bewegte: die
„Römische Frage". War der Schauplatz des Romans im zweiten
bis fünften Buch Rheinland und Westfalen am Ende der dreißiger Jahre, im sechsten das vormärzliche Wien, so springt Gutzkow mit Beginn des 8. Buches in die Ereignisse des Jahres 1849,
als Rom zeitweilig zur Republik erklärt, der Papst geflohen und
die Macht des Kirchenstaates gebrochen war. Gutzkow lässt den
Roman aber nicht in der Niederlage der Römischen Republik
1849 enden, sondern wagt einen weiteren Zeitensprung über die
unmittelbare Gegenwart des Jahres 1860 hinaus.

Die politischen Kämpfe um die Einheit und Unabhängigkeit
hatten sich in den fünfziger Jahren in Italien dynamischer entwickelt als in Deutschland. Mit der immer brennender werdenden „Römischen Frage" stand die Existenz des Kirchenstaates
auf dem Spiel. Napoleon III. hatte 1858 Papst Pius IX. nicht
dazu bewegen können, sich an die Spitze eines italienischen
Staatenbundes zu stellen. Der Papst blieb ein sturer Gegner
jeder nationalen Aufwallung Italiens. Im Sommer 1859 – von
Gutzkows Roman waren die ersten vier Bände erschienen – fielen die Österreicher in Piemont ein, wurden aber vom Königreich Sardinien-Piemont, das von Frankreich unterstützt wurde,
in der Schlacht von Solferino geschlagen. Der nach dem sardinisch-österreichischen Krieg ausgehandelte Frieden von Villafranca bedeutete das Ende der österreichischen Vorherrschaft
in Norditalien und markierte einen wichtigen Schritt zur nationalen Einheit Italiens. Kurz vor Erscheinen des letzten Romanbandes wurde im März 1861 mit Viktor Emanuel II. von Piemont-Sardinien das Königreich Italien ausgerufen, nachdem
Garibaldis Freischärler bereits 1860/61 Sizilien und Neapel
befreit und sich diese Gebiete per Plebiszit dem Königreich
Piemont-Sardinien angeschlossen hatten. Hauptstadt des Königreichs wurde Florenz. Zur angestrebten territorialen Vervollständigung des italienischen Nationalstaats gehörten nur noch

Venetien – es war im Besitz der Habsburger – und der Kirchenstaat mit seiner Hauptstadt Rom.

Der Zauberer von Rom *erschien also in einer Zeitspanne, die sowohl für Italiens Zukunft als auch für die des Kirchenstaates von entscheidender Bedeutung war. Gutzkow bemerkt 1862, diese Zeitereignisse seien dem Roman förderlich gewesen, betont aber zugleich, die „Römische Frage" schon viel früher, schon in den ersten Bänden des Romans angelegt zu haben:* alles das lag bei mir theils schon fertig ausgearbeitet, theils im Plan des Werkes bereits zu einer Zeit vor, wo an die Zukunft Italiens, an die Möglichkeit einer gänzlichen Endschaft des geistlichen Rom in Deutschland nur noch wenig geglaubt wurde.[60] *Nun – 1860 – schien ein Ende der weltlichen Macht des ‚Zauberers von Rom' zum Greifen nahe. Das kurze neunte Buch, die utopische Imagination eines deutschen Papstes und eines siegreichen italienischen Diktators, unter dem man sich Garibaldi vorstellen könnte, die Einberufung eines Konzils und die beginnende Reform des Katholizismus, wirkt in seiner Knappheit jedoch aufgesetzt. Man könnte den Eindruck gewinnen, als habe Gutzkow die weiteren Ereignisse (die sich dann in Italien bis zur endgültigen Beseitigung des Kirchenstaates noch bis 1870 hinzogen) nicht mehr abwarten können und wollen. Julian Schmidt mutmaßt denn auch etwas boshaft: „Der Einzug Victor Emanuels oder Garibaldi's in Rom wäre ein kräftiger historischer Schluß für einen Roman gewesen, der mit Lucinde, Klingsohr und ähnlichem Lumpengesindel begann. Allein die Geschichte war nicht so gefällig, dem Wunsch des Dichters in die Hände zu arbeiten: die römische Frage wurde fortwährend vertagt, und der Roman mußte doch endlich zum Schluß kommen."[61] Schmidt hat recht, wenn er kritisch anmerkt, der Schluss des Romans sei „im eigentlichsten Sinne des Worts angeklebt".[62] Gutzkow hat das selbst gefühlt und das neunte Buch nur als* Nothdach *bezeichnet, wie man es auf Häuser setzt, deren Ausbau zu viel kostet.[63] Man kann daher mutmaßen, dass dieses* Nothdach *nicht in der ursprünglichen Absicht des Verfassers lag, sondern durch die zuvor entstandenen Expansionsprobleme der einzelnen Bücher verursacht wurde. Andererseits lässt sich fragen, ob dieser Roman überhaupt einen ‚Schluss' finden kann – die Geschichten gehen zu Ende, vielfach durch gewaltsamen Tod der Romanprotagonisten, ‚Geschichte' selbst bleibt bei Gutzkow aber offen, der utopische Entwurf vage.*

Vergleicht man das poetisch ausgemalte, utopische Schlussbild des Romans mit der ferneren real-historischen Entwicklung, so sollte sich Gutzkows Vision in politischer Hinsicht bewahrheiten: Der Kirchenstaat ging endgültig zugrunde, als 1870 infolge des deutsch-französischen Krieges die französische Schutzmacht aus Rom abzog und italienische Militärs kampflos Rom einnahmen. Rom wurde Hauptstadt Italiens, dem Papst verblieb nur noch der Vatikan. Die kirchliche Entwicklung nahm jedoch einen ganz anderen Weg als den von Gutzkow erhofften: Das 1869/70 einberufene Erste Vatikanische Konzil verkündete nicht eine Reform der katholischen Kirche an Haupt und Gliedern, nicht die Befreiung des Einzelnen von kirchlicher Hierarchie und Bevormundung, sondern das Dogma von der Unfehlbarkeit des Papstes. Trotz des Verlustes weltlicher Macht wurden die zentrale Position des ‚Zauberers von Rom', sein autokratisches Herrschaftssystem und der weltweit wirkende Ultramontanismus nach 1870 bedeutend gestärkt. Gutzkows Roman ist daher bis heute in all seinen wesentlichen kirchenkritischen Punkten aktuell geblieben.

Gott, diese Referate![64] *– Zur ersten Rezeptionsphase des Romans*

Wurden bisher einige Voraussetzungen, Stationen und Arbeitsmodalitäten zur Entstehungsgeschichte des Zauberers von Rom *skizziert, so müssen wir noch einen Blick auf die beginnende Rezeption des Werkes um 1858/59 werfen, die Gutzkows Arbeitsstimmung nachhaltig beeinflusste. Mit der Auswahl einiger*

Verrisse, die noch während der Arbeit am Roman erschienen, soll illustriert werden, wie wenig beflügelnd und wie kontraproduktiv sich Kritik auf Gutzkows Schaffenslust auswirkte.

Gutzkows fatale Schwäche, jede kritische Stimme aufmerksam zu verfolgen, sein Wohl und Wehe von der öffentlichen Meinung abhängig zu machen, in der Literatenwelt das Gras wachsen zu hören und alle Urteile grundsätzlich schwer zu nehmen, zeitigte bedrückende Folgen. Zwar wurden schon die ersten Bände des Romans von einem Teil der Kritik wohlwollend, zum Teil enthusiastisch aufgenommen: Julius Hammer, Levin Schücking, Rudolf Gottschall, Alexander Jung oder Karl Frenzel schrieben – wenige Vorbehalte abgerechnet – anerkennend über den Roman. Doch schon bald nach Erscheinen des ersten Bandes kam es zu heftigen Angriffen und Schmähungen, schadenfrohen Sticheleien und Kabalen, die Gutzkow irritierten, verletzten und mitunter an der Arbeit verzweifeln ließen.

Einige Rivalen Gutzkows agierten dabei nur aus dem Hinterhalt. Bezeichnend dürfte das Eingreifen Berthold Auerbachs sein. Die Augsburger „Allgemeine Zeitung", die einst Die Ritter vom Geiste *mit mehreren Besprechungen sehr gelobt hatte, brachte am 27. Oktober 1858 ein kurzes und eher nichtssagendes Referat über den ersten Band des* Zauberers von Rom. *Auerbach, der wusste, wie sehr seinem Dresdener Nachbarn an einem günstigen Urteil vor allem dieses einflussreichen süddeutschen Organs gelegen war, interveniert Tags darauf an höchster Stelle: er bittet den Verleger der Zeitung Georg von Cotta eindringlich, Gutzkows Roman in seiner Zeitung keine publizistische Aufmerksamkeit mehr zu schenken:*

Haben Sie schon Gutzkows Zauberer von Rom gelesen? Ich ersuche Sie dringend, überwinden Sie sich – denn es wird Überwindung kosten – und lesen Sie das Buch.

Ich erinnere mich, daß Sie mir wegen der Ritter vom Geiste sagten, wie es Ihnen widersprechend war, daß die

Allg. Ztg. das Buch so fortwährend auf den Schild hob. Nun denn, dieses Buch verhält sich zu den Rittern vom Geist wie Göthe zu Alexander Dumas, ja noch tiefer hinab.

Mein verehrter Freund! Ich habe nie in meinem Leben jemandem einen Stein in den Weg gelegt. Ich lasse gern jeden seines Weges ziehen, wie ich den meinigen gehe. Es ist aber unmöglich, einer keck etablierten Reklameclique gegenüber, nicht das Seinige zu tun, um nicht nach Kräften diese entsetzliche Korruption von Geschmack und Sitte zu hindern [...] Sobald meine Pflichtarbeiten absolviert sind, werde ich mit dem ganzen Einsatze meiner Kraft diesem falschmünzerischen Vertriebe eines durch und durch innerlich verfaulten Machwerkes entgegentreten, und Sie mögen vorerst dafür sorgen und zwar b a l d i g s t, daß Ihre Blätter nicht auch zu dieser Korruption mißbraucht werden.[65]

Ob und mit welchen Mitteln Auerbach, wie angekündigt, dem ‚verfaulten Machwerk' weiter entgegentrat, ist nicht bekannt. Die Augsburger „Allgemeine Zeitung" ignorierte jedenfalls den Roman fortan konsequent, was allerdings auch ihrer proösterreichischen Haltung geschuldet sein könnte.

Schon drei Wochen nach Erscheinen des ersten Bandes meldet sich Gutzkows alter Gegner Julian Schmidt zu Wort.[66] *Schmidt gibt eine Inhaltsangabe des ersten Bandes, die den Inhalt nicht immer korrekt referiert und Gutzkows Intentionen recht unverblümt missversteht. Vor allem von den ‚gemischten Charakteren' ist Schmidt angewidert, allen voran von Lucinde Schwarz, bei der es sich um eine Person mit solchen Eigenschaften handele, die sie „zum Ende in einem unreinlichen Ort prädestinieren" (S. 191). Da diese in Köln (sic!) zum Katholizismus konvertiere, könne man sich, so folgert Schmidt, „also jetzt vorstellen, wer der Zauberer von Rom sein wird" (ebd.). Um drastisch darzutun, was er von Gutzkows Roman hält, schließt Schmidt seine Rezension mit jenen Versen aus Heines „Wintermärchen", in denen die Hamburger*

Göttin Hammonia den Ich-Erzähler dazu anhält, seinen Kopf in die „Ründung" des Nachtstuhles von Karl dem Großen zu stecken. Die in etlichen Punkten sachlich falsche Inhaltsangabe, die gezielten Fehlinterpretationen und daran anknüpfenden Spekulationen sowie das von Schmidt wiederholt vorgebrachte Verdikt, Gutzkows geistig-moralische Vorbilder seien Sue und Kotzebue, versetzen diesem einen schweren Schlag. Doch anders als im ‚Grenzbotenstreit' von 1852 folgt kein publizistischer Schlagabtausch. Gutzkow möchte dagegen eine Berichtigung der den Inhalt entstellenden Passagen in den „Grenzboten" erwirken und beruft sich dabei auf den § 22 des sächsischen Pressegesetzes. Brockhaus rät ihm jedoch am 4. November, „diese [...] g e m e i n e und [...] unredliche Kritik ganz und gar zu ignorieren. [...] Leute von Bildung werden Sie auf diesen Artikel hin gewiß nicht falsch beurteilen, denn der zeigt wahrlich die Absicht zu deutlich, in der er geschrieben wurde."[67] Gutzkow beschreibt dennoch den Klageweg, der sich monatelang hinzieht. Nachdem er die ersten beiden Instanzen gewinnt, kommt es in der dritten zu einem Kompromiss: Den „Grenzboten" wird im Prinzip recht gegeben, ausführliche ‚Berichtigungen' nicht aufnehmen zu müssen. Sie werden jedoch angewiesen, drei faktische Korrekturen Gutzkows abzudrucken. Diesen Richterspruch verbuchen Ende April 1859 Schmidt und Freytag in ihrer Zeitschrift als glänzenden Erfolg zur Rettung der sächsischen Presse vor Begehrlichkeiten von Autoren, die mit umfassenden Gegendarstellungen jede Kritik ad absurdum führen wollen.[68] Dass sie auch zu einer Berichtigung verpflichtet werden, erwähnen sie nicht. Diese bringen sie pflichtgemäß in Nr. 19 ihrer Zeitschrift, zähneknirschend, wie sich bald herausstellen wird. Denn in Nr. 20 der „Grenzboten" revanchieren sich Schmidt und Freytag mit einem wahren Feuerwerk von Invektiven, Verzerrungen, Missdeutungen, montierten Zitaten und Schmähungen, um zu belegen, dass sie bei der Inhaltswiedergabe nicht übertrieben, sondern „vielmehr das Widerliche jener

Scenen stark gemildert haben".[69] *Dabei konstatieren sie nun eine ihrer Ansicht nach besondere Facette des Romans, „die Lüsternheit" (S. 272), die sie bisher rücksichtsvoll ihren Lesern vorenthalten hätten. Lucinde und Klingsohr seien ja „nach der Absicht des Verfassers geniale, kräftige, interessante, im Ganzen liebenswürdige Naturen" (S. 273). Lucinde mache jedoch „den Eindruck einer Dirne" (S. 273), Klingsohr, der prasst, „lallt, radotirt" (S. 273) und gegenüber Lucinde zärtlich wird, sei ihrer ganz würdig. Hinter der „Betrunkenheitsszene" auf Schloss Neuhof vermuten die beiden Leipziger Redakteure wohl einen illegitimen, außerehelichen Coitus, den Klingsohr und Lucinde vollziehen. Gutzkow, literarisch impotent und unfähig, aus erzählten Szenen Schlüsse zu ziehen, ließe nicht einmal in diesem Falle „die etwa zu erwartende" (S. 276) Konsequenz folgen, das heißt wohl die Schwangerschaft Lucindes. Die übrigen Personen des Romans seien „entweder Narren und Schurken oder ganz unbedeutend, nicht ein einziger Charakter, der uns mit dem Leben und diesen Zuständen versöhnt" (S. 276-277). Schmidt und Freytag sind im Zweifel, was bei Gutzkow schwerer wiegt: das dichterische Unvermögen oder seine Schwäche für Schmutz und Schund, für zweideutige Szenen, für kranke, widerwärtige Figuren und Zustände.*

Der sittlichen Entrüstung Freytags und Schmidts schließt sich eine ganze Schar von Rezensenten an. Mehrere Kritiker verbeißen sich in den Figuren des Romans, vorzugsweise in Lucinde Schwarz, von der die liberale „Kölnische Zeitung" schreibt, diese sei eine „durchtriebene(n), abgefeimte(n) Creatur", ein „Kind(e) der Lüge und kältesten Herzlosigkeit, wie es nur je von gleicher Feder mit dem glänzendsten Aufwand zärtlicher Virtuosität geschildert ward [...]. Gutzkow ist nun freilich der Mann, von einer solchen durch den Schmutz aller möglichen entwürdigenden Situationen hindurchgeschleiften Gauklerin mit der vollständigsten Unbefangenheit zu versichern: ‚Sie war jungfräulich geblieben!'"[70] *Und Robert Prutz ruft empört aus:*

"welche Galerie von Verbrecherphysiognomien! welche Ungeheuer! welche moralischen Unmöglichkeiten!"⁷¹
Schon am 15. November 1858 hatte Gutzkow an Schücking geschrieben:

> Das Buch hat faktischen Erfolg, aber die Würdigung ist erbärmlich. Kein Verständniß, kein Nachfühlen, die rohste u. plumpste Erfassung der äußern Thatsachen! Billige ich denn diese unheimliche Lucinde, die alle Damenkaffées so in Horreur versetzt? Deut' ich denn nicht mit Klingsohr eine ganze Weltanschauung an u. gebe ihn als P r o b l e m, das ich zu lösen gesonnen bin?⁷²

Neben Schmidt, Freytag und ihren Nachbetern nutzen einige andere Publizisten das aufsehenerregende Erscheinen des Romans zu einer kritischen Gesamtschau von Gutzkows Werken und Wirken. Dabei fällt stets das Schlagwort ‚Junges Deutschland', ein Begriff, der in den fünfziger Jahren nahezu von allen literarischen und politischen Parteien pejorativ besetzt ist. Am 12. Februar 1859 erscheint in der Leipziger Zeitschrift „Europa" ein Beitrag von Ferdinand Gustav Kühne über die noch lebenden Mitglieder des ‚Jungen Deutschlands', in dem Gutzkows Schaffen kritisch seziert wird.⁷³ Gutzkow gerät über diesen unerwarteten Angriff seines Nachbarn und Kollegen, dem er öfter auf der Straße oder in Dresdener Cafes begegnet und mit dem er sich nach etlichen Scharmützeln in den späten dreißiger Jahren längst versöhnt hatte, außer sich. Nicht nur sachlich-biographische Fehler oder die banale Subsumierung unter die Kategorie ‚Junges Deutschland' erbittern ihn, auch die Wiederholung ganz persönlicher Vorwürfe Kühnes, etwa Gutzkows angebliche „Ichsucht" oder eine auf luxuriösem Lebensstil basierende Vielschreiberei: „das junge Deutschland [...] mußte und wollte auch glänzend leben und füllte den deutschen Büchermarkt mit einem Geschäftseifer, als gälte es damit das Va-

terland zu retten" (Sp. 247). Angesichts notorisch knapper Kassen klingt dieser Vorwurf dem fortwährend überarbeiteten Gutzkow wie Hohn in den Ohren. Vom Zauberer von Rom *behauptet Kühne schließlich, Gutzkow wende sich darin „mit besonderer Erbitterung" (Sp. 248) gegen sein eigenes Vaterland, gegen Preußen, darin eines der „ächten Kinder Berlins [...], die nicht eingedenk, welche Milch sie tranken, gegen ihre Mutter sich besonders feindselig erweisen" (Sp. 248).*

Gutzkow, dessen Nerven durch unfreundliche Ein- und Ausfälle der Kritik in den letzten Wochen ohnehin stark gelitten haben, alteriert sich so heftig, dass er Kühne unverzüglich zum Duell fordern will. Seiner desparaten Stimmung lässt er in einem Brief an Frenzel freien Lauf:

Als ich Ihnen neulich wegen Kühne schrieb, hatt' ich die niederträchtige Gemeinheit gegen mich noch nicht gelesen. Nachdem ich noch vor einigen Wochen bei ihm zu Tisch war, – früher war er öfters bei mir – ist dieser plötzliche Ueberfall wie Wahnsinn u doch kommt er aus einer völlig bewussten Bosheit mit der bestimmten Absicht, meine aufdämmernde Versöhnung mit Preussen unmöglich zu machen – er ist ein Intimus von Stahr u der Lewald. Dazu die Lügen über meine Eltern, die „Schultern der Arbeiter" u.s.f. – ich leide in einem Grade unter diesem Erlebniss, dss mir alle Besinnung fehlt u ich an meinem Buche nicht mehr arbeiten kann. [...] Ich verwünsche meine Umgebungen, Judeich, Fasoldt, Juristen, die alles das so nicht nehmen, wie ich möchte, ich brauche einen Menschen, der einem solchen Schuft aufs Zimmer rückt u ihn auf Pistolen fordert. Niemand will heran u obgleich ich bei Gott schwöre, dss ich mich ruhig der Kugel stellen könnte, find' ich keinen Beistand meiner Ehre, keine Erleichterung, eine solche Prozedur zu veranstalten – kurz ich bin unglücklich, schlafe keine Nacht, vor

Schmerz über die Möglichkeit, dss man fortgesetzt so elend mit mir umgeht.[74]

Glücklicherweise findet Gutzkow im Februar 1859 keinen Sekundanten und zum Duell kommt es nicht. Außerdem bringt Kühne vier Wochen später eine Art Entschuldigung und druckt eine Richtigstellung von Gutzkows Anwalt Edmund Judeich ab.[75] Doch zu diesem Zeitpunkt – Mitte März 1859 – kündigt sich schon die nächste Attacke an: Ein Wiener Polizeibeamter hat unter dem Pseudonym Alexander Alt eine Broschüre über die ersten drei Bände des Zauberers von Rom *veröffentlicht, mit der er „die Reinheit der deutschen Kunst vor Mißbildungen [...] bewahren"[76] möchte. Wie schon bei anderen Kritikern sind es abermals die „krankhaft unwahren Figuren dieses Buches" (S. 17), die Fülle an „Zweideutigkeit und Frivolität" (S. 12), der „Mangel an geistigem Gehalte und an Stoff-Interesse" (S. 28), der „Mangel künstlerischer Anordnung" (S. 29/30), das „Phrasenthum" (S. 32) sowie der vermeintlich schlechte Stil des Autors, die bei dem pseudonymen Kritiker ein Gefühl „des tiefsten Abscheues und der widrigsten Langeweile" (S. 12) erzeugen. Die Quintessenz lautet, das Buch sei miserabel, unbedeutend und gehe an den Lesern spurlos vorbei. Obwohl sich Alexander Alt kaum Mühe macht, überzeugend, scharfsinnig oder sprachlich elegant gegen den Roman zu argumentieren und seine Broschüre recht platt wirkt, reagiert Gutzkow dennoch entnervt. In einem Brief vom 12. März 1859 an Brockhaus heißt es:*

Das neue Erlebnis mit der Prager Broschüre ist natürlich nicht gemacht, mich bei guter Laune zu erhalten. Die Kämpfe der Seele, die mir der Himmel aufbürdet, sind fast nicht mehr zu überwinden, u. ich werde zuletzt doch den Mut verlieren! Der Verfasser heißt Gentz u. ist Wiener Polizeibeamter. Jedenfalls erhielt er den Auftrag, das Buch als schlecht, unbedeutend u. langweilig darzustellen *[...]*. Echt jesuitisch ist dabei, der Religion gar nicht Erwähnung zu tun, sondern mich nur aus ästhetischen Gründen zu verwerfen.[77]

Folgenschwerer als die Attacke Kühnes im Januar, das Prager Pamphlet im März oder der eskalierende Streit mit den „Grenzboten" im April und Mai 1859 wirkt sich der schon oben erwähnte Angriff von Robert Prutz aus, dessen erster Teil am 19. Mai im „Deutschen Museum" erscheint.[78] *Abermals wird Gutzkow als Akteur einer überwundenen Epoche, als „das eigentliche incarnirte Junge Deutschland" (S. 772) dargestellt, das „eine politisch-sociale Partei sein" wollte und „es doch nur bis zur literarischen Coterie" brachte (S. 771). Und ganz von der polemischen Warte der junghegelianischen Kritik, wie sie in den vierziger Jahren die „Hallischen Jahrbücher" federführend übten, wird Gutzkows Wirken zuerst als das eines Jungdeutschen verrissen: Gutzkow sei „wesentlich Reflexionspoet" (S. 773), der „mehr mit dem wohlgeschulten Talent als mit dem angeborenen Genie arbeitet" (S. 772-773), der „nie einen neuen Inhalt gewonnen, sondern stets nur den alten [...] reproducirt hat" (S. 773), der trotz „seiner losen Zunge und seinen sonstigen frivolen Manieren [...] leicht gerührt wird" (S. 777) und dessen „Bildung eine ungemein zusammengesetzte" (S. 772) sei. Die Theorie des Jungen Deutschlands habe einen einfachen Grundsatz der Poesie bestritten: „nur höchste Gesundheit ist höchstes Genie, es gibt keinen in sich unharmonischen und zerrissenen Dichter, der etwas Ganzes und Harmonisches schaffen könnte" (S. 771). Gutzkow sei zudem in seinem späteren Schaffen, so Prutz, „zum Theil sogar hinter sich selbst und sein eigenes Princip zurückgegangen und hat in den literarischen Erzeugnissen seiner zweiten Hälfte Motive benutzt und Tendenzen verfolgt, die er im Anfang seiner Laufbahn [...] verfolgte" (S. 775). Gutzkow sei zur Kopie der „wiederauferstandenen Iffland und Kotzebue" (S. 775) geworden und habe „sich gerade diese beiden Schriftsteller zum*

Vorbild seiner spätern und eingreifendsten Thätigkeit genommen" (S. 775). *Bei dem miserablen Ruf, den das Junge Deutschland bei den Zeitgenossen genießt, bei dem üblen Image eines unpatriotischen Kotzebue und des einstmals überschätzten Iffland – Kotzebue zudem ein Gegner Goethes, Iffland ein Konkurrent Schillers – könnte damit Prutz' Verdikt über Gutzkows bisheriges Werk und Wirken nicht schlimmer ausfallen. Mit dieser literarhistorischen Zuordnung demonstriert er zudem ganz offen den Schulterschluss mit Gustav Freytag und Julian Schmidt.*

Nach dieser Ouvertüre bringt Prutz am 18. August im „Deutschen Museum" eine Besprechung der ersten vier Bände des Zauberers von Rom.[79] *Schon das Vorwort Gutzkows behagt ihm nicht; es atme „welthistorisches Pathos"* (S. 274) *und fuße auf der überholten Vorstellung, Romane könnten irgendeine politische Wirkung erreichen. „Die Literatur, vor allem die belletristische Literatur, hat heutigentags vor allem möglichst bescheiden aufzutreten; unter den großen praktischen Aufgaben, an deren Lösung wir arbeiten, ist die Poesie ja doch nur ein geduldeter Gast"* (S. 275). *Romane seien zur Unterhaltung und Erholung geschaffen und kein Kampfmittel. Prutz gibt sich gleich zu Beginn den Schein von objektiver Gerechtigkeit: Ob es sich bei Gutzkows Roman um ein „Kunstwerk" handele oder nicht, könne man erst nach Abschluss des Ganzen sagen. Aber schon nach den ersten vier Bänden schwant Prutz nichts Gutes. Er kritisiert den Umfang des Romans, „der das herkömmliche Maß von drei, höchstens vier Bänden zu überschreiten" wage* (S. 280), *zieht eine historische Parallele zu opulenten Romanscharteken der Barockzeit und meint, Gutzkow würde durch die Vielzahl von Personen und der verworrenen Handlungssträngen, durch eine „ermüdende Breite des Dialogs"* (S. 283) *die Rezeptivität der Leser überfordern. Irritiert ist er vor allem von den Handlungsträgern des Romans, darüber, wie Gutzkow diese „wenigstens scheinbaren Caricaturen noch zu wirklichen Menschen [...] entwickeln"* (S. 278) *wolle.*

Ganz besonders gilt dies von der Heldin des Buchs. Es ist kein geringes Wagstück, ganz gewiß, und wir bewundern den Muth des Dichters und das gute Zutrauen, das er in seine Leser setzt, die Heldin eines auf neun Bände angelegten Romans gleich im ersten Bande so darzustellen, wie er gethan hat, sie vorzuführen in einem solchen Sumpf von physischer und moralischer Unsauberkeit, sie so von allem zu entkleiden, was menschliche Theilnahme und menschliches Mitgefühl zu erregen vermag – thut nichts, sie bleibt doch die Heldin! Wir sind begierig, in der That, wie der Dichter mit diesem Charakter zurecht kommen und welche Mittel er anwenden will, ihn im Interesse des Lesers wiederherzustellen, nachdem er selbst ihn gleich anfangs so tief herabgesetzt hat [...]. (S. 278-279)

Klingsohr, der Kronsyndikus, Oskar Binder, die Frau von Buschbeck, Prokurator Nück und andere zeigen „eine bedenkliche Verwandtschaft" (S. 279) mit Lucinde Schwarz. Prutz kommt zu dem Schluss, dass sich unmöglich etwas zur Verteidigung dieser „bodenlos schlechten und widerlichen Charaktere(n)" (S. 280) vorbringen ließe. Er verstehe Gutzkow nicht, der in seinem Vorwort vor einer einseitigen Auffassung oder Ausführung von ‚nur' schwarzen oder ‚nur' weißen Menschen im Roman warne. Mit ‚gemischten Charakteren' kann er ebenso wenig anfangen, wie die auf Harmonie und Verklärung bedachten Schwarz-Weiß-Zeichner des bürgerlichen Realismus. Prutz vermisst an dem Roman ein ‚gesundes' Formmaß, Harmonie und ‚echten' Humor, Versöhnung und Verklärung. In Gutzkows Roman erkennt er nur die Wiederbelebung alter „Eugène Sue'sche[r] Schaudercharaktere und Schreckgeschichten" und begreift nicht, wie Gutzkow „in einen solchen Anachronismus verfallen" (S. 280) konnte; „wir verstehen", so fügt er hinzu, „überhaupt vieles, sehr vieles in diesen vier Bänden nicht" (S. 280). Auch mit diesen Ausführungen reiht sich Prutz ganz offen in die

Front von Schmidt und Freytag ein und bekundet seine Übereinstimmung mit den Vertretern des poetischen Realismus.

Die Wirkung dieses zweiten Beitrags von Prutz war einschneidend vor allem für das Vertrauensverhältnis zwischen Autor und Verleger. Für einen Moment geriet das gesamte Romanprojekt ins Wanken; Gutzkow weigerte sich wochenlang, an dem Roman weiterzuarbeiten. Am 26. August 1859 schreibt er an Frenzel:

> Die Prutz'sche Giftauslassung ist, wie Sie sich wol denken können, Gegenstand einer Verhandlung mit Brockhaus geworden. Ich will den Satz festhalten, dss ich anständigerweise gar nicht die Fortsetzung schreiben kann, wenn der Verleger meines Buchs es in einem von ihm als verantwortlichem Redakteur gezeichneten Blatte schlecht machen lässt? Contraktlich darf ich das Buch nur ihm in Verlag geben, also schreib' ich es nicht weiter u erkläre, die deutschen literarischen Zustände sind zu niedrig u gemein: was ich von den Katholiken erwartete, erleb' ich an den Protestanten: wozu soll ich mich einem so unzarten und gesinnungslosen Verleger opfern?[80]

Gemessen an solch drastischen Angriffen, die Gutzkow während der Arbeit am Zauberer von Rom *hinnehmen musste, nimmt sich ein Vorfall aus dem Jahre 1860 eher bizarr aus. Die schon oben erwähnte Baronin Gravenreuth ließ im März 1860 in mehreren Tageszeitungen das Gerücht ausstreuen, Gutzkow habe an ihren ungedruckten Lebenserinnerungen ein Plagiat begangen.[81] Sie kündigte eine umfassende Broschüre an, in der sie ihre Anschuldigungen beweisen wollte. Doch die Broschüre erschien nicht, und die Aufregung legte sich schnell. In diesem Fall verfuhr die Presse ganz allgemein fair mit Gutzkow. Niemand schenkte der Baronin so recht Glauben. Gutzkow konnte ihre Anschuldigungen in einer längeren Erklärung widerlegen und die Baronin als Hochstaplerin und Erpresserin entlarven.*[82] *Bis zum Erscheinen des letzten Romanbandes im Mai 1861 trat nun eine wohltuende Stille ein, die Gutzkow an der Fertigstellung des großen Werkes halbwegs ungestört arbeiten ließ. Das Lesepublikum hatte sich durch die Kritik ohnehin nicht beeindrucken lassen. War 1859 von den ersten drei Bänden schon eine zweite Auflage nötig geworden, so konnte der Verlag 1863 eine von Gutzkow sorgsam überarbeitete, komplette Neuauflage des Werkes auf den Markt bringen. Die Rezeptionsfähigkeit und das Lesevermögen des Publikums erwiesen sich als strapazierfähig, der Roman wurde zeitgenössischen Berichten zufolge geradezu verschlungen.*[83]

Als 1911, fünfzig Jahre nach dem ersten Erscheinen, die fünfte Auflage des Zauberers von Rom *herauskam, begrüßte Franz Mehring die Neuedition euphorisch in der „Neuen Zeit" und empfahl seinen Lesern den großen Roman mit einem nachdrücklichen, auch heute noch probaten Diktum: „Eine Nachmittagslektüre ist er freilich nicht, aber im Nachmittagsschlaf werden die großen Konflikte der Menschheit auch nicht ausgefochten."*[84]

Anmerkungen

[1] Karl Gutzkow: Der Zauberer von Rom. Roman. 5. Aufl. 2 Bde. Leipzig: Brockhaus, 1911. – Die Ausgabe wurde von Heinrich Hubert Houben besorgt, der für seine Edition die vierte, von Gutzkow stark gekürzte ‚Ausgabe letzter Hand' von 1872 zugrunde legte. Die beiden Bände erschienen unverändert als 15. Auflage (wohl 15. Tausend) 1922.
[2] Nur Houben hat in einem längeren Aufsatz etwas zur Entstehungsgeschichte des Romans beigetragen: H[einrich] H[ubert] Houben: Karl Gutzkows „Zauberer von Rom". In: Sonntagsbeilage zur Vossischen Zeitung. Berlin. Nr. 11, 12. März 1911, S. 85-88; Nr. 12, 19. März 1911, S. 90-93. Dieser Aufsatz ist nicht identisch mit Houbens Einleitung zur 5. Auflage des Romans von 1911.

[3] *Nennenswert in diesem Zusammenhang sind nur ältere Arbeiten, so die maschinenschriftliche Dissertation von Else Drewes „Quellenstudien zu Gutzkows ‚Zauberer von Rom'" (Berlin, 1921) und der Beitrag von Werner Kohlschmidt: „Reformkatholizismus im Biedermeierkleide. Gutzkows Roman ‚Der Zauberer von Rom' als religiöse Utopie." In: Jahrbuch der deutschen Schillergesellschaft. Stuttgart. 10. Jg., 1966, S. 286-296.*

[4] *Arno Schmidt: Zettels Traum. Stuttgart: Goverts, Krüger, Stahlberg, 1970. S. 877.*

[5] *Karl Gutzkow: Rückblicke auf mein Leben. Hg. von Peter Hasubek. In: Gutzkows Werke und Briefe. Hg. vom Editionsprojekt Karl Gutzkow. Autobiographische Schriften. Bd. 2. Münster: Oktober-Verlag; Exeter, Berlin: www.gutzkow.de, 2006. S. 408.*

[6] *Gutzkow an Karl Frenzel, 6. Dezember 1856. Ungedruckt. Fundort: Universitätsbibliothek Johann Christian Senckenberg, Frankfurt/M., Nachlass Gutzkow (Abschrift). – Die Wiedergabe einiger ungedruckter Stellen aus Briefen Gutzkows an Frenzel erfolgt mit freundlicher Genehmigung der Handschriftenabteilung der Universitätsbibliothek Johann Christian Senckenberg Frankfurt am Main.*

[7] *Friedrich Hebbel: Briefwechsel 1829 - 1863. Historisch-kritische Ausgabe in fünf Bänden. Hg. von Otfrid Ehrismann, U. Henry Gerlach, Günter Häntzschel, Hermann Knebel, Hargen Thomsen. Wesselburener Ausgabe. München: Iudicium Verlag, 1999. Bd. 3, S. 532.*

[8] *Vgl. S. 560 unserer Ausgabe.*

[9] *Gutzkow an Brockhaus, 24. Dezember 1851. In: Gerhard K. Friesen: „Der Verleger ist des Schriftstellers Beichtvater." Karl Gutzkows Briefwechsel mit dem Verlag F. A. Brockhaus 1831-78. In: Archiv für Geschichte des Buchwesens. Frankfurt/M. Bd. 28, 1987, S. 1-213; Zit. S. 52. – Rückverweise auf denselben Titel erfolgen mit Angabe der entsprechenden Anmerkung.*

[10] *Nach einem Faksimile des Briefes. In: Berühmte Autoren des Verlags F. A. Brockhaus Leipzig. Leipzig: Brockhaus, 1914. Nach S. 16.*

[11] *Aus einem undatierten Brief Gutzkows an Brockhaus. Zitiert nach: H. H. Houben: Karl Gutzkow und sein „Zauberer von Rom". In: Karl Gutzkow: Der Zauberer von Rom. 5. Aufl. Leipzig: Brockhaus, 1911. Bd. 1, S. XIV-XV.*

[12] *Jutta Osinski: Katholizismus und deutsche Literatur im 19. Jahrhundert. Paderborn, München, Wien, Zürich: Schöningh, 1993. S. 307.*

[13] *Ebd.*

[14] *Vgl. S. 2749 unserer Ausgabe.*
[15] *Vgl. S. 2749 unserer Ausgabe.*
[16] *Unter den ca. 42 Millionen Einwohnern des Deutschen Bundes waren 22,5 Millionen Katholiken, 19 Millionen Protestanten und 400.000 Juden. In der regionalen Verteilung war ein starkes Nord-Süd-Gefälle markant: „In Süddeutschland leben fünf mal mehr Katholiken als Protestanten. Denn in Österreich allein rechnet man nur 270.000 Protestanten [...]." Vgl.: Allgemeine Real-Encyklopädie für die gebildeten Stände. Conversations-Lexikon. 10., verb. u. verm. Aufl. 15 Bde. Leipzig: Brockhaus, 1851-55. Bd. 4, 1852, S. 731.*
[17] *Von den ca. 16 Millionen preußischen Einwohnern waren um 1850 10 Millionen Protestanten, 6 Millionen Katholiken und 210.000 Juden. „Unter 100 Christen waren 62 ¼ Proc. Protestanten und 37 ¾ Katholiken." Der katholische Bevölkerungsteil konzentrierte sich vornehmlich auf die Rheinprovinzen, Westfalen und Posen. Vgl.: Allgemeine Real-Encyklopädie für die gebildeten Stände (s. Anm. 16), Bd. 12, 1854, S. 365.*
[18] *Karl Gutzkow: Die Baronin von Gravenreuth, geb. Gräfin Hirschberg, und mein „Plagiat" an ihrer Lebensbeschreibung. In: Unterhaltungen am häuslichen Herd. Leipzig. N.F. Bd. 5, Nr. 31, [28. April] 1860, S. 492-496; vgl. S. 2770-2785 unserer Ausgabe, Zit. S. 2771.*
[19] *Karl Gutzkow: Die Baronin von Gravenreuth, geb. Gräfin Hirschberg, und mein „Plagiat" an ihrer Lebensbeschreibung (s. Anm. 18), S. 2771 unserer Ausgabe.*
[20] *Vgl. H. H. Houben: Karl Gutzkows „Zauberer von Rom". In: Sonntagsbeilage zur Vossischen Zeitung. Berlin. Nr. 11, 12. März 1911, S. 86. – Ein früherer Arbeitstitel des Romans lautete* Das romantische Rom.
[21] *Vgl. S. 333 unserer Ausgabe.*
[22] *Vgl. S. 1382 unserer Ausgabe.*
[23] *Ein lyrisches Fragment aus dieser Produktionsphase hat jüngst Heinz Röllecke veröffentlicht. Es handelt sich dabei um ein Gedicht mit der Überschrift* Ich liebe dich, *das Gutzkow umgearbeitet unter dem Titel* Des römischen Priesters Entsagung *in den Roman integrierte. Vgl. Heinz Röllecke: Liebe und Entagung. Ein ungedrucktes Gedicht von Karl Gutzkow. In: Wirkendes Wort. Düsseldorf. Heft 1, April 2005, S. 1-4.*
[24] *Zitiert nach Houben: Karl Gutzkows „Zauberer von Rom" (s. Anm. 20), S. 86.*

[25] *Nur in seiner zuerst 1852 in den „Unterhaltungen am häuslichen Herd" erschienenen Erzählung* Ein Mädchen aus dem Volke *lässt er einige Figuren aus den* Rittern vom Geiste *auftreten und knüpft außerdem an den Berliner Schauplatz des Romans an.*

[26] *Feodor Wehl: Das Junge Deutschland. Ein kleiner Beitrag zur Literaturgeschichte unserer Zeit. Mit einem Anhange seither noch unveröffentlichter Briefe von Th. Mundt, H. Laube und K. Gutzkow. Hamburg: Richter, 1886. S. 235-236.*

[27] *Zitiert nach Gerhard K. Friesen: Karl Gutzkow und der Buchhandel: Zu seiner Auffassung vom Schriftstellerberuf und seinen Honoraren. In: Archiv für Geschichte des Buchwesens. Frankfurt/M. Bd. 19, 1978, Sp. 1493-1614; Zit. Sp. 1598.*

[28] *Ebd.*

[29] *Gutzkow an Karl Frenzel, 30. Mai 1859. Ungedruckt. (Fundort wie Anm. 6).*

[30] *Friesen: „Der Verleger ist des Schriftstellers Beichtvater" (s. Anm. 9), S. 122.*

[31] *Der Vertrag ist abgedruckt bei Friesen: Karl Gutzkow und der Buchhandel (s. Anm. 27), Sp. 1605-1607.*

[32] *Auch Friesen kommt zu dem Schluss, dass der „Roman für Brockhaus ein Erfolg war" (Karl Gutzkow und der Buchhandel (s. Anm. 27), Sp. 1553).*

[33] *Vgl. dazu Friesen: Karl Gutzkow und der Buchhandel (s. Anm. 27), Sp. 1552.*

[34] *„Ihm war nichts fest und alles problematisch". Karl Frenzels Erinnerungen an Karl Gutzkow. Mit einigen ungedruckten Briefen Gutzkows hg. von Wolfgang Rasch. Bargfeld: Luttertaler Händedruck, 1994. S. 17.*

[35] *Der Briefwechsel zwischen Karl Gutzkow und Levin Schücking. Hg., eingeleitet und kommentiert von Wolfgang Rasch. Bielefeld: Aisthesis, 1998. S. 115.*

[36] *Ebd., S. 118. – Über Luise von Bornstedts eigentümlichen Charakter vgl. auch Levin Schücking: Lebenserinnerungen. Bd. 1. Breslau: Schottlaender, 1886. S. 108-109.*

[37] *Gutzkow: Rückblicke auf mein Leben (s. Anm. 5), S. 32.*

[38] *Vgl. S. 208 unserer Ausgabe.*

[39] *Karl Gutzkow: Rückblicke auf mein Leben. Zeitschriftendruck. Hg. von Peter Hasubek. Exeter, Berlin: www.gutzkow.de. S. 11, Zl. 26-30. (Gutzkows Werke und Briefe. Hg. vom Editionsprojekt Karl Gutzkow).*
[40] *Vgl. S. 1992 unserer Ausgabe.*
[41] *Vgl. Gutzkow: Rückblicke auf mein Leben (s. Anm. 5), S. 326.*
[42] *Gustav Frank: Krise und Experiment. Komplexe Erzähltexte im literarischen Umbruch des 19. Jahrhunderts. Wiesbaden: Deutscher Universitäts Verlag, 1998. S. 378-389.*
[43] *Ein Priester ist aufgestanden, der dem Bischof von Trier die Aussetzung des Heiligen Rocks zum Verbrechen am „Geist der Zeit" macht! Vgl. S. 2205-2206 unserer Ausgabe.*
[44] *Gutzkow an Karl Frenzel, 21. März 1857. Ungedruckt. (Fundort wie Anm. 6).*
[45] *Friesen: „Der Verleger ist des Schriftstellers Beichtvater" (s. Anm. 9), S. 95.*
[46] *S. 7 unserer Ausgabe.*
[47] *Gutzkow an Karl Frenzel, 17. Juni 1858. Ungedruckt. (Fundort wie Anm. 6).*
[48] *Friesen: „Der Verleger ist des Schriftstellers Beichtvater" (s. Anm. 9), S. 102.*
[49] *Ebd., S. 103.*
[50] *Aus einem Zirkular der Firma Brockhaus für den Buchhandel, hier zitiert nach: Bremer Sonntagsblatt. Bremen. Nr. 41, 10. Oktober 1858, S. 328.*
[51] *Vgl. Wolfgang Rasch: Bibliographie Karl Gutzkow. Bielefeld: Aisthesis Verl., 1998. Bd. 1, S. 119*
[52] *Gutzkow an Brockhaus am 23. Oktober 1852. In Friesen: „Der Verleger ist des Schriftstellers Beichtvater" (s. Anm. 9), S. 58.*
[53] *H. H. Houben: Karl Gutzkows „Zauberer von Rom". II. Sonntagsbeilage zur Vossischen Zeitung. Berlin. Nr. 12, 19. März 1911, S. 92.*
[54] *Gutzkow an Karl Frenzel, 27. Dezember 1860. Ungedruckt. (Fundort wie Anm. 6).*
[55] *Friesen: „Der Verleger ist des Schriftstellers Beichtvater" (s. Anm. 9), S. 132.*
[56] *Ebd., S. 134.*
[57] *Brockhaus an Gutzkow, 11. April 1861. In: Friesen: „Der Verleger ist des Schriftstellers Beichtvater" (s. Anm. 9), S. 134-135.*
[58] *Ebd., S. 138.*

[59] *Ebd., S. 119.*
[60] *Karl Gutzkow: Vorwort zur zweiten Auflage. Vgl. S. 2751 unserer Ausgabe.*
[61] *Julian Schmidt: Der Zauberer von Rom. In: Die Grenzboten. Leipzig. 1861, 2. Semester, Bd. 4, S. 244.*
[62] *Ebd., S. 245.*
[63] *Gutzkow an Karl Frenzel, 23. Mai 1861. Ungedruckt. (Fundort wie Anm. 6).*
[64] *Gutzkow an Karl Frenzel, 14. November 1858. Ungedruckt. (Fundort wie Anm. 6).*
[65] *Briefe an Cotta. Vom Vormärz bis Bismarck. Hg. von Herbert Schiller. Stuttgart, Berlin: Cotta, 1934. S. 392.*
[66] *[Julian Schmidt:] Der Zauberer von Rom. In: Die Grenzboten. Leipzig. Bd. 4, Nr. 44, [Oktober] 1858, S. 188-192.*
[67] *Friesen: „Der Verleger ist des Schriftstellers Beichtvater" (s. Anm. 9), S. 108.*
[68] *[Julian Schmidt, Gustav Freytag:] In Preßangelegenheiten. In: Die Grenzboten. Leipzig. 1859, 1. Semester, Bd. 2, S. 194-195. – Gutzkow erwidert diese einseitige Bewertung des Rechtsstreits mit seinem Beitrag* Die „Grenzboten" und das sächsische Preßgesetz. *Vgl. S. 2767-2770 unserer Ausgabe.*
[69] *[Julian Schmidt, Gustav Freytag:] In Sachen des Zauberers von Rom. In: Die Grenzboten. Leipzig. 1859, 1. Semester, Bd. 2, S. 267-277; Zit. S. 272.*
[70] *[Anon.:] Gutzkow's „Zauberer von Rom". In: Kölnische Zeitung. Köln. Nr. 333, 1. Dezember 1858.*
[71] *Robert Prutz: Karl Gutzkow und sein „Zauberer von Rom". II. In: Deutsches Museum. Leipzig. Nr. 34, 18. August 1859, S. 279.*
[72] *Der Briefwechsel zwischen Karl Gutzkow und Levin Schücking (s. Anm. 35), S. 114.*
[73] *[Ferdinand Gustav Kühne:] Vier Männer des weiland „jungen Deutschlands." In: Europa. Chronik der gebildeten Welt für das Jahr 1859. Leipzig. Nr. 7, 12. Februar 1859, Sp. 233-248; über Gutzkow vgl. Sp. 244-248.*
[74] *Gutzkow an Karl Frenzel, 13. Februar 1859. Ungedruckt. (Fundort wie Anm. 6).*

[75] *F. G. Kühne: Erklärung. – Edmund Judeich: Thatsächliche Berichtigungen. In: Europa. Chronik der gebildeten Welt für das Jahr 1859. Leipzig. Nr. 11, 12. März 1859, Sp. 399-400.*
[76] *Alexander Alt [d. i. Joseph Gentz]: Briefe über Gutzkow's „Zauberer von Rom". Prag: Bellmann, 1859. S. 3.*
[77] *Friesen: „Der Verleger ist des Schriftstellers Beichtvater" (s. Anm. 9), S. 110.*
[78] *Robert Prutz: Karl Gutzkow und sein „Zauberer von Rom". I. In: Deutsches Museum. Leipzig. Nr. 21, 19. Mai 1859, S. 768-785.*
[79] *Robert Prutz: Karl Gutzkow und sein Zauberer von Rom. II. (s. Anm. 71), S. 273-283.*
[80] *Gutzkow an Karl Frenzel, Dresden, 26. August 1859. Ungedruckt. (Fundort wie Anm. 6).*
[81] *Vgl. die Notiz: Wiener Blätter enthalten folgende Erklärung [...]. In: Neue Preußische [Kreuz-]Zeitung. Berlin. Nr. 87, 13. April 1860. (Diese Erklärung wurde von zahlreichen Zeitungen und Zeitschriften abgedruckt).*
[82] *Karl Gutzkow: Die Baronin von Gravenreuth, geb. Gräfin Hirschberg, und mein „Plagiat" an ihrer Lebensbeschreibung (s. Anm. 18).*
[83] *Die Lektüre bewahrte den jungen Fritz Mauthner Anfang der 1860er Jahre sogar vor einem beabsichtigten Schülerselbstmord. Nach schlechten Leistungen und Demütigungen durch seine Lehrer beschließt Mauthner, sich das Leben zu nehmen und irrt durch Prag: „Gegen Mittag kam ich auf den Obstmarkt, fühlte Hunger, wurde noch unglücklicher und faßte den Entschluß, mich ganz heimlich totzuhungern. Vor der Leihbibliothek, aus der ich der Mutter Romane zu holen pflegte, faßte ich diesen Entschluß. Dann fiel mir ein, daß meine Mutter just Gutzkows ‚Zauberer von Rom' las; ich hatte mit ihr erst den ersten Band gelesen und wollte doch bis zu Ende kommen. Der ‚Zauberer von Rom' hat sein Teil dazu beigetragen, daß ich mich nicht tothungerte." (Fritz Mauthner: Erinnerungen. Bd. 1: Prager Jugendjahre. München: G. Müller, 1918. S. 69).*
[84] *Franz Mehring: [Gutzkows „Zauberer von Rom"]. 28. Juli 1911. In: Gesammelte Schriften. Hg. von Thomas Höhle u.a. Bd. 10: Aufsätze zur deutschen Literatur von Klopstock bis Weerth. Hg. von Hans Koch. Berlin: Dietz, 1961. S. 370.*

Stephan Landshuter

Versuch einer literarhistorischen Verortung

Der Zauberer von Rom *ist gewiss einer der exzentrischsten und forderndsten deutschsprachigen Erzähltexte der Epoche des ‚Realismus'.[1] Auffallend ist zunächst rein äußerlich sein schier überbordender Umfang, der auch geübte und motivierte Leser nicht unbeeindruckt lassen dürfte. Aber nicht allein das Textvolumen, auch die Komplexität der auf vielerlei Art verzahnten erzählten Geschichten stellt eine gewisse Hürde für die Rezeption dar. Darum soll in diesem Teil des Nachworts versucht werden, einige mögliche Interpretationsansätze anzudeuten und den Roman literarhistorisch zu verorten. Leider kann dem semantischen Reichtum des Romans[2] in der vorgegebenen Kürze eines Nachworts nicht annähernd Genüge getan werden; es können kaum alle wichtigen Figuren, geschweige denn alle wesentlichen Handlungsstränge angemessen besprochen werden. Zur Kompensation dieser unumgänglichen Defizienz sowie zur Erleichterung der Orientierung im Roman wurde ein Schema des Figureninventars erstellt.*

Die Gattung ‚Roman des Nebeneinander'

In den Jahren 1850/51 veröffentlichte Gutzkow bekanntlich seinen ersten programmatischen ‚Roman des Nebeneinander', Die Ritter vom Geiste, *der schon im Umfang dem 1858 bis 1861 veröffentlichten* Zauberer von Rom *ähnelt. Im Vorwort zur 1. Auflage der* Ritter vom Geiste *bereits beschreibt der Autor seine als innovativ ausgerufene Gattung und versucht zu rechtfertigen, weshalb ein Roman des ‚Nebeneinander' solch enorme Ausmaße haben müsse:* Der Roman von früher, ich spreche nicht verächtlich, sondern bewundernd, stellte das Nacheinander [...] dar.

[...] Der neue Roman ist der Roman des Nebeneinanders. Da liegt die ganze Welt! Da ist die Zeit wie ein ausgespanntes Tuch! Da begegnen sich Könige und Bettler! [...] Kurz konnte sie [die Geschichte] ihrer Natur nach nicht werden, denn um Millionen zu schildern, müssen sich wenigstens hundert Menschen vor Deinen Augen vorüberdrängen. [Hervorh. im Orig.][3] *Im Vorwort zur 3. Auflage 1854 (das u. a. ein Rückzugsgefecht Gutzkows vor der vielfach geäußerten Kritik an der behaupteten Originalität seiner Konzeption darstellt) versucht der Autor, seine Intention in einer elaborierten Metaphorik zu verfeinern:* [...] man würde ihn [den Roman] verstehen, wenn man sich gewisse Durchschnittszeichnungen eines Bergwerks, eines Kriegsschiffs vergegenwärtigen wollte, wo das nebeneinanderexistierende Leben von hundert Kammern und Kämmerchen, die eine von der andern keine Einsicht haben, doch zu einer überschauten Einheit sichtbar wird.[4] *Vom Autor intendiert ist also, anhand seines Romans, der offenbar exemplarischen Charakter beansprucht, eine umfassende Darstellung der zeitgenössischen ‚Realität' zu leisten (er will ja anhand von ca.* hundert *Figuren* Millionen *schildern).*[5] *Diese ‚Realität' wird als komplex und ‚vernetzt' gedacht, wie in der Querschnitts-Metaphorik zum Ausdruck kommt, und soll dementsprechend – im Gegensatz zum herkömmlichen Roman des ‚Nacheinander' – adäquater als ‚Nebeneinander' abgebildet (oder besser ‚re-konstruiert') werden. So weit einige Aussagen des Autors,*[6] *in denen sich das semantische Potenzial der neuen Gattung aber bei weitem nicht erschöpft, wie noch zu zeigen sein wird.*

Hier ist nun nicht der Ort, um auf die Ritter vom Geiste *inhaltlich näher einzugehen; ein Rekurs auf diesen Text ist aber geboten, da er in Gutzkows Œuvre in abstrakt-formaler Hinsicht das Paradigma für den* Zauberer von Rom *vorgibt,*[7] *auch wenn Gutzkow dieses Grundmodell in seinem zweiten ‚Roman des Nebeneinander' ein wenig abwandelte. Versuchen wir, wenigstens einige wesentliche Strukturmerkmale der Gattung ‚Roman des Nebeneinander' anhand der* Ritter vom Geiste *zu abstrahieren:*

Zum einen springt ins Auge, dass der Text keinen eindeutigen Helden mehr besitzt, auf dem der Hauptfokus ruhen würde; anstelle eines solchen, im goethezeitlichen Erzählen noch gängigen, meist jugendlichen Helden tritt nun ein regelrechtes Heldenkollektiv ins Zentrum des Romans.[8]

Auch der Umgang mit Nebenfiguren ist ein deutlich anderer als in der damaligen Erzählliteratur üblich: Die Geschichten vieler marginaler und/oder auch extrem negativ bewerteter Figuren sind nicht mehr nur von Belang, insofern diese auf die Hauptfiguren des Romans bezogen und für diese von Bedeutung sind, sondern sie erhalten einen starken Eigenwert. Dies trägt durchaus zum Eindruck der vom Autor angestrebten Vollständigkeit der Realitätsrepräsentation bei.[9] Mit der Tatsache, dass der Erzählfokus im ‚Roman des Nebeneinander' nun zwischen ungewöhnlich vielen Figuren springen kann, korreliert auch eine extreme räumliche und soziale Ausdifferenzierung der dargestellten Welt, die gewiss ein ganz herausragendes Merkmal dieses Texttyps ist.[10]

Zudem ist von Bedeutung, dass die Ritter vom Geiste *auf der Organisationsebene der Textoberfläche mehrfach und ausgiebig mit zeitlich sich überschneidenden Parallelhandlungen operieren. Eine chronologisch fortschreitende Handlung ist in solchen Abschnitten somit aufgegeben zugunsten einer temporalen Diskontinuität. Bei der Darstellung eines Festes sind sogar bis zu vier Sequenzen auf kunstvolle Weise synchronisiert. Das hat u. a. zur Folge, dass der Text auf die Darstellung von ca. 24 Stunden fast tausend Seiten verwendet.*

Diese elaborierte Erzähltechnik wendet der Text nun allerdings nicht nur an, um – der Aussage des Autors gemäß – die postulierte ‚Komplexität' der Gegenwart durch alle sozialen Schichten hindurch ‚abzubilden'; dieser Art des Erzählens lässt sich eine weitere und weit wichtigere Funktion zuschreiben: Die

Ritter vom Geiste *betreiben diesen immensen erzähltechnischen Aufwand vor allem deswegen, um aus der als unbefriedigend und chaotisch empfundenen ideologischen Ausdifferenziertheit[11] der ‚Biedermeier'-(oder ‚Vormärz'-)Epoche[12] ein neues, stabiles und konsensfähiges ideologisches System als ‚work in progress' zu erzeugen, indem bis zum Ende des Textes die unerwünschten Merkmalskomplexe (vornehmlich durch Tilgung bestimmter Figuren) aus der dargestellten Welt entfernt werden. Dadurch wird das ‚Nebeneinander' letztlich doch wieder in ein ‚Nacheinander' überführt,[13] da ja der Systemzustand am Ende des Romans ein deutlich anderer ist als zu Beginn*. Die Ritter vom Geiste *stellen also dieser These nach einen gigantischen Selektionsgenerator dar, der bis zum Textende das erwünschte Werte- und Normensystem hervorbringt.[14] Der Roman kann somit als Metatext zum Epochenwandel aufgefasst werden, der tatkräftig am Entstehen des neuen Literatursystems ‚Realismus' und dessen implizitem Werte- und Normensystem mitwirkt.[15]*

Um zu zeigen, welche Funktion diese Art des Erzählens im Zauberer *haben könnte, soll zunächst die Makrostruktur des Romans, daran anschließend sein Hauptthema – der ‚Katholizismus' –, und abschließend sein Umgang mit ‚gemischten' und anderen problematischen Charakteren skizziert werden.*

Zur Makrostruktur des Romans

Angesichts der Vielzahl der Ereignisse und Erzählstränge ist es wohl hilfreich, die Makrostruktur des Textes unter Einbeziehung erzähltechnischer Besonderheiten wenigstens in kurzen Worten zu beleuchten:

Die erste Kuriosität dieses Romans, der wie die Ritter *formal auf neun Bücher verteilt ist, besteht darin, dass er eigentlich erst mit dem zweiten Buch so recht beginnt, worauf der Autor selbst bereits in der Vorrede hinweist:* Das erste der neun Bücher ist nur ein Vorspiel [...]. Der Roman selbst [...] beginnt erst mit dem zweiten Buche. *(3,22-27). In diesem stattlichen Prolog[16] wird noch einmal das Modell der goethezeitlichen Initiationsgeschichte[17] abgerufen, allerdings in seiner pessimistischeren, typisch spätgoethezeitlichen Variante, in der die ‚Bildung' des (normalerweise männlichen) Protagonisten scheitert oder zumindest problematisiert wird. Im ersten Buch des* Zauberers *haben wir es nun zur Abwechslung mit einer weiblichen Hauptfigur zu tun, Lucinde Schwarz, aus deren Jugendgeschichte sieben Jahre erzählt werden, die irgendwo in den Jahren 1827 bis 1835 anzusiedeln sind.[18] Ver- bzw. behinderte Bildungsgeschichten junger Frauen werden auch schon in früheren Erzähltexten Gutzkows thematisiert, wie z.B. in* Wally, die Zweiflerin *(1835),* Seraphine *(1837) oder auch* Imagina Unruh *(1849).*

Das erste Buch lässt sich kurz so zusammenfassen: „Ihr [Lucindes] Aufbruch aus der Familie mit 13 Jahren führt sie in einen als Kerkerhaft oder Sklaverei charakterisierbaren Dienst bei der seltsamen Witwe von Buschbeck. Auch ihre weiteren Erfahrungen sind abweichende: sie begegnet Kriminalität (Baronin, Oskar Binder, Kronsyndikus), psychischer (Baronin, Jérôme von Wittekind, Kronsyndikus) und erotischer (Baronin und Guthmann, Kronsyndikus) Abweichung. [...] die Entwicklung ihres Charakters ist am Ende ihrer Jugend [...] weder positiv noch abgeschlossen, eine definitive soziale Integration und erfolgreich mit der Gründung einer eigenen Familie endende Partnerwahl haben nicht stattgefunden."[19]

Von großer Bedeutung ist hierbei die Verbindung dieser problembehafteten ‚weiblichen' Initiationsgeschichte mit einer kulturellen Geographie Deutschlands zur Zeit der Restauration: Aus Hessen, wo Lucindes Vater als Dorfschullehrer sein Dasein fristet und seiner Tochter mit der damals noch nachschimmernden Romantik des Seminars *(9,1-2) ihren Namen gab, verschlägt es die Protagonistin von Buch 1 zunächst ins katholische Westfalen. Von dort gelangt sie in den protestantischen Norden und schließlich, wieder über Hessen, in den katholischen Süden, genauer nach Würzburg, wo sie am Ende des ersten Buches zum katholischen Glauben konvertiert.*[20]

Neben Lucinde wird in Buch 1 eine ganze Reihe weiterer wesentlicher Figuren eingeführt (wovon einige noch im ersten Buch wieder getilgt werden). Die Figuren, die durch frühzeitige Tode aus dem Text verschwinden, wie der schwachsinnige Jérôme von Wittekind, der Deichgraf oder Serlo, bleiben aber den gesamten Roman über sprachlich präsent. Auch die hyperpatriarchalische Gestalt des Kronsyndikus, der nach Buch 1 bis zur Vermeldung seines Todes in der Mitte des Romans aus dem Erzählfokus verschwindet, bleibt rekurrenter Gesprächsgegenstand. Um hier wenigstens zwei extrem normverletzende Ereignisse aus dem ersten Buch zu nennen, die auch für die folgenden Bücher relevant bleiben: Der Kronsyndikus ermordet den Deichgrafen Klingsohr, und der Sohn des Kronsyndikus – Jérôme – wird vom Sohn des Deichgrafen – Heinrich Klingsohr (später Pater Sebastus) – im Duell getötet.

In deutlicher Differenz zum ersten Buch „beginnt in Buch 2 ein Wechsel zwischen mehreren Fokusfiguren",[21] *d. h. auch in diesem Text haben wir es mit einem Kollektiv aus Hauptfiguren zu tun, und ebenso wie in den* Rittern *werden sehr viele Nebenfiguren zu Fokusträgern. Des Weiteren können sich nach dem linear erzählten Buch 1 nun auch Erzählstränge überlagern. Es zeigt sich somit, dass Gutzkow auch im* Zauberer, *zumindest was die Bücher 2 bis 7 anlangt, auf die in den* Rittern *erprobten erzählerischen Techniken des ‚Nebeneinander' zurückgreift. Zeitlich werden in diesen Büchern, die als zweiter Teiltext betrachtet werden können, die Jahre 1837 bis 1839 abgedeckt.*

Drei weitere wichtige Besonderheiten erzähltechnischer Natur fallen in die Bücher 5 bis 7: erstens die vom auktorialen Erzähler vorgenommene Einfügung des Vorlebens Wenzels von Terschka und die damit verbundene Enthüllung seiner Identität (Buch 5, Kap. 9-11); zweitens die auffällige Inversion der Zeitabfolge in der Sequenz zu Beginn von Buch 6, die Benno von

Asselyn im Spätherbst 1838 in Wien zeigt (das 1. Kapitel fällt chronologisch ans Ende des 5. Kapitels, Kapitel 6 erst schließt somit an Kapitel 1 an); drittens die Zeitlücke zwischen den Büchern 6 und 7 von ca. einem halben Jahr, die so auffällt, weil die Bücher 2 bis 7 sonst keine größeren Lücken aufweisen.

Zwischen Buch 7 und 8 liegt nun eine weitere und weit größere Zeitlücke von zehn Jahren, d. h. wir befinden uns zu Beginn des achten Buches, das schon aufgrund seiner deutlichen temporalen Abgetrenntheit als dritter Teiltext verstanden werden kann, im Juni 1849. Dieses achte Buch zerfällt im Wesentlichen in drei Teile: Der erste spielt in Piemont, wobei das Sterben der Gräfin Erdmuthe von Salem-Camphausen und Bennos von Asselyn zwei ranghohe Ereignisse darstellen; der zweite Teil zeigt einige Wochen später die Ereignisse im süditalienischen Silaswald, wobei Frâ Hubertus die Verhaftung Frâ Federigos (i. e. Bonaventuras Vater Friedrich von Asselyn, der hier zum ersten Mal im Roman leibhaftig auftritt) durch die Inquistion nicht verhindern kann; der dritte Teil spielt im darauffolgenden Januar in Rom, wobei hier die Tode Federigos, Lucindes, Terschkas und Hubertus' sowie das waldensische Vermächtnis Federigos im Zentrum stehen. Eingelagert in das ansonsten chronologisch erzählte achte Buch sind ausgedehnte Rückblickspassagen, in denen Figuren über vergangene Ereignisse sinnieren.

In dem vergleichsweise kurzen Buch 9, das als vierter Teiltext jenseits der Erzählgegenwart (somit nach 1861)[22] in einer nicht allzu fernen Zukunft situiert ist (diese utopische Komponente ist im Übrigen eine weitere interessante Parallele zum Schluss der Ritter), *folgt als Abschluss noch die gewagte Sequenz einer Totalreformation der katholischen Kirche durch den zum Papst aufgestiegenen Bonaventura von Asselyn. Vom Ende her gesehen wäre man also versucht, diese Figur als wichtigste des gesamten Romans anzusehen, was aber außer acht ließe, dass auch Bonaventura immer wieder für lange Passagen aus dem Erzählfokus verschwindet und dann durch andere ‚Prota-*

gonisten' abgelöst wird. (So ist mit Sicherheit Benno von Asselyn alias Cäsar von Montalto die weite Teile von Buch 6 und 7 beherrschende Figur.)

Erwähnenswert ist auch die räumliche Bewegung der gesamten dargestellten Welt: Während die Handlungen von Buch 1 bis zum Ende des fünften Buches in Deutschland situiert sind, verlagert sich das Geschehen danach über Wien (bzw. die Schweiz) nach Italien. Diese Transposition ist natürlich interpretationsbedürftig. Es stellt sich die Frage, ob man von einer ‚Entkatholisierung' des deutschen Raumes sprechen darf, wenn alle wichtigen katholischen Figuren im Erzählverlauf Deutschland (i. e. das Territorium des Deutschen Bundes) verlassen.

Der Katholizismus als ‚exotische' Welt

Der Zauberer von Rom *ist allein aufgrund der Tatsache, dass er nahezu ausschließlich im Milieu des Katholizismus spielt, ein Ausnahmetext seiner Epoche. Denn der implizite Leser der Majorität der deutschsprachigen ‚realistischen' Literatur kann ohne Zweifel tendenziell als wahlweise protestantischer oder atheistischer und städtisch-bürgerlicher Leser imaginiert werden. Dies zeigt sich zum einen im Wertesystem der Texte selbst, in denen es explizit katholische Figuren in der Regel bestenfalls als negative Außenseiterfiguren gibt (beispielsweise im Stereotyp des ‚intriganten Jesuiten'), denen Legionen von protestantischen oder dezidiert nichtgläubigen Protagonisten gegenüberstehen. Es zeigt sich zum anderen auch darin, dass eine genuin ‚katholische' Literatur[23] spätestens ab der Mitte des 19. Jahrhunderts eine eher randständige Existenz führt und kaum Breitenwirkung erfährt.[24]*

Wie also lässt sich erklären, dass ein Roman eines Autors wie Karl Gutzkow, der durchaus nicht als Freund des Katholizismus zu gelten braucht, nahezu ausschließlich im katholischen Raum spielt? Man halte sich dabei vor Augen, dass in diesem

Text Glaubensinhalte und Riten der Katholiken *in extenso* und meist ohne explizite Negativwertung vorgeführt werden und zudem nirgends ein positiverer Gegenraum aufgeboten wird,[25] und dass eine der höchstbewerteten[26] Figuren im Text – Bonaventura von Asselyn – eine Karriere vom Pfarrer bis zum Papst absolviert. Zwar wird diese Figur mit ebenso katholischen Gegenspielern konfrontiert, die eindeutig negativ gewertet werden (Cajetan Rother, Fefelotti); diese können aber den Aufstieg Bonaventuras nicht verhindern, woraus geschlossen werden darf, dass Bonaventura im katholischen Raum durchaus konsensfähig sein muss. (Gleichwohl ist er jemand, der durch seine ungültige Taufe von Anfang an formal außerhalb der katholischen Welt anzusiedeln ist – ein bemerkenswerter Kunstgriff Gutzkows.)

Wir können also festhalten, dass der Zauberer offensichtlich keine ‚panoramatische' Abbildung einer Gesamtrealität intendiert. Statt dessen konzentriert er sich auf einen Teilausschnitt der zeitgenössischen Wirklichkeit und stellt diesen in seiner Ausdifferenziertheit dar.[27]

Eine Bedeutungsschicht ist gewiss, dass wir es bei Gutzkows Zauberer mit einer Spielart ‚ethnologischen' Erzählens zu tun haben. Das mag auf den ersten Blick erstaunen und bedarf eines kleinen Exkurses:

Im 19. Jahrhundert lässt sich ein steigendes Interesse am ‚Fremden' feststellen. Dieses wird zwar vorwiegend in aus deutscher Perspektive genuin exotischen Gegenden (wie z.B. dem ‚Wilden Westen' der Vereinigten Staaten) gefunden, es kann aber auch im eigenen ‚Innenraum' aufgespürt werden. Autoren, die von ‚wilden Naturvölkern' in (aus europäischer Perspektive) weitabgelegenen Welten und ihren eigenartigen Gebräuchen erzählen, sind beispielsweise Sealsfield, Gerstäcker, Möllhausen oder Karl May. Das ‚Fremde' im ‚Eigenen' wird weiters im Genre der ‚Dorfgeschichte' entdeckt,[28] exemplarisch vertreten etwa durch Auerbachs so erfolgreiche „Schwarzwälder Dorfgeschichten". Die Lebensweise und Gebräuche der Menschen auf *dem Lande erweisen sich für den Städter oft ebenso als erklärungsbedürftig.*

Gutzkow schließt nun an dieser volkskundlichen Entdeckung des ‚Exotischen' innerhalb des deutschen Heimatraumes an und vermittelt dem protestantischen Städter die Welt des Katholizismus. Ein wenig pointiert formuliert: Die Rolle des ‚Negers', ‚Indianers' oder ‚Landbewohners' besetzt im Zauberer also der ‚Katholik', da auch dessen Verhaltensweisen und seine damit verbundenen Werte und Normen für den impliziten Leser nicht selbstverständlich sind und daher quasi-ethnologisch erläutert werden müssen.[29] Arno Schmidt, der dem Katholizismus nicht eben freundlich gegenüberstand, bemerkte, wie „erstaunlich objektiv"[30] Gutzkow bei der Darstellung des Katholizismus geblieben sei. Auch an dieser Einschätzung lässt sich erkennen, dass es diesem Text um anderes zu tun ist als um eine simple Polemik gegen den Katholizismus in der Tradition der Aufklärung.[31] Nicht zufällig sind die durchaus vorhandenen kritischen (und teils satirischen) Anteile des Romans auf das Nebenfigurenarsenal verlegt, wie z.B. auf die Darstellung des eifernden Pfarrers Müllenhoff, der gegen jede Form von Tanzveranstaltung als Einfallstor der Sünde zu Felde zieht, aber selbst sexuell aktiv ist, oder des Pfarrers Langelütje, der ein Betrüger ist.

Allerdings darf nicht übersehen werden, dass Gutzkow neben der protestantischen Leserschaft auch die katholische Öffentlichkeit im Auge hatte, die nicht nur als Objekt der ethnologischen Untersuchung, sondern gleichzeitig als sekundärer impliziter Leser gedacht werden muss. Der Roman ist so geschrieben, dass sich diese Gruppe in ihrem Glauben nicht nur kolonialistisch beobachtet, sondern sogar mit gewisser Sympathie behandelt und verstanden fühlen darf. Der Verweis des Autors im Vorwort zur 2. Auflage auf Briefe von begeisterten katholischen Lesern zeigt, dass es Gutzkow offenbar tatsächlich gelang, diese zu erreichen (s. 2749,16-17).

‚Zurichtung' und versuchte ‚Integration' des ‚Katholizismus'

Es geht dem Text also um weit mehr als um eine Kritik am katholischen Denk- und Glaubenssystem, aber auch um mehr als einer quasi-mimetischen ‚Abbildung' bzw. einer ethnologischen Untersuchung desselben. Gutzkow muss etwas an diesem Thema gefunden haben, das ihn zutiefst fasziniert bzw. ihm erlaubt hat, die dargestellte Welt nicht von vornherein zu verwerfen.

Eine hier vertretene These ist, dass sich der Roman an einer „Zurichtung des Katholizismus im Sinne realistischer Basisannahmen" versucht und dass er neben der „Transformation des Katholizismus" auch eine „Adaptation in ihm vorgefundenen semantisch-ideologischen Materials und als brauchbar erachteter Modellvorstellungen für soziale Handlungs- und Interaktionsmuster"[32] vornimmt. Mit anderen Worten: Der Text schlachtet den Katholizismus aus im Hinblick auf brauchbare Inhalte und Methoden für sein eigenes Werte- und Normensystem, wobei er das Material bisweilen ein wenig zurechtbiegen muss. Bevor wir auf ein Beispiel solcher Inhalte kommen, zunächst wieder ein kleiner Exkurs:

Ab den späten 1820er Jahren und verstärkt ab ca. 1840 entsteht eine neue Personenkonzeption in der deutschen Literatur, die als Ausdruck einer seit der späten Goethezeit pessimistischer werdenden Anthropologie zu sehen ist.[33] In dem damit korrelierten Katalog von Verhaltensnormen ist geregelt, wie sich ein positives, männliches Subjekt zu verhalten hat, weswegen dieses Verhaltensmodell auch ‚Mann-Sein'[34] genannt wird: Ein solches Subjekt hat u.a. seine Affekte, vor allem das, was man zeitgenössisch unter ‚Leidenschaft' klassifiziert, ja sämtliche ‚egoistischen' Antriebe unter allen Umständen unter Kontrolle zu halten; damit verbunden ist eine heroische Bereitschaft zu ‚Entsagung' und Verzicht auf ‚Glück' (im emphatischen Sinne);[35] es hat ideologisch möglichst invariant zu bleiben, da jede Veränderung des persönlichen ideologischen Systems nach Beendigung *der „Jugend" im „Realismus" als höchst problematisch gilt; ein solcher „Mann" hat jedweder „Realität" sowie dem Phänomen „Tod" im Speziellen illusionslos und stoisch zu begegnen, und emotionale Probleme hat er nicht zu kommunizieren, sondern autark mit sich selbst abzumachen. In der stabilisierten Phase des „Realismus" (ab ca. 1860) wird die Einhaltung dieses Katalogs zumeist stillschweigend vorausgesetzt. Innere Kämpfe werden dann kaum noch in extenso vorgeführt, abweichende Figuren entweder „therapiert" oder bestraft.[36]*

In Gutzkows Zauberer *nun, einem Text, der noch dem frühen „Realismus" zuzurechnen ist, ist das Entstehen dieses Personenkonzepts beobachtbar, und zwar signifikanterweise anhand der hochbewerteten Figur Bonaventura von Asselyn: Dieser ist nämlich aufgrund seines Status als katholischer Priester zur Einhaltung des Zölibats gezwungen[37] und wird mit einer emphatischen Liebe zu einer Frau – Paula von Dorste-Camphausen – konfrontiert. Zwar wird diese Liebe von beiden nie explizit eingestanden, aber es ist gleichwohl durch non-verbale Zeichen (besondere Blicke, Fast-Umarmungen, Beinahe-Küsse)[38] davon auszugehen, dass jeweils die eine Figur von der Liebe der anderen weiß. Im Text kann man nun Bonaventura über lange Strecken dabei zusehen, wie er mit sich ringt und in höchste Versuchung gerät, die Welt des „Katholizismus" für diese Frau zu verlassen, und welche außerordentlichen Qualen er durchlebt bei der „Abtötung"[39] seiner Emotionen, die aber als zwingend notwendig gesetzt wird, wenn Bonaventura seine „Identität"[40] wahren möchte. Hier wird also noch detailliert vorgeführt, welch hohen Preis der „realistische" Optimal-Mann bei der Einhaltung dieser Normen zu zahlen hat.*

Ein Text, der nicht zur katholischen Literatur im engeren Sinne zu rechnen ist, besetzt also die Rolle des emphatischen „Mannes" ausgerechnet mit einem katholischen Priester (der obendrein im utopischen Finale Papst wird). Diese Verknüpfung ist im „Realismus" als völlig radikal zu werten, und auch dies macht diesen Roman zu einem Grenztext des Literatursystems ‚Realismus'.

Dass nun ausgerechnet ein Zölibatär die höchste Form des ‚Mann-Seins' verkörpert, impliziert eine Abwertung von Erotik und Sexualität, die in der Literatur der späten Goethezeit schleichend ihren Anfang nahm und hier ins Extrem – der totalen ‚Verdrängung' – weitergetrieben wird.[41] Für die Entstehung dieses Typs von ‚Mann' werden im Roman zudem genuin christliche „Psychotechniken der Leidenschaftsbeherrschung"[42] nutzbar gemacht, mithilfe derer das Subjekt befähigt wird, eine „Abwehr psychischer Penetration des bewußten Ich durch äußere Größen"[43] vorzunehmen. Leidenschaftliche Erotik, die im Denken des ‚Realismus' immer die Ich-Grenze des Subjekts bedroht, muss in diesem System konsequent verdrängt werden, um die Psyche ‚stabil' zu halten.[44]

Erwähnenswert ist in diesem Zusammenhang, dass Paula, die wohl am positivsten bewertete Frauenfigur des Romans (die vielleicht gerade deswegen ein wenig blass bleibt), dieses Entsagungsmodell[45] am Ende mitträgt und eine Ehe mit ihrem Vetter Hugo eingeht. Wie man den Daten des Textes entnehmen kann, ist diese Ehe zunächst eine reine Konvenienzehe, aber nach Jahren des langsamen Kennenlernens entsteht so etwas wie leidenschaftslose Liebe. Die Ehe wird nach Jahren schließlich doch vollzogen, woraus ein Sohn hervorgeht. Eine emotional reduzierte Form der Liebe wird nun zwar die im ‚Realismus' bevorzugte Form der Liebesbeziehung sein, weil so die perhorreszierte Entgrenzung der Psyche durch Leidenschaft unterbleibt.[46] Dennoch stellt das Paar Hugo/Paula kein Idealpaar im Sinne des ‚Realismus' dar, wohl da die emotionale Bindung zu minimal ist und die Beziehung zudem als asymmetrische gezeichnet wird: Hugo liebt Paula offenkundig mehr als sie ihn. Das Paar Hugo/Paula erweist sich im Text daher folgerichtig als nicht dauerhaft lebensfähig, was durch Hugos frühen Tod zum Ausdruck kommt.

Diese ‚Zähmung' der inneren Leidenschaften wird im Roman im Übrigen nicht nur auf individueller, sondern auch auf kollektiver Ebene vollzogen: Eine ältere, ‚wilde' Generation – vor allem repräsentiert in der Gestalt des unheimlichen, gewalttätigen und erotisch ausschweifenden Kronsyndikus von Wittekind-Neuhof[47] *– wird abgelöst durch eine nachfolgende domestizierte Generation, die bis zum Textende psychisch homogenisiert ist (s. dazu weiter unten auch den Abschnitt über die ‚gemischten Charaktere'). Bemerkenswert ist, dass diese neue Generation massive Probleme bei Partnerwahl und Familiengründung hat.*[48] *Im gesamten Text gibt es erstaunlich wenige gelingende und positive Paarbildungen, und demzufolge gehen am Ende nur zwei Nachkommen hervor: Porzias Tochter Erdmuthe Hedemann und Paulas Sohn Benno Thiebold Bonaventura von Camphausen (dessen Vorname sich aus den Namen dreier wichtiger Figuren zusammensetzt). Dies steht in starkem Kontrast zu den* Rittern, *wo es derartige Probleme der jüngeren Generation bei der Paarfindung so noch nicht gibt. Schon daran lässt sich eine deutliche Negativierung der konstruierten ‚Realität' im* Zauberer *gegenüber den* Rittern vom Geiste *ablesen.*

Der wesentlichste Grund aber, weshalb Gutzkow den ‚Katholizismus' als Thema für einen Roman wählte, ist wohl darin zu sehen, dass dieser an sich nicht-konsensfähige Raum möglichst vollumfänglich[49] *in das System des ‚Realismus' integriert werden soll – ein wahrhaft kühn zu nennendes Unterfangen im protestantisch dominierten literarischen Feld.*[50] *Schon in seiner gegen den Katholizisten Görres und dessen „Athanasius"*[51] *gerichteten Streitschrift* Die rothe Mütze und die Kapuze *von 1838 phantasiert Gutzkow von einer* Verschmelzung der katholischen und protestantischen Kirche als anzustrebendem Ziel, fügt aber auch gleich hinzu: wenn wir auch keine äußere Form dafür anzugeben wissen.*[52] Wenn man den Roman als derartigen Versuch wahrnimmt, dann ergibt auch die Bemerkung im Vorwort einen Sinn:* Die nachfolgende Dichtung will [...] beitragen helfen die vaterländische Einheit zu fördern *(2,11-13)*. *Die Teilung der Christenheit in zwei oppositionelle Teilräume ist also hinderlich für das Konzept der ‚Nation' und Aufgabe von Literatur könne es – dieser impliziten Poetologie zufolge – sein, ideologische Störfelder für die Nationenbildung zu neutralisieren. Im Vorwort zur 2. Auflage führt Gutzkow diese Intention weiter aus:* daß die Tendenz des Buches: „Ein geläuterter, von Rom befreiter Katholicismus", einer Stimmung entsprach, welche bei den meisten Katholiken Deutschlands verbreitet ist und nur des Beistands unserer Politik, namentlich unserer katholischen Fürsten, bedürfen würde, um durch Trennung von Rom die Einheit des Vaterlandes aufs segensreichste zu befördern. *(2749,18-24)*

In seiner hergebrachten Form ist der Katholizismus natürlich nicht in das ideologische System des ‚Realismus' integrierbar, weswegen er am Ende des Romans von Grund auf reformiert werden muss. Dies geschieht, indem der letzte der Päpste *(2745,20)*, Liberius II. *(„der Freie"), wie sich Bonaventura nach erfolgter Papstwahl in Anlehnung an den nicht heiliggesprochenen Papst Liberius (352–366) nennt, ein allgemeines Konzil einberuft, das die hierarchische Ordnung abschafft,[53] wodurch der äußeren Form nach eine quasi-protestantische Kirche ohne zentrales Oberhaupt geschaffen wird. Wenn der erste Auftritt von Liberius II. in Rom obendrein von den Versammelten mit den Rufen nach* Freiheit –! Freiheit –! Freiheit –! *(2745,30) begleitet wird, dann zeigt sich in dieser emphatisch verlangten Rückgabe der Autonomie an die Glaubensgemeinschaft, dass der reale Zustand des Katholizismus durch eine überholte extreme Heteronomie der Gläubigen gekennzeichnet ist. Der Eintritt dieses erwünschten Metaereignisses, das die katholische Welt radikal transformiert, wird, da bis 1861 nicht eingetreten, folgerichtig erst in der (allerdings nicht allzu fernen) Zukunft situiert. Wie eine erneuerte katholische Kirche im Detail aussehen soll, überlässt der Text allerdings wie in* Die rothe Mütze und die Kapuze *weitgehend der Imagination des*

Lesers.⁵⁴ Ein wesentlicher Bestandteil ist in jedem Fall eine Rückbesinnung auf den Text der Bibel, die von den Gläubigen in den jeweiligen Landessprachen eifrig studiert werden soll. Da, soweit ich sehe, kein Text des ‚Realismus' dem Zauberer in diesem Integrationsbemühen⁵⁵ folgen wollte,⁵⁶ darf Gutzkows Roman auch in diesem Punkt als singuläres und daher umso erstaunlicheres Phänomen gelten.

‚Gemischte' und andere problematische Charaktere

Abschließend soll ein Blick auf vier weitere wichtige Figuren geworfen werden, die zum Kreis der Protagonisten gerechnet werden dürfen und die Gemeinsamkeit teilen, allesamt in Buch 8 umzukommen, nämlich auf Lucinde Schwarz, den Jesuiten Wenzel von Terschka/Pater Stanislaus, Benno von Asselyn/Cäsar von Montalto und Franz Bosbeck/Frâ Hubertus.

Eine besondere Form der Charakterzeichnung, die in Gutzkows Rittern *und dem* Zauberer *eine wichtige Rolle spielt, ist die des sogenannten ‚gemischten Charakters'.⁵⁷ Der Autor selbst bezeichnet in der Vorrede des* Zauberers *die Figur der Lucinde Schwarz als solchen und definiert derartige Figuren als offenbar ambivalent, d.h. in den Worten Gutzkows:* Nur schwarze oder weiße Menschen haben wir Engverbundene *[i.e. der Autor und seine ihm geneigten Leser, Anm. d. Verf.]* in unserm Erfahrungsbuche nie finden können *[...](3,16-18). Das erste der neun Bücher sei der* Jugendtraum eines in solcher Art „gemischten" Charakters *(3,23-24). Genauer definiert Gutzkow diesen Typus nicht, weswegen hier eine genauere Beschreibung aus einer Analyse der Textdaten unternommen werden soll. Welche Eigenschaften lassen sich also Lucindes Psyche zuschreiben?*

Zum einen koexistieren in Lucinde die Extreme ‚emotionale Kälte' und ‚exaltierte Leidenschaftlichkeit'. Sie kann in manchen Situationen gefühllos-berechnend handeln und an anderen Stellen wieder unkontrolliert-emotional. So heiratet sie den Grafen

Sarzana gegen Ende aus kühler Überlegung: Sie wird durch diesen Schritt in den Adelsstand versetzt, was ihr einen komfortablen Lebensstil ermöglicht (die Ehe wird im Übrigen nie vollzogen, Lucinde verlässt diese Welt also ‚unberührt'). In früheren Textpassagen hingegen hatte sie mit allen Mitteln und Anzeichen emotionaler Exaltiertheit versucht, Bonaventura von Asselyn zu ihrem Erotikpartner zu machen. Als dies nicht gelingt, reagiert sie mit Aggressionsausbrüchen, Verzweiflungszuständen sowie Rachegelüsten; bis zum Ende von Buch 8 behält sie ein Dokument in der Hinterhand, das Bonaventuras ungültige Taufe belegt und ihm, in den falschen Händen, enormen Schaden zufügen könnte (die Existenz dieses Dokuments wird am Ende gerade Lucinde zum Verhängnis). In anderen Situationen wiederum kann sie, zumindest äußerlich, sehr umgänglich und geradezu liebenswürdig sein. Durch ihren übermäßigen Hang zur ständigen Selbstreflexion ist ihr allerdings ein ‚natürliches' Verhalten von Grund auf erschwert oder sogar verwehrt.

Im ersten Buch zeigt sich zudem, dass die im Übrigen exzeptionell scharfsinnige und listige Lucinde bei vielen männlichen Figuren als eine Art Katalysator für deren leidenschaftliche Potenziale fungiert. Ohne dass Lucinde viel dazu beitrüge, reißt sich eine Vielzahl von Männern regelrecht um ihre Gunst; allerdings gelingt es keinem, sie wirklich zu gewinnen. Eine solche Figur ist natürlich eine permanente Gefahr für ihre soziale Umwelt, insbesondere für den männlichen Anteil. Im ‚Realismus' müsste eine positive Frauenfigur einschreiten und die Männer rechtzeitig vor ihren leidenschaftlichen Antrieben bewahren; Lucinde aber beobachtet die Männer, die ihr verfallen, mit einem unübersehbaren Wohlgefallen, aber auch mit Befremden. Sie empfindet rekurrent boshafte Freude an der Verwirrung anderer – eine Spielart extremer Egozentrik.

Als übergeordnete soziale Merkmale lassen sich also ‚Unberechenbarkeit' und ‚potentielle Gefährlichkeit'[58] festhalten. Ihre heterogene, aus Extremen zusammengesetzte Psyche wirkt auf ihre Umwelt nicht einfach negativ, sondern ambivalent; manche Figuren finden Lucinde anziehend, manche abstoßend, adäquat einschätzen kann sie niemand. Eine Figur wie Lucinde fungiert, sowohl innerhalb der dargestellten Welt als auch für den Leser, gerade wegen ihrer Undurchschaubarkeit als mysteriöses Faszinosum. Wie schon gezeigt wurde, ist eine dergestalt heterogene Psyche allerdings genau das Gegenteil des ‚realistischen' Ideals.

Schon in ihrem wohlkomponierten Namen zeigen sich im Übrigen die Extreme, aus denen sie besteht: ‚Lucinde' verweist auf die Anwesenheit von ‚Licht' und zusätzlich auf ‚Lucifer' (=Lichtbringer), während der Nachname ‚Schwarz' eben die Absenz von Licht impliziert. Die Teufels-Metaphorik wird auch auf Figurenebene oft zum Ausdruck gebracht, so wenn Bonaventura ihr ins Gesicht sagt: Ich habe Sie zu allen Zeiten *[d. h. permanent, von allen, Anm. d. Verf.]* einen Teufel nennen hören! *(1178,9-10). Zusätzlich verweist der Name intertextuell natürlich auf Schlegels Skandalroman „Lucinde" (1799) und die Neuausgabe von Schleiermachers „Vertraute Briefe über die Lucinde" (1835), die Gutzkow mit einem Vorwort versah, worauf hier aber nicht ausführlicher eingegangen werden kann.*

In der Protagonistin seines Romans Seraphine *präsentierte Gutzkow bereits 1837 eine frühe Seelenverwandte Lucindes. Wolfgang Lukas bemerkt zu dieser Figur: „Seraphines auffälligstes Merkmal ist [...] das der Diskontinuität, Heterogenität und Widersprüchlichkeit v. a. auf emotionaler Ebene. Sie schwankt zwischen Extremen [...] Mit diesem Merkmal [Diskontinuität] stellt Seraphine [...] ein Beispiel jenes ‚gemischten Charakters' dar, wie Gutzkow ihn vollendet im* Zauberer von Rom *in der Protagonistin Lucinde entwerfen wird [...]."[59] Schon in den späten 30er Jahren also arbeitet Gutzkow an dieser Art von Charakterzeichnung.*

Zwar wohl kein ‚gemischter Charakter' im engeren Sinne, ist der Jesuit Pater Stanislaus alias Wenzel von Terschka doch auch eine in sich tief gespaltene Figur: Auch er ist für viele Figuren undurchschaubar und ambivalent, zudem ist er wie Lucinde äußerlich sehr attraktiv und hochintelligent. Wie bei Lucinde in Buch 1 – wenn auch nicht ganz so ausführlich – erhalten wir Informationen aus dem Vor- und Innenleben der Figur und über ihre Herkunft, und dies obendrein verantwortet vom auktorialen Erzähler, der sich im restlichen Text oft gerade nicht allwissend gibt. Diese oberste Textinstanz beginnt ihren analeptischen Bericht mit den Worten: Erzählen wir von Wenzel von Terschka die Wahrheit. *(1408,26) Weder das Wissen der übrigen Figuren noch die Introspektion Terschkas können also die ‚Wahrheit' dieser Figur vermitteln. Diese narrative Vorgehensweise, die die Undurchschaubarkeit Terschkas innerhalb der dargestellten Welt unterstreicht, ist im Roman singulär, wodurch Terschka einen Sonderstatus zugewiesen bekommt.*[60]

Im Gegensatz zu den gängigen Jesuitenfiguren im ‚Realismus', die meist nichts weiter als ihre eindimensionale Intrigantenfunktion zu erfüllen haben und deren psychische Inhalte ansonsten nicht von Belang sind,[61] *erfahren wir hier, wie jemand überhaupt zum Jesuiten wird und welche Initiationsriten er durchlaufen muss. Dadurch rückt diese Figur dem Leser nahe, der diese Riten, die interessanterweise vornehmlich der psychischen Domestikation dienen und daher dem ‚realistischen' Programm der inneren Zähmung nicht unverwandt sind, identifikatorisch mitdurchlebt: Die Aufnahme in den jesuitischen Orden wird für den jungen Terschka zum summum bonum, und es fällt auf, wie sich der Erzähler mit einer eigentlich erwartbaren Negativwertung dieses Vorhabens zurückhält. Erneut zeigt sich, dass der Text latent bis offen Sympathien für gewisse katholizistische Psychotechniken hat.*

Besonders gegen Ende des Textes, aber auch schon während des Buchs 5 kann der Leser zudem Terschkas wachsende Verzweiflung beobachten, wie es ihm trotz aller Bemühungen nicht gelingt, sich dem mächtigen Raum des ‚Jesuitismus' wieder zu entziehen. Eine Figur, die diese Grenze einmal überschritten hat, so wird deutlich, kann dies nicht mehr rückgängig machen. Selbst eine Flucht nach England und ein Wechsel zum Protestantismus (gewissermaßen von einem Extrem ins andere) helfen auf Dauer nicht. Man darf es durchaus schriftstellerischen Wagemut nennen, dass Gutzkow versucht, das Interesse des impliziten nicht-katholischen Lesers an einem intriganten Jesuiten, der eher als tragischer denn als negativer Fall aufgebaut wird, zu nähren und Mitleid für diesen zu erregen. Die Figur Monika bringt die Textintention wohl auf den Punkt, wenn sie sagt: Fast glaub' ich, man muß dem Manne nicht zu sehr zürnen! ... Er war vielleicht mehr ein Opfer, als ein Werkzeug! *(1761,10-11).*

Eine Grenzüberschreitung anderer Art wird Benno von Asselyn[62] *zum Verhängnis, nämlich die vom deutschen ‚Vater'-Land zum italienischen ‚Mutter'-Land. Ausgangspunkt dieser ideologischen Transgression ist für Benno seine ausbrechende Identitätskrise, nachdem er in Buch 6 von Bonaventura davon in Kenntnis gesetzt wurde, dass Baron Max von Asselyn – ein Onkel Bonaventuras – nicht sein leiblicher Vater und folglich Benno von Asselyn nur sein Adoptivname ist. Benno erfährt zudem, dass sein wahrer Taufname Julius Cäsar von Wittekind-Neuhof und sein Vater niemand anderes ist als der grausame Kronsyndikus – eine Information, die Benno in eine tiefe Krise stürzt. Benno trifft in Wien schließlich seine Mutter, die Herzogin von Amarillas, geb. Montalto (markiert mit der weiter oben schon angesprochenen extrem auffälligen Inversion der Chronologie in Buch 6).*[63] *Rasch nennt er sich nun nach dem Mädchennamen seiner Mutter Cäsar von Montalto, und als solcher entschließt er sich, zum Raum der ‚Mutter' überzutreten und für die italienische Nationenbildung einzutreten. Dieser ideologische Übertritt, im Text als ‚Untreue'*[64] *an Deutschland gewertet, korreliert zum einen mit einer aktiven Beteiligung an revolutionären Ereignissen im Untergrund, was der Text offenbar nicht goutiert. Zum anderen tritt Cäsar damit in einen Raum über, der durch die*

Figur der Olympia Rucca, die sich nicht um ihren Status als verlobte Frau schert und beständig versucht, Benno/Cäsar zu verführen, mit unerlaubter Erotik aufgeladen ist.

Eine weitere Figur von großer Bedeutung, die sogar als „heimliche[] Hauptfigur"[65] *gesehen werden kann, ist Frâ Hubertus, ehemals Franz Bosbeck, aufgrund seines asketischen Aussehens fortwährend auch* Bruder Abtödter *oder* Bruder Todtenkopf *genannt. Schon rein äußerlich und sprachlich ist er somit als Personifikation des Todes gekennzeichnet.*

In seiner Jugend wächst er in einer vom Christentum zum Judentum konvertierten Familie auf, die sich in der chaotischen Zeit der Napoleonischen Kriege im asozialen Raum der Räuberbanden bewegt. Selbst noch Knabe, ‚adoptiert' Bosbeck neben Jean Picard auch Wenzel von Terschka und lebt mit ihnen unter Hehlern. Nach einem Aufenthalt auf Java kommt er zunächst als Jäger auf die Güter des Kronsyndikus und wird schließlich Franziskaner Laienbruder, behält aber seine Existenz als durch die Welt schweifender Abenteurer bei. Seine letzten Stationen sind der Silaswald, in dem er auf der Suche nach Frâ Federigo ist, und am Ende von Buch 8 (und seines Lebens) Rom.

Auffallend ist seine Mobilität, ja fast Ubiquität. Fortwährend wird der Leser überrascht, wo diese Figur überall, und oft völlig unvermittelt, auftaucht. Er ist zudem in Besitz von exotischem Spezialwissen, vor allem was die asketische Kontrolle des eigenen Körpers betrifft. Sein Status ist bis kurz vor Schluss ambivalent, er ist eine zutiefst unheimliche Figur, gleichwohl ist er nie rein negativ gewertet. Im Laufe von Buch 8 geht er schließlich eindeutig zur positiven Gruppe über, da er die waldensischen Lehren Federigos verteidigt, die innerhalb der Textwelt die wohl positivste Form des Christentums darstellen.

Eine fast schon barock anmutende Personifikation des Todes ist er nicht nur durch sein Aussehen, sondern auch durch seine Taten: Er fungiert oft als Richter und Scharfrichter in Personalunion, wenn er beispielsweise den Räuber Grizzifalcone er-

schießt, oder wenn er am Tod seines Ziehsohns, des verräterischen Picard, beteiligt ist. Allein das Auftreten einer solchen Figur kennzeichnet bereits die neue Relevanz des Themas ‚Tod' im ‚Realismus', der sich ja als geradezu besessen von diesem Thema erweisen wird.[66]

Am Ende werden die ‚gemischten' bzw. problematischen Charaktere, wie schon erwähnt, getilgt, womit dem Programm einer Homogenisierung der Figuren-Psyche im ‚Realismus' Rechnung getragen wird: Lucinde, Terschka und Hubertus springen gleichzeitig bei einer Feuersbrunst in den Tod (wodurch die Zusammengehörigkeit dieser Figurengruppe unterstrichen wird).[67] *Der Tod von Frà Hubertus hat wohl weniger den Status einer Textstrafe: Hubertus kann in seiner Funktion als Todbringer abtreten, nachdem er die letzten abweichenden Figuren aus dem Leben (und aus dem Text) geführt hat: Die neue semantisch-ideologische Ordnung des Romans ist nun gefestigt, die Mission des ‚Bruder Abtödters' ist erfüllt.*

Benno stirbt zuvor schon bei Bonaventura in Norditalien, zu dem er sich, in Rom zu Tode verwundet, noch geschleppt hat. Die eigens angereisten Matriarchats-Repräsentantinnen (seine Mutter und Olympia) werden bei seinem Sterbeprozess ostentativ von ihm ausgeschlossen. In dieser Exklusion und in seiner Abschiedsrede zeigt sich der Wunsch Bennos, die von ihm begangene Grenzüberschreitung rückgängig zu machen. Doch wie im Falle Terschkas liegt auch hier offenbar eine Grenze vor, die nur in eine Richtung überquert werden kann, und als Strafe für derart hochrangige, normverletzende Grenzübertretungen steht die Liquidation durch den Text.

Der Text trägt durch seine Selektionsprozesse kurz vor Toresschluss doch noch zur Stabilisierung der neuen Personenkonzeption und des neuen Werte- und Normensystems bei, nachdem er zuvor über lange Strecken die Faszinationskraft solch extremer, teils nachgerade realismusinkompatibler Charaktere vorgeführt hat. Das Phänomen des ‚gemischten Charakters' im

Speziellen wird man in der Literatur des ‚Realismus' im Übrigen eher selten (wenn überhaupt) finden, da die überwiegende Mehrheit der Texte zu einer vergleichsweise nicht-ambigen, homogenisierten[68] *Figurenzeichnung neigt, d.h. wir haben es hier erneut mit einer Spezialität Gutzkows zu tun, wodurch er ein weiteres Mal an den Rand des ‚realistischen' Literatursystems rückt.*

Zusammenfassung

Es wurde versucht zu zeigen, welche Leistungen der zweite ‚Roman des Nebeneinander' von Karl Gutzkow u.a. erbringt. Der noch im Kontext des ‚frühen Realismus' situierbare Text intendiert, so die hier vertretene These, den aus den ‚realistischen' Welten ansonsten ausgeschlossenen Raum des ‚Katholizismus', der „teilhat an der zeitgenössischen ideologischen Ausdifferenzierung, sowohl als Partei unter anderen und gegen andere als auch als intern betroffener",[69] *partiell zu funktionalisieren und zusätzlich durch Transformation in den Innenraum des ‚Realismus' zu integrieren. Ähnlich wie in den* Rittern *wird auch im* Zauberer *das ‚Nebeneinander' letztlich in ein ‚Nacheinander' überführt, indem inkompatible Elemente getilgt werden: Im Erzählverlauf wird eine ‚wilde' Generation durch eine neue, ‚domestizierte' ersetzt, abweichende Figuren werden entweder psychisch homogenisiert oder durch Tod eliminiert; letzteres geschieht bei den offenbar nicht ‚therapierbaren' gemischten Charakteren bzw. wenn irreversible Grenzüberschreitungen vorliegen.*[70] *Am Ende des Textes dominieren schließlich wesentliche Elemente des ‚realistischen' Erzählens, z.B. die dafür typische Rückblicksstruktur in einer von ‚Leid', ‚Tod' und ‚Verlust' geprägten Welt. Übrig bleibt eine stark dezimierte Schar von Figuren, die im Laufe des erzählten Zeitraums von weit über 30 Jahren deutlich gealtert sind und sich im Sinne des ‚Realismus' bewährt haben, indem sie ihre ‚Leidenschaften'*

*heroisch bezwungen haben und die wenig erfreuliche ‚Realität'
vorbildlich ertragen. Aus dem anfangs umfänglichen Personal
der Hauptfiguren bleiben im Schlusstableau nur Bonaventura,
Paula, Armgart und Thiebold übrig – signifikanterweise allesamt alleinstehend bzw. verwitwet. Auch* Der Zauberer von Rom
erweist sich somit wie sein Vorgänger Die Ritter vom Geiste *als
Selektionsgenerator, der am Ende ein Werte- und Normensystem
hervorbringt, das einen wesentlichen Beitrag zum im Entstehen
begriffenen Literatursystem des ‚Realismus' liefert.*

Anmerkungen

[1] *Ich verwende den Term ‚Realismus' (und desgleichen das Adjektiv
‚realistisch') als theoretisch-metasprachlichen, also semantisch ‚leeren' Namen für die Epoche zwischen ca. 1850 und ca. 1890/1900. Es
ist befremdlich, wie hartnäckig sich die Neigung hält, Werke aus der
zweiten Hälfte des 19. Jahrhunderts danach zu beurteilen, ob sie vorgefasste Vorstellungen des jeweiligen Forschers einer wie auch immer
gedachten ‚optimalen Mimesis' erfüllen oder verfehlen. (Vgl. als Beispiel Waltraud Maierhofer: „Wilhelm Meisters Wanderjahre" und der
Roman des Nebeneinander. Bielefeld: Aisthesis, 1990, die auf S. 51
von „nichterreichtem Realismus" Gutzkows spricht.) Dies resultiert
u.a. aus einer Konfusion von objektsprachlicher und metasprachlicher
Bedeutung des Terms ‚Realismus'. Eine ausführliche Kritik an den
zahlreichen Verwirrungen bei dem Epochennamen ‚Realismus' bietet
Michael Titzmann: An den Grenzen des späten Realismus: C.F. Meyers „Die Versuchung des Pescara". Mit einem Exkurs zum Begriff des
„Realismus". In: Rosmarie Zeller (Hg.): Conrad Ferdinand Meyer im
Kontext. Beiträge des Kilchberger Kolloquiums. Heidelberg: Universitätsverlag C. Winter, 2000. S. 97-138, besonders S. 97-104.*
[2] *Wertungen von Gutzkow als minderwertigem Schriftsteller, die sich
unter Aussparung von Argumenten auf einen angeblichen ‚Konsens' in
der Germanistik berufen, dürfen mittlerweile als völlig überholt gelten.
Als Beispiel zitiert sei Maierhofer: Wilhelm Meisters Wanderjahre (s.
Anm. 1), S. 51: „In der Gutzkow-Forschung besteht weitgehend Konsens [...]: Gutzkows Romane sind undichterisch und epigonenhaft, sein*

Vorstellungs- und Ausdrucksvermögen ist beschränkt, das Welterleben zu künstlich gestaltet."

[3] *Karl Ferdinand Gutzkow: Die Ritter vom Geiste. Roman in neun Büchern. Hg. von Thomas Neumann. Frankfurt /M.: Zweitausendeins, 1998. S. 9-11.*

[4] *Zitiert nach: Karl Ferdinand Gutzkow: Die Ritter vom Geiste. Materialien. Hg. von Adrian Hummel und Thomas Neumann. Frankfurt /M.: Zweitausendeins, 1998. S. 409.*

[5] *Wenngleich Gutzkow im selben Vorwort noch ein wenig relativiert:* Ich sage nicht, daß ich ein Panorama unserer Zeit geben wollte. Wer vermöchte Das? [...] Aber ein gutes Stück von dieser unserer alten und neuen Welt sollte aufgerollt werden [...]. *Zitiert nach Gutzkow:* Ritter *(s. Anm. 3), S. 11.*

[6] *Es kann hier nicht auf alle Argumentationslinien der beiden Vorworte der* Ritter *eingegangen werden. Vgl. dazu die Ausführungen in Dirk Göttsche: Zeit im Roman. Literarische Zeitreflexion und die Geschichte des Zeitromans im späten 18. und im 19. Jahrhundert. München: Wilhelm Fink, 2001. S. 579-583, sowie Gert Vonhoff: Vom bürgerlichen Individuum zur sozialen Frage: Romane von Karl Gutzkow. Frankfurt/M., Berlin, Bern usw.: Peter Lang, 1994. S. 242-256, sowie Gerhard Plumpe: Roman. In: ders., Edward McInnes: Bürgerlicher Realismus und Gründerzeit 1848–1890 (Hansers Sozialgeschichte der deutschen Literatur vom 16. Jahrhundert bis zur Gegenwart. Bd. 6.). München: dtv, 1996. S. 529-689, darin v.a. S. 642-644.*

[7] *Gutzkow stellt seinen zweiten Großroman in der Vorrede in die Tradition des neuartigen Genres:* Der Roman selbst, sowol in Form wie Bedeutung nach den Anforderungen an einen Roman des neunzehnten Jahrhunderts, wie ihn der Verfasser in seinen „Rittern vom Geist" zu definiren wagte [...]. *(S. 3, Z. 24-27 unserer Ausgabe).*

[8] *Auch Göttsche:* Zeit *(s. Anm. 6) spricht auf S. 596 von einem „Kreis der Hauptfiguren".*

[9] *Siehe dazu Gustav Frank: Krise und Experiment. Komplexe Erzähltexte im literarischen Umbruch des 19. Jahrhunderts. Wiesbaden: Deutscher Universitäts-Verlag, 1998. S. 126-127 u. 406 (Anm. 553).*

[10] *Vgl. Göttsche:* Zeit *(s. Anm. 6), S. 594-595 und Kurt Jauslin: „Aber auch zum Lesen gehört Virtuosität" – Lesarten des Panoramatischen*

in „Die Ritter vom Geiste". In: Roger Jones, Martina Lauster (Hgg.): Karl Gutzkow: Liberalismus – Europäertum – Modernität. Bielefeld: Aisthesis, 2000, S. 121-148.

[11] *Auch Göttsche: Zeit (s. Anm. 6) spricht auf S. 582 von einer „Orientierungskrise einer sich ausdifferenzierenden modernen gesellschaftlichen Wirklichkeit".*

[12] *Auch diese – hier synonymen – Terme verwende ich als metasprachliche Namen für die Zwischenepoche von ca. 1825/30 bis ca. 1850.*

[13] *Siehe Frank: Krise (s. Anm. 9), S. 231 u. 359. Vgl. dazu auch Göttsche: Zeit (s. Anm. 6), S. 597-600.*

[14] *Welche Werte und Normen dies im Falle der* Ritter *konkret sind, kann im Rahmen dieses Nachworts nicht gezeigt werden; s. dazu Frank: Krise (s. Anm. 9), S. 113-355.*

[15] *Gutzkow ist in den 1850er Jahren nicht alleiniger Produzent solcher ‚Romane des Nebeneinander', auch Alexis' „Ruhe ist die erste Bürgerpflicht" (1852) und Hackländers „Europäisches Sclavenleben" (1854) sind, trotz aller oberflächlichen Differenzen zu den Romanen Gutzkows, auf einer abstrakten Ebene durchaus diesem Genre zuzurechnen. Vgl. dazu Frank: Krise (s. Anm. 9), S. 267-355.*

[16] *In der von Reinhold Gensel besorgten Ausgabe „Gutzkows Werke. Auswahl in zwölf Teilen" (Berlin usw.: Bong, [1910]. Bd. 6, S. 7-195) wurde dieses erste Buch als mehr oder minder eigenständiger Text unter dem Titel „Lucindens Jugendgeschichte" herausgegeben.*

[17] *Das Modell der ‚Initiationsgeschichte' (worin alle ‚Bildungs'-Geschichten inkludiert sind) wird detailliert vorgeführt bei: Michael Titzmann: Die »Bildungs-«/Initiationsgeschichte der Goethe-Zeit und das System der Altersklassen im anthropologischen Diskurs der Epoche. In: Lutz Dannenberg, Friedrich Vollhardt (Hgg.), in Zusammenarbeit mit Hartmut Böhme und Jörg Schönert: Wissen in Literatur im 19. Jahrhundert. Tübingen: Niemeyer, 2002. S. 7-64.*

[18] *Vgl. zur Problematik der Datierung Frank: Krise (s. Anm. 9), S. 378. Meine Darstellung der Makrostruktur stützt sich in vielen Punkten auf die Ausführungen auf S. 378-389.*

[19] *Frank: Krise (s. Anm. 9), S. 379.*

[20] *Vgl. zu dieser Konversion den Beitrag von Martina Lauster: Lucinde's Unfinished Business – Women and Religion in Gutzkow's Works.*

In: Jürgen Barkhoff, Gilbert Carr und Roger Paulin (Hgg.): Das schwierige neunzehnte Jahrhundert. Germanistische Tagung zum 65. Geburtstag von Eda Sagarra im August 1998. Tübingen: Niemeyer, 2000. S. 427-442, besonders S. 438.

[21] *Frank: Krise (s. Anm. 9), S. 381.*

[22] *Vgl. Jutta Osinski: Katholizismus und deutsche Literatur im 19. Jahrhundert. Paderborn, München, Wien usw.: Schöningh 1993. S. 307, worin als Zeitrahmen des Zauberers angegeben wird: „von den Kölner Wirren 1837 bis etwa 1855". Beide Eckdaten sind also nicht korrekt wiedergegeben.*

[23] *Beispielsweise die Romane von Ida Gräfin Hahn-Hahn in ihrer späteren Phase ab ca. 1860.*

[24] *Vgl. dazu Osinski: Katholizismus (s. Anm. 22), S. 9-13.*

[25] *Frank: Krise (s. Anm. 9) weist auf S. 376 darauf hin, dass der seit den 1830er Jahren ultramontan ausgerichtete Katholizismus im protestantischen Raum als „Störgröße" empfunden wurde. Vgl. zu den Konflikten zwischen Protestanten und Katholiken im 19. Jahrhundert: Hans-Ulrich Wehler: Deutsche Gesellschaftsgeschichte. Dritter Band. Von der «Deutschen Doppelrevolution» bis zum Beginn des Ersten Weltkrieges 1849–1914. München: C. H. Beck, 1995. S. 379-396.*

[26] *Auch Frank: Krise (s. Anm. 9) sieht auf S. 400 Bonaventura als – nach den Normen des Textes selbstverständlich – „die herausragend positive Figur aus dem Heldenkollektiv".*

[27] *Gustav Frank: Krise (s. Anm. 9) bemerkt dazu trefflich auf S. 374: „An diesem Text wird nun endgültig deutlich, daß die panoramatisch-lexikalische Abbildung der gesamten zeitgenössischen Realität keineswegs notwendiges Korrelat des „Romans des Nebeneinander" ist."*

[28] *Vgl. dazu Wolfgang Lukas: Novellistik. In: Gerd Sautermeister, Ulrich Schmid (Hgg.): Zwischen Restauration und Revolution 1815–1848. München: dtv, 1998 (Hansers Sozialgeschichte der deutschen Literatur vom 16. Jahrhundert bis zur Gegenwart. Bd. 5.). S. 251-280; ich zitiere S. 271: „Die bedeutendste gattungsgeschichtliche Neuerung dieses Zeitraums [i. e. der 1840er Jahre, Anm. d. Verf.] ist die Dorfgeschichte [...] und die sogenannte »soziale Novelle«. [...] beide sind Ausdruck eines übergeordneten neuen ethnologischen Interesses der Novellistik am »Volk«".*

[29] Vgl. Marianne Wünsch: *Religionsthematik und die Strategien der Selbstverhinderung in Erzähltexten Gutzkows der 1830er bis 50er Jahre.* In: Gustav Frank, Detlev Kopp (Hgg.): *Gutzkow lesen! Beiträge zur Internationalen Konferenz des Forum Vormärz Forschung vom 18. bis 20. September 2000 in Berlin.* Bielefeld: Aisthesis, 2001. S. 189-205. Auch Wünsch sieht im Zauberer einen Beleg für die „Faszination durch das Thema [...] des fremdkulturell Religiösen, des Katholizismus" (S. 205).

[30] Arno Schmidt: *Der Ritter vom Geist.* In: *Bargfelder Ausgabe. Werkgruppe II, Bd. 3.* Zürich: Haffmans, 1991. S. 169-200; Zitat S. 196.

[31] Im Vorwort zur 2. Auflage schreibt Gutzkow, dass er viele Zuschriften von Katholiken erhielt, die die Schonung ihres Glaubens *betonen, welche* in meinem Roman einen Ausdruck gefunden hat, ohne daß den Rechten der Vernunft und Aufklärung darum etwas vergeben wurde (S. 2749, Z. 26-29 unserer Ausgabe).

[32] Alle Zitate: Frank: Krise (s. Anm. 9), S. 375.

[33] Vgl. zum Wandel der literarischen Anthropologie zwischen 1820 und 1860: Wolfgang Lukas: ›Gezähmte Wildheit‹: *Zur Rekonstruktion der literarischen Anthropologie des ›Bürgers‹ um die Jahrhundertmitte (ca. 1840-1860).* In: Achim Barsch, Peter M. Hejl (Hgg.): *Menschenbilder: Zur Pluralisierung der Vorstellung von der menschlichen Natur (1850-1914).* Frankfurt/M.: Suhrkamp, 2000. S. 335-375; ders: ‚Weiblicher' Bürger vs. ‚männliche' Aristokratin. *Der Konflikt der Geschlechter und der Stände in der Erzählliteratur des Vor- und Nachmärz.* In: *Forum Vormärz Forschung: Jahrbuch. Bd. 5.* Bielefeld: Aisthesis, 1999. S. 223-260.

[34] Zum ‚Mann-Sein' vgl. Titzmann: An den Grenzen (s. Anm. 1), v. a. S. 128-130 und Marianne Wünsch: *Grenzerfahrung und Epochengrenze. Sterben in C. F. Meyers* Die Versuchung des Pescara *und Arthur Schnitzlers* Sterben. In: Gustav Frank, Wolfgang Lukas (Hgg., in Zusammenarbeit mit Stephan Landshuter): *Norm – Grenze – Abweichung. Kultursemiotische Studien zu Literatur, Medien und Wirtschaft.* Passau: Stutz, 2004. S. 127-146, v. a. S. 129-130.

[35] Zum Thema ‚Glück' in der Epoche des ‚Realismus' vgl. Michael Titzmann: »Natur« vs »Kultur«: *Kellers* Romeo und Julia auf dem Dorfe *im Kontext der Konstituierung des frühen Realismus.* In:

ders. (Hg.): Zwischen Goethezeit und Realismus. Wandel und Spezifik in der Phase des Biedermeier. Tübingen: Niemeyer, 2002. S. 441-480, v. a. S. 460.

[36] Lukas: Gezähmte Wildheit (s. Anm. 33), S. 366: „Einsetzend in den 20er Jahren und verstärkt ab ca. 1840 bleibt die Herstellung dieser [...] Normalisierung des Subjekts als Prozeß bis ca. 1860 ein zentrales Thema der Literatur. Wenn im weiteren Verlauf des Realismus dann dieses Problem weniger stark im Vordergrund stehen wird, so deshalb, weil der Prozeß der Normalisierung nicht mehr in dem Maße neu und ereignishaft, sondern mittlerweile selbstverständlich ist."

[37] Das Einhalten des Zölibats ist für Bonaventura eine zentrale Verhaltensnorm seines internalisierten Wertesystems. Würde er diese Norm verletzen und damit seinen Beruf als Priester aufgeben, ginge er nach der Binnenlogik des ‚Realismus' seines bisher geglaubten Wertesystems verlustig und damit auch seiner ‚Identität'. Selbst der Wandel einer erwachsenen Figur hin zu einem ‚besseren' ideologischen Wertesystem gilt im ‚Realismus' als problematisch, da eine solche Figur ja keine ideologische Invarianz aufweist. Vgl. zu diesem ‚Konstanzpostulat' Titzmann: An den Grenzen (s. Anm. 1), S. 117-118.

[38] Siehe dazu im Besonderen das grandiose 8. Kapitel des 5. Buches.

[39] Ein häufig auftretendes Lexem im Roman! Frâ Hubertus wird auch fortwährend Bruder Abtödter genannt. Bei Frank: Krise (s. Anm. 9) wird auf S. 440 dazu bemerkt: „Jedes Leben nach den neuen Normen ist ein metaphorischer Tod, denn die Welt wird als verlustreiche, schmerzvolle konzipiert, wo beständig Verzicht und Ertragen gefordert sind."

[40] Auch in Gutzkows Drama Ottfried (Uraufführung 1848) wird gezeigt, welchen Preis das Subjekt zu zahlen hat, wenn es das neue ‚realistische' Personenkonzept erfüllen will. Vgl. dazu Stephan Landshuter: *Von „Gottfried" zu „Ottfried" und zurück – Wertewandel im Werk Karl Gutzkows am Beispiel von* Die Selbsttaufe *und* Ottfried. In: Frank, Kopp (Hgg.): Gutzkow lesen! (s. Anm. 29), S. 227-261.

[41] Vgl. Lukas: Gezähmte Wildheit (s. Anm. 33), S. 359-360 und 369-371; vgl. hierzu auch Osinski: Katholizismus (s. Anm. 22), S. 307 – deren These, der Roman richte sich u. a. „gegen die Sexualitäts- und Körperfeindlichkeit der Amtskirche", sähen wir gerne am Text belegt.

[42] Frank: Krise (s. Anm. 9), S. 414.
[43] Frank: Krise (s. Anm. 9), S. 456-457.
[44] In Lukas: Gezähmte Wildheit (s. Anm. 33), wird hierzu auf S. 370 Folgendes bemerkt: „Die Literatur konstruiert also [...] zuallererst jenes neurotische Subjekt, wie es dann die Psychoanalyse um 1900 beschreiben und theoretisieren wird."
[45] Vgl. zum Wandel des Entsagungsmotivs zwischen 1820 und 1860: Wolfgang Lukas: ›Entsagung‹ – Konstanz und Wandel eines Motivs in der Erzählliteratur von der späten Goethezeit zum frühen Realismus. In: Titzmann (Hg.): Zwischen Goethezeit und Realismus (s. Anm. 35), S. 113-149. Auf S. 145-146 sagt Lukas über den Zauberer (allerdings in der 3. Auflage 1869): „Auch Gutzkows Zauberer von Rom [...] präsentiert [...] Figuren, die, wenn sie nicht »an einem Siechthum des Herzens« [...] frühzeitig sterben wie Hugo, »arme, unglückliche Seelenkrüppel« [...] geworden sind, Figuren, die »eine Welt voll Trauer im Gemüth« tragen [...]. Paulas Gesichtszüge zeigen nach der selbstquälerischen Trennung von Bonaventura »ein unausgesprochenes, ersichtlich vorhandenes Leid« [...], Armgart bezahlt das »Ertödten ihrer Neigung zu Benno« mit »ihrem eigenen geistigen Tod« [...]". Auf S. 146 betont Lukas den Wandel, den das Entsagungsmodell hin zum Realismus erfahren hat: „Diese Art von Verzicht, die sich hier abzeichnet, hat also so gut wie nichts mehr zu tun mit den früheren Entsagungs-Modellen. Mit der extremen Moralisierung, die Entsagung ›verkommen‹ läßt zur Negativ-›Lösung‹ für das Problem einer schuldhaft erlebten Sexualität, hat sich der Realismus den Blick auf den »hohen Sinn des Entsagens« verstellt. Er leitet somit den Niedergang des ›klassischen‹ und eigentlichen Entsagungskonzepts ein."
[46] Vgl. Lukas: Gezähmte Wildheit (s. Anm. 33), S. 360: „Die Protagonisten können, wenn sie nicht selbst sterben, nach dem Scheitern der leidenschaftlichen Liebesbeziehung eine erotikfreie Existenz als Hagestolz bzw. Jungfer führen, z.T. auch eine Künstlerkarriere machen; sie können ferner, und dies ist das verbreitetste Modell in der gesamten Zeit des Vor- und Nachmärz, die erste, leidenschaftliche Liebe durch eine zweite, leidenschaftslose substituieren [...]."
[47] Vgl. zu dieser Figur die Ausführungen bei Lukas: Gezähmte Wildheit (s. Anm. 33), S. 367 sowie Frank: Krise (s. Anm. 9), S. 408-411.

⁴⁸ *Vgl. dazu Frank: Krise (s. Anm. 9), S. 387-389.*
⁴⁹ *Die Aufwertung des Priesters zum emphatischen Mann und die Aufwertung katholischer Psychotechniken sind natürlich schon wesentliche Teile dieser Integrationsstrategie.*
⁵⁰ *Vgl. dazu Frank: Krise (s. Anm. 9), S. 371:* „Die grundlegende Leistung der Renormierungen des Realismus, die Reintegration sich ausdifferenzierender, unvermittelt sich gegenüberstehender und konkurrierender ideologischer Positionen und sozialer Gruppen und Schichten als Parteien und Klassen soll weitergetrieben werden. [...] Ziel ist die Homogenisierung des sozialen Innenraums der Gesellschaft, die maximale Ausweitung der Integration, das heißt die Neutralisierung differenzierender Merkmale."
⁵¹ *Vgl. zu den ‚Kölner Wirren' 1836–41 und der Rolle Görres': Hans-Ulrich Wehler: Deutsche Gesellschaftsgeschichte. Zweiter Band. Von der Reformära bis zur industriellen und politischen «Deutschen Doppelrevolution» 1815–1845/49. München: C. H. Beck, 1987. S. 472-473.*
⁵² *Karl Ferdinand Gutzkow: Schriften. Band I: Politisch-Zeitkritisches. Philosophisch-Weltanschauliches. Hg. von Adrian Hummel. Frankfurt/M.: Zweitausendeins, 1998. S. 765-766.*
⁵³ *In der 1. Auflage ist dies nicht eindeutig formuliert; hier heißt es nur, Liberius II. sei der letzte der Päpste (S. 2745, Z. 20 unserer Ausgabe); Gutzkow präzisiert in der 2. Auflage (1863) mittels einer Parenthese:* Das sah – wie konnte das Concil anders enden, als mit dem Ende des Papstthums! – „der Letzte der Päpste" wol nicht [...]. *(Karl Gutzkow: Der Zauberer von Rom. Roman in neun Büchern. Zweite Aufl. Leipzig: Brockhaus, 1863. 18. Bändchen, S. 209).*
⁵⁴ *Osinski: Katholizismus (s. Anm. 22), S. 307, vertritt die These, dass der am Ende des Zauberers reformierte Glaube ein „selbstverantwortliche[s] Christentum[] ohne Sünden und Gewissensdruck" sei. Hier scheint ein Missverständnis vorzuliegen: Die Aufhebung der Hierarchie und die Forderung der Gläubigen nach (relativer) Freiheit implizieren ja noch nicht die Aufhebung des Modells der Sündhaftigkeit. Das Missverständnis könnte darin seinen Ursprung haben, dass die vom Text bevorzugte Form des christlichen Glaubens – die der Waldenser und damit des Frà Federigo – das Sakrament der Beichte in geheimem Gespräch nicht kennt. Stattdessen müssen die Mitglieder*

eine öffentliche Rechtfertigung ihrer Taten ablegen (s. 2640,5-19). Ob diese Form der ‚Beichte' vor versammelter Gemeinde den Gewissensdruck vermindert, darf bezweifelt werden. Es bleibt zudem offen, inwieweit Bonaventura als Papst diese Waldenser-Normen durchsetzt.

Des Weiteren meint Osinski ebenda, der Text propagiere einen „Deutschkatholizismus ohne Rom". Wäre dem so, hätte Gutzkow Bonaventura nicht Papst werden lassen müssen, um die (gesamte) katholische Kirche von oben zu reformieren; es wäre dann passender gewesen, ihn – in Nachfolge Ronges – zum Anführer einer deutschkatholischen Abspaltungsbewegung zu machen. Auch Frank: Krise (s. Anm. 9) bemerkt auf S. 375, dass sich Gutzkows Roman gerade nicht zum „Fürsprecher des zeitgenössisch auch bereits wieder abgelebten Deutschkatholizismus macht". Das Vorwort des Autors zur 2. Auflage 1863 geht zwar in diese Richtung. Da es sich hierbei aber um einen – obendrein nachträglich verfassten – Metatext handelt, spielt er für eine Interpretation des Romans bestenfalls eine sekundäre Rolle.

[55] *Zu fragen wäre allerdings, ob es nicht Strukturen im Roman gibt, die diese brüchige Integration, die ja nicht zufällig in die Utopie verschoben und mehr angedeutet als wirklich dargestellt ist, fundamental unterlaufen, wie die weiter oben bereits festgehaltene ‚Entkatholisierung' Deutschlands innerhalb der dargestellten Welt per Raumbewegung des Gesamttextes nach Italien.*

[56] *Um einen, oberflächlich betrachtet, möglichen Kandidaten gleich auszuschließen: In C. F. Meyers „Der Heilige" (1880) wird die Zentralfigur zwar im Laufe der Geschichte Bischof und erfüllt diese Rolle äußerlich exzessiv, identifiziert sich aber innerlich nicht mit dem christlichen Glauben. Es geht diesem Text im Kern wohl v. a. um die Problematik eines exzeptionellen Subjekts, das letztlich an den Gegebenheiten der Welt scheitert, aber gewiss nicht um die Integration der katholischen Religion in das Wertesystem des ‚Realismus'. Zu untersuchen wären die Romane „Die Töchter des Vaticans" (1860) von Ernst Willkomm, „Papst Ganganelli" (1864) von Karl Frenzel und „Die Heiligen und die Ritter" (1873) von Levin Schücking. Der letztgenannte Roman, auf den mich Wolfgang Rasch hinwies, soll einige Parallelen zu Gutzkows Zauberer aufweisen, wenngleich dort offenbar kein Glaube an eine Reformierbarkeit der katholischen Kirche herrscht.*

[57] *Der ‚gemischte Charakter' in* Die Ritter vom Geiste *ist die Figur Hackert. In Buch 6, Kap. 7 der* Ritter *wird Hackert vom auktorialen Erzähler charakterisiert, der die Lexeme* gemischt *und* Mischungen *verwendet. Arno Schmidt nennt die Schilderung Hackerts „eine der ganz=großen Charakterstudien der Weltliteratur" (Schmidt: Der Ritter vom Geist (s. Anm. 30), S. 192). Über Lucinde Schwarz sagt Schmidt: „Die schönste der Gestalten ist diesmal eine Frau: die lange ‹Lucinde Schwarz›; das weibliche Gegenstück zum ‹Hackert› der ‹Ritter›; wiederum eine der ganz=großen Studien eines ‹gemischten› – sprich: natürlichen! – Charakters." Schmidt: Der Ritter vom Geist (s. Anm. 30), S. 196.*

[58] *Vgl. dazu Lauster: Lucinde's Unfinished Business (s. Anm. 20), S. 437, die dort auch von Lucindes „conspicuous abnormality" spricht.*

[59] *Wolfgang Lukas: Experimentelles Schreiben und neue Sprachästhetik in den 30er Jahren: Zu Gutzkows* Seraphine. *In: Frank/Kopp (Hgg.): Gutzkow lesen! (s. Anm. 29), S. 65-97; Zitat S. 75.*

[60] *Vgl. Frank: Krise (s. Anm. 9), S. 381.*

[61] *Ein schönes Exemplar dieser Art ist z.B. der Jesuit Giraldi in Spielhagens „Sturmflut" (1877).*

[62] *Vgl. die Ausführungen zu dieser Figur in Frank: Krise (s. Anm. 9), S. 407-408.*

[63] *Gustav Frank deutet diese Inversion als „‚„Erschütterung" der Ordnung des Textes" bis in seinen discours [i.e. die Organisation des Textes an seiner Oberfläche] und bezieht diese narrative Besonderheit auf die Fokusfigur Benno: „Es wird so eine Diskontinuität der Personentwicklung erzeugt; das Raumverhalten wird zunächst beschleunigt, die Figur ist aus ihrer bisherigen Umwelt nach Wien versetzt, dann gewinnt die Figur durch die Inversion gleichsam Aufschub; [...] Das großdeutsche Wien und die Inversion markieren derart eine reversible Grenzüberschreitung, das nicht-deutsche Rom und die absolute Zeitlücke [i.e. das halbe Jahr zwischen Buch 6 und 7] dagegen eine irreversible." Alle Zitate: Frank: Krise (s. Anm. 9), S. 383.*

[64] *Im ‚Realismus' eine der ranghöchsten Normverletzungen überhaupt. Vgl. dazu Titzmann: An der Grenze (s. Anm. 1), S. 117-118.*

[65] *Frank: Krise (s. Anm. 9), S. 437. Vgl. zu dieser Figur auch die weiteren Ausführungen bei Frank: Krise, S. 437-439.*

[66] Vgl. dazu Marianne Wünsch: ‚Tod' in der Erzählliteratur des deutschen Realismus. In: Jahrbuch der Raabe-Gesellschaft. Tübingen. Bd. 40, 1999, S. 1-14.

[67] Wie kunstvoll der Roman gebaut ist, zeigt sich nicht zuletzt an Details wie diesem: Bosbeck sprang im Jahr 1803 mit den beiden Knaben Jean Picard und Terschka im Arm bei einem Feuer zunächst in ein neues Leben (s. Buch 5, Kap. 9).

[68] Vgl. Lukas: Experimentelles Schreiben (s. Anm. 59), S. 75-76. Vgl. auch Friederike Meyer: Gefährliche Psyche. Figurenpsychologie in der Erzählliteratur des Realismus. Frankfurt/M.: Peter Lang, 1992 (v. a. Kap. 1 u. 2). Auf S. 40 sagt Meyer: „Als Ideal wird in der realistischen Erzählliteratur zweifellos die homogene Psyche der Figur postuliert" und fügt später hinzu, dass es zwar immer wieder vereinzelt Figuren im ‚Realismus' gibt, die mit einer rätselhaften Psyche ausgestattet sind, aber in vielen dieser Texte werden Strategien angewandt, um die Relevanz der Undurchschaubarkeit zu minimieren (s. S. 92-93).

[69] Frank: Krise (s. Anm. 9), S. 390.

[70] Es werden durchaus nicht alle abweichenden Figuren völlig getilgt: Dominicus Nück beispielsweise, der Praktiken bevorzugt, bei denen Erektionen durch Erhängen bis in Todesnähe (Hypoxie) hervorgerufen werden (nicht nur in der damaligen Kultur gewiss eine extrem abweichende Form von ‚Erotik'), und ein äußerst zwielichtiger Charakter ist, wird zwar in den Orient abgeschoben, darf dort in fortgeschrittenem Alter als Abdallah Muschir Bei aber eine Existenz als erfolgreicher muslimischer Kaufmann mit Harem führen, die nicht zwingend Mitleid erregen muss. Die egozentrische, verwöhnte, exaltiert-leidenschaftliche Olympia – die ‚Verführerin' Bennos/Cäsars – geht nach dem Tod ihres geliebten Benno mit ihrem kläglichen Ehemann Ercolano nach Spanien und lenkt sich von ihrem defizitären Leben durch die ausgiebige Betrachtung von Stierkämpfen ab.

Kurt Jauslin

In den Labyrinthen des Periodenbaus[1]
Prosaformen der Erstausgabe des Zauberers von Rom

> *Und die drei Pünktchen! O je, Ihre drei*
> *Pünktchen. Wieder überall! ein Skandal!*
> *Louis-Ferdinand Céline*[2]

Gutzkows Zauberer von Rom *ist von der zeitgenössischen Kritik extrem gegensätzlich beurteilt worden. Der Autor selbst hat in seinen Reaktionen fast nur die Verrisse der „Grenzboten" und ihrer Nachbeter wahrgenommen. Tatsächlich aber haben mehrere namhafte Rezensenten den Roman als bedeutendes literarisches Ereignis gewürdigt und sowohl in erster wie in zweiter Auflage ausführlich besprochen.[3] Auffallend an diesen durchweg akribischen Nacherzählungen und Analysen der Romanhandlung ist, dass die sprachliche Gestalt des Romans nur randständig wahrgenommen, gleichwohl aber als problematisch angesehen wird. Auf bares Unverständnis stößt das auf den ersten Blick auffallendste Gestaltungselement der Erstausgabe: die drei Punkte. Sie tauchen, nach ungefährer Schätzung, rund 30 000 mal im Text auf, werden aber in den meisten Rezensionen überhaupt nicht erwähnt. Selbst Rudolf Gottschall, der in seiner Kritik von 1858 die innovative Kraft dieser Prosa erkennt und würdigt, identifiziert sie in der letzten seiner vier umfangreichen Rezensionen als Störfaktor des Sprachflusses, denn „die Gedankenpunkte, welche die Stelle der Gedankenstriche vertreten, durchlöchern oft siebartig seine Perioden".[4]*

Eben der Periodenbau Gutzkows ist für die zeitgenössische Kritik Stein des Anstoßes. In der „Kölnischen Zeitung" registriert ein Anonymus mit offenkundigem Missvergnügen einen „in einer unabsehbaren Kettenreihe künstlich vermittelter Vorstellungen sich abhetzende[n] Styl, voll ewig schillernder Unru-

he, Clauseln, Limitationen, Parenthesen zu den willkürlichsten Satzgeflechten sich schlingend –".[5] *Deutlicher noch wird Ludwig Seeger in seiner Rezension von 1862. Er beanstandet "langathmige Perioden mit ineinander gefilzten Zwischensätzen, ein sprachliches Gestrüpp, durch das man sich nur mühsam und verstimmt hindurcharbeitet".*[6] *Ins Detail des Periodenbaus geht der anonyme Rezensent der "Europa" mit seiner Kritik am "gehäufte[n] Gebrauch des doppelten Plusquamperfekts" als ständigem "Nothbehelf" des Erzählers bei der Rekapitulation vergangener Dinge und an Gutzkows "Partizipialkonstruktionen" zur Klärung der Zeitstruktur. Als einschlägiges Beispiel dient ihm "ein ehemals weiß ‚angestrichen gewesener' Tisch".*[7] *Ludwig Seeger möchte sein insgesamt positives Urteil durch seine sprachkritischen Hinweise nicht beeinträchtigt wissen, da es sich nur um "vorübergehende Mängel" handle, "die sich bei jeder neuen Auflage ausmerzen und wieder gut machen lassen."*[8]

Das Ansinnen, bestimmte stilistische Eigenheiten des Textes einfach "auszumerzen", lässt den Schluss zu, dass dem Rezensenten die sprachliche Gestaltung als bestenfalls sekundäres Problem galt, nicht anders als die drei Punkte, als überflüssige Störung im Akt des Lesens. Keinem Leser kann aber entgehen, dass die drei Punkte ganz entschieden den Rhythmus der Lektüre und die Rezeption des Textes bestimmen. Die Unregelmäßigkeiten in Grammatik, Syntax und Semantik lassen sich, gerade wegen ihres gehäuften Auftretens, nicht als Ungeschicklichkeit des Autors abtun, sondern sie müssen auf ihre Bedeutung für die Ästhetik der Prosasprache in ihrer konkreten Erscheinung hinterfragt werden. Für Gutzkows Kritiker war die Gestaltung der Prosaform auf der sprachlichen Oberfläche der Texte kein Merkmal der ästhetischen Qualität. Sie gehen von einer Inhaltsästhetik aus, deren Aufgabe es war, die verborgene Tiefe zum Vorschein zu bringen. Die Rezeption des Romans wurde bestimmt durch Auseinandersetzungen über die Bedeutung des

Katholizismus und der römischen Kirche für die Romanhandlung und für die politische Entwicklung in den deutschen Staaten. Zur Verankerung dieses Themas in der Romanhandlung mussten Protagonisten gefunden werden, mit der Folge, dass sich das Interesse auf Bonaventura von Asselyn und Lucinde Schwarz konzentrierte, die künstlich aus dem Vielfiguren-Panorama des Romans herauspräpariert wurden.

Diese Lesart erzeugt eine finale Textstruktur, in der alle Einzelheiten als Referenz auf das Ende hin, und damit auf geheime Intentionen des Autors, auftreten. Einem solchen Modell widersprechen aber explizit die Differenzen, die sich auf der Oberfläche der Prosasprache entfalten: Die Charakterisierung des Romanpersonals durch Redeweisen und die daraus resultierende Dialogregie relativieren abstrakte Vermutungen über die verborgene Tiefe der Figuren. In den narrativen Passagen entwikkeln sich auf der Textoberfläche im Wechsel zwischen komplexen Satzperioden und lapidarem Berichtstil ständig neue Referenzen, die durch das Netz der drei Punkte strukturiert sind.

Das ästhetische Modell, das die Kritiken grundiert, macht dagegen die Prosasprache zum eher minderwertigen Träger der bedeutenden Inhalte. Die daraus folgende Exegese der Texte war folgerichtig hauptsächlich damit beschäftigt, herauszufinden, was Gutzkow mit seinem Roman eigentlich habe sagen wollen, und was er aus unerfindlichen Gründen eben nie expressis verbis gesagt hat: Der Roman wird mit den Mitteln der Interpretation zu einem Rätsel, das sich nur mit der Erschließung der immer unbekannten, aber gleichwohl stets zielgerichteten Intentionen des Autors lösen ließe. Im Grunde ist damit das Dilemma der Inhaltsästhetik des 19. Jahrhunderts beschrieben. Mit dem Ende der klassisch-romantischen „Kunstperiode" verschwand auch deren ästhetisches Konzept eines Form-Inhalt-Kontinuums.

Gutzkow selbst bestätigt die Präferenz des Inhaltes gegenüber der Form in der Vorrede zur dritten Auflage der Ritter vom

Geiste, *wenn er über sich sagt:* Er ist kein Dichter der ausschließlichen Form. Die Form ist ihm etwas Zufälliges, und wesentlich ist ihm nur der Gedanke.⁹ *Offensichtlich stammen diese Sätze aus der jungdeutschen Literaturtheorie, wonach die Kunstform „dem Inhalt von selbst entquillen muß, ohne durch rhetorische und stilistische Meißelschläge gefestigt zu werden. Denn es giebt keine andere Kunst, als die Kunst des Inhalts, welche unendlicher Formen des Stils fähig ist."¹⁰*

Das bedeutet aber auch, dass mit dem Verschwinden des klassisch-romantischen Modells nicht die Form, sondern der Inhalt zum vordringlichen Problem geworden ist, und diese Folgerung zieht auch Friedrich Theodor Vischer, der in seiner Ästhetik das Verschwinden der Poesie auf das Schwinden ihrer Inhalte zurückführt. Auf den ersten Blick scheint Gutzkow sich der Vorstellung seiner Gegner bei den „Grenzboten" über die formbildende Kraft der bürgerlichen Wirklichkeit anzunähern. Die unüberwindbare Differenz besteht aber darin, dass Gutzkow die Form zur Folge des Zufalls erklärt; die in der alltäglichen Welt herrschende Kontingenz kann durch die Form nicht aufgehoben werden: Der Roman hat die Menschen in ihrer zufälligen und harmlosen Begegnung zu nehmen.¹¹ *Der bürgerliche Realismus ist dagegen unentwegt damit beschäftigt, Kontingenz wegzuarbeiten, und zwar mit Hilfe einer Prosaform, die sich als Spiegel einer absolut gesetzten bürgerlichen Ordnung versteht. Für Gutzkow hebt die Prosaform die Kontingenz nicht dadurch auf, dass sie Ordnung in der kontingenten Wirklichkeit schafft. Die Ordnung der Prosaform entsteht in der Sprache selbst, und das heißt in dem, was man gemeinhin als ‚Stil' bezeichnet.*

Grundlegend für Gutzkows Stil-Konzept ist Jean Paul, und zwar durch die Unmittelbarkeit und die Subjektivität, *die als* großes und befruchtendes Prinzip für die ganze neuere Literaturrichtung *verbindlich geworden sei. Gutzkow setzt diesen Stil ab vom* Kunststyle *Goethes, der immer in einer gewissen Distanz von dem unmittelbaren Entströmen des Gedankens aus* dem Herzen entfernt lag. *In der Prosasprache Börnes beschreibt er schließlich einen Stil, dessen Subjektivität die überströmende Phantasie Jean Pauls meidet, zugleich aber die Unmittelbarkeit des Gedankens durch Näherung der Schrift an die gesprochene Sprache wahrt und den rhetorischen Stil durch die* Neigung zur Aphorisme, zur Sentenz, zur Antithese *erneuert.*[12]

Die Vorstellung von einem organischen Stilkörper, einem „zweiten biegsamen Leibe des Geistes", nach den Worten Jean Pauls,[13] *bestimmt als positive wie als negative Kategorie die kritische Rezeption des Zauberers von Rom. Und diese Zweideutigkeit rührt vorzüglich davon her, dass Jean Pauls von Buffon übernommene Maxime „Der Stil ist der Mensch selber"*[14] *mit der neuen Inhaltsästhetik kollidiert. Die These vom Individualstil „als unmittelbarem Ausdruck der Subjektivität des Künstlers"*[15] *lässt sich letzten Endes nicht vereinbaren mit der aus der alten Ästhetik ererbten Concinnitas-Forderung nach der Einheit des Ganzen und der Teile, die eine konsequente Inhaltsästhetik stellen muss. Diesen systemimmanenten Widerspruch zeigt die Definition des Satzes in Theodor Mundts Prosatheorie:*

Der Satz ist ein vollständiger Lebensorganismus, ein bewegliches Charakterbild, das alle Vortheile äußerer und heiterer Erscheinung in sich vereinigen muß. Er soll keine paraphrasierende Umschreibung seines Gegenstandes sein, sondern eine concrete Gestaltung desselben, eine Gestalt, die in allen Theilen sichtbar und beleuchtet wird. Der Satz hat Gebärden, Töne, Farben, er vermag fast die Wirkungen aller Künste zu verbinden.[16]

Der ungeklärte Zusammenhang zwischen der „concreten Gestaltung" des Gegenstandes, die als eigener Organismus im Sinne des Individualstils verstanden wird, und dem unbestimmten Gegenstand selbst, erklärt vielleicht das merkwürdig widersprüchliche Urteil, das Rudolf Gottschall über Gutzkows Ro-

mansprache fällt. In dieser grundlegenden Rezension, die sich, dem Erscheinen der einzelnen Bände folgend, über mehrere Jahre erstreckt und an Einsicht der übrigen zeitgenössischen Kritik weit überlegen ist, scheint sich das Urteil über Gutzkows Prosasprache zwischen der ersten Rezension von 1858 und der letzten von 1861 vollständig ins Gegenteil zu verwandeln. Die Besprechung der ersten beiden Bände beschreibt einen Prosastil, der Mundts These über einen „vollständige[n] Lebensorganismus" nahezu nahtlos entspricht:

Die Darstellungsweise ist von einer Lebendigkeit, welche mit allen Stilmitteln den Zauber und die Bewegung des realen Lebens zu erreichen sucht. In diesen geistreichen Verknüpfungen der Reflexionsfäden, in diesem Wiederaufnehmen von Gedankenmaschen, die der Dichter anscheinend fallen ließ, in diesen kurzen, hastigen, abgebrochenen Sätzen bei der Schilderung lebhafter innerer und äußerer Vorgänge, welche die Phantasie unwillkürlich gefangen nehmen, [...] in den wohlgeordneten, logisch schlagkräftigen Sätzen bei tiefer gehenden Entwickelungen liegt mehr stilistische Kunst, als die Sorglosigkeit des Lesepublikums ahnt [...].[17]

Die Kritik von 1861 über die Bände 7 bis 9 der Erstausgabe, also die Bücher 6 bis 9 in Gutzkows Zählung, billigt dem Stil zwar zu, er sei „stets geistdurchdrungen", aber „rasch, kurzathmig fügt er Bild an Bild, wo es lebendige Schilderung gilt; wie eine langgegliederte oft verwickelte Kette schleift er einher, wo er Reflexionen aneinander reiht".[18] Ein ziemlich unverbindliches und allgemein gehaltenes Lob kontrastiert in dieser Passage mit entschiedenen Vorbehalten, sobald die Kritik ins Detail, vor allem Gutzkows Periodenbau betreffend, geht. Die offenkundige Ratlosigkeit des Rezensenten rührt aber vorzüglich daher, dass dieser Periodenbau und die von ihm geprägte Pro-

saform mit der Forderung nach einem sinnlich unmittelbaren Individualstil in der Nachfolge Buffons weder zu beschreiben noch zu erklären war. Nach Jean Pauls Ästhetik entsteht ein sinnlicher Stil eben nicht aus dem Gegenstand, sondern aus dem Vermögen der Einbildungskraft zu Metapher und Synästhesie.[19] *Wenn man also nicht dem Tenor der Kritik folgen will, wonach Gutzkow bedeutende Inhalte in ein unzureichendes sprachliches Gewand gehüllt habe, wird man sich dazu entschließen müssen, die eigenständige Qualität dieser Prosa exakter zu bestimmen.*

In den Vorreden zur 2. und 3. Auflage des Zauberers von Rom *hat sich Gutzkow ausführlich mit seinen Kritikern auseinander gesetzt, geht dabei aber vordringlich auf die an Umfang überwiegenden Anmerkungen und Einwände zur Darstellung der katholischen Welt und ihrer politischen Implikationen ein. Zur Frage des Stils hat er sich nur an einer einzigen Stelle im* Vorwort zur zweiten Auflage *geäußert, das in* Weimar, im November 1862 *verfasst wurde. Dort heißt es:*

> Auch von wohlwollender Seite hat man über gewisse Schwierigkeiten des Verständnisses geklagt, desgleichen über stilistische Unregelmäßigkeiten. Ist ein Autor ganz von der Sache erfüllt und spinnt sein Werk sozusagen mit träumerischer Intuition aus Bildern heraus, die dem geschlossenen Auge innen aufgegangen, so folgt die Feder, die Merkmale einer solchen Productionsweise annehmend, nur mechanisch dem tastenden Fortschreiten in Lebensverhältnissen und Situationen, die, größtentheils neu, dem allgemeinen Publikum nur unter Schwierigkeiten zugänglich zu machen waren. *(2751,17-26)*

Es ist unverkennbar, dass Gutzkow mit dieser Erklärung in die Debatte um die Bestimmung einschlägiger Stilmerkmale ein neues Kriterium einbringt, nämlich die Productionsweise. *Er lässt auch keine Zweifel daran, dass damit nicht allein die* Schwierigkeiten *gemeint sind, die sich aus der stilistischen Aufarbeitung der Inhalte ergeben, sondern auch die materiellen Voraussetzungen der schriftstellerischen Arbeit, denn, so fährt er fort, die* Ueberarbeitung des Werks *für die zweite Auflage habe dazu geführt, dass es nun* freier von den Spuren des nicht leichten Schaffens *(2751,34-2752,1) erscheine.*

Im Vergleich mit der Stilästhetik, die den Prosastil in der Diskussion über die von Jean Paul entwickelten Vorstellungen neu zu definieren versucht hat, lassen sich eine Reihe von Voraussetzungen formulieren, die Charakter und Erscheinungsform der Prosa in der ersten Auflage des Zauberers von Rom *bestimmen:*

1. Gutzkows Stil reflektiert, da er die Productionsweise *einbezieht, die Modalitäten des Entstehungsprozesses. Das unterscheidet ihn sowohl von der Ästhetik der* ausschließlichen Form, *wie von jener des sogenannten bürgerlichen Realismus, die beide alle Spuren der schriftstellerischen Arbeit im Werk als widerästhetisch verbieten.*

2. Die Konzeption eines Autors, der „ganz von der Sache erfüllt" ist, lässt sich mit dem aus dem Satz Buffons entwickelten Individualstil nicht vereinbaren, der nach Rainer Rosenberg das „Selbstverständnis der Schriftsteller" bis in die zweite Hälfte des 19. Jahrhunderts bestimmt hat.[20] *Theodor Mundt hatte bereits gefordert, der Satz „le style c'est l'homme" müsse korrigiert werden, denn „der Stil ist die Sache. In der Sache erhält denn auch der Mensch und alles Individuelle seinen eigensten Ausdruck".*[21]

3. Der Zusammenhang von „Sache" und Productionsweise *führt zu den* stilistische[n] *Unregelmäßigkeiten, die zunächst nichts anderes als Abweichung von den gerade geltenden Regeln der Ästhetik sind. Metaästhetisch sind solche Abweichungen aber als Innovation des Regelwerks anzusehen. Mit anderen Worten: Unter dem Aspekt der ästhetischen Kategorie der Ab-*

weichung von der Regel beschreiben die negativen Urteile der Kritik über den ‚Periodenbau' die Innovationen der Prosaform in der Erstauflage des Zauberers von Rom.

4. *Für die* Productionsweise *charakteristisch ist die Beschleunigung des Arbeitsprozesses unter den materiellen Bedingungen der Romanproduktion, über die Gutzkow im Nachwort zur zweiten Auflage der* Neuen Serapionsbrüder *unter dem Begriff* Industrie *spricht.*[22] *Das Verfahren der Stilbildung bezeichnet die oben zitierte Antwort an die Kritiker des* Zauberers von Rom *als* mechanisch, ein Mechanismus, der von der Vorstellungskraft befeuert wird, *denn der* Autor [...] spinnt sein Werk sozusagen mit träumerischer Intuition aus Bildern heraus, die dem geschlossenen Auge innen aufgegangen. *Die Arbeit der Spinne als Vorbild der künstlerischen Produktionsweise will sagen, dass der entstehende Text sich im Fortschreiten ständig die Voraussetzungen seiner Entstehung schaffen muß, wie es Gutzkow an anderer Stelle erläutert:*

Diese klettert bereits an den Fäden hinauf, die sie eben erst aus ihrem Körper spinnt. Indem sie spinnt, macht sie sich selbst ihre Leiter, um weiter zu klimmen, und die Wanderspinne baut sich sogar ihren eigenen Wolkenwagen, indem sie schon drauf fährt.[23]

Das Bild der Spinne reflektiert ein Modell, nach dem Text wieder Text generiert. Auf den Periodenbau bezogen heißt das, dass jeder Satz schon zum Ursprung des nächsten wird, auf der Ebene der Romankomposition, dass jedes Kapitelende, jedes Buchende zugleich Sprungbrett für die Fortsetzung ist. In beiden Fällen aber handelt es sich um formale Strukturen, die weder mit den Prinzipien des Buffon'schen Individualstils noch mit jenen der Inhaltsästhetik hinreichend zu erklären sind, weil der Stil sich anhand einer Kette von Assoziationen entwickelt, die letzten Endes dem Unbewussten des Autors – der Intuition –

entspringen. Das assoziative Fortspinnen des Textes setzt einen Automatismus in Gang, und es stellt sich die Frage nach den Ordnungsprinzipien, mit deren Hilfe die Prosaform entautomatisiert und die mechanische *Konstruktion der Romanform gesichert werden kann. Diese Mechanik der Romankonstruktion tritt nackt zutage in den Kapitelschlüssen. Anders als in der Ästhetik des deutschen bürgerlichen Realismus, der an der Versöhnung des Individuums mit der Wirklichkeit arbeitet, also den Individualstil mit der Sache in Übereinstimmung bringen will, hat für diese Schlüsse weder der Individualstil noch die Sache eine Bedeutung. Sie orientieren sich am Rezeptionsmodell des internationalen Feuilletonromans, der den Zugriff auf seinen Leser von Fortsetzung zu Fortsetzung erneuern muss.*

Das grundsätzlich stilbildende Strukturelement der Erzählprosa in der Erstauflage des Zauberers von Rom *ist ein objektiv normatives System, nämlich die Rhetorik. Während die jungdeutsche Theorie die Poesie von der Rhetorik befreien wollte –* Laube: „Sie hat gefroren in der Antiken Tracht"[24] *– und Friedrich Theodor Vischer als Theoretiker des Realismus das Rhetorische für unvereinbar mit dem Poetischen erklärte,*[25] *setzt Gutzkow den rhetorischen Stil wieder in seine Rechte ein. Er grenzt die legitime Rhetorik gegen den* ästhetischen Schwulst *ab und beruft sich dabei auf Longinus: dessen* Vergleichung der Dichtkunst mit der Rhetorik *halte* beide keineswegs so streng auseinander, wie unsere Vischer, Carriere und deren Nachbeter thun.[26] *Wie Jean Paul, der unter Berufung auf Longinus das Recht der Poesie auf „Sprach-Abweichung", auf die Erfindung der „Wörter und Wortfügungen" gegen die „Verwechslung [...] mit rhetorischer Regelmäßigkeit" verteidigt und eben damit die kreative Potenz hervorhebt, die in den Synästhesien und grammatischen Exzentrizitäten der Rhetorik enthalten ist,*[27] *will Gutzkow kein neu-altes Regelwerk installieren, sondern er entscheidet sich für die sprachschöpferischen Qualitäten der Rhetorik.*

Er entscheidet sich damit gegen die von der Ästhetik des Realismus geforderte Natürlichkeit des Ausdrucks, gegen das, was Jean Paul die „scheinbare Einfachheit" genannt hat, die „in der Ähnlichkeit toter Teile" bestehe, „in der Abwesenheit kecker Bilder" und in der „scheinbare[n] Einheit solcher geschmackvollen und geistlosen Werke".[28] Im Kontext der Entwicklung des europäischen Romans im 19. Jahrhundert heißt das: Gutzkow ersetzt den Individualstil, der im bürgerlichen Realismus zur sprachlichen Verkörperung der bürgerlichen Ideale der Mäßigung, Selbstbeschränkung, Entsagung und Zähmung wurde, der das Werk als Abbild der Innerlichkeit des Autors und ihres Einverständnisses mit der bürgerlichen Welt verstand, durch einen im Wortsinn elaborierten Stil, der die Möglichkeiten der Prosasprache bis an ihre Grenzen ausschöpft. Und dort angelangt, geht es nach den Worten Flauberts nicht mehr um „die Anatomie eines Satzes", sondern um die „Physiologie des Stils",[29] um „Werke, die nach Schweiß riechen, jene, wo man die Muskeln durch die Wäsche hindurch sieht."[30] Der Zauberer von Rom findet seinen Ort in der internationalen Entwicklung des Romans, dem es nicht darum geht, „das deutsche Volk [...] bei seiner Arbeit" aufzusuchen, wie es Julian Schmidt gefordert hatte,[31] sondern den Schriftsteller bei der seinigen.

Die „Physiologie des Stils" führt im Zauberer von Rom *zu einem grundlegenden Umbau von Grammatik, Syntax und Semantik im Sinne einer von Rhetorik und Satzrhythmus diktierten Prosaform. In Anlehnung an Hegels Forderung nach der „Anstrengung des Begriffs" könnte man von einer Anstrengung von Syntax und Metapher sprechen, wenn Gutzkow im* Zauberer von Rom *formuliert:* und drückte sie an die eben im Schnüren begriffenen Corsetverschanzungen ihres Herzens ... *(1528,26). Ein Mustersatz für die Entgrenzung des moderaten realistischen Stilideals: Die Metaphorik ist im Dienst der Ironie bis zur Katachrese verschärft; die elliptische Ordnung der Syntax ver-*

nichtet mit ihren Substantivierungen und der Wörterkombination in der Genitivmetapher gleich mehrere Nebensätze, die benötigt würden, wollte man den Sachverhalt nach den Gesetzen der sprachlichen Konvention ausdrücken. Bei einem Roman von mehr als 3000 Seiten, dem man gewiss die dem Zeitgeschmack zuträgliche ‚Behaglichkeit' des Stils zubilligen würde, ist diese rigorose Verkürzung des Satzbaus besonders auffallend.

Zu den konstitutiven Merkmalen des elliptischen Stils gehören Substantivierungen nach dem Muster sein Gelesenhaben *(1863,29), oder die Konstruktion* einer sich immer gleichbleibenden Cadenz des Gemüthlichen, des Sichvonselbstverstehenden und gleichsam Uraltewigen und auch noch nach Jahrtausenden Sosichgleichbleibenden *(191,26-29), ebenso adjektivisch gesetzte Partizipialkonstruktionen nach dem Muster vom* schon mächtig hereinzubrechendrohenden Stillstand *(2397,25-26). Solche Wortballungen verstehen sich syntaktisch als Einsparung von Nebensätzen, zugleich aber bestimmen sie wesentlich den Rhythmus der Prosa, in der sie Kulminationspunkte bilden: Die Verkürzung der Sätze durch die Ellipsen bewirkt ihre Beschleunigung. Der verkürzte Satzbau wird aber auch durch Eingriffe in die Grammatik erreicht, etwa durch die Einbindung des transitiven Verbums in eine Genitivkonstruktion:* Bonaventura [...] starrte dieser neuen Gedankenreihe. *(1177,11-12) Oder durch die Verwandlung eines intransitiven Verbums in ein transitives:* vermochte ihn Benno zu einem schnelleren Betreten Altbaierns *(1852,13-14), die eine im 19. Jahrhundert bereits altertümliche Transitivform wieder belebt.*

Das vorwärts drängende Tempo der Prosasprache führt dazu, dass Gutzkow selbst scheinbar konventionelle Sätze verkürzt. In dem Satz zwei halb- und drei ganze Novizen *(1800,11-12) wird faktisch nichts eingespart, da nur das ‚e' in* halbe *durch einen Trennungsstrich ersetzt ist, aber die Bewegung des Satzes auf sein Ende zu ist deutlich beschleunigt. Die Stelle erläutert zugleich, wie der Produktionsprozess des Autors in den Text eingeht: Der Trennungsstrich resultiert direkt aus der auf dem Papier dahineilenden Handschrift. Rezeptionsästhetisch stellt sich die Ellipse als gezielter Eingriff in den Akt des Lesens dar. Der Satz:* Ich kenne überraschende Wirkungen der blonden Haare in Italien! unterbrach Thiebold Benno's Erläuterung ... *(2247,4-5) reflektiert auf einen ausgesparten Dialog, denn Benno hat sich im vorliegenden Text überhaupt nicht geäußert. In der 2. Auflage hat Gutzkow die Ellipse durch einen Nebensatz getilgt,* danach unterbrach Thiebold Benno, der genauere Auskunft geben wollte.[32] *Die Korrektur ist charakteristisch für die sprachliche Glättung der zweiten Auflage: Sie rekonstruiert eine konventionelle syntaktische Ordnung, ruiniert dafür den Rhythmus der Prosa und erklärt den Leser zum Idioten der Familie, weil sie das Verständnis des Satzes nicht fördert, sondern nur eine neue Ungewissheit produziert, nämlich darüber, worauf sich eigentlich die* genauere Auskunft *beziehen soll. Die Assoziation des Lesers ist durch eine Leerformel ersetzt.*

Die tiefgreifende stilistische Umarbeitung des Romantextes in der 2. Auflage, die letzten Endes das ursprüngliche einheitliche Sprachgefüge des Romans zerstört, bleibt ohne formalästhetische Begründung; sie diente, wie Gutzkow in einem Brief an seinen Verleger Brockhaus schreibt, lediglich dazu, den Roman dem großen Publikum zugänglicher zu machen.[33] Denn tatsächlich entspricht die sprachliche Form der Erstausgabe durchaus den Prinzipien der von Gutzkow seit der Wally *entwickelten Prosaform als einer von Rhythmus und Rhetorik geprägten Kunstsprache.*

Gutzkow war sich über die syntaktischen und semantischen Besonderheiten seiner Prosasprache vor dem Hintergrund der Entwicklung des zeitgenössischen deutschen Romans durchaus im Klaren. Das Morgengebet im Mädcheninternat im 3. Buch des Zauberers *nützt Gutzkow zu einem ironischen Sprachvergleich, bei dem die aus Straßburg stammende Vorbeterin zwischen dem Französischen und dem Deutschen hin- und her-*

springt und zu dem Hinweis auf die Participialconstructionen, die an dieser Sprache für jeden so fremdartig sind, der nicht wie Tönneschen Latein kann ... (812,16-18). Der Autor selbst lässt an seinen Lateinkenntnissen nicht den geringsten Zweifel aufkommen, wie er schon mit den zahlreichen in den Romantext eingestreuten lateinischen Zitaten beweist.

Das Lateinische wurde durch Tacitus zum Vorbild für die syntaktische Konzentration des Satzbaus in der deutschen Prosa. Theodor Mundt hat in seiner Abhandlung über „Die Kunst der deutschen Prosa" diese Übernahme tacitischer Formeln in den deutschen Satzbau verteidigt. Mundts Beschreibung der „Abweichungen des tacitischen Stils" von der gängigen lateinischen Sprachpraxis Ciceros liest sich wie ein Katalog der sprachlichen Eigenheiten Gutzkows:

> *[...] die wechselnde Stellung der Wörter, die Cicero nach der Grammatik, Tacitus nach den Anforderungen des Gedankens, der Gemüthsstimmungen ordnet; häufige Ellipsen und Verschweigung aus dem Zusammenhang zu ergänzender Wörter, wodurch jenes straffe und plastische Gepräge der Darstellung; an passenden Stellen das Hervorsuchen alterthümlicher Wendungen und Wörter, und zu besonderer Bezeichnung selbst das Allerseltenste aus dem früheren Sprachschatz; dagegen auch, auf Anlaß des Sinnes, schöpferische Bildung neuer Wörter, wozu sich die grammatische Keuschheit nie verstanden hätte; ferner die Vermischung des Activums und Passivums in einem und demselben Satze; öftere Auslassung der Partikeln und solcher Wörter wie posse, facere, agere; eine, wenigstens nach Cicero, ungrammatische Folge der Zeiten hinter den Conjunctionen, die aber meist aus feinberechneten Motiven der Gesinnung erwächst; der Gebrauch des Neutrums der Adjektive für ein Substantivum; diese Eigenthümlichkeiten alle beweisen in ihrer siegenden Schönheit nur die*

Grundgewalt, die der darstellende Gedanke über Sprache und Stil zu erlangen vermag.[34]

Die von Mundt genannten grammatischen und syntaktischen Eingriffe zur Konzentration der Sätze charakterisieren auch Gutzkows Satzbau: Durch Ellipsen, Substantivierungen und Wortneubildungen, durch die Auslassung von Verben und absolute Genitivkonstruktionen wird das Einschieben von Relativsätzen vermieden. Mundt verurteilt in seiner Prosatheorie „die Partikel-Pedanterie und das Labyrinth der Zwischensätze", die „aus der Umschreibung und Auflösung aller absoluten Fügungen, mit sobald, nachdem, als, wofern etc." hervorgeht.[35]. *Gutzkow seinerseits macht die Konjunktion für die epische Langatmigkeit verantwortlich:* Das Wörtchen und muß ein origineller Schriftsteller soviel als möglich zu vermeiden suchen.[36]

Als geeignete rhetorische Figur zur Verkürzung und Beschleunigung des Satzes erweist sich neben der Ellipse die Inversion, mit der die vom Subjekt zum Objekt führende semantische Logik umgekehrt wird. Die Beschreibung einer Jagd mit dem Satz Lampen schoß in natürlicher Großmuth als zu geringfügige Beute Niemand *(1494,1-2) ersetzt die Relativsätze durch Appositionen. Das Akkusativobjekt steht am Anfang und die Bewegung des Satzes zielt auf das Subjekt an seinem Ende. Im Allgemeinen entspricht die Inversion durchaus dem im Deutschen üblichen rhetorischen Stil, wenn über Bonaventura von Asselyn angemerkt ist:* diese Kraft für ein ganzes Leben sich zuzutrauen, entmuthigte ihn ja nichts ... *(2055,12-13). Interessant wird es erst, wenn Gutzkow das Verfahren ins Extrem treibt. Und das ist im folgenden Beispiel der Fall, in dem die Inversion den Satz über sein Ende hinaus beschleunigt:* Wie Lucinde zerstörte aus Kraftgefühl und ungeduldiger Spannung auf ihr nächstes Schicksal, jetzt auf die schon hoch über ihr hinwegschreitenden Wanderer, so auch dieser. *(319,25-28) Das dem Knecht Lucindes als grammatisches Subjekt zugeordnete Objekt der Zerstö-*

rung tritt erst im folgenden Satz auf: Blatt um Blatt zerzupfte er einen Zweig [...]. *Mag sein, daß Gutzkow an dieser Stelle rein grammatisch über das Ziel hinausschießt; was Prosa- und Schreibrhythmus betrifft, landet er exakt an der richtigen Stelle: im nächsten Satz, der immer schon der gegenwärtige ist.*

Zu den „absoluten Fügungen", die Mundt für die deutsche Prosa reklamiert, gehören die aus dem Latein übernommenen Genitivkonstruktionen. Deren Funktion zur Beschleunigung des Satzes erhellt die durchaus extreme Konstruktion, in der Gutzkow die Verweigerung des Abendmahls gegenüber Bartträgern begründet: Die Entziehung des Kelches schrieb er dem Ueberhandnehmen der Bärte zu und der Gefahr des Weines vor dem Ungeziefer *(778,2-4). Merkwürdiger als der Satz selbst ist die Tatsache, dass Gutzkow den elliptischen Extremfall, auch unter Beibehaltung der Genitivkonstruktion, leicht hätte vermeiden können durch die Formulierung „der Gefährdung des Weines durch das Ungeziefer". Allerdings wäre damit der Rhythmus des Satzes zerstört worden. In der 2. Auflage hat Gutzkow, im Interesse des großen Publikums, gleich die elliptische Konstruktion als Ganzes zerlegt und die Formulierung um einen Nebensatz erweitert:* der geheiligte Wein wäre auf diese Weise möglicherweise in Berührung mit dem Ungeziefer gekommen.[37] *Abgesehen von der syntaktischen Klärung bringt die Neufassung keinen Gewinn: Vielmehr ersetzt sie eine semantisch wie rhythmisch hochoriginelle Prosa durch Einschub eines neuen Satzes, der in seiner bürokratischen Umständlichkeit kaum zu übertreffen ist.*

In dem Satz: Er reiste an seiner Seele wie mit Adlerschwingen ... *(1825,2) verdeutlicht die Inversion den Vorrang des Rhythmus gegenüber der Syntax. Syntaktische Klarheit hätte Gutzkow durch eine bloße Wortumstellung erreichen können: „Er reiste wie mit Adlerschwingen an seiner Seele". Auch in diesem Fall begnügt sich die 2. Auflage nicht mit einer einfachen grammatischen Klärung, sondern korrigiert Ellipse und*

Inversion durch Einfügung eines Nebensatzes: Er reiste mit dem Gefühl, als säßen jetzt an seiner Seele Adlerschwingen.[38] *Der neue Satz hebt aber die Inversion nicht auf. Nach üblicher Wortstellung müsste es heißen: „als säßen jetzt Adlerschwingen an seiner Seele". Gutzkow übernimmt in seinem neuen Nebensatz nur wenig gemildert die anstößige Inversion des Originalsatzes und rettet damit den Satzrhythmus zumindest im Ansatz in die zweite Auflage hinüber.*

Die Rhythmisierung ist neben der Wiederbelebung des rhetorischen Stils das zweite wesentliche Gestaltungselement von Gutzkows Prosa, nicht nur im Zauberer von Rom, *wie man leicht am Auftaktsatz der* Wally *erkennen kann. Noch 1868 hat Gutzkow in einer Folge von Notizen zur Poetik erklärt:* Schönheit der Prosa beruht so gut auf rhythmischen Gesetzen, wie die Schönheit des Versbaues. *Diese Schönheit beruhe auf einer durchgehend anapästischen Bewegung, zwei Kürzen als Auftakt, dann eine Länge (∪ ∪ –), zwischendurch wenig Jamben und Chorjamben (– ∪ ∪ –). Das häufige Tribachyszeichen (∪ ∪ ∪), Päonquartuszeichen (∪ ∪ ∪ –) und wol gar das Zeichen des Proceleusmaticus (∪ ∪ ∪ ∪) zeuge von einem einförmigen Sprachfluss und lasse die Sätze zerbröckeln in ein loses Geröll. Vorbild der so beschriebenen Prosaform ist die gesprochene Rede,* der Rhythmus derjenigen, die man diktiert,[39] *oder, um es verkürzt auszudrücken: die Sprache der Rhetorik. Die Theorie über das der Prosa angemessene Versmaß hat Gutzkow von Jean Paul übernommen, der in der „Vorschule der Ästhetik" ausführlich „die Tonfälle der Periodenschlüsse" nach Längen und Kürzen berechnet. Dort findet Gutzkow auch die Lösung des Problems mit Hilfe von „Anapäst, Spondeus, Jambus, Dijambus (∪ – ∪ –), den Chorjambus (– ∪ ∪ –)".*[40]

Die Priorität der rhythmischen gegenüber der syntaktischen Ordnung führt nicht zu einer nachhaltigen Störung der Semantik. Wirklich problematisch wird die Prosaform nur, wenn die syntaktischen Ellipsen den semantischen Zusammenhang des

Satzes vollständig aufheben. An der folgenden Stelle verkürzt Gutzkow den Satz durch ein Zeugma: Graf Salem-Camphausen hat sich's eine Untersuchung kosten lassen, als er der Angiolina Stunden gab und ihn auch da einmal Terschka um seine Verwandte zur Rede, er sich aber darüber völlig unwissend stellte ... *(1894,30-34). Man wird über die Berechtigung des Zeugmas diskutieren können, es ist aber nicht die Quelle der Verwirrung. Der Satz steht am Ende eines langen Absatzes, in dem Resi die Lebensverhältnisse des Musikers Biancchi referiert, diesen Vortrag aber durch assoziative Abschweifungen ständig unterbricht. Die Bemerkung über den Grafen ist eine solche Abschweifung, und das Subjekt ‚er' ist, wie man fast eine Seite weiter oben nachlesen kann, Biancchi, der von Terschka zur Rede gestellt wird. Die Verunklärung der semantischen Zusammenhänge rührt letzten Endes davon her, dass es sich bei dem ganzen Absatz um Rollenprosa handelt. Die Redeweise Resis vermischt die Ereignisse, die sie referiert, mit Einfällen und Abschweifungen zu einem Nebeneinander von Assoziationen, das sich der gewohnten semantischen Logik entzieht.*

Eben diese Vermischung von scheinbaren Nebensächlichkeiten mit den, der Lesererwartung entsprechend, ‚eigentlichen' Hauptsachen des Romans ist von der Kritik angeprangert worden. Julian Schmidt registriert einen Abfall der Poesie in die Sphäre des Gemeinen.[41] *Gutzkows Prosa ist mit dem selektiven Realismusbegriff der „Grenzboten", der die Poesie nach den Gesetzen der bürgerlichen Moral regulieren will, nicht kompatibel. Resis Redestrom ist auf ganz andere Weise realistisch, nämlich nach der assoziativen Wahrnehmungsform des inneren Monologs.*

Die außerordentliche Komplexität von Gutzkows Periodenbau wird wesentlich von zwei einander widersprechenden Ordnungsprinzipien bestimmt: formal von der Konzentration der divergierenden Satzbausteine durch Ellipsis und Inversion, inhaltlich von der Fragmentierung der semantischen Zusammen-

hänge durch die assoziative Häufung des Erzählstoffes. Beides führt zur Verkürzung der miteinander verschlungenen Satzglieder und, daraus resultierend, zur Beschleunigung des Erzählflusses. Es führt aber nicht zur Verkürzung der Sätze, sondern im Gegenteil dazu, dass die Perioden, die durch die syntaktische Konzentration der Satzbausteine immer mehr ‚Stoff' aufnehmen, länger und semantisch extrem komplex werden. Die Romansprache erweist sich, und das nicht nur im inneren Monolog, sondern auch in den erzählenden Passagen, als Stoff-Generator, der unentwegt neue Inhalte hervorbringt. Im Satzbau ist das Nebeneinander der Romaninhalte, das in der Makrostruktur verschwimmt, unmittelbar gegenwärtig: in den endlos ineinander verschlungenen Zwischensätzen. Das folgende Beispiel referiert in einem einzigen Satz einen Dialog, kommentiert die Beweggründe der Sprechenden und rekapituliert mit dem Hinweis auf die Signum-Anekdote *den vorhergehenden Satz:*

Selbst Bonaventura, dem sie einst diese Art der Erziehung vorhielt und unter der gewöhnlichen Beichtstuhlfirma, „sie würde von Zweifeln gequält" – ihr Verhalten zum neuen Glauben war, den wirklichen Haß gegen die hinter ihr liegende protestantische Welt ausgenommen, nur ein äußerliches und eine Benutzung desselben als Mittels zum Zweck – diese Signum-Anekdote erzählte, hatte gesagt: Man glaubt das Fundament unserer Kirche erschüttert zu haben, wenn man allen Aberwitz aufdeckt, auf den die Einsamkeit der Geistlichen und die Furcht vor der Anfechtung verfallen ist! *(471,6-15)*

Charakteristisch für den ‚Roman des Nebeneinander' ist auf der sprachlichen Oberfläche die Fragmentierung des semantischen Zusammenhangs durch assoziative Häufung unverbundener Satzfragmente. Als Ordnungsprinzip in diesem Nebeneinander divergierender Inhalte führt Gutzkow die drei Punkte ein, die nach Gottschalls abschließender Rezension von 1861 nur Gedankenstriche ersetzen und die „Perioden" Gutzkows „siebartig durchlöchern".[42] *Dieses Urteil mag dazu beigetragen haben, dass die drei Punkte in der zweiten Auflage von 1863, dem großen Publikum zuliebe, entfernt wurden, während sie in der 1859 begonnenen und nach dem 3. Buch abgebrochenen zweiten Auflage unangetastet geblieben waren. Die Ausmerzung der drei Punkte hat, wie kein anderer Eingriff, die Textgestalt entscheidend verändert. Denn sie sind nicht Satzzeichen, wie Gottschall andeutet, die sich problemlos ersetzen ließen, sondern selbst Text, wie es die Suada der Wirtin im 6. Kapitel des 3. Buches belegt. Die Fragmentierung des Textes durch assoziative Reihung, sei es von so genannten Tatsachen oder von sich auflösenden Gedankengängen, ist durch die drei Punkte mit der Phantasie des Lesers verknüpft, der auf seiner Innenbühne die Bewegungen der wirklichen Bühne ergänzt:*

Das Stück geb' ich ja keinem Hund, viel weniger einem Menschen! ... O die Metzger! ... Die bringen's aus! ... „Kaufe keinen Ochsen ohne Knochen, Madame!" sagte der neulich am Rothenthurm ... Nun? Steht mir nicht so lange! Marsch! ... Jesus Marie, was ist das für ein Topf? Ein halber Henkel kaum! ... Ich glaube, erst vorige Woche gab ich einen neuen! ... Riekeschen! ... hörst du! Mach' mir mal den Rock hinten ein bissel loser! Zwei Haken! ... So! ... s'ist mir heut ganz schlecht, denk' ich an die Frau, die sie die Nacht umgebracht haben! ... (704,27-705,1)

In der 2. Auflage von 1863 hat Gutzkow die drei Punkte konsequent getilgt, ohne am Wortlaut und der Zeichensetzung zu ändern. Vordergründig handelt es sich um das vertraute Handwerk des Redakteurs, der ohne großen Aufwand einen Text kürzen will. Ein Vergleich der Neufassung mit der eben zitierten

Stelle aus der Erstausgabe zeigt aber, dass dadurch der Charakter der Prosa vollständig verändert wird. Das betrifft schon die optische Wahrnehmung der Textoberfläche:

Das Stück geb' ich ja keinem Hund, viel weniger einem Menschen! O die Metzger! Die bringen's aus! „Kaufe keinen Ochsen ohne Knochen, Madame!" Nun? Steht mir nicht so lange! Marsch! Jesus Marie, was ist das für ein Topf? Ein halber Henkel kaum! Ich glaub, erst vorige Woche gab ich Euch einen neuen! Riekeschen! hörst du! Mach' mir mal den Rock hinten ein bissel loser! Zwei Haken! So! S'ist mir heut ganz schlecht, denk' ich an die Frau, die sie die Nacht umgebracht haben![43]

Die Stauchung des Textes erschwert, entgegen den Absichten Gutzkows, das Verständnis des Lesers. Im Vergleich erkennt man, dass die drei Punkte Zäsuren im Text setzen und damit der gesprochenen Sprache eine rhythmische Ordnung installieren. Diese Zäsuren markieren nicht nur die assoziativen Sprünge in der Rede der Wirtin, sondern vor allem die Differenzen in der Geschwindigkeit der Prosa, die wechselweise verlangsamt und beschleunigt wird. Durch den Wegfall der drei Punkte werden sowohl die Tempi wie die Differenzen des formalen wie des gegenständlichen Zusammenhangs nivelliert. An dieser Stelle hat Gutzkow in der 2. Auflage zwei vorausgehende und zwei folgende Absätze zu einem geschlossenen Absatz zusammengeführt und damit Zäsuren im Text beseitigt. Dieses Verfahren nützt er als methodischen Standard zur formalen Einebnung des Textes auf der Oberfläche, die dem Leser die Illusion jenes einheitlichen epischen Flusses vermittelt, den die neue Prosaform eben überwunden hatte.

Über Funktionen der drei Punkte als Textbaustein hat sich als einziger unter Gutzkows Kritikern Franz von Dingelstedt in einer – als Reisenovelle getarnten – Besprechung Gedanken gemacht und gelangt in seiner Antwort auf das Unverständnis eines Mitreisenden zu bedenkenswerten Ergebnissen:

> „Sie sind," antwortete ich, „Stimmungszeichen, Pausen in der Musik, in welchen der angeschlagene Ton nach- und ausklingen soll. Wie der Tonsetzer eine sogenannte Couronne hinschreibt, wo er dem ausübenden Künstler, dem Sänger, die Weiterführung eines Gedankens, [...] ausdrücklich überlassen haben will, so rufen die drei Punkte dem Leser Namens des Dichters zu: ‚Mein Gedanke ist nicht abgeschlossen; gehe ihm nach, verfolge ihn in seinen letzten Schwingungen, [...]' Die allerdings ungemeine Menge dieser Zeichen deutet an, wie sich der Verfasser selbst in einem steten Stimmungstremolo befindet. Er kann mit sich und seinem Stoffe nicht fertig werden. Ist es denn aber das Leben? Kommt es immer und überall zum völligen Abschluß? Erst der Tod macht ein rechtes, volles Punktum." [44]

Dingelstedt registriert anhand der drei Punkte das Phänomen, dass die Prosa zum Stoff-Generator wird. Er erkennt zudem eine wesentliche Funktion der drei Punkte darin, dass sie Assoziationen freisetzen und damit eine Brücke vom Autor zum Leser schlagen. Sie vermitteln zwischen Produktions- und Rezeptionsästhetik. Sie bilden gleichsam ein Scharnier zwischen den Assoziationen des Autors und denen seines Lesers. Durch die Fragmentierung der Syntax an der Textoberfläche werden die semantischen Differenzen sichtbar und hörbar, die sich in der Rhetorik des Periodenbaus verbergen. Die drei Punkte brechen deren geschlossene Oberfläche auf und schaffen dem Text eine neue, die nicht mehr durch syntaktische Logik bestimmt ist, sondern durch die Kontingenz, die in den immer nur fragmentarischen Ordnungen der Gedanken- und Realitätssplitter waltet. In der Logik des Alltäglichen gibt es, *wie Dingelstedt bemerkt hat, keine in sich abgeschlossenen narrativen Prozesse.*

Hundert Jahre nach Erscheinen des Zauberers von Rom *hat Louis Ferdinand Céline 1955, durchaus in eigener Sache, eine selbstverständlich ebenfalls fragmentarische Phänomenologie der drei Punkte entworfen, die Dingelstedts Einsichten erstaunlich genau bestätigt. Wie jener setzt er die von den drei Punkten bewirkten Zäsuren in Analogie zur Musik: „stellen Sie sich die Musik ohne Auslassungspunkte vor".[45] Er vergleicht die Entwicklung des Textes mit einer Métrofahrt, ihrem ständigen Wechsel von Anhalten und Beschleunigen und folgert: „Meine drei Punkte sind unabdingbar!" und: „Ich brauch Schwellen! ...".[46] Der wie die Métro dahinrasende Fluss der Prosa fördert die „Emotionen" an die Oberfläche, eine „›Reine-Nerven-Metro-auf-verzauberten-Gleisen-mit-drei-Punkte-Schwellen‹",[47] dazu „die ganze Oberfläche! verfrachtet! bunt zusammengewürfelt in meiner Métro! alle Zutaten der Oberfläche! alle Zerstreuungen der Oberfläche!"[48]*

Célines metaphorische Beschreibung zielt auf eine Textoberfläche, die sich aus dem Nebeneinander der fragmentierten Wirklichkeit ergibt. Ganz ähnlich hat auch Gutzkow seine Theorie über einen ‚Roman des Nebeneinander' im Vorwort zur 3. Auflage der Ritter vom Geiste *nur metaphorisch begründet. Erst der Blick auf die Mikrostruktur der sprachlichen Form verdeutlicht, dass dieses Nebeneinander sich als Konstituens der Prosaform beschreiben lässt. In den ineinander verschlungenen Einschüben der langen Sätze, ihren Ellipsen und Inversionen erweist es sich als Ordnungsprinzip des Periodenbaus. Im fragmentierten Satzbau tritt es, akzentuiert durch die Schwellen der drei Punkte, auf der Textoberfläche zutage. Die Prosaform definiert letzten Endes Gutzkows Realismus-Konzept, das durch die Kontingenz der alltäglichen Wirklichkeit bestimmt ist, denn:* Kleine Thatbestände, kleine Zufälligkeiten, harmlose Zeugenaussagen sollen einen letztlichen Richterspruch veranlassen und anders gibt sich ja das Leben nicht. *Und:* Der Romandichter hat die Menschen in ihrer zufälligen und harmlosen Begegnung zu nehmen.[49] *Gutzkows Bemerkung im Vorwort zur dritten Auflage der* Ritter vom Geiste, *die Form sei ihm etwas Zufälliges, trifft erstaunlich exakt eine Prosaform, in der sich die Kontingenz unmittelbar sprachlich verwirklicht.*

Mit der Etablierung der Kontingenz als Motor der Romansprache und damit als ästhetische Kategorie für einen Roman des Nebeneinander entkräftet Gutzkow ein Realismuskonzept, das die erzählte Wirklichkeit von der Herrschaft des Zufalls in der wirklichen Wirklichkeit mit Hilfe der Poesie entlasten will. Das Sieb der drei Punkte öffnet den Text für den Blick auf Arno Schmidts „löchriges Dasein",[50] die Grunderfahrung auch Gutzkows, dass die Kontingenz das wirkliche Leben zwischen den Fixpunkten Geburt und Tod bestimmt. Poesie, die den Zufall außer Kraft setzen will, installiert der Wirklichkeit eine gefälschte Ordnung. Das ist so zu sagen ihre negative Bestimmung. Ihre positive findet sie in der Konzeption einer neuen Prosaform, die in der Lage ist, alle Widersprüche des Daseins aufzunehmen. Die aber braucht zur Evidenz, wie Arno Schmidt in seinem Gutzkow-Essay angemerkt hat, „die ‹Technik der drei Punkte› – die 1 Sonderuntersuchung verdiente".[51]

Das um so mehr, als es offenkundig um ein weitläufiges Unternehmen geht, nämlich um eine Ästhetik überlanger Texte, die von den Produktionsbedingungen *nicht mehr absehen kann, auch nicht von den Verheerungen, die der Text im Leben des Autors anrichtet – und umgekehrt. Denn Flauberts „Physiologie des Stils" reflektiert einen grundlegenden Zusammenhang zwischen dem Textkörper und dem Körper des Autors, der, dem Modell der* Industrie *und deren Prinzip der Ausbeutung des einen durch den andern folgend, die Herrschaft des Textes über den Körper des Autors begründet.*

Anmerkungen

[1] Aus den tiefsten Labyrinthen des Periodenbaus *erwacht Schnuphase* im 6. Kapitel des 3. Buches (723,31).
[2] Louis-Ferdinand Céline: Guignol's Band. Reinbek: Rowohlt, 1985. S. 7.
[3] Vgl. Wolfgang Rasch: Bibliographie Karl Gutzkow (1829-1880). Bd. 2: Sekundärliteratur. Bielefeld: Aisthesis, 1998. S. 224-235. Die Reaktion der zeitgenössischen Kritik erörtert ausführlich Wolfgang Rasch in seinem Nachwort zu dieser Ausgabe.
[4] Rudolf Gottschall: Karl Gutzkow's „Zauberer von Rom". Vierter Artikel. Siebenter, achter und neunter Band. In: Blätter für literarische Unterhaltung. Leipzig. Nr. 27, 1. Juli 1861, S. 481-487, Zit. S. 486 (Rasch 14/34.58.12.16).
[5] [Anon.:] Gutzkows „Zauberer von Rom". In: Kölnische Zeitung. Nr. 333, 1. Dezember 1858, [S. 2] (Rasch 14/34.58.12.01).
[6] Ludwig Seeger: Der Zauberer von Rom und die römische Frage. In: Deutsche Jahrbücher für Politik und Literatur. Berlin. Bd. 4, 1862, S. 474-480, Zit. S. 478.
[7] [Anon.:] Gutzkows Zauberer von Rom. 2. Bd. In: Europa. Leipzig. Nr. 48, 27. November 1858, Sp. 1561-1562, Zit. Sp. 1562.
[8] Seeger: Der Zauberer von Rom und die römische Frage (s. Anm. 6), S. 479.
[9] Zur dritten Auflage. In: Gutzkows Werke. Hg. von Reinhold Gensel. Berlin usw.: Bong, [1912]. Bd. 13, S. 45.
[10] Theodor Mundt: Die Kunst der deutschen Prosa. Ästhetisch, literargeschichtlich, gesellschaftlich. Berlin: Veit und Comp, 1837. S. 121. Neudruck Göttingen: Vandenhoeck & Ruprecht, 1969. (Deutsche Neudrucke. Reihe Texte des 19. Jahrhunderts).
[11] Zur dritten Auflage (s. Anm. 9), S. 48.
[12] Karl Gutzkow: Börne's Leben. Hg. von Martina Lauster und Catherine Minter. In: Gutzkows Werke und Briefe. Kommentierte digitale Gesamtausgabe. Hg. vom Editionsprojekt Karl Gutzkow. Schriften zur Literatur und zum Theater. Bd. 5. Münster: Oktober Verlag; Exeter, Berlin: www.gutzkow.de, 2004. S. 114-115.
[13] Jean Paul: Vorschule der Ästhetik. In: Sämtliche Werke. Abt. I, Bd. 5. Hg. von Norbert Miller. München: Hanser, 1963. S. 276.
[14] Ebd.

[15] Rainer Rosenberg u. a.: Art. ,Stil'. In: Ästhetische Grundbegriffe. Historisches Wörterbuch in sieben Bänden. Hg. von Karlheinz Barck u. a. Stuttgart: Metzler, 2000 ff. Bd. 5, S. 642-702, Zit. S. 657.
[16] Mundt: Die Kunst der deutschen Prosa (s. Anm. 10), S. 120.
[17] Rudolf Gottschall: Karl Gutzkow's „Zauberer von Rom". Erster und zweiter Band. In. Blätter für literarische Unterhaltung. Leipzig. Nr. 51, 16. Dezember 1858, S. 925-933, Zit. S. 932 (Rasch 14/34.58.12.16).
[18] Gottschall: Karl Gutzkow's „Zauberer von Rom". Vierter Artikel (s. Anm. 4), S. 486.
[19] Vgl. das Kapitel über „Sinnlichkeit des Stils" in Jean Pauls „Vorschule der Ästhetik" (s. Anm. 13), S. 278-279.
[20] Rainer Rosenberg u. a.: Art. ,Stil' (s. Anm. 15), S. 657.
[21] Mundt: Die Kunst der deutschen Prosa (s. Anm. 10), S. 121.
[22] Karl Gutzkow: Die neuen Serapionsbrüder. Hg. von Kurt Jauslin. In: Gutzkows Werke und Briefe. Hg. vom Editionsprojekt Karl Gutzkow. Erzählerische Werke. Bd. 17. Münster: Oktober Verlag; Exeter, Berlin: www.gutzkow.de, 2002. S. 588.
[23] Karl Gutzkow: Walten und Schaffen des Genius. In: Schriften. Hg. von Adrian Hummel. Zwei Bände und ein Materialband. Frankfurt/M.: Zweitausendeins, 1998. Bd. 2, S. 1315-1344, Zit. S. 1323.
[24] Heinrich Laube: Literatur. In: Zeitung für die elegante Welt. Leipzig. Jg. 33, Nr. 3 (4. Januar 1833) und Nr. 7 (10. Januar 1833). Zit. nach Wulf Wülfing: Junges Deutschland. Texte – Kontexte – Abbildungen – Kommentar. München: Hanser, 1978. S. 29-34, Zit. S. 33.
[25] Vgl. Friedrich Theodor Vischer: Shakespeare in seinem Verhältnis zur deutschen Poesie, insbesondere zur politischen. In: Kritische Gänge. 2. Aufl. Leipzig: Verlag der weißen Bücher, 1914. Bd. 2, S. 64. Zit. nach: Wolfgang W. Behrens u .a.: Der literarische Vormärz 1830 bis 1847. München: List, 1973. S. 117.
[26] Karl Gutzkow: Dionysius Longinus. Oder: Über den ästhetischen Schwulst in der neuern deutschen Literatur. In: Schriften (s. Anm. 23), Bd. 2, S. 1345-1440, Zit. S. 1352.
[27] Jean Paul: Vorschule der Ästhetik (s. Anm. 13), S. 355-356.
[28] Ebd., S. 356-357.
[29] An Louise Colet. 30. September 1853. In: Gustave Flaubert: Briefe. Hg. und übersetzt von Helmut Scheffel. Zürich: Diogenes, 1977. S. 294.

[30] *An Louise Colet. 26. August 1853. In: Briefe (s. Anm. 29), S. 288.*

[31] *Julian Schmidt: Geschichte der deutschen Literatur im 19. Jahrhundert. 2. Aufl. Leipzig: Herbig, 1855. Bd. 3, S. 318.*

[32] *Karl Gutzkow: Der Zauberer von Rom. Roman in neun Büchern. Zweite Aufl. Leipzig: Brockhaus, 1863. 16. Bändchen, S. 38.*

[33] *Brief an Brockhaus vom 25. Juli 1862. In: Gerhard K. Friesen: „Der Verleger ist des Schriftstellers Beichtvater". Karl Gutzkows Briefwechsel mit dem Verlag F.A. Brockhaus 1831-78. In: Archiv für Geschichte des Buchwesens. Frankfurt/M. Bd. 28, S. 152 (Rasch 7.1987.1). Den Hinweis verdanke ich Wolfgang Rasch.*

[34] *Mundt: Die Kunst der deutschen Prosa (s. Anm. 10), S. 61.*

[35] *Ebd., S.110-111.*

[36] *Karl Gutzkow: Die ‚realistischen' Erzähler. In: Schriften (s. Anm. 23), S. 1302-1314, Zit. S. 1318.*

[37] *Der Zauberer von Rom, 2. Aufl. (s. Anm. 32), 6. Bändchen, S. 36-37.*

[38] *Der Zauberer von Rom, 2. Aufl. (s. Anm. 32), 13. Bändchen, S. 67.*

[39] *Karl Gutzkow: Walten und Schaffen des Genius (s. Anm. 23), S. 1339.*

[40] *Jean Paul: Vorschule der Ästhetik (s. Anm. 13), S. 329.*

[41] *[Julian Schmidt:] Der Zauberer von Rom. 1. Bd. In: Die Grenzboten. Leipzig. 1858, 2. Semester, Bd. 4, [Heft 44, Oktober], S. 188-192 (Rasch 14/34.58.10.1), und Julian Schmidt: Der Zauberer von Rom. In: Die Grenzboten. Leipzig. 1861, 2. Semester, Bd.4, [Heft 46, November], S. 241-248 (Rasch 14/34.61.11.1).*

[42] *Vgl. Anm. 4.*

[43] *Der Zauberer von Rom, 2. Aufl. (s. Anm. 32), 5. Bändchen, S. 141.*

[44] *Franz von Dingelstedt: Der Zauberer von Rom. Eine kritische Reisenovelle. In: Sämtliche Werke. Abt. 1, Bd. 5: Wanderbuch. Berlin: Paetel, 1877. S. 297-334, Zit. S. 321. Zuerst 1861 im „Morgenblatt für gebildete Leser" veröffentlicht (Rasch 14/34.62.01.01).*

[45] *Louis Ferdinand Céline: Gespräche mit Professor Y. Hamburg: Edition Nautilus, 1986. S. 94.*

[46] *Ebd., S. 92.*

[47] *Ebd., S. 93.*

[48] *Ebd., S. 83.*

[49] *Zur dritten Auflage (s. Anm. 9), S. 47-48.*

[50] *Arno Schmidt: Berechnungen I. In: Bargfelder Ausgabe. Werkgruppe III, Bd. 1. Zürich: Haffmans, 1995. S. 163-168, Zit. S. 167.*
[51] *Arno Schmidt: Der Ritter vom Geist. In: Bargfelder Ausgabe. Werkgruppe II, Bd. 3. Zürich: Haffmans, 1991. S. 169-200, Zit. S. 196.*

Kurt Jauslin, Stephan Landshuter, Wolfgang Rasch

Editorische Notiz

Gutzkows Roman Der Zauberer von Rom *liegt in drei voneinander abweichenden Druckfassungen (E^1, E^3, E^5) bzw. fünf zeitgenössischen Auflagen vor, von denen die zweite Auflage von 1859 (E^2) nur die ersten drei Bände umfasst. Die folgenden Angaben beziehen sich auf Wolfgang Rasch: Bibliographie Karl Gutzkow (1829-1880). Bielefeld: Aisthesis-Verlag, 1998. Bd. 1, S. 119-123:*

E^1	*Der Zauberer von Rom. Roman in neun Büchern von Karl Gutzkow. Bd. 1-9. Leipzig: Brockhaus, 1858-1861. (Rasch 2.34)*
E^2	*Der Zauberer von Rom. Roman in neun Büchern von Karl Gutzkow. Bd. 1-3. 2. Aufl. Leipzig: Brockhaus, 1859. (Rasch 2.34.1-3a)*
E^3	*Der Zauberer von Rom. Roman in neun Büchern von Karl Gutzkow. 2. Aufl. Bändchen 1-18. Leipzig: Brockhaus, 1863. (Rasch 2.34a)*
E^4	*Der Zauberer von Rom. Roman in neun Büchern von Karl Gutzkow. Dritte Aufl. Bd. 1-9. Leipzig: Brockhaus 1869. (Bändchen 1-18.) (Rasch 2.34b)*
E^5	*Der Zauberer von Rom. Roman von Karl Gutzkow. Vierte völlig umgearbeitete Aufl. Bd. 1-4. Berlin: Janke, [1872]. (Rasch 2.34c)*

Noch vor Auslieferung des ersten Bandes von E^1 in Leipzig ließ Brockhaus im September 1858 100 Exemplare des Romans mit dem Titelzusatz „Wohlfeile amerikanische Ausgabe" in die USA schicken, um sich damit gegen amerikanische Nachdrucker zu schützen (Rasch, Bd. 1, S. 119). Diese ‚amerikanische' Ausgabe ist für die Textgeschichte irrelevant. Von den ersten drei Bänden der ersten Ausgabe (E^1) erschien 1859 eine zweite Auflage (E^2), *für die Brockhaus den Satz der ersten Ausgabe verwendete und „in der Gutzkow lediglich einige Druckfehler berichtigte" (Rasch, Bd. 1, S. 121). Nach Autopsie eines in der Österreichischen Nationalbibliothek zu Wien befindlichen Exemplars der zweiten Auflage (Sign.: 161394-B. Neu Mag) konnten wir feststellen, dass zumindest in Band 1 und 2 von E^2 einige Druckfehler aus E^1 berichtigt wurden.*

1863 kommt der ganze Roman auch äußerlich in veränderter Gestalt als zweite Auflage heraus (E^3). Die Bände erscheinen im Kleinoktav-Format, und die neunbändige Anordnung wird zugunsten einer Aufteilung in 18 Einzelbändchen aufgegeben. Gutzkow unterzieht den Text einer sorgfältigen Revision, bei der er die erste Auflage als bloße erste Grundirung des Romans betrachtet und besonders stilistische Schwächen der ersten Fassung ‚bereinigt'. In einem Fall greift er in die Kapiteleinteilung des Romans ein: Das sehr lange 23. Kapitel des fünften Buches wird geteilt. So hat in der zweiten Auflage das fünfte Buch 24 Kapitel.

Die dritte Auflage des Romans (E^4) ist – bezogen auf den Romantext – eine Titelauflage der zweiten, die aber um ein umfangreiches, römisch paginiertes Vorwort ergänzt wird und in der durch Einsetzen neuer Titelblätter Autor und Verlag zur alten neunbändigen Bandstruktur zurückkehren (ein Band = zwei Bändchen mit jeweils getrennter Paginierung). Obwohl der Romantext also hier in einer Titelauflage vorliegt, stellt er wegen des eigens für diese Auflage geschriebenen Vorworts eine neue ‚Ausgabe' dar, die eine entsprechende eigene Siglierung verlangt.

Wesentlich stärkere Um- und Überarbeitungen als E^3 erfährt die vierte Auflage des Romans von 1872 (E^5). Gutzkow nimmt hier zum Teil einschneidende Kürzungen und gravierende Textänderungen vor. Das Werk schrumpft rein äußerlich auf vier Oktav-Bände. Die Grundstruktur des Romans mit seinen neun Büchern lässt Gutzkow unangetastet. Allerdings ändert er die

Kapiteleinteilungen der einzelnen Bücher erheblich. Zudem erhalten die Kapitel Überschriften.
Nach dem Tod von Papst Pius IX. im Jahr 1878 ließ der Verlag Otto Janke Reste der vierten Auflage mit einem neuen Umschlagtitel erscheinen. Diese Auflage weist im Impressum das Erscheinungsjahr 1878 auf und ist textgeschichtlich irrelevant.

Über die Motive und Grundtendenz der Textänderungen und Romanbearbeitung hat sich Gutzkow im Vorwort zur zweiten (1863) und zur vierten Auflage (1872) des Romans geäußert (vgl. S. 2749-2752 und S. 2765-2766 unserer Ausgabe).

Vom Roman gibt es keine Vorabdrucke in Zeitungen oder Zeitschriften. Nachdrucke in Periodika (fast sämtlich in der Leipziger „Novellen-Zeitung") listet Rasch in seiner Bibliographie auf: 3.58.10.27, 3.59.01.19, 3.59.02.02, 3.59.05.11, 3.60.05.26.1.

1873 nimmt Gutzkow neun Gedichte aus dem Zauberer von Rom *in seine* Gesammelten Werke *(Rasch 1.5.1.2.5) auf. Sie erhalten hier folgende Überschriften:* I. Klingsohr heinisirt. – II. Leben aus Tod. – III. Sehnsucht zum Tod. – IV. Des römischen Priesters Entsagung. – V. Lerchenjubel. – VI. Im Cölibat. – VII. Nur Einer, nur Eine. – VIII. Bonaventura. – IX. Ermuthigung. *Eine erste und stark abweichende Fassung des Gedichts* Ermuthigung *(ohne Titelüberschrift auf S. 2543 unserer Ausgabe) erschien schon 1852 unter dem Titel* Aufruf zum Lebensmuth *in* Gutzkows Unterhaltungen am häuslichen Herd *(Rasch 3.52.11.25.4), eine gleichfalls stark abweichende Fassung von* Sehnsucht zum Tod *(ohne Titelüberschrift auf S. 2533-2534 unserer Ausgabe) veröffentlichte Gutzkow 1853 in den* Unterhaltungen am häuslichen Herd *unter dem Titel* Das Schweigen der Natur *(Rasch 3.53.08.13.3).*

Edierter Text:

E^1. Der Text folgt in Orthographie und Interpunktion unverändert dem Erstdruck. Textsperrungen werden übernommen. Silbentrennstriche (=) werden durch - wiedergegeben. Die Seitenzählung wird mit eckigen Klammern [ ] an den betreffenden Stellen in den Text eingefügt.

Die Liste der Textänderungen nennt die von den Herausgebern berichtigten Druckfehler sowie die Emendationen. Fehlende oder überzählige Spatien im Erstdruck wurden stillschweigend korrigiert.

Textänderungen

57,22 hin] ihn   **69,25** Worte:] Worte.   **105,18** 's ist recht!] s' ist recht!   **117,29** Die Sonne] Sie Sonne   **120,33** Sein Genie] Seine Genie   **133,18** galoppirender] galopirender   **194,6** Gesinnungslosigkeit] Gesinnungs osigkeit   **211,31-33** der alten hamburger Bürgermeister verlorenen Nikolaus verweilte und] der hamburger Bürgermeister verlorenen Nikolaus verweilte alten und   **226,18** einiger] iniger   **277,7** laut] luat   **284,12** schien Einfluß] chien Einfl uß   **288,34** erfaßt] erfäßt *berichtigt nach E^3*   **319,25-26** Wie Lucinde zerstörte, aus Kraftgefühl] Wie Lucinde zerstörte aus Kraftgefühl *berichtigt nach E^3*   **335,27** vielleicht] vielleich   **413,30** „Unter] Unter   **485,14-16** „Die Stimmen sind getheilt", fuhr Hunnius fast mit Lucinden über die Parodie seiner frühern Worte liebäugelnd fort. „Die einen sehen] „Die Stimmen sind getheilt, fuhr Hunnius fast mit Lucinden über die Parodie seiner frühern Worte liebäugelnd fort. Die einen sehen   **521,10** seiner Manschetten] sei r Manschetten   **524,1** soll] oll   **577,30** Wirthin wegen,] Wirthin wegen *berichtigt nach E^3*   **588,14** Libori-Kapelle] Ludgeri-Kapelle *berichtigt nach Fußnote S. 950*   **589,10** dessen Thüren] deren Thüren   **597,2** wer den hat, der *[31]* wird andern] wer den hat der *[31]* wird andern **598,17** und er ging, im Hochgefühl,] und er ging; im Hochgefühl, **608,24-25** angstvoll seliges: Mutter!] angstvoll seliges Mutter! **612,34** die ihre] die re **653,28** dagegen] dag gen **693,10** seine Stirn] sein Stirn **737,3** St.-Libori] St.-Ludgeri *berichtigt nach Fußnote S. 950* **737,12** St.-Libori] St.-Ludgeri *berichtigt nach Fußnote S. 950* **808,30** mit einem fortgesetzten St! St! Sie bekam] mit einem fortgesetzten St! St! sie bekam **812,23** ihre strasburgisch-deutsche Muttersprache] ihre strasburgisch-deutsch Muttersprache **833,20** ihn störte nicht] ihm störte nicht *berichtigt nach E^3* **899,23** italienischen] italieschen **910,6** Haushalt] Hahusalt **915,30** folgende Nervenkrankheit, fing zu] folgende Nervenkrankheit fing zu *berichtigt nach E^3* **923,30** Armgart's] Armgar'ts **927,34-928,1** förmlich herausforderndes] förmlichh erausforderndes **937,7** „Einundzwanzig" en quatre] „Einundzwanzig", en quatre **959,18-19** oder nur Neugierigen gerade entgegengesetzte Gegend des] *Dieser Text wurde im Original versehentlich auf S. 93 als letzte Zeile anstatt auf S. 92 als letzte Zeile gesetzt.* **1026,11-12** An einer „Heiligen Botanik" schrieb er,] An einer „Heiligen Botanik", schrieb er, **1029,22** Mann!", eine] Mann!" eine **1100,17-18** jede ihrer Mienen] jede ihre Mienen **1108,21** machte sich zu schaffen] machte sich schaffen *berichtigt nach E^3* **1135,18** daß ich dich] daß ist dich **1151,34** étroitement] etroitement **1177,15** seit jener Stunde] seit jeder Stunde **1194,23** Introito] Introibo *Berichtigt nach einer gedruckten Anmerkung auf der Rückseite des Titelblatts von Band 5.* **1204,11** wunderliche] wunder-derliche **1205,4** Enckefuß] Enkefuß **1271,22** schloß] schloß **1302,17** ihre sogenannte Kniesteifigkeit] seine sogenannte Kniesteifigkeit **1358,9** darunter, die nicht etwa] darunter, die, nicht etwa **1386,21** Bonaventura] Bonaventnra **1429,13-14** auf einer ansehnlichen Höhe] auf einer ansehnliche Höhe **1448,1** ihresgleichen suchten] ihresgleichen suchte **1481,33** die letzte] dei letzte **1492,23** kam] am **1511,19** Nun] Nnn **1574,26** Bahn] Bahu **1604,19-**

20 „Bei Tangermanns" durch den Küfer] „Bei Tangermanns", durch den Küfer **1616,33** nein] uein **1646,17** „Napoleon war körperleidend", fuhr Pater] „Napoleon war körperleidend"; fuhr Pater **1654,23** weil ihm] weil ihn **1654,34** eine dumpfe] ein dumpfe **1681,28** Function nicht so wohlgethan] Function so wohlgethan *berichtigt nach E³* **1688,8-9** zu dem Mann hinüber, den sie] zu dem Mann hinüber den sie **1699,6** Chroniken] Chronkien **1700,14** in diesen] in deisen **1713,5** Dorstes] Dorstets **1729,22** dort] ort **1739,5** „Freundin"...] „Freundin" **1745,15-16** so wie das Kind] sowie das Kind **1749,30** geglaubet] geglaubest **1750,10** Empfindung] Emfipndung **1773,26** Kärnthnerthor] Kärthnerthor **1788,4** vergegenwärtigenden] vergegenwärtigen den **1806,30** hämischer] hämicher **1816,24** Ceccone – ...] Ceccone – „ ... **1831,24** davongetragen] daaongetragen **1844,5** abschmeicheln] abschmicheln **1869,31** Kärnthnerthortheater] Kärthnerthortheater **1890,11** Kärnthnerthor] Kärthnerthor **1892,13** klatschten] klaschten **1915,16** Papieren blätternd, fort ...] Papieren blätternd fort, ... **1930,26-27** die Züge des Kronsyndikus] die Todte des Kronsyndikus *berichtigt nach E³* **1951,31** zusammen – stoße das] zusammen-stoße das **1958,20** Wie stehen] Wiestehen **1963,5** Bedürfniß] Vedürfniß **2033,7** Domkapitular] Domapitular **2040,20** Bonaventura] Benno **2071,13** Apenninen] Apeninnen **2083,5** Frâ] Frà **2090,24** Michel] Miche **2105,16** öffentlichen] öffentichen **2124,8** hier,] hier; **2139,9** Seligkeit? ..." Das] Seligkeit? ... „Das **2164,2** gesetzt zu sehen] gesetzt sehen **2195,1** Himmels] Himmals **2284,19** einen lächerlichen Beweis] eine lächerlichen Beweis **2286,29** gesagt ...] gesagt ..." **2293,16** Shawl] Shwal **2297,24** kommen] ommen **2342,7** die Gesetze] di Gesetze **2346,5** retrograde] retrogade **2416,12** Hülse] Hülfe **2458,5** Berggewässer] Verggewässer **2458,10-11** keine ihrer Schroffheiten] keiner ihrer Schroffheiten **2478,5** Stille ...] Stille, ... **2478,22** zu jenem] zu enem **2479,13** somit] sowit **2520,24** Interesse] Interresse **2526,8** Ihr Reformiren] Ihr Reformen *berichtigt nach E^3* **2544,13** nicht Ihr] nich Ihr **2573,31** „Du altes] Du altes **2584,15** fuhr] fuhrt **2600,4** Ausführung] Ausführnng **2620,5** Blätter] Vlätter **2620,8-9** Auge. Es fanden sich] Auge fanden sich *In E^1 findet sich nach Auge eine Leerstelle bis zum Zeilenende, die nach E^3 ergänzt wurde.* **2639,3** Denkart gibt] Denkart geben **2652,1** „Hexenmeister",] „Hexenmeister, **2656,28** Shawls] Shwals **2659,13** Shawls] Shwals **2659,22** einziger Shawl] einziger Shwal **2717,9** daß ich] aß ich **2719,30** Alpen zu vergleichen] Alpenzu vergleichen **2738,19-20** beschwichtigen] beschwichtigten

Neben den hier dokumentierten Texteingriffen ist eine separate Liste nötig geworden. In E^1 hat Gutzkow den Erzählfluss mit unzähligen Punktzeichen, fast ausnahmslos drei zusammenhängende Pünktchen, unterbrochen. Gemessen an der Vielzahl dieser drei Punkte bilden die Abweichungen davon mit zwei oder vier Punkten eine vergleichsweise seltene Anomalie. Wir haben es dabei vornehmlich mit zwei Problemfällen zu tun: Bei zwei nebeneinander stehenden Punkten ist oft eines der ursprünglich auf drei Punkte angelegten Zeichen nicht ausgedruckt oder nicht gesetzt worden, was man an den entsprechenden Abständen zu den vorherigen oder nachfolgenden Zeichen leicht erkennt. Bei allen anderen Fällen handelt es sich offensichtlich um Nachlässigkeiten des Setzers. Dass Gutzkow immer drei Punkte im Sinn hatte, macht eine Stelle in einem Brief an Brockhaus vom 25. Juli 1862 deutlich, in dem er begründet, warum er bei der Überarbeitung des Romans für die zweite Auflage die Vielzahl von drei Punkten tilgen will; Gutzkow zeigt dabei in runden Klammern ausdrücklich drei Punkte an: Den Zauberer möcht' ich im Stil u. mit Weglassung der vielen Punkte (...) dem großen Publikum zugänglicher machen. *(Vgl. Gerhard K. Friesen: „Der Verleger ist des Schriftstellers Beichtvater." Karl Gutzkows Briefwechsel mit dem Verlag F. A. Brockhaus 1831-78. In: Ar-*

chiv für Geschichte des Buchwesens. Frankfurt/M. Bd. 28, 1987, S. 152) Aus diesem Grunde haben wir uns entschlossen, konsequent drei Punkte zu setzen und die wenigen Stellen mit zwei oder vier Punkten zu korrigieren. Diese Textänderungen werden im nachfolgenden dokumentiert:

508,12-13 alles ... Die Träger] alles .. Die Träger   **519,11** Schiene! ...] Schiene! ..   **543,14** Momente ...] Momente ..   **586,11** Köchern. ...] Köchern....   **601,33** getroffen hatte ...] getroffen hatte ....   **706,11** Attenzione cocchieri! ...] Attenzione cocchieri!..   **712,34** Mittagessen! ...] Mittagessen!..   **713,28** verläßt? ...] verläßt?..   **716,1** erheben? ...] erheben?..   **768,23** abstechen! ...] abstechen! ..   **774,2** allein! ...] allein! ..   **781,27** geben ...] geben ..   **834,27** Ringen! ...] Ringen!..   **835,6** Diner?! ...] Diner?!..   **846,14** gefärbt waren! ...] gefärbt waren! ..   **867,25** Amusement! ...] Amusement!..   **868,15** Insel! ...] Insel!..   **969,17** erscheint! ...] erscheint!..   **1012,28** selbst! ...] selbst! ..   **1015,27** Gott! ... war] Gott!.. war   **1015,31** O du mein Gott! ...] O du mein Gott!..   **1016,8** gesprochen! ...] gesprochen!..   **1017,6** Treudchen! ...] Treudchen!..   **1081,31** höher ...] höher ..   **1113,21** es ihm ...] es ihm..   **1168,6** wir schon! ...] wir schon!..   **1173,28** gewoben! ...] gewoben!..   **1173,29** wachsen! ...] wachsen!..   **1173,31** Herzens! ...] Herzens!..   **1173,31** Bim – bam! ...] Bim – bam!..   **1530,8** schwieg ...] schwieg ..   **1536,6** Sie da ? ...] Sie da ?..   **1665,13** Rolle ...] Rolle..   **1714,2** Einflüssen ...] Einflüssen ..   **1741,19** geschlossen hatte ...] geschlossen hatte ....   **1778,33** erbeben ...] erbeben ..   **1780,16** Bitte ... oder] Bitte.... oder   **1791,10** wurde ...] wurde ..   **1795,6** Beichtende ...] Beichtende....   **1803,28** mismuthig ...] mismuthig ..   **1856,34** zurück ...] zurück ..   **1858,20** Offizieren ...] Offizieren ..   **1869,20** Cardinäle! ...] Cardinäle! ..   **1923,13-14** verbunden ...] verbunden ....   **1924,7** beneidenswerth ...] beneidenswerth ..   **1924,24** durfte ...] durfte ..   **1925,12** erhob

sich ...] erhob sich .. **1929,4** gewähren ...] gewähren ....
1932,31 käme! ...] käme!.. **1935,34** Grafen? ...] Grafen? ..
1945,4 Ce – sa – re –? ...] Ce – sa – re –? .. **1954,21** hatte ...]
hatte .. **1960,21** Armee ...] Armee .. **1998,27** Kirche ...]
Kirche .... **2005,30** schweigen ...] schweigen .. **2013,28**
Zimmer ...] Zimmer .. **2018,22** liebt! ...] liebt! .. **2022,17**
trage ...] trage .. **2028,25** könnte ...] könnte .. **2031,18** gegenüber ...] gegenüber . . **2043,34** würde ...] würde..
2049,13 aus ...] aus .. **2057,25** „Maria zum Schnee" ...]
„Maria zum Schnee".... **2111,15** Schatten ...] Schatten ..
2113,30-31 Augen ...] Augen .... **2123,24-25** geglitten ...]
geglitten .. **2129,30** fehlte ...] fehlte .. **2153,18** Hubertus ...]
Hubertus .. **2158,32** Cabinetten ...] Cabinetten .. **2269,5**
ertragen! ...] ertragen! .. **2302,31** Muth ...] Muth .. **2334,7**
geröthet ...] geröthet .. **2416,24** erkaltet bist! ...] erkaltet bist! ..
2489,20 Freund! ...] Freund! .. **2498,21** Aerzte ...] Aerzte ....
2590,20 gekommen ist ...] gekommen ist .... **2607,10-11** flüsterte Hubertus ...] flüsterte Hubertus .. **2745,25** Jubelruf des
Volks ...] Jubelruf des Volks ..

Abweichungen zwischen Exemplaren des Erstdrucks

Die Kollation mehrerer Exemplare von E^1 lässt den Schluss zu, dass im Laufe der Produktion Presskorrekturen vorgenommen wurden. So ist ein Druckfehler in der Vorrede, den Gutzkow sogleich nach Auslieferung der ersten Exemplare energisch bei Brockhaus reklamiert hatte, noch während des Herstellungsprozesses berichtigt worden. In dem Exemplar unserer Druckvorlage steht bei **2,26-27** *Aufahme, während in einem uns vom Antiquariat Halkyone (Hamburg-Altona) zur Verfügung gestellten Exemplar dieser Fehler mit* Aufnahme *berichtigt ist. An dieser Stelle folgen wir dem ‚Hamburger' Exemplar des Romans. In einem Exemplar der Philologischen Bibliothek der Freien Universität Berlin (Sign.: Pg 9430) sind folgende Abweichungen* *festgestellt worden (das Berliner Exemplar wird mit E^{Ber} bezeichnet):*

350,15 dem Lande] dem Larde E^{Ber} **368,16** Später, als] Später, m ls E^{Ber} **368,21** herrliche Aussicht] herrliche Ausbiht E^{Ber}
369,7 wagen könnte] wagen en tte E^{Ber}

Kommentierung

Der wissenschaftliche Apparat wird als work in progress in der Internet-Version der Gesamtausgabe auf der Web-Seite des Gutzkow-Editionsprojektes unter www.gutzkow.de veröffentlicht.

Wir bedanken uns für die Mitarbeit bei der Kollationierung des Textes bei Michael Billmann, Thomas Bremer, Martina Lauster, Klaus Möller, Madleen Podewski, Wulf Wülfing und Gert Vonhoff.

Verzeichnis des Romanpersonals

Für seine Ausgabe des Zauberers von Rom *hat Heinrich Hubert Houben ein „Alphabetisches Verzeichnis der wichtigeren handelnden Personen" erstellt (vgl.: Der Zauberer von Rom. Roman von Karl Gutzkow. Bd. 2. Leipzig: Brockhaus, 1911. S. 716-720). Es wurde für diese Ausgabe überarbeitet und ergänzt.*

Amarillas, Herzogin von (geb. von Montalto): ehemalige Sängerin Fulvia Maldachini, heimlich mit dem Kronsyndikus von Wittekind-Neuhof vermählt, Mutter von Benno von Asselyn und Angiolina Pötzl, Pflegemutter von Olympia Rucca

Ambrosi, Vincente: Pater Vincente, Alcantarinermönch, später Kardinal, Freund Bonaventuras, Sohn eines in den Alpen umgekommenen Mathematikprofessors, dessen Leichnam Bonaventuras Vater dazu dient, seinen eigenen Unfalltod vorzutäuschen

Angiolina → Pötzl, Angiolina

Asselyn, Benno von, (eigentlich Julius Cäsar von Wittekind-Montalto, später Cäsar von Montalto): Adoptivsohn des Max von Asselyn, leiblicher Sohn des Kronsyndikus von Wittekind-Neuhof und der Sängerin Fulvia Maldachini (→ Amarillas), kämpft in den Aufständen für die Unabhängigkeit Italiens und stirbt schwer verwundet in Coni

Asselyn, Bonaventura von: Sohn Friedrichs von Asselyn, zunächst Pfarrer in St. Wolfgang, dann Domherr in der Residenz des Erzbischofs, Bischof von Robillante, Erzbischof von Coni, zuletzt Papst Liberius II.

Asselyn, Franz von: Dechant zu St. Zeno in Kocher am Fall, Bruder von Friedrich und Max von Asselyn

Asselyn, Friedrich von: Vater Bonaventuras, angeblich in den Alpen verunglückt, später unter dem Namen Frâ Federigo der Eremit bei Castellungo; seine vermeintliche Witwe vermählt mit dem Präsidenten von Wittekind-Neuhof

Asselyn, Max von: Landwirt, Adoptivvater Bennos

Bandiera, Attilio und Ämilio: italienische Patrioten, beide nach einem gescheiterten Aufstand wegen Hochverrats hingerichtet

Bertinazzi, Clemente: Advokat in Rom, politischer Verschwörer, Leiter einer Loge des „Jungen Italien"

Biancchi, Lucrezia: ehemalige Geliebte des Kardinals Ceccone, Mutter der Olympia Rucca, Schwester der Brüder Biancchi

Biancchi, Brüder: Luigi (Musiklehrer in Wien), Marco (Bilderrestaurateur in London) und Napoleone (Gipsfigurenhändler)

Biancchi, Porzia: Tochter des Napoleone B., spätere Frau von Remigius Hedemann

Bickert, Jan (eigentlich Jean Picard): Fuhrknecht (Knecht Joseph) und Leichenräuber, später Knecht im Professhause in der Residenz des Kirchenfürsten und als „Dionysius Schneid" Bedienter und Brandstifter in Witoborn, Spion in Italien, stürzt bei einem Kampf mit Frâ Hubertus in einen Abgrund

Binder, Oskar: Handlungskommis, Entführer Lucindes, später Baron von Binnenthal

Buschbeck (eig. Bosbeck), Franz: Jäger auf den Gütern des Kronsyndikus, zeitweilig Verlobter der Brigitte von Gülpen, dann Hauptmann in holländischen Diensten auf Java, später „Frâ

Hubertus", auch „Bruder Abtödter" genannt und Erbe des Vermögens der ermordeten Brigitte von Gülpen

Buschbeck, „Frau Hauptmännin" → *Gülpen, Brigitte von*

Carstens, Nikolaus: Kleesaatmakler in Hamburg; Meta und Sophia Carstens seine unverheirateten Schwestern; in ihrem Haus lebt Lucinde Schwarz zeitweilig als Pensionsgast

Ceccone, Tiburzio: römischer Kardinal, unterhielt ein heimliches Liebesverhältnis zu Lucrezia Biancchi; Vater der Olympia Rucca

Dalschefski: Pole, Musiklehrer in Wien, politischer Verschwörer

Dechant → *Asselyn, Franz von*

Deichgraf → *Klingsohr*

Delring, Ernst: Prokurist des Handelshauses Kattendyk & Söhne; seine Gattin Hendrika, geb. Kattendyk; da sie katholisch, er protestantisch ist, führen beide eine konfessionell gemischte Ehe

Dorste-Camphausen, Graf Joseph von: Vater Paulas, letzter männlicher Abkomme seiner Linie

Dorste-Camphausen, Paula von: Tochter des Grafen Joseph und seiner Gattin Jakobe, geb. von Wittekind (Schwester des Kronsyndikus), mit Bonaventura durch unerfüllte Liebe verbunden, später Gattin des Grafen Hugo von Salem-Camphausen, mit dem sie eine konfessionell gemischte Ehe führt

Enckefuß, von: Rittmeister, Landrat in Witoborn, genannt „der schöne Enckefuß", später hochverschuldet; sein Sohn, Assessor von Enckefuß, steigt zum Regierungsrat auf

Federigo, Frâ → *Asselyn, Friedrich von*

Fefelotti: Erzbischof von Coni, Gegner Ceccones und Bonaventuras, dann Großpönitentiar und Kardinal in Rom

Fuld, Bernhard und Moritz (Brüder): Bankiers mit Niederlassungen in Paris, Amsterdam und Brüssel, wohnen in Drusenheim

Fuld, Bettina (geb. Zickeles): Gattin von Bernhard F.

Goldfinger, Prof. Dr. Guido: Sohn eines Medizinalrats, Verlobter und später Gatte der Johanna Kattendyk

Grizzifalcone, Pasquale: Räuberhauptmann, wird von Frâ Hubertus erschossen

Grödner, Pater: Chorherr in Wien, begeht später Selbstmord

Gülpen, Brigitte von (genannt „Frau Hauptmännin von Buschbeck"): früher Wirtschafterin am Hofe des Kronsyndikus von Wittekind-Neuhof und dessen intrigante Vertraute, verlobt mit dem Jäger Franz Buschbeck, später Dienstherrin in Lucindes Jugendgeschichte, wird zuletzt von Hammaker ermordet

Gülpen, Petronella von: Schwester der Vorigen, Wirtschafterin des Dechanten von Asselyn in St. Zeno

Guthmann: Besitzer eines Warenhauses, später ‚von' Guthmann, gewerbsmäßiger Spieler; seine Frau eine frühere Baronin

Grützmacher: Wachtmeister in Kocher am Fall, für die Aufklärung des Diebstahls aus Mevissens Grab zuständiger Gendarm

Hammaker, Jodokus: Vertrauter Nücks, Fälscher der in Westerhof gefundenen Urkunde, als Mörder der Hauptmännin Buschbeck hingerichtet

Hasen-Jette → *Lippschütz, Henriette*

Hedemann: Bauern in Borkenhagen, Eltern des Remigius Hedemann, vom Pfarrer Langelütje um Geld betrogen, wegen ihrer Angriffe auf den Klerus mit dem Kirchenbann belegt

Hedemann, Remigius: Faktotum Ulrichs von Hülleshoven, dann Landwirt und Freund Bennos von Asselyn; seine Gattin: Porzia, geb. Biancchi; deren Tochter: Erdmuthe

Huber: evangelischer Pfarrer in Eibendorf, später in Witoborn

Hubertus, Bruder (Frâ) → *Buschbeck, Franz*

Hülleshoven, Armgart von: Tochter Ulrichs und Monikas von Hülleshoven, erfolglos umworben von Benno von Asselyn und seinem Freund Thiebold de Jonge, sowie von Wenzel von Terschka

Hülleshoven, Levinus von („Onkel Levinus"): Bruder Ulrichs von Hülleshoven, Onkel Armgarts, Gutsverwalter des Grafen Joseph von Dorste-Camphausen, mit Benigna von Ubbelohde („Tante Benigna") in freier Lebenspartnerschaft verbunden, Erzieher Armgarts von Hülleshoven

Hülleshoven, Monika von (geb. von Ubbelohde): verheiratet mit Ulrich von Hülleshoven; beide Partner leben getrennt und werden erst durch ihre Tochter Armgart wieder miteinander versöhnt

Hülleshoven, Ulrich von: pensionierter britischer Oberst, zwölf Jahre stationiert in England und Canada, lebt von seiner Frau

Monika von Hülleshoven getrennt; zuerst in Kocher am Fall, dann in Witoborn, zuletzt in Castellungo; Vater Armgarts

Hunnius, Beda: Stadtpfarrer in Kocher am Fall

Igelsheimer, Veilchen: ehemalige Braut Leo Perls, führt die Geschäfte und den Haushalt von Nathan Seligmann

Immanuel, Priester → Graf Truchseß-Gallenberg

Ivo, Pater → Zeesen, Graf Johannes von

Jonge, Thiebold de: Kaufmann, Freund Bennos, erfolgloser Bewerber um die Hand Armgarts von Hülleshoven, deren Vater Ulrich ihm in Kanada das Leben rettete

Joseph, Knecht → Bickert, Jan

Kattendyk, Piter: Kaufmann, Inhaber eines großen Handelshauses, später vermählt mit Treudchen Ley

Kattendyk, Walpurgis: Kommerzienrätin, Mutter von Piter, Josephine (verehel. Nück) und Johanna (spätere Frau Goldfinger)

Klingsohr: der Deichgraf, so genannt wegen seiner früheren Anstellung bei den Deichen der hannoverischen Niederelbe; Vater von Heinrich Klingsohr, Generalpächter des Kronsyndikus, der seiner Frau erfolglos nachstellte, später Teilungskommissar und mit dem Kronsyndikus verfeindet, wird von diesem ermordet

Klingsohr, Heinrich: Sohn des ermordeten Deichgrafen, erfolgloser Bewerber um die Hand Lucindes, später „Frâ Sebastus", Alcantarinermönch, endet als Archivar im Vatikan und Mitglied der Indexkommission

Kratzer: Kastellan des Professhauses in der Residenz des Kirchenfürsten

Kronsyndikus → Wittekind-Neuhof

Kuchelmeister, Therese (genannt Resi): Freundin Angiolinas in Wien

Langelütje: Pfarrer in Borkenhagen, Betrüger an den alten Hedemanns

Lengenich, Stephan: Arbeiter bzw. Küfer auf dem Schloss des Kronsyndikus, wird als vermeintlicher Mörder des Deichgrafen verhaftet; später Küfer in der Weinhandlung von Joseph Moppes und Besitzer eines Weinberges in Drusenheim

Levinus, Onkel → Hülleshoven, Levinus von

Ley, Treudchen: Metzgerstochter aus Kocher am Fall, Hausmädchen bei Kattendyks, später Gattin Piter Kattendyks

Lippschütz, Henriette (genannt Hasen-Jette): Wildprethändlerin in Kocher am Fall, Schwester von Löb und Nathan Seligmann

Lippschütz, David: Sohn der Hasen-Jette, Neffe von Löb Seligmann, soll sich zum Gelehrten bilden, verlegt sich später auf die Dichtkunst; in Wien Dichterfreund von Pinkus Zickeles

Maldachini, Fulvia → Amarillas, Herzogin von

Maldachini, Olympia → Rucca, Olympia

Mevissen: Diener Friedrichs von Asselyn, der das Geheimnis um dessen vorgetäuschten Tod mit in sein Grab nimmt

Maurus: Pater, Provinzial im Kloster Witoborn

Michahelles, Eduard: Kaplan, Sekretär des Erzbischofs Truchseß-Gallenberg

Montalto, von → Amarillas, Herzogin von

Montalto, Cäsar von → Asselyn, Benno von

Müllenhoff, Norbert: Pfarrer zu St. Libori bei Witoborn, religiöser Eiferer und Vater eines (zwangsläufig) unehelichen Kindes

Müller, Angelika: Erzieherin in Lindenwerth, später Gesellschafterin der Fulds in Paris und der Zickeles in Wien, Verlobte des Dr. Laurenz Püttmeyer

Niggl, Joseph: Geistlicher, wird gemeinsam mit Beda Hunnius und Bonaventura von Asselyn zum Priester geweiht

Nück, Dominicus: Oberprokurator, Schwiegersohn der Kommerzienrätin Kattendyk, aussichtsloser Bewerber um Lucindes Gunst, später Kaufmann Abdallah Muschir Bei in der Türkei; seine Gattin: Josephine, geb. Kattendyk, älteste Schwester Piters

Neumeister, Firmian → Serlo

Olympia → Rucca, Olympia

Perl, Dr. Leo: Jugendfreund des Dechanten, getaufter Jude, Onkel der Hasen-Jette, Pfarrer in Borkenhagen, taufte Bonaventura, die Taufe ist jedoch nach katholischer Lehre ungültig; ehemaliger Bräutigam von Veilchen Igelsheimer

Picard → Bickert

Pötzl, Ignaz: ehemaliger Schauspieler, Hausfreund der Kattendyks; sein Bruder genannt Herr von Pötzl in Wien ist der Pflegevater Angiolinas

Pötzl, Angiolina: Kunstreiterin, Geliebte des Grafen Hugo von Salem-Camphausen, Tochter des Kronsyndikus von Wittekind-Neuhof und der Sängerin Fulvia Maldachini (→ Amarillas), Schwester Bennos, vom Grafen Hugo dem Herrn von Pötzl in Wien zur Pflege gegeben, nimmt dessen Namen an, stirbt nach einem von Olympia Rucca verschuldeten Sturz vom Pferd

Püttmeyer, Dr. Laurenz: der „Philosoph von Eschede", Verlobter der Angelika Müller

Rother, Cajetan: Vorgänger Bonaventuras als Pfarrer von St. Wolfgang, dann in der Residenz des Kirchenfürsten erfolgloser Widersacher Bonaventuras

Rucca, Fürst Ercolano: Ehemann von Olympia Maldachini

Rucca, Olympia: Tochter des Kardinals Ceccone und der Lucrezia Bianchi, vor ihrer Ehe mit dem Fürsten Ercolano Rucca Olympia Maldachini genannt, Pflegetochter der Herzogin von Amarillas, lange Zeit Geliebte Bennos von Asselyn

Salem-Camphausen, Gräfin Erdmuthe von: Mutter des Grafen Hugo, geb. Freiin von Hardenberg, Eigentümerin des Schlosses Castellungo im Pietmontesischen und Protektorin der Waldenser und des Eremiten Frâ Federigo

Salem-Camphausen, Graf Hugo von: Sohn der Vorigen, später mit Paula von Dorste-Camphausen verheiratet, mit der er, da Graf Hugo protestantisch, Paula katholisch ist, eine konfessionell gemischte Ehe führt

Sarzana, Graf Agostino: später Gatte von Lucinde Schwarz

Schneid, Dionysius → Bickert, Jan

Schnuphase, Jean Baptiste Maria: Lebküchler, Wachslichtfabrikant und Meßgewandsticker in der Residenz des Kirchenfürsten, später Stadtrat; Eva und Apollonia Schnuphase seine Töchter

Scholastika, Schwester → Tüngel-Heide

Schulzendorf: Gendarmeriemajor in Kocher am Fall und Vorgesetzter von Wachtmeister Grützmacher

Schummel, Madame: Kupplerin in der Residenz des Kirchenfürsten

Schwarz, Gottlieb: Schulmeister in Langen-Nauenheim, Witwer und Vater einer größeren Schar von Kindern

Schwarz, Lucinde: Tochter des Vorigen, als Dienstmädchen an die Hauptmännin Buschbeck gegeben, später umworben von: Oskar Binder, dem Freiherrn Jérôme von Wittekind-Neuhof, Dominicus Nück, kurzzeitig verlobt mit Heinrich Klingsohr, zeitweilig glücklose Schauspielerin bei der fahrenden Truppe der Familie Serlo, Gesellschaftsdame der Komtesse Paula in einem orthopädischen Institut, beim Dechanten in St. Zeno und im Hause Kattendyk, Privatlehrerin in Wien, später Gräfin Sarzana in Rom, erfolglose Verführerin Bonaventuras

Sebastus, Frater → Klingsohr, Heinrich

Seefelden, Therese von: erst Braut des Grafen von Zeesen, dann Nonne

Seligmann, Löb: Gütermakler in Kocher am Fall, Bruder der Hasen-Jette

Seligmann, Nathan: Altwarenhändler in der Residenz des Kirchenfürsten, Bruder der Hasen-Jette

Serlo (angenommener Künstlername, eigentlich Firmian Neumeister): Schauspieler, Leiter einer kleinen fahrenden Truppe, war ursprünglich zum Priester bestimmt; hinterlässt Lucinde Schwarz seine Lebenserinnerungen

Stammer: buckliger Musikant; Hedwig, seine Schwester, geliebt von Franz Bosbeck, begeht Selbstmord nach einem erschlichenen Beischlaf des Kronsyndikus

Stanislaus, Pater → Terschka, Wenzel von

Sterz, Hanne: Magd im Professhause in der Residenz des Kirchenfürsten, Bekannte des Vaters von Bickert

Terschka, Wenzel von: Sohn eines böhmischen Lieutenants, von Verbrechern aufgezogen, dann Kunstreiter, päpstlicher Schweizersoldat, später Jesuit („Pater Stanislaus"), lange Zeit vermeintlicher Freund des Grafen Hugo von Salem-Camphausen, erfolgloser Bewerber um Armgart von Hülleshoven, konvertiert zum Protestantismus, kann sich aber dem langen Arm der Jesuiten auf Dauer nicht entziehen

Truchseß-Gallenberg, Graf Immanuel von: Erzbischof

Tübbicke: Küster in Witoborn

Tüngel-Appelhülsen, Portiuncula von: zeitweilig Braut des Kammerherrn Jérôme von Wittekind-Neuhof

Tüngel-Heide, Freiin von: als Nonne „Schwester Scholastika"

Ubbelohde, Benigna von: Schwester Monikas von Ubbelohde, Tante Armgarts, Stiftsdame im Stift Heiligenkreuz und Lebenspartnerin von Levinus von Hülleshoven

Vigo, Paolo: Pfarrer in Kalabrien, Anhänger des Frâ Federigo und seiner waldensischen Lehren, am Ende aus Italien verbannt

Vincente, Pater → Ambrosi, Vincente

Windhack, Joseph: Diener des Dechanten von Asselyn, Astronom

Wittekind-Neuhof, von: Kronsyndikus des ehemaligen Königreichs Westphalen, war heimlich vermählt mit der Sängerin Fulvia Maldachini, Vater von Friedrich, Jérôme, Benno von Asselyn und Angiolina Pötzl, Vergewaltiger Hedwig Stammers, Mörder des Deichgrafen, dessen Frau er einst erfolglos nachstellte

Wittekind-Neuhof, Friedrich von: Regierungsrat, später Präsident, älterer Sohn des Kronsyndikus, nach dem Verschwinden Friedrichs von Asselyn verheiratet mit Bonaventuras Mutter

Wittekind-Neuhof, Jérôme von: jüngerer Sohn des Kronsyndikus, schwachsinnig, verliebt in Lucinde, von Klingsohr im Duell erschossen

Zeesen, Graf Johannes von: Freund des Freiherrn Jérôme von Wittekind, später geisteskranker Mönch in Himmelpfort („Pater Ivo")

Zickeles, Harry und Leo: Bankiers in Wien, Brüder Bettina Fulds

Zickeles, Pinkus (genannt Percival): jüngster Bruder der Vorigen, Dichter, befreundet mit David Lippschütz

Gutzkows Werke und Briefe
Editionsplan

Kommentierte digitale Gesamtausgabe
Herausgegeben vom Editionsprojekt Karl Gutzkow

• Erzählerische Werke

Bd. 1: Briefe eines Narren an eine Närrin (1832). *Hg. von R. J. Kavanagh, Cork (erschienen 2004)*

Bd. 2: Maha Guru. Geschichte eines Gottes (1833)

Bd. 3: Novellen (1834). *Hg. von Gert Vonhoff, Exeter (erscheint 2009)*

Bd. 4: Wally, die Zweiflerin (1835) – Schriften zum „Wally"-Streit. *Hg. von Wolfgang Rasch, Berlin*

Bd. 5: Erzählungen 1835-1846

Bd. 6: Seraphine (1837). *Hg. von Wolfgang Lukas, Wuppertal (erscheint 2010)*

Bd. 7: Blasedow und seine Söhne (1838)

Bd. 8: Erzählungen 1849-1855

Bd. 9: Die Ritter vom Geiste (1850/51). *Hg. von Klaus-Peter Möller, Potsdam (erscheint 2011)*

Bd. 10: Erzählungen 1856-1857. *Hg. von Dirk Göttsche, Nottingham*

Bd. 11: Der Zauberer von Rom (1858/61). *Hg. von Kurt Jauslin, Altdorf; Wolfgang Rasch, Berlin; Stephan Landshuter, München (erschienen 2007)*

Bd. 12: Hohenschwangau. Roman und Geschichte (1867/68)

Bd. 13: Erzählungen 1869/1870

Bd. 14: Die Söhne Pestalozzis (1870)

Bd. 15: Fritz Ellrodt (1872)

Bd. 16: Erzählungen 1872-1878

Bd. 17: Die neuen Serapionsbrüder (1877). *Hg. von Kurt Jauslin, Altdorf (erschienen 2002)*

• Dramatische Werke

Herausgeber der Abteilung: Roger Jones, Keele; Susanne Schütz, Halle

Bd. 1: Marino Falieri (1834; *hg. von Cornelia Hobritz, Jena*) – Hamlet in Wittenberg (1835; *hg. von Claudia Tosun, Halle*) – Nero (1835; *hg. von Anne Friedrich, Halle*) – König Saul (1839; *hg. von Marianne Schröter, Halle*) (<u>*erscheint 2008*</u>)

Bd. 2: Richard Savage (1839; *hg. von Juliane Parthier, London*) – Werner (1840; *hg. von Roger Jones, Keele*) – Gräfin Esther (1840/43; *hg. von Susanne Schütz, Halle*) – Patkul (1840; *hg. von Claudia Gneist, Halle*) (<u>*erscheint 2008*</u>)

Bd. 3: Die Schule der Reichen (1840) – Die stille Familie (1841/42) – Ein weißes Blatt (1842) – Zopf und Schwert (1843; *hg. von Roger Jones, Keele*)

Bd. 4: Pugatscheff (1842/43; *hg. von Susanne Schütz, Halle*) – Die beiden Auswanderer (1844) – Das Urbild des Tartüffe (1844; *hg. von Ulrike Wegener, Halle*) – Der dreizehnte November (1845)

Bd. 5: Anonym (1845) – Uriel Acosta (1846) – Wullenweber (1847) – Ottfried (1848)

Bd. 6: Liesli (1849) – Der Königsleutenant (1849) – Die Adjutanten (Umarbeitung von „Anonym", 1851) – Fremdes Glück (1851) – Die Diakonissin (1852)

Bd. 7: Philipp und Perez (= Antonio Perez, 1853) – Lenz und Söhne (1854) – Ella Rose (1856) – Lorber und Myrte (1856)

Bd. 8: Der westphälische Friede (1868) – Der Gefangene von Metz (1870) – Dschingiskhan (1873; *hg. von Sabine Hunger, Neustrelitz*)

Bd. 9: Bearbeitungen: Coriolanus von Shakespeare (1847) – Der Pilger von Almeida-Garrett (1848) – Der Raub der Helena aus Goethes „Faust II" (1849) – Dramatische Kleinigkeiten – Entwürfe und Fragmente aus dem Nachlaß

• Schriften zur Politik und Gesellschaft

Bd. 1: Öffentliche Charaktere (1835)

Bd. 2: Zur Philosophie der Geschichte (1836)

Bd. 3: Die Zeitgenossen (1837). *Hg. von Martina Lauster, Exeter* (<u>*erscheint 2008*</u>)

Bd. 4: Die rothe Mütze und die Kapuze (1838) – Schriften zum Kölner Kirchenstreit (1838). *Hg. von Gustav Frank, Nottingham*